Franz E. Weinert/Andreas Helmke (Hrsg.)
Entwicklung im Grundschulalter

Franz E. Weinert/Andreas Helmke (Hrsg.)

ENTWICKLUNG IM GRUNDSCHULALTER

BELTZ
PsychologieVerlagsUnion

Anschrift der Herausgeber:
Prof. Dr. Franz E. Weinert
Max-Planck-Institut für Psychologische Forschung
Leopoldstr. 24
80802 München

Prof. Dr. Andreas Helmke
Universität Landau
Im Fort 7
76829 Landau

Lektorat: Gerhard Tinger

Wissenschaftlicher Beirat der Psychologie Verlags Union:
Prof. Dr. Walter Bungard, Lehrstuhl Psychologie I, Wirtschafts- und Organisationspsychologie,
 Universität Mannheim, Schloß, Ehrenhof Ost, 68131 Mannheim
Prof. Dr. Ernst-D. Lantermann, Universität Kassel, GH, FB 3, Psychologie, Holländische Straße 56,
 34127 Kassel
Prof. Dr. Rainer K. Silbereisen, Friedrich-Schiller-Universität Jena, Institut für Psychologie,
 Lehrstuhl für Entwicklungspsychologie, Am Steiger 3, 07743 Jena
Prof. Dr. Hans-Ulrich Wittchen, Max-Planck-Institut für Psychiatrie, Kraepelinstraße 10,
 80804 München

Das Werk einschließlich aller seiner Teile ist urheberrechtlich geschützt. Jede Verwertung außerhalb der engen Grenzen des Urheberrechtsgesetzes ist ohne Zustimmung des Verlags unzulässig und strafbar. Das gilt insbesondere für Vervielfältigungen, Übersetzungen, Mikroverfilmungen und die Einspeicherung und Verarbeitung in elektronischen Systemen.

Umschlaggestaltung: Dieter Vollendorf, München
Druck und Bindung: Druckhaus Beltz, Hemsbach
Gedruckt auf säurefreiem Papier

© 1997 Psychologie Verlags Union, Weinheim

ISBN 3-621-27352-2

Vorwort

Längsschnittstudien - zumal im Schulbereich - erfordern viel wissenschaftliche Vorbereitung, einen erheblichen untersuchungstechnischen Aufwand, große Anstrengungen auf Seiten der beteiligten Mitarbeiter(innen) und den Einsatz erheblicher finanzieller Mittel. Das gilt auch für das SCHOLASTIK-Projekt[1], über dessen Ergebnisse in diesem Buch zusammenfassend berichtet wird.

Mit SCHOLASTIK wird die systematische Untersuchung von mehr als 1200 Schülern in 54 Klassen während der gesamten Grundschulzeit bezeichnet. Dabei wurden kognitive Kompetenzen und motivationale Tendenzen der Kinder ebenso berücksichtigt wie die schulischen Lernbedingungen.

Die SCHOLASTIK-Studie ist komplementärer Bestandteil einer Longitudinaluntersuchung zur Genese individueller Kompetenzen (LOGIK), an der sich mehr als 200 Kinder von ihrem 4. bis zum 12. Lebensjahr beteiligten, von denen 120 auch in die SCHOLASTIK-Studie einbezogen werden konnten.

Ein solches Doppelprojekt ist auf die Unterstützung und auf die Mitarbeit vieler angewiesen. Wir haben deshalb auch vielen zu danken: Den Mitarbeiterinnen und Mitarbeitern der SCHOLASTIK-Studie, insbesondere Frau Rosemarie Hartard, Frau Kathrin Kossak, Frau Dagmar Pfeil, Frau Anneliese Rösch, Frau Christiane von Stein, Frau Anne Weinert, Frau Annette Wendler sowie Herrn Prof. Dr. Hans Dotzler, Frau Dr. Heike Lingelbach, Frau Christina Mückusch, Herrn Dr. Alexander Renkl, Herrn Dr. Friedrich-Wilhelm Schrader und einer großen Anzahl studentischer Hilfskräfte; dem Bayerischen Staatsministerium für Unterricht, Kultus, Wissenschaft und Kunst, der Regierung von Oberbayern, den zuständigen Schulämtern und Rektoren für die schnelle und großzügige Genehmigung der Studie; den beteiligten Lehrkräften, Eltern und Schülern für die aktive und engagierte Mitarbeit. Die Max-Planck-Gesellschaft zur Förderung der Wissenschaften hat die Untersuchungen finanziell ermöglicht und durch Bewilligung zusätzlicher Mittel in besonderer Weise gefördert.

Die Befunde des SCHOLASTIK-Projekts wurden im September 1995 mit führenden Vertretern der Psychologie, der Pädagogischen Psychologie und der Erziehungswissenschaft in einer Konferenz auf Schloß Ringberg diskutiert. Dabei konnten einige wichtige, noch nicht publizierte Fragestellungen und Ergebnisse der SCHOLASTIK-Studie referiert und diskutiert werden - jeweils eingerahmt von einem Überblick über die einschlägige Forschungsliteratur und von einem Kommentar, der sich mit theoretischen, methodischen oder unterrichtspraktischen Schlußfolgerungen und Problemen der

---

[1] Schulorganisierte Lernangebote und Sozialisation von Talenten, Interessen und Kompetenzen.

SCHOLASTIK-Untersuchung beschäftigte. Die Veranstalter dieser Konferenz, die zugleich die Herausgeber des vorliegenden Buches sind, machten den eingeladenen externen Wissenschaftlern keinerlei Vorgaben. Dies führte natürlich zu erheblichen Unterschieden in der Auffassung der jeweiligen Thematik und im Umfang ihrer Bearbeitung. Der vorliegende Band enthält den wissenschaftlichen Ertrag dieser Tagung. Allen Konferenzteilnehmern und damit auch den Autoren dieses Buches schulden wir großen Dank.

Von der Erstellung einzelner Manuskripte bis zum publizierten Buch ist es ein weiter, anstrengender Weg. Frau Bergit Dressler, Frau Mariele Kremling und Herr Max Schreder waren dabei sehr hilfreich. Den größten Beitrag aber leistete Frau Heidi Schulze. Sie verdient den besonderen Dank und die höchste Anerkennung für ihr großes, kompetentes Engagement, mit dem sie das vorliegende Buch redaktionell und technisch gestaltet hat. Der Psychologie Verlags Union, besonders Herrn Tinger, danken wir schließlich dafür, daß aus einem druckfertigen Manuskript in kurzer Zeit ein schönes Buch wurde.

Wir verbinden mit diesem vielfältigen Dank die begründete Hoffnung, daß der Inhalt des Buches interessierte Leser findet. Nur dadurch kann das SCHOLASTIK-Projekt der pädagogisch-psychologischen Wissenschaft dienen und der schulischen Praxis ein wenig helfen.

München, im Herbst 1996   Franz Emanuel Weinert

                                Andreas Helmke

Inhaltsverzeichnis

Vorwort V

Inhaltsverzeichnis VII

Kapitel I
Die Münchner Grundschulstudie SCHOLASTIK: Wissenschaftliche Grundlagen,
Zielsetzungen, Realisierungsbedingungen und Ergebnisperspektiven 1
    Andreas Helmke & Franz E. Weinert 3

Kapitel II
Entwicklung der Intelligenz und des Denkens 13
    Literaturüberblick: *Marcus Hasselhorn & Dietmar Grube* 15
    Ergebnisse aus dem SCHOLASTIK-Projekt:
        Merry Bullock & Albert Ziegler 27
    Kommentar: *Reinhold S. Jäger* 37

Kapitel III
Entwicklung lern- und leistungsbezogener Motive und Einstellungen 43
    Literaturüberblick: *Ulrich Geppert* 45
    Ergebnisse aus dem SCHOLASTIK-Projekt: *Andreas Helmke* 59
    Kommentar: *Frank Halisch* 77

Kapitel IV
Erwerb des Lesens und des Rechtschreibens 83
    Literaturüberblick: *Harald Marx* 85
    Ergebnisse aus dem SCHOLASTIK-Projekt: *Wolfgang Schneider,*
        Jan Stefanek & Hans Dotzler 113
    Kommentar: *Renate Valtin* 131

Kapitel V
Erwerb mathematischer Kompetenzen 139
    Literaturüberblick: *Kurt Reusser* 141
    Ergebnisse aus dem SCHOLASTIK-Projekt: *Elsbeth Stern* 157
    Kommentar: *Gerhard Steiner* 171

Kapitel VI

Individuelle Bedingungsfaktoren der Schulleistung 181

    Literaturüberblick: *Kurt A. Heller* 183

    Ergebnisse aus dem SCHOLASTIK-Projekt: *Andreas Helmke* 203

    Kommentar: *Falko Rheinberg* 217

Kapitel VII

Unterrichtsqualität und Leistungsentwicklung 223

    Literaturüberblick: *Wolfgang Einsiedler* 225

    Ergebnisse aus dem SCHOLASTIK-Projekt:

        Andreas Helmke & Franz E. Weinert 241

    Kommentar: *Joachim Lompscher* 253

Kapitel VIII

Das Stereotyp des schlechten Schülers 259

    Literaturüberblick: *Elisabeth Sander* 261

    Ergebnisse aus dem SCHOLASTIK-Projekt: *Andreas Helmke* 269

    Kommentar: *Christiane Spiel* 281

Kapitel IX

Zielkonflikte in der Grundschule 287

    Literaturüberblick: *Hanns Petillon* 289

    Ergebnisse aus dem SCHOLASTIK-Projekt: *Friedrich-Wilhelm Schrader,*

        Andreas Helmke & Hans Dotzler 299

    Kommentar: *Jürgen Baumert* 317

Kapitel X

Selbstkonzept und Leistung - Dynamik ihres Zusammenspiels 323

    Literaturüberblick: *Andreas Krapp* 325

    Ergebnisse aus dem SCHOLASTIK-Projekt: *Marcel A. G. van Aken,*

        Andreas Helmke & Wolfgang Schneider 341

    Kommentar: *Reinhard Pekrun* 351

Kapitel XI

Schulleistung und Fähigkeitsselbstbild - Universelle Beziehungen
oder kontextspezifische Zusammenhänge? 359

    Literaturüberblick: *Helmut Fend* 361

    Ergebnisse aus dem SCHOLASTIK-Projekt: *Alexander Renkl,*

        Andreas Helmke & Friedrich-Wilhelm Schrader 373

    Kommentar: *Kai Uwe Schnabel* 385

Kapitel XII

Entwicklung vor, während und nach der Grundschulzeit 389

    Literaturüberblick über den Einfluß der vorschulischen Entwicklung
        auf die Entwicklung im Grundschulalter: *Ernst A. Hany* 391

    Literaturüberblick über den Einfluß der Grundschulzeit auf die
        Entwicklung in der Sekundarschule: *Peter M. Roeder* 405

    Ergebnisse aus dem SCHOLASTIK-Projekt:
        Franz E. Weinert & Jan Stefanek 423

    Kommentar: *Bernhard Wolf* 453

Kapitel XIII

Theoretischer Ertrag und praktischer Nutzen der SCHOLASTIK-Studie
zur Entwicklung im Grundschulalter 457

    Franz E. Weinert & Andreas Helmke 459

    Kommentar: *Wolfgang Edelstein* 475
    Kommentar: *Hans-Joachim Kornadt* 485

Anhang: Beschreibung der Instrumente 493

Literaturverzeichnis 519

Autorenregister 573

Sachregister 587

Kapitel I

Die Münchner Grundschulstudie SCHOLASTIK: Wissenschaftliche Grundlagen, Zielsetzungen, Realisierungsbedingungen und Ergebnisperspektiven

Andreas Helmke & Franz E. Weinert

Die Münchner Grundschulstudie SCHOLASTIK:
Wissenschaftliche Grundlagen, Zielsetzungen, Realisierungsbedingungen und Ergebnisperspektiven

Andreas Helmke und Franz E. Weinert

Allgemeines Ziel des SCHOLASTIK-Projektes (<u>S</u>chulorganisierte <u>L</u>ernangebote und <u>S</u>ozialisation von <u>T</u>alenten, <u>I</u>nteressen und <u>K</u>ompetenzen) ist die Beschreibung und Erklärung individueller Entwicklungsverläufe während der Grundschulzeit in Abhängigkeit von affektiven und kognitiven Eingangsbedingungen sowie vom schulischen Kontext. In Anbetracht der nur sehr geringen Zahl von Längsschnittstudien zur Entwicklung im Grundschulalter (vgl. die Übersichten von Schneider & Edelstein, 1990; Zentralstelle für Psychologische Information und Dokumentation, 1995; Young, Savola & Phelps, 1991) soll damit eine Lücke zumal im deutschsprachigen Bereich gefüllt werden. Mit seinen zentralen Fragestellungen knüpft das SCHOLASTIK-Projekt eng an zwei andere Längsschnittuntersuchungen des Max-Planck-Instituts für psychologische Forschung an: die Longitudinalstudie zur Entwicklung individueller Kompetenzen (LOGIK, vgl. Weinert & Schneider, in Druck) und an die Münchner Hauptschulstudie (vgl. Helmke, 1992; Helmke, Schneider & Weinert, 1986).

DIE PROJEKTE LOGIK UND SCHOLASTIK

Am Anfang war LOGIK (<u>Lo</u>ngitudinalstudie zur <u>G</u>enese <u>i</u>ndividueller <u>K</u>ompetenzen). Dabei handelt es sich um eine Längsschnittstudie, die im Herbst 1984 begann und bis Sommer 1993 dauerte. Mit dem Eintritt in den Kindergarten (im Alter zwischen 3;4 und 4;3 Jahren) wurden mehr als 200 Kinder (je zur Hälfte Mädchen und Jungen) jährlich dreimal psychologisch beobachtet, interviewt und getestet. Erfaßt wurden unter anderem die Entwicklung kognitiver Kompetenzen (Intelligenz, operatives Denken, Gedächtnis, Erwerb der Kulturtechniken des Lesens, Rechtschreibens und der Mathematik), motivationaler Tendenzen (Selbstkonzepte eigener Tüchtigkeit, Lernfreude, Ängstlichkeit), moralischer Urteile und Motive, persönlicher Merkmale sowie sozialer Einstellungen und Verhaltensmuster (z. B. Schüchternheit). Die Untersuchung erstreckte sich über 9 Jahre und endete mit dem Abschluß der 6. Klasse, wobei in Bayern die Gabelung in Hauptschule und Gymnasium nach der 4. Schulklasse erfolgt. Geplant ist für die Jahre 1997/1998 eine Nachuntersuchung ("Follow up"). Die Jugendlichen wären dann im Durchschnitt 16 bis 17 Jahre alt (vgl. Weinert & Schneider 1986ff).

Im Herbst 1987 trat die Mehrzahl der LOGIK-Versuchsteilnehmer in die Grundschule ein. Dieser Zeitpunkt war der Beginn der SCHOLASTIK-Studie.

Ein wesentlicher Anlaß für die Planung von SCHOLASTIK war die Überlegung, daß bei der im LOGIK-Projekt angestrebten Erklärung individueller Entwicklungsverläufe unbedingt auch *schulische* Erfahrungen, Leistungen und Einflüsse einbezogen werden müßten.

Bei der *kognitiven* Entwicklung leuchtet dies unmittelbar ein, denn der Erwerb fachspezifischen Wissens ist ein wichtiges, mit der Entwicklung genereller (nicht schulfachbezogener) intellektueller Kompetenzen verschränktes Segment (vgl. Helmke & Weinert,

1997). Ein Schwerpunkt der Datenanalyse beider Längsschnittprojekte liegt daher in der projektübergreifenden systematischen Verknüpfung zwischen Indikatoren der allgemeinen intellektuellen Kompetenzentwicklung (LOGIK) und der Genese von Schulleistungen in verschiedenen inhaltlichen Bereichen (SCHOLASTIK), der Analyse ihrer Determinanten sowie ihrer wechselseitigen Beeinflussungen.

Für die *affektive und motivationale* Entwicklung (z. B. Fähigkeitsselbstkonzept, Lernmotivation, Selbstvertrauen, Leistungsangst) ist es noch offenkundiger, daß jeder Versuch einer differentiellen Analyse von Entwicklungsverläufen ohne die Kenntnis der individuellen Schulleistungsentwicklung und des schulischen Kontextes ein aussichtsloses Unterfangen wäre.

Zur Beantwortung der Frage nach dem Einfluß von Schule, Unterricht und Schulklasse auf die kindliche Entwicklung reichte es jedoch nicht aus, lediglich die Kinder der LOGIK-Studie mit ihren schulischen Erfahrungen zu berücksichtigen, sondern es ist unabdingbar, *alle* Schüler der jeweiligen Klassen in die Studie einzubeziehen. Die Entwicklung der Leistungen und leistungsbezogener Motive dürfte nämlich entscheidend von der Schulklasse als komparativem (soziale Vergleichsprozesse) und normativem (Klima, Normen, Werte) Kontext abhängen. Daneben sind Unterrichtsqualität, Klassenführung und Lehrerpersönlichkeit weitere wichtige Determinanten von Unterschieden sowohl zwischen Schülern verschiedener Schulklassen (Inter-Klassen-Vergleich) als auch innerhalb von Schulklassen (Wechselwirkungen zwischen Unterrichts- und Schülermerkmalen). Aus dieser Perspektive repräsentiert die SCHOLASTIK-Studie also ein notwendiges Komplement zur LOGIK-Untersuchung: Sie ergänzt sie sowohl auf individueller (Entwicklung der Schulleistungen, schulleistungsbezogener Motive und Einstellungen, Arbeitsverhalten) als auch auf kontextueller Ebene (Rolle des Unterrichts und des Klassenkontextes). Erst die systematische Kombination der Datensätze beider Projekte läßt den Versuch einer Analyse individueller Entwicklungsverläufe von Kindern während der Grundschulzeit aussichtsreich erscheinen. Abbildung I.1 zeigt die Verzahnung der beiden Projekte LOGIK und SCHOLASTIK.

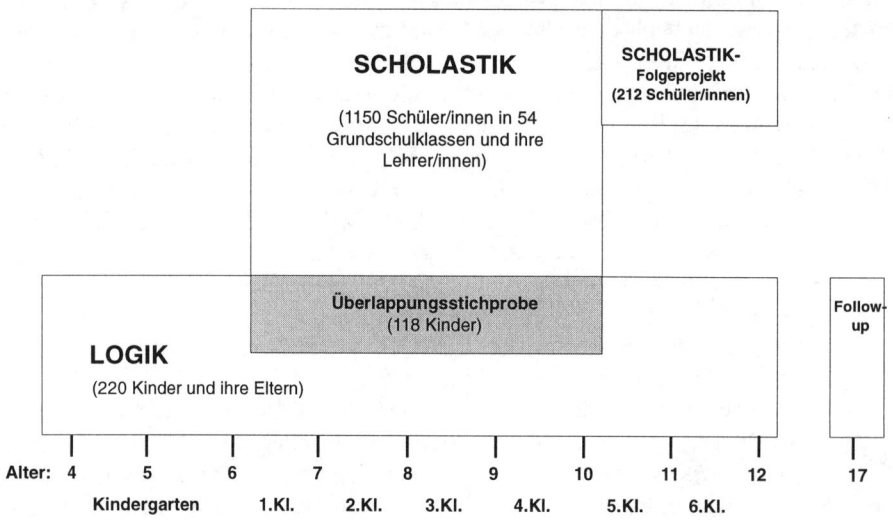

Abbildung I.1: Verzahnung der beiden Projekte LOGIK und SCHOLASTIK.

FRAGESTELLUNGEN

Neben ihrem Charakter als schul- und klassenbezogene Ergänzung des Individuallängsschnittprojektes LOGIK läßt sich SCHOLASTIK jedoch auch durch eine Reihe originärer Forschungsfragen charakterisieren, die zu einem Teil aus dem inzwischen beendeten Projekt zur Rolle der Unterrichtsqualität für die kognitive und affektive Entwicklung von Schülern (Münchner Hauptschulstudie) abgeleitet sind. Die Aussagekraft dieser Studie, die in ihrem Kern zugleich den deutschen Beitrag für die internationale Classroom Environment Study der IEA[2] repräsentierte, war in dreierlei Hinsicht von vornherein beschränkt: (1) Die Stichprobe umfaßte nicht den gesamten Altersjahrgang, sondern lediglich einen Teil davon, nämlich die Hauptschüler. (2) Die Analyse der Leistungsentwicklung bezog sich auf nur ein Fach, nämlich auf Mathematik. (3) Schließlich war die vorgegebene Untersuchungsperiode (Anfang 5. bis Ende 6. Klasse) für die Frage nach der Dynamik wechselseitiger Beeinflussung von kognitiver und affektiver Entwicklung nicht optimal, weil man davon ausgehen kann, daß vier Jahre Beschulung bereits zu stabilen individuellen Unterschieden im Vorkenntnisniveau wie zu relativ verfestigten motivationalen Dispositionen geführt haben dürften. Aus entwicklungspsychologischer Perspektive erschien es günstiger, wenn der Untersuchungszeitraum sensible Zonen und mögliche Bruchstellen der Genese und Veränderung schulleistungsbezogener Motive, Selbstkonzepte und Kompetenzen umfaßt, nämlich die Einschulung, den Beginn der offiziellen Leistungsrückmeldung in Form von Noten, den Lehrerwechsel nach der 2. Klasse und die Selektion für den Übertritt in das Gymnasium.

Im einzelnen sollte im SCHOLASTIK-Projekt u. a. folgenden Fragestellungen nachgegangen werden:

- Welche Bedeutung haben allgemeine kognitive Fähigkeiten, fachspezifische Vorkenntnisse, motivationale Faktoren und Unterrichtsmerkmale für die Vorhersage unterschiedlicher Lern- und Leistungskriterien sowie für die Beschreibung und Erklärung von interindividuellen Entwicklungs-, Persönlichkeits- und Leistungsunterschieden?
- Wie stabil sind Schulleistungsunterschiede zwischen Schülern und zwischen Klassen während der Grundschulzeit?
- Welche Bedeutung kommt der schulischen Umwelt, insbesondere Merkmalen des Klassenkontextes (Klassengröße, Vorkenntnis- und Intelligenzniveau sowie -streuung) für die affektive und kognitive Entwicklung der Schüler zu? Spielen Bezugsgruppeneffekte eine Rolle, und sind diese zeitstabil? Welche Rolle spielt die Klasse als normativer Kontext?
- Wie sieht das Wechselspiel von Selbstvertrauen und Leistung aus? Läßt sich das Muster ihres Zusammenwirkens eher durch die kausale Prädominanz des Selbstkonzeptes oder durch die kausale Prädominanz der Leistungsfähigkeit beschreiben? Welche Rolle spielen dabei Merkmale des Unterrichts und des Klassenkontextes? Gibt es fachspezifische Unterschiede?
- Wann beginnen Kinder, ihre eigenen Fähigkeiten zunehmend realitätsangemessen einzuschätzen? Ist diese Entwicklung stetig? Wenn nein: Lassen sich diskontinuier-

---

[2] IEA: International Association for the Evaluation of Education.

liche Entwicklungsverläufe mit bestimmten schulischen Erfahrungen und Ereignissen in Zusammenhang bringen, z. B. den ersten formalen Leistungsbewertungen, dem Lehrerwechsel nach Abschluß der 2. Klassenstufe oder der Entscheidung über den Übertritt ins Gymnasium?

- In welcher Weise wirken Merkmale des Unterrichts auf der einen Seite und die Sozialisation von Talenten, Lerninteressen und individuellen Kompetenzen im zeitlichen Verlauf zusammen? Lassen sich reziproke Effekte nachweisen, hat z. B. eine überdurchschnittliche Leistungssteigerung der Schulklasse einen Rückkopplungseffekt auf das Unterrichtsverhalten und die Erwartungen des Lehrers?
- Welche Rolle spielen individuelle Aufmerksamkeitsprozesse im Rahmen eines Angebots-Nutzungs-Modells schulischen Lernens für die Leistungsentwicklung in verschiedenen Fächern? Lassen sich klassen- und fachspezifische Muster verschiedener Typen der Aufmerksamkeit und ihres zeitlichen Verlaufs identifizieren? In welchem Ausmaß ist defizitäre Aufmerksamkeit durch überdurchschnittliche Intelligenz oder Vorkenntnisse kompensierbar?

Die Themen der Kapitel in diesem Band repräsentieren bei der "Beantwortung" dieser Fragen ein breites Spektrum. Gleichwohl ist darauf hinzuweisen, daß andere Themen, die vielleicht vermißt werden, nur deshalb nicht Gegenstand eines der Kapitel wurden, weil sie bereits zuvor relativ ausführlich publiziert wurden, so z. B. das Aufmerksamkeitsverhalten (Helmke & Renkl, 1992) oder Entwicklung und Erscheinungsformen der Handlungskontrolle (Helmke & Mückusch, 1994). Die motivationale Entwicklung, obwohl im SCHOLASTIK-Projekt einer der wichtigsten Themenbereiche, findet in diesem Buch deshalb nur in einem Kapitel ihren Niederschlag, weil hierzu bereits einige Publikationen vorliegen, die allerdings auf den Daten des Individuallängsschnitts LOGIK basieren.

ORGANISATORISCHE BEDINGUNGEN

Nach Abschluß der erforderlichen Genehmigungsverfahren und der damit verbundenen Informationsprozeduren (Kultusministerium, Bezirksregierung Oberbayern, Staatliche Schulämter, Schulleiter, Klassenlehrer, Elternbeiräte und Eltern) konnte kurz nach Pfingsten 1988 mit der Durchführung der Erhebungen begonnen werden. Ziel der Stichprobenselektion war es, möglichst viele derjenigen 1. Klassen für die Untersuchung zu gewinnen, in die LOGIK-Kinder eingeschult worden waren. Damit sollte eine möglichst große Überlappung beider Stichproben erreicht werden.

STICHPROBE

Die Klassenstichprobe entstammt ländlichen und städtischen Teilen der Region München. Abbildung I.2 zeigt die Gegenden, aus denen die Klassen stammen.

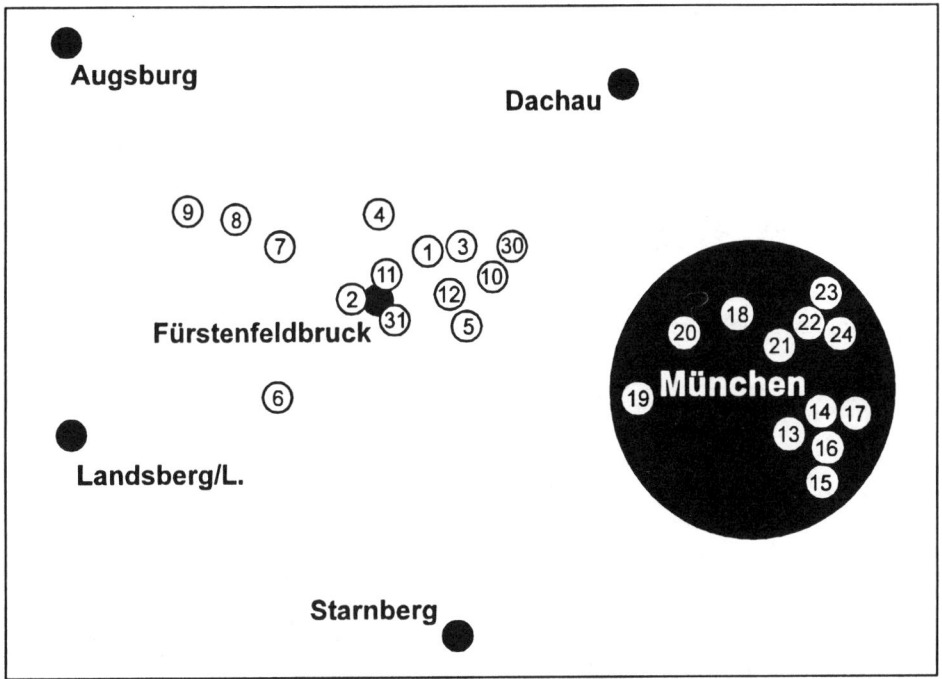

Abbildung I.2: Regionen, aus denen die Klassen stammen. Die weißen Kreise repräsentieren Grundschulen, die an der SCHOLASTIK-Studie beteiligt waren; die Ziffern in den Kreisen verweisen auf die Nummer, die wir der jeweiligen Schule gegeben haben.

Insgesamt konnten 54 Grundschulklassen (1150 Schüler) für die Studie gewonnen werden. Von den insgesamt 171 LOGIK-Kindern, die 1987 eingeschult worden waren (die anderen wurden erst 1988 eingeschult), befanden sich 136 Kinder in den 54 Klassen von SCHOLASTIK; das sind 79,5 Prozent. Bis zum Ende der 2. Klassenstufe verringerte sich die Zahl der beteiligten LOGIK-Kinder - bedingt durch Umzug, Schulwechsel, Wiederholung der 1. Klasse und nachträgliche Verweigerung - von 136 (Mitte 1. Klasse) auf 118 (Ende 2. Klasse). Das sind aber immer noch 72,5 Prozent der 1987 eingeschulten LOGIK-Kinder.

Abbildung I.3 gibt einen Überblick über wichtige Charakteristika der SCHOLASTIK-Stichprobe. Es handelt sich im einzelnen um die Altersverteilung der Lehrkräfte (a), um die Größe der beteiligten Klassen (b), um den klassenspezifischen Anteil von Kindern mit Deutsch als Muttersprache (c) und um den klassenspezifischen Anteil der Mädchen (d).

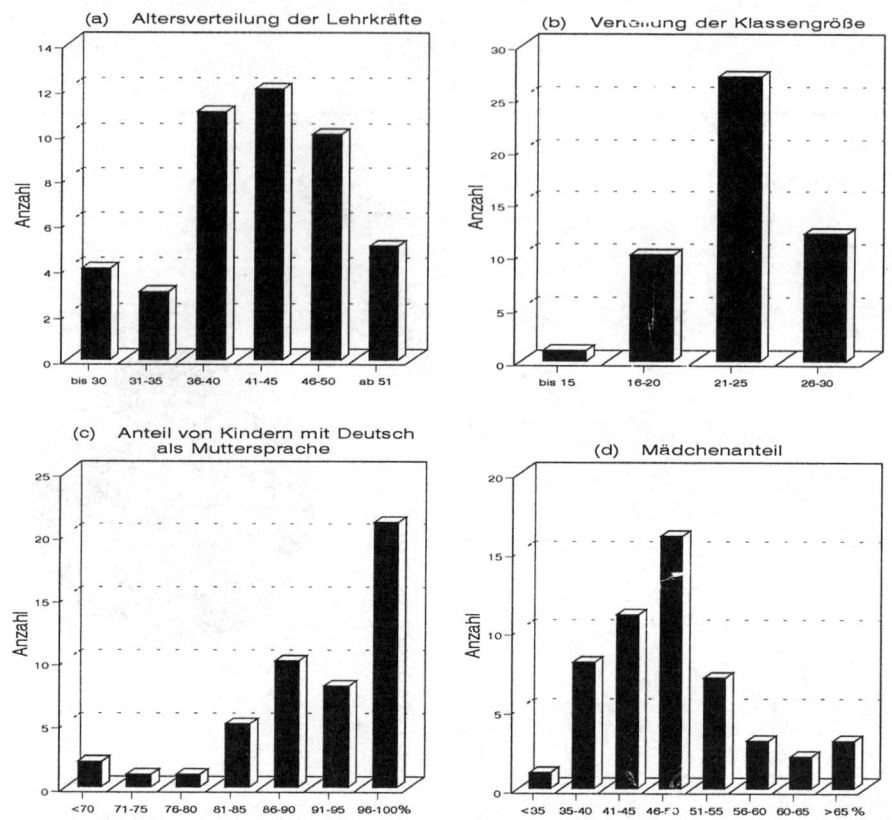

Abbildung I.3: Merkmale der SCHOLASTIK-Stichprobe.

Die Alters- und Geschlechtsverteilung der beteiligten Lehrkräfte und einige Merkmale des Klassenkontextes zeigen, daß wir es einerseits mit einer großen Vielfalt von Bedingungen des Unterrichtens zu tun haben, daß aber andererseits zum Beispiel die Zusammensetzung der Lehrerschaft nicht unrepräsentativ ist. Dies gilt sowohl für die Altersverteilung als auch für die Tatsache, daß 89% der Lehrkräfte weiblichen Geschlechts sind.

INSTRUMENTENENTWICKLUNG

Eine der größten Herausforderungen für SCHOLASTIK war die Entwicklung von Instrumenten - Fragebogen, Leistungstests und Beobachtungsinventare -, die für Kinder im Grundschulalter angemessen und für den Einsatz im Klassenzimmer geeignet sind. Da für den Grundschulbereich, abgesehen von Intelligenztests und einigen Schulleistungstests, kaum Verfahren vorhanden waren, mußten nahezu alle Fragebogeninstrumente neu entwickelt werden. Dazu, insbesondere zur Überprüfung der Reliabilität (interne Konsistenz und Kurzzeitstabilität) und der Konstruktvalidität, waren zahlreiche Pilotstudien erforderlich. Das gleiche gilt für das Beobachtungsinstrument zur Erfassung des Aufmerksamkeitsverhaltens während des Unterrichts, während wir für das System der Beurteilung des Unterrichts auf die Vorarbeiten in der Münchner Hauptschulstudie (Helmke, 1992; Helmke, Schneider & Weinert, 1986) zurückgreifen konnten.

Details der eingesetzten Instrumente sind dem Anhang dieses Buches zu entnehmen; für eine Übersicht über Variablen und Erhebungszeitpunkte vgl. Tabelle VI.4 in Kapitel VI.

UNTERSUCHUNGSDURCHFÜHRUNG

Durchgeführt wurden die empirischen Untersuchungen von trainierten Fachkräften, teils psychologisch-technischen Assistentinnen, teils Sozialarbeiterinnen und ehemaligen Lehrerinnen. Es erwies sich für die Aufrechterhaltung der Kontakte sowie für die Akzeptanz durch die Lehrkräfte und Schulleiter als außerordentlich günstig, für diese Tätigkeit Mitarbeiterinnen gewonnen zu haben, die bereits Berufserfahrungen im sozialen oder pädagogischen Bereich aufzuweisen hatten.

Abbildung I.4 gibt - am Beispiel der 3. Klassenstufe - einen Überblick über die Untersuchungsplanung innerhalb eines Jahres.

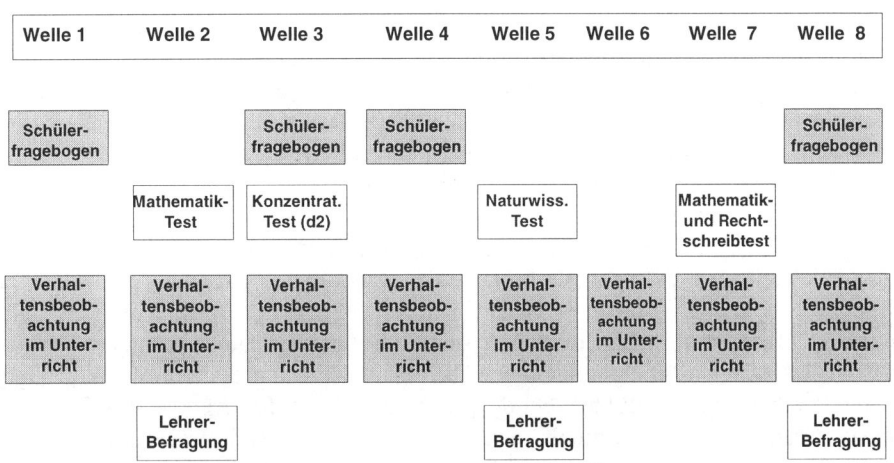

Abbildung I.4: SCHOLASTIK-Untersuchungsplan eines Jahres - am Beispiel der 3. Klassenstufe.

Die Untersuchungen fanden während des Unterrichts im Klassenverband statt. Wenn Fragebögen oder Tests eingesetzt wurden, so geschah dies an Stelle des regulären Unterrichts. Die Beobachtungen des Aufmerksamkeitsverhaltens und der Lehrer-Schüler-Interaktion fanden dagegen während des üblichen Unterrichts statt.

Feldbetreuung

Eine wesentliche Bedingung - und zugleich eine wichtige Aufgabe für das Projektmanagement - der erfolgreichen Durchführung des SCHOLASTIK-Projektes war die enge Zusammenarbeit mit allen beteiligten Lehrkräften. Die Lehrkräfte nutzten die Gelegenheit für eine Palette kleinerer *wissenschaftlicher Dienstleistungen* (von der Beschaffung einschlägiger Literatur zu schul- und unterrichtsrelevanten Themen, über die Beratung bei psycho-diagnostischen Fragen bis hin zu Vorträgen über Themen im Zusammenhang mit dem SCHOLASTIK-Projekt im Rahmen von Lehrerkonferenzen). Darüber hinaus wurden sämtliche Lehrer zweimal in das Max-Planck-Institut eingeladen, wo ausgewählte Ergebnisse des Projektes vorgestellt wurden (was vom Schulamt als reguläre Lehrerfortbildung bewertet und bescheinigt werden konnte).

Ein besonders arbeitsintensiver Strang der Feldbetreuung bestand darin, daß wir allen Lehrkräften zu verschiedenen Themen graphische Rückmeldungen über Merkmale, Leistungen und Entwicklungstendenzen der von ihnen betreuten Schulklasse gaben, also z. B. darüber, in welchen Bereichen des Rechnens oder des Rechtschreibens in ihrer Klasse besondere Schwächen oder Stärken zu verzeichnen waren, und wie sich diese Muster im Laufe der Zeit änderten.

Schwierigkeiten

Es soll nicht verschwiegen werden, daß einige Probleme in der Zusammenarbeit mit den Lehrkräften daraus resultierten, daß diese wesentlich weitergehendere Erwartungen an Inhalt und Art der rückgemeldeten Ergebnisse aus der Studie hatten. Wir waren jedoch nicht nur aus Gründen des Datenschutzes gezwungen, keine Daten einzelner Kinder an Lehrkräfte weiterzugeben; in manchen Fällen hatten wir auch erhebliche pädagogische Bedenken, z. B. hinsichtlich der Mitteilung punktueller Ergebnisse.

Eine andere Schwierigkeit bestand darin, daß wir wider besseres methodologisches Wissen die Zuordnung von Unterrichtsbeobachtern zu bestimmten Klassen relativ konstant hielten bzw. auf Wunsch der Lehrerinnen konstant halten mußten.

Schließlich wäre es aus theoretischen wie methodischen Gründen sehr wünschenswert gewesen, wenn wir die empirische Untersuchung bereits kurz nach der Einschulung in die 1. Klassenstufe hätten machen können. Hier gab es jedoch ebenfalls Bedenken vieler Lehrkräfte, die sich durch einen frühen Untersuchungsbeginn in ihrem pädagogischen Bemühen gestört fühlen würden, erst einmal die Kinder kennenzulernen und soziale Grundregeln zu vermitteln. Somit konnten wir in der 1. Klassenstufe lediglich mit der Unterrichts- und Schülerbeobachtung beginnen und den ersten Intelligenztest durchführen.

Datenanalyse

Die Analyse längsschnittlicher und auf mehreren Ebenen (Individuum, Klasse, Schule) verankerter Daten gehört zu den schwierigsten und komplexesten methodischen Aufgaben (für eine Übersicht über methodische Probleme von Längsschnittstudien vgl.

Schneider, 1991, 1994c). Aus diesem Grund wurde ein umfangreiches Repertoire jeweils angemessener Methoden verwendet. Spezielle Hinweise darüber finden sich in den einzelnen Kapiteln.

AUSBLICK

Neben vielen, bereits erschienenen Einzelpublikationen enthält der vorliegende Band die erste zusammenfassende Veröffentlichung wichtiger Ergebnisse aus der SCHOLASTIK-Studie. Die verbleibenden zwölf Kapitel lassen sich verschiedenen Themengruppen zuordnen: In den Kapiteln II und III geht es um die Entwicklung kognitiver Kompetenzen und motivationaler Tendenzen sowie um die Genese interindividueller Unterschiede bei diesen Merkmalen. Die folgenden zwei Kapitel beschäftigen sich mit dem unterrichtlich vermittelten Fertigkeitserwerb des Lesens und Rechtschreibens (Kap. IV) sowie der Mathematik (Kap. V). Individuelle und institutionelle Bedingungen der Schulleistungen wie der Leistungsunterschiede stehen im Mittelpunkt der Kapitel VI und VII. Die nachfolgenden Teile des vorliegenden Buchs sind verschiedenen speziellen pädagogisch-psychologischen Problemen der Entwicklung im Grundschulalter gewidmet. Im einzelnen handelt es sich dabei um das Stereotyp des schlechten Schülers (Kap. VIII), um Zielkonflikte im Unterricht (Kap. IX) und um das komplizierte Verhältnis von Selbstkonzept und Schulleistung (Kap. X und XI). In Kapitel XII geht es um die Frage, wie sich die Entwicklung im Vorschulalter auf die Entwicklung in der Grundschule auswirkt und welche Rolle die Grundschule für die Entwicklung in den ersten zwei Sekundarschuljahren spielt. Das abschließende Kapitel (XIII) enthält den Versuch einer zusammenfassenden Interpretation der wichtigsten Befunde des SCHOLASTIK-Projekts in wissenschaftlicher wie in schulpraktischer Hinsicht.

Es ist der subjektive Eindruck der an diesem Projekt beteiligten Wissenschaftler, daß der theoretische Ertrag den großen Aufwand dieser Längsschnittstudie rechtfertigt. Zu weit gespannte Erwartungen bedürfen allerdings von Anfang an einer realitätsbezogenen Korrektur. Diese Einschränkung gilt zumindestens in dreifacher Hinsicht.

Zum einen kann keine einzelne Studie die vielen offenen Fragen über die kindliche Entwicklung unter dem Einfluß der Schule in der wünschenswerten Breite und Tiefe beantworten. Das gilt bei der SCHOLASTIK-Untersuchung sowohl für die berücksichtigten individuellen Entwicklungsmerkmale als auch für die erfaßten Charakteristika des Unterrichts. Jede der damit verbundenen Leitfragen konnte nur explorativ untersucht und auf einer relativ oberflächlichen Ebene beantwortet werden. Die vorliegenden Befunde enthalten also mehr begründete Hypothesen als gesicherte Erkenntnisse. Das ist der notwendige Preis, wenn man eine Studie sehr breit anlegt.

Zum zweiten muß man die Grenzen von Längsschnittuntersuchungen im Auge behalten. Sie eignen sich besonders gut für die Analyse der Entstehung, der Stabilität und der Veränderung von interindividuellen Entwicklungsunterschieden. Ihr wissenschaftlicher Wert ist geringer, wenn es um die systematische Beschreibung von entwicklungstypischen Veränderungen psychologischer Merkmale (dafür sind Querschnittuntersuchungen günstiger) oder gar um die Analyse von Veränderungsmechanismen (dafür eignen sich mikrogenetische Studien besonders gut) geht.

Schließlich werden viele Leser die Analyse der familiären Sozialisationsbedingungen vermissen. Die außerschulischen Einflußfaktoren wurden allerdings nicht allein wegen des dafür erforderlichen Forschungsaufwands nur marginal berücksichtigt, sondern vor allem deshalb, weil sie in der Regel eine unauflösbare Konfundierung von genetischen und sozialisatorischen Einflüssen widerspiegeln. Die leiblichen Eltern sind - sieht man von Adoptivkindern ab - durchwegs auch die Gestalter der kindlichen Nahumwelt. Die häufig vorgenommene umwelttheoretische Interpretation der Zusammenhänge zwischen Variationen der kindlichen Entwicklung und der Umweltbedingungen ist deshalb wissenschaftlich unzulässig und vom praktischen Standpunkt aus betrachtet problematisch.

Alles in allem ist also SCHOLASTIK eine Studie, die sich bevorzugt mit der wissenschaftlichen Analyse interindividueller Kompetenz- und Motivationsunterschiede im Kontext variabler Grundschulerfahrungen beschäftigt. Über die dabei erzielten Befunde wird in diesem Band berichtet.

Kapitel II

Entwicklung der Intelligenz und des Denkens

Literaturüberblick:
Marcus Hasselhorn & Dietmar Grube

Ergebnisse aus dem SCHOLASTIK-Projekt:
Merry Bullock & Albert Ziegler

Kommentar:
Reinhold S. Jäger

Entwicklung der Intelligenz und des Denkens: Literaturüberblick

Marcus Hasselhorn und Dietmar Grube

In Praxisfeldern der pädagogischen Psychologie werden die Begriffe "Intelligenz" und "logisches Denken" mehr oder weniger synonym gebraucht. In der Grundlagenforschung der kognitiven Entwicklungspsychologie sind die beiden Konzepte dagegen i. d. R. deutlich voneinander getrennt. Intelligenzforscher sehen in der Quantität richtiger Aufgabenlösungen bei psychometrischen Intelligenztests die Verhaltensgrundlage der Intelligenz und ihrer Entwicklung. Entwicklungspsychologen bevorzugen dagegen oft die Analyse der qualitativen Operationen, mit denen Kinder intellektuelle Anforderungen bewältigen. Sie beziehen sich daher auch eher auf das Konzept des logischen Denkens bzw. sprechen davon, mit ihren Ansätzen die Denkentwicklung von Kindern zu beschreiben und zu erklären. Es kommt also nicht von ungefähr, wenn der interessierte Rezipient der einschlägigen Literatur den Eindruck gewinnt, daß es sich bei der Entwicklung der Intelligenz und der Entwicklung des logischen Denkens um zwei völlig separate und voneinander unabhängige Entwicklungsaspekte menschlichen Verhaltens handele. Doch dieser Eindruck täuscht, wie sich historisch und empirisch belegen läßt.

Historisch läßt sich eine enge Verwandtschaft zwischen der Intelligenzorientierung einerseits und der Denkorientierung andererseits bei der Beschäftigung mit der kognitiven Entwicklung von Kindern ausmachen. Zu Beginn dieses Jahrhunderts entwickelte Alfred Binet zusammen mit Theodore Simon in Frankreich Testverfahren für Kinder, mit deren Hilfe zuverlässig diagnostiziert werden sollte, ob ein Kind vom normalen Schulunterricht hinreichend profitieren könne, oder ob es einer Sonderbeschulung bedarf. Diese Testverfahren bestanden aus einer Vielzahl kleinerer Aufgaben, deren Auswertung ganz pragmatisch danach erfolgte, ob die Aufgabe richtig beantwortet wurde oder nicht. Die Anzahl der richtig beantworteten Aufgaben bildeten bereits früh die empirische Grundlage des Intelligenzbegriffes. Einer der Studenten, die 1919 in Binets Testlaboratorium Intelligenzdiagnostik bei Kindern durchführte, war Jean Piaget. Er nahm Anstoß an dem pragmatischen Auswertungssystem, das nur die Richtigkeit der Antworten erfaßte, und begann sich für die Fehlersystematik der Kinder beim Beantworten der verschiedenen Aufgaben zu interessieren. Aus diesem Interesse entstand später die strukturgenetische Perspektive der intellektuellen Entwicklung, in der das Konzept des logischen Denkens seine entwicklungspsychologische Verankerung erfuhr. Es war also ein und dasselbe Aufgabenverhalten, aus dem die Konzepte der Intelligenz und des logischen Denkens entstanden, nur daß unterschiedliche Aspekte dieses Verhaltens betrachtet wurden und daraus unterschiedliche theoretische Perspektiven entwickelt wurden (s. u.).

Die theoretische Perspektive, die Piaget entwickelte, führte in der Folgezeit auch zu alternativen Tests für die empirische Erfassung des kindlichen Denkens. Im Grundschulalter zeigt sich allerdings trotz der völlig unterschiedlichen Konzepte von Intelligenz- und Denktests immer wieder das gleiche typische Befundmuster: mit zunehmendem Alter sind Kinder in der Lage, immer mehr Aufgaben immer schneller richtig zu beantworten.

Eine aus der Perspektive der Schule in diesem Zusammenhang interessante Frage ist die nach der Ursache dieser Leistungszunahme. Die traditionelle Sichtweise, daß Intelligenzentwicklung vor allem die Folge biologischer Reifungsprozesse sei, ist durch neuere empirische Arbeiten radikal in Frage gestellt worden, in denen deutliche Effekte der Schule auf die Intelligenzentwicklung nachgewiesen wurden (vgl. Cahan & Cohen, 1989; Ceci, 1991). Zum Beispiel weisen Kinder, die regelmäßig die Schule besuchen einen höheren IQ auf als Klassenkameraden, die nur unregelmäßig am Unterricht teilnehmen. Es gibt sogar Hinweise, daß es zu einem leichten Abfall von Intelligenztestleistungen während der Sommerferien kommt (Ceci, 1991).

Der prinzipielle Einfluß der Schule ändert allerdings nichts daran, daß das Thema Entwicklung der Intelligenz und des logischen Denkens im Grundschulalter für Kinder, die zur Schule gehen (was in unserer Gesellschaft per Gesetz vorgeschrieben ist), vergleichsweise uninteressant und trivial ist. Je älter die Kinder werden, desto eher wissen sie die richtige Antwort auf Fragen z. B. nach dem Namen der Hauptstadt von Italien, desto eher können sie erklären, was ein "Safir" ist, desto schneller können sie angeben, wieviel von 48 Keksen einer Packung übrigbleiben, wenn man 14 Kekse aufgegessen hat, oder welche Gemeinsamkeiten zwischen Birne und Pfirsich bestehen. Aber nicht nur solche typischen Anforderungen zur Erfassung der sprachlichen Intelligenz werden mit zunehmendem Alter besser und schneller bewältigt, auch die Lösungswahrscheinlichkeit von Syllogismen der Art: "Pliks schlafen, wenn sie kalt sind. Alle schlafenden Dinge sind blau. Sind Pliks blau?" (vgl. Markovits, Schleifer & Fortier, 1989) und anderer Denkanforderungen, wie sie in der Tradition Piagets gestellt werden, nimmt mit zunehmendem Alter zu (vgl. zur Oeveste, 1987). Außerdem haben empirische Untersuchungen deutliche korrelative Zusammenhänge zwischen Intelligenztestleistungen und den Leistungen bei Piagetschen Anforderungen in der Größenordnung von $r = .45$ bis $r = .60$ gefunden (Schneider, Perner, Bullock, Stefanek & Ziegler, in Druck). Dies entspricht in etwa der Größenordnung, mit der verschiedene Denktests bzw. verschiedene Intelligenztests im Grundschulalter untereinander korrelieren. Die Trennung zwischen beiden Konzepten der kognitiven Entwicklung scheint von daher auch empirisch nicht zwingend zu sein, sondern vor allen Dingen eine Folge unterschiedlicher theoretischer Perspektiven. Anstelle eines Überblicks empirischer Befunde zur Entwicklung der Intelligenz und des logischen Denkens bei Schulkindern werden wir im folgenden der Frage nach einem beim gegenwärtigen Stand der Forschung angemessenen theoretischen Rahmen zur Einordnung und Erklärung der Befunde zur Intelligenzentwicklung nachgehen. Dazu wenden wir uns zunächst den aktuell dominierenden theoretischen Perspektiven zu: der psychometrischen, der strukturgenetischen und der Informationsverarbeitungs-Perspektive.

DIE PSYCHOMETRISCHE PERSPEKTIVE: LEISTUNGSPRODUKTE UND INTERINDIVIDUELLE DIFFERENZEN

Die psychometrische Betrachtung der Intelligenzentwicklung kann mittlerweile auf eine über 100jährige Tradition zurückblicken, in der die interindividuellen Differenzen von Testleistungen auf verschiedenen Altersstufen im Vordergrund des Interesses standen. Kail und Pellegrino (1989) sprechen davon, daß im psychometrischen Ansatz das Thema Intelligenzentwicklung mit einer stark pädagogisch-pragmatischen Orientierung bearbeitet wurde. Der Frage, wie sich Intelligenz messen läßt, wurde ungleich mehr Aufmerksamkeit gewidmet als der systematischen Beschreibung und Erklärung von Altersveränderungen. So verfügen wir heute über eine ganze Palette verschiedener Intelligenztestverfahren für Kinder und Jugendliche, deren theoretische Basis als eher vage einzustufen ist.

Neben der pragmatischen, sich auf Testverfahren konzentrierenden Orientierung ist der psychometrische Ansatz auch durch eine spezifische grundlagenwissenschaftliche Orientierung charakterisiert, deren Ziel es ist, die relevanten Dimensionen intellektueller Variabilität zu identifizieren. Mathematische Techniken - wie die Faktorenanalyse - haben sich hier als Mittel der Wahl durchgesetzt. Obwohl die Konkurrenz unter den meist faktorenanalytischen Intelligenzkonzepten der psychometrischen Tradition bis heute sehr beträchtlich ist (vgl. Amelang, 1995), herrscht doch mittlerweile weitgehender Konsens darüber, daß so etwas wie ein Generalfaktor der Intelligenz und/oder ein Satz von miteinander in Beziehung stehenden Gruppenfaktoren existiert.

Doch was haben die beiden Eckpfeiler des psychometrischen Ansatzes, die Intelligenztests und die faktorenanalytischen Intelligenztheorien mit dem Thema Intelligenzentwicklung zu tun? Indirekt sehr viel, denn sie liefern einen empirischen und theoretischen Rahmen, in dem auch heute zentrale Themen der entwicklungspsychologischen Intelligenzforschung behandelt werden (vgl. Gardner & Clark, 1992). Zwei Beispiele mögen hier zur Illustration genügen: das Thema der individuellen Entwicklungsstabilität der Intelligenz und die Debatte über Entwicklungsveränderungen in der Intelligenzstruktur.

Individuelle Entwicklungsstabilitäten der Intelligenz

Prinzipiell lassen sich wenigstens zwei Arten der individuellen Entwicklungsstabilität unterscheiden, nämlich die interindividuelle bzw. *differentielle Stabilität* und die intraindividuelle *Niveau-Stabilität*. Während erstere sich auf die zeitliche Konstanz interindividueller Unterschiede in einer Population bezieht, zielt letztere auf die intraindividuelle Stabilität der Merkmalsausprägung über die Zeit. Seit den 30er Jahren sind vor allem immer wieder psychometrische Analysen zur differentiellen Entwicklungsstabilität der Intelligenz vorgelegt worden. Mit großer Übereinstimmung fanden sich dabei ab dem Grundschulalter hohe Stabilitäten der interindividuellen Unterschiede (Schneider et al., in Druck). Ob bereits ab 3 bis 4 Jahren eine hohe interindividuelle Entwicklungsstabilität vorliegt, wie es die klassischen amerikanischen Längsschnittstudien zur Intelligenzentwicklung nahelegen (vgl. Gardner & Clark, 1992), ist fragwürdig und - wie Schneider et al. (in Druck) vermuten - vielleicht nur ein Artefakt der in früheren Studien verwendeten Prozeduren der Datenaggregation. Sehr instruktive Analysen zur zeitlichen Niveau-Stabilität der Intelligenz haben vor kurzem Moffitt, Caspi, Harkness und Silva (1993) vorgelegt. Über 1.000 neuseeländische Kinder wurden mit 7, 9, 11 und 13 Jahren mit dem bekannten Wechsler-Intelligenztest untersucht. Die differentiellen Entwicklungsstabilitäten lagen erwartungsgemäß hoch (Korrelationen zwischen $r = .74$ und $r = .85$). Intraindividuelle IQ-Veränderungen über die vier Meßzeitpunkte hinweg erwiesen sich für die Mehrheit der Kinder als vernachlässigbar gering. Lediglich bei 13.5% der untersuchten Kinder zeigten sich IQ-Veränderungen, die sich nicht mehr auf Meßfehler zurückführen ließen (Durchschnitt der Veränderungen: 38 IQ-Punkte). Weder das intellektuelle Ausgangsniveau, noch Variablen der familiären und sozialen Situation konnten als bedeutsame Prädiktoren dieser intraindividuellen IQ-Veränderungen ausgemacht werden. Moffitt et al. (1993) kommen aufgrund ihrer Analysen zu dem Schluß, daß der nicht-triviale (wenn auch prozentual geringe) Anteil bedeutsamer Veränderungen im IQ-Niveau im Hinblick auf den Zeitpunkt des Auftretens variabel ist, höchst idiosynkratisch veranlaßt zu sein scheint und oft nur vorübergehender Natur ist.

Entwicklungsveränderungen der Intelligenzstruktur

Besteht die Intelligenzentwicklung nur in einer Alterszunahme der Leistungsfähigkeit oder ändern sich mit zunehmendem Alter auch die relevanten Dimensionen intellektueller Leistungsmöglichkeiten? Debatten um diese Frage gehören zu den bedeutsamsten psychometrischen Beiträgen der kognitiven Entwicklung. Nach Sternberg und Powell (1983) lassen sich insgesamt vier verschiedene Varianten der These von bedeutsamen Entwicklungsveränderungen der Intelligenzstruktur ausmachen. Die populärste Variante basiert auf der Überzeugung, daß die Zahl der relevanten Dimensionen bzw. Intelligenzfaktoren mit zunehmendem Alter ansteigt. Die bekannteste Ausformulierung dieser Variante nahm Garrett (1946) mit seiner *Alters-Differenzierungshypothese* vor. Dieser Hypothese zufolge werden unterschiedliche Testleistungen zu Beginn des Schulalters auf die Ausgeprägtheit einer allgemeinen Fähigkeit zurückgeführt, die sich im Laufe der Schuljahre immer mehr ausdifferenziert, bis man im Jugendalter eine "lose organisierte Gruppe von Fähigkeiten oder Faktoren" (Garrett, 1946, S. 373; eigene Übersetzung) vorfindet. Aber selbst wenn man von einigen schwerwiegenden methodischen Problemen bei der Interpretation altersabhängiger Veränderungen von Faktorenstrukturen absieht (vgl. Merz & Kalveram, 1965), zeigt die von Reinert (1970) zusammengetragene Befundlage ein zu heterogenes Bild, um eine auch nur annähernd präzise Beschreibung einer möglichen Intelligenzstrukturdifferenzierung im Schulalter leisten zu können.

Eine zweite Variante der These von einer entwicklungsabhängigen Strukturveränderung der Intelligenz hat zum Inhalt, daß sich zwar nicht die Anzahl der relevanten Dimensionen, jedoch deren *relative Bedeutsamkeit* bzw. *Gewichtung* systematisch mit dem Alter verändert. Gut vereinbar mit dieser Variante sind Befunde von Hofstätter (1954), der die Daten der Berkeley Growth Study einer Reanalyse unterzog. Dabei zeigte sich, daß im Kleinkindalter perzeptuell-motorische Faktoren im wesentlichen für die beobachtbaren interindividuellen Leistungsunterschiede verantwortlich waren, während im späteren Kindesalter der verbalen und symbolischen Manipulation eine herausragende Bedeutung zukam. Ansätze dieser Variante der These von Entwicklungsveränderungen in der Intelligenzstruktur enthalten jedoch keinerlei Hinweise darauf, daß es zu bedeutsamen Umgewichtungen im Verlauf der Grundschuljahre kommt.

Eine dritte Variante geht zwar von einer prinzipiellen Invarianz der Faktorenstruktur aus, postuliert jedoch, daß es während verschiedener Entwicklungsperioden zu Veränderungen der *Inhalte* dieser Faktoren komme. Ansätze im Rahmen dieser Variante bevorzugen die Betrachtung eines einzigen dominanten Intelligenzfaktors (im Sinne des Spearmanschen Generalfaktors) und versuchen, altersabhängige qualitative Veränderungen dieses Faktors zu beschreiben (z. B. McCall, Hogarty & Hurlburt, 1972).

Schließlich finden sich Beispiele für eine vierte Variante, in der - wie in der dritten Variante - wiederum die prinzipielle Altersinvarianz der Faktorenstruktur angenommen wird, jedoch diesmal keine Inhaltsveränderungen, sondern rein *quantitative* Entwicklungsveränderungen der einzelnen Faktoren postuliert werden. Das bekannteste Beispiel einer psychometrischen Theorie dieser Variante ist das Modell der fluiden und kristallisierten Intelligenz von Horn und Cattell (1966), das hier allerdings nicht weiter ausgeführt werden soll, weil es differentielle quantitative Veränderungen der beiden betrachteten Generalfaktoren erst im Erwachsenenalter postuliert.

Zusammenfassend läßt sich festhalten, daß trotz guter Argumente für die These, daß es Entwicklungsveränderungen der Intelligenzstruktur gibt, diese vor allem in der frühen Kindheit und im hohen Erwachsenenalter nachweisbar sind. Für die Altersspanne zwischen 5 und 13 Jahren, die hier vorrangig von Interesse ist, stehen Nachweise für bedeutsame Veränderungen der psychometrischen Struktur der Intelligenz bisher aus.

DIE STRUKTURGENETISCHE PERSPEKTIVE: STRUKTUREN, PROZESSE UND INTRAINDIVIDUELLE VERÄNDERUNGEN

In den 60er Jahren begann sich neben dem psychometrischen Ansatz eine strukturgenetische Perspektive der Entwicklung der Intelligenz und des logischen Denkens zu etablieren. In entwicklungspsychologischen Lehrbüchern nahm sie schnell die dominierende Rolle ein, da mit ihr ein genuin entwicklungspsychologischer Ansatz verbunden war. Nicht die Leistungsresultate beim Bearbeiten intellektueller Anforderungen standen im Blickpunkt, sondern die das Leistungsverhalten produzierenden und charakterisierenden Strukturen und Prozesse; nicht die interindividuellen Differenzen, sondern die allgemeinen Grundlagen der Intelligenz bzw. des logischen Denkens und deren intraindividuellen Veränderungen. Im klassischen strukturgenetischen Ansatz Piagets (1969) wird die Intelligenzentwicklung als ein Prozeß der Wissenskonstruktion in der aktiven Auseinandersetzung des Individuums mit seiner Umwelt charakterisiert. Das Resultat dieses Prozesses ist der Aufbau kognitiver Strukturen, die im Verlauf der Kindheit einem gesetzmäßigen stufenweisen Wandel unterliegen. Piaget postuliert eine universelle Sequenz qualitativer Veränderungen kognitiver Strukturen von der sensumotorischen Stufe über die präoperatorische und konkret-operatorische, bis hin zur formal-operatorischen Stufe im Alter von etwa 12 Jahren. Wegen des hohen Bekanntheitsgrades des klassischen Piagetschen Ansatzes und der leichten Verfügbarkeit guter Überblicksliteratur (z. B. Buggle, 1985; Ginsburg & Opper, 1975) müssen die wichtigsten Annahmen der Theorie Piagets hier nicht mehr im einzelnen ausgeführt werden. Auf größeres Interesse dürften dagegen aktuelle Ansätze stoßen, die sich der strukturgenetischen Perspektive verpflichtet fühlen und gleichzeitig die wesentlichen Schwächen des Piagetschen Systems zu vermeiden bestrebt sind.

Doch zunächst zu den Schwächen der klassischen strukturgenetischen Perspektive. Da ist zunächst einmal die Annahme der Existenz genereller logischer Strukturen, die sich durch endogene bzw. autoregulative Prozesse herausbilden und von Umweltfaktoren kaum beeinflußt werden. Eine Reihe empirischer Befunde nähren die Zweifel an der Gültigkeit dieser Annahme. So können z. B. präoperatorische Kinder durch gezieltes Training spezifische Konzepte erwerben, die i. d. R. erst von konkret-operatorischen Kindern beherrscht werden, ohne daß allerdings die Trainingseffekte auf andere konkretoperatorische Konzepte übertragen werden (vgl. den Überblick von Brainerd & Allen, 1971).

Auf eine Reihe weiterer Schwächen aus rationalistischer Sicht hat bereits Pascual-Leone (1969) hingewiesen. So findet man im Piagetschen Ansatz keine Explikation der Mechanismen, mit denen der Übergang von einer Entwicklungsstufe zur nächsten erfolgt. Außerdem gibt es keinerlei Erklärung für das Zustandekommen interindividueller Differenzen im Entwicklungsprozeß. Schließlich belegen auch die Befunde kulturvergleichender Studien zur Denkentwicklung, daß Piagets Theorie zu universell und zu statisch konzipiert war.

Die Kritik an der klassischen strukturgenetischen Sichtweise führte nicht nur zu alternativen Ansätzen im Rahmen des Informationsverarbeitungs-Paradigmas (s. u.), sondern auch dazu, daß verschiedene Autoren sich daran machten, eine Neo-Piagetsche Theorie zu formulieren (z. B. Case, 1985; Fischer, 1980; Halford, 1989). Nach Case (1992) zeichnet sich ab, daß in dieser neuen strukturgenetischen Perspektive einerseits wesentliche Piagetsche Postulate beibehalten werden (vor allem das Konzept der kognitiven Struktur, ihrer Konstruktion durch aktive Auseinandersetzung mit Umwelterfahrungen, die universelle altersgebundene Sequenz von Entwicklungsstufen und die Idee der hierarchischen Integration früher Strukturen in spätere), andererseits weiterführende strukturgenetische Postulate aufgestellt werden. Hierzu zählen Versuche einer strikten Trennung zwischen den Konzepten Entwicklung und Lernen, die Annahme bereichsspezifischer kognitiver Umstrukturierungen und die Vorstellung zyklischer Wiederholungen struktureller Sequenzen. Außerdem listet Case (1992) verschiedene Aspekte der Neo-Piagetschen Theorie auf, die zu gewichtigen Veränderungen der strukturgenetischen Perspektive führen. Hierzu zählen verschiedene Neukonzipierungen des Strukturbegriffs, die weit über die symbolisch-logischen Beschreibungen Piagets hinausgehen, die stärkere Betonung der Rolle spezifischer biologischer Faktoren für die Herausbildung immer komplexerer kognitiver Möglichkeiten und die explizite Berücksichtigung interindividueller Differenzen in der intellektuellen Entwicklung.

In gewisser Weise lassen sich auch neuere Ansätze, in denen die Denkentwicklung als "Theoriewandel" (conceptual change) beschrieben wird, als neo-strukturgenetisch bezeichnen. Immerhin werden hier fundamentale Wissensveränderungen als Ursache der intellektuellen Entwicklung gesehen (vgl. für einen Überblick dieser Ansätze Carey & Gelman, 1991; Sodian, 1995). Im Gegensatz zur klassischen Strukturgenese wird der Wissenswandel in diesen Ansätzen jedoch nicht über konstruktivistische Prinzipien, sondern eher über nativistische Annahmen erklärt.

Zusammengefaßt läßt sich festhalten, daß die strukturgenetische Perspektive den Blick auf die den beobachtbaren intellektuellen Leistungen zugrundeliegenden Wissensstrukturen lenkt. Diese Strukturen unterliegen einschneidenden qualitativen Veränderungen, die zumindest teilweise bereichsübergreifenden Charakter haben und eine Sequenz von Entwicklungsstufen markieren. Die Beschreibung solcher intraindividuell erfolgender Entwicklungsveränderungen verleihen Ansätzen dieser Perspektive ein genuin entwicklungspsychologisches Potential.

DIE INFORMATIONSVERARBEITUNGS-PERSPEKTIVE

Die Neo-Piagetsche Theorie und der Informationsverarbeitungs-Ansatz zur Beschreibung und Erklärung der Entwicklung von Intelligenz und logischem Denken haben sich seit Ende der 60er Jahre parallel herausgebildet. Das hat zur Folge, daß viele moderne Ansätze (im übrigen auch die von Case skizzierte Neo-Piagetsche Theorie) Aspekte beider Perspektiven beinhalten. Dennoch läßt sich die Informationsverarbeitungs-Perspektive von ihrem Ausgangspunkt her deutlich von der Strukturgenese abgrenzen. Hier stand nämlich das Konzept der Information im Mittelpunkt und die Frage, wie der Mensch Information aufnimmt, verarbeitet und wieder abruft. Im Gegensatz zu den biologischen Metaphern der Strukturgenese, fußt der Informationsverarbeitungs-Ansatz auf einer technischen, nämlich der Computer-Metapher. Intelligenz und logisches Denken werden mit Hilfe von Konzepten wie Wissensrepräsentation und -aktivierung, Strategien, exekutive Prozesse bzw. mentale Kapazität charakterisiert.

Trotz höchst unterschiedlicher Varianten des Informationsverarbeitungsansatzes lassen sich einige übergeordnete Grundannahmen identifizieren:

(1) *Alle kognitiven Aktivitäten lassen sich prinzipiell auf das Zusammenwirken einer relativ überschaubaren Anzahl elementarer Prozesse zurückführen.* Bei aller Uneinigkeit über den angemessenen Auflösungsgrad bei der Beschreibung von Informationsverarbeitungsprozessen sowie die exakte Anzahl der fundamentalen Basisprozesse und deren Eigenschaften (vgl. Palmer & Kimchee, 1986) herrscht doch weitgehender Konsens darüber, daß jede intellektuelle Tätigkeit als Produkt des Zusammenwirkens distinkter Prozesse beschreibbar ist. Nach Kail und Bisanz (1992) verbergen sich hinter dieser Annahme zwei zentrale Aufgaben der informationsverarbeitungstheoretischen Forschungstradition zur intellektuellen Entwicklung, nämlich einerseits die Suche nach den relevanten elementaren Prozessen (diese Aufgabe erinnert an die psychometrische Suche nach den relevanten Dimensionen des intellektuellen Verhaltens) und andererseits die Analyse der Organisation bzw. des Zusammenwirkens dieser Prozesse.

(2) *Entwicklungsveränderungen sind im wesentlichen die Folge des Wirkens internaler Faktoren.* Die Gründe für intellektuellen Entwicklungsfortschritt sehen Vertreter der Informationsverarbeitungs-Perspektive vor allem in Eigenschaften des Informationsverarbeitungs-Systems selbst und weniger durch irgendwelche Umweltfaktoren verursacht. Entwicklung wird daher bevorzugt als Selbstmodifikation gesehen. Dabei lassen sich allerdings unterschiedliche Grundkonzeptionen selbstmodifikatorischer Entwicklungsmechanismen voneinander unterscheiden. Während etliche Autoren Veränderungen in den Prozeduren und Regeln der Informationsverarbeitung für entscheidend halten, sind andere davon überzeugt, daß der zentrale Entwicklungsmechanismus in Veränderungen der mentalen Anstrengung zu suchen ist, die zum Verarbeiten von Informationen benötigt wird. Dieser letztgenannte Ansatz wird vor allem von den oben erwähnten Neo-Piagetianern verfolgt, so daß es in diesen modernen Ansätzen kaum möglich ist, eine eindeutige Unterscheidung zwischen strukturgenetischer und informationsverarbeitungstheoretischer Perspektive vorzunehmen.

(3) *Es lassen sich einige wenige übergeordnete Prinzipien der entwicklungsbedingten qualitativen Veränderungen der Intelligenz und des logischen Denkens ausmachen.* Sternberg und Powell (1983) identifizierten vier übergeordnete, "transparadigmatische" Prinzipien der intellektuellen Entwicklung. Im einzelnen sind dies (a) die zunehmend sophistizierte Kontrolle über die Informationsverarbeitung, (b) die immer vollständigere Verarbeitung von Informationen, (c) das Verstehen von Relationen immer höherer Ordnung und (d) die immer flexiblere Nutzung von Strategien und Informationen.

Zusammengefaßt liefert der Informationsverarbeitungsansatz ein System, in dem prozeßorientiert sowohl interindividuelle Differenzen als auch intraindividuelle Veränderungen beschreibbar und erklärbar werden. Er liefert damit einen geeigneten theoretischen Rahmen für eine differentielle Entwicklungspsychologie der Intelligenz und des logischen Denkens.

ANDERSONS THEORIE DER "MINIMALEN KOGNITIVEN ARCHITEKTUR"

Einer der gegenwärtig interessantesten Versuche, auf der Grundlage des Informationsverarbeitungsansatzes eine Theorie der intellektuellen Entwicklung vorzulegen, stammt von Mike Anderson (1992). Sein Modell der minimalen kognitiven Architektur ermöglicht die Erklärung sowohl interindividueller Unterschiede als auch intraindividueller Entwicklungsveränderungen im Denken. Ungewöhnlich ist dabei vor allem, daß unterschiedliche Komponenten bzw. Mechanismen für das Zustandekommen interindividueller Unterschiede und intraindividueller Veränderungen verantwortlich gemacht werden.

Im Verlauf der Kindheit und des Jugendalters nehmen die kognitiven Leistungen stetig zu. Anderson (1992) macht hierfür den Wissenserwerb verantwortlich, wobei er zwei verschiedene Wege des Wissenserwerbs unterscheidet: einen, der interindividuelle Differenzen produziert, und einen anderen, der zu intraindividuellen Entwicklungsveränderungen führt.

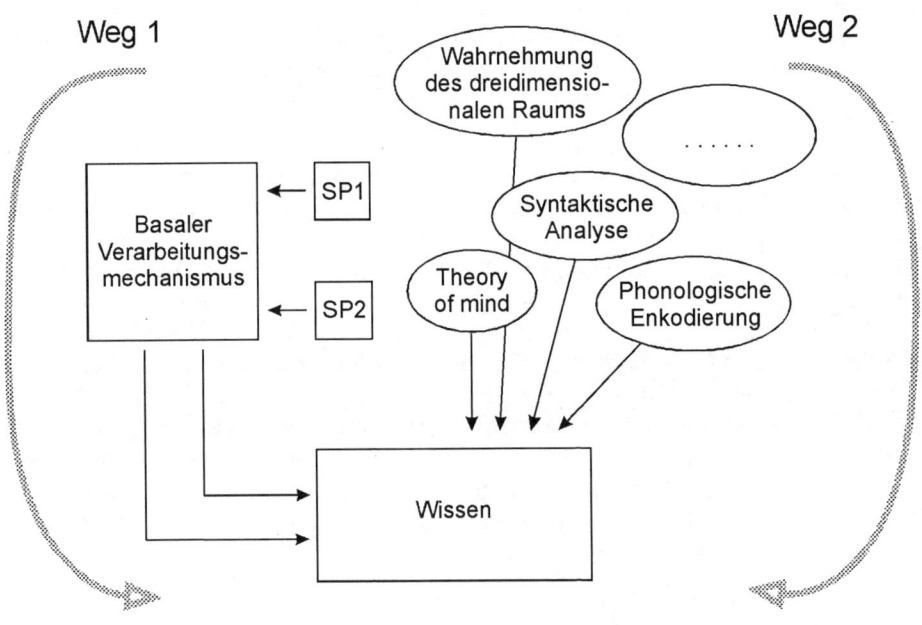

Abbildung II.1: Graphische Darstellung der Theorie der "minimalen kognitiven Architektur" von Anderson (1992).

Die Annahme der Existenz von drei Arten von Verarbeitungsmechanismen, dem basalen Verarbeitungsmechanismus, den spezifischen Prozessoren und verschiedener Modul-Varianten, liefern den Grundstock zur Explikation der Wege zum Wissenserwerb. Auf dem Weg der "Wissenselaboration" (vgl. Abb. II.1, Weg 1) eignet sich das Individuum Wissen durch Denken an, was Anderson als die Implementierung von Wissenserwerbs-Routinen bzw. Algorithmen beschreibt, die von den beiden *spezifischen Prozessoren* (vgl. Abb. II.1, SP1 und SP2) generiert werden. Interindividuelle Unterschiede in der generellen Qualität des Denkens bzw. in der allgemeinen Intelligenz sind durch die Geschwindigkeit des *basalen Verarbeitungsmechanismus* determiniert. Ein schnellerer basaler Verarbeitungsmechanismus - im Vergleich zu einem langsamen - ermöglicht die Lösung komplexerer Probleme, die schnellere Lösung einfacher Probleme und (langfristig) den Erwerb umfangreicheren und komplexeren Wissens. Anderson (1992) postuliert, daß die Geschwindigkeit des basalen Verarbeitungsmechanismus über die Lebensspanne hinweg konstant bleibt. Die individuelle Leistungsstärke der *spezifischen Prozessoren* ist die Basis beobachtbarer spezifischer Fähigkeiten bzw. Fertigkeiten: Die Generierung von sequentiellen, verbal-propositionalen Denk-Algorithmen und die Nutzung simultan-holistischer, visuell-räumlicher Verarbeitungsprozeduren werden von Anderson (1992) als weitgehend unabhängig voneinander aufgefaßt.

Der zweite Weg des Wissenserwerbs erfolgt über *Module*. Module versorgen das Individuum mit Wissen, ohne dabei von der Geschwindigkeitsbegrenzung des basalen Verarbeitungsmechanismus betroffen zu sein (vgl. Weg 2 in Abb. II.1). In der Reifung von Modulen liegt für Anderson der Motor universeller qualitativer Entwicklungsveränderungen. Einige Module führen mit hoher Geschwindigkeit komplexe Operationen aus, die sich im Laufe der Evolution als hochadaptiv erwiesen haben, z. B. die Extraktion eines dreidimensionalen Eindrucks aus dem Reizmuster, das die Netzhäute an das zentrale Nervensystem senden. Solche Module vermutet Anderson (1992) in so verschiedenen Bereichen wie der visuellen Wahrnehmung, der Sprachwahrnehmung, dem Spracherwerb, dem kausalen Denken, verschiedenen Wahrnehmungskategorien und der sog. "theory of mind". Neben solchen im Laufe der Evolution angelegten Modulen vom Typ I nennt Anderson eine Variante vom Typ IIa, die keine komplexen, sondern elementare Operationen ausführt, z. B. die Übertragung von Speicherinhalten in das und aus dem Langzeitgedächtnis. Ein weiterer Modultyp (von Anderson Typ IIb genannt) ist im Gegensatz zum Typ I nicht genetisch vorprogrammiert, sondern entsteht durch die Automatisierung häufig ablaufender Prozesse.

Beim Wissenserwerb beeinflussen sich Denken und Wissen wechselseitig. Mit der Reifung eines neuen Moduls ist die Entwicklung neuartiger Repräsentationsformen verbunden; diese neuen Möglichkeiten stehen nun allen Denkprozessen als eine Art neuer Sprache des Denkens zur Verfügung. So hat die Reifung von Modulen, selbst wenn die Funktion des Moduls zunächst recht spezifisch erscheint, Konsequenzen für das gesamte kognitive System und kann eine qualitativ neuartige Stufe des Denkens einleiten. Auf der anderen Seite kann Wissen, das bei seiner Aneignung und bei ersten Anwendungen durch Denkprozesse vermittelt wird und somit den basalen Verarbeitungsmechanismus belastet, bei häufiger Nutzung automatisiert werden, also modularen Charakter annehmen und dadurch zentrale Kapazität freisetzen, die nun wiederum dem Denken zur Verfügung steht - z. B. zum Erwerb weiteren Wissens.

Der jeweilige individuelle Entwicklungsstand ist durch die Anzahl, Komplexität und Elaboriertheit der aktuell verfügbaren Wissensbausteine charakterisiert, wobei immer beide beschriebenen Wissenserwerbswege die Genese und Qualität dieses Wissens determinieren.

Es ist hier nicht der Raum, um die vielfältigen empirischen Evidenzen für die Angemessenheit der Theorie der minimalen kognitiven Architektur zusammenzutragen (vgl. hierzu Anderson, 1992). Daher begnügen wir uns hier mit einigen allgemeinen Anmerkungen zu ihrem empirischen Erklärungsgehalt.

Die Annahmen zum ersten Weg des Wissenserwerbs erlauben eine gute Erklärung typischer Befunde der psychometrischen Forschungstradition: Da die Prozeduren des Denkens bzw. des Wissenserwerbs in ihrem Ablauf durch die interindividuell stabile Geschwindigkeit des basalen Verarbeitungsmechanismus determiniert werden, kommt es zu hohen positiven Korrelationen zwischen den unterschiedlichsten intellektuellen Leistungen (die Psychometriker nehmen dies als Beleg für die Existenz eines g-Faktors der Intelligenz). Andererseits kommen psychometrische Analysen zur Intelligenzstruktur relativ übereinstimmend zum Ergebnis, daß es wenigstens zwei Hauptgruppen weitgehend unabhängiger Leistungsfaktoren gibt, die gewöhnlich als "verbale" und "räumliche" Fähigkeiten umschrieben werden. Dies läßt sich als psychometrische Evidenz für die beiden spezifischen Prozessoren heranziehen. Die bemerkenswerte Stabilität interindividueller Unterschiede in diesen Leistungen über die Zeit belegt zwar nicht die Andersonsche Annahme der Entwicklungsinvarianz des Geschwindigkeits-*Niveaus* des zentralen Verarbeitungsmechanismus, wohl aber die hohe differentielle Stabilität des über diesen Weg erworbenen Wissens. Hierzu paßt auch der Befund, daß Verhaltensmaße, die den am ersten Weg des Wissenserwerbs beteiligten Komponenten zugeordnet werden, bereits ab dem ersten Lebensjahr mit dem IQ ab dem 3. Lebensjahr positiv korrelieren (vgl. Fagan & McGrath, 1981).

Der zweite Weg des Wissenserwerbs dient als Erklärungsrahmen für intraindividuelle Entwicklungsveränderungen. Insbesondere die in der strukturgenetischen Tradition postulierten universellen Entwicklungsveränderungen lassen sich hier als Folge der Reifung von Modulen und der Elaboration existierender Wissensstrukturen charakterisieren. So scheint z. B. das "Theory of mind"-Modul mit etwa 3½ Jahren durch eine qualitative Veränderung in der Repräsentation mentaler Zustände verhaltenswirksam zu werden: Kinder lernen in diesem Alter die Funktion des Geistes als aktiven Informationsprozessor kennen (Wellman, 1990) und erwerben die Fähigkeit zur Metarepräsentation (Perner, 1991). Solche modularen Entwicklungsveränderungen sind Anderson (1992) zufolge völlig unabhängig von der Geschwindigkeit des basalen Verarbeitungsmechanismus.

Differentielle Entwicklungsphänomene, wie sie bisweilen am unteren Leistungsende der psychometrischen allgemeinen Intelligenz beobachtbar sind, lassen sich ebenfalls im Rahmen des zweiten Weges des Wissenserwerbs erklären. Besonders interessant scheint hier die Vielfalt der Erscheinungsbilder der "gelehrten Idioten" (idiot savants), also jener Personen, die bei weit unterdurchschnittlicher allgemeiner Intelligenz über erstaunliche isolierte Fähigkeiten (z. B. im Bereich der Musik, der Sprache, des Rechnens oder des Rekonstruierens von Kalenderdaten) verfügen. Aber auch die im Grundschulalter besonderes Interesse hervorrufenden Teilleistungsschwächen des Lesens, Schreibens und Rechnens und selbst die mit kognitiven Defiziten einhergehenden Formen des frühkindlichen Autismus sollten von einer differentiellen Entwicklungstheorie der Intelligenz und des logischen Denkens erklärt werden können. Wie Anderson (1992, Kap. 8) überzeugend darlegt, lassen sich im Rahmen der Theorie der minimalen kognitiven Architektur für alle bekannten Phänomene dieser Art Erklärungen finden, wenn man als Prinzip zugrundelegt, daß trotz genereller kognitiver Störung jeweils in einem Bereich der drei grundlegenden Typen von Verarbeitungsmechanismen (den Modulen, spezifischen Prozessoren oder - wenn auch seltener - dem basalen Verarbeitungsmechanismus selbst) die Funktionstüchtigkeit völlig intakt geblieben ist.

AUSBLICK

Die Theorie der minimalen kognitiven Architektur bietet interessante Perspektiven für die Betrachtung der Entwicklung von Intelligenz und logischem Denken, da sie eine Vielzahl kontroverser Ansätze und heterogener Forschungsbefunde aufeinander bezieht: die psychometrische Beschäftigung mit der Unabhängigkeit verbaler und räumlicher Fähigkeitsdimensionen (spezifische Prozessoren im Modell Andersons), die Betrachtung der Denkentwicklung als Theoriewandel ("conceptual change"; vgl. Carey & Gelman, 1991), von der man sich spezifische Beschreibungen des Andersonschen Postulates von der Modulreifung erhoffen darf, und schließlich die Versuche, die Alterszunahme intellektueller Leistungsmöglichkeiten über Konzepte der Verarbeitungsgeschwindigkeit und der mentalen Kapazität zu erklären, die in vielerlei Hinsicht dem von Anderson (1992) postulierten basalen Verarbeitungsmechanismus entsprechen. Der mit der Theorie aufgespannte integrative Rahmen bietet aber nicht nur die Möglichkeit plausibler "ex-post-facto"-Erklärungen für die meisten Befunde der mittlerweile unüberschaubaren Flut von Einzelstudien zur Entwicklung der Intelligenz und des logischen Denkens, sondern eröffnet auch die Möglichkeit, spezifische Fragen für zukünftige empirische Untersuchungen zu formulieren. Der folgende kurze Ausblick auf einige uns lohnenswert erscheinende Fragen dieser Art mag daher Anregungen für ein weiteres Nachdenken über die Entwicklung der Intelligenz und des logischen Denkens bieten.

(1) *Ist die Geschwindigkeit des basalen Verarbeitungsmechanismus tatsächlich entwicklungsinvariant?* Obwohl Anderson (1992) betont, daß diese Annahme keineswegs notwendiges Bestimmungsstück seiner Theorie ist, ist sie zugleich radikal wie auch provokativ gegenüber einer Reihe neuerer Ansätze zur Entwicklungsabhängigkeit der allgemeinen Informationsverarbeitungsgeschwindigkeit (z. B. Kail, 1991). Fast alle gängigen Operationalisierungen der mentalen Verarbeitungsgeschwindigkeit zeigen bis ins Jugendalter hinein eine Zunahme. Zwar kann Anderson anhand einiger Beispiele Argumente für seine Position einbringen, daß Faktoren wie Wissen, Strategien, Aufmerksamkeit, Motivation und Modulreifung für die beobachtbaren Geschwindigkeitszunahmen mitverantwortlich sind, jedoch lassen etliche weitere Befunde die Annahme einer reifungsbedingten Alterszunahme der basalen Verarbeitungsgeschwindigkeit mindestens ebenso plausibel erscheinen. Für Entwicklungsveränderungen sprechen etwa Analysen zur P300-Komponente im EEG beim Verarbeiten einfacher Sinustöne. Dieses als physiologisches Maß der Reizevaluationszeit interpretierte Maß unterliegt systematischen Altersveränderungen: Mit zunehmendem Alter fällt die P300-Komponente immer niedriger aus (vgl. Ladish & Polich, 1989), was für eine altersabhängige Erhöhung der Geschwindigkeit dieses basalen Verarbeitungsmechanismus spricht.

Die Befunde zu anderen basalen Indikatoren der Verarbeitung, bei denen ähnliche Entwicklungsveränderungen der Geschwindigkeit feststellbar sind wie bei der P300-Komponente, sprechen auf der anderen Seite dafür, daß mit einer hohen interindividuellen Entwicklungsstabilität bei der Geschwindigkeit basaler Verarbeitungsmechanismen zu rechnen ist. So untersuchten Hasselhorn und Lingelbach (1991, S. 54) die Sprechrate (maximale Geschwindigkeit des Nachsprechens einfacher, vertrauter Wörter) von Kindern und fanden im Abstand von 25 Monaten zwischen Erst- und Zweitmessung bei Kindern von 6 bis 8 Jahren eine Korrelation von $r(45) = .62$.

(2) *Ist die Geschwindigkeit die einzige relevante Dimension des basalen Verarbeitungsmechanismus?* Wie Dempster (1991) überzeugend dargelegt hat, scheint es durch-

aus lohnenswert zu sein, neben der Aktivierungsgeschwindigkeit von Informationen auch Hemmungsqualitäten als basale Grundlage intellektueller Leistungsfähigkeit zu betrachten. Auch für diesen Aspekt, den man durchaus als Dimension des basalen Verarbeitungsmechanismus auffassen könnte, ist derzeit die Annahme bedeutsamer intraindividueller Veränderungen neben der Existenz stabiler interindividueller Unterschiede von hohem Plausibilitätsgrad.

(3) *Welchen Gesetzmäßigkeiten und Determinanten unterliegen die angenommenen Modulreifungen?* Der Modulreifung wird in der Theorie der minimalen kognitiven Architektur die entscheidende Rolle für Entwicklungsveränderungen zugeschrieben. Leider beläßt es Anderson (1992) gerade an diesem Punkt bei allgemeinen Andeutungen. Hier wird einerseits ein hoher Bedarf an deskriptiven Analysen offenkundig, wie sie in der neueren "conceptual change"-Literatur betrieben werden, andererseits fehlt es auch noch völlig an Taxonomien der für die Intelligenz- und Denkentwicklung zentralen Module.

(4) *Welcher Entwicklungssystematik unterliegt die Modularisierung von Denkprozessen und von elaborierten Wissensstrukturen?* Hinter dieser Frage verbirgt sich eine weitere spannende Grundfrage der kognitiven Entwicklung. Denkprozesse bzw. Algorithmen, die von den spezifischen Prozessoren generiert werden, können bei hinreichender Nutzungsdauer und -intensität automatisiert werden und dann in modularisierter Form, also ohne Begrenzung durch die Geschwindigkeit des basalen Verarbeitungsmechanismus, den weiteren Wissenserwerb beeinflussen.

Entwicklung der Intelligenz und des Denkens: Ergebnisse aus dem SCHOLASTIK-Projekt

Merry Bullock und Albert Ziegler

"Der Lehrplan erstrebt grundlegende Bildung... Die Grundschule betreut jedes Kind mit dem Ziel seiner allseitigen Förderung. [Der Grundschulunterricht] erweitert die Wahrnehmungsfähigkeit durch gezieltes Beobachten, fördert und differenziert Sprache und Denken" (Bayerisches Staatsministerium für Unterricht und Kultus, 1992, S. 5f). Dieses Zitat aus dem bayerischen Grundschullehrplan verdeutlicht, daß der Bildungsauftrag der Grundschule über die Vermittlung fachspezifischer Kenntnisse weit hinausgeht. Er umfaßt allgemeine Bildungs- und Lernziele, wobei die Förderung allgemeiner kognitiver Entwicklungsziele explizit benannt ist. Doch wie gut erfüllt die Grundschule ihren Bildungsauftrag hinsichtlich allgemeiner kognitiver Entwicklungsziele tatsächlich?

In der Tat bestreitet wohl niemand ernstlich den Einfluß der (Grund-)Schule auf die allgemeine kognitive Entwicklung des Kindes. In der Literatur werden als Beleg für diesen Einfluß meist drei Argumente genannt:

(1) *Parallel zur Verbesserung der Bildungsqualität stiegen in den letzten Jahrzehnten die Leistungen in IQ-Tests.* In allen industrialisierten Staaten für die entsprechende Datensätze vorlagen, wurde in den letzten fünf Jahrzehnten eine deutliche Zunahme der IQ-Test-Scores nachgewiesen (vgl. Flynn, 1984, 1987). Beispielsweise stiegen die Leistungen von 7-15jährigen im HAWIK in der Bundesrepublik zwischen 1954 und 1981 um durchschnittlich 20 Punkte. Anhand der in den Niederlanden zwischen 1952 und 1982 gesammelten Daten schließt Flynn (1987) auf die Existenz "of unknown environmental factors so potent that they account for 15 to 20 points gained" (p. 187). Als wichtigster Umweltfaktor zur Erklärung dieses Zuwachses wird in der Literatur übereinstimmend die verbesserte Bildungsqualität angenommen (z. B. Ceci, 1991; Husén & Tuijnman, 1991).

(2) *Die Schulbesuchsdauer ist positiv korreliert mit IQ-Test-Scores.* In manchen Studien wurde die Schulbesuchsdauer mit IQ-Test-Scores korreliert. In diesen Studien fanden sich stets substantielle Zusammenhänge mit dem IQ (z. B. Baltes & Reinert, 1969; Cahan & Cohen, 1989; einen Überblick gibt Ceci, 1991).

(3) *Evidenz aus interkulturellen Studien.* Konsistent berichten interkulturelle Studien Differenzen in der allgemeinen kognitiven Entwicklung (vgl. Bornstein, 1978; Luria, 1976). Als bedeutendster Verursachungsfaktor wird die Beschulung erachtet, die in vielen Kulturen nicht obligatorisch ist.

Diese in der Literatur oft genannten Argumente beziehen sich jedoch auf sehr grobe Wirkfaktoren wie die Beschulung an sich oder die Beschulungsdauer. Umstritten ist jedoch, ob auch in sehr homogenen Schulsettings - wie sie die bayerischen Grundschulen darstellen - Faktoren auszumachen sind, die es erlauben, einen substantiellen Anteil der interindividuellen Differenzen in der kognitiven Entwicklung aufzuklären.

Die empirische Analyse dieser Fragestellung ist jedoch mit einer ernsthaften Schwierigkeit behaftet. In gewisser Weise läßt sich dieses Forschungsanliegen analog zur Evaluation eines kognitiven Trainingsexperiments sehen, wobei die Schule als das eigentliche Training fungiert. Zieht man diese Parallele, so wird jedoch sofort ein schwerwiegender Mangel dieses Forschungsansatzes deutlich: es existiert keine Kontrollgruppe. Methodische Standards, wie sie üblicherweise an die Evaluation kognitiver Trainings angelegt werden (vgl. Hager & Hasselhorn, 1993; Klauer, 1993a, b), können somit nicht erfüllt werden. Dennoch ist eine resignative Haltung unangebracht; denn es gibt einige Möglichkeiten, einen indirekten Zugang zur Thematik zu finden. Diese Möglichkeiten, die uns im Rahmen der SCHOLASTIK-Studie zur Verfügung standen, wollen wir im folgenden Abschnitt vorstellen.

METHODISCHE VORÜBERLEGUNGEN

Untersuchte Einflußfaktoren der Grundschule auf das kindliche Denken

Die Frage nach dem Einfluß der Grundschule auf das kindliche Denken ist in mehrfacher Hinsicht vage gestellt. Grundschule stellt ein in Außenbeziehungen eingebettetes System dar, das aus einer Reihe von Subsystemen besteht. Wenn man also von dem Einfluß der Grundschule spricht: sind dann nur Unterrichtseinflüsse gemeint oder sind etwa Pausenerfahrungen, Effekte der Hausaufgabenbetreuung durch die Eltern etc. mitgemeint (z. B. Lukesch, Perrez & Schneewind, 1980; Rost, 1993)? Was ist mit marginalen Einflüssen wie baulichen Gegebenheiten der Schule (z. B. Flade, 1994)?

Eine umfassende Untersuchung des Einflusses der Grundschule liegt derzeit verständlicherweise außerhalb des Zugriffsbereichs psychologischer Forschung. Wir haben deshalb die Frage nach dem Einfluß der Grundschule auf das kindliche Denken eingeschränkt und versuchen auf drei Untersuchungsebenen eine Antwort zu finden. Diese drei Untersuchungsebenen unterscheiden sich im Grad ihrer Grobkörnigkeit und stehen in einem gewissen Inklusionsverhältnis.

Die unterste Untersuchungsebene wird durch die *Unterrichtsqualität* repräsentiert. Wir werden uns auf dieser Untersuchungsebene auf den Einfluß der Adaptivität der Lehrkraft, ihrer Managementfähigkeiten und des Sozialklimas konzentrieren (vgl. Weinert & Helmke, 1995a).

Die nächste Untersuchungsebene bezieht sich auf die *Unterrichtseffizienz*, indikatorisiert durch Leistungsmaße. Diese Untersuchungsebene ist insofern gröber als die Unterrichtsqualität, als auf ihr allein der Unterrichtserfolg zählt. Wie dieser zustande kommt - die Qualität des Unterrichts spielt hierbei nach allgemeiner Auffassung eine entscheidende Rolle - bleibt ausgeblendet. Wir betrachten die Leistungen in einem Mathematik- und einem Orthographieleistungstest jeweils am Ende der 2. und der 4. Klasse.

Die gröbste Untersuchungebene ist die *Schulbesuchsdauer*. Auf dieser Betrachtungsebene spielen Differenzen in der Unterrichtsqualität oder -effizienz keine Rolle mehr. Es interessiert allein der quantitative Aspekt der Zeit, die ein Kind in der Schule verbracht hat.

Die Analyse der Auswirkung der Schulbesuchsdauer führten wir mit der LOGIK-Stichprobe durch. Manche dieser Kinder wurden ein Jahr später eingeschult, verfügen also zu den Erhebungszeitpunkten über ein Jahr weniger Schulerfahrung.

Wir wollen zusammenfassen: Der Einfluß der Grundschule auf das kindliche Denken wird auf den drei Ebenen der Unterrichtsqualität, der Unterrichtseffizienz und der Beschulungsdauer untersucht. Im nächsten Abschnitt wird spezifiziert, was bislang als allgemeine kognitive Entwicklung bezeichnet wurde und die Wahl der abhängigen Variablen motiviert.

Problematik der Kriteriumswahl

Kindliches Denken wird zum einen als Sammelbegriff dafür verwendet, worüber ein Kind nachdenkt, in welcher Gedankenwelt es lebt, auf welches Wissen es zugreifen kann, also für den *Inhalt* des kindlichen Denkens. Über diesen Aspekt des kindlichen Denkens können wir jedoch keine Aussage machen. Uns interessiert vielmehr, wie ein Kind denkt, d. h. zu welchen *kognitiven Leistungen* es imstande ist. Nun ließe sich aber eine stattliche Anzahl kognitiver Leistungen anführen, die allesamt untersuchenswert wären. Wir haben uns bei der Kriteriumsauswahl vom Allgemeinheitsgrad des jeweiligen Konstrukts, der Repräsentativität für den kognitiven Entwicklungsstand und der entwicklungstheoretischen Relevanz leiten lassen.

Als erste Bedingung für die Wahl eines Kriteriums ließe sich ein gewisser Allgemeinheitsgrad fordern, d. h. das berücksichtigte Konstrukt darf nicht direktes Unterrichtsziel darstellen. In diesem Fall würde man nämlich lediglich hinterfragen, wie gut die Grundschule die gesteckten Unterrichtsziele erreicht hat; allgemeinere Auswirkungen auf das kindliche Denken blieben unberücksichtigt. Durch den Verzicht auf die Erfassung abfragbaren Unterrichtsstoffes scheiden als Indikatoren beispielsweise jene Teilbereiche des mathematischen Denkens aus, die direkt Unterrichtsgegenstand sind.

Als zweite Bedingung, die ein Kriterium zu erfüllen hat, ist seine Repräsentativität für den kognitiven Entwicklungsstand zu nennen. Hier gibt es zwei grundsätzliche Strategien. Zum einen läßt sich durch die Breite der Messung sichern, daß die wesentlichen Aspekte des kindlichen Denkens erfaßt werden (vgl. Hasselhorn & Grube, i. d. Bd.). In erster Linie wird man hier an kognitive Screeningverfahren wie IQ-Tests denken. Die zweite Möglichkeit besteht darin, eine basale Denkkomponente zu untersuchen, die häufig komplexeren Denkleistungen zugrundeliegt. Ein Beispiel dafür wäre das von uns einbezogene proportionale Denken.

Die dritte Bedingung lautet, daß die Messung des Konstrukts für eine kognitive Entwicklungstheorie Relevanz aufweist. Diese ist beispielsweise bei der Wahl eines Intelligenzdiagnostikums durch die Beziehung zu psychometrisch orientierten Entwicklungstheorien gegeben. Tabelle II.1 zeigt die von uns erfaßten Konstrukte und die Forschungstradition, in der ihre Operationalisierung erfolgte.

Traditionell betont der psychometrische Ansatz den Einfluß genetischer Faktoren auf die menschliche Intelligenz. Nach Eysenck (1979) erklären genetische Faktoren 70% der

Tabelle II.1: *Erfaßte Konstrukte und ihre theoretische Einordnung*

GEMESSENES KONSTRUKT	THEORETISCHE ZUORDNUNG
Intelligenz	Psychometrischer Ansatz
Operationales Denken	Strukturale Entwicklungstheorie
Logisches Denken	Neo-Piagetistischer Ansatz
Proportionales und progressives Denken	Informationsverarbeitender Ansatz / Strukturale Entwicklungstheorie
Wissenschaftliches Denken	Informationsverarbeitender Ansatz / Komponentenmodell

in IQ-Tests feststellbaren Varianz, nach Jensen (1987) mindestens 50%. Diese Varianzanteile werden für pädagogische Bemühungen als unzugänglich erachtet. Als weitere wichtige Varianzquellen werden vor allem das Elternhaus, das soziale Milieu, Peerkontakte, aber auch die Nahrungsqualität erachtet. Zieht man alle diese Faktoren in Betracht, so muß die Einflußmöglichkeit der Grundschule auf die allgemeine Intelligenzentwicklung als relativ begrenzt eingestuft werden, was besonders dann gilt, wenn die Ähnlichkeit der Grundschulklassen in einem Industriestaat sehr groß ist (vgl. Hasselhorn & Grube, i. d. Bd.).

Piaget mißt der Organismusvariable ebenfalls eine zentrale Stellung zu. Andererseits unterstreicht er in seinem Äquilibrationskonzept die Interaktion mit anregender Umwelt (z. B. Piaget, 1972a), die den Aufbau formal-logischer Denkstrukturen erleichtert. Insgesamt ist aber davon auszugehen, daß er den Einfluß der Grundschule auf das kindliche Denken eher gering veranschlagt.

Optimistischer ist in dieser Beziehung der Neo-Piagetist Overton (z. B. 1985; 1990). Im vorliegenden Zusammenhang ist bedeutsam, daß er die Wirkung von Moderatorvariablen postuliert, die notwendig sind, damit sich - hauptsächlich reifebedingte - Kompetenz in Performanz niederschlagen kann. Die Ausbildung dieser Moderatorvariablen sieht Overton in starker Abhängigkeit von Umweltfaktoren, wobei er die Bedeutung der Beschulung explizit benennt (vgl. auch Ceci, 1991).

Im Rahmen der LOGIK-Studie untersuchten wir unter anderem die Entwicklung des wissenschaftlichen Denkens (Bullock & Ziegler, 1993, 1994; Bullock, Ziegler & Martin, 1993). Mit wissenschaftlichem Denken bezeichnen wir die gezielte Herstellung von Situationen, die eine konklusive Interpretation von Information gestatten. Bei unserer theoretischen Perspektive handelt es sich um einen kognitiven Komponentenansatz, da wir davon ausgehen, daß wissenschaftliches Denken eine komplexe kognitive Aktivität darstellt, die sich aus mehreren kognitiven Subkomponenten speist.

Die Balkenwaageaufgabe kann inzwischen zu Recht als klassisches Untersuchungsparadigma der kognitiven Entwicklungspsychologie angesehen werden, da sie von vielen Forschern aus teilweise sehr unterschiedlichen entwicklungspsychologischen Traditionen verwendet wurde. Unter unseren Meßinstrumenten nimmt sie eine Sonderstellung ein. Zur Operationalisierung der in den oben geschilderten Ansätzen als repräsentativ erachteten Konstrukte setzten wir Tests ein, die teilweise auf hochaggregierten Daten beruhen: Intelligenztests, der ARLIN-Test zur Erfassung formaler Operationen (Arlin, 1982), einen logischen und einen wissenschaftlichen Denktest. Die Balkenwaage dient dagegen zur Erfassung einer einzelnen, von uns als zentral erachteten Denkkomponente, nämlich dem proportionalen Denken. Erstmals wurde sie von Inhelder und Piaget (1977/ 1955) zur Demonstration ihres strukturalistischen Ansatzes eingesetzt. Doch auch in anderen entwicklungspsychologischen Forschungstraditionen wurde sie - wie erwähnt - häufig verwendet.

Im Selbstmodifikationsansatz von Klahr wird versucht, die kognitive Entwicklung anhand der Computersimulation zu modellieren (z. B. Klahr, 1981, 1984; Wallace, Klahr & Bluff, 1987). Ein wichtiges Charakteristikum seines Ansatzes ist der Erwerb von Regeln, die in sich selbst modifizierenden Produktionssystemen die Entwicklungsrichtung prädeterminieren. Schulische Einflußmöglichkeiten liegen in der Gestaltung von Umwelten, die günstige Gelegenheiten für die Generalisierung und Diskrimination potenter Regeln liefern und in der expliziten sprachlichen Vermittlung von Regelwissen. Exemplifiziert hat Klahr seinen Ansatz u. a. mit der Balkenwaageaufgabe (Klahr, 1981). Auch Siegler (1976) sieht in der unterschiedlichen Verfügbarkeit von Regelwissen ein

Erklärungskonzept für Entwicklungniveaus. Dies demonstrierte er ebenfalls mit Hilfe der Balkenwaageaufgabe (z. B. Siegler & Taraban, 1986).

Im Rahmen der LOGIK-Studie untersuchten wir außerdem bei 6.-Kläßlern in den Domänen Mathematik, Physik und Moral proportionales und progressives Denken. Beispielsweise wurde in der Domäne Physik erfaßt, ob Kinder zur Berechnung des Bremsweges eine proportionale Regel (Zuwächse von Variablen im gleichen Größenverhältnis) oder eine progressive Regel (größerer Zuwachs einer Variable) verwenden.

METHODE

Aus dem SCHOLASTIK-Projekt liegen Daten für die 3. und 4. Klasse vor. Da wir aber auch an Einflüssen der Grundschule auf die Entwicklung im Sekundarschulalter interessiert sind, werden wir Prädiktionsmöglichkeiten einiger Variablen analysieren, die nach der Grundschulzeit in der 5. und 6. Klasse im Rahmen der LOGIK-Studie erhoben wurden.

In Tabelle II.2 sind die unabhängigen und abhängigen Variablen zusammengefaßt sowie die jeweiligen Meßzeitpunkte angegeben.

Tabelle II.2: *Unabhängige und abhängige Variablen sowie die jeweiligen Klassenstufen, auf denen die Messungen vorgenommen wurden*

Konstrukt	Operationalisierung	1	2	3	4	5	6
	UNABHÄNGIGE VARIABLEN						
Unterrichts-qualität	Adaptivität der Lehrkraft			x	x	x	
	Managementfähigkeiten der Lehrkraft			x	x	x	
	Sozialklima			x	x	x	
	Schüleraufmerksamkeit			x		x	
Unterrichts-effizienz	Leistungsstand der Klasse in Mathematik und Orthographie			x		x	
Beschulung	Schuljahrgangszugehörigkeit	x					
	ABHÄNGIGE VARIABLEN						
Intelligenz	HAWIK				x		
	CFT					x	
Operationales Denken	ARLIN-Test operationalen Denkens					x	x
Logisches Denken	Logisches Denken: Aussagenlogisches Schließen					x	x
Regelnutzung	Balkenwaageaufgabe					x	x
	Proportionales Denken in den Domänen Mathematik, Physik und Moral						x
Wissenschaft-liches Denken	Wissenschaftliches Denken: Produktion und Verständnis kontrollierter Tests			x	x	x	x

RESULTATE

Zusammenhänge der abhängigen Variablen mit schulischen Leistungsmaßen

In Tabelle II.3 sind die Korrelationen unserer abhängigen Variablen mit den auf der gleichen Klassenstufe erhobenen schulischen Leistungsmaßen eingetragen. Die Korrelationen sind zwar niedrig bis moderat, zeigen aber deutliche Zusammenhänge zwischen den kognitiven Maßen und den Zensuren auf.

Tabelle II.3: *Korrelationen zwischen Zeugnisnoten und auf der gleichen Klassenstufe erhobenen kognitiven Maßen*

FACH	INTELLIGENZ	WISS. DENKEN	LOGISCHES DENKEN	BALKENW.-AUFGABE
Deutsch 3. Klasse	.36**	.27**	.18**	.16**
HSK 3. Klasse	.47**	.47**	.30**	.21**
Mathematik 3. Klasse	.46**	.37**	.15**	.25**
Deutsch 4. Klasse	.41**	.43**	.28**	.12**
HSK 4. Klasse	.40**	.33**	.23**	.12**
Mathematik 4. Klasse	.49**	.49**	.27**	.20**

Anmerkung: ** = $p < 0.01$.

Wirkung der Unterrichtsqualität auf das kindliche Denken

Tabelle II.4: *Korrelationen der Maße der Unterrichtsqualität und den kognitiven Maßen*

	IQ		WISS. DENKEN		LOGISCHES DENKEN		BALKENW.-AUFGABE	
Klasse	3	4	3	4	3	4	3	4
Klassenklima 2. Klasse	-.01	.11	-.05	-.03	.08	.03	.17	.07
Klassenklima 3. Klasse	-.01	-.08	.02	.16	.06	.10	.05	.01
Klassenklima 4. Klasse	-.06	.02	.12	.06	.08	-.16	-.04	-.01
Aufmerksamkeit 2. Klasse	.20*	.13	.15	.03	.10	.04	.10	-.08
Aufmerksamkeit 4. Klasse	.05	.19	.19	.17	.05	.03	.00	.01
Adaptive Fähigkeiten 2. Kl.	.01	-.05	-.07	-.04	-.12	.06	.06	.01
Adaptive Fähigkeiten 3. Kl.	.03	-.09	.09	.17	.11	.09	.05	.07
Adaptive Fähigkeiten 4. Kl.	-.24*	-.15	-.08	.02	.12	-.10	-.02	-.05
Managementfähigkeiten 2. Kl.	.08	.11	-.08	-.11	.09	-.04	.12	-.01
Managementfähigkeiten 3. Kl.	.00	.01	.00	.02	-.11	.06	.04	.01
Managementfähigkeiten 4. Kl.	.02	.09	-.03	.05	.11	.02	.17	.15

Anmerkung: Auf der gleichen Klassenstufe erhobenen Maße sind schraffiert wiedergegeben.
* = $p < .05$; ** = $p < 0.01$.

Tabelle II.4 enthält die Korrelationen zwischen Maßen der Unterrichtsqualität und den kognitiven Variablen. Die Korrelationen sind durchwegs niedrig und in der Regel insignifikant.

Wirkung der Unterrichtseffizienz auf die kindliche Denkentwicklung

Tabelle II.5 zeigt die Korrelationen zwischen den kognitiven Maßen und den Maßen der Unterrichtseffizienz. Wiederum sind die meisten Korrelationen nicht substantiell, wobei die wenigen signifikanten Korrelationen nach einer Alpha-Adjustierung verschwinden.

Tabelle II.5: *Korrelationen der Maße der Unterrichtseffizienz mit IQ, wissenschaftlichem und logischem Denken sowie den Werten der Balkenwaageaufgabe*

Klasse	IQ		WISS. DENKEN		LOGISCHES DENKEN		BALKENW.- AUFGABE	
	3	4	3	4	3	4	3	4
Mathematiktestleistung in Klasse 2	.19*	.11	.00	.07	-.17	-.08	.10	.00
Mathematiktestleistung in Klasse 4	.23*	.10	.21*	.29	-.11	.01	.19	.09
Orthographietestleistung in Klasse 2	.23*	.25*	.19	.17	-.02	-.07	.15	.06
Orthographietestleistung in Klasse 4	.16	.14	.14	.14	-.07	-.02	.13	.00

Anmerkung: * = $p < .05$; ** = $p < 0.01$.

Zur Feststellung des gemeinsamen Einflusses der Unterrichtsvariablen auf die kognitiven Fähigkeitsmaße waren multiple und logistische Regressionen geplant. Diese Berechnungen erübrigten sich jedoch, da aufgrund der niedrigen Zusammenhänge das "PIN-Kriterium"[3] zumeist nicht erfüllt wurde. Als Resümee der vorliegenden Analyse kann also festgehalten werden, daß Unterrichtsqualität und -effizienz kaum in Zusammenhang mit Variablen stehen, die den allgemeinen kognitiven Entwicklungsstand indikatorisieren.

---

[3] Das "PIN-Kriterim" gibt die Wahrscheinlichkeit an, die eine Variable für die F-Statistik höchstens aufweisen darf, um in das Modell aufgenommen zu werden. Das vorab festgesetzte PIN-Kriterium betrug 0.05.

Prognosemöglichkeiten

In unserer Auswertungsplanung hatten wir vorgesehen, Prognosemöglichkeiten aus der Unterrichtsqualität und der Unterrichtseffizienz für den kognitiven Entwicklungsstand nach der Grundschulzeit (5. und 6. Klassenstufe) zu erkunden. Die multiplen Regressionsanalysen und die logistischen Regressionen mit den Kriterien operationales Denken, wissenschaftliches Denken sowie proportionales und progressives Denken blieben jedoch - aufgrund der bislang geschilderten Befunde wohl nicht unerwartet - ergebnislos, da die meisten Variablen das festgesetzte "PIN-Kriterium" nicht erfüllten und somit nicht in die Regressionsgleichung aufgenommen wurden. Prognosen des kognitiven Entwicklungsstands nach der Grundschule auf der Basis von Unterrichtsqualität und -effizienz waren also bei unserem Datensatz nicht möglich.

Beschulungsdauer und kognitive Entwicklung

Kognitive Entwicklung, insbesondere die Intelligenzentwicklung, wird zumeist als Funktion des Alters dargestellt. Verschiedene Autoren haben jedoch geltend gemacht, daß die Altersvariable letztendes eine Stellvertretervariable sei, die beispielsweise für mehr Lerngelegenheiten und Erfahrungsmöglichkeiten steht. So weist Ceci (1991) darauf hin, daß möglicherweise die Schulerfahrung wichtiger sei als das kalendarische Alter. Eine varianzanalytische Überprüfung dieser Annahme für die Intelligenz und das wissenschaftliche Denken war möglich, da manche Kinder der LOGIK-Stichprobe ein Jahr später eingeschult wurden und zum Erhebungszeitpunkt in der 3. bzw. 4. Klasse ein Jahr Schulerfahrung weniger aufwiesen. Für die Auswertungen wurde das Alter trichotomisiert und der in der Vorschulzeit gemessene IQ (HAWIVA) auspartialisiert.

Während sich bei den Intelligenzmaßen kein Haupteffekt für die Schulerfahrung zeigt, war beim mutmaßlich erfahrungsnäheren wissenschaftlichen Denken ein Haupteffekt für die Schuldauer (3. Klasse: $F(2,169) = 25.97$, $p < 0.05$; 4. Klasse: $F(2,169) = 248.87$, $p < 0.01$), nicht aber für das Alter festzustellen.

ZUSAMMENFASSUNG UND DISKUSSION

In unserem Beitrag haben wir den Zusammenhang von Qualitätsmerkmalen der Grundschule und einigen für den kognitiven Entwicklungsstand in diesem Altersabschnitt repräsentativen Variablen untersucht. Obwohl wir Zusammenhänge zwischen den kognitiven Maßen und schulischen Leistungsmaßen feststellen konnten, waren praktisch keine Zusammenhänge zwischen den kognitiven Maßen und Maßen der Unterrichtsqualität sowie der Unterrichtseffizienz zu ermitteln. Prognosemöglichkeiten über die Grundschulzeit hinaus waren ebenfalls nicht festzustellen. Wie überraschend sind diese Resultate? Hat die Grundschule wirklich keinen Einfluß auf die allgemeine kognitive Entwicklung des Kindes?

Zuerst muß festgehalten werden, daß die Befunde hauptsächlich korrelativer Natur sind. Bis auf die Balkenwaageaufgabe, die zwei Mal eingesetzt wurde, gab es keine identische Messungen; d. h. es war im strengen Sinne nicht möglich, Entwicklungen aufzuzeichnen. Die Aussagekraft der Resultate wird zweitens dadurch begrenzt, daß sich die Kinder beim ersten Meßzeitpunkt bereits in der 3. Klasse befanden. Schließlich ließe sich Kritik an der Operationalisierung mancher Variablen üben. Beispielsweise beruhen die Variablen Adaptivität und Managementfähigkeiten der Lehrkraft auf hochinferenten Ratings. Um aber den Einfluß der Unterrichtsqualität bzw. -effizienz auf die allgemeine kognitive Entwicklung feststellen zu können, bedarf es aufgrund der vermutlich geringeren Effektgrößen hochreliabler Meßinstrumente.

Neben einer kritischen Hinterfragung unserer Methode ist aber sicherlich die Frage berechtigt, was man realistischerweise an Einfluß der Grundschule auf die allgemeine kognitive Entwicklung erwarten darf. Der Bildungsauftrag der Schule ist zwar nicht beschränkt auf die Vermittlung spezifischer Wissensinhalte, doch eine explizite Förderung der allgemeinen kognitiven Entwicklung wie sie beispielsweise in Denktrainings angestrebt wird, ist nicht Unterrichtsinhalt. Ferner ist zu berücksichtigen, daß dem Grundschulunterricht ein einheitliches Curriculum zugrunde liegt und die Lehrmittel, Unterrichtsmaterialien, Ausbildung der Lehrkräfte nahezu identisch oder doch hoch ähnlich sind (vgl. Hasselhorn & Grube, i. d. Bd.).

Die Förderung allgemeiner kognitiver Fähigkeiten leistet die Schule also vielleicht sehr homogen, weshalb wir kaum Wirkungen der unabhängigen auf die abhängigen Variablen feststellen konnten. Für diese Einschätzung spricht auch, daß wir in bezug auf das wissenschaftliche Denken keinen Alterseffekt, sehr wohl aber einen Beschulungseffekt finden konnten.

Entwicklung der Intelligenz und des Denkens: Kommentar

Reinhold S. Jäger

VORBEMERKUNGEN

Empirische Pädagogik und Pädagogische Psychologie stehen allenthalben vor dem Problem, einen empirischen Nachweis für eine pädagogische Maßnahme zu erbringen. Man kann einen solchen Sachverhalt unter mehreren Perspektiven betrachten:
- die Tatsache des Nachweises ist als Evaluation einer Maßnahme anzusehen. In diesem Falle handelt es sich um eine summative Evaluation.
- Betrachtet man einen erzielten Effekt, so lassen sich umgekehrt auch empirische Deskriptionen darüber herbeiführen, was wer womit erreicht hat. Unter Umständen lassen sich dann Rückschlüsse darauf ziehen, wie ein intendierter Effekt in der Praxis erzielt werden kann.

Beide genannten Sachverhalte sind nicht unabhängig voneinander.

Die beiden Autoren Bullock und Ziegler haben sich das Ziel gesetzt, den Einfluß der Grundschule als Einfluß eines Treatments auf das kindliche Denken zu untersuchen; sie orientieren sich hierbei an drei Prädiktoren:
- der *Unterrichtsqualität*: Hierunter subsumieren sie die Adaptivität der Lehrkraft, ihre Managementfähigkeit und das Sozialklima;
- der *Unterrichtseffizienz*: Sie wird gleichgesetzt mit dem Unterrichtserfolg;
- der *Schulbesuchsdauer*, also der Zeit, die ein Kind in der Schule verbracht hat.

Bei allen drei Prädiktoren muß festgehalten werden, daß sie nicht unabhängig voneinander sind, vielmehr muß bereits theoretisch davon ausgegangen werden, daß sie miteinander korrelieren, eine kompensatorische Wirkung erzielen und/oder sich gegenseitig verstärken. Eine Darstellung soll den zuletzt genannten Sachverhalt verdeutlichen (Abb. II.2):

Aus den Ausführungen der Autoren über deren theoretische Position läßt sich gemäß Abbildung II.2 folgendes ausformulieren:
- der Einfluß der Unterrichtsqualität auf die Denkentwicklung ist positiver Natur,
- ebenso wirkt sich der Erfolg wiederum positiv aus.

Demnach müßte sich die Kurve der Denkentwicklung gewissermaßen oszillierend um die Entwicklungsachse entwickeln, bei konsequent positiv sich fortschreibender Art, und zwar abhängig von der Anzahl und der Art der pädagogischen Treatments.

Die Darstellung suggeriert, daß ein lineares Modell keine perfekte Eignung besitzt, eine solche Entwicklung abzubilden. Gerade mit einem solchen Hintergrund versehen, ist die Frage zu stellen, inwieweit der methodische Ansatz geeignet ist, das angestrebte Ziel der Autoren zu erreichen.

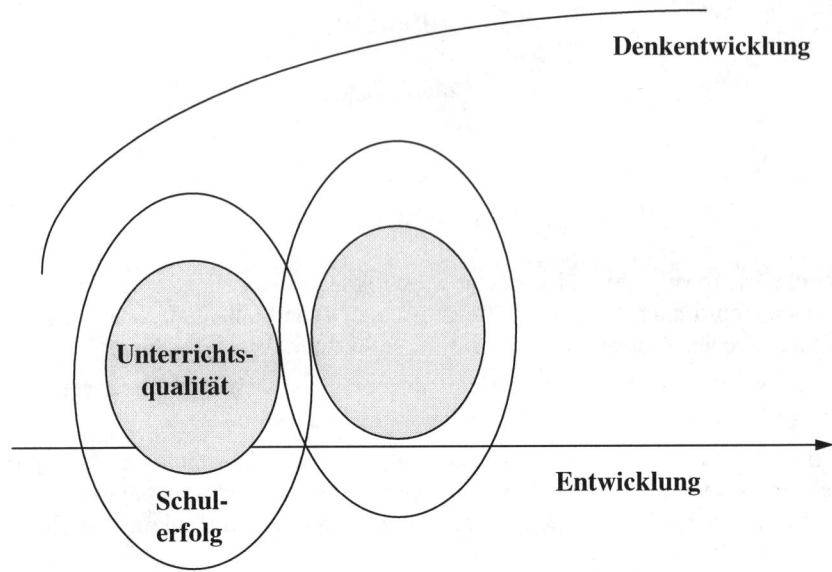

Abb. II.2: Interdependenz von Unterrichtsqualität und Schulerfolg

Legende: Es wird davon ausgegangen, daß sich Entwicklungen nicht linear, sondern teilweise in Schüben vollziehen, deshalb sind zwei Entwicklungsabschnitte getrennt veranschaulicht. In der Abbildung stellen die konzentrischen Kreise die Interdependenz von Unterrichtsqualität und Schulerfolg dar. Die Niveauänderungen, repräsentiert durch Veränderungen auf der Y-Achse, werden als Auswirkungen einer Veränderung der Denkentwicklung angesehen. Dadurch ergeben sich Verschiebungen in der X und Y-Achse.

DIE ANLAGE DER UNTERSUCHUNG

Die Autoren unterlegen, ohne dies im einzelnen zu explizieren, sogenannte Korrelationshypothesen. Korrelationshypothesen gehen von einem Symmetrieprinzip (Wittmann, 1983) aus. Symmetrie bedeutet in diesem Kontext, daß beide Variablenebenen, als abhängig oder unabhängig formuliert, so aufeinander abgestimmt werden müssen, daß Validität besteht.

Im vorgegebenen Fall betreiben sie wenig theoretischen Aufwand, um diesem notwendigerweise zu realisierenden Symmetrieprinzip zu entsprechen. Vielmehr werden die Kriterien nach ganz anderen Prinzipien ausgewählt als die unabhängigen Variablen. Von daher muß theoretisch bereits mit einer erheblichen Diskrepanz zwischen beiden Ebenen gerechnet werden. Denn die für die Kriterien angestellten Auswahlprinzipien "Allgemeinheitsgrad des Konstrukts", "Repräsentativität für den Entwicklungsstand" und "entwicklungspsychologische Relevanz" sind nicht in gleicher Weise bei den abhängigen Variablen gegeben.

Nur am Rande sei noch vermerkt, daß Korrelationshypothesen nicht geeignet erscheinen - ohne nähere theoretische Explikation - Einflüsse von unabhängigen Variablen auf abhängige zu explizieren.

DIE METHODIK

In der Evaluationsforschung geht man unter anderem von der Frage aus, ob es gelungen ist, "treatment fidelity" herzustellen (Wittmann, 1983). Falls nämlich die Behandlung genauso implementiert werden kann, wie sie theoretisch konzipiert und beabsichtigt ist, spricht man auch von "treatment fidelity".
Wenn sie gilt, ist

Gleichung 1 $\eta = \tau + e$ gegeben.

Und für e gilt:

Gleichung 2 $E = (0, s^2)$.

Im einzelnen bedeuten:
- Kriterium = η
- Behandlung = τ
- unspezifizierte Behandlungsgröße = e.

Die in Gleichung 1 dargestellten Sachverhalte sind wie folgt auf den hier erörterten Gegenstand zu transferieren: Jede Bemühung um eine Vermittlung eines Stoffes innerhalb der Schule und jede Lehrtätigkeit (= Treatment) wird durch einen Rahmenplan oder ein Curriculum dargestellt. Würden alle Lehrkräfte in gleicher Weise handeln, so würde das Treatment mit der gleichen Wirkung τ verbunden sein. Da sich aber Lehrkräfte hinsichtlich ihrer Umsetzung von τ unterscheiden (= e), resultiert ein Effekt η, der als Resultante (s. Gleichung 1) von $\tau + e$ anzusehen ist. Somit ist durch Gleichung 1 auch eine funktionale Ähnlichkeit mit dem Verknüpfungsaxiom der Klassischen Testtheorie gegeben.

Das Problem der "treatment fidelity" wird deshalb hier angesprochen, weil der Untersuchung von Bullock und Ziegler implizit die Annahme unterliegt, daß die Wirkung beispielsweise der Schulqualität in der vorgegebenen Operationalisierung über alle Klassen hinweg gleichsinnig ist. In diesem Falle würde die unspezifizierte Behandlungsgröße gegen 0 gehen. Somit könnte auch eine Aggregation der Daten über alle Klassen hinweg erfolgen, ohne daß überprüft würde, ob gerade in Abhängigkeit der gegebenen Untersuchungseinheiten beispielsweise korrelativ bestimmte Zusammenhänge variieren.

Mehrere Untersuchungen (vgl. Eckel, 1968, 1969) deuten aber eher darauf hin, daß es so etwas wie einen Klasseneffekt gibt. In diesem Fall lassen sich nicht auf dem üblichen Weg gemeinsame Korrelationskoeffizienten über alle Klassen hinweg bestimmen.

Die oben begonnenen Überlegungen, wie sie Wittmann (1983) ausführt, lassen sich nämlich erweitern: Geht man von realistischen Feldbedingungen aus, so führt dies zu folgenden Aussagen:
- Die Kriterienvariable ist nur ein partiell valider Indikator der wahren Reaktionsvariablen (η) auf der Basis der Behandlungsvariablen τ.
- In diesem Fall besteht zwischen den Behandlungsvariablen und den wahren Reaktionsvariablen nur eine Überlappung. Diese wird durch den Faktor K ($0 < K < 1$) ausgedrückt.

- Wenn eine mangelnde Überlappung besteht, so existiert eine irrelevante Variabilität θ.
- Dann besteht folgende Beziehung:

Gleichung 3 $Y = K \eta + \theta$

Wobei gilt:

Gleichung 4 $\theta = (0, \sigma_\theta^2)$.

Insbesondere Gleichung 3 verdeutlicht das dargestellte Problem.

Wenn dieser Sachverhalt so akzeptiert werden kann, wie er formuliert ist, so müssen alle Korrelationen, wie sie sich in den Tabellen II.3 bis II.5 der Autoren finden, kritisch hinterfragt werden. Sie sind dann nämlich keine zuverlässigen Schätzungen von über allen beteiligten Klassen hinweg gemeinsamen Korrelationskoeffizienten und müssen daher zunächst einmal korrigiert werden. Solche Korrekturen sind in zweierlei Hinsicht notwendig:

- Zum einen betrifft die Korrektur das Problem, daß jeder Korrelationskoeffizient, sofern N < 40, zu korrigieren ist; hier ist eine erwartungstreue Schätzung angezeigt (vgl. Jäger, 1974a).
- Die zweite Art der Korrektur betrifft das Problem, einen über alle Teilgruppen (= Klassen) hinweg "gemeinsamen" Korrelationskoeffizienten zu finden. Hierbei existiert das Problem der Korrelationsmittelung (vgl. Jäger, 1974b). Dieser Aspekt kann wiederum unter dem Blickwinkel der Evaluation als Validitätsgeneralisierung verstanden werden. Hier ist aus der Metaanalyse bekannt, daß man eine Generalisierung über eine einfache Mittelung nur bei Gewährleistung einer Reihe von Randbedingungen erreichen kann (vgl. Bortz & Döring, 1995). Zu diesen Randbedingungen gehören unter anderem: Ungenauigkeit der Prädiktorenmessung, Ungenauigkeit der Kriterienmessung, Meßbereichseinschränkung etc.

Alle in den Tabellen II.3 bis II.5 der Autoren dargestellten Zusammenhangsmaße basieren auf der Annahme von "treatment fidelity" bzw. einer Validitätsgeneralisierung. Die dargestellten methodischen Überlegungen sprechen daher eher für die Verwendung korrigierter Koeffizienten.

Geht man darüber hinaus von den absoluten Größen der gefundenen Korrelationskoeffizienten aus, dann zeigt sich zwar ein signifikanter Zusammenhang ($p < .01$) zwischen den abhängigen Variablen einerseits und schulischen Leistungsmaßen (s. Tab. II.3). Betrachtet man aber die Daten unter dem Blickwinkel der praktischen Signifikanz, so zeigt sich eine Effektstärke, die sich zwischen dem Maximum .240 und dem Minimum .114 bewegt, was bedeutet, daß im günstigsten Fall gerade 24% der Kriterienvarianz erklärt wird.

Noch ungünstiger sind die Verhältnisse bei Maßen der Unterrichtsqualität: Hier wird im besten Fall 5,7% der Kriterienvarianz erklärt (vgl. Tab. II.4). Nicht wesentlich besser sind die Daten im Zusammenhang mit Unterrichtseffizienz (vgl. Tab. II.5): Der maximale Wert der erklärten Varianz beträgt gerade 10,2%.

Diese Ergebnisse sind somit keine Indikatoren dafür, daß die Grundschule einen Einfluß auf die kognitive Entwicklung nimmt.

Sieht man einmal von den oben erwähnten methodischen Einwänden ab, so ist aber die These der Autoren, die "Grundschulen leisteten die Förderung allgemeiner kognitiver Fähigkeiten genauso homogen wie sie gestaltet sind", aus den Daten nicht zu entnehmen. Hierzu haben die Autoren in der vorgegebenen Darstellung das Datenmaterial nicht gesichtet. Der Schluß ist aber gerade angesichts der methodischen Einwände problematisch und entspricht auch nicht immer der Alltagsbeobachtung von Eltern, wonach gerade das Engagement der Lehrer untereinander erheblich differieren mag und auch Leistungsbeurteilungen nicht gleichsinnig erfolgen. Hätten die Autoren das Datenmaterial auch in dieser Hinsicht ausgewertet, so hätten sie der Frage nachgehen müssen, ob die unterstellte Homogenität aus den empirischen Daten rekonstruiert werden kann.

FAZIT

Diese Untersuchung reiht sich in eine Reihe gegebener Untersuchungen in ähnlichen Kontexten ein. Sie geht aber weder von ihrer theoretischen noch von ihrer methodischen Anlage über das bisher erreichte Niveau hinaus. Von daher kann das Ergebnis auch nicht überraschen, noch kann mit dem eingeschlagenen Vorgehen das angestrebte Erkenntnisziel erreicht werden. Gleichwohl wäre mit der hier gegebenen Anregung eine Präzisierung zu erzielen.

Kapitel III

Entwicklung lern- und leistungsbezogener Motive und Einstellungen

Literaturüberblick:
Ulrich Geppert

Ergebnisse aus dem SCHOLASTIK-Projekt:
Andreas Helmke

Kommentar:
Frank Halisch

Entwicklung lern- und leistungsbezogener Motive und Einstellungen: Literaturüberblick

Ulrich Geppert

Am Anfang der Leistungsmotivationsforschung, die seit den Fünfzigerjahren ihren Aufschwung nahm, als individuelle Motivausprägungen methodisch erfaßt werden konnten (McClelland, Atkinson, Clark & Lowell, 1953), stand die differentielle Entwicklung der Persönlichkeitsvariable "Leistungsmotiv" mit den beiden Teilmotiven "Hoffnung auf Erfolg" und "Furcht vor Mißerfolg" im Vordergrund des Interesses. Retrospektiv wurde nach Sozialisationsbedingungen gesucht, die im frühkindlichen Entwicklungsverlauf motivbildenden und -richtenden Einfluß genommen haben könnten. Hierzu zählten unterschiedliche Erziehungsmaßnahmen der Eltern, insbesondere deren Selbständigkeitserziehung, die Höhe der Leistungsanforderungen, das Sanktionsverhalten, aber auch unterschiedliche Werthaltungen ganzer Bevölkerungsgruppen. Zwar konnten nun Gründe für die unterschiedliche Stärke oder Richtung des vorhandenen Leistungsmotivs ausgemacht werden, doch blieb letztlich ungeklärt, wie es überhaupt zur Genese des Leistungsmotivs und seiner Verhaltensmanifestationen kommt und ob es eine allgemeine entwicklungslogische Sequenz verschiedener Merkmale gibt, die sich bei jedem Kind in ähnlicher Weise entfaltet. Um dieser Zentrierung auf die allgemeine Entwicklung nachzugehen, empfand man die Konzeption des Leistungsmotivs als globales Superkonstrukt, meist gemessen mit dem TAT und vom Status her als abhängige Variable behandelt, als hemmend (Heckhausen, 1980). Daher wurde zunächst auf der Basis der hochentwickelten Leistungsmotivationstheorie das Superkonstrukt in eine Reihe von Teilkonstrukten aufgegliedert (Heckhausen, 1980), die sich zumeist aus rationalen Analysen des Leistungsverhaltens Erwachsener ergaben. Aus dieser Differenzierung verschiedener Prozeßvariablen des Leistungsmotivs sollten dann Entwicklungsmerkmale abgeleitet werden, die zunächst theoretisch und dann auch empirisch in eine entwicklungslogische Voraussetzungsfolge zu bringen sein müßten. Typische Motivvariablen, wie z. B. persönlicher Gütemaßstab oder Anreizwert der Selbstbewertung, sollten sich als besser untersuchbare Entwicklungsmerkmale erweisen als das globale Leistungsmotiv. Diese Revision in der entwicklungspsychologischen Behandlung der Leistungsmotivgenese läuft naturgemäß Gefahr, die einzelnen Systemkomponenten und ihre kognitiven Voraussetzungen isoliert zu betrachten und überzubetonen. Daher sollte bei der Erforschung der Teilkomponenten die Beziehung zur Gesamtentwicklung des Motivsystems nicht verloren gehen.

Symptomatisch für die Änderung der Forschungstradition ist, daß nur noch selten von der Leistungsmotivation, sondern überwiegend vom Leistungshandeln gesprochen wird. Die Leistungsmotivgenese wird somit nicht mehr als singulärer, sondern als ein in die allgemeine Handlungsentwicklung eingebetteter Prozeß betrachtet und handlungstheoretisch aufgearbeitet. Mit dem Wandel im Forschungsziel geht eine weitere bedeutsame Themenverschiebung einher. Standen in den klassischen Leistungsmotivationstheorien die Affekte im Vordergrund ("affective arousal"-Modell: McClelland, Atkinson, Clark & Lowell, 1953; Selbstbekräftigungsmodell: Heckhausen, 1972), die dem Leistungsmotiv den Status einer verhaltensenergisierenden und -steuernden Persönlichkeitsdisposition gaben, so verlagert sich nun das Interesse auf eine kognitive Entwicklungstheorie, mit der die funktionslogischen Voraussetzungen für das erste Auftreten der für das Leistungshandeln relevanten Entwicklungsmerkmale postuliert und überprüft wird. Motivunterschiede manifestieren sich in diesem System nur in der unterschiedlichen Gewichtung der verschiedenen Systemkomponenten (Trudewind, Unzner & Schneider, 1989). Das Selbstbekräftigungsmodell der Leistungsmotivation, in dem die affektiven Reaktionen auf Erfolg und Mißerfolg und deren Antizipation als zentrale Komponenten für die Regulation des leistungsmotivierten Handelns angesehen werden (Halisch, 1976), tritt in den Hintergrund, obwohl Emotionen als Selbstbewertungsfolgen gerade in der Ontogenese des Leistungshandelns als besonders wichtig anerkannt werden.

Heckhausen (1980) griff die bereits aus den Leistungsmotivationstheorien McClellands und Atkinsons sowie ihrer kausalattributionstheoretischen Nachfahren bekannten Systemkomponenten auf und überprüfte sie auf ihre Tauglichkeit als Entwicklungsmerkmale. McClellands (McClelland, Atkinson, Clark & Lowell, 1953) Definition leistungsmotivierten Verhaltens als "Auseinandersetzung mit einem Tüchtigkeitsmaßstab" verlangt wenigstens vier kognitive Voraussetzungen, die Entwicklungsfortschritte in der Kausalattribution eigener Handlungsergebnisse erkennen lassen: (1) Zentrierung auf ein selbstbewirktes Handlungsergebnis, (2) Rückführung des Handlungsergebnisses auf eigene Tüchtigkeit und deren Selbstbewertung, (3) Unterscheidung von Graden der Aufgabenschwierigkeit und der persönlichen Tüchtigkeit und (4) Differenzierung der Ursachenkonzepte in Fähigkeit und Anstrengung. Weitere Entwicklungsmerkmale können aus dem Risikowahlmodell Atkinsons (1957) und seiner attributionstheoretischen Weiterführung (Weiner, 1974) abgeleitet werden: (5) die Entwicklung der subjektiven Erfolgswahrscheinlichkeit mit den Vorformen des Erwartungsbegriffs, (6) der aus der Erfolgserwartung sich herausbildende Erfolgsanreiz und (7) die multiplikative Beziehung von Erwartung und Anreiz als Entwicklung zu einer realistischen Anspruchsniveau-Bildung. Die beiden weiteren Merkmale entstammen der Attributionstheorie Kelleys (1972) und betreffen die Entwicklung (8) kausaler Schemata für Fähigkeit und Anstrengung sowie (9) die unterschiedliche Affektwirksamkeit von Fähigkeits- und Anstrengungsattribution. Während diese ersten neun Merkmale eher die allgemeine Entwicklung des Leistungshandelns beschreiben, beziehen sich die letzten drei auf kognitive Voraussetzungen, die der Differenzierung individueller Motivunterschiede breiteren Raum lassen: Individuelle Unterschiede durch (10) unterschiedliche Anreizgewichtung von Erfolg und Mißerfolg, durch (11) individuell bevorzugte persönliche Standards und durch (12) individuell bevorzugte Attributionsmuster.

Im folgenden wird schwerpunktmäßig die allgemeine Entwicklung ausgewählter Merkmale in Anlehnung an die theoretische Konzeption Heckhausens betrachtet, um herauszuarbeiten, was sich bis zur Grundschulzeit entwickelt und wie sich die Entwicklungsaufgaben während der Grundschulzeit darstellen. Dabei sollte dem Betrachter des Forschungsstandes deutlich sein, daß viele, meist aus Querschnittstudien entnommene Einzelbefunde verknüpft werden, weil notwendige Längsschnittstudien, die vor allem die allgemeine und differentielle Entwicklung verbinden, fehlen.

ALLGEMEINE ENTWICKLUNG

Ergebniszentrierung, Selbstbezug, Selbstattribut Tüchtigkeit

Zwei sich schon in sehr frühem Alter abzeichnende Entwicklungsstränge sind konstitutiv für das Leistungshandeln: die Handlungs- und die Selbstkonzeptentwicklung. Nach der allgemeinen Definition des Leistungshandelns sollte als Mindestvoraussetzung zu erkennen sein, daß das Kind durch sein Handeln einen Effekt erzielen will, den es dann als Effekt des eigenen Handelns verursacht wahrnimmt. Es muß demnach auf das Ergebnis zentrieren und einen Selbstbezug herstellen. Als zweite wichtige Bedingung muß es das Handlungsergebnis auf die Tüchtigkeit oder Untüchtigkeit der eigenen Person zurückführen, was in einer positiven oder negativen Selbstbewertung resultiert, die an den emotionalen Selbstbewertungsfolgen zu beobachten ist. Diese Bewertung der eigenen Tüchtigkeit setzt voraus, daß das Kind die Güte des Handlungsausgangs, wenn auch noch so einfach, beurteilen kann, um Maßstäbe für die eigene Tüchtigkeit auszubilden. Dazu muß sich die Unterscheidungsfähigkeit zwischen Graden der Aufgabenschwierigkeit und der Tüchtigkeit herausbilden.

Eine Reihe von Verhaltensphänomen können schon in den beiden ersten Lebensjahren beobachtet werden, die leistungsbezogen anmuten. Im wesentlichen sind es Aktivitäten, bei denen es so aussieht, als ob das Kind sie als selbstbewirkt, d. h. als eine Kausalität zwischen eigenem Handeln und dessen Effekten erlebt. Auffällig ist dies z. B. bei den von Piaget (1975) beschriebenen tertiären Kreisreaktionen in der sensumotorischen Intelligenzentwicklung, wenn das Kind anfängt, mit den Dingen der Nahumwelt zu experimentieren, um neue Effekte und Beziehungen zu entdecken. White (1959) hat diesen ständigen Transaktionen des Kindes mit seiner Umwelt ein eigenes, intrinsisches Motiv, die Wirksamkeits- (effectance motivation) oder Kompetenzmotivation, zugewiesen. Als motivierende Kraft wird das Gefühl der Wirksamkeit (feeling of efficacy) angesehen, das ein Kind erlebt, wenn es erfolgreich eine Veränderung in der Umwelt erfährt. Diese Annahme einer Wirksamkeitsmotivation hat Harter (1978) aufgegriffen und im Rahmen eines größeren Forschungsprogramms elaboriert. Handelt es sich bei den tertiären Kreisreaktionen um Anfänge einer intendierten Effektproduktion ohne Selbstbezug, so fehlt bei der Wirksamkeitserfahrung, die auf den selbstbewirkten Effekt fokussiert, noch der Tüchtigkeitsbezug. Das "Selbermachenwollen" ist ein ähnliches Beispiel, das besonders deutlich im 2. Lebensjahr auftritt.

Bei attraktiven Tätigkeiten beginnen Kinder darauf zu bestehen, alles selber zu machen, es sei denn, Schwierigkeiten tauchen auf. Hilfe und Eingriffe in beherrschte Tätigkeiten werden energisch zurückgewiesen (Geppert & Küster, 1983). In einer "Selbermachenwollen-Studie" (Querschnittuntersuchung) konnten einige Handlungs- und Selbstentwicklungsschritte zum Leistungshandeln gut demonstriert werden. In Abhängigkeit von zwei kleinen Testaufgaben zum kategorialen Selbst (Lewis & Brooks-Gunn, 1979) konnten folgende Typen des Selbermachenwollen beim Spiel zwischen Kind und helfender oder ins Spiel eingreifender Versuchsleiterin beobachtet werden: Kinder, die keinen der beiden Tests bestanden, akzeptierten alle Interventionen ohne Protest. Kinder, die nur einen Test bestanden hatten, akzeptierten Hilfe, wehrten sich aber gegen Versuche der Versuchsleiterin, die Aufgabe zu übernehmen und den nächsten Handlungsschritt im Spiel auszuführen. Erfolgreiche Absolventen beider Selbsttests, die nicht älter als 30 Monate waren, wehrten sich ebenfalls gegen die Handlungsübernahme durch andere, aber nun besonders heftig, wenn die Intervention beim letzten, die Handlungssequenz vollendenden Schritt plaziert war (Beeinträchtigung der Attraktivität der Zielerreichung). Die nächst ältere Gruppe akzeptierte die Übernahmeansprüche der Versuchsleiterin, protestierte aber gegen Hilfeleistung mit der Hervorhebung ihrer eigenen Kompetenz ("ich kann das"), als ob ihr Kompetenzgefühl geschmälert würde.

Die Vorläufermerkmale nehmen Teilaspekte des Leistungshandelns vorweg. Sie lassen sich in drei Entwicklungsabschnitte unterteilen (Heckhausen, 1985):

(1) Bis etwa 18 Monate wird die Tätigkeit des Kindes vom Gewahrwerden der Kontingenz zwischen eigener Aktivität und deren Effekten motiviert. Dieses Kontingenzlernen wird von positiven emotionalen Reaktionen begleitet. Dabei liegen diese Affekte eher bei der Tätigkeit als beim erfolgreichen Abschluß. Das Selbst wird als "Subjekt" erlebt, das seine eigene Aktivität gewahrt.

(2) Im Alter zwischen 18 und 30 Monaten kann das Ergebnis der eigenen Aktivität von der Tätigkeitsdurchführung getrennt betrachtet werden. Das Kind erlebt sich als Initiator von Aktivitäten und als Effektveruracher. Das Selbst kann als "Objekt" gesehen werden ("kategoriales Selbst").

(3) Nach 30 Monaten können dem Selbst Attribute wie z. B. Tüchtigkeit zugeschrieben werden. Nun sollten selbstbewertende Emotionen als Folge des Gelingens oder Mißlingens einer Handlung beobachtbar sein.

In einer Wetteiferstudie (Heckhausen & Roelofsen, 1962) und einer Aufgabenwahlstudie (Heckhausen & Wagner, 1965) konnten die Anfänge leistungsmotivierten Verhaltens beobachtet werden. Erst mit über 3 Jahren zeigten sich affektgeladene Erfolgs- und Mißerfolgsreaktionen mit unverkennbarer Zentrierung auf Selbstbewertung (Stolz, Beschämung, Verlegenheit), die dafür sprechen, daß rudimentäre Tüchtigkeitskonzepte vorliegen müßten. Ein direkter Nachweis solcher Konzepte bereitet allerdings in dem kritischen Alter von 2 bis 4 Jahren methodische Schwierigkeiten vor allem wegen der geringen sprachlichen Ausdrucksmöglichkeit der Kinder, so daß Studien, die einen derartigen Nachweis führen, deutlich spätere Altersangaben machen (Ruble, Parson & Ross, 1976: zwischen 7 und 9 Jahren). Kindgemäß anschauliche Aufgaben mit nonverbalen Ausdrucksmöglichkeiten hatten bei Kleinkindern dagegen mehr Erfolg (vgl. zusammenfassend: Krug, Gurack & Krüger, 1982). Inzwischen sind eine Reihe von Nachuntersuchungen zur Wetteiferstudie publiziert worden (Geppert & Heckhausen, 1990). Danach lassen sich selbstbewertende Emotionen eher beobachten, wenn man vom Wetteiferparadigma abgeht und einfachere Erfolg und Mißerfolg induzierende Techniken nutzt. Erfolg scheint früher in der Entwicklung selbstbewertende Emotionen auszulösen (ab ca. 30 Monate) als Mißerfolg (ab ca. 36 Monate).

Aufgabenschwierigkeit und Tüchtigkeit

Die Wahrnehmung von Unterschieden der Aufgabenschwierigkeit ist Bedingung für die Bildung von Tüchtigkeitsmaßstäben. Aufgabenschwierigkeit und Tüchtigkeit definieren sich gegenseitig; je größer die Schwierigkeit, um so tüchtiger muß man sein, um die Aufgabe zu lösen. Solange Schwierigkeit nicht unabhängig von Tüchtigkeit erfaßt werden kann, läßt sich Erfolg auf geringe Schwierigkeit oder hohe Tüchtigkeit und Mißerfolg auf hohe Schwierigkeit oder geringe Tüchtigkeit zurückführen. Um die Aufgabenschwierigkeit unabhängig einschätzen zu können, brauchen die Kinder ein Bezugssystem. Erst dann lassen sich Kovariationen eindeutig auf eine externe oder interne

Ursachenlokalisation zurückführen. Dreijährige sind sicherlich nicht in der Lage, diese Informationen aufzunehmen und in Beziehung zu setzen. Deshalb wurde vermutet, daß Vorschulkinder die Schwierigkeit von Aufgaben noch nicht beurteilen können. So zeigten Parsons und Ruble (1977), daß erst 7- bis 9jährige ihre Erfolgserwartungen an den tatsächlich erfahrenen Erfolgschancen orientierten. Jüngere Kinder waren überoptimistisch und differenzierten nicht zwischen unterschiedlich schweren Aufgaben.

Es scheint aber ein intuitives Verständnis von Aufgabenschwierigkeit zu geben (Trudewind et al., 1989), das weit vor dem begrifflich repräsentierten Wissen über Schwierigkeit erworben wird. Fajans (1933) berichtet von Kleinkindern im Alter von 6 bis 12 Monaten, deren Bemühen, an ein attraktives Spielzeug oder an eine Tafel Schokolade zu gelangen, davon abhing, wie weit entfernt das Objekt aufgehängt war. Mounoud und Hauert (1982) belegen, daß schon Kinder im 2. Lebensjahr an der Art ihres Greifens nach Objekten erkennen lassen, daß sie das Gewicht eines Objektes antizipieren. Sie scheinen in ihren alltäglichen Versuchen, Gegenstände zu heben, diskriminierende Merkmale von Objekten (Höhe, Länge) zu lernen und dadurch allgemeine Beziehungen zwischen korrelierenden Merkmalen von Objekten und der Schwere der Objekte zu abstrahieren. In der Aufgabenwahlstudie von Heckhausen und Wagner (1965) reagierten 3- bis 3½jährige unter Würdigung von Distinktheitsinformation auf Schwierigkeiten, zeigten aber noch keine Selbstbewertungsreaktionen, die auf eine Tüchtigkeitsattribution schließen ließen. Aus dieser Befundlage und aus sachlogischen Gründen muß man auf eine entwicklungspsychologische Priorität der Schwierigkeits- vor der Tüchtigkeitsattribution schließen.

Kehren wir nun zu den Kovarianzinformationen als Bezugsgrößen der Schwierigkeitseinschätzung zurück. Abgesehen von Distinktheitsinformationen (unterschiedliche Erfolgsrate bei ähnlichen Aufgaben oder einzelnen Schwierigkeitsstufen derselben Aufgabe, auf die sich schon Dreijährige beziehen, stützen Kinder im Vorschulalter ihre Leistungsbeurteilung auf Konsistenz- (Serie von Erfolgen und Mißerfolgen bei einer gegebenen Aufgabe) und nicht auf Konsensinformationen (Erfolg und Mißerfolg im sozialen Vergleich). Daß sie Konsensinformationen verarbeiten können, zeigen z. B. die Studien, in denen das Kind mit einem Partner wetteifert (Heckhausen & Roelofsen, 1962). Und auch über Video vorgeführte soziale Vergleichsinformationen - Kinder gleichen Alters kommen mit einer Aufgabe gut oder schlecht zurecht - werden schon von Vorschulkindern für die Beurteilung der Schwierigkeit dieser Aufgabe genutzt. Anscheinend muß der soziale Vergleich aber sehr anschaulich und unmittelbar sein, sonst lassen sich die Vorschulkinder von sozialen Normen nicht beeinflussen. Durch die vorrangige Berücksichtigung von Konsistenzinformation entsteht ein entwicklungspsychologisches Primat der individuellen vor der sozialen Bezugsnorm. Während Distinktheitsinformation die Attribution auf Aufgabenschwierigkeit verweist, läßt Konsistenzinformation offen, ob Handlungsergebnisse der Aufgabenschwierigkeit oder der Tüchtigkeit zugeschrieben werden. Beides wäre gleich naheliegend. So vermutet Heckhausen (1980), daß eine Verknüpfung von Konsistenz- und Distinktheitsinformation die früheste Grundlage für die Bildung von Tüchtigkeitsmaßstäben schafft, systematische Untersuchungen des kritischen Übergangs zwischen zweitem und vierten Lebensjahr fehlen aber gänzlich. Entscheidend für die Herausbildung eines stabilen Tüchtigkeitsmaßstabes sind Konsensinformationen, die ab der Schulzeit gehäuft auftreten. Ob sie deshalb jetzt stärker berücksichtigt werden oder ob sie vorher nicht berücksichtigt werden konnten, ist unklar. Veroff (1969) vermutete einerseits, daß Vorschulkinder aufgrund ihrer Egozentrik noch keine Fähigkeitsunterschiede zwischen Personen erfassen können und andererseits kein Interesse am sozialen Vergleich haben. Dieser werde erst durch die vergleichenden Bewertungen im Schulsystem angeregt. Vermutlich können Kinder aber noch keine Rückschlüsse aus dem sozialen Vergleich auf die eigene Tüchtigkeit im Vergleich zu anderen ziehen (Trudewind et al., 1989). Aufgrund des in diesem Alter noch vorherrschenden undifferenzierten Fähigkeitskonzeptes - die Trennung zwischen stabiler Fähigkeit und variabler Anstrengung ist noch unvollständig - kann dies auch nicht erwartet werden.

Wenn nun Konsensinformation herangezogen wird, läßt sich Aufgabenschwierigkeit unabhängig von der eigenen Tüchtigkeit definieren und gibt einen stabilen Tüchtigkeitsmaßstab ab. Nicholls und Miller (1983; siehe auch Geppert, 1987) haben den Entwicklungswandel in der Wahl der signifikanten Aufgabeninformation zur Bildung des Schwierigkeitsurteils anhand von Entwicklungsstufen dargestellt: In der komplexesten Form, (1) der "normativen Schwierigkeit", werden Aufgaben dann als schwer eingeschätzt, wenn sie nur wenige Personen einer Bezugsgruppe bewältigen. Dieser Übergang zu einem reiferen Verständnis von Schwierigkeit liegt bei etwa 7 Jahren (Nicholls, 1980). Auf einem einfacheren Niveau des Schwierigkeitsbegriff, (2) der "objektiven Schwierigkeit", wird die Schwierigkeit an objektiven Aufgabeneigenschaften (z. B. mehr oder weniger Puzzleteile) festgemacht. Größere Tüchtigkeit erweist sich in objektiv schwierigeren Aufgaben. Eine genaue Fixierung der Verursachung (Aufgabe war leicht oder Tüchtigkeit groß) ist nicht möglich. Ähnlich undifferenziert sind die Ursachen bei der einfachsten Form des Schwierigkeitsbegriff, (3) der "egozentrischen Schwierigkeit". Aufgaben werden aufgrund der subjektiven Sicherheit, sie zu lösen, unterschieden. Aufgaben sind leicht, die man selbst erfolgreich erledigt, Aufgaben sind schwer, die man nicht löst.

Die Entwicklung der Bezugsnormorientierung wird durch einige Untersuchungen belegt. Veroff (1969) hat in seiner Stadientheorie postuliert, daß sich in der Vorschulzeit zunächst ein "autonomes" Leistungsmotiv aufgrund individueller Bezugsnorm entwickelt, das dann zwischen 7 und 9 Jahren vom "sozialen" oder "normativen" Leistungsmotiv auf der Grundlage der sozialen Bezugsnorm abgelöst wird, ehe es im zweiten Lebensjahrzehnt zur Integration kommt. Ruhland und Feld (1977) weisen eine ansteigende Berücksichtigung von sozialen Bezugsnormen zwischen dem 1. und 4. Schuljahr nach. Nicholls (1978, 1979) ließ 5- bis 13jährige Schüler ihren Rangplatz innerhalb der Schulleistungsverteilung der Klasse einschätzen. Dabei waren erst Kinder zwischen 9 und 10 Jahren aufgrund sozialer Bezugsnormen einigermaßen realistisch. Vom 6. Schuljahr an gewinnt dann die individuelle Bezugsnorm wieder an Bedeutung und wird ab dem 11. Schuljahr zunehmend ausschlaggebender als die soziale Bezugsnorm (Rheinberg, Lührmann & Wagner, 1977).

Individuelle und soziale Bezugsnormen spielen in neueren Motivationstheorien eine entscheidende Rolle, wenn auch andere Begriffe benutzt werden (Dweck & Elliott, 1983: "learning vs. performance goals"; Nicholls, 1984: "task vs. ego-involvement").

Differenzierung der Ursachenkonzepte von Fähigkeit und Anstrengung

Bereits im 2. und 3. Lebensjahr entwickelt sich ein erstes Verständnis der Kinder für Selbst- und Fremdverursachung von Handlungseffekten. Die externe, stabile Ursache "Aufgabenschwierigkeit" wird zur ontogenetisch ersten Beurteilungsdimension für die Erklärung und Bewertung von Erfolg und Mißerfolg; zur internen zweiten Ursachenerklärung wird die eigene Tüchtigkeit. Entwicklungsaufgabe der Kinder in der zweiten Hälfte des 1. Lebensjahrzehnts ist es, das internale Ursachenkonzept in ein zeitstabiles Fähigkeits- und ein zeitvariables Anstrengungskonzept auszudifferenzieren. Dabei ist es wichtig, nicht nur, wie etwa in der frühkindlichen Entwicklung, ein intuitives Verständnis, sondern ein begriffliches und verbal mitteilbares Verständnis für die Verursachung von Handlungsausgängen bei sich und anderen auszubilden.

Zur Herausbildung eines Anstrengungskonzeptes bedarf es der Erfahrung, daß Erfolg und Mißerfolg mit dem Grad der wahrgenommenen eigenen Anstrengung kovariieren. Solche Erfahrungen machen Kinder bei Aufgaben, die Kraftaufwand oder Ausdauer verlangen. Da Anstrengung unmittelbarer als Fähigkeit an sich und anderen beobachtet und als kovariierend mit Erfolg und Mißerfolg erlebt werden kann, sollte sich das Anstrengungskonzept früher als das Fähigkeitskonzept herausbilden. Fähigkeit muß demgegenüber erst als Konstantbleibendes erkannt werden, aus dem dann der abstrakte Sachverhalt eines intraindividuell konstanten, aber interindividuell variablen Erklärungskonstruktes wird. Wenn hier abstrakt von Fähigkeit gesprochen wird, ist nicht berücksichtigt, daß es möglicherweise unterschiedliche, domänspezifische Fähigkeiten gibt.

Die ersten Ansätze, Kovariationen von abgestuften Effekten mit eher fähigkeits- oder eher anstrengungsbezogenen Tüchtigkeitsmerkmalen herzustellen, sind mit etwa fünf Jahren zu beobachten. Gurack (1978) hat Kinder ab 3 Jahren verschiedene Handlungsergebnisse anschaulich abgebildeten Fähigkeitsmerkmalen (Körperbau, Stärke, Größe, Alter) zuordnen lassen. Sie fand drei "Fähigkeitsschlußfolgerungen" mit ansteigender Komplexität: (1) Den unmittelbaren Schluß von einem relevanten Körpermerkmal (Schlankheit und Durchkriechen durch ein enges Mauerloch) ab 3½ Jahre; (2) den mittelbaren Schluß von einem sichtbaren Körpermerkmal auf eine nicht anschauliche Personeigenschaft der Tüchtigkeit ab 4 Jahre (Körpergröße oder Alter und Höhe eines gebauten Turmes; (3) den Schluß von einem früheren Handlungergebnis auf ein späteres bei einem unbekannten Akteur (Konstanz der Tüchtigkeitseigenschaft) ab sechs Jahre. Zwei sich widersprechende Fähigkeitskriterien wurden erst ab 5 Jahren als diskrepant entdeckt. Aber auch die 6jährigen, die sich schon mehrheitlich an der Konsistenz der Ergebnisse und nicht mehr an Körpermerkmalen wie Größe und Alter orientierten, konnten ihre Zuordnung noch nicht mit irgendeiner Fähigkeitsvorstellung begründen, d. h. in diesem Alter ist der Fähigkeitsbegriff im Sinne einer konstanten Personeigenschaft zumindest sprachlich noch nicht geläufig, auch wenn die Kovarianzschlüsse schon richtig sind.

In ähnlicher Weise hat Krüger (1978) die Entwicklung der Anstrengungsattribution an Aufgaben, die unterschiedlichen Anstrengungsaufwand erforderten, untersucht. Alle Kinder (von 3 bis 6 Jahren), die auf Unterschiede der Anstrengungswahrnehmung befragt wurden, berichteten nur Schwierigkeitsunterschiede. Eine aufgabengerechte Anstrengungsdosierung war aber schon bei 3jährigen zu beobachten. Die Übereinstimmung zwischen intendierter (zuvor erfragter) und tatsächlich aufgewendeter Anstrengung war erst ab 5 Jahren ausgeprägt. Diese Altersgruppe machte auch als erste anstrengungsbezogene Aussagen bei der freien Attribution des Ergebnisses. Paradoxe Zuordnungen von Anstrengung und Ergebnis wurden von der Mehrzahl der 5- bis 6jährigen korrigiert oder erklärt. Nach der empirischen Befundlage scheint sich das Kovariationsschema für Anstrengungsattribution früher und zügiger zu entwickeln als das für Fähigkeit, wenn auch die einfache Kovariation von anschaulich repräsentierter Fähigkeit früher als jene der Anstrengung mit dem Handlungsergebnis gelingt. Das Fähigkeitskonzept hat eine längere Begriffsentfaltung durchzumachen (Heckhausen, 1980). Fähigkeits- und Anstrengungsbegriff gliedern sich also erst allmählich aus einem globalen Tüchtigkeitskonzept aus. Sind abgestufte Ergebnisse mit einem der beiden Faktoren zu erklären oder Ergebnisse aufgrund ungleicher Anstrengung oder ungleicher Fähigkeit vorherzusagen, verwenden die meisten Kinder ab 5 Jahren das Kausalschema der einfachen Kovariation.

Subjektive Erfolgswahrscheinlichkeit und Erfolgs-/Mißerfolgsanreiz

Das Risikowahlmodell Atkinsons (1957) kombiniert Erfolgserwartung und Erfolgs-/Mißerfolgsanreiz, wobei der Anreiz jeweils mit der Motivstärke für Erfolg und Mißerfolg gewichtet wird (Erfolgs-/Mißerfolgsvalenz). Diese Gewichtung durch die Motivstärke kann bei Kindern zunächst vernachlässigt werden, so daß drei kognitive Phänomene in der Entwicklung beachtet werden sollten:

(1) Erfolgserwartung (subjektive Erfolgswahrscheinlichkeit oder komplementär: erlebte Aufgabenschwierigkeit);

(2) Erfolgsanreiz (als umgekehrt-proportionale abhängige Größe der Erfolgserwartung) und Mißerfolgsanreiz (als direkt-proportionale abhängige Größe von Erfolgserwartung);

(3) Multiplikative Verknüpfung zwischen Erfolgserwartung und Erfolgsanreiz, d. h. Gewichtung des Erfolgsanreizes mit der subjektiven Erfolgswahrscheinlichkeit.

Die ersten beiden Merkmale sind hinreichende Voraussetzungen für leistungsmotivierte Selbstbewertungsreaktionen nach Erfolg und Mißerfolg. Die Verknüpfung der beiden muß als kognitive Voraussetzung hinzutreten, um realistische Zielsetzung und Aufgabenwahl möglich zu machen. Kinder wären also erst zu leistungsmotiviertem Handeln und Erleben fähig, wenn sie diese drei Voraussetzungen entwickelt haben.

Entwicklungsziel muß es zunächst sein, ein Konzept für die objektive Aufgabenschwierigkeit "an sich" - also losgelöst von der eigenen Fähigkeit - zu entwickeln. In Beziehung zur eigenen Fähigkeit ergäbe sich daraus die subjektive Schwierigkeit "für mich". Wie wir gesehen haben, setzt dies die Verwendung von Konsensinformation voraus. Ein einfacherer Weg zum unmittelbaren Erleben von Erfolgswahrscheinlichkeit läuft möglicherweise über die Erfahrung der subjektiven Schwierigkeit durch die Konsistenz von Erfolgs- und Mißerfolgssequenzen. Dies setzt nur einen egozentrischen Schwierigkeitsbegriff voraus, bei dem Tüchtigkeit und Schwierigkeit sich gegenseitig definieren (man ist so tüchtig, wie man welche Aufgabe noch bewältigt). Es ist dann zwar unklar, ob nun Erfolg auf eigene Tüchtigkeit oder Leichtigkeit der Aufgabe zurückzuführen ist; es handelt sich aber in beiden Fällen um stabile Ursachenfaktoren. Und Attribution von Erfolg oder Mißerfolg auf stabile Faktoren fördert die an- oder absteigende Erfolgserwartung. Wird nun die Erfolgserwartung durch die Relation der stabilen Faktoren Aufgabenschwierigkeit und Tüchtigkeit/Fähigkeit bestimmt, so ergibt sich der Anreizwert aus der Relation internaler und externaler Faktoren. Je mehr das Handlungsergebnis internal und nicht external lokalisiert wird, um so ausgeprägter ist der Anreizwert von Erfolg und Mißerfolg. Bei der Wahl mittlerer Schwierigkeiten wird das Übergewicht internaler Ursachen und damit der Anreizwert von Erfolg und Mißerfolg maximiert. Dies ist aber genau die Quintessenz des Riskowahl-Modells, daß mittelschwere Aufgaben maximal motivieren.

Anfänge eines Konzepts der subjektiven Erfolgswahrscheinlichkeit sind dann zu erkennen, wenn die zunächst bei 3- bis 4jährigen zu findende völlige Erfolgszuversicht

(Heckhausen & Roelofsen, 1962) durch manipulierte Erhöhung der Mißerfolgsrate aus dem Gleichgewicht kommt. Daß es des anstrengungsbereinigten Fähigkeitsbegriffs bedarf, zeigen die Studien von Parsons und Ruble (1977). Während 4- und 5jährige noch völlig unbeeindruckt von Erfolgs- oder Mißerfolgsrückmeldungsserien erfolgsgewiß blieben, wurden die 10- und 11jährigen zusehends realistischer. Auch McMahan (1973) bestätigt, daß erst 11- und 12jährige die geschätzte Erfolgswahrscheinlichkeit nach einem Erfolg um so mehr nach oben und nach Mißerfolg umso mehr nach unten korrigieren, je mehr sie das zuletzt erzielte Ergebnis auf Fähigkeit zurückführen.

Zunächst dürfte die Beziehung zwischen Erwartung und Anreiz identisch mit einer proportionalen Beziehung zwischen subjektiver Aufgabenschwierigkeit und Erfolgsanreiz und einer umgekehrt-proportionalen Beziehung zwischen Aufgabenschwierigkeit und Mißerfolganreiz sein. Hierfür reicht es zu erkennen, daß die Tüchtigkeit um so größer ist, je "größer" der zustandegebrachte Effekt, und die Untüchtigkeit umso größer, je "geringer" der zustandegebrachte Effekt ist. Zu dieser Kovariation sind 5jährige fähig, soweit nicht Konsensinformationen berücksichtigt werden müssen. Auf der Basis von Distinktheitinformation tritt eine proportionale Beziehung zwischen Schwierigkeitsgrad und Stärke der Erfolgsreaktion auf (Heckhausen & Wagner, 1965). Umgekehrt-proportionale Beziehungen zum Mißerfolgsanreiz kommen in diesem Alter nicht vor (selbst Erwachsene haben Probleme mit dem Verständnis für negative Korrelationen: Slovic, 1974). Daß diese Kovariationsbefunde aber erst den Beginn einer Entwicklung kennzeichnen, verdeutlichen Befunde von Harter (1975). Kindern im Alter von 5 bis 13 Jahren legte Nicholls (1978) Aufgaben mit anschaulich gestaffelten Schwierigkeitsgraden (soziale Vergleichsnorm) vor. Die meisten Kinder waren in der Lage, ab 6 Jahren leichte und schwere Aufgaben zu unterscheiden, ab 7 Jahren festzustellen, daß die schwere Aufgabe mehr Fähigkeit erfordert, und ebenfalls ab 7 Jahren anzugeben, daß der Lehrer sich über die Lösung der schwierigen Aufgabe am meisten freut (Erfolgsanreiz über antizipierte Fremdbewertung).

Die multiplikative Verknüpfung von Erwartung und Anreiz, d. h. die Erwartungsgewichtung des Erfolgs- und Mißerfolgsanreizes, dürfte Kinder im ersten Lebensjahrzehnt überfordern. Auf dem Wege zu dem hierfür notwendigen Stadium der "formalen Operationen" könnte man sich Vorformen vorstellen, die auf einen der beiden Faktoren zentrieren. Kovariiert Erfolg und Mißerfolg wie bei der Aufgabenwahl mit einer nach Schwierigkeit gestaffelten Aufgabenreihe (Distinktheit), bietet sich Aufgabenschwierigkeit als Ursache und damit Erfolgserwartung als Zentrierung an. Wechselt dagegen die Höhe des Leistungsziels bei ein und derselben Aufgabe und kovariiert mit Erfolg und Mißerfolg, bieten sich Fähigkeit und Anstrengung als Ursachen und die Zentrierung auf selbstbewertenden Erfolgsanreiz an. Dies bestätigen empirische Befunde. Danach wählten jüngere Kinder (Vorschulkinder) in einer Aufgabenwahlsituation bei der Wiederholungswahl Aufgaben, die sie vorher schon gelöst hatten, ältere Kinder dagegen Aufgaben, die sie vorher nicht gelöst hatten. In Zielsetzungaufgaben zeigt sich dagegen der umgekehrte Befund. Kinder im Alter von 4 bis 5 Jahren wählten durchwegs unrealistisch hohe Ziele, erste ältere wurden langsam realistischer.

Kausale Schemata für Fähigkeit und Anstrengung

Wenn sich Fähigkeits- und Anstrengungskonzept entwickeln, ergeben sich Unklarheiten oder Mehrdeutigkeiten bei der Kausalattribution von erzielten Ergebnissen, da Kovariationsinformationen noch nicht vollständig genutzt werden können oder unvollständig vorliegen. Für Erwachsene bieten sich die von Kelley (1972, 1973) beschriebenen Hypothesenkonzepte als "kausale Schemata", um auf Ursachen, deren Zusammenspiel und ihre Gewichtung zu schließen. Solche Schemata sind unterschiedlich komplex und könnten sich in der Entwicklung auseinander heraus entfalten (Heckhausen, 1980). Für das Leistungshandeln sind zwei Schemata, eins für die Vorhersage und eins für die Erklärung eines Effektes bei verschieden schweren Aufgaben, relevant. Das Schema der "kombinierten Kovariation" ermöglicht die Ergebnisvorhersage, wenn beide Ursachen, also Anstrengung und Fähigkeit, im Sinne der proportional kombinierten Kovariation gegeben sind. Das Schema der "Kompensation" ermöglicht die Erklärung vorliegender Ergebnisse, wenn nur eine der beiden Ursachen gegeben ist. Die zweite Ursache wird dann aufgrund der umgekehrt-proportionalen Kompensation beider Ursache erschlossen. Die Entwicklung hin zu diesen Schemata verläuft über drei Vorformen, (1) die "einfache Kovariation", (2) die "zentrierte Kovariation" und (3) die "Kopplung". Die einfache Kovariation zeigt Proportionalität zwischen Effektstärke und einem der beiden Ursachfaktoren, wenn der andere als fixiert oder als nicht notwendig erscheint ("Schema multipler hinreichender Faktoren"). Bei der zentrierten Kovariation wird nur eine Ursache betrachtet und in Kovariation mit der Effektstärke gebracht. In der Kopplung wird die Stärke eines zu erschließenden Faktors der Stärke des gegebenen anderen gleichgesetzt. Die beiden letzten Schemata sollen in der Entwicklung überwunden werden, da sie zu falschen Schlüssen führen. Das kompensatorische Kausalschema hat große Bedeutung für die weitere Entwicklung der Leistungsmotivation. Die kompensatorische Variabilität der Anteilsverhältnisse von Fähigkeit und Anstrengung bei der Ergebniserklärung ist die Grundlage für individuelle Unterschiede der bevorzugten Attributionsmuster für Erfolg und Mißerfolg. Diese Attributionsmuster haben wiederum große Bedeutung für die differentielle Motiventwicklung, wenn es zu einer unterschiedlichen Affektwirksamkeit der Fähigkeits- und Anstrengungsattribution in der Selbstbewertung gekommen ist.

Affektwirksamkeit von Fähigkeits- und Anstrengungsattribution

Für Jugendliche und Erwachsene scheint Anstrengung für die Fremdbewertung und Fähigkeit für die Selbstbewertung der maßgebliche Ursachfaktor zur subjektiven "Erklärung" von Leistungen zu sein. Entwicklungsvoraussetzung für diese affektive Bewertung ist ein ausdifferenzierter Fähigkeitsbegriff sowie die Kompetenz, auf der Basis von Anstrengungs- und Fähigkeitskompensation zu schlußfolgern. Verständlicherweise ist deshalb für die Selbstbewertung keine Untersuchung an Kindern unter 10 Jahren bekannt. Die Diskussion, welcher Ursachenfaktor denn affektwirksamer sei, wurde von Weiner (Weiner & Kukla, 1970) initiiert. Eine zunächst vermutete Übertragbarkeit der Befunde zur Fremdbewertung auf selbstbewertende Emotionen ist allerdings nicht zwingend: (1) Bei der Fremdbewertung handelt es sich nicht um Emotionen, sondern um bewertende Sanktionen in Form von Lob und Tadel. (2) Solche Sanktionen zielen darauf ab, den Beurteilten zu beeinflussen. Da Anstrengung nicht nur internal, sondern auch kontrollierbar ist, bietet sie sich eher als Fähigkeit für Sanktionen an.

Wenn Fremdbewertung sich mehr von Anstrengungsunterschieden leiten läßt und vom Kompensationsschema Gebrauch macht, dann ist es ein wichtiges Entwicklungsmerkmal, ab wann ein Schüler an Lob und Tadel seines Lehrers für Anstrengung erkennen kann, ob dieser seine Fähigkeit hoch oder gering einschätzt. Je leichter eine Aufgabe ist, für deren Bewältigung der Schüler gelobt wird, um so mehr muß er annehmen, daß der Lehrer seine Fähigkeit gering beurteilt (Voraussetzung: Anstrengungskompensation). Je mehr es sich um eine schwierige Aufgabe handelt, für deren mißlungene Ausführung der Schüler getadelt wird, um so mehr muß er annehmen, daß der Lehrer seine Fähigkeit hoch einschätzt (Fähigkeitskompensation). Genau diese indirekte Informationsanalyse des Sanktionsverhaltens von Lehrern hat Meyer (1978) bei 10 bis 12 Jahre alten Schülern gefunden.

Für die Selbstbewertung fand Heckhausen (1978), daß nach Erfolg Selbstzuschreibung von Fähigkeit mit mehr Zufriedenheit verbunden war als die Attribuierung von Anstrengung. Nach Mißerfolg war die Unzufriedenheit mit sich selbst geringer, je mehr man sich Mangel an Anstrengung statt fehlende Fähigkeit zuschreiben konnte. Andere Untersuchungen kamen bei gleichaltrigen Kindern im Erfolgsfall zu ähnlichen Befunden, bei Mißerfolg zeigten sich allerdings keine Zusammenhänge zwischen Unzufriedenheit und Attribution. Die Frage, ob Fähigkeits- oder Anstrengungsattribution in der Selbstbewertung affektwirksamer ist, scheint etwas zu global gestellt (Heckhausen, 1989). Man sollte unterscheiden, um welche Art von Aufgabensituation und um welche Art selbstbewertender Emotionen es sich handelt.

Geht es darum, die Fähigkeit im normativen Sinn (soziale Bezugsnorm) unter Beweis zu stellen, ist Fähigkeitsattribution wichtiger als Anstrengungsattribution nach Erfolg und Mißerfolg. Bei solcher Fähigkeitszentrierung kehrt sich die Affektwirksamkeit der Anstrengungsattribution im Sinne des kompensatorischen Schemas um. Je mehr Erfolg oder Mißerfolg bei großer Anstrengung auftritt, desto mehr wird die Erfolgsemotion gedämpft und die Mißerfolgsemotion gesteigert (Heckhausen, 1989). In Situationen, in denen es darum geht, Kenntnisse zu erweitern und Fertigkeiten zu entfalten, und somit die individuelle Bezugsnorm maßgeblich ist, sind dagegen Anstrengung/Ausdauer in der Selbstbewertung affektwirksamer. Als die im Selbstbewertungsprozeß dominierenden Emotionen werden Stolz und Beschämung angesehen, wenn es um Anstrengungsattribution geht. Bei Fähigkeitsattribution resultiert eher Zufriedenheit und Unzufriedenheit.

GRUNDLAGEN INDIVIDUELLER MOTIVUNTERSCHIEDE

Die drei Hauptdeterminanten der Selbstbewertung - individuelle Gewichtung des Anreizes (Motivstärke) von Erfolg und Mißerfolg, individuell bevorzugte Standards (Anspruchsniveau) und individuell bevorzugte Attributionsmuster für Erfolg und Mißerfolg - sind wichtige Charakteristika des Leistungsmotivs und seiner Entwicklung. Das bloße Vorhandensein von Ergebnisanreizen, Standards und Attributionsmustern ist ein Produkt der allgemeinen kognitiven Entwicklung. Die jeweilige individuelle Ausprägung wird dagegen sozialisatorischen Einflüssen des Elternhauses und der Schule zugeschrieben. Zwei Gründe machen die nähere Betrachtung dieser individuellen Präferenzen attraktiv. Zum einen hat man in diesen drei Komponenten zentrale Unterschiede zwischen Erfolgs- und Mißerfolgsmotivierten festgestellt. Zum anderen scheinen diese drei Merkmale zu genügen, um die motivstabilisierende Funktion der Selbstbewertung zu erklären. Wenn diese drei Dispositionsmerkmale ihre individuelle Ausprägung erreicht haben, kann sich das Motivsystem perpetuieren und gegenüber inkongruenten Erfahrungen und äußeren Zwängen als resistent und autonom erweisen (Heckhausen, 1980).

Individuelle Unterschiede in der Anreizgewichtung von Erfolg und Mißerfolg

Wenn man davon ausgeht, daß eine Entwicklungskontinuität zwischen den emotionalen Reaktionen des Kontingenzerlebens in den ersten Lebensmonaten, der Freude über selbstbewirkte Effekte (Neugier und Wirksamkeitsmotivation) in den beiden ersten Lebensjahren und den selbstbewertenden Emotionen des frühen Leistunghandelns besteht, sollten alle Sachverhalte, die zu einer Differenzierung in der Intensität der Wirksamkeitsmotivation führen, auch die Intensität der selbstbewertenden Emotionen und damit des Leistungshandelns beeinflussen (Trudewind et al. 1989). Auch genetische Faktoren für Variationen der emotionalen Erregbarkeit müßten ähnlich wirken. Hierfür gibt es einen Beleg. Lütkenhaus (1987) hat die Bedeutung konstitutioneller Faktoren für individuelle Unterschiede im Leistungshandeln untersucht. Im Rahmen einer größeren Längsschnittuntersuchung wurde in den ersten Lebenstagen u. a. die Orientierungsfähigkeit der Neugeborenen erhoben. Die Orientierungsfähigkeit ist ein Maß für die Stärke der Reaktion auf Außenreize. Wachs und Gandour (1983) konnten nachweisen, daß Kinder mit geringer Orientierungsfähigkeit emotional besonders stark auf neue Situationen reagieren. Lütkenhaus fand nun, daß Kinder mit schwachem Orientierungsverhalten als Neugeborene im Alter von drei Jahren in einer Leistungssituation nach Erfolg intensivere Freude zeigten als Kinder mit stärkerem Orientierungsverhalten nach der Geburt (zu Mißerfolgsemotionen gab es keine Beziehungen). Aber nicht nur konstitutionelle Faktoren beeinflussen die Reaktionsintensität. In der gleichen Untersuchung fand Lütkenhaus Beziehungen zwischen der Orientierungsfähigkeit der Kinder und dem mütterlichen Verhalten im Spiel. Mütter von Kindern mit geringer Orientierungsfähigkeit reagierten häufiger mit positiven Emotionen auf ihre Kinder und ließen sie in ihrem Tun oft gewähren. In einer anderen Untersuchung konnte Lütkenhaus (1984) zeigen, daß das Ausmaß der bei 3jährigen zu beobachtenden emotionalen Selbstbewertung durch mütterliche Verhaltensweisen vorhergesagt werden kann. Die Seltenheit der Unterbrechung der kindlichen Handlungsausführung in einer 1. Spielphase und die Häufigkeit, mit der sich Mutter und Kind über das Ergebnis in diesem Teil freuten, erwiesen sich als gute Prädiktoren für die Häufigkeit kindlicher Selbstbewertungen im späteren Spiel.

Wie man Entwicklungsbedingungen für unterschiedliche Anreizgewichte herausarbeiten kann, zeigt die Untersuchung von Trudewind und Husarek (1979). Im Rahmen einer größeren Längsschnittuntersuchung wählten sie zwei Jungengruppen aus, die sich nur hinsichtlich ihres Motivwandels im 1. Schuljahr unterschieden. Die eine Gruppe war über dieses erste Schuljahr ausgesprochen erfolgs-, die andere ausgesprochen mißerfolgsmotiviert geworden. Zu Beginn des 1. Schuljahres unterschieden sich die Gruppen hinsichtlich demographisch-ökologischer Variablen, des intellektuellen Entwicklungsstandes und ihrer Motivausprägung (weder besonders erfolgs- noch mißerfolgsmotiviert) nicht und auch im 2. Schuljahr gab es keine Differenzen in ihren Zeugnisnoten (1. Halbjahr). Um den unterschiedlichen Entwicklungswandel aufzuklären, wurde im 2. Schuljahr mit Hilfe von Beobachtungen und Befragungen eine alltägliche Schlüsselsituation analysiert, die Mutter-Kind-Interaktion bei der Hausaufgabenanfertigung. Die beiden Gruppen unterschieden sich deutlich in vier Bereichen des mütterlichen Verhaltens: (1) in den Gütestandards und Bezugsnormen, (2) in der Gewährung von Selbständigkeit, (3) in den Attributionsmustern zur Erklärung der kindlichen Leistungen und (4) im Sanktionsverhalten als Reaktion auf gute und schlechte Leistungen. Mütter der Mißerfolgsgruppe zeigten ein größeres Ausmaß an Unzufriedenheit mit den Leistungen, obwohl die durchschnittliche Zeugnisnote in beiden Gruppen gleich war. Sie orientierten sich bei der Bewertung der Leistung ihrer Söhne mehr an sozialen Bezugsnormen, an Zensuren und am Lehrerurteil. Die Mütter der Mißerfolgsgruppe attribuierte öfter bei schlechter Hausaufgabenanfertigung auf mangelnde Fähigkeit und mangelnde Anstrengung und bei guter Leistung auf Aufgabenleichtigkeit. Die Mütter der Erfolgsgruppe orientierten sich dagegen mehr an individuellen Bezugsnormen und sachimmanenten Kriterien. Sie gewährten größere Selbständigkeit, da sie die Hausaufgabensituation weniger vorstrukturierten, kindliche Entscheidungen eher respektierten und seltener in die Aufgabenbearbeitung eingriffen. Auf die Bemühungen des Sohnes wurde eher mit Begeisterung denn mit Mißbilligung eingewirkt. Die Mütter der Erfolgsgruppe belohnten bei guter Leistung häufiger emotional, Mütter der Mißerfolgsgruppe reagierten dagegen bei guter Ausführung häufig neutral und bei schlechter Leistung häufiger mit körperlich-emotionaler Bestrafung.

Individuell bevorzugte Standards

Mißerfolgsmotivierte Kinder setzen sich oft unrealistisch hohe oder niedrige Standards. Unrealistisch hohe Standards vermindern die Häufigkeit von Erfolg zugunsten von Mißerfolg. Dadurch beeinträchtigen sie eine positive Selbstbewertungsbilanz und das Leistungshandeln befriedigt nicht. Andererseits führen unrealistisch niedrige Standards zu einer leistungsthematischen Befriedigung, die im sozialen Leistungsvergleich nicht anerkannt wird. Beide Arten der Standardsetzung schwächen die Affektwirkamkeit von Erfolg und Mißerfolg in der Selbstbewertung ab. Das Gewicht wird auf den externalen Ursachfaktor zu hohe oder zu niedrige Aufgabenschwierigkeit gelegt, so daß die Ergebnisrückmeldung ihren Informationsgehalt für die Einschätzung der eigenen Fähigkeit verliert.

Erste Hinweise auf individuelle Unterschiede des persönlichen Standards (Anspruchsniveau) gibt es etwa ab 4 Jahre. Heckhausen und Wagner (1965) berichten von Kindern, die eher eine offensive oder defensive Aufgabenwahl konsistent über verschiedene Aufgaben aufwiesen. Diese Befunde können aber auch auf Unterschiede in der Zentrierung entweder auf Erfolgserwartung (niedriges Ziel) oder Erfolgsanreiz (hohes Ziel) während eines Übergangsstadiums der kognitiven Entwicklung zurückzuführen sein. In Querschnittuntersuchungen ist dies kaum zu unterscheiden. Bessere Hinweise auf stabile individuelle Unterschiede der Aufgabenwahl schon bei 4- bis 5jährigen Kinder gibt die Untersuchung von Heckhausen und Oswald (1969). Dort wählten die Kinder eine schwierigere Aufgabe, deren Mütter höhere Leistungserwartungen an ihr Kind stellten und sie bei der Aufgabenbearbeitung positiv und nicht negativ bekräftigten.

Individuell bevorzugte Attributionsmuster

Es ist der Aufrechterhaltung des Selbstwerts dienlich, wenn man Erfolg auf eine internal-stabile Ursache (gute Fähigkeit) und Mißerfolg auf variable Ursachen (ungenügende Anstrengung, Pech) zurückführt. Im Falle von Mißerfolg kann durch diese Attributionsasymmetrie eine hohe Erfolgserwartung aufrechterhalten werden, was der Selbstachtung und dem Selbstkonzept der eigenen Fähigkeit dienlich ist. Personen mit geringer Selbstachtung machen dagegen internale Faktoren, vor allem Fähigkeitsmangel, für Mißerfolg verantwortlich. Die Ausbildung individueller Unterschiede des Attributionsmusters stellt hohe Anforderungen an die kognitive Entwicklung. Demnach dürften individuell stabile Attributionsmuster kaum vor 10 Jahren zu erwarten sein.

In einer Untersuchung von 6- bis 12jährigen Schülern konnte Nicholls (1979) einen mit dem Alter zunehmend enger werdenden Zusammenhang zwischen Schulleistungen und entsprechenden Unterschieden des Attributionsmusters bestätigen. Unter den 12jährigen führten die guten Schüler ihre Erfolge auf gute Fähigkeit und ihre Mißerfolg auf Pech zurück, die schlechten Schüler dagegen erklärten ihre Erfolge durch hohe Anstrengung und Glück und ihre Mißerfolge durch mangelnde Fähigkeit. Eine andere Studie bestätigte die selbstwertdienlichen oder -abträglichen Muster, erwies sich aber bei den Kindern mit niedrigem Selbstkonzept im Falle von Erfolg als noch ungünstiger. Hier erklärten die Kinder Erfolg nicht mit großer Anstrengung, sondern mit der Unterstützung durch den Lehrer. Wiederholt wurde von Geschlechtsunterschieden berichtet, wonach die Mädchen ungünstige Attribuierungsmuster verwenden (Dweck & Repucci, 1973; Nicholls, 1975, 1978). Zunächst wurde dies mit geschlechtstypisierender Sozialisation in Leistungssituationen erklärt (Crandall, 1969). Dweck und Bush (1976) konnten aber bei Fünftklößlern zeigen, daß das Attributionsmuster davon abhängt, ob der Beurteiler ein Erwachsener oder ein Gleichaltriger, eine männliche oder weibliche Person ist. Mädchen hatten nur dann ein ungünstiges Attributionsmuster, wenn sie von einem weiblichen Erwachsenen beurteilt wurden; bei männlichen Erwachsenen oder Gleichaltrigen war es eher günstig. Diese Differenzierung der Befunde erklären Dweck und Bush aufgrund der unterschiedlichen Erfahrungen, die die Jungen und Mädchen mit den Rückmeldungen ihrer meist weiblichen Lehrer machen. Bei den Jungen beziehen sich die Rückmeldungen im wesentlichen auf Störungen und unaufmerksames Verhalten, so daß mangelnde Anstrengung als Mißerfolgsursache naheliegt. Mädchen dagegen arbeiten in der Regel angestrengt im Unterricht mit und erhalten vorwiegend distinkte Fähigkeitsrückmeldungen, die nach Mißerfolg eher entmutigen. Mit ungünstigen Attributionsmustern hängt eine chronisch gewordene "gelernte Hilflosigkeit" bereits bei Kinder der 5. Klasse zusammen (Dweck & Repucci, 1973). Einen Überblick über positive und deprimierende Attributionsstile sowie über verschiedene Entwicklungsstadien dieser Muster gibt Heckhausen (1987).

In diesem Überblick über die einschlägige Literatur haben wir uns prototypisch auf die Genese des Leistungsmotivs und die Entwicklung der dafür relevanten kognitiven Kompetenzen und motivationalen Präferenzen konzentriert. Unberücksichtigt, aber für das schulische Lernen und Leisten nicht weniger wichtig, sind intrinsische Motive, thematische Interessen, autonom gewordene, mehr oder minder spezielle Lerneinstellungen und chronifizierte Selbsteinschätzungen. Für diese Motivations- und Einstellungssysteme sind der Entwicklungsverlauf und die relevanten Entwicklungsbedingungen noch wenig erforscht (vgl. aber: Pekrun & Schiefele, 1996). Hinzu kommt, daß die motivationalen Grundlagen des Lern- und des Leistungshandelns nur schwer zu unterscheiden sind, sieht man einmal von der dominierenden, in impliziten subjektiven Theorien verankerten Lern- und Leistungsorientierung sowohl bei Lehrern wie bei Schülern ab (vgl. Dweck, 1996). Das gilt auch für die Sozialisationsfaktoren, wie sie vor, in und außerhalb der Grundschule konfigurativ wirksam sind.

Entwicklung lern- und leistungsbezogener Motive und Einstellungen: Ergebnisse aus dem SCHOLASTIK-Projekt

Andreas Helmke

Es kann kein Zweifel daran bestehen, daß die motivationale, affektive und emotionale Entwicklung im Grundschulalter von größter Bedeutung ist. Um so bedauerlicher ist es, daß der Forschungsstand zur Entwicklung schulleistungsbezogener Motive und Einstellungen (vgl. Geppert, i. d. Bd.) in dieser Altersstufe als sehr unbefriedigend und lückenhaft angesehen werden muß (vgl. Buff, 1991a; Marsh, Craven & Debus, 1991; Pekrun & Fend, 1991; Spellbring & Edelstein, 1985). Neben der Verwirrung über die nahezu unüberschaubare Zahl von Konstrukten unterschiedlichster theoretischer Provenienz (vgl. Helmke, 1992) dürfte dies vor allem am Fehlen von Längsschnittstudien für diesen Altersbereich liegen (vgl. die Übersichten von Schneider & Edelstein, 1990; Verdonik & Sherrod, 1984; Young, Savola & Phelps, 1991; Zentralstelle für psychologische Information und Dokumentation, 1995) und sicher auch an der Schwierigkeit, geeignete Erhebungsinstrumente für Kinder dieser Altersstufe zu entwickeln.

Im folgenden Kapitel sollen einige Facetten der schulleistungsbezogenen motivationalen Entwicklung während der Grundschule skizziert werden. Zwar war im SCHOLASTIK-Projekt eine große Zahl nicht-kognitiver Variablen erhoben worden (vgl. die Übersicht in Kap. III und im Anhang); wir konzentrieren uns hier jedoch auf Maße der subjektiven Kompetenz (Selbstkonzept eigener schulischer Leistungen) und der Valenz (affektive Komponente der Einstellung zum Lernen bzw. zu Schulfächern). Diese beiden Konzepte repräsentieren zugleich die beiden grundlegenden Dimensionen vieler Motivationstheorien, nämlich den Erwartungs- und den Wertaspekt (vgl. Heckhausen, 1980; Rheinberg, 1995).

Die Beschränkung auf diese vier Variablen (Entwicklung des Fähigkeitsselbstbildes und der Einstellung zum Lernen, jeweils separat für die Fächer Mathematik und Deutsch) hat mehrere Gründe. Erstens liegen von diesen Konstrukten Messungen während der gesamten Dauer des Projektes vor. Zweitens kann auf diese Weise der Forderung nach Berücksichtigung der Bereichsspezifität Rechnung getragen werden, was in Anbetracht des aktuellen Forschungsstandes (vgl. Helmke & Weinert, 1997; Faber, 1992; Weinert & Helmke, 1993) unumgänglich erscheint. Schließlich gibt es auch darstellungsstrategische Gründe: Die Berücksichtigung zusätzlicher Variablen (wie z. B. der Leistungsangst, des Lernengagements, der Aufmerksamkeit oder volitionaler Lerndefizite) hätte den Rahmen eines Buchkapitels gesprengt.

Der Schwerpunkt dieses Kapitels liegt auf der Präsentation empirischer Ergebnisse und ist ausgeprägt deskriptiv orientiert; für weitergehende theoretische und konzeptuelle Überlegungen sowie methodische Erörterungen zum Fähigkeitsselbstbild vgl. Helmke (1991, 1992, 1994), zur Lernfreude vgl. Helmke (1993).

Die im folgenden berichteten Ergebnisse gehen in mehrfacher Weise über die bereits vorliegenden Analysen und Publikationen zu äquivalenten Konstrukten in den LOGIK-Daten zur Entwicklung der Lernfreude (Helmke, 1993) und des Fähigkeitsselbstbildes (Helmke, 1991) hinaus: (1) Zwar beschränkt sich die folgende Darstellung auf die

Grundschulzeit, und hier auf die Jahrgangsstufen 2 bis 4; dafür standen uns für die drei Schuljahre aber immerhin insgesamt fünf Meßzeitpunkte zur Verfügung, zwei in der 2. Klassenstufe, zwei in der 3. und einer in der 4. Klassenstufe. Der *zeitliche Auflösungsgrad* ist demzufolge, verglichen mit dem in Langzeitstudien oft gewählten Einjahres-Intervall, in dieser Studie feiner. (2) Ein Hauptziel der Grundschulstudie war es ja gerade gewesen, über das "individualistisch" angelegte LOGIK-Projekt hinauszugehen und nach der *Rolle des schulischen Kontextes* für die motivationale und kognitive Entwicklung zu fragen.

In einem ersten Schritt geht es darum, welche Rolle die individuelle Schulklassenzugehörigkeit für interindividuelle motivationale Unterschiede spielt, und ob sich das Gewicht der Schulklassenzugehörigkeit im Laufe der Zeit ändert. Anschließend soll analysiert werden, *welche* Merkmale des Unterrichts, der Lehrkraft, des Klassenkontextes oder der Lehrer-Schüler-Interaktion es sind, die für interindividuelle Unterschiede in der motivationalen Entwicklung verantwortlich sind. Schließlich soll an einigen Punkten aufgezeigt werden, daß es - gerade bei Längsschnittuntersuchungen - nötig ist, die Ebene von Gruppenstatistiken zu verlassen und *intraindividuelle Maße*, z. B. der Konsistenz über die Zeit, oder der Ähnlichkeit zwischen mehreren Entwicklungssträngen, zu berechnen (vgl. Asendorpf, 1990a, 1992, sowie auch Krapp und Spiel, beide i. d. Bd.).

KURZBESCHREIBUNG DER INSTRUMENTE

Die Ergebnisse basieren auf Fragebogenuntersuchungen, die von der 1. Klasse bis zur 4. Klassenstufe im Klassenverband und während der regulären Unterrichtszeit durchgeführt wurden (zu Details siehe Kap. I). Das *Fähigkeitsselbstbild* wurde in Form eines ausdrücklichen sozialen Vergleichs erfragt: Die Kinder sollten angeben, wie gut sie sich in einer Reihe von Inhaltsgebieten bzw. Schulfächern - verglichen mit den anderen in ihrer Klasse - einschätzen. Die Angaben zu verschiedenen Facetten je eines Faches (bei Mathematik z. B.: Kopfrechnen, Textaufgaben, Grundrechenarten, Vorrechnen an der Tafel etc.) wurden anschließend zu bereichsspezifischen Skores zusammengefaßt.

Zur Erfassung der *Lernfreude*, d. h. der affektiven Tönung von Einstellungen zu verschiedenen Lerngegenständen und -aktivitäten, wurden die Kinder gefragt, wie gerne bzw. ungern sie bestimmte Gegenstände schulischen Lernens bzw. die Schulfächer mögen. Die einzelnen Facetten entsprechen weitgehend den Fragen zu den Selbstkonzepten.

Details und statistische Kennwerte der Instrumente finden sich im Anhang dieses Buches.

ERGEBNISSE

Faktorielle Validität und nomologisches Netzwerk

Zur Überprüfung der faktoriellen Validität und zur Veranschaulichung des nomologischen Netzwerkes der hier untersuchten Variablen wurden Faktorenanalysen (Hauptkomponentenmethode, Varimax-Rotation; Abbruchkriterium: Screetest, Eigenwerte > 1) durchgeführt.

Bei der *Faktorenanalyse auf Item-Ebene* ging es darum, ob und wie sich die a priori gebildeten vier motivationalen Skalen reproduzieren lassen. Tabelle III.1 zeigt das Ergebnis:

Tabelle III.1: *Faktorenanalyse auf Itemebene zur Überprüfung der faktoriellen Validität der Skalen (Ladungen x 100; es werden nur Ladungen > .30 berücksichtigt) in der 4. Klassenstufe*

EINZELITEMS	FAKTOREN				
	1	2	3	4	5
Selbstkonzept Mathematik: insgesamt	**81**				
Selbstkonzept Mathematik: Proben schreiben	**81**				
Selbstkonzept Mathematik: Textaufgaben	**74**				
Selbstkonzept Mathematik: Kopfrechnen	**72**	33			
Selbstkonzept Mathematik: Grundrechenarten	**61**	34	31		
Lernfreude Mathematik: Kopfrechnen	39	**77**			
Lernfreude Mathematik: Grundrechenarten		**77**			
Lernfreude Mathematik: Vorrechnen an der Tafel		**65**			
Lernfreude Mathematik: Textaufgaben	35	**64**			
Lernfreude Mathematik: insgesamt	50	**62**			
Selbstkonzept Deutsch: Diktate			**83**		
Selbstkonzept Deutsch: Nachschriften			**79**		
Selbstkonzept Deutsch: insgesamt			**71**		
Selbstkonzept Deutsch: Vorlesen	34			**57**	
Selbstkonzept Deutsch: Aufsätze					**81**
Lernfreude Deutsch: Diktate		47	**64**		
Lernfreude Deutsch: Lesen		41		**86**	
Lernfreude Deutsch: Lesen (zu Hause)				**79**	
Lernfreude Deutsch: Vorlesen (Schule)		41		**78**	
Lernfreude Deutsch: Aufsätze					**82**

Für *Mathematik* reproduziert die Faktorenanalyse die beiden Skalen sehr gut, d. h. die Items zum Selbstkonzept und zur Lernfreude in Mathematik repräsentieren jeweils einen Faktor. Für *Deutsch* gilt dies nicht in gleichem Maße. Hier legt die Faktorenanalyse nahe, innerhalb von Deutsch nochmals zu differenzieren, denn der Bereich "Aufsatz" konstituiert in unserem Datensatz einen eigenen Faktor. Diese Heterogenität spiegelt sich auch in der Reliabilität (interne Konsistenz) der Skala "Selbstkonzept der Fähigkeit in Deutsch" wider, die in der 4. Klassenstufe geringer ist als in Mathematik. Allerdings erschien die Abweichung vom theoretisch erwarteten Faktorenmuster nicht dramatisch genug, um die Zweiteilung Deutsch-Mathematik und damit das Grundgerüst der gesamten folgenden Auswertungen aufzugeben. Die größere Heterogenität der Deutschleistungen sollte jedoch bei allen folgenden Interpretationen im Auge behalten werden.

Der Veranschaulichung des *nomologischen Netzwerkes* diente die zweite Faktorenanalyse, in die neben den vier motivationalen Skalen die wichtigsten kognitiven und motivationalen Skalen und Maße des SCHOLASTIK-Projektes eingingen.

Tabelle III.2: *Faktorenanalyse zum nomologischen Netzwerk der motivationalen Variablen in der 4. Klassenstufe (Ladungen x 100; es werden nur Ladungen > .30 berücksichtigt)*

	FAKTOREN				
	1	2	3	4	5
Mathematiknote[a]	77		30		
Deutschnote[a]	76			38	
Mathematiktest[b]	76		30		
Rechtschreibtest[b]	70			44	
Intelligenztest[b]	66				
Lehrerurteil: Lernfreude[a]	55			33	46
Lehrerurteil: Ängstlichkeit[a]	-36		-35		
Volitionale Lernstörungen[c]		83			
Überforderung im Unterricht[c]		77			
Anstrengungsvermeidung[c]		76			
Leistungsangst[c]	-42	61			
Handlungskontrolle (prospektiv)[c]		-66			
Selbstkonzept in Mathematik[c]	33		79		
Lernfreude in Mathematik[c]		-33	76		
Leistungsmotivation: Hoffnung auf Erfolg[c]			58	44	
Lernfreude in Deutsch[c]				79	
Selbstkonzept in Deutsch[c]	33			67	
Aktives Lernverhalten im Unterricht[d]				39	35
Lehrerurteil: Beliebtheit[a]					68
Sportnote[a]					67

Anmerkung: [a]Lehrerurteile, [b]Objektive Leistungstests, [c]Schülerfragebogen, [d]Verhaltensbeobachtung im Unterricht.

Tabelle III.2 zeigt die Ergebnisse dieser Faktorenanalyse. Der *Screen-Test* legt eine 5-Faktoren-Lösung nahe, die sich unschwer interpretieren läßt: *Faktor 1* ist ein *Kompetenzfaktor*, der neben den schulischen Leistungen - ausgedrückt in Noten wie in den Ergebnissen der Leistungstests - auch die Lehrereinschätzungen der Lernfreude sowie der Ängstlichkeit der Schüler umfaßt; letzteres kann auch als ein Mosaikstein zum Thema "Stereotypie" von Lehrern verstanden werden (vgl. Kap. VIII i. d. Bd.) und wird hier nicht weiter diskutiert.

Faktor 2 umfaßt eine Gruppe von Variablen, deren Gemeinsamkeit ganz unterschiedliche Störungen der *Aufmerksamkeit* und der Handlungskontrolle sind; man könnte diesen Faktor deshalb am ehesten als ein *volitionales* Syndrom betrachten, weil er neben Facetten der "procrastination" (Konzentrationsstörungen und Aufschubverhalten bei der Erledigung der Hausaufgaben in der Skala "volitionale Lernstörungen") und generalisiertem Vermeidungsverhalten (Skala "Anstrengungsvermeidung") auch defizitäre Handlungskontrolle ("Lageorientierung" angesichts schwieriger und lästiger Aufgaben) umfaßt. Daneben lädt auch die Skala "Leistungsangst" auf diesem Faktor, die ensprechend der Aufmerksamkeitsinterpretation der Leistungsangst (vgl. Helmke, 1983a, b) im Kern ebenfalls als eine Form gestörter Aufmerksamkeit bei Leistungsanforderungen interpretiert wird (Absorption aufgabenrelevanter Aufmerksamkeit durch selbstzentrierte "Worry-Kognitionen", die Selbstzweifel, Pessimismus, ungünstige Sozialvergleiche etc. beinhalten).

Bemerkenswerterweise finden sich die motivationalen Variablen dieses Kapitels in zwei verschiedenen Faktoren wieder, wobei der entscheidende Gesichtspunkt offenbar nicht die psychologische Bedeutung (subjektive Kompetenz vs. Valenz), sondern der Inhaltsbereich zu sein scheint. *Faktor 3* umfaßt im wesentlichen Fähigkeitsselbstbild und Lernfreude im Fach *Mathematik;* darüber hinaus lädt hier auch die Hoffnung auf Erfolg - eine der beiden Komponenten der Leistungsmotivation - am höchsten. Erwartungsgemäß laden ebenfalls Note und Testleistung in Mathematik - nicht jedoch in Deutsch, was als ein Hinweis auf diskriminante Validierung angesehen werden kann. Darüber hinaus ist dieser Faktor mit der Beurteilung der Ängstlichkeit aus der Sicht des Lehrers assoziiert.

Im Gegensatz dazu ist *Faktor 4* als ein ausgeprägter *Deutsch*-Faktor anzusehen. Er umfaßt die Lernfreude und das Selbstkonzept im Fach Deutsch und ist darüber hinaus durch Ladungen der Deutschnote und der Rechtschreibtestleistung (nicht dagegen der Mathematikleistungen) gekennzeichnet sowie durch das kognitive Schülerengagement während des Unterrichts (Fragen stellen, Fragen beantworten, Vorschläge machen).

Faktor 5 schließlich umfaßt auf den ersten Blick so heterogene Merkmale wie die Sportnote und die Beliebtheit des Schülers aus der Sicht des Lehrers.

Insgesamt gesehen ergibt die Faktorenanalyse ein durchaus stimmiges Bild; neben der klaren Trennung zwischen volitionalen und motivationalen Merkmalen fällt insbesondere der Aspekt der Bereichsspezifität ins Auge und legitimiert damit die Entscheidung, die Analysen in diesem Kapitel strikt bereichsspezifisch anzulegen. Allerdings muß (selbst)kritisch angemerkt werden, daß es natürlich noch günstiger gewesen wäre, *alle* motivationalen Merkmale - und nicht nur Lernfreude und Fähigkeitsselbstbild - bereichsspezifisch zu erheben; dies war jedoch aus praktischen Erwägungen (Zeit, Fragebogenseiten) nicht realisierbar.

Verlaufsgestalt der motivationalen Variablen

Die Verlaufsgestalt der vier ausgewählten Variablen ist in Abbildung III.1 dargestellt.

Um mit dem Fähigkeitsselbstbild zu beginnen, so zeigt sich bei beiden Maßen - den Selbsteinschätzungen eigener Fähigkeiten in Deutsch wie in Mathematik - ein schwacher, aber relativ gleichförmiger Abstieg während des gesamten Untersuchungszeitraums von der 2. bis zur 4. Klasse. HLM-Analysen wie auch ANOVAs mit Meßwiederholungen belegen, daß der Abwärtstrend in beiden Fällen statistisch signifikant ist.

Damit hat unsere Studie einmal mehr den in der entwicklungspsychologischen Forschung gut bekannten Trend - Abnahme der individuellen Selbsteinschätzung eigener Fähigkeiten und Leistungen - belegt (vgl. Dweck & Elliott, 1983; Eccles & Midgley, 1989; Stipek & MacIver, 1989). Wie ist dieser Abfall zu erklären? In der Literatur werden mehrere Gründe diskutiert: in erster Linie die reifungs- und erfahrungsbedingte Zunahme kognitiver Kompetenzen, etwa der Fähigkeit zum Verstehen von Leistungsrückmeldungen und zur kognitiven Integration der Ergebnisse klasseninterner sozialer Vergleichsprozesse. Daneben dürften aber auch Änderungen des Klassenkontextes, Veränderungen der Lehrer-Schüler-Interaktion und insbesondere natürlich der Beginn der Vergabe von Zeugnisnoten von Bedeutung sein (vgl. Helmke, 1992, in Druck; Stipek & Daniels, 1988; Stipek & MacIver, 1989; Stipek & Hoffman, 1980; Valtin, 1996; Valtin, Würscher, Rosenfeld, Schmude & Wisser, 1995).

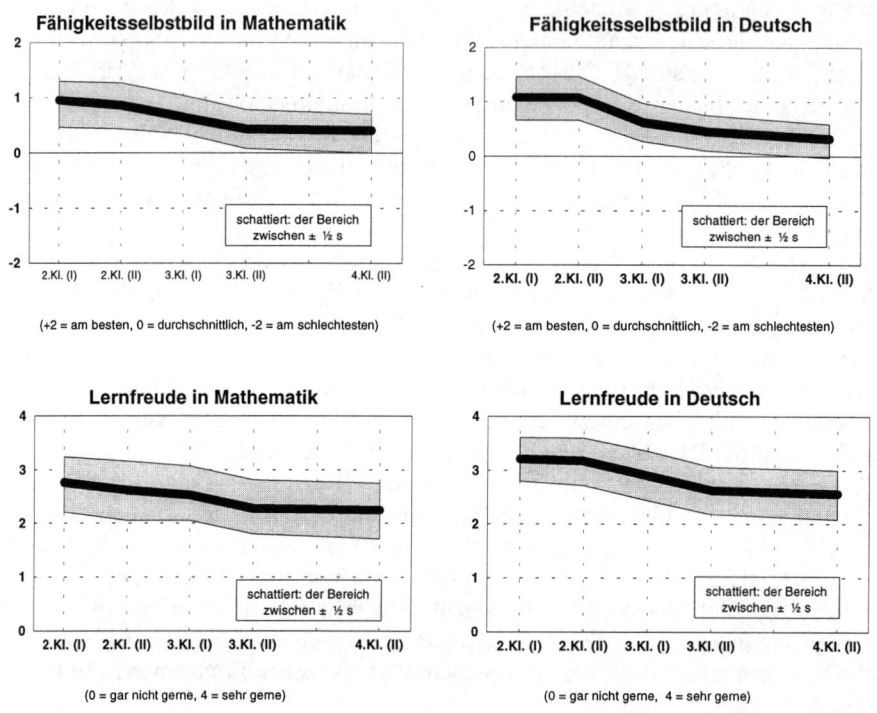

Abbildung III.1: Entwicklung des Fähigkeitsselbstbildes und der Lernfreude in Mathematik und in Deutsch.

Ein ganz ähnliches Bild zeigt sich beim Verlauf der Lernfreude: Auch hier läßt sich ein ebenfalls nicht sehr starker, jedoch eindeutiger und konsistenter Trend im Sinne einer Abnahme festellen. Unser Ergebnis ergänzt den reichhaltigen Forschungsstand zur Entwicklung der Lernfreude in der Sekundarstufe I (vgl. z. B. Tillmann, Faulstich, Horstkemper & Weissbach, 1984, und die Nachweise bei Helmke, 1993), der ebenfalls eine Abwärtsentwicklung signalisiert. Nicht minder interessant als die Gestalt des Entwicklungsverlaufs ist jedoch die Tatsache, daß das Niveau der Lernfreude im Durchschnitt während der gesamten Schulzeit im positiven Bereich verbleibt, daß also das Lernen ganz überwiegend mit positiven Gefühlen und Assoziationen verbunden ist und (noch) nicht mit Verdruß, Abwehr und Vermeidungstendenz.

Entwicklung der Veridikalität von Selbsteinschätzungen

Auch die mittleren Selbsteinschätzungen der eigenen Leistungen während der Grundschulzeit verbleiben im Durchschnitt durchwegs im positiven Bereich, was im Sinne einer Tendenz zur Überschätzung bzw. zur selbstwertdienlich günstigen Selbsteinschätzung gedeutet werden kann. Denn schätzten sich alle Kinder einer Klasse veridikal ein, dann müßten sich bei Verwendung eines sozialen Vergleichsmaßstabs die prozentualen Anteile derjenigen Schüler, die sich unter- versus überdurchschnittlich einschätzen, in etwa die Waage halten, und der Mittelwert läge um Null herum. Auch dieser Befund, die robust optimistische Selbsteinschätzung von Kindern, ist ein für diese Altersstufe typischer und in der amerikanischen Forschung häufig replizierter Befund.

An dieser Stelle liegt die Frage nahe, ob die positiv verzerrten Einschätzungen eigener Fähigkeiten das Muster der tatsächlichen Schulnotenverteilung widerspiegeln. Zwar war in den Selbstkonzeptfragen ausdrücklich der soziale Vergleichsmaßstab ("Vergleiche Dich mit den anderen in Deiner Klasse ...") vorgegeben worden, es ist jedoch nicht unplausibel anzunehmen, daß in diesen Urteilsprozeß auch die Note in dem jeweiligen Fach maßgeblich eingeht. Abbildung III.2 stellt die Verteilung der Zeugnisnoten von der 2. zur 4. Klassenstufe in Deutsch und Mathematik dar. Offenkundig ist die Notenverteilung zu Beginn der Grundschulzeit tatsächlich von einer starken Asymmetrie gekennzeichnet und wird während der folgenden Jahre zunehmend ausgewogener - ablesbar etwa am ausbalancierteren Verhältnis zwischen der relativen Häufigkeit der Noten 1 und 5 sowie der Noten 2 und 4.

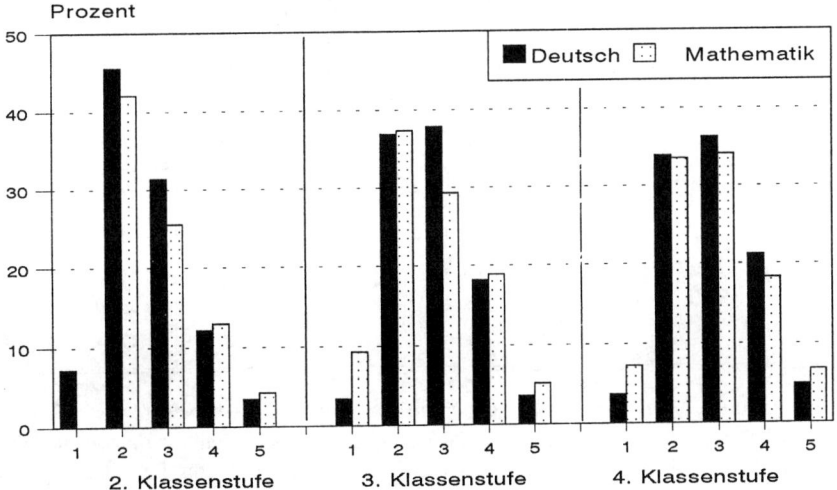

Abbildung III.2: Verteilung der Zeugnisnoten.

Die Analyse durchschnittlicher Verläufe ist jedoch nur ein sehr grober Zugang zur Frage nach der Veridikalität. Daß die Selbsteinschätzung im Mittel überdurchschnittlich ist, sagt ja noch nichts darüber aus, ob und wie realitätsangemessen sie ist (vgl. Helmke, 1992). Hierfür ist es erforderlich, *Zusammenhänge* zwischen den Selbsteinschätzungen und korrespondierenden realen schulischen Leistungen zu berechnen. Die Ergebnisse hierzu finden sich in Tabelle III.3.

Tabelle III.3: *Zusammenhänge zwischen den motivationalen Variablen und den konkurrenten (zeitgleich erhobenen) Leistungsmaßen (N = 1113)*

		MATHEMATIK		DEUTSCH	
		Note	Test	Note	Test
Selbstkonzept in Mathematik	2. Klasse (I)	**.36**	**.38**		.13
	2. Klasse (II)	**.35**	**.36**	.14	.14
	3. Klasse (I)	**.38**	**.39**		
	3. Klasse (II)	**.40**	**.38**	.18	.08
	4. Klasse	**.52**	**.50**	.21	.22
Selbstkonzept in Deutsch	2. Klasse (I)	.17	.16		**.29**
	2. Klasse (II)	.17	.16	**.37**	**.32**
	3. Klasse (I)	.19	.20		
	3. Klasse (II)	.28	.28	**.41**	**.39**
	4. Klasse	.32	.35	**.50**	**.47**
Lernfreude in Mathematik	2. Klasse (I)	**.25**	**.27**		.07
	2. Klasse (II)	**.26**	**.30**	.06	.09
	3. Klasse (I)	**.32**	**.30**		
	3. Klasse (II)	**.32**	**.31**	.13	.10
	4. Klasse	**.35**	**.35**	.08	.10
Lernfreude in Deutsch	2. Klasse (I)	.04	.05		**.19**
	2. Klasse (II)	.02	.05	**.19**	**.19**
	3. Klasse (I)	.13	.16		
	3. Klasse (II)	.11	.13	**.31**	**.33**
	4. Klasse	.15	.19	**.33**	**.34**

Anmerkung: Alle Korrelationen > .07 sind signifikant von Null verschieden, $p < .05$.
Die ungleiche Anzahl von Korrelationen für Mathematik versus Deutsch rührt daher, daß die Mathematiktestleistung in der 2. und 3. Klassenstufe zweimal, die Rechtschreibleistung dagegen nur einmal erhoben wurde.

Hier finden wir ein auf den ersten Blick erstaunliches Ergebnis: Bereits gegen Mitte der 2. Klassenstufe zeigen sich - für Deutsch ebenso wie für Mathematik - substantielle Korrelationen zwischen Selbstkonzepten und Schulleistungen, die bis zum Ende der 3. Klassenstufe auf relativ gleichem Niveau verbleiben und in der 4. Klassenstufe - kurz vor der Entscheidung über die weitere Schullaufbahn: Gymnasium oder Hauptschule - nochmals ansteigen. Nimmt man ergänzend die Ergebnisse von Helmke (1991; in Druck) aus der LOGIK-Studie hinzu (sehr niedrige Korrelationen in der 1. Klassenstufe und Koeffizienten bis $r = .78$ am Ende der 6. Klassenstufe), dann zeigt sich auch hier eine klare Aufwärtstendenz: Mit zunehmendem Alter und zunehmender Schulerfahrung wird die Koppelung von Selbsteinschätzungen und objektiven Leistungen bzw. Zensuren immer enger.

Plausibel ist auch das bereichsspezifische Muster: Mathematik-Selbstkonzepte korrelieren durchwegs höher mit Mathematik- als mit Deutschleistungen; das Umgekehrte gilt für die Deutsch-Selbstkonzepte. Dies kann zugleich als Beleg der diskriminativen Validität unserer Maße angesehen werden.

Ein ähnliches, wenngleich weniger ausgeprägtes Muster finden wir beim Zusammenhang zwischen den Angaben zur Lernfreude und den korrespondierenden Leistungen. Die Enge der gefundenen Zusammenhänge fügt sich in das aus einschlägigen Meta-Analysen und Übersichtsartikeln (z. B. Aiken, 1970, 1976) resultierende Bild eines schwachen positiven Zusammenhangs zwischen Lernerfolg und Lernfreude.

Interindividuelle Stabilität und intraindividuelle Konsistenz

Wie stabil ist die Rangordnung interindividueller Unterschiede bei den motivationalen Variablen während der Grundschulzeit? Wie zuverlässig läßt sich also in Kenntnis der Lernfreude oder des Fähigkeitsselbstbildes gegen Anfang der 2. Klassenstufe vorhersagen, wie hoch die Ausprägung der Lernfreude oder der Leistungs-Selbsteinschätzung zwei Jahre später sein wird? Wegen der sehr geringen Zahl von Längsschnittstudien, insbesondere im Grundschulalter (vgl. Mason & Stipek, 1989), ist bisher kaum etwas Verläßliches darüber bekannt.

Tabelle III.4 zeigt, daß man bereits in der frühen Grundschulzeit von einer beachtlichen Stabilität motivationaler Merkmale sprechen kann. Bemerkenswerterweise spielt der in Bayern obligatorische Lehrerwechsel am Ende der 2. Klassenstufe keine stabilitätsverringernde Rolle. Wäre dies der Fall, dann müßte die Stabilität von der 2. zur 3. Klassenstufe niedriger als die zeitlich benachbarten Stabilitäten sein, was jedoch nicht der Fall ist.

Allerdings muß an dieser Stelle vor zwei verbreiteten Trugschlüssen gewarnt werden. Zum einen kann der Eindruck erweckt werden, es handele sich bei der berichteten

Tabelle III.4: *Stabilität interindividueller Unterschiede (Positionsstabilität) vom Beginn der 2. bis zum Ende der 4. Klassenstufe*

	STABILITÄTEN VON KLASSENSTUFE ... AUF KLASSENSTUFE ...				
	2^I auf 2^{II}	2^{II} auf 3^I	3^I auf 3^{II}	3^{II} auf 4^I	2^I auf 4^{II}
Zeitintervall	6 Mte	6 Mte	6 Mte	12 Mte	36 Mte
Mathematik-Selbstkonzept	.62	.62	.75	.56	.44
Deutsch-Selbstkonzept	.52	.54	.62	.51	.37
Lernfreude in Mathematik	.55	.62	.67	.65	.37
Lernfreude in Deutsch	.47	.50	.62	.59	.29

Anmerkung: Alle Korrelationen sind signifikant von Null verschieden, $p < .001$.

Korrelation (Stabilität über die Zeit) um ein für die gesamte Stichprobe gültiges Maß. Ob dies zutrifft, läßt sich empirisch feststellen, indem beispielsweise geprüft wird, ob und wie stark der Zusammenhang kontextspezifisch variiert (vgl. auch Kap. XI). Wir können diese Analyse hier nur andeuten, indem wir separat für die verschiedenen Klassen (am Beispiel des Fähigkeitsselbstbildes für Mathematik) die Stabilität von der 2. auf die 3. Klassenstufe deskriptiv darstellen.

Man kann aus Abbildung III.3 entnehmen, daß die Positionsstabilität durchaus variiert: von Klassen, deren interne Hierarchie bezüglich des Selbstkonzeptes konstant bleibt bis zu solchen, deren Rangordnung zusammenbricht. Dies macht deutlich, daß die Ausklammerung des Klassenkontextes zu Denk- und Interpretationsfehlern führen kann.

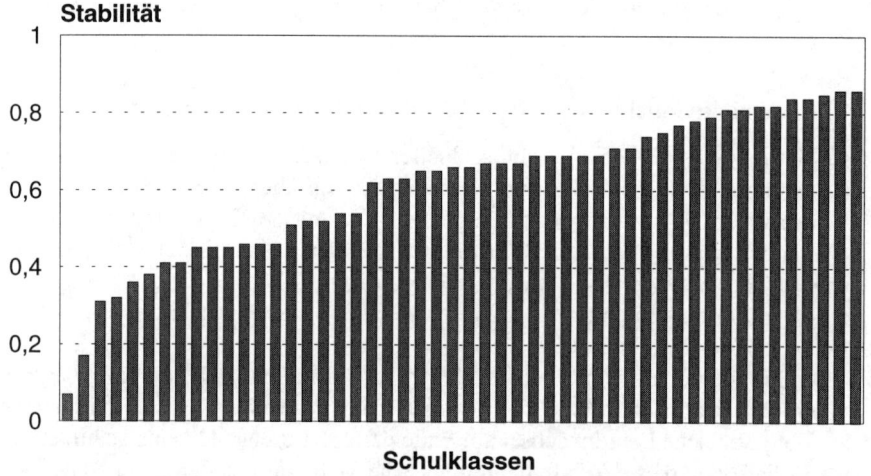

Abbildung III.3: Klassenunterschiede in der Stabilität der Lernfreude in Mathematik vom Ende der 2. zur Mitte der 3. Klassenstufe.

Ein zweiter Denkfehler besteht darin, eine Korrelation - also ein Maß, das die Gesamtstichprobe charakterisiert - individualistisch zu interpretieren, d. h. anzunehmen, daß der Zusammenhang für die einzelnen Personen gleich eng ist. Auch hier heißt es: Vorsicht, denn eine mittelhohe Korrelation könnte auch durch zwei intern homogene, aber voneinander extrem unterschiedliche Gruppen resultieren, deren intraindividuelle Konsistenzen im einen Falle niedrig, im anderen hoch sind! Asendorpf (1990a, 1992) hat zu Recht vor solchen individualisierenden Interpretationen von gruppenspezifischen Korrelationen gewarnt und als Alternative bzw. als Ergänzung zur Positionsstabilität (die ja nichts anderes als die Stabilität der Rangordnung interindividueller Unterschiede ist) die Berechnung von Maßen der intraindividuellen Konsistenz vorgeschlagen.

Wir haben diesen Vorschlag aufgegriffen und, basierend auf jeweils fünf Messungen jeder der motivationalen Variablen pro Person, einen Kennwert der intraindividuellen Konsistenz - die Standardabweichung der personbezogenen Messungen über die Zeit - gebildet.

In Tabelle III.5 sind die deskriptiven Kennwerte sowie die Interkorrelationen der vier intraindividuellen Konsistenzen dargestellt.

Tabelle III.5: *Deskriptive Kennwerte und Interkorrelationen der intraindividuellen Konsistenzen (Standardabweichungen der zu den fünf Meßzeitpunkten erhobenen Variablen)*

		DESKRIPTIVE KENNWERTE		INTERKORRELATIONEN			
	Intraindividuelle Konsistenzen	M	SD	1	2	3	4
1	Selbstkonzept Mathematik	0.48	0.22		.33	.31	.13
2	Selbstkonzept Deutsch	0.55	0.23			.12	.21
3	Lernfreude in Mathematik	0.66	0.34				.31
4	Lernfreude in Deutsch	0.63	0.32				

Drei Aspekte des Ergebnisses verdienen besondere Beachtung: Erstens finden wir, insbesondere bei der Lernfreude, eine große Streuung. Wir haben es also mit einem breiten Spektrum von extrem konsistenten bis zu ausgesprochen inkonsistenten Schülern zu tun. Zweitens ist die Konsistenz, also die intraindividuelle Stabilität über die Zeit hinweg, beim Selbstkonzept geringer als bei der affektiven Einstellung zu dem jeweiligen Fach. Und drittens hängen die vier Konsistenzmaße nur mäßig miteinander zusammen, was darauf hinzudeuten scheint, daß hier nicht nur die Fachspezifität, sondern auch die Konstruktspezifität eine große Rolle spielt.

An dieser Stelle ist jedoch wiederum, aus einem ähnlichen Grund wie zuvor angesprochen, Vorsicht bei allzu eiligen Schlüssen geboten. Die Vorteile einer Längsschnittstudie mit relativ vielen Meßzeitpunkten nutzend, kann man nämlich einen Schritt weiter "beyond correlations" gehen und *intraindividuelle Korrelationen* zwischen den Ausprägungen der verschiedenen Variablen über die Zeit berechnen. Tut man dies, dann zeigt sich, daß z. B. die Selbstkonzeptentwicklung in den Fächern Deutsch und Mathematik ($r = .42$) und, etwas schwächer, auch die Entwicklung der Lernfreude in beiden Fächern ($r = .35$) im Durchschnitt mittelhoch zusammenhängen, und daß beide Zusammenhangsmaße ihrerseits in Höhe von $r = .22$ miteinander korrelieren.

Wir können diese intraindividuelle Analyseperspektive an dieser Stelle nicht vertiefen. Gerade bei Längsschnittstudien erscheint sie uns aus theoretischen wie aus praktischen Gründen jedoch eine bisher noch wenig genutzte Analysestrategie zu sein, worauf neben Asendorpf (1990a, 1992) und Valsiner (1986a) auch Spiel sowie Krapp (beide i. d. Bd.) in ihren Beiträgen zu Recht hingewiesen haben. Eine zweite theoretisch interessante Verknüpfung, die hier nur angedeutet werden kann, ist die differentialpsychologische Sichtweise - (In)Konsistenz als Persönlichkeitsmerkmal? (vgl. Schmitt, 1990).

Differentielle Verläufe: Zur Rolle des Geschlechts

In Abbildung III.1 war es um die durchschnittliche Verlaufsgestalt der vier ausgewählten Variablen gegangen. In einem zweiten Schritt wollen wir der Frage nachgehen, ob es signifikante Unterschiede zwischen Jungen und Mädchen gibt (vgl. hierzu, aus einer anderen Perspektive, auch Kap. VI).

Abbildung III.4 zeigt die Verläufe der vier Variablen - diesmal ohne graphische Angabe der Streuung - für Jungen und Mädchen. Das Ergebnis fügt sich in den internationalen Forschungsstand zur Rolle von Geschlechtsunterschieden bei schulleistungsbezogenen Merkmalen (vgl. Frost, Hyde & Fennema, 1994; Trautner, 1994) gut ein:

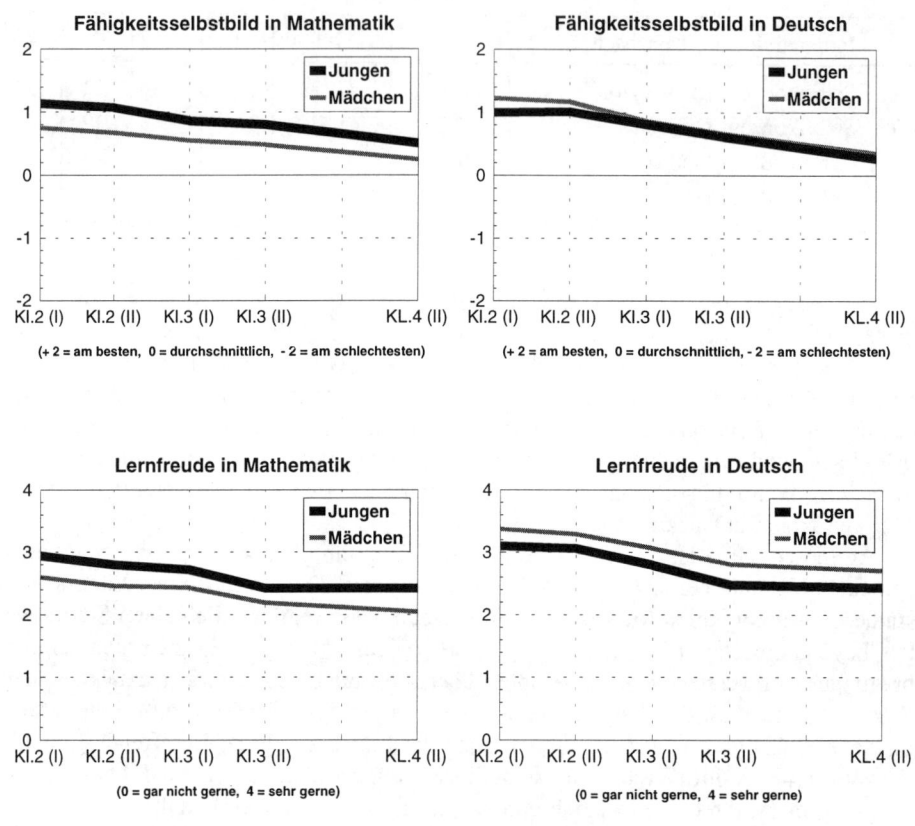

Abbildung III.4: Geschlechtsspezifische Entwicklung des Fähigkeitsselbstbildes und der Lernfreude in Mathematik und in Deutsch: Mittelwertsverläufe.

In *Mathematik* zeigt sich sowohl hinsichtlich der Lernfreude als auch des Fähigkeitsselbstbildes bei Jungen ein günstigeres Niveau als bei den Mädchen; dieser Niveauunterschied bleibt über die Zeit hinweg relativ konstant. (Technisch ausgedrückt, belegen weder ANOVAs mit Meßwiederholung noch alternative Verfahren wie Hierarchical Linear Modeling (HLM) signifikante Wechselwirkungen zwischen Meßzeitpunkt und Geschlecht). Die Verhältnisse im Fach *Deutsch* liegen bezüglich der Entwicklung der Lernfreude genau umgekehrt: Hier erweist sich die Lernfreude der Mädchen während des gesamten Grundschulalters als höher, verglichen mit den Jungen, während sich beim

Fähigkeitsselbstbild in Deutsch keine signifikanten Geschlechtsunterschiede zeigen (zu geschlechtsspezifischen Unterschieden im *Leistungsniveau* vgl. Kap. VI i. d. Bd.).

Clusteranalyse von Verlaufstypen

Die Beschreibung der Verlaufsgestalt von Entwicklungen, gestützt auf Gruppenmittelwerten, könnte zu dem Schluß verleiten, es handele sich bei dem weitgehend linearen Abwärtstrend um einen allgemeingültigen Verlauf. Diese Annahme ist ebenso naheliegend wie irrig. Schon die in den Abbildungen markierte Streuung legte die Vermutung nahe, daß es eine erhebliche Variabilität nicht nur im Niveau, sondern auch in der Gestalt des Verlaufs geben muß.

Eine geeignete Methode zur Beschreibung der Unterschiedlichkeit von Verlaufstypen eines Merkmals ist bei Kategorialvariablen die *Konfigurationsfrequenzanalyse* und bei kontinuierlich verteilten Variablen - wie im vorliegenden Falle - die *Clusteranalyse*. Die Logik des letztgenannten Verfahrens besteht darin, eine Objektmenge aufgrund der zwischen den Elementen bestehenden Ähnlichkeitsbeziehungen so in verschiedene Gruppen (Cluster) aufzuteilen, daß die Ähnlichkeiten innerhalb jedes Clusters möglichst hoch und die Ähnlichkeit zwischen den verschiedenen Clustern möglichst gering sind. Im Falle von Längsschnittdaten gehen in die Clusteranalyse die Ausprägungen der zu den verschiedenem Meßzeitpunkten jeweils vergleichbaren Variablen ein.

Dies soll exemplarisch für den Fall des mathematischen Fähigkeitsselbstbildes gezeigt werden. Die Clusteranalyse (hierarchische Methode; Ward-Algorithmus; Scree-Test) ergibt hier, daß eine 6-Cluster-Lösung optimal ist. Die Profile des Selbstkonzeptverlaufes dieser 6 Gruppen sind in Abbildung III.5 dargestellt.

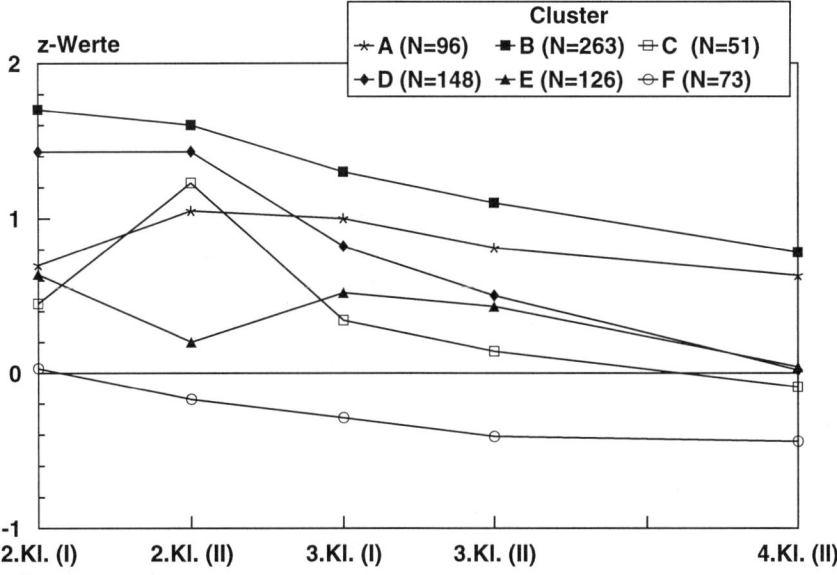

Abbildung III.5: Clusteranalyse von Verlaufstypen des Fähigkeitsselbstkonzeptes in Deutsch.

Neben drei Clustern, die sich durch einen nahezu weitgehend linearen Verlauf auszeichnen (B, D und F), finden sich interessanterweise drei weitere Cluster mit nichtlinearen Verläufen. Bei zwei dieser drei Gruppen (C und E) handelt es sich um Kinder, deren Fähigkeitsselbstkonzept - bei fast identischem Ausgangsniveau zu Beginn der 2. Klasse - vom Ende des 2. bis zur Mitte des 3. Schuljahres entweder signifikant steigt, um dann beschleunigt abzusinken, oder um Kinder, deren Selbstkonzept stark überdurchschnittlich abfällt, um anschließend wieder leicht anzusteigen. Wenn man methodenbedingte Erklärungen (Regression zur Mitte) einmal außer Betracht läßt, bieten sich einige interessante Erklärungsmöglichkeiten an: Hängt dies mit dem - in Bayern obligatorischen - Lehrerwechsel zusammen? Wenn ja, *welche* Veränderungen von Lehrer I (1. und 2. Klassenstufe) zu Lehrer II (3. und 4. Klassenstufe) sind es, von denen diese Gruppen in besonderer Weise profitieren bzw. unter denen sie leiden? Diese Fragen können hier nur aufgeworfen, jedoch nicht beantwortet werden; dies bleibt vertiefenden Analysen unserer Daten vorbehalten.

Entwicklung als Differenzierung

Eine in der Entwicklungspsychologie verbreitete Annahme ist die, daß die Entwicklung psychischer Merkmale, insbesondere auch des Selbstkonzeptes, durch eine zunehmende Differenzierung gekennzeichnet ist (Markus & Wurf, 1987; Shavelson, Hubner & Stanton, 1976): Ausgehend von einem zunächst relativ globalen Selbstkonzept, differenzieren sich im Laufe der kindlichen Entwicklungen bereichsspezifische Selbstkonzepte im sozialen, akademischen und körperlichen Bereich heraus (vgl. Asendorpf & van Aken, 1993; Harter, 1983).

Tabelle III.6: *Inter-Domän-Korrelationen Deutsch - Mathematik*

	MESSZEITPUNKT (KLASSENSTUFE)				
	2^{I}	2^{II}	3^{I}	3^{II}	4^{II}
Selbstkonzept	.22	.33	.41	.49	.43
Lernfreude	.16	.32	.39	.40	.33

Anmerkung: Alle Korrelationen sind signifikant von Null verschieden, $p < .001$.

Trifft dies auch *innerhalb* des akademischen Bereichs zu, d. h. läßt sich die Entwicklung auch hier im Sinne einer zunehmenden Differenzierung von zunächst globalen Selbsteinschätzungen eigener schulischer Leistungen zu bereichsspezifischen Akzentuierungen charakterisieren, weil mit zunehmenden schulischen Erfahrungen eigene Stärken und Schwächen und intraindividuelle Begabungprofile immer prononcierter hervortreten? Träfe diese Annahme zu, dann müßten die Zusammenhänge sowohl zwischen den kognitiven Kompetenzen als auch zwischen den jeweiligen Selbsteinschätzungen in verschiedenen Inhaltsgebieten (hier in den Schulfächern) im Laufe der Grundschulzeit immer geringer werden.

Aus den Ergebnissen in Tabelle III.6 läßt sich entnehmen, daß die "inter-domän"-Zusammenhänge, also Kovariationen zwischen Lernfreude in einem Fach (Deutsch) und einem anderen (Mathematik) ebenso wie die entsprechenden Zusammenhänge zwischen den jeweiligen Fähigkeitsselbstkonzepten in beiden Fächern im Laufe der Zeit - entgegen den Erwartungen - nicht etwa lockerer, sondern sogar enger werden. Weitere Ergebnisse und die entsprechenden Resultate zur Entwicklung des Zusammenhanges zwischen Schulleistungen in verschiedenen Inhaltsbereichen sind in Kapitel VIII dargestellt.

Zur Rolle der Schulklasse und des Unterrichts

In der bisherigen Darstellung standen individuelle Entwicklungen im Vordergrund. Welche Rolle spielen Unterschiede in den schulischen Erfahrungen für die motivationale Entwicklung? Hier ist nicht der Ort, um die immense Literatur zu den Sozialisationseffekten der Schule (synonym: erzieherische Wirkungen, überfachliche Effekte) zu sichten (vgl. dafür Fend & Stöckli, 1997; Pekrun, 1994), sondern wir werden nur einige ausgewählte Ergebnisse berichten (vgl. auch Weinert & Helmke, 1995b, 1996; Weinert, Helmke & Schrader, 1992). Zuerst soll danach gefragt werden, welche Rolle die individuelle Schulklassenzugehörigkeit spielt; dies kann als eine grobe Abschätzung des maximalen Einflusses angesehen werden, den sämtliche Variablen der Schulklasse - ihre Zusammensetzung, die Qualität des Unterrichts und des Sozialklimas - auf interindividuelle motivationale Unterschiede haben. In einem zweiten Schritt soll dann geprüft werden, *welche* Merkmale es sind, die mit Unterschieden in der motivationalen Entwicklung einhergehen.

Die Rolle der Schulklassenzugehörigkeit für die vier motivationalen Variablen ergibt sich aus Tabelle III.7.

Tabelle III.7: *Prozentsatz aufgeklärter Varianz, der durch die individuelle Schulklassenzugehörigkeit aufgeklärt wird ($R^2 \times 100$)*

	2. KLASSE		3. KLASSE		4. KLASSE
	I*	II	I	II	II
Fähigkeitsselbstkonzept in Mathematik	5.8	8.4	7.8	10.3	6.9
Fähigkeitsselbstkonzept in Deutsch	8.9	7.1	5.7	8.4	7.0
Lernfreude in Mathematik	11.9	12.1	8.0	9.1	9.0
Lernfreude in Deutsch	9.2	9.0	8.2	8.9	8.2

Anmerkung: * Die römischen Ziffern (I, II) beziehen sich auf die Meßzeitpunkte innerhalb eines Schuljahres.

Schulklassenunterschiede spielen für die Ausprägung der Lernfreude (sie klären zwischen acht und zwölf Prozent der Varianz auf) eine größere Rolle als für das Fähigkeitsselbstbild (zwischen sechs und zehn Prozent). Ein eindeutiger Entwicklungstrend im Sinne einer Zu- oder Abnahme der Bedeutung von Schulklassenunterschieden während der Grundschulzeit läßt sich jedoch nicht registrieren.

Welche Rolle spielen spezifische Merkmale der Klasse für die Entwicklung schulleistungsbezogener Einstellungen und Selbstkonzepte? Um diese Frage zu beantworten, korrelierten wir ausgewählte Merkmale des Unterrichts, der Lehrer-Schüler-Interaktion und des Klassenkontextes mit Maßen der motivationalen Entwicklung. Wegen des Lehrerwechsels nach Ende der 2. Klasse beschränken wir uns bei der Bildung von Maßen zur Charakterisierung des Unterrichts auf zusammenfassende Werte der 3. und 4. Klasse, und als Kriteriumsvariable bildeten wir auf Klassenebene Maße des Zuwachses vom

Tabelle III.8: *Zusammenhänge zwischen Klassenkontext, Unterrichtsqualität und der Entwicklung der Lernfreude sowie des Fähigkeitsselbstbildes; N = 49 Klassen mit vollständigen Daten*

	FÄHIGKEITS-SELBSTKONZEPT		LERNFREUDE	
	Mathematik	Deutsch	Mathematik	Deutsch
Klassenkontext				
Anteil deutschsprachiger Kinder	-.04	-.04	-.02	-.04
Mädchenanteil	-.07	.19	.06	.22
Intelligenzniveau der Klasse	.22	.04	.07	.08
Heterogenität kognitiver Leistungen	-.05	.07	-.07	-.08
Klassengröße	.21	.04	.07	.00
Lehrerangaben zum Unterricht				
Selbständigkeitserwartungen	.19	.10	.20	.31*
Erwartungen an das Verständnis	.47**	.05	.22	.11
Erwartungen an Arbeitstugenden	-.08	.02	.16	.04
Attribution von Lernschwierigkeiten auf Unterrichtsmerkmale	-.11	-.17	.25	.37**
Unterrichtsbeobachtung durch Experten				
Effizientes Klassenmanagement	.51**	.17	.41*	.34**
Klarheit und Verständlichkeit	.49**	.13	.29*	.35**
Soziales Klima in der Klasse	.07	-.11	.26*	.35**
Individuelle fachliche Unterstützung	.27(*)	-.08	.16	.18
Variabilität von Unterrichtsformen	.21	.11	.38	.21
Aggregierte Schülerangaben zum Unterricht				
Motivierungsqualität	.20	.06	.74**	.65**
Adaptivität	.30*	.14	.45**	.39**

Anmerkung: * $p < .05$, ** $p < .01$.
(Analysen auf Klassenebene; Bereinigung der Werte am Ende der 4. Klasse um Unterschiede am Ende der 2. Klasse; Aggregierung der Unterrichtsvariablen über alle Individualmessungen in der 3. und 4. Klassenstufe).

Ende der 2. Klasse (als Ausgangsbasis) zum Ende der 4. Klasse (als Zielgröße). Es handelt sich also, technisch ausgedrückt, um regressionsanalytisch gebildete Residuen, d. h. die Maße der 4. Klasse wurden um Unterschiede am Ende der 2. Klasse bereinigt. Tabelle III.8 stellt die Ergebnisse dar.

Der Klassenkontext scheint unseren Ergebnissen zufolge für Unterschiede in der Entwicklung der Lernfreude oder des Selbstvertrauens belanglos zu sein.

Klassen mit einer besonders günstigen durchschnittlichen Entwicklung des *Fähigkeitsselbstbildes* im Mathematik lassen sich - vereinfacht gesagt - durch anspruchsvollen, insbesondere auf die Förderung des Verständnisses abzielenden und klar strukturierten Unterricht, in Verbindung mit einer wirksamen Unterrichtsführung und individueller fachlicher Unterstützung einzelner Schüler charakterisieren. Aus Gründen, die wir zur Zeit noch nicht verstehen, gilt dies jedoch lediglich für das Selbstkonzept in Mathematik und nicht in Deutsch - hier erweist sich keine der geprüften Variablen als relevant.

Anders das Muster der Merkmale, die mit einer günstigen Entwicklung der *Lernfreude* einhergehen: Auch für eine positive Entwicklung der Lernfreude erweist sich ein verständlicher und gut organisierter Unterricht als bedeutsam; darüber hinaus spielt jedoch auch das (von den Unterrichtsbeobachtern beurteilte) Sozialklima eine wesentliche Rolle. Lehrer, deren Klassen sich durch eine überdurchschnittliche Entwicklung der Lernfreude auszeichnen, tendieren weiterhin dazu, ihren Schülern Freiheitsspielräume für selbständige Entscheidungen einzuräumen; für Lernschwierigkeiten von Schülern machen sie auch den eigenen Unterricht und ihre eigenen didaktischen Bemühungen verantwortlich. Schließlich spielen auch die von den Schülern beurteilte Adaptivität (Variation der Schwierigkeit von Anforderungen als Anpassung an das Leistungsniveau der Schüler; Vermeiden von Überforderung) und die Motivierungsqualität des Unterrichts (Vermeiden von Monotonie und Langweile) eine Rolle. Aus der Höhe der Korrelationen der zuletztgenannten Variablen sollte allerdings nicht auf deren herausragende Bedeutung geschlossen werden, denn es handelt sich beim Kriterium (Zuwachs an Lernfreude) und beim Prädiktor beide Male um individuelle Schülerangaben, die auf Klassenebene aggregiert wurden.

AUSBLICK

Ziel dieses Kapitels war es, exemplarisch für zwei motivationale Variablen - affektive Beziehung zum schulischen Lernen und Fähigkeitsselbstbild, jeweils bereichsspezifisch erhoben für die Inhaltsbereiche Deutsch und Mathematik - ein breites Spektrum entwicklungspsychologisch interessanter Aspekte zu behandeln: angefangen vom nomologischen Netzwerk dieser Variablen über ihre durchschnittliche Verlaufsgestalt, die Rolle der Bereichsspezifität, differentielle Entwicklungsverläufe, intra- und interindividuelle Stabilitäten bis hin zur Bedeutung des schulischen Kontextes. Dennoch können diese Auswertungen nur einen kleinen Teil dessen widerspiegeln, was das zugrundeliegende Längsschnitt-Projekt aufgrund seiner Anlage und Instrumente prinzipiell ermöglicht.

Stellvertretend für die Vielfalt möglicher weiterführender und vertiefender Analysemöglichkeiten der hier berichteten Ergebnisse sollen drei interessante zusätzliche Perspektiven angedeutet werden, die in diesem Kapitel (das ausschließlich auf der SCHOLASTIK-Stichprobe fußt) nicht verfolgt werden konnten.

(1) Eine naheliegende Perspektive besteht darin, die hier untersuchten Variablen mit denen des LOGIK-Projektes (vgl. Weinert & Schneider, in Druck) zu verknüpfen, wobei insbesondere die Dynamik der Entwicklung und die wechselseitigen Beeinflussungen schulleistungsbezogener (SCHOLASTIK) und allgemeiner, bereichsunspezifischer kognitiver wie motivationaler (LOGIK) Variablen modelliert werden könnten, beispielsweise im Hinblick auf den Wandel der Beziehungen zwischen bereichsspezifischen fachlichen Selbstkonzepten und Schulleistungen einerseits und allgemeinen kognitiven Kompetenzen (Intelligenz, Gedächtnis, Metakognition) und motivationalen Konstrukten, wie z. B. des allgemeinen Selbstkonzeptes (erfaßt durch die Harter-Skala, vgl. Asendorpf & van Aken, 1993) andererseits (vgl. Weinert, 1994).

(2) Ein weiteres fruchtbares Auswertungsfeld, ebenfalls auf der Überlappungsstichprobe von LOGIK und SCHOLASTIK basierend (vgl. Kap. I zur Charakterisierung des Zusammenhangs zwischen beiden Studien), wäre die Untersuchung des Zusammenhanges zwischen intraindividuellen Änderungen auf Seiten der Kinder mit Erwartungen, Einschätzungen und schulleistungsbezogenen Sanktionen der Eltern (vgl. Helmke & Weinert, 1997). Der vielfach erhobenen, aber selten eingelösten Forderung nach Berücksichtigung einer *transaktionalen oder reziproken Perspektive* (Kinder werden nicht nur als "Empfänger" erzieherischer Maßnahmen betrachtet, sondern beeinflussen und modifizieren ihrerseits elterliche Erwartungen, Einstellungen und Sanktionsmuster) könnte mit den Daten der vorliegenden Studie unter Zuhilfenahme der für vier Meßzeitpunkte vorliegenden *Elternbefragung* Rechnung getragen werden ("developmental attunement model", vgl. Kindermann & Skinner, 1992).

(3) Eine dritte aussichtsreiche Auswertungsperspektive kann man darin sehen, unterschiedliche *Verlaufsgestalten* der motivationalen (wie auch anderer) Variablen im Verlaufe der Grundschulzeit zu modellieren und diese Parameter wiederum in theoriegeleiteter Weise mit Aspekten der Person oder der Umwelt (Klassenkontext, Unterricht, Eltern) in Verbindung zu bringen.

Entwicklung lern- und leistungsbezogener Motive und Einstellungen: Kommentar

Frank Halisch

Als Motivationsforscher allgemeinpsychologischer Provenienz mit einerseits durchaus wohlwollend-kritischer Distanz gegenüber pädagogisch geleiteten Bemühungen, motivationspsychologische Erkenntnisse im Schulalltag zur Wirkung zu bringen und/oder motivationspsychologische Zusammenhänge in diesem Anwendungsfeld zu erforschen, andererseits aber auch begrenzten Detailkenntnissen in diesem Bereich kann man in heikle Situationen geraten: (1) Bei dem für unsereinen nicht untypischen hohen Anteil von Lehrer/innen, Erzieher/innen, (Sozial-)Pädagog/inn/en im Bekanntenkreis kommt oft (allzuschnell) das Gespräch auf pädagogische Fragen. Bald ist der Konsens hergestellt und weitgehend einhellig ist die Meinung, daß "Motivation in der Schule" eine ganz eminente Rolle spiele. Aber ebenso schnell wird der "Fachmann" gefragt, was denn nun die konkreten wissenschaftlichen Erkenntnisse dazu seien. Dann fallen einem meist nur gemeinplatzartige Empfehlungen ein, die nur wenig über das hinausgehen, was kanonisierter Bestand der wissenschaftlichen Pädagogik seit langem ist. Kann die moderne pädagogische Psychologie zu diesem Thema mehr bieten? Sie kann! Einige Beiträge in diesem Band belegen eindrucksvoll den Stellenwert motivationaler Variablen für die Erklärung des Lern- und Leistungsverhaltens in der Schule, auch wenn aus motivationspsychologischer Sicht man sich zusätzlich zu den notwendigerweise molaren Analysen einer Längsschnittuntersuchung mehr molekulare Prozessanalysen wünschte, die das motivationale Wirkgeschehen detaillierter erhellen könnten (Rheinberg, Kap. VI, i. d. Bd.). (2) Auch die Bitte, einen Kommentar zu einem Beitrag über die "Entwicklung lern- und leistungsbezogener Motive und Einstellungen" aus einer groß angelegten pädagogisch orientierten Längsschnittstudie zu verfassen, kann die eigene partielle Ignoranz vor Augen führen. Ich will trotzdem dieser Bitte nachkommen, jedoch "bei meinen Leisten" bleiben: Ich werde die folgenden Ausführungen auf einige Kommentare und Interpretationen allgemeiner Natur beschränken und versuchen, aus der Fülle hochinteressanter Befunde einige unter allgemein-motivationspsychologischer Perspektive zu beleuchten.

Ich stelle mir einen unbefangenen wissensdurstigen Leser vor, der erst den Überblicksartikel von Geppert und dann den Befundbericht von Helmke durcharbeitet - er muß, so glaube ich, sich zunächst konsterniert fragen: Reden die Autoren über das gleiche Thema oder aneinander vorbei? Geppert orientiert sich in seinem Literaturüberblick an dem theoretischen Modell der Motivationsentwicklung von Heckhausen, das in einer voraussetzungslogischen Entfaltungsanalyse Bausteine des Konstrukts "Leistungsmotiv" in eine (vermutete) Entwicklungsabfolge bringt, die etwa die ersten 13 Lebensjahre umfaßt. Heckhausen (1980a) selbst hat im übrigen die Elaboration des Modells mit der Forderung nach Längsschnittstudien verbunden. In dem Bericht von Helmke werden bereichsspezifische Selbstkonzepte und die Lernfreude in den Schulfächern Deutsch und Mathematik in ihrer Entwicklung und Einbettung in ein nomologisches Netzwerk in der Grundschule analysiert. Natürlich: Die Untersuchung - die Befunde stellen ja nur einen geringen Teil aus der großangelegten SCHOLASTIK-Studie dar -

war nicht auf eine Prüfung des Heckhausenschen Modells der Motivationsentwicklung oder einiger Teile daraus angelegt; es kann hier also nicht um eine Modellverifizierung gehen. Dennoch: Ist die Diskrepanz zwischen den motivationstheoretischen Erwägungen und den forschungspraktischen Umsetzungen so groß, daß keine Übersetzung möglich ist? Oder sind die Anknüpfungspunkte nur verborgen, und treten in dem ja ausdrücklich deskriptiv angelegten Bericht von Helmke nur nicht so augenfällig zutage? Mir scheint es angezeigt, zunächst einige Begrifflichkeiten zu klären.

MOTIV, MOTIVATION, LEISTUNGSMOTIV, LERNMOTIVATION

In der Motivationspsychologie hat man sich spätestens seit Atkinson (1957) - aus gutem Grund - angewöhnt, zwischen den Konstrukten Motiv und Motivation strikt zu unterscheiden (Heckhausen, 1989). Das ist zwar schon (fast) eine Binsenweisheit, sie kann aber dennoch nicht oft genug wiederholt werden, denn sie wird gerne übersehen - z. B. dann, wenn der Stellenwert motivationspsychologischer Erklärungen aufgrund nur mäßiger Korrelationen zwischen Motiven und Leistungen infrage gestellt wird. Motivationsanalyse ist immer Interaktionsanalyse. Motive spielen dabei den Part der personseitigen Bestimmungsstücke, die als relativ überdauernde Wertungsdispositionen das Handeln (mit)bestimmen. Motivation dagegen ist reserviert für den aktuellen, vergleichsweise kurzfristigen Prozeß des zielgerichteten Handelns, der Wahl zwischen Handlungsmöglichkeiten, der Handlungssteuerung auf das Erreichen motiv-spezifischer Zielzustände. (Ich verwende hier den Begriff "Motivation" ausdrücklich als Oberbegriff und differenziere nicht - wie neuerdings gerne vorgenommen - zwischen "Motivation" als Auswahlprozess von Handlungsmöglichkeiten und "Volition" als Handlungssteuerungsprozeß).

Es gibt wenige Motive, aber viele Motivationen. Auch diese zur Vermeidung zirkulärer Scheinerklärungen (z. B. jemandem wird ein Neugiermotiv zugeschrieben, weil er sich neugierig verhält) zwingende Begrenzung auf eine nur geringe Anzahl theoretisch zu begründender Motive wird oft nicht genügend zur Kenntnis genommen. Man kann nicht beliebig Motive postulieren. Motive beinhalten situationsübergreifende Person-Umweltbezüge, d. h. sie bilden die Beziehung zwischen der Person und verschiedenen Situationsklassen ab, die hinsichtlich der Erreichung (oder der Vermeidung) von Zielzuständen funktional äquivalent sind. Wenn man so will, sind Motive "gegenstandsblind": Die Tätigkeit an sich tritt in den Hintergrund gegenüber den angestrebten Zielzuständen.

Eines der am intensivsten untersuchten Motive ist das Leistungsmotiv - entsprechend obiger Überlegungen bereichsunabhängig konzipiert; es bezieht sich auf all jene Situationen, in denen die Person sich mit einem selbst als verbindlich erlebten Gütemaßstab auseinandersetzt. Die angestrebten Zielzustände sind dabei die mit dem Erreichen von Erfolg oder Vermeiden von Mißerfolg verbundenen affektiven Zuständlichkeiten (Emotionen). Es kann kein Zweifel bestehen, daß viele schulische Situationen leistungsthematisch sind (im Sinne von leistungsmotivanregend), ebenso unzweifelhaft ist aber auch, daß die Erklärung aktueller Lernmotivation sehr viel komplexerer Analysen bedarf, wobei die Bedeutung des Leistungsmotiv in den Hintergrund treten oder sogar völlig ausgeblendet sein kann. Mit dieser Problematik haben sich Heckhausen und Rheinberg (1980) ausführlich auseinandergesetzt.

LEISTUNGSMOTIV, LERNFREUDE, SELBSTKONZEPT

Wie lassen sich die im Bericht von Helmke erörterten Konzepte des schulfachspezifischen Selbstkonzepts und der schulfachspezifischen Lernfreude in dieses hier nur mit wenigen Worten aufgespannte Begriffsnetz einordnen? In solchen Fragen ist man immer gut beraten, wenn man sich die vorgenommenen Operationalisierungen genau anschaut. Zunächst sollte vor einem möglichen Mißverständnis gewarnt werden: Die Parallelisierung von Selbstkonzept und Lernfreude mit den in der Motivationstheorie als *Situations*parameter aufgefaßten Variablen Erwartung und Wert (Anreiz) kann zu Fehlschlüssen führen. Sie müßten dann z. B. nach dem Risikowahlmodell der Leistungsmotivation invers kovariieren (je höher die Erfolgserwartung, desto geringer der Erfolgsanreiz). Genau das ist aber nicht der Fall: Selbstkonzept und Lernfreude kovariieren in beträchtlichem Maße positiv. Gerechtfertigt hingegen erscheint eine Interpretation der beiden Variablen als zeitstabile, personabhängige Determinanten von Erfolgserwartung und emotional getönter Wertschätzung von Tätigkeitsbereichen, also als durchaus (wenn auch in unterschiedlichem Grade) motivnahe Personvariablen.

Lernfreude und Selbstkonzept als Motivparameter?

Lernfreude wurde erfaßt als "affektive Tönung von Einstellungen zu verschiedenen Lerngegenständen und -aktivitäten", d. h. der emotionale Bezug zu Tätigkeitsinhalten steht ausdrücklich im Vordergrund. Abgesehen vom konkreten Gegenstandsbezug kommt eine solche Erfassung von Lernfreude einer allgemeinen Motivauffassung, die seit McClelland et al. (1953) den affektiven Gehalt in den Vordergrund rückt, recht nahe. Natürlich kann man Lernfreude nicht mit dem Leistungsmotiv gleichsetzen, als motivnaher Indikator läßt sich dieses Maß aber schon auffassen.

Etwas komplizierter scheint mir der Fall in der Frage der Motivrelevanz des *Selbstkonzeptes* zu liegen. Zu den Problemen von Struktur, Genese und auch (schulischen) Folgen von Selbstkonzepten gibt es eine umfangreiche Literatur (z. B. Meyer, 1984a; s. auch Kap. X und XI, i. d. Bd.). Auch die Frage der Motivgebundenheit des Selbstkonzeptes - Erfolgsmotivierte sollen ein höheres Selbstkonzept haben als Mißerfolgsmotivierte - ist ausführlich erörtert (Heckhausen, 1989; Meyer, 1984a). Beides braucht hier nicht ausgebreitet zu werden. Es ist allerdings festzuhalten, daß in der vorliegenden Operationalisierung Selbstkonzepte *bereichsspezifisch* und ausdrücklich auf der Basis eines *sozial-normativen* Vergleichs erhoben wurden: Die Kinder sollten die eigene (Leistungs-)Position in unterschiedlichen Schulfächern im Klassenverband einschätzen. Es wurde also im Sinne des Kelleyschen Kovarianzmodells eine soziale Bezugsnorm (Konsensus, Vergleich mit anderen Personen) und eine sachliche Bezugsnorm (Distinktheit, Vergleich über Entitäten) thematisiert, die individuelle Bezugsnorm (Konsistenz, Vergleich über Zeit) hingegen ausgeblendet. Damit ist aber genau diejenige Vergleichsperspektive, der Heckhausen (1980a) den motivationspsychologischen Primat zugeschrieben hat, unberücksichtigt geblieben und die Erfassung eines allgemeinen Selbstkonzeptes der Begabung, von dem man eher die Widerspiegelung motivationaler Tendenzen erwarten könnte, durch fachspezifische Selbsteinschätzungen ersetzt worden. M. a. W., durch die direkte Bindung der Selbstkonzepterhebung an Schulfächer und an den Klassenspiegel ist der Spielraum für eine motivational bedingte Determination stark eingeschränkt. Und dementsprechend zeigt sich ja auch die relativ hohe und über die vier Schuljahre zunehmende Veridikalität der Selbsteinschätzungen.

Natürlich sind auch die hier erfaßten Selbstkonzepte insofern motivationsrelevant, als sie großen Einfluß auf künftige Erfolgserwartungen haben dürften; für den Motivationspsychologen drängen sich aber zusätzliche Fragen auf, denen man auch in weiteren Analysen der vorliegenden Befunde nachgehen könnte: Lassen sich Kinder identifizieren, deren Selbsteinschätzungen *nicht* die Position im Klassenverband widerspiegeln, also nach oben oder unten deutlich abweichen? Lassen sich solche Abweichungen mit anderen Persönlichkeitsmerkmalen (z. B. Motivausstattung) in Verbindung bringen? Welche Konsequenzen haben solche Diskrepanzen für die Entwicklung von Lernfreude, Schulleistung, sozialem Verhalten usw.?

GLOBALE ZUSAMMENHANGSMUSTER

In dem Beitrag von Helmke geht es also - in motivationstheoretischer Interpretation - um relativ überdauernde, unterschiedlich motivnahe dispositionelle Merkmale und deren Veränderung über die Grundschulzeit hinweg. Machen die Ergebnisse unter dieser Perspektive Sinn? Zeigen sie mehr als den (fast trivialen) Befund, daß die Schulkinder in jenen Bereichen, in denen sie positive Leistungsrückmeldungen (Noten) erhalten, ein hohes Selbstkonzept entwickeln und diese Fächer auch gern mögen?

Schulfachspezifität

In der separaten Faktorenanalyse zeigen sich Selbstkonzepte und Lernfreude zunächst zwar weitgehend als unabhängige Faktoren; in der umfassenderen Analyse jedoch, die einen größeren Variablenfächer einbezieht, hängen sie schulfachspezifisch zusammen. M. a. W., die Bereichsspezifität ist durchschlagender als die Differenzierung zwischen Selbstkonzept und Lernfreude. Es handelt sich also offenbar um Personparameter mit hohem *gemeinsamen* (schulfachspezifischem) Anteil. Diese Faktorenanalyse zeigt aber auch ein weiteres motivationpsychologisch hochinteressantes Zusammenhangsmuster: Die separat erhobene Leistungsmotivkomponente "Hoffnung auf Erfolg", auf die leider in dem Bericht nicht näher eingegangen wird, geht einher mit Selbstkonzept und Lernfreude (in geringerem Ausmaß auch mit Noten und Testergebnissen) ausschließlich im Fach Mathematik, nicht aber in Deutsch. Offenbar besitzen die beiden Fächer einen unterschiedlichen leistungsthematischen Anregungsgehalt, sind also im motivationspsychologischen Sinne nicht funktionsäquivalent! Ist das plausibel? Es spricht manches für eine solche Annahme, wenn man einen Abgleich zwischen dem Kriterienkatalog für eine leistungsthematische Handlungssituation (Heckhausen, 1980a) und den sachinhärenten Anforderungen der beiden Schulfächer vornimmt. Der typische Schulunterricht in Mathematik dürfte im Vergleich zu Deutsch in stärkerem Maße durch leistungsmotivanregende Merkmale charakterisiert sein wie (a) erkennbare, nach individueller und/oder sachlicher und/oder sozialer Norm präzisierbare Gütemaßstäbe und Leistungsstandards, (b) aufweisbare, nach Güte oder Menge bewertbare Ergebnisse, (c) erlebbare Kovariation von Tüchtigkeit und Einsatz mit Leistungsergebnissen und (d) selbst erfahrbarer Kompetenzzuwachs. Bemerkenswerterweise erbringt die gleiche Faktorenanalyse auch einen *schulbereichsübergreifenden,* als Mißerfolgsängstlichkeit interpretierbaren Faktor.

Dieses Gedankenspiel will ich hier nicht weitertreiben; es mündete letztlich in eine leistungsthematische Taxonomie von Schulfächern, die nicht Gegenstand dieses Kommentars sein kann.

ENTWICKLUNGSVERÄNDERUNGEN

Besonders augenfällig ist, daß sowohl Selbstkonzepte als auch Lernfreude in den vier Grundschuljahren deutlich abnehmen. Dem dürften motivationspsychologisch völlig unterschiedliche Mechanismen zugrunde liegen. Die Befundanalyse belegt, daß der Abfall bei den Selbstkonzepten "in Wirklichkeit" eine zunehmende Veridikalität der Selbsteinschätzung der tatsächlichen (Leistungs-)Position im Klassenverband widerspiegelt. Daß (in der Summe) die Selbstkonzepte für Deutsch und Mathematik am Ende der 4. Klasse noch immer über dem Mittelwert liegen (und damit nicht vollständig veridikal sind) ist nun aber kaum auf einen noch nicht abgeschlossenen Entwicklungsprozeß zurückzuführen, sondern entspricht genau dem, was man auch im Erwachsenenalter findet. Im Mittel schätzen sich Personen in der sozialen Vergleichsperspektive leicht über dem Durchschnitt ein; das gilt im übrigen, wie erst kürzlich gezeigt wurde (Meyer, Ferring, & Filipp, in Druck), auch bei Hochbetagten: trotz deutlich abnehmender Selbstbewertung hinsichtlich der zeitlichen individuellen Vergleichsperspektive (Fähigkeiten lassen nach) schätzen auch sie sich im Mittel *über* dem Durchschnitt der Vergleichsgruppe ein. Hier findet sich im Kern der *motivationale* Anteil sozial-normativer Selbstbewertungen, der unter dem Stichwort "Self-Enhancement" so viel Forschungsaktivität angeregt hat.

Letztgenannter Befund belegt auch die Bedeutung der oben bereits angesprochenen Differenzierung unterschiedlicher Bezugsnormen in der Selbstbewertung; Selbsteinschätzungen nach verschiedenen Bezugsnormen können diametral voneinander abweichen! Ein allgemeiner "Abfall" der Selbsteinschätzung nach individueller Norm (Veränderungen über Zeit) ist zumindest im Schulalter äußerst unwahrscheinlich. Von besonderem Interesse wären jedoch auch hier Kontrastgruppen von Kindern, deren Selbsteinschätzungen nach individueller und sozialer Bezugsnorm gegenläufig sind, also z. B. Kinder, die einerseits Fähigkeitszuwachs erleben, andererseits trotzdem im Klassenverband (konstant) niedrige Rangposition einnehmen. Die direkten motivationspsychologischen Folgen solcher Diskrepanzen hat Rheinberg (1980, Rheinberg & Krug, 1993) ausführlich untersucht. Über langfristige Konsequenzen, die man nur im Längsschnitt analysieren kann, ist hingegen wenig bekannt.

Der Abfall der Lernfreude ist sicher im engeren Sinn motivationsrelevant. Man mag diese Abnahme aus pädagogischer Sicht bedauerlich finden, sie spiegelt aber - wie Helmke notiert - die generelle Befundlage wider. Unter der Annahme, daß die Lernfreude als emotionale Wertbesetzung von Handlungsgegenständen relativ motivnah erhoben wurde, wäre nun besonders interessant zu erfahren, ob dieser Abfall mit einer entsprechenden Veränderung der aufsuchenden Leistungsmotivkomponente einhergeht. Auch eine solche Vermutung scheint mir angesichts unseres Schulalltags nicht unplausibel. Ein Befund aus Helmkes sorgfältiger *intra*individueller Konsistenzanalyse spricht immerhin für die Annahme der relativ großen Motivnähe der Lernfreude: Die intraindividuelle Konsistenz über den gesamten Vierjahreszeitraum ist bei der Lernfreude größer als beim Selbstkonzept. Emotionale Bindungen an Handlungsgegenstände sind anscheinend resistenter gegen abweichenden Erfahrungseinfluß als die stärker erfahrungsabhängigen bereichsspezifischen Selbstkonzepte!

Ich habe meinen Kommentar absichtlich sehr "datennah" angelegt; einiges davon ist sicherlich spekulatives Gedankenspiel. Anhand einiger ausgewählter Befunde aus Helmkes Bericht sollte aber deutlich werden, daß eine motivationstheoretische Rekonstruktion der erhobenen lern- und leistungsthematischen Variablen manche der berichteten Daten in neuem Licht erscheinen läßt; darüber hinaus eröffnet dieser Blickwinkel aber auch - aufbauend auf dem vorhandenen Material - einige entwicklungs- und motivationspsychologische Perspektiven für künftige Analysen und neue Untersuchungen.

Kapitel IV

Erwerb des Lesens und des Rechtschreibens

Literaturüberblick:
Harald Marx

Ergebnisse aus dem SCHOLASTIK-Projekt:
Wolfgang Schneider, Jan Stefanek & Hans Dotzler

Kommentar:
Renate Valtin

Erwerb des Lesens und des Rechtschreibens: Literaturüberblick

Harald Marx

Seit etwa 15 Jahren ist die Erforschung des Lesen- und (Recht)Schreibenlernens aus dem Schatten ihrer drei Verwandten, der Lehrmethoden-, Legasthenie- und Leseforschung, herausgetreten und zu einem angesehenen entwicklungs- und pädagogisch-psychologischen Forschungsfeld herangereift. Dies zeigt sich zum einen in einer wachsenden Anzahl von Monographien und Readern, die sich überwiegend oder ausschließlich mit dem Erwerb der Schriftsprache und den dafür notwendigen Voraussetzungen beschäftigen (z. B. Adams, 1990; Gough, Ehri & Treiman, 1992; Juel, 1994; Rieben & Perfetti, 1991; Treiman, 1993). Zum anderen ist es an der zunehmenden Anzahl von Veröffentlichungen in einschlägigen entwicklungs- und pädagogisch-psychologischen Fachzeitschriften (vgl. Schneider, 1994b) ablesbar. Wesentliche Gründe für diese Eigenständigkeit liegen sicherlich in der Unzufriedenheit mit den Ergebnissen der Lehrmethoden- und Legasthenieforschung. Aber auch die Tatsache, daß die Anfang dieses Jahrhunderts sowie in den siebziger Jahren für den geübten Leser entwickelten Lesemodelle und -theorien entweder unkritisch auf den Leseanfänger übertragen oder als für diesen unzutreffend eingestuft wurden, dürfte dazu beigetragen haben, eigene Wege zu suchen. Auch wenn bis zu diesem Zeitpunkt der Erwerb der Schriftsprache kein eigenständiger Forschungszweig war, so darf dies nicht darüber hinwegtäuschen, daß es zu allen Zeiten einzelne Forscherinnen und Forscher gegeben hat, die sich mit entwicklungspsychologisch oder pädagogisch-psychologisch orientierten Fragestellungen zum Erwerb der Schriftsprache empirisch beschäftigt oder entsprechende Überlegungen aus den Ergebnissen der einschlägigen Arbeiten der drei anderen Forschungsfelder abgeleitet haben. Letztlich sind viele der heute untersuchten Aspekte innerhalb dieser Forschungsfelder vorbereitet oder auch schon heftig diskutiert worden.

Worin bestehen nun die aus den drei Forschungsfeldern abgeleiteten Überlegungen; von welcher Art sind die Befunde; zu welchen Fragestellungen haben sie die heutige Schriftspracherwerbsforschung geführt; und welche Ansätze und Ergebnisse kann diese derzeit vorweisen?

BEFUNDE DER DREI FORSCHUNGSFELDER UND DARAUS ABGELEITETE ÜBERLEGUNGEN FÜR DIE LESELERNFORSCHUNG

Die ältere Lehrmethodenforschung

Bis zum Ausgang des letzten Jahrhunderts bestimmten im deutschsprachigen und angloamerikanischen Sprachraum die Lehrmethodiker nahezu allein, wie mit dem Gegenstand Schriftsprache umzugehen war und die Aneignung zu erfolgen hatte. Die frühesten Methoden waren synthetisch, gingen also von den Elementen der Sprech- und Schriftsprache (Laut und Buchstabe) aus. Es folgten analytische Methoden, bei denen ein Sprachganzes irgendwelcher Art den Ausgangspunkt des Schriftspracherwerbs bildete (vgl. Adams, 1990; Bosch, 1937; Göbelbecker, 1933; Meumann, 1914; Schmalohr, 1971).

Die Buchstabiermethode beispielsweise folgte einem zweistufigen Plan. Als erstes wurden alle Buchstabennamen gelehrt, dann wurden Bücher, wie z. B. die Bibel, als Lesetext eingesetzt bzw. abgeschrieben. Synthetische Aufgabenstellungen wurden bei dieser Methode und den Sinnlautverfahren auf unterschiedlichste Weise verwirklicht. So wurden anhand von Beispielsätzen oder -wörtern ("B" steht für "Bibel"; "G" für "Gott") oder anhand von Natur- oder Nachahmungslauten (der "Hahn" macht "i-i-i") auf die Silbenstruktur bzw. phonemische Bedeutung der Buchstabennamen bzw. -laute hingewiesen (vgl. Bosch, 1937). Gegen diese Lehrmethoden zogen seit Mitte des letzten Jahrhunderts Pädagogen zu Felde. Sie bemängelten, daß bei diesen Verfahren die Wortbedeutung und die gelernten Graphem-Phonem-Korrespondenzen interferieren, weil die mit den einzelnen Buchstaben verknüpften Sinnlaute eine andere Bedeutung haben als die im Wort vorhandenen und damit die Lautverschmelzung erschweren. Unter Berufung auf (1) Bildungsideale im Zuge einer zunehmenden Literalisierung (vgl. Adams, 1990), (2) psychologische Einwände gegen die Belebung der Buchstaben im Rahmen der Normallautmethode sowie (3) experimentelle Befunde der Lesepsychologie aus der Leipziger Schule rückten sie die Wortbedeutung und die Wortganzheit als Lerneinheit in den Vordergrund (z. B. Kern, 1931). Dem als sinnlosen Drill bezeichneten Erwerb der Graphem-Phonem-Korrespondenzen stellten sie das Erfassen von Bedeutung in Form von analytischen Ganzwort- bzw. Ganzsatzmethoden gegenüber. Wörter oder Sätze wurden ähnlich einem Emblem als Sichtwortschatz eingeführt und bild- oder kontextunterstützt dargeboten. Zuerst wurde die Bedeutung des Geschriebenen vermittelt. Nach Aufbau eines Sichtwortschatzes folgte die Analyse der Wortbedeutungen in Form möglichst bedeutungstragender Phonem-Graphem-Korrespondenzcluster.

Insbesondere zwischen 1920 und 1960 standen sich die Vertreter der Ganzheits- und Lautiermethoden unversöhnlich gegenüber (z. B. Flesch, 1955; Kern, 1931). Die Hoffnung, auf empirischem Wege eine eindeutige Entscheidung für oder wider eine der Lehrmethoden herbeizuführen, erwies sich als weitgehend nicht einlösbar. Bond und Dykstra (1967), Chall (1967) sowie Dykstra (1968) stellten zwar durchgängig fest, daß Kinder aus sozio-kulturell benachteiligten Familien besser nach der Lautier- als nach der Ganzheitsmethode lesen und schreiben lernten, aber alle übrigen Leistungsergebnisse zeigten nur kurzfristige methodenabhängige Effekte. Am Ende des ersten Schuljahres konnten Kinder, die nach der Lautiermethode unterrichtet worden waren, besser lautieren, laut vorlesen und schreiben. Ganzheitlich unterrichtete Kinder hingegen konnten schneller lesen und verstanden die Texte besser. Am Ende der zweiten Klasse waren diese Leistungsunterschiede allesamt aufgehoben. Auch die im deutschen Sprachraum durchgeführten Evaluationsstudien (z. B. Müller, 1964; Schmalohr, 1961; Ferdinand, 1972) konnten keine Überlegenheit einer Methode feststellen.

Diese Befunde deuten darauf hin, "daß jedes einzelne Kind seinen 'eigenen Weg' beim Erlernen der Schriftsprache finden muß, wobei es die didaktischen Hilfen der jeweiligen Lehrmethode ausnutzen kann, aber nicht muß. Mit 'eigenem Weg' ist dabei gemeint, daß die Auseinandersetzung mit dem schriftsprachlichen Material und hier insbesondere mit den verschiedenen Informationsarten, die dieses Material enthält, von jedem Kind selbst initiiert werden muß. ...... Kinder können also offensichtlich durch Ausbildung und Heranziehung eigener Lernstrategien Schwächen im Aufbau der jeweiligen Lehrmethode kompensieren" (Marx, 1985, S. 60). Ergänzt man diese Aussage noch durch den Zusatz, daß dies auch für Lehrkräfte gilt, die ihre eigene Lehrmethode erproben, dann dürfte klar werden, warum in der Vergangenheit und ohne Kenntnis des psychologischen Leselernvorganges der Blick für die Güte der favorisierten Lehrmethode getrübt war.

Aus entwicklungs- und pädagogisch-psychologischer Sicht kann den Befunden und pädagogisch-didaktischen Kontroversen um die adäquate Lehrmethode somit folgendes entnommen werden:

(1) Die meisten Kinder erlernen nach jeder Lehrmethode die Schriftsprache.

(2) Bei jeder Lehrmethode gibt es Kinder, die mehr oder weniger große Schwierigkeiten mit dem Erwerb haben.

(3) Die einzelnen Methoden betonen verschiedene Fertigkeiten, die in der Anfangszeit zu charakteristischen Schriftsprachresultaten führen.

(4) Je nach dem Grad der Vorerfahrung mit Schriftsprache sind die Lehrmethoden unterschiedlich effektiv.

(5) Zur Auflösung des Methodenstreits sind empirische Untersuchungen über den Schriftspracherwerb vonnöten.

Die ältere Erforschung von Lese-Rechtschreibschwierigkeiten

Ausgang des letzten Jahrhunderts waren es Neurologen und Psychiater, die sich mit Personen beschäftigten, die das Lesen nicht oder nur unzureichend erlernten (vgl. Angermaier, 1970; Marx, 1985; Müller, 1974; Valtin, 1970). Wegen des unterschiedlichen Erscheinungsbildes wurden schon bald eine Vielzahl von Begrifflichkeiten und Definitionen verwendet. Während sich in Amerika der Begriff "Dyslexia" einbürgerte, setzte sich im deutschsprachigen Raum der Begriff "Legasthenie" durch.

Die von Medizinern vermuteten Defekt- und Erblichkeitsannahmen hielten Überprüfungen durch gut kontrollierte Studien nicht stand. In der Folgezeit wurden sie daher von Defizitannahmen in allgemeinen kognitiven Funktionsbereichen abgelöst, die vor allem von Pädagogen und pädagogisch-psychologisch orientierten Forscherinnen und Forschern überprüft wurden. Charakteristisch für diese Suche nach Defekten und Funktionsdefiziten beim Kind waren "sicherlich auch implizite Modellvorstellungen, die Legasthenieforscher vom Lese- bzw. Leselernvorgang hatten. Allgemein herrschte die Annahme vor, Lesen müßte dann problemlos gelernt werden, wenn die dafür erforderlichen Fähigkeiten und Funktionen ungestört seien" (Marx, 1985, S. 16). Ihre Blütezeit erlebte die deutschsprachige Forschung in den sechziger und siebziger Jahren (vgl. Angermaier, 1974, 1976; Müller, 1974; Niemeyer, 1974; Valtin, 1970, 1972). In zahlreichen Untersuchungen wurden die auditiven, visuellen, motorischen, kognitiven oder intellektuellen Leistungen sowie demographische und sozio-kulturellen Hintergrundvariablen von Extremgruppen guter und schlechter Leser bzw. (im deutschsprachigen Raum) Rechtschreiber miteinander verglichen. Je nach verwendeter Definition von Legasthenie oder Lese-Rechtschreibschwäche (LRS) wurden dann entweder Unterschiede in den verschiedensten Wahrnehmungs-, Fertigkeiten- und Milieubereichen festgestellt oder nicht bestätigt. Dabei kristallisierte sich allmählich heraus, daß weit weniger allgemeine als vielmehr bereichsspezifische Fähigkeiten und Funktionen bei LRS-Kindern konsistent schwächer ausfallen als bei Kindern ohne Lese-Rechtschreibprobleme. Nicht zuletzt wegen der Vielfalt und Uneindeutigkeit der Befunde wurden eindimensionale Konzepte aufgegeben und die Legasthenie zu einem multifunktionalen, polyätiologischen oder multikausalen Syndrom erhoben (vgl. Angermaier, 1976; Müller, 1974).

Je größer die Anzahl der vermuteten Verursachungsmomente und Begleiterscheinungen wurde, desto stärker rückte jedoch ein diesem Untersuchungsansatz inhärentes Dilemma in den Blickpunkt: der korrelative Ansatz erlaubt keine Aussagen in Hinblick auf den Ursache-Wirkungs-Zusammenhang dieser Komponenten und läßt somit auch keine eindeutigen Schlußfolgerungen ihres Einflusses auf den Lese- und/oder Schreibprozeß zu.

Aus entwicklungs- und pädagogisch-psychologischer Sicht bieten sich aus diesem Ansatz folgende Schlußfolgerungen an:

(1) Forschung, die nur Leistungsunterschiede zwischen guten und schlechten Lese-Rechtschreibern feststellt, ohne den Bezug zur Wirkweise der untersuchten Fähigkeiten

und Funktionen für den Schriftspracherwerb abzuleiten, trägt nicht zur Erkenntnis des Schriftsprachlernprozesses bei.

(2) Statt Kinder mit Lese-Rechtschreibschwierigkeiten zu untersuchen, sind die Lese-Rechtschreibschwierigkeiten dieser Kinder zu untersuchen und in Beziehung zum Prozeß des Schriftspracherwerbs zu setzen.

(3) Um Aussagen über den Ursache-Wirkungs-Zusammenhang machen zu können, ist ein Wechsel im Untersuchungsansatz erforderlich.

Die ältere Lesepsychologie

Etwa zeitgleich mit dem Beginn der Legasthenieforschung beschäftigten sich vor allem die Experimentalpsychologen der Leipziger Schule mit aufmerksamkeits- und wahrnehmungspsychologischen Phänomenen bei tachistoskopischer Darbietung von Wörtern. In dieser ersten Blütezeit der Lesepsychologie zwischen 1885 und 1926 wurden vor allem die Theorien des buchstabierenden Lesens sowie der Gesamtform heftig diskutiert.

Die Auswirkungen, die diese theoretischen Positionen und Untersuchungsbefunde der ersten Blütezeit der Leseforschung auf die Erforschung des Schriftspach*erwerbs* hatten, waren eher bescheiden. Im Übersichtsreferat "Über Entwicklung und Stand der Lesepsychologie" von Hoffmann (1926) beschäftigt sich nur eines von zwölf Kapiteln mit dem Lesen von Kindern. Zugleich basieren die inhaltlichen Aussagen innerhalb dieses einen Kapitels nahezu ausschließlich auf pädagogischen und psychologischen Überlegungen zur Auswahl der Leselehrmethode unter Berücksichtigung der experimentellen Erwachsenenbefunde (z. B. Erdmann & Dodge, 1898; Meumann, 1914). Dabei werden als wesentliche Erkenntnisse aufgeführt, daß Leseanfänger kleinere Fixationen, längere Fixationspausen und langsamere Vorlesezeiten haben. Dies wiederum wird damit erklärt, daß die einzelnen visuellen und akustisch-motorischen Funktionen und Prozesse wie auch die Bedeutungserfassung bei Lesenlernenden noch weitgehend zeitlich getrennt ablaufen. Zugleich wird davon ausgegangen, daß eben diese einzelnen Funktionen durch Übung zunehmend automatisiert, assoziiert und damit als Gesamtinnervationen wirksam werden. Einzig Messmer (1904) hat in vergleichenden experimentellen Studien an allerdings sehr kleinen Stichproben empirisch belegt, daß der Aufmerksamkeitsumfang von Zweitkläßlern um gut ein Drittel kleiner ausfällt als der von Erwachsenen. So gesehen könnte diese erste Phase der Leseforschung als thematisch abseitig und weitgehend irrelevant für Überlegungen zum Erwerb der Schriftsprache abgetan werden, wenn nicht verschiedene Lehrmethodenvertreter (z. B. Kern, 1931) die Befunde und Annahmen bezüglich der Bedeutsamkeit einzelner Buchstaben sowie des Wortganzen für die Worterkennung ebenso wie die Charakterisierungen des Lesevorganges, die bei in der Regel hochgeübten erwachsenen Lesern gewonnen worden waren, höchst einseitig aufgegriffen und ohne empirische Prüfung auf den Leseerwerb übertragen hätten.

Die zweite Blütezeit der Lesepsychologie begann Mitte der sechziger Jahre im anglo-amerikanischen Sprachraum. Geprägt von den Modellvorstellungen der Informationstheorie wurden im Zuge einer kognitiv ausgerichteten Wahrnehmungspsychologie zahlreiche Modelle der Wortwahrnehmung entwickelt (vgl. Übersichten in Geyer, 1972; Levin & Williams, 1970; Singer & Ruddell, 1971).

Manche dieser Modelle waren sehr elaborierte Funktionsmodelle (z. B. Gough, 1972; LaBerge & Samuels, 1974), andere glichen eher Sammlungen von Teilfertigkeiten und Komponenten (z. B. Mackworth, 1972). Einige waren nahezu ausschließlich für den geübten Leser konzipiert (z. B.

Gough, 1972), andere betonen ihre Allgemeingültigkeit auch für den Leselernenden (z. B. Goodman, 1971; LaBerge & Samuels, 1974). Zu diesen eher formalen Unterschieden gesellte sich ähnlich wie bei der theoretischen Auseinandersetzung in der ersten Blütezeit sowie bei der Diskussion um die bessere Lehrmethode eine inhaltliche. Die meisten Modelle waren als bottom-up Modelle konzipiert, einige wenige jedoch als top-down Modelle (z. B. Goodman, 1971; Smith, 1971, 1973). In der Folgezeit wurde insbesondere die inhaltliche Diskussion um die Frage, ob die Worterkennung eher mit top-down Prozessen der linguistischen Spracherfahrung, Worterwartung und Kontextausnutzung oder mit bottom-up Prozessen des Rekodierens und Dekodierens der Graphem-Laut-Korrespondenzen sowie direkter visueller Erkennungsroutinen zu erklären sei, durch die Entwicklung interaktiver Modelle (z. B. Rumelhart, 1977) sowie des Zwei-Wege-Modells (Coltheart, 1978) aufzulösen versucht.

Charakteristikum der meisten allgemeinpsychologisch orientierten Arbeiten aus dieser Zeit war nach Stanovich (1991), daß sie zu 90% Spekulation und lediglich zu 10% auf empirischen Befunden beruhten.

Abgesehen von diesen grundlagenorientierten Arbeiten entstanden in den siebziger Jahren auch eine Reihe von Arbeiten, die sich mit Voraussetzungen und Determinanten des Leselernprozesses beschäftigten. Vor allem auf der Grundlage von Ergebnissen aus Wahrnehmungs- und Kurzzeitlernexperimenten sowie prozeßorientierten Verlesungsanalysen (vgl. Marx, 1985) machen sie auf vielfältige Unterschiede zum Erwachsenenlesen aufmerksam und zeigen Unterschiede zwischen Kindern unterschiedlichen Alters und unterschiedlichen Leistungsständen auf. Außerdem ist den Befunden zu entnehmen, daß Kinder vor allem die Informationen beim Erwerb nutzen, die ihnen entweder im Unterricht nahegelegt werden, am prominentesten oder am einfachsten zu behalten sind. Entsprechend diesen Ergebnissen gleichen die ersten Leselernkonzepte eher Sammlungen von Lernprozessen, Teilfertigkeiten und Phasen, die den Leselernprozeß bzw. die Wortwahrnehmung begleiten bzw. diesen Prozessen vorangehen sollten, als Prozeßmodellen (z. B. Gibson, 1971; Gibson & Levin, 1976; Samuels, 1976; Venezky, 1976).

Aus entwicklungs- und pädagogisch-psychologischer Sicht lassen diese Befunde folgende Schlußfolgerungen zu:

(1) Die für den geübten Leser konzipierten Lesemodelle setzen das Vorhandensein bestimmter Fertigkeiten und Prozesse voraus. Da sie in der Regel keine Aussagen darüber machen, wie diese Fertigkeiten aufzubauen sind, sind sie als Denkmodelle für den Erwerb der Schriftsprache untragbar.

(2) Aus den Leselernexperimenten geht hervor, daß der Erwerb der Schriftsprache nicht bei Null anfängt und Lernende nicht immer die Information nutzen, die sie nutzen sollten.

(3) Die Leselernkonzepte verdeutlichen, daß unterschiedlich komplexe Fertigkeiten und Prozesse zu erwerben sind, geben aber keine Auskunft darüber, wann und in welcher Reihenfolge sie zu erwerben sind und wie sich dieser Erwerb auf den Schriftsprachprozeß auswirkt.

FRAGESTELLUNGEN DER NEUEREN SCHRIFTSPRACHERWERBSFORSCHUNG

Sowohl aus den Befunden der Lehrmethodenforschung, den Beobachtungen und Berichten der Lehrmethodiker (vgl. Bosch, 1937) als auch aus den entwicklungspsychologischen Studien bei Leseanfängern (vgl. Gibson & Levin, 1976) geht hervor, daß der Erwerb der Schriftsprache kein passives Aufnehmen und mechanisches Zusammenfügen von Einzelfertigkeiten, sondern eine aktive Auseinandersetzung mit dem Lerngegenstand erfordert. Dabei stand von Anfang an die Synthese wie die Analyse von Graphem-Phonem-Korrespondenzen als die eigentliche Hürde des Leselernprozesses bei alphabetischen Schriften im Brennpunkt der Diskussion. Damit verbunden war die Frage, wie bei Kindern erreicht wird, daß sie den Zusammenhang von gesprochener und geschriebener Sprache begreifen.

Folgt man den bisherigen Befunden und Überlegungen der drei Forschungsbereiche bis Mitte der siebziger Jahre, so kann man feststellen:

(1) Es wurde viel Wissen über den auf das Wortlesen begrenzten Leseprozeß des Erwachsenen gesammelt. Die wenigen vergleichenden Untersuchungen von Leseparametern zwischen geübten Lesern und Leseanfängern zeigten jedoch, daß sich Kinder in Abhängigkeit von ihrer Schriftspracherfahrung mehr oder weniger stark von dem geübten Leser unterschieden. Hieran schließt sich der *erste Fragenbereich*: Wie wird man ein geübter Leser? Gibt es einen charakteristischen Entwicklungsweg des Schriftspracherwerbs und wie sieht der aus?

(2) Deutlich wurde auch, daß der Erwerb der Schriftsprache nicht vollständig durch das Befolgen einer Lehrmethode erklärt werden kann, sondern offensichtlich die Eigeninitiative der Lernenden herausfordert und somit zumindest teilweise auf einem "self-teaching"-Prozeß (Jorm & Share, 1983; Share, 1995) beruht. Der *zweite Fragenbereich* also lautet: Was wird beim Lesen- und Schreibenlernen gelernt und wie wird das Gelernte verankert?

(3) Die Legasthenieforschung hat gezeigt, daß sich schlecht lesende Kinder von gut lesenden Kindern in einer Vielzahl von Merkmalen unterscheiden. Aufgrund des üblicherweise verwendeten Designs ist es jedoch nicht entscheidbar, ob und welche Differenzen vor oder nach dem Erwerb entstanden sind. Obwohl unterschiedlich adäquate Aneignungsversuche von Schriftsprache für viele Leistungsunterschiede verantwortlich gemacht werden können (vgl. Marx, 1985), bleibt die ursprüngliche Annahme, daß die Wurzeln für viele Schwierigkeiten vor dem eigentlichen Schriftspracherwerb liegen, bestehen. Allerdings bedarf es zu ihrer Prüfung neuer Untersuchungsmethoden. Von daher ergibt sich der *dritte Fragenbereich*: Welche Merkmale bzw. Fertigkeiten müssen vorschulisch vorhanden sein oder ausgebildet werden, damit der Erwerb der Schriftsprache gelingen kann?

Genau diesen Fragen widmet sich die neuere psychologische Schriftspracherwerbsforschung in allerdings sehr unterschiedlicher Intensität. Der erste Fragenbereich wird dabei vorwiegend in der Diskussion der Phasen- und Stufenmodelle der Worterkennung und -schreibung abgehandelt und beruht im wesentlichen auf der Beschreibung und Klassifizierung von Schriftsprachresultaten unter Beachtung von Lehrmethode und Kontextinformation. Der zweite Fragenbereich zielt auf das spezielle Problem der Gedächtnisrepräsentation von Schriftsprache und wird in den letzten Jahren verstärkt unter Berücksichtigung der konnektionistischen Modellvorstellungen diskutiert. Die dritte Frage schließlich hat die Feststellung und Beschreibung der Wirkweise von Vorläuferfertigkeiten auf den Schriftspracherwerb zum Ziel. Dieser Frage wurden in den letzten 15 Jahren eine Vielzahl von empirischen Studien gewidmet.

Da diese drei Fragenbereiche strenggenommen nur im Kontext der Weiterentwicklung der verschiedenen Forschungsfelder verstehbar sind, sollen erst die neueren Ansätze der drei klassischen Forschungsfelder skizziert werden. Im Unterschied zu den älteren gilt für die neueren Ansätze, daß ihre Inhalte nicht nur wechselseitig beeinflußt, sondern vor allem auch von der neueren Leselernforschung befruchtet sind.

WEITERENTWICKLUNGEN IN DEN KLASSISCHEN FORSCHUNGSFELDERN

Die neuere Lehrmethodenforschung

Ungeachtet der Schwierigkeit, die Güte von Lehrmethoden zu belegen, lebt der Methodenstreit fort. Im deutschen Sprachraum ist zwar die Kontroverse um die 'bessere' Lehrmethode zugunsten methodenintegrierender Vorgehensweisen aufgelöst worden (vgl. Baumgärtner, 1993; Blumenstock, 1993), aber dies gilt strenggenommen nur auf der Ebene der Gestaltung oder besser Behandlung der Fibelwerke durch Lehrkräfte (vgl. Herff, 1993). Auf einer übergeordneten Ebene, der Auswahl des Wortmaterials und der Hinführung zur Schrift, schwelt die Kontroverse in der Auseinandersetzung um den Einstieg in den Erstlese- und Schreibunterricht nach wie vor weiter. So stehen seit Anfang der 80iger Jahre die Vertreterinnen und Vertreter des Spracherfahrungsansatzes (z. B. Bergk, 1987; Brügelmann, 1984, 1986a; Dehn, 1988; Reichen, 1982; Spitta, 1985), die die sprachliche Vielfalt der Erfahrungswelt des Individuums in den Vordergrund rücken, den Befürwortern des kontrollierten und direkten Zugangs zur Schrift in Form von Fibelwerken (z. B. Blumenstock, 1987; Metze, 1992, 1995; Vestner, 1974) gegenüber. Während das Pendel in der Pädagogik der BRD derzeit stärker in Richtung "ganzheitlicher" Vorgehensweisen ausschlägt, ohne daß hierfür empirische Belege für deren Gültigkeit bei *repräsentativen* Stichproben vorliegen (vgl. hierzu die vielen Beiträge in den Jahrbüchern der Deutschen Gesellschaft für Lesen und Schreiben (DGLS), z. B. Balhorn & Brügelmann, 1987, 1989, 1993; Brügelmann, 1986a; Brügelmann & Balhorn, 1990; Brügelmann, Balhorn & Füssenich, 1995), ist das umgekehrte Vorgehen im amerikanischen Sprachraum zu beobachten. Mit ihrem die synthetische Lehrmethode (phonics approach) favorisierenden Lehrbuch hat Adams (1990) die Debatte um die adäquate Lehrmethode erneut entfacht (s. Themenhefte: The Reading Teacher, 1991; Educational Psychologist, 1994). Nicht zuletzt aufgrund der vielfältigen und eindeutig gegen die Kernannahmen des top-down Ansatzes sprechenden Befunde der kognitiven Lese(lern)psychologie (vgl. Juel, 1995; Perfetti, 1995; Stanovich & Stanovich, 1995) erscheint diese Kehrtwendung mehr als überfällig. Daß hierbei nicht erneut das Kind mit dem Bade ausgeschüttet wird, belegen die Abhandlungen von Adams (1990) sowie von Stanovich und Stanovich (1995) nachdrücklich. Argumentiert wird (1) sachlich mit einer Vielzahl von empirischen psychologischen Belegen und nicht - wie in der Vergangenheit auf beiden Seiten bzw. aktuell noch immer bei den Gegnern (z. B. Goodman, 1992; Grundin, 1994) - mit polemischen Attacken und pädagogischem Zeigefinger. Außerdem werden (2) die Verdienste des top-down Ansatzes gewürdigt und eine Vielzahl seiner Überlegungen (vor allem der Einbezug der Spracherfahrung und die Individualisierung) als kompatibel mit dem synthetischen Ansatz erachtet und zu integrieren versucht.

Die neuere Erforschung von Lese-Rechtschreibschwierigkeiten

Die Kritik an den beiden methodischen Säulen der LRS-Forschung, der Diskrepanzdefinition und dem Extremgruppendesign, sowie die Bemängelung einer fehlenden Theorieanbindung an die Lese- bzw. Leselernforschung (vgl. Marx, 1985; Samuels, 1973; Schlee, 1976; Valtin, 1975) bewirkten im deutschsprachigen Raum einen merklichen Rückgang von pädagogisch-psychologischen Veröffentlichungen zur LRS-Problematik. Gleichzeitig führten diese und weitere kritischen Reflexionen (z. B. Valtin, 1977, 1978/ 1979; Weinert, 1977) dazu, sich der Feststellung von Fertigkeiten und Prozessen des Lesens und Schreibens bei guten und schlechten Lese-Rechtschreibern zuzuwenden und dazu bereits vorhandene angloamerikanische Ansätze (z. B. Cromer, 1970; Guthrie, 1973; Kavanagh & Mattingly, 1972; Simon & Simon, 1973; Weber, 1970) zur Kenntnis zu nehmen bzw. aufzugreifen (z. B. Hofer, 1976; Marx, 1985; Scheerer-Neumann, 1977, 1978, 1981). Letztlich sind aus der Untersuchung der Schwierigkeiten des Schriftspracherwerbs die entscheidenden Impulse für die neue Leselernforschung hervorgegangen. Auf der Suche nach Verursachungsmomenten wurde der Leselernprozeß und die damit verbundenen Fragen nach den dort erforderlichen Fähigkeiten und Fertigkeiten ins Zentrum der Forschung gerückt. Gleichzeitig wurde der Untersuchungsbereich auf das Vorschulalter ausgedehnt. Durchaus in Einklang mit den Überlegungen der Legasthenieforschung wurde gemutmaßt, daß die Unterschiede zwischen guten und schlechten Lese-Rechtschreibern möglicherweise schon mit unterschiedlichen Voraussetzungen vor Schulbeginn in Zusammenhang stehen könnten. Welche dies sein konnten, das ließ sich freilich auf der Basis der Befunde der bisherigen Paarvergleichsstudien nicht entscheiden. Denn Kinder mit Lese-Rechtschreibschwierigkeiten unterscheiden sich in einer Vielzahl von Variablen von guten Lese-Rechtschreibern, ohne daß die Ursache-Wirkungsbeziehung dabei bestimmt werden konnte. Aus diesen Überlegungen entwickelten sich drei große Forschungsansätze: (1) korrelative Längsschnittstudien, (2) klassifikatorische Längsschnittstudien und (3) Trainingsstudien. Ungeachtet seiner besonderen Zielrichtung (Erklärung von Schwierigkeiten) kann dieser Forschungsbereich als der Motor der Leselernforschung betrachtet werden. Die Hauptergebnisse werden daher gesondert dargestellt (s. Abschnitt: Vorläuferfertigkeiten ...).

Die neuere Lesepsychologie

Nicht zuletzt aufgrund ausgefeilter Augenbewegungsstudien (vgl. Rayner & Pollatsek, 1989), ergänzt durch die Diskussion um das Zwei-Wege-Modell des Lesens (Coltheart & Rastle, 1994; Humphreys & Evett, 1985; Van Orden, 1991), vorangetrieben durch Entwicklung und Simulation konnektionistischer Modelle (z. B. McClelland & Rumelhart, 1986; Rumelhart & McClelland, 1986) sowie beeinflußt von der neueren Leselernforschung (z. B. Brady & Shankweiler, 1991; Perfetti, 1985) schlug das Pendel in der grundlagenorientierten Forschung erneut um. Der Leseprozeß wurde nicht mehr als ein überwiegend visueller Prozeß untersucht, sondern es rückte die Interaktion von visuellen und phonologischen Prozessen in den Mittelpunkt des Forschungsinteresses. Gleichzeitig wurden die Spekulationen über den Lesevorgang durch eine Vielzahl empirischer Belege abgelöst. Diese stützen die Bedeutung der phonologischen Route und beeinflußten ihrerseits die Leselernforschung sehr stark. So kann derzeit wohl davon ausgegangen werden, daß die theoretischen Annahmen über die benutzten Prozesse beim geübten Lesen, die die unterschiedlichen Vorgehensweisen im Rahmen der Lehrmethoden begründet haben, empirisch zugunsten der bottom-up Sichtweise entschieden sind (vgl. Adams, 1990; Gough, 1983; Perfetti, 1985; Stanovich, 1991; Stanovich & Stanovich, 1995).

Die empirischen Untersuchungen zeigten: (1) Leser überspringen keine Wörter, sondern sie fixieren nahezu alle Wörter, vor allem aber die zum Verstehen des Textes besonders wichtigen Inhaltswörter. Lediglich bei den sehr kurzen Funktionswörtern finden sich häufiger keine Fixationen (Just & Carpenter, 1987; Rayner & Pollatsek, 1989). (2) Leser begnügen sich nicht mit einzelnen Buchstaben, sondern sie beziehen nahezu alle visuellen Buchstabenmerkmale eines Wortes in die Verarbeitung ein (Rayner & Bertera, 1979). (3) Leser bilden keine Hypothesen über das als nächstes zu rekodierende Wort. Eine solche Vorgehensweise führt bei den textrelevanten Inhaltswörtern nur in 20 bis 35 % der Versuche zur richtigen Lösung (Gough, 1983; Perfetti, Goldman, & Hogaboam, 1979). (4) Je besser die Lesefähigkeit ausgebildet ist, desto weniger wird geraten bzw. der Kontext als Lesehilfe verwendet (Marx, 1985; Nicholson, 1991; Schwartz & Stanovich, 1981).

Die Ergebnisse der von Seidenberg und McClelland (1989, 1990) oder Van Orden, Pennington und Stone (1990) entwickelten konnektionistischen Lese(lern)modelle zum Wiedererkennen, Benennen und Lesen von Wörtern legen nahe, daß die Worterkennung nicht nur ohne Hypothesentesten, sondern auch ohne Regelanwendungen auskommt, und daß das Erkennen von Wörtern allein eine Funktion der Verknüpfungsstärken von im Gedächtnis gespeicherten orthographischen Einheiten für Buchstaben bzw. Buchstabencluster mit den im Netzwerk gespeicherten phonemischen Entsprechungen ist.

BEFUNDE DER NEUEREN SCHRIFTSPRACHERWERBSFORSCHUNG

Phasen- und Stufenmodelle der Worterkennung

Wie wird man ein geübter Leser? Gibt es einen charakteristischen Entwicklungsweg des Schriftspracherwerbs und wie sieht der aus? Seit Beginn der achtziger Jahre wurde eine Reihe von Stufenmodellen zur Beschreibung der Lese-Rechtschreibentwicklung konzipiert (z. B. Chall, 1983; Ehri, 1995; Ehri & Wilce, 1985, 1987a, b; Frith, 1985; Gentry, 1981; Gough & Hillinger, 1980; Marsh, Friedman, Welch & Desberg, 1981; Høien & Lundberg, 1988). Allen Modellen ist die Vorstellung gemeinsam, daß die Schriftsprachentwicklung in qualitativ unterscheidbaren Stufen oder Wellen in einer festgelegten Reihenfolge verläuft und nicht erst mit dem formalen Schriftsprachunterricht beginnt. Für alle Modelle gilt ferner, daß sie rein deskriptiv sind und die Stufenbezeichnungen auf die jeweils dominierende (und nicht alleinige) Verarbeitungsstrategie hinweisen soll. Unterschiedlich sind sie hingegen hinsichtlich ihres theoretischen Hintergrundes, hinsichtlich ihrer Stufenanzahl sowie des Geltungsanspruchs. Während das vierstufige Modell von Marsh et al. (1981) der Piaget'schen Tradition verhaftet ist, sind die anderen eher kognitionspsychologisch orientiert und reichen dabei von zweistufigen (Gough & Hillinger, 1980) bis zu achtstufigen (Günther, 1986) Modellen. Außer dem Frith-Modell und seinen Erweiterungen (z. B. Günther, 1986; Høien & Lundberg, 1988) beziehen sich die übrigen entweder nur auf die Lese- oder nur auf die Schreibentwicklung.

Charakteristisch für alle Stufenmodelle ist, daß auf der Anfangsstufe oder besser bis zum Erwerb der ersten Graphem-Phonem-Zuordnungen die Buchstabenzeichen bzw. -zeichenfolgen von den Kindern nicht im Sinne einer analytischen oder synthetischen Verarbeitung gelesen oder geschrieben, sondern - ähnlich einem abgebildeten oder abzubildenden Gegenstand - erkannt, benannt oder gemalt werden. Diese Stufe wird beispielsweise von Frith (1985) semantisch mißverständlich als logographische und von Ehri (1995) treffender als vor-alphabetische bezeichnet. Es folgt eine Stufe, in der die phonetischen Realisationen der Buchstaben und Grapheme die Worterkennung wie das Schreiben teilweise oder ausschließlich bestimmen. Dieser Stufe gibt Frith (1985) den Namen alphabetisch, Ehri (1995) unterscheidet hierbei zwischen teilweise und vollständig alphabetisch. Schließlich enden die Stufenmodelle auf einer von Frith (1985) als orthographisch und von Ehri (1995) als konsolidiert alphabetisch bezeichneten Stufe. Die Verarbeitung von Schriftsprache ist hierbei gekennzeichnet durch Beachtung und Verwendung von Einheiten, die größer als der Einzelbuchstabe sind und Wissen über orthographische Regeln erkennen lassen. Der Wechsel von einer Strategie zur anderen wird von Marsh et al. (1981) ganz im Sinne von Piaget mit der Notwendigkeit einer Konfliktlösung erklärt. Der mit logographischen bzw. vor-alphabetischen Behaltensstrategien zu erwerbende Schriftwortschatz übersteigt die Gedächtniskapazität, so daß nach neuen Wegen der Wortverarbeitung gesucht werden muß. Hinzukommt, daß die Phase der konkreten Operationen erreicht ist und somit das Kind mehr als einen Informationsaspekt bei den Wörtern (Bedeutung des Wortganzen sowie Analyse und Synthese von Phonemen) beachten kann. Im folgenden sollen die wichtigsten Stufen näher dargestellt werden.

Vor-alphabetische bzw. logographische Stufe. Auf dieser Stufe, die von Ehri und Wilce (1985, 1987a, b) als visuelles Cue-Lesen und von Gough und Hillinger (1980) als Code-Lesen und von Marx (1985) als scheinadaptive Lesestrategie erster Art bezeichnet wird, ist die Vorgehensweise des Kindes strenggenommen keine Lese-, sondern eine Worterkennungs- und -benennungsstrategie. Grundlage sind herausragende *visuelle* Cues des Reizes selbst oder auch seiner Umgebung. Hat ein Kind sich mit Hilfe eines solchen visuellen Merkmals (z. B. i-Punkt, Anfangsbuchstabe, Wortlänge, Farbe) den Namen für ein bestimmtes Wort gemerkt, dann gibt es bei Erscheinen des Merkmals den Namen unmittelbar an. Aber diese Reaktion erfolgt nicht nur bei dem spezifischen Wort, sondern bei allen Wörtern, die das kritische Merkmal enthalten. Diese Art der Worterkennung funktioniert nach dem Alles oder Nichts Prinzip und ist u. a. beim Wiedergeben des Eigennamens, der Namen von Firmenschildern und -produkten zu beobachten. Sie kann bei Kindern bereits vor dem Schuleintritt abgeschlossen sein, bei anderen Kindern beginnt sie eventuell erst mit der Einführung der ersten Wörter durch einen Leseunterricht, der nach der Ganzheitsmethode gestaltet wird. Die Schreibstrategie in dieser Phase ist durch Abschreiben oder Abmalen herausragender Schriftmerkmale gekennzeichnet. Jede Schreibung, die die als wesentlich erachteten Wortmerkmale enthält, gilt als "richtig" geschrieben.

Teilweise alphabetische Zwischenstufe. Sobald die ersten Buchstaben benannt oder lautiert und entsprechende Graphem-Phonem- bzw. Phonem-Graphem-Zuordnungen stabil abgerufen werden können, ist eine neue Lesestrategie beobachtbar. Bei dieser von Frith (1985) nicht näher gekennzeichneten, von Ehri (1995) als teilweise alphabetische, von Ehri und Wilce (1985, 1987a, b) als phonetisches Cue-Lesen, von Marx (1985) als scheinadaptive Lesestrategie zweiter Art und von Perfetti (1991, 1992) als "computational knowledge" bezeichneten Stufe bilden jetzt diese einzelnen gelernten Graphem-Phonem- bzw. Phonem-Graphemverbindungen die Grundlage für die Worterkennung bzw. Schreibung. Jetzt steht nicht mehr der Stock oder die Schlangenlinie, sondern die phonetische Realisation der Großbuchstaben "I" und "S" für die Wörter "Inge" und "Sand" oder "IS" für das Wort "Insel". Wegen der Unvollständigkeit der Buchstabenkenntnis, kann auch diese Art der Worterkennung wie schon bei der vor-alphabetischen Stufe als ein reizgelenktes Raten bezeichnet werden und je nach Umgebungsinformation gelingen oder mißlingen. Das Kind, das diese Strategie anwendet, zeigt jedoch bereits ein erstes Verständnis für den Aufbau der Schriftsprache. Diese Übergangsstrategie zur alphabetischen Strategie kann als Hilfe für das volle Verständnis der Funktionsweise der alphabetischen Schrift betrachtet werden. Besonders dann, wenn auf dieser Basis Eigenschreibungen gefördert werden.

Vollständig alphabetische Strategie. Sind alle Buchstaben-Laut-Zuordnungen bekannt, so stehen gewissermaßen die Werkzeuge für ein vorwiegend graphemorientiertes Lesen bzw. phonemorientiertes Schreiben zur Verfügung. Diese Stufe wird von Frith (1985) und in den meisten Stufenmodellen als alphabetische und von Ehri (1995) zwecks Unterscheidung zur vorherigen als vollständig alphabetische bezeichnet. Ihr korrekter Einsatz ist jedoch an ein Verständnis für den grundlegenden strukturellen Aufbau und die Funktion der Schriftsprache gebunden. Ist diese Einsicht vorhanden, sind folgende Leseleistungen zu beobachten. Das Lesen erfolgt langsam, unter Beachtung aller Grapheme, aber unter Auslassung phonetischer Besonderheiten (z. B. wird das "ch" in "Dach" wie das "ch" in "dich" gelesen oder umgekehrt). Beim Schreiben werden wiederum alle phonetischen Besonderheiten berücksichtigt (z. B. /tsal/ für das Wort "Zahl"; /Raeifn/ für das Wort "Reifen"). Während dieser Stufe herrschen Dehnlesungen vor, es gibt viele Leseversuche und je nach Lauttreue des Wortes ist das Gelesene oder Geschriebene mehr oder weniger gut zu verstehen. Kinder können auf dieser Stufe unbekannte Wörter unter Beachtung der Links-Rechts-Richtung des Geschriebenen rekodieren und je nach Lauttreue die Rekodierung auch dekodieren. Dies zeigt an, daß entscheidende Komponenten des Schriftspracherwerbs, die Lautsynthese und Lautanalyse, konsistent verinnerlicht sind.

Orthographische Strategie. Diese letzte Phase der Entwicklungsstufenmodelle (vgl. Frith, 1985), die von Ehri (1995) als konsolidiert alphabetische Stufe bezeichnet wird, entwickelt sich aus der alphabetischen vorwiegend durch Übung im Lesen und Schreiben und damit dem Vertrautwerden und Internalisieren von Schriftmustern. Hinzukommt eine zunehmende Kenntnis von Aussprache- und Rechtschreibregeln bei lautuntreuen Wörtern oder Wortteilen. In dieser Phase wird die Buchstabenebene als Verarbeitungseinheit zugunsten der Erfassung von größeren Einheiten (Cluster, Silben, Morpheme) verlassen. Damit ist eine Geschwindigkeitszunahme des Lese- und Schreibvorganges und aufgrund der geringer werdenden Bruch- und Pausenstellen eine Reduzierung von Fehlleistungen verbunden. Fehllesungen oder Fehlschreibungen lassen sich einerseits als Übergeneralisierungen von (gerade gelernten) orthographischen Regeln auffassen. Sie deuten aber andererseits auf fehlende Konsistenz bei der aktiven Verarbeitung der Schriftsprachinformation hin oder auch auf zu geringes Auftreten bestimmter Buchstaben oder Buchstabenkombinationen in der vom Lesenlernenden herangezogenen Literatur.

Anspruch und Tragweite der Stufenmodelle. In theoretischer Hinsicht bietet die Konzipierung der Schriftsprachentwicklung in qualitativ unterschiedlichen Stufen mit ihren dominierenden Verarbeitungsstrategien verschiedene Ausdeutungsmöglichkeiten. Man kann anhand der Schriftsprachleistungen versuchen, den Entwicklungsstand oder Entwicklungsverlauf zu bestimmen. Insbesondere können Fehlleistungen in Hinblick darauf analysiert werden, ob sie zur dominierenden Strategie passen, als Übergangsprobleme von einer Stufe zur nächsten aufgefaßt werden können, einen Stillstand oder ein Zurückfallen in eine den Fertigkeitenniveau nicht entsprechende frühere Strategie signalisieren. Valtin (1993) hält es darüber hinaus auch für möglich, daß in Abhängigkeit von der Entwicklungsstufe Förderangebote unterbreitet werden und gibt konkrete Vorschläge, wie unter Berücksichtigung der Stufenhierachie Unterrichtshilfen konstruiert werden sollten. Allerdings setzen alle diese Überlegungen voraus, daß die Stufen (1) in der postulierten Reihenfolge zu durchlaufen sind und (2) die einzelnen Stufen eindeutig voneinander trennbar sind. Genau diesen Überlegungen werden aber keineswegs von allen Forscherinnen und Forschern geteilt.

Die wenigen empirischen Evaluationsstudien, die sich vor allem auf die Frage nach der Existenz der logographischen Stufe als Ausgangsstufe des Lesenlernens konzentrierten, sprechen denn auch dafür, daß das Auftauchen eben dieser Stufe weniger von der spezifischen Sprache als vielmehr ganz wesentlich von der Lehrmethode abhängt. So zeigten die streng nach der sight-word Methode und damit ganzheitlich unterrichteten schottischen Leseanfänger noch nach sechs Monaten Unterricht ausschließlich logographische Lesestrategien (Seymour & Elder, 1986). Trainingsexperimente mit Vorschulkindern unterstützen dieses Ergebnis. Zur Worterkennung nutzen amerikanische Kinder immer dann rein visuelle Hinweisreize aus, wenn ihnen lautanalytische Fertigkeiten bzw. Buchstabenkenntnisse noch gänzlich fehlen (Ehri & Wilce, 1985; Gough, Juel & Griffith, 1992). Sobald jedoch vor-alphabetisch vorgehenden Kinder gelehrt wird, Laute in Wörtern wahrzunehmen, Anfangslaute bei gesprochenen Wörtern zu isolieren und Graphem-Phonem-Korrespondenzen insbesondere am Wortanfang zu erkennen (Byrne

& Fielding-Barnsley, 1989, 1990), wird die teilweise alphabetische Strategie zur Worterkennung eingesetzt.

In Übereinstimmung mit diesen Überlegungen konnten in Evaluationsstudien mit Leseanfängern, die methodenintegriert unterrichtet und zumindest mit den elementaren Grundfertigkeiten der Lautanalyse vertraut gemacht worden waren und einige Graphem-Phonem-Korrespondenzen beherrschten, weder in Großbritannien (Stuart & Coltheart, 1988), Deutschland (Jansen, 1992; Jansen, Mannhaupt & Marx, 1993) noch Österreich (Wimmer, Hartl & Moser, 1990; Wimmer & Hummer, 1990) logographische Lesestrategien nachgewiesen werden. Marx (1985) konnte darüber hinaus zeigen, daß Bildinformationen wie auch der Kontext bei Lesetexten insbesondere schwache Lese-Rechtschreiber dazu verleiten, Strategien der teilweise alphabetischen Stufe statt der bereits vorhandenen alphabetischen einzusetzen.

Das Problem der Gedächtnisrepräsentation von Schriftsprache

In den Stufenmodellen werden verschiedene Verarbeitungsstrategien unterschieden und ihre Veränderungen als entwicklungs- bzw. materialbedingt beschrieben. Wie aber läßt sich erklären, daß die Verarbeitung innerhalb der alphabetischen Stufe zunehmend genauer und konsistenter wird? Warum *kann* diese Stufe schließlich von der orthographischen abgelöst werden? Was den Stufenmodellen offensichtlich fehlt, ist eine Erörterung der Rolle des Gedächtnisses als Bindeglied zwischen dem letztlich gleichbleibendem Wortreiz und dem unterschiedlichen Umgang mit diesem. Folgende Fragen sind hierbei zu klären: Welche Verarbeitungseinheiten sind an dem Erkennungsprozeß auf den jeweiligen Stufen beteiligt? Welche Schriftspracheinheiten werden hierbei in welcher Weise herangezogen, gespeichert und abgerufen? Was muß gespeichert werden, damit Lesen und Schreiben von einem langsamen aufmerksamkeitskontrollierten zu einem schnellen und weitgehend automatisierten Prozeß wird? Wie bereits angemerkt, gehen Seidenberg und McClelland (1989, 1990) oder Van Orden et al. (1990) in ihren konnektionistischen Lese(lern)modellen zum Wiedererkennen, Benennen und Lesen von Wörtern davon aus, daß der Lesevorgang auf der Zusammenarbeit und Verarbeitung von verschiedenen Code-Arten beruht, die in einem Gesamtmodell als Komponenten enthalten sind. Ihre Simulationsstudien bzw. theoretischen Überlegungen beschränken sich zwar auf die grundlegende Lesefertigkeit des Rekodierens (= korrekte phonologische Kodierung ohne Bedeutungserfassung), aber die Tatsache, daß die visuellen und phonologischen Codes von Buchstaben und Buchstabenclustern, die häufig zusammen auftreten, stärkere Verknüpfungen erhalten als die seltener auftretenden, zeigt an: Lesen wird durch Lesen, also in einer "aktiven Auseinandersetzung mit der vorhandenen graphischen Vorlage" (Marx, 1985, S. 102) gelernt und nicht durch Beachtung und Heranziehung von Umgebungsreizen oder allgemeinen Spracherfahrungen. Adams (1990) hat in ihrem Buch das Zusammenspiel der verschiedenen Codes sehr ausführlich beschrieben und die Implikationen für den Schriftspracherwerb dargelegt. Sie hat dabei ihren Überlegungen die konnektionistische Sichtweise zugrundegelegt. Diese Modellvorstellung ist in Abbildung IV.1 in ihren zentralen Verarbeitungseinheiten dargelegt und um die artikulatorische Einheit ergänzt. Im folgenden soll die sich aus diesem Modell ergebende Gedächtnisrepräsentation in ihren Grundzügen dargestellt und ihr Aufbau in Hinblick auf den Anfang des Schriftspracherwerbs erläutert werden.

Verarbeitungseinheiten des Gedächtnisses vor dem Schriftspracherwerb. Bevor Kinder mit dem Erwerb der Schriftsprache konfrontiert werden, verstehen sie die Bedeutung mündlicher Sprache mit und ohne Kontext in der Regel sehr gut. Damit sie aus einem

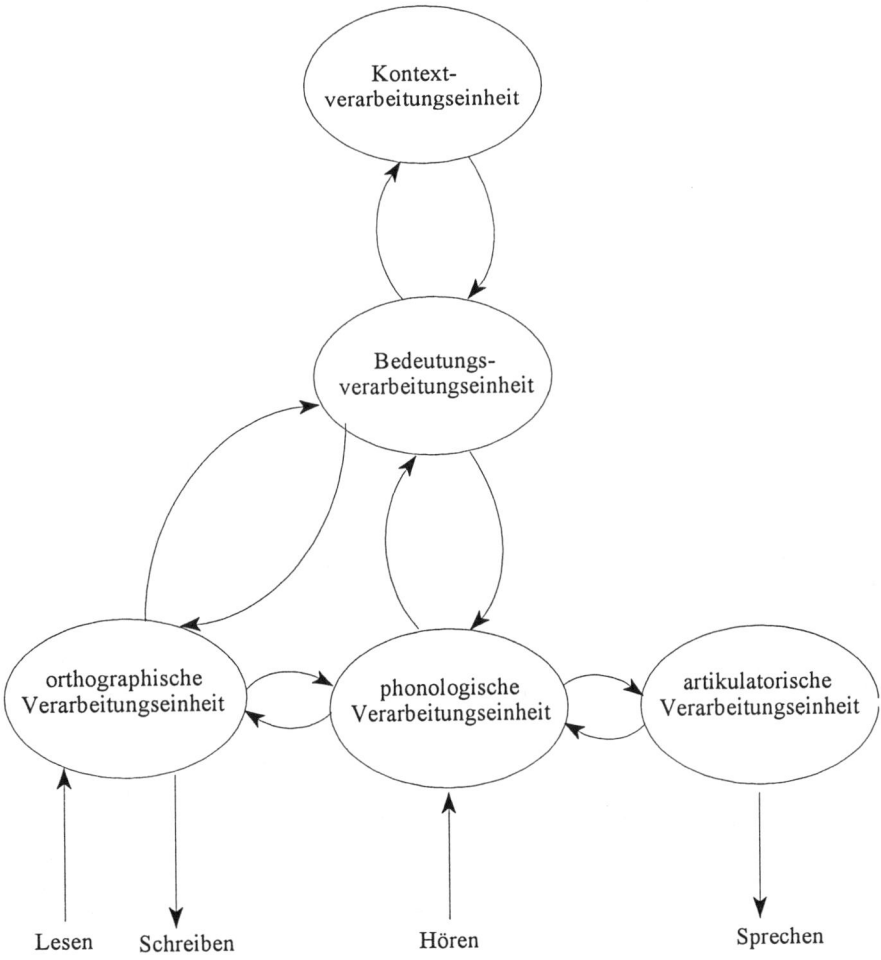

Abbildung IV.1: Verarbeitungseinheiten von Sprech- und Schriftsprache.

Lautstrom die Wortbedeutung herausfiltern können, müssen die auditiven Informationen phonologisch kodiert werden. Die phonologische Kodierung ist also beim Hören von Sprache die Basis für die Erfassung der Wortbedeutung und bei der Planung des eigenen Sprechens der Ausgangspunkt für die artikulatorische Kodierung (dieser Aspekt wird hier hinzugefügt, um deutlich zu machen, daß phonologische Kodierung nicht gleichzusetzen ist mit Artikulation).

Vor Beginn des Schriftspracherwerbsprozesses (oder allgemeiner: bei allen Menschen, die keine alphabetische Schrift kennen) existieren also bis auf die orthographische (und deren Verknüpfungen) bereits alle in Abbildung IV.1 aufgeführten Gedächtniseinheiten. Außerdem sind sie voll funktionstüchtig und automatisiert. D. h., die auf das Ohr einwirkenden Schallwellen von Sprache werden in der phonologischen Verarbeitungseinheit so kodiert, daß das Resultat dieser Kodierung, nicht aber der Kodierungsvorgang, von der Bedeutungseinheit dekodiert und damit bewußt gemacht werden kann. Diese Bewußtheit schließt somit die Bedeutung, den Klang oder das Intonationsmuster der Sprache mit ein, nicht aber die linguistischen Elemente, aus denen sich diese Einheiten zusammensetzen. Umgekehrt werden die im Rahmen einer Sprechplanung gedachten Bedeutungen den abstrakten, phonologischen Codes in einer unbewußten Weise zugeführt, ehe sie von dort an die artikulatorische Einheit weitergeleitet werden und das Resultat bewußt ausgesprochen werden kann.

Anbindung der orthographischen Gedächtniseinheit. Mit dem Erwerb der Schriftsprache kommt nun lediglich die orthographische Einheit hinzu, die charakteristischerweise sofort eine Anbindung an vorhandene Strukturen erfährt und diese sofort mitnutzt. Insoweit ist der Erwerb der Schriftsprache "parasitär" und dank seiner Eingliederung an vorhandene Strukturen höchst ökonomisch (vgl. hierzu Neumann, 1980). Wie man sich diesen Aufbau vorzustellen hat, soll am Beispiel des Erwerbs von einem Buchstaben illustriert werden. Am Erwerb eines zweibuchstabigen Wort soll dann die Beziehung zu den frühen Phasen der Stufenmodellen dargelegt werden. Abschließend werden quantitative und qualitative Aspekte des Gedächtnisaufbaus und ihre Relation zur orthographischen Stufe dargestellt.

Aufbau der orthographischen Gedächtniseinheit. Wenn ein Leseanfänger erstmals einen Buchstaben (z. B. "A") *sieht* und ihm *gesagt* wird, wie dieser Buchstabe *heißt* oder *lautet*, dann führt das Vorsprechen automatisch zu einer phonologischen Kodierung. Aber nur das aufmerksamkeitskontrollierte Beachten des Buchstabens und seiner Merkmale (vgl. Marx, 1985) führt über eine visuelle Kodierung zu einem ersten Eintrag in die noch funktionale (vgl. Perfetti, 1991, 1992) orthographische Einheit. Dank Zeitgleichheit dieser Prozesse erfolgt dann zum einen eine wechselseitige Verknüpfung und ein erster Abgleich beider Informationen auf Übereinstimmung. Zum anderen werden die phonologischen und orthographischen Informationen getrennt an die Bedeutungserkennungseinheit weitergeleitet. Dort erst wird festgestellt, welcher Buchstabe genannt wurde, und unter Heranziehung des Kontextes dann z. B. festgehalten, ob es sich um einen visuell oder lautlich bereits bekannten oder noch nicht bekannten Buchstaben handelt. Diese Information wird an die Bedeutungserkennungseinheit zurückgemeldet und damit auf der semantischen Ebene entweder eine vorhandene Verküpfung verstärkt oder neu gebildet. Die Bedeutungserkennungseinheit meldet - analog einer Sprech- bzw. Schreibmotorikplanung - die für den Buchstaben relevanten orthographischen und phonologischen Informationen an die jeweiligen Einheiten zurück. Diese zusätzliche Rückkopplung erlaubt ebenfalls einen Abgleich innerhalb der jeweiligen Einheit zwischen der empfangenen und abgegangenen Information. Diese mit der orthographischen Einheit verbundenen Verknüpfungen sind zunächst sehr schwach und sie bleiben ohne Wiederholung auf einem Aktivierungsniveau stehen, das zu keiner spezifischen Weiterleitung von Information führt. Wird der Buchstabe nun wiederholt dargeboten, dann übernimmt ab einer bestimmten Verknüpfungsstärke die durch den visuellen Input erregte orthographische Einheit gewissermaßen die Rolle des Vorsprechers. Dank der wechselseitigen Verknüpfungen zwischen der orthographischen und phonologischen Einheit wird somit durch jede Wiederholung die spezifische Graphem-Phonem-Korrespondenz gestärkt. Dennoch bleibt wegen der ontogenetisch früheren Sprachentwicklung die längst automatisierte Verknüpfung zwischen der phonologischen und der Bedeutungserkennungseinheit erheblich stärker als die zwischen der neu aufzubauenden orthographischen Bedeutungserkennungseinheit. Deshalb erfolgt die Bedeutungserkennung für den visuellen Buchstaben bei Leseanfängern über die phonologische Route. Mit zunehmender Übung werden auch die anderen Verknüpfungen verstärkt, so daß schließlich bei diesem Buchstaben (und später zumindest bei sehr häufig auftretenden Wörtern) der Vorteil der phonologischen Verarbeitung gegenüber der orthographischen gegen Null geht.

Gedächtnisrepräsentationen und ihre Relationen zu den Phasen der Stufenmodelle. Setzt man nun an Stelle des Einzelbuchstabens ein zweibuchstabiges Wort (z. B. "da"), dann kann die Gedächtniseintragung für dieses Wort auf verschiedene Weise erfolgen. Zunächst einmal ist davon auszugehen, daß die mündliche Sprachinformation als Ganzes bekannt ist und außer den kritischen Phonemen /d/ und /a/ andere lautähnliche (z. B. /t/ kurzes /a/) in der phonologischen Verarbeitungseinheit aktiviert werden. Diese Aktivierung verläuft unbewußt. Da die kritischen die stärksten Verbindungen haben, werden sie von der Bedeutungserkennungseinheit als das Wort "da" erkannt.

Vor-alphabetische Stufe und Gedächtnisrepräsentation. Wenn der Leseanfänger keinen der beiden Buchstaben kennt, ist keine eindeutige Verknüpfung von phonologischer und orthographischer Einheit möglich. Das Kind kann nun das lange Symbol ("d"), das kurze ("a"), die gesamte Konfiguration, die Wortfarbe oder auch den Tintenfleck neben dem Wort als visuelles Zeichen auswählen. Welches Merkmal es mit der vorgesprochenen Worteinheit verbindet, ist strenggenommen beliebig. Wichtig ist nur, daß es bei einer Wiederholung konsistent bei diesem Merkmal bleibt, da sonst keine stabilen Verbindungen aufgebaut werden können (vgl. Marx, 1985). Das konsistent ausgewählte Merkmal erfährt nun eine wechselseitige Verknüpfung mit der phonologischen Gesamtinformation und mit der Bedeutungserkennungseinheit und kann bei wiederholter Präsentation schließlich die Wortreaktion hervorrufen. Dieses Vorgehen entspricht dem natürlichen Lernen, kennzeichnet die vor-alphabetische Stufe und hat mit dem Erwerb der Schriftsprache als alphabetischem System nichts gemein.

Teilweise alphabetische Stufe und Gedächtnisrepräsentation. Kennt das Kind einen der beiden Buchstaben, dann verfügt es für diesen bereits über die entsprechenden Verknüpfungen zwischen den verschiedenen Einheiten. Wird der zweite Buchstabe nicht explizit benannt, dann bleibt dem Kind nichts anderes übrig, als entweder unter Nichtbeachtung des unbekannten Buchstabens die gleichen Verknüpfungen zu nutzen, die schon mit dem bekannten Buchstaben bestehen oder den zweiten in vor-alphabetischer Form zu ergänzen. Dieses Vorgehen kennzeichnet die teilweise alphabetische Stufe und führt je nach Verknüpfungsstärke zu variablen Lesungen und Schreibungen (das Wort "da" wird z. B. entweder als "da" oder als "d" gelesen bzw. geschrieben).

Alphabetische Stufe und Gedächtnisrepräsentation. Kennt das Kind nun aber beide Buchstaben getrennt, dann entsteht ein neues Problem. Dies betrifft nicht so sehr die neu aufzubauende, orthographische Erkennungseinheit als vielmehr die bereits hochautomatisiert ablaufende, phonologische. Um eine Zuordnung der einzelnen Grapheme zu den Phonemen unterhalb der Bedeutungsebene zu treffen, ist es notwendig, Phoneme aus Wörtern zu isolieren, die bis dahin nicht bewußt als getrennt oder trennbar wahrgenommen wurden. Diese Zuordnung erfordert zum einen ein Verständnis dafür, daß Sprechsprache in Einheiten unterhalb der Bedeutungsebene unterteilbar ist, und zum anderen, daß Sprechsprache eine zeitliche Struktur hat, die in der räumlichen Anordnung der diskreten Schriftzeichen abgebildet wird. Wenn diese Verständnisprobleme gelöst sind (dies kann vor, während oder nach Beginn des Schriftspracherwerbs geschehen; s. dazu nächsten Abschnitt), dann sind die notwendigen Voraussetzungen für den Erwerb alphabetischer Schriften gegeben. Dies allein reicht jedoch nicht aus. Hinzu kommt jetzt noch die aufmerksamkeitskontrollierte Beachtung und Verarbeitung aller Grapheme (vgl. Marx, 1985) als Voraussetzung für Aufbau und Verstärkung der verschiedenen assoziativen Verknüpfungen von Graphemen und Phonemen. Nur eine hohe Vertrautheit mit den Buchstaben und Buchstabenclustern gestattet eine Verarbeitungsgeschwindigkeit, die wiederum Vorbedingung für die Verknüpfung zwischen den verschiedenen Einheiten nicht nur getrennt für jeden Buchstaben, sondern auch assoziativ zwischen den beiden Buchstaben in ihrer spezifischen orthographischen Umgebung sowie ihrer umgebungsabhängigen phonologischen Realisation ist. Welche Buchstaben wie häufig für den Aufbau angeboten werden und damit stabiler Bestand der Gedächtnisrepräsentation werden können, hängt somit bei jedem Lernenden einmal von deren allgemeiner Auftretenshäufigkeit in der von ihm benutzten Schriftsprache ab, aber auch davon, wie häufig Leseversuche unternommen und wie genau bei diesen Leseversuchen mit dieser Schriftsprache umgegangen wird. Kennzeichnend für diesen Entwicklungsprozeß sind die auf der alphabetischen Stufe anzutreffenden Lesungen und Schreibungen, die die individuell gebildeten Auftretenshäufigkeiten der assoziativen Verbindungen von Graphem-Phonemclustern widerspiegeln (z. B. weitgehend lautlich, nicht aber orthographisch vollständige Lesungen und Schreibungen). Die so aufgebauten orthographischen Gedächtnisrepräsentationen sind weder für das Rechtschreiben noch für das Lesen wortbildspezifisch (vgl. Scheerer-Neumann, 1986, 1987) und damit auch nicht schrifttypgebunden.

Orthographische Stufe als Reaktion auf quantitative und qualitative Veränderungen der Gedächtnisrepräsentation. Perfetti (1991, 1992) betrachtet in seinem eingeschränkt interaktiven, parallelverarbeitendem Leselernmodell ebenfalls nur die Worterkennung. Insofern werden in seinem Modell nur Interaktionen zwischen allen orthographischen und phonemischen Worteinheiten (Buchstabenmerkmale, Buchstaben, Silbe, Wort), nicht aber Kontextbezüge und Erwartungen über die Wortebene hinaus, zugelassen. Sein Entwicklungsmodell zum Erwerb von Wortrepräsentationen gibt jedoch Aufschluß über Quantität und Qualität der Gedächtniseintragungen.

Der Leseanfänger verfügt zunächst nur über ein funktionales Lexikon mit relativ wenigen Eintragungen. Dies können z. B. einzelne wortspezifische Informationen (Buchstabennamen, -laute) sein, es überwiegen aber wortunspezifische (episodische und Kontextinformationen). Dem funktionalen Lexikon fehlt zudem die Selbständigkeit oder Automatisierung des Abrufs der Information. Mit jedem Leseversuch können neue Eintragungen im funktionalen Lexikon vorgenommen und bestehende in ihrer Aktivierung verstärkt werden. Um nun ein geübter Leser zu werden, müssen aus den funktionalen Eintragungen autonome werden. Im Gegensatz zu den funktionalen besitzen die autonomen Eintragungen die Selbständigkeit oder Automatisierung des Abrufs und sie sind mit weit weniger episodischer und kontextueller Information verbunden. Von der funktionalen zur autonomen Aktivierung der Eintragungen im Lexikon herrscht reger Einbahnverkehr. Je nach Entwicklung und Einsicht in die Struktur der Schriftsprache können einzelne Wörter oder ganze Wortfamilien in den autonomen Zustand wechseln.

Außer dieser quantitativen Zunahme der Eintragungen unterscheidet Perfetti zwei qualitative Prinzipien. Das erste Prinzip, die *Präzision*, bezieht sich auf den Grad der Vollständigkeit der orthographischen und phonemischen Gedächtnisrepräsentationen von geschriebenen Wörtern. Diese können von fast vollständig variabel (dies ist gleichzusetzen mit dem Worterkennen auf der vor- oder teilweise alphabetischen Stufe; d. h. erkannt wird z. B. aufgrund eines Kontexthinweisreizes oder eines Buchstabennamens) bis vollständig determiniert reichen (dies entspricht der orthographischen Stufe; d. h. zur Worterkennung werden alle Buchstaben herangezogen). Je nach Anzahl der bekannten und unbekannten Buchstabenstellen kann somit ein Schriftwort irgendein Wort oder genau das richtige aktivieren und umgekehrt, ein diktiertes Wort eine Schreibung einer Wortruine oder des vollständigen Wortes nach sich ziehen. Das zweite Prinzip, die *Redundanz*, bezieht sich auf Art und Anzahl der Verknüpfungen von Schrift und Erkennen. Je mehr redundante Verknüpfungen die Gedächtnisrepräsentationen von Wörtern aufweisen, desto besser können sie wiedergegeben werden. Dies wird zum einen dadurch erreicht, daß bei einem Wort zusätzlich zu den einzelnen Graphem-Phonem-Beziehungen weitere positionsabhängige Korrespondenzen zur Verarbeitung herangezogen werden, die in Abhängigkeit von ihrer Auftretenshäufigkeit mehr oder weniger starke Verknüpfungen aufweisen. Zum anderen bezieht sich das Redundanzprinzip auf das Ausmaß der Verschmelzungen von orthographischen und phonemischen Repräsentationen.

Wie umfassend die autonomen Eintragungen im Lexikon sind, ist direkt ablesbar an der Anzahl korrekter Lesungen und Schreibungen. Denn autonom werden im Lexikon nur die vollständig determinierten und redundanten Informationen abgelegt. Kennzeichnend für diese Stufe des Schriftspracherwerbs sind die mit der Orthographie übereinstimmenden Lesungen und Schreibungen.

Vorläuferfertigkeiten und ihre Beziehung zu den Anforderungen des Schriftsprachlernprozesses

Ausgangspunkt für diesen Untersuchungsansatz sind die Annahmen, daß der Erwerb der Schriftsprache nicht bei Null beginnt, sondern an vorhandene Kenntnisse und Fertigkeiten anknüpft, und daß die Wurzeln für viele Schwierigkeiten vor dem eigentlichen Schriftspracherwerb liegen. Diese Annahmen stehen und fallen mit dem entwicklungspsychologischen Nachweis, daß der Erwerb der Schriftsprache nicht nur an bestimmte allgemeine kognitive Voraussetzungen gebunden ist, sondern daß das Ausmaß der vorausgehenden Fähigkeiten und Fertigkeiten den nachfolgenden Erwerb der schriftsprachspezifischen Fertigkeiten beeinflußt. Daraus ergeben sich die beiden pädagogisch-psychologischen Schlußfolgerungen: Bei Feststellung dieser vorschulischen Fähigkeiten und Fertigkeiten sollte der Erfolg im Lesen und Rechtschreiben (1) individuell vorhersagbar und (2) individuell positiv beeinflußbar sein.

Welche Merkmale und Fertigkeiten aber müssen vorhanden sein oder ausgebildet werden, damit der Erwerb der Schriftsprache gelingen kann? Diesen Fragen näherten sich eine Reihe von Forschern zunächst ganz im Stil der Vorgehensweise der Legasthenieforschung. Es wurden große Stichproben gezogen, die Ausprägungen einer Vielzahl von Variablen erfaßt und diese mit späteren Schriftsprachleistungen korreliert.

Ungeachtet divergierender Befunde ließen sich diesen korrelationsstatistischen Auswertungen zwei wichtige Aussagen entnehmen: (1) Je geringer der zeitliche Abstand der Prädiktor- und Kriteriumsmaße ist, desto höher fällt die Korrelation aus (Tramontana, Hooper & Selzer, 1988). (2) Je größer die inhaltliche Ähnlichkeit der Fertigkeiten ist, die Prädiktor- und Kriteriumsvariablen messen, desto höher fällt die Korrelation aus (Marx, 1992a, b).

Anknüpfend an diese inhaltliche Aussage wurde nun die Suche nach den Variablen verstärkt, die entweder schriftsprach*spezifisch* sind oder zumindest Gemeinsamkeiten mit diesen aufweisen. Die letzteren werden hier als schriftsprach*relevante* bezeichnet.

Den Ausgangspunkt für die Suche bildeten also jetzt der Schriftsprachlernprozeß und die hierfür speziell benötigten Fertigkeiten. Entsprechend kann die Vorgehensweise bei der Auswahl der Fertigkeiten so charakterisiert werden: Beim Erwerb der Schriftsprache ist Einsicht in die phonologische Struktur der Sprache, Bewußtmachung der Verarbeitungsrichtung, aufmerksamkeitskontrollierte Beachtung der relevanten und aktive Nichtbeachtung der irrelevanten Informationen erforderlich. All diesen schriftsprachspezifischen Fertigkeiten ist eines gemeinsam: sie verlangen analytische und synthetische Fähigkeiten. Bevor Kinder mit der Schriftsprachaneignung beginnen, haben sie schon eine Reihe von analytischen und synthetischen Fertigkeiten im visuellen, sprachlichen und auditiven Bereich erworben und verfügen darüber bereits mehr oder weniger automatisiert. Aus dieser kausal gedachten Abfolge ergeben sich unmittelbar die entwicklungs- und pädagogisch-psychologisch relevanten Fragen: (1) Welche analytischen und synthetischen Fertigkeiten sind vor Schulbeginn in welcher Weise ausgebildet? (2) Welche Fertigkeiten sind als notwendige Vorläufer für den Schriftspracherwerb zu behandeln und haben damit Voraussetzungsfunktion? (3) In welcher Beziehung steht der Ausbildungsstand dieser Fertigkeiten zum Lernprozeß? (4) An welcher Stelle im Prozeß und/oder zu welchem Zeitpunkt der Schriftsprachentwicklung ist ihr Vorhandensein vonnöten?

In einer Vielzahl von Untersuchungen hat die Leselernforschung in den letzten 15 Jahren diese Fragen zu klären versucht. Ungeachtet der Verschiedenheit der Merkmalsbereiche erfolgte dabei eine Konzentration auf einen Bereich, der in der Literatur als *phonologische Bewußtheit* bezeichnet wird (vgl. Wagner & Torgesen, 1987). Ehe der Stellenwert dieses Bereichs gewürdigt wird, soll zunächst festgehalten werden, welche schriftsprach*relevanten* oder *-spezifischen* Fertigkeiten bei den anderen Merkmalsbereichen in welcher Form vorhanden sind.

Analytische und synthetische Vorerfahrungen im visuellen Bereich. Fast alle Kinder unterscheiden vor Schuleintritt Bilddarstellungen und Schreibungen von einander (vgl. Gibson & Levin, 1976). Bei simultaner Darbietung können sie Buchstabensymbole des Alphabets visuell voneinander diskriminieren (Calfee, Chapman & Venezky, 1972) und zumindest einige Buchstaben auch richtig benennen (Skowronek & Marx, 1989). Sie machen nur wenige Fehler beim Abschreiben von Buchstaben (Asso & Wyke, 1971). Sie können wesentliche Informationen aus visuellen Anordnungen (z. B. Verkehrszeichen, Ampeln, Produktemblemen) extrahieren (Masonheimer, Drum & Ehri, 1984) und bei visuell dargebotenen Teilinformationen (z. B. zur Hälfte versteckten Objekten, unvollständigen Darstellungen von Objekten) gedanklich und verbal Fortsetzungen bzw. Ergänzungen vornehmen (Angermaier, 1974). Vorschulkinder haben überdies kaum Probleme, Bildergeschichten zu erfassen, Bilder wie auch reale Gegenstände wiederzuerkennen (Hochberg & Brooks, 1962), zu benennen und nach bestimmten Kategorien zu ordnen.

Diesen schriftsprachrelevanten Fertigkeiten steht eine Reihe von schriftsprachspezifischen Fertigkeiten gegenüber, die Vorschulkindern noch erhebliche Probleme bereiten. Vorschulkindern ist die Bedeutsamkeit der Beibehaltung der Links-Rechts-Richtung bei der Verarbeitung von Schriftsymbolen noch keineswegs geläufig. Werden ihnen nämlich statt Einzelbuchstaben Buchstabencluster zum simultanen Vergleich angeboten, dann ist ihre Zuordnungsleistung deutlich schlechter (Calfee et al., 1972). Auch fehlt ihnen das ihrer bisherigen Erfahrungswelt widersprechende Wissen, daß bei einigen Buchstaben durch Drehung der Symbole im Raum die Äquivalenz der Bedeutung aufgehoben ist und sich der Buchstabenname verändert. Darüber hinaus sind sie nicht imstande, sukzessiv dargebotene Symbole fehlerfrei zu diskriminieren (Rudel & Teuber, 1963). Schließlich unterscheiden sie sich in der Art der Diskrimination. Sie gruppieren Buchstaben nach anderen Merkmalen als Erwachsene (vgl. Gibson & Levin, 1976).

Ohne Zweifel verfügen Vorschulkinder im visuellen Bereich über eine Reihe von sehr differenzierten, schriftsprachrelevanten analytischen und synthetischen Fertigkeiten. Zu Problemen können jedoch die visuellen Unzulänglichkeiten im Umgang mit Buchstaben und Buchstabenfolgen in Bezug auf ihre Links-Rechts-Orientierung führen. Dies insbesondere dann, wenn man bedenkt, daß beim Erwerb die Beachtung der am leichtesten zugänglichen Merkmale zunächst Priorität hat (vor-alphabetische Stufe und Kontextbenutzung) und dieser natürlichen Lernstrategie mit dem "unnatürlichen Akt des Lesenlernens" (Gough & Hillinger, 1980) über eine aufmerksamkeitskontrollierte Verarbeitung der Binnenstruktur von Wörtern (vgl. Marx, 1985) begegnet werden muß.

Analytische und synthetische Vorerfahrungen im sprachlichen Bereich. Kommen in Geschichten ähnlich klingende Wörter vor, so haben Vorschulkinder in der Regel keine Schwierigkeiten, diese bedeutungsmäßig auseinanderzuhalten. Auch können sie ähnlich klingende, bedeutungsverschiedene Wortpaare ohne Schwierigkeiten wiederholen (Blank, 1968) oder artikulatorisch komplizierte Wortfolgen, wie z. B. "Fischers Fritze fischt frische Fische" korrekt nachsprechen. Trotz vieler individueller Unterschiede können nahezu alle Kinder gegen Ende des Vorschulalters die Bedeutung gesprochener Sprache dekodieren sowie eigene Gedanken und Bedeutungen in gesprochene Sprache enkodieren und für andere verständlich und nachvollziehbar phonetisch artikulieren (vgl. Menyuk, 1993).

Allerdings sind ihnen einige komplexere grammatikalische Sprachstrukturen noch nicht bekannt oder geläufig (vgl. Chomsky, 1969, 1970; Jones, 1976). Auch fehlen ihnen im Vergleich zu Erwachsenen viele Eintragungen und Verknüpfungen im Langzeitgedächtnis, sind diese in ihrer Komplexität und Vollständigkeit noch geringer ausgebildet (vgl. McNeill, 1970) und fallen ihre phonetischen Realisierungen nicht so vielfältig und der Erwachsenennorm entsprechend aus (Read, 1971; Ehri, 1984).

Setzt man als Einstieg in den Schriftspracherwerb die analytischen und synthetischen Fertigkeiten voraus, die das Sprechen von Wörtern sowie der Gebrauch und das Verstehen von Wort- und Satzbedeutungen erfordern, so dürften Vorschulkinder für den Erwerb der Schriftsprache ausreichend vorbereitet sein. Die angeführten grammatikalischen und artikulatorischen Unzulänglichkeiten sollten das Verstehen von Fibeltexten oder Eigenfibeln keineswegs behindern. Denn das vorhandene Verständnis für mündliche Äußerungen geht weit über das Niveau hinaus, das in den schriftsprachlichen Äußerungen der Fibeltexte der ersten beiden Schuljahre realisiert ist, bzw. es deckt sich mit den eigenen Sprachproduktionen, die bei Anwendung des Spracherfahrungsansatzes Grundlage der Eigenfibeln werden.

Analytische und synthetische Vorerfahrungen im auditiv-artikulatorischen Bereich. Vorschulkinder produzieren und erkennen die lautlichen Aspekte der Sprache im großen und ganzen richtig. Reimfolgen können sie von Nichtreimfolgen unterscheiden (Bradley & Bryant, 1985; Skowronek & Marx, 1989). Kinder im Alter von vier Jahren zeigen bereits eine Bewußtheit für phonologische Strukturregeln der Sprache. So können sie Pseudowörter, die in ihrer Struktur der Muttersprache entsprechen oder gegen sie verstoßen, unterscheiden (Messer, 1967). Wenn sie Pseudowörter nachsprechen sollen, dann haben sie weit mehr Probleme, illegale Wortstrukturen nachzusprechen als legale.

Auch zeigt sich anhand der Fehler, daß sie bei illegalen Wortstrukturen eine Angleichung an die legale Sprachstruktur versuchen (Menyuk, 1968; Morehead, 1971). Auch wenn Vorschulkinder in der Regel nicht in der Lage sind, eine Segmentierung auf Phonemebene bewußt vorzunehmen, so können sie dennoch automatisch Einheiten diskriminieren, die der Phonemebene entsprechen. Dies zeigt sich daran, daß sie phonemverschiedene Lautfolgen durchaus auch als semantisch verschieden wahrnehmen.

In Übereinstimmung mit der Tatsache, daß es beim Hören wie beim Sprechen normalerweise keinen Anlaß gibt, auf die linguistischen Einheiten der Sprache zu achten, hören, beachten, analysieren und teilen Vorschulkinder im wesentlichen die semantische Information von Sprache mit (vgl. Morris, 1981). Dies zeigt sich sehr deutlich, wenn von den Kindern die Segmentierung von Zwei-Wort-Sätzen oder Satzteilen verlangt wird. Zusammenhängende Bedeutungen (z. B. der rote Ball) werden von Vorschulkindern in der Regel als unsegmentierbar aufgefaßt (vgl. Huttenlocher, 1964). Deutliche Einschränkungen bestehen vor allem hinsichtlich der Fähigkeit, den Lautstrom auf Wortebene bewußt zu untergliedern. Am besten gelingen noch Segmentierungen von Wörtern in Silben (Liberman, Shankweiler, Fischer & Carter, 1974). Allerdings wird diese Untergliederung durch charakteristische artikulatorische Mundbewegungen beim Silbensprechen unterstützt (Gleitman & Rozin, 1977). Insgesamt erweist sich das Heraushören und Isolieren von Wörtern, Silben oder Vokalen aus entsprechend größeren Spracheinheiten weitgehend als material- und lernerfahrungsabhängig (Fox & Routh, 1975; Jansen, 1992; Mannhaupt & Jansen, 1989; Skowronek & Marx, 1989).

Betrachtet man die Erstleseanforderungen von der *auditiv-artikulatorischen* Seite, so gilt es vor allem die zum *Erkennen der Sprachstruktur* relevante Phonemanalyse und -synthese zu beachten, die vorschulisch nur rudimentär ausgebildet ist und bis auf Ausnahmen (vgl. Schneider, 1997) ohne explizites Training nicht bewußt eingesetzt werden kann. Da der Erwerb der Schriftsprache ohne Kenntnis und Ausnutzung der Graphem-Phonem-Korrespondenz nicht gelingen kann, kommt der Aneignung dieser Fertigkeiten eine besondere Bedeutung zu. Das hiermit verbundene Problem dürfte nicht so sehr in der Ausführung einer auditiven Analyse oder artikulatorischen Synthese dieser Einheiten liegen als vielmehr in einem Verständnis ihrer Bildung. Das alphabetische System ist nicht zuletzt deshalb so ökonomisch, weil es die der Sprache zugrundeliegende phonologische Verarbeitungseinheit zur Bildung der Schriftsprache heranzieht (vgl. Adams, 1990; Skowronek & Marx, 1993). Da im Falle eines Wortganzen die phonologischen Codes dieser Verarbeitungseinheit aber abstrakt sind und somit keine artikulatorisch trennbare Entsprechung haben (und deswegen auch nicht mit diesen verwechselt werden sollten; vgl. Abb. IV.1), ist eine Eins zu Eins Hinführung zu diesem Code auf Wortebene nicht möglich (vgl. Liberman, Cooper, Shankweiler & Studdert-Kennedy, 1967). Strenggenommen muß also über den Umgang (und Umweg) mit der Schriftsprache das Prinzip der Phonem-Graphem-Korrespondenz begriffen werden, ohne daß die relevanten Fertigkeiten hierzu adäquat angezeigt werden können. Wie dies geschehen kann, ist schon bei der Darstellung des Aufbaus und der Funktionsweise der schriftsprachspezifischen Gedächtniskomponenten erläutert worden.

Stellenwert phonologischer Bewußtheit als Vorläuferfertigkeit

Die empirische Forschung der letzten 15 Jahre hat eine Vielzahl von Befunden vorgelegt, die die besondere Bedeutung der auditiv-sprachstrukturellen Fertigkeiten für den

Erwerb der Schriftsprache belegen (vgl. Brady & Shankweiler, 1991). Übereinstimmung herrscht, daß Lernende Einsicht in den Aufbau der Schriftsprache und ihre phonologischen Entsprechungen erhalten müssen. Diese Einsicht wird in der Literatur als *phonologische Bewußtheit* bezeichnet. Diese Überlegung ist nicht neu (vgl. Bosch, 1937; Mattingly, 1972; Valtin, 1984a). Neu aber ist und damit kennzeichnend für die gegenwärtige Leselernforschung, daß diese Einsicht einer umfassenden empirischen Überprüfung unterzogen und der Stellenwert des Konstrukts bestimmt wurde. Dazu wurden nicht nur eine Vielzahl von verschiedenen Operationalisierungen dieses Konstrukts erprobt (vgl. Lewkowicz, 1980; Marx, 1992b; Yopp, 1988), sondern es wurden auch im Rahmen von Längsschnitt- und Trainingsdesigns Ausgangspunkt, Entwicklung und Bedeutung dieses und weiterer die Verarbeitung von phonologischer Information beinhaltende Konstrukte (vgl. Wagner & Torgesen, 1987) in verschiedenen Ländern bei Vorschul- wie Schulkindern zu bestimmen versucht.

Insofern überrascht es nicht, daß je nach Operationalisierung *phonologische Bewußtheit* entweder als Vorläuferfertigkeit und Voraussetzung der Leselernentwicklung (z. B. Bradley & Bryant, 1983, 1985; Bradley, 1988; Fox & Routh, 1984; Juel, Griffith & Gough, 1986; Lundberg, Frost & Petersen, 1988; Mann & Liberman, 1984; Mattingly, 1984; Näslund & Schneider, 1991; Schneider & Näslund, 1992; Share, Jorm, Maclean & Matthews, 1984; Stanovich, Cunningham & Cramer, 1984), als Konsequenz der Auseinandersetzung mit der Schriftsprache (z. B. Alegria, Pignot & Morais, 1982; Read, Zhang, Nie & Ding, 1986; Röhr, 1978; Singer, 1984) oder als interaktive Komponente, also durch den Schriftspracherwerb in Gang gesetzt und diesen fördernd (z. B. Ehri, 1984; Ehri & Wilce, 1985; Goldstein, 1976; Marx, Jansen, Mannhaupt & Skowronek, 1993; Perfetti, Beck, Bell & Hughes, 1987; Schneider & Näslund, 1993; Skowronek & Marx, 1989; Torgesen, Wagner, Balthazar, Davis, Morgan, Simmons, Stage & Zirps, 1989) betrachtet wurde. Diese Unstimmigkeiten lassen sich durch definitorische Schärfung der Konstrukte (vgl. Morais, 1991; Schneider, 1997; Skowronek & Marx, 1989; Wagner & Torgesen, 1987) sowie durch eine Analyse der Schriftsprachvorkenntnisse zum Zeitpunkt der empirischen Feststellung der phonologischen Fertigkeiten (vgl. Marx, 1992b; Tornéus, 1984; Wagner & Torgesen, 1987) weitgehend auflösen. So unterscheiden Skowronek und Marx (1989) die phonologische Bewußtheit *im weiteren Sinne* (Sprachleistungen, die auf dem natürlichen Umgang mit den lautlichen und artikulatorischen Aspekten der Sprechsprache basieren, z. B. Reimen oder Silbensegmentieren bei Kinderliedern) von der phonologischen Bewußtheit *im engeren Sinne* (Sprachleistungen, die keine semantischen oder sprechrhythmischen Bezüge oder natürliche Einheiten aufweisen, z. B. Phonemsegmentierung bzw. -synthese auf Wort- und Silbenebene). Untergliedert man die empirischen Befunde nach Aufgabenstellungen und berücksichtigt den Schriftsprachleistungsstand, dann stellt sich der Zusammenhang wie folgt dar. Alle Aufgaben zur phonologischen Bewußtheit *im weiteren Sinne* können als Vorläuferfertigkeiten behandelt werden. Denn sie führen bei schriftsprachunkundigen Kindern (z. B. Bradley & Bryant, 1983, 1985; Bryant, Bradley, Maclean & Crossland, 1989; Skowronek & Marx, 1989) oder erwachsenen Analphabeten (z. B. Morais, Cary, Alegria & Bertelson, 1979) zu substantiellen Leistungsverteilungen. Phonologische Bewußtheit *im engeren Sinne* entsteht auf jeden Fall in Interaktion mit der Schriftsprachaneignung oder als Konsequenz auf den Erwerb. Denn Aufgaben zur phonologischen Bewußtheit im engeren Sinne erzeugen bei schriftsprachunkundigen Kindern (z. B. Mannhaupt & Jansen, 1989; Schneider, Visé, Reimers & Blässer, 1994), erwachsenen

Analphabeten (z. B. Morais et al., 1979) oder Personen nichtalphabetischer Schriften (z. B. Read et al., 1986) Bodeneffekte. Kommen, wie in den meisten anglo-amerikanischen Studien, bedeutsame Leistungen in diesen Aufgaben bei Vorschulkindern vor, so weisen diese auf frühe Schriftspracherfahrungen hin (vgl. Bowey & Francis, 1991; Marx, 1992b). Entsprechend werden nach Auspartialisierung der frühen Schriftsprachkenntnisse die Korrelationen der phonologischen Maße zu späteren Schriftsprachleistungen unbedeutend (vgl. Wagner & Torgesen, 1987).

Hält man durch definitorische Schärfung und Analyse der Schriftsprachvorkenntnisse Ausgangspunkt und Entwicklung der phonologischen Bewußtheitsmaße auseinander und konfrontiert sie mit anderen schriftsprachrelevanten Prädiktormaßen, dann können die Ergebnisse der verschiedenen Forschungsansätze in ihrer Bedeutung gewürdigt und wie folgt integriert werden.

Korrelative Längsschnittstudien. Die Ergebnisse dieses Ansatzes liefern den Beleg, daß das Ausmaß der vorhandenen phonologischen Bewußtheit einen guten Prädiktor für das Ausmaß der Schriftsprachfertigkeiten abgibt. Dabei ist es unerheblich, ob die phonologische Bewußtheit bei Schriftsprachunkundigen als Vorläuferfertigkeit (z. B. Landerl & Wimmer, 1994; Marx et al., 1993; Näslund & Schneider, 1993; Wimmer, Landerl & Schneider, 1994) oder während des Schriftspracherwerbs der Kinder als interaktive Komponente (z. B. Juel, 1988; Klicpera & Schabmann, 1993; Marx, 1992b; Perfetti et al., 1987; Share et al., 1984) erhoben wird. Außerdem zeigen diese Untersuchungen an, daß die Maße phonologischer Bewußtheit im weiteren und im engeren Sinne eine gemeinsame Grundlage haben (z. B. Bryant et al., 1989; Yopp, 1988) und der Zusammenhang mit den frühen Schriftsprachfertigkeiten höher ist als mit den späteren. Sofern als Prädiktoren nicht nur Maße der phonologischen Bewußtheit verwendet werden, relativiert sich jedoch sofort ihr Stellenwert. Zum einen bestehen hohe Interkorrelationen mit anderen Maßen der phonologischen Verarbeitung, die von Wagner und Torgesen (1987) als phonologisches Rekodieren zwecks Zugang zum semantischen Lexikon und als phonetisches Rekodieren im Arbeitsgedächtnis bezeichnet wurden. Zum anderen korrelieren diese mit dem Schriftspracherwerb zusammenhängenden Maße aus anderen Merkmalsbereichen, wie z. B. Aufmerksamkeit (vgl. Skowronek & Marx, 1989), ebenfalls mit Schriftsprachleistungen in vergleichbarer Höhe (vgl. Marx, 1992b; Schneider & Näslund, 1992, 1993; Wolf, 1984; Wolf, Bally & Morris, 1986). Nicht eindeutig ist zudem, ob die phonologischen Maße eher elementare Lese- oder elementare Rechtschreibfertigkeiten vorhersagen. Während bei Landerl und Wimmer (1994) Aufgaben zur phonologischen Bewußtheit im engeren Sinne stärker mit der Lesefertigkeit und Reimaufgaben stärker mit der Rechtschreibfertigkeit korrelieren, sagen die ersteren bei Schneider und Näslund (1992, 1993) besser das Leseverständnis am Ende des zweiten Schuljahrs vorher, Maße des phonologischen Rekodierens hingegen besser die Schreibleistung. Marx (1992b) wiederum stellt fest, daß der aus beiden Aspekten gebildete Faktor "Phonologische Bewußtheit" mit beiden Kriteriumsleistungen stets hochsignifikant und vergleichbar eng korreliert, daß aber je nach Prädiktor- und Kriteriumszeitpunkt und je nach Auswahl der eingesetzten Verfahren die Zusammenhänge variieren und die Unterschiede einmal zugunsten des einen einmal zugunsten des anderen Kriteriums ausfallen. Ähnliche Ergebnisvariationen ergeben sich jedoch auch für den Faktor "Aufmerksamkeit und Gedächtnis" (bestehend aus Aufgabenstellungen, wie die Berücksichtigung der räumlichen Orientierung von Buchstaben, Beachten der Links-Rechts-Anordnung von Symbolfolgen, Gedächtnisspeicherung von Lautfolgen und Gedächtnisabruf; vgl. Skowronek & Marx, 1989).

Klassifikatorische Längsschnittstudien. Im Gegensatz zum korrelativen können mit diesem Ansatz individuelle Risikovorhersagen auf der Grundlage der Prädiktormessungen vorgenommen werden und diese Risikovorhersage anhand der Einstufung der Kinder als gute oder schlechte Lese-Rechtschreiber überprüft werden. Die Ergebnisse dieser Studien unterstützen und ergänzen die korrelative Befundlage. Zum einen zeigen sie, daß eine individuelle Vorhersage des zukünftigen Erfolgs oder Versagens im Schriftspracherwerb mit Hilfe von Aufgabenstellungen zur phonologischen Bewußtheit mit sehr hohen Trefferquoten möglich ist (z. B. Badian, 1986, 1988; Marx et al., 1993; Schneider & Näslund, 1993). Den im deutschen Sprachraum durchgeführten Studien kann zum anderen entnommen werden, daß ähnlich hohe Trefferquoten mit dem Faktor "Aufmerksamkeit und Gedächtnis" erzielt werden können, daß beide Komponenten gemeinsam die höchsten Trefferquoten erzielen, daß kein Kind, das aufgrund der Prädiktormessung als risikobehaftet klassifiziert wird, nur im Bereich der phonologischen Bewußtheit Schwierigkeiten aufweist, und daß die Güte der Vorhersage vom Testzeitpunkt wie von der Wahl des Kriteriums abhängig ist (Marx, 1992b). Die Stabilität der Rangfolge weist zudem darauf hin, daß die normale schulische Unterweisung offensichtlich die vorschulisch bestehenden Unterschiede in diesen schriftsprachrelevanten Fertigkeiten nicht nur nicht aufhebt oder verändert, sondern diese Defizite den Erwerb der schriftsprachspezifischen Fertigkeiten nachhaltig negativ beeinflussen (vgl. Stanovich, 1986).

Trainingsstudien. Trainingsstudien zur Verbesserung der phonologischen Bewußtheit stellen die logische Konsequenz aus den korrelativen Befunden der Längsschnittstudien dar. Verglichen mit der Anzahl an veröffentlichten Trainingsmaterialien und -studien gehören Untersuchungen mit diesem inhaltlichen Schwerpunkt jedoch noch eher zu den Ausnahmen (vgl. Mannhaupt, 1994a; Scheerer-Neumann, 1993). Vier Vorgehensweisen lassen sich bei den einschlägigen Studien unterscheiden: (1) Das Training wird an unausgelesenen Stichproben vor der Einschulung begonnen und abgeschlossen (z. B. Fox & Routh, 1976, 1984; Lundberg et al., 1988; Schneider et al., 1994), (2) es beginnt vor der Einschulung und dauert bis in die Schulzeit fort (z. B. Bradley & Bryant, 1985), (3) es wird parallel zum Erwerb der Schriftsprache bei allen Kindern durchgeführt (z. B. Blachman, 1987; Byrne & Fielding-Barnsley, 1993; Hatcher, Hulme & Ellis, 1994; Lie, 1991) oder konzentriert sich (4) auf die Kinder, die bestimmte Lese- oder Schreibkriterien unterschreiten (z. B. Ball & Blachman, 1991; Blumenstock, 1979; Mannhaupt, 1992; Torgesen, Morgan & Davis, 1992; Vellutino & Scanlon, 1987; Wimmer & Hartl, 1991). Um mit Hilfe des Trainingsdesigns Kausalaussagen über den Wirkungszusammenhang der phonologischen Maße und der Schriftsprachfertigkeiten zu treffen, müssen das Trainingsende und der Beginn des Schriftspracherwerbs zeitlich getrennt sein und die Maßnahmen strenggenommen nur mit den Kindern durchgeführt werden, die nach dem klassifikatorischen Ansatz als risikobehaftet gelten. Betrachtet man unter diesen Gesichtspunkten die bisherigen Vorgehensweisen, so erfüllt keine Studie beide Bedingungen. Die unter (1) und (4) genannten Untersuchungen treffen indes Aussagen zu jeweils einem Teilbereich. So gesehen fehlt bislang die Trainingsstudie, die den korrelativen und klassifikatorischen Ansatz konsequent umsetzt. Insgesamt sind den bisherigen Trainingsbefunden sehr eindrückliche proximale Prä-Post-Effekte zu entnehmen, d. h. die jeweiligen Experimentalgruppen unterscheiden sich unmittelbar nach Trainingsende hochsignifikant in den trainierten Fertigkeiten von den nicht trainierten Kontrollgruppen. Dabei wird deutlich, daß substantielle Leistungen in schriftsprachspezifischen phonologischen Fertigkeiten durch spezielle Trainingsmaterialien schon bei schriftsprachunkundigen Vorschulkindern (z. B. Lundberg et al., 1988; Schneider et al., 1994) erreicht werden können. Aber diese Leistungen erweisen sich zum einen als materialabhängig (z. B. Fox & Routh, 1975) und, was ihr Aufrechterhalten anbetrifft, zum anderen als abhängig von der Art der Trainingsdurchführung (Schneider et al., 1994). Die Transfereffekte des Trainings auf die Schriftsprachleistungen sind bei allen Vorgehensweisen im Vergleich zu den Prä-Post-Effekten deutlich geringer und keineswegs immer signifikant nachweisbar (vgl. Lundberg et al., 1988; Mannhaupt, 1992; Schneider, Reimers, Roth, Visé & Marx, 1996). Außerdem verweisen die in der Regel gleichgroßen Varianzen darauf, daß das Training vor allem eine Niveauanhebung, nicht aber eine Verringerung der Leistungsbreite bewirkt. Schließlich zeigt sich schon nach wenigen Wochen Schulunterricht ein enormer Anstieg in den phonologischen Maßen der Kontrollgruppenkinder (Schneider et al., 1994, 1996). Insgesamt scheint ein Training dann am effektivsten zu sein, wenn die phonologischen Analyse- und Synthesefertigkeiten explizit mit dem Buchstabenerwerb verbunden eingeübt werden (Hatcher et al., 1994). Genau dies aber wird von einer guten Lehrmethode erwartet.

Notwendigkeit der Fortentwicklung der analytischen und synthetischen Anforderungen beim Schriftspracherwerb

Die Gegenüberstellungen von vorhandenen und fehlenden, analytischen und synthetischen Fertigkeiten sowie ihre Verknüpfung mit den Befunden der korrelativen, klassifikatorischen und interventiven Forschungsansätze sind in Bezug auf den Schriftspracherwerb nur dann sinnvoll, wenn folgende Prämissen erfüllt sind: (1) Es gibt eine Reihe von Fertigkeiten, die offensichtlich implizit erworben werden. Die Tatsache, daß das normale Vorschulkind über eine Vielzahl von analytischen und synthetischen Fertigkeiten verfügt, bedeutet jedoch weder, daß alle Kinder alle Fertigkeiten besitzen, noch, daß sie sie alle im gleichen Ausmaß oder mit dem gleichen Bewußtheitsgrad besitzen. (2) Strenggenommen verfügt kein (noch nicht lesen und schreiben könnendes) Vorschulkind über alle die Fertigkeiten, die spezifisch für den Schriftspracherwerb sind. Der Grund liegt darin, daß diese spezifischen Schriftsprachfertigkeiten keine natürlichen Entsprechungen in der bisherigen Lebenswelt der Kinder haben und somit in ihrer Besonderheit erst bewußt gemacht werden müssen. Das bedeutet: Während die ersteren durch entsprechende Lernangebote aufgebaut und trainiert werden, sind die letzteren nicht ohne explizite Anleitung erlernbar. Das Verständnis für die explizite Anleitung fällt um so leichter, je vollständiger die implizit lernbaren Fertigkeiten vorhanden sind. Insofern stellen die ersteren für die letzteren eine gute Grundlage für ihren Erwerb dar.

Daraus ergibt sich für die Aneignung der Schriftsprache folgende fertigkeitenspezifische Stufenfolge: (1) Ein Kind, das die oben angeführten schriftsprach*relevanten*, analytischen und synthetischen Aufgabenstellungen in seiner natürlichen Umgebung angeboten bekommt *und* sie in ausreichenden Maße als Fertigkeiten internalisiert hat, bringt alle Voraussetzungen zum Erwerb der Schriftsprache mit. Diese als notwendig erachteten Vorläuferfertigkeiten garantieren aber weder den störungsfreien noch den Erwerb aller schriftsprach*spezifischen* Fertigkeiten. Um ein mindestens durchschnittlicher Leser zu werden und die adäquaten Gedächtnisrepräsentationen aufzubauen, müssen *alle* schriftsprachspezifischen Aufgabenstellungen (und nicht nur die eines spezifischen Bereichs) angeboten und als Fertigkeiten internalisiert werden. (2) Ein Kind, dem die oben angeführten schriftsprach*relevanten* analytischen und synthetischen Aufgabenstellungen in seiner natürlichen Umgebung vorenthalten wurden *oder* das sie nur unzureichend als Fertigkeiten internalisiert hat, besitzt deutlich verminderte Anknüpfungs-, Zuordnungs- und Analogiemöglichkeiten zum Aufbau der schriftsprachspezifischen Fertigkeiten. Um den adäquaten Einstieg in den Prozeß zu erlangen, müssen zuerst diese schriftsprachrelevanten Fertigkeiten aufgebaut oder verbessert werden. (3) Wenn bei einem Kind die Probleme in diesem Bereich durch geeignete Maßnahmen vor Einschulung beseitigt werden, dann gilt das unter (1) gesagte. (4) Unterbleibt dies, dann steigt die Wahrscheinlichkeit, daß schriftsprach*unspezifische* Fertigkeiten oder *-irrelevante* Merkmale zum Verarbeiten von Schrift herangezogen werden. Je höher das Ausmaß an Unzulänglichkeiten ist, desto mehr Kompensationsstrategien werden erworben und eingesetzt und desto geringer ist der Fortschritt in der Entwicklung der adäquaten Gedächtnisrepräsentationen.

ZUSAMMENFASSUNG UND AUSBLICK

Erfassen wir Wörter buchstabenweise, ganzheitlich oder ......; erarbeiten wir Wörter bottom up, top down oder ......; sollen Kinder synthetisch, ganzheitlich oder ...... unterrichtet werden; soll die Aneigung mit eingegrenztem Fibelwortschatz, über den Spracherfahrungsansatz oder ...... erfolgen; soll im Anfangsunterricht zuerst nur gelesen, zuerst nur geschrieben oder ...... werden; beruhen Schwierigkeiten beim Erwerb auf Defekten, Defiziten, Milieufaktoren oder ......? Die Geschichte der Leseforschung bis in die 70er Jahre läßt sich als eine Kette von Kontroversen in den drei Forschungsfeldern Leselehrmethoden, Leseprozeß und Leseschwierigkeiten darstellen, die durch folgende Sachverhalte gekennzeichnet war: (1) Die kontroversen Standpunkte wurden zugunsten des "oder" im Sinne einer allumfassenden Integration nivelliert, aber letztlich nicht aufgegeben. (2) Theoretische Annahmen dominierten die empirischen Befunde. (3) Die Forschungsfelder haben für sich und vor sich hin gearbeitet und allenfalls dann voneinander Notiz genommen, wenn Argumente für die jeweilige Position gebraucht wurden. Seit Mitte der 70er Jahre ist dank der anwachsenden Zahl von experimentellen, empirischen und theoriekritischen Studien die isolierte Betrachtung des jeweiligen Forschungfeldes deutlich zurückgegangen. Gleichzeitig haben sich Forscher aus allen drei klassischen Forschungsfeldern Fragen der Entwicklung der Schriftsprache explizit zugewandt und damit die Leselernforschung als ein eigenständiges Forschungsfeld etabliert. Dank einer Vielzahl von empirischen Belegen konnte eine Reihe von Mutmaßungen über den Schriftspracherwerb wie über den Prozeß des geübten Lesens und Schreibens bestätigt oder widerlegt werden. Derzeit herrscht die empirisch gut begründete Modellvorstellung vor, daß der Leseprozeß zwar nicht buchstabenweise sequentiell, aber unter Berücksichtigung aller Buchstaben parallel verläuft, daß den visuell aufgenommenen orthographischen Symbolen immer phonologische Entsprechungen zugeordnet und immer die phonologische, bei hochüberlerntem Material aber auch beide Informationsarten der semantischen Verarbeitung zugeführt werden. Mit anderen Worten: die top-down Prozesse bestätigen, ordnen ein oder weisen zurück, was ihnen die bottom-up Prozesse anbieten, und nicht umgekehrt.

Mit diesen Modellvorstellungen des geübten Lesens und Schreibens gehen Überlegungen zum Erwerb der Schriftsprache einher, die hier nach drei Forschungsbereichen gegliedert abgehandelt wurden. (1) Die Stufenmodelle bilden ab, was sich phänomenologisch offenbart. Die Schriftsprachleistungen sind Ausdruck des Kenntnisstandes und geben Auskunft sowohl über die Passung von Lehrmethode und Ausnutzung des Informationsangebotes als auch über die zur Verarbeitung herangezogenen dominierenden Strategien. (2) Die Modellvorstellungen zum Aufbau der Gedächtnisrepräsentationen zeigen an, welche schriftsprachspezifischen Einheiten neu anzulegen sind und welche Rolle dabei die für Sprachverarbeitung vorhandenen Strukturen spielen. Gleichzeitig geben sie Hinweise in zwei Richtungen. Zum einen bieten sie Erklärungen und die notwendigen theoretischen Erläuterungen zu den Stufenmodellen. Zum anderen verdeutlichen sie, daß die Entwicklung der Schriftsprachfertigkeiten notwendigerweise an vorhandene Vorläuferfertigkeiten anknüpft, aber nur dann hinreichend gelingen kann, wenn eine aufmerksamkeitskontrollierte und konsistente Verarbeitung der relevanten Informationsmerkmale erfolgt. (3) Im Rahmen einer Darstellung der Vorläuferfertigkeiten wurde zwischen schriftsprachrelevanten und schriftsprachspezifischen unterschieden und ihre Interdependenz aufgezeigt. Desweiteren wurde deutlich gemacht, daß es beide Arten von Vorläuferfertigkeiten in verschiedenen Merkmalsbereichen gibt. Dann folgte eine Bestimmung des Stellenwerts der derzeit am häufigsten untersuchten Konstrukts "Phonologische Bewußtheit". Ungeachtet ihrer korrelativen und klassifikatorischen Bedeutsamkeit zeichnet sich unter Berücksichtigung der Trainingsbefunde folgendes ab: die Beherrschung bestimmter Fertigkeiten des Konstrukts ist offensichtlich eine notwendige Voraussetzung und die Verfügbarkeit anderer eine zwangsläufige Konsequenz des Schriftspracherwerbs, aber ihnen kommt im ersten Fall vor allem der Stellenwert einer "Fahrberechtigung" in die Welt der Schriftsprache zu und im zweiten Fall bietet sie eine Überprüfungsmöglichkeit, ob man noch "im richtigen Zug" sitzt.

Was bleibt zu tun? Anknüpfend an unser Wissen über die Bedeutung von Vorläuferfertigkeiten und den zur Verfügung stehenden klassifikatorischen Möglichkeiten erscheint es nun möglich, den eindeutigen kausalen Nachweis der Wirksamkeit des Konstrukts "Phonologische Bewußtheit" zu führen, der ungeachtet der Forschungskonzentration auf dieses Konstrukt bislang fehlt.

Es gilt (1) experimentelle Trainingsstudien bei Kindern mit definierten Rückständen in diesem Bereich mit folgenden Zielsetzungen durchzuführen: Beschreibung und Erklärung individueller Lernverläufe unter Berücksichtigung des Trainingsmaterials und der Trainingssituation, Feststellung von Schwellenwerten der Lernzuwächse bzw. Abbruchkriterien für das Training einzelner Fertigkeiten unter Berücksichtigung von Transferleistungen; Feststellung der Spezifik der Transferwirkungen sowohl innerhalb einzelner Lese- und Rechtschreibfertigkeiten als auch zwischen Lesen und Rechtschreiben und Abgrenzung von allgemeinen Transferwirkungen unter Berücksichtigung des Unterrichtsangebots.

Ebenfalls auf der Grundlage schon bestehender Konzepte erscheint eine Erweiterung des Blickfeldes in horizontaler und vertikaler Richtung vonnöten. Horizontal bietet sich (2) eine Intensivierung der Forschung und Bestimmung des Stellenwerts bei anderen Maßen phonologischer Verarbeitung (vgl. Gathercole & Baddeley, 1993; Wagner & Torgesen, 1987) und anderen Merkmalsbereichen (vgl. Marx, 1985; Skowronek & Marx, 1989) an. Hierzu erscheint es sinnvoll, die Bedeutung dieser schriftsprachrelevanten und -spezifischen Fertigkeiten nicht nur korrelativ und klassifikatorisch einzeln und kombiniert zu bestimmen (vgl. Marx, 1992b), sondern sie ebenfalls einzeln und kombiniert über Trainingsstudien zu evaluieren.

Vertikal erscheint (3) eine inhaltliche und zeitliche Ausweitung dieses Forschungsprogramms kombiniert mit den Überlegungen des Spracherfahrungsansatzes aus der Didaktik auf den Erstlese- und Schreibunterricht angezeigt. Hierzu gilt es auch die frühen

Schriftsprachleistungen einzubeziehen, deren Interaktion mit phonologischen Maßen sowie späteren Schriftsprachleistungen zu überprüfen (vgl. Klicpera & Schabmann, 1993; Marx, 1992b; Schneider, Stefanek & Dotzler, i. d. Bd.) und alle Leistungsmaße in Beziehung zum Sprachangebot und zur Schriftsprachnutzung in Schule und Elternhaus zu setzen.

Da bei allen Forschungsansätzen wie auch bei der Beurteilung des Leistungsstandes die Schriftsprachleistungen die entscheidenden Kriterien sind, gilt es (4) Testverfahren zu entwickeln, die möglichst verschiedene Lese- und Schreibfertigkeiten prüfen und Auskunft über die Schriftsprachentwicklung (vgl. Marx, in Druck; May, 1990) wie auch die Interdependenz der beiden Schriftsprachfertigkeiten zulassen.

Desweiteren muß (5) die Akzeptanz für den Einsatz von derartigen diagnostischen Verfahren bei Lehrkräften aufgebaut und die diagnostische Kompetenz in der Bewertung der Testergebnisse, im Erkennen der Entwicklungsstufen (vgl. Valtin, 1993) wie auch in der Erfassung adäquater und inadäquater Lese- und Schreibstrategien (vgl. Marx, 1985) geschult werden.

Damit könnten (6) dann auch empirische Bewertungen der einzelnen Lernschritte in den zahlreichen Lernansätzen der Grundschule einhergehen; darüber ließen sich wiederum die deskriptiven Entwicklungsstufen modifizieren sowie weitere Einflußmöglichkeiten aufdecken und einer empirischen Prüfung zuführen.

Nach Jahrzehnten des gegenseitigen Ignorierens zeichnet sich ab, daß dank der theoretischen Modelle und empirischen Ergebnisse der disziplinintegrierend arbeitenden, neueren Leselernforschung nicht nur in Amerika (vgl. Adams, 1990), sondern auch im deutschsprachigen Raum eine Annäherung innerhalb der Gruppe der Fachdidaktiker wie auch zwischen Grundlagenforschern und -anwendern erfolgt bzw. möglich ist (vgl. Schneider, Brügelmann & Kochan, 1990).

Erwerb des Lesens und des Rechtschreibens: Ergebnisse aus dem SCHOLASTIK-Projekt

Wolfgang Schneider, Jan Stefanek und Hans Dotzler

In den letzten drei Jahrzehnten hat die Zahl der Längsschnittstudien zum Schriftspracherwerb deutlich zugenommen. Dabei sind im wesentlichen zwei Untersuchungstypen zu unterscheiden: *Studien zur frühen Prognose von Lese- und Rechtschreibleistungen* sind dadurch charakterisiert, daß noch in der Kindergartenphase spezifische Merkmale wie etwa die sprachgebundene Intelligenz oder aber die Fertigkeit im Umgang mit der gesprochenen Sprache (phonemische Bewußtheit) erhoben werden, deren Relevanz für den schulischen Schriftspracherwerb anschließend genauer analysiert wird. Untersuchungen dieser Art sind in jüngerer Zeit besonders häufig und für unterschiedliche Orthografien durchgeführt worden (vgl. z. B. die Überblicksarbeiten von Schneider, 1997; Wagner & Torgesen, 1987). Sie illustrieren fast ausnahmslos die besondere Bedeutung früher metalinguistischer Kompetenzen und der (vorschulischen) Buchstabenkenntnis für den Schriftspracherwerb in der Schule, gehen in ihrer Prognose dabei allerdings selten über das zweite Grundschuljahr hinaus (eine Ausnahme von dieser Regel stellen die Bielefelder und Münchner Längsschnittstudien dar, die den Schriftspracherwerb bis zum Ende der Grundschulzeit und darüber hinaus verfolgten; vgl. Marx, Jansen, Mannhaupt & Skowronek, 1993; Schneider & Näslund, 1993).

Demgegenüber sind *Längsschnittstudien zur Lese- und Rechtschreibentwicklung im Schulalter* vergleichsweise dünner gesät. In Untersuchungen dieses Typs steht meist das Problem der Stabilität individueller Unterschiede in Lese- und/oder Rechtschreibkompetenzen im Vordergrund. Es interessiert hier beispielsweise die Frage, ob die in den ersten Schuljahren erhobene Schriftsprachkompetenz langfristige Prognosen für die weitere Schullaufbahn zuläßt. Aus den Befunden einschlägiger Arbeiten zu dieser Thematik (z. B. Boland, 1993; Juel, 1988; Klicpera, Gasteiger-Klicpera & Schabmann, 1993) läßt sich ableiten, daß individuelle Unterschiede in Lese- und Rechtschreibfertigkeiten schon frühzeitig zeitstabil sind und damit langfristige Vorhersagen zu rechtfertigen scheinen. Die Befunde der Wiener Längsschnittstudie (Klicpera et al., 1993), in der zusätzlich auch Merkmale der phonemischen Bewußtheit erfaßt wurden, deuten darauf hin, daß die Bedeutung dieser Prädiktoren mit zunehmendem Alter der Kinder abnimmt. Danach kommt der Allgemeinbegabung und - in noch größerem Ausmaß - bereichsspezifischen Vorkenntnissen in späteren Schuljahren vergleichsweise größere Bedeutung zu, was sich nicht zuletzt an den sehr hohen Stabilitäten individueller Unterschiede zwischen den Schülern im Zeitraum zwischen der vierten und achten Klassenstufe ablesen läßt. Dieser Befund deckt sich im übrigen mit längsschnittlichen Ergebnissen aus anderen Inhaltsbereichen wie etwa der Mathematik (vgl. z. B. Weinert, Helmke & Schneider, 1990).

Zusammengenommen bieten die Resultate beider Forschungsansätze ein stimmiges Bild: während individuellen Unterschieden in Merkmalen phonologischer Informationsverarbeitung (phonemische Bewußtheit, phonologisches Gedächtnis, sprachgebundene Informationsverarbeitungsgeschwindigkeit) sowie in der Buchstabenkenntnis große prädiktive Bedeutung für die Anfangsphase des Schriftspracherwerbs zukommt, läßt sich die Lese-/Rechtschreibleistung in der späteren Grundschulzeit am besten durch vorangegangene Lese-/Rechtschreibkompetenzen vorhersagen. Die Befunde unterschiedlicher Längsschnittstudien stimmen weiterhin darin überein, daß sie Schulanfängern mit Schwierigkeiten beim Lesen- und Schreibenlernen ungünstige Prognosen für die weitere Entwicklung stellen: es deutet einiges darauf hin, daß die Schere zwischen lese-/rechtschreibschwachen Kindern und normalen Lesern bzw. Rechtschreibern im Verlauf der Grundschulzeit immer größer wird.

Im vorliegenden Beitrag werden Daten des SCHOLASTIK-Projekts dazu herangezogen, um Fragen zu klären, die in der Längsschnittforschung zum Schriftspracherwerb trotz unzweifelhafter Fortschritte noch immer kontrovers diskutiert werden bzw. noch nicht hinreichend bearbeitet worden sind. Eine genauere Durchsicht der Literatur macht beispielsweise klar, daß im Hinblick auf mögliche *Geschlechtsunterschiede* beim Schriftspracherwerb unterschiedliche Standpunkte eingenommen werden. Die meisten verfügbaren Arbeiten konstatieren eine Überlegenheit der Mädchen im Lesen und Rechtschreiben (vgl. etwa die Beiträge in Richter & Brügelmann, 1994). Hier ist allerdings zu bedenken, daß die überwiegende Mehrzahl dieser Untersuchungen auf ausgelesenen Stichproben lese-/rechtschreibschwacher Schüler basieren und von daher möglicherweise nicht repräsentativ für die Population sind.

Selbst wenn man sich auf die Studien mit lese-/rechtschreibschwachen Schülern beschränkt, scheint das Ergebnismuster widersprüchlich. So schwanken die berichteten Geschlechterproportionen zwischen 15:1 zuungunsten der Jungen und 1:1 (s. Brügelmann, 1994). In einigen älteren Untersuchungen (Kemmler, 1967; Schneider, 1980; Valtin, 1981) wurden keine signifikanten Geschlechtsunterschiede in den unteren Leistungsbereichen berichtet. Valtin (1981) wies darauf hin, daß immer dann mehr Jungen in den Legasthenikerstichproben gefunden wurden, wenn es sich um (etwa durch schulpsychologische Dienste) vorausgelesene Gruppen handelte. Wählte man dagegen die Legastheniker aus normalen Grundschulen aus, so war das Geschlechterverhältnis in etwa ausgewogen.

Ergebnisse neuerer Arbeiten (Mannhaupt, 1994b; Richter, 1994) scheinen dem zu widersprechen. Mannhaupt verglich die Schriftsprachkompetenzen von Jungen und Mädchen aus der Bielefelder Längsschnittstudie und stellte dabei für den Zeitraum von Mitte der ersten Klasse bis zum Ende der zweiten Klasse ein deutliches Übergewicht der Jungen bei den schwachen Schülern fest (ca. 70% der Problemkinder waren Jungen). In Studien mit unausgelesenen Stichproben, die nach Leistungsgruppen differenzierten, wurden bei den besten Schülern deutlich mehr Mädchen, bei den schwächsten Schülern wesentlich mehr Jungen registriert (vgl. Richter, 1994; Vellutino et al., 1992). Richter (1994) führte zusätzlich detaillierte längsschnittliche Auswertungen durch, aus denen hervorging, daß die tendenzielle Überlegenheit der Mädchen im Rechtschreiben nach 6 Monaten Schulunterricht noch nicht statistisch signifikant war, aber ab Ende des ersten Schuljahres reliabel blieb und sich eher vergrößerte. Hinweise auf einen ähnlich gearteten Schereneffekt fanden sich auch für die Kinder der Münchner Längsschnittstudie LOGIK (Schneider, 1994a; Schneider & Näslund, 1993). Hier wurde die Überlegenheit der Mädchen erst ab Ende des zweiten Schuljahres signifikant.

Aufgrund der großen und repräsentativen Stichprobe scheinen die Daten des SCHOLASTIK-Projekts gut dazu geeignet zu sein, zur Klärung der Frage nach den Geschlechtsunterschieden im Schriftspracherwerb beizutragen. Es interessierte uns also die Frage, ob Geschlechtsunterschiede im Sinne einer Überlegenheit der Mädchen schon in den Anfangsstadien des Lesens und Rechtschreibens registriert werden oder ob bessere Leistungen der Mädchen erst gegen Ende der Grundschulzeit auftreten. Erste mit den

SCHOLASTIK-Daten vorgenommene explorative Analysen zu dieser Problematik (Schneider, 1994a) hatten Anlaß zur Vermutung gegeben, daß es sich hier um einen recht spät sichtbaren Schereneffekt handelt. Dieser könnte durchaus auf die bessere schulische Anpassung und die größere Lernmotivation der Mädchen zurückzuführen sein. Um die Relevanz dieser eher nichtkognitiven Einflüsse sowie die der allgemeinen Intelligenz zu erfassen, wurden diese Merkmale ebenfalls in die Auswertung mit einbezogen.

Die Annahme eines Schereneffekts wurde nicht nur im Hinblick auf Geschlechtsunterschiede geprüft; die verfügbaren Literaturbefunde legen deutliche Unterschiede in den Entwicklungsverläufen anfänglich schwacher und normaler Rechtschreiber nahe, die eine stetige Vergrößerung des Leistungs-Abstandes zwischen diesen Gruppen implizieren. Bislang liegen nur wenige Studien vor, die intraindividuelle Veränderungen anhand von identischem Aufgabenmaterial überprüften. Hier sollte also anhand der SCHOLASTIK-Daten eine Lücke geschlossen werden.

Eine letzte, im Bereich der Schriftsprachforschung kaum aufgegriffene Fragestellung betrifft den *Einfluß von Unterrichtsmerkmalen* auf den Lernerfolg in der Schule. Allen hier diskutierten längsschnittlichen Ansätzen ist gemeinsam, daß sie in der Regel auf großen und repräsentativen Stichproben (mehrere hundert Kinder aus unterschiedlichen Kindergärten oder Schulklassen) aufbauen. Sie sind weiterhin allesamt dadurch charakterisiert, daß die Datenanalysen auf Individualniveau erfolgen und üblicherweise auch nur Merkmale der Probanden einschließen. Aspekte des schulischen Kontextes werden systematisch ausgeklammert. Diese Vorgehensweise ignoriert den Tatbestand, daß der Schriftspracherwerb in Schulklassen und Schulen erfolgt, die sich möglicherweise erheblich voneinander unterscheiden können. Sie baut auf der durch den sog. "Coleman-Report" gestützten Vorstellung auf, daß Schulen oder Schulklassen keinen Unterschied machen, also in etwa den gleichen Effekt auf alle Schüler ausüben, die sich in ihnen befinden.

Eine solche Sichtweise wird durch die neuere Lehr-/Lernforschung nicht bestätigt. Schon seit Ende der siebziger Jahre ist immer wieder hervorgehoben worden, daß das Problem der hierarchischen Strukturiertheit von Bildungsprozessen in Lehr-/Lernmodellen berücksichtigt werden sollte (vgl. z. B. Burstein, 1980; Renkl & Stern, 1994; Schneider & Helmke, 1986). So wird betont, daß Bildungsprozesse auf mehreren Ebenen verankert sind: Schüler gehören zu bestimmten Bildungseinheiten (Schulklassen), Schulklassen sind wiederum in Einheiten höherer Ordnung (Schulen) eingebettet, usw. Realistische Modelle des Lehr-/Lernprozesses sollten diese hierarchische Struktur abbilden, da nicht davon ausgegangen werden kann, daß die hierarchische Verschachtelung der unterschiedlichen Analyse-Einheiten nach Zufallsregeln erfolgt (vgl. Rachman-Moore & Wolfe, 1984). Es ist zu erwarten, daß in großangelegten Studien zur Erfassung von Schulleistungen signifikante Schul-, Klassen- und Lehreffekte resultieren. Die Beschränkung der Datenauswertung auf eine einzige Analyse-Ebene führt mit hoher Wahrscheinlichkeit zu Spezifikationsfehlern (verzerrten Effektschätzungen): das Erklärungsgewicht individueller Einflußfaktoren wird in Aggregatdatenanalysen (etwa auf Klassenebene) überschätzt, während Kontexteffekte in Individualdatenanalysen eher unterschätzt werden (vgl. Treiber & Schneider, 1981).

Bei der Planung der "SCHOLASTIK"-Studie stand von Anfang an der Gedanke im Vordergrund, Effekte des schulischen Kontextes (etwa der verfügbaren Lerngelegenheiten) auf die schulische Leistungsentwicklung systematisch zu berücksichtigen. Zu diesem Zweck wurden neben Schülermerkmalen wie etwa der Intelligenz, dem Selbstkonzept und der Konzentration sowie Maßen zur Erfassung von Schriftsprach-, Denk- und Mathematikleistungen auch Aspekte des Unterrichts über Beobachtungs- und Ratingverfahren erfaßt (vgl. Weinert & Helmke, 1993, 1995a).

Ein Problem der meisten vorliegenden Längsschnittstudien zum Schriftspracherwerb ist schließlich darin zu sehen, daß zu verschiedenen Meßzeitpunkten unterschiedliche Meßinstrumente Verwendung finden. Da die verfügbaren Lese- und Rechtschreibtests in der Regel nur für einen eng umgrenzten Zeitraum geeicht sind, kommt man bei langfristig konzipierten Projekten kaum umhin, in verschiedenen Schuljahren unterschiedliche Verfahren einzusetzen (vgl. auch Klicpera et al., 1993). Obwohl auch in der vorliegenden Untersuchung zu unterschiedlichen Zeitpunkten unterschiedliche (selbstkonstruierte) Wort- bzw. Satzdiktate verwendet wurden, war es aufgrund überlappender Wortmaterialien doch möglich, Subskalen mit Items zu konstruieren, die zu allen Meßzeitpunkten vorgegeben wurden. Über diese Subskalen ließen sich intraindividuelle Veränderungen in der Rechtschreibkompetenz genauer bestimmen. Im Zusammenhang mit der Analyse intraindividueller Verläufe interessierte uns die Frage, ob die in früheren Untersuchungen (z. B. Juel, 1988; Klicpera et al., 1993) registrierten Schereneffekte beim längsschnittlichen Vergleich anfangs schwacher und normaler Rechtschreiber (letztere verbessern sich deutlich schneller als erstere) auch dann für die SCHOLASTIK-Daten nachweisbar sind, wenn Unterschiede in der Leistungsstärke von Schulklassen kontrolliert werden.

Zusammengefaßt wird also den folgenden Hauptfragestellungen nachgegangen:

(1) Wie verändern sich die Lese- und Rechtschreibkompetenzen im Verlauf der Grundschulzeit? Gibt es differentielle Verläufe in Abhängigkeit von Intelligenz, Geschlecht und Lernmotivation?

(2) Lassen sich für anfangs relativ schwache Leser und Rechtschreiber im Vergleich zu unauffälligen bis guten Lesern und Rechtschreibern generell ungünstigere Entwicklungsverläufe nachweisen?

(3) Tragen Merkmale des Klassenkontexts zusätzlich zu Schülermerkmalen signifikant zur Aufklärung der Leistungsvarianz im Schriftsprachbereich bei?

STICHPROBE UND UNTERSUCHUNGSINSTRUMENTE

Die Stichprobe der SCHOLASTIK-Studie umfaßte - wie im einleitenden Kapitel dieses Bandes ausführlich dargestellt - insgesamt etwas mehr als 1200 Schüler aus 54 Schulklassen. Die Anzahl der Schüler, die an den verschiedenen Rechtschreibproben teilnahmen, variierte zwischen 1132 (erste Erhebung in der 2. Klassenstufe) und 1085 (letzte Erhebung in der 4. Klassenstufe). Die beiden Leseverständnistests zu Beginn und am Ende des zweiten Schuljahres wurden von 1126 bzw. 1103 Schülern aus 51 Schulklassen bearbeitet.

Als Kriteriumsmaße fungierten ein von Jan Näslund (1990) entwickelter Test zum Leseverständnis sowie mehrere Rechtschreibproben, die vom Erstautor in Zusammenarbeit mit Hans Brügelmann (damals Universität Bremen) sowie Gerd Mannhaupt und Harald Marx (beide Universität Bielefeld) konzipiert worden waren. Der Leseverständnistest enthielt mehrere Kurzgeschichten, zu denen jeweils zwei oder drei Multiple-Choice-Fragen gestellt wurden. Für richtige Antworten wurde jeweils ein Punkt vergeben. Es konnten maximal 30 Punkte erzielt werden. Der Test schien im Hinblick auf seine Schwierigkeit lediglich für die Anwendung im zweiten Schuljahr geeignet und wurde zu Beginn und gegen Ende dieses Schuljahres eingesetzt.

Ebenfalls ab dem zweiten Schuljahr wurden unterschiedliche Rechtschreibproben vorgegeben. Während zu Beginn und gegen Ende des zweiten Schuljahres Wortdiktate zum Einsatz kamen, handelte es sich bei den zwei weiteren Proben gegen Ende der dritten und vierten Klassenstufe um Satzdiktate. Die Wortmaterialien waren mehrheitlich dem Bayerischen Grundwortschatz und dem Grundwortschatz der ehemaligen DDR entnommen; eine Restgruppe relativ schwieriger und unvertrauter Wörter stammte aus einer Sammlung von Brügelmann (1986b) und wurde über die Jahre hinweg immer wieder verwendet. Die Rechtschreibtests wurden jährlich überarbeitet und im Hinblick auf den für die jeweilige Klassenstufe relevanten Grundwortschatz verändert. Die Reliabilitäten (interne Konsistenzen) lagen zwischen .65 (zweites Schuljahr) und .90 (viertes Schuljahr), erreichten also befriedigendes bis gutes Niveau.

Als Prädiktorvariablen auf Schülerebene fungierten standardisierte Tests sowie ausgewählte Items aus Schüler- und Lehrerfragebögen. Zur Erfassung der psychometrischen Intelligenz wurde der "Culture Fair Intelligence Test" CFT2 nach Cattell und Weiß (1972) verwendet. Die Konzentration und Aufmerksamkeit der Schüler wurde zum einen über den Test d2 nach Brickenkamp (1972), zum anderen über das in der Studie verwendete Beobachtungsverfahren (Münchner Aufmerksamkeitsinventar) erfaßt. Befragungen der Klassenlehrer lieferten Informationen zum Leistungsstand jedes Schülers im Fach Deutsch, zu der vom Lehrer wahrgenommenen Aufmerksamkeit der einzelnen Schüler im Unterricht, zur perzipierten Lernfreude der Schüler sowie ihrer weiteren Schullaufbahnprognose. Aus den Schülerfragebögen wurde das Fähigkeitsselbstbild im Fach Deutsch entnommen.

Auf Klassenebene wurde über Beobachtereinschätzungen der Versuch gemacht, die Qualität der Instruktion genauer zu bestimmen. Als Komponenten dieses Konstrukts wurden die Effektivität des Klassenmanagements, die wahrgenommene Adaptivität der Instruktion (im Sinne der Fähigkeit des Lehrers, auf Schüler entsprechend ihren Vorkenntnissen und Fähigkeiten angemessen einzugehen), sowie das Sozialklima der Klasse bestimmt.

ERGEBNISSE

Deskriptive Befunde

In Tabelle IV.1 sind die Mittelwerte und Standardabweichungen für die Kriterienmaße (Leseverständnis und Rechtschreiben) zusammen mit den minimal und maximal erzielten Werten wiedergegeben. Aus der Bandbreite der Werte läßt sich ablesen, daß sowohl für den Bereich Leseverständnis als auch für das Rechtschreiben zu allen Testzeitpunkten große interindividuelle Unterschiede registriert wurden. Die Ergebnisse verdeutlichen weiterhin, daß die Aufgaben (mit Ausnahme der ersten Rechtschreibprobe) für die Schüler relativ einfach lösbar waren: die mittleren Lösungsraten variierten zwischen ca. 65 und 80 Prozent. Wenn auch die Verteilungen der im dritten und vierten Schuljahr durchgeführten Satzdiktate linksschief ausfielen, sind lediglich für das vergleichsweise leichteste Diktat (Rechtschreibprobe 4. Schuljahr) Deckeneffekte anzunehmen. Die Befunde für das Rechtschreiben illustrieren insgesamt, daß die Mehrzahl der Kinder den Grundwortschatz des betreffenden Schuljahres relativ sicher beherrschte; die Mehrzahl der Fehler wurde für die Subskala der irregulären und selten vorkommenden Wörter

Tabelle IV.1: *Leseverständnis und Rechtschreibfertigkeit (Anzahl richtiger Schreibungen) in Abhängigkeit vom Testzeitpunkt*

		M	SD	Min	Max
(a)	LESEVERSTÄNDNIS				
	2. Klasse (Anfang)	20.25	7.01	0	30
	2. Klasse (Ende)	24.95	5.09	5	30
b)	RECHTSCHREIBEN				
	2. Klasse (Anfang)	16.45	4.89	1	30
	2. Klasse (Ende)	28.76	5.65	0	40
	3. Klasse	55.00	10.91	6	72
	4. Klasse	69.46	9.47	23	81

(z. B. Lokomotive, Rosine, Wohnung) beobachtet. Doch auch hier zeigt die längsschnittliche Betrachtung einen klaren Aufwärtstrend: von den 7 schwierigen Wörtern, die in allen Diktaten enthalten waren, wurden bei der ersten Testung Anfang der zweiten Klasse im Mittel 2.19 richtig geschrieben. Gegen Ende der zweiten Klasse lag der durchschnittliche Anteil der Richtigschreibungen schon bei 3.89 Wörtern (also mehr als 50%) und stieg bis Ende der dritten Klassenstufe auf 4.52 an. Gegen Ende der Grundschulzeit wurden im Mittel immerhin 5.6 Wörter dieser Subskala korrekt geschrieben. Dieser Befund bestätigt die Beobachtung von Klicpera et al. (1993), die gerade in der Grundschulzeit bei der Mehrzahl ihrer Probanden eine zügige Verbesserung der Rechtschreibkompetenzen registrierten.

Interkorrelationen der Kriteriumsmaße

In Tabelle IV.2 sind die Interkorrelationen zwischen den einzelnen Leseverständnis- und Rechtschreibmaßen aufgeführt. Die für das Leseverständnis ermittelten Retest-Korrelation (.76) deutet an, daß die individuellen Unterschiede schon im zweiten Schuljahr relativ stabil ausfallen. Die für den gleichen Zeitraum berechnete Retest-Korrelation der Rechtschreibmaße des zweiten Schuljahres fällt etwas niedriger aus (.64), indiziert aber dennoch einigermaßen stabile individuelle Unterschiede über die Zeit hinweg. Nimmt man die gegen Ende des zweiten Schuljahres erzielte Rechtschreibleistung als Ausgangswert, fallen die Stabilitätswerte noch etwas höher aus. Die für den Zeitraum zwischen der zweiten und vierten Klassenstufe ermittelte Zweijahres-Stabilität liegt mit $r = .65$ ähnlich hoch wie die Retest-Korrelation der Rechtschreibmaße innerhalb des zweiten Schuljahres. Angesichts dieses Entwicklungstrends verwundert es nicht, daß die höchste Stabilität (.78) für den Zeitraum zwischen dem Ende des dritten und des vierten Schuljahres resultiert. Die Befunde replizieren damit Ergebnisse früherer Längsschnittstudien (z. B. Boland, 1993; Juel, 1988; Klicpera et al., 1993; Whyte, 1993), in denen für das Grundschulalter (und darüber hinaus) durchwegs hohe Stabilitäten individueller Leistungsunterschiede über die Zeit hinweg berichtet wurden.

Die Inspektion der synchronen wie auch diachronen Korrelationen zwischen Leseverständnis- und Rechtschreibdaten macht deutlich, daß von Anfang an mittelhohe Ko-

Tabelle IV.2: *Interkorrelationen zwischen den einzelnen Leseverständnis- und Rechtschreibmaßen als Funktion des Testzeitpunkts*

		(1)	(2)	(3)	(4)	(5)	(6)
(1) Leseverständnis	(2A)	---	.76	.56	.57	.60	.55
(2) Leseverständnis	(2E)		---	.52	.53	.56	.53
(3) Rechtschreiben	(2A)			---	.64	.61	.55
(4) Rechtschreiben	(2E)				---	.72	.65
(5) Rechtschreiben	(3)					---	.78
(6) Rechtschreiben	(4)						---

effizienten (Werte zwischen .5 und .6) vorfindbar sind, die sich interessanterweise auch mit wachsendem zeitlichen Abstand zwischen den Messungen nicht wesentlich verändern. Die Befunde bestätigen einerseits die Auffassung, daß es sich beim Lesen und Rechtschreiben um verwandte Prozesse handelt, machen aber andererseits angesichts einer gemeinsamen Varianz von ca. 30-35 Prozent auch klar, daß die Zusammenhänge nicht so eng sind, daß aus der Ausprägung des einen Merkmals auf die des anderen geschlossen werden kann.

Veränderungen des Leseverständnisses und der Rechtschreibkompetenz in Abhängigkeit von Geschlecht, Intelligenz und Lernmotivation

Wie schon erwähnt, wird die Frage systematischer Geschlechtsunterschiede im Schriftspracherwerb durchaus kontrovers diskutiert (vgl. etwa die Beiträge in Richter & Brügelmann, 1994). Die Annahme eines Schereneffekts in der Leistungsentwicklung (s. Schneider, 1994a) und damit einer allmählich einsetzenden Überlegenheit der Mädchen, die im wesentlichen auf günstigere Lernmotivation und bessere schulische Anpassung zurückgeführt werden kann, ist bislang nicht systematisch überprüft worden. Zusätzlich scheint die Rolle der Intelligenz bei der Leistungsentwicklung nicht völlig geklärt. Folgt man den Annahmen der neueren Lehr-/Lernforschung, sollte der anfangs deutliche Einfluß der Intelligenz auf die Lese- bzw. Rechtschreibleistung im Verlauf der Grundschulzeit abnehmen und von Vorwissenseffekten überlagert werden (vgl. etwa Weinert, Helmke & Schneider, 1990).

Um die Frage differentieller Leistungsentwicklungen zu überprüfen, wurden für die Kriteriumsvariablen Leseverständnis und Rechtschreibleistung Varianzanalysen mit Meßwiederholungen berechnet, bei denen Geschlecht, IQ (dichotomisiert) und Lernfreude (dichotomisiert) als unabhängige Variablen fungierten. Die Ergebnisse sind in Tabelle IV.3 wiedergegeben. Obwohl mit diesem methodischen Ansatz wiederum das oben diskutierte Problem des Einebenen-Modells auftaucht und damit Auswirkungen von Spezifikationsfehlern (Nichtberücksichtigung des Klassenkontexts) in Kauf genommen werden müssen, schien er uns für die Analyse komplexer Wechselwirkungen im Vergleich zu den verfügbaren Mehrebenenmodellen besser geeignet zu sein.

Bei der Selektion geeigneter Rechtschreib-Subskalen entschieden wir uns für einen Satz von 10 Wörtern, die in den Rechtschreibproben der ersten drei Meßzeitpunkte immer wieder vorkamen. Angesichts der oben beschriebenen Deckeneffekt-Probleme für

Tabelle IV.3: *Mittelwerte in den verschiedenen Rechtschreib- und Leseverständnistests, separat aufgelistet nach Geschlecht, Intelligenz (IQ) und Lernfreude (LF)*

	JUNGEN				MÄDCHEN			
	IQ +		IQ -		IQ +		IQ -	
	LF +	LF -	LF +	LF -	LF +	LF -	LF +	LF -
(1) = Wortdiktat Kl.2A	3.48	2.96	3.15	2.31	3.58	3.07	3.21	2.65
(2) = Wortdiktat Kl.2E	6.38	5.62	5.85	4.81	6.56	5.39	6.05	5.38
(3) = Satzdiktat Kl.3	7.92	6.70	7.22	5.53	7.96	6.93	7.70	6.58
(4) = Leseverständnis Kl.2A	24.79	21.72	21.29	15.77	24.30	20.94	21.46	17.18
(5) = Leseverständnis Kl.2E	27.75	25.24	26.25	21.80	27.61	25.72	25.86	22.92

den letzten Meßzeitpunkt schien es sinnvoll, auf diese Daten zu verzichten. Obwohl die Kurzform der Rechtschreibskalen z. T. erheblich weniger Wörter aufwies als die jeweiligen Langversionen, schienen die Korrelationen zwischen beiden Varianten hinreichend hoch (von .80 für die erste Erhebung bis .88 für die Rechtschreibprobe der dritten Klassenstufe), um die Kurzversion als repräsentative Form der ursprünglichen Rechtschreibproben gelten zu lassen.

Die Varianzanalyse für die abhängige Variable Leseverständnis erbrachte signifikante Haupteffekte der Intelligenz, $F(1,1051) = 100.25$, $p < .01$, der Lernfreude, $F(1,1051) = 108.50$, $p < .01$, und der Zeit, $F(1,1051) = 997.43$), $p < .01$. Intelligentere und lernfreudigere Kinder schnitten insgesamt besser ab als als weniger intelligente und weniger lernmotivierte, und alle Kinder verbesserten sich im Verlauf des zweiten Schuljahres. Signifikante Wechselwirkungen ergaben sich weiterhin für IQ und Lernfreude, Zeit und Lernfreude, sowie Zeit und IQ. Dies ist so zu interpretieren, daß intelligentere und gleichzeitig lernfreudigere Kinder zu beiden Zeitpunkten bessere Leistungen als weniger intelligente und lernfreudigere Probanden erzielten, während weniger intelligente, aber lernfreudige Kinder in etwa ebensogut wie intelligentere und weniger lernfreudige Kinder abschnitten. Die genauere Analyse der Interaktion zwischen Intelligenz und Meßzeitpunkt auf der einen und Lernfreude und Meßzeitpunkt auf der anderen Seite ergab reduzierte Effekte beider Merkmale für den zweiten Meßzeitpunkt. Hier bleibt allerdings fraglich, ob es sich nicht insofern um ein Artefakt handelt, als die Befunde der zweiten Messung schon Deckeneffekte signalisierten. Interessanterweise fanden sich für die Geschlechtsvariable trotz der beachtlichen Stichprobengröße weder ein signifikanter Haupteffekt noch irgendwelche Wechselwirkungen. Daraus leitet sich der Schluß ab, daß Jungen und Mädchen zumindest in der frühen Phase der Lese-Entwicklung vergleichbare Leistungen zeigen.

Die analoge Varianzanalyse zu den Rechtschreibdaten erbrachte demgegenüber signifikante Haupteffekte für alle drei unabhängigen Variablen: neben dem Effekt für Intelligenz, $F(1,940) = 23.77$, $p < .01$, und Lernfreude, $F(1,940) = 78.69$, $p < .01$, erwies sich auch der Geschlechtseffekt über alle Zeitpunkte hinweg betrachtet als bedeutsam, $F(1,853) = 6.21$, $p < .01$. Zusätzlich ergab sich ein signifikanter Effekt für den Meßzeitpunkt, $F(2,1880) = 1803.21$, $p < .01$. Wie schon beim Leseverständnistest schnitten intelligentere und lernfreudige Kinder auch beim Rechtschreiben besser ab, und Mädchen erwiesen sich den Jungen gegenüber als überlegen.

Eine signifikante Wechselwirkung fand sich zwischen Zeitpunkt und Lernfreude, $F(2,1880) = 11.72$, $p < .01$. Diese Interaktion ist in dem Sinne zu interpretieren, daß Schüler mit hoher Lernfreude im Vergleich mit weniger lernfreudigen Kindern deutlich größere Fortschritte über die Zeit hinweg machten. Wechselwirkungen zwischen Zeitpunkt und Geschlecht sowie Intelligenz und Geschlecht verfehlten knapp das erforderliche Signifikanzniveau (p's $< .07$).

Entwicklungsverläufe für anfänglich schwache Rechtschreiber

Um der Frage nachgehen zu können, ob Kinder mit anfänglichen Rechtschreibproblemen bis zum Ende der Grundschulzeit Defizite in diesem Bereich aufweisen, wurde die Stichprobe nach den Ergebnissen der ersten Rechtschreibprobe in zwei Gruppen unterteilt. Die Kinder des untersten Quartils (N = 245) wurden in ihrem Entwicklungsverlauf der restlichen Stichprobe leicht unterdurchschnittlicher, normaler und überdurchschnittlicher Rechtschreiber gegenübergestellt.

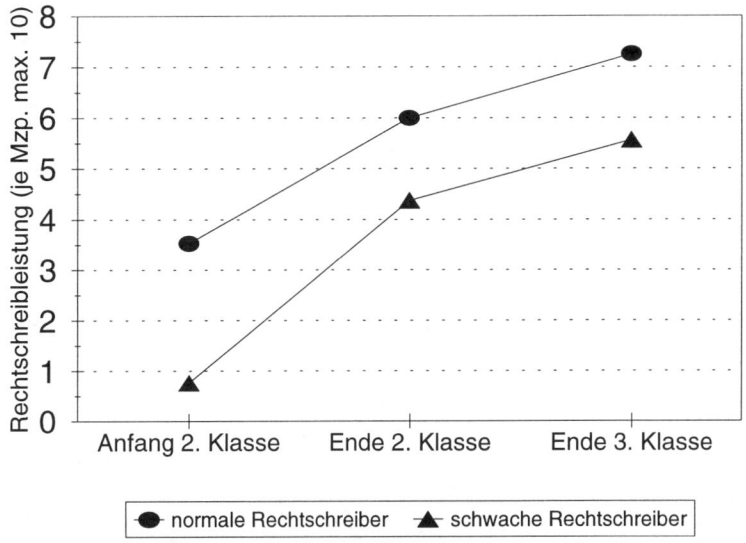

Abbildung IV.2: Leistungsentwicklung bei normalen und schwachen Rechtschreibern.

Abbildung IV.2 gibt die Befunde graphisch wieder. Eine Varianzanalyse mit den unabhängigen Variablen Rechtschreibgruppe (schwach vs. normal) und Leistungsniveau der Klasse (hoch vs. niedrig) und der abhängigen Variablen Rechtschreibleistung (letztere mit Meßwiederholungen) ergab signifikante Haupteffekte für die Rechtschreibgruppe, $F(1,944) = 267.76$, $p < .01$, das Leistungsniveau, $F(1,944) = 4.94$, $p < .05$, und den Meßzeitpunkt, $F(2,1888) = 1391.12$, $p < .01$. Die anfänglich schwächeren Schüler schnitten über alle Meßzeitpunkte betrachtet schlechter als die restliche Stichprobe ab, und Schüler aus Klassen mit anfänglich höherem Leistungsniveau waren insgesamt erfolgreicher. Schließlich verbesserten sich alle Schüler über die Zeit hinweg.

Zusätzlich wurde die Wechselwirkung zwischen Rechtschreibgruppe und Meßzeitpunkt signifikant, $F(1,944) = 32.06$, $p < .01$. Wie aus Abbildung IV.2 hervorgeht, ist diese Wechselwirkung entgegen unseren Erwartungen nicht so zu interpretieren, daß die anfänglich schlechteren Rechtschreiber mit der Zeit immer mehr an Boden verloren. Die Befunde zeigen vielmehr, daß sich die anfänglichen Diskrepanzen mit der Zeit reduzierten, es also zu einem umgekehrten Schereneffekt kam. Obwohl es naheliegt, hier einen Regressionseffekt zur Mitte anzunehmen (die Diskrepanz verringerte sich insbesondere vom ersten auf den zweiten Meßzeitpunkt), kann das Befundmuster über ein solches Methodenartefakt nicht hinreichend erklärt werden. Nachfolgend vorgenommene Kreuztabellierungen für die Ergebnisse jeweils benachbarter Meßzeitpunkte ergaben, daß zwischen 48 und 57 Prozent der Kinder konstant im untersten Quartil verblieben. Demnach wechselte ein beträchtlicher Prozentsatz anfänglich schwacher Rechtschreiber das Quartil. Eine schärfere Prüfung der Fluktuationen, die das Überwechseln aus dem untersten in die beiden oberen Quartile zum Gegenstand hatte, belegte darüber hinaus, daß immerhin 30 Prozent der ursprünglich schwachen Rechtschreiber bei der zweiten Erhebung und 42 Prozent bei der dritten Erhebung zu den besseren Schülern (oberstes oder zweitoberstes Quartil) gehörten; von den Schülern, die sich bei der zweiten Messung im untersten Quartil befanden, wechselten beim dritten Meßzeitpunkt immerhin 36 Prozent in den oberen Bereich.

Nachdem offensichtlich gerade zu Beginn des Schriftspracherwerbs noch größere Fluktuationen in der Gruppenzugehörigkeit festzustellen waren, wurde zusätzlich retrospektiv untersucht, wie viele derjenigen Kinder, die sich am Ende der dritten Klasse im untersten Quartil befanden, zu vorangehenden Zeitpunkten ebenfalls zu den schwächsten Rechtschreibern gehörten. Es ergab sich ein etwas anderes Bild als bei der prospektiven Analyse: während sich immerhin 65% der rechtschreibschwachen Drittkläßler schon gegen Ende der zweiten Klasse im untersten Quartil befanden, betrug ihr Anteil an den schwachen Rechtschreibern zu Beginn der zweiten Klasse ca. 56 Prozent. Dies deutet darauf hin, daß die Stabilität der Klassifikation rechtschreibschwacher Schüler im Verlauf der Schulzeit zunimmt.

Insgesamt gesehen weisen die Befunde für die SCHOLASTIK-Stichprobe etwa im Vergleich mit der Wiener Längsschnittstudie von Klicpera et al. (1993) mehr Fluktuation im unteren Leistungsbereich auf. Ein anfänglich schwaches Abschneiden ließ sich später durchaus noch nach oben korrigieren, und auch gute Anfangsleistungen bedeuteten noch keine Garantie für einen problemlosen Schriftspracherwerb. Die Verwendung unterschiedlicher Meßinstrumente in beiden Studien erschwert allerdings den direkten Vergleich der Ergebnisse. Außerdem wurde in den meisten anderen Längsschnittstudien mit rechtschreibschwachen Kindern ein strengeres Selektionskriterium gewählt.

Um die Auswirkungen eines strengeren Selektionskriteriums (etwa die Fokussierung auf die schlechtesten 5 Prozent der Verteilung) auf das Befundmuster zu überprüfen, wurde zusätzlich retrospektiv untersucht, wie viele Rechtschreiber, die im dritten Schuljahr zu den untersten 5% der Verteilung zählten, sich schon zu den beiden Meßzeitpunkten des zweiten Schuljahres im untersten Quartil befunden hatten. Es stellte sich heraus, daß von den 56 Zielpersonen nur für 47 zu Beginn der zweiten Klasse Rechtschreibdaten vorlagen. Von diesen 47 Schülern hatten insgesamt 35 (also annähernd 75%) zu diesem Zeitpunkt (Beginn der zweiten Klasse) schon schwache Leistungen gezeigt. Immerhin 12 (also ca. 25%) der sehr rechtschreibschwachen Drittkläßler waren demzufolge mit zumindest durchschnittlichen Rechtschreibleistungen in das zweite Schuljahr gestartet. Der Vergleich mit den Rechtschreibproben gegen Ende der zweiten

Klasse ergab allerdings eindeutigere Resultate. Von den 49 extrem rechtschreibschwachen Drittkläßlern, die an der Erhebung gegen Ende der zweiten Klasse teilgenommen hatten, befanden sich zu diesem Zeitpunkt schon 44 (also ca. 90%) im untersten Quartil der Verteilung. Dies macht deutlich, daß bei Zugrundelegung eines strikteren Selektionskriteriums die Klassifikations-Stabilitäten enorm zunehmen.

Analysen zur Relevanz von Kontexteinflüssen

Die bislang durchgeführten Datenanalysen haben mögliche Einflüsse des schulischen Kontexts auf die Entwicklung der Lese-/Rechtschreibleistungen systematisch ausgespart und damit den Eindruck erweckt, daß wir unabhängig von der jeweiligen Schulklassenzugehörigkeit vergleichbare Entwicklungstrends beobachten können. Wie aus Abbildung IV.3 zu ersehen ist, unterscheiden sich die 51 in die Analyse einbezogenen Schulklassen jedoch von Anfang an in ihren mittleren Leistungsniveaus und auch in den durchschnittlichen Zuwachsraten. Es ist von daher anzunehmen, daß die individuellen Unterschiede in den Lernraten der Schüler nicht nur auf Unterschiede in ihren Persönlichkeitsmerkmalen, sondern zusätzlich auch auf systematische Variationen zwischen Schulklassen rückführbar sind. Zur Überprüfung dieser Frage wurde auf einen mehrebenenanalytischen Ansatz zurückgegriffen, der die Analyse von Wachstums- bzw. Lernraten unter Einbezug unterschiedlicher Datenebenen ermöglicht. Individuelle Unterschiede in den beobachteten Zuwachsraten werden dabei nicht nur über Hintergrundmerkmale der untersuchten Personen (Individualebene), sondern zusätzlich auch über systematische Effekte des Lernkontextes (Klassenebene) zu erklären versucht.

Obwohl in der neueren Literatur eine Reihe unterschiedlicher statistischer Mehrebenenprozeduren beschrieben wird (vgl. z. B. Burstein, Kim & Delandshere, 1989;

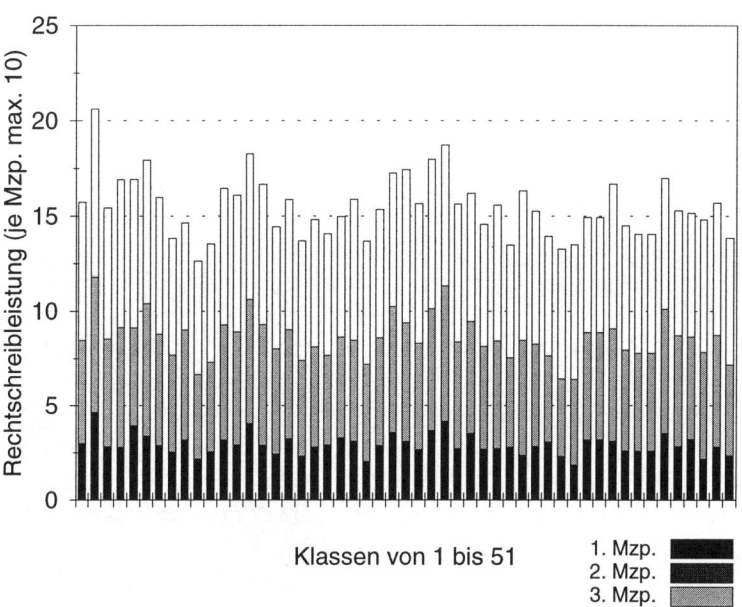

Abbildung IV.3: Rechtschreibleistung als Funktion der Klassenzugehörigkeit.

DeLeeuw & Kreft, 1995; Draper, 1995; Schneider & Helmke, 1986), scheinen nur wenige Verfahren für die Mehrebenenanalyse von Längsschnittdaten geeignet zu sein (s. Bryk & Raudenbush, 1992; Raudenbush, 1995). Wir verwendeten das Hierarchisch Lineare Modell (HLM; Computerprogramm HLM/3L, Version 2.0) von Bryk, Raudenbush & Congdon (1994), das für die Analyse von Dreiebenenmodellen gedacht ist. Dabei wird im vorliegenden Fall so vorgegangen, daß in einem ersten Schritt und auf der ersten Ebene ein "unbedingtes" (unconditional) Modell spezifiziert wird, das die Wachstumsfunktion (z. B. linear, quadratisch oder kubisch) und die Varianz im Eingangsniveau der Schüler und in den individuellen Zuwachsraten ohne Einbezug irgendwelcher Erklärungsvariablen schätzt. Im zweiten Schritt (bzw. auf der zweiten Ebene) wird versucht, möglichst viel an der beobachteten Varianz im Eingangsniveau und in den individuellen Zuwachsraten durch den Einbezug geeigneter Schülermerkmale (z. B. IQ, Lernfreude etc.) aufzuklären. Schließlich wird dann im dritten und letzten Schritt versucht, die Varianz der auf Klassenebene hochaggregierten Eingangsniveaus und Zuwachsraten im Rechtschreiben (N = 51) durch den Einbezug geeigneter Schulklassenmerkmale (z. B. Instruktionsqualität, Aufmerksamkeit etc.) aufzuklären. Über diese Form von Mehrebenenanalysen läßt sich demnach der Prozentsatz an Varianz in den Eingangsniveaus und Rechtschreibverläufen, der durch Unterschiede zwischen einzelnen Schülern bedingt ist, von demjenigen Varianzanteil separieren, der im wesentlichen auf Kontextmerkmalen von Schulklassen beruht.

Bei der Anwendung des HLM-Programms wurden wir mit mehreren praktischen Problemen konfrontiert: Zunächst einmal war es notwendig, bei fehlenden Daten das Prinzip der "listwise deletion" anzuwenden, also den jeweiligen Schüler ganz von der Analyse auszuschließen. Damit reduzierte sich die verfügbare Stichprobe auf 722 Schüler. Weiterhin erwies es sich als schwierig, ein geeignetes Wachstumsmodell zur Abbildung des Lernzuwachses zu finden. Die Annahme eines linearen Wachstumsmodells ergab

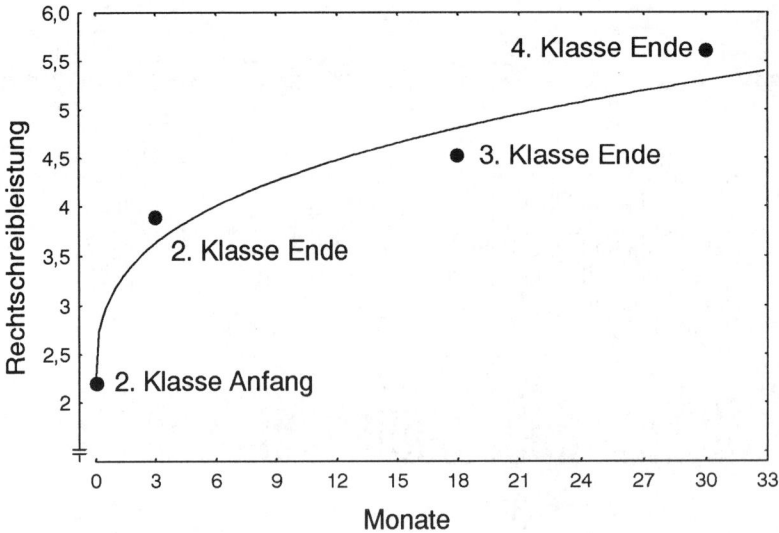

Abbildung IV.4: Bestpassende Wachstumsfunktion (y = a+x**(1/3)) zur Abbildung der Rechtschreibentwicklung.

eine schlechte Datenanpassung. Wie sich aus Abbildung IV.4 ablesen läßt, fand sich im Hinblick auf die zunehmende Beherrschung der wiederholt vorgegebenen Wörter ein negativ beschleunigter Kurvenverlauf. Explorative Analysen ergaben, daß sich diese Verlaufsform am besten über eine kubische Wurzelfunktion modellieren ließ, die dann den weiteren Auswertungen zugrundegelegt wurde. Schließlich traten bei der Auswahl geeigneter Prädiktoren für die zweite und dritte Analyse-Ebene Schätzprobleme auf, die sich z. T. in einer sehr hohen Anzahl von Iterationen dokumentierten. Das hier vorgestellte Ergebnismuster beruht weitgehend auf explorativen Vorgehensweisen und sollte entsprechend vorsichtig interpretiert werden.

In Tabelle IV.3 finden sich die Befunde zum ersten Analyseschritt. Es wurde hierbei zunächst geprüft, ob sich zwischen den Schülern individuelle Unterschiede im Eingangsstatus (erste Messung) und im weiteren Verlauf der Lernzuwächse ergeben. Die in Tabelle IV.4 angegebenen Schätzkoeffizienten für Eingangsniveau und Lernrate werden statistisch signifikant und bestätigen damit die Annahme, daß sich die Schüler nicht nur von Anfang an in ihren Rechtschreibleistungen unterscheiden, sondern sich auch unterschiedlich schnell weiterentwickeln. Dabei fällt auf, daß die Reliabilität der Schätzparameter auf Schülerebene insbesondere im Hinblick auf die Zuwachsraten relativ niedrige Werte erreicht. Dies mag auf den geringen Skalenumfang zurückzuführen sein, kann aber auch als Indiz für die geringe Variabilität der individuellen Veränderungsraten innerhalb der Klassen gelten. Der Einbezug von Information zu Klassenunterschieden macht schließlich deutlich, daß Schulklassenunterschiede insgesamt ca. 15.6% der Varianz in den Eingangswerten und immerhin 22% der Varianz in den Lernzuwächsen erklären können.

In einem zweiten Analyseschritt wurden Individualprädiktoren bestimmt, die signifikant zur Aufklärung der Varianz in den Eingangsniveaus und den Lernzuwachsraten beitragen können. Die Befunde sind in Tabelle IV.5 wiedergegeben.

Tabelle IV.4: *HLM-Befunde zu den "unbedingten" Schüler- und Klassenmodellen*

(1)	INDIVIDUELLES LERNZUWACHS-MODELL	GESCHÄTZTER KOEFFIZIENT	STANDARD-FEHLER	t-WERT	p
	Eingangsniveau	3.10	0.09	34.20	< .01
	Lernrate	1.58	0.04	42.27	< .01
(2)	Reliabilität der individuellen Wachstumsparameter: (a) Eingangsniveau (b) Lernrate	.36 .11			
(3)	Reliabilität der Klassenzuwachsraten: (a) Eingangsniveau (b) Lernrate	.55 .36			
(4)	Prozensatz der auf Klassenunterschiede rückführbaren Varianz: (a) Eingangsniveau (b) Lernrate	15.6 22.0			

Tabelle IV.5: *HLM-Befunde zum "gefixten" Schüler- und "unbedingtem" Klassenmodell (Einbezug von Prädiktoren auf der Schülerebene)*

"GEFIXTES" INDIVIDUELLES LERNZUWACHS-MODELL	GESCHÄTZTER KOEFFIZIENT	STANDARD-FEHLER	t-WERT	p
(1) *Eingangsniveau*				
(a) Basiskoeffizient	1.50	0.46	3.28	< .05
(b) Lehrerurteil Deutsch	0.35	0.03	11.55	< .01
(c) Aufmerksamkeit	0.01	0.006	2.21	< .05
(d) SK* Deutsch	0.24	0.06	3.94	< .05
(2) *Lernrate*				
(a) Basiskoeffizient	0.76	0.24	3.24	< .05
(b) Lehrerurteil Deutsch	0.06	0.02	3.31	< .05
(c) Aufmerksamkeit	0.01	0.003	3.24	< .05
VARIANZKOMPONENTEN UND PROZENTUALE VARIANZREDUKTION				
	Eingangsniveau		Lernzuwachs	
	Var (pi)	R-Quadrat	Var (pi)	% R-Quadrat
"unbedingtes" Modell	.968		.071	
"gefixtes" Modell	.336	65.3	.045	36.0

Anmerkung: * SK = Selbstkonzept.

Es läßt sich daraus ablesen, daß das durchschnittliche Rechtschreibniveau der Klasse (Basiskoeffizient), die Lehrerbeurteilung für das Fach Deutsch, die über das Münchner Aufmerksamkeitsinventar ermittelte Aufmerksamkeit und das von den Schülern berichtete Selbstkonzept für das Fach Deutsch signifikant zur Aufklärung der Rechtschreibvarianz zu Beginn der zweiten Klasse (Eingangsniveau) beitragen. Mit Ausnahme des Selbstkonzepts gilt dies auch für die Erklärung der Varianz in den individuellen Lernzuwächsen. Aus Tabelle IV.5 geht weiterhin hervor, daß ca. 65% der Varianz im Eingangsniveau und etwa 36% der Varianz in den Zuwachsraten durch diesen Prädiktor-Satz aufgeklärt werden.

Wie Tabelle IV.6 zeigt, lassen sich im vollständigen Modell, das simultan Prädiktoren der Schüler- und Klassenebenen berücksichtigt, statistisch signifikante Effekte von Klassenmerkmalen registrieren. Die Befunde zum Eingangsniveau zeigen zunächst, daß sich die Unterschiede in den individuellen Rechtschreibleistungen durch die mittleren Rechtschreibniveaus der einzelnen Klassen signifikant vorhersagen lassen. Individuelle Unterschiede in den Lehrerurteilen lassen sich ebenfalls über das mittlere Rechtschreibniveau einer Klasse und Unterschiede in den Management-Kompetenzen des Lehrers vorhersagen. Die Tabelle macht weiterhin deutlich, daß die Bedeutung von Aufmerksamkeits- und Selbstkonzeptunterschieden der Schüler für das Eingangsniveau der Rechtschreibleistung durch Klassenunterschiede im Rechtschreibniveau zumindest teilweise moderiert wird.

Tabelle IV.6: *HLM-Befunde zum vollständigen Modell (Kombination von Schüler- und Klassenebene)*

INDIVIDUALEBENE	KLASSENEBENE	GESCHÄTZTER KOEFFIZIENT	STANDARD-FEHLER	t	p
(1) Eingangsniveau					
Basiskoeffizient	Basiskoeffizient	1.61	0.46	3.51	< .05
Lehrerurteil Deutsch	Basiskoeffizient	0.22	0.07	3.19	< .05
Lehrerurteil Deutsch	Management	0.05	0.03	2.05	< .05
Aufmerksamkeit	Basiskoeffizient	0.01	0.006	1.97	< .10
SK* Deutsch	Basiskoeffizient	0.24	0.06	3.83	< .05
(2) Lernrate					
Basiskoeffizient	Basiskoeffizient	1.37	0.30	4.53	< .05
Basiskoeffizient	Aufmerksamkeit	0.01	0.004	2.57	< .05
Lehrerurteil Deutsch	Basiskoeffizient	0.05	0.02	2.96	< .05
Aufmerksamkeit	Basiskoeffizient	0.01	0.003	3.92	< .05

Anmerkung: * SK = Selbstkonzept.

Was die Vorhersage der Zuwachsraten in den Rechtschreibkompetenzen angeht, so fällt auf, daß individuelle Zuwachsraten signifikant durch klassenspezifische Zuwachsraten prognostiziert werden können. Mindestens ebenso bedeutsam erscheint der Befund, daß sich Zuwachsraten in der Rechtschreibleistung auch über Unterschiede im mittleren Aufmerksamkeitsniveau von Schulklassen vorhersagen lassen. Schließlich geht aus Tabelle IV.6 noch hervor, daß der Einfluß des vom Lehrer beurteilten Leistungsstands im Fach Deutsch sowie der der individuellen Aufmerksamkeit auf die Rechtschreibentwicklung von der jeweiligen Ausprägung dieser Merkmale in den zugehörigen Klassen abhängt.

Wie schon oben erwähnt, sind die hier vorgestellten Befunde der Mehrebenenanalyse mit Vorsicht zu interpretieren, da bei der Durchführung der Analysen verschiedene Probleme auftraten, die z. T. auf Programmfehler hindeuten (z. B. fehlerhafte Angaben zum Signifikanzniveau). Dennoch liefern diese eher exploratorischen Auswertungen Belege für unsere Grundannahme, daß Unterschiede zwischen Schulklassen nicht vernachlässigt werden dürfen, wenn es um die Erklärung und Vorhersage von Rechtschreibleistungen geht.

ABSCHLIESSENDE BEMERKUNGEN

In der vorliegenden Untersuchung sollten die Längsschnittdaten der SCHOLASTIK-Studie zum Schriftspracherwerb dazu genutzt werden, einige in der einschlägigen Literatur bislang kaum oder kontrovers diskutierten Forschungsfragen zu erhellen. Eine erste wesentliche Frage betraf die Entwicklung von Lese- und Rechtschreibkompetenzen im Verlauf der Grundschulzeit. Während unsere Befunde zur Entwicklung des Leseverständnisses auf Daten beschränkt waren, die im Verlauf des zweiten Schuljahres erhoben wurden, ermöglichten die Rechtschreibdaten längsschnittliche Analysen für einen Zeitraum von annähernd drei Jahren (Beginn des zweiten bis Ende des vierten Schuljahres). Über die Verwendung identischer Subtests ließen sich dabei Aussagen über die relative Geschwindigkeit des Erwerbsprozesses machen. Die Befunde lassen insgesamt den Schluß zu, daß sich für die große Mehrheit der Grundschulkinder von der zweiten bis zur vierten Klasse beträchtliche Fortschritte in den Rechtschreibkompetenzen registrieren lassen und der geforderte Grundwortschatz vergleichsweise gut beherrscht wird (vgl. auch Klicpera et al., 1993).

Unabhängig von diesem generell zügigen Entwicklungstempo waren von Anfang an beträchtliche interindividuelle Kompetenzunterschiede auszumachen. Unsere Vermutung, daß hier Intelligenz-, Motivations- und auch Geschlechtsunterschiede bedeutsam sein könnten, ließ sich im großen und ganzen bestätigen. Sowohl für das Leseverständnis als auch für das Rechtschreiben fanden sich substantielle Effekte der Intelligenz und der Lernmotivation. Interessant ist hierbei, daß beide Größen kompensatorisch wirken konnten, also Schüler mit eher niedriger Intelligenz, aber hoher Lernmotivation ähnlich gut wie Schüler abschnitten, die bei guter Intelligenz wenig motiviert schienen.

Im Vergleich zur Intelligenz und zur Lernmotivation erwies sich die Geschlechtsvariable als weniger bedeutsam. Für das in der zweiten Klasse erhobene Leseverständnis ergaben sich keinerlei signifikante Geschlechtseffekte, was darauf hindeutet, daß Geschlechtsunterschiede zumindest in der frühen Phase des Schriftspracherwerbs eine vernachlässigenswerte Rolle spielen. Demgegenüber fanden sich bei den Rechtschreibproben insbesondere gegen Ende der Grundschulzeit reliable Unterschiede zugunsten der Mädchen. Wie sich aus den F-Werten ablesen läßt, sind diese Unterschiede trotz ihrer Signifikanz aber eher gering; sie repräsentieren kleine Effektstärken, wie sie im übrigen für Geschlechterdifferenzen bei höheren kognitiven Funktionen generell üblich zu sein scheinen (vgl. Springer & Deutsch, 1993). Die Befunde zu Geschlechtsunterschieden im Rechtschreiben stimmen demnach gut mit Ergebnissen anderer Untersuchungen (z. B. Mannhaupt, 1994b; Richter, 1994, 1996) überein, die Jungen bei den schwachen Rechtschreibern, Mädchen bei den guten Rechtschreibern überrepräsentiert sehen, ohne daß sich beide Gruppen substantiell in ihren Mittelwerten unterscheiden. Obwohl die Ursachen für die registrierten Mittelwertsunterschiede nicht endgültig geklärt sind, spricht einiges für die Relevanz motivationaler Merkmale und die Einstellung zum Rechtschreiben, die sich bei Jungen und Mädchen unterscheidet. Es ist auch nicht auszuschließen, daß der relative Anteil von typischen "Jungenwörtern" (z. B. Schiedsrichter) oder "Mädchenwörtern" (z. B. Pferde) an der jeweiligen Rechtschreibprobe das Ausmaß des Geschlechtsunterschiedes bestimmt (vgl. etwa May, 1994; Richter, 1996). Analysen dieser Art wurden in der vorliegenden Untersuchung nicht vorgenommen, sind aber prinzipiell möglich.

Entgegen unseren Erwartungen fand sich kein "Schereneffekt", was die Entwicklungstrends für schwache und normale Rechtschreiber angeht. Dies steht im Gegensatz zu Befunden früherer Arbeiten (etwa Juel, 1988; Klicpera et al., 1993) und ist möglicherweise darauf zurückzuführen, daß in der vorliegenden Studie relativ leichte Meßverfahren eingesetzt wurden. Die Verwendung standardisierter Rechtschreibtests mit eher seltenen und schwierigen Wortmaterialien hätte in diesem Punkt wahrscheinlich andere Befunde erbracht. Dennoch scheint das Ergebnis der pro- und retrospektiven Klassifikationsanalysen insgesamt bemerkenswert. Es verdeutlicht auf der einen Seite, daß individuelle Unterschiede im Rechtschreiben schon ab der zweiten Klassenstufe relativ stabil sind - gerade auch im Hinblick auf die schwachen Rechtschreiber -, macht auf der anderen Seite aber auch klar, daß es mehr Auf- und Abstiegsbewegungen gibt, als üblicherweise angenommen wird. Den Gründen für solche Fluktuationen sollte in zukünftigen Studien genauer nachgegangen werden.

Ein letztes wichtiges Anliegen der vorliegenden Arbeit betraf die Frage nach dem Einfluß des Unterrichtskontexts auf den Schriftspracherwerb. Obwohl es inzwischen eine Reihe großangelegter Längsschnittstudien zu dieser Thematik gibt, sind Effekte des schulischen Kontextes - beispielsweise der Unterrichtsqualität - bislang nicht systematisch berücksichtigt worden. Unsere Befunde bestätigen die Erwartung, daß Unterschiede in Unterrichtsmerkmalen die Entwicklung von Rechtschreibleistungen in der Tat signifikant beeinflussen. Merkmale des schulischen Kontextes sind demnach nicht zu vernachlässigen und sollten in zukünftigen Längsschnittstudien zum Thema berücksichtigt werden, wenn man bedenkt, daß sie in der vorliegenden Studie ca. 16% der Varianz in den Eingangsleistungen und ca. 22% der Varianz in den Lernzuwächsen erklären konnten. Es sollte allerdings an dieser Stelle nicht verschwiegen werden, daß die verfügbaren mehrebenenanalytischen Auswertungsprozeduren methodisch anspruchsvoll sind und in ihren EDV-technischen Realisierungen nicht unbedingt benutzerfreundlich verfahren. Wir sind dennoch der Auffassung, daß sich der Mehraufwand bei der Datenanalyse lohnt, wenn dadurch verzerrte Befunde und Fehlinterpretationen vermieden werden können.

Erwerb des Lesens und des Rechtschreibens: Kommentar

Renate Valtin

In meinem Beitrag möchte ich einige Anregungen für die Erforschung des Lesen- und Schreibenlernens geben, die einmal- retrospektiv - das SCHOLASTIK-Projekt, zum anderen - prospektiv - weitere empirische Untersuchungen betreffen.

ZUM SCHOLASTIK-PROJEKT

Im deutschen Sprachraum existieren bislang - mit Ausnahme der Wiener Untersuchung von Klicpera, Gasteiger-Klicpera und Schabmann (1993), in der auch der Einfluß individueller Lernvoraussetzungen, der familiären Situation und des schulischen Unterrichts auf das Erlernen des Lesens und Rechtschreibens erforscht wurde, - keine umfangreichen Längsschnittuntersuchungen zum Schriftspracherwerb, die den Verlauf der Entwicklung über mehrere Jahre verfolgen und zudem den schulischen Kontext miterfassen. Die SCHOLASTIK-Untersuchung füllt deshalb eine wichtige Lücke. Wenn man sich das Design der Untersuchung und die Konzeptualisierung der Lese- und Rechtschreibleistung in der SCHOLASTIK-Untersuchung anschaut, muß man jedoch konstatieren, daß sie älteren Modellen verhaftet sind: einem *statischen Komponentenmodell*, das in der neueren Forschung durch zwei sich ergänzende Ansätze abgelöst wurde, einerseits durch *Prozeßmodelle*, die auf eine Analyse von Teilfähigkeiten des Lesens und Schreibens abzielen und auf Annahmen der kognitiven Informationsverarbeitungstheorie basieren, und andererseits durch *Stufenmodelle*, die ausgehend von kognitiv-entwicklungspsychologischen Ansätzen den Entwicklungsprozeß beim Schriftspracherwerb beschreiben. Zahlreiche Forschungsergebnisse der letzten Jahre haben gezeigt, daß es sich beim Erlernen des Lesens und der Rechtschreibung nicht um mechanische Prozesse des Einprägens von Wortbildern bzw. des Beherrschens einer immer größeren Anzahl von Wörtern handelt, sondern um eine Denkentwicklung: Die Lernenden müssen Einsichten in Funktion und Aufbau unserer Schrift und in die Prinzipien unserer Orthographie gewinnen. Diese Lernprozesse finden nicht schlagartig von heute auf morgen statt, sondern die Kinder entwickeln in der Auseinandersetzung mit dem Lerngegenstand allmählich *Zugriffsweisen oder Strategien*, die dem Lerngegenstand Schriftsprache immer besser angepaßt werden und die sich in Stufenmodellen der Aneignung von Schriftsprache darstellen lassen. Die Stufen sind gekennzeichnet durch *qualitative Veränderungen in den dominierenden Lese- und Schreibstrategien*, die zunehmend ausdifferenziert werden, wobei die früheren Strategien nicht verloren gehen.

Die im SCHOLASTIK-Projekt gewählten Instrumente sind nur bedingt geeignet, diese Strategien nachzuzeichnen. Zur Messung der Leseleistung wurde verständlicherweise ein Gruppentest eingesetzt, und zwar ein Leseverständnistest, der weder Aussagen über die dominanten Lesestrategien noch über die so wichtigen *Wortidentifikationsprozesse* erlaubt. Gerade für jüngere Kinder sind Lesegenauigkeit und Lesesicherheit einzelner Wörter ein bedeutsamer Indikator, deshalb ist es bedauerlich, daß auf das Wortlesen verzichtet wurde, zumal es hier auch Gruppentests für das 2. Schuljahr gibt. In Leseverständnistests gehen viele leseunspezifischen kognitiven Leistungen ein, wie Umfang des Wortschatzes und allgemeines Wissen (vgl. auch Scheerer-Neumann, 1995). Deshalb ist auch die in der SCHOLASTIK-Untersuchung festgestellte recht niedrige Korrelation zwischen Lese- und Rechtschreibtest zu erwarten.

Faßt man den Erwerb der orthographischen Kompetenz als eine Entwicklung und zunehmende Ausdifferenzierung charakteristischer Strategien auf, dann bedeutet dies für die Konzeptualisierung der Rechtschreibleistung, daß die Summe der richtig geschriebenen Wörter nach dem Kriterium richtig-falsch, wie sie in der SCHOLASTIK-Studie verwendet wird, nur ein sehr grober Indikator, vor allem in den unteren Schuljahren, ist. Diese Summenbildung kann durchaus bedeutsame Unterschiede kaschieren, weil qualitativ unterschiedliche Fehler (halbphonetische Skelettschreibungen, phonetische Schreibungen nach dem Schreibe-wie-du-sprichst-Prinzip sowie orthographische Schreibungen) in einen Topf geworfen werden. Dabei kann eine Zunahme der Fehler, z. B. im Bereich der falschen Generalisierungen von Rechtschreibmustern, geradezu einen Entwicklungsfortschritt signalisieren! Zwar ist es gegenüber älteren Untersuchungen, die unterschiedliche Rechtschreibtests mit jeweils anderem Wortmaterial verwendeten, ein begrüßenswerter Fortschritt, daß dieselben 10 Wörter für verschiedene Meßzeitpunkte ausgewählt wurden, doch wäre eine detailliertere Auswertung nach den Kategorien phonetische, orthographische und eventuell grammatische Fehler wünschenswert und könnte die Aussagekraft der Daten erhöhen, vor allem im Hinblick auf die Validität der Klassifikation schwacher und guter Rechtschreiber im zweiten Schuljahr und auf die Messung der Stabilität der Leistungen. Schneider (i. d. Bd.) verweist darauf, daß bei Zugrundelegung eines strikteren Selektionskriteriums die Klassifikations-Stabilität enorm zunimmt. Vermutlich läßt sie sich noch mehr steigern, wenn die Rechtschreibstrategien der Kinder berücksichtigt werden. Beobachtungen von Dehn (1994) verweisen darauf, daß langanhaltende Schwierigkeiten bei Rechtschreiben dann zu erwarten sind, wenn Kinder nach vier Schulmonaten noch nicht das alphabetische Prinzip unserer Schrift begriffen haben und noch nicht gelernt haben, ansatzweise phonetisch zu verschriften. Kinder, die schon zu Beginn des zweiten Schuljahrs vornehmlich orthographische Fehler machen, zeigen vermutlich schnellere Fortschritte als diejenigen mit phonetischen Fehlern.

ZUR FRAGE DER GESCHLECHTERUNTERSCHIEDE BEIM ERLERNEN DES LESENS UND RECHTSCHREIBENS

Eine ergänzende Auswertung der Rechtschreib- und Lesedaten der SCHOLASTIK-Untersuchung könnte auch weitere Erhellungen zur Frage der Geschlechterunterschiede in bezug auf den Schriftspracherwerb bringen. Die folgenden Überlegungen beziehen sich zwar vorwiegend auf die SCHOLASTIK-Studie, sie sollen jedoch auch Anregungen geben für die weitere Erforschung dieses Bereichs. Analoge Vorgehensweisen sind angebracht, wenn man die Leistungsentwicklung guter und schwacher Rechtschreiber/Leser erforschen und das Matthäus-Prinzip (wer hat, dem wird gegeben) oder die Frage nach einem möglichen Schereneffekt untersuchen will. In der SCHOLASTIK-Untersuchung ergab sich zwar kein Hinweis auf einen Schereneffekt in der Rechtschreibung in der vierjährigen Grundschulzeit. Klicpera et al. (1993) haben jedoch von der 1. bis zur 8. Klasse sowohl in der Lesegeläufigkeit als auch in der Rechtschreibleistung einen immer weiteren Rückstand der schwächeren Leser und Rechtschreiber beobachtet.

Was die möglichen Leistungsunterschiede zwischen Jungen und Mädchen beim Lesen und Rechtschreiben betrifft, so schwanken die Angaben über die Größe beträchtlich. Betrachtet man den Anteil von Jungen und Mädchen unter den Versagern (Legasthenikern), so sind zwei Beobachtungen auffallend: Jungen werden erstens deutlich häufiger als Mädchen anderen Institutionen (Lesekliniken, Schulpsychologischen Diensten) gemeldet. Offenbar handelt es sich hier auch um einen Selektionseffekt, der dadurch bedingt ist, daß nicht allein die Lese-Rechtschreib-Schwäche, sondern vor allem auch schulische Verhaltensauffälligkeiten Grund der Meldung sind. Lehrer nennen als Problemkinder solche, die ihnen Probleme bereiten, also vorwiegend auch sog. Disziplinfälle. Die klassische Untersuchung von Wickman (1928), in der 511 Grundschullehrer eine Liste von 50 Verhaltensproblemen nach ihrem Schweregrad ordnen sollten, zeigt, daß Lehrer vor allem solches Verhalten als besonders problematisch einschätzen, das sich häufiger unter Jungen findet: motorische Unruhe, Aggressivität und Störung des Unterrichts, während schulversagende Mädchen häufiger besser angepaßtes oder auch fehlangepaßtes Verhalten im Sinne von besonders scheu, kontaktgehemmt, zurückgezogen und ängstlich zeigen und deshalb den Lehrern kaum auffallen. Bekannt ist auch, daß Faktoren wie schöne Handschrift zu einer besseren Bewertung von schriftlichen Deutschleistungen durch die Lehrer führt.

Zweitens finden sich aber auch in unausgelesenen Stichproben mehr Jungen am unteren Ende der Verteilung, wobei die Unterschiede je nach Stichprobengröße signifikant sind. Zudem scheint es, zumindest für die Rechtschreibung, einen früh einsetzenden Vorsprung der Mädchen zu geben, der in späteren Schuljahren noch deutlicher wird.

Die bisherigen Forschungen deuten auf drei Deutungen dieser Unterschiede hin, die sich allerdings nicht ausschließen und ihrerseits erklärungsbedürftig sind:

(1) Mädchen sind besser in *Vorläuferfähigkeiten*. Die empirischen Ergebnisse hierzu sind aber nicht einheitlich. Während Mannhaupt (1994b) mehr Risikokinder unter den Jungen findet, unterscheidet sich, wie Schneider (1994a, S. 75) berichtet, bei LOGIK der mittlere Risiko-Score im Screening Test bei Jungen und Mädchen nicht. Bekannt ist jedoch, daß der Anteil der Jungen bei Sprachstörungen und hirnfunktionellen Störungen größer ist, was zu einer größeren Erschwernis des Schriftspracherwerbs führen kann.

(2) Mädchen zeigen schon zu Schulbeginn eine, wenn auch geringe, anfängliche Überlegenheit in bezug auf relevante *Vorkenntnisse*. Einige Befunde (auch LOGIK) sprechen dafür, daß Mädchen bei anspruchsvolleren Aufgaben Vorsprünge aufweisen. So können sie im Vergleich zu Jungen mehr eigene Wörter schreiben (3,5 : 2,3 in der LOGIK-Untersuchung; 3,2 : 1,7 Wörter bei Richter, 1994). Auch Neuhaus-Siemon (1993) hatte mehr frühlesende Mädchen in ihrer Stichprobe. Die Frage, warum Mädchen größere Vorkenntnisse haben, wird jedoch unterschiedlich beantwortet (Imitationslernen, sozialisatorische Effekte).

(3) Mädchen zeigen eine *zügigere Entwicklung der Strategien*. Die Befunde von May (1994) und Richter (1994) deuten darauf hin, daß Jungen und Mädchen in den ganz frühen Stadien der Rechtschreibentwicklung ähnliche Fortschritte beim Begreifen des alphabetischen Prinzips (also beim Eindringen in die Logik unserer Schrift) aufweisen, d. h. daß sie ähnliche Ergebnisse zeigen, bis sie zur fast lauttreuen Umschrift beim Konstruieren neuer Wörter fähig sind. Jungen verbleiben länger bei der alphabetischen Strategie, während Mädchen zügigere Fortschritte in bezug auf die orthographischen Strategien machen. Laut Richter (1994) verwendeten die Mädchen bereits Mitte des

ersten Schuljahrs 60% mehr Rechtschreibmuster als Jungen (sowohl legale als auch illegale, Beispiel: falsches Dehnungs-h). Und May (1994, S. 87-88) stellt fest: Unter den Schreibern, die das artikulationsbezogene alphabetische Schreiben zu wenig durch Beachtung orthographischer Prinzipien und mit Hilfe morphematischen Bedeutungs- und Strukturwissens überformen, sind zu allen Zeitpunkten (d. h. 2. bis 9. Klasse) Jungen deutlich stärker vertreten.

Aufgrund von LOGIK und SCHOLASTIK sind die Unterschiede in der Anzahl der richtig geschriebenen Wörter zwischen Jungen und Mädchen zu Beginn des 2. Schuljahrs gering, nehmen aber zu. In einer differenzierteren Fehler-Auswertung könnte nachgeprüft werden, ob Jungen und Mädchen in frühen Phasen eine gleiche Anzahl phonetischer Verstöße machen und ob Mädchen eher zu orthographischen Verschriftungen übergehen. Dies sollte im Kontext der Frage geprüft werden, ob sich Jungen und Mädchen zum gleichen Zeitpunkt in unterschiedlichen Phasen der Aneignung orthographischer Prinzipien befinden. Ferner könnte die Kontinuität der Entwicklung geprüft werden: Laut May (1994) sind Mädchen stetiger, Jungen zeigen mehr Brüche und Sprünge in der Entwicklung.

Dieses möglicherweise zügigere Voranschreiten der Mädchen ist jedoch selber erklärungsbedürftig: Ist es eine Frage besserer Vorläuferfertigkeiten? Oder besserer Vorkenntnisse? Oder handelt es sich (auch) um einen Übungs- und Motivationseffekt? Langweilige Rechtschreibregeln zu erlernen erfordert ja einigen Fleiß. Die Tatsache, daß Mädchen offenbar bei orthographischen Kenntnissen besser abschneiden, könnte auf Übungs- und Motivationseffekte deuten, ebenso wie ein weiteres Ergebnis von May: Im 4. Schuljahr zeigten Jungen signifikant schlechtere Leistungen in bezug auf die Beachtung von Oberzeichen und Satzpunkten, was auf eine geringere Aufmerksamkeit und Kontrolle beim Schreiben deutet. Auf einen Motivationseffekt deutet auch das Ergebnis von Schneider, daß bei besseren Rechtschreibern eine größere Lernfreude besteht. Vieles spricht für nichtkognitive Merkmale für die Erklärung der Unterschiede zwischen Jungen und Mädchen: Mädchen sind lernmotivierter in bezug auf das Schreiben (in der NOVARA-Untersuchung zeigte sich schon zu Beginn des 2. Schuljahres ein signifikanter Unterschied in bezug auf den Spaß am Schreiben, s. Valtin u. a., 1996). Mädchen bilden offenbar eher Arbeitstugenden aus, die für die Rechtschreibung relevant sind: Genauigkeit, konzentriertes Üben und eine gute Handschrift.

Auf Motivationseffekte deuten auch Befunde, daß die Jungen vor allem dann gute Rechtschreibleistungen aufweisen, wenn es sich um Jungen-Wörter handelt wie Lokomotive und Computer (Richter & Brügelmann, 1994).

In bezug auf das Leseverständnis zeigen sich in der SCHOLASTIK-Stichprobe keine Geschlechterunterschiede bei Kindern der 2. Klasse. In den großen Vergleichsuntersuchungen der IEA (International Association for the Evaluation of Educational Achievement), die auf Daten aus 30 Ländern und zwei Jahrgangsstufen (3. und 8. Klasse) basiert, zeigte sich jedoch eine nahezu universelle Überlegenheit der Mädchen auf dem Gebiet des Lesens. In der deutschen Teilstichprobe war vor allem bei den jüngeren Kindern eine größere Anzahl von Jungen in der Gruppe der schwächsten Leser festzustellen, während in der Spitzengruppe mehr Mädchen waren. Hierzu hat Lehmann (1994) eine interessante Analyse vorgelegt und eine starke Abhängigkeit der Leistung von der Textform festgestellt: Mit narrativen Texten sind die stärksten Geschlechtsunterschiede verbunden. Lehmann führt dies auf die ebenfalls erhobenen Lesegewohnheiten zurück, denn schon im dritten Schuljahr fand sich eine sich später noch ausdifferenzierende geschlechtsspezifische Lesepraxis: Mädchen lesen lieber Bücher und literarische Texte, die sich an der "Grammatik zwischenmenschlicher Beziehungen" ausrichten, Jungen sind eher an Informationsbeschaffung und Unterhaltung orientiert. Eine Analyse der Einzelitems zeigte einen geschlechtsspezifischen "item bias". Bei der Konstruktion und Anwendung neuer Leseverständnistests ist also eine Analyse der differentiellen Itemwirksamkeit sinnvoll und geboten. Nach Lehmann sind die Unterschiede im Leseverständnis also vorwiegend durch den Einfluß geschlechtsrollenbedingter Wissens- und Erfahrungsbestände erklärbar.

Diskutiert werden neuerdings auch geschlechtsspezifisch unterschiedliche Wirkungen des Unterrichts. May (1994) berechnete Korrelationen zwischen den Rechtschreibleistungen von Jungen und Mädchen und den Angaben, die Lehrer zum Lernklima in der Klasse machten. Während sich bei Mädchen eine Korrelation von .53 ergab, war sie bei Jungen nur .27. Lernfortschritte im Rechtschreiben scheinen also bei Mädchen in stärkerem Maße mit fördernden oder hemmenden Bedingungen des Unterrichts zusammenzuhängen oder - wie May es formuliert: Die gegebenen unterrichtlichen Bedingungen scheinen kaum zum Lernfortschritt der Jungen beizutragen. Mädchen profitieren offenbar mehr vom Unterricht. In der SCHOLASTIK-Stichprobe ließe sich durch eine getrennt für Jungen und Mädchen berechnete Kontextanalyse die These, daß Jungen und Mädchen in unterschiedlicher Weise durch den Unterricht profitieren, überprüfen.

WEITERE ANREGUNGEN FÜR ZUKÜNFTIGE FORSCHUNG

Die folgenden Ausführungen beziehen sich auf zwei Bereiche: das Stufenmodell des Schriftspracherwerbs und die Gestaltung von Unterrichtsprozessen.

Zur Bedeutsamkeit des Stufenmodells

Sowohl für die Grundlagenforschung als auch für die Didaktik des Schriftspracherwerbs scheint mir die weitere Erforschung der Stufen des Lesen- und Schreibenlernens fruchtbar. Folgende Aspekte sollten dabei stärker beachtet werden:

Die beschriebenen Strategien sind zwar deskriptiv, aber sie sind auch folgerichtige und vernünftige Lösungen, die sich in Abhängigkeit von wachsenden Einsichten des Kindes in den Zusammenhang von gesprochener und geschriebener Sprache entwickeln. Bei alphabetischen Schriften geht es dabei um Einsichten in die Funktion der Schriftsprache und die Kenntnis relevanter Einheiten, die graphisch repräsentiert werden: Sätze, Wörter, Phoneme und grammatische Phänomene (z. B. bei der Großschreibung von Nomen und der Kommasetzung). Downing hat in seiner Theorie der kognitiven Klarheit auf diesen Gesamtzusammenhang verwiesen, und es liegen zahlreiche empirische Belege für die Relevanz dieser Faktoren für den frühen Schriftspracherwerb vor (vgl. zusammenfassend Downing & Valtin, 1984). Bei der Rezeption angloamerikanischer Forschungsergebnisse in Deutschland hat sich die Aufmerksamkeit zu sehr verengt auf die Bedeutsamkeit der Phonemanalyse und -synthese beim Lesen und Schreiben einzelner Wörter, wobei auch die Abhängigkeit von der orthographischen Struktur zu wenig berücksichtigt wird. Die meisten Stufenmodelle beziehen sich nur auf Einzelwörter. Während dies für das Lesen sinnvoll sein mag, da die Wortidentifikation die relevanteste Leseleistung darstellt, ist diese Beschränkung für das Schreiben wenig angemessen. Beobachtet man Kinder beim Schreiben unbekannter Sätze, so zeigt sich zum Beispiel, daß Kinder auf den unteren Stufen nicht alle Wörter verschriften und häufig Funktionswörter auslassen. Dies verweist auf die Bedeutsamkeit des Wortkonzepts (die Einsicht, daß beim Schreiben jedes Wort niedergeschrieben und durch Lücken voneinander zu trennen ist). Zahlreiche Untersuchungen zeigen, daß Kinder zu Schulbeginn noch nicht über ein Wortkonzept im linguistischen Sinne verfügen. Anzeichen dafür sind: die Unfähigkeit, Wortlängenvergleiche durchzuführen, weil sie sich noch nicht auf die Lautung konzentrieren können; die Unfähigkeit, einen Satz in einzelne Wörter zu segmentieren, weil sie semantische Einheiten verwenden; die Auffassung, nur Nomen und Verben würden niedergeschrieben, sowie die noch fehlende Einsicht, daß eine Entsprechung zwischen der Reihenfolge der gesprochenen und der geschriebenen Wörter in einem Satz besteht (s. Valtin, 1984b, 1989). Eine weitere Erforschung des Wortkonzepts erscheint also sinnvoll.

Was das Auftreten und die Abfolge einzelner Stufen betrifft, so ist hervorzuheben, daß einige Kinder zu Schulbeginn durchaus schon Anfänge orthographischer Strategien zeigen, da sie mit erheblichen schriftlichen Vorkenntnissen in die Schule kommen. Schon fünfjährige Kinder in der Vorklasse können halbphonetische und gegen Ende des Schuljahrs phonetische Strategien beim Schreiben erwerben (Valtin, 1989). Längsschnittuntersuchungen in mehreren ersten Klassen belegen, daß Kinder im Durchschnitt in der zweiten Schuljahrshälfte zu phonetischen Verschriftungen übergehen und einige Monate später zu orthographischen.

Daß Kinder in ihren Schreibungen gleichzeitig Leistungen auf unterschiedlichen Niveaustufen zeigen, ist kein Argument gegen das Stufenmodell. Bislang wurde zu wenig beachtet, daß es sich bei den einzelnen Entwicklungsschritten um Strategien handelt, die Kinder anwenden, wenn sie ihnen *unbekannte* Wörter schreiben sollen. Daneben verfügen die Kinder über einen allmählich anwachsenden Bestand an gelernten Wörtern, die zunächst auswendig gelernt werden, wobei der Wortschatzumfang zwar begrenzt ist, aber durchaus orthographisch schwierige Wörter umfassen kann. Erst wenn die Buchstabenfunktion erkannt und Phonem-Graphem-Beziehungen gelernt worden sind, können immer mehr Lernwörter erworben werden. Neben der Differenz bekannte - unbekannte Wörter ist die Lautstruktur des Wortes stärker zu beachten. Beobachtungen zeigen, daß Kinder besonders bei schwierigen Konsonantenverbindungen und bei Übergangskonsonanten Probleme mit der Lautanalyse haben. Vor allem unter Streß (bei Zeit- und Leistungsdruck, beim Schreiben von langen oder schwierigen Wörtern, z. B. mit Konsonantenhäufungen, bei nachlassender Konzentration gegen Ende eines Diktats oder Textes) ist häufig zu beobachten, daß Kinder auf eine niedere Stufe zurückfallen.

Zu wenig erforscht ist auch der Zusammenhang von Lese- und Rechtschreibstrategien. Vergleicht man die Abfolge der dominanten Strategien beim Lesen- und beim Schreibenlernen in den Stufenmodellen, so zeigen sich auffällige Parallelen. Tatsächlich ist jedoch noch nicht geklärt, ob sich diese Parallelität auch bei einzelnen Kindern nachweisen läßt. Fallstudien (Scheerer-Neumann, Kretschmann & Brügelmann, 1986) zeigen, daß einige Kinder beim Schreiben die phonetische Strategie verwenden, jedoch anschließend nicht lesen können, was sie geschrieben haben. Andererseits gibt es Kinder, die Wörter buchstabenweise erlesen, jedoch noch nicht schreiben können, weil sie Wörter nicht in Laute zerlegen können. Bei älteren Legasthenikern ist ein Auseinanderklaffen zwischen relativ guten Lese- und schwachen Rechtschreibleistungen geradezu typisch.

Das Stufenmodell scheint sich gut dazu zu eignen, typische Probleme legasthenischer Kinder zu beschreiben. Kinder mit Lese-Rechtschreibschwierigkeiten befinden sich häufig auf den unteren Ebenen dieses Stufenmodells, so daß man sich die Frage stellen kann, ob es sich bei LRS *nur* um eine Entwicklungsverzögerung bzw. um eine zeitlich verschobene "normale" Entwicklung handelt. Dazu bemerkt Scheerer-Neumann (1995, S. 35): "Es kann für rechtschreibschwache Kinder durchaus 'erhöhte Hürden' geben (z. B. richtige Artikulation, Differenzierung zwischen Lauten, Analyse eines Wortes in seine Lautbestandteile, Erkennen orthographischer Regelmäßigkeiten), die den Schriftspracherwerb in hohem Maße erschweren - aber: Im Prinzip sind es die gleichen Hürden, die *alle* Kinder zu überwinden haben". Die Frage, ob Legastheniker nur eine verzögerte "normale" Entwicklung durchlaufen oder ob sie schon in den frühen Stufen des Schriftspracherwerbs qualitativ andere Strategien als normal lernende Kinder erwerben, wie die Untersuchungen von Klicpera et al. (1993) es nahelegen, eröffnet eine fruchtbare Perspektive für eine präzisere Erforschung der Entstehung von Lese-Rechtschreibschwierigkeiten.

Besser erforscht werden sollte dabei die Bedeutung des Stufenmodells als förderdiagnostisches Hilfsmittel in den ersten Schulmonaten und bei auftretenden Lernschwierigkeiten. Die Feststellung der Aneignungsstufe ermöglicht die Auswahl geeigneter Fördermöglichkeiten zur Hinführung auf die "Zone der nächsten Entwicklung". Als Grundsatz gilt, eine möglichst optimale Passung zwischen der Aneignungsstufe und dem Lernangebot herzustellen. Klaffen die Lernvoraussetzungen und der Unterrichtsstoff zu weit auseinander, können die Kinder von den Lernangeboten nicht mehr profitieren und bleiben immer weiter zurück. Bei der heute üblichen Form des Frontalunterrichts laufen langsam lernende Schüler Gefahr, hinterherzuhinken, weil sie aufgrund ihrer Lernvoraussetzungen das größere Wortschatzangebot und die immer schwieriger werdenden Wörter nicht mehr bewältigen können. Dadurch stellen sich bei den Kindern Mißerfolgserlebnisse sowie Beeinträchtigungen des Selbstwertgefühls und der Gesamtpersönlichkeit ein.

Zur Frage der Unterrichtsgestaltung

Das größte Defizit sehe ich zur Zeit in der *Erforschung von Unterrichtsprozessen*, denn die Frage, welche Bedeutung der Unterricht für die Lese- und Rechtschreibentwicklung von Schülern und Schülerinnen hat, wird zwar schon seit lange gestellt, aber nur selten empirisch zu beantworten versucht. Vielversprechend erscheint eine Weiterführung der Beobachtungsstudie von Klicpera et al. (1993). Beim Vergleich von Klassen mit hohem und niedrigem Leistungsstand zeigte sich, daß die Lehrer unterschiedlich lange Zeiten für Unterrichtsaktivitäten, die einen Bezug zum Lesen und Schreiben haben, verwendeten. In Klassen mit geringem Leistungsstand wurde weniger Zeit für das Schreiben verwendet, ein niedrigeres Leistungsniveau bei der Aufgabenstellung vorgegeben und es kam häufiger zu Disziplinierungen durch den Lehrer. Nicht geklärt ist hierbei die Frage nach Ursache und Wirkung. Möglich wäre, daß diese Art Unterricht eine - wenngleich ungünstige - Reaktion des Lehrers auf den niedrigen Leistungsstand der Klasse ist, da weniger Anforderungen an die Schüler gestellt und weniger Zeit für das Erlernen des Lesens und Schreibens vorgegeben wird.

Ein weites Forschungsfeld eröffnet sich auch in bezug auf didaktische Vorgehensweisen. Im pädagogischen Bereich sind in den letzten Jahren differenzierte Lehrgänge (z. B. Fara und Fu im Schroedel-Verlag) und Materialien entwickelt worden, die bislang aber noch nicht evaluiert worden sind. Nach wie vor fehlen auch empirische Untersuchungen zur Wirksamkeit von eher direktiven vs. offenen Unterrichtsmethoden beim Schriftspracherwerb. In der Didaktik zum Schriftspracherwerb finden sich gegenwärtig viele Fürsprecher für ein Vorgehen, das Kindern anregende Lernumwelten und -materialien bereitstellt, in der Erwartung, daß die Kinder ihre eigenen individuellen Wege zur Schrift finden. Daneben finden sich Befürworter, die gerade in den ersten Phasen sorgfältig strukturierte Lernschritte nach dem Prinzip "Vom Leichten zum Schweren" empfehlen. Eine Evaluation dieser konträren Methoden steht noch aus.

Vor allem von einer besseren Zusammenarbeit zwischen Psychologen und Pädagogen, die sich leider häufig gegenseitig ignorieren, verspreche ich mir Möglichkeiten der Verbesserung in bezug auf Diagnose, Fördermöglichkeiten und Unterrichtshilfen beim Schriftspracherwerb.

Kapitel V

Erwerb mathematischer Kompetenzen

Literaturüberblick:
Kurt Reusser

Ergebnisse aus dem SCHOLASTIK-Projekt:
Elsbeth Stern

Kommentar:
Gerhard Steiner

Erwerb mathematischer Kompetenzen: Literaturüberblick

Kurt Reusser

In einer Herde hat es 125 Schafe und 5 Hunde. Wie alt ist der Schafhirt?
"... 125 + 5 = 130 ... das ist zu groß und 125 - 5 = 120 ... ist auch zu groß, während ... 125 : 5 = 25 ... das geht ... Ich denke der Schafhirt ist 25 Jahre alt" (Zweitkläßler)[4].

MATHEMATISCHE TEXTAUFGABEN ALS UNTERRICHTS- UND FORSCHUNGSGEGENSTAND

Man findet die ersten mathematischen Textaufgaben auf ägyptischen Papyrusrollen, in altchinesischen und indischen Rechenbüchern und in den antiken Schriften der Griechen und Römer. Von begabten Grüblern geliebt, von manchen Schülern als Stolpersteine gefürchtet, gehören Text- oder Sachrechnungen (Geschichtenaufgaben, texteingekleidete oder angewandte Rechenaufgaben) seit dem Druck der ersten Schulbücher im sechzehnten Jahrhundert zum Grundbestand des mathematischen Unterrichts, wo sie bis heute als Lerngelegenheiten für Mathematisierungsprozesse, als Mittel und Ausgangspunkte des Übens und der Diagnose des mathematischen Verstehens und Könnens eingesetzt werden.

Mit dem Aufschwung kognitionswissenschaftlicher Ansätze in der Psychologie sind mathematische Textaufgaben auch für Lern- und Entwicklungspsychologen zu einem lohnenden Untersuchungsgegenstand geworden. Dies vor allem aus vier Gründen:

(1) Textrechnungen, verstanden als eine Textsorte *sui generis,* bestehen aus zwei Textwelten oder Textsystemen: einer mehr offenen, auf die Semantik von Lebensverhältnissen verweisenden Handlungs- und Sachwelt sowie einer mehr geschlossenen, in der Regel durch eine Problemfrage mit dieser verbundenen mathematischen Strukturwelt. Dadurch, daß beide semantischen Welten sprachlich vermittelt und miteinander verknüpft sind, erlauben Textaufgaben in geradezu idealer Weise das Studium des Wechselspiels von sprachlichen, sachlichen und mathematischen Verarbeitungsprozessen bzw. von Text-, Sach- und Mathematikwissen.

(2) Bereits elementare mathematische Textaufgaben, wie sie in der Grundschule anzutreffen sind, haben sich als semantisch reichhaltig genug erwiesen, um daran Wesen und Entwicklung der für unsere Wissenskultur bedeutungsvollen Prozesse der Mathematisierung - von Freudenthal als "Ordnen der Wirklichkeit mit mathematischen Mitteln" (1973, S. 49) bezeichnet - zu untersuchen.

(3) Da Textaufgaben in der angestrebten mathematischen Gleichung bzw. der zu erreichenden numerischen Lösung ein in der Regel gut bestimmtes Verarbeitungsziel und ein klares Verstehens(abbruch)kriterium aufweisen, sind sie auch forschungsmetho-

---

[4] Aus: Equipe Elementaire de L'IREM de Grenoble. Bulletin No 323 de l'APMEP, 1980.

dologisch attraktiv. So gilt eine Textaufgabe in der Regel dann als gelöst (und verstanden), wenn die der Aufgabe inhärente mathematische Struktur herausgearbeitet ist. Ein Umstand, der in positivem Kontrast zur Textverstehensforschung (Diskursverstehen) steht, wo man sich allzu häufig an Textwiedergaben und den damit verbundenen, schwierig zu erfassenden Transformationen als Indikatoren der Diagnose von Verstehen orientieren muß.

(4) Schließlich erlauben Textaufgaben in Übereinstimmung mit zentralen kognitionspsychologischen Annahmen zum Diskurs- und Sachverstehen (vgl. van Dijk & Kintsch, 1983) in geradezu exemplarischer Weise das Studium von Verstehensprozessen als dem intentionalen und problemlösenden Aufbau von mentalen Situationsmodellen. Damit lassen sich zwei Forschungsstränge zusammenführen, die lange Zeit unverbunden waren: die klassische Problemlösepsychologie einerseits und die (Text-) Verstehens- und Wissenspsychologie andererseits.

Aus empirischen Untersuchungen ist bekannt, daß Textaufgaben im Vergleich zu isomorphen mathematischen Aufgaben in numerischer Form um bis zu 30% schlechter gelöst werden (Carpenter, Corbitt, Kepner, Lindquist und Reys, 1980). Warum dem so ist, erscheint auf den ersten Blick einfach: Die Lösung einer Textaufgabe erfordert vom Schüler die Überführung (Übersetzung) einer textlich vermittelten Problemsituation in einen mathematischen Operationszusammenhang, in der Regel eine Gleichung. Als keineswegs trivial hat sich jedoch erwiesen, im Detail zu explizieren, welche Prozesse im Kopf eines Schülers, der eine mathematische Textaufgabe löst, ablaufen, und woran es liegt, wenn er dabei Schwierigkeiten hat.

Der vorliegende Beitrag gibt einen Überblick über ein Forschungsgebiet, das in den vergangenen Jahrzehnten, vorwiegend aber in den achtziger Jahren, eine Reihe von teils konkurrierenden, teils komplementären Modellen zum Verstehen und Lösen von elementaren mathematischen Textaufgaben hervorgebracht hat. Was diese Modelle auszeichnet, ist einerseits der gemeinsame theoretische Ansatz (Wissens- bzw. Informationsverarbeitungspsychologie) einschließlich der Methodologie (Computersimulation), unter der sie entwickelt worden sind, sowie andererseits eine gegenüber älteren Ansätzen ausgeprägte Betonung der Rolle von Verstehens- und Wissensprozessen beim Lösen mathematischer Textaufgaben.

Nach der Diskussion der Grundlagen und Erträge dieser wissenspsychologischen Modelle werden einige instruktionspsychologische und pädagogische Folgerungen gezogen.

PSYCHOLOGISCHE MODELLE DES VERSTEHENS UND LÖSENS VON TEXTAUFGABEN: WAS ENTWICKELT SICH?

Zieht man Bilanz über eine größere Zahl der seit den sechziger Jahren durchgeführten Studien zum Lösen mathematischer Textaufgaben, in denen der Einfluß linguistischer und mathematischer Strukturvariablen wie

- Aufgabenlänge (Jerman, 1973),
- lexikalisch-syntaktische Komplexität des Textes (Jerman & Mirman, 1974; Linville, 1976),
- Art und Anzahl der zur Lösung erforderlichen mathematischen Operationen (Jerman & Rees, 1972; Carpenter, Hiebert & Moser, 1981),
- Präsentationsreihenfolge von Zahleninformationen (Lompscher, 1976),

- im Text enthaltene Schlüsselwörter (verbal cues, key words; Nesher & Teubal, 1975),
- Vorhandensein irrelevanter Informationen (Nesher, 1976; Reusser, 1984),
- semantische Einkleidung und kontextuelle Einbettung von Aufgaben (Duncker, 1935; Simon & Hayes, 1976; Hudson, 1983; Reusser, 1988)

experimentell und als Prädiktorvariablen in regressionsanalytischen Modellen untersucht wurde, so zeigt sich, daß es wenig Sinn macht, nach dem oder den hauptverantwortlichen logisch-mathematischen, lexikalischen, syntaktischen, semantischen oder kontextuellen Schwierigkeitsfaktor(en) zu suchen. Zu heterogen waren die untersuchten Schüler und Aufgabenmerkmale, zu inkonsistent sind die Ergebnismuster. Es ist dies eine Befundlage, die in Anbetracht des Fehlens nicht nur eines aufgabenanalytischen Rahmens zur Beschreibung von Aufgabenstrukturtypen, sondern auch einer integrativen pädagogisch-psychologischen Theorie über die das Verstehen und Lösen mathematischer Textaufgaben kennzeichnenden kognitiven Prozesse nicht weiter verwunderlich ist. Was jedoch aus diesen frühen Untersuchungen bereits deutlich hervorgeht, ist, daß es nicht allein logisch-mathematische Faktoren sind, denen die Schwierigkeit von Textaufgaben zugeschrieben werden kann, und daß insbesondere dem einer richtigen oder falschen Lösung vorangehenden, sprachlich vermittelten Situations- und Problemverständnis eine wichtige Rolle zukommt.

Mathematisierung als "direkte Übersetzung" von Texten in Gleichungen: das STUDENT-Modell

Den ersten Versuch, den Prozeß der Mathematisierung von Textaufgaben unter dem Paradigma der Informationsverarbeitung zu modellieren, hat Bobrow (1964) in seinem STUDENT-Programm unternommen. Das lauffähige Computermodell löst sprachlich formulierte Aufgaben aus der linearen Algebra. Mit seinen schlüsselwortähnlichen Strategien widerspiegelt das Modell die lange Zeit dominierende, heute jedoch als problematisch geltende Deutung des Verstehens und Lösens von Textaufgaben als einen Prozeß der direkten Übersetzung (*direct translation*) linguistischer Oberflächenstrukturen in Gleichungen oder algebraische Terme.

Ein einfaches Beispiel:

> Wenn die Anzahl Kunden, die Toms Laden besuchen werden, doppelt so groß ist wie die Anzahl der Inserate, die Tom aufgegeben hat, und die Anzahl der Inserate 45 beträgt, wie groß ist dann die Zahl von Toms Kunden?

STUDENT nutzt den Umstand, daß sich bei vielen Aufgaben die Satzphrasen relativ direkt, beim obigen Beispiel wie folgt in algebraische Terme übersetzen lassen:

- die Anzahl Kunden, die Toms Laden besuchen werden   x
- ist   =
- doppelt so groß   2 * (* steht für *mal*)
- die Anzahl Inserate, die Tom aufgegeben hat   y
- beträgt   =
- 45   45
- Wie groß   ?

Von hier ist es nur mehr ein kleiner Schritt zu folgenden Gleichungen, zu deren zielführender Vereinfachung und damit zur Lösung der Aufgabe:

$x = 2 * y$
$y = 45$ vereinfacht zu: $x = 2 * 45$ => 90
$? = x$

Der "Geist" des STUDENT-Programms, nämlich die direkte satzweise Übersetzung eines Aufgabentextes in Bestandteile algebraischer Gleichungen aufgrund von Signal- oder Schlüsselwörtern (key or cue words), entspricht dem Aufsuchen von isolierten Wörtern oder Wortkombinationen in einem Lexikon algebraischer Terme und Operationen. Als Schlüsselwörter bzw. Schlüsselphrasen können dabei solche Textbestandteile bezeichnet werden, die ohne Einbezug des engeren oder weiteren semantischen Kontextes den Gedächtnisabruf formaler mathematischer Terme und Operationen erlauben.

Die Grenzen eines Modells, dem ein einfacher, ausschließlich lexikalisch-syntaktischer Übersetzungsbegriff zugrunde liegt, liegen vor allem darin, daß kein Gebrauch von *semantischer* Information gemacht wird. Das führt dazu, daß STUDENT auch sinnlose Aufgaben wie die folgende "lösen" würde:

Wenn das Kaninchen, das goldene Eier legt, doppelt so groß ist wie der Mond, der aus grünem Käse besteht, und der Mond aus grünem Käse 45 Kugeln enthält, wie groß ist dann das Kaninchen, das goldene Eier legt?

Daß STUDENT-ähnliche Signalwortstrategien auch von realen Versuchspersonen tatsächlich verwendet werden, ist mehrfach nachgewiesen worden. So haben Nesher und Teubal (1975) gezeigt, daß Schlüsselwörter wie "mehr" oder "weniger" bei Fünft- und Sechstkläßlern einen Einfluß hatten auf die Wahl der mathematischen Operation, und dies unabhängig von ihrer sachlichen Angemessenheit. Und Paige und Simon (1966) haben das Verhalten von STUDENT systematisch mit dem Lautdenkverhalten von erwachsenen Versuchspersonen verglichen. Sie haben dabei neben klaren Unterschieden bei semantisch komplexeren Aufgaben erhebliche Übereinstimmungen gefunden bei Aufgaben, die eine direkte schrittweise Ersetzung problemtextlicher Ausdrücke durch formale Terme zulassen. Die Autoren konnten zeigen, daß beim Lösen von Textaufgaben zwei Strategiearten häufig nebeneinander vorkommen: *verbal-syntaktische Schlüsselwortstrategien* und *semantische Weltwissensstrategien* zur Erfassung des Sachgehaltes einer Aufgabensituation. Wie sich noch zeigen wird, muß vor allem letzteren eine Leitfunktion beim Problemlösen zukommen, da nur sie semantisch begründete Entscheidungen darüber zulassen, inwiefern bzw. auf der Basis welcher *verstandenen Problemsituation* allenfalls STUDENT-ähnliche Übersetzungsschritte bei einer Aufgabe angemessen sind.

Mathematisierung als Aufbau mentaler Modelle in kognitiven Simulationsmodellen

Eine Theorie des Verstehens mathematischer Textaufgaben, welche nicht auf der Annahme kurz-schlüssiger, signalwortinduzierter Mathematisierungen beruht, erfordert vor dem Abruf arithmetischer und algebraischer Operationen die Konstruktion einer zwischen Problemtext und mathematischer Verknüpfungsstruktur liegenden kognitiven *Repräsentation des Aufgabeninhaltes*.

Im Verlauf der achtziger Jahre sind gleich mehrere Simulationsmodelle entwickelt worden, die das Verstehen und Lösen von mathematischen Textaufgaben als semantischen Konstruktionsprozeß beschreiben (Riley, Greeno & Heller, 1983; Briars & Larkin, 1984; Kintsch & Greeno, 1985; Reusser, 1985, 1989a). Was diese Modelle und die mit ihnen assoziierten empirischen Befunde besonders interessant macht, ist, daß sie sich auf ein einheitliches und mittlerweile sehr gut untersuchtes Standardset von elementaren Additions- und Subtraktionsaufgaben beziehen.

Diese Standardprobleme (vgl. Tab. V.1) zerfallen bezüglich ihrer logisch-semantischen Grundstruktur in drei Problemklassen: in die dynamischen Austausch- bzw. Ver-

Tabelle V.1: *Die in zahlreichen Studien verwendeten 14 Typen arithmetischer Textaufgaben*

VEREINIGE- ODER KOMBINATIONSAUFGABEN		
Teilmenge unbekannt	CB1	Selina hat 3 Murmeln. Fritz hat 5 Murmeln. Wie viele Murmeln haben die beiden zusammen?
	CB2	Selina und Fritz haben zusammen 8 Murmeln. Selina hat 3 Murmeln. Wie viele Murmeln hat Fritz?
VERÄNDERE- ODER AUSTAUSCHAUFGABEN		
Endmenge unbekannt	CH1	Selina hatte 3 Murmeln. Dann gab ihr Fritz 5 Murmeln. Wie viele Murmeln hat Selina jetzt?
	CH2	Selina hatte 8 Murmeln. Dann gab sie Fritz 4 Murmeln. Wie viele Murmeln hat Selina jetzt?
Austauschmenge unbekannt	CH3	Selina hatte 2 Murmeln. Dann gab ihr Fritz einige Murmeln. Jetzt hat Selina 9 Murmeln. Wie viele Murmeln hat ihr Fritz gegeben?
	CH4	Selina hatte 8 Murmeln. Dann gab sie einige Fritz. Jetzt hat Selina 3 Murmeln. Wie viele Murmeln hat sie Fritz gegeben?
Anfangsmenge unbekannt	CH5	Selina hatte einige Murmeln. Dann gab ihr Fritz 5 Murmeln. Jetzt hat Selina 8 Murmeln. Wie viele Murmeln hatte Selina am Anfang?
	CH6	Selina hatte einige Murmeln. Dann gab sie Fritz 3 Murmeln. Jetzt hat Selina 6 Murmeln. Wie viele Murmeln hatte Selina am Anfang?
VERGLEICHSAUFGABEN		
Differenzmenge unbekannt	CP1	Selina hat 8 Murmeln. Fritz hat 5 Murmeln. Wie viele Murmeln hat Selina mehr als Fritz?
	CP2	Selina hat 6 Murmeln. Fritz hat 2 Murmeln. Wie viele Murmeln hat Fritz weniger als Selina?
Vergleichsmenge unbekannt	CP3	Selina hat 3 Murmeln. Fritz hat 4 Murmeln mehr als Selina. Wie viele Murmeln hat Fritz?
	CP4	Selina hat 5 Murmeln. Fritz hat 3 Murmeln weniger als Selina. Wie viele Murmeln hat Fritz?
Referenzmenge unbekannt	CP5	Selina hat 9 Murmeln. Sie hat 4 Murmeln mehr als Fritz. Wie viele Murmeln hat Fritz?
	CP6	Selina hat 4 Murmeln. Sie hat 3 Murmeln weniger als Fritz. Wie viele Murmeln hat Fritz?

ändere-Aufgaben (Change-Aufgaben) und in die auf mehr statische Mengen Bezug nehmenden Kombinations- bzw. Vereinige-Aufgaben (Combine-Aufgaben) sowie in die Vergleichs-Aufgaben (Compare-Aufgaben). *Austausch-Aufgaben* beschreiben die Zunahme oder Abnahme einer Menge als Folge von Austauschhandlungen oder Prozessen und bestehen aus einem Anfangszustand, einer mengen-modifizierenden Transferhandlung (Zunahme- oder Abnahmetransfer) sowie einem resultierenden Endzustand. Bei den *Kombinations-Aufgaben* wird entweder nach einer Vereinigungsmenge oder einer von zwei Unter- oder Teilmengen gefragt. Demgegenüber fragen die *Vergleichs-Aufgaben*, die den quantitativen Vergleich von zwei Mengen verlangen, entweder nach der Vergleichsmenge (verglichene Menge), der Referenzmenge (die Menge, mit der verglichen wird) oder nach der aus der In-Beziehung-Setzung der beiden Mengen sich ergebenden Differenzmenge.

Die drei Grundtypen können weiter danach unterschieden werden, welche der drei Mengen jeweils die *unbekannte Größe*, somit den Ort der Lücke in der mathematischen Struktur repräsentiert. Zieht man bei den Austausch-Aufgaben zusätzlich die *Veränderungsrichtung* ('vermehren' oder 'vermindern' einer Ausgangsmenge) und bei den Vergleichs-Aufgaben die *Differenzrichtung* ('mehr' oder 'weniger' haben) in Betracht, so ergibt sich für jede Aufgabe die jeweils geforderte *mathematische Operationsrichtung* (addieren, subtrahieren), und es resultieren die in Tabelle V.1 aufgeführten 14 Aufgabentypen.

Durch eine Vielzahl von Untersuchungen ist die empirische Schwierigkeit dieser Aufgabentypen gut bekannt (vgl. Tab. V.2). So hat sich gezeigt, daß die Austausch-Aufgaben insgesamt am leichtesten sind, gefolgt von den Kombinations- und den Vergleichs-Aufgaben. Bezieht man die Variation des Ortes der mathematischen Lücke mit ein, so ergeben sich auch hier relativ stabile empirische Unterschiede. Damit wird deutlich, daß nicht nur der semantische Aufgabentyp (Austausch, Kombination, Vergleich) eine wichtige Rolle spielt, sondern ebenfalls von Bedeutung ist, mit welcher der in einer Aufgabe vorkommenden Menge die Unbekannte assoziiert ist bzw. wo sich der Ort der Lücke befindet. Für die Austausch-Aufgaben hat sich gezeigt, daß Aufgaben mit unbekanntem Endzustand (CH1 und CH2) zu den leichtesten gehören, gefolgt von den Aufgaben, die nach der Transfermenge fragen, und schließlich gefolgt von den Aufgaben, welche nach der Bestimmung des Ausgangszustandes (CH5, CH6) fragen. Ein ähnlich differenziertes Bild präsentiert sich auch bei den Kombinations- und den Vergleichs-Aufgaben. Während bei den Kombinations-Aufgaben ein deutliches Gefälle zwischen Aufgaben mit Lücke bei der Vereinigungsmenge (CB1) und solchen mit Lücke bei einer Teilmenge (CB2) besteht, so fallen bei den Vergleichs-Aufgaben diejenigen mit Lücke bei der Referenzmenge (CP5, CP6) punkto Lösungshäufigkeit deutlich gegen die restlichen Aufgaben dieser semantischen Kategorie ab.

Diese Schwierigkeitsunterschiede zu erklären, ist u. a. das Ziel der erwähnten Computersimulationsmodelle. Grundsätzlich gibt es dazu verschiedene Möglichkeiten. So könnten die Schwierigkeiten in den unterschiedlichen *logisch-mathematischen Basisstrukturen* der Aufgaben begründet und somit vorwiegend mathematischer Natur sein. Da die Aufgaben aber sprachlich formuliert sind und zumindest die Austauschaufgaben einfache Handlungssituationen beschreiben, könnten die Schwierigkeiten auch *sprachlicher oder sachbegrifflicher* Natur sein. Das heißt, Kinder könnten Mühe haben, den Aufgabentext oder Teile davon *als Text* zu verstehen oder sich die beschriebene *Handlungs- oder Prozeßstruktur* konkret-anschaulich vorzustellen, um alsdann ihre Situationsvorstellung in eine abstrakte mathematische Repräsentation zu transformieren.

Tabelle V.2: *Prozentuale Lösungshäufigkeiten der 14 Standardtypen von arithmetischen Textaufgaben in verschiedenen empirischen Untersuchungen*

			Carpenter et al. 1981	Riley et al. (1983) sowie Riley und Greeno (1988)				Stern (1992b)
Schuljahr			1	KG*	1**	2**	3**	1
Vereinige	1	CB1	86	74	100	100	100	87
Vereinige	2	CB2	46	22	33	55	75	55
Alle		CB1-2	66	48	66	77	87	71
Verändere	1	CH1	79	70	100	100	100	89
Verändere	2	CH2	72	61	100	100	100	95
Verändere	3	CH3	51	22	61	80	95	52
Verändere	4	CH4	-	30	61	100	100	49
Verändere	5	CH5	-	9	33	75	95	49
Verändere	6	CH6	-	17	39	65	90	38
Alle		CH1-6	-	35	66	87	97	62
Vergleiche	1	CP1	67	13	33	65	100	28
Vergleiche	2	CP2	-	13	17	65	100	32
Vergleiche	3	CP3	23	9	33	60	90	53
Vergleiche	4	CP4	-	4	28	80	90	58
Vergleiche	5	CP5	-	13	11	35	75	22
Vergleiche	6	CP6	-	13	22	15	60	16
Alle		CP1-6	-	11	24	53	86	35
Alle Aufgaben			-	**26**	**50**	**72**	**91**	**52**

Anmerkung: *KG = Kindergarten; ** 1, 2, 3 = Grundschulklasse.

Obwohl die Prozeßmodelle zum Teil auseinander hervorgegangen sind und somit Beziehungen und Komplementaritäten zwischen ihnen bestehen, lassen sie sich, was den Akzent ihrer theoretischen Aufmerksamkeit anlangt, tendenziell zwei Erklärungsansätzen für die Schwierigkeitsunterschiede von Textaufgaben zuordnen. Verfolgen die mehr entwicklungspsychologisch orientierten Modelle von Riley, Greeno und Heller (1983) sowie von Briars und Larkin (1984) eine deutlich logisch-mathematische Erklärungshypothese, so sind die sprachverstehens- und weltwissensorientierten Modelle von Kintsch und Greeno (1985) sowie von Reusser (1985, 1989a,c) eher einer linguistisch-semantischen bzw. im Falle von Reusser einer linguistisch-handlungstheoretischen Erklärungshypothese verpflichtet. Werden arithmetische Textaufgaben nach Auffassung von Riley et al. im wesentlichen durch das In-Beziehung-Setzen verbaler Aussagen zu den im Gedächtnis gespeicherten mathematischen Problemschemata gelöst, so handelt es sich gemäß Cummins, Kintsch, Reusser und Weimer (1988) mindestens ebenso um einen Prozeß des Sprachverstehens, und gemäß Reusser um einen solchen des sprachvermittelten Handlungs- und Situationsverstehens.

Logisch-mathematische Erklärung von Verstehens- und Lösungsschwierigkeiten

In entwicklungspsychologischer Absicht suchen Riley et al. (1983) sowie Briars und Larkin (1984) unterschiedliche Kompetenzgrade des Verstehens und Lösens von Textaufgaben mit der Existenz aufgabenanalytisch unterscheidbarer logisch-mathematischer Schemata zu erklären. Konkret postulieren Riley et al., auf deren Modell ich mich hier beschränke[5], daß es sich bei dem zur Lösung der Aufgaben von Tabelle V.1 erforderlichen Wissen um den Problemen zugrundeliegende, durch entwicklungsmäßige Differenzierung allmählich hervortretende mathematische Problemschemata handelt.

Danach versuchen Kinder auf einer *ersten* Entwicklungsstufe Textaufgaben noch insofern direkt bzw. handlungsnah zu lösen, als sie sich die Problemsituation vorstellungsmäßig, gegebenfalls mit Hilfe von Gegenständen konkret-anschaulich vergegenwärtigen und häufig äußerlich (external) ablaufen lassen. Die Verstehensleistung ist hier weitgehend beschränkt auf die Erzeugung, Veränderung und Inspektion von numerisch bestimmten Mengen, die sich durch Handlungen mit konkreten Gegenständen unmittelbar innerlich oder äußerlich repräsentieren lassen. Mit einem solchen handlungsnahen Verständnis von Addition und Subtraktion als Mengenveränderung lassen sich einerseits Aufgaben der Typen CH1 und CH2 lösen, indem zuerst eine Ausgangsmenge gebildet, diese vermehrt oder vermindert, und das Ergebnis anschließend mittels einfachem Durchzählen ermittelt wird. Andererseits lassen sich Aufgaben der Subtypen CB1, CP1 und CP2 ebenfalls in analoger Weise lösen, das heißt noch ohne die Bildung eines mathematischen Problemmodells.

Im Unterschied zu dieser ersten Stufe vermag das Kind auf der *zweiten* Stufe bereits ein rudimentäres Problemmodell zu bilden. Durch die Führung eines internen Protokolls der Problemhandlung beim anschaulich vergegenwärtigenden Lesen des Problemtextes wird die strukturelle Rolle jedes Satzes festgehalten. So versteht das Kind nach dem Lesen des dritten Satzes von CH3, daß die zu bildende Menge von 8 Elementen die Ergebnismenge und die zuerst erzeugte Menge von 3 Elementen die Anfangsmenge darstellt. Durch eine einfache Zähloperation (noch nicht durch die Vergegenwärtigung einer mathematischen Gleichung), die in der Ergebnismenge alle Elemente, außer den 3 der Anfangsmenge, zählt, wird die Veränderung ermittelt. Auf diese Weise kann nicht nur CH3, sondern können auch CH4, CP3 und CP4 gelöst werden.

Die *dritte* Stufe, auf der nun auch die restlichen Aufgaben lösbar werden, zeichnet sich dadurch aus, daß das Kind die semantischen Relationen der verschiedenen Probleme nun vollständig und flexibel an die abstrakten Problemschemata, die den drei Aufgabenklassen zugrundeliegen, zu assimilieren vermag. In ihrer allgemeinsten Form handelt es sich um das *Teil-Ganzes-Schema* - eine logisch-mathematische Struktur, die die Zuordnung zweier Teilmengen zu einer Ober- oder Grundmenge regelt -, das nun fertig ausgebildet ist und das Kind zu arithmetischem Verständnis befähigt. Insbesondere begründet das Teil-Ganzes-Schema die Fähigkeit, die abstrakt-schematische Struktur einer Problemsituation zu erkennen und mentale Transformationen (Umkehr-Operationen, funktionaler Austausch von Teilmengen) vorzunehmen, was dem Verständnis von Addition und Subtraktion als zwei komplementären Grundoperationen entspricht.

Wie De Corte und Verschaffel (1991) zeigen konnten, vermag das Modell von Riley et al. recht erfolgreich die Lösungsschwierigkeiten von Austausch- und Kombinations-

---

[5] Vgl. Reusser (1989c, Kap. 2) für eine vergleichende Darstellung und Diskussion aller vier Modelle einschließlich des Modells von Briars und Larkin (1984).

aufgaben (vgl. Tab. V.2), weniger indessen die auftretenden Fehlertypen, vorherzusagen. Uneinheitlicher zeigt sich das Bild bei den in der Scholastikstudie (vgl. den folgenden Beitrag von Stern) vor allem verwendeten Vergleichsaufgaben. So sind entgegen der Voraussage des Modells Aufgaben mit unbekannter Differenzmenge (CP1, CP2) gemäß vorliegenden Untersuchungen (Stern, 1992b) schwieriger als solche mit unbekannter Vergleichsmenge (CP3, CP4), was Stern und Lehrndorfer (1992) auf eine Interaktion zwischen Sprachverständnis (Verstehen von Formulierungen wie "wieviel mehr/weniger" oder "x mehr/weniger als") und Situationsverständnis (verstehen, was ein Mengenvergleich ist) zurückführen (vgl. auch Stern, 1993). Überhaupt scheint ein nicht zu unterschätzender Teil der Varianz bei der Lösung der zur Diskussion stehenden Aufgabentypen auf Variationen und Faktoren der Aufgabenformulierung, mithin auf linguistische Schwierigkeitsfaktoren, zurückzuführen zu sein. Da weder das Modell von Riley et al. noch dasjenige von Briars und Larkin über eine Sprachverarbeitungskomponente verfügen, lassen sich damit zusammenhängende Effekte nicht modellieren. Womit wir an jenem Punkt angelangt sind, wo die sprachverstehens- und weltwissensorientierten Erklärungsmodelle ansetzen und versuchen, diese Lücke zu schließen.

Linguistisch-handlungstheoretisch-situationale Erklärung von Verstehens- und Lösungsschwierigkeiten

Wer eine mathematische Textaufgabe lösen will, steht vor einer Gegebenheit, die vorerst noch recht wenig mit Mathematik i. e. S. zu tun hat: Er muß zuerst den Aufgabentext und das darin geschilderte sachliche Umfeld verstehen. Das ist ein Problem des Sprachverständnisses und des Sachverständnisses. Dazu gehört, daß der Schüler aus einer Wortkette ein Netz von Zusammenhängen erzeugen muß. Zu fragen ist: Welche Situation ist handlungsmäßig-prozeßhaft gegeben? Was ist sachlich womit verknüpft? Erst nach bzw. im Zusammenhang mit der Klärung der semantischen Struktur der Aufgabe stellt sich die sachliche und mathematische Aufgabe, eine Größe in ihrem Zusammenhang mit den Gegebenheiten der Situation ebenfalls quantitativ zu bestimmen.

Kintsch und Greeno (1985) sowie Reusser (1985, 1989a,c) haben Modelle zum Verstehen und Lösen von Textaufgaben entwickelt, in denen nicht ausschließlich logisch-mathematische Wissensvoraussetzungen im Zentrum stehen, sondern ebenfalls Faktoren des Sprach- und Situationsverständnisses in den Modellierungen zentral berücksichtigt werden.

Unter Beibehaltung des identischen Sets von Aufgaben (Tab. V.1) haben Kintsch und Greeno (1985) in ihrem Simulationsmodell erstmals die Textverarbeitungsprozesse beim Lösen von Textaufgaben einer genaueren Analyse unterzogen. Das Prozeßmodell basiert dabei auf Annahmen, wie sie Kintsch und van Dijk (1978) sowie van Dijk und Kintsch (1983) in ihrer Theorie der strategischen Textverarbeitung spezifiziert haben. Der zielgerichtete Prozeß des Verstehens arithmetischer Textaufgaben besteht nach Kintsch und Greeno im parallelen Aufbau einer *dualen* Problemrepräsentation, bestehend aus einer propositionalen *Textbasis* (die das Verständnis des Textes 'als Text' abbildet) und einem *logisch-mathematischen Problemmodell*. Die Konzeptualisierung dieses Problemmodells erfolgt dabei im wesentlichen unter Verwendung derselben mathematischen Elemente (Mengen) und Mengenbeziehungen, wie sie im Riley-Modell der dritten Leistungsstufe als logisch-mathematische Problemschemata postuliert wurden. Auf diesen Schemata operiert sodann eine Reihe der aus der Literatur gut bekannten

Zählstrategien (vgl. Piaget & Szeminska, 1941; Carpenter & Moser, 1982), welche das Problem numerisch auflösen.

Trotz der unbestreitbaren Vorzüge des Modells von Kintsch und Greeno (gegenüber demjenigen von Riley et al.) unter dem Aspekt der expliziten Integration von sprachlichen und mathematischen Verstehens- und Problemlöseprozessen, ist die sprachlich-linguistische Kompetenz des Modells noch sehr beschränkt. Die Grenzen des Modells liegen dort, wo ein variationsreicheres Set von Aufgaben eine weit umfassendere Sprach- und vor allem *Situationsanalyse* unter Einschluß von immer komplexer werdenden Inferenzen aus dem Handlungs- und Weltwissen erfordert. Trotzdem liegt die eigentliche Begrenztheit des Kintsch und Greeno-Modells weniger in den sprachverarbeitenden Fähigkeiten, als vielmehr (wie bei den andern Modellen) im fehlenden Aufbau eines nichtmathematischen Handlungs- und Situationsmodells. Weder das Modell von Riley et al. noch dasjenige von Kintsch und Greeno "verstehen" die in den Aufgaben beschriebenen Situationen als lebensweltliche Handlungs- und Prozeßstrukturen, denen eine mathematische Struktur innewohnt. So streben beide Modelle in direkter Weise die mathematische Modellierung der Aufgaben an.

In dem von Reusser (1985, 1989a,c) im Anschluß an Kintsch und Greeno (1985) entwickelten linguistisch-handlungstheoretischen Modell (SPS: für Situation Problem Solver) steht das sprachlich vermittelte Verständnis der in den Aufgabentexten beschriebenen Handlungssituationen im Zentrum der Aufmerksamkeit. Anknüpfend an Piaget (1947, 1950) und Aebli (1980) wird das elementare mathematische Denken als *verinnerlichtes Operieren* bzw. als *abstraktes Handeln* verstanden. Piaget, der als erster auf die strukturgenetische Abhängigkeit von konkretem lebensweltlichem Handeln und abstraktem logisch-mathematischem Denken hingewiesen hat (und nach dessen Auffassung mathematische Operationen nichts anderes als die abstrakt gewordenen Derivate menschlicher Handlungstätigkeit sind), beschreibt die protomathematische Verankerung der elementaren mathematischen Symbolsprache wie folgt:

"In irgendeinem mathematischen Ausdruck, zum Beispiel (x^2 + y = z - u), bezeichnet jedes Glied letzten Endes eine Handlung: das Zeichen = drückt die Möglichkeit einer Substitution aus, das Zeichen + eine Verbindung, das Zeichen - eine Trennung, das Quadrat x^2 die x-malige Erzeugung von x und jeder der Werte u, x, y, und z die Handlung, eine bestimmte Anzahl von Malen die Einheit zu reproduzieren. Jedes dieser Symbole bezieht sich also auf eine Handlung, die wirklich sein könnte, von der mathematischen Sprache aber nur abstrakt, als verinnerlichte Tätigkeit, d. h. als Operation des Denkens bezeichnet wird" (Piaget, 1947, S. 38f).

Analog spricht Piaget auch von der *Genese* mathematischer Operationen als von einem Prozeß der "abstraction à partir de l'action" (Piaget, 1973). Sowohl mit Bezug auf ihre theoretisch-psychologische Analyse und Modellierung, als auch mit Bezug auf ihre entwicklungsorientierte Förderung, führt eine solche strukturgenetische Auffassung mathematischer Operationen zu einer Betrachtungsweise der Lösungsprozesse mathematischer Textaufgaben, in der versucht wird, die zugrundeliegenden abstrakten Verknüpfungsstrukturen in ihrer Beziehung zu den sie hervorbringenden lebensweltlichen, pränumerischen Handlungs- und Beziehungsstrukturen zu begreifen und herauszuarbeiten.

Im Prozeßmodell von Reusser führt die Lösung mathematischer Textaufgaben bzw. das Verständnis ihrer inhärenten logisch-mathematischen Strukturen über das Verständnis der vom Problemtext denotierten Ereigniswelt. Im Unterschied zum Modell von Kintsch und Greeno (1985) wird die Textbasis nicht direkt in ein abstraktes Problemmodell überführt, sondern es wird eine zwischen Text und mathematischer Struktur vermittelnde Verständnisebene angenommen: die kognitive Vergegenwärtigung der Aufgabensituation als episodische oder sachliche Struktur. Das Prozeßmodell, das für eine erweiterte Klasse von variationsreich formulierten Austausch-Aufgaben ebenfalls als lauffähiges Computersimulationsmodell vorliegt (Reusser, 1989c), postuliert im einzelnen mehrere Verarbeitungs- oder Verstehensebenen (Abb. V.1). Der Kern der sprachlich-sachlichen und mathematischen Verstehensarbeit besteht dabei im planvoll-zielgerichteten (strategischen) Aufbau einer die episodisch-sachliche Gesamtsituation handlungs-

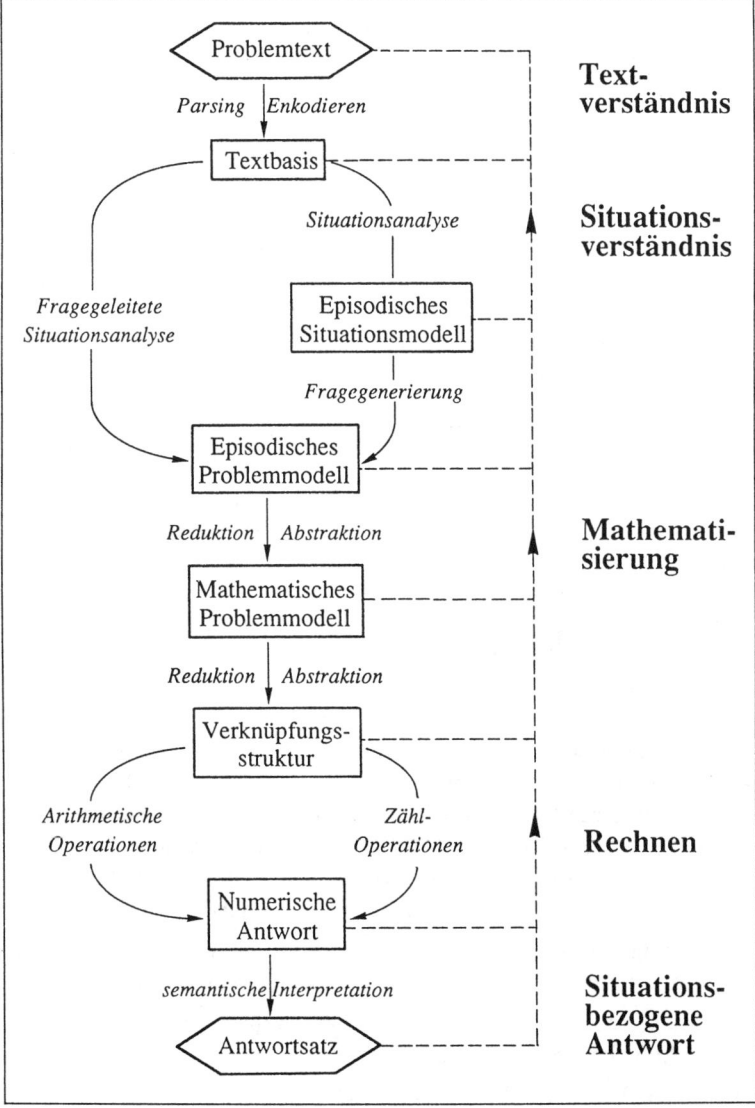

Abbildung V.1: Vom Text zur Situation zur Gleichung. Verstehensebenen bzw. Stufen der Mathematisierung von Textaufgaben.

nah repräsentierenden Situationsvorstellung (episodisches Situations- oder Problemmodell) und deren schrittweise mathematisierender Reduktion auf ihr abstraktes, operativ-arithmetisches Gerüst (mathematisches Problemmodell => Gleichung => numerisches Ergebnis). Auf die Klasse der Austausch-Aufgaben bezogen heißt dies, daß ausgehend vom Text und unter Mobilisierung von Handlungs- und Alltagswissen die Handlungsstruktur der Aufgaben rekonstruiert wird: Dazu gehört neben der Identifikation des Protagonisten die zeitliche und funktionale Bestimmung des Handlungsablaufs, das heißt des Anfangs- und Endzustandes der Handlung, der Richtung und Qualität des Transfers von Objekten (Verminderung, Vermehrung) sowie - durch die Analyse der Problemfrage - die Identifikation einer mathematisch bedeutsamen Lücke.

Es gibt mittlerweile zahlreiche empirische Belege dafür, daß die Verfügbarkeit logisch-mathematischen Wissens (wie das Teil-Ganzes-Schema) eine notwendige, aber keine hinreichende Bedingung für die verstehensorientierte Lösung von Textaufgaben darstellt. Hierzu gehören Ergebnisse von Studien, die zeigen, daß Faktoren des Textverstehens und des Situationsverstehens die Schwierigkeit von Textaufgaben erheblich beeinflussen können. Bereits geringfügige Umformulierungen von Problemtexten (rewording) können dabei zu dramatischen Erleichterungs- oder Erschwerungseffekten führen, die mit der logisch-mathematischen Tiefenstruktur der Aufgaben nicht zu erklären sind.

Dazu einige Beispiele (vgl. auch Staub & Reusser, 1995): In einer Studie von De Corte, Verschaffel & de Win (1985) wurden CH5-Aufgaben mit unbekanntem Anfangszustand um bis zu 20% besser gelöst, wenn der Anfangszustand und der Zunahmetransfer im Aufgabentext explizit genannt waren. Die demgegenüber nicht-elaborierte und deshalb schwierigere Version von CH5 lautete *"Selina erhielt 5 Murmeln. Jetzt hat sie 8 Murmeln. Wie viele Murmeln hatte Selina am Anfang?"* In einer anderen Studie von Cummins (1991) wurden Kombinationsaufgaben mit unbekannter Teilmenge (CB2) ebenfalls sehr viel leichter, wenn nach der zweizeiligen Aufgabe (vgl. Tab. V.1), aber noch vor der Frage, der Satz "Die restlichen Murmeln gehören Fritz" eingefügt wurde. - Sodann zeigte sich in Studien von Reusser (1989b), daß Austausch-Aufgaben erheblich einfacher wurden, wenn die Koaktoren der Aufgabe nicht durch drei leicht verwechselbare Jungen- oder Mädchennamen, sondern mit "der Junge, die Lehrerin und die Oma" gekennzeichnet wurden (und damit einen gewissen "Selbstbezug" erlauben; vgl. Steiner, i. d. Bd.), oder wenn die Handlungsordnung einer einfachen Geschichte durch zeit- und handlungsstrukturierende Wörter wie "am Anfang", "danach", "schließlich", "nur noch", "bereits" usw. elaboriert wurde. Stern und Lehrndorfer (1992) fanden ebenfalls Erleichterungseffekte bei Vergleichsaufgaben (CP), wenn diese in einen vertrauten lebensweltlichen Handlungs- und Motiv-Kontext eingebettet waren.

In einer bekannt gewordenen Studie von Hudson (1983) zeigte sich, daß 96% der Kindergartenkinder und 100% der Erstkläßler die Aufgabe

"Es gibt 5 hungrige Vögel und 3 Würmer. Stell Dir vor, jeder Vogel versucht einen Wurm zu kriegen. Wie viele Vögel kriegen keinen Wurm?"

lösen konnten, aber nur 25% der Kindergartenkinder und 64% der Erstkläßler reüssierten, wenn die Aufgabe mit der Frage

"Wieviel mehr Vögel als Würmer gibt es?"

abgeschlossen wurde, ein Ergebnis, das von Stern (1994a) repliziert wurde.

Als theoretisch problematisch erscheint indessen Hudsons Zurückführung des Schwierigkeitsunterschiedes auf einen bloßen linguistischen Faktor. So läßt sich argumentieren (vgl. Staub & Reusser, 1995) daß die beiden Aufgaben sich nicht bloß in der linguistischen Form der Frage, sondern bereits in den Situationsmodellen, die sie nahelegen, deutlich unterscheiden. So vermag nur die erste der beiden Fragen ("Wie viele Vögel kriegen keinen Wurm?") alltagsweltliche Erfahrungen - im Sinne der Deutung von "*jeder Vogel versucht einen Wurm zu fressen*" als Herstellung einer mathematischen *Eins-zu-eins-Korrespondenz* - zu mobilisieren, ein Umstand, der es nahelegt, zur Erklärung dieses massiven Erleichterungseffektes von einer Interaktion eines sprachlichen mit einem situationsbezogenen Faktor auszugehen.

Der Inhalt einer noch so kleinen Aufgabengeschichte - verstanden als die durch einen Problemtext denotierte, raum-zeitliche Handlungs- und Kausalwelt - kann sprachlich auf sehr unterschiedliche Weise ausgedrückt werden. In ihrer Analyse von Studien zu Formulierungseffekten (wording effects) kommen Staub und Reusser (1995) zum Schluß, daß es unumgänglich ist, die *Präsentationsstruktur* (nach Morgan & Sellner, 1980, p. 185: "the storyteller's choice concerning which points of content to present explicitly and which to leave to the hearer to infer") mathematischer Textaufgaben in die theoretischen Überlegungen zu ihrer Schwierigkeit einzubeziehen. Das Insgesamt der vorliegenden Studien zeigt, daß man den empirisch vorfindbaren Schwierigkeiten von Textaufgaben nur gerecht wird, wenn man sie als Ergebnis eines Zusammenwirkens von im engen Sinne *mathematischen*, von *weltwissensbezogenen* und von auf die *sprachlich-linguistischen Mittel ihrer Präsentation* in Aufgabentexten bezogenen Variablen begreift.

Als Fazit kann festgehalten werden, daß es sich bei der logisch-mathematischen und bei der linguistisch-situationsbezogenen Hypothese nicht um gegenseitig sich ausschließende, sondern um komplementäre Ansätze zur Erklärung der Schwierigkeit mathematischer Textaufgaben handelt. Vollständige - und damit pädagogisch-psychologisch erwünschte - Mathematisierungsprozesse verlangen beides: Ein sprachlich vermitteltes, Weltwissen erforderndes qualitatives (bei jüngeren Kindern: konkret-handlungsnahes) Verständnis einer Situation *und* das Verständnis ihrer inhärenten logisch-mathematischen Struktur. Gemäß Piagets genetisch-konstruktivistischer Basisintuition zur Ontogenese mathematischer Strukturen geht das eine aus dem andern hervor.

INSTRUKTIONALE KONSEQUENZEN

Wie die diskutierten Forschungsergebnisse zeigen, bedeutet das Verstehen und Lösen mathematischer Textaufgaben mehr als die kurzgeschlossen-geradlinige Übersetzung eines Problemtextes in eine mathematische Gleichung. Unter der Lösung einer Textaufgabe versteht man den von einer (expliziten oder impliziten) Problemfrage geleiteten planvollen Vorgang, bei welchem *ausgehend* von einem Problemtext eine sachhaltige Situationsvorstellung - also ein auf die Handlungs- und Prozeßstruktur der Aufgabe bezogenes mentales Situationsmodell - gebildet und schrittweise auf ein quantitatives Gerüst - das mathematische Problemmodell - reduziert wird. Aus einem etwas anderen Blickwinkel lassen sich die beim Lösen von Textaufgaben involvierten Mathematisierungsprozesse als das Oszillieren zwischen mindestens drei Polen oder Verstehensebenen begreifen, zwischen denen die kognitiven Lösungsprozesse sich abspielen: dem lexikalisch-syntaktischen Textverstehen, dem Situations- und Sachverstehen und dem quantitativ-numerischen Verstehen. Nur wenn diese Verstehensebenen in nicht-linearer

Weise ineinandergreifen, sind die Voraussetzungen gegeben, daß semantisch anspruchsvolle mathematische Textaufgaben gelöst werden können.

Auch wenn sich auf der vorliegenden Wissensbasis eine breit angelegte kognitionspsychologische Didaktik des Textrechnens formulieren ließe, beschränke ich mich hier aus Raumgründen auf vier kurze Aussagen:

(1) *Die "grammatische" und die "sachliche Zergliederung der Aufgabe" stehen am Anfang.* Das folgende Zitat belegt, daß die hier aus kognitionspsychologischer Sicht beschriebenen Schwierigkeiten hinsichtlich der Mathematisierung von Textaufgaben ganz offensichtlich schon *Diesterweg* nicht unbekannt waren. In seinem 1844 in dritter Auflage erschienenen *Wegweiser zur Bildung für deutsche Lehrer* forderte er bei der didaktischen Behandlung der sogenannt *praktischen* Aufgaben ein mehrstufiges Vorgehen:

"Zuerst leitet er den Schüler zum sachlichen Verständnis der Aufgabe, und dann lehrt er ihn die Beziehungen (der gesuchten Größe mit den gegebenen) erkennen. Das Nicht-Verstehen der Aufgabe von Seiten des Schülers rührt gewöhnlich entweder von der Unklarheit eines Wortes oder von der Unkenntnis des praktischen Sachverhältnisses her. Hier müssen also Wort- und Sacherklärungen eintreten. Diese sind noch keineswegs mathematischer Art, sondern es sind meist Aufklärungen über Lebensverhältnisse, es betrifft Sachkenntnisse... Dies ist die erste Thätigkeit des Lehrers: die logisch-grammatische oder die grammatisch-logische oder sachliche Zergliederung der Aufgabe.

Das Zweite betrifft die Erkenntnis der Beziehungen der Aufgabe, d.i. die Erkenntnis des Verhältnisses der gesuchten Größe zu den gegebenen. Aus diesem Verhältnis entwickelt sich unmittelbar die Auffassung der zu machenden Operationen, oder die Auflösung der Aufgabe" (Diesterweg, 1844, S. 272f).

Was Diesterweg vor 150 Jahren formulierte, trifft uneingeschränkt auch heute noch die Essenz dessen, worauf Lehrende beim didaktischen Umgang mit Text- bzw. Sachaufgaben zu achten haben, soll die Mathematik über ihr (häufig einseitiges) Selbstverständnis als bloß formale Disziplin hinaus einen allgemeinbildenden Beitrag zur geistigen Entwicklung - vorab zur Denkentwicklung und zur Sprachbildung - und zur lebenspraktischen Erschließung der Sachumwelt unter mathematischen Gesichtspunkten leisten.

(2) *Die Lösungsprozesse von Textaufgaben reflektierbar und kommunizierbar machen.* Wer als Lehrender zur Entwicklung des Lernens, Denkens und Problemlösens von Schülern beitragen will, muß die in Frage stehenden Prozesse nicht nur selber gründlich studieren, sondern sie auch in einer Weise verstehen lernen, daß er sich in den lernenden Schüler eindenken kann. Wie in vielen andern Bereichen kognitionspsychologischer Forschung hat die empirisch gestützte Theoriebildung auch mit Bezug auf die Prozesse des Text- bzw. Sachrechnens wesentlich zum Aufbau einer *psychologischen und didaktischen Sprache* und zu deren Analyse, Reflexion und Steuerung beigetragen. Damit ist eine wichtige Voraussetzung zu ihrer entwicklungsorientierten Förderung und Anleitung geschaffen.

(3) *Entwicklung kognitiver Werkzeuge.* Neben strukturanalytischen Begriffen zur theoretischen Beschreibung mathematischer Verstehens- und Lösungsprozesse haben die Arbeiten der vergangenen Jahre aber auch Lern- und Denkwerkzeuge zu ihrer Übung und Verbesserung hervorgebracht. Darunter finden sich computerunterstützte *tutorielle Werkzeuge*, die Schülern helfen, sich beim Verstehen und Lösen mathematischer Textaufgaben in bewußter Weise auf das Wechselspiel zwischen sprachlichem Verstehen, qualitativ-sachlichem und mathematischem Denken einzulassen; das heißt, die Schüler beim verstehenden Aufbau situationsbezogener (episodisch-sachlicher) und mathemati-

scher (algebraisch-numerischer) Problemmodelle unterstützen (vgl. Nathan, Kintsch & Young, 1992; Reusser, Kämpfer, Sprenger, Staub, Stebler & Stüssi, 1990; Reusser, 1995).

(4) *Von texteingekleideten mathematischen Übungsaufgaben zu mehr authentischen Sachaufgaben und Denkgeschichten.* Neben Arbeiten, die den pädagogischen Wert des Lösens von Textaufgaben überhaupt in Frage stellen (z. B. Brown, Collins & Duguid, 1989), gibt es Arbeiten, die auf die Künstlichkeit und Lebensferne der in mathematischen Textbüchern mehrheitlich verwendeten Aufgaben hinweisen (Aebli, Staub & Ruthemann, 1991; Staub & Reusser, 1995). Dadurch, daß die in der Regel spärliche Einkleidung vieler dieser Aufgaben dem mit ein bißchen Rateglück ausgestatteten, nicht selten auf elementare Signalwortstrategien getrimmten Aufgabenlöser auch ohne tiefere Struktureinsicht relativ leicht verraten, was man rechnen muß (Reusser, 1988; Sowder, 1988; Reusser, 1996), verleiten sie zu einem Lösungsverhalten, das mit sachdurchdringender Mathematisierung wenig, mit einer an das STUDENT-Programm (vgl. oben) erinnernden oberflächlichen Schlüsselwortorientierung sowie mit sachfremden Bewältigungsstrategien (Reusser, 1988; Lehtinen, 1992) dafür sehr viel zu tun hat. Damit die Mathematik ihrer instrumentellen Funktion im Dienste des Handelns und der Klärung von Sachverhältnissen im Bildungsprozeß gerecht werden kann, braucht es die Konstruktion von mehr authentischen bzw. realistischen Aufgaben. Gemeint sind Aufgaben, die dadurch, daß sie Problemgeschichten mit Handlungszielen und Ernstcharakter darstellen (vgl. Aebli et al., 1991), besser als viele traditionelle Textrechnungen dazu beitragen, Schülerinnen und Schüler von der Elementarstufe an Mathematik als sinnstiftende und problemlösende Aktivität erfahren zu lassen.

Erwerb mathematischer Kompetenzen: Ergebnisse aus dem SCHOLASTIK-Projekt

Elsbeth Stern

Mathematische Textaufgaben mit identischer mathematischer Struktur können sich in Abhängigkeit von der sprachlichen Formulierung und dem zugrundeliegenden Situationsmodell vehement in der Schwierigkeit unterscheiden. Die bei der Lösung von einfacheren Aufgaben erworbenen Lösungsstrategien können offensichtlich nicht ohne weiteres auf die neue Aufgabe angewendet werden. Im Grundschulalter ist dies insbesondere dann der Fall, wenn Aufgaben zum Mengenvergleich vorgegeben werden. Wie bereits von Reusser (i. d. Bd.) dargestellt, sind Vergleichsaufgaben für Grundschulkinder deutlich schwerer als Textaufgaben zum Austausch, zur Angleichung und zur Kombination von Mengen.

MATHEMATISCHE TEXTAUFGABEN ALS UNTERSUCHUNGSGEGENSTAND

An anderer Stelle (Stern, 1994a) habe ich ausführlich erörtert, daß der Ansatz der situierten Kognition, wie er von Greeno, Smith und Moore (1993) entwickelt wurde, geeignet ist, Schwierigkeitsunterschiede zwischen Textaufgaben zu erklären. In diesem Ansatz werden mathematische Symbole als kognitive Werkzeuge verstanden, die zur Konstruktion mentaler Modelle herangezogen werden können. Beim Gebrauch dieser Symbole sind bestimmte Prinzipien zu beachten, d. h. Möglichkeiten können genutzt und Einschränkungen müssen beachtet werden. So kann bei der Addition die Möglichkeit der Vertauschung der Mengen genutzt werden, die Subtraktion hingegen unterliegt der Einschränkung, wonach die Reihenfolge, in der die Mengen vorgegeben werden, zu berücksichtigen ist.

Textaufgaben können gelöst werden, indem die in der natürlichen Sprache beschriebenen Situationen in mathematische Symbole transformiert werden. Dies setzt voraus, daß die Nutzung der Symbole den gleichen Möglichkeiten und Einschränkungen unterliegt wie die beschriebene Situation. Der Aufbau eines mentalen Modelles zum Mengenvergleich unterliegt anderen Möglichkeiten und Einschränkungen als der Aufbau eines mentalen Modelles zum Austausch oder der Kombination von Mengen.

Zahlen bilden bei der Modellierung des Austauschs und der Kombination konkrete, zählbare Mengen ab, während sie bei der Modellierung des Mengenvergleichs auch Beziehungen zwischen Mengen abbilden. Sätze wie "Hans hat 3 Murmeln weniger als Peter" können nicht verstanden werden, wenn Zahlen nur als Symbole zur Abbildung konkreter Mengen gesehen werden (Stern, 1993, 1994b; Stern & Lehrndorfer, 1992). Fortschritt im mathematischen Verständnis bedeutet, daß Zahlen nicht ausschließlich als Zählinstrumente oder als Instrumente zur Abbildung konkreter Mengen gesehen werden, sondern als Möglichkeit zur Modellierung von Beziehungen zwischen Mengen (Gelman, 1991; Stern, 1994b). Diese Erweiterung im Zahlverständnis ist von besonderer Bedeutung, wenn die Schüler mit nicht-natürlichen Zahlen konfrontiert werden, da der Gebrauch dieser Zahlen anderen Möglichkeiten und Einschränkungen unterliegt als der

Gebrauch von natürlichen Zahlen. So kann für eine nicht-natürliche Zahl kein eindeutiger "Nachfolger" ermittelt werden, und die Anzahl der zwischen zwei nicht-natürlichen Zahlen liegenden Zahlen kann nicht ermittelt werden. Nicht-natürliche Zahlen, wie z. B. Bruchzahlen, werden nicht als Zählinstrumente verwendet, sondern zur Abbildung der Beziehung zwischen Mengen. Stern (1994a, b) hat Evidenzen dafür geliefert, daß der Mengenvergleich eine Brückenfunktion zwischen natürlichen und nicht-natürlichen Zahlen einnehmen kann. In längsschnittlichen Analysen wurde gezeigt, daß Kinder, die bereits zu einem frühen Zeitpunkt mit dem quantitativen Vergleich vertraut sind, später weniger Probleme im Umgang mit nicht-natürlichen Zahlen haben.

Auch die Möglichkeiten und Einschränkungen im Umgang mit Rechenzeichen verändern sich im Laufe der Grundschulzeit. Symbole, die für Addition und Subtraktion stehen, können zur Modellierung von Handlungen herangezogen werden, die Mengen verkleinern oder vergrößern. Hier wird ein an den zeitlichen Vorgang gebundener Ablauf beschrieben, der den Übergang von einem Anfangszustand in einen Endzustand beschreibt. Bei der Modellierung dieser Handlung ist die Einschränkung zu beachten, wonach eine Handlung entweder eine bestimmte Menge verkleinert oder vergrößert. Die Symbole dürfen also nicht ausgetauscht werden. Der quantitative Vergleich hingegen ist nicht an einen zeitlichen Ablauf gebunden. Die Differenz zwischen den Mengen, die in den Sätzen "Hans hat 5 Murmeln" und "Peter hat 7 Murmeln" ausgedrückt wird, kann mit den Gleichungen "5 + 2 = 7" und "7 - 2 = 5" modelliert werden. Bei der Modellierung des quantitativen Vergleichs kann also die inverse Beziehung zwischen Addition und Subtraktion genutzt werden. Natürlich kann man auch eine Mengenverkleinerung mit einer Additionsgleichung modellieren: statt "Anfangsmenge - Austauschmenge = Endmenge" könnte man auch sagen "Endmenge + Austauschmenge = Anfangsmenge". Dies setzt jedoch bereits ein fortgeschrittenes mathematisches Verständnis voraus, d. h. man muß das Prinzip der inversen Beziehung zwischen Addition und Subtraktion bereits kennen.

In der SCHOLASTIK-Studie bot sich die Gelegenheit, die längsschnittliche Entwicklung des Verstehens und Lösens von Textaufgaben, inbesondere solche zum Mengenvergleich, zu untersuchen. Will man Leistungsunterschiede erklären, so können unkontrollierbare Unterrichtseffekte als Störgrößen auftreten. Hat ein Teil der Kinder bestimmte Aufgaben im Unterricht direkt geübt, während sie für einen anderen Teil neu sind, so lassen sich Leistungsunterschiede, sofern Unterschiede in den Lerngelegenheiten nicht als Variable einbezogen wurden, schwer erklären. Ein aus didaktischer Sicht höchst bedauerlicher Befund stellte sich für die Wissenschaft als Glücksfall heraus: Mathematische Textaufgaben wurden in den untersuchten Klassen nur sehr selten im Unterricht behandelt. Obwohl in der SCHOLASTIK-Studie auf eine detaillierte Kontrolle der Lerngelegenheiten bewußt verzichtet wurde, läßt sich aus den wenigen Indikatoren schließen, daß Textaufgaben die Stiefkinder des Mathematikunterrichtes sind. Ein Blick in die verwendeten Übungsbücher zeigt, daß in den ersten beiden Schuljahren ganz wenige verbal eingekleidete Aufgaben vorgegeben werden (Stern, 1994b). Eine leichte Zunahme ist in der 3. und 4. Klasse zu verzeichnen, aber auch hier stehen numerische Aufgaben im Mittelpunkt. Daß tatsächlich ein sehr geringer Teil der Unterrichtszeit auf die Bearbeitung von Textaufgaben verwendet wird, zeigte die von Renkl durchgeführte Zusatzstudie, in der in einem repräsentativen Teil der Klassen Unterrichtsbeobachtungen durchgeführt wurden (Renkl, 1991). Bei den wenigen im Schulunterricht dargebotenen Textaufgaben handelte es sich fast immer um Austausch-, Kombinations- oder Angleichungsaufgaben. Da Vergleichsaufgaben in den SCHOLASTIK-Tests im

Mittelpunkt standen, erlauben die Daten Aussagen über die Bedingungen von Transferleistungen. Obwohl in der Schule Textaufgaben nur selten vorgegeben werden, können die meisten Kinder am Ende der Grundschulzeit auch recht komplizierte Textaufgaben mit Addition und Subtraktion lösen. Wie es dazu kommt und warum sich trotz gleicher Lehrpläne große interindividuelle Unterschiede zeigen, soll in diesem Kapitel diskutiert werden.

DIE ERKLÄRUNG INTERINDIVIDUELLER LEISTUNGSUNTERSCHIEDE

Unabhängig davon, daß das Lösen von Textaufgaben in der Schule selten geübt wird, zeigen sich zu allen Meßzeitpunkten große interindividuelle Leistungsunterschiede. Legt man den Prozentsatz der gelösten Aufgaben zugrunde, zeigt sich zu allen Meßzeitpunkten eine Standardabweichung zwischen 30% und 40%. Die interindividuellen Unterschiede zeigen hohe zeitliche Stabilität. Die zwischen benachbarten Meßzeitpunkten zu beobachtenden Korrelationen liegen zwischen .68 und .79. Selbst der erste und der letzte Meßzeitpunkt korreliert noch zu .53.

Der Einfluß der Vorschulzeit auf die Grundschulzeit

Angesichts der bereits zu Beginn der 2. Klasse zu beobachtenden Leistungsunterschiede im Lösen von Textaufgaben stellt sich die Frage, ob sich bereits in der Vorschulzeit Unterschiede herausgebildet haben, die die spätere Leistungsentwicklung beeinflussen. Da eine theoretische Auseinandersetzung über den Einfluß der Vorschulzeit auf die Grundschulzeit an anderer Stelle stattgefunden hat (Stern, 1994a), sollen hier lediglich wichtige Ergebnisse zusammengefaßt werden. In der Stichprobe der Kinder, die sowohl an dem Individuallängsschnitt LOGIK als auch an der SCHOLASTIK-Studie beteiligt waren, zeigte sich tatsächlich, daß Kinder, die bereits in der Vorschulzeit einen Vorsprung im numerischen Verständnis hatten, diesen später ausbauen konnten. Numerisches Verständnis in der Vorschulzeit wurde erfaßt mit der Zahlinvarianzaufgabe nach Piaget und dem Test zum Mengenschätzen von Kern (1971). Regressionsanalytische Auswertungen ergaben, daß diese Aufgaben neben Maßen der sprachlichen und nichtsprachlichen Intelligenz einen Beitrag zur Aufklärung von Leistungsunterschieden erbringen konnten. Die in der 2. Klasse beobachtete Varianz im Lösen von Textaufgaben läßt sich zu 25% mit Variablen der Vorschulzeit erklären (Stern, 1994b). Die Ergebnisse zeigen, daß in der Vorschulzeit bereits einige Grundlagen für spätere interindividuelle Leistungsunterschiede geschaffen werden können, daß aber noch genügend Spielraum für Kompensation bleibt.

Der Einfluß von Intelligenz und spezifischem Wissen

In der SCHOLASTIK-Studie zeigt sich der zu erwartende hohe Zusammenhang zwischen Intelligenz und dem Lösen von Textaufgaben. Tabelle V.3 gibt die Korrelation zwischen dem in der 4. Klasse vorgegebenen nicht-sprachlichen Intelligenztest (Weiß & Osterland, 1979) und der in den Klassenstufen 2-4 gemessenen Leistung im Lösen von Textaufgaben wieder. In früheren Untersuchungen (Weinert, Helmke & Schneider, 1990) war jedoch gezeigt worden, daß der Anteil der Intelligenz an der Aufklärung von

Leistungsunterschieden drastisch reduziert wird, wenn bereichsspezifische Maße hinzugezogen werden. Dies zeigte sich auch in der SCHOLASTIK-Stichprobe (Stern, 1994a).

Tabelle V.3: *Korrelation zwischen der Leistung im Lösen von Textaufgaben in den Schuljahren 2-4 und nicht-sprachlicher Intelligenz (gemessen in Klasse 4) sowie frühes Verständnis mathematischer Prinzipien (gemessen in Klasse 2) mit und ohne Auspartialisierung der Intelligenz*

KLASSENSTUFE	INTELLIGENZ	MATHEMATISCHE PRINZIPIEN	
		Intelligenz auspartialisiert	
		Nein	Ja
2	.51	.62	.50
3	.56	.60	.48
4	.55	.53	.39

Wie Tabelle V.3 zu entnehmen ist, korrelieren die in der 4. Klasse vorgenommene Intelligenzmessung und die im gleichen Zeitraum gemessene Leistung im Lösen mathematischer Textaufgaben zu .55. Bei Auspartialisierung der in der 2. und 3. Klasse gemessenen Leistung im Lösen von Textaufgaben beträgt die Korrelation zwischen Intelligenz und Leistung im Lösen von Textaufgaben in der 4. Klasse noch .18 ($p < .001$). Der Einfluß der zeitgleich gemessenen Intelligenz wird deutlich reduziert, wenn gleichzeitig die Genese spezifischer Kompetenzen berücksichtigt wird. Eine hohe Intelligenztestleistung kann offensichtlich nur in geringem Maße Defizite in der Lerngeschichte kompensieren.

Da, wie bereits ausgeführt, Kinder im Unterricht nur selten die Gelegenheit haben, Textaufgaben zu üben, müssen sie das bei der Bearbeitung numerischer Aufgaben erworbene Wissen umstrukturieren. Weiter vorn wurde erörtert, daß bei der Konstruktion des mathematischen Problemmodelles einer Textaufgabe die Möglichkeiten und Einschränkungen, denen die Nutzung mathematischer Symbole unterliegt, beachtet werden müssen. Die Konstruktion eines mathematischen Problemmodelles wird erleichtert, wenn bereits über Prinzipien verfügt wird, die den flexiblen Umgang mit Zahlen und mathematischen Operationen ermöglichen, wie z. B. Kommutativität oder die inverse Beziehung zwischen Addition und Subtraktion. Wie weiter vorn dargestellt, wurde in der 2. Klasse die Verfügbarkeit mathematischer Prinzipien im Umgang mit numerischen Aufgaben gemessen. In Tabelle V.3 sind die Korrelationen zwischen der in der 2. Klasse erfaßten Verfügbarkeit mathematischer Prinzipien im Umgang mit numerischen Aufgaben und der Leistung im Lösen von Textaufgaben in den Klassenstufen 2-4 dargestellt. Es zeigt sich, daß auch nach Auspartialisierung der Intelligenz ein substantieller Zusammenhang zwischen beiden Maßen besteht. Bemerkenswert ist, daß die in der 4. Klasse gemessene Leistung im Lösen von Textaufgaben mit der zu diesem Zeitpunkt gemessenen Intelligenz genauso hoch korreliert ist wie mit der in der 2. Klasse gemessenen Verfügbarkeit mathematischer Prinzipien im Umgang mit numerischen Aufgaben.

Der Einfluß von Unterschieden in der Instruktion

Nachdem im vorangegangenen Abschnitt gezeigt wurde, daß das Verständnis mathematisch-numerischer Prinzipien einen positiven Effekt auf das Verstehen von Textaufgaben hat, soll in diesem Abschnitt der Frage nachgegangen werden, wie sich Unterschiede in der Instruktion auf Leistungsdifferenzen im Lösen mathematischer Textaufgaben auswirken. Der Prozentsatz der Varianz, die durch Schulklassenzugehörigkeit aufgeklärt wird, ist Abbildung V.2 zu entnehmen. Um Vergleichsmöglichkeiten zu haben, wurden neben den Textaufgaben in diese Analyse auch die zu jedem Meßzeitpunkt vorgegebenen Arithmetiktests einbezogen.

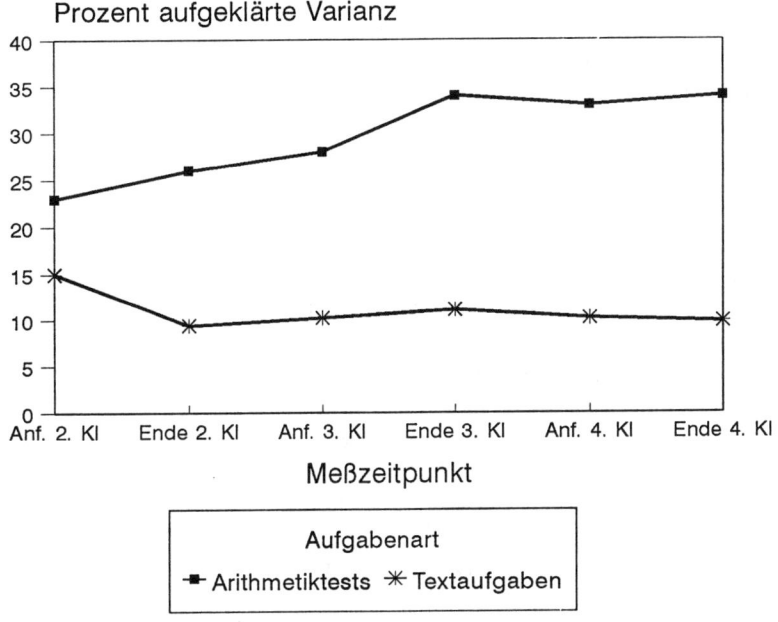

Abbildung V.2: Prozentsatz der durch Schulklassenzugehörigkeit aufgeklärten Varianz zu den unterschiedlichen Meßzeitpunkten für Textaufgaben und Arithmetiktests.

Abbildung V.2 zeigt, daß der Prozentsatz der durch Klassenzugehörigkeit aufgeklärten Varianz bei den Arithmetikaufgaben durchgängig größer ist als bei Textaufgaben. Insbesondere ab dem Ende der 3. Klasse, als der Arithmetiktest aus Multiplikations- und Divisionsaufgaben bestand, zeigte sich ein besonders starker Klasseneffekt. Offensichtlich unterscheiden sich die Lehrer sehr stark darin, wieviel Zeit sie mit dem multiplikativen "Faktenretrieval" verbringen.

Der Anteil der durch Klassenzugehörigkeit aufgeklärten Varianz beim numerischen Verständnistest am Anfang der 1. Klasse (s. o.) liegt bei 13%, ist also etwas höher als bei den Textaufgaben. Die Ergebnisse zeigen also - wie nicht anders zu erwarten - daß bei neuen Aufgaben der Klassenzugehörigkeitseffekt deutlich niedriger ist als bei curricular validen Aufgaben.

Da aber immerhin 10% der Leistungsunterschiede im Lösen von Textaufgaben mit der Klassenzugehörigkeit zu erklären sind, stellt sich die Frage, worin sich die erfolgreicheren Klassen von den weniger erfolgreichen unterscheiden. Wie erwähnt, wurden zwar im Rahmen der SCHOLASTIK-Studie nur wenige Indikatoren des Schulunterrichts erfaßt, einige davon eignen sich jedoch zur Bewertung des Mathematikunterrichtes. Die hierzu vorgenommenen Analysen wurden bereits veröffentlicht (Renkl & Stern, 1994) oder liegen als Manuskript vor (Stern & Staub, 1995).

Einfluß der Aufgabenauswahl auf die Leistung im Lösen von Textaufgaben

In einer Analyse mit den SCHOLASTIK-Daten wurde überprüft, wie sich die Varianz im Lösen von Textaufgaben erklären läßt (Renkl & Stern, 1994). Ein Ziel der Analyse war es, herauszufinden, zu welchem Anteil sich die Varianz beim Lösen von Textaufgaben durch die Zugehörigkeit zu einer Schulklasse erklären läßt, und welche Bedeutung dem hinter dem Merkmal "Zugehörigkeit zu einer Schulklasse" liegenden Faktor "Auswahl und Präsentation der Lernaufgaben" zukommt. Bei Auspartialisierung von Intelligenz und Vorwissen klärt die Schulklassenzugehörigkeit 11.80% der Varianz im Lösen von komplexen Aufgaben und 8.14% der Varianz im Lösen von einfachen Textaufgaben auf.

Um diesen Varianzanteil näher aufzuklären, wurden die von Renkl (1991) erhobenen Daten zur Auswahl von Lernaufgaben erhoben. Die von den Lehrern vorgegebenen Demonstrations- und Übungsaufgaben wurden klassifiziert nach "performanzorientierten Aufgaben", mit deren Hilfe Rechenprozeduren und mathematische Fakten eingeübt werden sollen, sowie "strukturorientierte Aufgaben", die zur Vermittlung mathematischer Prinzipien und Konzepte dienten.

Es zeigte sich, daß sich ein beachtlicher Prozentsatz der durch Schulklassenzugehörigkeit aufgeklärten Varianz auf die Häufigkeit, mit der strukturorientierte Aufgaben präsentiert werden, zurückführen läßt. Er beträgt 33.21% für komplexe Textaufgaben und 32.21% für einfache Aufgaben. Durch die Vorgabe strukturorientierter Aufgaben wird also sowohl die Leistung im Lösen einfacher als auch im Lösen komplexer Aufgaben verbessert. Die Häufigkeit, mit der performanzorientierte Aufgaben im Unterricht präsentiert werden, klärt bei einfachen Aufgaben 14.89% der durch Klassenzugehörigkeit erklärten Unterrichtsvarianz auf, während die Präsentation dieser Lernaufgaben erwartungsgemäß keinen signifikanten Einfluß auf das Lösen komplexer Textaufgaben hat.

Die Daten wurden auch hinsichtlich *Aptitude-Treatment-Interaktionen (ATI)* analysiert, um zu überprüfen, ob durch strukturorientierte Aufgaben insbesondere Kinder mit günstigeren kognitiven Lernvoraussetzungen gefördert wurden. Hierfür gab es jedoch keinen Hinweis. Die Klassen unterscheiden sich nicht signifikant im Zusammenhang zwischen kognitiven Eingangsbedingungen und Leistung im Lösen von Textaufgaben. Die häufige Präsentation von strukturorientierten Aufgaben führt nicht zu einer einseitigen Förderung der Kinder mit hohen kognitiven Eingangsvoraussetzungen. Auch führt die häufige Präsentation von performanzorientierten Aufgaben nicht zu einer Vernachlässigung der leistungsstärkeren Schüler oder zu einer besonderen Förderung der schwächeren Kinder.

Bemerkenswert ist, daß ein Drittel der mit dem Faktor "Schulklassenzugehörigkeit" aufgeklärten Varianz auf die Häufigkeit, mit der strukturorientierte Aufgaben im Unterricht präsentiert werden, zurückgeht. Mit der Auswahl geeigneter Lernaufgaben ergibt sich für den Lehrer also eine wichtige Möglichkeit, die Leistung im Lösen von Textaufgaben zu beeinflussen.

Vorstellungen der Lehrer über den Erwerb mathematischer Kompetenzen

In einer Nacherhebung (Stern & Staub, 1995) wurde mit einem von Peterson, Fennema, Carpenter und Loef (1989) entwickelten Fragebogen die Einstellung der in der 3. und 4. Klasse unterrichtenden Lehrer zum Erwerb mathematischer Kompetenzen erfaßt. Der "Lehrerfragebogen zur Erfassung von psychologisch-didaktischen Grundhaltungen im Mathematikunterricht" enthält 48 Items, in denen Glaubenssätze zum Lernen von Mathematik formuliert werden, z. B. "In der Mathematik werden die Lehrziele am besten erreicht, wenn Schüler ihre eigenen Methoden finden, um Aufgaben zu lösen", oder "Man sollte von Schülern verlangen, Aufgaben so zu lösen, wie es im Unterricht gelehrt wurde". Auf einer Likert-Skala (5 Stufen) sollten die Lehrer ihre Zustimmung bzw. Ablehnung äußern. Mit dem Fragebogen soll erfaßt werden, ob der Erwerb mathematischer Kompetenzen eher als ein rezeptiver oder eher als ein konstruktivistischer Vorgang gesehen wird. In einem rezeptiven Lernvorgang werden die Anregungen der Lehrenden von den Lernenden übernommen. In einem konstruktivistischen Lernvorgang hingegen regen die Lehrenden lediglich die Aktivierung und Umstrukturierung bereits bestehender Wissensstrukturen der Lernenden an.

Lehrer, die eine konstruktivistische Grundhaltung zum Lernvorgang einnehmen, halten es für günstiger, Schülern Freiheiten zu lassen in der Art und Weise, wie sie Aufgaben lösen. Mit einer konstruktivistischen Grundhaltung geht auch die Vorstellung einher, daß man gerade beim Bearbeiten schwieriger Aufgaben etwas lernt und daß man deshalb die Kinder "ins kalte Wasser" springen lassen sollte. Eine rezeptive Grundhaltung geht einher mit der Vorstellung, daß man nur Aufgaben vorgeben darf, für deren Lösung bereits genaue Anweisungen gegeben wurden.

In dem sehr stark von Lehrplänen bestimmten Grundschulunterricht in Deutschland haben Lehrer mit konstruktivistischen Vorstellungen vom Lernvorgang wenig Chancen, Lernziele und Aufgaben frei zu wählen. Dennoch können sie in der Art und Weise, wie sie Probleme und Fragen präsentieren, Einfluß darauf nehmen, ob mathematische Prinzipien verstanden oder ob vorwiegend Rechenstrategien eingeübt werden. Mit Hilfe der SCHOLASTIK-Daten haben wir untersucht, ob in Klassen, die von Lehrern mit konstruktivistischer Auffassung unterrichtet wurden, ein größerer Lernfortschritt im Lösen von Textaufgaben zu beobachten ist als in Klassen, die von Lehrern unterrichtet werden, die eine eher rezeptive Auffassung vom Lernen haben.

Die Ergebnisse sprechen dafür, daß sich eine konstruktivistische Grundhaltung positiv auf das Lösen mathematischer Textaufgaben auswirkt: Die Korrelation zwischen der im Fragebogen geäußerten konstruktivistischen Vorstellung des Lehrers und dem in seiner Klasse ermittelten *relativen* Fortschritt im Lösen von Textaufgaben von der 2. zur 3. Klasse beträgt $r = .52$ ($p < .01$). Der relative Fortschritt basiert auf den Residuen einer Regressionsanalyse, in der die Leistung am Ende der 3. Klasse aus der Leistung am Ende der 2. Klasse vorhergesagt wurde.

Der Frage nach ATI-Effekten sind Stern und Staub (1995) ebenfalls nachgegangen. Möglicherweise werden Lehrer mit einer konstruktivistischen Grundhaltung den Bedürfnissen leistungsstarker Kinder gerecht, während leistungsschwächere Kinder vernachlässigt werden. Um dies zu überprüfen, wurden die Lehrer auf der Grundlage ihres Gesamtscores entweder der konstruktivistischen oder der rezeptiven Gruppe zugeordnet. Die untersuchten Klassen wurden auf der Grundlage ihrer Leistung im Lösen von Textaufgaben am Ende der 2. Klasse durch Mediansplit ebenfalls in zwei Leistungsgruppen aufgeteilt.

Abbildung V.3 zeigt den von konstruktivistischen und rezeptiven Lehrern erzielten relativen Lernfortschritt. Eine ANOVA mit den Faktoren "psychologisch-didaktische Grundhaltung" und "Ausgangsbedingung" ergab einen signifikanten Haupteffekt "psychologisch-didaktische Grundhaltung", $F(1,23) = 7.9$, $p < .01$. Offensichtlich profitieren alle Klassen unabhängig von ihrem Ausgangsniveau von Lehrern, die eine konstruktivistische Auffassung vom Kompetenzerwerb vertreten.

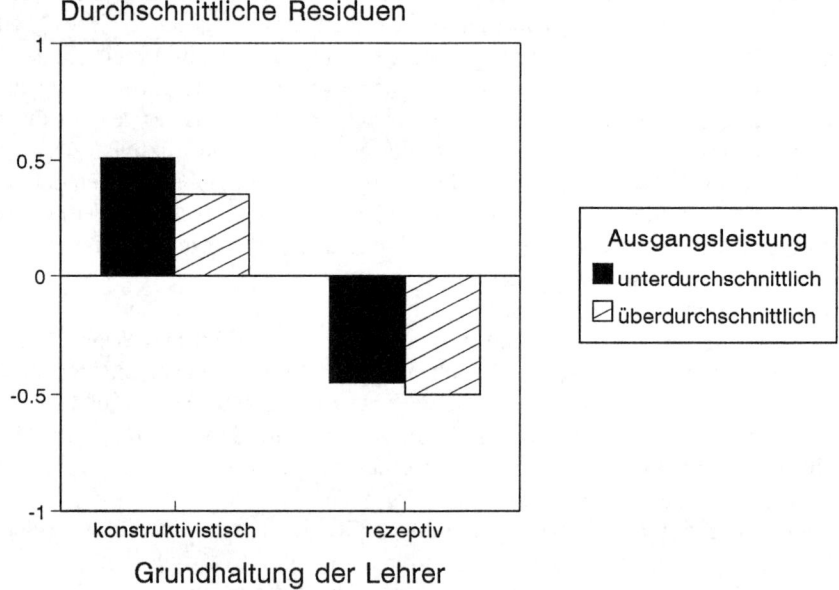

Abbildung V.3: Einfluß der pädagogisch-didaktischen Grundhaltung und der zum Zeitpunkt des Lehrerwechsels beobachteten Ausgangsleistung auf den relativen Fortschritt im Lösen von Textaufgaben.

Zu beachten ist jedoch bei der Interpretation der Ergebnisse von Stern und Staub (1995), daß nur 26 der an der SCHOLASTIK-Studie beteiligten Lehrer (52%) den Fragebogen beantworteten. Er wurde erst zwei Jahre nach Abschluß der Studie verschickt. Die Ausfälle können zwar teilweise mit dem Wegzug der Lehrer oder ihrem Ausscheiden aus dem Schulsystem erklärt werden, ein Selektionseffekt, wie er häufig auftritt, wenn Lehrer auf freiwilliger Basis mitarbeiten, ist jedoch nicht auszuschließen.

DER PROZESS DES KOMPETENZERWERBES

Aus eigener Erfahrung und aus der Beobachtung anderer wissen wir, daß der Erwerb komplexer Kompetenzen, die mit der Erweiterung und Umstrukturierung von Konzepten einhergehen, ein längerfristiger Prozeß ist, der durch Stufenmodelle des Lernens und der Entwicklung nur unzureichend abgebildet wird. Mit Hilfe von längsschnittlich erhobenen Daten wurde schon häufiger gezeigt (Siegler, 1991b), daß eine neuere, überlegene kognitive Struktur (z. B. eine Strategie) eine bereits bestehende Struktur nicht sofort ablöst, sondern daß über einen längeren Zeitraum mehrere Strategien parallel zum Einsatz kommen können. Auf der Performanzebene können sich Leistungseinbrüche zeigen.

In dem bereits im vorangegangenen Abschnitt diskutierten Lehrerfragebogen zum Erwerb mathematischer Kompetenzen zeigte sich, daß Lehrer mit einer konstruktivistischen Vorstellung vom Lernprozeß die Auffassung vertreten, daß man Kindern nur Aufgaben vorgeben sollte, die sie vollständig beherrschen. Dieser Auffassung entsprechen auch die Vorgaben, die viele Lehrer machen, wenn sie das Verstehen und Lösen von Textaufgaben durchnehmen, wie folgendes Beispiel aus Wittmann (1989) zeigt:

> **Ein Piratenbuch kostet 14 DM. Erich hat 8 DM gespart.**
> **Den Rest bezahlt die Oma.**
> Ich weiß:
> Ich frage:
> Ich zeichne:
> Ich rechne:
> Ich prüfe:
> Ich antworte:

Um das Schema auszufüllen, müssen die Kinder über jeden Lösungsschritt explizit verfügen, müssen ihn verbalisieren können, und außerdem müssen sie explizit wissen, was eine Frage und eine Antwort ist. Das Zitat eines Vaters zeigt, welche Schwierigkeiten dies Kindern bereiten kann: "Leichte Textaufgaben kann Sebastian im Kopf in wenigen Sekunden ausrechnen. Für diese Aufgabe brauchte er mehr als eine halbe Stunde und hat dabei viel geweint." (Wittmann, 1989).

Experten im Lösen von Textaufgaben zur Addition und Subtraktion, also alle Personen, die mindestens über einen Hauptschulabschluß verfügen, haben metalinguistischen Zugang zu dem der Aufgabe zugrundeliegenden mathematischen Problemmodell, d. h. sie können einen angemessenen Rechenweg angeben. In der folgenden Analyse soll gezeigt werden, daß dies bei Grundschulkindern nicht vorausgesetzt werden kann. Zu allen sechs Meßzeitpunkten zeigt sich, daß die Lösungsrate für das Kriterium "richtige Lösungszahl gefunden" zwischen 11% und 16% höher lag als für das Kriterium "richtige Lösungszahl und angemessenen Rechenweg angegeben". Zu allen Meßzeitpunkten gab bei allen Aufgaben ein Teil der Kinder zwar die richtige Lösungszahl an, notierte aber keine adäquate Gleichung. In Abbildung V.4 sind die Antwortmuster für eine wiederholt vorgegebene Aufgabe dargestellt.

Wie kommt es, daß ein Teil der Kinder zwar die richtige Antwortzahl findet, aber keine Gleichung angibt? Eine einfache Erklärung wäre, daß diese Kinder die Instruktion nicht beachten und deshalb keine Gleichung angeben. Tatsächlich gab es jedoch während der gesamten Erhebungszeit zu keinem Meßzeitpunkt Kinder, die niemals eine Gleichung angaben, und gleichzeitig gaben weniger als 3% der Kinder bei allen Aufgaben, für die sie eine Antwortzahl gefunden hatten, eine korrekte Gleichung an.

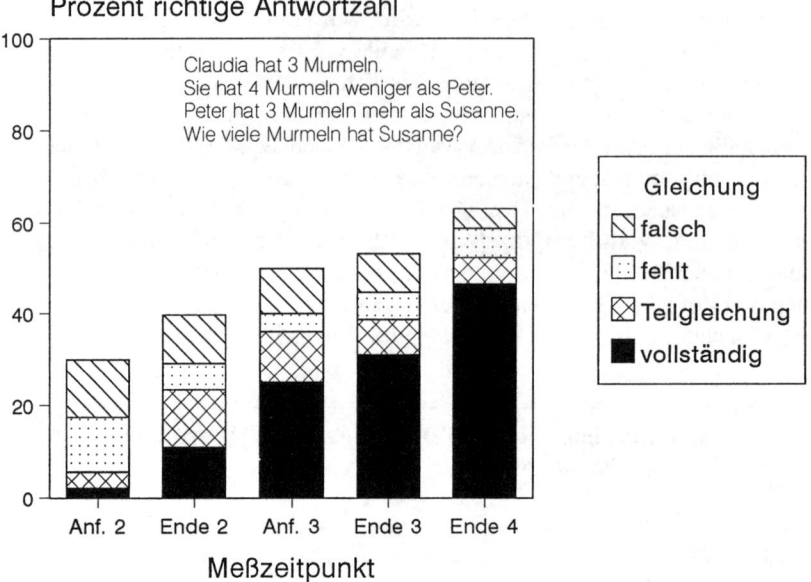

Abbildung V.4: Antwortmodalitäten bei einer ausgewählten Aufgabe zu den jeweiligen Meßzeitpunkten.

Das Weglassen der Gleichung oder die Angabe einer inadäquaten Gleichung könnte als Flüchtigkeitsfehler interpretiert werden. Manchmal vergessen die Kinder eine Gleichung anzugeben, manchmal erinnern sie sich erst nach Abschluß des Lösungsprozesses daran, daß sie eine Gleichung angeben sollen und schreiben deshalb eine beliebige Gleichung auf. Im Falle von Flüchtigkeitsfehlern sollten sich die unterschiedlichen Aufgaben nicht in der Häufigkeit unterscheiden, mit der der Antwortmodus "nur Antwortzahl korrekt, keine adäquate Gleichung" vorkommt. Spiegelt hingegen dieser Antwortmodus eine bestimmte Phase im Verständnis einer Textaufgabe wider, sollte der Anteil der Antworten mit "nur Antwortzahl korrekt, keine adäquate Gleichung" an dem Prozentsatz, mit dem "korrekte Antwortzahl" gewählt wurde, bei schwierigeren Aufgaben höher sein als bei leichteren Aufgaben. Ein Kind, das bei einer schwierigeren Aufgabe nur die Antwortzahl, nicht aber die Gleichung findet, sollte bei einer leichteren Aufgabe beides finden.

In einer varianzanalytischen Auswertung *über die vorgegebenen Textaufgaben* (d. h. die Textaufgaben wurden wie Versuchspersonen behandelt) wurde überprüft, ob bei Textaufgaben, bei denen nur wenige Kinder die korrekte Antwortzahl angaben, der *Anteil* der Kinder, die außerdem noch eine korrekte Gleichung angeben konnten, geringer war, als bei Textaufgaben, für die mehr Kinder die korrekte Antwortzahl fanden. Für jede Textaufgabe wurde der Quotient aus "*nur* Antwortzahl korrekt, keine adäquate

Gleichung " und "korrekte Antwortzahl" gebildet. Die Textaufgaben wurden in bezug auf ihre Lösungsrate für "korrekte Antwortzahl" in Quartile eingeteilt (1. Quartil: Lösungsrate 0-.25, 2. Quartil: Lösungsrate .251-.50, 3. Quartil: Lösungsrate .501-.75, 4. Quartil: Lösungsrate .751-1.0). Für jedes Quartil wurde der Mittelwert für die Quotienten gebildet, die Abbildung V.5 zu entnehmen sind. Es zeigt sich für alle drei Klassenstufen, daß bei den schweren Items, d. h. bei den Items, für die nur wenige Kinder die richtige Lösungszahl fanden, der Anteil der Kinder, die zwar die Antwortzahl, aber keinen adäquaten Rechenweg fanden, deutlich höher liegt als für Items, für die viele Kinder die Antwortzahl fanden. Über den aus den drei Klassenstufen aggregierten Wert wurde eine einfaktorielle Varianzanalyse über die 84 insgesamt in der SCHOLASTIK-Stichprobe vorgegebenen Textaufgaben (also Items = "Versuchspersonen") gerechnet. Die unabhängige Variable war "Quartil für korrekte Antwortzahl". Die abhängige Variable war der Quotient aus "*nur* Antwortzahl korrekt, keine adäquate Gleichung " und "korrekte Antwortzahl". Die Analyse ergab ein signifikantes Ergebnis, $F(3,80) = 15.64$, $p < .001$. Post-hoc Tests zeigten, daß der Quotient für die Items im unteren Quartil (0-25) höher lag als für die Items der anderen Quartile und daß der Quotient für die Items im zweiten Quartil (25.1-50) höher lag als für die Items im oberen Quartil ($p < .05$).

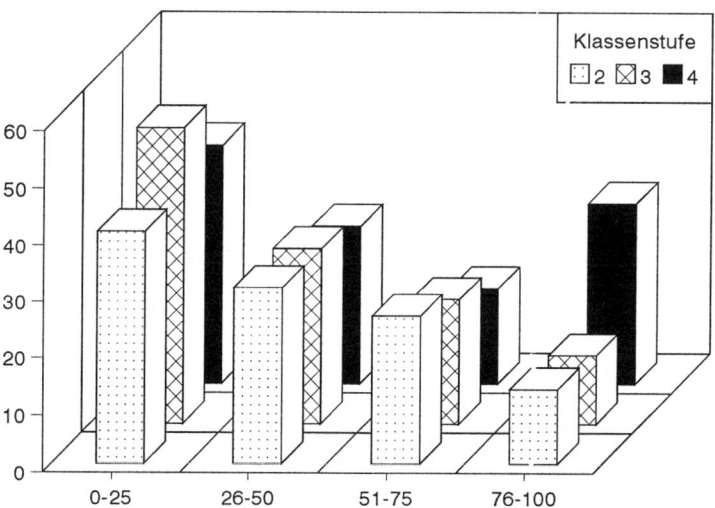

Abbildung V.5: Zusammenhang zwischen der Lösungsrate für das Kriterium "korrekte Antwortzahl" und der Lösungsrate für das Kriterium "korrekte Antwortzahl, keine korrekte Gleichung" für die Klassenstufen 2-4.

Die Ergebnisse unterstützen also die Annahme, daß das Finden der richtigen Antwortzahl ohne die Angabe eines adäquaten Rechenweges weder zufällig zustandekommt noch ein Personen- oder Aufgabenmerkmal ist. Vielmehr handelt es sich um eine Interaktion aus Kompetenz und Aufgabenschwierigkeit. Grundschulkinder verfügen offensichtlich noch nicht über die aufgabenübergreifende Kompetenz "Eine Gleichung zu einer Textaufgabe finden". Von der subjektiven Aufgabenschwierigkeit hängt es ab, ob eine Antwortzahl, aber keine adäquate Gleichung gefunden werden kann.

Analyse der Übergangswahrscheinlichkeiten
In der im folgenden dargestellten Analyse soll gezeigt werden, daß es sich bei dem Modus "richtige Antwortzahl, fehlender oder inadäquater Rechenweg" aus der intraindividuellen Entwicklungsperspektive um eine Übergangsphase beim expliziten Erwerb eines mathematischen Problemmodelles handelt.

Für alle komplexen Textaufgaben, also Aufgaben, die die Verrechnung von mehr als zwei Zahlen erfordern, wurde analysiert, wie sich die vier Antwortmodi *richtige Antwortzahl und adäquate vollständige Mathematisierung* (**vollständig gelöst**), *richtige Antwortzahl und adäquate Teilgleichung* (**teilweise gelöst**), *nur richtige Antwortzahl* (**unvollständig gelöst**) und **nicht gelöst** über die Zeit verändern. In die Analyse wurden alle 25 komplexen Aufgaben aufgenommen, die zu zwei aufeinanderfolgenden Meßzeitpunkten vorgegeben wurden. Es wurden Daten von jedem Kind einbezogen, das zu den zwei aufeinanderfolgenden Meßzeitpunkten an der Untersuchung teilnahm. Der Tabelle V.4 können die prozentualen Häufigkeiten (bezogen auf alle Aufgaben und Personen) entnommen werden, mit denen bestimmte Konstellationen zu aufeinanderfolgenden Meßzeitpunkten auftraten. Außerdem wurden die aus den Randsummen berechneten erwarteten Häufigkeiten angegeben, denen entnommen werden kann, welche Werte bei unabhängigen Ereignissen zu erwarten wären, d. h. wenn der Antwortmodus des 1. Meßzeitpunktes keinen Einfluß auf den Antwortmodus des 2. Meßzeitpunktes hätte.

Tabelle V.4: *Aggregierte Prozentwerte der zu zwei aufeinanderfolgenden Meßzeitpunkten beobachteten Antwortmodi. Der obere Wert einer Zelle stellt die beobachtete prozentuale Häufigkeit dar. Der untere Wert einer Zelle stellt die erwartete Häufigkeit bei fehlendem Zusammenhang dar*

		2. MESSZEITPUNKT				
		1	2	3	4	
1. Meßzeitpunkt	1) Falsche Antwortzahl	36.33 26.82	4.36 4.78	8.11 11.41	6.34 12.11	55.14
	2) Richtige Antwortzahl, falsche Gleichung	3.54 4.62	1.61 .82	2.48 1.96	1.88 2.09	9.51
	3) Richtige Antwortzahl, richtige Teilgleichung	5.80 10.27	1.88 1.83	7.81 4.37	5.64 4.64	21.13
	4) Richtige Antwortzahl, vollständige Gleichung	2.98 6.92	.83 1.23	2.30 2.94	8.12 3.12	14.23
		48.65	8.68	20.70	21.98	100

Rückfälle von höheren Lösungsstufen auf niedrigere Stufen kommen seltener vor, als dies nach dem Zufall zu erwarten wäre. Auch zeigt sich, daß der Übergang von "falsche Antwortzahl" zu "richtige Antwortzahl, vollständige Gleichung" seltener vorkommt, als dies nach dem Zufall zu erwarten wäre. Dies kann als ein Hinweis darauf gewertet werden, daß der Fähigkeit, eine bestimmte komplexe Aufgabe vollständig zu mathematisieren, Phasen vorangehen, in denen lediglich die Antwortzahl oder eine Teilgleichung gefunden werden kann. Die Ergebnisse sprechen dafür, daß die metalinguistische Verfügbarkeit eines mathematischen Problemmodelles eine späte Stufe im Verständnis einer Textaufgabe darstellt. Bevor eine vollständige Gleichung für eine Textaufgabe angegeben werden kann, kann die Antwortzahl für eine Textaufgabe gefunden werden. Allerdings ist zu beachten, daß - wie bereits erwähnt - ausschließlich kleine Zahlen (bis 20) vorgegeben wurden, die im Kopf verrechnet werden können. Eine Gleichung als externe Speichermöglichkeit wird nicht benötigt. Möglicherweise, und dies muß in zukünftigen Arbeiten geprüft werden, ist es bei komplexen Aufgaben mit größeren Zahlen nicht möglich, die richtige Antwortzahl ohne die dazugehörige Gleichung zu finden.

Die Analyse der Rechenwege ergab keine Hinweise auf *interindividuelle Unterschiede in der intraindividuellen Entwicklung*. Letzteres würde z. B. bedeuten, daß kompetentere Kinder zu einem früheren Alterszeitpunkt andere Phasen durchlaufen als weniger kompetente Kinder zum späteren Alterszeitpunkt. So läge die Vermutung nahe, daß auch jüngere Kinder mit hohen mathematischen Kompetenzen eine Aufgabe lösen, indem sie zuerst ein mathematisches Problemmodell in Form einer Gleichung aufstellen und daraus die Lösung ableiten. Lediglich weniger kompetente Kinder sollten nicht dazu in der Lage sein, eine explizite Gleichung anzugeben. Die Ergebnisse widersprechen eindeutig einer derartigen Annahme. Kinder, die ein hohes Leistungsniveau im Lösen von Textaufgaben zeigen, können für schwierigere Aufgaben zwar die richtige Antwortzahl finden, können aber noch keine Gleichung angeben. Die Vorstellung, daß mathematisch kompetentere Kinder sich bereits in der frühen Grundschulzeit durch eine aufgabenübergreifende metalinguistische Zugänglichkeit von mathematischen Problemmodellen auszeichnen, die es ihnen ermöglicht, beliebige Situationen zum Austausch, zum Vergleich und zur Kombination von Mengen in Form von Additions- und Subtraktionsgleichungen zu modellieren, kann nicht aufrechterhalten werden. Für alle Kinder im Grundschulalter und für alle Aufgaben scheint zu gelten, daß das mathematische Wissen als aufgabenspezifisches Handlungswissen verfügbar ist, bevor es metalinguistisch zugänglich ist.

Lehrer, die eine feste Vorstellung davon haben, in welcher Weise Schüler Textaufgaben zu lösen haben und wie sie das Ergebnis darzustellen haben, werden insbesondere Kinder mit unsicher verfügbarem Wissen demotivieren. Im bayerischen Schulunterricht ist es sogar üblich, den Kindern die Art der Gleichung vorzuschreiben, mit der sie eine Textaufgabe zu lösen haben. Austauschaufgaben mit unbekannter Startmenge, wie z. B. "Am Anfang hatte Maria einige Murmeln. Dann gab ihr Hans 3 Murmeln. Jetzt hat Maria 8 Murmeln. Wie viele Murmeln hatte sie am Anfang?" müssen mit der Gleichung [ ] + 3 = 8 gelöst werden. Alles andere wird als falsch bewertet. Derartige Einschränkungen werden nicht der Tatsache gerecht, daß der Erwerb von Kompetenzen beim Lösen von Textaufgaben ein kontinuierlicher Vorgang ist, in dessen Verlauf Kinder erst allmählich bewußte Kontrolle über die den Textaufgaben zugrundeliegenden Prinzipien erhalten.

DISKUSSION UND AUSBLICK

Die Ergebnisse dieses Kapitels lassen sich wie folgt zusammenfassen: Obwohl im Schulunterricht mathematische Textaufgaben nur selten behandelt werden, werden Kinder im Lösen dieser Aufgaben im Laufe der Grundschulzeit immer kompetenter. Sie nutzen offensichtlich die im Umgang mit numerischen Aufgaben erworbenen mathematischen Prinzipien zur Konstruktion mentaler Modelle von sprachlich eingekleideten Aufgaben. Interindividuelle Leistungsunterschiede sind über die Zeit recht stabil und lassen sich eher mit Unterschieden in inhaltsspezifischen Kompetenzen erklären als mit Unterschieden in der allgemeinen Intelligenz. Unterschiede in der Verfügbarkeit mathematischer Prinzipien, die teilweise auf Einflüsse des Schulunterrichtes zurückgehen, können einen Teil der Leistungsunterschiede erklären. Die beobachteten Einflüsse des Schulunterrichtes sind insbesondere deshalb beachtenswert, weil der Grundschulunterricht in Mathematik durch detailliert ausgearbeitete Lehrpläne bestimmt wird und zudem die Übungsbücher recht homogen sind. Es gab keinen Hinweis dafür, daß die Möglichkeit, Textaufgaben zur Vermittlung des mathematischen Verständnisses zu verwenden, von den Lehrern in größerem Stil genutzt wird. Die psychologisch-didaktischen Grundhaltungen der Lehrer haben einen bedeutsamen Einfluß auf die Vermittlung mathematischer Prinzipien. Eine konstruktivistische Grundhaltung wirkt sich offensichtlich günstig auf die Auswahl und Darbietung von Lernaufgaben und damit auf die Leistungen der Schüler aus. Darüber hinaus ist zu erwarten, daß eine konstruktivistische Grundhaltung gegenüber dem Kompetenzerwerb einhergeht mit einer größeren Sensibilität für noch unsicher verfügbares Wissen, das sich z. B. in der Unfähigkeit zeigt, eine Gleichung für eine bereits gelöste Textaufgabe anzugeben. Mangelnde Sensibilität für unsicher verfügbares Wissen seitens der Lehrer kann Schüler frustrieren, weil sie in den Augen der Lehrer als inkompetent gelten, obwohl sie bereits wichtige Lernschritte absolviert haben.

In diesem Kapitel wurde gezeigt, daß Kinder ihr vorwiegend im Umgang mit numerischen Aufgaben erworbenes Wissen nutzen, um die für sie neuen Textaufgaben zu lösen. Daß im Grundschulunterricht Textaufgaben bei der Vermittlung des mathematischen Verständnisses im Mathematikunterricht nicht genutzt werden, ist aus der Sicht der kognitiv orientierten Instruktionspsychologie höchst bedauerlich. Gegenwärtig nutzen Kinder ihr im Umgang mit numerischen Aufgaben erworbenes Wissen zum Lösen von Textaufgaben. Würden Textaufgaben stärker als das bisher der Fall ist, in den Mathematikunterricht einbezogen, könnte man sich durchaus einen umgekehrten Transfer vorstellen. Eine günstigere Auswahl und Einbindung von Textaufgaben in den Mathematikunterricht sowie die Sensibilisierung der Lehrer für den Prozeß des Verstehens dürften zu einer Verbesserung der mathematischen Kompetenzen führen.

Erwerb mathematischer Kompetenzen: Kommentar

Gerhard Steiner

Die jüngsten Befunde bestätigen es mit aller Deutlichkeit: Der Unterricht und die durch diesen angestoßenen Lernprozesse nehmen einen nachhaltigen Einfluß auf den Erwerb von mathematischen Denk- und Problemlösefähigkeiten und damit der kognitiven Entwicklung während der ganzen Schulzeit. Es ist damit zu rechnen, daß der *frühe* Unterricht in der Grundschule für den Aufbau entsprechender *konzeptueller* und *prozeduraler* Fähigkeiten von größter Bedeutung ist.

In meinem Kommentar zu den beiden vorangegangenen Beiträgen von Stern und Reusser stelle ich die Frage, von welchen Gegebenheiten der Mathematikunterricht der Grundschule auszugehen hat, was numerisches Verständnis ist, welches dessen entwicklungspsychologische Basis ist, welches somit die Eingangsbedingungen für den Unterricht sind, mit welchen Entwicklungsvoraussetzungen der Lehrer rechnen kann und wie er seinen Unterricht mit diesen Eingangsvoraussetzungen verknüpfen muß, wenn er den genannten Einfluß auf die kognitive Entwicklung haben soll.

PROBLEMKREIS 1: ÜBER EINIGE LERN- BZW. ENTWICKLUNGSPSYCHOLOGISCHE VORAUSSETZUNGEN DES TEXTAUFGABENLÖSENS

Wie Reusser (i. d. Bd.) und Stern (i. d. Bd.) betonen, ist das Lösen von Textaufgaben nicht einfach ein *Anwenden* von numerischem Wissen, sondern ein Zusammenwirken von mathematischen, handlungsbezogenen und linguistischen Prozessen der Konstruktion und der Repräsentation. Die Beziehung zwischen Textaufgaben und Arithmetik ist eine wechselseitige und in der Tat eine komplexe.

Rechnen mit oder ohne Selbstbezug

Stern macht darauf aufmerksam, daß Textaufgaben in kognitions- und lernpsychologischer Hinsicht viel zu wenig "ausgereizt" würden. Hier möchte ich teils in Parallele, teils in Fortführung zu den von Reusser und Stern vorgetragenen Argumenten überlegen, was Textaufgaben überhaupt kognitiv anregen können und was deshalb ihren Wert ausmacht.

Man darf zunächst nicht vergessen, daß das Lösen von *reinen Zahlenaufgaben* eine weitgehend technische, d. h. algorithmisch gesteuerte und *"entindividualisierte" Aktivität* ist; das Lösen von Textaufgaben dagegen schließt in gewisser Weise immer das gesamte "learning self" ein: Das Kind übernimmt zumindest stellvertretend eine Rolle (z. B. die eines Murmelbesitzers) und ist somit in das Geschehen involviert, d. h. es besteht ein markanter Selbstbezug, ein "ego involvement"! Somit erhält die Textaufgabe einen besonderen Stellenwert gegenüber den einfachen arithmetischen Zahlenaufgaben.

Entscheidend dabei ist nun, daß dieses Involviertsein unter anderem den Zugang zu den Handlungsbezügen einer Aufgabe erhöht. Das ist deshalb von Bedeutung, weil die

Mathematisierung der Umwelt aus einem *handelnden Umgang mit ihr* kommen muß. Hinzu kommt, daß der Selbstbezug auch *affektive Komponenten* ins Spiel bringt wie *Überzeugungen, Einstellungen* und *Emotionen.*

Mit Blick auf die Emotionalität stellen wir fest, daß im Vorschulalter viele Kinder problemlos mit Mengen umgehen können, ohne in besonders negativer Weise affektiv betroffen zu sein: Sie haben eine völlig ungestörte Einstellung und Überzeugung in bezug auf den Umgang mit Zahlen oder Mengenmächtigkeiten; ihre Problemlösungen laufen natürlich ab und führen meist zu einem bedeutungsvollen Ergebnis, mit dem das Kind etwas anfangen kann (Sinnstiftung auf natürliche Weise). Hier ist Mathematik noch nahe an einer "Realistic Mathematics Education" (RME bei Streefland, 1991; Treffers & Goffree, 1985; siehe De Corte, 1995). Dabei können sich günstige Einstellungen als Grundhaltung etablieren, die allerdings wenig später sehr leicht durch den schulischen Unterricht erschüttert werden. Emotionale Anteile wandeln sich in der Schule u.U. in Angst vor Zahlen und in eine Abwehrhaltung, was die Erschütterung der ursprünglich positiven Grundhaltung ausmacht.

Pränumerische Fähigkeiten

Wenn man sich die pränumerischen Fähigkeiten der Kinder vor Augen hält, die sie in die Schule mitbringen, so besteht der Verdacht, daß die Schule den reichen Schatz an elementaren Mathematisierungsfähigkeiten der Kinder oftmals zuschüttet. Aus dieser Sicht sind die Fragestellungen von Stern wie auch diejenigen der ganzen SCHOLASTIK-Längsschnittstudie fundamental.

Kinder verfügen über ein *reiches mengenbezogenes Wissen* aus ihrer Vorschulzeit, ja aus ihrer Vorkindergartenzeit. Sie wissen, wer größer ist, wer mehr hat, was weiter weg ist, wer schneller ist und sämtliche Inversionen dazu (kleiner, weniger, kürzer, langsamer etc.), wenn auch noch nicht in ihren reversiblen Zusammenhängen. Sie verfügen auch bereits über Erfahrungen darüber, was man tun kann, damit etwas "mehr" wird, damit etwas schneller geht usw.; auch darüber, wie es kommt, daß es auf einmal "weniger" von etwas gibt, daß etwas kürzer geworden ist, usw.. Sie sind in den entsprechenden Aktivitäten auch zweifellos nicht emotionslos dabei, sondern engagieren sich zum Teil leidenschaftlich für ihre Anteile, wenn es um ein Verteilen oder um ein Bekommen oder Abgeben von etwas geht. Sie realisieren auch, daß mit Mengen umzugehen nur dann möglich ist, wenn man *über ein ganz spezifisches Verfahrenswissen* verfügt, das andere (z. B. ältere Geschwister) schon haben und das man im entscheidenden Moment anwenden kann.

(Vielleicht ist es dieses *Anwendenkönnen*, das vielen Schülern auch später in der Schulzeit noch sehr präsent ist, das sie veranlaßt, sich *gar nicht um ein Verstehen* zu bemühen, sondern lediglich ein *effizientes, d. h. möglichst rasches Anwenden* von Regeln und Algorithmen zu wünschen!)

Pränumerische Entwicklung mit ihrem zumindest rudimentär aufgebauten Wissen und Können ist auf ganz spezifische Bereiche bezogen, ist also *domänspezifisches* Wissen und Können. (Wir wissen übrigens überhaupt nicht, ob alle Kinder tatsächlich soviel domänspezifische Murmel-Erfahrungen haben, wie die zahlreichen Untersuchungen es uns suggerieren wollen.) Auf solches domänspezifisches Wissen könnten, wenn man es nur genau genug kennen würde, sowohl die Schule als auch die forschenden Psychologen noch viel gezielter zurückgreifen und dann erst, ausgehend von diesem Wissen die

Schüler zu allfälligen Generalisierungen führen. Eigentlich fehlt der Forschung noch immer die präzise Kenntnis dessen, was Vorschulkinder an "mathematisierenden" Alltagsaktivitäten tun in ihrem - wie Hans Aebli zu sagen pflegte - "chaotischen" Lernalltag. Immerhin dürfen wir annehmen, daß eine Vielfalt von potentiell mathematischen Inhalten und Operationen vom Vorschulkind bearbeitet wird.

Prozeßbezogene Grundlagen
für die Genese der Textaufgabenlösefähigkeiten

Weil sinnvolles Mathematiklernen vor allem der Umgang mit Textaufgaben und nicht ein Einprägen von Stoffen ist, die in hohem Maße dekontextualisiert und fragmentiert sind, so daß eben *nicht* vor allem prozedurale Fertigkeiten trainiert werden, muß m. E. die *pränumerische Lerngeschichte* viel stärker als bisher mit eingebracht werden, und dabei müssen auch die entscheidenden *konzeptuellen* Wissensstrukturen erlernt werden.

Im Rahmen der Erforschung des Mathematiklernens ist ein Faktum wohl bekannt: die großen individuellen Unterschiede bezüglich der Leistungen beim Lösen von Textaufgaben. Stern fragt ja auch zu recht, ob und inwiefern die Vorschulzeit ein wichtiger Faktor für die Genese des Textaufgabenlösens sei. Ich möchte hier vor allem das *pränumerische Verständnis* und den möglichen Vorsprung begabter Schüler in diesem Bereich hervorheben: das qualitative, noch nicht numerische Denken, z. B. daß man mit Dingen bzw. mit Mengen von Dingen etwas tun kann und daß sich nicht nur an Einzeldingen, sondern auch an Mengen von Dingen etwas in einer bestimmten Weise *verändert* (z. B. größer wird), wenn man sie entsprechend manipuliert. Hier stellt sich schon die Frage, von welcher Art ein solches pränumerisches Verständnis und ein sich daraus entwickelnder numerischer Verständnisvorsprung sein muß, damit er sich auf Textaufgaben auswirkt.

Es könnte sich dabei zunächst um das Erkennen von qualitativ-arithmetischen Zusammenhängen handeln, die mit den semantischen Strukturen des Texts kompatibel oder sogar kongruent sind. Dabei spielen die ganz elementaren Handlungen eine bedeutende Rolle, die beispielsweise dem Nehmen, dem Verlieren, dem Ausleihen, dem Liegenlassen oder dem Wegessen - alles Handlungen des Wegnehmens, die dem Subtrahieren zugrundeliegen. Dabei ist es allerdings wichtig, daß - im Sinne der Fillmoreschen "case grammar" - unterschieden werden kann, wer der "actor", wer der "recipient" und welches die verschobenen "objects" sind. Erst wenn die Effekte bzw. die Strukturgleichheit solcher Aktivitäten qualitativ erkannt werden, machen quantitative Denkschritte im Sinne arithmetischer Operationen Sinn. Ich glaube, daß solche Überlegungen in Reussers Ansatz grundsätzlich enthalten sind, aber explizit sind die semantischen Felder, die einem bestimmten "semantic primitive", d. h. einer grundlegenden, für die mathematische Operation konstituierenden Handlung, entsprechen, noch nicht angesprochen worden. Für ein Verstehen der Interaktion der beiden komplementären Prozeßbereiche, der logisch-mathematischen und der linguistisch-situationsbezogenen Prozesse nämlich, ist dies aber von fundamentaler Bedeutung.

Ob ferner die Zahlinvarianz im Sinne Piagets und das "ganzheitliche" Zahlenschätzen nach Kern & Gieding (1960) schon ausreichend sind für die Bestimmung dessen, was Stern als "numerisches Verständnis" bezeichnet, scheint mir sehr fraglich. Ich glaube, daß das numerische Verständnis das eine ist, daß dieses aber zum einen ganz maßgeblich vom pränumerischen Verständnis abhängt und daß zum andern darüber hinaus eine auf semantische Kontexterfassung ausgerichtete Eigenständigkeit von kognitiven Prozessen des Verstehens gefragt ist.

Um die Fähigkeiten im Umgang mit Textaufgaben zu fördern, müßte man m. E. die pränumerischen Alltagskontexte der Schulanfänger aufgreifen, darüber systematisch berichten und sie auch spielerisch darstellen lassen (Simulationen von Alltagssituationen) und dadurch "aufgabenspezifisches Handlungswissen" aufbauen. Denn aus derartigen Geschehnissen ergeben sich genau die Abläufe (scripts), wie sie sich in den späteren Textaufgaben wieder finden. Eine explizite Versprachlichung solcher (simulierter) Handlungssituationen und -abläufe trägt zum Aufbau der erforderlichen (immer noch pränumerischen) linguistischen Kompetenz bei, die die unabdingbare Voraussetzung für die spätere "metalinguistische Kompetenz" (Karmiloff-Smith, 1992) darstellt. Der nächste Schritt bestünde dann darin, die Kinder unbedingt mehr und viel ausführlicher eigene erlebte bzw. simulierte Situationen zu beschreiben und damit Textaufgaben mit Zahlen generieren zu lassen. Auf diese Weise könnte man schon mit Schulanfängern die Umwelt mathematisieren, d. h. fragen oder darüber berichten lassen, wer Zahlen (Mächtigkeiten) in der Umwelt sieht. Dann ist auch der Schritt nicht mehr weit zu Fragen wie derjenigen, was z. B. 3+1 oder 4+? = 7 überhaupt alles bedeuten könnte. Wichtig wäre in diesem Zusammenhang, daß linguistisch verschiedene, aber semantisch-handlungsmäßig und arithmetisch identische Aufgaben kreiert und miteinander verglichen würden.

Alle diese Überlegungen passen sich freilich in den Rahmen der grundlegenden Prozesse für die Problemlösefähigkeiten eines Kindes mit Textaufgaben ein, nämlich in denjenigen des Aufbaus von mentalen Modellen oder Situationsmodellen oder von mathematischen Problemmodellen von Textaufgabensituationen. Die Frage ist dann aber: Welche Eigenschaften muß ein solches Modell enthalten, bzw. welche Teilprozesse konstituieren sein Funktionieren? Sicher sind es konzeptuelle ebenso wie prozedurale Prozesse; letztere wären die oben erwähnten handlungsbezogenen Prozesse, die das Handlungswissen ausmachen. Noch nicht klar ist, welches gleichsam die "verschränkten" Genesen dieser beiden Prozeßarten sind. Beide müssen irgendwie in Interaktion aufgebaut werden. Es ist dies der "Ort", wo Reusser die zentrale Verarbeitungsphase im Aufbau eines die episodisch-sachliche Gesamtsituation handlungsnah repräsentierenden Situationsmodells lokalisiert, welches in daran anschließenden Mathematisierungsschritten auf sein operativ-arithmetisches Gerüst reduziert wird. *Wie* diese Reduktion erfolgt, ist damit aber noch nicht erhellt. Stern meint dazu, daß zu Beginn "über das zur Lösung einer Textaufgabe benötigte Wissen noch recht unsicher verfügt wird". Was macht wohl die hier angesprochene Sicherheit in bezug auf die zu lernenden Prozesse aus? Was den Kompetenzerwerb betrifft, hat Stern erfahren, was auch in einer Untersuchung von Steiner & Stöcklin (1996) zum Bruchrechnen der Fall war: daß nämlich eine neue kognitive Struktur, auch wenn sie besser ist als die alte, diese nicht sofort ersetzt; beide laufen über längere Zeit noch parallel zueinander, oder aber, wenn "alte" Gewohnheiten durchbrechen oder wenn der Druck der Aufgabensituation zu groß wird, regredieren die Schüler auf die alten Prozesse und "Strategien".

PROBLEMKREIS 2: DER ZUSAMMENHANG ZWISCHEN VERGLEICHSFÄHIGKEIT (BEI ADDITIONEN) UND BRUCHVERSTÄNDNIS

Ein ganz besonders interessanter Punkt aus Sterns Bericht über ihre Forschungsarbeit ist der Zusammenhang zwischen der Fähigkeit des Vergleichens (bei Additionsaufgaben) und dem Verstehen von Brüchen.

Stern sagt, ihre Ergebnisse seien vereinbar mit der Annahme, daß komplexe Vergleichsaufgaben für den Erwerb eines mathematischen Verständnisses bedeutsam sind, und daß dem Verständnis von komplexen Textaufgaben zum Vergleich von Mengen und dem Verständnis von Bruchzahlen die gleichen funktionalen Prinzipien zugrundeliegen.

Freilich muß man um die Einschränkung wissen, die die Untersuchung selber impliziert: Einerseits wurden nur Rechnungen bis zur Größenordnung von 20 verwendet, andererseits auch nur verlangt, Stammbrüche bzw. einfache Brüche mit kleinen Zählern in ihrer Größe aufzureihen. Das schränkt in beiden Bereichen die kognitiven Aktivitäten ein, aber auch die Schlüsse, die man aus der Interpretation der Korrelationen bzw. hinsichtlich der genannten funktionalen Prinzipien ziehen kann!

Bei Vergleichsaufgaben (quantitativer Vergleich, wie Reusser und Stern ihn in ihren Beiträgen herausarbeiten) im Bereich der Addition und bei Bruchzahlen müssen die beiden Zahlen jeweils zueinander in Beziehung gesetzt werden. Wer dies in der Grundschule gut kann, versteht Bruchzahlen früher (z. B. 2/3, 2/8, 2/6 etc. in eine Größenabfolge bringen); das sagen die Ergebnisse der Untersuchung von Stern. Generell von Bruchzahlverständnis zu sprechen, wenn Kinder einige Stamm- oder etwas erweiterte Brüche richtig aufreihen können, ist freilich eine kühne Aussage. Da stellt sich die Frage: Ist das oben genannte in-Beziehung-Setzen die *"mise en relation"*, die Piaget als wesentlichen Mechanismus für den strukturellen Aufbau sieht? Die "mise en relation" sieht für die beiden Aufgaben von nahe gesehen sehr unterschiedlich aus: Während im einen Fall eine Eins-zu-eins-Zuordnung derjenigen Elemente erforderlich ist, von denen die beiden beteiligten Kinder gleichviel haben, ist im andern Fall viel stärker das Teil-Ganzes-Problem involviert (Resnick & Singer, 1993), und diese beiden Ansätze sind nicht identisch. Aus der Sicht von Aebli (1951), Bruner (1966) und Steiner (1973, 1980) kann man fragen, was es heißt, auf Handlungsebene zu rechnen? Was ist dann die *"abstraction à partir de l'action"* und um welche "action" geht es hier überhaupt? Hier kommt auch das spezifische Problem der Repräsentation hinzu. Die beiden Situationen oder Gegebenheiten sind nicht dieselben und müssen auch unterschiedlich dargestellt (repräsentiert) werden.

Eine Abstraktion kann nach Stern auch aus einer andern Abstraktion kommen. Dagegen ist grundsätzlich nichts einzuwenden! Für den Fall des Vergleichs läßt sich aber zeigen, daß auch er eine Handlungsbasis hat, nämlich eine Eins-zu-eins-Zuordnung.

Was die Teil-Ganzes-Struktur betrifft, die für Resnick (Resnick & Singer 1993) eine sehr fundamentale Bedeutung für den Grundschulrechenunterricht hat, glaube ich, daß auch sie Voraussetzungen hat, die erfüllt sein müssen: daß die prozeduralen Zahlenkenntnisse über das Verhältnis von mehreren Teilen zu ihrem Ganzen nicht nur grundsätzlich verfügbar sind, sondern daß sie auch rasch und flexibel zugänglich sind. Darauf weist auch De Corte (1995, S. 38) hin: "Even more crucial than mastering separate pieces of subject-matter content is the *availability and accessibility of a well-organized knowledge base*". Solches aber kann m. E. nur durch eine "operative Didaktik", um den alten Ausdruck zu gebrauchen (vgl. Fricke & Besuden, 1970), aufgebaut werden, die auf den Aufbau von numerischen Relationen bzw. Netzwerken fokussiert. Eine weitere Möglichkeit, mathematische Netzwerke aufzubauen, ist die sog. "progressive Transformations-Didaktik" (Steiner & Stöcklin, 1996), die den Aufbau, noch nicht aber auch die Proceduralisierung entsprechender Prozesse weitgehend gewährleisten kann. Es handelt sich dabei um einen spezifischen Umgang mit mathematischen Aufgaben: Der Schüler geht von einer gelösten und verstandenen Aufgabe aus. Diese wird vom Lehrer dann an einer Stelle (z. B. bei einer Addition bei einem der Summanden) transformiert. Der Schüler soll die Transformation beschreiben und dann antizipieren, welche Konsequenzen sie auf die Operation bzw. das Ergebnis hat. Dabei werden Relationen zwischen den Elementen der ursprünglichen und der transformierten Aufgabe hergestellt, die zunächst nicht zur Lösung der neuen Aufgabe, wohl aber zu neuen Verknüpfungen mathematischer Art zwischen den Aufgaben führen. Auf diese Weise werden elementare mathematische (genau: arithmetische) Netzwerke aufgebaut, die bei genügender Dichte der relationalen Verknüpfungen das Finden von Lösungen erleichtern. Ist die transformierte Aufgabe gelöst worden, so wird an ihr eine weitere Transformation vorgenommen (daher die Bezeichnung "progressive Transformation"), die wiederum dieselben Denkschritte beim Schüler auslöst: Beschreiben der Transformation, Antizipation der Konsequenzen der Transformation, immer im Vergleich mit der vorangegangenen Aufgabe, Lösen der Aufgabe mit algorithmischen Mitteln (schlicht: Ausrechnen) und damit Kontrollieren der Angemessenheit der eigenen Antizipationen.

PROBLEMKREIS 3: KONSEQUENZEN FÜR DIE LEHRERBILDUNG

Aus den vorliegenden Untersuchungen lassen sich mehrere Konsequenzen für die Lehreraus- und -weiterbildung ableiten: (1) Lehrer müssen so ausgebildet werden, daß sie sich der strukturellen Aufbauprozesse bewußt werden, d. h. erkennen, daß sie den Schüler auf die Handlungsgrundlage der mathematischen Operationen hinlenken müssen, weil Operationen verinnerlichte Systeme von Handlungen sind. Mit einer solchen Unterrichtstätigkeit tragen sie enorm viel zum günstigen Lernverlauf bei jedem einzelnen Schüler bei. (2) Sie müssen erkennen lernen, daß es konzeptuelle und prozedurale Prozesse gibt, deren Aufbau sich völlig unterschiedlich vollzieht. Der konzeptuelle Anteil wird bei Stern als "strukturorientiert" bezeichnet.

Eine Lehrerbildung, die auf das Erkennen solcher Prozesse Wert legt, muß die Mikroprozesse des Lehrens und Lernens ins Zentrum der instruktionspsychologischen Ausbildung rücken, d. h. es müssen die Interaktionen zwischen einem Lehrer oder Tutor und *einem* Schüler beobachtet und analysiert werden, damit die auf diese Weise gewonnenen Erkenntnisse auf den Unterricht mit größeren Schülergruppen (Leistungsgruppen oder ganzen Klassen) übertragen werden können. Eine ganz andere Form der Lehreraus- und vor allem der -weiterbildung, die dieser Idee noch stärker Rechnung tragen kann, ist das Einbeziehen von Lehrern in entsprechende Forschungs- bzw. Entwicklungsprojekte.

Strukturorientierung - was heißt das?

Die Untersuchungen sowohl von Reusser als auch von Stern zeigen, daß die Textaufgabenlösefähigkeiten mit unterschiedlichen Formen der Instruktion zusammenhängen. Mehr strukturorientierte Aufgaben im Unterricht anstelle von mechanischen Problemlöseabläufen haben einen Effekt auf die Fähigkeit, Textaufgaben zu lösen. Strukturorientierte Aufgaben sind solche, die nicht primär auf Ergebnisse abzielen, sondern auf Zusammenhänge zwischen den mathematischen bzw. den semantischen Gegebenheiten der jeweiligen Aufgabe fokussieren. Damit erweisen sich die strukturorientierten Aufgaben zumindest partiell als Parallelformen zu den oben erwähnten progressiv transformierten Aufgaben.

In Klassen mit hoher Intelligenz bieten die Lehrkräfte mehr strukturorientierte Aufgaben an, was offenbar eine entsprechende Wirkung auf das Lösen von Textaufgaben zeitigt. Offen bleibt dabei freilich die Frage nach den kognitiven Mechanismen, die gleichsam die Brücke von der Intelligenz zu den "guten" Problemlösungen schlagen. Hier wäre es wichtig, genau zu wissen, welche Prozesse es sind, die durch die Intelligenztestitems repräsentiert werden. Wüßte man mehr über sie, ließen sich vielleicht direkte Schlüsse über kausale Verknüpfungen von Intelligenz und Problemlösefähigkeit bei Textaufgaben ableiten. Steiner & Stöcklin (1996) haben einen ähnlich starken Zusammenhang gefunden zwischen schlußfolgerndem Denken, gemessen mit dem Intelligenztest von Horn (1969), und den mathematischen Fähigkeiten beim Lösen von konzeptuell orientierten Bruchrechenaufgaben. Dabei zeigt sich, daß Schüler mit hohen Intelligenzwerten auf dem betreffenden Skalenteil wesentlich höheren Nutzen aus der spezifischen Interventionsdidaktik (der progressiven Transformations-Didaktik) gezogen haben als die Schüler mit niedrigen Intelligenzwerten, wobei die Interventionsdidaktik darauf ausgerichtet war, ein zusammenhangsreiches Umgehen mit Brüchen einzuüben.

Ausgesprochen kognitiv orientierte Lehrer (erhoben mit Hilfe des Fragebogens von Peterson et al., 1989) haben einen günstigen Effekt auf den Umgang ihrer Schüler mit Textaufgaben. Diese Lehrer haben vom Lernen konstruktivistische Vorstellungen, was vor allem bedeutet, daß sie zwischen konzeptuellen Aufbauschritten und reinen Prozeduralisierungen unterscheiden können. Sie nehmen Einfluß darauf, ob ihre Schüler mathematische Prinzipien (z. B. die Kommutativität) begriffen haben, und gehen nicht bloß auf das Einüben von Rechenalgorithmen aus. Unterrichtsbeobachtungen bei älteren Schülern zeigen, daß es auch für kognitiv orientierte Lehrer außerordentlich schwierig werden kann, die Schüler angesichts von gestellten Aufgaben davon abzuhalten, möglichst rasch Prozeduren "abspulen" zu lassen und sich statt dessen auf das Wesen von Operationen oder auch auf die in einer Aufgabe enthaltenen Relationen zu konzentrieren, d. h. die Lehrer haben Mühe zu verhindern, daß ihre Schüler so rasch wie möglich mathematische Symbole (Zahlen, Operationszeichen) manipulieren, um zu Ergebnissen zu kommen, anstatt die Aufgabe schlicht und einfach vor jeglichem Rechnen zuerst einmal zu verstehen.

Über die epistemologischen Grundlagen der Differenzierung von Vergleich, Austausch und Kombination

Die Auflösung der (scheinbar einfachen) Addition nach bestimmten Subformen, wie Reusser und Stern dies in ihren Arbeiten tun, ist ein erkenntnistheoretisch interessanter Schritt, der auch instruktionsrelevant ist: Additionsaufgaben zum Vergleich, zum Austausch und zur Kombination stellen an Lehrer wie Schüler völlig unterschiedliche Anforderungen. Lehrer müssen ein Wissen und ein pointiertes Gespür für derartige Unterschiede entwickeln, damit sie in den Aufbauprozessen des Unterrichts den Reaktionen ihrer Schülerinnen und Schüler gerecht werden können.

(1) Die Kombination fordert zunächst ein Vereinigen der Mengen (ohne obligatorisches Zählen; auch die Mächtigkeit ist nicht von Bedeutung). Das ist der elementare konzeptuelle Anteil; ferner fordert Kombinieren ein Zählen aller Elemente, wenn die Vereinigungsmenge hergestellt ist. Das ist der Anteil des prozeduralen Könnens (skill).

(2) Der Austausch fordert ein zählendes Wegnehmen (elementarer konzeptueller Anteil) und ein Zählen der Übriggebliebenen (prozedurales Wissen bzw. Können).

(3) Der Vergleich fordert ein Zuordnen und ein Zählen der nach der Zuordnung übrigbleibenden Elemente. Das Zuordnen ist in der Tat eine "mise en relation" im Sinne Piagets. Möglicherweise ist das Vergleichen eine anspruchsvollere konzeptuelle Operation als das Austauschen oder das Kombinieren. Die Problemstruktur ist beim Vergleichen eine andere als bei den ersten beiden Operationen und erfordert spezifisches konzeptuelles Wissen (vgl. auch De Corte, 1995, S. 39). Der Vergleich ist eine (meist unvollständige) Eins-zu-eins-Zuordnung oder -Abbildung; unvollständig deshalb, weil etwas übrig bleibt, das dann als "mehr" oder "weniger" bezeichnet werden muß, was eine Richtunggebung (> oder <) impliziert, die nicht trivial ist (vgl. dazu auch Reusser). Sie zu definieren, setzt ein Verstehen der semantischen Gegebenheiten voraus. Dies aber wird in den Murmel-Aufgaben (im Idealfall) durch die Darstellung der Mengen und die Zuordnung zu einem der Kinder gewährleistet.

Insbesondere Textaufgaben mit Vergleichsfragen sind nach Stern wichtig für ein erweitertes numerisches Verständnis. Es scheint mir nicht ganz sicher, ob von den Textaufgaben aus das numerische Verständnis direkt beeinflußt wird. Wenn ich Reusser richtig verstehe, ist dieser Einfluß nur in Schritten möglich, wobei auch in seinem Ansatz die entscheidenden Verbindungen zwischen diesen Schritten noch nicht restlos geklärt worden sind. Semantisch macht es offensichtlich einen Unterschied, wie stark die Handlung diesen verbindenden bzw. zuordnenden Charakter (in der Eins-zu-eins-Zuordnung) impliziert. Schon Piaget hat "starke Zuordnungen" zum Beispiel mit Eiern und Eierbechern verwendet (Piaget & Szeminska, 1941). Ähnlich lassen sich Vögel und freßbare Würmer (Hudson, 1983; vgl. Reusser) einander zuordnen, besonders dann, wenn die Vögel hungrig sind. Erneutes Fazit: Auch die Vergleichsoperationen mit ihren relationalen Zahlen haben demnach eine klare Handlungsgrundlage, sind also nicht abstrakter als die anderen beiden hier differenzierten Operationen; allerdings ist die grundlegende Operation eine besondere, nämlich eine klassisch pränumerische: eine Eins-zu-eins-Zuordnung (im Sinne Piagets). In bezug auf die Effekte "starker Zuordnungen" (im Sinne Hudsons) gegenüber Situationen, wo eine solche fehlt, geht meine Interpretation dahin, daß im ersten Fall qualitativ andere und quantitativ mehr kognitive Prozesse - im Sinne von "spreading out"-Prozessen (Collins & Loftus, 1975) aktiviert werden, die schließlich zu einem leichteren Verstehen der Situation, damit zu einem angemessenen Aufbau eines Situationsmodells und zu einer Verbindung mit dem angemessenen Problemmodell und deshalb auch zur Problemlösung führen.

Hinzu kommt noch die (oben schon aufgegriffene) Bereichsspezifität. De Corte (1995, S. 38) sagt in bezug auf die drei Formen der Auseinandersetzung mit der Addition (Vergleich, Austausch und Kombination): "...to understand and solve even those simple word problems, it is not sufficient to master the arithmetic operations of addition and subtraction; children must also apply conceptual knowledge of the underlying problem structures". Lehrer müssen demnach erkennen, daß grundsätzlich ein Handlungsbezug (im Sinne der oben schon erwähnten "semantic primitives") die Grundlage für ein aufzubauendes mathematisches Denken ist, auch im Falle von Vergleichsaufgaben. Stern würde dieser Aussage für die Vergleichsaufgaben vielleicht noch zustimmen, aber wohl bei ihrer Ansicht bleiben wollen, daß diese dennoch abstrakter sind als die Operationen des Austauschens und Kombinierens. Dazu läßt sich aber noch ein weiterer Gedanke anfügen, besonders zu den verschiedenen "additiven" Operationen, die zum Teil ja gar keine additiven, sondern subtraktive sind: Kardinalzahlen entsprechen den Mächtigkeiten der betreffenden Mengen; bei den relationalen Zahlen gibt es nach Stern diese Mengen gar nicht. Dort kommt es m. E. ganz besonders auf die Repräsentation der Relation an, mit andern Worten auf die Frage, wie die betreffende Zuordnung im Unterricht, vor allem aber im Geist des Kindes repräsentiert wird, ein Punkt, den wir oben schon mit dem Stichwort "starke Zuordnungen" angesprochen haben.

Affektive Komponenten des "learning self"

Einige weitere Überlegungen bezüglich der Konsequenzen für die Lehrerbildung drängen sich aufgrund des oben Gesagten über das *"learning self"* wie auch über die Rolle der pränumerischen Fähigkeiten und Prozesse auf.

Weil Einstellungen ("orientations toward learning") eine starke Beziehung zu den Kognitionen haben, ist von möglichen negativen Einstellungen auch ein negativer Effekt hinsichtlich der mathematischen Kognitionen zu erwarten. "It is thus important to design mathematics learning environments in such a way that children's positive attitudes and beliefs do not fade, but are maintained and stimulated, especially because it is well known that negative attitudes and beliefs are resistant to change" (De Corte, 1995, S. 39). Das bedeutet zunächst wohl nichts anderes, als daß sich die Lehrer der pränumerischen Entwicklung zuwenden müssen. Das heißt, daß sie sich sorgfältig Klarheit darüber verschaffen müssen, wo jedes einzelne Kind in seiner Entwicklung steht, damit sie von seinem jeweiligen sachstrukturellen Entwicklungsstand aus (d. h. den elementaren Mathematisierungsfähigkeiten aus) die notwendigen Aufbauschritte hinsichtlich des handlungsbezogenen Verstehens einer Situation und deren Mathematisierbarkeit vornehmen, um auch die notwendige positive Einstellung gegenüber diesem Umgang mit Zahlensituationen, die in der Vorschulzeit meist vorhanden ist, in angemessener Weise weiterzuführen. Sie müssen dem Kind, mit anderen Worten, das Gefühl geben, im Umgang mit dieser Art von Problemen erfolgreich zu sein.

Kapitel VI

Individuelle Bedingungsfaktoren der Schulleistung

Literaturüberblick:
Kurt A. Heller

Ergebnisse aus dem SCHOLASTIK-Projekt:
Andreas Helmke

Kommentar:
Falko Rheinberg

Individuelle Bedingungsfaktoren der Schulleistung: Literaturüberblick

Kurt A. Heller

Das hier behandelte Thema gehört zu den Dauerbrennern der Pädagogischen Psychologie bzw. Diagnostik. Wer seit längerem in diesem Bereich tätig ist, wird sich vor allem für die Frage nach dem Erkenntnisfortschritt interessieren. Wissen wir heute mehr darüber oder genauer, wie Schulleistungen bzw. Schulerfolg vs. -mißerfolg zustandekommen? Welche Rolle spielen bei diesem komplexen Phänomen *individuelle* Persönlichkeitsfaktoren?

EINFÜHRUNG IN DIE THEMATIK

Ein Blick in einschlägige Überblicksarbeiten oder Metaanalysen der letzten drei Dezennien - z. B. Lavin (1965), Gaedike (1974), Bloom (1976), Krapp (1973, 1976, 1984), Roth und Sauer (1981), Kühn (1983), Sauer und Gattringer (1985, 1986), Fraser, Walberg, Welch und Hattie (1987), Wang, Haertel und Walberg (1993), Helmke und Weinert (1997) - mag die rasch zunehmende Fülle von Einzelpublikationen zu diesem Thema beeindruckend verdeutlichen. Bevor ich im einzelnen hierauf eingehe, sei der Versuch unternommen, thesenartig jene Befunde zusammenzufassen, die sich im genannten Zeitraum als relativ zuverlässige Ergebnistrends abzeichnen:

(1) Die *interindividuellen Schulleistungsunterschiede,* wie sie bereits im Grundschulalter zu beobachten sind, nehmen mit fortdauernder Sekundarschulzeit insgesamt noch zu; vor allem für leistungsschwächere Grundschüler ist eine Verbesserung ihres Leistungsstatus' - bei konstantem Bezugssystem - in der weiteren Schulzeit eher unwahrscheinlich (Gamsjäger & Sauer 1996), wenngleich mitunter auch gegenteilige Befunde berichtet werden (z. B. Helmke, 1988a).

(2) Der Annahme, daß Schulleistungen multikausal determiniert seien, widerspricht nicht die *dominante Rolle kognitiver Lernkompetenzen* (z. B. intellektueller Fähigkeiten oder fachspezifischer Wissensgrundlagen) gegenüber motivationalen und sozialen Bedingungsfaktoren (vgl. Bloom, 1976; Kühn, 1983; Ingenkamp, 1986; Wang, Haertel & Walberg, 1993; Helmke & Weinert, 1997). Dabei muß freilich teilweise mit erheblichen Konfundierungen gerechnet werden (Quack, 1979; Schneider & Bös, 1985; Schiefele, Krapp & Schreyer, 1993).

(3) Kognitive Fähigkeiten und Vorkenntnisse wurden in zahlreichen Untersuchungen zwar als notwendige, meist jedoch nicht als hinreichende Bedingungen für Schulerfolg identifiziert. Bereichsspezifischen Lernkompetenzen scheint dabei ein größeres Gewicht zuzukommen als allgemeinen Denkfähigkeiten (Weinert & Helmke, 1993). In neueren Studien wird darüber hinaus fast immer die Bedeutung der *Wechselwirkung* zwischen kognitiven und motivationalen Persönlichkeitsfaktoren (sowie mit sozialen Lernumwelteinflüssen) betont (z. B. Helmke, 1989, 1992; Kühn, 1983, 1989; Pekrun & Helmke, 1991; Pintrich, 1989; Rheinberg, 1982; Sauer & Gamsjäger, 1996; Weinert, Helmke & Schneider, 1990).

(4) Genauere Aufschlüsse über das Zusammenspiel verschiedener Persönlichkeitsvariablen (und relevanter Lernumweltbedingungen) bei der Erklärung der Schulleistungsvarianz erlaubt die *Methode der moderierten Regression* (Jäger, 1978). Als "Moderatoren" bezeichnet man jene Variablen, die den Zusammenhang von Intelligenzprädiktor und Kriteriumsvariable (hier: Schulleistung) systematisch verändern. In einschlägigen Untersuchungen zur Analyse oder Vorhersage des Schulerfolgs konnten folgende Moderatoren bestätigt werden: Geschlecht, Begabungsniveau, Lern- und Leistungsmotivation, Interesse, Konzentration, Prüfungsangst u. ä. (Heller, Rosemann & Steffens, 1978; Kühn, 1983, 1989). Übereinstimmend mit den Münchner Hochbegabungsstudien (z. B. Heller, 1992; Heller et al., 1994, 1995) konnten Wild und Krapp (1995) auch für das Grundschulalter einen engeren Zusammenhang zwischen der intrinsischen Leistungsmotivation und der Schulleistung - insbesondere für die begabteren Schüler/innen - nachweisen, was die Autoren mit dem Einfluß elterlicher Autonomieunterstützung erklären. Untersuchungen auf der Grundlage statistischer *Kausalmodelle* (z. B. Pfadanalysen im Sinne einer erweiterten multiplen Regression) ermöglichen darüber hinaus Richtungs- und Stärkehinweise direkter bzw. indirekter Kausaleffekte (Simons, Weinert & Ahrens, 1975; Schneider, 1982; Kühn, 1983; Sauer & Gattringer, 1985; Helmke, 1992), wobei jedoch reziproke Effekte eher die Regel als die Ausnahme sein dürften (Helmke & Weinert, 1997). Zur Modellierung der hier skizzierten Zusammenhänge sowie zur Analyse entsprechender Veränderungen auf dem Zeitkontinuum kommen seit den 80er Jahren zunehmend *Strukturgleichungsmodelle* zum Einsatz, z. B. LISREL (Jöreskog, 1979; Jöreskog & Sörbom, 1984 bzw. 1993; Möbus & Schneider, 1986). Zur Anwendung der *Mehrebenenanalyse* im diskutierten Problemkontext vgl. Treiber (1980), Schneider und Helmke (1986), Pekrun und Fend (1991), Sauer und Gamsjäger (1996).

(5) Der Moderatoransatz unterstützt auch das *Postulat differentieller Schulerfolgsprognosen*. So läßt sich etwa die Schulleistung aufgrund von Intelligenztestergebnissen bei hochintelligenten Schülern oder allgemein bei Schülerinnen zuverlässiger und gültiger vorhersagen als bei durchschnittlich begabten Schülern und allgemein bei männlichen Jugendlichen, wie Heller, Rosemann und Steffens (1978) oder Kühn (1983) nachwiesen. Der Nutzen multivariater bzw. multifaktorieller Regressionsmodelle konnte auch in neueren Studien bestätigt werden (vgl. Baron & Norman, 1992; Kline, Snyder, Guilmette & Castellanos, 1992).

(6) Gegenüber regressionsanalytischen Ansätzen zur Bestimmung von Prädiktor-Kriteriumsbeziehungen beruht die *typologische Prädiktion* auf clusteranalytisch ermittelten Personengruppen, die charakteristischen Merkmalskonfigurationen mit definierten Kriteriumsleistungen zugeordnet werden können (Rosemann, 1978; Rosemann & Allhoff, 1982). Dieser Ansatz gestattet nicht nur klassifikatorische Schullaufbahnentscheidungen, sondern ist auch vorteilhaft für die längsschnittliche Analyse individueller Schul-(Leistungs-)Karrieren (vgl. noch Gamsjäger & Sauer, 1996). Echte Längsschnittuntersuchungen wie die in diesem Buch dargestellte SCHOLASTIK-Studie sind um so verdienstvoller, als sie in der Pädagogischen Psychologie selten zu finden sind.

ALLGEMEINES BEDINGUNGSMODELL DER SCHULLEISTUNG

Der folgende Überblick über - ausgewählte - aktuelle Trends zur Erklärung *individueller* Lernleistungsvoraussetzungen orientiert sich an dem in Abbildung VI.1 wiedergegebenen allgemeinen Bedingungsmodell im Diagnose-Prognose-Paradigma. Ohne den Gesamtzusammenhang aus dem Auge zu verlieren, soll hier entsprechend der Themenstellung dieses Übersichtsreferates auf die *individuellen* Schulleistungsbedingungen fokussiert werden, also die kognitiven (Prädiktoren) und nichtkognitiven (Moderatoren) Persönlichkeitsmerkmale von Schülern. Soziale Lernumweltdeterminanten werden zur Vermeidung von Überschneidungen mit anderen Buchkapiteln weitgehend ausgeblendet. Angesichts des Interaktionsgefüges persönlichkeitspsychologischer und sozioökonomischer Schulleistungsdeterminanten ist dieses Vorgehen nicht ganz unproblematisch, es erscheint jedoch wegen der prominenten Rolle *individueller* Lernleistungsbedingungen gerechtfertigt, zumal in mehreren anderen Kapiteln explizit auf die hier ausgeblendeten Bedingungsvariablen eingegangen wird.

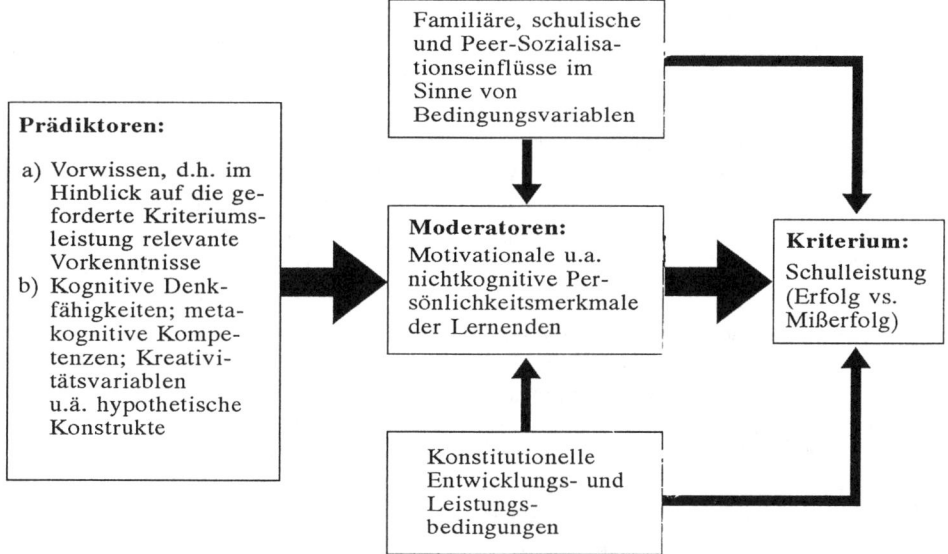

Abbildung VI.1: Multikausales Bedingungsmodell der Schulleistung (nach Heller, 1991 bzw. 1995).

Die Widersprüchlichkeit mancher Untersuchungsergebnisse zur Bedingungsstruktur der Schulleistung resultiert nicht nur aus teilweise inkompatiblen theoretischen Grundlagen (für einen umfassenden Überblick allgemeiner vs. bereichsspezifischer Modellkonzeptionen vgl. den aktuellen Enzyklopädiebeitrag von Helmke & Weinert, 1997), sondern auch aus einer Reihe von Methodenproblemen, etwa mangelnder Vergleichbarkeit der Stichproben, Indikatorisierungsproblemen, unterschiedlichen Meßinstrumenten oder Untersuchungsvariablen, Datenanalysen auf Makro- vs. Mikroebene sowie uneinheitlichen Kriteriumsdefinitionen. Trotz dieser Erschwernisse sind gegenwärtig einigermaßen gesicherte Antworten auf folgende *Fragen* möglich:

(1) Welche Rolle spielen kognitive und nichtkognitive Schülermerkmale im Hinblick auf schulische Leistungserfolge (Frage nach dem Prädiktor-Kriteriumszusammenhang)?

(2) Welche Kovariationen oder Wechselwirkungen sind bei der Erklärung von Schulleistungen im Diagnose-Prognose-Paradigma zu beachten (Frage nach Moderatoreffekten)?

(3) Wie zuverlässig und gültig können Schulleistungen vorhergesagt werden?

(4) Welche Rolle spielen Alter und Geschlecht bei der Erklärung schulischer Leistungen?

(5) Welche Konsequenzen ergeben sich daraus für eine optimale Schulleistungsförderung?

Prädiktor-Kriteriumszusammenhänge

Hierzu liegt eine Vielzahl von Untersuchungen vor, wobei sich ziemlich eindeutig - vor allem im Grundschulalter - Intelligenz- und Vorwissensprädiktoren im Vergleich zu motivationalen und anderen nichtkognitiven Leistungsbedingungen bei der Aufklärung der Kriteriumsvarianz als überlegen erwiesen. Im Durchschnitt lassen sich damit 50% bis 60% der Schulleistungsvarianz erklären, wobei freilich bis zu 25% kognitive und nichtkognitive Faktoren konfundiert sein können. Motivations- und Angstvariablen oder auch das (schulische) Begabungsselbstkonzept, Kontrollüberzeugungen usw. erklären jeweils für sich allein betrachtet selten mehr als 10% (z. B. Heller, Rosemann & Steffens, 1978; Kühn, 1983; Schneider & Bös, 1985; Sauer & Gattringer, 1986; Fraser et al., 1987; Helmke, 1992; Wang, Haertel & Walberg, 1993; Helmke & Weinert, 1997).

Allerdings variieren die Prädiktor-Kriteriumszusammenhänge in Abhängigkeit vom Schulalter und Schultyp, teilweise auch vom Geschlecht und vor allem vom betreffenden Schulfach beträchtlich. So fallen die Zusammenhangswerte für jüngere (Grund-)Schüler, für Schülerinnen insgesamt, in Schularten mit niedrigerem intellektuellem Anforderungsniveau (z. B. Hauptschule im Vergleich zum Gymnasium) sowie in den sogenannten Hauptfächern - insbesondere in Mathematik - gewöhnlich höher aus als in den Pendantgruppen oder den sogenannten Nebenfächern ("Lernfächern"). Auch die Art der Indikatorisierung der Schulleistung und/oder der Prädiktoren kann den Zusammenhang zwischen Fähigkeiten und Leistungen beeinflussen: So erklärt die Verwendung differentieller, schulnaher Intelligenztests fachspezifische Schulleistungen besser als allgemeine Intelligenz- oder nonverbale Skalen (Ingenkamp, 1975; Krapp, 1984; Kühn, 1987; Gustafsson & Balke, 1993; Perleth, Heller & Becker, 1996), was auf die bessere ökologische Validität dieser Verfahren zurückzuführen ist (Wiedl & Herrig, 1978). Ferner wurden mitunter engere Prädiktor-Kriteriumszusammenhänge zu Schulleistungs*test*ergebnissen als zu Schul*noten* ermittelt (Kühn, 1983; Heller, 1984), wenngleich vereinzelt (z. B. Gamsjäger & Sauer, 1996) auch gegenteilige Befunde berichtet werden. Insgesamt kommt nach den umfangreichen Datenanalysen von Fraser et al. (1987) bzw. den Re- und Meta-Analysen von Wang, Haertel & Walberg (1993) *proximalen* Variablen wie kognitiven Fähigkeiten und metakognitiven Kompetenzen sowie Vorwissensgrundlagen und motivationalen Schülermerkmalen, aber auch - mit Abstand - dem schulischen Unterricht und der familiären Lernumwelt wesentlich mehr Einfluß auf schulische Lernleistungen zu als *distalen* (z. B. soziodemographischen, schulorganisatorischen oder auch bildungspolitischen) Variablen (vgl. hierzu bereits Fend, 1980; Pekrun & Helmke, 1991; u. a).

Der skizzierte - allgemeine - Trend ließ sich im großen und ganzen auch in verschiedenen Hochbegabungsstichproben replizieren (Perleth & Sierwald, 1992; Perleth &

Heller, 1994; Heller, Osterrieder & Wystrychowski, 1995; Wagner, Neber & Heller, 1995; Rindermann & Heller, 1996). Zur Illustration seien in Abbildung VI.2 die KFT-Mittelwerte der "erfolgreichen" Schüler (aus der ersten Untersuchungskohorte zur wissenschaftlichen Evaluation) des achtjährigen Gymnasiums mit besonderen Anforderungen in Baden-Württemberg den entsprechenden KFT-Werten der vorzeitigen Abgänger gegenübergestellt. Die Fähigkeitsüberlegenheit der erfolgreichen Gymnasiasten im Vergleich zu weniger erfolgreichen wird hiermit erneut bestätigt und unterstreicht die Unverzichtbarkeit kognitiver Prädiktoren in der Schullaufbahnberatung. Mit Ausnahme der technisch-konstruktiven (nonverbalen) Denkfähigkeitsdimension sind sämtliche Differenzen auf dem 1%-Niveau signifikant (Varianzaufklärung 13-28%). Leistungen im naturwissenschaftlichen Bereich sind aufgrund von Intelligenzprädiktoren allein nur unzureichend vorherzusagen (Heller, 1993; Baumert, 1996), weshalb die geringere Differenz bezüglich der nonverbalen KFT-Dimension im Kontext unserer Problemdiskussion nicht überbewertet werden darf.

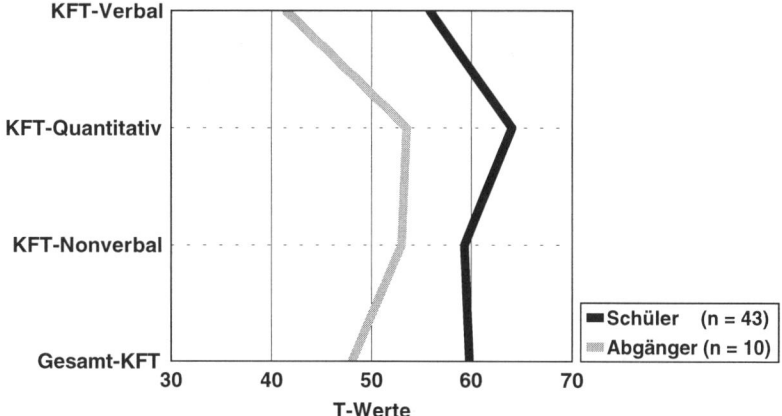

Abbildung VI.2: KFT-Mittelwertsprofile erfolgreicher *Schüler* und vorzeitiger *Abgänger* (nach vier Schuljahren) des achtjährigen Gymnasiums mit besonderen Anforderungen (Heller et al., 1995, S. 41).
Legende: Die arithmetischen Mittelwerte der Schüler/innen des neunjährigen Regelgymnasiums liegen bei T = 50. KFT = Kognitiver Fähigkeits-Test (Heller, Gaedike & Weinläder, 1985).

Eine gegenüber verbalen und quantitativen Denkfähigkeiten vergleichbare - im Verlauf der Schulkarriere bzw. bei anwachsendem Komplexitäts- und Schwierigkeitsgrad der Lernaufgaben sogar noch zunehmende - Bedeutung kommt dem fachspezifischen *Vorwissen* als Schulleistungsprädiktor zu (Bloom, 1976; Fraser et al., 1987 bzw. Wang, Haertel & Walberg, 1993; Helmke & Weinert, 1997). Angesichts der relativ hohen Stabilität individueller Leistungspositionen in der Schulklasse kann dieser Befund kaum überraschen, zumal wenn Lehrerurteile in Form von Schulnoten einmal als (Vorwissens-)Prädiktoren und zum andern als Kriteriumsvariablen fungieren (Heller, Rosemann & Steffens, 1978). Aus der Sicht des Expertiseforschers beinhaltet dieses Ergebnis kaum ein Überraschungsmoment (vgl. Gruber & Mandl, 1992; Schneider, 1992a, 1993).

Kontroverser wird die Rolle der *Kreativität* als Schulleistungsbedingung eingeschätzt. Immerhin konnte deren relative Bedeutung zur Erklärung einzelner Fachleistungen in der Sekundarstufe, insbesondere aber von extracurricularen (selbstinitiierten) Freizeitaktivitäten nachgewiesen werden (Hany & Heller, 1991; Perleth & Sierwald, 1992). Auch in der Grundschule ergeben sich Hinweise auf schulleistungsrelevante Kreativitätsmerkmale, wenngleich der vielfach beobachtete "Decline"-Effekt bereits im zweiten Schuljahr der Grundschulstichprobe im Rahmen der Münchner Hochbegabungsstudie in Erscheinung trat. Ob dies, wie häufig vermutet, auf fehlende "kreative Lernumwelten" bzw. eine einseitige Betonung konvergenter Denkkomponenten in der Schule zurückzuführen oder nicht doch eher als Konsequenz formaler Wissenserwerbsprozesse und eines damit verbundenen kognitiven Kompetenzzuwachses zu erklären ist (Heller, 1994), sei hier dahingestellt. Abgesehen von den Fachleistungen in Mathematik und Physik, wo die intellektuell Hochbegabten dominierten, zeigten in der Münchner Längsschnittstudie (Heller, 1992) die kreativ hochbegabten Schüler/innen in den Fächern Deutsch, Kunst und Musik tendenziell bessere Schulnoten, während die (kleine) Gruppe der intellektuell *und* kreativ hochbegabten Schüler/innen in fast allen Fächern ihre Leistungsüberlegenheit demonstrierte.

Im Zusammenhang mit kognitiven Fähigkeiten werden häufig auch *metakognitive Kompetenzen* als Bedingungsvariablen der Schulleistung diskutiert. Die Befundlage hierzu ist allerdings weniger einheitlich als in bezug auf verschiedene kognitive Fähigkeitsprädiktoren. Nach der Auswertung von 228 Bedingungsvariablen durch Wang, Haertel und Walberg (1993, S. 270ff), die fünf Kategorien aus drei Informationsquellen (Expertenrating, Inhaltsanalyse, Metaanalyse) zugeordnet wurden, rangierte *Metakognition* einmal an erster Stelle (Expertenrating), einmal an zweiter Stelle (Inhaltsanalyse) und einmal an vierter, d. h. vorletzter Stelle (Metaanalyse) im Kategorienvergleich.

Etwas ausführlicher sei hier auf die Grundschulergebnisse im Rahmen der Münchner Längsschnittstudie zur Hochbegabungsentwicklung eingegangen (vgl. Heller, 1992; Perleth & Heller, 1994), da interessante Vergleiche zu einigen Metakognitionsstudien am Max-Planck-Institut für psychologische Forschung (z. B. Kurtz & Weinert, 1989; Schneider, 1985, 1986; Schneider, Körkel & Weinert, 1987; Weinert & Helmke, 1993) angestellt werden können. Zum Überblick vgl. Schneider (1989b) bzw. Schneider und Pressley (1988).

Die nachstehend referierten Grundschuluntersuchungen zum Metagedächtnis hat Perleth (1992) im Zusammenhang mit seiner Dissertation konzipiert und im Verbund mit der Münchner Hochbegabungsstudie realisiert. Eine Zusammenfassung der wichtigsten Ergebnisse dieser Teilstudie wurde im gleichen Jahr publiziert (Perleth & Sierwald, 1992, S. 210-222), weshalb im folgenden hierauf Bezug genommen wird.

Theoretische Grundlage der Teilstudie zur Untersuchung metakognitiver Schulleistungsbedingungen in der zweiten und vierten Jahrgangsstufe bildete das *"Good Strategy User"-Modell* nach Pressley, Borkowski und Schneider (1987) bzw. Schneider und Pressley (1988). Tragende Elemente dieses Modells sind neben kognitiven Stilen (z. B. Reflexivität vs. Impulsivität), Selbstkonzept- und Kausalattributionsvariablen sowie der nichtstrategischen Wissensbasis verschiedene aufgaben- bzw. zielbezogene Strategien wie Lern- und Gedächtnisstrategien. Im Mittelpunkt der Perlethschen Metakognitionsuntersuchung standen Fragen nach der Entwicklung und Anwendung von Organisationsstrategien (Clustering, Rehearsal) im Grundschulalter, wobei hier als Meßinstrumente *"Sort-Recall-Aufgaben"* Verwendung fanden. Diese Testaufgaben bestehen aus kategorisierbaren Items, die für Lern- und Reproduktionszwecke zu sortieren sind, wobei mit zunehmendem (Grundschul-)Alter günstigere bzw. effektivere Organisationsstrategien erwartet werden.

Im einzelnen wurden von Perleth (1992) folgende *Hypothesen* überprüft: (1) die Annahme, daß (a) solche Ordnungsstrategien bereits im Grundschulalter (2. und 4. Klasse) wirksam seien sowie (b) vom individuellen Begriffs- und Leistungsniveau abhängen, wobei (c) ein Zusammenhang zwischen der verwendeten Ordnungsstrategie und der Erinnerungs- bzw. Metagedächtnisleistung postuliert wird; (2) die Annahme, daß die Metagedächtnisvariablen einen eigenständigen Varianzanteil - neben Intelligenz und Kreativität - an (a) der Schulleistung und (b) der Erinnerungsleistung erklären; (3) die Annahme der Generalisierbarkeit einschlägiger Kausalmodelle, etwa von Carr und Borkowski (1987) oder Kurtz und Weinert (1989). Auf weitere Hypothesen soll hier nicht oder nur am Rande eingegangen werden.

Während Hypothese 1a durch Perleths Untersuchung bestätigt werden konnte, ließen sich die Annahmen 1b und 1c nur teilweise belegen. So schnitten zwar - wie vermutet - die älteren Grundschüler/innen (4. Klasse) in spezifischen Kompetenzen des Metagedächtnisses und des Metalesens besser als die jüngeren (2. Klasse) ab, zeigten aber - erwartungswidrig - keine Überlegenheit im Sortierverhalten, auch nicht in Abhängigkeit vom Begabungs- und Leistungsniveau. Allerdings demonstrierten ältere Grundschulkinder durchgängig ein höheres metakognitives Wissen. Analog zu den Befunden von Kurtz und Weinert (1989) bestätigten sich im großen und ganzen die Erfolgsattributionsmuster in den Perleth-Grundschulstichproben.

Hochintelligente Grundschulkinder zeichnen sich gegenüber durchschnittlich intelligenten nur im Metagedächtnis aus, während Kreativität keine nennenswerten Effekte zeitigte. Auf beiden untersuchten Klassenstufen erwies sich die KFT-Intelligenz als beste Informationsquelle zur Vorhersage des Schulerfolgs (Hypothese 2a). Nur in der 4. Klasse sind (nach Auspartialisierung der Intelligenz) eigenständige Beiträge des Metagedächtnisses zur Aufklärung der Schulleistungsvarianz zu verzeichnen. Selbst im Hinblick auf die Erklärung der Erinnerungsleistung (Hypothese 2b) zeigte sich die relative Überlegenheit der KFT-Intelligenzprädiktoren gegenüber dem Metagedächtnis (Perleth & Sierwald, 1992, S. 219). Diese Befunde widersprechen den Untersuchungsergebnissen von Carr und Borkowski (1987), die die Rolle metakognitiver Kompetenzen gegenüber Intelligenzprädiktoren deutlich höher einschätzen.

Zur Überprüfung der dritten Hypothese konstruierte Perleth auf der Basis von LISREL VI (Jöreskog & Sörbom, 1984) verschiedene Kausalmodelle. Für die Grundschulklassen 2 und 4 ergeben sich demnach ähnliche Modelle. Im Vergleich zu den Befunden von Kurtz und Weinert (1989) beeindruckt hier der starke direkte Intelligenzeinfluß auf die Gedächnisleistung, wenn auch die Summe der direkten und indirekten Effekte des Metagedächtnisses auf die Erinnerungsleistung (Recall) erwartungsgemäß höher ausfällt als jene der Intelligenz.

Kurtz und Weinert (1989) haben in ihrer Metakognitionsstudie auch zwischen hoch- und nichthochbegabten Schulkindern unterschieden. Während das Kurtz-Weinert-Modell für die durchschnittlich Begabten in sämtlichen Teilstichproben gute Passung zu Perleths Befunden aufweist, ließ sich eine Entsprechung des Hochbegabtenmodells der genannten Autoren nur in bezug auf die hochbegabten Viertkläßler der Perleth-Untersuchung nachweisen. Daraus geht auch hervor, daß die hochbegabten Grundschüler/innen im Vergleich zu durchschnittlich begabten eine ausgeprägte Anstrengungsattribution aufweisen, was besonders für die jüngeren Kinder (2. Klasse) zutrifft, wenngleich hochintelligente Grundschulkinder insgesamt eine Erfolgszuschreibung auf eigene Fähigkeiten (in Übereinstimmung mit Kurtz & Weinert) bevorzugen.

Die Befunde zur kausalen Modellierung werden von Perleth und Sierwald (1992, S. 221) in zwei Punkten zusammengefaßt: "(1) Ein bedeutender direkter Einfluß des Metagedächtnisses auf die Recalleistung ist nur bei jüngeren durchschnittlich intelligenten Schülern festzustellen. Mit ansteigendem Alter bzw. höherem Begabungsniveau nimmt dieser Einfluß zugunsten einer indirekten Wirkung über das Sortierverhalten auf die Gedächtnisleistung ab. (2) Die Ähnlichkeit der Modelle für hochintelligente Zweit- und nicht-hochbegabte Viertkläßler in unserer Stichprobe einerseits sowie zwischen den beiden Begabungsgruppen der älteren Kohorte unserer Studie und den Begabungsgruppen der Stichprobe von Kurtz und Weinert (1989) andererseits könnte darauf hindeuten, daß sich hochintelligente Schüler/innnen durch einen Entwicklungsvorsprung gegenüber durchschnittlich intelligenten auszeichnen." Diese Interpretation konveniert mit der aktuellen Forschungslage zur Frage quantitativer vs. qualitativer Merkmalsunterschiede zwischen Hochbegabten und Nichthochbegabten und stützt die Akzelerationshypothese (die für hochbegabe Kinder und Jugendliche lediglich eine Beschleunigung ihrer kognitiven Entwicklung postuliert). Erneut konnten auch hier "keine Belege für altersunabhängige *qualitative* Unterschiede zwischen Hoch- und durchschnittlich Begabten im Grundschulalter" (a. a. O.) gefunden werden. Allerdings scheinen die Unterschiede zwischen den Begabungsgruppen bei den älteren Grundschulkindern auch in bezug auf metakognitive Kompetenzen nach der Befundlage der Perleth-Studie größer zu werden, was durchaus ins bekannte Bild paßt (vgl. Mönks & Mason, 1993).

Moderatoreffekte

Die Nützlichkeit des Moderatoransatzes zur differenzierteren Bestimmung individueller Schulleistungsdeterminanten wurde innerhalb der letzten beiden Jahrzehnte in einer Reihe von Studien recht gut dokumentiert (z. B. Heller, Rosemann & Steffens, 1978; Kühn, 1983, 1989; Helmke, 1992). Damit können vor allem auch interaktionistische Fragestellungen (z. B. Marjoribanks, 1994) beantwortet und in Kombination mit Pfaddiagrammen multivariate Beziehungsmuster zwischen kognitiven Fähigkeiten und Schulleistungen unter Einschluß nichtkognitiver Moderatorvariablen erfaßt werden. So verwendeten Heller, Rosemann & Steffens (1978, S. 85ff) als Intelligenzprädiktoren die Ergebnisse im PSB (Horn, 1969), CFT (Cattell & Weiß, 1970) und AzN4+ (Hylla & Kraak, 1976), als Moderatorvariablen u. a. Lehrereinschätzungen zum Kenntnisstand (Vorwissen), zum Arbeitsverhalten sowie zur Selbständigkeit und Konzentration. Als Kriteriumsvariablen dienten Schulnoten. Während die Note in Mathematik - erwartungsgemäß - den höchsten Zusammenhang mit den Intelligenzmaßen aufwies, variierten die Prädiktor-Kriteriumsbeziehungen in allen anderen Fächern je nach Ausprägungsgrad der Moderatorvariablen. Bei jenen Schülern, die auf den Moderatorvariablen gute Werte vorweisen konnten, war die Prädiktor-Kriteriumsbeziehung wesentlich enger als bei den anderen Schülern mit ungünstigen Moderatorausprägungen. Ebenso ließen sich Moderatoreffekte in bezug auf Leistungsmotivationsvariablen (drei Skalen), Schulunlust und Prüfungsangst (AFS; Wieczerkowski, Nickel, Janowski, Fittkau & Rauer, 1981) nachweisen, während die Befunde zu Interessen und Freizeitaktivitäten (Todt, 1972) weniger eindeutig ausfielen und für die Persönlichkeitskonstrukte Extraversion, Neurotizismus, Psychotizismus (Eysenck, 1965) sowie die Orientierung an institutionellen Normen

(Gordon, 1974) keine signifikanten Moderatoreffekte bestätigt werden konnten (a. a. O., S. 119 ff). Diese und vergleichbare Untersuchungsergebnisse lassen den Schluß zu, daß Schüler mit "günstigen" Persönlichkeitsmerkmalen und positivem Leistungsverhalten eher in der Lage sind, ihr kognitives Fähigkeitspotential auszuschöpfen, d. h. begabungsadäquate Schulleistungen zu erbringen, als Schüler mit ungünstigen nichtkognitiven Merkmalsvoraussetzungen und natürlich auch widrigen sozialen Lernumweltbedingungen (vgl. noch Kühn, 1983, 1989; Langfeldt, 1983; Sauer & Gattringer, 1985; Helmke, 1992; Gamsjäger & Sauer, 1996; Sauer & Gamsjäger, 1996). Weitere Moderatoreffekte wurden vor allem bezüglich verschiedener Selbstkonzeptkomponenten gefunden, wobei Konfundierungen allerdings kaum auszuschließen sind. Eine differenziertere Betrachtung der Moderatorvariablen ergeben die in Tabelle VI.1 wiedergegebenen Befunde aus einer laufenden Längsschnittstudie.

Aus Tabelle VI.1 können folgende Informationen entnommen werden:

- Die Korrelationskoeffizienten unterscheiden sich auf den verschiedenen Stufen der selegierten Variablen deutlich voneinander. Man kann diese daher als entscheidende, den Schulerfolg mediierende Faktoren betrachten, weshalb sie als Moderatorvariablen im Prädiktionssystem Berücksichtigung finden sollten.

- Bei den Moderatorvariablen zeigt sich ein Trend dahingehend, daß die Beziehungen (multiple Korrelationskoeffizienten) zwischen Prädiktor und Kriteriumsvariablen bei den Schülern, die extreme, d. h. unter- bzw. überdurchschnittliche Ausprägungen im moderierenden Merkmal aufweisen, wesentlich enger sind als bei den Schülergruppen mit durchschnittlichen Merkmalsausprägungen. Eine Ausnahme bildet die Variable "Attribution (Begabung bei Mißerfolg)"; bei diesem Moderator zeigen sich bei durchschnittlichen Werten die höchsten Prädiktor-Kriteriums-Korrelationskoeffizienten.

Dies deutet zumindest teilweise (z. B. in bezug auf die signifikanten Korrelationsunterschiede bei den Moderatorvariablen Erfolgs- vs. Mißverfolgsattribution auf Begabung, akademisches bzw. schulisches Selbstkonzept sowie Prüfungsangst) kurvilineare Moderatoreffekte an. Auch Kühn (1983) hat bei Viertklaßkindern kurvilineare Moderatoreffekte in bezug auf Intelligenz und Leistungsmotivation nachgewiesen.

Einem Vorschlag von Bartussek (1979) folgend läßt sich in Anlehnung an das "Modell der moderierten Regression" (Saunders, 1956) zur Vorhersage der Kriteriumsvariable neben den Prädiktoren und Moderatoren auch deren *Interaktion* miteinbeziehen. Zur Überprüfung des Zuwachses an Prognosekraft anhand der Beachtung des Prädiktor-Kriteriumsproduktes (P, PM) kann ein F-Test durchgeführt werden. Signifikante Zuwächse sind in Tabelle VI.2 wiederum durch Sternchen gekennzeichnet.

Erneut wird damit bestätigt, daß der Zusammenhang zwischen kognitiven Schülermerkmalen und Schulleistungsergebnissen mit dem Ausprägungsgrad nichtkognitiver Persönlichkeitsmerkmale in signifikanter Weise kovariiert. Daraus können Konsequenzen sowohl für die Schulleistungsprognose als auch für die individuelle Schülerförderung abgeleitet werden.

Tabelle VI.1: *Multiple Korrelationen zwischen Fähigkeitsmaßen (KFT, APD) und ausgewählten Haupt- bzw. Nebenfachnoten für verschiedene Stufen der Moderatorvariablen über die ersten drei Schuljahre der ersten Kohorte des baden-württembergischen achtjährigen Gymnasiums mit besonderen Anforderungen (n = 75, 66, 55)*

	MESSZEITPUNKT								
	1992			1993			1994		
Moderatorvariable	D	B	M	D	B	M	D	B	M
Attribution (Begabung bei Erfolg)									
1= unterdurchschnittlich	.74*	.50*	.50*	---	---	---	---	---	---
2= durchschnittlich	.24*	.32*	.45*	.43*	.11	.42*	.19*	.24*	.27*
3= überdurchschnittlich	.43*	.42*	.67*	.41	.33*	.60	.52*	.44*	.56*
Attribution (Begabung bei Mißerfolg)									
1= unterdurchschnittlich	.17*	.22*	.53*	.28*	.17*	.27*	.12*	.16*	.22*
2= durchschnittlich	.39*	.36*	.46*	.48*	.18*	.57*	.54*	.35*	.38*
3= überdurchschnittlich	---	---	---	---	---	---	---	---	---
Kausalattribution (intern)									
1= unterdurchschnittlich	---	---	---				---	---	---
2= durchschnittlich	.36*	.34*	.52*				.19*	.33*	.30*
3= überdurchschnittlich	.59*	.50	.57				---	---	---
Akademisches Selbstbild									
1= unterdurchschnittlich	.57	.59	.79*				---	---	---
2= durchschnittlich	.19*	.35*	.43*				.18*	.21*	.26*
3= überdurchschnittlich	.67*	.49	.89*				---	---	---
Schulunlust									
1= unterdurchschnittlich				.34*	.13	.39*	---	---	---
2= durchschnittlich				.48*	.42*	.55	.17	.47*	.27*
3= überdurchschnittlich				.40	.24	.41*	.52	.44*	.56*
Prüfungsangst									
1= unterdurchschnittlich				.94*	.66	.52	.33*	.39*	.39*
2= durchschnittlich				.35*	.12	.44*	.18*	.20	.34*
3= überdurchschnittlich				.50*	.34*	.44*	---	---	---

Anmerkung: D = Deutsch, B = Biologie, M = Mathematik;   * signifikant bei $p < .05$.

Legende: KFT = Kognitiver Fähigkeits-Test (KFT 4-13+von Heller, Gaedike & Weinläder, 1985); APD = Aufgaben zum Produktiven Denken (Kreativitätstest) von Brox, 1991. - Moderatoren: Attributionsstil bei (schulischem) Erfolg vs. Mißerfolg (Fragebogen zur Attribuierung von Erfolg und Mißerfolg in der Schule (AEM) von Widdel, 1977); Schulunlust, Prüfungsangst etc. (Angstfragebogen für Schüler (AFS) von Wieczerkowski et al., 1981); Akademisches bzw. Schulisches (Begabungs-)Selbstkonzept, Internale Kausalattribution, Leistungsmotivation etc. (Fragebögen zur Erfassung von Leistungsmotivation (LM-S) und des Arbeitsverhaltens (AV-S) nach Heller, 1992, S. 380).

Quelle: Dritter Bericht über die wissenschaftliche Evaluation des baden-württembergischen Schulmodellversuchs "Gymnasium mit achtjährigem Bildungsgang" (vgl. Heller et al., 1994, S. 106f).

Tabelle VI.2: *Multiple Korrelationen zwischen Prädiktor-, Kriteriums- und Moderatorvariable (P) sowie zwischen Prädiktor-, Kriteriums-, Moderatorvariable und der Prädiktor-Moderatorinteraktion (P, PM) über die ersten drei Schuljahre bei den in Tabelle VI.1 genannten Gymnasiasten*

Moderatorvariable	BIOLOGIE		MATHEMATIK		DEUTSCH	
	(P)	(P, PM)	(P)	(P, PM)	(P)	(P, PM)
Meßzeitpunkt 1992						
Attribution (Begabung bei Erfolg)	.19	.20	.22	.22	.22	.22
Attribution (Begabung bei Mißerfolg)	.21	.22	.45	.45	.27	.30*
Kausalattribution (intern)	.21	.23*	.44	.45	.35	.35
Akademisches Selbstbild	.24	.24	.43	.43	.34	.34
Meßzeitpunkt 1993						
Attribution (Begabung bei Erfolg)	.11	.34*	.49	.49	.35	.35
Attribution (Begabung bei Mißerfolg)	.12	.12	.37	.39	.28	.28
Schulunlust	.28	.29	.38	.39	.28	.31*
Prüfungsangst	.20	.21	.43	.46*	.38	.38
Meßzeitpunkt 1994						
Attribution (Begabung bei Erfolg)	.20	.22*	.21	.41*	.34	.14
Attribution (Begabung bei Mißerfolg)	.02	.10*	.09	.09	.13	.41*
Schulunlust	.05	.08*	.19	.19	.06	.08*
Prüfungsangst	.22	.23	.16	.22*	.30	.37*
Kausalattribution (intern)	.02	.05*	.12	.18*	.16	.16
Akademisches Selbstbild	.02	.04	.20	.25*	.10	.10

Anmerkung: * signifikante *F*-Werte.
Quelle: Dritter Bericht über die wissenschaftliche Evaluation des baden-württembergischen Schulmodellversuchs "Gymnasium mit achtjährigem Bildungsgang" (vgl. Heller et al., 1994, S. 108f).

Zur Treffsicherheit von Schulleistungsprognosen

Über die Unzulänglichkeit von Schulerfolgsprognosen wird in der Literatur häufig berichtet, so daß man eigentlich klare Aussagen zu diesem - auch schulpädagogisch bedeutsamen - Problem erwarten sollte. Die zahlreichen Widersprüche und Ungereimtheiten vieler Forschungsbefunde deuten aber eher das Gegenteil an. Dies mag vor allem mit der enormen Komplexität des Untersuchungsgegenstandes und damit verknüpften methodischen Untersuchungsproblemen zusammenhängen, aber auch mit zu einfachen oder - bei Korrelationsstudien nicht selten - fehlenden theoretischen Erklärungsmodellen. Hinzu kommt, daß in kaum einem anderen pädagogisch-psychologischen Bereich vergleichbare Gefahren ideologischer Beeinflussung sowohl der Unterrichtspraxis als auch der Begabungsforschung bestehen. Vertreter der Differentiellen Psychologie sehen sich deshalb nicht selten der Kritik wechselnder Fronten ausgesetzt.

Die bisherigen Ausführungen haben gezeigt, daß *Begabungsprädiktoren* zwar eine notwendige, häufig aber keine hinreichende Voraussetzung für treffsichere Schulleistungsprognosen darstellen. Nur bei Schülern mit überdurchschnittlich guten kognitiven Fähigkeiten, vor allem im sprachlichen und quantitativen Bereich, kann man sich weitgehend auf diese Prädiktionsgrundlage allein verlassen (ausführlicher vgl. Heller, 1995). Somit kommt Mediatoren oder Moderatorvariablen - neben sozialen Lernumweltbedingungen - in der Mehrzahl der Fälle eine Schlüsselrolle bei der Vorhersage des Schulerfolgs zu. Zentrale Annahme ist hierbei die *differentielle Validität* kognitiver Schulleistungsprädiktoren. In Übereinstimmung dazu wäre die von Schneider (1992a, 1993) im Expertiseparadigma formulierte Schwellenhypothese zu sehen.

Weiterhin konnte gezeigt werden, daß Schülermerkmale, Umweltfaktoren und Schulerfolgskriterium miteinander interagieren, wobei solche Interaktionseffekte auf den Einfluß von Moderatorvariablen verweisen. Die Beziehungen zwischen Schülermerkmalen und Schulerfolg fallen auf den verschiedenen Stufen der Moderatorvariablen bzw. innerhalb der verschiedenen Schülergruppen unterschiedlich aus. Solche Gruppen lassen sich z. B. mit Hilfe statistischer Klassifikationsverfahren bestimmen (Allinger & Heller, 1975; Heller, 1975, 1976; Heller, Rosemann & Steffens, 1978; Rosemann, 1978; Rosemann & Allhoff, 1982). Der Hauptvorteil statistisch-typologischer Prädiktion - im Vergleich zu alternativen Prognosemodellen - liegt darin, *individuelle* Schulleistungsentwicklungen besser abschätzen zu können, indem verschiedene Merkmalstypen unter variierenden schulischen Anforderungen (z. B. Schulprofilen, Grund- oder Leistungskursen) über längere Zeiträume beobachtet und einzelne Schüler dann entsprechenden Merkmalstypen zugeordnet werden können.

Nach den Untersuchungsbefunden von Gamsjäger und Sauer (1996) bzw. Sauer und Gamsjäger (1996) sind auf diese Weise insbesondere die Leistungen von "begünstigten" und "benachteiligten" Grundschülern relativ zuverlässig prognostizierbar. Zwei Probleme bleiben jedoch hierbei bestehen: das diagnostische Problem der schlechteren Prognostizierbarkeit des Schulerfolgs bei durchschnittlichen Grundschülern (wobei allerdings Moderatoranalysen nützlich sein können) und das pädagogische Problem der relativ stabilen Leistungsposition schwächerer Schüler. "Das eigentlich deprimierende Ergebnis der vorliegenden Längsschnittuntersuchung ... aus der Sicht der schulleistungsschwächeren Kinder besteht darin, daß sich der Leistungsstatus, mit dem die Kinder in die Grundschule eintreten, mit großer Konstanz in der weiteren Schulzeit fortsetzt. Trotz eines schlechten Starts noch aufzuholen, bleibt meist eine Illusion" (Gamsjäger & Sauer, 1996, S. 202). Ähnliche Ergebnisse berichteten bereits Heller, Rosemann und Steffens (1978), wenngleich sie den letzten Problemaspekt aufgrund ihrer Befundlage nicht ganz so pessimistisch wie Gamsjäger und Sauer interpretieren: "Man könnte ... vermuten, daß Schüler, die schon relativ früh (Ende 4. Grundschulklasse) von ihrem Lehrer positiv beurteilt werden, wahrscheinlich auch nach einigen Jahren noch gute Schulnoten erreichen, während die Schulleistung der im frühen Stadium eher negativ beurteilten Schüler in einem viel stärkeren Maße variiert" (a. a. O., S. 100).

Somit wären längerfristige Schulleistungsprognosen bei (durchschnittlichen) Grundschülern sehr erschwert, wie landläufige und vielfach auch in der wissenschaftlichen Literatur kolportierte Meinungen suggerieren. Implizierte Annahmen, z. B. bezüglich der individuellen Entwicklungsdynamik und/oder der Veränderung individueller Sozialisationsbedingungen im Prognosezeitraum, lassen eine solche Schlußfolgerung durchaus plausibel erscheinen und liefern nicht selten Argumente für in das Sekundarstufenalter verlegte (d. h. am Ende der Grundschulzeit hinausgeschobene) Schullaufbahnentscheidungen (vgl. Fend, 1980). Sind solche Forderungen und damit verknüpfte Erwartungen an die Verbesserung von Schuleignungsprognosen durch empirische Befunde zu belegen?

Mir ist keine repräsentative Feldstudie bekannt, die eine höhere Treffsicherheit späterer Schulerfolgsprognosen bestätigt hätte. So konnten wir bereits vor 25 Jahren im Rahmen der baden-württembergischen Bildungsberatung - auf der Datengrundlage umfangreicher (unausgelesener) Viertklaßpopulationen (n = 9185 aus zwei Großstädten mit hohen Gymnasial- und Realschulübertrittsquoten und n = 10500 aus 19 Landregionen mit geringen Übertrittsquoten) - dokumentieren, daß testdiagnostisch fundierte Schullaufbahnberatungen *am Ende der Grundschule* die Drop-out-Quoten nach zweijährigem Gymnasialbesuch auf ca. 5% und nach zweijährigem Realschulbesuch auf 10-15% beschränken können (Allinger & Heller, 1975, S. 158ff). Im Methodenvergleich schnitt dabei die *approximative Expertenabstimmung* (Aurin et al., 1968), d. h. eine Kombination von Lehrer- und schulpsychologischen (Test-)Urteilen, am besten ab, gefolgt vom (lehrerunabhängigen) Testurteil auf statistischer Entscheidungsgrundlage und dem Grundschulgutachten (vgl. noch Heller, 1975; Weiß, 1975). In *langfristigen* (achtjährigen) Bewährungskontrollen des Gymnasialerfolges erwies sich das (aggregierte) Grundschullehrerurteil gegenüber psychologischen Eignungsurteilen (in der 4. Grundschulklasse) sogar als ebenbürtig (Heller, Rosemann & Steffens, 1978, S. 137ff). Freilich stellte auch hier eine Kombination von Lehrer- und (psychologischen) Testurteilen die effizienteste Prädiktionsgrundlage für die acht Jahre später gemessene Kriumsleistung (Gymnasialerfolg) dar. Ein weiteres wichtiges Ergebnis dieser Längsschnittstudie lag im Nachweis der *differentiellen Validität* von Schulerfolgsprognosen, d. h. der Tatsache, daß ein Prädiktor bzw. eine Prädiktorengruppe für verschiedene (z. B. hoch- und durchschnittlich bzw. schwächer begabte) Schülergruppen unterschiedlichen Vorhersagewert haben kann. Da die Zugehörigkeit zu einer schulleistungsrelevanten Schülergruppierung am Ende der Grundschulzeit sich nur noch wenig zu verändern scheint, was mit der um das 10. Lebensjahr häufig beobachteten enormen Stabilität *interindividueller* Begabungs- und Leistungsunterschiede zusammenhängen dürfte, ist eine Verbesserung der Schuleignungsprognose einige Jahre später in der Mehrzahl der Fälle auch gar nicht zu erwarten. Statt des (von einer in das Sekundarstufenalter verlegten Bildungswegentscheidung) erhofften Förderungsgewinns für alle würde angesichts kumulativer Lernzuwächse und damit zunehmend erschwerter individueller Ausgleichsbedingungen das Risiko einer Förderungsbeeinträchtigung für die meisten Schüler eher zu- als abnehmen.

Schließlich muß vor überzogenen Ansprüchen an die Prognosegültigkeit im hier diskutierten Problemkontext gewarnt werden. Zum einen konnte die Überlegenheit alternativer Diagnosestrategien (z. B. im Lerntest- oder prozeßdiagnostischen Paradigma) gegenüber psychometrischen Eignungsprognosen in der Schullaufbahnberatung bisher nicht erhärtet werden (vgl. Guthke, 1989, 1992). Zum anderen wäre eine höhere Aufklärungsquote als 70% (oder gar mehr) pädagogisch auch wohl kaum wünschenswert, zumindest solange nicht, wie man mit der Schulerfolgsprognose primär die Funktion verknüpft, individuell angemessene Bildungs- und Entwicklungschancen zu garantieren. Dieses Ziel wird aber eher durch *differenzierte Bedingungsanalysen* der Schulleistung (Krapp & Mandl, 1976) und *sequentielle diagnostische Entscheidungsstrategien* (vgl.

Heller, 1991, 1995) in Abhängigkeit von individuellen Lernbedürfnissen erreicht als durch den Aufschub notwendiger Bildungs(weg)entscheidungen zur Bereitstellung effektiver (schulischer) Lernumwelten.

Ergänzend sei noch kurz auf eine testdiagnostische Implikation aufgrund geschlechtsspezifischer Effekte aufmerksam gemacht, die in der *Schulleistungsprognose* bisher kaum Berücksichtigung finden. Für eine optimale Vorhersage von guten bzw. herausragenden Leistungen in der Schule sind nach den Befunden der Münchner Hochbegabungsstudie (Heller, 1992) bei Mädchen teilweise andere Prädiktoren erforderlich als bei Jungen (Tab. VI.3). Darüber hinaus sind Testaufgaben, die vornehmlich bei Jungen entwickelt wurden, für viele Mädchen zu "schwer", viele mädchenspezifische Items für die Jungen zu leicht. Unabhängig von der Frage, ob möglicherweise Mädchen andere Problemlösestrategien zur Lösung anspruchsvoller Aufgaben einsetzen als Jungen, stellt sich somit das Problem der *Testfairneß*. Hier ist jedoch nicht der Ort, auf die in der modernen Testdiagnostik diskutierten - verschiedenen - Fairneßmodelle einzugehen; vgl. z. B. Simons & Möbus (1982) oder Möbus (1983). Im Hinblick auf förderdiagnostische Zwecke erscheint die Lösung dieser oder ähnlicher Frage/n bedeutsamer als die immer wieder aufgewärmte Debatte um den zeitlichen Aufschub von unterrichtsdifferenzierenden oder an den unterschiedlichen individuellen Bildungsbedürfnissen orientierten schulorganisatorischen Maßnahmen.

Tabelle VI.3: *Erklärung der Deutschleistung (Deutschnote in der 8. Jahrgangsstufe des Regelgymnasiums) aufgrund geschlechtsspezifischer Prädiktorensätze (nach Perleth & Sierwald, 1992, S. 289)*

a) Vorhersage durch **weiblichen** Prädiktorensatz					b) Vorhersage durch **männlichen** Prädiktorensatz				
Geschlecht	w		m			m		w	
Deutschnote prognostiz. wirklich erreicht	<=2	>2	<=2	>2	Deutschnote prognostiz. wirklich erreicht	<=2	>2	<=2	>2
<=2	66.0	34.0	28.8	71.2	<=2	77.1	22.9	78.3	21.7
>2	26.1	73.9	14.6	85.4	>2	25.6	74.4	54.9	45.1
Gesamtanteil richtig progn.	**70.6**		**52.0**		Gesamtanteil richtig progn.	**75.9**		**60.3**	

Anmerkung: Anteile richtiger Prognosen sind durch **Fettdruck** gekennzeichnet. In die Berechnung gingen neben den in der Legende zu Tabelle VI.1 aufgeführten Begabungsvariablen noch folgende Motivationsvariablen ein: Werte der LM-Skalen "Furcht vor Mißerfolg" und "Hoffnung auf Erfolg" sowie des Fragebogens zum Erkenntnisstreben (sensu Lehwald, 1985).

Alters- und Geschlechtsunterschiede

Alter und Geschlecht werden häufig als Moderatoren zur Erklärung der Schulleistungsvarianz herangezogen. Hier sollen diese Faktoren nicht nur unter der diagnostischen Perspektive, sondern auch im Hinblick auf den nächsten Punkt (Schulleistungsförderung) behandelt werden.

Die oft kontrovers diskutierte Frage, ob Schulleistungsdiagnosen bzw. -prognosen bereits im Grundschulalter einigermaßen zuverlässig und gültig realisierbar seien, wird nicht selten mit bildungspolitischen Entscheidungen verquickt. So wird etwa die Erwartung ausgesprochen, daß eine um zwei Jahre verlängerte Grundschule die Treffsicherheit der Schulerfolgsprognose erhöhen würde, was bislang (siehe oben) nicht bestätigt werden konnte. Am ehesten mögen hiervon die schwächeren Schüler profitieren, keineswegs die begabteren. Ohne Berücksichtigung moderierender Persönlichkeitsmerkmale und sozialer Bedingungsfaktoren - vor allem bei sogenannten Underachievern (vgl. Heckhausen, 1980b; Rimm, 1986; Butler-Por, 1987, 1993) - wird sich die Treffsicherheit von Schulleistungsprognosen auch in den folgenden Schuljahren nicht wesentlich erhöhen lassen. Vielmehr wurde beobachtet, daß im Laufe der Schulzeit die aufklärbaren Schulnotenvarianzanteile drastisch zurückgehen, wobei allerdings in der schon erwähnten Salzburger Längsschnittstudie beträchtliche Schultypunterschiede zutage traten: Gegenüber 80% Varianzaufklärung in der *Grundschule* betrugen die Aufklärungsquoten nach dem ersten Gymnasialjahr 51% und am Ende der 10. Jahrgangsstufe nur noch 39%, was zumindest teilweise auf die größere Homogenität der *Gymnasialschul*population zurückzuführen sein dürfte. Die entsprechenden Aufklärungsquoten für die Schulnoten (in den Fächern Deutsch, Mathematik, Englisch) der *Hauptschüler* verminderten sich mit 69% nach vier Jahren dagegen deutlich geringer (Gamsjäger & Sauer, 1996), was im Zusammenhang mit der früher konstatierten größeren Notenstabilität schwächer begabter Schüler zu sehen ist.

Diese Befunde dürfen jedoch nicht dahingehend interpretiert werden, daß bei besser begabten Schülern bezüglich der kognitiven Fähigkeitsentwicklung kein Anstieg mehr zu verzeichnen sei. Bei den - bereits oben erwähnten - Schülern des achtjährigen Gymnasiums mit besonderen Anforderungen sind jährliche Zuwachsraten von jeweils rund zehn T-Wert-Punkten in bezug auf die KFT-Gesamtleistung zu beobachten (Meßzeitpunktdifferenzen mit $p < 1‰$ signifikant). Daß im Vergleich zu den quantitativen und verbalen Fähigkeitsdimensionen ein Anstieg der nonverbalen Testintelligenz nur im ersten Gymnasialbesuchsjahr in Erscheinung tritt und sich diese dann auf dem erreichten Niveau der sechsten Klassenstufe stabilisiert, kann zwei Ursachen haben: geringere schulische Förderung technisch-konstruktiver Denkkompetenzen (KFT-Erfassungsdimension im nonverbalen Teil) im Gymnasium und/oder KFT-Deckeneffekte der N-Skalen. Im Grundschulalter scheint dagegen der bereichsunspezifische fluide Intelligenzfaktor noch stärker mit dem Niveau der technischen Problemlösefähigkeit korreliert zu sein, wie eine aktuelle Studie von Baumert et al. belegt (vgl. Baumert, 1996).

Die Frage nach *geschlechtsspezifischen* Schulleistungsbedingungen rückte in den letzten Jahren erneut in den Mittelpunkt wissenschaftlichen (und öffentlichen) Interesses. Zur Illustration seien in den folgenden Abbildungen VI.3 und VI.4 geschlechtsspezifische Intelligenz- und Kreativitätsprofile bei einer überdurchschnittlich begabten Schülergruppe zu Beginn des gymnasialen Bildungsweges dargestellt.

Die hier wiedergegebenen Begabungsprofile zeigen durchgängig folgende Tendenzen: Beobachtete, jedoch nicht immer signifikante Vorteile der Mädchen im Hinblick auf *kreative Potentiale* sowie (nur in bezug auf mathematische Denkkompetenzen teilweise signifikante) Vorzüge der Jungen im Hinblick auf *kognitive Fähigkeiten*. Diese Unterschiede sind in der anspruchsvoller definierten Population des achtjährigen Gymnasiums mit besonderen Anforderungen deutlicher ausgeprägt als in der Münchner Hochbegabungsstudie (vgl. Heller, 1992), was erneut die (teilweise) Begabungsabhängigkeit geschlechtsspezifischer Merkmalsprofile belegt (ausführlicher vgl. Hyde, Fennema & Lamon, 1990; Beerman, Heller & Menacher, 1992; Benbow & Lubinski, 1993; Lubinski, Benbow & Sanders, 1993; Sternberg, 1993). Dabei ist zunächst noch ungeklärt, ob die aufgewiesenen Geschlechtsunterschiede als unabhängige (mehr oder weni-

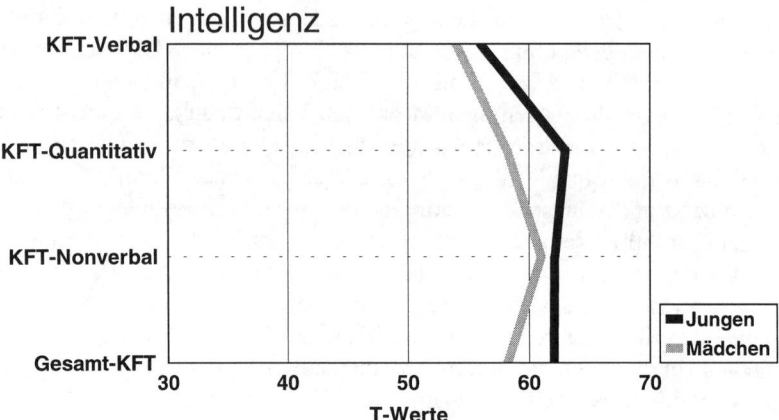

Abbildung VI.3: Geschlechtsspezifische *Intelligenz*profile im KFT 4-13+ der Schüler des Gymnasiums mit besonderen Anforderungen (5. bis 8. Jahrgangsstufe; n = 189).

Legende: Im Vergleich zu der Schulpopulation des Spezialgymnasiums liegen die durchschnittlichen KFT-Werte der Schüler/innen des Regelgymnasiums (ohne signifikante Geschlechtsunterschiede) bei T = 50.

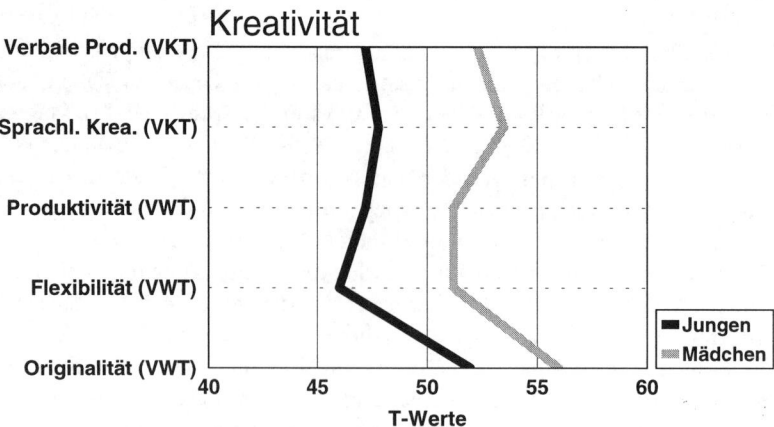

Abbildung VI.4: Geschlechtsspezifische *Kreativitäts*profile im VKT und VWT der Schüler des Gymnasiums mit besonderen Anforderungen (1. und 2. Kohorte, n = 99).

Legende: VKT = Verbaler Kreativitätstest (Schoppe, 1975); VWT = Verwendungstest (Kreativitätsskala nach Guilford, 1967). Nach Angaben des VKT-Autors (Schoppe, 1975) lassen sich in der *unausgelesenen* Alterspopulation (auch bei älteren Jugendlichen) keine Geschlechtsunterschiede im VKT nachweisen.

ger anlagebedingte) Variablen oder als abhängige Variablen (im Sinne von Sozialisationseffekten) zu interpretieren sind, sofern man nicht von vorneherein reziproke Effekte unterstellt. Ihr Einfluß auf die Grundschulleistung scheint insgesamt geringer zu sein als auf die Schulleistungen im Sekundarstufenalter. Im folgenden seien nun einige besonders häufig in der Forschungsliteratur berichteten Geschlechtsunterschiede im *nichtkognitiven* Bereich kurz angesprochen, bevor wir uns dann wiederum kognitiven Leistungsbedingungen in der Grundschule zuwenden.

Noch stärkere Geschlechtsunterschiede offenbaren sich - zumindest in der Gruppe der überdurchschnittlich begabten Schüler - in bestimmten Selbstkonzept- und motivationalen Variablen, z. B. Kausalattributionsmustern und Interessenprofilen. Beispielhaft sei dies hier am sogenannten "Faulpelz"-Syndrom in Abbildung VI.5 illustriert. Die betr. Dateninformationen stammen wiederum aus der baden-württembergischen Evaluationsstichprobe zum achtjährigen Gymnasium mit besonderen Anforderungen (Kohorte 1). Als Meßinstrument diente der Anstrengungsvermeidungstest (AVT) von Rollett und Bartram (1977).

Mit "Anstrengungsvermeidung" wird eine Antriebsstruktur erfaßt, die durch aktives Einsetzen von Vermeidungsstrategien gegenüber schulischen Anforderungen gekennzeichnet ist. Sie ist als rationale Strategie zur Optimierung des Verhältnisses von Aufwand und Ertrag durchaus sinnvoll, aber kontraproduktiv, wenn durch Anstrengungsvermeidung mehr Arbeit entsteht als durch aktive Bewältigung schulischer Anforderungen oder wenn daraus Mißerfolge und Leistungsdefizite resultieren. Unter "Pflichteifer" wird die Motivation verstanden, gestellte (schulische) Aufgaben korrekt zu erfüllen.

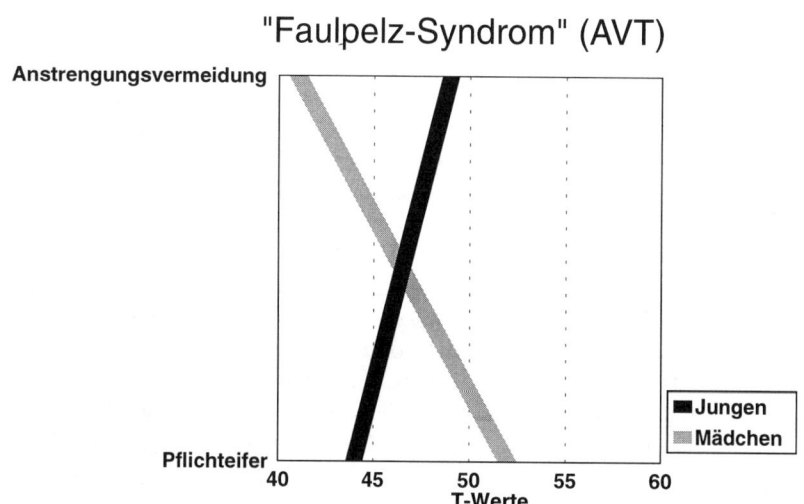

Abbildung VI.5: Geschlechtsspezifische AVT-Mittelwerte in einer Gymnasialstichprobe mit überdurchschnittlich begabten Schülern (Heller et al., 1995, S. 47).

Aus Abbildung VI.5 wird das vielfach - vor allem in der Sekundarstufe - beobachtete Verhaltensmuster von Jungen und Mädchen sichtbar: höhere Anstrengungsvermeidung und geringerer Pflichteifer bei Schülern und das gegenteilige Profil bei Schülerinnen. Die

Geschlechtsunterschiede sind auf dem 2%- bzw. 1‰-Niveau signifikant (Varianzaufklärung 13% bzw. 26%). Zum Teil lassen sich damit wohl auch die fast durchwegs schlechteren Schulnoten der männlichen Schüler gegenüber den weiblichen erklären.

Konsequenzen für die Schulleistungsförderung

Unterstellt man die Existenz interindividueller Differenzen bei der (multikausalen) Determination von Schulleistung und berücksichtigt man weiterhin, daß Schulleistungen mehr oder weniger komplexe, bereichsspezifische Phänomene darstellen und schulisch geforderte Lernprozesse weithin durch kumulative Entwicklungsverläufe gekennzeichnet sind, dann erhebt sich die Frage, wie darauf diagnostisch und unterrichtspsychologisch angemessen reagiert werden kann. In meinen Ausführungen argumentierte ich, daß eine bereichsspezifische Kombination schulleistungsrelevanter Prädiktoren bzw. Moderatoren mit Hilfe der Klassifikationsregel als Entscheidungsgrundlage am meisten zur Aufklärung der Kriteriumsvarianz "Schulerfolg" beiträgt. Aber was folgt daraus für die Unterrichtsforschung und die schulpädagogische Praxis? Angesichts unterschiedlicher Theorietraditionen und Forschungsparadigmen im Bereich der Schulleistungsforschung fordern Helmke und Weinert (1997) übergreifende Modelle und empfehlen ein "Sequenzmodell des Lern- und Leistungshandelns" zur Untersuchung der Mikroprozesse bei der individuellen Lern- und Leistungssteuerung. Diese wird vor allem von kognitionspsychologisch orientierten Theoretikern als Dreh- und Angelpunkt der Leistungsförderung betrachtet. Von solchen Integrationsmodellen erhofft man sich handlungsleitende Erkenntnisse über das dynamische Zusammenspiel kognitiver und motivationaler Personmerkmale (vgl. noch Pintrich, 1989; Pintrich & De Groot, 1990; Helmke, 1992). Einen solchen integrativen Ansatz verwenden auch Heller & Ziegler (1996) in ihrer quasi-experimentellen Reattributionsstudie zur Aufklärung - und Reduzierung - mathematischer und naturwissenschaftlicher Leistungsunterschiede zwischen Jungen und Mädchen.

Unter der pädagogischen Perspektive sollte nach Slavin (1993) die Frage nach den interindividuellen Lernleistungsunterschieden durch jene nach den erforderlichen Bildungsmaßnahmen ersetzt werden. Die häufigste Antwort darauf lautet in der aktuellen Expertenmeinung: *Differenzierung der Lernumwelt*. Damit ist eine doppelte Zielstellung verknüpft: 1) die Umsetzung individueller Lernpotentiale in adäquate Lernleistungen als Funktion der Persönlichkeitsentwicklung und 2) die Erweiterung dieser Lernpotentiale als strukturelle Voraussetzung für selbständiges Lernen. Diese beiden Aufgaben entsprechen den Zielen adaptiven Unterrichts sensu Corno und Snow (1986), nämlich Unfähigkeit beim Schüler zu verhindern und individuelle Fähigkeitspotentiale weiterzuentwickeln. Entsprechende innere *und* äußere Differenzierungsmaßnahmen sollen Unterforderung bei den einen und Überforderung bei den anderen vermeiden, d. h. Lernprozesse im Bereich individuell angemessener (mittlerer) Aufgabenschwierigkeit sicherstellen. In diesem Zusammenhang wäre auch die Unterscheidung von *Vorkenntnisdefiziten* und *Begabungsschwäche* praktisch relevant. Nach den von Helmke (1988a) berichteten Befunden können nämlich (normalbegabte) Schüler/innen mit Kenntnislücken erfolgreicher gefördert werden als solche mit Begabungsschwächen, die insgesamt eine ungünstigere Effektbilanz aufweisen. Die Notwendigkeit unterrichtsdifferenzierender Maßnahmen wird damit erneut unterstrichen.

Über die konkrete Gestaltung adaptiver Lernumwelten herrscht allerdings vielfach Unklarheit, und die Forschungsliteratur hierzu ist nicht selten widersprüchlich. Nach der großangelegten amerikanischen Grundschulstudie von Archambault, Westberg, Brown, Hallmark, Zhang und Emmons (1993) ist die Mehrzahl der (amerikanischen) Grundschullehrer nicht in der Lage, ihren Unterricht den Bedürfnissen der begabteren Schüler in ihrer Klasse anzupassen, was auf Defizite der Lehreraus- und -fortbildung verweist. Vermutlich sind die Verhältnisse an deutschen Grundschulen zumindest in diesem Punkt nicht sehr verschieden von jenen an amerikanischen Schulen. Die in diesem Zusammenhang oft diskutierte Frage nach homogenen vs. heterogenen Lerngruppen läßt sich auch nach den Ergebnissen von Dar und Resh (1986) nicht pauschal beantworten. So verschlechterten nach ihren intellektuellen Fähigkeiten *homogenisierte Klassen* mit überwiegend schwachen Schülern ihre Lernleistungen, während Klassen mit überwiegend guten Schülern ihre Leistungsfähigkeit im Sinne des "Matthäus-Effektes" (Merton, 1968) weiter steigern konnten (vgl. auch Treiber & Weinert, 1985). Da die Leistungseinbußen der gut begabten Sekundarstufenschüler (8. bis 10. Klasse) in der Studie von Dar und Resh in heterogenen Lerngruppen relativ geringer ausfielen als die Vorteile der schwächeren Schüler, plädieren die Autoren für verbesserte Lernleistungsbedingungen durch binnendifferenzierende adaptive Instruktion in fähigkeitsheterogenen Klassengruppen. Dem widersprechen allerdings andere Untersuchungsbefunde (Kulik & Kulik, 1991, 1992; für einen Überblick vgl. Mönks & Heller, 1994; Heller & Hany, 1996). So dürfte das Differenzierungsproblem nicht einfach durch Gruppierung nach bestimmten Schülermerkmalen ohne die Berücksichtigung der intern ablaufenden Lernprozesse bzw. der Interaktion von individuellen Lernmöglichkeiten und adaptivem Treatment (Instruktion) zu lösen sein. Neuere Entwicklungen zur Gestaltung von Lernumwelten bieten erweiterte Möglichkeiten zur Binnendifferenzierung des Unterrichts, indem sie sich auf die mikroskopische Ebene von Lernprozessen bzw. individuellen Lernvoraussetzungen entdeckenden, selbstgesteuerten Lernens beziehen (Neber, 1982, 1988, 1992; Helmke & Weinert, 1997). Daneben werden mitunter auch "äußere" schulische Differenzierungsmaßnahmen für sehr gut befähigte Schüler/innen erforderlich, um durch besondere Lernanforderungen individuell angemessene Entwicklungsbedingungen zu ermöglichen.

Die Verwirklichung adaptiven Lernens im Unterricht stellt hohe Anforderungen an die pädagogische Kompetenz von Lehrern, die mit diesem Anspruch nicht selten überfordert sind. Darüber hinaus darf nicht übersehen werden, daß für hochbegabte Schüler sehr oft zusätzliche Programme im Sinne von Enrichmentkursen oder auch schulorganisatorische Akzelerationsmaßnahmen notwendig werden, um eine ungestörte Persönlichkeitsentwicklung sicherzustellen (vgl. Heller, Mönks & Passow, 1993; Mönks & Heller, 1994; Heller, 1996; Heller & Hany, 1996).

Um auf die eingangs gestellte Frage nach dem Erkenntnisfortschritt bei der Erklärung von Schulleistungen zurückzukommen, läßt sich nunmehr abschließend resümieren, daß wir heute über ein wesentlich umfangreicheres Wissen verfügen als etwa noch vor drei Jahrzehnten. Auch sehen wir inzwischen viele Probleme - zumindest theoretisch - differenzierter. Dazu hat die SCHOLASTIK-Studie einen substantiellen Beitrag geleistet. Zugleich ergaben sich aber neue Fragen, die der wissenschaftlichen Klärung harren. Der in der Vergangenheit vielleicht eher unterschätzte Facettenreichtum des Untersuchungsgegenstandes ist nach meiner Einschätzung noch längst nicht erschöpfend ausgelotet. Entsprechende Erkenntnisse für die (Grund-)Schulpraxis nutzbar zu machen, ist eine der aktuellen Herausforderungen, der sich Pädagogische Psychologen und Schulpädagogen gemeinsam stellen sollten.

Individuelle Bedingungsfaktoren der Schulleistung: Ergebnisse aus dem SCHOLASTIK-Projekt

Andreas Helmke

Die Frage nach den Bedingungsfaktoren schulischer Leistungen gehört zweifellos zu den "Klassikern" pädagogisch-psychologischer Probleme. Inzwischen weiß man, daß es sich bei der Determination schulischer Leistungen um ein äußerst komplexes Geflecht von miteinander verwobenen Aspekten handelt (vgl. Krapp, 1984; Heller, 1995; Helmke & Weinert, 1997; Sauer & Gamsjäger, 1996; Heller, i. d. Bd.). Abbildung VI.6 stellt die Komplexität der anzunehmenden Einflüsse auf einer Makro-Ebene dar.

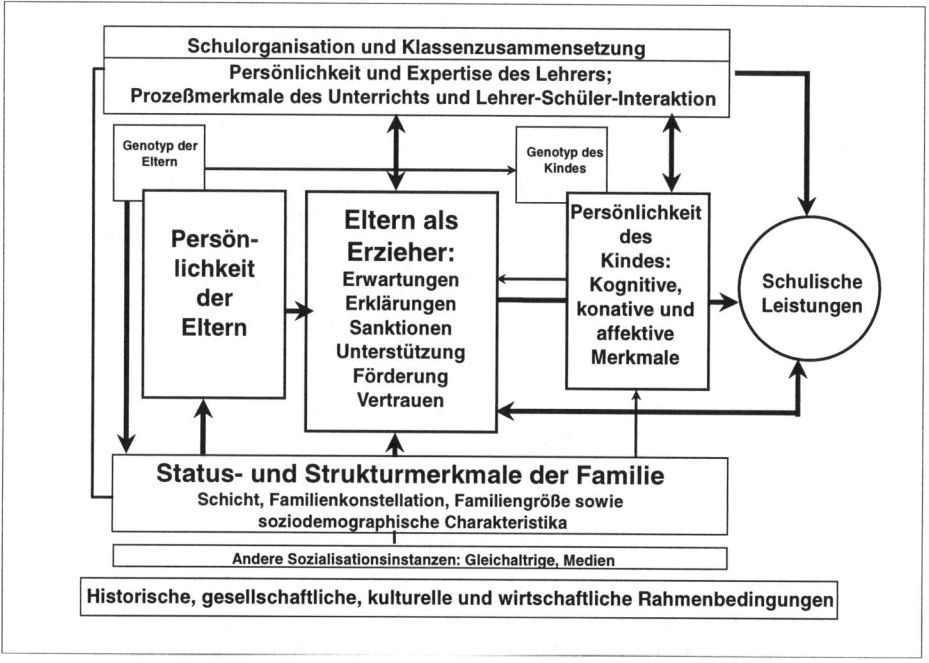

Abbildung VI.6: Ein Modell der Bedingungsfaktoren schulischer Leistungen (aus Helmke & Weinert, 1997, S. 86).

Bei aller Würdigung der Relevanz gesellschaftlicher Rahmenbedingungen, genetischer Einflüsse, familiärer und schulischer Effekte kann kein begründeter Zweifel daran bestehen, daß die wesentlichen Determinanten der schulischen Leistungen in der Persönlichkeit des Schülers zu suchen sind, das heißt in den konstitutionellen, kognitiven und motivationalen Lernvoraussetzungen.

Selbst bei einer Beschränkung auf individuelle Bedingungsfaktoren der schulischen Leistung sieht man sich einer Vielfalt allgemeiner Modellvorstellungen zur Determination der Schulleistung auf Makroebene ("Modelle des schulischen Lernens", vgl. die Übersicht bei Helmke & Weinert, 1997), bereichsspezifischer Theorien zu einzelnen Variablenkomplexen (vgl. Helmke, 1992) und einer kaum noch überschaubaren Vielfalt empirischer Untersuchungen gegenüber.

Allerdings lichtet sich die Zahl der empirischen Studien erheblich, wenn man sich auf den Altersabschnitt von 6-10, also auf das Grundschulalter (vgl. Einsiedler, 1991) und auch hier nur auf umfassendere und längsschnittlich angelegte Studien beschränkt (vgl. Stevenson & Newman, 1986; Brophy & Evertson, 1976); im deutschen Sprachraum handelt es sich insbesondere um die Augsburger Längsschnittstudie (Mandl, 1975) und um die Untersuchung von Kemmler (1967, 1976).

Im Mittelpunkt dieses Kapitels wird nur ein kleiner Ausschnitt aus der in Abbildung VI.6 dargestellten Komplexität stehen. Die Wahl dieses Ausschnittes, dieser Hinweis erscheint wichtig, erfolgt aus Gründen einer übersichtlichen Darstellung und bedeutet nicht, daß andere (genetische, gesellschaftliche, ökologische, familiäre und schulische) Bedingungsfaktoren sowie deren Zusammenwirken bedeutungslos wären. Fragen zu anderen als individuellen Determinanten der Schulleistung wurden in der SCHOLASTIK-Studie teils nur am Rande erhoben (wie die Rolle der Familie), teils werden sie ausführlich in einigen der folgenden Kapitel dieses Buches diskutiert, wie z. B. die Rolle von Klassenunterschieden und der Unterrichtsqualität für Schulleistungsunterschiede (Helmke & Weinert), die zeitliche Stabilität der Leistungen (Helmke), die Dynamik der wechselseitigen Beeinflussung von Selbstkonzept und Schulleistung (van Aken, Helmke & Schneider), die Kontextspezifität des Zusammenhangs von Motivation und Schulleistung (Renkl, Helmke & Schrader) sowie die Frage der Kompatibilität schulischer Leistungsförderung mit anderen Lernzielen der Grundschule (Schrader, Helmke & Dotzler).

Folgende Fragen stehen im Mittelpunkt dieses Kapitels: (1) Wie hängen individuelle kognitive und motivationale Bedingungsfaktoren und schulische Leistungen miteinander zusammen? (2) Zum Geschlecht als einer wichtigen konstitutionellen Variablen: Gibt es bereits in der Grundschule Anzeichen für eine geschlechtsspezifisch unterschiedliche Entwicklung schulischer Leistungen und leistungsbezogener Bedingungsfaktoren? Und (3) Welches ist die relative Bedeutsamkeit kognitiver vs. motivationaler und volitionaler Schülermerkmale für die Prädiktion der Schulleistung?

AUSWAHL UND BESCHREIBUNG DER VARIABLEN

Im folgenden sollen die in den Analysen dieses Kapitels berücksichtigten Variablen kurz skizziert werden, beginnend mit den Schulleistungen, gefolgt von den kognitiven, motivationalen und volitionalen Bedingungsfaktoren bis hin zu Aspekten des Lernverhaltens. Genauere Beschreibungen aller SCHOLASTIK-Instrumente finden sich im Anhang.

Bei der Auswahl der potentiellen Bedingungsfaktoren ließen wir uns - angesichts der praktischen Unmöglichkeit und theoretischen Sinnlosigkeit einer flächendeckenden und erschöpfenden Sammlung aller möglichen Bedingungsfaktoren - von dem Gesichtspunkt leiten, daß zumindest die zentralen Dimensionen der nach dem heutigen Forschungsstand relevanten Einflußfaktoren vertreten sein sollten. Das heißt für die *kognitiven* Variablen: allgemeine Fähigkeit (Intelligenz), Aufmerksamkeitsbelastbarkeit und bereichsspezifisches Vorwissen; für die *motivationalen* Variablen - in Anlehnung an neuere Klassifikationen, z. B. von Pintrich (1989) - Indikatoren des Erwartungsaspektes, des Wertes (Valenz), der affektiven Prozesse sowie volitionale Aspekte. Beim *Lernverhalten* war uns daran gelegen, es aus möglichst verschiedenen Perspektiven zu erheben, d. h. sowohl durch niedrig-inferente Beobachtungen des Schülerverhaltens im Unterricht,

Tabelle VI.4: *Übersicht über die Variablen und die Erhebungszeitpunkte*

	1. Kl.	2. Kl.	3. Kl.	4. Kl.
KOGNITIVE VARIABLEN				
Intelligenztest[d]		•		•
Konzentrationstest[d]				•
Schulleistungstests[d]				
Mathematik		•	•	•
Lesen		•		
Rechtschreiben		•	•	•
Naturwiss. Verständnis			•	•
Zeugnisnoten/Lehrerurteil[c]				
Mathematik		•	•	•	•
Deutsch		•	•	•	•
Heimat- und Sachkunde				•	•
MOTIVATIONALE UND VOLITIONALE VARIABLEN[b]				
Erwartungsaspekt				
Allgemeines Fähigkeitsselbstkonzept			•	•	•
Fähigkeitsselbstkonzept Mathematik			•	•	•
Fähigkeitsselbstkonzept Deutsch			•	•	•
Valenzaspekt				
Einstellung zum Fach Mathematik		•	•	•
Einstellung zum Fach Deutsch		•	•	•
Lernfreude (Lehrerurteil)		•	•	•
Affektiver Aspekt				
Leistungsangst		•	•	•
Volitionaler Aspekt				
Handlungsorientierung nach Mißerfolg			•	•
Gestörte Handlungsregulation (Hausaufgaben)			•	•
Gestörte Handlungsregulation (Unterricht)			•	•
Anstrengungsvermeidungstendenz			•	•
LERNVERHALTEN				
On-Task: Aktives Engagement[a]			•	•	•
Off-Task, passiv[a]		•	•	•
Beteiligung am Unterricht[b]			•	•
Aufmerksamkeit im Unterricht[c]			•	•	•

Anmerkung: [a]niedrig-inferente Unterrichtsbeobachtungen, [b]Schülerfragebogen, [c]Lehrerangaben, [d]objektive Tests. Der Punkt bedeutet: Diese Variable wurde im angegebenen Zeitraum erhoben.

durch Angaben der Schüler selbst sowie durch Lehrer-Ratings des Lernverhaltens ihrer Schüler (vgl. Tab. VI.4).

Ein weiteres Auswahlkriterium für den Einbezug von Merkmalen in diese Analyse war, daß nur solche Variablen berücksichtigt wurden, die an mindestens zwei aufeinanderfolgenden Meßzeitpunkten (hier: in der 3. und 4. Klassenstufe) erhoben worden waren. Auf diese Weise entfiel manche theoretisch interessante Variable, die jedoch nur zu einem Meßzeitpunkt erfaßt worden war, beispielsweise die in Form offener Fragen erhobenen Stile der Attribution schulischer Erfolge und Mißerfolge, projektive Verfahren zur Schulangst, und Aspekte der Leistungsmotivation.

Tabelle VI.4 gibt eine Übersicht über diese Variablen sowie über die Meßzeitpunkte, zu denen sie erhoben wurden.

Schulleistungen

Schulleistungen lassen sich bekanntlich aus sehr verschiedenen Perspektiven und mit Hilfe verschiedener Methoden - zum Beispiel aktuell vs. kumulativ, spezifisch vs. global, Erhebung in Form von Tests vs. Beurteilung durch Lehrer - konzeptualisieren (vgl. Helmke & Weinert, 1997). Gegenstand dieses Kapitels sind die Zeugnisnoten in den beiden Hauptfächern Deutsch und Mathematik sowie die von Mitarbeitern des SCHOLASTIK-Teams entwickelte Schulleistungstests in den Bereichen Mathematik (Stern, 1992a) und Rechtschreiben (Schneider, 1992b). Diese Verfahren wurden bereits in den vorangegangenen Kapiteln beschrieben und sind im Anhang dokumentiert.

Die Noten wurden klassenweise standardisiert. Es handelt sich also um die individuellen Abstandswerte der einzelnen Note vom jeweiligen Klassenmittelwert. Wir wählten dieses Verfahren, weil bekannt ist (vgl. Ingenkamp, 1985), daß Lehrerurteile interindividuelle Differenzen zwischen Schülern einer Klasse reliabel abbilden, nicht jedoch Differenzen zwischen Klassen.

Kognitive Bedingungsfaktoren

Als Intelligenztest wurde in der 1. Klasse der CFT1 (Weiß & Osterland, 1979), in der 4. Klassenstufe der CFT20 (Weiß, 1980) eingesetzt. Als Maß der Konzentrationsfähigkeit verwendeten wir den Aufmerksamkeits-Belastungs-Test d2 (Brickenkamp, 1981).

Motivationale und volitionale Bedingungsfaktoren[6]

Erwartungsaspekt: Fähigkeitsselbstkonzepte. Als Indikator des Erwartungsaspektes der Motivation wurden, jeweils separat für die Bereiche Deutsch und Mathematik, Selbsteinschätzungen der eigenen Fähigkeiten und Leistungen erhoben (für Details vgl. Helmke, 1991): Je nach Klassenstufe und Inhalt des jeweiligen Curriculums wurden die Schüler gefragt, wie gut sie ihre eigenen Kompetenzen in verschiedenen Teilaspekten des Faches (bei Mathematik z. B. für das Kopfrechnen, Arithmetikaufgaben, Textaufgaben, Matheproben im allgemeinen etc.) einschätzen, verglichen mit der gesamten

---

[6] Sofern keine anderen Autoren genannt werden, wurden die Skalen und Items vom Autor entwickelt.

Klasse. Es sollte also ein explizites soziales Vergleichsurteil abgegeben werden. Das Spektrum der Antwortkategorien reichte von -2 (am schlechtesten in der Klasse), -1 (gehöre zu den schlechteren Schülern), 0 (mittelgut), +1 (gehöre zu den guten Schülern) bis +2 (am besten in der Klasse). Diese spezifischen Einschätzungen wurden dann pro Fach aggregiert.

Wertaspekt: Einstellung zum Lernen. Hier wurde für die gleichen Teilgebiete innerhalb der Fächer Deutsch und Mathematik danach gefragt, wie gerne sie gemocht werden (für Details dieses Konstruktes vgl. Helmke, 1993). Folgende Antwortkategorien waren vorgesehen: 0 (gar nicht gern), 1 (nicht so gern), 2 (einigermaßen), 3 (ziemlich gern) und 4 (sehr gern). Die Vorgabe der Antwortkategorien wurde unterstützt durch Bilder mit unterschiedlich froh vs. unfroh aussehenden Gesichtern ("happy faces").

Affektiver Aspekt: Leistungsangst. Leistungsangst wurde in der Weise erhoben, daß nach der Vorkommenshäufigkeit typischer Erscheinungsformen gefragt wurde, z. B. nach aufgabenirrelevanten Kognitionen (Worry-Komponente), Zeichen der Aufgeregtheit (Emotionality-Komponente) und generalisierten globalen Angsteinschätzungen (Angst vor Proben, separat nach Fächern).

Volitionaler Aspekt: Aus exploratorischen Gründen wurde die Subskala "Handlungs- vs. Lageorientierung" des HAKEMP von Kuhl (1980) eingesetzt (für Details dieser Skala vgl. Helmke & Mückusch, 1994). Zwei weitere Skalen fokussierten auf Störungen der Handlungskontrolle und der Aufmerksamkeit in zwei verschiedenen Kontexten: bei der Erledigung der Hausarbeiten (Beispielitems: "Wie oft kommt es bei Dir vor, daß Du während der Hausaufgaben anfängst zu träumen", "...... daß Du es nicht schaffst, mit den Hausaufgaben anzufangen, weil Du Dich müde oder schlapp fühlst?") und während des Unterrichts (Beispielitems: "Wie oft kommt es vor, daß Du während des Unterrichts daran denkst, was Du nachmittags in Deiner Freizeit tun wirst", "...... daß Du im Unterricht in Gedanken ganz woanders bist").

Ebenfalls aus exploratorischen Gründen wurde auch der "Anstrengungsvermeidungstest" (AVT) eingesetzt, wobei für die 2. Klasse die Bildversion des AVT von Ambros (1985) und für die 3. Klasse der reguläre AVT (Rollett & Bartram, 1977) verwendet wurde. Wie Helmke & Rheinberg (1996) in ihrer Analyse der "Morphologie" des AVT gezeigt haben, umfassen dessen Items eigentlich recht heterogene Indikatoren gestörter motivationaler und volitionaler Prozesse.

Faktorenanalyse der motivationalen und volitionalen Bedingungsfaktoren

Exemplarisch für die in der 4. Klassenstufe erhobenen Bedingungsfaktoren wurde eine Faktorenanalyse durchgeführt (Hauptkomponentenmethode; Abbruchkriterium: Eigenwerte > 1).

Das sich dabei ergebende Bild (vgl. Tab. VI.5) weicht von der aus theoretischen Gründen vorgenommenen Klassifikation - die allerdings auch nicht den Anspruch erhoben hatte, orthogonale Konstrukte zu separieren - in mehrfacher Hinsicht etwas ab: Auf Faktor 1 laden primär die Fähigkeitseinschätzungen, daneben aber auch das von Schülern berichtete aktive Unterrichtsengagement (in Form von Melden etc.); Faktor 2 umfaßt die Angstskalen sowie die Handlungs- vs. Lageorientierung nach Mißerfolg; Faktor 3 kann als volitionaler Faktor gedeutet werden, da er verschiedene Erscheinungsformen gestörter Aufmerksamkeit und Handlungsregulation - interessanterweise auch die "Anstrengungsvermeidungstendenz" umfaßt; Faktor 4 bezieht sich auf die Mitarbeit im Unterricht, und Faktor 5 ist ein reiner "Deutsch"-Faktor (Valenz und Fähigkeitsselbstbild).

Tabelle VI.5: *Faktorenanalyse[a] der individuellen Bedingungsfaktoren (4. Klassenstufe)*

	FAKTOREN				
	1	2	3	4	5
Fähigkeitsselbstkonzept Mathematik	88				
Lernfreude Mathematik	75				
Allgemeines Selbstkonzept	72				
Engagement (Melden im Unterricht)	62				
Leistungsangst (emotionality)		80			
Leistungsangst (generalisiert)		79			
Leistungsangst (worry)		69	48		
Handlungsorientierung nach Mißerfolg		-67			
Volitionale Störungen (Hausaufg.)			80		
Volitionale Störungen (Unterricht)			76		
Anstrengungsvermeidung			74		
Aufmerksamkeit im Unterricht (Lehrerurteil)				72	
On-task-Verhalten: aktives Engagement				59	
Off-task-Verhalten: passiv				-73	
Lernfreude: Deutsch					87
Fähigkeitsselbstkonzept: Deutsch	41				65

[a]Ladungen (x 100) über 0.40

Indikatoren des Lernverhaltens

Schließlich versuchten wir, ein möglichst facettenreiches Bild volitionaler und konativer Aspekte des Lernverhaltens zu erhalten. Mit Hilfe eines niedrig-inferenten *Beobachtungssystems*, des Münchner Aufmerksamkeitsinventars (MAI: Helmke, 1988c; Helmke & Renkl, 1992), wurden zwei verschiedene Aspekte des Aufmerksamkeitsverhaltens erhoben: zum einen das aktive Engagement während des Unterrichts, das sich durch Aufzeigen/Melden, Stellen von Fragen etc. manifestiert und zum anderen passive (im Unterschied zu aktiv störenden) Formen des Unaufmerksamkeitsverhaltens ("off-task"), das sich etwa in Form von Dösen, Aus-dem-Fenster-Schauen etc. zeigt. Aus der Sicht der *Schüler* wurde mit Hilfe eines Fragebogens erhoben, wie aktiv sie sich am Unterricht beteiligen. Die *Lehrer* schließlich waren gebeten worden, die Aufmerksamkeit aller Schüler mit Hilfe eines Ratingbogens einzuschätzen.

ZUSAMMENHÄNGE ZWISCHEN BEDINGUNGSFAKTOREN UND SCHULISCHEN LEISTUNGEN

Vor der Darstellung der Zusammenhänge zwischen Bedingungsfaktoren und Schulleistungen sollen zunächst die Korrelationen zwischen den jeweils korrespondierenden Leistungstests und den Schulnoten für die 2. bis 4. Klasse (Tab. VI.6) sowie die Interkorrelationen zwischen den Bedingungsfaktoren (vgl. Tab. VI.7) berichtet werden, wobei wir uns in diesem Fall auf die 4. Klassenstufe beschränken, weil die hier nicht berichteten Korrelationsmuster der beiden anderen Klassenstufen von dem dargestellten Muster nicht bedeutsam abweichen. Alle Korrelationen sind substantiell; daß die Zusammenhänge innerhalb des gleichen Fachs (diese Korrelationen sind fett gedruckt) etwas höher ausfallen, ist sehr plausibel und ein Beleg für die zu erwartende Bereichsspezifität.

Tabelle VI.6: *Zusammenhänge zwischen Testleistungen und Zeugnisnoten von der 2. bis zur 4. Klasse (N = 1150)*

	TESTS	NOTEN	
		Mathematik	Deutsch
2. Klasse	Mathematik	**.63**	.48
	Deutsch	.52	**.60**
3. Klasse	Mathematik	**.76**	.58
	Deutsch	.50	**.68**
4. Klasse	Mathematik	**.72**	.52
	Deutsch	.52	**.70**

Am auffallendsten sind die in Tabelle VI.7 dargestellten hohen Interkorrelationen, zwischen gestörter Handlungskontrolle und Aufmerksamkeitsregulation, etwa die Zusammenhänge zwischen Lernstörungen bei häuslichen Arbeiten und dem Aufmerksamkeitsverhalten im Unterricht, aber auch mit Kognitionen des Selbstzweifels und anderen aufgabenirrelevanten "Worry"-Kognitionen (Leistungsangst). Die in der 4. Klasse erst rudimentäre Differenzierung zwischen subjektiven Kompetenzen (wie gut bin ich?) und subjektiven Valenzen (wie gerne mag ich es?) findet ihren Ausdruck in der bemerkenswerten Höhe der Korrelationen zwischen Fähigkeitsselbstbild und Lerneinstellung in Deutsch ($r = .47$) und in Mathematik ($r = .65$).

Das Kernstück dieses Abschnittes sind die konkurrenten (also auf zeitgleich erhobenen Variablen basierenden) Zusammenhänge zwischen individuellen Bedingungsfaktoren und den Testleistungen in Mathematik und im Rechtschreiben; sie werden in Tabelle VI.8 berichtet. Neben den Korrelationen - als Maß des linearen Zusammenhangs - wurde für alle Variablenpaare zusätzlich überprüft, ob es signifikante nichtlineare Zusammenhänge gibt (mit Hilfe quadratischer Terme in Regressionsgleichungen); dies kam jedoch nicht vor.

Tabelle VI.7: *Zusammenhänge zwischen motivationalen und volitionalen Bedingungsfaktoren der Schulleistung (für die 4. Klassenstufe)*

		1	2	3	4	5	6	7	8	9	10	11	12
1	Allgemeines Fähigkeits-SK												
2	Fähigkeits-SK Mathematik	.65											
3	Fähigkeits-SK Deutsch	.59	.42										
4	Einstellung zu Mathematik	.42	.65	.19									
5	Einstellung zu Deutsch	.25	.11	.47	.34								
6	Anstrengungsvermeidung	-.28	-.27	-.21	-.33	-.24							
7	Leistungsangst: Worry	-.35	-.34	-.22	-.30	-.14	.40						
8	Leistungsangst: Emotionality	-.29	-.25	-.26	-.22	-.19	.30	.66					
9	Leistungsangst: generalisiert	-.35	-.34	-.29	-.29	-.21	.27	.59	.65				
10	Handlungsorientierung nach Mißerfolg	.08	.13	.03	.10	-.09	-.18	-.36	-.36	-.37			
11	Volitionale Störungen (Hausaufg.)	-.34	-.36	-.20	-.40	-.17	.54	.53	.38	.31	-.15		
12	Volitionale Störungen (Unterricht)	-.31	-.31	-.21	-.36	-.20	.53	.64	.47	.36	-.21	.65	

Die folgenden Aspekte des in Tabelle VI.8 erkennbaren Ergebnismusters verdienen besondere Beachtung:

a) Die überaus hohen Korrelationen der Testleistungen am Ende der 4. Klassenstufe mit dem bereichsspezifischen Vorwissen - hier: dem entsprechenden Leistungstest ein Jahr zuvor - engt den Wirkungsspielraum aller anderen Variablen erheblich ein. Vom Vorwissen einmal abgesehen ist die Intelligenz erwartungsgemäß der stärkste einzelne Prädiktor der Schulleistung, insbesondere im Falle der Mathematikleistungen. Aber auch die Aufmerksamkeitsbelastbarkeit ist erwähnenswert, obwohl auf den ersten Blick schwer erklärbar ist, warum diese Kompetenz für den Mathematiktest eine wichtigere Rolle spielt als für den Rechtschreibtest.

Tabelle VI.8: *Konkurrente Korrelationen zwischen Intelligenz, Aspekten des Lernverhaltens und motivationalen Bedingungsfaktoren mit Schulleistungen (Tests)*

	MATHEMATIK-LEISTUNG			DEUTSCH-LEISTUNG		
	2.Kl.	3.Kl.	4.Kl.	2.Kl.	3.Kl.	4.Kl.
KOGNITIVE VARIABLEN						
Bereichsspezif. Vorwissen[b]	.55	.84	.84	.55	.69	.77
CFT[a]	.51	.47	.47	.32	.36	.33
Konzentrationsfähigkeit (d2-Test)	.31	.32	.34	.17	.17	.19
MOTIVATIONALE UND VOLITIONALE VARIABLEN						
Erwartungsaspekt						
Allgemeines Fähigkeitsselbstkonzept	.43	.36	.48	.24	.24	.38
Fähigkeitsselbstkonzept Mathematik	**.39**	**.45**	**.50**	.15	.13	.20
Fähigkeitsselbstkonzept Deutsch	.11	.29	.34	**.30**	**.46**	**.48**
Valenzaspekt						
Einstellung zum Fach Mathematik	**.32**	**.33**	**.35**	.08	.08	.11
Einstellung zum Fach Deutsch	.00	.16	.19	**.21**	**.36**	**.36**
Affektiver Aspekt						
Generalisierte Leistungsangst	-.25	-.37	-.32	-.19	-.25	-.24
Leistungsangst: Besorgnis	-.15	-.35	-.30	-.09	-.20	-.18
Leistungsangst: Aufgeregtheit	-.13	-.28	-.27	-.11	-.22	-.22
Volitionaler Aspekt						
Handlungsorientierung nach Mißerfolg		.11	.12		.04	-.02
Gestörte Handlungsregulation (Hausaufg.)	-.10	-.13	-.22	-.08	-.04	-.15
Gestörte Handlungsregulation (Unterricht)		-.34	-.23		-.26	-.20
Anstrengungsvermeidung		-.24	-.27		-.22	-.20
LERNVERHALTEN						
On-Task: Aktives Engagement[c]	.26	.25	.22	.18	.21	.19
Off-Task, passiv[c]	-.31	-.19	-.21	-.24	-.19	-.26
Beteiligung am Unterricht[d]	.41	.33	.32	.32	.26	.22
Aufmerksamkeit im Unterricht[e]		.42	.51		.45	.47

Anmerkung: Leere Felder bedeuten: keine Erhebung der Variable zu diesem Meßzeitpunkt.
[a]Für die Korrelationen mit den Kriterien in der 2. Klasse wurde der CFT1 verwendet (erhoben in der 1. Klasse), für die 3. und 4. Klasse der CFT20 (erhoben in der 4. Klasse); [b]Leistungstest des Vorjahres (Zeitdifferenz: 1 Jahr); [c]Niedrig-inferente Beobachtung; [d]Schülerfragebogen; [e]Lehrerurteil. Die Zusammenhangsmuster innerhalb des gleichen Fachgebiets sind fett gedruckt.

b) Für die einzelnen Variablengruppen zeigt sich eine ausgesprochen große Konstanz in ihrer Rolle für die Determination der Schulleistungen von der 2. bis zur 4. Jahrgangsstufe. Auch beim Übergang von der 2. zur 3. Klassenstufe - in Bayern mit einem obligatorischen Lehrerwechsel verbunden - zeigen sich kaum abrupte Sprünge in der Korrelationshöhe.

c) Daß die meisten Bedingungsfaktoren mit der Mathematikleistung im allgemeinen höher als mit der Deutschleistung korrelieren, dürfte eher ein Spezifikum der verwendeten Tests darstellen als den Fächern zuzuschreiben sein. Dies zeigt auch ein Vergleich der (in der Tabelle nicht dargestellten) Noten, bei denen das Korrelationsmuster für beide Fächer nahezu ausbalanciert ist.

d) Ein Vergleich der fachinternen vs. fachübergreifenden Korrelationen zwischen bereichsspezifischen Selbstkonzepten und bereichsspezifischen Leistungen belegt die diskriminative Validität der erhobenen Variablen: Deutsch-Leistungen korrelieren klar höher mit dem Deutsch-Selbstkonzept als mit dem Mathematik-Selbstkonzept, und vice versa. Ein ähnliches Muster tritt bei den ebenfalls bereichsspezifisch erhobenen Valenzen ("Lernfreude") zutage.

GESCHLECHTSSPEZIFISCHE UNTERSCHIEDE

Auch zu diesem Thema liegen inzwischen reichhaltige Befunde und mehrere Meta-Analysen vor (vgl. z. B. Hyde, Fennema & Lamon, 1990). Diese haben relativ übereinstimmend gezeigt, daß Geschlechtsunterschiede im Niveau kognitiver Leistungen im großen und ganzen vernachlässigenswert gering sind, während sich für leistungsbezogene Einstellungen, Motive und Selbstkonzepte erhebliche Unterschiede feststellen, durchwegs (insbesondere im Bereich Mathematik) im Sinne günstigerer und selbstwertdienlicherer Werte auf Seiten der Jungen. Allerdings hat sich das Interesse der Forschung bisher fast ausschließlich auf ältere Schüler gerichtet; über die mögliche Genese geschlechtsspezifischer Unterschiede im Grundschulalter ist noch wenig bekannt.

Die Abbildungen VI.7a bis VI.7h zeigen die Entwicklung von Geschlechtsunterschieden in verschiedenen Merkmalen. Aus Gründen der Sparsamkeit wurden lediglich die Verlaufsprofile der Mädchen dargestellt (da es sich um z-standardisierte Werte handelt und der Mädchen- und Jungenanteil in etwa gleich groß ist, ist das Profil der Jungen jeweils komplementär bzw. spiegelbildlich.

Die Ergebnisse fügen sich in das Bild der vorhandenen Metaanalysen, was die Bedeutsamkeit von Geschlechtsunterschieden bei kognitiven Fähigkeiten und schulischen Leistungen betrifft. Die anfänglich geringfügigen Leistungsunterschiede im Fach *Mathematik* nehmen im Verlauf der Grundschulzeit kontinuierlich ab, bis sich die Werte der Jungen und Mädchen in der 4. Klasse völlig angeglichen haben. Dies gilt sowohl für Noten als auch für Testleistungen. Die umgekehrte Tendenz ist bei den *Rechtschreibleistungen* festzustellen, bei denen sich ab Mitte der Grundschule eine schwache, aber stabile Überlegenheit der Mädchen zeigt.

Interessanterweise weist das Muster der korrespondierenden bereichspezifischen Selbstkonzepte eine etwas andere Verlaufsgestalt auf: Erst ab der 3. Klasse zeigt sich ein signifikant schlechteres *Mathematik-Selbstkonzept* der Mädchen, das trotz der immer geringer werdenden Unterschiede in den realen Leistungen bis zum Ende der Grundschule weitgehend bestehen bleibt. Umgekehrt spiegelt das *Selbstkonzept in Deutsch* die reale Überlegenheit der Mädchen in nur stark abgescwächtem Maße wider. Auch die bereichsspezifischen Valenzen - in Deutsch empfinden die Mädchen mehr Lernfreude

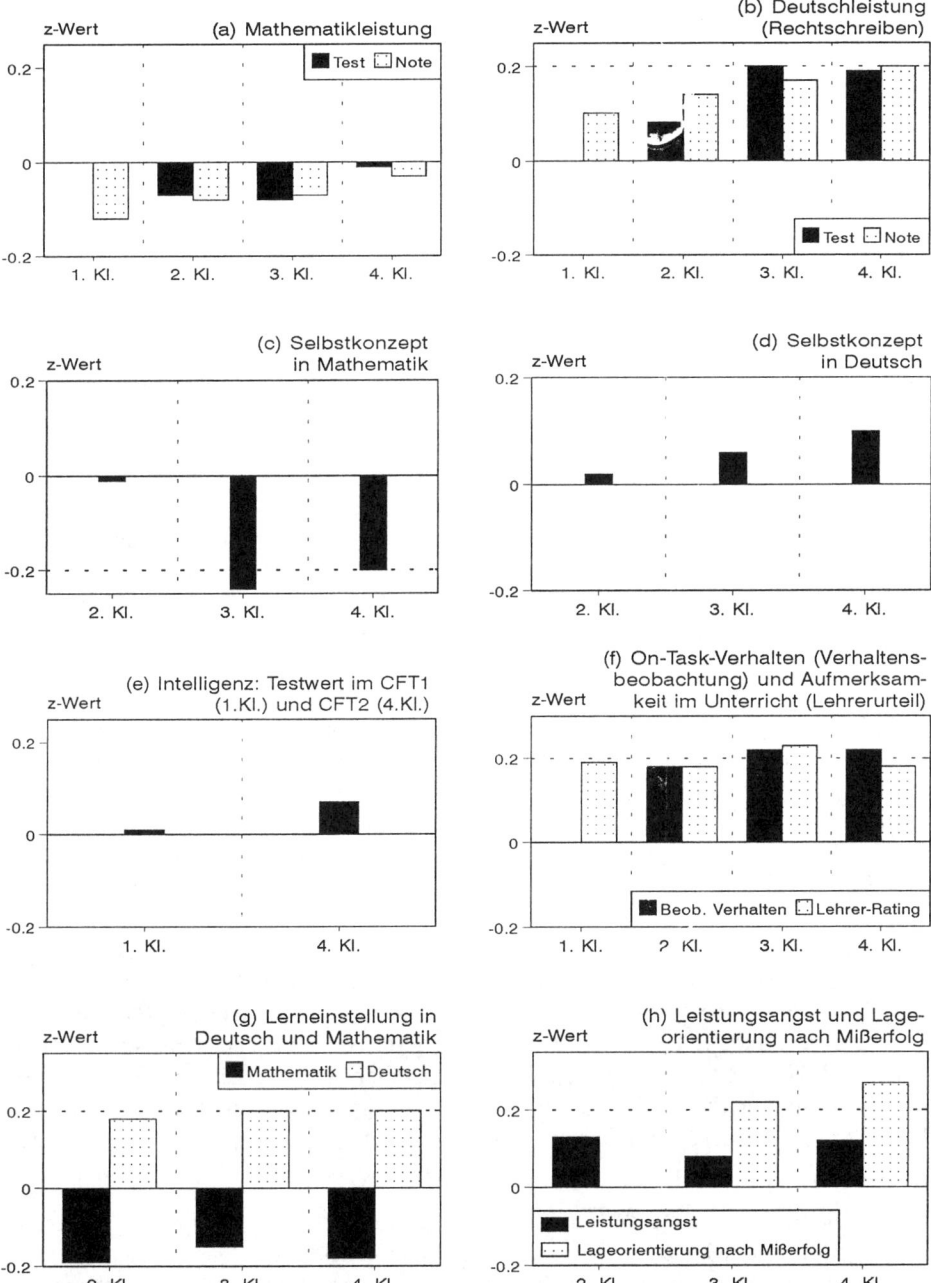

Abbildung VI.7: Entwicklung verschiedener kognitiver und affektiver Variablen bei Mädchen, relativ zu Jungen (da es sich um z-Werte handelt, ist das Ergebnisprofil der Jungen jeweils komplementär hierzu, also an der x-Achse gespiegelt). Werte > 0 sind überdurchschnittlich, Werte < 0 unterdurchschnittlich.

als Jungen, und in Mathematik verhält es sich umgekehrt - spiegeln nicht die tatsächlichen Leistungsunterschiede wider! Dagegen entspricht das aufmerksamere Verhalten im Unterricht - sowohl aus der Lehrerperspektive als auch auf der Basis der Schülerbeobachtungen - dem gängigen Stereotyp der Mädchen. Ein letztes Ergebnis: Bereits früh zeigt sich bei Mädchen ein etwas höheres Leistungsangstniveau, und die ausgeprägtere Tendenz, sich nach Mißerfolg lageorientiert zu verhalten statt zu handeln. Diese Tendenz gehört zu den massivsten Geschlechtsunterschieden, die wir in unserem Datensatz gefunden haben.

RELATIVER STELLENWERT KOGNITIVER UND MOTIVATIONALER BEDINGUNGSFAKTOREN

Eine Streitfrage, die für das Grundschulalter bisher noch kaum empirisch untersucht wurde, ist die nach dem relativen Stellenwert kognitiver im Vergleich zu motivationalen Variablen für die Aufklärung von Schulleistungsunterschieden. So behauptet z. B. Bloom (1976), die Motivation alleine erkläre 25% der Schulleistungsunterschiede; Cattell, Barton & Dielman (1972) mutmaßen, daß motivationale, kognitive und Temperamentsunterschiede jeweils 20-25% erklären und Atkinson (1974) nimmt folgende Schätzung bezüglich der Determinanten der Schulleistungsvarianz vor: "25% to true ability ......, 50% to motivation for the critical endeavor ......, and 25% to motivation for alternative activities that also make human life an interesting and intrinsically enjoyable experience ......" (S. 404).

Helmke (1992) hat mit Daten der Münchner Hauptschulstudie belegt, daß der Einfluß nicht-kognitiver Variablen auf die Erklärung interindividueller Unterschiede in den Schulleistungen aus einer Reihe konzeptueller wie methodischer Gründe bisher eher unterschätzt worden ist: Für ältere Schüler (Hauptschüler der 5. und 6. Klasse) konnte gezeigt werden, daß bei der Vorhersage der *Mathematiktestleistung* der Prognosewert motivationaler Variablen (49.4%) nicht wesentlich unter dem der kognitiven Variablen (54.1%) liegt, und daß die Gruppe der motivationalen Variablen sogar eine erheblich bessere Prädiktion der Mathematiknote erlaubt (72.7%) als die kognitiven Variablen (45.0%). Ein anderes Ergebnis dieser Kommunalitätenanalyse war allerdings, daß es erhebliche Beträge an konfundierter Varianz gibt, also Varianzanteile, die nicht ausschließlich einem der beiden Prädiktorgruppen zuzuordnen sind (vgl. Helmke, 1992, S. 135f).

Die Ergebnisse der Kommunalitätenanalysen für die Grundschulstudie sind in Abbildung VI.8 dargestellt. Aus Gründen der Übersichtlichkeit berichten wir die Ergebnisse wiederum nur für die 4. Klassenstufe und hier exemplarisch für die Mathematiktestleistung und die Rechtschreibleistung sowie für die Noten in Mathematik und Deutsch.

Folgende Aspekte des Ergebnismusters sollen erwähnt werden:

(1) Die Erklärungskraft der individuellen motivationalen und kognitiven Lernvoraussetzungen liegt mit knapp 75% bei der Mathematiktestleistung klar höher als bei den drei anderen Kriterien, bei denen lediglich etwa 60% der interindividuellen Unterschiede aufgeklärt werden können. Angesichts der extrem hohen Stabilität der Mathematiktestleistungen ist dieses Ergebnis nicht weiter verwunderlich. Würde man zur Varianzaufklärung der Jahresendnoten in Deutsch und Mathematik als Prädiktoren anstatt der Testleistungen (wie hier geschehen) die Note vom Jahr zuvor heranziehen, so ergäben sich noch höhere Determinationskoeffizienten.

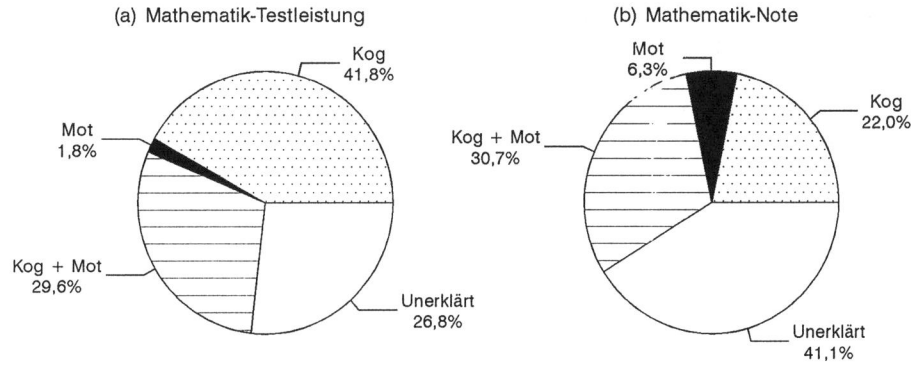
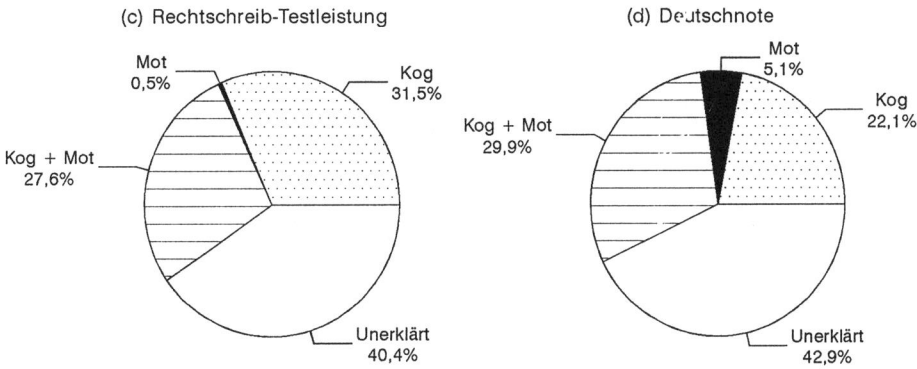

Abbildung VI.8: Ergebnisse der Kommunalitätenanalyse: Determination schulischer Leistungen (4. Klassenstufe) durch motivationale und kognitive Bedingungsvariablen.

(2) Das auffallendste Ergebnis ist zweifellos der überragende Stellenwert kognitiver Eingangsbedingungen, verglichen mit der Wichtigkeit motivationaler Schülermerkmale. Dieses Ergebnismuster steht in starkem Kontrast zu den bei älteren Schülern gefundenen Ergebnissen. So betrugen die spezifischen Varianzen motivationaler vs. kognitiver Prädiktoren bei Fünftkläßlern (vgl. Helmke, 1992) beispielsweise 16.3% vs. 21.0% bei der Vorhersage der Mathematiktestleistung und sogar 31.9% vs. 4.2% bei der Mathematiknote.

(3) Was die Abbildungen jedoch auch verdeutlichen - und zwar für Testleistungen wie für Noten und für Deutsch und Mathematik gleichermaßen - ist, daß durchwegs 25% bis 30% der Gesamtvarianz der Leistungen durch die *Kommunalität* aus motivationalen und kognitiven Merkmalen aufgeklärt wird. Das heißt, man würde einen schweren Fehler begehen, wenn man aus der minimalen *spezifischen* Varianz der motivationalen Faktoren deren Irrelevanz ableiten würde. Es spricht manches dafür, daß die verhaltenssteuernde Funktion vieler motivationaler Variablen in diesem Alter noch nicht

voll entwickelt ist (vgl. Helmke & van Aken, 1995). Die substantiellen Kommunalitäten
- Beiträge konfundierter Erklärungsvarianz, die sich mit keiner Methode einer bestimmten Einflußquelle zuordnen lassen -, sind in statistischer Hinsicht Ausdruck der unauflöslichen wechselseitigen Korreliertheit beider Variablenblöcke. Aus entwicklungspsychologischer Perspektive lassen sie sich als ein Ergebnis vielfacher transaktionaler und reziproker Prozesse in der bisherigen Lebensgeschichte ansehen.

Individuelle Bedingungsfaktoren der Schulleistung: Kommentar

Falko Rheinberg

Vorbemerkung: Person und Situation

Steht man bei einem so wichtigen Thema wie der Determination von Schulleistungsunterschieden vor der gerade berichteten Fülle interessanter Korrelationen und Mittelwertsunterschiede, so ist man versucht, sogleich in dieses Befundbad einzutauchen: Warum ist die eine Korrelation so hoch, die andere dagegen so niedrig? Warum haben hier die Mädchen einen höheren Mittelwert, dort aber nicht? Wer hat wann ganz ähnliche Befunde berichtet, und wer etwas ganz anderes gefunden und so weiter?

Lassen Sie mich statt dessen eine der Lieblingsfragen der Motivationspsychologie stellen - nämlich: "Was wollen wir mit solchen Berechnungen eigentlich erreichen?" "Wozu machen wir das Ganze?"

Nun, üblicherweise wollen wir durch solch aufwendige Analysen komplexe Zusammenhänge zwischen Variablen etwas besser und gesicherter verstehen. Dabei kann dieses bessere Verstehen legitimierbarer Selbstzweck sein oder uns sogar helfen, im untersuchten Realitätsausschnitt etwas durch Beratung und Intervention zu verbessern.

Was auch immer wir an engeren oder weiteren Instrumentalitäten im Sinn haben mögen, wir tun gut daran, bei der Erklärung von Verhalten und seinen Resultaten uns auf die Weisheit der Lewinschen Verhaltensgleichung (Lewin, 1946) zu besinnen, wonach Verhalten (V) nie allein über Personfaktoren (P) noch allein über Situations- bzw. Umweltfaktoren (U) zu verstehen ist, sondern stets nur als Wechselwirkungsprodukt aus beidem: $V = f(P, U)$.

Nun wurden im Beitrag von Helmke aus Darstellungsgründen aber lediglich Personfaktoren (von Schülern) behandelt. Einflüsse von Situations- und Unterrichtsfaktoren werden erst in späteren Beiträgen Berücksichtigung finden. Man könnte es sich jetzt einfach machen und mit Blick auf Lewin den Schluß ziehen, daß man bei bloßer Berücksichtigung von Personfaktoren nichts Erhellendes wird finden können, weswegen man hier abbrechen und allenfalls überlegen sollte, welche Situationsfaktoren wir bei künftigen Untersuchungen dieser Art berücksichtigen müßten.

Mindestens zwei Dinge halten von diesem radikalen Schritt ab: Als erstes bleibt zu erklären, warum denn beim "situationsblinden" Korrelieren einige Variablen sehr wohl in einem beachtlichen Zusammenhang zu Schulleistungsmaßen stehen, andere jedoch nicht. Zum zweiten sollten wir nach Auswertungsschritten suchen, die uns Chancen offen halten, auf die "Wozu"-Frage Antworten zu finden, die vielleicht auch außerhalb der Psychologie interessieren.

Unterschiedliche situative Abhängigkeit von Fähigkeits- vs. Motivationsvariablen

Zum ersten Punkt, also der unterschiedlichen Vorhersagegültigkeit der verschiedenen Prädiktoren. Helmke berichtet Befunde, die ganz typisch sind: Kompetenzvariablen wie

Intelligenz und Vorwissen korrelieren substantiell mit Schulleistung auch *ohne* besondere Berücksichtigung von situativen Umständen, während motivational-affektive Variablen dies offenbar nicht oder nur viel schwächer tun. Ein ganz ähnliches Zusammenhangsmuster hatte ja auch schon Kühn (1983) bei Viertkläßlern gefunden.

Die Frage ist für mich *nicht*, warum bei solchen Analysen die Korrelationen bei den motivational-affektiven Variablen so niedrig ausfallen. Es stellt sich vielmehr die Frage, wie es denn sein kann, daß die Variablen kognitiver Kompetenz der fundamentalen Lewin-Gleichung trotzen und "situationsblind" mit Schulleistung hoch korrelieren.

Die Erklärung ist nach kurzer Überlegung trivial. Kognitive Kapazitätsvariablen haben zwei wichtige Eigenschaften. Sie sind zum einen relativ zeitstabil. Zum anderen haben sie mit dem, was an Schulleistung erfaßt wird, einen erheblichen inhaltlichen Überschneidungsbereich - sei es, daß ähnliche kognitive Funktionen erforderlich sind (Intelligenz), sei es, daß wir es mit vorauszusetzenden Wissensstrukturen zu tun haben (Vorkenntnisse). Um in solchen zeitstabilen Überschneidungsfällen von stabiler Kapazität die Leistung vorhersagen zu können, reichen schon ganz grobe Kenntnisse der Situation aus: Es muß dort tatsächlich so etwas wie Lernen in dem fraglichen Kompetenzbereich möglich sein; weiterhin muß dem Schüler ungefähr klar sein, was er hier an Lernaktivität zu tun hat und schließlich muß er zwar nicht ständig, aber des öfteren dazu gebracht werden, diese Lernaktivitäten auch auszuführen. Wie variabel das auch immer sein mag, was wir Schulunterricht nennen - über weite Strecken wird es diesen höchst allgemeinen Kriterien genügen.

So gesehen korrelieren wir im Fall der kognitiven Kapazitätsvariablen gar nicht "situationsblind". Es ist vielmehr so, daß mit Blick auf den Einfluß dieser Variablen der Situationsfaktor höchst abstrahiert und robust ist, d. h. nahezu immer realisiert ist, solange man im Kontext Schulunterricht untersucht. Daß Lewins fundamentale Gleichung gleichwohl auch bei den kognitiven Kompetenzvariablen Gültigkeit besitzt, merken wir spätestens dann, wenn wir den Situationskontext hinreichend stark verändern, also etwa Leistungen im Kontext Sportverein, Fahrradfahren, Musizieren, Gartenarbeit und dergleichen untersuchen. Es gehört nicht viel Phantasie dazu, sich vorzustellen, daß hier die Korrelationen zwischen kognitiven Kapazitätsvariablen und Leistungen viel geringer ausfallen als bei der Schulleistung.

Ganz anders liegen die Dinge bei den motivational-affektiven Variablen. Zunächst haben wir hier nicht die inhaltliche Überschneidung von Prädiktor und Kriterium. Auch wenn beispielsweise ängstliche Besorgnis oder erfolgszuversichtliche Aktivation das Abschneiden in einer Leistungssituation beeinflussen werden (s. hierzu Atkinson & Lens, 1980), so sind diese Variablen nicht direkter inhaltlicher Teil der kognitiven Makrostruktur, die wir bei der Schulleistungsmessung erfassen (für Details s. Rheinberg, 1996).

Wichtiger ist etwas anderes. Im Unterschied zu Fähigkeitsfaktoren ist motivational-affektives Geschehen höchst variabel und sensibel gegenüber situativen Besonderheiten. Mit Blick auf *dieses* Geschehen kann deshalb die abstrakte Grobkategorie "Schulunterricht" je nach Unterrichtsführung ganz Unterschiedliches bedeuten und höchst heterogene Situationen umfassen. Sie kann z. B. verschieden bedrohlich sein, so daß ängstliche Schüler einmal stärker, einmal schwächer, einmal gar nicht beeinträchtigt sind; oder: sie kann so lenkungsfrei sein, daß Personen mit Selbstregulationsproblemen Leistungseinbußen haben, die bei straffer Fremdsteuerung gar nicht auffällig würden; oder: sie kann durch häufige soziale Vergleichsprozesse und Fähigkeitsattributionen Schüler mit ungünstigen Selbsteinschätzungen vollends entmutigen, die bei stärkerer Betonung intraindividueller Lernzuwächse problemlos mitarbeiten könnten (Rheinberg & Krug, 1993).

Je nach Spezifikation der situativen Grobkategorie "Schulunterricht" können also verschiedene motivational-affektive Prozesse (a) angeregt werden oder nicht und, sofern angeregt, sich (b) leistungsmäßig stärker oder schwächer auswirken. Wir haben es hier also mit zwei Ebenen der Person-Situations-Beziehung zu tun, nämlich (a) der *Anregung* und (b) der *Auswirkung* angeregter Motivationsprozesse. Mit Blick auf die motivational-affektiven Variablen müssen wir das Lewinsche Postulat also sehr ernst nehmen, wollen wir aus unseren Daten mehr als nur Grobstrukturen oder (vermeintliche) Zusammenhangslosigkeit herauslesen. Anders als bei den kognitiven Prädiktoren ist die Kategorie "Schulunterricht" als Situationsfaktor hier jedenfalls viel zu grob.

Von daher überrascht es nicht, wenn wir trotz der sorgfältigen Untersuchungsdurchführung auch im SCHOLASTIK-Projekt an dieser Stelle noch weit davon entfernt sind, die Dinge im Griff zu haben.Wir sehen das beispielsweise an den verhaltensnäheren Motivationsvariablen dieses Projektes, nämlich den Indikatoren beobachtbarer Mitarbeit. Diese verschiedenen Mitarbeitsmaße laden nämlich keineswegs auf einen übergreifenden motivational-affektiven Faktor, sondern bilden (in theoretisch unbefriedigender Weise) eine eigenständige Einheit (s. Tab. VI.5 im vorhergehenden Beitrag von Helmke). Doch damit nicht genug: soweit es sich um echte Beobachtungsdaten handelt (On- und Off-Task Verhalten), fallen ihre Beziehungen zu Leistungsdaten auch ausgesprochen schwach aus ($r = .18$ bis $r = .31$). Sollten objektiv erfaßte Mitarbeit im Unterricht und Lernerfolg tatsächlich so wenig miteinander zu tun haben?

Ich denke, wir kommen hier erst weiter, wenn wir den bisherigen Analyseschritten weitere folgen lassen. Hierzu möchte ich anregen, die Zusammenhangsberechnungen zwischen motivational-affektiven Prädiktoren und Lernleistungen gesondert für relevant unterschiedliche Unterrichtsbedingungen zu machen. Dabei bietet sich ein theoriegeleitetes Vorgehen an, bei dem man die erhobenen Unterrichtsvariablen des SCHOLASTIK-Projektes auf ihr (mutmaßliches) Anregungspotential für bestimmte motivational-affektive Schülervariablen prüft, um dann in geeigneten Untergruppen zu analysieren. So sollte z. B. ein Unterricht mit starker Akzentuierung der Geschwindigkeitskomponente den Zusammenhang zwischen Angstmaßen und Leistung erhöhen. In solchen oder ähnlichen Situationskontexten hätten wir vermutlich weit bessere Chancen, etwas Erhellendes zu Vermittlungsprozessen zwischen Angst und Schulleistung herauszufinden. Von dieser Art theoriegeleiteter Situations- bzw. Unterrichtsklassifikation wird in der empirischen Unterrichtsforschung leider nur wenig Gebrauch gemacht.

Man könnte aber auch ein induktives Vorgehen wählen, das ähnlich dem Prozeß-Produkt-Paradigma von (wünschbaren) Schülereffekten aus quasi rückwärts in Richtung Unterrichtsbesonderheiten analysiert. Das leitet über zu meinem zweiten Punkt.

DIE SUCHE NACH UNTERRICHTLICHEN BEDINGUNGEN GEWÜNSCHTER SCHÜLERENTWICKLUNGEN

Der zweite Punkt greift die Eingangsfrage wieder auf, wozu wir denn diese ganzen Datenerhebungen und Analysen eigentlich machen. Gewiß ist die Schaffung von Bedingungswissen im Kontext Schulunterricht notwendig, legitim und löblich - auf Dauer für den Rest der Welt aber wohl langweilig, wenn daraus nicht Weiteres folgt oder Folgen zumindest erahnbar werden. Von daher täte es einer breiten Beachtung unserer Befunde gut, wenn sich über diese Ergebnisse auch einige Bedingungen wünschbarer Effekte spezifizieren ließen - und zwar möglichst solche, die beeinflußbar erscheinen, also etwa Variablen der Unterrichtsgestaltung. Trivialerweise läßt sich die Chance auf solche Befunde durch gezielte Suche erhöhen - sofern solche Bedingungsstrukturen überhaupt in den Daten stecken. Zu einer solchen Suche möchte ich anregen, indem ich hier zwei Strategien aufgreife, die Helmke in anderen Kontexten bereits fruchtbar eingesetzt hat.

Auf die eine Strategie bin ich gestoßen, als ich mir bei der Vorbereitung dieses Beitrages nochmals das Manuskript zu einem gemeinsamen Artikel über Anstrengungsvermeidung durchgesehen habe (Helmke & Rheinberg, 1996). Dort wurde über denselben Datensatz bei denselben Schülern eine Typenanalyse gerechnet. Gegenüber den jetzt berichteten Korrelationen in der R-Technik haben solche Analysen in der Q-Technik ja den Vorteil, daß sie Ausprägungsmuster über verschiedene Variablen herausdestillieren und zwar so, wie sie vorfindbar sind.

Die bei den SCHOLASTIK-Schülern gefundenen Typen erscheinen verschieden wünschbar. Daß es Schüler gab, bei denen alle Variablen, kognitive wie motivational-affektive, höchst positiv ausgeprägt waren (Typ I bei Helmke & Rheinberg, 1996) ist erfreulich - aus Sicht der Pädagogischen Psychologie aber fast etwas langweilig. Interessanter finde ich jedenfalls einen anderen Schülertypus (Typ II, a. a. O.). Das sind Schüler, die trotz *unter*durchschnittlicher Testintelligenz nahezu durchschnittliche Schulleistungen schaffen, keinerlei Lernbeeinträchtigungen oder gar Anstrengungsvermeidung zeigen, sondern statt dessen Spaß an den Unterrichtsfächern haben, sich einiges zutrauen und (schulischen) Belastungssituationen handlungsorientiert begegnen (s. im einzelnen Helmke & Rheinberg, 1996).

Diese Schülergruppe ist theoretisch wie praktisch besonders interessant, und es handelt sich dabei ja um Schüler der SCHOLASTIK-Stichprobe. Man sollte erfahren, ob bei einer rückwärtsgerichteten, quasi-epidemiologischen Forschungsstrategie Lehrerinnen und Lehrer ausfindig gemacht werden können, bei denen Schüler mit solchen Merkmalskonfigurationen besonders häufig auftreten. Sollte das der Fall sein, müßte bei diesen Lehrenden nach Besonderheiten in den ja ebenfalls vorliegenden Unterrichtsvariablen gesucht werden - ganz so, wie das bei Helmke (1988a) oder Weinert & Helmke (1996) schon gemacht wurde. Dort hatte man nach Unterrichtsbesonderheiten in sog. "Idealklassen" gefahndet, in denen es einigen Lehrern gelungen war, verschiedene und partiell inkompatible Kriterien (z. B. "Qualifizierung" und "Egalisierung") zugleich zu erreichen. Im vorliegenden Fall würde man die "Idealklassen" lediglich auf empirischem Wege, also über die Auftretenshäufigkeit bestimmter Schülertypen identifizieren. Dies scheint mir zusätzlich auch eine intelligente Ergänzung der Strategie zu sein, sich allein auf die (unterrichtlichen) Bedingungen eines hohen kognitiven Lernzuwachses zu konzentrieren. (Zur Kriterienerweiterung bei der Definition von "Idealklassen" s. auch Weinert & Helmke, 1996).

Natürlich kann man die rückwärts gerichtete Suchstrategie auch abkürzen, indem man statt empirisch basierter Merkmalstypen bestimmte Variablenkonfigurationen *im vorhinein* als wünschbar festlegt - ganz so, wie das bei Helmke (1988a) über die Kriterien "Qualifizierung" und "Egalisierung" oder in komplexerer Weile bei Weinert & Helmke (1996) auf *Schulklassenebene* gemacht wurde. Im jetzigen Fall würde man zunächst auf der *Individualebene* nach Schülern mit zuvor als wünschbar definierten Merkmalskonfigurationen bzw. Merkmalsentwicklungskonfigurationen fahnden, um dann den gerade skizzierten Brückenschlag zu Unterrichtsbesonderheiten zu versuchen (vergl. Krug & Rheinberg, 1980).

AUSBLICK:
MOTIVATIONALE UND KOGNITIVE PROZESSE IM LERNGESCHEHEN

Sind all diese Hinweise auf möglichst anwendungsfruchtbare Analysemöglichkeiten gerichtet, so macht ein anderer Befund in den SCHOLASTIK-Daten auf die Notwendigkeit zunächst grundlagenorientierter Forschung aufmerksam. Es geht um die Konfundierung der Effekte von kognitiven und motivationalen Faktoren bei der Determination von Lernleistungsvarianz, wie sie bei den Kommunalitätenanalysen sichtbar wurde. Unser höchst unbefriedigender Wissensstand darüber, wie im einzelnen bei welchen kognitiven Operationen sich welche Motivationsfaktoren in welcher Weise im Lerngeschehen auswirken, wird sich durch weitere Analysen der vorliegenden Längsschnittdaten nicht spürbar verbessern lassen. In diesem Punkt liegt das Verdienst der SCHOLASTIK-Studie darin, durch einige ihrer Befunde nun gezielte bedingungsvariierende Forschung anzuregen.

Bei dieser Forschung kann man zunächst davon ausgehen, daß sich motivationale Einflüsse im Lerngeschehen auf drei Ebenen finden lassen:

- in der *Dauer und Häufigkeit* von (Lern-)Aktivitäten,
- in der *Qualität* der ausgeführten (Lern-)Aktivitäten
- in dem *Funktionszustand* des Lernenden während der Ausführung der (Lern-)Aktivitäten.

Detailklärungen auf diesen drei Ebenen erfordern allerdings gut kontrollierte Experimente mit kleinschrittiger Erfassung verschiedener Prozeßindikatoren. Für Lernprozesse in computersimulierten Systemen haben wir einen derartigen Versuch unternommen (Vollmeyer & Rheinberg, in Vorb.). Klar ist, daß man sich mit solchen Laboruntersuchungen Probleme der ökologischen Validität einhandelt. Weiterhin dürften die Ergebnisse (eng?) an den jeweils eingesetzten Lernaufgabentypus gebunden sein. Gleichwohl wird man diesen mühsamen experimentellen Weg gehen müssen, wenn man die hier vorgefundenen Effektkonfundierungen von kognitiven und motivationalen Faktoren durch die Suche nach unterliegenden Prozessen näher aufklären will. Das schiene mir eine lohnender Aufgabe. Schließlich ist die Frage: "Warum und wie soll Motivation eigentlich Einfluß auf Lernleistungen nehmen?" keineswegs nur akademischer Natur. Sie dürfte vielmehr all diejenigen interessieren, die mit der Anregung und Optimierung von Lernprozessen zu tun haben (zu Details s. Rheinberg, 1996).

Kapitel VII

Unterrichtsqualität und Leistungsentwicklung

Literaturüberblick:
Wolfgang Einsiedler

Ergebnisse aus dem SCHOLASTIK-Projekt:
Andreas Helmke & Franz E. Weinert

Kommentar:
Joachim Lompscher

Unterrichtsqualität und Leistungsentwicklung: Literaturüberblick

Wolfgang Einsiedler

Die Forschung zum Themenbereich "Unterrichtsqualität und Schulleistung" ist in erster Linie auf die Frage gerichtet, in welchem Umfang Unterrichtsqualität im Vergleich zu anderen Beeinflussungsfaktoren, z. B. Eingangsvoraussetzungen der Schüler oder familialer Hintergrund, zum Erreichen von Kenntnissen, Fähigkeiten und Fertigkeiten beiträgt. Als eine Herausforderung hinsichtlich dieser Frage wirkten die Studien von Coleman et al. (1966) und Jencks et al. (1972), die dem Schulunterricht nur einen geringen Einfluß auf die Leistungsentwicklung der Schüler attestierten. Jencks et al. (1972) z. B. behaupteten eine Varianzaufklärung von Schulleistung durch Schulunterricht von ca. 3% und durch familialen Hintergrund von ca. 50%.

Die Frage nach dem Anteil des Beitrags der Unterrichtsqualität zum Lernerfolg im Vergleich zu anderen Faktoren hat politische und pädagogische Brisanz. In den USA z. B. wurde darüber diskutiert, ob in das Schulwesen höhere finanzielle Mittel investiert werden sollten, wenn nicht klar ist, ob dadurch Unterrichtsqualität und Leistungsergebnisse zu steigern sind (vgl. Hedges, Laine & Greenwald, 1994; Hanushek, 1994). Aus pädagogischer Perspektive sieht man Unterrichtsqualität als stärker veränderbar an als etwa Faktoren wie Persönlichkeitsmerkmale von Lehrern, Intelligenz von Schülern oder sozioökonomischer Status der Eltern und erhofft sich im Sinne eines pädagogischen Optimismus durch die Verbesserung der Unterrichtsqualität eine Steigerung der Lernergebnisse sowie einen Ausgleich von Defiziten im Bereich der weniger veränderbaren Beeinflussungsfaktoren (Bloom, 1984).

Die eher pessimistischen Aussagen von Coleman et al. und Jencks et al. waren mit ein Anlaß zur Gründung einer eigenen wissenschaftlichen Gesellschaft zur Verbesserung der Schulqualität und der Unterrichtsqualität (International Congress for School Effectiveness and School Improvement, vgl. Creemers & Reynolds, 1990); man will sozusagen beweisen, daß Schul- und Unterrichtsqualität doch mehr bewirken als bisher angenommen, wenn man sie tatsächlich verbessert und methodisch angemessen erfaßt. Bloom (1984) bezieht sich auf Studien zu optimalen Unterrichtsmethoden (Mastery Learning und Tutoring), durch die es möglich war, den Einfluß der Eingangsvoraussetzungen der Schüler auf den Lernerfolg erheblich zu senken und eine sehr hohe Lernerfolgsquote für alle Schüler zu erreichen. Nach Bloom zeigten diese Studien, daß die meisten Schüler das Potential hätten, erfolgreicher zu lernen als bei traditionellen Unterrichtsmethoden. Optimistisch nimmt er an, es könne gelingen, durch die Übertragung von Merkmalen der wissenschaftlich erprobten Unterrichtsmethoden auf normalen Unterricht und durch die Kombination bisher isoliert untersuchter effektiver Unterrichtsmethoden die Qualität des Unterrichts enorm zu steigern.

Im folgenden wird zunächst in einer Art historischer Entwicklungslinie die Konzeptualisierung von Unterrichtsqualität aufgezeigt. Nach der Darstellung einschlägiger Studien und Sammelreferate aus dem angloamerikanischen Bereich werden schwerpunktmäßig Arbeiten aus dem deutschsprachigen Raum erörtert. Leitende Fragestellungen sind dabei: Durch welche Merkmale, Elemente oder Komponenten läßt sich Unterrichtsqualität am besten fassen? Wie hängen verschiedene Variablen der Unterrichtsqualität miteinander zusammen? Gibt es optimale Interaktionen und Kombinationen? Kann man Defizite in einem Bereich durch Stärken in anderen Bereichen substituieren oder kompensieren?

ENTWICKLUNG DER FORSCHUNG ZUR UNTERRICHTSQUALITÄT

Zur Konzeptualisierung

Vermutlich als einer der ersten verwendete Carroll (1964) in seinem "Modell schulischen Lernens" den Begriff Unterrichtsqualität. Ihm ging es dabei aber lediglich um eine Quantifizierung der Lernrate durch eine Bestimmung des Verhältnisses von aufgewendeter zu benötigter Lernzeit (Abb. VII.1). Die Lernzeit, die ein Schüler benötigt,

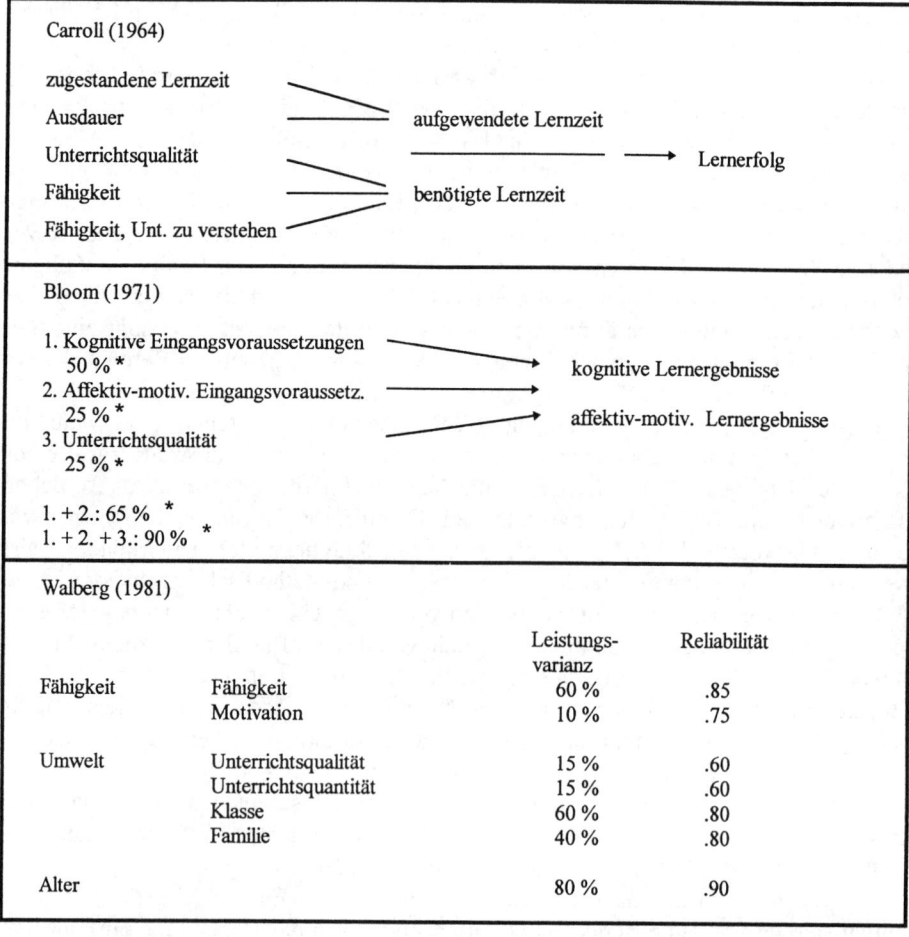

Abbildung VII.1: Verständnis und Einordnung von Unterrichtsqualität bei Carroll (1964), Bloom (1971) und Walberg (1981).

Legende: * Theoretisch aufgeklärter Varianzanteil der schulischen Lernergebnisse.

wird beeinflußt von der Unterrichtsqualität, seinen kognitiven Fähigkeiten und seiner Fähigkeit, den Unterricht zu verstehen. Je schlechter z. B. die Unterrichtsqualität, desto mehr Lernzeit benötigt der Schüler, und umgekehrt. Als Merkmale von Unterrichtsqualität nennt Carroll (1964): Verständlichkeit, Sequenzierung, Adaptivität. Wegen des nachgeordneten Stellenwerts von Unterrichtsqualität trug das Modell wenig zur Weiterentwicklung dieses Konzepts bei, dafür wirkte es sehr anregend auf den Forschungsbereich Unterrichtsquantität/Lernzeit.

Bloom (1971) hat Unterrichtsqualität den Eingangsvoraussetzungen gegenübergestellt und zum ersten Mal auf der Grundlage damals verfügbarer Korrelationsmaße Schätzungen zur Varianzaufklärung vorgelegt (Abb. VII.1). Für kognitive und motivationale Eingangsvoraussetzungen nimmt er zusammengenommen 65% Aufklärungspotential an, Unterrichtsqualität mit 25% rechnet er voll zu diesen 65% hinzu, weil sie nach seiner Meinung unabhängig von den Eingangsvoraussetzungen ist, eine Auffassung, die nach neueren Forschungsergebnissen (Weinert, Schrader & Helmke, 1989; Weinert & Helmke, 1995a) nicht haltbar ist. Zur Unterrichtsqualität zählt Bloom (1971): Strukturierungshinweise, aktive Beteiligung, Verstärkung. Interessant ist, daß Bloom schon damals die Bedeutung diagnostischer Informationen über individuelle Lernstände und Lernschwierigkeiten betonte, auf die rasch mit Strukturierungs- und ähnlichen Hilfen reagiert werden müsse. Außerdem verwies er - wenn auch mit anderen Begriffen - auf die rekursiven oder dynamischen Zusammenhänge zwischen Selbstkonzept und Schulleistung, die für die Grundschule besonders relevant sind, weil hier die Anfänge der Entwicklung des Leistungsselbstbildes anzusetzen sind.

In dem bereits erwähnten Beitrag von 1984 mit dem bezeichnenden Titel "Das 2-sigma-Problem" geht Bloom der Frage nach, wie durch die Kombination effektiver Unterrichtsmethoden die Verteilung der Schülerleistungen um zwei Standardabweichungen nach oben verschoben werden kann (was bedeutet, daß durchschnittliche Schüler der Erprobungsklassen bessere Ergebnisse erzielen als 98% der Schüler des traditionellen Unterrichts). In Dissertationsprojekten an Bloom's Chicagoer Institut gelang dies u. a. mit folgenden Methodenkombinationen (in einem Fall auch in Grundschulklassen): Mastery Learning + vorherige Schulung der Eingangsvoraussetzungen; Tutoring + Mastery Learning; verbesserte Lehrmethodik hinsichtlich Erklärungen, Schülerpartizipation, Verstärkung + Mastery Learning. Über eine umfassende Anwendung des Mastery Learning (zielerreichendes Lernen) mit individualisierten Leistungsrückmeldungen und zusätzlichen Lernzeiten sowie damit kombinierten weiteren Lehr-Lern-Methoden im regulären Schulunterricht ist jedoch nichts bekannt.

Walberg (1981) nahm dann in sein Modell der "Educational Productivity" Unterrichtsquantität und Unterrichtsqualität auf. Er orientierte sich an dem ökonomischen Produktivitätsmodell von Cobb und Douglas (1928), das eine nichtlineare Steigerung der Produktivität beinhaltet, d. h. einen oberen Grenzwert und allmählich geringere Ertragszuwächse auch bei steigenden Produktionsfaktoren. In seinem Regressionsmodell sieht er keine Aptitude-Treatment-Interaktionen vor, da solche Interaktionen der Sparsamkeit von Theorien widersprächen und wegen der Vielzahl möglicher Interaktionen Unterrichtsrealisierungen sehr schwierig seien. Dafür befaßt er sich mit der Möglichkeit der Substitution und Kompensation von Produktionsfaktoren, wobei nach dem nichtlinearen Modell von Cobb und Douglas (1928) Defizite nur mit ganz erheblichen Anstrengungen bei anderen Variablen auszugleichen sind. Unterrichtsqualität und Unterrichtsquantität werden jeweils mit ca. 15% Varianzaufklärung angesetzt (Abb. VII.1) und damit wesentlich niedriger als z. B. kognitive Fähigkeiten (60%) und familialer Hintergrund (40%).

Wie wird nun Unterrichtsqualität begrifflich genauer bestimmt? In der Literatur der 70er und 80er Jahre findet man nur lockere Aufzählungen von Lehrerverhaltensweisen (z. B. Strukturierungshinweise) und von Unterrichtsmerkmalen (z. B. Sequenzierung) (Tab. VII.1). Es fehlen weitgehend systematische Dimensionierungen und lerntheoretische Fundierungen. - Weinert, Schrader und Helmke (1989, S. 899) verstehen unter Unterrichtsqualität "jedes stabile Muster von Instruktionsverhalten, das als Ganzes oder durch einzelne Komponenten die substantielle Vorhersage und/oder Erklärung von Schulleistung erlaubt". - Im Sinne einer Weiterentwicklung des Konzepts müßte "Instruktionsverhalten" systematisch aufgeschlüsselt werden, zumindest nach

- Makromethoden des Unterrichts (z. B. entdeckungsorientiertes Vorgehen, dozierendes Vorgehen),
- Mikroverhaltensweisen der Lernsteuerung (z. B. Strukturierungshinweise, Feedback),
- Klassenmanagement,
- Sozialformen (Klassenunterricht, Gruppenarbeit, Einzelarbeit),
- Sozialklima.

Tabelle VII.1: *Merkmale der Unterrichtsqualität*

MERKMALE DER UNTERRICHTSQUALITÄT	
Carroll (1964)	Verständlichkeit Sequenzierung Adaptivität
Bloom (1971)	Strukturierungshinweise aktive Beteiligung Verstärkung
Weitere Autoren der 70er Jahre	Klarheit Feedback angepaßte Aufgabenschwierigkeit angepaßte Lernschritte (Pacing) Motivieren Aufmerksamkeitssteuerung Wissensstrukturierung Lernen lernen Curriculumorganisation

Die Forschung ist ganz stark auf die Qualität des lehrergesteuerten Klassenunterrichts zentriert[7]. Wir wissen wenig über die Qualität von Einzelarbeit und Gruppenarbeit, obwohl hier erhebliche Unterschiede hinsichtlich kognitiver Niveaus und aktiver Beteiligung bestehen dürften (vgl. Schöll, 1992; Rosenbusch, 1994).

---

[7] Auf das Problem der Wertdimension und der Wertigkeitsdivergenz von Lehrmethoden im Zusammenhang mit Unterrichtsqualität kann in diesem Rahmen nicht eingegangen werden (vgl. dazu Groeben, 1979; Oser, Dick & Patry, 1992).

Wichtige Studien und Sammelreferate aus dem angloamerikanischen Bereich

Man ist bei der Darstellung der Entwicklung der Forschung zur Unterrichtsqualität zunächst auf Sammelreferate zur Lehrereffektivität angewiesen; erst relativ spät wird Unterrichtsqualität systematisch in Gesamtmodelle zur Erklärung von Schullernen eingeordnet. Das Sammelreferat von Rosenshine (1979) zur Lehrereffektivität hat den Vorteil, daß es stark auf das Lernen von Lesen, Schreiben und Mathematik in der Grundschule ausgerichtet ist und sich mit dem Konzept der direkten Instruktion befaßt, das die Forschung zur Unterrichtsqualität bis in die Gegenwart bestimmt. Rosenshine sieht 1979 einige frühere Ergebnisse zur Wirksamkeit von Klarheit, Enthusiasmus und Vielfalt der Lernaktivitäten nicht bestätigt; stärker betont werden müßten aufgrund neuer Befunde die Merkmale "behandelter Stoffumfang" und "aktive Lernzeit" einerseits sowie "akademischer Focus" und "Aufgabenorientierung" andererseits. Er sieht die meisten Forschungsergebnisse in Übereinstimmung mit dem Konzept der direkten Instruktion, d. h. hohe Lehrersteuerung und wenig Spielraum für die Kinder, stark strukturierte Lehrer-Schüler-Interaktionen, intensives Monitoring, "lower order questioning" (Fragen auf niedrigem kognitivem Niveau, auf Faktenwissen und Drill zielend). Bei diesem Resümee sollte beachtet werden, daß es in einer Zeit entstand, als viele Versuche zum offenen Unterricht nicht sehr erfolgreich verlaufen waren und insgesamt die Tendenz "back to basics" aufkam. Rosenshine (1979) schreibt immer wieder vom Erreichen der "basic skills" und erörtert fast überhaupt nicht andere Ziele des Grundschulunterrichts (vgl. dagegen Peterson, 1979, und Petillon i. d. Bd.).

Das große Sammelreferat zur Lehrereffektivität von Brophy und Good (1986) stellt zunächst sehr unstrukturiert Befunde zu allen möglichen Unterrichtsmerkmalen und Lehrerhandlungen dar, die verschiedensten Dimensionen angehören, z. B. Lob und andere Verstärkungen, Verantwortungsbewußtsein, Klassenmanagement, Klima, "advance organizer". Erst am Schluß wird eine Systematisierung nach Unterrichtsquantität, Unterrichtsqualität und weiteren Subkategorien vorgenommen (Tab. VII.2). Von den Qualitätsvariablen seien exemplarisch genannt: Als sehr effektiv hat sich Strukturierung erwiesen, weniger im Sinne von Mikrohinweisen als im Sinne von "advance organizers", Herausstellen von Hauptideen u.ä. Zum Problem der Frageniveaus resümieren Brophy und Good (1986, S. 363), "higher order questions" könnten nützlich sein, sie müßten aber durch einen wesentlich höheren Anteil von "lower order questions" sozusagen abgesichert sein. Die Autoren befassen sich so gut wie gar nicht mit den Problemen der bloßen Prozeß-Produkt-Forschung und gehen nur sehr vage auf die Notwendigkeit ein, Lehrverhalten flexibel auf bestimmte Ziele und Situationen hin abzustimmen.

Eine neue Perspektive bringt das Sammelreferat von Rutter (1983), weil es die Ebene "Schulen" als pädagogische Einheiten mit unterschiedlicher Qualität einbezieht. Es faßt hauptsächlich Untersuchungen zur Sekundarstufe zusammen, u. a. die Brookover-Arbeiten zum Schulklima, die Reynolds-Arbeiten und die Rutter-Studie von 1979. An entscheidenden Merkmalen hinsichtlich Schulleistung stellt Rutter im engeren Bereich der Unterrichtsqualität heraus: Focus auf akademischen Zielen mit Indikatoren wie aktives Lehren, Aufgabenorientierung, Strukturierung sowie Klassenmanagement mit Variablen wie Vermeiden von Leerlauf und Ingangshalten des Unterrichts durch engagiertes Lehrerverhalten.

Mortimore, der schon an der Rutter-Studie 1979 beteiligt war, führte 1980 bis 1984 in London eine komplexe Längsschnittstudie mit ca. 2000 Schülern zur Leistungsentwicklung in der Grundschule durch (Mortimore, Sammons, Stoll, Lewis & Ecob, 1988,

1989). Diese Forschung ist ebenfalls in den Rahmen "ganze Schulen als pädagogische Einheiten" einzuordnen, umfaßt aber auch Analysen zu unterschiedlicher Unterrichtsqualität zwischen Klassen. Die einfachen Verlaufsbeschreibungen der Schulleistung vom 1. bis 3. Schuljahr erbrachten in Lesen und Mathematik jeweils hohe Stabilitätswerte.

Tabelle VII.2: *Variablen der Unterrichtsquantität und der Unterrichtsqualität bei Brophy und Good (1986)*

UNTERRICHTSQUANTITÄT / LERNSCHRITTE (PACING)	UNTERRICHTSQUALITÄT

Gelegenheit zu lernen
  behandelter Inhalt
Rollendefinition
Erwartungen
Zeitzuteilung
Klassenmanagement
  aktive Lernzeit
Erfolgsrate
  akademische Lernzeit
Aktives Lehren
	Informationsvermittlung
	Strukturierung
	Redundanz / Sequenzierung
	Klarheit
	Enthusiasmus
	Lernschritte (Pacing) / Wartezeit
	
	Lehrerfragen
	Schwierigkeitsgrad
	Kognitives Niveau
	Klarheit
	Wartezeit bis zum Aufrufen
	Auswahl des Antwortenden
	Wartezeit für den Schüler
	
	Reaktionen auf Schülerantworten
	Reaktionen auf richtige Antworten
	Reaktionen auf teilrichtige Antworten
	Reaktionen auf falsche Antworten
	Reaktionen auf "keine Antwort"
	Reaktionen auf Fragen und Kommentare der Schüler

Schulzugehörigkeit erwies sich als recht guter Prädiktor für Lese- und Mathematikleistungen. Die Leistungsentwicklung in Lesen, ausgedrückt als um die Unterschiede im 1. Schuljahr bereinigte Residualwerte der 3. Jahrgangsstufe, wird zu 24% durch Schulzugehörigkeit und zu 6% durch sozialen Hintergrund, Alter und Geschlecht erklärt. Bei der Leistungsentwicklung in Mathematik lauten die Zahlen: 23% Schulzugehörigkeit, 3% sozialer Hintergrund, Alter und Geschlecht. Geradezu genüßlich stellt Mortimore diese Zahlen den Angaben bei Jencks et al. gegenüber, wobei aber zu bedenken ist, daß die Variation durch Schulzugehörigkeit an englischen Grundschulen auch stark durch ethnische und sozioökonomische Zusammensetzung bestimmt ist. Neben den Schulqualitätsmerkmalen Leadership und Involvement des Rektors heben Mortimore et al. folgende Unterrichtsqualitätsmerkmale als entscheidend für die Leistungsentwicklung hervor: strukturierter Unterrichtsablauf und nicht zu viel Schülerverantwortlichkeit für eigenständiges Lernen, intellektuell herausfordernder Unterricht, higher order questions und Lehreraktivitäten, die zum Problemlösen stimulieren (fast wörtlich die Merkmale, die Helmke, 1988a, unter anderem für die "Optimalklassen"[8] der Münchner Schulleistungsstudie fand), hohe Leistungserwartungen, starke Inhaltsorientierung, wenig Zeitaufwand für Routineangelegenheiten, Beschränkung auf möglichst nur einen Themenbereich bei Einzelarbeit und damit bessere Einzelberatung, Mindestanteile von Kommunikation mit der ganzen Klasse, bei der alle Schüler ein kognitiv anspruchsvolles Niveau mitbekommen. Neben Schulzugehörigkeit war auch Klassenzugehörigkeit ein eigenständiger Erklärungsfaktor für die Leistungsentwicklung (Mortimore et al., 1989, S. 762).

Tabelle VII.3: *Lernerfolgsmaße als Korrelationen und Effektstärken aus verschiedenen Metaanalysen (Walberg, 1986)*

			KORRELATION	EFFEKTSTÄRKE
1. Unterrichtsquantität	31 Studien		.40	
2. Unterrichtsqualität	95 Studien	Verstärkung		1.17
		Strukt.hinweise		.97
	18 Studien Science Education	ähnl. Variablen		.81
3. Familienvariablen	18 Studien		.37	
	3 Studien Science Education		.32	
	nur sozioökonomischer Status		.25	
4. Medien / TV	23 Studien		-.06	
5. Peer Group	10 Studien		.24	
	2 Studien Science Education		.24	
6. Alter / Entwicklung (Piaget-Stufen)	9 Studien Science Education		.35 .40	
7. Kognitive Fähigkeiten	10 Studien Science Education		.72 .48	
8. Motivation	40 Studien		.34	
	3 Studien Science Education		.33	

Ab Mitte der 80er Jahre erscheinen mehrere Metaanalysen und Synthesen von Metaanalysen, in denen versucht wird, Variablen der Unterrichtsqualität und der Unterrichtsquantität in systematische Modelle einzufügen und mit Variablen der Schülereingangsvoraussetzungen sowie der sozial-kulturellen Umwelt zu vergleichen. Eine solche Ergebniszusammenfassung legte Walberg (1986) im Handbook of Research on Teaching vor (Tab. VII.3). Es zeigt sich wieder der starke Einfluß der kognitiven Eingangsvoraussetzungen der Schüler, Walberg weist jedoch auf die verbesserten Erklärungsmöglichkeiten mit Unterrichtsquantität und Unterrichtsqualität hin (bei Unterrichtsqualität werden nur die stärksten Effekte mitgeteilt, vgl. die erweiterte Darstellung in Tab. VII.4).

---

[8] Optimalklassen sind Klassen, in denen die Leistungsstreuung zugunsten der Leistungsschwachen verringert ist ohne Einbußen beim Mittelwert und bei den Leistungsstarken.

Da die üblichen Metaanalysen immer bivariat angelegt sind, die interessierenden Variablen jedoch nicht unabhängig voneinander sind, berechnete die Walberg-Gruppe (1986, S. 224 ff) auch multiple Regressionsanalysen über mehrere große nationale Leistungserhebungen. Walberg spricht von kleinen bis mittleren Effekten der Variablen Unterrichtsquantität und -qualität, auch wenn sie regressionsanalytisch kontrolliert sind.

Tabelle VII.4: *Effektgrößen für Lernerfolg von Variablen der Unterrichtsqualität aus verschiedenen Metaanalysen (Fraser, Walberg, Welch & Hattie, 1987)*

METHODE	EFFEKTSTÄRKE	EFFEKTSTÄRKE
Instruktionsqualität		
Bekräftigung	1.17	XXXXXXXXXXX
Akzeleration	1.00	XXXXXXXXXX
Lesetraining	0.97	XXXXXXXXXX
Hinweise und Rückmeldungen	0.97	XXXXXXXXXX
Mastery Learning (Science)	0.81	XXXXXXXX
Kooperationsprogramme	0.76	XXXXXXXX
Leseexperimente	0.60	XXXXXX
Personalisierte Instruktion	0.57	XXXXXX
Adaptive Instruktion	0.45	XXXXX
Tutorensysteme	0.40	XXXX
Individualisierung (Science)	0.35	XXXX
"higher order questions"	0.34	XXX
Diagnostische Vorgaben	0.33	XXX
Individualisierte Instruktion	0.32	XXX
Individualisierung (Mathematik)	0.32	XXX
Neue "Science Curricula"	0.31	XXX
Lehrererwartungen	0.28	XXX
Computerunterstützte Instruktion	0.24	XX
Sequentierter Unterricht	0.24	XX
"advanced organizers"	0.23	XX
Neue "Mathematik Curricula"	0.18	XX
"inquiry biology"	0.16	XX
Homogene Schülergruppierungen	0.10	X
Programmierte Instruktion	-0.03	-.
Klassengröße	-0.09	-X.
Integrationsklassen	-0.12	-X.

Im Jahr 1987 erscheinen dann im International Journal of Educational Research von Fraser, Walberg, Welch und Hattie umfangreiche Kapitel mit Metaanalysen und Synthesen von Metaanalysen, die beanspruchen, nach dem Ansatz der Educational Productivity von Walberg (1981) modelliert zu sein. Im ersten Ergebniskapitel geschieht dies noch relativ konsistent, und man kann recht gut Vergleiche zwischen den Effektgrößen einzelner Variablen der Unterrichtsqualität (Tab. VII.4) und den Effektgrößen der sozial-kulturellen Umgebung (Tab. VII.5) vornehmen. Der Tenor der Interpretation ist hinsichtlich der Variablen der Unterrichtsqualität sehr optimistisch gehalten; die in anderen

Überblicksartikeln häufig vorfindbaren resignativen Äußerungen über den Einfluß des Unterrichts auf Schulleistung finden sich nicht.

Tabelle VII.5: *Effektgrößen für Lernerfolg der Variablen familialer Hintergrund, Klasse, Peers, Hausaufgabe und Medienkonsum*

METHODE	EFFEKTSTÄRKE	EFFEKTSTÄRKE
Beurteilte Hausaufgaben	0.79	XXXXXXXX
Klassengesinnung	0.60	XXXXXX
Häusliche Interventionen	0.50	XXXXX
Häusliche Umwelt	0.37	XXXX
Festgelegte Hausaufgaben	0.28	XXX
Sozioökonomischer Status	0.25	XXX
"Peer"-Gruppe	0.24	XX
Fernsehkonsum	-0.05	-X.

Die folgenden Kapitel sind jedoch in mehrfacher Weise enttäuschend: Variablen der Unterrichtsqualität und der Unterrichtsmethodik werden völlig unterschiedlich gruppiert, es gibt eine neue Gruppe "Transaktionsvariablen" (wobei audio-visuelle Methoden dem Lehrerverhalten zugeschlagen werden!), offener Unterricht wird den physikalischen Schulmerkmalen zugeordnet, und in einer multiplen Regressionsanalyse zu Science Education, mit der die Nachteile der bivariaten Metaanalysen ausgeglichen werden sollen, wird für Unterrichtsqualität das Pro-Kopf-Dollaraufkommen im naturwissenschaftlichen Unterricht gerechnet. Die bekannten Mängel der Metaanalysen werden in diesen Beiträgen insofern besonders deutlich, als Einzelstudien und Ergebnissynthesen relativ willkürlich dem Konzept Unterrichtsqualität bzw. anderen Variablenblöcken subsumiert werden.

Wesentlich ergiebiger für unseren Themenzusammenhang sind die Metaanalysen, Inhaltsanalysen und Expertenbefragungen, die Wang, Haertel und Walberg (1993) vergleichend sowie zusammenfassend publiziert haben. Von den 28 untersuchten Variablen tauchen in den verschiedenen Auswertungen unter den fünf Variablen mit dem größten Einfluß auf Schulleistung mehrfach Variablen der Unterrichtsqualität auf, nämlich Klassenmanagement, soziale Interaktion, akademische Interaktion und Klaßzimmerinstruktion im Sinne von Klarheit und direktem Unterricht. Die Autoren zählen diese Merkmale von Unterrichtsqualität zu den Schlüsselvariablen für die Leistungsentwicklung.

Zwischenbilanz

Die Theorieentwicklung in der angloamerikanischen Forschung zum Konstrukt Unterrichtsqualität ist eher als unbefriedigend einzuschätzen. Relativ theorielos werden mit Konzepten aus der Lehrereffektivitätsforschung und Unterrichtsforschung Variablenbündel gebildet und zur Varianzaufklärung von Schulleistung herangezogen. Zwar liegt das systematische Modell zur Educational Productivity von Walberg (1981) mit Annahmen zur Leistungssteigerung und zur wechselseitigen Kompensation von Variablen vor, es wurde aber vermutlich bisher nicht als Ganzes in einer Untersuchung angewandt.

Die frühere Skepsis gegenüber der Effektivität von Schule und Unterrichtsvariablen im Vergleich zu kognitiven Eingangsvariablen und zu Familienhintergrund ist einer etwas optimistischeren Sichtweise gewichen; vor allem durch eine detailliertere Erfassung pädagogisch-didaktischer Merkmale von Schul- und Unterrichtsqualität, die bei Coleman und Jencks völlig vernachlässigt waren, kann man heute von wesentlich verbesserten Anteilen der Varianzaufklärung durch Schule und Unterricht ausgehen.

Anlaß zur Euphorie, wie sie z. B. von Berliner (1987) geäußert wird, besteht jedoch nicht. Berliner glaubt nachweisen zu können, daß Ergebnisse der Unterrichtsforschung nicht häufiger widersprüchlich seien als Ergebnisse in manchen Bereichen der Physik. Er sieht in der Unterrichtsforschung eine revolutionäre Entwicklung und einen Durchbruch bei der Professionsentwicklung des Lehrens. Am Schluß seiner Darstellung von Qualitätsmerkmalen des Unterrichts schränkt er dann doch etwas ein und spricht von verwirrenden Interaktionen und einem fragilen Forschungsgebiet. Positiv äußern sich auch Gage und Needels in zwei neueren Veröffentlichungen (Gage & Needels, 1989; Needels & Gage, 1991). Die korrelativen Ergebnisse der Lehrereffektivitätsforschung seien durch eine Vielzahl neuer Experimentalstudien gut abgesichert. Die Experimentalstudien beziehen sich zu einem großen Teil auf curriculare Innovationen und entsprechende Lehrertrainings, Bedingungen, die die Übertragbarkeit der Ergebnisse einschränken. Andererseits haben diese Studien den Vorteil, daß die untersuchten Lehreraktivitäten stark fachspezifisch ausgerichtet sind und so Aussagen gewonnen wurden, die vermutlich besser anwendbar sind als allgemeine didaktisch-methodische Empfehlungen.

STUDIEN ZUR UNTERRICHTSQUALITÄT IM DEUTSCHSPRACHIGEN RAUM

Implizit wurde im deutschsprachigen Raum zur Unterrichtsqualität im Rahmen der Forschung zur Lehrer-Schüler-Interaktion (z. B. Hofer, 1986) und zu Lehrmethoden (z. B. Riedel, 1973; Einsiedler, 1981, 1996) gearbeitet. Explizit wurden die Konzepte Unterrichtsqualität und Unterrichtsquantität wahrscheinlich zum ersten Mal in den *Heidelberger Schulleistungsstudien* in 5./6. Klassen der Hauptschule verwendet (Treiber, 1980a, b; Treiber & Weinert, 1985). Unterrichtsqualität wurde als Lehrstoffbezogenheit und als Verständlichkeit operationalisiert, dazu kamen Variablen der Klassenführung und die Unterscheidung nach instruktionsintensiven versus übungsintensiven Situationen. Es zeigte sich, daß von der Verständlichkeit hauptsächlich die leistungsstarken Schüler profitierten, bei den leistungsschwachen Schülern ergab sich für Verständlichkeit nur ein indirekter Effekt über optimale Nutzung aktiver Lernzeiten. Stofforientierung, Verständlichkeit und Klassenmanagement waren in leistungsdivergenten Klassen (Klassen mit großer Leistungsstreuung) und leistungsegalisierten Klassen (geringe Leistungsstreuung) unterschiedlich ausgeprägt. Treiber und Schneider (1980) erfragten als Qualitätsmerkmale außerdem Adaptivität, Problemsensitivität (als diagnostische Orientierung) sowie Remedialität und konnten nachweisen, daß in den meisten "Optimalklassen"[9] der Heidelberger Untersuchungen bestimmte Eingangsbedingungen mit den Merkmalen Adaptivität, Problemsensitivität und Remedialität verbunden waren, wobei die drei Merkmale nicht kombiniert, sondern sich substituierend auftraten.

---

[9] vgl. Fußnote 8.

In den *Arbeiten von Baumert, Roeder, Sang und Schmitz* (1986, 1987) zur Leistungsentwicklung und zum Leistungsausgleich in *Gymnasialklassen* wurden u. a. folgende Unterrichtsmerkmale erfaßt: Klarheit der Präsentation, Anspruchsniveau hinsichtlich Problemlösen als Ziel, Übungsintensität und Instruktionstempo als behandelte Stoffmenge. In den Klassen mit zunehmender Leistungsdivergenz waren die Merkmale Klarheit der Präsentation, Anspruchsniveau und Übung niedrig ausgeprägt, das Unterrichtstempo war eher hoch. In den Klassen mit Divergenzminderung wurde das Instruktionstempo zugunsten von Übungsphasen zurückgenommen. Die hier unterrichtenden Lehrer versuchten, ein angemessenes Anspruchsniveau aufrechtzuerhalten, waren also eher an problemlösendem Unterricht orientiert, und sie bemühten sich um eine besonders klare Präsentation des Lehrstoffes.

In der *Münchner Schulleistungsstudie in 5. Hauptschulklassen von 1986* (Helmke, Schneider & Weinert, 1986) wurde ausdrücklich als Hauptziel genannt, daß die Entwicklung von Schulleistung, Einstellungen und Selbstkonzept mit Variablen der Unterrichtsqualität und des Klassenmanagements erklärt werden sollte. Unterrichtsqualität wurde auf niedrig-inferentem Niveau mit Klarheit und Strukturierungshinweisen und auf hoch-inferentem Niveau als Klarheit und Prägnanz operationalisiert, dazu kamen Erhebungen aus Schülerperspektive. Klassenmanagement wurde stark in Anlehnung an das Konzept des direkten Unterrichts beobachtet. Zusätzlich zum Klassenunterricht wurde das Lehrerverhalten bei Einzel- und Gruppenarbeit erfaßt.

Bei der Ergebnisdarstellung können nur stark verkürzt einige erwartete und unerwartete Resultate im Bereich Klassenmanagement und Unterrichtsqualität besprochen werden. Fast alle Variablen des Klassenmanagements korrelierten signifikant mit den beiden Mathematiknachtests und einige Variablen mit den Aufmerksamkeitswerten. Zwischen den niedrig-inferenten Variablen der Unterrichtsqualität und Schulleistung gab es kaum signifikante Zusammenhänge, wohl aber zwischen hoch-inferenten Ratings der Unterrichtsqualität und der Schulleistung. Dieses Ergebnismuster zeigt sich auch in der pfadanalytischen Auswertung (Abb. VII.2): Klassenmanagement wirkt sich positiv auf Mathematikleistung und auf das Schülerengagement (das ist "time-on-task") aus, Unterrichtsqualität dagegen nicht, hat sogar einen negativen Pfadkoeffizienten bei Schülerengagement. - Die Autoren diskutieren vor allem das Problem der Häufigkeit der Strukturierungshinweise, jener Variablen, die hauptsächlich zu den unerwarteten Ergebnissen bei Unterrichtsqualität beiträgt. Es ist gut nachvollziehbar, daß ein hoher Anteil von Strukturierungshinweisen auch störend wirken und "on-task"-Verhalten geradezu verhindern kann. Die Abwägung des Problems "möglichst viele" versus "optimal dosierte" Strukturierungshinweise hat dann zu den Auswertungen in Kombination mit diagnostischer Kompetenz bzw. individueller Unterstützung geführt (s. u.). Allerdings ist auch zu überlegen, ob das Konzept "Strukturierungshinweis" nicht grundsätzlich inhaltlich genauer bestimmt werden sollte. In der Literatur liegen dazu verschiedene Operationalisierungen vor (vgl. Brophy & Good, 1986; Berliner, 1987), und es käme wohl darauf an, zwischen Aktivitäten zu unterscheiden, die eher nur formal der Steuerung dienen, und solchen, die Inhaltshinweise bzw. Inhaltsstrukturierungen enthalten. - Bei einer pfadanalytischen Modellierung, die stärker theoriegeleitet war und sich auf den Expertenansatz und vier Typen von Expertenwissen bezog (Weinert, Schrader & Helmke, 1990a) erwies sich Unterrichtsqualität dann doch als erklärungsmächtige Variable für Schulleistung. Die latente Variable "unterrichtsmethodische Kompetenz" war dabei konstituiert durch die niedrig-inferent beobachteten Strukturierungshinweise des Lehrers und durch die hoch-inferente Einschätzung der Prägnanz der Lehrererklärungen.

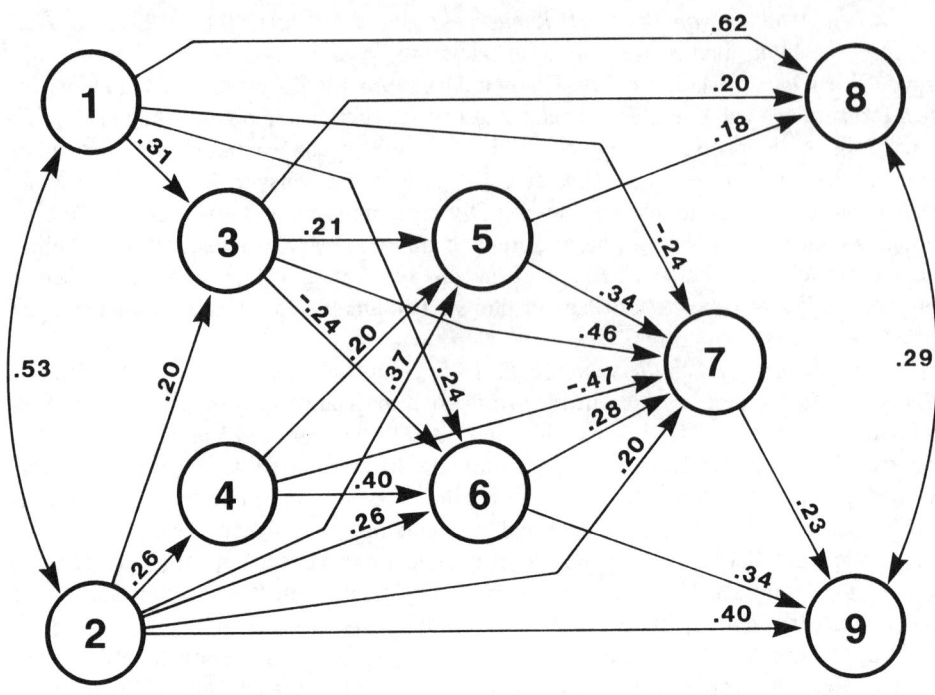

Abbildung VII.2: Pfadanalytische Auswertung zu Eingangsvoraussetzungen, Unterrichtsqualität und Unterrichtsergebnissen (aus Helmke, Schneider & Weinert, 1986).

Legende: 1 = kognitive Eingangsvoraussetzungen; 2 = affektive Eingangsvoraussetzungen; 3 = beobachtetes Klassenmanagement; 4 = beobachtete Unterrichtsqualität; 5 = von Schülern wahrgenommenes Klassenmanagement; 6 = von Schülern wahrgenommene Unterrichtsqualität; 7 = Schülerengagement; 8 = kognitive Lernergebnisse; 9 = affektive Lernergebnisse.

Mit zwei weiteren Ergebnissen aus der Münchner Schulleistungsstudie sollen knappe theoretische Überlegungen zur Forschung über Unterrichtsqualität in der Grundschule verbunden werden[10].

(a) Es handelt sich zunächst um die Interaktion zwischen diagnostischer Kompetenz des Lehrers und Strukturierungshinweisen (Abb. VII.3, Helmke & Schrader, 1987). Lehrer mit hoher diagnostischer Kompetenz und häufiger Verwendung von Strukturierungshinweisen erzielten höhere Schulleistungen ihrer Schüler. Das Ergebnis entspricht theoretischen Forderungen, nach Interaktionen zwischen Instruktionsvariablen zu suchen, von denen angenommen wird, daß sie nicht generell, sondern schülerspezifisch, situationsspezifisch, zielspezifisch etc. wirken. - Wir wissen allerdings mit dem Ergebnis noch wenig darüber, mit wem die entscheidenden Lehrer-Schüler-Interaktionen ablaufen und wer speziell von der kombinierten Lehrkompetenz profitiert. Es müßte noch stärker schülerspezifisch und situationsspezifisch beobachtet werden, um Instruktionsqualität adäquat zu

---

[10] Zu Studien zur Kompensation von Schülervoraussetzungen durch Unterrichtsmaßnahmen vgl. Weinert & Helmke, 1987.

erfassen. Die zu beobachtenden Schülergruppen sollten besser theoriegeleitet als bisher üblich ausgesucht werden. Neben Leistungsgruppen könnten dies z. B. Kinder mit negativem Selbstkonzept, mit mangelnden metakognitiven Fähigkeiten oder mit Aufmerksamkeitsproblemen sein. Es wäre etwa zu untersuchen, ob bei Kindern des 1./2. Schuljahrs mit negativem Selbstkonzept ein niedrigeres Anforderungsniveau günstig ist, wie manchmal behauptet wird, oder ob nicht im Gegenteil die Instruktionsintensität und der allgemeine Anspruch erhöht werden müßten, um das Sockelniveau zu sichern, von dem wir wissen, daß es mit der wichtigste Prädiktor für die weitere Leistungsentwicklung ist.

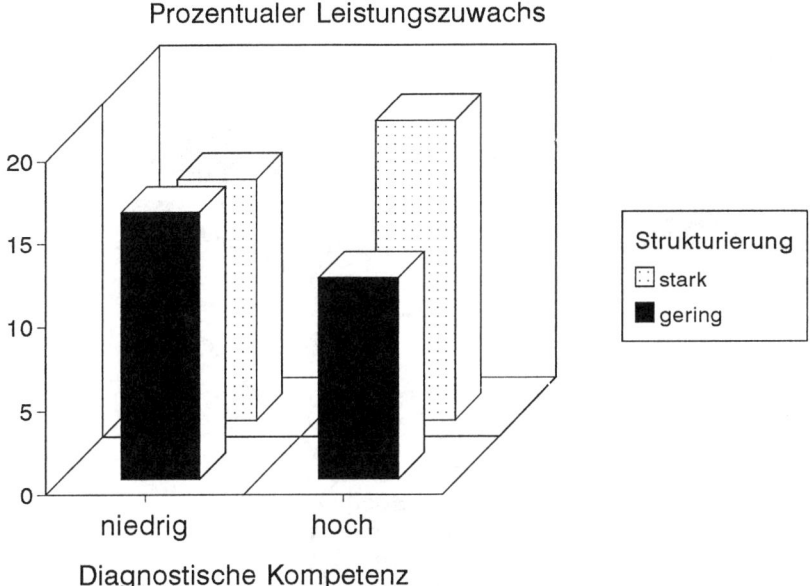

Abbildung VII.3: Wechselwirkung zwischen Strukturierungshinweisen und diagnostischer Kompetenz (aus Helmke & Schrader, 1987).

(b) Ein zweites Ergebnis zielt auf den von den Autoren Weinert, Schrader und Helmke (1989, 1990a) selbst thematisierten Zusammenhang von Kontext und Unterrichtsprozeß. Lehrverhaltensweisen und Merkmale der Unterrichtsqualität sind keine unabhängigen Variablen, sondern sie werden von Kontextvariablen beeinflußt, z. B. in Abbildung VII.4 "Klarheit" und "Zeitnutzung" von "Vorkenntnissen der Schüler". Erinnert sei auch an die unterschiedlichen Profile von Unterrichtsmerkmalen in divergenzsteigernden und divergenzmindernden Klassen bei Treiber (1980a, b) und bei Baumert et al. (1986). Man kann sich vorstellen, daß es im Laufe des Schuljahres eine Aufschaukelung zwischen Kontextmerkmalen und Lehrverhalten gibt. - Klassenkontext sollte deshalb nicht nur, wie bisher häufig praktiziert, auf äußere Merkmale wie Klassengröße, Unterrichtsfach und Schülerzusammensetzung bezogen, sondern stärker als pädagogisch-didaktischer Kontext definiert werden. Es ginge darum, zunächst solche Klassenkontexte zu identifizieren, z. B. Klassen mit akademischem oder epistemischem Klima, Klassen mit Vermeidung höherer kognitiver Niveaus, Klassen mit Kooperations-

versus Konkurrenzklima. Auf der Grundlage solcher Typisierungen wären dann Hypothesen zur Leistungsentwicklung zu generieren.

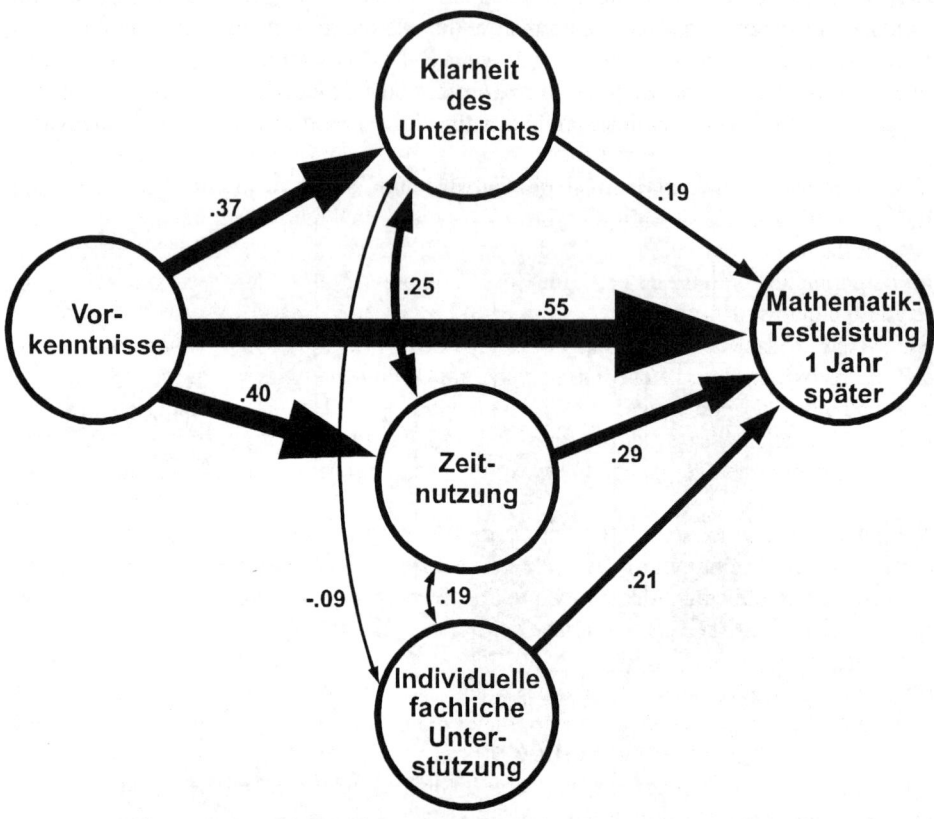

Abbildung VII.4: Zusammenhänge zwischen Vorkenntnissen der Schüler, Unterrichtsvariablen und Unterrichtsergebnissen (aus Weinert, Schrader & Helmke, 1990a).

In *Untersuchungen am Nürnberger Institut für Grundschulforschung* zum Sachunterricht in 4. Klassen der Grundschule fanden wir, daß ein lernzielorientierter Sachunterrichtsnachtest klassenspezifisch mit dem allgemeinen Schulleistungsniveau interagierte und von 21 Klassen neun als Klassen mit unterschiedsausgleichendem und zwölf als Klassen mit unterschiedsverstärkendem Kontext identifizierbar waren (Treinies & Einsiedler, 1993). Es standen Unterrichtsbeobachtungen zur verbal-kognitiven Lehrer-Schüler-Interaktion mit Angaben der Lehrerkontakte zu den einzelnen Schülern zur Verfügung. Nach der Steuerungsgruppentheorie von Lundgren (1972) konnte vermutet werden, daß die Lehrer in den unterschiedsausgleichenden Klassen ihr Lehrverhalten vor allem an dem unteren Leistungsdrittel der Klasse orientieren. Die Schüler wurden deshalb in drei Gruppen nach Leistungsniveau niedrig, mittel und hoch eingeteilt, und es wurde gefragt, mit welchem Leistungsdrittel sich jeweils die verbal-kognitive Lehrer-Schüler-Interaktion abspielt (Treinies & Einsiedler, 1996). Ergebnis (Abb. VII.5):

Es ist erkennbar, daß die Verteilung der verbal-kognitiven Lehrer-Schüler-Interaktion nicht der Steuerungsgruppentheorie von Lundberg entspricht. In den unterschiedsausgleichenden Klassen verläuft die verbal-kognitive Interaktion mit allen drei Leistungsgruppen in vergleichbarer Weise. Im Gegensatz dazu sind die Lehrer-Schüler-Gespräche in den unterschiedsverstärkenden Klassen vornehmlich auf das leistungsstärkste Drittel konzentriert, die Häufigkeit der verbal-kognitiven Interaktion mit dem leistungsschwächsten Drittel ist nur etwa halb so groß. Man kann annehmen, daß solche Kommunikationsmuster geeignet sind, die Leistungsheterogenität innerhalb von Schulklassen zu vergrößern. Für exakte Aussagen dieser Art müßte man mehrfach beobachten, z. B. Anfang des 3. Schuljahrs, wenn der Lehrer die Klasse übernimmt, und Mitte des 4. Schuljahrs. Zu ergänzen ist noch, daß in den neun unterschiedsausgleichenden Klassen die Mediane der Sachunterrichtstests höher lagen als in den unterschiedsverstärkenden Klassen und für Schüler mit hohem allgemeinem Schulleistungsniveau keine Leistungsminderung eintrat. Die Klassenunterschiede konnten zu einem großen Teil mit Variablen der Lehrer-Schüler-Interaktion, also mit Unterrichtsqualität, erklärt werden.

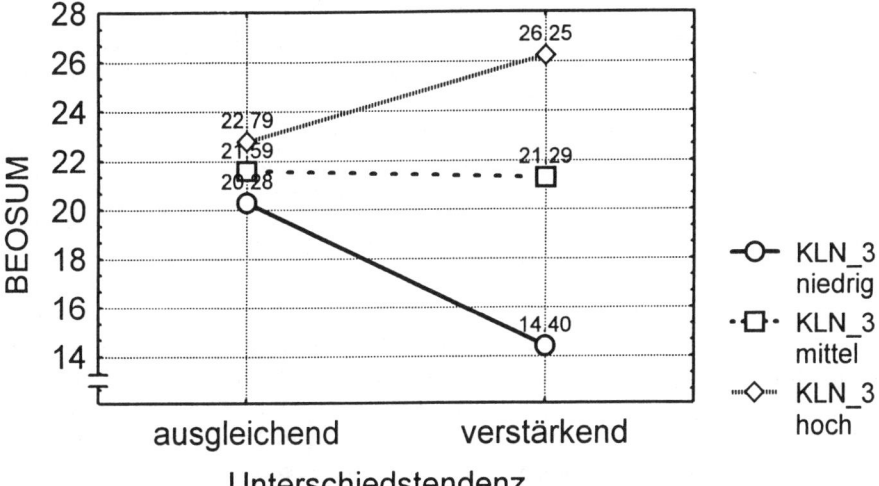

Abbildung VII.5: Häufigkeiten verbal-kognitiver Lehrer-Schüler-Interaktionen mit unterschiedlichen Schülergruppen (aus Treinies & Einsiedler, 1996).

Legende: BEOSUM = Summe der Beobachtungswerte der Lehrer-Schüler-Interaktion; KLN_3 = Kognitives Leistungsniveau, aufgeteilt in 3 Schülergruppen (Durchschnittsnote aus Hauptfächern).

FAZIT

(a) Eine ganze Reihe von Autoren sieht in der Unterrichtsforschung eine positive Entwicklung zugunsten von Aussagen über höhere Varianzaufklärungsanteile durch Variablen der Unterrichtsqualität als in früheren Forschungen (Krumm, 1987; Berliner, 1987; Weinert, 1992). Krumm (1987) kommt auf der Grundlage verschiedener Metaanalysen zu dem Schluß, daß Variablen des Unterrichts im Vergleich zu früheren Annahmen ein stärkeres Gewicht für die Leistungsentwicklung haben als die Eingangsvoraussetzungen der Schüler. "Diesen Daten zufolge ist die Einflußmöglichkeit von Unterricht bzw. des Lehrers größer als bisher angenommen" (S. 72). Die neuen Ergebniszusammenfassungen von Wang et al. (1993) unterstützen diese Einschätzung recht eindrucksvoll. Andere Autoren betonen allerdings eher die Grenzen des unterrichtlichen Einflusses und schlagen vor, sich der Erforschung unausgeschöpfter Lern- und Erziehungsmöglichkeiten in der Familie zuzuwenden (Hofer, 1990; vgl. auch Walberg, 1981; Haertel, Walberg & Weinstein, 1983).

(b) Trotz der günstigen Aussagen über Variablen der Unterrichtsqualität ist immer auch der starke Einfluß der kognitiven Voraussetzungen, vor allem des Vorwissens der Schüler, ins Kalkül zu ziehen. Für die Grundschule ist dieser Tatbestand eine besondere Herausforderung, denn er bedeutet letztlich, daß über eine der wichtigsten Bedingungsfaktoren der Leistungsentwicklung im 1./2. Schuljahr oder davor entschieden wird. Die Frage ist, ob der Zielkonflikt zwischen gelingendem Schulstart, Einstellungsentwicklung, Selbstbildentwicklung einerseits und dem Erreichen möglichst hoher kognitiver Sockelniveaus andererseits ein Scheinkonflikt ist oder ob hier nicht positive Wechselwirkungen bestehen.

(c) Unter den einzelnen Variablen der Unterrichtsqualität hat sich Klassenmanagement als sehr wichtig für die Leistungsentwicklung herausgestellt (vgl. auch das Sammelreferat von Doyle, 1986). Aussagen dazu beziehen sich vornehmlich auf lehrergesteuerten Unterricht und überschneiden sich inhaltlich mit vielen Aussagen zum direkten Unterricht. Das Interesse vieler Grundschullehrer an Merkmalen direkten Unterrichts ist allerdings nicht sehr groß, bevorzugt werden Praxisempfehlungen zu offenem Unterricht und Freiarbeit, obwohl gut strukturierte Gespräche mit der ganzen Klasse pädagogisch und didaktisch gesehen selbstverständlich ihren eigenen Sinn haben.

(d) Sehr anregend sind die Ergebnisse, wonach "cognitive higher order levels" und problemlösender Unterricht günstig für den Lernerfolg nicht nur der leistungsstarken, sondern auch der leistungsschwachen Schüler sind (Mortimore et al., 1989; Helmke, 1988a; Renkl & Stern, 1994; Einsiedler & Treinies, in Druck). Man kann diesen Effekt eventuell im Sinne eines kognitiv stimulierenden Klassenkontextes mit Sogwirkung interpretieren, bei dem die leistungsschwachen Schüler anspruchsvollere Lösungsmuster erfahren als etwa in Differenzierungsgruppen mit Zuordnung einfacher Lernaufgaben.

(e) Sammelreferate zur Unterrichtsforschung sind immer noch gekennzeichnet durch die Aufzählung übereinstimmender und widersprüchlicher Ergebnisse bei der Erforschung relativ isolierter Lehraktivitäten und Unterrichtsmerkmale sowie durch die additive Zusammenstellung mehr oder weniger überzeugender Lehr-Lern-Modelle. Für solche Auflistungen mag sprechen, daß Praktiker sich die Methoden auswählen können, die ihnen für Schulfach, Klassenstufe und spezifische Klassensituation geeignet erscheinen sowie persönlichen Präferenzen und Fähigkeiten entgegenkommen. Das Denkmodell von der wissenschaftlichen Basis einerseits und der Kunst des Lehrens andererseits entspricht in etwa diesem Ansatz. Die Unterrichtsforschung sollte sich jedoch mit additiven Modellen und widersprüchlichen Ergebnissen nicht zufriedengeben, sondern theoriegeleitet und multivariat Untersuchungen durchführen, die geeignet sind, spezifische Wechselwirkungen, günstige Methodenkombinationen sowie Kompensationsmechanismen aufzudecken (Weinert & Helmke, 1987; 1995a).

Unterrichtsqualität und Leistungsentwicklung: Ergebnisse aus dem SCHOLASTIK-Projekt

Andreas Helmke und Franz E. Weinert

Vor zwanzig Jahren schrieben Good, Biddle & Brophy (1975): "Do teachers make a difference? No definite answer exists because little research has been directed to the question in a comprehensive way" (S. 3). Kann man dieser Behauptung heute noch zustimmen? Es kann kein Zweifel daran bestehen, daß die empirische Forschung zu Unterrichtsprozessen und -produkten seitdem vielfach belegen konnte, daß es in der Qualität des Unterrichts und der Klassenführung stabile Unterschiede zwischen Klassen gibt und daß diese Unterschiede in konsistenter Weise mit dem Lernverhalten sowie mit kognitiven und motivationalen Ergebnissen des Unterrichts zusammenhängen (Helmke & Weinert, 1996). Des weiteren besteht Konsens darüber, daß die Schule auch einen substantiellen Einfluß auf die Entwicklung der Intelligenz hat: "Schooling emerges as an extremely important source of variance, notwithstanding historical and contemporary claims to the contrary" (Ceci, 1991, S. 719).

Jenseits solcher eher globaler Feststellungen zur Bedeutsamkeit der Schule ist allerdings noch wenig darüber bekannt, wann, wie und in welchem Ausmaß Unterschiede in den schulischen Erfahrungen und hier insbesondere Differenzen in der Lernumwelt der Schulklasse und dem erfahrenen Unterricht eine Erklärung für Unterschiede in der Entwicklung schulischer Leistungen - zwischen und innerhalb von Klassen - bieten. Dies gilt in besonderem Maße für die Grundschule (vgl. die Übersicht von Einsiedler, 1991 und i. d. Bd.).

Ziel des folgenden Kapitels ist es deshalb, einen Beitrag zur Schließung dieser Lücke zu leisten und - gestützt auf die Erhebungen des SCHOLASTIK-Längsschnittprojektes - folgenden Fragen nachzugehen:

(1) Welche Bedeutung haben Schulklassenunterschiede für interindividuelle Unterschiede im Lernverhalten, in kognitiven und motivationalen Variablen? Um dies abschätzen zu können, berechnen wir mit Hilfe einfacher Determinationskoeffizienten, wieviel Prozent der Varianz kognitiver, affektiver und konativer Schülermerkmale sich durch die individuelle Schulklassenzugehörigkeit aufklären lassen.

(2) Wie stabil sind Merkmale der Unterrichtsqualität und der Klassenführung im Verlaufe der Grundschulzeit? Läßt sich die naheliegende Annahme einer hohen Kontinuität während der 3. und 4. Klassenstufe (gleiche Lehrkraft), aber eines Bruches von der 2. zur 3. Klassenstufe (da in Bayern ein obligatorischer Lehrerwechsel erfolgt) bestätigen?

(3) Wie unterscheiden sich Grundschulklassen voneinander, wenn man an unterrichtsrelevante Aspekte der Klassenzusammensetzung (z. B. Anteil von Mädchen, Anteil von Schülern mit Deutsch als Fremdsprache) und der Klassengröße, des kognitiven Eingangsniveaus und der Homogenität bzw. Heterogenität der Lernvoraussetzungen denkt; und welche Bedeutung haben solche Unterschiede in der Klassenzusammensetzung für die Leistungsentwicklung?

(4) Welches sind die wichtigsten Merkmale eines "erfolgreichen" Unterrichts - erfolgreich im Sinne einer maximalen Leistungssteigerung in den Hauptfächern? Gilt dies für die beiden Hauptfächer Mathematik und Deutsch gleichermaßen?

(5) Und schließlich: Was läßt sich aus Unterrichtsprofilen besonders erfolgreicher Lehrer für die Frage nach den notwendigen und hinreichenden Bedingungen des Lernerfolges, für Möglichkeiten und Grenzen der wechselseitigen Kompensierbarkeit leistungsförderlicher Unterrichtsmerkmale lernen?

METHODE

Stichprobe

Den meisten Analysen dieses Kapitels liegt die SCHOLASTIK-Stichprobe mit 51 Grundschulklassen zugrunde. Im folgenden werden einige Merkmale der Lehrer- und Klassenstichprobe der 3. und 4. Jahrgangsstufe berichtet.

Es handelt sich um Lehrkräfte im Alter zwischen 28 und 53 Jahren (Median: 42) mit 3 bis 32 Jahren Berufserfahrung (Median = 14), die überwiegend (45 von 51) weiblichen Geschlechts sind. Die Spektrum der Klassengröße reicht von minimal 14 bis maximal 29 Schülern. Der prozentuale Anteil der Mädchen variiert zwischen 32% und 69 % (Median = 47%) und der Anteil von Schülern mit Deutsch als Muttersprache reicht von 62.5% bis 100% (Median = 93%).

Instrumente

Merkmale der Unterrichtsqualität wurden von geschulten Beobachtern mit Hilfe eines Inventars hoch-inferenter Ratings (fünfstufige Likert-Skalen) erfaßt. Es handelt sich um Gesamtkennwerte, die auf den Beurteilungen aller Unterrichtsbesuche jeweils eines Schuljahres basieren. Da wir uns in diesem Kapitel auf die Entwicklung der Schulleistungen während der 3. und 4. Klassenstufe konzentrieren, haben wir auf seiten der Unterrichtsvariablen die Kennwerte über beide Klassenstufen hinweg aggregiert, um auf diese Weise robustere Indikatoren zu erhalten. Details zu den Instrumenten finden sich im Anhang.

Im einzelnen verwenden wir in den Analysen die folgenden Variablen der Unterrichtsqualität: *Klassenführung* (Intensität der Zeitnutzung für die Stoffbehandlung; Effizienz der Unterrichtsorganisation; schnelle und gleitende Übergänge zwischen verschiedenen Unterrichtsphasen); *Strukturiertheit* (Prägnanz der Ausdrucksweise des Lehrers; Strukturierung des Lernstoffs durch aufmerksamkeitsregulierende Hinweise und andere Hinweise); *Unterstützung* (individuelle fachliche Beratung, Diagnose, Intervention und Kontrolle - insbesondere im Rahmen von Gruppen- und Stillarbeit); *Förderungsorientierung* (Vorrang der Förderung lernschwacher Schüler; ausgeprägte Versuche, die Schwierigkeit von Anforderungen und Fragen den Lernvoraussetzungen der Schüler anzupassen); *Soziales Klima* (Akzeptanz und ausdrückliche Thematisierung des affektiven Erlebens der Schüler; Bedeutung des Lehrers als persönlicher Ansprechpartner und Vertrauensperson über die Rolle als Stoffvermittler hinaus); *Variabilität* (Abwechslung der gewählten Unterrichtsformen).

Aus Schülersicht erhoben wir (allerdings im Gegensatz zu den Unterrichts-Ratings nur einmal, nämlich zu Beginn der 4. Klassenstufe) die perzipierte *Klarheit* des Unterrichts. Diese wurde durch die (anschließend umgepolte) Antwort auf die Frage erfaßt, wie häufig es vorkomme, daß Fragen, Anweisungen und Aussagen des Lehrers seitens der Schüler nicht verstanden werden - und zwar nicht in akustischer Hinsicht, sondern von ihrem Sinn her.

Mit Hilfe eines niedrig-inferenten Beobachtungsinventars (des Münchner Aufmerksamkeitsinventars MAI; Helmke & Renkl, 1992) wurden schließlich verschiedene Aspekte des Aufmerksamkeitsverhaltens erfaßt. Für diesen Abschnitt verwenden wir die Rate "passiver" Formen des Unaufmerksamkeitsverhaltens ("off-task"), das sich etwa in Form von Dösen, Aus-dem-Fenster-Schauen etc. zeigt. Dieses Maß läßt sich auf Klassenebene als ein Audruck mangelnder *Motivierungsqualität* des Unterrichts interpretieren.

Als abhängige Variablen dienen die Leistungszuwächse im Rechtschreiben und in Mathematik. Dabei haben wir "Residuen" gebildet, d. h. wir haben den Gesamttestwert für die 4. Klasse jeweils bereinigt um Klassenunterschiede in den Eingangsvoraussetzungen, erhoben zu Beginn der 3. Klassenstufe. Im Gegensatz zu den Klassenmittelwerten der Leistungstests in Mathematik, die hochsignifikant korreliert sind ($r = .59$ / .61 / .53 in der 2. / 3. / 4. Klassenstufe) korrelieren die beiden Residuen lediglich in Höhe von $r = .26$ (n. s.) miteinander. Es wäre demnach unangemessen, einen Superscore "Gesamtleistungszuwachs" zu bilden; vielmehr werden alle folgenden Analysen separat für die beiden Kriterien durchgeführt.

ERGEBNISSE

Zur Rolle von Klassenunterschieden

Die Frage nach der Bedeutung von Klassenunterschieden für die Entwicklung der Schulleistungen von Schülern und Klassen läßt sich auf methodisch sehr unterschiedliche Weisen beantworten. Eine relativ robuste und zugleich anschauliche Methode ist die Berechnung von *Determinationskoeffizienten*. Diese geben Auskunft darüber, wieviel Prozent der interindividuellen Unterschiede bei einem Merkmal auf die Schulklassenzugehörigkeit zurückgeführt werden können; insofern handelt es sich um eine Maximalschätzung der Bedeutung von Klassenunterschieden für interindividuelle Differenzen von Schülermerkmalen.

Die Ergebnisse in Abbildung VII.6 zeigen, daß die Rolle von Schulklassenunterschieden merkmalsspezifisch sehr stark variiert.

Von überragender Bedeutung sind Schulklassendifferenzen bei verschiedenen Aspekten des (während des regulären Unterrichts beobachteten) Aufmerksamkeitsverhaltens der Schüler. Was die motivationalen und affektiven Variablen anbelangt, so zeigt sich, daß neben Leistungsangst und Lerneinstellungen auch volitional bedingte Lernstörungen ("procrastination") erheblich von Klasse zu Klasse variieren (vgl. Helmke & Rheinberg, 1996). Verglichen damit, spielt die Schulklassenzugehörigkeit bei anderen kognitiven und motivationalen Merkmalen eine geringere Rolle.

Mit Ausnahme der Indikatoren des gestörten Lernverhaltens und der Leistungsangst zeigt sich bei vielen Schülervariablen im Verlauf der Grundschulzeit ein Trend im Sinne einer abnehmenden Bedeutung der Schulklassenzugehörigkeit. Wie ist dies zu interpretieren? Mehrere Erklärungen sind denkbar. Zu vermuten wäre, daß diese Nivellierungstendenz ein allgemeiner Sozialisationseffekt der Beschulung - mit hochstandardisierten Curricula und vergleichbaren Lernbedingungen im Klassenzimmer - ist. Wäre dies so,

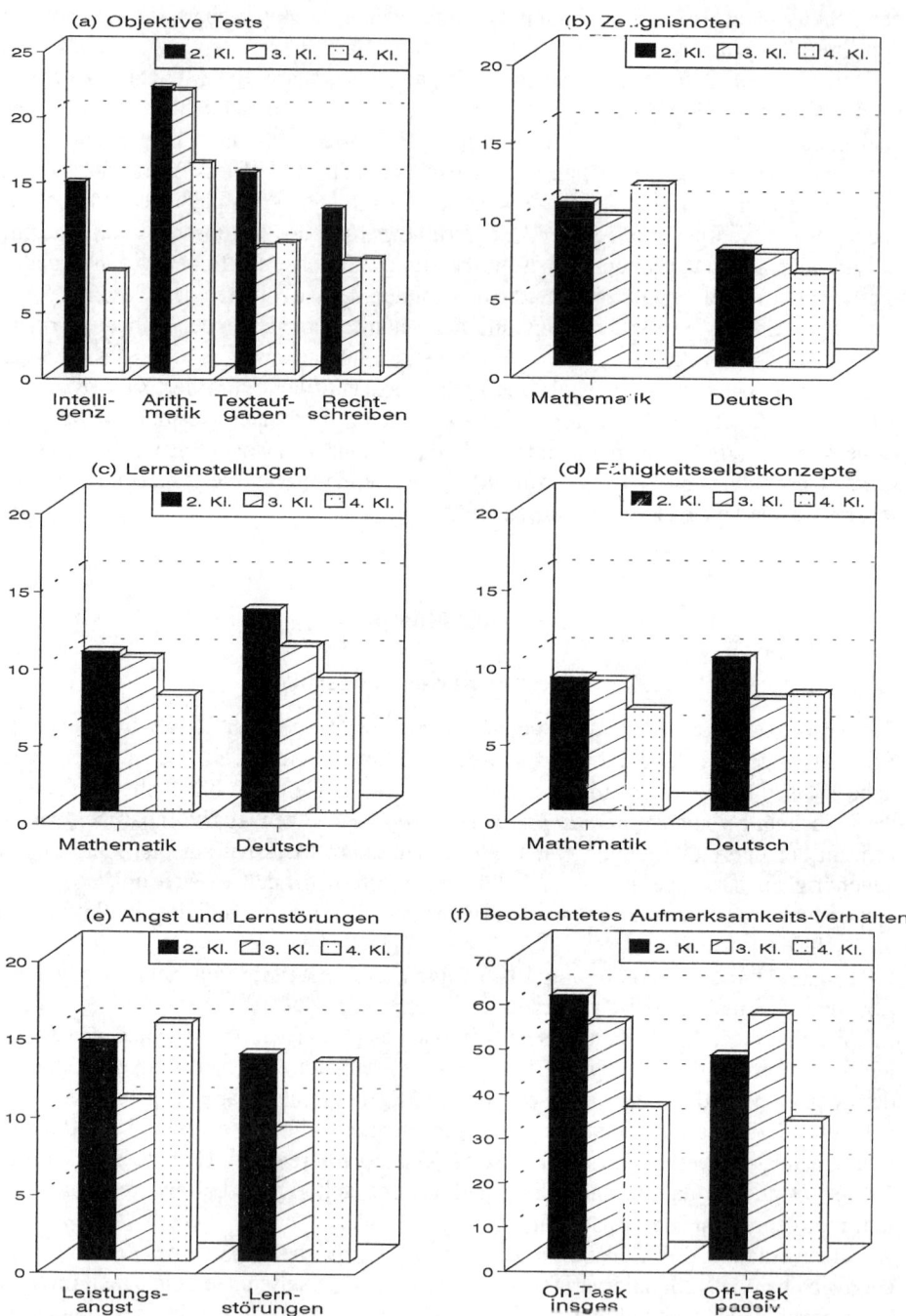

Abbildung VII.6: Durch die individuelle Schulklassenzugehörigkeit aufgeklärte Varianz (Determinationskoeffizient x 100) verschiedener Schülermerkmale.

müßte die Varianz der entsprechenden Merkmale zwischen den Klassen im Verlaufe der Grundschulzeit sinken. Das ist jedoch nicht der Fall.

Eine alternative Erklärung wäre, daß die individuellen Merkmalsunterschiede im Laufe der Zeit immer stabiler werden, so daß sie sich als zunehmend unabhängiger von spezifischen Klassenkontexten erweisen.

Selbstverständlich ist die Klassenzugehörigkeit lediglich eine "Omnibus"-Variable, die sehr unterschiedliche Aspekte - insbesondere Klassenzusammensetzung, Lehrerpersönlichkeit, Klassenklima und Unterrichtsmerkmale - umfaßt. Der Vorteil dieses Maßes ist, daß es eine Maximalschätzung aller denkbaren Klassenmerkmale darstellt und somit einen groben Rahmen für die Abschätzung des Einflusses der Schulklasse als Lern- und Sozialisationskontext liefert. Einen spezifischen Erklärungswert will und kann diese Methode dagegen nicht für sich beanspruchen. Wir verlassen deshalb die Ebene der Schulklassenzugehörigkeit und wenden die Aufmerksamkeit einzelnen Merkmalen des Klassenkontextes und der Unterrichtsqualität zu.

Stabilität von Klassenunterschieden

Um Aussagen über die zeitliche Stabilität zu erhalten, haben wir die Werte von Wiederholungsmessungen bestimmter Merkmale des Unterrichts und der Klasse korreliert. Die Ergebnisse finden sich in Tabelle VII.6.

Tabelle VII.6: *Stabilität von Merkmalen des Unterrichts, des Schülerverhaltens und der Schulleistungen*

	ÜBERGANG VON KLASSE ...	
	2 auf 3 (Lehrerwechsel)	3 auf 4 (gleiche Lehrkraft)
Unterrichtsmerkmale		
Klassenführung	.00	.57**
Strukturiertheit	.25	.59**
Individ. fachl. Unterstützung	.14	.51**
Förderungsorientierung	-.08	.41**
Variabilität d. Unterrichtsformen	.04	.39**
Soziales Klima	.10	.46**
Leistungstests		
Mathematiktest	.78**	.80**
Rechtschreibtest	.62**	.72**
Lernverhalten		
On-Task (aktives Engagement)	.30*	.65**
Off-Task (passive Formen)	.23	.43**

Anmerkung: * $p < .05$, ** $p < .01$.
Die auf Individualebene erhobenen Schulleistungstests und Beobachtungen des Lernverhaltens der Schüler im Unterricht wurden anschließend auf Klassenebene aggregiert.

Erwartungsgemäß zeigt sich, daß der (in Bayern obligatorische) Lehrerwechsel zwischen der 2. und 3. Klassenstufe mit abrupten Unterschieden in der Unterrichtsqualität einhergeht, während die Kontinuität zwischen der 3. und 4. Jahrgangsstufe sehr hoch ist. In krassem Gegensatz dazu steht die - bereits auf Individualebene berichtete (vgl. Helmke, Kap. VI) - sehr hohe Stabilität der Leistungsunterschiede zwischen den Schulklassen während der gesamten Grundschulzeit.

Kontextbedingungen und Unterrichtsqualität

Die Analysen der Zusammenhänge zwischen Merkmalen des Klassenkontextes und der Unterrichtsqualität sind in Tabelle VII.7 zusammengestellt. Sie lassen sich in drei Punkten zusammenfassen:

(1) Merkmale der Klassenzusammensetzung spielen insgesamt gesehen nur eine marginale Rolle für Unterschiede der Unterrichtsqualität. Mit Ausnahme der Klassengröße, auf die noch einzugehen sein wird, erreichen lediglich drei der restlichen Korrelationen das 5%-Signifikanzniveau.

(2) Erwartungsgemäß ist der Zusammenhang zwischen dem prozentualen Anteil der Mädchen und einem positiven Sozialklima innerhalb der Klasse; weniger plausibel erscheint dagegen der Zusammenhang zwischen dem durchschnittlichen Intelligenzniveau der Schüler und der Intensität der individuellen fachlichen Unterstützung durch den Lehrer.

(3) Zumindest auf den ersten Blick unplausibel, ja sogar kontraintuitiv ist die Rolle der Klassengröße: Je größer die Klasse, desto effizienter die Klassenführung, desto struk-

Tabelle VII.7: *Zusammenhänge zwischen Merkmalen des Klassenkontextes und des Unterrichts (N = 51; Analysen auf Klassenebene)*

Unterrichtsmerkmale	KLASSENKONTEXT				
	Klassengröße	Intelligenzniveau	Intelligenzstreuung	Mädchen-Anteil	%-Anteil Deutsch als Muttersprache
Klassenführung[a]	.43**	.24	-.20	.16	.13
Strukturiertheit[a]	.40**	.25	-.17	.08	.09
Individ. fachl. Unterstützung[a]	.30**	.33*	-.16	.26	.12
Förderungsorientierung[a]	.00	-.20	.24	.09	-.14
Variabilität d. Unt.formen[a]	-.01	.05	-.21	.17	-.04
Soziales Klima[a]	.28*	.13	-.04	.33*	.06
Klarheit[b]	.01	-.10	.07	-.18	.06
Motivierungsqualität[c]	-.23	.05	-.11	.10	.26*

Anmerkung: * $p < .05$, ** $p < .01$.
[a]Hochinferente Ratings geschulter Unterrichtsbeobachter, [b]Schülerperzeptionen, auf Individualebene erhoben und auf Klassenebene aggregiert; [c]niedrig-inferente Beobachtungen des Schülerverhaltens während des regulären Unterrichts, ebenfalls auf Klassenebene aggregiert.

turierter der Unterricht, und desto aktiver unterstützt und kontrolliert der Lehrer einzelne Schüler. Wie ist dieses Ergebnis zu verstehen? Ist es ein Ausdruck dafür, daß zahlenmäßig größere Klassen ein anspruchsvolleres Niveau der Unterrichtsqualität und vor allem ein effizientes Klassenmanagement erzwingen? Dies würde allerdings noch immer nicht erklären, wieso ausgerechnet das Sozialklima in großen Klassen tendenziell günstiger ausgeprägt ist ($r = .28$). Eine alternative Erklärung könnte sein, daß "große" Klassen seitens der Schulleitung oder des Schulamtes als "schwieriger" eingeschätzt werden, so daß in der 3. Klassenstufe überzufällig oft routiniertere und kompetentere Lehrkräfte zahlenmäßig größere Klassen erhalten.

Klassenkontext und Leistungszuwachs

Tabelle VII.8 berichtet die Zusammenhänge zwischen den oben beschriebenen Kontextvariablen und den beiden interessierenden Kriteriumsvariablen, d. h. dem Leistungszuwachs im Rechtschreib- und im Mathematiktest.

Tabelle VII.8: *Klassenkontext und Leistungszuwächse in Mathematik und Rechtschreiben (N = 51 Klassen)*

Leistungszuwachs in ...	KLASSENKONTEXT				
	Klassengröße	Intelligenzniveau	Intelligenzstreuung	Mädchenanteil	%-Anteil Deutsch als Muttersprache
Mathematik	.01	.22	-.08	.12	.14
Rechtschreiben	.22	.28*	-.07	.08	-.07

Anmerkung: * $p < .05$.

Offensichtlich spielt lediglich das durchschnittliche Intelligenzniveau der Klasse (erhoben am Ende der 1. Klassenstufe) eine - wenn auch größenmäßig nicht allzu erhebliche - Rolle: Je höher das allgemeine kognitive Niveau der Klasse ist, desto günstiger ist die durchschnittliche Leistungsentwicklung. Dies gilt allerdings lediglich für die Leistungsentwicklung im Rechtschreiben; die Korrelation für den Leistungszuwachs in Mathematik ($r = .22$) erreicht nicht das Signifikanzniveau.

Unterrichtsqualität und Leistungszuwachs

Die wichtigsten Ergebnisse zu dieser Fragestellung sind in Tabelle VII.9 zusammengefaßt, wiederum separat für Rechtschreiben und Mathematik. Wir beschränken uns dabei wieder auf die Leistungszuwächse, d. h. wir berichten nicht die Korrelationen zwischen Unterrichtsmerkmalen und einfachen Testwerten.

Ergänzend zu den Korrelationen als Maßen des *linearen* Zusammenhangs haben wir die entsprechenden Zusammenhänge auch mit Hilfe von kurvilinearen Regressionsanalysen untersucht (mit linearem und quadratischem Term), um etwaige *nicht-linearen*

Zusammenhängen auf die Spur zu kommen. Umgekehrt U-förmige Zusammenhänge würde man beispielsweise dann erwarten, wenn davon auszugehen ist, daß das Maximum einer Unterrichtsvariablen nicht mit dem Optimum identisch ist. Es fanden sich jedoch keinerlei Hinweise auf solche kurvenförmigen Zusammenhänge. Dies heißt natürlich keineswegs, daß es sie nicht gibt; - es könnte auch bedeuten, daß erst extremere Werte als diejenigen, die wir in unserer Stichprobe gefunden haben, zur Entstehung kurvilinearer Zusammenhänge führen.

Tabelle VII.9: *Korrelationen zwischen Merkmalen des Unterrichts und Leistungszuwächsen*

Unterrichtsmerkmale	LEISTUNGSZUWACHS (Residualisierte Nachtestwerte)	
	Mathematik	Rechtschreiben
Klassenführung[a]	.36**	.26
Strukturiertheit[a]	.28*	.17
Individ. fachl. Unterstützung[a]	.32*	.16
Förderungsorientierung[a]	.17	-.02
Variabilität d. Unt.formen[a]	.28*	-.04
Soziales Klima[a]	.18	.02
Klarheit[b]	.34*	.17
Motivierungsqualität[c]	.35*	.27*

Anmerkung: $* p < .05$, $** p < .01$.
[a]Hochinferente Ratings geschulter Unterrichtsbeobachter, [b]Schülerperzeptionen, auf Individualebene erhoben und anschließend auf Klassenebene aggregiert; [c]niedrig-inferente Beobachtungen des Schülerverhaltens während des regulären Unterrichts, ebenfalls auf Klassenebene aggregiert.

Zur Rolle von Merkmalen des Unterrichts für den Leistungszuwachs in *Mathematik* zeigt sich in Tabelle VII.9 ein sehr interessantes Ergebnismuster. Erfolgreiche Klassen sind durch ein charakteristisches Muster gekennzeichnet. Von besonderer Bedeutung ist eine effiziente *Klassenführung*. Der Unterricht erfolgreicher (wohlgemerkt immer nur im Sinne eines hohen Leistungszuwachses; vgl. zur Frage der Konkurrenz verschiedener Zielkriterien des Unterrichts Kap. IX, i. d. Bd.) Lehrer erfolgt kontinuierlich; die Übergänge zwischen Unterrichtsphasen sind kurz, reibungslos und verlaufen regelhaft; es gibt nur minimale Pausen zwischen verschiedenen Unterrichtsepisoden; das nötige Lernmaterial steht durchwegs zur Verfügung. Hinzu kommt der Aspekt der *Zeitnutzung*: Die verfügbare Unterrichtszeit wird für die Behandlung des Stoffes genutzt; man kommt gleich "zur Sache", schweift nicht vom Lerninhalt ab und vermeidet unnötige Exkurse; Nebensächliches wird kurz und knapp erledigt bzw. aus dem Unterricht ausgelagert.

Diese Form der Klassenführung ist verknüpft mit einer höheren *Motivierungsqualität* des Unterrichts, die sich in aktiverer Beteiligung der Schüler am Unterrichtsgeschehen und dem vergleichsweise seltenen Vorkommen passiver Formen der Unaufmerksamkeit (in Form etwa von Träumen, Dösen etc.) manifestiert.

Eine weitere wichtige Bedingung für überdurchschnittliche Leistungszuwächse im Fach Mathematik ist ein hohes Ausmaß an *Strukturiertheit* des Lehrervortrags. Die Ausdrucksweise ist kurz, prägnant und direkt; zugleich werden häufige aufmerksamkeitsregulierende Bemerkungen ("cues") gemacht, die das Verständnis des Stoffs erleichtern sollen; Hinweise auf Zusammenhänge zwischen verschiedenen Teilen des Stoffs werden explizit gegeben.

Hierzu paßt das aus Schülerperspektive erhobene Merkmal der *Klarheit*: Erfolgreichen Lehrern passiert es selten, daß ihre Fragen, Anregungen, Hinweise "ins Leere" gehen, weil die Schüler damit nichts anfangen können, weil sie nicht verstehen, um was es geht. Diese Ergebnisse fügen sich gut in das Befundmuster bisheriger Untersuchungen, insbesondere aus dem angloamerikanischen Sprachraum, ein (Rosenshine, 1995).

Aber auch die Intensität der *individuellen fachlichen Unterstützung* spielt eine wichtige Rolle im Konzert leistungsförderlicher Unterrichtsmerkmale: Die durchschnittliche Leistungsentwicklung ist um so günstiger, je aktiver sich Lehrer - insbesondere in Phasen der Stillarbeit - direkt einschalten, indem sie beispielsweise von Tisch zu Tisch gehen, um das Lernverhalten der Schüler zu überwachen, zu diagnostizieren, um Hinweise zu geben und gegebenenfalls zu intervenieren. Der Gegentyp zu diesem aktiven Lehrer ist jener, der während solcher Unterrichtsphasen am Lehrerpult bleibt (und zum Beispiel Hefte korrigiert o. ä.), oder der sich auf die allgemeine Überwachung und die Aufrechterhaltung von Ruhe und Ordnung beschränkt, ohne sich einzelnen Schülern - und zwar nicht wenigen ausgewählten, sondern möglichst vielen pro Zeiteinheit - zuzuwenden. Schließlich sind erfolgreiche Lehrer auch durch eine ausgeprägtere *Variabilität* unterschiedlicher Sozialformen und Unterrichtsmethoden gekennzeichnet.

Dagegen erweist es sich für den durchschnittlichen Leistungsfortschritt der Klasse als vergleichsweise irrelevant, ob Lehrer ihren Schwerpunkt auf die besondere *Förderung* leistungsschwacher Schüler legen. Auch daß das *Sozialklima* für die Leistungsentwicklung keine wesentliche Rolle spielt, paßt gut in das Muster zahlreicher vorliegender empirischer Ergebnisse (vgl. die Übersicht bei Helmke & Weinert, 1996).

Unabhängig von dem skizzierten Befundmuster führt aber kein Weg an der Feststellung vorbei, daß die Korrelationen zwischen den Merkmalen der Unterrichtsqualität und der Leistungsentwicklung im Fach Mathematik doch relativ niedrig sind. Natürlich ist nicht auszuschließen, daß einige Schlüsselvariablen des Unterrichtserfolges in der Grundschule nicht erfaßt wurden, oder daß die gewählten Operationalisierungen nicht optimal waren. Der schwache Effekt könnte jedoch auch darauf verweisen, daß angesichts verbindlicher Curricula, stabiler Erwartungen seitens der Eltern, Schulleitungen und Schulämter die beobachtbaren Unterschiede im Lehrstil, in der Lehrer-Schüler-Interaktion und im Klassenklima kaum noch ins Gewicht fallen.

Betrachten wir im folgenden die Ergebnisse zur Rolle der Unterrichtsqualität für die Entwicklung der *Rechtschreibleistungen*, so zeigt sich ein auf den ersten Blick verblüffendes Bild: Für die Entwicklung der Leistungen im Rechtschreiben läßt sich überhaupt kein einziger signifikanter Zusammenhang finden, was in einem deutlichen Gegensatz zum Ergebnismuster für Mathematik steht. Wie ist diese Insignifikanz der meisten Merkmale der Unterrichtsqualität für die Leistungsentwicklung im Rechtschreiben zu erklären? An Problemen der psychometrischen Qualität des Rechtschreibtests (vgl. Anhang) kann es unserer Meinung nach nicht liegen. Wichtiger sind möglicherweise die folgenden Fragen: Welche Bedeutung kommt der curricularen Validität des Tests zu? Spielen im Rechtschreibunterricht fachdidaktische Kompetenzen und Unterrichtsmaterialien gegenüber der allgemeinen Qualität des Unterrichts und der Klassenführung eine besonders bedeutsame Rolle? Oder werden Fortschritte beim Rechtschreiben im Vergleich zur Mathematik in stärkerem Maße von außerschulischen Bedingungsfaktoren (zum Beispiel durch Lesen und andere Lerngelegenheiten) gesteuert? Die Antwort auf solche und ähnliche Fragen muß offenbleiben.

Profile erfolgreicher Klassen

In diesem letzten Abschnitt wollen wir der Frage nachgehen, wie ähnlich oder unterschiedlich die Unterrichtsprofile besonders erfolgreichen Klassen sind. Mit der Beschreibung einzelner Fälle betreten wir allerdings methodisch brüchigen Boden, der zudem außerhalb des "mainstream" der Forschung liegt. Wir verlassen nämlich die Ebene der traditionellen variablenzentrierten Ansätze, deren Analysen auf Gruppenstatistiken und auf die Ermittlung von Zusammenhängen zwischen Variablen basieren, zu Gunsten eines personzentrierten Ansatzes (vgl. Weinert, Schrader & Helmke, 1990b). Selbstverständlich kann eine solche Betrachtung einzelner Fälle nicht den Anspruch auf Verallgemeinerbarkeit der Ergebnisse erheben. Uns interessiert dabei eigentlich nur, wie homogen oder heterogen die Muster der zuvor als leistungsförderlich herausgestellten Unterrichtsmerkmale bei verschiedenen Lehrern sind: Finden wir bei den "Meisterlehrern" ein relativ gleichförmiges Muster, zum Beispiel im Sinne einer überdurchschnittlichen Ausprägung aller Variablen der Unterrichtsqualität, die zuvor als besonders effektiv ermittelt worden waren?

Die Ergebnisse dieser Analyse, die wegen der verschiedenen Metrik der Variablen auf z-standardisierten Werten beruht, sind in Abbildung VII.7 dargestellt.

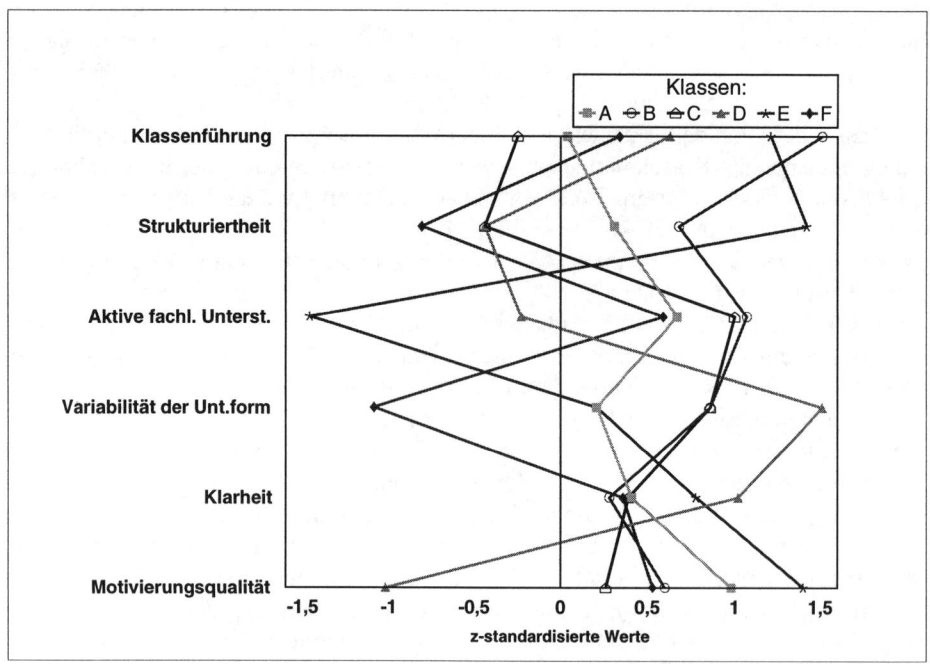

Abbildung VII.7: Unterrichtsprofile der sechs erfolgreichsten Grundschulklassen (Basis: Leistungszuwachs in Mathematik).

Wir beschränken uns hier auf die Darstellung derjenigen Unterrichtsmerkmale, die sich zuvor (vgl. Tab. VII.9) als signifikante Prädiktoren des Leistungszuwachses herausgestellt hatten. Das Bild ist verwirrend, denn nur zwei der sechs Klassen schneiden bei allen Indikatoren eines "erfolgreichen" Unterrichts überdurchschnittlich ab. Die anderen Klassen zeigen teilweise drastische Einbrüche bei Einzelmerkmalen der Unterrichtsqualität. Wenn man anstatt des Profils die einzelnen Variablen inspiziert, dann sieht man, daß es überhaupt nur ein einziges Merkmal gibt, bei dem alle erfolgreichen Klassen einen überdurchschnittlichen Wert aufweisen, nämlich die (aus Schülersicht erhobene) Klarheit der Lehreräußerungen. Zur Not kann man noch die Klassenführung dazurechnen. Bei den anderen Merkmalen sind große Differenzen zu erkennen.

Abbildung VII.7 verdeutlicht, daß bei den unterrichtlichen Determinanten der Leistungsentwicklung im Fach Mathematik von *notwendigen Bedingungen* kaum die Rede sein kann. Es scheint eine ganze Reihe sehr unterschiedlicher Wege zum gleichen Ziel zu geben. Dies zeigt, wie problematisch es wäre, in präskriptiver Absicht von "Schlüsselmerkmalen" oder notwendigen Bedingungen eines erfolgreichen Unterrichts zu sprechen. Der Sachverhalt des multiplen und kompensatorischen Charakters der Determinanten schulischer Leistungen (vgl. Helmke & Weinert, 1996) bestätigt sich in eindringlicher Weise.

Unterrichtsqualität und Leistungsentwicklung: Kommentar

Joachim Lompscher

Bevor ich auf das Thema eingehe, möchte ich einige *allgemeine Bemerkungen* zur SCHOLASTIK-Studie machen. Sie ist eine der wenigen Längsschnittstudien, die

- nicht die Entwicklung "an sich" verfolgt, sondern versucht haben, die gerade im jüngeren Schulalter für die Persönlichkeitsentwicklung außerordentlich bedeutsame Rolle des Unterrichts in die Untersuchung einzubeziehen;
- überhaupt bemüht waren, der Komplexität des Entwicklungsprozesses und seiner Determination gerecht zu werden und schließlich
- eine beeindruckende Breite und Differenziertheit in der Konzipierung, Durchführung und Auswertung des Projekts realisiert haben, was - unter anderem - die intensive Arbeit mit einer großen Anzahl von Beobachtern und anderen Mitarbeitern einschließt.

Ich möchte deshalb vorab meine aufrichtige Hochachtung für diese wissenschaftliche und organisatorische Leistung zum Ausdruck bringen. Trotzdem oder vielleicht gerade deshalb sehe ich einige *Grenzen und offene Probleme* dieser Längsschnittstudie, die ich zumindest knapp benennen möchte.

(1) Die psychische Entwicklung der Kinder wurde unter vorgefundenen Bedingungen, nämlich denen des bayerischen Schulwesens, untersucht. Damit sind die Aussagen und Ergebnisse zunächst für diese Bedingungen repräsentativ - unabhängig davon, wie differenziert sie erfaßt und analysiert wurden. Natürlich ist die Beschreibung und Analyse der Entwicklung unter jeweils konkreten Bedingungen eine legitime und wichtige Forschungsaufgabe. Die Wechselbeziehungen von Entwicklung, Lernen und Unterricht (von anderen Faktoren hier abgesehen) können aber vielleicht genauer und differenzierter erfaßt werden, wenn die - oder jedenfalls bestimmte, als wesentlich erkannte - Entwicklungsbedingungen experimentell gestaltet und verändert werden. Rubinstein (1958, S. 60) bezeichnete dies als eine neue Variante des "natürlichen Experiments", in dem "Elemente der pädagogischen Einwirkung" als Mittel der psychologischen Analyse genutzt werden, und formulierte: "Wir studieren das Kind, indem wir es unterrichten....Dabei bemühen wir uns nicht, in erster Linie das Stadium beziehungsweise das Niveau zu fixieren, auf dem sich das Kind befindet, sondern ihm zu helfen, von diesem Stadium auf das folgende, höhere fortzuschreiten. Bei diesem Fortschreiten erkennen wir die Gesetzmäßigkeiten der kindlichen Psyche." In der von Vygotsky, Lurija und Leontjew begründeten "kultur-historischen Schule" wird der experimentell- oder kausal-genetischen Methode ein hoher Stellenwert eingeräumt, die u. a. darin besteht, die psychische Entwicklung zu analysieren, indem Wesen und Entwicklungsbedingungen der zu untersuchenden Prozesse und Funktionen hypothetisch bestimmt und auf dieser Grundlage experimentell geschaffen, ausgebildet, die Entstehung und Veränderung "psychischer Neubildungen" verfolgt werden (vgl. Dawydow 1977, 1988, Dawydow, Lompscher & Markowa, 1982; Lompscher, 1973, 1989).

(2) Der Zusammenhang zwischen Entwicklung und Unterricht erscheint in der Studie als eine unmittelbare, lineare Beziehung. Es bedarf jedoch eines Vermittlungsglieds, damit der Unterricht entwicklungswirksam werden kann. Dieses Vermittlungsglied ist das Lernen oder - eindeutiger - die Lerntätigkeit der Schüler. Die psychische Entwicklung vollzieht sich im Prozeß der Tätigkeit - im jüngeren Schulalter in besonderem Maße in der Lerntätigkeit - und in Abhängigkeit von der Qualität und Intensität der Tätigkeit, was Wechselbeziehungen zwischen den verschiedenen Tätigkeitsarten einschließt (Vygotsky, 1987, 1992; Leontjew, 1964, 1979; Elkonin, 1989). Wird die Lerntätigkeit in ihren je konkreten Bedingungen nicht mit zum Untersuchungsgegenstand gemacht, entsteht der Eindruck einer linearen Beziehung zwischen Unterricht und Entwicklung - ohne den Autoren eine solche theoretische Position unterstellen zu wollen. In diesem Zusammenhang muß besonders die Rolle des Lerngegenstands hervorgehoben werden. Da Tätigkeit immer gegenständlich ist, werden Struktur und Verlauf konkreter Lerntätigkeiten und damit auch ihre Wirkungen auf die Entwicklung wesentlich durch den jeweiligen Lerngegenstand, seine Anforderungen an die Lernenden in Wechselwirkung mit deren subjektiven Voraussetzungen bestimmt. Der Bezug auf ein Unterrichtsfach, z. B. Mathematik, oder einen Fachaspekt, z. B. Rechtschreibung, bleibt zu global, um diese Zusammenhänge aufzuklären. Dabei geht es auch nicht schlechthin um den "Stoff" als solchen, sondern um die subjektive Beziehung der Lernenden zu ihm, um die Art und Weise ihres Umgangs mit ihm. In diesem Sinne wird der Lerngegenstand im Prozeß der Lerntätigkeit konstruiert und ständig verändert. Und in eben diesem Kontext wirkt der Unterricht in dieser oder jener Hinsicht, in diesem oder jenem Maße entwicklungsförderlich oder auch -behindernd.

Diese Anmerkungen sollen die Bedeutung der SCHOLASTIK-Studie und ihrer Ergebnisse keineswegs einschränken, sondern auf einige weiterführende Aspekte und Perspektiven hinweisen und ein Diskussionsangebot darstellen. Das gilt auch für meine nachfolgenden Fragen und Überlegungen zum Beitrag von Helmke und Weinert. Ich folge dabei im wesentlichen dessen Aufbau.

Unter dem Aspekt der Wertung und Beurteilung der Ergebnisse, aber auch als Anregung und Orientierung für künftige Untersuchungen dieser Art kommt der *differenzierten Darstellung der verwendeten Instrumente* wesentliche Bedeutung zu. Bei einer so komplexen und komplizierten Längsschnittstudie dürften auch die Schwierigkeiten, Probleme und Widersprüche bei der Planung und Realisierung der Untersuchung sehr lehrreich für potentielle Nachfolger und Nutzer sein. Das gilt z. B. für die Arbeit der Beobachter - ihre Voraussetzungen und Auswahl, das Beobachtertraining, die Bedingungen ihrer Tätigkeit, ihre Zusammenarbeit und den Grad ihrer Übereinstimmung, die Begründung für die Anzahl der in einer Klasse eingesetzten Beobachter u. v. a.

Die einbezogenen Unterrichtsmerkmale halte ich für wesentlich und auch gut unterscheidbar. Allerdings muß man m. E. beachten, daß "Unterstützung" und "Förderungsorientierung" eng miteinander zusammenhängen. Wie wird dabei unterschieden, ob z. B. die Orientierung auf Förderung der Schüler bei den Lehrern stärker oder schwächer ausgeprägt ist, ob sie auf bestimmte Tätigkeits- und Entwicklungsaspekte konzentriert oder allgemeiner auf die Entwicklung der Schüler gerichtet ist, ob sie auf die Klasse als Ganzes oder - bzw. in welchem Maße und in welcher Art und Weise - auf die individuellen Besonderheiten der Schüler oder bestimmter Schülergruppen (z. B. auch leistungsstärkerer Schüler) gerichtet ist? Beim Merkmal "Strukturiertheit" bleibt mir der Bezug auf den Stoff zu global (s. o.). Sowohl die Anforderungsstrukturen des Stoffes als auch das Anspruchsniveau der Lehrer bei seiner "Vermittlung" können sehr stark variieren. Daraus ergibt sich dann auch die Unterschiedlichkeit der Potenzen des Stoffes für die Entwicklungsförderung (via Lerntätigkeit - s. o.).

Wenn Hauptakteure und wichtigste Subjekte des Unterrichts die Schüler (natürlich in Interaktion mit den Lehrern, aber eben nicht letztere "an sich") sind, ist es prinzipiell wichtig, daß ihre Sicht auf die Merkmale des Unterrichts einbezogen wird. Dies hätte wahrscheinlich breiter (nicht nur "Klarheit") und mehrfach, vielleicht auch mit unterschiedlichen Methoden geschehen sollen. Eine wichtige Quelle für Information und Einschätzung wäre auch die Sicht der Lehrer selbst auf ihren Unterricht, seine Qualitäten und Probleme und - soweit möglich - auch die Sicht der Eltern. Ich bin mir allerdings im klaren darüber, daß es bei jeder Untersuchung - einer so komplexen und langfristigen zumal - Grenzen der Machbarkeit gibt.

Die *Rolle von Klassenunterschieden* wird als "grober Rahmen" für die Kennzeichnung der Leistungsentwicklung bezeichnet. Man könnte vielleicht darauf auch verzichten. Wenn man andererseits bedenkt, welche Bedeutung das soziale Klima, die konkrete Zusammensetzung und andere Merkmale einer Klasse für Motivation und Aktivität der Schüler haben, so können die Unterschiede zwischen Klassen einen wichtigen Orientierungsfaktor darstellen, vorausgesetzt, ihre für Lernleistungen und Entwicklung wesentlichen Merkmale werden entsprechend erfaßt und analysiert. In diesem Kontext ist auch die Klassengröße - nicht als isolierter Faktor, sondern in der Wechselwirkung mit anderen - relevant, z. B. als eine Bedingung der Arbeit des Lehrers, die sich auf die Qualität des Unterrichts auswirken kann (nicht muß). Erfahrungsgemäß wirken große Klassen als erschwerende Bedingung, speziell unter dem Aspekt der individuellen Förderung. Aber auch eine geringe Klassengröße (weniger als 10-12 Schüler) kann sich nachteilig auswirken, z. B. auf das wechselseitige Anregungspotential der Schüler und die Möglichkeiten der Gestaltung kooperativen Lernens. In der Studie wurde festgestellt: Je größer die Klasse, desto effizienter die Führung, desto strukturierter der Unterricht und desto stärker die Unterstützung für einzelne Schüler. Ob dies mit dem Einsatz geeigneter Lehrer zu erklären ist, wie die Autoren vermuten, müßte sich überprüfen lassen. Die andere Vermutung der Autoren - größere Klassen erzwingen gewissermaßen ein effizientes Unterrichtsmanagement - liegt m. E. näher, da die Klassengröße als Arbeitsbedingung des Lehrers gesehen wird, die ihn veranlaßt, seine Tätigkeit darauf einzustellen. Allerdings ist aus der Schulpraxis bekannt, daß Lehrer diese Anforderung in sehr unterschiedlicher Qualität bewältigen. Ein Automatismus existiert hier keineswegs. Der Zusammenhang zwischen Merkmalen der Klassen, des Unterrichts und der den Unterricht erteilenden Lehrer (und weiterer Bedingungen und Faktoren) ist seinem Wesen nach komplex. Wenn dieser Zusammenhang vom Lehrer gut bewältigt wird, sollte es auch nicht erstaunen, daß sich dann auch ein gutes Sozialklima in großen Klassen entwickelt.

In gleicher Richtung läßt sich vielleicht auch der festgestellte Zusammenhang zwischen dem Unterrichtsmerkmal "Unterstützung" und dem Intelligenzniveau der Schüler interpretieren: Die kognitive Leistungsfähigkeit und Aktivität der Schüler wirkt anregend auf den Lehrer und animiert ihn seinerseits, die Schüler bei der Bewältigung von Lernanforderungen differenziert zu unterstützen.

Interessant ist die Feststellung, daß die Bedeutung der Zugehörigkeit zu einer Klasse zum 4. Schuljahr hin abnimmt. Man könnte vermuten, daß dies Ausdruck einer zunehmenden "Verselbständigung" der Schüler, der Entwicklung ihrer Selbstregulation und ihrer individuellen Besonderheiten, Stärken und Schwächen der Lernenden ist. Vielleicht gibt es in der Studie Hinweise oder Belege für diese oder andere Erklärungen des genannten Entwicklungstrends. Aber auch, wenn dies nicht der Fall sein sollte, handelt es sich um ein Entwicklungsphänomen, dem weiter nachgegangen werden sollte.

Im Zusammenhang mit den Aussagen zur *Stabilität von Klassenunterschieden* war ich sehr erstaunt zu erfahren, daß an bayrischen Schulen ein Lehrerwechsel nach dem 2. Schuljahr obligatorisch oder üblich ist. Mir scheint dies allen - oder zumindest vielen - Grundschulerfahrungen zu widersprechen. Wenn trotzdem eine hohe Stabilität der individuellen Mathematik- und anderen Leistungen konstatiert wird, so weist das auf die Bedeutung anderer Faktoren für die Leistungsentwicklung hin (Vorwissen, kognitives Potential etc.). Der Lehrerwechsel kann damit natürlich nicht begründet werden (was die Autoren auch nicht tun), aber seine Bedingungen und Folgen wären eine spezielle Untersuchung wert.

Der zentrale Abschnitt des Beitrags beschäftigt sich mit *Unterrichtsqualität und Leistungszuwachs*. Es werden sehr interessante und wichtige Ergebnisse mitgeteilt, die in ihrer Differenziertheit in vielfacher Hinsicht über bereits vorliegende Erkenntnisse hinausgehen. Das gilt vor allem für die Zusammenhänge zwischen den einzelnen Merkmalen des Unterrichts und den unterschiedlichen Leistungsbereichen. Das erwartungswidrige Ergebnis bezüglich des Leistungszuwachses in Orthographie sollte allerdings zu spezieller Analyse und nicht zur Konsequenz führen, diesen Bereich "links liegen" zu lassen. Die Studie bietet - im Unterschied zu zahlreichen Untersuchungen, in denen jeweils nur ein Anforderungsbereich, z. B. mathematische oder orthographische Lernanforderungen und -leistungen, Gegenstand ist - Möglichkeiten vergleichender Analyse. Sie sollte bei der Spezifik der jeweiligen Anforderungsstruktur und der Lernbedingungen beginnen. So müßte man z. B. nach den möglicherweise unterschiedlichen Relationen zwischen Wissenserwerb und Fertigkeitsbildung fragen, aber auch nach den Verhältnissen zwischen Regeln und Ausnahmen, nach den im Stoff enthaltenen logischen Strukturen und ihrer Begründbarkeit für Kinder, nach Bedingungen und Anteilen der Automatisierung in den unterschiedlichen Lerngegenständen u. a. Dabei könnte sich erweisen, daß die Determination der Aneignung von Orthographie - verglichen mit mathematischen oder anderen Stoffen - komplexer ist, z. B. im Hinblick auf die Rolle des Lesens, des Dialekts, der Vielfalt und teilweisen Willkür der Regeln und Ausnahmen, der Unterschiede zwischen Sprechen und Schreiben etc. Fachspezifische Analysen, z. B. zum Schriftspracherwerb, liefern dafür Voraussetzungen und Anregungen. Und dann ist wohl die entscheidende Frage, wie die didaktisch-methodische Gestaltung des Unterrichts der Spezifik des Lerngegenstands und den Bedingungen und Gesetzmäßigkeiten seiner Aneignung gerecht wird. Psychologen und Fachdidaktiker haben in dieser Hinsicht noch viel Arbeit zu leisten, vor allem in Kooperation miteinander und mit Lehrern u. a. Im diskutierten Kontext erscheint es mir symptomatisch, daß - bei insgesamt geringen Zusammenhängen - der Orthographie-Leistungszuwachs signifikant mit der Motivierungsqualität des Unterrichts korreliert (man denke an den Übungsaufwand und seine "Attraktivität" für die Kinder), und auch der Zusammenhang mit dem Unterrichtsmanagement ist zumindest nahe an der Signifikanzgrenze. Daß andererseits der Mathematik-Zuwachs mit zahlreichen Merkmalen des Unterrichts korreliert, hängt sicher auch mit den Spezifika dieses Lerngegenstands bzw. der in den Tests geprüften Ausschnitte daraus zusammen, vielleicht aber auch mit den erfaßten Unterrichtsmerkmalen selbst, die auch Ausdruck einer Auffassung vom Unterricht sind. Zum andern besteht Erklärungsbedarf auch für die geringe Korrelation zwischen dem Leistungszuwachs in Mathematik und der Förderungsorientierung des Unterrichts oder auch dem Sozialklima. Die Untersuchungsergebnisse sind also auch an den Stellen instruktiv, wo sie an Interpretationsgrenzen stoßen und offene Fragen hinterlassen: Sie fordern zu weiterführenden Untersuchungen heraus.

Die Autoren diskutieren auch die Tatsache, daß die Korrelationen insgesamt relativ niedrig sind. Ihre Argumente haben sicher alle Berechtigung. Ich möchte aber darauf aufmerksam machen, daß die Ergebnisse langfristiger Unterrichtsexperimente (z. B. Adey & Shayer, 1994; Dawydow, 1988; Lompscher, 1989) und auch die Praxis mancher reformpädagogisch orientierter Schulversuche z. T. ein ganz anderes Bild von Leistungsentwicklungen zeigen. Allerdings stellt man auch in diesen Fällen in der Regel erhebliche Unterschiede zwischen Klassen und Lehrern fest - wie auch unter "normalen" Schulbedingungen. Bei Untersuchungen in den 60er Jahren mußten wir z. B. konstatieren, daß die Unterschiede zwischen Klassen einer Jahrgangsstufe z. T. größer waren als die zwischen den Mittelwerten der Jahrgangsstufen. Dies ist - ebenso wie die relativ niedrigen Korrelationskoeffizienten zwischen Unterrichtsmerkmalen und Lernleistungen - wohl in erster Linie aus der außerordentlich komplexen Determination von Unterricht zu erklären. Im Fall der vorliegenden Studie spielt wahrscheinlich auch eine Rolle, daß als Analyse-Einheit ganze Schulklassen fungieren. Bei Differenzierungen innerhalb der Schulklassen nach bestimmten Kriterien ergeben sich für einzelne Schülergruppen z. T. auch unterschiedliche Entwicklungsverläufe und Zusammenhänge. In unseren Unterrichtsexperimenten z. B. erreichten leistungsschwache Schüler das Leistungsniveau des Mittelfeldes der Kontrollklassen und die mittlere Leistungsgruppe analog das Niveau der Leistungsstarken. Dies ist natürlich ein ziemlich globales, in der Schulpraxis aber nützliches Kriterium (wenn man es nicht verabsolutiert!). Interessant dürfte die Differenzierung innerhalb der Schulklassen nach solchen psychologischen Kriterien wie Motivation, Gegenstandsinteresse, Lern- und Schuleinstellung, kognitive Leistungsfähigkeit, Ängstlichkeit etc. sein.

In diesem Zusammenhang halte ich die mitgeteilten Ergebnisse über besonders erfolgreiche Klassen für sehr wichtig und instruktiv und hätte mir eine ausführlichere Darstellung dazu gewünscht. Sie bestätigen schulpraktische Erfahrungen und Ergebnisse der Lehrerforschung und machen deutlich, daß für die Entwicklungseffektivität des Unterrichts nicht irgendein ominöser "Einheitslehrer" oder ein "Tugendkatalog" des erfolgreichen Lehrers per se gebraucht wird, sondern ausgeprägte Persönlichkeiten, die sich gerade deshalb auch durch ganz unterschiedliche Merkmalskomplexe und Determinationslinien auszeichnen (können). Bei der weiteren Analyse sollten die erhobenen Lehrermerkmale einbezogen werden. Vor allem drängt sich die Schlußfolgerung auf, die Lehrerpersönlichkeit als grundlegende Größe bei Untersuchungen, die Unterricht und Schule in irgendeiner Hinsicht einbeziehen, gebührend zu berücksichtigen. Daß dies durchaus keine Selbstverständlichkeit ist, läßt sich oft genug feststellen. Darüber hinaus wird noch einmal deutlich, daß wir der Komplexität der Prozesse und Zusammenhangsmuster nur durch entsprechend komplex, d. h. unter anderem auch interdisziplinär angelegte Untersuchungsdesigns und Analysen gerecht werden können.

Mein *Fazit* aus der Beschäftigung mit der Studie und speziell dem diskutierten Beitrag besteht darin, daß

(1) die SCHOLASTIK-Studie einen Meilenstein in der Erforschung der kindlichen Entwicklung als Resultante zahlreicher interagierender Faktoren und Bedingungen darstellt,

(2) der Beitrag im Rahmen des Ganzen und in Bezugsetzung zu anderen Wesentliches zur Aufhellung der komplexen Zusammenhänge zwischen Unterrichtsqualität und Leistungsentwicklung leistet,

(3) eine breitere Diskussion der Ergebnisse unter Einbeziehung anderer Konzeptionen, Zugänge und Erfahrungen für Theorie und Praxis sehr nützlich sein könnte,

(4) die Kennzeichnung von Schlußfolgerungen, offenen Fragen und Perspektiven der weiteren Forschung auf diesem Gebiet wünschenswert wäre.

Kapitel VIII

Das Stereotyp des schlechten Schülers

Literaturüberblick:
Elisabeth Sander

Ergebnisse aus dem SCHOLASTIK-Projekt:
Andreas Helmke

Kommentar:
Christiane Spiel

Das Stereotyp des schlechten Schülers:
Literaturüberblick

Elisabeth Sander

Die bekannteste Untersuchung in Deutschland zum Stereotyp des schlechten Schülers wurde von Elfriede Höhn 1967 publiziert. Als eines der Hauptergebnisse zeigte sich, daß schlechte Schüler von Lehrern und Mitschülern als dumm und faul beschrieben und ihnen noch weitere, ausschließlich negative Eigenschaften zugeschrieben werden. Im angloamerikanischen Schrifttum leitete eine für das Problem des schlechten Schülers höchst relevante Arbeit die Wende von der behavioralen Erforschung der Lehrer-Schüler-Interaktion zum Studium von Lehrerkognitionen ein: 1968 publizierten Rosenthal und Jacobson die Ergebnisse eines Feldexperimentes unter dem Titel "Pygmalion im Klassenzimmer". Interpretiert wurde das Ergebnis dieser Studie mit der provokanten Feststellung, daß Lehrer aufgrund ihrer stereotypisierenden Wahrnehmung gute und schlechte Schüler erzeugen. Dieses Phänomen wird als Pygmalioneffekt oder allgemein als Erwartungseffekt bezeichnet.

Diese beiden Arbeiten regten zahlreiche Studien zum Denken und Handeln von Lehrern an. Sie basieren - wenn auch häufig ohne explizite Rückführung - auf Theorien zur sozialen Wahrnehmung. In deren Gegenstandsbereich fällt z. B. die Frage, wie sich die Kognitionen, z. B. Einstellungen oder Erwartungen einer Person, auf ihre Wahrnehmung und Beurteilung anderer Personen auswirken. In diesem Zusammenhang wird von impliziten Persönlichkeitstheorien gesprochen, die als "naive" oder "pragmatische Alltagstheorien" betrachtet werden (vgl. Hofer, 1986). Naive Theorien vereinfachen die Umweltwahrnehmung durch den Prozeß der Stereotypisierung. Die Vielfalt von Informationen wird dadurch subjektiv eingeengt, so daß die Umwelt überschaubarer wird. Die Stereotypisierung in der Wahrnehmung dient einer raschen Bewältigung von kritischen oder schwierigen Situationen und gibt Orientierungssicherheit in der sozialen Wahrnehmung. Ihre Funktion ist in diesem Sinne als biologisch sinnvoll anzusehen. Gleichzeitig kommt es aber zu einer Verzerrung der Realität, indem Personen, die in die gleiche Kategorie eingeordnet werden, ähnlicher wahrgenommen werden, als sie in Wirklichkeit sind, und Personen, die in unterschiedliche Kategorien eingeordnet werden, unähnlicher. Diese Probleme werden im Rahmen der Vorurteilsforschung analysiert (vgl. Aronson, 1994). Ferner wird auf der Basis der interaktionistischen Persönlichkeitstheorie (Mischel, 1973) angenommen, daß Kognitionen, die situationsspezifisch durch die implizite Persönlichkeitstheorie aktiviert werden, das Verhalten steuern (vgl. Hofer, 1986). Diese Annahme wird auch zur Erklärung des Pygmalioneffektes herangezogen (vgl. Elashoff & Snow, 1972).

Die in den erwähnten Studien behandelten Fragenkomplexe beziehen sich

(a) auf die Struktur impliziter Persönlichkeitstheorien von Lehrern,

(b) auf den Prozeß der Stereotypisierung und

(c) auf den Zusammenhang von Stereotypisierung, Lehrerkognitionen und Lehrerverhalten.

Die Struktur impliziter Persönlichkeitstheorien von Lehrern

Eine der Hauptfragestellungen bei der Erforschung der impliziten Persönlichkeitstheorien von Lehrern ist die nach den Beurteilungsdimensionen. Wie Hofer (1986) ausführt, spricht vieles für die Annahme, daß die Bildung impliziter Persönlichkeitstheorien abhängt von der Situation und der Beziehung, in der Beurteiler und Beurteilter zueinander stehen (vgl. Berman, 1981; Gigerenzer, 1981). Aufgrund ihrer Rolle und der damit verbundenen Zielsetzungen achten Lehrer auf bestimmte Eigenschaften ihrer Schüler stärker als auf andere. Sie sehen sie durch die Lehrerbrille.

Bei der Untersuchung impliziter Persönlichkeitstheorien von Lehrern können verschiedene Methoden unterschieden werden: die Methode der freien Beschreibung, die Methode der Ähnlichkeitsschätzung und die Sortiermethoden.

Prototypisch für Untersuchungen, die die Methode der freien Beschreibung anwenden, ist die erwähnte Studie von Höhn (1967). Höhn versuchte die Persönlichkeitsvorstellungen zu ermitteln, die einerseits Lehrer, andererseits Mitschüler von schlechten Schülern haben. Sie benutzte dabei verschiedene Vorgehensweisen. So ließ sie Lehrer freie mündliche Schilderungen über drei schlechte Schüler der eigenen Klasse geben, zog schriftliche Beurteilungen schlechter Schüler heran und setzte Polaritätsprofile zur Beschreibung eines guten und eines schlechten Schülers ein. Desgleichen ließ sie Schüler unter Verwendung einer TAT-Karte, auf der angeblich ein schlechter Schüler dargestellt war, eine Geschichte erfinden, in der vorkommt, was auf dem Bild geschieht, was vorher war, und wie es weitergehen würde. Als Hauptergebnis ist festzuhalten, daß Begabung und Anstrengung die Hauptdimensionen sind, nach denen Schüler beurteilt werden, und daß diese Eigenschaften als miteinander verbunden angesehen werden. Schlechte Schüler sind demnach dumm und faul. Der motivationale Aspekt wird differenzierter beschrieben; es tauchen Begriffe auf, wie mangelndes Interesse, Langsamkeit, Unaufmerksamkeit und Unordentlichkeit. Schließlich fällt auf, daß Lehrer das Ausmaß der negativen Beurteilung von schlechten Schülern abhängig machen von weiteren Persönlichkeitseigenschaften wie der Disziplin des Schülers und dessen psychischer Labilität.

Eine Reihe von Studien, die in Deutschland mit dieser Methode durchgeführt wurden, weisen in die gleiche Richtung (vgl. die Übersicht bei Hofer, 1986, S. 78ff; Baumeister, 1986). Auch in einer Studie aus neuester Zeit, die in Hongkong durchgeführt wurde (236 Lehrer sollten anhand von 20 Eigenschaften einen guten und einen schlechten Schüler beschreiben), bestätigte sich das Ergebnis von Höhn. Dem schlechten Schüler wurden nur negative Eigenschaften zugeschrieben (Winter, 1993). Ebenso zeigen die mit der Methode der Ähnlichkeitsschätzung durchgeführten Untersuchungen der Arbeitsgruppe um Hofer, daß Lehrer Schüler in erster Linie nach den Dimensionen Begabung und Anstrengung beurteilen. Deutlicher als in den eben genannten Arbeiten zeigte sich hier auch, daß daneben Dimensionen des Sozialverhaltens eine Rolle spielen. In einer Studie von Hofer (1969) ergab sich eine fünfdimensionale Struktur: Begabung, Anstrengung, Diszipliniertheit, soziale Zuwendung und seelische Robustheit, die in Reanalysen weitgehend bestätigt werden konnte (Ulbricht, 1972; Winter, 1978). Wie in der Höhn-Studie zeigten sich auch hier die Dimensionen nicht unabhängig voneinander; demnach schließen die Lehrer von einer Dimension auf die andere. Es liegen aber auch Untersuchungen vor, die geringe oder keine Abhängigkeiten zwischen den Beurteilungsdimensionen zeigten (Bacher & Borel, 1975, in Hofer, 1986; Baker, Mednick & Hocevar, 1991).

Die impliziten Persönlichkeitstheorien von Lehrern sind nicht homogen (Bender, 1985). Lehrer unterscheiden sich bezüglich Umfang und Differenziertheit ihrer Beurteilungskognitionen (Lissmann, 1991). Diese individuellen Unterschiede werden besonders deutlich in den Arbeiten, die bei der Datenerhebung Sortiertechniken, wie den repertory grid test (Kelly, 1955) einsetzten (vgl. die zusammenfassende Darstellung bei Hofer, 1986, S. 80f).

DER PROZESS DER STEREOTYPISIERUNG

Im Zusammenhang mit dem Prozeß der Stereotypisierung beschäftigte sich eine Reihe von Arbeiten mit der Frage nach Anzahl und Art der Stereotypen, in die Lehrer Schüler einordnen. Wie die Ergebnisse zeigen, kann man unterschiedliche Abstraktionsebenen feststellen. Auf der höchsten Ebene nehmen Lehrer zwei Klassen von Schülern wahr, gute und schlechte (vgl. Brophy & Good, 1974), eventuell auch noch eine Kategorie der "mittleren" Schüler (Hargreaves, 1967; vgl. Adams & Biddle, 1970; Rist, 1970; Weinstein, 1979).

Aus einer Reihe von Untersuchungen geht aber auch hervor, daß unterhalb dieser höchsten Ebene Lehrer Schüler auf einer mittleren Ebene zu 4 bis 5 Typen zusammenfassen (Garner & Bing, 1973a; Cunningham, 1975). Als Grundlage für die Typisierung werden die impliziten Persönlichkeitstheorien herangezogen (Hofer, 1981b). Mit der Typisierung sind auch emotionale Haltungen und Einstellungen verbunden. So fand Silberman (1969, 1971), daß Lehrer zwischen "Neigungsschülern", "Problemschülern", "Indifferenzschülern" und "Ablehnungsschülern" unterscheiden, wobei "schlechte" Schüler sich in allen der drei letztgenannten Typen fanden (vgl. Willis & Brophy, 1974). Während ein Schüler durch besonders schwache Leistungen zum "Problemschüler" wird, wird er erst durch die Koppelung von schwacher Leistung und Undiszipliniertheit zum "Ablehnungsschüler" (Helton & Oakland, 1977).

Die inhaltliche Beschreibung von Schülertypen auf einer mittleren Abstraktionsebene ist allerdings in verschiedenen Untersuchungen unterschiedlich (vgl. Barnett, 1976; Storch, 1978).

Unterhalb dieser mittleren Ebene nehmen Lehrer aber auch eine noch wesentlich differenziertere Typisierung vor (vgl. Hofer, 1986, S. 152). Thelen (1967) faßte z. B. die Beschreibungen von Lehrern zu 26 Einzeltypen zusammen, wie u. a. den "Träumer", "Lehrerbeeindrucker", die "Schönheitskönigin", den "Clown" etc.

Durch die Stereotypisierung wird die Selektion der Wahrnehmung von Merkmalsausprägungen bei Schülern im Sinne des Stereotyps beeinflußt. Aus einigen älteren Studien, die sich mit der Wahrnehmung von Schülerfehlern beschäftigten, geht hervor, daß Lehrer dazu tendieren, bei schlechten Schülern weniger Fehler zu übersehen und mehr richtige Antworten als Fehler anzustreichen als bei guten (Zillig, 1928; Weiss, 1965; Mason, 1973; Grote, 1974).

Eine große Anzahl von Studien beschäftigte sich mit den Bedingungen, welche die Stereotypisierung und die damit verbundenen Erwartungen beeinflussen. Wie aus einigen Untersuchungen hervorgeht, erfolgt die Stereotypisierung sehr schnell. Manchen Lehrern gelingt es bereits am dritten Tag über einzelne, neue Schüler ihrer Klasse weitgehende Erwartungen zu äußern (Storch, 1978; vgl. Brophy & Good, 1974), wobei sich Unterschiede zwischen erfahrenen und unerfahrenen Lehrern zeigen (Calderhead, 1981).

Eine Einordnung in einen Typ fällt um so leichter, je konsistenter die Informationen über diesen Schüler sind und je besser sie in ein Stereotyp passen bzw. je prägnanter das Stereotyp ist. So erwies sich z. B. das Stereotyp "lernschwierig" als weniger prägnant als das Stereotyp "emotional gestört" (Boucher, 1981).

Bei der Einordnung in Stereotype legen Lehrer die Information zugrunde, die ihnen zur Verfügung steht und bilden entsprechende Erwartungen in Hinblick auf Schülerleistung und -verhalten aus. So erhielten z. B. 36 Lehrer in einer Studie (Reschly & Lamprecht, 1979) nur ein paar Angaben über hohe oder normale Leistungsfähigkeit eines fiktiven Kindes. Die daran anschließend erfaßten Lehrererwartungen zeigten sich davon beeinflußt.

Während einige Untersuchungen einen Primacy-Effekt (Asch, 1946), also eine Dominanz des ersten Eindrucks fanden (Rose, 1977; Shavelson, Cadwell & Izu, 1977), zeigte sich in der eben erwähnten Studie, daß Lehrer, zumindest im Anfangsstadium der Eindrucksbildung ihre Erwartungen korrigieren, wenn sie z. B. in einer Videoaufnahme Kinder in einer Leistungssituation selbst beobachten konnten.

Lehrer beachten bei der Eindrucksbildung (Stereotypisierung) die Glaubwürdigkeit von Informationsquellen (Shavelson et al., 1977), und sie verlassen sich stärker auf ihr eigenes Urteil als auf ein Etikett. Konnten Lehrer z. B. Schüler auf einem Videoband bei der Bearbeitung einer Begriffsbildungsaufgabe beobachten, hing die Leistungserwartung von der Einschätzung aufgrund der eigenen Beobachtung ab und nicht vom Wissen, daß es sich um einen Sonder- oder Regelschüler handelte (Yoshida & Meyers, 1975; vgl. Boucher, 1981). Es liegt allerdings auch ein Ergebnis vor, das zeigt, daß Lehrer unter Handlungsdruck ihre Erwartungen an Etiketten orientieren (Gillung & Rucker, 1977).

Bei der Untersuchung von Erwartungen, die mit der Eindrucksbildung (Stereotypisierung) verbunden sind, konzentrierten sich die empirischen Studien auf die Analyse von Merkmalen, die zukünftiges Leistungsverhalten erwarten lassen. Aus den Ergebnissen läßt sich folgern, daß Lehrer *Intelligenz* und *Motivation* die höchste Vorhersagegültigkeit zuschreiben (Rheinberg, 1975, Hofer & Rathje, 1983; Schrader & Helmke, 1989). Ebenso wird in den aktuellen Leistungen eine wichtige Basis für Prognosen gesehen (Brophy & Good, 1974, S. 183). Rheinberg (1980) konnte hier wiederum zeigen, daß Lehrer, die glaubten, daß die Schulleistungen mehr von der Begabung als von der Anstrengung abhängen, eher langfristige Prognosen für möglich halten, und daß Lehrer mit individueller Bezugsnormorientierung generell schwächere Erwartungen ausprägen.

Daneben beeinflussen aber auch andere, eher weniger relevante oder gar irrelevante Merkmale die Leistungserwartung: Lehrerurteile über Schüler fallen z. B. bei gleicher Schülerleistung um so höher aus, je höher - neben der Intelligenz - das Selbstkonzept ausgeprägt ist (Schrader & Helmke, 1990). Auch Diszipliniertheit (Brophy & Good, 1974), soziales Verhalten (Buckalew, Skinner & Ross, 1990), familiäre Herkunft (Murphy, 1974; Jungbluth, 1993, 1994), Rasse bzw. ethnische Herkunft (Stewart, Hutchinson, Hemingway & Bessai, 1989; Jackson, 1991; Bahr, Fuchs, Stecker & Fuchs, 1991; Bar-Tal, Raviv & Arad, 1989), Geschlecht (Klauer, 1992; Stewart et al., 1989; Jackson, 1991; Fordham, 1991; Behling & Williams, 1991; Ben Tsvi-Mayer, Hertz-Lazarowitz & Safir, 1989), körperliche Attraktivität und Kleidung (Behling & Williams, 1991) spielen eine Rolle. Allerdings konnte auch gezeigt werden, daß Lehrer bei der Ausbildung von Leistungserwartungen für den Einfluß irrelevanter Faktoren unterschiedlich empfänglich sind (Babad, Inbar & Rosenthal, 1982).

Schließlich liegen eine ganze Reihe von Studien vor, die die Genauigkeit von Lehrerurteilen untersuchten. Die Ergebnisse zeigen, daß diese im Durchschnitt relativ hoch ist. Die Korrelation zwischen Schulnote und "objektiven" Schulleistungstests liegt zwischen .58 und .90 (vgl. die Übersicht bei Hofer, 1986, S. 192; Hanke, Lohmöller & Mandl, 1975; Hoge & Coladarci, 1989). Die Streuung in bezug auf verschiedene Lehrer ist allerdings hoch.

STEREOTYPISIERUNG, LEHRERKOGNITIONEN UND LEHRERVERHALTEN

Wenn der Prozeß der Eindrucksbildung abgeschlossen ist, halten Lehrer relativ stabil an ihrem Urteil fest, allerdings gibt es Unterschiede in bezug auf verschiedene Kategorien und Merkmale (Brophy & Good, 1974; Ingleby & Cooper, 1974). Es gibt aber auch Untersuchungen, die zeigen, daß die Kategorisierung von Schülern von Variablen des schulischen Kontextes und damit verbunden unterschiedlichen Zielsetzungen über die Zeit hin variieren kann:

Morine-Dershimer (1978) ließ 10 Lehrer der Klassen 1, 3 und 5 der Sonderschule ihre Schüler nach dem Gesichtspunkt der Ähnlichkeit sortieren. Die Gruppierungsaufgabe wurde mehrmals im Laufe des Schuljahres vorgegeben. Die Gesichtspunkte der Schülergruppierung veränderten sich über die Zeit je nach den Veränderungen der Aufgaben des Lehrers. Dabei wurden Leistungsgesichtspunkte im Laufe des Schuljahres immer wichtiger.

Die vorherrschende Tendenz von Lehrern, am einmal getroffenen Urteil (Stereotyp) relativ stabil festzuhalten, wird durch den Einsatz von Abwehrmechanismen erreicht. So werden z. B. Korrekturen bei der Wahrnehmung von Merkmalen, auf die sich die neue Information bezieht, vorgenommen, um den Gesamteindruck aufrechterhalten zu können (Shore, 1969) oder erwartungswidriges Verhalten wird durch entsprechende Ursachenzuschreibung stimmig gemacht.

Es gibt eine Fülle von Studien, die nachweisen, daß Lehrer bei erwartungswidriger Leistung von guten und schlechten Schülern unterschiedliche Ursachenzuschreibungen vornehmen. Sind schlechte Schüler entgegen der Lehrererwartung erfolgreich, so wird ihre Leistung verstärkt auf Zufall zurückgeführt, also external variabel attribuiert, entspricht ihre schlechte Leistung der Erwartung, wird internal stabil attribuiert. Bei guten Schülern ist das Attributionsmuster umgekehrt (Boteram, 1976; Brophy & Good, 1974; vgl. die Überblicksdarstellung von Mietzel, 1982). Dabei kann die Lehrererfahrung einen Einfluß auf das Attributionsmuster nehmen (Clarridge & Berliner, 1991).

Interessant ist, daß Lehrer die Ursache für Erfolg und Mißerfolg vorrangig auf Begabung oder Anstrengung des Schülers zurückführen, also in der Person des Schülers begründet sehen, eventuell auch das Milieu verantwortlich machen (Fischer, 1982; Arbeitsgruppe Schulforschung, 1980). Schüler dagegen nehmen ihr Leistungsverhalten als in starkem Maße schul- und lehrerbeeinflußt wahr und setzen das eigene, selbst als mangelhaft empfundene Lernverhalten in bezug zu unterrichtlichen Bedingungen (Arbeitsgruppe Schulforschung, 1980).

Ebenso liegen Untersuchungen vor, die einen Zusammenhang zwischen der Ursachenzuschreibung für Schulleistung und dem Lehrerverhalten aufzeigen: So loben z. B. Lehrer internal attribuierten Erfolg von Schülern mehr als external attribuierten (Allmer, 1987). Sie zeigen Mitleid und hilfreiches Verhalten Schulversagen gegenüber, das sie auf mangelnde Begabung zurückführen, dagegen Ärgerreaktionen, wenn sie dieses durch

Faulheit begründet sehen (Butler, 1994; vgl. Hofer, Dobrick, Tacke, Pursian, Grobe & Preuss, 1982). Auf diese Weise kann erklärt werden, daß Lehrer sich auch den einzelnen Schülertypen gegenüber unterschiedlich verhalten. Im allgemeinen interagieren Lehrer häufiger mit guten Schülern als mit schlechten, loben letztere seltener und tadeln sie häufiger. Es gibt aber auch Studien, in denen eine Bevorzugung guter Schüler nicht nachweisbar war und solche, in denen Lehrer sich in besonderer Weise schlechten Schülern zuwandten (Brophy & Good, 1974; Rosenthal, 1975; Garner & Bing, 1973b; Brooks & Wilson, 1978).

Die Widersprüchlichkeit dieser Ergebnisse ist wahrscheinlich dadurch bedingt, daß - wie Hofer schon 1986 aus handlungstheoretischer Perspektive darlegte - die Entscheidung eines Lehrers, sich einem bestimmten Schüler gegenüber in einer bestimmten Weise zu verhalten, nicht allein durch die Stereotypisierung oder das Attributionsmuster erklärt werden kann, sondern vom Zusammenwirken einer Reihe von Kognitionen des Lehrers abhängt: Von seinen *Zielen*, seinen *Erwartungen*, den entsprechenden *Leistungsattributionen*, aber auch von den *antizipierten Erfolgsaussichten* möglicher Maßnahmen. Diese Kognitionen lassen sich auch im Denken von Lehrern identifizieren (Clark & Peterson, 1986).

Die Ziele, die Lehrer verfolgen, richten sich in erster Linie auf die Kontrolle über das Unterrichtsgeschehen sowie auf die Beeinflussung der Schülerleistung (Cooper & Baron, 1979). Da die Gefahr, diese Ziele nicht erreichen zu können, bei verschiedenen Schülertypen unterschiedlich groß ist, erklärt sich auch daraus das unterschiedliche Verhalten schlechten und guten Schülern gegenüber. So wird z. B. beim schlechten Schüler, der auch als disziplinarisch auffällig beurteilt wird, die Gefahr, die Kontrolle über Schülerleistung und Unterrichtsverlauf zu verlieren, als besonders groß antizipiert. Die häufigen negativen Reaktionen diesem Schülertyp gegenüber werden daraus verständlich (Silberman, 1969; Hofer, Simons, Weinert, Zielinski, Dobrick, Fimpel & Tacke, 1979; Hofer et al., 1982; Garner & Bing, 1973a; Calderhead, 1981).

In bezug auf das Ziel, die Schulleistung von Schülern zu beeinflussen, werden Lehrer ihr Verhalten auf Ursachen ausrichten, die sie für veränderbar halten. Für nicht beeinflußbar halten Lehrer geistige Fähigkeiten und das Milieu von Schülern, für beeinflußbar dagegen die allgemeine Arbeitshaltung, das Interesse am Unterricht und die Anstrengungsbereitschaft (Rheinberg, 1975; Hofer et al., 1979; Cooper & Burger, 1980).

Die Analysen von Lehrergedanken (z. B. Wahl, Schlee, Krauth & Mureck, 1983) zeigen, daß Lehrer die Effektivität möglicher Maßnahmen in Hinblick auf ihre Zielvorstellungen antizipieren. Je nachdem mit welcher Maßnahme ein Lehrer glaubt, sein Ziel erreichen zu können, wird er unterschiedliche Maßnahmen einsetzen (Cooper, 1983; Hofer & Dobrick, 1981). Auch weil Lehrer bei verschiedenen Schülertypen unterschiedliche Maßnahmen als effektiv einschätzen, erklärt sich das unterschiedliche Verhalten diesen gegenüber. Lehrer stellen z. B. Schülern, die sie für wenig begabt halten, im Vergleich zu solchen, die sie für begabt halten, mehr direkte Fragen, dagegen stellen sie seltener direkte Fragen bei ängstlichen Schülern, weil sie denken, daß ängstliche Schüler durch Fragen verunsichert würden, nicht aber unbegabte Schüler (Hofer et al., 1982).

Der Nachweis von Beziehungen zwischen Schülertyp und Lehrerverhalten ist zwar notwendig, aber nicht hinreichend zur Erklärung von Erwartungseffekten. Von einem Erwartungseffekt spricht man erst dann, wenn nachweislich nicht Schülermerkmale, sondern allein die Erwartung des Lehrers eine Leistungssteigerung oder ein Versagen verursacht.

In der klassischen Untersuchung von Rosenthal und Jacobson (1968) entwickelten sich die Schüler besonders positiv, von denen den Lehrern gesagt worden war, daß bei ihnen aufgrund besonders guter Testergebnisse ein "Aufblühen" zu erwarten wäre. In Wirklichkeit waren aber diese Schüler nach dem Zufall ausgewählt worden. Die Ergebnisse der zahlreichen Untersuchungen zur Überprüfung des Pygmalioneffektes sind nicht eindeutig. Häufig wurden Erwartungseffekte nachgewiesen, es gibt aber auch Untersuchungen, in denen sich nur schwache oder keine Effekte zeigten (Brophy & Good, 1974; vgl. Hofer, 1986; Jussim, 1989, 1992; Dumke, 1977; Saracho, 1991; Lissmann, 1988).

In ihrer bekannten Arbeit zur Lehrer-Schüler-Interaktion unterschieden Brophy und Good (1974) deshalb zwischen drei Lehrertypen, die sich hinsichtlich der Wahrscheinlichkeit, Erwartungseffekte zu produzieren, unterscheiden. Der "überreaktive" Lehrer, bei dem die Wahrscheinlichkeit hoch ist, unterscheidet sich von den anderen beiden Typen, dem reaktiven und dem proaktiven Lehrer, durch eine besondere Starrheit in der Stereotypisierung. Die Autoren gehen davon aus, daß nur ein Lehrer dieses Typs einen Prozeß auslöst, der beim Schüler zur Übernahme eines ungünstigen Attributionsmusters durch den Lehrer führt und in der Folge zu einer Absenkung des Leistungsselbstbildes und der Lernmotivation, wodurch schließlich der tatsächliche Leistungsabfall - die sich selbst erfüllende Prophezeiung - bedingt ist.

Der proaktive Lehrer unterscheidet sich neben einer hohen Bereitschaft zur Korrektur einmal gebildeter Stereotype auch durch seine Zielsetzung von den anderen beiden Typen. Da er auch den schlechten Schüler nicht aufgegeben hat, sondern ihn fördern will, setzt er gerade bei diesem verstärkt pädagogische Maßnahmen ein.

Die Diskussion um den Pygmalioneffekt ist in jüngster Zeit wieder aufgeflammt. So kritisiert Chow (1990a, b) in seiner Analyse der "Erwartungseffektforschung", daß in den verschiedenen Studien der Begriff Erwartung unterschiedlich definiert wurde, und fordert Untersuchungen, die die gesamte Kette von der Erwartung über das Lehrerverhalten hin zum Schülerverhalten überprüfen. In seiner Entgegnung räumt Rosenthal (1990) ein, daß es sich bei Erwartungseffekten um eher schwache Effektgrößen handelt. Er legt aber auch überzeugend dar, daß auch solche, eher selten auftretende Effekte, im Einzelfall von großer Bedeutung sind.

Zum Aufbrechen von negativen Erwartungseffekten wäre es u. a. notwendig, bei Lehrern die Flexibilität der Schülerwahrnehmung zu verbessern und damit die Korrigierbarkeit der erfolgten Stereotypisierung zu erhöhen; ebenso müßte die Motivation, auch schlechte Schüler zu fördern, gestärkt werden. Einige wenige Arbeiten mit dieser Zielsetzung liegen vor (Rheinberg & Krug, 1993; McAllister, 1990; Jussim, 1990).

Es fehlen aber Längsschnittstudien, die die Bedingungen untersuchen, unter denen sich Schüler erwartungswidrig entwickeln. Innerhalb des untersuchten Bedingungsgefüges müßten u. a. Lehrerurteile, Lehrerkognitionen sowie die Lehrer-Schüler-Interaktion erfaßt werden, um den relativen Einfluß der Stereotypisierung abschätzen und eventuell entsprechende Lehrerbildungsprogramme entwickeln zu können.

Das Stereotyp des schlechten Schülers: Ergebnisse aus dem SCHOLASTIK-Projekt

Andreas Helmke

Wenn man von Stereotypen spricht, meint man damit verallgemeinerte, auf Zusammenhänge zwischen Personenmerkmalen bezogene Erwartungen, die sich durch eine hohe Stabilität und Rigidität auszeichnen. Sie weisen insofern häufig auch den Charakter der Schablonenhaftigkeit auf, indem sie weniger mit den realen Phänomenen, auf die sie sich eigentlich beziehen, verknüpft sind, sondern mehr Ausdruck von vorgefaßten Meinungen, subjektiven Theorien und Vorurteilen sind. Es wäre allerdings verfehlt, Stereotypen durchweg als negativ und schädlich anzusehen. In bestimmten zentralen Lebensbereichen ist eine detaillierte und veridikale Orientierung über bestimmte Sachverhalte unabdingbar, in vielen anderen mag sie angesichts der Begrenztheit der Informationsverarbeitung und zur Ermöglichung wirksamen Handelns störend, ja schädlich sein.

Daß stereotype Erwartungen im Kontext der Schule im allgemeinen und bezogen auf Schulleistungen und Schulversagen von großer Bedeutung sind, ist offenkundig und wird durch eine reichhaltige empirische Literatur in verschiedenen Forschungstraditionen gestützt (vgl. Sander, i. d. Bd.): in der allgemeinen sozialpsychologischen Forschung zu Stereotypen (Macrae, Stangor & Hewstone, 1996; Lee et al., 1996), in der Forschung zu Lehrererwartungen (vgl. Brophy, 1979, 1983, 1986; Brophy & Good, 1970, 1986), zum Schulversagen und zu Lernstörungen (Sander, 1981, 1983; Zielinski, 1996), zu diagnostischen Kompetenzen und Urteilsfehlern von Lehrern und ihren Bedingungen (vgl. Ingenkamp, 1989; Kleber, 1992; Schrader, 1989, 1996; Schrader & Helmke, 1987, 1990), zu subjektiven Theorien von Lehrern über Schüler (Hofer, 1969, 1986), zu Lehrerkognitionen (Hofer, 1981a; Dobrick & Hofer, 1991; Bromme, 1992b) bis hin zu allgemeinen Untersuchungen zum Bild des "schlechten Schülers" oder des Schulversagers (vgl. Höhn, 1967/1980).

Unser Interesse richtet sich im folgenden auf einen eingeschränkten Bereich aus diesem breiten Spektrum. Wir wollen uns auf zwei für die Erklärung der Schulleistungen im allgemeinen und des Schulversagens besonders verbreitete Typen stereotyper Erwartungen, die auch von Wahl, Weinert & Huber (1984) betont werden, konzentrieren: (1) ihre Stabilität über die Zeit und ihre Prognostizierbarkeit sowie (2) ihre Globalität. In diesen Bereichen wollen wir jeweils die mit Hilfe von Tests objektiv erfaßten Schulleistungen den korrespondierenden Lehrerurteilen gegenüberstellen.

Stabilität: Wer schlecht ist, bleibt auch schlecht. Mit dieser Aussage (die natürlich spiegelbildlich auch für leistungsstarke Schüler gilt) ist der Aspekt der zeitlichen Stabilität des schulischen Leistungsniveaus und zugleich die zentrale Frage dieses Kapitels angesprochen. Es geht also um die zeitliche Persistenz der Schulleistungen, erfaßt durch Testleistungen auf der einen Seite und durch Lehrerurteile bzw. Noten auf der anderen Seite. Man weiß aus der bisherigen Forschung, daß die Schulnoten über die Zeit hinweg eine große Konstanz aufweisen. Die empirische Basis zur Langfristabilität von Testleistungen ist angesichts der relativ geringen Zahl von Längsschnitten allerdings weniger reichhaltig; dies gilt insbesondere für die Grundschule. Die erste Frage dieses Kapitels ist somit: Wie stabil sind interindividuelle Differenzen in den schulischen Leistungen?

Wie genau schätzen Lehrer (in Form von Noten) die Stabilität der Leistungsrangreihe in ihrer Klasse ein, verglichen mit der auf Testwerten basierenden Rangreihe? Sind interindividuelle Differenzen in den Noten im Verlauf der Grundschule stabiler als diejenigen in den Testleistungen? Und schließlich: Zeigen sich Klassenunterschiede im Ausmaß dieser Stabilität?

Prognostizierbarkeit: Ein von der so skizzzierten Stabilität unterscheidbarer Aspekt betrifft die Vorhersagbarkeit des späteren Schulerfolgs bzw. der Schullaufbahn. Ein verbreitetes (Vor?)Urteil lautet hier: *Wer ein guter oder schlechter Schüler wird, läßt sich bereits zu Beginn der Schulzeit durch den geschulten Blick des Pädagogen voraussagen.* Die Literatur zur Frage der diagnostischen und prognostischen Kompetenz von Lehrern und zur Gegenüberstellung von statistischer vs. klinischer Urteilsbildung ist außerordentlich reichhaltig, und der entsprechende Forschungsstand kann hier auch nicht annähernd ausgebreitet werden (vgl. Sander, in diesem Buch). Eines der beherrschenden Themen ist die Frage nach der Güte von Entwicklungsprognosen durch die Lehrer (vgl. Heller, 1995). Wir wollen dies überprüfen, indem wir untersuchen, wie eng frühe Prognosen (in der 1. Klasse) der Leistungsentwicklung durch die Lehrer mit der tatsächlichen Schullaufbahn - Verbleiben in der Hauptschule vs. Wechsel aufs Gymnasium - zusammenhängen, und ob sich gute von schlechten Prognostikern unterscheiden lassen.

Globalität: Wer in einem Fach schlecht ist, ist es auch in anderen. Damit ist die Frage der Bereichsspezifität angesprochen: Wie eng hängen Schulleistungen in verschiedenen Hauptfächern (wir haben Deutsch und Mathematik ausgewählt) miteinander zusammen? Folgt die Entwicklung während der Grundschulzeit dem Prinzip der *Differenzierung*, d. h. einer zunehmenden Entkoppelung des Zusammenhangs zwischen der Leistungsstärke in beiden Fächern? Wiederum soll auch hier gefragt werden, in welchem Maße die Sichtweise der Lehrer (dokumentiert durch die Zeugnisnoten) den "objektiven", auf den Schulleistungen basierenden Kennwerten entspricht.

METHODE

Design und Stichprobe der Schüleruntersuchung von SCHOLASTIK wurden bereits im Eingangskapitel beschrieben, und die Schulleistungstests im Rechtschreiben (Schneider), in Mathematik (Stern) sowie die motivationalen und konativen Schülervariablen (Helmke) sind im Anhang dargestellt. Ich beschränke mich deshalb im folgenden auf Aspekte der Lehrerbefragung. Die Lehrer/innen waren gegen Mitte der 1. Klassenstufe gebeten worden, für alle Schüler/innen ihrer Klasse eine Prognose der weiteren Schulleistungsentwicklung abzugeben. Gegen Ende der 1. Klasse erfolgten zusätzlich bereichsspezifische Einschätzungen der Leistungsstärke aller Schüler in den Bereichen Deutsch und Mathematik durch die Lehrkräfte. Ab der 2. Klasse liegen uns die Beurteilungen des Leistungsstandes der Schüler in Form der Jahresendnoten vor. Zusätzlich wurden alle Schüler hinsichtlich der Ausprägung einiger zentraler schulleistungsrelevanter motivationaler Merkmale beurteilt: Lernfreude, Aufmerksamkeit im Unterricht und Leistungsangst. Diese Lehrerangaben, zusammen mit den Schülertestleistungen, den korrespondierenden Fragebogenangaben der Schüler sowie der uns vorliegenden Angaben zu ihrer Schullaufbahn nach Abschluß der Grundschule stellen die Datenbasis dieses Kapitels dar.

Stabilität der Schulleistungen

Tabelle VIII.1 enthält die Stabilitäten, und zwar jeweils separat für die beiden Fächer Mathematik und Deutsch sowohl für die Noten als auch für die korrespondierenden Testleistungen. Um die Stabilität der Schulleistungen besser einschätzen zu können, berichten wir zusätzlich auch Stabilitäten schulleistungsrelevanter motivationaler Merkmale und des Lernverhaltens (vgl. Helmke, i. d. Bd.) sowie der Beurteilung ausgewählter Schülermerkmale durch Lehrer.

Tabelle VIII.1: *Stabilität individueller schulischer Leistungen und schulleistungsrelevanter Faktoren (N = 607)*

	1. - 2. Klasse gleicher Lehrer	2. - 3. Klasse **Lehrerwechsel**	3. - 4. Klasse gleicher Lehrer	2. - 4. Klasse **Lehrerwechsel**	1. - 4. Klasse **Lehrerwechsel**
SCHÜLERDATEN					
Tests					
Intelligenz					.52
Mathematik		.76	.71	.72	
Rechtschreiben		.67	.74	.59	
Motivation					
Selbstkonzept in Mathematik		.69	.67	.50	
Selbstkonzept in Deutsch		.54	.63	.41	
Lernfreude in Mathematik		.62	.68	.46	
Lernfreude in Deutsch		.54	.62	.34	
Lernverhalten					
On-task-Verhalten insges.		.27	.51	.19	
Off-task-Verhalten (passiv)		.26	.37	.19	
On-task-Verhalten (aktives Engag.)		.46	.61	.33	
Volitionale Lernstörg. (häusl. A.)		.46	.58	.42	
LEHRERDATEN					
Noten					
Mathematik	.64	.71	.80	.65	.55
Deutsch	.66	.71	.83	.70	.60
Heimat- und Sachkunde		.59	.79	.59	
Schülerbeurteilungen durch Lehrer					
Aufmerksamkeit	.63	.57	.68	.54	.53
Lernfreude	.61	.55	.68	.49	.46
Leistungsangst	.41	.17	.41	.24	.23

Anmerkung: Korrelationen > .17 sind auf dem 5%-Niveau, Korrelationen > .22 auf dem 1%-Niveau signifikant. Leere Felder bedeuten: keine Erhebungen.

Es können und sollen nicht alle in der Tabelle berichteten Korrelationen interpretiert und kommentiert werden, sondern ich beschränke mich auf übergreifende Trends und Muster in den Ergebnissen:

(1) Die Korrelationen der Schulleistungen im Verlauf der Grundschule sind sehr stabil. Interindividuelle Differenzen bleiben während des gesamten Verlaufs der Grundschule also in hohem Maße erhalten.

(2) Die Stabilität der Noten und der Testleistungen weichen nur geringfügig voneinander ab. Dieses Ergebnis stützt also *nicht* das Vorurteil, Lehrerurteile seien im Mittel durch eine höhere Stabilität als Testleistungen gekennzeichnet, zeichneten sich diesbezüglich also durch eine hohe Stereotypie aus.

(3) Auch für wichtige leistungsrelevante Selbstkonzepte und Lerneinstellungen sind substantielle Stabilitäten, auch über einen Zeitraum von zwei Jahren hinweg, zu beobachten - wesentlich stärker als beispielsweise die bei älteren Schülern (5. und 6. Jahrgangsstufe) gefundenen Werte (vgl. Helmke, 1992).

(4) Der in Bayern nach der 2. Klassstufe obligatorische Lehrerwechsel scheint - auf den ersten Blick erwartungswidrig - kaum destabilisierende Wirkungen zu haben. Hätte er sie, dann sollten die Stabilitäten von 2. zur 3. Klassstufe (Lehrerwechsel) geringer als diejenigen von der 3. zur 4. Klasse (gleicher Lehrer) sein. Dagegen unterscheiden sich die Stabilitäten weder bezüglich der Schulleistungen noch der Lehrereinschätzungen von Aufmerksamkeit und Lernfreude nennenswert voneinander. Zwei bemerkenswerte Ausnahmen von diesem Muster sind zum einen das (mit Hilfe eines niedrig-inferenten Beobachtungssystems erhobene) Aufmerksamkeitsverhalten der Schüler (vgl. zu diesem Ergebnis ausführlich Helmke & Renkl, 1993) sowie die aus Lehrersicht beurteilte Leistungsängstlichkeit. Hier zeigen sich klare Brüche in der Stabilität: Im Falle der Lehrerbeurteilung der Leistungsängstlichkeit ihrer Schüler deutet dies auf eine starke idiosynkratische Komponente der Angstbeurteilung bzw. auf ausgeprägte subjektive Theorien der Leistungsangst und ihrer Erscheinungsformen hin. Dagegen ist die Diskrepanz zwischen Lehrerurteil ("weiche Daten") vs. beobachteter ("harte Daten") Schüleraufmerksamkeit schwer zu erklären.

In einem zweiten Schritt wollen wir - zur gleichen Fragestellung: der Stabilität - die bisherige korrelative und variablenzentrierte Sichtweise um Verlaufsanalysen ergänzen. Unser Ziel war zu erfahren, welche Gruppen während des gesamten Grundschulzeitraums bezüglich ihres Leistungsniveaus stabil bleiben, und bei welchen Gruppen Wandel - Auf- oder Abwärtsmobilität - zu verzeichnen ist.

Für solche Fragen ist die Clusteranalyse - als ein personzentriertes Verfahren - eine besonders geeignete Methode (zur Verwendung intraindividueller Variabiliätsmaße als Alternative vgl. Spiel, i. d. Bd.). Datenbasis für den Einsatz dieses Verfahrens waren die Schulleistungen (klasseninterne Position in den beiden Hauptfächern Deutsch und Mathematik). Da in diesem Abschnitt Urteilstendenzen von Lehrern (in Form von Milde-, Strenge- o. ä. Tendenzen) außer Betracht bleiben sollen (vgl. Ingenkamp, 1971; Roeder, Baumert, Sang & Schmitz, 1986), standardisierten wir beide Noten *innerhalb jeder Klasse* und bildeten anschließend einen Gesamtwert. So verfuhren wir mit den Schuljahresabschlußnoten ab der 2. Klassstufe; für die 1. Klassstufe zogen wir die bereichsspezifischen Einschätzungen der Erstklaßlehrer heran. Basis der Clusteranalyse über alle Zeitpunkte sind also die für jeden Schüler von der 1. bis zur 4. Klassstufe vorliegenden vier Werte, die die relative Leistungsposition eines Schülers bezogen auf die Verteilung in seiner Klasse kennzeichnen.

Wir verwendeten das Verfahren der hierarchischen Clusteranalyse (Ward-Algorithmus). Die üblichen Kriterien für die Wahl einer bestimmten Cluster-Lösung legen im vorliegenden Falle eine 3-Cluster-Lösung nahe (der Erklärungszuwachs beträgt von 1 auf 2 Cluster 12.2%, von 2 auf 3 Cluster 4.8%, von 3 auf 4 Cluster 2.2%, von 4 auf 5 Cluster 2.2%, von 5 auf 6 Cluster 2.1%). Das Ergebnis der Drei-Cluster-Lösung ist in Abbildung VIII.1a dargestellt und läßt sich robust im Sinne der obigen Erwartung - "Wer schlecht ist, bleibt es auch" (und vice versa) - interpretieren.

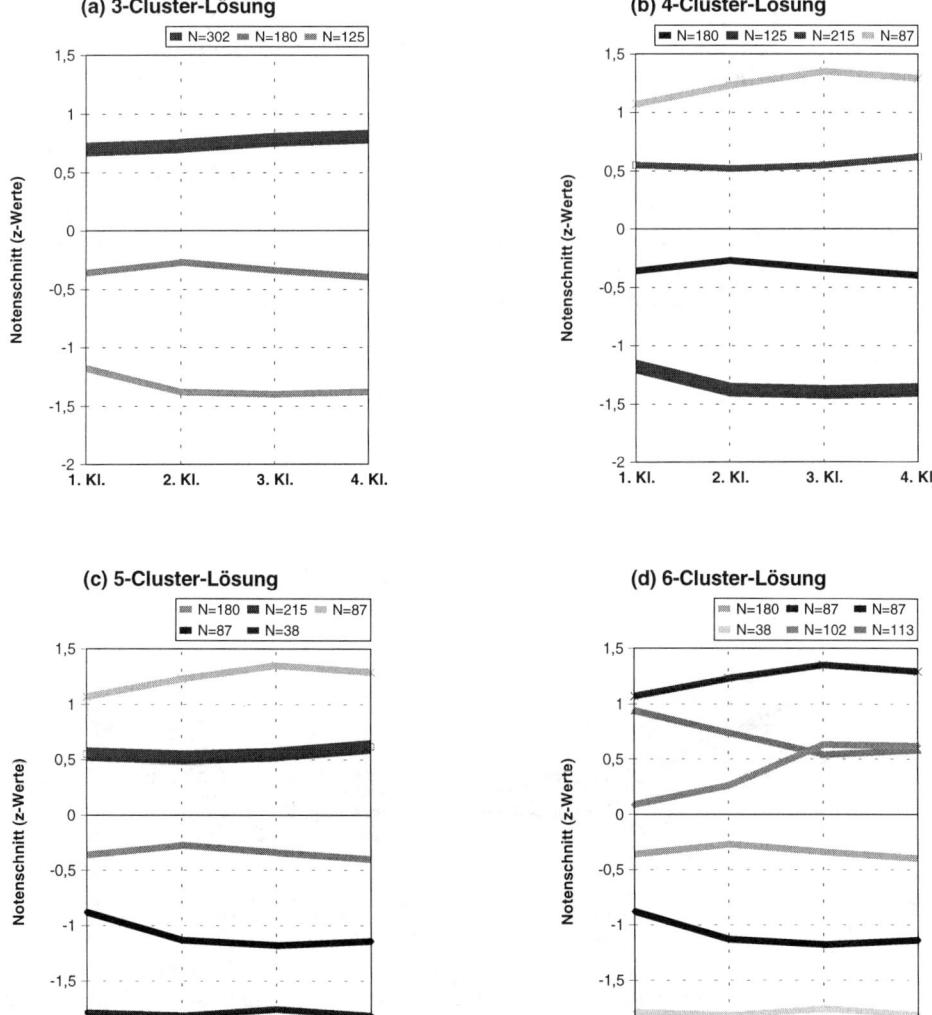

Abbildung VIII.1: Leistungsverläufe in der Grundschule: Ergebnisse verschiedener Clusterlösungen.

In der 3-Cluster-Lösung zeigen sich drei Schülergruppen, die ihr anfängliches Niveau während der gesamten Grundschulzeit ("durch die Bank") halten; es findet sich sogar die Andeutung einer leichten Scherentendenz - die anfänglich besonders leistungsschwachen Schüler erholen sich nicht nur nicht, sondern werden ab der 2. Klasse sogar tendenziell noch schlechter! Erst wenn man sich von den Prinzipien, die für die Wahl einer bestimmten Clusterlösung traditionellerweise empfohlen werden, aus exploratorischen Gründen löst, wird klar, daß es natürlich auch Auf- und Absteiger geben muß - andernfalls müßten die Stabilitätskoeffizienten ja Werte um 1 aufweisen. Die Abbildungen VIII.1b (4-Cluster-Lösung) bis VIII.1d (6-Cluster-Lösung) machen deutlich, welche zusätzlichen Verlaufstypen sich bei einer Variation der vorgenommenen Clusterlösung ergeben.

Zuerst (Abb. VIII.1b) teilt sich die Gruppe der konstant leistungsstarken Schüler (s. die dicke Linie oben) in zwei Subgruppen ebenfalls nahezu konstant guter vs. sehr guter Schüler. Die 5-Cluster-Lösung (Abb. VIII.1c) bringt eine ähnliche Aufsplittung der leistungsschwachen Schüler in extrem vs. mäßig leistungsschwache Schüler. Erst bei der 6-Cluster-Lösung (Abb. VIII.1d) differenziert sich die Gruppe der konstant leistungsstarken Schüler in je eine Auf- und eine Absteigergruppe. Bei allen Vorbehalten gegen die mit Clusteranalysen notorisch verbundene Beliebigkeit der Entscheidung über die "richtige" Clusterzahl erscheint es aus exploratorischer Sicht dennoch bemerkenswert, daß sich bei einer Erhöhung des Auflösungsgrades zeigt, daß sich hinter einer vermeintlich konstant leistungstarken Gruppe zwei antagonistische Verlaufsgestalten verbergen können.

Da das Interesse dieses Kapitels vor allem den "schlechten" Schülern gilt, wollen wir das Leistungs-Verlaufsprofil der besonders leistungsschwachen Schülergruppe im Hinblick auf einige zentrale motivationale Entwicklungstendenzen ergänzen. Abbildung VIII.2a zeigt die Ergebnisse:

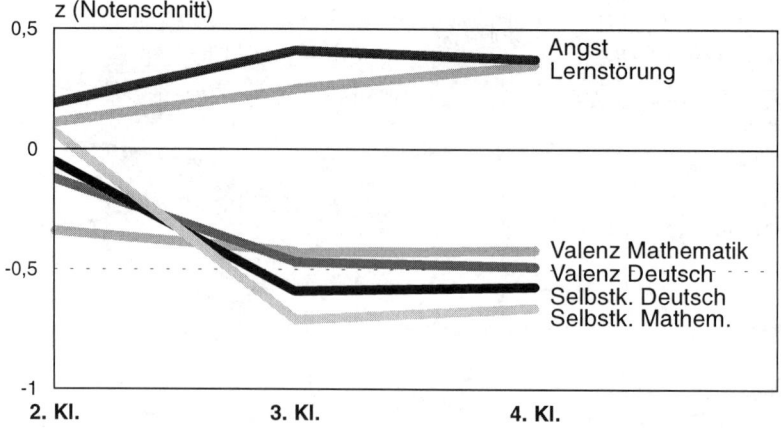

Abbildung VIII.2a: Motivationales Verlaufsprofil konstant leistungsschwacher Schüler (N = 125; Basis: klasseninterner Notenschnitt in den Fächern Deutsch und Mathematik).

Mit Ausnahme einer geringen Lernfreude in Mathematik (z-Wert von -.34) unterscheidet sich diese Schülergruppe in der 2. Klassenstufe zunächst noch nicht signifikant vom Durchschnitt der Schüler. Mit Ausnahme der nahezu linear zunehmenden Häufigkeit von Lernstörungen (vom Typ der volitionalen Defizite bei der Hausaufgabenerledigung, "procrastination") verläuft die motivationale Entwicklung sprunghaft negativ bis zur 3. Klasse, um dann bis zum Ende der Grundschule auf diesem Niveau zu verbleiben.

Abbildung VIII.2b zeigt die korrespondierenden Verläufe für die Testleistungen. Der Leistungsabfall erscheint hier, verglichen mit dem der motivationalen Merkmale, leicht abgeschwächt.

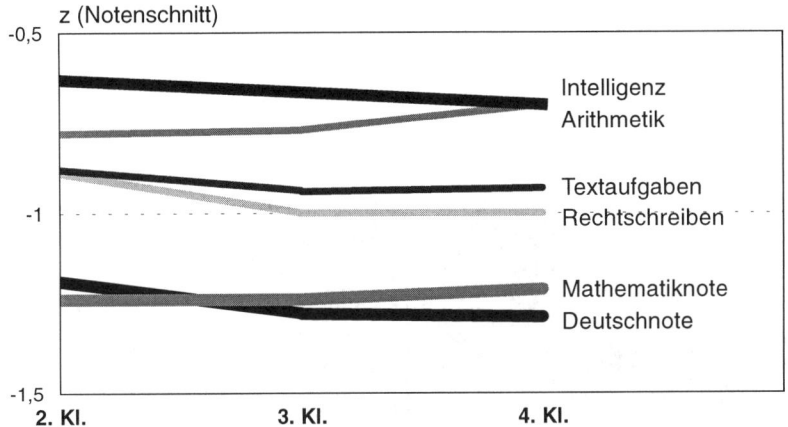

Abbildung VIII.2b: Kognitives Verlaufsprofil konstant leistungsschwacher Schüler (N = 125; Basis: klasseninterner Notenschnitt in den Fächern Deutsch und Mathematik).

Es zeigt sich also ein bemerkenswerter Unterschied im Entwicklungsmuster kognitiver Variablen (relativ hohe Niveaustabilität) im Gegensatz zu der Verlaufsgestalt der meisten motivationalen Variablen. Wie ist das zu erklären? Möglicherweise ist der Hauptgrund für diese Diskrepanz, daß in diesem Altersbereich die dominante Kausalrichtung von der Leistung auf die Motivation geht, d. h. daß sich die Leistungsentwicklung - mit einer bestimmten zeitlichen Verzögerung - auf die Motivationsentwicklung auswirkt, und nicht umgekehrt. Für diese Annahme sprechen auch die von van Aken, Helmke & Schneider (i. d. Bd.) berichteten Ergebnisse.

Bisher war von "der" Stabilität der Schulleistungen (hier: der Durchschnittsnote) die Rede; wir sind also von der Fiktion einer generellen, unabhängig von der Klassenzugehörigkeit zu beobachtenden Stabilität ausgegangen. Ist diese Annahme legitim? Es gibt gute Gründe für die Annahme, daß sich zwischen Klassen variierende Faktoren - wie Unterrichtsstil, Leistungsstreuung, und eben auch das Ausmaß stereotyper Einstellungen und Erwartungen seitens der Lehrer - auf die Stabilität auswirken sollten.

Unser Interesse gilt deshalb zunächst der Frage, ob es überhaupt Variationen zwischen Klassen bezüglich der Stabilität der Noten gibt und wie stark Klassenunterschiede in der Notenstabilität mit der Stabilität der Testleistungen zusammenhängen. Abbildung VIII.3 zeigt die Ergebnisse, geordnet nach der Höhe der Testleistungs-Stabilitäten (von der 3. zur 4. Klassenstufe).

Die Abbildung macht dreierlei deutlich: Einerseits liegen die Stabilitäten bezüglich der Noten bei der Mehrzahl der Klassen oberhalb von $r = .80$, was das bereits beschriebene Bild bestätigt. Andererseits ist es bemerkenswert, daß ein beachtliches Spektrum gegeben ist, das von $r = .56$ bis $r = .92$ reicht. Vergleicht man die Stabilitäten der Noten (graue Farbe) und Testleistungen (schwarze Färbung), dann wird offenkundig, daß von einer perfekten Kovariation keine Rede sein kann. Klassen mit extrem hoher Stabilität der interindividuellen Differenzen aus Lehrersicht (z. B. die äußerste rechte Klasse in Abb. VIII.3, $r = .92$) sind nicht notwendigerweise auch Klassen mit ebenso starker Konstanz der Testleistungen (ebenfalls die Klasse rechts außen, $r = .77$). Die Korrelation zwischen beiden Stabilitäten beträgt lediglich $r = .35, p < .05$.

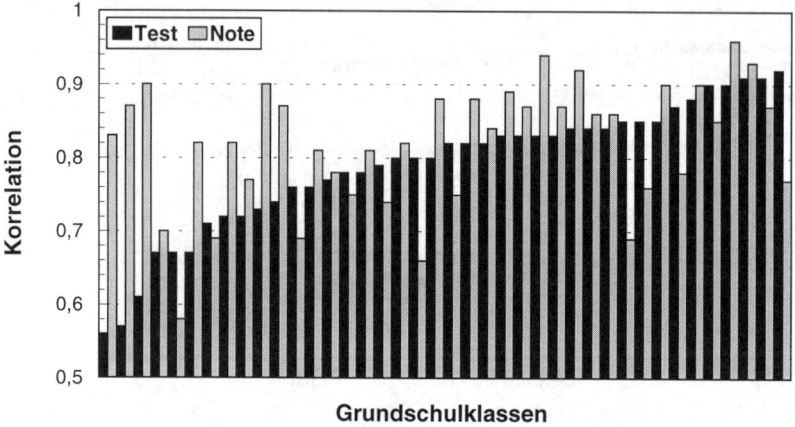

Abbildung VIII.3: Klassenunterschiede in der zeitlichen Stabilität der Testleistungen und der Noten von der 3. zur 4. Klasse.

Prognose

Sind Grundschullehrer gute Prognostiker? Legt man die Einschätzungen der voraussichtlichen weiteren Leistungsentwicklung der Schüler durch die Erstklaßlehrer zugrunde und vergleicht diese mit der tatsächlichen Schulbiographie nach Beendigung der Grundschule, d. h. nach Abschluß der 4. Klassenstufe, dann ergibt sich das in Abbildung VIII.4 gezeigte Bild.

Günstig eingeschätzte Schüler (positives Rating, von +1 bis +4) besuchen zu einem weit überwiegenden Prozentsatz 3½ Jahre später auch das Gymnasium. Oder umgekehrt ausgedrückt: Nur ein winziger Bruchteil der späteren Gymnasiasten hatte von den Erstklaßlehrern eine ungünstige Entwicklungsprognose erhalten. Ein wenig anders sieht das Bild hinsichtlich der künftigen Hauptschüler aus: Hier gibt es eine größere Quote von Schülern, deren Potential für ihre künftige Leistungsentwicklung positiv eingeschätzt wurde und die gleichwohl "nur" auf die Hauptschule gehen. Hier muß allerdings beachtet werden, daß der Realschulzweig in Bayern erst mit der 7. Klassenstufe beginnt, der Hauptschuljahrgang nach der Grundschule somit noch erheblich breiter ist als in Ländern, in denen das dreigliedrige Schulsystem bereits ab der 5. Klassenstufe realisiert wird. Dies könnte den höheren Prozentsatz künftiger Hauptschüler mit guter Leistungsprognose erklären: Es könnten Schüler sein, die von vornherein auf die Realschule orientiert waren.

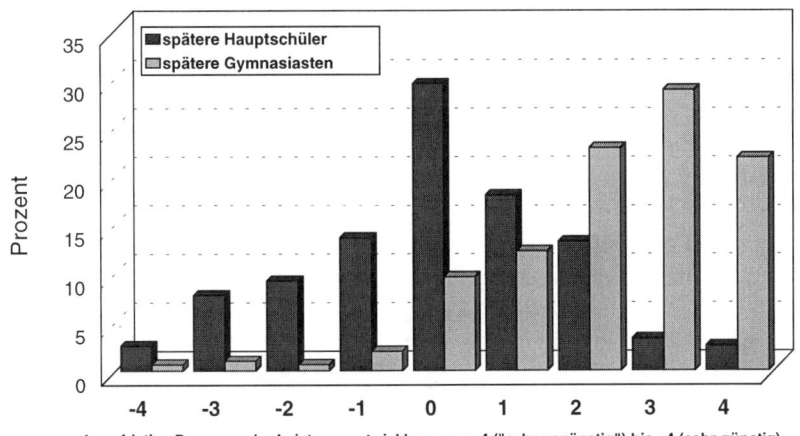

Abbildung VIII.4: Lehrerprognosen (in der 1. Klasse) der Leistungsentwicklung und tatsächliche Schullaufbahn nach Abschluß der Grundschule.

Ein alternatives Maß zur Prognose der künftigen Schulbiographie ist die Korrelation der bereichsspezifischen Einschätzungen des Leistungsniveaus in Deutsch und Mathematik zu Beginn der Grundschule mit den korrespondierenden objektiven Testleistungen am Ende der 4. Klasse. Tabelle VIII.2 zeigt die Ergebnisse.

Tabelle VIII.2: *Prognostische Validität des Lehrerurteils: Korrelationen zwischen den bereichsspezifischen Einschätzungen der Schüler durch die Lehrer in der 1. Klasse und den Testleistungen am Ende der 4. Klasse*

	DEUTSCHTEST (Ende 4. Klasse)		MATHEMATIKTEST (Ende 4. Klasse)	
LEHREREINSCHÄTZUNG (1. Kl.)	Rechtschreiben	insgesamt	Arithmetik	Textaufgaben
Deutsch	**.54**	.43	.35	.36
Mathematik	.40	**.52**	.38	.49
Prognose insges.	.49	.45	.36	.39

Anmerkung: Alle Korrelationen sind auf dem 1%-Niveau signifikant von Null verschieden.

Auch hier zeigen sich substantielle Zusammenhänge über den Zeitraum von drei Jahren hinweg. Grundschullehrer scheinen somit, legt man unsere Daten zugrunde, wesentlich erfolgreichere Prognostiker zu sein, als manche Skeptiker ihnen dies bescheinigen möchten.

Globalität

Die wesentlichen Ergebnisse zur Frage der Globalität sind in Tabelle VIII.3 dargestellt. Es zeigt sich, daß die Lehrerangaben (in der 1. Klassenstufe Ratings, ab 2. Klassenstufe Noten) zwar im Niveau durchwegs etwas höher liegen als die tatsächlichen Schülerleistungen; das Ausmaß dieses Unterschiedes ist jedoch geringfügig.

Tabelle VIII.3: "Inter-Domän"-Korrelationen zwischen verschiedenen Inhaltsgebieten (hier: Leistungen und leistungsbezogene Motive/Einstellungen in Deutsch vs. Mathematik) zur Überprüfung der Bereichsspezifität

		Korrelation **zwischen** den korrespondierenden Variablen in Deutsch und Mathematik	
		SCHÜLERDATEN (Tests / Fragebögen)	LEHRERANGABEN (Noten / Ratings)
Schulleistungen	1. Klasse		.64
	2. Klasse	.54	.58
	3. Klasse	.54	.67
	4. Klasse	.57	.64
Selbstkonzepte	2. Klasse	.24	
	3. Klasse	.50	
	4. Klasse	.43	
Lernfreude	2. Klasse	.20	
	3. Klasse	.42	
	4. Klasse	.33	

Anmerkung: Leere Felder bedeuten: keine Erhebungen.

Bemerkenswert und entgegen den Erwartungen ist, daß es keinerlei Hinweise dafür gibt, daß sich der Zusammenhang zwischen den Leistungen in den Hauptfächern während der Grundschulzeit lockert; vielmehr kann man sowohl auf Lehrer- als auch auf Schülerseite eher von einem Plateau sprechen.

Auch bezüglich bereichsspezifischer Selbstkonzepte und Valenzen (Lernfreude) kann von einer Entwicklung im Sinne einer stetigen Differenzierung und somit abnehmenden Zusammenhängen zwischen den Fächern keine Rede sein. Vielmehr ist von der 2. zur 3. Klassenstufe ein Anstieg zu beobachten (Veränderungen der Reliabilität als Ursache können ausgeschlossen werden) und ab 3. Klasse sogar eine leicht fallende Tendenz. Dieses Ergebnismuster stützt nicht die Annahme eines Prinzips einer Differenzierung (vgl. Markus & Wurf, 1987; Shavelson, Hubner & Stanton, 1976) und entspricht ebenfalls nicht dem aus entwicklungspsychologischen Untersuchungen in angloamerikanischen Ländern bekannten Resultat einer zunehmenden Distinktheit und Multidimensionalität leistungs- und kompetenzbezogener Einstellungen und Selbstkonzepte (vgl. Harter, 1983; Eccles, Wigfield, Harold & Blumenfeld, 1993). Woran dies liegen könnte, wird zur Zeit noch nicht voll verstanden.

AUSBLICK

Wir haben uns in diesem Kapitel auf relativ robuste und einfache Maße der Stabilität beschränkt. Dabei hat sich gezeigt, daß die Entwicklung der Schulleistungen während der Grundschulzeit - trotz des Lehrerwechsels nach der 2. Klasse - durch ein hohes Maß an Stabilität interindividueller Differenzen gekennzeichnet ist. Das zu Beginn der Grundschulzeit vorfindbare Leistungsniveau bleibt weitgehend erhalten. Dies spiegelt sich auch in den betreffenden Diagnosen und Prognosen durch die Grundschullehrer wider, deren Güte und Genauigkeit in einem bemerkenswerten Kontrast zu vielfach gehörten Vorurteilen und negativen Einschätzungen von prognostischen Lehrerkompetenzen stehen.

Natürlich bieten sich, aufbauend auf den bisherigen Analysen und unter Benutzung des SCHOLASTIK-Datensatzes, vielfältige interessante Zusatzauswertungen an, die wir hier aus Platzgründen nicht darstellen können. Nur eine, besonders interessante Auswertungsperperpektive sei hier angedeutet: Es könnte reizvoll sein, in weiterführenden Analysen unseres Datensatzes komplexe Maße der Stereotypenneigung und der Sensibilität gegenüber interindividuellen Unterschieden bei kognitiven wie motivationalen Schülermerkmalen zu entwickeln (vgl. Schrader & Helmke, 1987; Schrader, 1996). Drei Typen ließen sich bei einer Gegenüberstellung von Noten vs. Testergebnissen unterscheiden: (1) Sensibilität gegenüber aktuellen interindividuellen Unterschieden (Basis: die konkurrenten klassenspezifischen Korrelationen), (2) Sensibilität gegenüber Distinktheit (d. h. gegenüber bereichsspezifischen Unterschieden im Leistungsniveau) und (3) Sensibilität gegenüber Veränderungen im Laufe der Zeit (Vergleich der Stabilitäten auf der Basis der klasseninternen Rangordnung der Noten verglichen mit derjenigen der Testleistung).

Das Stereotyp des schlechten Schülers: Kommentar

Christiane Spiel

Wie sowohl die Literaturübersicht von Sander als auch die empirischen Analysen von Helmke (beide i. d. Bd.) verdeutlichen, konnten stereotypisierende Wahrnehmungen von Schülern durch Lehrer zwar wiederholt belegt werden, jedoch sind die Untersuchungsergebnisse so heterogen, daß wir uns davor hüten müssen, selbst vorschnell stereotype Annahmen über Schülerstereotype bei Lehrern zu entwickeln. Vielmehr sind vermehrt differenzierte längsschnittliche Analysen zu fordern (siehe auch Chow, 1990a; Sander i. d. Bd.), welche dem Prozeßcharakter möglicher Stereotypenbildung Rechnung tragen unter Einbeziehung von Persönlichkeitsvariablen und Verhaltensweisen auf Lehrer- und Schülerseite inklusive des engeren und weiteren sozialen Settings.

Der vorliegende Beitrag verfolgt dabei im wesentlichen zwei Intentionen: Erstens, und das ist die primäre Aufgabe, sollen die von Helmke durchgeführten Analysen zum Stereotyp des schlechten Schülers in Relation zur vorliegenden Literatur diskutiert werden; - dafür stellt der Literaturüberblick von Sander eine wertvolle Ausgangsbasis dar - zweitens wird parallel dazu versucht, speziell zum methodischen Vorgehen bei derartigen Studien einige allgemeinere Anregungen zu geben, die über den von Helmke vorgelegten Beitrag hinausgehen.

Als Vorbemerkung sei noch angemerkt, daß die Diskussion sehr "datennah", d. h. den einzelnen Schritten des Vorgehens von Helmke folgend, geführt wird. Sie gliedert sich daher in Anmerkungen zur Themenwahl, theoretischem Zugang, Fragestellungen, methodischem Vorgehen und Ergebnissen. Abschließend werden eine Zusammenfassung und ein kurzer Ausblick gegeben.

Themenwahl. Wie die reichhaltige empirische Literatur zu Lehrererwartungen und -kognitionen aus unterschiedlichen Forschungstraditionen belegt (siehe Sander, i. d. Bd.), ist das Thema stereotyper Erwartungen von Lehrern und deren Bedeutung für Schulleistungen ständig aktuell und es ist aufgrund potentieller Konsequenzen hinsichtlich Schulversagen auch ein Handlungsbedarf gegeben (siehe z. B. Rheinberg & Krug, 1993). Insofern ist, wenn auch die SCHOLASTIK-Studie zur Grundlagenforschung zu rechnen ist und damit nur indirekte Hinweise zur praktischen Umsetzung der Ergebnisse im Schulalltag liefern kann, die Wahl dieses Untersuchungsschwerpunktes sehr zu begrüßen. Dabei soll ein Vorteil der Untersuchung von Helmke gegenüber der Mehrheit der Studien zum Thema Stereotyp gleich zu Beginn hervorgehoben werden, nämlich der längsschnittliche Ansatz der Studie, in welche Daten aus allen vier Grundschuljahren eingehen.

Theoretischer Zugang - Untersuchungsfeld. Wenn man das Untersuchungsfeld zur Entstehung und Wirkung stereotyper Erwartungen von Lehrern grob skizziert (siehe Abb. VIII.5), gehören sowohl Persönlichkeitsmerkmale von Lehrern und Schülern inklusive der bisherigen "Erfahrungen" mit Stereotypen dazu, die einander wechselseitig beeinflussen können und damit das Interaktionsverhalten inklusive des Stereotypisierungsprozesses mitbestimmen, wie auch die Umfelder Klasse, Schule und Gesellschaft. Zusätzlich ist dem Prozeßcharakter des Geschehens Rechnung zu tragen.

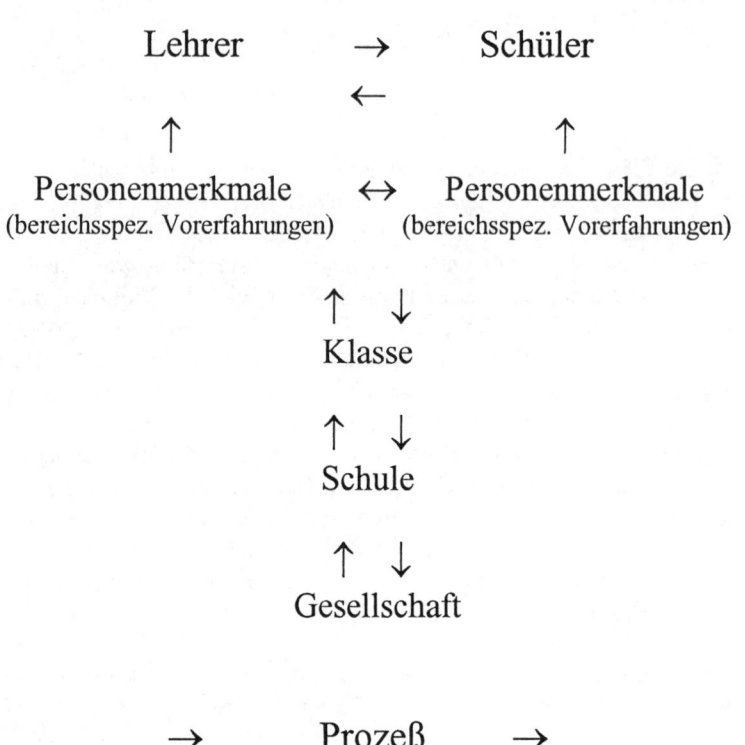

Abbildung VIII.5: Untersuchungsfeld zur Entstehung stereotyper Wahrnehmungen und stereotypen Verhaltens von Lehrern.

Nach der Literaturübersicht von Sander (i. d. Bd.) wurden bisher in erster Linie Personenmerkmale von Lehrern, deren Kognitionen, impliziten Persönlichkeitstheorien und Verhaltensweisen untersucht. Persönlichkeitsmerkmale der Schüler wurden vor allem aus der Sicht der Lehrer erhoben, was eine Aussage, ob deren Einschätzungen Konsequenzen vorangegangener Stereotypisierungen sind oder nicht, verunmöglicht. Über die Effekte näherer (Klasse, Schule) und fernerer (Gesellschaft) sozialer Umfelder liegen kaum Angaben vor.

Insofern ist Helmke in seinem Beitrag einen, vom "Mainstream" der Untersuchungen zur Stereotypisierung abweichenden Weg gegangen. Personenmerkmale der Lehrer wurden ausgeblendet, ebenso der Stereotypisierungsprozeß selbst, dagegen wurden Schülermerkmale - sowohl aus Lehrer- als auch aus Schülersicht - einbezogen. Daten dazu liegen, wie bereits erwähnt, aus allen vier Grundschulklassen vor. Des weiteren wurden auch klassenvergleichende Analysen durchgeführt.

Trotz des längsschnittlichen Charakters der Studie wurde hier deskriptiv und nicht explikativ vorgegangen. Allerdings liefert eine ausführliche Beschreibung der Daten die Voraussetzung für deren mögliche Erklärung.

Fragestellungen. Helmke ist in seinen Analysen an drei speziellen Aspekten stereotyper Erwartungen von Lehrern hinsichtlich Schülerleistungen interessiert: an Stabilität, Prognostizierbarkeit und Globalität. Für jeden dieser drei Aspekte liegen sowohl Lehrerangaben vor - in welchen sich potentielle Stereotype niederschlagen sollten - als auch objektive Testdaten. Vergleiche der längsschnittlichen Verläufe der beiden Datengruppen sollten Informationen darüber liefern, ob und in welchem Umfang Stereotypisierungsprozesse stattfinden.

Während in Helmkes Analysen die Schulnoten quasi als Produkt und Ergebnis von Lehrererwartungen und Schülerverhalten eingehen, denen objektive Leistungen in Form von Testwerten gegenübergestellt werden können, wurde in früheren Studien mehrheitlich versucht, Lehrerkognitionen zu erfassen, indem die Lehrer aufgefordert wurden, ihre Schüler zu beschreiben, einzuschätzen oder in Rangreihen zu bringen (siehe Sander, i. d. Bd.).

Methodisches Vorgehen. Das methodische Vorgehen von Helmke soll - wie bereits einleitend erwähnt - im folgenden ausführlicher diskutiert und verschiedene Auswertungsalternativen und -ergänzungen vorgeschlagen werden. Ausgangspunkt für jede Analyse bilden Untersuchungsdesign, Fragestellungen und die vorliegenden Daten. Daher wird im ersten Schritt auf die Helmke zur Verfügung stehenden Daten, ihre Qualität und inhaltliche Bedeutung eingegangen.

Die Daten bestehen aus den Ergebnissen objektiver Tests, Beurteilungen der Schüler durch Lehrer (Noten, Einschätzungen) und Selbsteinschätzungen der Schüler. Während objektive Tests punktuelle Messungen darstellen, und ihre Qualität damit von den klassischen testtheoretischen Gütekriterien Reliabilität und Validität bestimmt ist, basieren Schülerbeurteilungen durch Lehrer auf Beobachtungen über einen längeren Zeitraum, der im Falle der Zeugnisnoten das ganze Schuljahr umfaßt. D. h. die Beurteilungen stellen quasi Durchschnittswerte aus einer Serie von Einzelbeobachtungen dar.

Auch für die Selbsteinschätzungen der Schüler kann angenommen werden, daß die Angaben sich auf einen gewissen Zeitraum beziehen und nicht punktuell sind. Jedoch sind Selbsteinschätzungen von Kindern und Jugendlichen als weniger konsistent und strukturiert anzunehmen als solche von Erwachsenen (siehe Spiel & Kreppner, 1991) und basieren vermutlich auf kürzeren Beobachtungsintervallen.

Wenn auch das von Helmke gewählte Vorgehen - Vergleiche objektiver Tests mit Selbsteinschätzungen von Schülern und Beurteilungen durch Lehrer - im Kontext Schule durchaus gebräuchlich ist, kann von einer Äquivalenz der drei Datenquellen nicht ausgegangen werden.

Ein weiterer Aspekt hinsichtlich Vergleichbarkeit der drei Informationsquellen betrifft deren Variabilität. Während Schulnoten theoretisch sechsstufig sein können, wobei in der Praxis der Grundschule eine extrem schiefe Verteilung vorliegt mit einer Bevorzugung von sehr guten und guten Noten und seltener bis keiner Verwendung von nicht genügender Beurteilung (siehe z. B. Spiel, 1995), ist die Variabilität des Abschneidens in Schulleistungstests im allgemeinen wesentlich höher. Diese Unterschiedlichkeit kann Konsequenzen für die Stabilitätswerte haben.

Die Prüfung normativer Stabilität oder Positionsstabilität (Kagan, 1980) mittels zeitversetzter Korrelationen ist zwar das in der Literatur gebräuchliche Vorgehen und garantiert damit Vergleichbarkeit mit anderen Studien, jedoch dürfen die Ergebnisse nicht überinterpretiert werden. So können z. B. hinsichtlich Schulnoten Deckeneffekte auftreten, was zu einer Verminderung der Stabilitätswerte führt. Ferner bedeutet hohe

Stabilität nicht automatisch, daß gleich große intraindividuelle Veränderungen vorliegen, sondern nur, daß die Rangplatzverteilung erhalten bleibt (siehe Rogosa, Brandt & Zimowski, 1982). So könnte es durchaus der Fall sein, daß trotz relativ hoher Stabilitätswerte in den objektiven Testdaten die Kinder unterschiedliche intraindividuelle Leistungszuwächse zeigten. Einige Autoren (z. B. Asendorpf, 1990a, 1992) schlagen deshalb die Verwendung individueller Konsistenzmaße vor. Es wird daher angeregt, als Ergänzung zu den Stabilitätsprüfungen derartige Konsistenzmaße zu verwenden oder die intraindividuelle Variabilität z. B. mittels Standardabweichung über die vier Schulstufen zu ermitteln (Spiel, in Vorbereitung).

Die Verwendung von Clusteranalysen zur Gruppierung der individuellen Verläufe ist ein kreatives und für die gegebene Fragestellung geeignetes Vorgehen. Wie die Ergebnisse zeigten, unterscheiden sich die verschiedenen Cluster nur im Niveau, jedoch nicht im Profilverlauf. Offensichtlich dominieren die Niveauunterschiede mögliche Entwicklungsdifferenzen. Erst die sechs-Clusterlösung zeigt auch Verlaufsunterschiede.

Die Clusteranalyse als Typisierungsverfahren bietet jedoch verschiedene Strategien an, auch diese zu identifizieren. Eine Variante wäre, anstelle von Distanzmaßen Ähnlichkeitsmaße zu verwenden, wodurch eine Gruppierung der Versuchspersonen nach Profilverläufen erfolgt, während Niveauunterschiede ausgeblendet werden. Als zweite Möglichkeit bietet sich an, jede Versuchsperson individuell zu standardisieren, wodurch ebenfalls Niveauunterschiede unterdrückt werden, und diese standardisierten Maße in einer neuerlichen Clusteranalyse zu verwenden (siehe Spiel, 1988). Eine dritte Vorgehensvariante wäre die Clusterung von Änderungswerten.

Die Ergebnisse derartiger Analysen wären (für alle drei vorgeschlagenen Methoden) Cluster von Schülern, die sich in den Verlaufsmustern der Schulnoten über die vier Grundschulklassen unterscheiden und zwar unabhängig von ihrer Leistungshöhe. Im nächsten Schritt könnte dann z. B. untersucht werden, ob sich schlechte Schüler auf die Verlaufscluster gleich häufig verteilen oder überzufällig gehäuft in einem (oder mehreren) Clustern anzutreffen sind. Somit könnte ein derartiges Vorgehen interessante Ergänzungen zu den Ergebnissen der bereits durchgeführten Clusteranalysen bringen.

Außerdem sollte überlegt werden, ob die Verwendung des Gesamtscores aus Deutsch und Mathematik, wodurch die erst im nächsten Schritt untersuchte Globalisation quasi unterstellt wird (die beiden Noten haben maximal 40% der Varianz gemeinsam), nicht durch getrennte Analysen der Deutsch- und Mathematiknoten ergänzt werden sollte.

Sehr interessant ist die von Helmke vorgenommene klassenweise Differenzierung der Stabilitätswerte, die sowohl hinsichtlich Lehrerbeurteilung als auch hinsichtlich Testergebnissen hohe Variabilität zeigen. Die beobachteten Unterschiede können multipel bedingt sein, u. a. durch Lehrervariablen, zu denen auch das Ausmaß stereotyper Einstellungen und Erwartungen zu zählen ist, welche jedoch von klassen- und schulspezifischen Effekten nicht separiert werden können. Eine differenzierte Analyse der Ursachen dieser Variabilität wäre reizvoll und vielversprechend.

Die Prüfung der Frage, ob Lehrer gute Prognostiker der Leistungsentwicklung ihrer Schüler sind, ist nicht nur für den Grundlagenforscher von Interesse, sondern auch von praktischer Relevanz, wenn man die hohe Anzahl durchgeführter Schulreifetests bedenkt. Allerdings ist im konkreten Fall eine Konfundierung mit möglichen Stereotypisierungseffekten nicht auszuschließen, d. h. die Kriterien (Art der weiterführenden Schule bzw. Testleistungen am Ende der vierten Klasse) können durch Lehrererwartungen mitbeeinflußt sein. Allerdings spricht der in Bayern obligatorische Lehrerwechsel nach dem zweiten Schuljahr gegen eine Massierung derartiger Effekte.

In diesem Zusammenhang soll die Entscheidung für die "Art der weiterführenden Schule" als Zielkriterium sehr begrüßt werden. Denn obwohl sie als dichotome Variable ein sehr grobes Maß darstellt, ist sie für die zukünftige Berufslaufbahn und damit den gesamten Lebensweg relevanter als differenzierte Ergebnisse objektiver Tests. Ergänzend wird angeregt, die vor allem in der Biostatistik etablierte Differenzierung von Prognosen hinsichtlich Spezifität (Identifikation der wirklich leistungsstarken Schüler) und Sensibilität (Identifikation der wirklich Leistungsschwachen) vorzunehmen (siehe z. B. Immich, 1974). Nach den Ergebnissen von Helmke ist die Spezifität der Lehrerurteile deutlich besser als deren Sensibilität.

Ergebnisse. Kurz zusammengefaßt sprechen die von Helmke durchgeführten Analysen gegen die Annahme, daß Lehrerbeurteilungen von Schülern durch hohe Stereotypie gekennzeichnet sind, d. h. deutlich höhere Stabilität aufweisen als objektive Testleistungen. Es ist daher zu fragen, wie zuverlässig diese Ergebnisse sind, und ob eventuell durch die Wahl des methodischen Vorgehens Artefakte vorliegen können.

Wie bereits im vorigen Abschnitt erläutert, ist Helmke auf der einen Seite bei der Wahl der Stabilitätsmaße den in der Literatur gebräuchlichen Weg gegangen und hat auf der anderen Seite z. B. durch Einsatz von Clusteranalysen eher unübliche, aber zur untersuchten Fragestellung passende Verfahren eingesetzt. Auf eine Reihe alternativer bzw. ergänzender Analysemöglichkeiten wurde bereits ausführlich hingewiesen. Daher soll hier nur ein Aspekt, der mögliche Effekte auf die von Helmke berichteten Ergebnisse haben kann, noch einmal aufgriffen werden: die unterschiedliche Variabilität in Schulnoten und Testdaten und die anzunehmenden Deckeneffekte bei ersteren, welche zu einer Unterschätzung der Stabilitätswerte führen können. Genauere Aussagen darüber sind nur durch detaillierte Inspektion der Verteilungen in allen relevanten Variablen möglich.

Eine mögliche Erklärung für die geringen Unterschiede in den Stabilitäten von Lehrerurteilen und Testdaten könnte auch durch den in einigen Arbeiten berichteten Pygmalioneffekt gegeben sein (siehe Sander i. d. Bd.), d. h. die Schüler könnten Attributionsmuster ihrer Lehrer übernommen haben, was in der Folge zu einer entsprechenden Modifikation ihrer Leistungen führte.

ZUSAMMENFASSUNG UND AUSBLICK

Generell kann der von Helmke vorgelegten Arbeit sowohl Relevanz hinsichtlich der gewählten Fragestellung als auch Kreativität im methodischen Vorgehen bescheinigt werden. Auch die Ergebnisse sind sehr interessant, da sie zunächst einmal gegen ein gängiges Klischee sprechen. An dieser Stelle soll darauf hingewiesen werden, daß es sich bei den Analysen zum Sterotyp des schlechten Schülers um einen Teilbereich eines Großprojekts handelt, und die Besonderheit der SCHOLASTIK-Studie in ihrer Komplexität und der dadurch möglichen Vernetzung von Einzelaspekten besteht. Der vorliegende Datensatz stellt damit eine Fundgrube für die Bearbeitung interessanter Fragestellungen dar.

Deshalb soll kurz auf einige weitere Auswertungsperspektiven und Fragestellungen hingewiesen werden, die teils innerhalb SCHOLASTIK, teils außerhalb untersuchbar sind. Dazu gehören Differenzierungen von Lehrer- und Schülertypen, wie sie von Helmke bereits in der Diskussion angeregt wurden (siehe auch Sander i. d. Bd.). Dabei wäre auch die Einbeziehung nicht leistungsbezogener Variablen, wie z. B. sozialer Kompetenz oder emotionaler Grundstimmung von Interesse (siehe z. B. Hofmann, 1991; Spiel, 1995). Besonders reizvoll wäre eine Gegenüberstellung so gebildeter Lehrer- und Schülertypen.

Ebenfalls von Interesse wäre eine Prozeßanalyse unter Verwendung differenzierter Daten auf Lehrer- und Schülerseite, eventuell auch unter Einbeziehung klassenspezifischer und schulspezifischer Merkmale z. B. als Kovariablen.

Nachdem, wie Sander (i. d. Bd.) zusammenfaßt, in der Schülerwahrnehmung von Lehrern auf der höchsten Abstraktionsebene im allgemeinen zwei bis maximal drei Schülertypen unterschieden werden können, würde es sich auch anbieten, dem Stereotyp des schlechten Schülers das Stereotyp des guten und des durchschnittlichen Schülers (sofern identifizierbar) gegenüberzustellen und diese hinsichtlich nicht-leistungsbezogener Variablen zu vergleichen.

Die Reihe interessanter Fragestellungen und Analyseperspektiven, die sich beliebig lange fortsetzen ließe, kann als Indikator für den Anregungscharakter der von Helmke vorgelegten Arbeit angesehen werden. Es wäre sehr zu begrüßen, wenn zumindestens einem Teil dieser Untersuchungsaspekte innerhalb von SCHOLASTIK nachgegangen werden könnte.

Kapitel IX

Zielkonflikte in der Grundschule

Literaturüberblick:
Hanns Petillon

Ergebnisse aus dem SCHOLASTIK-Projekt:
Friedrich-Wilhelm Schrader, Andreas Helmke & Hans Dotzler

Kommentar:
Jürgen Baumert

Zielkonflikte in der Grundschule: Literaturüberblick

Hanns Petillon

Ziele im Primarbereich sind in der Regel Aussagen zu erwünschten Leistungen der Institution Grundschule im Hinblick auf die Entwicklung der betroffenen Kinder. Zielkonflikte, im Sinne einer Unvereinbarkeit konkurrierender Zielsetzungen, lassen sich dabei nach inhaltlichen, sozialen und personalen Dimensionen differenzieren:

- *Inhaltliche Inkonsistenz* bezieht sich auf die Unvereinbarkeit von Zieldefinitionen und resultiert aus Divergenzen zwischen anzustrebenden Zielzuständen, aus mangelnder Plausibilität deduktiver Prozesse oder ungenügender Berücksichtigung fachwissenschaftlicher Befunde.
- Die *soziale* Dimension beinhaltet *Zieldissens* in öffentlichen Diskussionen, Lehrerkollegien und Lehrer-Eltern-Interaktionen, die von globalen Zielsetzungen (z. B. Wissenschaftsorientierung vs. Kindorientierung) bis zu detaillierten Ziel-Mittel-Diskursen reichen.
- Die *personale* Dimension beschreibt den subjektiven Umgang mit vorgegebenen Zielsetzungen und damit in Beziehung stehende Konflikte im Bereich des schulischen Alltagshandelns von Lehrerinnen und Lehrern.

Insgesamt erweist sich das Thema "Zielkonflikte" als überaus komplex und vielschichtig und findet sich in unterschiedlichen inhaltlichen Kontexten:

- In kognitionstheoretischen Handlungsmodellen (vgl. z. B. Groeben, 1981; Werbik, 1978) finden Ziele und Ziel-Mittel-Entscheidungen ihren Niederschlag in unterschiedlichen handlungsbezogenen Kognitionen, z. B. bei Erwartungen, Ursachenzuschreibungen oder Handlungsentwürfen. Grundsätzlich ist die Brauchbarkeit des Zielkonstrukts zur Erklärung von Verhalten allerdings noch weitgehend ungeklärt (vgl. Hofer, 1986).
- Auf der Grundlage von Theorien zum Identitätskonstrukt (vgl. z. B. Haußer, 1983; Krappmann, 1975) wird davon ausgegangen, daß Lehrerinnen und Lehrer nach eigenen Zielvorstellungen handeln und versuchen, entsprechende Handlungsergebnisse im Sinne positiver Selbstbewertung reflexiv abzusichern.
- In Analysen zur Qualität von Schulen (vgl. z. B. Steffen & Bargel, 1993) wurde als ein zentraler Aspekt "guter" Schulen die Erarbeitung eines eigenständigen Schulprofils auf der Grundlage einer intensiven Zieldiskussion und eines daraus resultierenden Zielkonsens im Lehrerkollegium ermittelt.
- In Untersuchungen zur Lehr-Lern-Forschung richtet sich die Aufmerksamkeit bei der Analyse zur Vereinbarkeit von Zielen auf die *Wirkungen* des Unterrichts (vgl. z. B. Schrader, Helmke & Dotzler, i. d. Bd.; Gruehn, 1995). Notwendig erscheint dabei eine Verknüpfung entsprechender Lehr-Lern-Modelle mit Submodellen, die subjektive Zielsetzungen und ihre theoretische Vernetzung implizieren (vgl. auch Helmke & Schrader, 1990).

- In Untersuchungen zur Rezeption von Lehrplänen und Richtlinien (vgl. z. B. Haenisch, 1985) finden sich wichtige Befunde zum Umgang mit vorgegebenen Zielsetzungen und subjektiv wahrgenommenen Divergenzen.
- In Diskussionen zur Lehrerausbildung nehmen Fragen nach der Vermittlung von Zielen und Zielreflexion eine bedeutsame Rolle ein (vgl. z. B. Dann u. a., 1987); besonders relevant erscheinen dabei Zielkonflikte im Zusammenhang mit Übergängen zwischen einzelnen Ausbildungsphasen, die unter den Stichworten "Kontinuität" und "Praxisschock" beschrieben werden.

Im folgenden kann lediglich auf zwei Aspekte des Themas eingegangen werden: Zunächst werden globale Zielsetzungen für die Arbeit in der Grundschule und damit in Verbindung stehende Zielkonflikte dargestellt; daran schließen sich einige Anmerkungen zur Perspektive von Lehrerinnen und Lehrern an.

ZIELE DER GRUNDSCHULE AUS HISTORISCHER SICHT

Wir beginnen mit einem kurzen historischen Überblick, um sichtbar zu machen, daß die gegenwärtige Zieldiskussion aus Facetten besteht, die im wesentlichen auf zurückliegende Zielbestimmungen und Reformansätze rekurrieren. Dabei sind zentrale Themen auch für die gegenwärtige Situation von hoher Bedeutung geblieben und bedürfen lediglich einer am neuesten Stand der erziehungswissenschaftlichen Forschung orientierten Konkretisierung. In einem kurzen Abriß wird auf Zielsetzungen im 19. und 20. Jahrhundert eingegangen, die uns zur generellen Zielthematik der heutigen Grundschule führen.

Im 19. Jahrhundert bezogen sich die Erziehungsziele auf die Tugenden des "treuen Staatsdieners": Gehorsam, Pflichterfüllung, Fleiß und Ordnung. "Die Lehrinhalte für die jüngsten Schüler waren begrenzt auf die im späteren Leben von ihnen erwarteten elementaren Kenntnisse und Fertigkeiten in den drei sog. Kulturtechniken Lesen, Schreiben und Rechnen in Verbindung mit religiösen bzw. gesinnungsbildenden Themen" (Horn, 1993, S. 14). Der Unterricht war an dem beherrschenden Formalstufenschema der Herbartianer (Vorbereitung-Darbietung-Verknüpfung-Zusammenfassung-Anwendung) ausgerichtet. Dominierendes Ziel war die Stoffvermittlung. Die außerschulische Lebenswelt der Sechs- bis Zehnjährigen blieb weitgehend unbeachtet. "Am Ende regte sich zusehends Kritik, die zur Veränderung der Schule drängte" (Horn, 1993, S. 14).

In der Reformpädagogik zum Ende des 19. Jahrhunderts kam es zu einer konsequenten Umkehrung der bisherigen Aufgabe der Erziehung mit dem Ziel, das Kind in seiner aktiven Rolle zu sehen, zu verstehen und entwicklungsgemäß zu erziehen bzw. zu unterrichten. Mit einigen Stichwörtern sollen die Grundideen dieser Zeit zusammengefaßt werden (vgl. Potthoff, 1992; Plake, 1991; Scheibe, 1980):

Stichwort "Identität": Dem Kind ist das Recht einzuräumen, seine Individualität zu enfalten (vgl. Korczak: "Das Recht des Kindes, so zu sein, wie es ist"); es soll seine eigenen Anlagen und seine eigene Entwicklung selbst gestalten können (vgl. Montessori:"Hilf mir, es selbst zu tun").

Stichwort "Gegenwartsbezug": Dem Kind wird die Möglichkeit gegeben, sich mit gegenwärtigen Problemen auseinanderzusetzen (vgl. Korczak: "Das Recht des Kindes auf den heutigen Tag"); bei den unterrichtlichen Inhalten ist ein höheres Maß an Lebensbezug herstellen; die Schule öffnet sich im Hinblick auf das Aufsuchen außerschulischer Lernorte.

Stichwort "Handlungsbezug": Arbeit wird als Möglichkeit zur Selbstverwirklichung gesehen (vgl. auch Dewey: "Learning by doing"); in der Eigentätigkeit und originären Auseinandersetzung mit den Dingen des Alltags wird ein wesentlicher Gewinn für die kindliche Entwicklung gesehen.

Stichwort "Soziales Lernen": In der Selbstregulation des Gemeinschaftslebens in Form einer Selbstverwaltung und Selbstkontrolle soll sich ein Sozialleben entwickeln, das die soziale und kognitive Entwicklung in bedeutsamer Weise fördert.

Stichwort "ganzheitliches Lernen": Unter diesem Aspekt soll der Unterricht inhaltlich, vornehmlich aber methodisch umgestaltet werden, um so dem übergreifenden Ziel der Schulung aller Fähigkeiten des Kindes gerecht zu werden (Neuhaus-Simon, 1991, S. 15). Zu diesem Bereich gehört auch das Konzept des "Lernens mit allen Sinnen".

Die Zieldiskussion der Reformpädagogik ging weit über reines Theoretisieren hinaus. Methoden zur Gestaltung der Grundschule als "Lebensstätte" (wie etwa Rhythmisierung des Tagesablaufs an den Bedürfnissen des Kindes, Morgenkreis, Wochenplan, gemeinsames Feiern) wurden praktisch erprobt und zu Zielforderungen kritisch in Beziehung gesetzt. Bestimmt wurde die Konzeptionierung der Grundschule von einem hohen Vertrauen in die Selbstgestaltungsfähigkeit, Selbstkontrolle und den Selbstanspruch des Kindes.

Die entscheidende Weichenstellung für die allgemeine Umsetzung der frühen Reformansätze in die Praxis der Grundschule bestand in der amtlichen Öffnung ihnen gegenüber. Die preußischen Richtlinien von 1921 gewannen einen richtungsweisenden Einfluß auf die Entwicklung in den übrigen Ländern. Eine kleine Passage mag den engen Bezug der Richtlinien zu den Ideen der Reformpädagogik veranschaulichen:

"Die Grundschule als die gemeinsame Schule für alle Kinder der ersten vier Schuljahre hat die Aufgabe, den sie besuchenden Kindern eine grundlegende Bildung zu vermitteln.... Im gesamten Unterricht der Grundschule ist der Grundsatz zur Durchführung zu bringen, daß nicht Wissensstoffe und Fertigkeiten bloß äußerlich angeeignet werden, sondern möglichst alles, was die Kinder lernen, von ihnen innerlich erlebt und selbsttätig erworben wird..... Die Selbstbetätigung der Schüler im Spiel, im Beobachten von Natur- und Lebensvorgängen, namentlich auf Lehrspaziergängen und Wanderungen, ferner in der Ausübung von Handtätigkeiten....., ist ausgiebig für die Zwecke des Unterrichts nutzbar zu machen." (zitiert nach Horn, 1993, S. 17).

Bald nach der Machtübernahme durch die Nationalsozialisten im Jahre 1933 wurde auch die Grundschule konsequent für die neue Ideologie vereinnahmt. Entsprechende staatliche Maßnahmen dienten dem Ziel, die schulische Erziehung als Fundament des politischen Systems auf- und auszubauen. Als Aufgabe für der Grundschule wurde in den Reichsrichtlinien für die Volksschule vom 15.12.1939 bestimmt,

"gemeinsam mit den anderen nationalsozialistischen Erziehungsmächten, aber mit den ihr gemäßen Mitteln, die Jugend unseres Volkes zu körperlich, seelisch und geistig gesunden und starken deutschen Männern und Frauen zu erziehen, die, in Heimat und Volkstum fest verwurzelt, ein jeder an seiner Stelle zum vollen Einsatz für Führer und Volk bereit sind."

Nach dem zweiten Weltkrieg knüpfte die Grundschule zunächst an die reformpädagogischen Ideen der zwanziger Jahre an; Formulierungen in Lehrplänen schlossen sich stellenweise wörtlich an die Richtlinien von 1921 an. Ende der 60er Jahre bis etwa 1975 kam es auf der Grundlage einer generellen Kritik an der Rückständigkeit der deutschen Schulen zu einer zweiten Reform der Grundschule. Der deutsche Bildungsrat forderte, mit Vorrang die Veränderung der Grundschule zu betreiben, die als Primarbereich konzipiert werden sollte. Besonders folgenreich für die Gestaltung der Curricula in der Grundschule war die Forderung nach *Wissenschaftsorientierung*, die in den siebziger Jahren unter dem Einfluß anglo-amerikanischer Curriculumtheorien vom Deutschen Bildungsrat für alle Schulstufen aufgestellt wurde. Dabei konnte das Kriterium für die Auswahl der Unterrichtsgegenstände nicht - wie in der traditionellen Grundschule- in erster Linie das Interesse des Kindes sein, "sondern ebenso die Bedeutung eines Gegenstandes innerhalb der Wissenschaft. Dementsprechend wandeln sich die Lernziele und Lerninhalte des Unterrichts" (Neuhaus-Siemon, 1991, S. 22). Weiterhin stellte der Deutsche Bildungsrat fest, daß "entdeckendes Lernen, selbständiges und kooperatives Arbeiten, Schulung im Problemlösen... als Verfahren und Prozesse des Lernens ebenso wichtig sind wie die zu erlernenden Inhalte selbst" (1970, S. 133). Die Grundschule wurde in den siebziger Jahren als Ort der geplanten Lernprozesse mit dem Ziel größtmöglicher Effektivität betrachtet. Lernen wurde weitgehend auf die kognitive Ebene eingeengt und die soziale, emotionale und motorische Komponente vernachlässigt (Neuhaus-Siemon, 1991, S. 23).

Zwischen 1975 und heute kam es zu einer Überarbeitung und Weiterentwicklung vorliegender Grundschullehrpläne. Dabei traten wieder die Ansprüche und Lernmöglichkeiten der Kinder in den Vordergrund, und frühere Ansätze einseitiger Verwissenschaftlichung wurden korrigiert.

"Die Betonung offener Unterrichtskonzepte steht in engem Zusammenhang mit kindbezogener, handlungsorientierter Förderung unter dem Prinzip des selbsttätigen Lernens, das sich als reformpädagogisches Erbe über die Weimarer Grundschule bis zur Gegenwart mit unverminderter Aktualität ausgewiesen hat." (Horn, 1993, S. 25).

Differenzierung *und* Integration im Sinne sozialen Lernens als zentrale Elemente des Unterrichts sind darauf ausgerichtet, jedes Kind im Hinblick auf seine Lernvoraussetzungen zu fördern und gleichzeitig eine positive Entwicklung des Gruppenlebens zu ermöglichen.

ZIELKONFLIKTE IN DER GRUNDSCHULE

In Weiterführung der Ideen der Reformpädagogik lassen sich unter Berücksichtigung der Ergebnisse der Sozialisationsforschung (Stichwort: "veränderte Kindheit"; vgl. etwa Fölling-Albers, 1991) für die Zieldiskussion universale, ambivalente Grundmuster benennen, die im Hinblick auf Zielkonflikte unter dem Aspekt der Vereinbarungsproblematik besonders relevant erscheinen.

Gegenwart - Zukunft

Die Grundschule heute steht vor einer doppelten Aufgabe. Sie muß nicht mehr nur in die Tradition der Kultur einführen, sondern auch für eine Zukunft befähigen, deren Bestimmung durch immer raschere Veränderungen zunehmend problematischer wird. Dieser Brückenschlag zwischen heute und morgen ist kompliziert und bedarf sorgfältiger Überlegung. Angesichts zunehmender funktionaler Differenzierung und Spezialisierung gesellschaftlichen Wissens wird die Auswahl eines (zeitgemäßen) schulisch an die nachwachsende Generation zu vermittelnden allgemeinbildenden Wissensbereich immer schwieriger. In vielen Fällen fehlen zukunftsrelevante Handlungsperspektiven und damit die Sicherheit, das Gelernte als Qualifikation, als Wissen und Fähigkeit im späteren Leben anwenden zu können (vgl. Gudjons, 1992). Das Prinzip des Lernens für die Zukunft als "Vorratslernen" verliert immer mehr an Überzeugungskraft (Hentig, 1993); es ist offensichtlich, daß in der Summe möglichst detaillierter Fakten nicht der Schlüssel zum Verstehen liegt. Vieles spricht für eine Akzentverschiebung zu Gunsten einer "Sinnstiftung durch Gegenwartserfüllung": Eine reiche Gegenwartserfahrung (Dewey: "Making the present as rich as possible") und der Erwerb eines über Faktenkenntnis hinausgehenden prozeduralen Wissens (Stichwort: "Lernen lernen") enthalten wesentliche Elemente einer adäquaten Vorbereitung auf die Zukunft.

Kind - Gesellschaft

Zunächst ist festzustellen, daß Erziehung und Unterricht nicht ausschließlich unter dem Aspekt der Lebenssicherung einer Gesellschaft zu betrachten sind. Zwar wird es immer eine Gratwanderung bleiben, zwischen Bedürfnissen von Kindern und gesellschaftlichen Erwartungen an die Schule das richtige Maß zu finden, aber angesichts des Fehlens von verbindlichen Werten und Normen in Verbindung mit der Pluralisierung der Lebensverhältnisse und der zunehmend frei verfügbaren Zeit erscheint es notwendig, zunächst die kindlichen *Orientierungsprobleme* in den Mittelpunkt der Grundschularbeit zu rücken (vgl. Hopf, 1993). Hilfe zur Selbsthilfe verzichtet dabei nicht auf eine fundierte Grundförderung etwa im Rechnen und Schreiben, aber es bedarf auch einer Neugewichtung, die die Vermittlung von Orientierungsfähigkeit und Entscheidungssicherheit stärker berücksichtigt: Eigeninitiative, Einfallsreichtum, Teamfähigkeit, die häufig als "Schlüsselqualifikation" (vgl. Bönsch, 1994) genannt werden, spielen hierbei eine besondere Rolle. Die frei verfügbare Zeit bewußt zu planen, mit Manipulationsversuchen (z. B. in der Werbung) kritisch umzugehen und Hilfsmöglichkeiten (z. B. Kommunikationsmedien) in Anspruch zu nehmen, sind als Beispiele für Orientierungskompetenz zu nennen.

Kind - Sache

Einerseits wurde im Hinblick auf den Umgang mit Sachthemen Kritik an einer zu starken Wissenschaftsorientierung geübt und befürchtet, daß die Perspektive des Kindes vernachlässigt wird und "das einer kindlichen Methode Eigene und Gemäße" zurücktritt hinter die Belange "extrem ausgelegter Sachstrenge und Lernzielorientierung" (Schmack, 1981, S. 20); andrerseits wird angemerkt, daß "vor dem Hintergrund einer einseitigen Auffassung von Kindgemäßheit" der Anspruch der Sache reduziert wird (Einsiedler, 1994, S. 38) und eine daraus resultierende ungefähre oder naive Vermittlung von Unterrichtsinhalten sachlogisch und fachlich nicht zu verantworten ist. Über die Berücksichtigung von Kindgemäßheit und Lebensnähe hinaus ist Aufklärungsarbeit dort zu leisten, wo die Provinzialität und Beschränktheit der eigenen Erfahrungen überschritten werden muß und wo die in den subjektiven Erfahrungen verwobenen Probleme erst vor dem Hintergrund zusätzlicher Informationen durchschaubar gemacht werden können (Duncker & Popp, 1993). Der bloße Rückgriff auf Alltagsleben und emotionale Durchdringung steht im Widerspruch zu dem Anliegen, Allgemeinbildung zu vermitteln. So schlägt Einsiedler (1994, S. 41) vor, Schlüsselprobleme aufzugreifen, die vor Ort je nach Aktualität und Lebensbedeutung konkretisiert werden können und gleichzeitig "fachlich korrekte Struktureinsichten und elementare fachliche Arbeitsweisen" ermöglichen.

Freiraum - Grenzziehung

Die Öffnung von Schule und Unterricht vermittelt den Kindern u. a. die Chance, den Unterricht mitzubestimmen und mitzutragen; es werden Handlungsspielräume geschaffen, die eigenständige Entscheidungen über Arbeitsformen und Arbeitsmöglichkeiten zulassen (Stichwort: Freiarbeit, Wochenplanarbeit). Gleichzeitig ergibt sich daraus die Notwendigkeit, die entstandenen Freiräume gerecht zu verteilen und damit im Sinne sozialen Lernens Grenzen zu akzeptieren. Offener Unterricht verlangt klare Vereinbarungen über das Miteinander und erfordert die sorgfältige Planung von Projekten, diszipliniertes Arbeiten und Verläßlichkeit in kooperativen Projekten. "Je offener Unterrichtssituationen sind, d. h. je mehr Entscheidungsmöglichkeiten sie dem einzelnen Schüler zugestehen und zumuten, desto mehr sind diese auf ein klares Regelgerüst und »haltende« Strukturen angewiesen (Garlichs, 1991, S. 41). Kinder brauchen Grenzen, die von ihnen als sinnvoll und gestaltbar erfahren werden können. Grenzen als klare, überschaubare Strukturierungen von Arbeitsabläufen mit Regeln und Ritualisierungen sollen dabei nicht beherrschen, vielmehr leiten, führen, unterstützen und anregen. Das Fehlen von Regeln schafft für die Kinder ständig unüberschaubare Situationen, es verhindert den Erwerb von Handlungsicherheit und begünstigt in vielen Fällen unsoziales Verhalten.

Differenzierung - Integration

Der Prozeß einer zunehmenden Variation von Kindheitsbiographien als herausragendes Merkmal der heutigen Kindheit ist begleitet von einer wachsenden Entwicklungsdifferenzierung in den Lerngruppen der Grundschule (vgl. Fölling-Albers, 1991). Untersuchungen zeigen, daß in einer Schulklasse Leistungsdifferenzen von 3 Schuljahren festgestellt werden können (Rabenstein, Schorch & Treinies, 1989). Im Hinblick auf den daraus resultierenden Individualisierungsanspruch ergeben sich für die Gestaltung von Differenzierungsmaßnahmen zwei Problemfelder: *erstens* die Folgen individualisierender, differenzierender Maßnahmen im Hinblick auf eine Egalisierung der Schülergruppe und *zweitens* die Verknüpfung von Integration und Differenzierung als widerstreitende Zielsetzungen:

(1) Es stellt sich die Frage nach dem "Kreuzungspunkt", an dem die Grenzen der Differenzierungsmaßnahmen hinsichtlich des gemeinsamen Lernfortschrittes erreicht sind, wo nicht der immer wieder zusammenführende, sondern der die Unterschiede entwickelnde, auseinanderführende Effekt stärker wird. Es gilt zu klären, inwieweit gleichzeitig eine Verminderung der Leistungsstreuung (i. S. von Egalisierung) und eine Optimierung der individuellen Leistungsentwicklung möglich ist. Es deutet sich an, daß bei starker Individualisierung die schnellen Lerner in vielen Fällen den langsamen "davonlaufen", ein stärker auf Egalisierung ausgerichteter Unterricht eher zu Lasten der leistungsstärkeren Kinder geht (Gruehn, 1995; Helmke, 1988a).

(2) Differenzierungsmaßnahmen sind in Einklang zu bringen mit den sozialen Ansprüchen einer gemeinsamen Lerngruppe. "Je weiter sich - als Ergebnis gelingender Differenzierung! - die kognitiven Horizonte der Kinder auseinander entwickeln, desto schwieriger wird es, überhaupt noch Unterrichtsvorhaben zu finden, in denen sich Integration ereignen kann, Situationen nämlich, in denen unterschiedliche Individuen über ein gemeinsames Unterrichtsthema sinnvoll miteinander kommunizieren und dabei wechselseitig voneinander profitieren können" (Ramseger, 1994, S. 236).

Es ist darauf hinzuarbeiten, daß sich die Qualität des Unterrichtes auf zwei aufeinander zu beziehende und immer miteinander gültige Erfolgskriterien bezieht. Der Unterrichtserfolg bemißt sich dabei zum einen danach, ob alle nach ihren je spezifischen Voraussetzungen optimal gefördert worden sind und sich möglichst weit entfalten konnten und er bemißt sich gleichzeitig aber auch danach, in welchem Maß die sich unterschiedlich entfaltenden Kompetenzen aufeinander bezogen wurden und die Schülerinnen und Schüler über die "Grenzen ihrer (individuellen) Qualifikationen hinweg miteinander interagieren können" (Schlömerkemper, 1989, zit. nach Ramseger, 1994, S. 237).

Nicht-kognitive - kognitive Entwicklungsförderung

Als bedeutsamer Auftrag der Grundschule gilt die Förderung der kognitiven *und* nichtkognitiven Entwicklung der Kinder. In fast allen Grundschullehrplänen findet sich die Forderung, Selbstkompetenz -, Sach - und Sozialkompetenz anzubahnen. Befunde aus sozialisationstheoretisch orientierten Studien machen deutlich, daß die soziale, emotionale und psychomotorische Entwicklung im außerschulischen Kontext für viele Kinder defizitär verläuft, so daß sich die Grundschule auf die daraus resultierenden veränderten Bedingungen einstellen muß (Petillon, 1994). In Untersuchungen zu einem "multikriterialen" Unterricht deutet sich an, daß kognitive und nicht-kognitive Ziele im Hinblick auf ihre Realisierung nur partiell miteinander vereinbar sind (vgl. Giaconia & Hedges, 1982). Allerdings zeigt sich bei genauer Betrachtung auch, daß die dabei vorgenommene Differenzierung nach kognitiven und nicht-kognitiven Zielen eine grobe Vereinfachung darstellt. Eine angemessene Aufschlüsselung in einzelne Zielkomplexe, hinter denen wiederum weitreichende pädagogische und didaktische Konzepte stehen, würde ein hochkomplexes Feld widerstreitender Größen entstehen lassen.

Eine Differenzierung im nicht-kognitiven Bereich führt zu einzelnen Kategorien, die beispielsweise für soziale Kompetenz übergreifende Zieldimensionen enthalten (z. B. soziale Sensibilität; Konfliktkompetenz, Teamfähigkeit); diese Dimensionen können wiederum in deutlich von einander abgrenzbare Teilkompetenzen aufgeschlüsselt werden. Dieses Beispiel mag als Hinweis auf die Komplexität multikriterialer Zielerreichung genügen. Auf einzelne Zielkonflikte und daraus resultierende Vereinbarkeitsprobleme kann an dieser Stelle nicht eingegangen werden. Es fehlt bisher an integrierenden theoretischen Arbeiten, die einzelne Zielbereiche auf ihre Vereinbarkeit vor allem im Hinblick auf ihre Realisierung systematisch untersuchen und daraufhin überprüfen, ob sie nicht als sich ergänzende Positionen in einem übergeordneten pädagogischen Zusammenhang zu begreifen sind. In empirischen Studien, die sich auf die Wirkungen des Unterrichts richten, deutet sich an, daß Klassen in Grundschulen zu identifizieren sind, bei denen eine Vereinbarkeit von einzelnen kognitiven und nicht-kognitiven Zielen an der Entwicklung der Kinder sichtbar wird (Schrader, Helmke & Dotzler, i. d. Bd.; Gruehn, 1995). Die dabei ermittelten Unterrichtsmerkmale und Mediationsvariablen ermöglichen einen interessanten Einblick in entsprechende Prozeß-Produkt-Gefüge.

ZIELKONFLIKTE
AUS DER PERSPEKTIVE VON LEHRERINNEN UND LEHRERN

Wie gehen Lehrerinnen und Lehrer mit vorgegebenen Zielen um? Ist ihr Verhalten in konkreten Unterrichtssituationen bewußt von Zielen gesteuert? Wie sehen individuelle Zielhierarchien aus? In welchem Ausmaß fließen Zielüberlegungen in die Unterrichtsplanung ein? Wie werden diskrepante Zielsetzungen individuell verarbeitet? Entstehen dabei Konflikte?

Die Beantwortung solcher und ähnlicher Fragen erscheint für die unterschiedlichen Praxisfelder der Grundschulpädagogik - speziell für Konzepte der Lehrerausbildung - äußerst relevant. Die Suche nach konkreten Antworten verläuft allerdings eher enttäuschend. So bleibt die Zieldimension zwar eine häufig genannte Variable zur Erklärung des Lehrerhandelns, eine überzeugende inhaltliche Verortung in einzelnen Modellen zu Lehrerkognitionen (vgl. Hofer, 1986) oder subjektiven Theorien (vgl. Wahl, 1991), die auf einer empirischen Absicherung beruht, steht noch aus. Zwar ist das Zielkonstrukt aus handlungstheoretischer Sicht von zentraler Bedeutung, da angenommen wird, daß Lehrerinnen und Lehrer sich an Zielen orientieren und diese "durch tätiges Handeln abzusichern versuchen" (Rischmüller, 1981, S. 9). Aber die weite "theoretische Strecke" von Zielkognitionen zu konkreten Handlungen kann trotz zahlreicher Verknüpfungen mit anderen handlungsbezogenen Kognitionen nicht überbrückt werden, so daß letztlich trotz aller empirischer Bemühungen die grundsätzliche Brauchbarkeit des Zielkonstrukts zur Erklärung von Verhalten noch weitgehend ungeklärt bleibt (vgl. Hofer, 1986; Bromme, 1992a).

Unter dem Vorbehalt geringer empirischer Absicherung werden im folgenden einige skizzenhafte Aussagen zum Umgang von Lehrerinnen und Lehrern mit Zielen und Zielkonflikten formuliert:

- Aus schulrechtlicher Sicht ist zunächst davon auszugehen, daß sich die Tätigkeit von Lehrern in der Grundschule einer engen Normierung entzieht und ihnen "ein hohes Maß an persönlichem Handlungs- und Urteilsspielraum gegeben wird" (Fauser, 1991, S. 271), der auch die Interpretation, Gewichtung und Realisierung von Zielsetzungen betrifft.

- Wir nehmen an, daß Lehrerinnen und Lehrer vor allem in den ersten Phasen ihrer beruflichen Sozialisation ein Konzept i. S. *berufsspezifischer Identität* entwickeln,

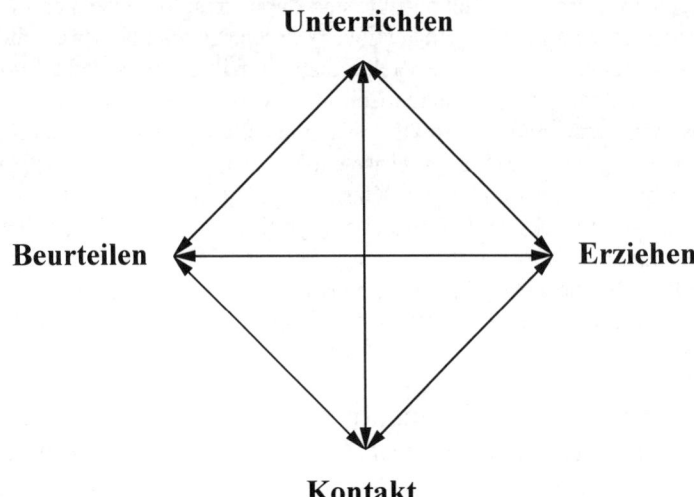

Abbildung IX.1: Anforderungsstruktur für das Tätigkeitsfeld von Lehrerinnen und Lehrern.

das es ihnen ermöglicht, verschiedenartige Zielvorstellungen und damit verbundene Forderungen zu einer sinnvollen Einheit zu integrieren, um unter Berücksichtigung ihrer individuellen Besonderheiten das zu realisieren, was mit dem eigenen Selbstanspruch in Einklang gebracht werden kann. Aus der Betrachtung der *Anforderungsstruktur der* Tätigkeit von Lehrerinnen und Lehrern *(*vgl. Weidenmann, 1978) lassen sich Hinweise auf zentrale Felder für individuelle Zielentscheidungen und damit verbundene Zielkonflikte benennen. Neben den klassischen Aufgabenfeldern der Grundschule wird zusätzlich der Bereich "Kontakt" eingeführt. Hierzu gehören Zielsetzungen, die die zwischenmenschlichen Beziehungen zu einzelnen Kindern betreffen.

Im Umgang mit dieser Anforderungstruktur, die für Lehrerinnen und Lehrer zunächst zahlreiche Zieldivergenzen ausweist, entsteht aus Prozessen der Gewichtung, Zielverschiebung und aus Zielerreichbarkeitsüberlegungen ein globales Zielkonzept, das als latente Größe Handlungen mitsteuert und unmittelbares, quasi-routiniertes Handeln auch unter Zeitdruck und in problematischen Situationen möglich macht. Vor allem bei Handlungen unter Druck setzen eher Routinen ein, die vorstrukturierten "Skripts" folgen und keiner bewußten Zielreflexion bedürfen. Interessante Hinweise zu entsprechenden Algorithmen, die afferente und efferente Steuervorgänge betreffen, finden sich in neuropsychologischen Theorien (vgl. etwa Lurija, 1993).

- Offensichtlich setzen sich Lehrerinnen und Lehrer nach einer Phase der Stabilisierung ihres subjektiven Zielkonzeptes mit globalen Zielen z. B. aus Lehrplänen nur noch in geringerem Maße auseinander (vgl. Befunde von Haenisch, 1985). In einer Studie zu Zielen des sozialen Lernens in den Lehrplänen verschiedener Bundesländer (Petillon, 1993) wurde festgestellt, daß sich nur ein Viertel der Lehrerinnen und Lehrer ausführlich mit den vorgegebenen Lernzielen beschäftigt. Dabei ist zwischen der "Bekundung" der Wichtigkeit Sozialen Lernens und der aktiven Auseinandersetzung mit einzelnen Lernzielen eine große Diskrepanz festzustellen. Im Sinne einer Angleichung an das eigene Zielkonzept werden widerspruchsvolle Globalziele durch leicht erreichbare, kurzfristig einlösbare Handlungsziele ersetzt. Bei näherer Betrachtung wird deutlich, daß nur solche Ziele ausgewählt werden, die sich mit der eher traditionellen Unterrichtsarbeit in Einklang bringen lassen. Es erfolgt eine Auswahl, die ein geringeres Maß an erzieherischer Kompetenz verlangt, oder Ziele werden inhaltlich auf eine Weise reduziert, daß sie über unterrichtstechnische und diziplinfördernde Aspekte kaum hinausgehen. Vieles deutet darauf hin, daß soziale und affektive Ziele in Zielkonzepten einen niedrigeren Stellenwert besitzen, die Vermittlung von deklarativem Wissen dagegen einen zentralen Stellenwert besitzt. Weiterhin ist anzunehmen, daß die Berechtigung dieser Zielentscheidungen durch implizite Wirkungsannahmen und "Zielerreichbarkeitstheorien" selbstwertdienlich abgesichert ist.

- Trotz "Grob-, Richt- und Feinziel-Akrobatik" in der Lehrerausbildung ist in der späteren Praxis eine intensivere Zielreflexion eher selten festzustellen. So zeigen einzelne Untersuchungen, daß sich Lehrerinnen und Lehrer bei Unterrichtsplanungen kaum Gedanken über Ziele machen (Zahorik, 1975; Ax, 1985). Planungsmodelle (wie etwa bei Klafki), mit Zielreflexionen z. B. zur Gegenwarts- und Zukunftsbedeutung des Lerngegenstandes, sind vor allem für "Vorführstunden" gedacht und werden als "Feierabenddidaktik der Modelle" (Meyer, 1980) außerhalb von Ausbildungs- und Prüfungszeiten in der eingeübten Form nicht mehr befolgt (Bromme 1992a, S. 537).

- Subjektive Ziele sind eng mit Erreichbarkeits- und Mittelüberlegungen verknüpft und beziehen sich nur auf solche Zielzustände, die auf der Grundlage impliziter Theorien prinzipiell als erreichbar eingestuft werden (Hofer, 1986, S. 69). Zielkonflikte entstehen häufig nur dann, wenn Ziele in ihrer Wertigkeit eng zusammen liegen, aber gegensätzliche Mittel zu ihrer Erreichung erfordern. Vermutlich werden solche "Zielkonflikte" in vielen Fällen dadurch gelöst, daß die Vereinbarkeitsprobleme lediglich auf der Mittel- und Erreichbarkeitsebene reflektiert werden.

- Nur wenige Untersuchungen versuchen eine Beziehung zwischen verbal geäußerten Intentionen von Lehrerinnen und Lehrern und den tatsächlich beobachteten Handlungen herzustellen. Wo dies geschieht, finden sich erhebliche Diskrepanzen (vgl. Heckhausen, 1966; Tausch & Tausch, 1973).

Bromme (1992a) fordert, den Unterrichtserfolg nicht nur durch die Beobachtung von Lehrerinnen und Lehrern zu erklären, sondern auch deren Perspektive, Entscheidungen und Überlegungen zu berücksichtigen. Allerdings bedarf es dazu der Erforschung "handlungsnaher" Kognitionen, die speziell auch das Zielkonstrukt im Hinblick auf bewußte und unbewußte Steuervorgänge klarer bestimmen. Auf diesem Weg könnte die empirische und theoretische "Lücke" zwischen ziel- und handlungsbezogenen Kognitionen der Lehrerinnen und Lehrer einerseits sowie Unterrichtsqualität und Unterrichtswirkungen andererseits eher überbrückt werden. Dabei könnte es auch zu neuen Formen der Ausleuchtung des bisher eher einseitig kognitionstheoretisch oder "wirkungs-analytisch" gedeuteten Phänomens "Zielkonflikte in der Grundschule" kommen.

Zielkonflikte in der Grundschule: Ergebnisse aus dem SCHOLASTIK-Projekt

Friedrich-Wilhelm Schrader, Andreas Helmke und Hans Dotzler

Der Erfolg schulischen Unterrichts läßt sich an einer ganzen Reihe von Zielkriterien messen. Die fachliche Qualifizierung der Schüler, die vielfach als die zentrale Aufgabe von Schule und Unterricht gesehen wird, hat dabei immer einen herausragenden Stellenwert gehabt. Viele Erziehungstheoretiker und Bildungsforscher haben allerdings seit langem die Auffassung vertreten, daß sich die Ziele von Schule und Unterricht nicht auf die reine Wissensvermittlung beschränken, sondern auch soziales Lernen und den Aufbau von Handlungskompetenzen einbeziehen müßten. In der heutigen Schulforschung werden daher sowohl fachliche als auch erzieherische Wirkungen von Schule und Unterricht betrachtet (vgl. Fend, 1980). Die Aufgabe von Schule und Unterricht besteht nicht nur darin, fachliche Kompetenzen zu vermitteln, sondern auch günstige Entwicklungen im Persönlichkeitsbereich zu fördern und ungünstigen Entwicklungen entgegenzuwirken. Was günstige und ungünstige Entwicklungen sind, wird unter anderem auch durch gesellschaftliche Wertvorstellungen beeinflußt. Solche übergeordneten Leitvorstellungen haben daher auch in vielen Schulgesetzen als allgemeine Erziehungsziele und -aufgaben von Schule und Unterricht ihren Niederschlag gefunden.

Die Zielproblematik ist in der Grundschule von besonderer Bedeutung, weil hier entscheidende Weichenstellungen für den weiteren Bildungsweg erfolgen. Zunächst einmal dient der Unterricht in der Grundschule anerkanntermaßen dem Aufbau grundlegender Kompetenzen, insbesondere dem Erwerb von Basisfertigkeiten im Lesen, Schreiben und Rechnen, deren Beherrschung für die weitere schulische und berufliche Bildung unerläßlich ist. Eine wichtige Zielsetzung des Grundschulunterrichts besteht also darin, ein sicheres und solides Basisniveau in diesen Grundqualifikationen zu gewährleisten. Ein weiteres, in dieser Altersphase wichtiges Ziel ist es, anknüpfend an das in der Vorschulzeit bei den meisten Kindern vorhandene Interesse und die "natürliche" Lernbereitschaft, einen das weitere schulische und außerschulische Lernen tragenden Bestand an Motiven und lernförderlichen Einstellungen aufzubauen. Schließlich ist die Grundschule auch ein wichtiger Ort sozialen Lernens (vgl. Petillon, 1993), an dem viele für den schulischen wie außerschulischen Bereich wichtige Sozialkompetenzen aufgebaut und weiterentwickelt werden.

Da in der Grundschule noch kaum Selektion stattgefunden hat, ist die Bandbreite der vorhandenen Begabungen und anderer leistungsrelevanter Persönlichkeitsmerkmale zu keiner Periode der Schullaufbahn größer als zu dieser Zeit. Auf der anderen Seite hat aber - zumindest in der ersten Hälfte der Grundschulzeit - auch noch keine Stabilisierung und Verfestigung der zu Schulbeginn vorhandenen individuellen Unterschiede aufgrund unterschiedlicher Lernerfahrungen und anderer schulischer Erfahrungen stattgefunden.

Während der Grundschulzeit gibt es eine Reihe wichtiger Entwicklungsfortschritte sowohl im Bereich kognitiver Kompetenzen als auch im affektiv-motivationalen Bereich. Nach der Entwicklungstheorie von Jean Piaget erfolgen in dieser Altersphase mit dem Übergang vom anschaulich-präoperatorischen zum konkret-operatorischen Denken und der zunehmenden Verbesserung konkret-operatorischer Kompetenzen nachhaltige Veränderungen in der geistigen Entwicklung des Kindes. Die neuere kognitive Entwicklungspsychologie, die diese Veränderungen als wesentlich kontinuierlicher und bereichsspezifischer ansieht, als es der klassischen Auffassung von Piaget entspricht, kann mittlerweile eine Vielzahl von differenzierten Erkenntnissen über alterstypische Veränderungen in verschiedenen Bereichen des kindlichen Denkens, Lernens und Gedächtnisses vorweisen (vgl. etwa Siegler, 1991a). Was die affektiv-motivationale Entwicklung betrifft, so sind im Laufe der ersten Schuljahre typische Veränderungen im Selbstkonzept der Kinder zu verzeichnen. Die meisten Kinder treten mit einem außerordentlich günstigen Selbstkonzept der eigenen Leistungsfähigkeit in die Schule ein. Im Laufe der Schulzeit wird dieses optimistisch getönte Selbstkonzept zunehmend realistischer (Helmke, 1994). Ähnliche Veränderungen sind auch bei der Lernfreude zu beobachten (Helmke, 1993). Es liegt auf der Hand, daß bei allen diesen Entwicklungsveränderungen schulische Erfahrungen von Bedeutung sind.

Neben den allgemeinen Entwicklungsveränderungen sind auch differentielle und schulklassenspezifische Verläufe zu verzeichnen, bei denen unterschiedliche fachliche und erzieherische Zielsetzungen eine Rolle spielen dürften. Die Klärung der Ursachen und Bedingungen für differentielle Entwicklungen ist ohne Zweifel eine wichtige Forschungsaufgabe. Dazu ist es aber zunächst erforderlich zu klären, ob und wie solche schulklassenspezifischen Entwicklungsverläufe zusammenhängen, inwieweit sie miteinander vereinbar sind und inwieweit es zu Konflikten zwischen ihnen kommt. Unterschiedliche Entwicklungsveränderungen in Schulklassen betreffen oft wichtige Zieldimensionen des Unterrichtens und werden dann als Wirkungen des Unterrichts angesehen. In der einschlägigen Forschung wird meist nicht systematisch zwischen den Wirkungen und den Zielen des Unterrichts (als möglichen Bedingungen dieser Wirkungen) unterschieden.

Während die Vielfalt schulischer und unterrichtlicher Ziele und Wirkungen seit der Zeit der Reformpädagogik eingehend thematisiert wurde, gibt es nur wenige empirische Arbeiten zu dieser Thematik. Gegenstand vieler Untersuchungen waren keine Ziele im eigentlichen Sinne, sondern unterrichtliche Wirkungen. Ungeklärt bleibt deshalb, ob diese Wirkungen tatsächlich auch das Ergebnis bewußt angestrebter Ziele des Lehrers sind. Die meisten dieser Untersuchungen befassen sich mit dem Verhältnis zwischen Leistungssteigerung und Chancenausgleich (Baumert, Roeder, Sang & Schmitz, 1986; Baumert, Schmitz, Sang & Roeder, 1987; Helmke, 1988a; Treiber & Weinert, 1985; Treinies & Einsiedler, 1996). Von Chancenausgleich wird dann gesprochen, wenn die von den Schülern erreichten Leistungen unabhängig von den vorhandenen Eingangsvoraussetzungen sind und/oder wenn sich die Leistungsunterschiede innerhalb der Klasse verringern. Ein chancenausgleichender Unterricht gilt dann als wünschenswert, wenn dieser Chancenausgleich auf hohem Niveau erfolgt, wenn also alle Schüler ein vergleichbar hohes Leistungsniveau erreichen. Der nach wie vor strittigen Frage, ob und unter welchen Bedingungen sich im Durchschnitt hohe und zugleich für alle Schüler vergleichbare Leistungen vereinbaren lassen, wird insbesondere in Untersuchungen zum Konzept des zielerreichenden Lernens nachgegangen (Arlin, 1984; Slavin, 1987). Die Forschungen zur Chancenausgleichsproblematik mit ihren Zielkriterien der Verringerung von Leistungsunterschieden bzw. der Entkoppelung zwischen Lernerfolgen und Lernvoraussetzungen repräsentieren einen eigenen, in theoretischer wie methodischer Hinsicht sehr speziellen Forschungsstrang, der für die vorliegende Arbeit nur am Rande bedeutsam ist.

Nur wenige empirische Untersuchungen haben zusätzlich zum Lernerfolg motivationale und affektive Zielkriterien einbezogen. In einer eigenen Studie (Helmke & Schrader,

1990) wurden folgende drei Kriterien verwendet: Leistungsentwicklung im Fach Mathematik, Entwicklung des Selbstkonzepts der eigenen Fähigkeit für Mathematik sowie Entwicklung der Einstellung zum Fach Mathematik, jeweils vom Beginn bis zum Ende der 5. Klassenstufe. Die drei Kriterien, die mäßige Korrelationen (zwischen $r = -.11$ und $r = .36$) aufwiesen, wurden einer Clusteranalyse unterzogen. Es ergaben sich sechs Cluster, von denen eines eine Gruppe von Klassen charakterisierte, bei denen alle drei Zielkriterien eines guten Unterrichts in überdurchschnittlichem Maße verwirklicht waren ("Positivcluster"). Die Effektcluster wurden anschließend mit Hilfe von Unterrichts- und Kontextmerkmalen miteinander verglichen. Dabei zeigte sich vor allem, daß sich die Klassen des Positivclusters durch eine starke Aufgabenorientierung, eine hohe Adaptivität sowie eine ausgeprägte "Langsamkeitstoleranz" (d. h. die Tendenz von Lehrern, dem Schüler Zeit zum Überlegen zu lassen und langsame Reaktionen zu tolerieren) auszeichneten.

Zu teilweise recht ähnlichen Ergebnissen kommt eine Untersuchung von Gruehn (1995), die ebenfalls die Leistungsentwicklung in Mathematik, die Entwicklung des Fähigkeitsselbstkonzepts für Mathematik sowie die Veränderung der Schulfreude, jeweils bezogen auf die 7. Klassenstufe, als Zielkriterien betrachtete, aber die Lehrer in anderer Weise gruppierte (nämlich apriori nach ihrer Ausprägung auf den einzelnen Zieldimensionen und nicht aposteriori nach dem Zusammenhangsmuster der verschiedenen Zielkriterien). Es zeigte sich auch in dieser Arbeit, daß Unterrichtsmerkmale wie Interaktionstempo und effektive Zeitnutzung bedeutsam für die simultane Zielerreichung sind. Im Unterschied zu unserer Studie scheinen allerdings Merkmale adaptiven Unterrichtens eine entgegengesetzte Wirkung gehabt zu haben; außerdem spielte die affektive Qualität der Lehrer-Schüler-Beziehung eine wesentlich größere Rolle als in unserer Studie.

Schließlich gibt es mit dem Datensatz der SCHOLASTIK-Studie erste Analysen zur Vereinbarkeit unterschiedlicher Zielkriterien (Weinert & Helmke, 1996). Analysiert wurden die folgenden fünf Zielkriterien, die sich alle auf das Fach Mathematik bezogen: Leistungsentwicklung in Arithmetik und im mathematischen Problemlösen, Egalisierung von Leistungsunterschieden in Mathematik, Entwicklung des Fähigkeitsselbstbildes für Mathematik sowie der Lernfreude in Mathematik, jeweils bezogen auf den Zeitraum vom Ende der 2. bis zum Ende der 4. Klassenstufe. Bis auf eine Ausnahme (eine signifikante Korrelation von $r = .55$ zwischen Entwicklung des Selbstkonzepts und der Lernfreude) gab es keine signifikanten Zusammenhänge zwischen den fünf Zielkriterien. Eine Clusteranalyse der Zielkriterien erbrachte eine Drei-Clusterlösung. Ein Cluster ($N = 23$ Klassen) umfaßte im Mittel durchschnittliche Klassen, ein anderes Cluster ($N = 11$) Klassen mit im Durchschnitt ungünstigen Ausprägungen der Zielkriterien und ein Cluster ($N = 13$) Klassen mit durchwegs günstigen mittleren Ausprägungen auf den fünf Zieldimensionen. Ein Vergleich dieser drei Cluster anhand verschiedener Indikatoren der Unterrichtsqualität zeigte, daß sich die drei Gruppen von Schulklassen im Hinblick auf die Klarheit und Strukturiertheit des Unterrichts, die Effektivität der Klassenführung, die Förderung aufgabenbezogener Schüleraktivitäten, die individuelle Unterstützung der Lernenden sowie die Variabilität der Unterrichtsformen unterscheiden. Keine Differenzen gibt es dagegen beim sozialen Klassenklima und bei der Anpassung des Unterrichts an wechselnde situative Bedingungen.

In der vorliegenden Arbeit soll nun weiterer Aufschluß darüber gewonnen werden, ob und in welchem Maße verschiedene Zielkriterien gleichzeitig erreicht werden, in welchem Umfang es zu Zielkonflikten kommt und welche Merkmale des Klassenkontextes, des Lehrers und des Unterrichts dafür maßgeblich sind. Auch in dieser Arbeit werden die dem Unterricht zugrundeliegenden Ziele und Zielkriterien nicht direkt, sondern indirekt anhand ihrer unterrichtlichen Wirkungen untersucht. Im Unterschied zu den bisherigen Studien wird in dieser Arbeit aber ein deutlich breiteres Spektrum kognitiver und motivationaler Veränderungen untersucht. Dabei sollen allerdings nur Veränderungen im Merkmals*niveau* berücksichtigt werden; Zielkriterien wie die Verringerung von Merkmalsunterschieden oder die Entkoppelung zwischen Veränderungen und Eingangsvoraussetzungen werden nicht einbezogen. Ein weiterer Unterschied ist, daß sich die vorliegende Untersuchung nicht auf das Fach Mathematik beschränkt, sondern zusätzlich das Fach Deutsch einbezieht, und daß für beide Fächer nicht nur Leistungsergebnisse, sondern auch darauf bezogene motivational-affektive Effekte berücksichtigt werden.

Um welche Zielkriterien geht es in der vorliegenden Studie? (1) Der Leistungsbereich soll durch den Lernerfolg in *Mathematik (Arithmetik, Textaufgaben)* und *Deutsch (Rechtschreiben)* abgedeckt werden. Eine Aufschlüsselung der Leistungen in Problemlösefähigkeiten und Fertigkeiten ist nur für das Fach Mathematik möglich, nicht aber für Deutsch, da in diesem Fach nur die Fertigkeiten im Rechtschreiben erfaßt wurden. (2) Zusätzlich ist auch die Verbesserung der allgemeinen *intellektuellen Leistungsfähigkeit* als Zielkriterium heranzuziehen. Dies wird nicht nur durch das pädagogische Alltagswissen gerechtfertigt, sondern auch durch neuere Forschungen zum Einfluß der Schule und des Unterrichts auf die Intelligenz (Ceci 1991). (3) Affektiv-motivationale Merkmale, die mögliche Zieldimensionen des Unterrichtens darstellen, sind das *Selbstkonzept der eigenen Fähigkeit* (getrennt für *Mathematik* und *Deutsch*) sowie die Einstellung gegenüber diesen Fächer (*Freude am Fach Mathematik* bzw. *Deutsch*). Schließlich sind (4) der Abbau von *Leistungsangst* und (5) die Verbesserung des *Lernverhaltens* der Schüler (in diesem Fall speziell die Verbesserung ineffizienten Lernverhaltens bei den Hausaufgaben) wichtige Ziele, deren Bedeutung unmittelbar auf der Hand liegt.

In einem ersten Schritt soll geprüft werden, inwieweit die verschiedenen Zielkriterien zusammenhängen. Aus der Sicht der Schulpraxis ist nicht nur die Beantwortung der Frage wichtig, *ob* und in welchem Maße verschiedene Ziele vereinbar oder nicht vereinbar sind. Fast noch wichtiger ist die Klärung der Frage, *welche Klassen und Lehrer* es sind, die verschiedene Ziele gleichzeitig realisieren, und unter *welchen Bedingungen* und auf welche Weise solche multikriterialen Effekte zustande kommen. Zu prüfen ist also, welche Faktoren (Kontextmerkmale; Lehrer-/Unterrichts-, Mediationsmerkmale) es sind, die die gleichzeitige Zielerreichung begünstigen oder erschweren. Im einzelnen soll folgenden Fragestellungen nachgegangen werden:

- Unterscheiden sich Schulklassen im Hinblick auf die Veränderung in verschiedenen Zieldimensionen des Unterrichtens systematisch voneinander?
- Wie hängen die verschiedenen Zielkriterien miteinander zusammen? Sind einzelne dieser Zielkriterien miteinander unvereinbar? Lassen sich die Zielkriterien auf eine geringere Zahl von Zieldimensionen reduzieren?
- Durch welche Merkmale des Klassenkontextes, des Unterrichts und des Lernverhaltens der Schüler lassen sich die Ausprägungen auf diese einzelnen Zieldimensionen vorhersagen? Gibt es unterschiedliche Determinationsmuster?
- Lassen sich schließlich Klassen finden, in denen verschiedene Ziele gleichzeitig erreicht werden bzw. solche, in denen es zu Zielkonflikten kommt?
- Lassen sich Faktoren (Kontextmerkmale; Lehrer- bzw. Unterrichtsmerkmale; Merkmale des Lernverhaltens der Schüler) identifizieren, die die gleichzeitige Zielerreichung beziehungsweise das Auftreten von Zielkonflikten begünstigen?

METHODE

Untersuchungsrahmen und Stichprobe

Die vorliegende Studie beschränkt sich auf den Zeitraum vom Beginn der 3. bis zum Ende der 4. Klassenstufe innerhalb des SCHOLASTIK-Projekts (zu Rahmen, Anlage und Durchführung des gesamten Projekts vgl. Kap. I, i. d. Bd.), da es zwischen 3. und 4. Klassenstufe (im Unterschied zum Übergang von der 2. zur 3. Klassenstufe) keinen Lehrerwechsel gegeben hat und Veränderungen von Schülermerkmalen daher mit Lehrer- und Unterrichtsmerkmalen in Beziehung gebracht werden können. Den Analysen zugrundegelegt wurden 48 Klassen mit vollständigem Datensatz.

INSTRUMENTE

Zielkriterien

Alle Zielkriterien beziehen sich auf Veränderungen bei den Schülern während des 3. und 4. Schuljahres in verschiedenen Merkmalsbereichen. Als Veränderungmaß wurde der lineare Zuwachs (Steigungsparameter) der Veränderung jedes Merkmals gewählt. Die Merkmale wurden wie folgt erfaßt:

Leistung. Zur Erfassung der Leistung im Fach Mathematik wurden Tests für die beiden Teilbereiche *Arithmetik* und *Textaufgaben* eingesetzt (für eine detaillierte Beschreibung vgl. Kap. V, i. d. Bd.). Für das Fach Deutsch wurde die Leistung im *Rechtschreiben* erfaßt (für eine detaillierte Darstellung der Tests vgl. Kap. IV, i. d. Bd.).

Intelligenz. Die Messung der Intelligenz erfolgte mit dem Grundintelligenztest CFT1 (Weiß & Osterland, 1979). Da Intelligenzmessungen nur für zwei Meßzeitpunkte vorliegen, wurden die Werte für den mittleren Meßzeitpunkt mit Hilfe des Lehrerurteils zur Intelligenz geschätzt. Die dafür verwendeten Variablen korrelierten mit den Intelligenztestwerten in ähnlicher Höhe wie die Intelligenzmaße untereinander.

Affektiv-motivationale Merkmale. Mit Hilfe von Schülerfragebögen wurden die folgenden Variablen erfaßt: *Selbstkonzept eigener Fähigkeit* für *Mathematik* und *Deutsch*, die (positive) *Einstellung zu den Fächern Mathematik* und *Deutsch, Leistungsangst* sowie *ineffizientes Lernverhalten*.

Die Veränderungsmaße wurden mit Hilfe von HLM (Hierarchical Linear Modelling; Bryk & Raudenbush, 1992) gewonnen. HLM ist ein statistisches Verfahren zur Analyse hierarchisch strukturierter Datensätze mit Hilfe von linearen Modellen (wie Varianzanalyse, Kovarianzanalyse oder multipler Regression), das sowohl für Mehrebenenanalysen als auch für die Veränderungsmessung eingesetzt werden kann und spezielle, für hierarchische Datensätze angemessene Parameterschätzungen verwendet. HLM wurde eingesetzt, um die linearen Zuwächse (Steigungsparameter) der Veränderung über die je nach Merkmal verfügbaren drei bis fünf Meßzeitpunkte zu bestimmen. Ein Vorteil von HLM ist, daß die Signifikanz der Unterschiede zwischen den Parameterschätzungen der einzelnen Untersuchungseinheiten (Klassen) geprüft werden kann. Die HLM-Analysen wurden auf Klassenebene durchgeführt (Veränderungen der Klassenmittelwerte), da sie die für die Analyse von Unterrichtseffekten angemessene Analyseebene ist und weil

Berechnungen auf Individualebene (Schätzung der Steigungsparameter für jede einzelne Person und klassenweise Aggregierung mit Hilfe des dreistufigen HLM-Modells) zu Schätzproblemen führten. Unter optimalen Bedingungen (Gültigkeit der linearen Beziehung für jeden einzelnen Schüler; gleichgroße Klassen) sollten beide Vorgehensweisen (Verwendung aggregierter Ausgangswerte zur Parameterschätzung und Aggregierung der auf Individualebene berechneten Parameterschätzungen) zu den gleichen Ergebnissen führen. Da bei den Erhebungen nur teilweise über die Meßzeitpunkte hinweg identische Verfahren eingesetzt werden konnten, wurden alle Variablen standardisiert. Dies ist aber mit der Einschränkung verbunden, daß die erfaßten Veränderungen ausschließlich im Sinne von Positionsverschiebungen innerhalb der Untersuchungsgruppe aufgefaßt werden können. Ähnlich wie bei den einfachen Residuen können keine Aussagen über allgemeine Veränderungen gemacht werden. Alternativ zu den mit HLM gewonnenen Parameterschätzungen wurden einfache residualisierte Werte als Veränderungsmaße verwendet und im Rahmen vorläufiger Analysen eingesetzt (Bereinigung der in der 4. Klassenstufe erfaßten Merkmale um die am Ende der 2. Klassen erhobenen Merkmale). Alle Zielkriterien wurden nach der Residualisierung standardisiert, um Unterschiede in den verwendeten Skalen auszuschalten.

Lehrer-, Unterrichts- und Mediationsvariablen

Folgende Merkmale der Unterrichtsqualität wurden mit Hilfe eines hoch-inferenten Unterrichtsratings erfaßt (für eine detaillierte Darstellung vgl. Kap. VII, i. d. Bd.): *Klassenführung* (Intensität der Zeitnutzung für die Stoffbehandlung; Effizienz der Unterrichtsorganisation: schnelle und gleitende Übergänge zwischen verschiedenen Unterrichtsphasen); *Strukturierung* (Prägnanz der Ausdrucksweise des Lehrers; Strukturierung des Lernstoffs durch aufmerksamkeitsregulierende Hinweise und andere Anregungen); *Unterstützung* (individuelle fachliche Beratung, Diagnose, Intervention und Kontrolle - insbesondere im Rahmen von Gruppen- und Stillarbeit); *Förderungsorientierung* (Vorrang der Förderung lernschwacher Schüler; ausgeprägte Versuche, die Schwierigkeit von Anforderungen und Fragen den Lernvoraussetzungen dieser Schüler anzupassen); *soziales Klima* (Akzeptanz und ausdrückliche Thematisierung der affektiven Befindlichkeit der Schüler; Bedeutung des Lehrers als persönlicher Ansprechpartner und Vertrauensperson über die Rolle als Stoffvermittler hinaus); *Variabilität* (Abwechslung der gewählten Unterrichtsformen). Mit einem niedrig-inferenten Beobachtungsinventar (Münchner Aufmerksamkeitsinventar MAI: Helmke, 1988c; Helmke & Renkl, 1992) konnte das *Engagement der Klasse* festgestellt werden. Mit Hilfe von Schülerfragebogen wurden erfaßt: *Klarheit* (Fehlen von Verständnisschwierigkeiten); *aktive Ablenkung* (nicht-unterrichtsbezogene Verhaltensweisen); *gedankliche Ablenkung* (nicht-unterrichtsbezogene Gedanken); *sanktionierte Ablenkung* (Ermahnungen des Lehrers); *Überforderung* (psychosomatische Symptome); *aktive Mitarbeit* (Meldeaktivität).

Kontextmerkmale

Verwendet wurden die folgenden Merkmale der Klasse: *Klassengröße*; *durchschnittliches Intelligenzniveau*; *Intelligenzheterogenität*; *Mädchenanteil* sowie *Anteil deutschsprachiger Kinder*.

Analysestrategie

Neben den üblichen Verfahren der Korrelationsstatistik wird eine hierarchische Clusteranalyse eingesetzt. Die hier verwendete Methode von Ward, die sich in Monte-Carlo-Studien vielfach bewährt hat (Aldenderfer & Blashfield, 1984; Backhaus, Erichson, Plinke & Weiber, 1994), ist ein hierarchisch agglomeratives Verfahren, bei dem eine Objektmenge schrittweise zerlegt wird. Zu Beginn wird jedes Objekt als eigenes Cluster betrachtet und die beiden ähnlichsten Elemente werden zu einem Cluster fusioniert. Bei der Ward-Methode werden diejenigen Elemente fusioniert, deren Vereinigung zur geringsten Erhöhung der Fehlerquadratsumme führt. Das Verfahren wurde, wie allgemein empfohlen, auf der Basis quadrierter euklidischer Distanzen durchgeführt. Ein bislang nicht zufriedenstellend gelöstes Problem clusteranalytischer Methoden ist die Bestimmung der optimalen Clusterzahl. Als heuristisches Kriterium wird für die Ward-Methode vielfach ein Verfahren empfohlen, das dem Scree-Test in der Faktorenanalyse analog ist. Bei diesem Verfahren wird die Größe der Fehlerquadratsumme als Funktion der Clusterzahl betrachtet. Als Clusterlösung wird diejenige Clusterzahl gewählt, bei der sich in der graphischen Darstellung mit zunehmender Verringerung ein sprunghafter Anstieg des Heterogenitätskriterium zeigt. Da dieses Kriterium meist nicht zu einer völlig eindeutigen Lösung führt, werden auch inhaltliche Kriterien (Interpretierbarkeit der Clusterlösung) herangezogen.

ERGEBNISSE

Zusammenhang zwischen den Zielkriterien

Als erstes war zu klären, ob sich die Veränderungen in den verschiedenen Merkmalsbereichen (d. h. die mit HLM berechneten Steigungsparameter) zwischen den Klassen signifikant unterscheiden.

Wie Tabelle IX.1 zeigt, ergeben sich signifikante Klassenunterschiede für Arithmetik, Textverständnis, Rechtschreiben, den Selbstkonzepten für Mathematik und Deutsch sowie der Einstellung zu den Fächern Mathematik und Deutsch. Keine signifikanten Unterschiede sind für Intelligenz, Leistungsangst und ineffizientes Lernverhalten zu verzeichnen. Die drei zuletzt genannten Merkmale werden daher für die Analysen zur Vereinbarkeit der verschiedenen Zielkriterien nicht mehr berücksichtigt.

Die in Tabelle IX.2 dargestellten Korrelationen zwischen den Veränderungsmaßen fallen nur zum Teil signifikant aus. Die höchsten Werte liegen im Bereich von .46 bis .55. Die signifikanten Korrelationen sind bis auf eine Ausnahme positiv.

Bei den kognitiven Zielkriterien hängen die Lernzuwächse in den beiden Fertigkeiten (Arithmetik, Rechtschreiben) signifikant zusammen. Bemerkenswert ist, daß die Lernzuwächse in Mathematik nicht mit den entsprechenden Selbstkonzeptveränderungen und in Deutsch sogar negativ mit der Veränderung des Selbstkonzepts in diesem Bereich korrelieren.

Im affektiv-motivationalen Bereich sind stärkere Zusammenhänge als im kognitiven Bereich zu verzeichnen. Deutlich ausgeprägt sind insbesondere die Korrelationen zwischen den beiden Selbstkonzeptveränderungen (Mathematik und Deutsch) sowie zwischen den Selbstkonzeptveränderungen und den jeweiligen Valenzveränderungen. Die

Tabelle IX.1: *Klassenunterschiede in den Zielkriterien*

Zielkriterium	Parameter-varianz	Chi^2 (47 df)	Signifi-kanz	Reliabi-lität[a]
Mathematikleistung (Arithmetik)	4.42	109.13	***	0.60
Mathematikleistung (Textaufgaben)	2.30	89.58	***	0.48
Deutschleistung (Rechtschreiben)	11.05	92.31	***	0.49
Intelligenz	0.20	44.64	n. s.	0.01
Fähigkeitsselbstbild (Mathematik)	2.96	78.67	**	0.40
Fähigkeitsselbstbild (Deutsch)	4.43	84.71	**	0.45
Einstellung zum Fach Mathematik	1.46	91.53	****	0.49
Einstellung zum Fach Deutsch	2.84	136.34	***	0.66
Leistungsangst	0.25	53.15	n. s.	0.25
Ineffizientes Lernverhalten	0.63	58.69	n. s.	0.20

Anmerkung: ** $p < 0.01$;   *** $p < 0.001$.
Legende: [a] Die Reliabilität der HLM-Schätzungen hängt ab von dem Grad, in dem die Parameterschätzungen zwischen den Untersuchungseinheiten variieren und der Präzision, mit dem die Regressionsgleichung innerhalb jeder Untersuchungseinheit geschätzt wird.

Tabelle IX.2: *Interkorrelation der Zielkriterien*

	Residuum[a]	2	3	4	5	6	7	8	9	10
1 Mathematikleistung (Arithmetik)	.71	.22	.29*	.18	.02	-.02	.13	.04	-.18	.06
2 Mathematikleistung (Textaufg.)	.83		.10	-.03	-.02	-.11	.31*	.29*	.13	.22
3 Deutschleistung (Rechtschreiben)	.90			-.08	.08	-.29*	.16	-.22	.08	-.07
4 [Intelligenz]	.11				.09	-.04	.20	-.09	-.02	.28
5 Fähigkeitsselbstbild (Mathematik)	.72					.48***	.50***	.21	.22	.55***
6 Fähigkeitsselbstbild (Deutsch)	.85						.14	.42**	.06	.18
7 Einstellung zum Fach Mathematik	.78							.47***	.11	.46**
8 Einstellung zum Fach Deutsch	.70								.18	.27
9 [Leistungsangst]	.91									.46**
10 [Ineffizientes Lernverhalten]	.80									

Anmerkung: * $p < 0.05$;   ** $p < 0.01$;   *** $p < 0.001$.
Legende: [a] Residuum: Korrelation der HLM-Schätzungen mit den einfachen Residuen; in eckigen Klammern: Merkmale, bei denen keine signifikanten Klassenunterschiede vorhanden sind.

Verbesserung der Mathematikleistung bei Textaufgaben korreliert sowohl mit der Einstellung zum Fach Mathematik wie mit der Einstellung zum Fach Deutsch.

Tabelle IX.2 zeigt zusätzlich die Korrelationen zwischen den mit HLM berechneten Parameterschätzungen und den einfachen Residuen. Bis auf Intelligenz liegen alle Korrelationen im Bereich von .70 bis .91. Die niedrige Korrelation von .11 bei Intelligenz ist ein weiterer Grund, dieses Merkmal für die weiteren Analysen nicht mehr zu berücksichtigen. Die hohen Korrelationen zwischen HLM-Parametern und Residuen sprechen dafür, daß beide Maße ähnliches erfassen (in beiden Fällen relative statt absolute Veränderungen), und stellen somit eine wechselseitige Validierung beider Maße dar. Trotz der hohen Korrelationen können beide Maße aber nicht als identisch angesehen werden.

Aus dem Zusammenhangsmuster der Zuwachswerte lassen sich keine Hinweise auf eine globale Unvereinbarkeit zwischen kognitiven und affektiven Zielkriterien erkennen. Eine Faktorenanalyse (Hauptkomponentenanalyse mit Varimax-Rotation) der sieben Zielkriterien, die zwischen den Klassen signifikant unterschiedlich ausgefallen sind, liefert drei Faktoren, die ein nicht ganz eindeutig interpretierbares Lösungsmuster aufweisen. Da der Eigenwert des dritten Faktors nur knapp über dem Wert von 1.0 liegt, wurde eine weitere Analyse durchgeführt, bei der die Faktorenextraktion auf zwei Faktoren begrenzt wurde. In diesem Fall erhält man eine überraschend klar interpretierbare Lösung: Der erste Faktor, der 30,9% der Gesamtvarianz erklärt, ist ein affektiver Faktor, auf dem alle vier affektiven Merkmale laden (Ladungen von .76 für Einstellung zum Fach Deutsch, .72 für Selbstkonzept für Deutsch, .71 für Selbstkonzept für Mathematik und .68 für Einstellung zum Fach Mathematik). Der zweite Faktor mit einem Anteil von 23,4% erklärter Varianz ist ein Leistungsfaktor, auf dem alle drei Leistungsmerkmale laden (Ladungen von .70 für Rechtschreiben, .63 für Arithmetik und .61 für Textverständnis). Auf der Basis dieser Faktorlösung wurden zwei neue Skalen gebildet, die sich als Verbesserung affektiver Schülermerkmale einerseits und als Leistungssteigerung andererseits charakterisieren lassen. Diese beiden Skalen, die nicht miteinander zusammenhängen ($r = .06$; n. s.), sollen im folgenden als neue Zielkriterien verwendet werden.

Durch welche Merkmale des Klassenkontextes, des Unterrichts und des Lernverhaltens von Schülern (Mediationsvariablen) lassen sich diese beiden Zielkriterien vorhersagen? Von besonderem Interesse ist dabei, ob es für beide Zielkriterien systematisch unterschiedliche Determinationsmuster gibt.

Die in Tabelle IX.3 dargestellten Ergebnisse zeigen, daß die ausgewählten Kontextmerkmale keinen Zusammenhang mit den beiden Zielkriterien aufweisen. Das Zielkriterium der Leistungssteigerung läßt sich durch drei der sieben Unterrichtsmerkmale vorhersagen, das Zielkriterium der affektiven Veränderung nur durch ein einziges Unterrichtsmerkmal, das zudem nur marginal signifikant ist. Bei der Vorhersage des Leistungskriteriums mit Hilfe verschiedener Mediationsvariablen zeigt sich in drei Fällen ein signifikanter und in einem Fall ein marginal signifikanter Zusammenhang, während bei der Vorhersage des affektiven Kriteriums zwei Merkmale signifikant ausfallen. Hier muß erwähnt werden, daß solche Mediationsmerkmale ausgewählt wurden, die sich für beide Zielkriterien als besonders vorhersagstark erwiesen haben. Insgesamt gesehen muß man davon ausgehen, daß die kognitiven Zielkriterien tendenziell besser vorhersagbar sind als die affektiven, was bei der späteren Interpretation berücksichtigt werden muß.

Tabelle IX.3: *Vorhersage der Zielkriterien (Leistungssteigerung, affektive Veränderung) durch Kontext-, Unterrichts- und Mediationsmerkmale*

	LEISTUNGSSTEIGERUNG	AFFEKTIVE VERÄNDERUNG
KONTEXTMERKMALE		
Klassengröße	.15	-.02
Intelligenzniveau	-.04	-.11
Intelligenzheterogenität	.04	-.08
Mädchenanteil	.06	.16
Anteil Deutschsprach.	-.06	.10
UNTERRICHTSMERKMALE		
Klassenführung	.34*	.24
Strukturierung	.06	.09
Soziales Klima	.11	-.06
Unterstützung	.13	-.03
Förderungsorientierung	.31*	-.18
Variabilität	.26(*)	.11
Klarheit	.35*	.27(*)
MEDIATIONSMERKMALE		
Engagement der Klasse	.48**	.12
Aktive Ablenkung	-.40**	-.18
Gedankliche Ablenkung	-.36*	-.25
Überforderung	-.28(*)	-.23
Aktive Mitarbeit	.08	.41**
Sanktionierte Ablenkung	-.16	-.43**

Anmerkung: (*) $p < 0.10$; * $p < 0.05$; ** $p < 0.01$.

Clusteranalyse der Zielkriterien

Die Frage nach der Vereinbarkeit bzw. Unvereinbarkeit der beiden Zielkriterien soll mit Hilfe einer Clusteranalyse der Zielkriterien untersucht werden. Alle Merkmale sind z-standardisiert ($M = 0$, $SD = 1$), um irrelevante Skalenunterschiede auszuschalten. Legt man die Veränderungen in der von den resultierenden Clustern über beide Variablen erklärten Varianz als Auswahlkriterium zugrunde, so gibt es eine klar erkennbare Sechs-Clusterlösung. In Abbildung IX.2 werden die sechs im folgenden mit A, B, C, D, E und F bezeichneten Cluster anhand der beiden Merkmale, die in die Clusteranalyse eingegangen sind, charakterisiert.

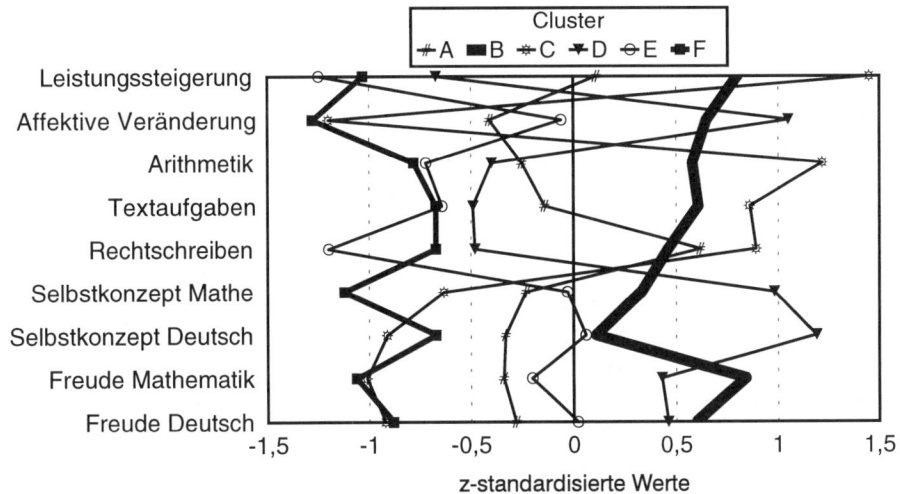

Abbildung IX.2: Clusteranalyse der Zielkriterien.

Eine multivariate Varianzanalyse (MANOVA) zeigt, daß sich die sechs Cluster im Hinblick auf beide Zielkriterien hochsignifikant unterscheiden, $F(5,42) = 53.30$, $p < 0.001$ für Roy's Greatest Root Statistik[11]. Alle anderen Statistiken wie Wilk's Lambda, Pillai's Trace, Hotelling-Lawley Trace führen ebenfalls zu einem hochsignifikanten Ergebnis.

Obwohl die zufallskritische Absicherung von Unterschieden zwischen Gruppen, die aufgrund eines die Gruppenunterschiede maximierenden Verfahrens gewonnen wurden, aus statistischer Sicht problematisch ist, kann das Ergebnis aber zumindest als grobe Validierung angesehen werden. Einfache Varianzanalysen zeigen, daß es für beide Zielkriterien hochsignifikante Unterschiede zwischen den Clustern gibt[12]. Die Prozentsätze der durch die Cluster erklärten Varianz betragen 86,4% (Leistungssteigerung) und 74,4% (affektive Veränderung).

Cluster B ($N = 15$) enthält die Klassen bzw. Lehrer, bei denen im Mittel günstige (d. h. überdurchschnittliche) Ausprägungen auf beiden Zielkriterien erreicht werden und die daher als *Positivklassen* bezeichnet werden sollen. Dabei fällt auf, daß diese Gruppe von Klassen keineswegs die höchste mittlere Ausprägung auf den beiden Zieldimensionen erreicht.

---

[11] Die Greatest Root Statistik wird hier bevorzugt, weil sie dem F-Test der einfachen Varianzanalyse entspricht, den man für die optimale (d.h. varianzmaximierende) Linearkombination der vorhandenen Variablen erhält (vgl. Harris, 1975).

[12] Angesichts des signifikanten Ergebnisses in der vorgeschalteten MANOVA ist der Alpha-Fehler der separaten univariaten Varianzanalysen näherungsweise kontrolliert (Hummel & Sligo, 1971).

Das Gegenstück zu dieser Positivgruppe bildet Cluster F ($N = 7$). Dieses Cluster enthält Klassen, bei denen beide Zielkriterien sehr ungünstige (d. h. unter dem Durchschnitt liegende) Veränderungen aufweisen. Sie sollen daher im folgenden als *Negativklassen* bezeichnet werden.

Interessant sind auch die Cluster C und D, die beide Klassengruppen repräsentieren, bei denen Zielkonflikte zwischen den zwei Dimensionen angenommen werden können. Bei Cluster C ($N = 5$) ist eine außerordentlich günstige Leistungsentwicklung mit einer sehr ungünstigen affektiven Entwicklung verbunden. Das Gegenstück dazu ist Cluster D ($N = 8$), bei dem eine stark überdurchschnittliche affektive Entwicklung mit einer deutlich unterdurchschnittlichen Leistungsentwicklung verbunden ist.

Die restlichen beiden Cluster A ($N = 7$) und E ($N = 6$) zeigen eine durchschnittliche Entwicklung in einem Merkmal bei deutlich bis stark unterdurchschnittlicher Entwicklung im jeweils anderen Merkmal.

Im nächsten Schritt soll nun geprüft werden, ob und wie sich die Klassen in den Clustern im Hinblick auf verschiedene unterrichtsrelevante Merkmale unterscheiden. Dazu werden nacheinander Kontext-, Unterrichts- und Mediationsmerkmale betrachtet.

Vergleich der Cluster anhand von Kontextmerkmalen

Die Unterschiede zwischen den Clustern im Hinblick auf die Kontextmerkmale sind in Abbildung IX.3 dargestellt.

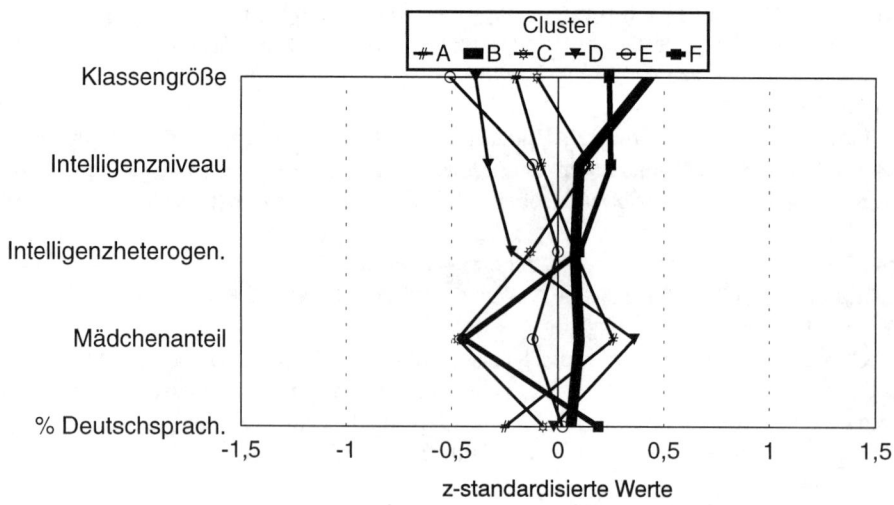

Abbildung IX.3: Clustermittelwerte für verschiedene Kontextmerkmale.

Für die Gesamtheit der Kontextmerkmale ergibt sich zwar mit einem $F(5,42) = 2.55$, $p < 0.05$ für Roy's Greatest Root Statistik ein signifikanter Wert, doch fallen weder die übrigen Testgrößen der MANOVA noch die einfachen Varianzanalysen signifikant aus.

Insofern kann man davon ausgehen, daß keine bedeutsamen Gruppenunterschiede in den Kontextmerkmalen bestehen. Insbesondere zeigt sich, daß das Positivcluster nicht durch eine übermäßig günstige Ausprägung der Kontextmerkmale gekennzeichnet ist.

Vergleich der Cluster anhand von Unterrichtsmerkmalen

Die Ausprägungen der Unterrichtsmerkmale in den sechs Klassengruppen sind in Abbildung IX.4 dargestellt.

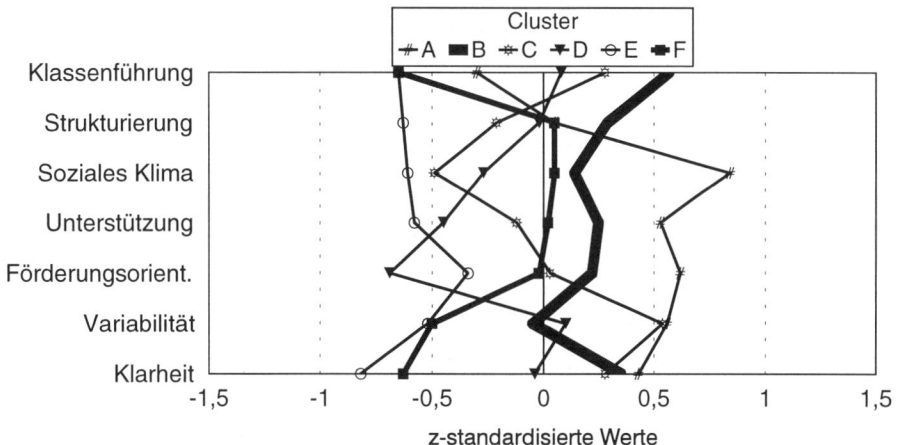

Abbildung IX.4: Clustermittelwerte für verschiedene Unterrichtsmerkmale.

Die MANOVA fällt mit einem Wert $F(7,40) = 5.03$, $p < 0.001$ für Roy's Greatest Root Statistik hochsignifikant aus, während die Werte von Wilks' Lambda und der Hotelling-Lawley Trace auf dem 5%-Niveau signifikant sind und Pillai's Trace das 5%-Niveau knapp verfehlt. In einfachen Varianzanalysen fallen Klassenführung, $F(5,42) = 2.69$, $p < 0.05$ signifikant sowie soziales Klima, $F(5,42) = 2.06$, $p < 0.10$ und Klarheit, $F(5,42) = 2.37$, $p < 0.10$ marginal signifikant aus. Die stärksten Unterschiede ergeben sich bei *Klassenführung* mit 24,2% und *Klarheit* mit 22,0% erklärter Varianz. Bei fast allen Merkmalen schneidet das Positivcluster leicht, aber nicht ausgeprägt überdurchschnittlich ab. Das Negativcluster schneidet dagegen bei allen Merkmalen durchschnittlich bis deutlich unterdurchschnittlich ab.

Wie schneiden die einzelnen Klassengruppen im Hinblick auf diese Unterrichtsmerkmale ab? Die Positivgruppe zeichnet sich vor allem durch deutlich über dem Durchschnitt liegende Werte in der Klassenführung aus; bei diesem Schlüsselmerkmal effektiven Unterrichtens nimmt diese Gruppe von Klassen die Spitzenposition aller sechs Cluster ein. Leicht überdurchschnittliche Werte finden sich auch bei Klarheit und Strukturierung. Die Negativgruppe weist sowohl bei Klassenführung als auch bei Klarheit deutlich unterdurchschnittliche Werte auf. Erstaunlicherweise zeigt Cluster 6 (stark ungünstige Leistungsentwicklung, durchschnittliche affektive Entwicklung) aber wesentlich ungünstigere Ausprägungen der Unterrichtsmerkmale: Alle Charakteristika weisen leicht bis stark unterdurchschnittliche Ausprägungen auf. Dies könnte erklären, warum diese Klassen eine derartig ungünstige Leistungsentwicklung aufweisen, macht aber nicht verständlich, warum die affektiven Veränderungen noch im Durchschnittsbereich liegen. Im Unterschied dazu sind die beiden Gruppen, bei denen eine stark gegenläufige kognitive und affektive Entwicklung (Zielkonflikte) zu beobachten ist, im Hinblick auf die Unterrichtsmerkmale eher unauffällig.

Insgesamt gesehen gewinnt man den Eindruck, als ließe sich zwar die unterschiedliche Leistungsentwicklung der einzelnen Klassengruppen mit Unterrichtsmerkmalen in Beziehung bringen, nicht dagegen die affektive Entwicklung: Es ist insbesondere nicht ersichtlich, durch welche besonderen Stärken des Unterrichts sich die Klassen mit einer günstigen affektiven Entwicklung auszeichnen. Dabei ist daran zu erinnern, daß die affektiven Veränderungen weniger gut vorhersagbar waren als die kognitiven.

Vergleich der Cluster anhand von Merkmalen des Lernverhaltens

Schließlich sind die Unterschiede zwischen den Clustern im Hinblick auf die sechs ausgewählten Mediationsvariablen in Abbildung IX.5 dargestellt.

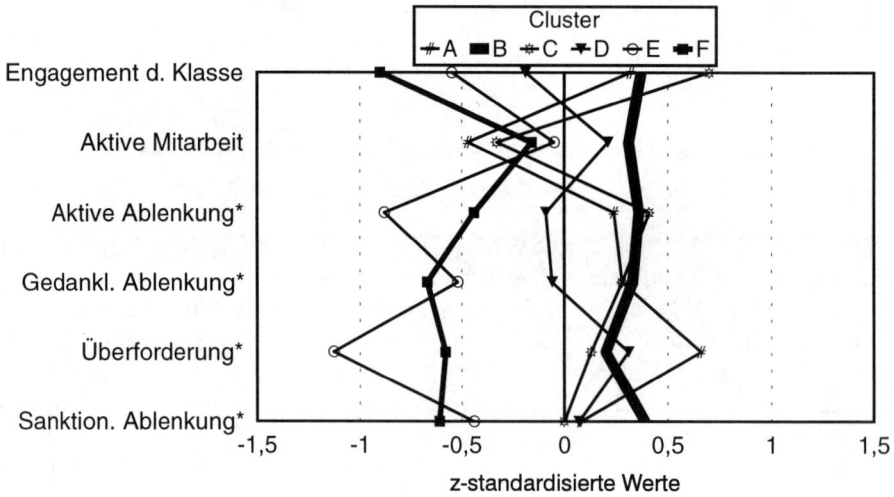

Abbildung IX.5: Clustermittelwerte für verschiedene Mediationsvariablen (*umgepolt; hohe Zahlenwerte bedeuten günstige Ausprägungen).

Auch hier zeigen sich recht deutliche Unterschiede zwischen den Clustern. Die MANOVA fällt für Roy's Greatest Root Statistik, $F(6,41) = 7{,}90$, $p < 0.001$ und die Hotelling-Lawley Trace, $F(30,177) = 1{,}70$, $p < 0.05$ signifikant aus, nur marginal signifikant für Wilk's Lambda, $F(30,150)$, $p < 0.07$ und nicht signifikant für Pillai's trace,

$F(30,205) = 1.28$, $p > 0.10$. Univariate Varianzanalysen sind für Überforderung, $F(5,42) = 3,74$, $p < 0.01$, Engagement der Klasse, $F(5,42) = 3.19$, $p < 0.05$, signifikant und für aktive Ablenkung (Unterhaltung mit Nachbarn), $F(5,42) = 2.04$, $p < 0.10$., marginal signifikant. Die Positivgruppe erreicht hier bei allen Einzelmerkmalen leicht überdurchschnittlich günstige Werte, die Negativgruppe leicht bis deutlich ungünstige Werte.

Weiteren Aufschluß darüber, ob und inwieweit die untersuchten Merkmale des Klassenkontextes, des Unterrichts und des Lernverhaltens der Schüler für die Zielerreichung im kognitiven und affektiven Bereich bedeutsam sind, kann man erwarten, wenn man nicht nur die Durchschnittswerte dieser Merkmale innerhalb der verschiedenen Cluster vergleicht, sondern darüber hinaus auch die Ergebnisse der einzelnen Klassen inspiziert (Abb. IX.6).

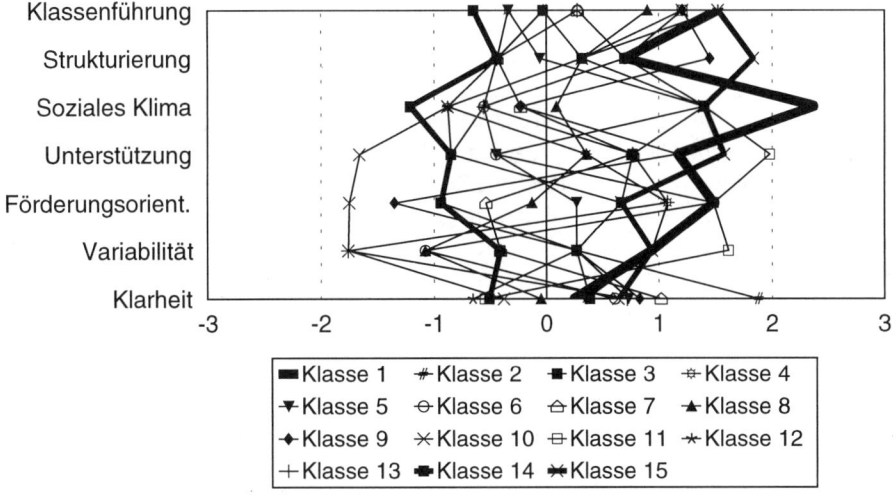

Abbildung IX.6: Unterrichtsmerkmale einzelner Klassen innerhalb der Positivgruppe.

Abbildung IX.6 zeigt für die Unterrichtsmerkmale, daß zwar innerhalb der Positivgruppe eine erhebliche Variation der Unterrichtsmerkmale zu beobachten ist, daß aber systematische Beziehungen unterhalb der Gruppenebene kaum erkennbar sind. Nur in zwei Fällen (Klassen 1 und 15) fallen alle Unterrichtsmerkmale ausnahmslos überdurchschnittlich aus. In allen anderen Fällen treten überdurchschnittliche und unterdurchschnittliche Ausprägungen im Wechsel auf. In einem Fall (Klasse 14) zeigen sich für alle Unterrichtsmerkmale unterdurchschnittliche Ausprägungen, die auch nicht durch überdurchschnittliche Ausprägungen der Schülermerkmale oder durch einen besonders günstigen Klassenkontext kompensiert werden. Die Ergebnisse geben insbesondere keine Hinweise über notwendige und hinreichende Bedingungen für die Vereinbarkeit kognitiver und affektiver Zielkriterien. Selbstverständlich sind derartige Aussagen auf der Basis von Einzelfällen mit großen Vorbehalten zu betrachten.

DISKUSSION

Bei der Interpretation der Ergebnisse sollten die folgenden Einschränkungen beachtet werden: Die auf der Basis von Standardwerten vorgenommenen HLM-Schätzungen repräsentieren keine Veränderungen im strengen Sinne, sondern Positionsverschiebungen innerhalb der Bezugsgruppe. Es ist ein allgemeines Problem der Erfassung von Veränderungen und Stabilitäten in der Entwicklungspsychologie, daß die Merkmalsindikatoren in verschiedenen Altersstufen oft nicht direkt vergleichbar sind bzw. nicht mit den gleichen Instrumenten gemessen werden können und demzufolge keine Aussagen über die absolute, sondern nur über die normative Stabilität (Positionsstabilität) der Merkmale möglich sind (vgl. etwa Montada, 1995).

Ein weiterer Nachteil von standardisierten Werten ist, daß Korrelationen zwischen Ausgangswerten und Zuwachswerten (die im Falle einfacher Differenzwerte notwendigerweise negativ sein müssen; vgl. etwa Stelzl, 1982) nicht mehr sinnvoll interpretierbar sind. Das ist für die vorliegende Fragestellung aber ohne Bedeutung.

Was die Suche nach Determinanten für die mehrdimensionale Zielerreichung betrifft, so muß man sich vor Augen halten, daß die verfügbaren Merkmale besser für die Prädiktion der Leistungssteigerungen als für die Prädiktion von affektiven Veränderungen geeignet waren. Dies könnte darin begründet sein, daß kognitive Veränderungen besser, insbesondere reliabler erfaßt werden können als affektive Veränderungen. Es könnte aber auch auf eine Einseitigkeit in der Erhebung hindeuten, die allerdings nicht nur für die SCHOLASTIK-Untersuchung, sondern für die gesamte Forschung in diesem Bereich typisch sein dürfte. Die Bemühungen der Unterrichtsforschung müßten vermutlich stärker darauf ausgerichtet sein, geeignete Erklärungsvariablen zu finden und meßbar zu machen, die affektive Veränderungen in ähnlicher Weise vorherzusagen gestatten wie kognitive Veränderungen.

Die Ergebnisse zeigen, daß sich die Klassen im Hinblick auf die Erreichung verschiedener Zielkriterien signifikant unterscheiden, daß die verschiedenen Zielkriterien mäßig bis mittelhoch zusammenhängen und daß es möglich ist, diese Zielkriterien auf zwei grundlegende Dimensionen zurückzuführen. Es lassen sich dann Klassen identifizieren, bei denen sowohl überdurchschnittlich günstige Veränderungen als auch ungünstige Veränderungen auf beiden Zieldimensionen vorhanden sind sowie Zielkonflikte zwischen günstigen Veränderungen in einem Zielbereich und ungünstigen Veränderungen in dem anderen Zielbereich. Diese Cluster lassen sich ansatzweise, wenn auch nicht in befriedigendem Maße, in theoretisch plausibler Weise anhand verschiedener Merkmale unterscheiden. Die allgemeine Unterrichtsqualität und hier insbesondere die klassischen Qualitätsmerkmale wie Klassenführung und Klarheit scheinen dabei eine wichtige Rolle zu spielen. Die Befunde bei ausgewählten Mediationsvariablen zeigen eine ähnliche Tendenz. Ein signifikanter Einfluß von Kontextmerkmalen konnte nicht nachgewiesen werden. Bei den Unterrichtsvariablen handelt es sich um Merkmale, die eher einen lehrergesteuerten Unterricht im Sinne der direkten Instruktion anzeigen. Ein solcher Unterricht scheint bei jüngeren Kindern offenbar noch nicht zu den unerwünschten affektiv-motivationalen Nebenwirkungen zu führen, die diesem Unterrichtsstil häufig zugeschrieben werden (Peterson, 1979).

Insgesamt gesehen muß man allerdings sagen, daß die bei diesen Merkmalen gefundenen Unterschiede bei weitem nicht aussagekräftig genug sind, um die Mechanismen der gleichzeitigen Zielerreichung hinreichend aufzuhellen. Dafür, daß andere Faktoren als die hier berücksichtigten Unterrichts- und Mediationsvariablen eine Rolle spielen, spricht auch die relativ große Bandbreite in der Ausprägung der Unterrichtsmerkmale in den Klassen mit der günstigsten Zielerreichung.

Wie bereits einleitend erwähnt, beziehen sich die Analysen in den bisherigen empirischen Arbeiten zur Vereinbarkeit von verschiedenen Unterrichts- und Erziehungszielen nicht auf die Ziele selbst, sondern nur indirekt auf die Wirkungen des Unterrichts. Ziele werden dabei im Sinne von Kriterien verstanden, anhand derer sich Unterrichtseffekte beschreiben und bewerten lassen, *nicht* dagegen im Sinne bewußt angestrebter Intentionen und *nicht* im Sinne von Werten. Ob die Wirkungen des Unterrichts auch tatsächlich mit entsprechenden kognitiven Repräsentationen beim Lehrer zusammenhängen oder sogar das Ergebnis solcher Repräsentationen sind, ist eine offene Frage. Offen ist auch, wie die handlungsleitenden kognitiven Strukturen beim Lehrer aussehen, inwieweit sie bewußt repräsentiert und mit subjektiven Theorien verknüpft sind und in welcher Weise sie in unterrichtliches Handeln umgesetzt werden (vgl. Assor, 1994; Bromme, 1992b; Hofer, 1986). Um Aufschluß über die Repräsentation solcher Intentionen zu bekommen, sind andere methodische Vorgehensweisen (Befragungen, Interviews usw.) nötig, wie sie etwa in Forschungen zu Lehrerkognitionen (Clark & Peterson, 1986) eingesetzt werden. Um die Gründe für die Zielverträglichkeit weiter aufzuhellen, ist eine Verknüpfung der bisherigen Forschungen zu diesem Thema mit Forschungsansätzen aus dem Bereich der Lehrerkognitionen wünschenswert. So sollte etwa versucht werden, die Beziehung zwischen dem Muster unterrichtlicher Wirkungen und den subjektiv repräsentierten Zielen bzw. Intentionen zu untersuchen.

Wesentliche Fortschritte zur Frage der mehrdimensionalen Zielerreichung sind erst dann zu erwarten, wenn Lehr-Lern-Modelle vorliegen, die dieses Problem explizit thematisieren. Wie von uns an anderer Stelle ausgeführt (Helmke & Schrader, 1990), müßte ein solches Modell Submodelle enthalten, die auf der Personenseite die Mechanismen der wechselseitigen Beeinflussung verschiedener Zielkriterien erklären und auf der Unterrichtsebene die Bedeutung der Unterrichts- und Beziehungsqualität auf die verschiedenen kognitiven und affektiven Schülermerkmale herausarbeiten. Ein solches Modell müßte dann ergänzt werden um kognitive Faktoren wie subjektive Zielsetzungen und Intentionen, die das unterrichtliche Handeln des Lehrers beeinflussen.

Ein weiterer Punkt bezieht sich auf die erforderliche Mindestausprägung der Zielkriterien. Wir haben bislang "gut" mit "überdurchschnittlich" gleichgesetzt und dabei im Grunde einen sozialen Bezugsmaßstab benutzt. Eine solche "stichproben"- oder "populationsabhängige" Charakterisierung weist natürlich eine gewisse Beliebigkeit auf: In welchen Klassen und bei welchen Lehrern sich eine hohe Zielverträglichkeit finden läßt, hängt zum Teil von der Verteilung des Merkmals in der Stichprobe der für die Untersuchung berücksichtigten Klassen ab. Wünschenswert wäre aber ein kriterialer Bezugsmaßstab, mit dem sich unabhängig von der zugrundeliegenden Stichprobe Mindestausprägungen auf den einzelnen Zieldimensionen festlegen ließen, wie dies etwa bei im Lehrplan genau festgelegten Lehrzielen der Fall ist. Aus theoretischer Sicht interessant ist die Frage, ob es solche Mindestausprägungen auf einzelnen Dimensionen tatsächlich gibt oder ob diese nicht vielmehr davon abhängen, welche Ausprägungen auf anderen Dimensionen vorhanden sind. Komplexe Beziehungsmuster wie die Kompensation von niedrigen Ausprägungen auf einzelnen Dimensionen durch hohe Ausprägungen auf anderen Dimensionen oder die Interaktion von Wirkungseinflüssen mit anderen Merkmalen sind in der Lehr-Lern-Forschung nicht ungewöhnlich (vgl. Walberg, 1990; Pintrich & Garcia, 1993). Sie machen deutlich, daß sich die moderne Unterrichtspsychologie in einem Spannungsfeld zwischen dem traditionellen Variablenansatz der Psychologie einerseits und einer ganzheitlichen, typenorientierten Betrachtungsweise andererseits bewegt (vgl. etwa Helmke & Schrader, 1990).

Zielkonflikte in der Grundschule: Kommentar

Jürgen Baumert

Zielkonflikte bei der Planung und Durchführung von Unterricht und die multikriteriale Wirksamkeit des Unterrichts sind bislang bemerkenswert selten Gegenstand empirischer pädagogischer Forschung geworden. In der Bildungstheorie und allgemeinen Didaktik dagegen gehört diese Problematik zum Kernbereich disziplinärer Forschungsthemen. In historischer Sicht entwickelt Hanns Petillon in seinem Beitrag Grundmuster der Zieldiskussion für die Grundschule und systematisiert Konfliktdimensionen in zeitlicher, sachlicher und sozialer Hinsicht. Zugleich zeigt er aber auch, daß diese Argumentationslinie auch in der Didaktik nicht bis zur Untersuchung der Zielkognitionen von Lehrern und deren unterrichtlichem Handeln verlängert wird. In der empirischen Forschung ist die multikriteriale Wirksamkeit von Unterricht vornehmlich im Rahmen der Evaluation von pädagogischen Innovationen thematisiert worden, mit denen verschiedene Zwecke simultan erreicht werden sollten. Beispiele sind die mehrdimensionalen Metaanalysen zum offenen Unterricht (Giaconia & Hedges, 1982), die systemvergleichenden Studien zur Evaluation der Gesamtschule (Fend, 1982) oder die Untersuchung der Haupt- und Nebeneffekte zielerreichenden Unterrichts (Arlin, 1984). Die regulierende Funktion von Zielen bleibt wiederum unberücksichtigt.

Es ist das Verdienst der Arbeitsgruppe um Weinert, die Frage der multikriterialen Wirksamkeit von Unterricht systematisch angegangen zu sein. Eine erste Untersuchung des Problems der Verträglichkeit von Unterrichtszielen im Hinblick auf Merkmale der Unterrichtsführung legten Treiber und Weinert (1982 und 1985) auf der Grundlage von Ergebnissen der Heidelberger Hauptschulstudie vor. In nachfolgenden Jahren haben Weinert und seine Mitarbeiter dieses Thema in unterschiedlichen Varianten wieder aufgegriffen und theoretisch und methodisch entfaltet. Dazu gehören die auf der Münchener Hauptschulstudie beruhenden Untersuchungen von Helmke (1988a) zur Verträglichkeit von Leistungssteigerung und dem Ausgleich von Leistungsunterschieden (Classroom Environment Study der IEA) sowie die Studie von Helmke und Schrader (1990) zur Kompatibilität kognitiver, affektiver und motivationaler Zielkriterien des Schulunterrichts und die Arbeit von Weinert und Helmke (1996) zur multikriterialen Zielstruktur des Mathematikunterrichts unter Berücksichtigung von Leistungsentwicklung, Egalisierung von Leistungsunterschieden und Stabilisierung motivationaler Merkmale. Die zuletzt genannte Arbeit benutzt bereits Daten aus der SCHOLASTIK-Studie. Der hier vorliegende Beitrag von Schrader, Helmke und Dotzler zu Zielkonflikten in der Grundschule und Möglichkeiten der Optimierung kognitiver und motivationaler Förderung im Grundschulunterricht rundet diese beeindruckende Untersuchungsserie ab. Gerade dieser Beitrag dokumentiert nicht nur die theoretischen und methodischen Fortschritte und den erreichten Forschungsstand, sondern zeigt auch deutlich, welch hohe Anforderungen an Design und Datenqualität Untersuchungen zur multikriterialen Wirksamkeit von Unterricht stellen und welche nicht gelösten methodischen Probleme befriedigende Fortschritte verhindern.

Wählt man eine differentialpsychologische Perspektive, scheint es sich bei Leistung und leistungsnahen Motivationsmerkmalen wie dem Selbstkonzept der fachspezifischen Befähigung, des Interesses oder der fachspezifischen Lernfreude, um Kopplungsprodukte zu handeln. Als allgemeinste Form der theoretischen Modellierung bietet sich ein dynamisches Interaktionsmodell mit typischer Cross-Lag-Struktur an. Die reziproke Beeinflussung zwischen beiden Merkmalskomplexen über die Zeit war lange kontrovers: ist ein "Skill-Development-" oder ein "Self-Enhancement-Approach" besser geeignet, um die gekoppelte Entwicklung von Leistung und Motivation zu beschreiben und - falls die Annahme reziproker Einflüsse notwendig ist - gibt es eine führende Größe in der Entwicklungsdynamik? SCHOLASTIK hat auch hier in Ergänzung zu Befunden über Jugendliche dazu beigetragen, den Blick dafür zu schärfen, daß man allenfalls mit lokaler Modellgültigkeit zu rechnen hat - abhängig vom Zeitpunkt in der Ontogenese, den Leistungsbereichen und Motivationsaspekten (Helmke, 1992 und 1994; Jerusalem & Schwarzer, 1991; Pekrun, 1988; Pekrun & Helmke, 1991).

Aber in der Pädagogik und pädagogischen Psychologie sind wir nicht nur an der interindividuellen Dynamik von Merkmalsbeziehungen interessiert, sondern mehr noch an der Beschreibung und Analyse der konkomitanten intraindividuellen Entwicklung von Leistung und Motivation. Sofern sich diese Lern- und Entwicklungsprozesse im Rahmen schulischer Instruktion vollziehen, stellt sich sogleich die Frage nach deren Abhängigkeit vom individuellen Vorkenntnis- beziehungsweise motivationalen Ausgangsniveau, von Merkmalen des Instruktionskontextes sowie der Unterrichtsqualität. In dieser Fragestellung treffen entwicklungs- und sozialisationstheoretische, differentialpsychologische und pädagogische Perspektiven aufeinander. Forscher, die wie die Münchener Arbeitsgruppe diese Fragestellung empirisch bearbeiten wollen, sind mit dem Problem der multivariaten Behandlung von Längsschnittdaten mit hierarchischer Struktur unter gleichzeitiger Berücksichtigung von Niveauveränderungen konfrontiert. Die bislang vorliegenden Arbeiten haben die Facetten des Problems herausgearbeitet und zugleich verdeutlicht, daß es zur Zeit kein methodisch wirklich befriedigendes Vorgehen für die Untersuchung multivariater Entwicklungsverläufe in hierarchisch strukturierten Institutionen gibt. Das Problem liegt in der Verknüpfung eines multivariaten Ansatzes - es sollen ja mehrere Zielkriterien simultan in den Blick genommen werden - mit der Modellierung individueller Wachstumsprozesse, die in hierarchische Kontextstrukturen eingebettet sind. Solange man beide Aspekte getrennt halten kann, gibt es Wege der adäquaten methodischen Behandlung des Themas; erst die Kombination erzeugt das Problem, für das es zur Zeit nur zweitbeste Lösungen gibt.

Die zweitbeste Lösung besteht in einer sequentiellen Behandlung des Mehrebenenproblems und der multivariaten Analyse. Dabei sind zwei Wege eingeschlagen worden, die unterschiedliche Anforderungen an die Qualität des Designs und der Meßinstrumente stellen. Eine Alternative, die im Prinzip die integrative Lösung sein könnte, nämlich die Behandlung von Mehrebenenproblemen innerhalb eines Strukturgleichungsansatzes, eignet sich für die vorliegende Fragestellung nicht (Muthén, 1990; Schneider, 1991). Der erste Lösungsweg, der bislang in der Regel gewählt wurde, geht von einer Idee aus, die Keesling und Wiley schon 1974 zur Lösung des notorischen Mehrebenenproblems entwickelt haben. Keesling und Wiley schlagen vor, um ein Proxi für individuelle Veränderungen auf aggregiertem Klassenniveau als abhängige Variable zu erhalten, Klassenmittelwerte als Kriterium zu verwenden, die zuvor auf Individualebene kovarianzanalytisch adjustiert wurden. In eine auf Individualebene gerechnete ANCOVA mit der Klassenzugehörigkeit als Faktor geht als Kovariate Vortestleistung oder das

Ausgangsniveau motivationaler Variablen ein. Die multivariaten Analysen werden anschließend auf Klassenebene mit den bereinigten Mittelwerten durchgeführt. Ein analoges Vorgehen ist die regressionsanalytische Auspartialisierung von Ausgangswerten aus dem Kriterium auf der Individualebene und die anschließende Aggregierung der Residuen auf Klassenebene als abhängige Variable der multivariaten Analyse. Beide Verfahren unterscheiden sich nur in der Behandlung der Fehlerterme. Die technischen Anforderungen an Design und Qualität der Erhebungsinstrumente sind relativ bescheiden; ein kovarianzanalytisches Design ohne Meßwiederholung ist bereits ausreichend. Längsschnittstudien mit zwei Meßzeitpunkten sind ähnlich zu behandeln.

Dieses regressionsanalytische Vorgehen hat zwei nicht zu beseitigende Schwächen. Es setzt einmal die Homogenität der Regressionssteigungen unter den Faktorstufen voraus - eine Annahme, die etwa bei der Untersuchung von Leistungsegalisierung als ein Kriterium gerade a priori bezweifelt wird. Die zweite Schwäche bezieht sich nicht nur auf Schätzprobleme, sondern auf theoretische Grenzen des Modells. Die residualisierten Meßwerte sind kein Indikator für intraindividuelle Veränderung, sondern nur für eine aufgrund der Ausgangswerte nicht erwartete Verschiebung der relativen Position von Einheiten der Stichprobe zueinander. Damit wird nur ein Bruchteil der theoretisch interessierenden intraindividuellen Veränderung und ihrer interindividuellen Variation erfaßt. Dies vermindert die Entdeckungswahrscheinlichkeit für Zusammenhänge zwischen Kontext- und Unterrichtsmerkmalen und intraindividuellen Entwicklungsprozessen erheblich.

Bei den daran anschließenden multivariaten Analysen auf Klassenebene sind in den vorliegenden Arbeiten unterschiedliche Wege eingeschlagen worden. Helmke und Schrader (1990) sowie Gruehn (1995) prüfen zunächst für jedes Kriterium getrennt die einfachen Korrelationen mit Unterrichtsmerkmalen, die mehr oder weniger theoretisch angeleitet ausgewählt wurden. Diese Matrizen geben einen ersten Überblick, ob mit ernsthaften Verträglichkeits- und Optimierungsproblemen zu rechnen ist. In einem zweiten Schritt werden anhand der Zielkriterien a priori oder clusteranalytisch Gruppen gebildet, für die jeweils bestimmte Kombinationen der Ausprägung der Kriteriumsvariablen charakteristisch sind - etwa Optimal-, Misch- und Negativgruppen. Anschließend wird versucht, die einzelnen Gruppen durch Kontext- und Unterrichtsmerkmale möglichst spezifisch zu beschreiben (Helmke, 1988a; Helmke und Schrader, 1990; Weinert und Helmke, 1996) oder diskriminanzanalytisch zu trennen (Baumert u. a., 1986) oder die Gruppenzugehörigkeit konfigurations-frequenzanalytisch vorherzusagen (Baumert u. a., 1989). Sofern man über eine ausreichend große Stichprobe von Schulklassen verfügt, läßt sich die multikriteriale Zielerreichung allerdings eleganter auf Klassenebene mit einem Strukturgleichungsansatz modellieren und unter Umständen auch im Zwei-Gruppen-Vergleich kreuzvalidieren (Baumert u. a., 1987).

Grundgedanke des Keesling-Wiley-Modells ist es, Kovariate auf der individuellen Ebene auszupartialisieren. Dieses Vorgehen erlaubt es, den Einfluß der auf Klassenebene aggregierten Kovariate als spezifischen Kontexteinfluß zu modellieren. Dies ist ein Vorzug des Modells, da, wie wir wissen, Lehrer ihre Unterrichtsführung adaptiv an Kontextmerkmale der Schulklasse anpassen (Baumert u. a., 1987). In dem vorliegenden Aufsatz nehmen Schrader, Helmke und Dotzler den Grundgedanken des Keesling-Wiley-Modells nicht auf, sondern aggregieren zunächst alle Individualmerkmale auf Klassenebene und partialisieren anschließend auf der Aggregationsebene die Ausgangswerte aus den Zielkriterien aus. Dies hat zur Folge, daß die zwischen Kontextbedingungen und Unterrichtsmerkmalen gemeinsame Varianz auch aus den Merkmalen der

Unterrichtsführung herausgenommen wird. Sofern Kontext und Unterrichtsführung substantiell kovariieren, reduziert dies in unerwünschter Weise die Korrelationen zwischen Unterrichtsmerkmalen und Zielkriterien. Dies mag ein Grund sein, weshalb Schrader, Helmke und Dotzler deutlich niedrigere Zusammenhänge berichten, als sie etwa Gruehn (1995) fand.

Einen kaum zu überschätzenden Fortschritt für die univariate Analyse von Längsschnittdaten mit hierarchischer Struktur brachten die jüngsten Entwicklungen auf dem Gebiet der hierarchisch linearen Modellierung (HLM). Mit dem Computerprogramm HLM/3 liegt ein Werkzeug vor, das die simultane Modellierung von intraindividuellen Veränderungen in Abhängigkeit von individuellen und institutionellen Merkmalen erlaubt. Damit lassen sich zentrale regressionsanalytische Probleme einer entwicklungsorientierten Unterrichtsforschung zum ersten Mal adäquat lösen - sofern diese univariat sind. Die Voraussetzungen an Design und Datenqualität sind allerdings erheblich: Es ist ein echtes Meßwiederholungsdesign mit mindestens drei Meßzeitpunkten erforderlich, und um stabile Parameterschätzungen zu erhalten, müssen sowohl die Zahl der Gruppen als auch die Zahl der Probanden innerhalb der Gruppen ausreichend groß sein.

Für multivariate Fragestellungen wie die der multikriterialen Zielerreichung ist ein iteratives Vorgehen - getrennt für jede Zielvariable - erforderlich. Der Vergleich der Ergebnisse der einzelnen HLM-Modelle, in die auf Klassenebene Kontext- und/oder Unterrichtsvariablen eingehen können, gibt bereits einen Überblick möglicher Verträglichkeitsprobleme oder Kopplungseffekte. Die für jedes Zielkriterium separat geschätzten individuellen "Growth Trajectories" können anschließend auf Klassenebene aggregiert werden, um sie im nächsten Schritt auf der Aggregationsebene mit denselben Verfahren, wie sie für das Keesling-Wiley-Modell oben beschrieben wurden, multivariat zu analysieren. Der entscheidende Fortschritt besteht darin, daß nunmehr die Zielvariablen - theoriekonform - klassenweise gepoolte Entwicklungsverläufe darstellen.

Von diesem Vorzug läßt sich jedoch nur Gebrauch machen, wenn die Zielkonstrukte zu den einzelnen Meßzeitpunkten auf derselben Metrik abgebildet werden. Dies verlangt, daß entweder dieselben Instrumente wiederholt vorgegeben werden oder ein Test-Equating über Anker-Items möglichst unter Nutzung der Item-Response-Theorie vorgenommen wird. Standardisiert man äquivalente Untersuchungsverfahren unterschiedlicher Metrik, kann man das Potential von HLM für die Analyse von Längsschnitten nicht mehr nutzen. Es ist in diesem Falle einfacher und auch besser verständlich, mit Residuen oder kovarianzanalytisch adjustierten Mittelwerten zu arbeiten: die Ergebnisse sind äquivalent. Schrader, Helmke und Dotzler müssen standardisierte Werte verwenden, da in der SCHOLASTIK-Studie, um die interessierenden Konstrukte möglichst entwicklungsadäquat zu erfassen, zu den verschiedenen Meßzeitpunkten unterschiedliche, aber theoretisch äquivalente Instrumente eingesetzt wurden, ohne ein Anker-Item-Design mit Rasch-Skalierung in Betracht zu ziehen. Dies limitiert die Analysemöglichkeiten deutlich. Längsschnittstudien - und SCHOLASTIK macht hier keine Ausnahme - haben eine unangenehme Eigenschaft: Sie lassen Nachbesserungen kaum zu. Daß der Wunsch nach Nachbesserung so selten auftaucht, ist eine der Leistungen der Münchener Arbeitsgruppe.

Faßt man die Ergebnisse der Münchener Untersuchungsserie zur multikriterialen Zielerreichung, an deren Ende jetzt die Arbeit von Schrader, Helmke und Dotzler steht, und die Befunde im wesentlichen der Berliner Studien zusammen, so ergibt sich für die Frage der Vereinbarkeit einer optimalen Leistungs- und Motivationsentwicklung im Unterricht ein relativ klares Bild:

- Die für die individuelle Entwicklung kennzeichnende dynamische Verbindung von Leistungs- und Motivationsentwicklung wird - theoriekonform - auf der Klassenebene weitgehend entkoppelt. Die Leistungs- und Motivationsentwicklung von Schulklassen variieren voneinander unabhängig.
- Es lassen sich Schulklassen identifizieren, für die "typische" Kombinationen der Wirksamkeitskriterien charakteristisch sind. Ob es sich hierbei um Zieltypen im Sinne von Taxa nach Meehl (1992) handelt, ist bislang unklar.
- Die Variabilität der Leistungsparameter ist auf Schulklassenebene durchweg größer als die der Motivationsparameter. Dies weist auf unterschiedliche Spielräume für Interventionen hin.
- Im Hinblick auf eine optimale Leistungs- und Motivationsförderung ist auf der Ebene der Unterrichtsmerkmale kein ernsthaftes Verträglichkeitsproblem zu erkennen, das eine Balancierung und Optimierung von Elementen der Unterrichtsführung erforderte. Vielmehr deuten sich kumulative Effekte einer effizienten Klassenführung, einer stofforientierten, klar strukturierten und auf intelligente Übungsformen gestützten Unterrichtsgestaltung einerseits und einer sozial kompetenten, schülerzugewandten und Zeit zur Entfaltung gewährenden Interaktion andererseits an.
- Dagegen weist die Mehrzahl der vorliegenden Untersuchungen auf Verträglichkeitsprobleme zwischen optimaler Leistungsförderung und Divergenzminderung hin, aus denen sich Balance- und Optimierungsaufgaben für die Unterrichtsführung ergeben. Wieweit diese Befunde nach Schulstufen zu differenzieren sind, ist bislang noch offen (Treinies und Einsiedler, 1996).

Kapitel X

Selbstkonzept und Leistung - Dynamik ihres Zusammenspiels

Literaturüberblick:
Andreas Krapp

Ergebnisse aus dem SCHOLASTIK-Projekt:
Marcel A. G. van Aken, Andreas Helmke & Wolfgang Schneider

Kommentar:
Reinhard Pekrun

Selbstkonzept und Leistung - Dynamik ihres Zusammenspiels: Literaturüberblick

Andreas Krapp

Die Wahrnehmung der eigenen Person, das "Selbst-Konzept", wird im Laufe der Entwicklung immer weiter ausdifferenziert und in seiner Ausprägung von vielen Faktoren bestimmt. Ein wichtiger Teilbereich ist die Wahrnehmung der eigenen Leistungstüchtigkeit. Sie ist das stets vorläufige Resultat aus den Ergebnissen bisheriger Leistungsbemühungen und den entsprechenden Rückmeldungen und individuellen Verarbeitungsprozessen. Es gibt gute Gründe für die Annahme, daß das aktuelle Selbstkonzept einer Person erheblichen Einfluß auf Ziele, Motivation und Ergebnis von Lernhandlungen hat: Im Lehr-Lerngeschehen ebenso wie in der (individuellen) Entwicklung besteht eine dynamische Wechselwirkung zwischen Selbstkonzept und Leistung.

Für die pädagogisch-psychologische Forschung eröffnet dieser Sachverhalt viele interessante Fragestellungen, und es gibt in der Tat eine große Zahl von Untersuchungsansätzen und Fragestellungen. Anstelle einer repräsentativen Darstellung des Forschungsstandes sollen zwei Forschungslinien exemplarisch dargestellt werden, die sich an unterschiedlichen theoretischen Modellvorstellungen orientieren, entsprechend unterschiedliche methodische Zugänge präferieren und deren Forschungsertrag je nach Zielvorstellung durchaus unterschiedlich beurteilt werden kann. Auf diesem Hintergrund kann man den Forschungsansatz und die Untersuchungsbefunde zur wechselseitigen Abhängigkeit von Selbstkonzept und Schulleistung, wie sie exemplarisch im Rahmen des SCHOLASTIK-Projekts durchgeführt wurden (vgl. Helmke & van Aken, 1995; van Aken, Helmke & Schneider, i. d. Bd.), im Hinblick auf theoretische und praktische Belange besser einordnen und diskutieren. Doch zuvor ist zu klären, wie die Begriffe Leistung und Selbstkonzept im Umfeld der hier berücksichtigten Forschung verwendet werden.

KONZEPTUELLE KLÄRUNGEN

Der Begriff *Leistung* bezeichnet in der Regel den "gemessenen" Lernerfolg in der Schule, wobei entweder Schulnoten oder fachspezifische Leistungstests zur Operationalisierung herangezogen werden. In experimentellen Studien und in theoretischen Übersichtsreferaten werden gelegentlich auch andere Indikatoren verwendet, z. B. Leistungszuwachs in experimentell induzierten Trainingssituationen oder Entwicklung allgemeiner kognitiver Fähigkeiten während einer bestimmten Zeitspanne. In jedem Fall bezieht sich die Leistung auf eine individuelle Fähigkeit mit definiertem Geltungsanspruch und empirisch verankerten Bewertungskriterien.

Das Konstrukt *Selbstkonzept* läßt sich weder theoretisch noch empirisch eindeutig charakterisieren. Schwierigkeiten ergeben sich vor allem durch die Tatsache, daß es über die Struktur, die Wirkungsweise und die Entstehung des Selbstkonzepts sehr verschiedene theoretische Modelle und Hypothesen gibt, die nur schwer miteinander in Einklang zu bringen sind. Erschwerend kommt hinzu, daß an der wissenschaftlichen

Diskussion mehrere psychologische Teildisziplinen mit jeweils unterschiedlichen Theorie- und Forschungstraditionen beteiligt sind (z. B. Sozialpsychologie, Persönlichkeits- und Entwicklungspsychologie), aber auch einflußreiche Nachbardisziplinen, wie z. B. Soziologie oder Erziehungswissenschaft. Kein Wunder, daß man in der Literatur sehr verschiedene Definitionen vorfindet: Filipp (1978) zählt 32 Varianten auf, und selbst in dem theoretisch bereits sehr stark eingegrenzten Übersichtsbeitrag von Hansford und Hattie (1982) werden 14 verschiedene leistungsthematische Selbstkonzept-Konstrukte unterschieden.

In den meisten Theorien und Untersuchungen des hier berücksichtigten Forschungsfeldes wird das Selbstkonzept als eine zentrale Komponente der Schülerpersönlichkeit aufgefaßt (z. B. Pekrun & Helmke, 1991). Auf dem Hintergrund des Postulats der Fähigkeit zur reflexiven Wahrnehmung und Beurteilung von Person-Umwelt-Bezügen wird davon ausgegangen, daß der Mensch nicht nur von seiner Umwelt, sondern auch von sich selbst ein "Bild" entwickelt. Dieses "Selbst-Bild" wird in der neueren empirisch-psychologischen Forschung als eine interne, kognitive Repräsentation des Wissens über sich selbst und die darin eingeschlossenen Überzeugungen aufgefaßt (Byrne, 1984; Buff, 1991b; Harter, 1986; Pekrun, 1987, 1988; Shavelson & Bolus, 1982). Außerdem besteht weithin Konsens, daß das Selbstkonzept keine einheitliche Größe darstellt, sondern als differenziertes, vielschichtiges und teilweise hierarchisch geordnetes System begriffen werden muß (Markus & Wurf, 1987; Harter, 1983). Ein prototypisches, in der pädagogisch-psychologischen Literatur häufig zitiertes Modell ist das von Shavelson, Hubner & Stanton (1976). Ein Blick auf ein solches Modell macht klar, daß man das Selbstkonzept auf verschiedenen Hierarchieebenen untersuchen kann. Weitere Differenzierungen ergeben sich durch die folgenden alternativen Fragestellungen (vgl. Frey & Haußer, 1987; Harter, 1983; Helmke, 1994):

(1) Soll man das Selbstkonzept als ein relativ stabiles, trait-ähnliches Persönlichkeitsmerkmal rekonstruieren oder als ein dynamisches System, welches im Prozeß der Handlungssteuerung in Abhängigkeit von den jeweiligen situativen Bedingungen unterschiedliche Funktionen zu erfüllen hat?

(2) Kann das Selbstkonzept nur in Form des Wissens über das eigene Selbst wissenschaftlich untersucht werden, oder muß sich die Psychologie auch mit der im Begriff *Selbst* umschriebenen Entität innerhalb der Persönlichkeitsorganisation theoretisch und empirisch auseinandersetzen?

(3) Zählen zum Selbstkonzept nur die kognitiven Repräsentationen im engeren Sinn, also gewissermaßen das deklarative Wissen über die eigene Person, oder muß man zusätzlich affektiv-evaluative Komponenten berücksichtigen, z. B. das Selbstwertgefühl?

(4) Gehören zum Selbstkonzept nur die dem Bewußtsein unmittelbar zugänglichen Repräsentationen, oder müssen auch unbewußte, bzw. dem rationalen Bewußtsein nur schwer zugängliche Faktoren einbezogen werden?

In den folgenden Abschnitten wird sich zeigen, daß die verschiedenen Untersuchungsansätze der Selbstkonzeptforschung auf diese Frage unterschiedliche Antworten geben. Entsprechend unterschiedlich sind auch die daraus abgeleiteten theoretischen und praktischen Schlußfolgerungen.

ZWEI FORSCHUNGSSTRÄNGE IN DER SCHULLEISTUNGSBEZOGENEN SELBSTKONZEPT-FORSCHUNG

Wie auch in anderen Forschungsfeldern kann man in der Selbstkonzept-Forschung idealtypisch abgrenzbare Hauptströmungen unterscheiden, die sich an unterschiedlichen metatheoretischen Prämissen orientieren, unterschiedliche Forschungsziele verfolgen und jeweils andere methodische Zugänge verwenden. Für eine sachgerechte Beurteilung der Selbstkonzeptforschung - v. a. im Hinblick auf ihre pädagogische Relevanz - sind zwei Richtungen hervorzuheben, die *differentielle*, an der Aufklärung interindividueller Unterschiede interessierte Forschung und die (allgemeine) *prozeßorientierte* Forschung, welche die auf alle Personen zutreffenden Gesetzmäßigkeiten entwicklungsbedingter Veränderung untersucht. Auf diese Unterscheidung und den damit verbundenen metatheoretischen und methodischen Implikationen hat erstmals Lee Cronbach in seinem berühmten Aufsatz "The two disciplines of psychology" (1957) hingewiesen. Bezogen auf die Selbstkonzept-Forschung verwendet Heckhausen (1989) eine damit kompatible Systematik, indem er die eigenschaftsorientierte von der prozeßtheoretischen Sichtweise abgrenzt.[13]

Im folgenden werden jeweils das zentrale Anliegen der beiden Forschungsstränge kurz erläutert und dann im Hinblick auf das eigentliche Anliegen dieses Beitrags drei Fragen diskutiert:

(1) Wie wird das Selbstkonzept theoretisch eingeordnet und verankert?

(2) Wie wird die Wechselwirkung von Selbstkonzept und Leistung empirisch untersucht und welche Art von Befunden hat die Forschung bislang erbracht?

(3) Wie ist der Ertrag der Forschung zu bewerten?

DIFFERENTIELLE FORSCHUNG

Das zentrale Kennzeichen der differentiellen Forschung ist die Fokussierung auf interindividuelle Unterschiede. Es wird untersucht, wie sich Personen unterscheiden, wie Merkmals*unterschiede* (z. B. im Bereich des Selbstkonzepts) entstehen, d. h. wie sie durch äußere und innere Faktoren verändert und beeinflußt werden, und wie sich diese Unterschiede auf andere Merkmale (z. B. das Leistungsverhalten) in der Schule auswirken. Diesem zentralen Forschungsanliegen entsprechend, bedient sich der differentielle Forschungsansatz einerseits spezieller Methoden zur Messung der theoretisch abgegrenzten Merkmalsbereiche, wobei es primär darum geht, individuelle Unterschiede möglichst exakt zu erfassen. Gemeinsame Komponenten, die keine Varianz abbilden oder aufklären können, sind von nachgeordneter Bedeutung. (Amelang & Bartussek, 1985; Ahrens, 1988). Andererseits bevorzugt dieser Ansatz empirische Forschungsansätze, die auf der Basis wiederholter Messungen bei Versuchspersonen in ausgewählten Gruppen quantita-

---

[13] Diese idealtypische Gegenüberstellung von nur zwei Hauptströmungen der Forschung ist eine sehr starke Vereinfachung. Sowohl Asendorpf als auch Renkl (mündliche Mitteilungen) haben darauf hingewiesen, daß prozeßorientierte und differentielle Forschung nicht in jedem Fall gegensätzliche Positionen vertreten. Genau genommen müßte ein Vielfelderschema unterlegt werden, welches sich aus der Klassifikation von Prozeßorientierung (ja/nein) und differentiellem Zugang (ja/nein) ergibt.

tive Daten liefern. Mit Hilfe statistischer Methoden werden Varianzen beschrieben, aufgeschlüsselt und miteinander in Beziehung gesetzt. Ein zentrales Anliegen ist die *"Aufklärung von Varianzanteilen"*.

Wie wird das Selbstkonzept theoretisch verankert?

In der differentiellen Forschung wird das Selbstkonzept als ein *relativ stabiles* Merkmal der Person aufgefaßt (Buff, 1991b; Helmke, 1994). Es repräsentiert dispositionale oder habituelle Tendenzen der Selbstwahrnehmung und Selbsteinschätzung leistungsrelevanter Aspekte wie z. B. Fähigkeit, Begabung, Kontrollüberzeugungen, Selbstwirksamkeitserwartungen usw. Helmke (1992) interpretiert z. B. das leistungsbezogene Selbstvertrauen als ein relativ stabiles Personmerkmal im Sinne des Trait-Konzepts.

Das Selbstkonzept wird theoretisch und empirisch als "geordnete Menge aller im Gedächtnis gespeicherten selbstbezogenen Information" oder als "organisiertes Wissen über die eigene Person" rekonstruiert (Jerusalem & Schwarzer, 1991; Filipp, 1979). Bei dieser kognitiven Sichtweise bleiben emotional-evaluative Phänomene wie Selbstwertgefühl (self-esteem) (Rosenberg, 1979) oder Selbstzufriedenheit (self-satisfaction) ausgeklammert. Doch auch jene Forschungsrichtungen, die emotionale und evaluative Aspekte einbeziehen, berücksichtigen im allgemeinen nur die dem reflexiven Bewußtsein zugänglichen Komponenten des Selbstkonzepts, also jene Sachverhalte, über die sich eine Person schriftlich oder mündlich äußern und insofern leicht befragt werden kann. Daß auf diese Weise wichtige Komponenten des Selbstkonzepts übersehen werden, weil sie dem Bewußtsein nicht so unmittelbar zugänglich sind, wird als Problem kaum thematisiert, obwohl es gute Gründe für die Annahme gibt, daß unser Verhalten zu einem wesentlichen Teil auch von solchen Faktoren gesteuert wird (Epstein, 1973, 1990). Erhebliche Unterschiede finden sich im Hinblick auf den für aussagekräftig gehaltenen Generalisierungsgrad, d. h. welcher Hierarchieebene im Modell von Shavelson et al. (1976) das leistungsbezogene Selbstkonzept zugeordnet werden soll. In empirischen Untersuchungen findet man sowohl bereichsübergreifende, d. h. mehr oder weniger generalisierte als auch bereichs- oder domänspezifische Selbstkonzepte.

In formaler Hinsicht wird das Selbstkonzept in der Regel als ein mehrdimensionales Konstrukt interpretiert: Die einzelnen Teilaspekte werden als analytisch trennbare Merkmalskomponenten aufgefaßt, die in der Summe eine hinreichend genaue individuelle Charakterisierung, d. h. differentielle Unterscheidung, erlauben. Ein gutes Beispiel für ein theoretisch und empirisch sorgfältig aufgeschlüsseltes Konstrukt ist das "leistungsbezogene Selbstvertrauen" von Helmke (1992). Es ist bereichsspezifisch angelegt (z. B. für das Schulfach Mathematik) und umfaßt mehrere "Facetten", z. B. Selbstkonzept der eigenen Fähigkeit, Einschätzung der eigenen Leistungsposition in der Schulklasse, prospektive Aspekte der leistungsbezogenen Komponenten, perzipierte Schwierigkeit bzw. Einfachheit des entsprechenden Fachunterrichts und perzipierte Schwierigkeit bzw. Einfachheit typischer Aufgabenstellungen in diesem Fach. Trotzdem werden in empirischen Untersuchungen die Meßwerte für die Teilkomponenten häufig zu einem Gesamtwert zusammengefaßt. Sofern die Relationen zwischen den Komponenten empirisch untersucht werden - Helmke (1992, S. 101) spricht von einer Analyse des "nomologischen Netzwerks" - geht es primär um die Rechtfertigung für die Berechnung *eines* globalen Summenwertes bei der Operationalisierung des Konstrukts.

Empirische Forschungsansätze und Befunde

Da die differentielle Forschung die Komponenten des Selbstkonzepts (und bis zu einem gewissen Grad auch die Schulleistung) als relativ stabile Persönlichkeitsmerkmale auffaßt, kann die Frage der wechselseitigen Abhängigkeit nur im Hinblick auf längerfristige Entwicklungen sinnvoll gestellt und empirisch untersucht werden. Es werden keine zeitlichen Mikroanalysen durchgeführt, sondern Makroanalysen über längere Zeitspannen - in der Regel über verschiedene Abschnitte innerhalb eines Schuljahres oder über mehrere Schuljahre hinweg. Erforderlich sind also Längsschnittdaten mit folgender idealtypischer Struktur (vgl. Abb. X.1).

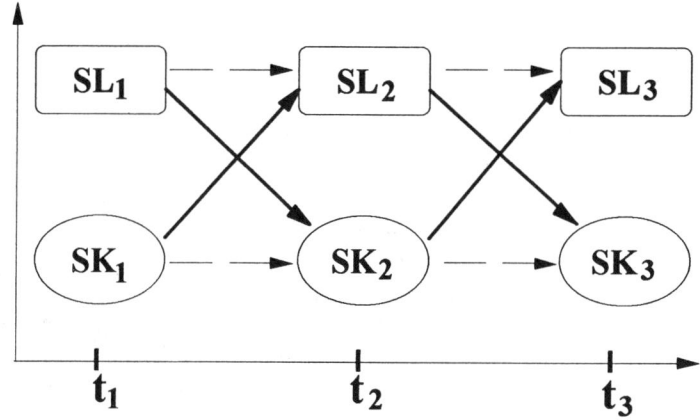

Abbildung X.1: Idealtypisches Design des differentiellen Forschungsansatzes.

Legende: SL = Schulleistung, SK = Selbstkonzept

Aufgrund der Kenntnis der Ausprägung der Schulleistung (SL) und des Selbstkonzepts (SK) zu verschiedenen Meßzeitpunkten, kann man empirisch überprüfen, ob und inwieweit das Selbstkonzept die Schulleistung bzw. die Schulleistung das Selbstkonzept beeinflußt hat und wie diese Beziehungen ggf. durch bestimmte Kontextbedingungen (z. B. Schulklima, Lehrervariablen) verändert oder "moderiert" wurden. Bei den methodisch-statistischen Prüfverfahren wurden in den letzten Jahren erhebliche Fortschritte erzielt. Begnügte man sich früher mit zeitverzögerten Kreuzkorrelationen (cross-lagged-correlations), die bei genauerer Betrachtung allerdings erhebliche Probleme aufweisen (vgl. Rogosa, 1988), so verwendet man heute sehr viel anspruchsvollere Analysetechniken auf der Basis von Pfadanalysen und Strukturgleichungsmodellen.

Bevor man den wechselseitigen Zusammenhang zwischen Selbstkonzept und Leistung im zeitlichen Verlauf untersucht, ist zunächst die Frage zu klären, ob überhaupt signifikante Beziehungen nachgewiesen werden können, von welchen Faktoren diese Beziehungen beeinflußt bzw. moderiert werden, und ob es günstiger ist, mit hochgeneralisierten oder domänspezifischen Selbstkonzepten zu arbeiten. Den Forschungsstand zu diesem Fragenbündel haben Hansford und Hattie (1982) in einer Metaanalyse dargestellt. Das globale Ergebnis ist enttäuschend: Faßt man alle Befunde aus den 128 berücksichtigten Studien zusammen, dann ergibt sich eine mittlere Korrelation von $r = .21$

zwischen Selbstkonzept und Leistung. Der gemeinsame Varianzanteil beträgt nur ca. 4%. Die Höhe der Korrelation variiert nicht mit dem Geschlecht der Probanden. Unterschiede ergeben sich jedoch bei der Aufschlüsselung nach Altersstufe, Fähigkeitsniveau und Art der Selbstkonzeptdefinition: Mit zunehmendem Alter und zunehmendem Fähigkeitsniveau steigt die Korrelation. Die höchste mittlere Korrelation findet man in Untersuchungen, welche das Selbstkonzept über die Einschätzung der schulbezogenen Fähigkeit erfassen (self-concept of ability; $r = .42$).

Aufschlußreich sind für unseren Zusammenhang auch Untersuchungen zur Strukturierung des leistungsthematischen Selbstkonzepts und der prognostischen Valenz von allgemeinen und spezifischen Konzepten. Die Forschergruppe um Shavelson hat z. B. festgestellt, daß es kein einheitliches "higher order academic self-concept" gibt. Vielmehr muß man auf der übergeordneten Ebene des "academic self-concept" zwei eindeutig voneinander getrennte Subkonzepte unterscheiden, ein eher mathematisch orientiertes und eines, das sich stärker auf sprachliche Kompetenzen bezieht (Marsh & Shavelson, 1985; Marsh, 1987; Marsh, Byrne & Shavelson, 1988). Ursprünglich hatte man geglaubt, daß die in der Hierarchie weiter oben angesiedelten Selbstkonzepte sowohl eine höhere Stabilität als auch eine höhere Vorhersagekraft besitzen. Aufgrund neuerer empirischer Befunde nimmt man heute jedoch an, daß diese Aspekte sowohl interindividuell als auch in Abhängigkeit von der Lernumgebung und den jeweiligen Lerninhalten sehr stark variieren (Shavelson & Bolus, 1982; Helmke, 1992).

Eine weitergehende und theoretisch anspruchsvollere Fragestellung ist die nach der *Prädominanz*, d. h. dem Vorherrschen der einen oder anderen Kausalrichtung. Für beide Möglichkeiten gibt es gute Gründe und entsprechende Verfechter. Der *skill-development-approach* geht davon aus, daß sich das Selbstkonzept auf der Basis kumulierter Erfahrungen mit Leistungsanforderungen entwickelt und deshalb die Kausalrichtung hauptsächlich von der Leistung zum Selbstkonzept verläuft. Der *self-enhancement-approach* betont dagegen die gegenläufige Tendenz mit der Begründung, daß die für Lernen und Leistung ausschlaggebenden psychologischen Faktoren wie z. B. Motivation und Anstrengungsbereitschaft, von der Einschätzung der eigenen Kompetenz und anderen, im Selbstbild verankerten Einstellungen und Überzeugungen bestimmt werden. Zur Frage der Prädominanz der beiden Kausalrichtungen gibt es inzwischen eine größere Zahl von Untersuchungen, deren Ergebnisse wiederholt zusammengefaßt wurden (Byrne, 1986; Helmke, 1992; Helmke & van Aken, 1995; vgl. den folgenden Beitrag von van Aken, Helmke & Schneider, i. d. Bd.). Die Befunde lassen keinen eindeutigen Trend erkennen. Selbst wenn man nur die relativ wenigen Untersuchungen berücksichtigt, die in theoretischer und methodischer Hinsicht hinreichend sorgfältig bearbeitet worden sind und hohen methodischen Standards genügen (z. B. Anwendung von kausalanalytischen Auswertungsmethoden), findet man alle denkbaren Zusammenhangsmuster: Dominanz der einen oder der anderen Kausalrichtung (z. B. Newman, 1984), reziproke Effekte (z. B. Pekrun, 1986) und das vollständige Ausbleiben von signifikanten cross-lagged-Effekten (z. B. Byrne, 1986).

Bewertung

Wie dieser eher verwirrende als klärende Stand der Forschung in bezug auf die Frage nach dem "dynamischen Zusammenspiel von Selbstkonzept und Leistung" zu bewerten ist, hängt in erster Linie davon ab, wie man die Heterogenität der Befunde erklärt.

Macht man dafür strategische oder methodische Defizite der bisherigen Forschung verantwortlich, weil z. B. die Domänspezifität nicht hinreichend berücksichtigt wurde, oder die Auswertungsverfahren nicht dem "Stand der Kunst" entsprechen, dann ist eine Verbesserung der Lage vor allem durch eine konsequente Weiterentwicklung der Forschungsmethoden zu erwarten. Es könnte allerdings auch sein, daß die Frage falsch gestellt wurde, oder das theoretische und methodische Rüstzeug des differentiellen Forschungsansatzes nicht geeignet ist, um die Prozesse der Wechselwirkung differenziert genug zu untersuchen.

Aus der Alltagserfahrung und aus empirisch-experimentellen Untersuchungen ist bekannt, daß die jeweils erbrachte Leistung in einer Domäne bestehende Attribuierungen und Selbsteinschätzungen in Abhängigkeit von bestimmten Persönlichkeitsmerkmalen und situativen Bedingungen stabilisieren oder erschüttern kann. Auf der anderen Seite ist bekannt, daß sich veränderte Attribuierungen und Selbsteinschätzungen sowohl indirekt (z. B. Anspruchsniveausetzung) als auch direkt (z. B. Anstrengungsbereitschaft) auf das Leistungsverhalten auswirken können (vgl. Heckhausen, 1989). Aber ob die von Fall zu Fall variierenden Effekte und die in *intraindividuellen* Entwicklungsverläufen nachweisbaren Wechselwirkungen mit hinreichender Regelmäßigkeit auch auf der Basis von Merkmalsdifferenzen in Populationen nachweisbar sind, ist fraglich. Es fehlen - nicht nur in diesem Forschungsbereich - hinreichend begründete theoretische Modelle für das "unhinterfragte" Postulat, daß die den individuellen Entwicklungsverlauf bestimmenden Einflußfaktoren über statistische Analysen von Merkmalsvarianzen in Populationen identifiziert und ihre kausale Erklärungskraft quantitativ geschätzt werden können.

Auf dieses, die gesamte differentielle Forschung berührende Problem wurde immer wieder hingewiesen (vgl. z. B. Asendorpf, 1990b, 1995, 1996; Valsiner, 1986b). Besonders intensiv wurde es in der populationsgenetischen Begabungsforschung diskutiert, die mit einer im Prinzip durchaus vergleichbaren Forschungsstrategie das relative Gewicht von Erb- und Umweltfaktoren im Bereich der kognitiven Entwicklung zu bestimmen versucht hat. Vielleicht gilt für unseren Themenbereich das gleiche, was Ann Anastasi der Begabungsforschung bereits 1958 kritisch vorgehalten hat: Zur Erklärung der Prozesse im intraindividuellen Entwicklungsverlauf können Befunde über das relative Gewicht dieser Faktoren bei der (statistischen) Aufklärung interindividueller Fähigkeitsunterschiede wenig beitragen. Will man die tatsächlichen Wirkzusammenhänge erforschen, benötigt man eine andere Forschungsperspektive, welche sich mit der systematischen Analyse einzelner Wirkfaktoren befaßt und so einen Einblick in Prozeßabläufe ermöglicht.

PROZESSORIENTIERTE FORSCHUNG

Das zentrale Anliegen der (allgemeinen) prozeßorientierten Forschung ist die Aufklärung von Abläufen, Entwicklungen und funktionalen bzw. kausalen Beziehungen. Sie ist weniger an der Aufklärung von interindividuellen Unterschieden interessiert und am Nachweis von prognostisch relevanten Relationen über längere Zeitspannen, sondern an der Analyse genereller Prinzipien der Verhaltenssteuerung und der individuellen Entwicklung auf einer Mikroebene. In unserem Themenbereich befaßt sich nach Heckhausen (1989, S. 492) diese Forschungsrichtung "mit den Bedingungen für das Auftreten selbstbezogener Kognitionen und ihren Wirkungen". Häufig werden auf der Grundlage allgemeinpsychologischer und sozialpsychologischer Hypothesen Mikroprozesse, d. h. relativ kurzfristige, nur im aktuellen Erleben und Verhalten nachweisbare Zusammenhangsmuster untersucht. Längerfristig angelegte entwicklungspsychologische Studien können allerdings unter bestimmten Voraussetzungen ebenfalls wertvolle Informationen liefern. Insofern ist das Umfeld prozeßorientierter Forschung relativ weit und weniger klar definiert als das Feld differentieller Forschung.

Wie wird das Selbstkonzept theoretisch verankert?

Auch in prozeßorientierten, dynamischen Interpretationen des Selbstkonzepts verwendet man Modelle, welche das System in Teilkomponenten aufschlüsselt. Die Strukturierung in Teileinheiten hat hier allerdings nicht das Ziel, repräsentative Facetten eines einheitlichen, mit einem Meßwert erfaßbaren Persönlichkeitsmerkmals abzugrenzen und auf ein meßtechnisch vertretbares Minimum zu reduzieren. Das Ziel besteht vielmehr darin, eine adäquate Abbildung der für die Wirkungsweise des dynamischen Systems verantwortlichen Komponenten und Funktionen zu erreichen. Je nachdem, welcher Ausschnitt des Systems und welche Art von Prozeßrelationen untersucht werden, rücken jeweils andere Komponenten ins Blickfeld. "Um für eine Unzahl von Situationen sensibel zu sein, und um Verhalten sinngemäß flexibel zu steuern, muß das Konzept vom eigenen Selbst ein vielgestaltiges Gebilde sein, ja ein Konglomerat von Bildern, Schemata, Konzepten, Typen, Theorien oder Zielsetzungen" (Heckhausen, 1989, S. 494).[14]

Ein entscheidender Unterschied zwischen dem Selbstkonzept der differentiellen Forschungsrichtung und einem idealtypischen Konzept im Bereich der prozeßorientierten Forschung ist darin zu sehen, daß die scheinbar unumgängliche konzeptuelle Differenzierung zwischen dem *"Selbst als Agent"* und dem *"Selbst-Bild"*, d. h. den im Gedächtnis gespeicherten Repräsentationen von diesem Selbst, aufgehoben wird. Diese Differenzierung hat der wissenschaftlichen Psychologie von Anfang an große Schwierigkeiten bereitet. Zu Beginn des Jahrhunderts haben sich namhafte Autoren (z. B. James, Cooley, Allport u. a.; vgl. Epstein, 1973) ausführlich damit auseinandergesetzt und mit Begriffen wie "*I*" vs. "*Me*" oder "*the knower*" und "*the known*" auf die beiden einander scheinbar ausschließenden Möglichkeiten zur theoretischen Rekonstruktion des individuellen Selbst hingewiesen. Lange Zeit folgte man der Empfehlung von William James, das Selbst als Agent ebenso aus der wissenschaftlichen Betrachtung zu verbannen, wie das für die wissenschaftliche Analyse als unbrauchbar und unnötig erachtete Konzept der Seele. Nur in wenigen Teilgebieten der Psychologie hielt man an der Vorstellung einer aktiven, das Verhalten und die Entwicklung steuernden Instanz fest, z. B. in der Psychoanalyse und in der Identitätsforschung (Frey & Haußer, 1987).

Diese Denkrichtung fand allerdings innerhalb der pädagogisch-psychologischen Selbstkonzept-Forschung nur wenig Beachtung. Das scheint sich jetzt im Gefolge der kognitiven Wende in der Psychologie zu ändern, insbesondere durch die Erkenntnis der modernen Gedächtnisforschung, daß die Repräsentationssysteme lebender Orga-

---

[14] Die meisten Vertreter der prozeßorientierten Forschungsrichtung würden vermutlich den Hinweis auf die Vielgestaltigkeit unterstreichen, aber zugleich betonen, daß es sich nicht um etwas "bunt Zusammengemischtes" handelt, sondern um eine geordnete Struktur. Epstein (1973) spricht von einer "Selbst-Theorie" (self-theory), die in formaler Hinsicht mit den Konstruktionsprinzipien einer wissenschaftlichen Theorie verglichen werden kann.

nismen nicht als passive Speicher begriffen werden dürfen, sondern als aktive, das Verhalten kontrollierende Komponenten des informationsverarbeitenden Systems. Begriffe wie Schema, Skript, Metakognition oder Denk- und Lernstrategien sind typisch für diese Sichtweise: Sie beschreiben nicht nur das Wissen über Kompetenzen und Handlungsmöglichkeiten, sondern zugleich Funktionseinheiten im Gesamtsystem, die für die Planung, Steuerung und Kontrolle des Handelns verantwortlich sind. Epstein (1973) war einer der ersten Autoren, die das Selbst als aktives Wissenssystem beschrieben haben. In seiner "Selbst-Theorie" legt er Wert auf die Feststellung, daß es sich um eine *"working theory"* handelt (S. 415). Eine ähnliche Auffassung vertreten Markus und Wurf (1987). Sie sprechen von einem *"dynamischen Selbstkonzept"*, welches innerhalb des Informationsverarbeitungssystems auf zwei Ebenen repräsentiert ist. Die eine Repräsentationsebene betrifft das Langzeitgedächtnis. Es enthält langfristig gespeicherte Informationen sowohl über noch aktuelle, als auch über zurückliegende und künftige *ich-relevante* Sachverhalte. Dabei handelt es sich nicht um "kalte Kognitionen", sondern um zumeist affektiv getönte Wissensbestände, die sowohl verbal als auch bildhaft oder sensumotorisch kodiert sein können (S. 307). Eine zweite Repräsentationsebene wird durch das sog. *working self* beschrieben. Es beinhaltet eine von Situation zu Situation variierende Teilmenge der insgesamt verfügbaren selbstbezogenen Repräsentation. Ähnlich wie das Arbeitsgedächtnis steuert das working self das Handeln der Person im Hinblick auf die Erfordernisse einer spezifischen Situation (vgl. Abb. X.2).

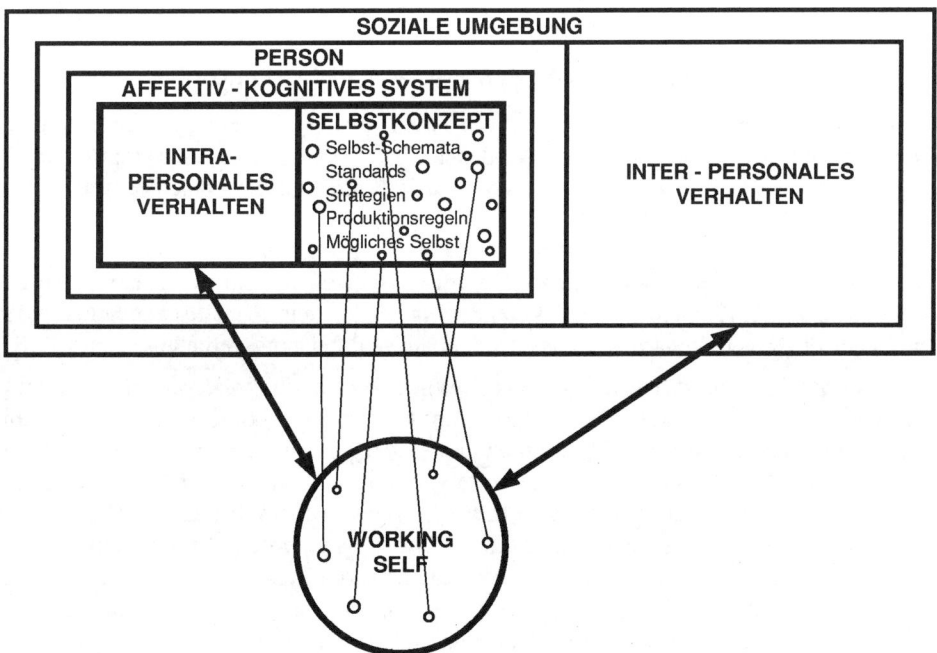

Abbildung X.2: Modell eines dynamischen Selbstkonzepts (aus Markus & Wurf, 1987, S. 315).

Sowohl Epstein als auch Markus und Wurf interpretieren das Selbstkonzept als aktives kognitives Steuerungssystem, wobei sich die Steuerungsfunktion keineswegs nur auf die Planung und Durchführung einzelner Handlungen bezieht. Ganz im Sinne des modernen Konstruktivismus (vgl. z. B. Gerstenmeier & Mandl, 1995) wird dem Selbst die Potenz zugeschrieben, die eigene personale Entwicklung aktiv zu gestalten, indem das Individuum seinen aktuellen Entwicklungsstand kritisch reflektiert, künftige Entwicklungsmöglichkeiten erkennt und wünschenswerte Eigenschaften und Fähigkeiten als langfristig wirksame Orientierungen in das Selbstkonzept integriert. Es gibt Modelle, die diesen Sachverhalt besonders betonen, und mit Begriffen wie *"Mögliches Selbst"* (possible self; Markus & Nurius, 1986) oder *"Ideales Selbst"* (Fend, 1994) unterstreichen.

Ein weiterer wichtiger Unterschied zwischen den theoretischen Konzepten in den beiden Forschungssträngen ergibt sich durch die divergierenden Funktionen der theoretischen Modelle im wissenschaftlich-methodischen Begründungszusammenhang. Die Theorien des differentiellen Zugangs haben u. a. die Funktion, die Beschreibungsdimensionen der für die Operationalisierung des Konstrukts erforderlichen Aspekte näher zu bestimmen. Dem forschungsökonomischen Prinzip der Einfachheit und Sparsamkeit folgend, sind diese Modelle darauf bedacht, den Differenzierungsgrad eher gering zu halten (vgl. Helmke, 1992, S. 281). In der prozeßorientierten Forschung sollen die integrierenden theoretischen Modelle dagegen das Netzwerk möglicher Faktoren und Relationen möglichst genau abbilden. Sie sind deshalb relativ komplex und vielschichtig angelegt. Manche der für den differentiellen Forschungsansatz gerechtfertigten forschungsökonomischen Prinzipien sind für die Zielsetzung der prozeßorientierten Forschung eher kontraproduktiv.

Empirische Forschungsansätze und Befunde

In der prozeßorientierten Selbstkonzeptforschung gibt es Teilbereiche, die empirisch relativ gut erforscht sind und andere, in denen bislang nur einzelne Aspekte untersucht wurden und viele Probleme ungeklärt sind. Das gilt auch für die Frage der wechselseitigen Abhängigkeit von Selbstkonzept und Leistung.

Im folgenden sollen exemplarisch einige Forschungsansätze und Befunde dargestellt werden, die jeweils eine der beiden Abhängigkeitsbeziehungen thematisieren, also Ergebnisse über die Entwicklung und Veränderung des leistungsthematischen Selbstbildes und über die Auswirkung des Selbstkonzepts auf das Leistungsverhalten.

(a) Forschungsansätze und Befunde zur Entwicklung und Veränderung des leistungsthematischen Fähigkeitsselbstbildes. In der Entwicklungspsychologie hat man z. B. mit Hilfe von Interviews untersucht, wann und unter welchen Umständen erstmals ein Konzept von der eigenen Person aufgebaut wird und durch welche Merkmale ein Kind sein individuelles Selbst näher charakterisiert. Harter (1983, S. 297) hat auf der Basis dieser Befunde ein Stufenmodell der Selbstkonzept-Entwicklung vorgeschlagen. Am Beispiel der Wahrnehmung und Einschätzung individueller Kompetenz macht sie deutlich, daß am Anfang *situationsspezifische Beschreibungen des eigenen Verhaltens* vorherrschen, aus denen erst allmählich zunehmend abstraktere Eigenschaftszuschreibungen abgeleitet werden. In Untersuchungen zur Entwicklung des intellektuellen Fähigkeitsselbstbildes (vgl. zusammenfassend Stipek & MacIver, 1989) hat man z. B. festgestellt, daß Kinder im Vorschulalter und in den beiden ersten Grundschulklassen nur über ein relativ undifferenziertes Fähigkeitskonzept verfügen. Echte Leistungsindikatoren stehen gleich-

berechtigt neben Arbeitsgewohnheiten, Sozialverhalten und allgemeinem Benehmen. Fähigkeit wird als etwas aufgefaßt, was durch Übung und Anstrengung jederzeit erworben und verändert werden kann. Erst in der frühen Adoleszenz (nach der 6. Klasse) haben Kinder gelernt, Fähigkeit im Sinne einer dispositionalen Kompetenz von Anstrengung zu unterscheiden.

Interessant ist in diesem Zusammenhang auch eine Feststellung von Harter (1983, S. 334), wonach Leistungsrückmeldungen und -bewertungen vor allem dann einen Einfluß auf das fähigkeitsbezogene Selbstkonzept von Kindern haben, wenn sich die Urteile auf Aspekte der schulischen bzw. akademischen Kompetenz beziehen. Das könnte u. U. ein Hinweis darauf sein, daß die Entwicklung und Stabilisierung eines trait-ähnlichen Fähigkeitsselbstbildes durch die Rahmenbedingungen des schulischen Lernens besonders stark gefördert wird. Diese Hypothese vertreten auch Stipek & MacIver (1989, S. 535), die das Entstehen eines *"entity-concept of ability"* als "soziale Konstruktion" bezeichnen. Hier spielt sicher die Tatsache eine wichtige Rolle, daß alle Schüler unter vergleichbaren Lernbedingungen die gleiche Art von Leistung erbringen müssen. Das zwingt den einzelnen Schüler, sich mit anderen zu vergleichen und über die Ursachen seines Leistungsrangplatzes nachzudenken. Unter welchen Voraussetzungen sich positive und/oder negative Leistungsrückmeldungen auf das Selbstkonzept auswirken, ist u. a. eine Frage der Attribution und anderer kognitiver Verarbeitungsprozesse, die bei gleicher "objektiver" Information zu ganz unterschiedlichen subjektiven Repräsentationen und Bewertungen führen können (vgl. Beitrag von Fend, i. d. Bd.).

Schon wegen der Tendenz zur Aufrechterhaltung eines positiven Selbstwertgefühls wird ein leistungsschwaches Individuum dazu tendieren, die entsprechenden Aufgabenfelder zu meiden, oder - falls dieses nicht möglich ist - die subjektive Bedeutsamkeit in der eigenen Wahrnehmung herunterzuspielen bzw. das Ausmaß und die Gründe für das schlechte Abschneiden kognitiv so zu verarbeiten, daß eine selbstwertschädigende Attribuierung unterbleibt. Zahlreiche empirische Befunde z. B. über die Verschiedenheit der Attribuierungsmuster nach Erfolg und Mißerfolg oder über "motivierte Selbsttäuschung" unterstützen diese Hypothese. In die gleiche Richtung verweisen Befunde über gegenläufige Tendenzen in der Selbstkonzeptentwicklung, die einerseits darauf gerichtet sind, das eigene Selbst auszuweiten und positive Aspekte zu betonen und andererseits eine Reduktion der Diskrepanzen zwischen Selbst- und Fremdwahrnehmung anstreben, um ein möglichst konsistentes Selbstbild zu erreichen und aufrechtzuerhalten (self-enhancement vs. self-consistency; vgl. Heckhausen, 1989; Markus & Wurf, 1987).

(b) Forschungsansätze und Befunde zur Auswirkung des Selbstkonzepts auf das Leistungsverhalten. In der prozeßorientierten Forschung geht es - wie bereits festgestellt - vor allem darum, das Prozeßgeschehen im Leistungshandeln zu analysieren und zu prüfen, *wie* bestimmte Aspekte des Selbstkonzepts (z. B. die Einschätzung der eigenen Begabung oder Selbstwirksamkeitserwartungen) die Ziele, den Ablauf und das Ergebnis einer Lernhandlung beeinflussen. Zu einer Reihe dieser Fragestellungen hat die Leistungsmotivations-Forschung vor allem in den 70er Jahren zahlreiche empirische Untersuchungen durchgeführt (vgl. z. B. Heckhausen, 1989, S. 496 ff). Ausgangspunkt für diese Arbeiten war die Feststellung, daß sich verschiedene Leistungsmotivationstypen u. a. in ihren selbstbezogenen Attribuierungsmustern unterscheiden. Erfolgsmotivierte besitzen ein deutlich höher ausgeprägtes Selbstkonzept der Fähigkeit (oder Begabung) als Mißerfolgsmotivierte (Meyer, 1984a, 1984b). In experimentellen Studien wurde z. B. nachgewiesen, daß Personen mit günstigem Fähigkeitsselbstbild bei freier Aufgabenwahl

relativ hohe Schwierigkeitsgrade bevorzugen (Buckert, Meyer & Schmalt, 1979). Bei leichten Aufgaben strengen sie sich vergleichsweise wenig an, bei schwierigen Aufgaben, bei deren Bearbeitung Mißerfolgsmotivierte bzw. Personen mit niedrigem Fähigkeitsselbstbild bereits aufgeben, steigern sie ihre Einsatzbereitschaft mit dem Grad der vermuteten Aufgabenschwierigkeit (z. B. Meyer & Hallermann, 1977). Während sich diese Untersuchungen mit der Auswirkung des Selbstkonzepts auf *kognitive und volitionale* Faktoren der Handlungssteuerung beziehen, befassen sich andere mit der Auswirkung auf *emotionale* Faktoren. Von der Einschätzung eigener Fähigkeit hängt z. B. ab, welche Gefühle und emotional getönten Interpretationen die Handlung begleiten. Personen mit geringem Fähigkeitsselbstkonzept tendieren generell zu einer höheren Leistungsangst. Sie erleben häufiger "Besorgtheit und Aufgeregtheit angesichts von Leistungsanforderungen, die als selbstwertbedrohlich eingeschätzt werden" (Schwarzer, 1987, S. 94). Entsprechend häufig treten bei ihnen aufgabenirrelevante und leistungsstörende Gedanken auf (Heckhausen, 1989, S. 499f).

Ein einflußreiches Forschungsfeld bilden die Untersuchungen zur *Selbstwirksamkeit* (self-efficacy). Dieses von Bandura (1977, 1986) eingeführte Konzept erfüllt in der wissenschaftlichen Diskussion oft eine nicht eindeutig geklärte Doppelfunktion. Im Kontext handlungstheoretischer Analysen hat es zumeist den Status einer Prozeßvariablen; im Kontext prognostischer (differentieller) Studien wird es dagegen als ein dispositionales Persönlichkeitsmerkmal interpretiert. In ganz verschiedenen Teilgebieten der empirischen Forschung werden Selbstwirksamkeits-Variablen z. B. daraufhin untersucht, ob und in welcher Form sie motivationale und kognitive Aspekte des Lernverhaltens beeinflussen und wie sie mit schulischer Leistung korrelieren. In einem Sammelreferat über "self-efficacy and academic motivation" stellt Schunk (1991) fest, daß allgemeine und domänspezifische Selbstwirksamkeitserwartungen einen erheblichen Einfluß auf die Akzeptanz von Leistungszielen, die Ausdauer bzw. die Persistenz der Leistungsbemühungen, die Intensität und Art der kognitiven Auseinandersetzungen mit einem Lerngegenstand haben. Viele dieser Befunde decken sich mit Untersuchungsergebnissen aus der Leistungsmotivationsforschung.

Innerhalb dieser Forschungslinien ist ein Trend besonders bemerkenswert, der die starke Bedeutung von *emotionalen* und *motivationalen* Faktoren bei der Erklärung der Effekte des Selbstkonzepts auf die Leistung betont. Dies geschieht z. T. in der Weise, daß bestimmten Aspekten des Selbstkonzepts typische emotionale oder motivationale Tendenzen zugeordnet werden, z. B. hohe oder niedrige Angstwerte oder eine stärker extrinsische vs. intrinsische motivationale Orientierung. Das für empirische Analysen verwendete Rahmenmodell entspricht im Prinzip dem *Mediator-Modell* des differentiellen Forschungsstrangs: Emotionale und motivationale Faktoren werden innerhalb der Kausalkette zwischen Selbstkonzept und Leistung als konzeptuell eigenständige Wirkfaktoren interpretiert. Eine andere Denkrichtung versucht die enge Verbindung von Selbstkonzept und Motivation aus einer ganzheitlichen persönlichkeitspsychologischen Position zu rekonstruieren. Die für Lernen und Leistung wichtigen motivationalen Dispositionen sind aus dieser Perspektive integrale Bestandteile des Selbstkonzepts. Manche der sogenannten Wert- und Zieltheorien (goal-theories) tendieren in diese Richtung. Auch in der von uns vertretenen Theorie des Interesses (Krapp, 1992a; Krapp & Prenzel, 1992) wird in Anlehnung an die motivationale Theorie der Selbstbestimmung von Deci und Ryan (1991, 1993) die Auffassung vertreten, daß spezifische Präferenzen für bestimmte Lerngegenstände in Form von dispositionalen Interessen in das Selbstkonzept einer Person integriert werden können. Je weiter dieser Identifikationsprozeß fortgeschritten ist, desto stärker erlebt sich die Person bei der Auseinandersetzung mit dem betreffenden Gegenstandsgebiet als selbstbestimmt und intrinsisch motiviert. Daß diese Art motivationaler Orientierung in mehrfacher Hinsicht positive Auswirkungen auf das Lernverhalten und die Qualität des Lernerfolgs hat, ist inzwischen empirisch wiederholt nachgewiesen worden (Krapp, 1992b; vgl. auch die Metaanalyse von Schiefele & Schreyer, 1994).

Bewertung

Wie ist dieser Forschungsstrang zu bewerten? Gibt er über das dynamische Zusammenspiel von Selbstkonzept und Leistung *bessere* Auskünfte als der differentielle Forschungsstrang? Nimmt man als Bewertungskriterium den Differenziertheitsgrad der wissenschaftlichen Analysen und bemißt man dieses Kriterium am Auflösungsgrad der getesteten Hypothesen sowie an der Vielfalt der empirisch untersuchten Relationen, dann ist die prozeßorientierte Forschung sicher überlegen. Betrachtet man dagegen den Integriertheitsgrad der Konzepte und Befunde dieser Forschungsrichtung, dann sind hier noch viel stärkere Defizite zu verzeichnen als im Bereich der differentiellen Selbstkonzeptforschung. Viele Forschungslinien nehmen kaum Notiz von den Ergebnissen anderer Forschungsfelder und beschränken sich auf die Bearbeitung relativ isolierter Fragestellungen. Dies ist allerdings kein Manko der Empirie, denn empirische Forschung kann sinnvollerweise nur punktuell und ausschnitthaft betrieben werden. Es ist vielmehr ein Manko der Theoriebildung: Wie auch in anderen Forschungsbereichen der Psychologie fehlen integrative Systematisierungen, die über den Anspruch von Metaanalysen und additiven Sammelreferaten hinausgehen und die Fülle der Einzelbefunde und Minitheorien in eine übergeordnete theoretische Struktur einbauen.

Ein weiterer Kritikpunkt ist die mangelnde ökologische Validität. Ein großer Teil der prozeßorientierten Forschung besteht aus experimentellen Laboruntersuchungen, deren Befunde nicht ohne weiteres auf alltagsnahe Situationen übertragen werden können. Auf diesen Nachteil hat bereits Cronbach (1957) hingewiesen und betont, daß mit Korrelationsstudien des differentiellen Forschungsansatzes die in alltäglichen, "natürlichen" Umgebungen entstandenen Phänomene und Entwicklungen u. U. viel direkter untersucht werden können. Doch daraus kann keineswegs die Berechtigung abgeleitet werden, auf experimentelle prozeßorientierte Analysen zugunsten differentieller Forschungsansätze zu verzichten.

AUSBLICK: THEORETISCHE, PRAKTISCHE UND FORSCHUNGSSTRATEGISCHE IMPLIKATIONEN

Im Rahmen dieses "Überblicks" wurden zwei idealtypische Forschungsstränge einander gegenübergestellt und jeweils der theoretische Hintergrund sowie einige Forschungsansätze und Befunde skizziert. Die im Rahmen des SCHOLASTIK-Projekts bisher durchgeführten Analysen zur Wechselwirkung von Selbstkonzept und Leistung zählen nach dieser idealtypischen Klassifikation eher zur differentiellen Forschung. Für eine sachgerechte Diskussion über den Ertrag dieses Forschungsansatzes muß man sich vor Augen führen, welche Art von theoretischen Aussagen und welche praktischen Konsequenzen daraus abgeleitet werden können und welche nicht. Wichtig erscheint dabei, die im Prinzip allgemein bekannte, aber in ihrer Konsequenz oft nicht hinreichend beachtete Tatsache, daß die differentielle Forschung zunächst nur Auskunft über Merkmale und Merkmalsrelationen in Stichproben und (bei entsprechender Repräsentativität) in Populationen gibt. Ob und unter welchen Umständen die in den Untersuchungsgruppen nachgewiesenen Sachverhalte und Relationen auf Einzelfälle, d. h. auf intraindividuelle Phänomene und Entwicklungen übertragen werden können, ist eine zumindest offene Frage, die der eigenen wissenschaftlichen Klärung bedarf. Ohne einen entsprechenden Nachweis ist es - genau genommen - nicht erlaubt, bei der Interpretation eines differentiell gewonnenen Ergebnisses (z. B. einer signifikanten Korrelation zwischen Selbstkonzept eigener Fähigkeit und Schulleistung) so zu argumentieren, als könne der Befund zur Begründung universell gültiger psychologischer Prozeßrelationen herangezogen werden (z. B. die günstige Wahrnehmung der eigenen Fähigkeit führt zur Verbesserung der Leistung). Die Annahme, daß Befunde aus differentialpsychologischen Untersuchungen zugleich einen wissenschaftlichen Beleg über die Relation dieser Variablen auf der intraindividuellen Betrachtungsebene liefern, ist nach Asendorpf (1990b, 1995) und Valsiner (1986a) genauso wenig begründet wie die These, daß gleichsinnige Befunde aus intra- und interindividuellen Analysen eine konzeptuelle Replikation des gleichen theoretischen Sachverhaltes darstellen. Sie weisen darauf hin, daß selbst namhafte Autoren einflußreicher Statistiklehrbücher, Reviewer angesehener Fachzeitschriften und nicht zuletzt Cronbach (1957) selbst in dieser Hinsicht gelegentlich falsche Positionen vertreten. Nur selten wird diskutiert, unter welchen Umständen interindividuell gewonnene Relationen intraindividuell interpretiert werden können (Renkl, 1993), und noch viel seltener wird diese Frage empirisch überprüft.

Es wäre jedoch völlig falsch, deshalb den wissenschaftlichen Wert oder die praktische Relevanz der differentiellen Forschung in Zweifel ziehen zu wollen. Selbstverständlich ist es ein wichtiges und notwendiges Ziel der Pädagogischen Psychologie, gruppenbezogene Phänomene im größeren oder kleineren Rahmen zu untersuchen. Viele Maßnahmen im pädagogischen Umfeld (z. B. in Schulklassen), insbesondere schulorganisatorische und bildungspolitische Entscheidungen sind auf wissenschaftlich gesicherte Informationen über hypothetische Einflußvariablen und deren Effekte auf bestimmte Zielgrößen in Gruppen angewiesen. Schließlich geht es auf dieser Betrachtungsebene nicht primär um Einzelfälle, sondern um Gruppen und Populationen. Es interessiert z. B. das Klassenklima, der durchschnittliche Lernerfolg oder das Gesamtergebnis der Bildungsbemühungen in einer bestimmten Institution des Bildungssystems. Andererseits ist für viele pädagogisch bedeutsame Aufgabenstellungen und Entscheidungen ein detailliertes Wissen über intraindividuelle Wirkmechanismen gar nicht erforderlich, z. B. bei bildungspolitischen Entscheidungen über die Struktur des Bildungssystems, bei selektiven Laufbahnentscheidungen oder bei Fragen, die die Qualifizierung und Ausbildung von Lehrern betreffen. Der wissenschaftlich gesicherte Befund, daß z. B. bestimmte Traditionen des naturwissenschaftlichen Unterrichts oder bestimmte Formen der Leistungsbewertung in der Schule im Durchschnitt nachteilige Folgen für die Selbstkonzeptentwicklung der gesamten Schülerschaft oder einzelner Subgruppen haben (z. B. für Mädchen oder leistungsschwache Schüler), reicht völlig aus, um organisatorische, curriculare oder ausbildungsbezogene Konsequenzen zu ziehen.

Eindrucksvolle Beispiele für den pädagogischen bzw. bildungspolitischen Nutzen differentieller Selbstkonzeptforschung liefern u. a. längsschnittliche Befunde über die durchschnittliche Ausprägung des leistungsthematischen Selbstkonzepts oder der generalisierten Selbstbewertung von Schülergruppen in Abhängigkeit von schulischen oder unterrichtlichen Rahmenbedingungen (z. B. Schultyp, Klassenklima oder perzipiertem Lehrerverhalten; vgl. Helmke, 1991; Jerusalem & Schwarzer, 1991). Sie belegen, daß sich die negative Selektion beim Übertritt in das Sekundarschulsystem keineswegs so dramatisch ungünstig auf das Selbstkonzept auswirkt, wie ursprünglich befürchtet: Das durchschnittliche fähigkeitsbezogene Selbstkonzept der negativ Selektierten (Haupt- und Realschüler) steigt an, während sich das durchschnittliche Selbstkonzept der Gymnasiasten nach dem Übertritt eher verschlechtert (Buff, 1991b; Jerusalem und Schwarzer, 1991). Theoretisch und praktisch bedeutsame Befunde liefern auch die oben erwähnten Untersuchungen über die dimensionale Struktur des leistungsbezogenen Selbstkonzepts (z. B. Marsh, Byrne & Shavelson, 1988), solange berücksichtigt wird, daß die daraus abzuleitenden theoretischen Schlußfolgerungen nur für definierte Populationen gelten. Über intraindividuelle Strukturen und Prozesse geben sie ebenso wenig Auskunft wie faktorenanalytisch gewonnene Strukturtheorien der Intelligenz über die Wirkungsweise kognitiver Faktoren des menschlichen Informationsverarbeitungssystems (vgl. Renkl, 1993, S. 116).

Was die Befunde über die Wechselwirkung von Selbstkonzept und Schulleistung (und hier speziell die Analyse der Prädominanz) betrifft, so wurde bereits auf die Heterogenität der Ergebnisse hingewiesen, die offenbar keinen generellen Trend erkennen lassen. Auch dies ist ein bedeutsames Resultat, denn es zeigt, daß in der hier untersuchten Altersgruppe von Grundschülern weder der Leistungsrangplatz in einem bestimmten Fach das durchschnittliche Fähigkeitsselbstbild determiniert, noch eine determinierende Tendenz in umgekehrter Richtung besteht. Auf der Ebene der gruppenbezogenen Betrachtung ist dieser "negative" Befund aus pädagogischer Sicht sogar erfreulich, denn geringe "Kausaleffekte" können im Prinzip auch so interpretiert werden, daß pädagogisch erwünschte Effekte nicht durch dispositionale oder andere, schwer zu verändernde Faktoren "vorherbestimmt" sind.

Selbstkonzept und Leistung - Dynamik ihres Zusammenspiels: Ergebnisse aus dem SCHOLASTIK-Projekt

Marcel A. G. van Aken, Andreas Helmke und Wolfgang Schneider

In diesem Kapitel steht die Frage nach der kausalen Beziehung zwischen dem Selbstkonzept der eigenen Fähigkeit und Schulleistungen in Mathematik und Rechtschreiben im Mittelpunkt der Betrachtung. Über die Richtung dieser Kausalbeziehung ist in der Pädagogischen Psychologie wiederholt spekuliert worden. Dabei finden sich in der einschlägigen Literatur zwei verschiedene Positionen:

(1) der sog. "skill development"-Ansatz, dem zufolge das Selbstkonzept eher als Folge vorangegangener Leistungen, denn als Ursache späterer Leistungen anzusehen ist, und

(2) der sog. "self-enhancement"-Ansatz, der davon ausgeht, daß spätere Schulleistungen nicht nur von vorangegangenen Leistungen, sondern auch von dem früher erhobenen Selbstkonzept beeinflußt werden.

Diese Kontroverse scheint nicht nur theoretisch bedeutsam, sondern hat auch wichtige praktische Implikationen. So bauen verschiedene Programme zum "self-enhancement"-Ansatz auf der Annahme auf, daß Verbesserungen des Selbstkonzepts auch Leistungsgewinne nach sich ziehen sollten.

Die Literatur zu dieser Problematik ist an anderer Stelle zusammengefaßt (vgl. Helmke & van Aken, 1995). Helmke und van Aken folgerten aus ihrer Übersicht, daß es erstaunlich wenig solide Forschung zur Frage der kausalen Prädominanz von Selbstkonzept und Schulleistung gibt. Als Kriterien für Robustheit und Qualität der Forschung wurden von Byrne (1984) im wesentlichen drei Bestimmungsgrößen definiert: es sollte eine statistische Beziehung zwischen beiden Größen bestimmt, eine klare zeitliche Ordnung gegeben, und schließlich ein Kausalmodell formuliert und getestet worden sein. Die sorgfältige Durchsicht der einschlägigen Literatur ergab, daß lediglich neun Studien diese Kriterien erfüllten und dabei allesamt Strukturgleichungsmodelle zur Analyse von Längsschnittdaten verwendeten (Byrne, 1986; Helmke, 1992; Jerusalem, 1983; Kurtz-Costes & Schneider, 1994; Marsh, 1990a; Newman, 1984; Pekrun, 1987; Shavelson & Bolus, 1982; und Skaalvik & Hagtvet, 1990).

Aus der Literaturübersicht ließ sich der Schluß ziehen, daß das Ergebnismuster im Hinblick auf die Frage der kausalen Prädominanz von Selbstkonzept oder Schulleistung sehr inkonsistent ausfiel. Während einige Studien entweder den "skill development"- oder aber den "self-enhancement"-Ansatz stützten, fanden andere Arbeiten reziproke Beziehungen zwischen beiden Größen. Schließlich gab es einige wenige Arbeiten, die lediglich autoregressive Effekte und damit keine Querbeziehungen zwischen Selbstkonzept und Leistung berichteten. Wir nehmen an, daß diese Ergebnisunterschiede im wesentlichen durch Unterschiede im Design (etwa in der Anzahl der Meßzeitpunkte oder im Hinblick auf die Abstände zwischen den Meßzeitpunkten), im Inhaltsbereich und in der Operationalisierung der Variablen (z. B. einzelne Selbstkonzept-Items versus Selbstkonzeptskalen, Noten versus Leistungstests) bedingt sind.

Die beiden letztgenannten Aspekte standen schon im Mittelpunkt der Studie von Helmke und van Aken (1995) und sollen auch im folgenden genauer überprüft werden.

Helmke und van Aken (1995) fokussierten auf dem Unterschied zwischen Noten und Testergebnissen im Fach Mathematik im Hinblick auf die Beziehung zwischen Selbstkonzept und Leistung im Grundschulalter. Es ließ sich zeigen, daß es sehr wohl einen Unterschied machte, ob lediglich ein Leistungsindikator (Note oder Testergebnis) oder beide Indikatoren kombiniert in die Modellprüfung einbezogen wurden. Wurden beide Indikatoren integriert, stützten die Befunde den "skill development"-Ansatz: für den Bereich Mathematik ergab sich kein Hinweis darauf, daß früh erhobenes Selbstkonzept spätere Leistungsergebnisse beeinflußt.

Im vorliegenden Kapitel soll zum einen die Schlußfolgerung für den Bereich Mathematik teilweise repliziert, zum anderen aber auch eine ähnliche Forschungsstrategie für den Bereich Rechtschreiben verfolgt werden. Leistungen in beiden Bereichen werden wiederum über Noten und Tests erhoben, um die beiden folgenden Fragestellungen zu überprüfen: (1) Beeinflussen Selbstkonzept und Leistungen sich gegenseitig? (2) Macht es dabei einen Unterschied, ob Leistungen in Form von Noten oder Tests erhoben werden?

Die hier verwendeten Daten stammen aus der Längsschnittstudie SCHOLASTIK (Helmke, in Druck; Weinert & Helmke, in Druck), die sich über die gesamte Grundschulzeit erstreckte. In diesem Projekt wurde die Entwicklung von Schulleistungen und leistungsbezogener Motive und Überzeugungen im Verlauf der Grundschulzeit in Abhängigkeit von Schüler-Eingangscharakteristika, Klassenkontext und Unterrichtsqualität untersucht. Die hier interessierende Fragestellung wurde im Rahmen eines Designs mit mehreren Meßzeitpunkten geprüft, wobei Strukturgleichungsmodelle (LISREL) zum Einsatz kamen. Die Leistungen in Mathematik und Rechtschreiben wurden sowohl über Noten als auch über Tests erfaßt. Das Selbstkonzept der eigenen Fähigkeit in Mathematik und im Rechtschreiben wurde anhand von Fragebögen ermittelt.

METHODE

Stichprobe

Die Stichprobe setzte sich aus insgesamt 1023 Schülern zusammen, die sich auf 54 Grundschulklassen in der Münchner Region verteilten. Da teilweise Lehrerangaben für ganze Schulklassen fehlten, reduzierte sich die Stichprobe mit kompletten Datensätzen auf 650 Schüler. Die folgenden Analysen bauen auf dieser Teilstichprobe auf. Angaben zum Selbstkonzept sowie die Schulleistungstests wurden im 2., 3. und 4. Schuljahr kurz vor Vergabe der Noten erhoben.

Erhebungsinstrumente

Testverfahren. Die Leistungen im Bereich Mathematik wurden über selbstkonstruierte Testverfahren erhoben, die im wesentlichen Kenntnisse in Arithmetik und bei Textaufgaben erfaßten (vgl. Stern, in Druck). Diese beiden Teilbereiche repräsentierten das Konstrukt "Mathematikkenntnisse" im noch zu beschreibenden Kausalmodell, wobei die Anzahl der zugrundeliegenden Items je nach Meßzeitpunkt zwischen 40 und 55 (Arithmetik) bzw. 15 und 20 (Textaufgaben) variierte.

Die Rechtschreibleistungen wurden ebenfalls über selbstkonstruierte Verfahren erfaßt (vgl. Schneider, 1994a). Die Anzahl der Wörter in den Diktaten stieg von 30 in der 2. Klasse, über 72 in der 3. Klasse, auf 81 in der 4. Klasse an. Für das Kausalmodell wurden pro Meßzeitpunkt drei Indikatoren der Rechtschreibkompetenz über drei verschiedene Subskalen gebildet, denen die Items nach dem Zufall zugeordnet wurden.

Selbstkonzept-Skalen. Das Fähigkeits-Selbstkonzept in Mathematik wurde als Selbstbewertung in unterschiedlichen Bereichen mathematischer Kompetenzen definiert. Pro Meßzeitpunkt wurden drei Indikatoren gebildet, die die Einschätzung eigener Leistungsfähigkeit in den Teilbereichen Arithmetik und Textaufgaben sowie im Gesamtbereich Mathematik betraf.

Das Selbstkonzept der eigenen Fähigkeit im Bereich Rechtschreiben bezog sich auf unterschiedliche Aspekte schriftsprachlicher Kompetenz. In der 2. Klasse wurden Selbsteinschätzungen für "Vorlesen", "Nachschriften" und "Beantwortung schwieriger Fragen" verwendet. In den Klassenstufen 3 und 4 wurden Selbsteinschätzungen für "Vorlesen", "Nachschriften", "Aufsätze", "Diktate" und "Beantwortung schwieriger Fragen" herangezogen.

Noten. Die Noten in Mathematik und Deutsch wurden von den Lehrern zum Ende eines jeden Schuljahrs zur Verfügung gestellt.

Statistische Analysen

Zur Überprüfung unserer Hypothesen hinsichtlich der kausalen Prädominanz von Selbstkonzept oder Schulleistungen wurden Strukturgleichungsmodelle (LISREL 7, Jöreskog & Sörbom, 1989) verwendet. Diese Modelle schienen auch insbesondere für die Untersuchung der Frage nach der Verwendbarkeit von Tests und Noten als Indikatoren einer einzelnen latenten Variablen geeignet zu sein. Dabei wurden zwei Modell-Typen für beide Inhaltsbereiche separat überprüft.

Modell 1. In einem ersten Schritt wurde ein Modell getestet, das die Leistungstests und Noten als Indikatoren einer einzigen latenten (Leistungs-)Variablen vorsah. Dieses Modell ging von einer anfänglichen Korrelation zwischen den latenten Variablen Schulleistung und Selbstkonzept in der 2. Klasse aus und sah weiterhin Effekte der Leistung zum Zeitpunkt t auf das Selbstkonzept zum Zeitpunkt $t+1$ ("skill development"-Ansatz) und Effekte des Selbstkonzepts zum Zeitpunkt t auf die Leistung zum Zeitpunkt $t+1$ vor ("self-enhancement"-Ansatz)[15].

Modell 2. In einem zweiten Schritt wurden Strukturgleichungsmodelle analysiert, bei denen die latente Variable Schulleistung zu jedem Meßzeitpunkt in die beiden separaten

---

[15] Bei Längsschnittstudien kommt es häufig vor, daß die Residuen einer beobachteten Variable für aufeinanderfolgende Meßzeitpunkte interkorreliert sind, was auf *korrelierte Meßfehler* schließen läßt. Entschließt man sich dazu, diese korrelierten Fehler zu schätzen, ergeben sich in der Regel bessere Modellanpassungswerte und genauere Schätzungen der Stabilitäten in den latenten Variablen. Aus diesem Grund wurden bei allen Modellschätzungen korrelierte Meßfehler zwischen identischen Indikatoren des Selbstkonzepts, der Testleistung und der Noten angenommen.

latenten Konstrukte Noten und Tests aufgeteilt wurde[16]. Letztere setzten sich aus zwei (Mathematik) bzw. drei Subkomponenten (Rechtschreiben) zusammen.

Zur Bewertung der Anpassungsgüte der verschiedenen Modelle wurde der Quotient aus Chiquadrat-Wert und Freiheitsgraden, der "goodness-of-fit"- (GFI-)Index sowie der Tucker-Lewis-Index aus dem LISREL-Programm herangezogen. Es ist inzwischen bekannt, daß der Chiquadrat-"likelihood ratio sample"-Test und der daraus resultierende Chiquadrat-Wert nicht unabhängig von der Stichprobengröße ausfällt und bei großen Stichproben in der Regel signifikant wird (also schlechte Datenanpassung der jeweiligen Modelle anzuzeigen scheint). Als alternative Prüfgröße wurde von daher der Quotient zwischen Chiquadrat-Wert und der Zahl der Freiheitsgrade eines Modells vorgeschlagen (Byrne, 1989), wobei akzeptable Werte zwischen 1 und 5 liegen sollen. In einer Evaluationsstudie zu den am meist verbreiteten "goodness-of-fit"-Indizes stellten Marsh, Balla und McDonald (1988) fest, daß der Tucker-Lewis-Index (TLI, Tucker & Lewis, 1973) die vergleichsweise robustesten Werte lieferte, von der Stichprobengröße unabhängig war und Modell-Komplexität eher bestrafte. Bei der Berechnung des TLI-Indexes wird das Zielmodell mit einem "Null-Modell" verglichen, das von der vollständigen Unabhängigkeit aller erhobenen Maße ausgeht. TLI-Werte größer als .9 werden als Indikatoren akzeptabler Modellanpassung interpretiert.

ERGEBNISSE

Die Analysen zu den ersten beiden Varianten des ersten Modell-Typs, bei denen die Bereiche Mathematik und Rechtschreiben durch lediglich eine latente Variable repräsentiert wurden, ergaben jeweils akzeptable Anpassungswerte. Die entsprechenden Modelle für Mathematik und Rechtschreiben sind in Abbildung X.3 wiedergegeben. Die signifikanten Pfade zwischen den latenten Variablen (t-Werte > 2) werden dabei durch durchgezogene Linien, die nichtsignifikanten Beziehungen durch gestrichelte Linien gekennzeichnet.

Das Modell für den Bereich Mathematik findet sich im oberen Teil von Abbildung X.3. Es indiziert eine relativ große Zeitstabilität für die Leistungsvariable und eine lediglich mäßige Stabilität für das Selbstkonzept der Fähigkeit. Die Ausgangskorrelation zwischen Leistung und Selbstkonzept betrug $r = .46$. Das Kausalmodell stützt die "skill development"-Annahme insofern, als das Selbstkonzept für Mathematik sowohl zwi-

---

[16] Für die latente Variable "Noten" war für jeden Meßzeitpunkt nur ein einzelner Indikator verfügbar. Die Verwendung einzelner Indikatoren für latente Variablen ist in der Literatur aus methodischen Gründen kritisiert worden (vgl. etwa Marsh, 1987). Bei Konstrukten, die lediglich auf einem Indikator aufbauen, sind weder Korrekturmaßnahmen möglich, die die Unreliabilität beobachteter Variablen betreffen, noch läßt sich die Existenz korrelierter Meßfehler für ähnliche Indikatoren kontrollieren und testen. Jöreskog und Sörbom (1989, S. 153) schlagen deshalb vor, bei Verwendung einzelner Indikatoren für ein latentes Konstrukt a priori eine "gefixte", von 1 verschiedene Reliabilität und einen bestimmten korrelierten Meßfehler anzunehmen, anstatt perfekte Reliabilität und keine korrelierten Meßfehler vorauszusetzen. Aus diesem Grund wurde bei unseren Analysen mit Noten als Einzelindikatoren (die Modelle 2a und 2b) von vornherein festgelegt, daß die Reliabilität der Noten .90 betrug. Weiterhin wurden korrelierte Meßfehler zwischen den Noten in unterschiedlichen Klassenstufen angenommen, die 12.5% der Residualvarianz betrugen. Nachträgliche "Sensitivitäts"-Analysen (Marsh, 1990) ergaben, daß diese a priori-Maßnahmen das Ergebnismuster nicht beeinflußten.

schen Klassenstufe 2 und 3 als auch zwischen Klassenstufe 3 und 4 jeweils klar von vorangegangenen Leistungsergebnissen beeinflußt wird, das Gegenteil jedoch nicht zutrifft.

Mathematik

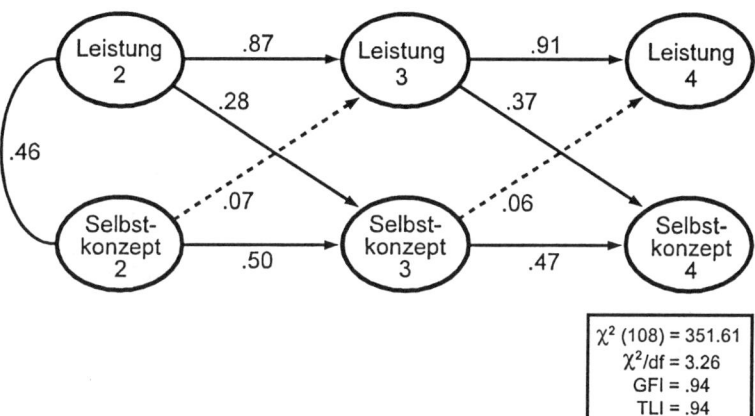

Rechtschreiben

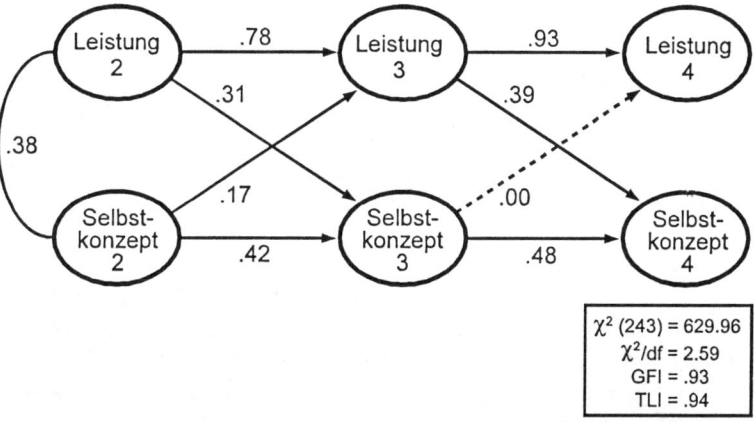

Abbildung X.3: Strukturmodelle für die Beziehungen zwischen Leistung und Selbstkonzept, wobei Noten und Tests als Indikatoren einer latenten Leistungsvariablen angenommen werden (oben ist das Modell für Mathematik, unten das für Rechtschreiben wiedergegeben).

Legende: Die Bezeichnungen 2, 3 und 4 beziehen sich auf die Meßzeitpunkte in der 2., 3. u. 4. Klasse.

Anmerkung: Das oben wiedergegebene Modell ist dem folgenden Artikel entnommen: Helmke, A. & van Aken, M.A.G. (1995). The causal ordering of academic achievement and self-concept of ability during elementary school: A longitudinal study. *Journal of Educational Psychology, 87,* 624-637. Copyright (1996) durch die American Psychological Association (abgedruckt mit ausdrücklicher Genehmigung).

Auch das Kausalmodell für den Inhaltsbereich Rechtschreiben (vgl. den unteren Teil von Abb. X.3) indiziert hohe Zeitstabilität für die Leistungsvariable und lediglich mäßige Stabilitätswerte für das zugehörige Selbstkonzept. Hier betrug die Ausgangskorrelation zwischen Leistung und Selbstkonzept $r = .38$. Im Hinblick auf die Frage nach der kausalen Prädominanz wichen die Befunde von denen für Mathematik etwas ab: die "skill development"-Annahme wurde für den Zeitraum zwischen der 3. und 4. Klassenstufe gestützt, da das Selbstkonzept in der 4. Klasse durch die Leistung in der 3. Klasse substantiell beeinflußt wurde, vorangehendes Selbstkonzept nachfolgende Leistungen dagegen nicht affizierte. Obwohl die "skill development"-Annahme auch für den Zeitraum zwischen der 2. und 3. Klasse gestützt wurde, gab es hier allerdings auch insofern Bestätigung für die "self-enhancement"-Hypothese, als die Leistung in Klasse 3 durch das Selbstkonzept in Klasse 2 beeinflußt wurde.

Im Hinblick auf den zweiten Auswertungsschritt, bei dem Tests und Noten als separate latente Variablen im gleichen Modell spezifiziert wurden, traten bei den LISREL-Analysen einige Probleme auf. Für den Inhaltsbereich Mathematik ergab sich ein gerade noch akzeptabler Anpassungswert (GFI = .92; TLI = .90). Eine genauere Inspektion der Modifikationswerte ließ vermuten, daß sich die Anpassungsgüte durch die Aufnahme zusätzlicher Pfade (von Noten in Klasse 2 auf Testwerte in Klasse 3, von Noten in Klasse 3 auf Testwerte in Klasse 4, von Testwerten in Klasse 2 auf Noten in Klasse 3 und von Testwerten in Klasse 3 auf Noten in Klasse 4) verbessern lassen sollte. Die entsprechende Revision des Modells ergab zufriedenstellende Kennwerte (GFI = .95; TLI = .96).

Das Kausalmodell für Rechtschreiben erbrachte eine zufriedenstellende Anpassungsgüte (GFI = .93; TLI = .94). Während die Zeitstabilitäten für Testwerte und Noten jedoch ungewöhnlich niedrig ausfielen, ergaben sich ungewöhnlich hohe Effekte des Selbstkonzepts auf nachfolgende Leistungskennwerte. Weiterhin ergab die genauere Inspektion des LISREL-Outputs ungewöhnlich hohe Standardfehler für Effekte des Selbstkonzepts in Klassenstufe 2 auf Noten und Testwerte in Klassenstufe 3. Nach Jöreskog und Sörbom (1989) deuten solch hohe Standardfehler auf Probleme während des Schätzvorgangs hin. Die Analyse der Modifikationsindizes legte eine Verbesserung des Modells für den Fall nahe, daß die gleichen zusätzlichen Pfade wie beim Modell für Mathematik (s. o.) freigesetzt würden. Die Schätzungen für das revidierte Modell ergaben insgesamt verbesserte Anpassungswerte (GFI = .94; TLI = .96). In Abbildung X.4 sind die Lösungen für die revidierten Kausalmodelle für Mathematik und Rechtschreiben wiedergegeben. Aus Gründen der Übersichtlichkeit fehlen die (de facto geschätzten) Pfade zwischen Noten und Testwerten in der Abbildung.

Für beide (revidierten) Modelle ergaben sich also akzeptable Anpassungswerte. Es wurden auch keine Probleme bei der Schätzprozedur registriert. Im Hinblick auf den Bereich Mathematik (oberer Teil von Abb. X.4) läßt sich ersehen, daß die Ausgangskorrelationen zwischen den Leistungsvariablen (Tests und Noten) eher moderat ausfallen; beide Leistungsvariablen korrelieren etwa gleichhoch mit dem Selbstkonzept. Noch bemerkenswerter scheint, daß sich für Tests einerseits und Noten andererseits unterschiedliche Muster kausaler Prädominanz ergeben. Für die Noten gilt das "skill development"-Modell: vorangehende Noten beinflussen später erhobenes Selbstkonzept für Mathematik unabhängig vom betrachteten Zeitraum. Anhaltspunkte für das "self-enhancement" ergeben sich nicht. Für die Tests ergibt sich prinzipiell ein ähnliches Bild. Allerdings läßt sich für den Zeitraum zwischen der 2. und 3. Klassenstufe auch schwache Evidenz für das "self-enhancement"-Modell insofern erkennen, als das Selbstkonzept in der 2. Klasse die Mathematiktest-Leistungen in Klassenstufe 3 leicht beeinflußt.

Mathematik

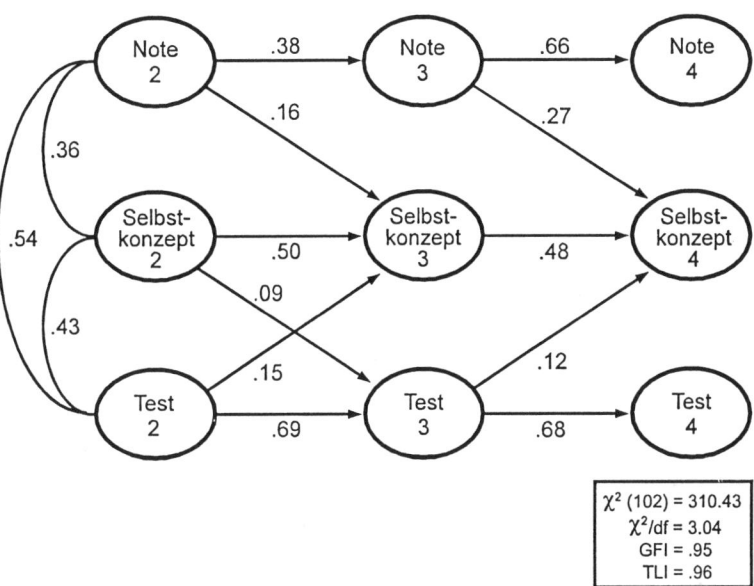

Rechtschreiben

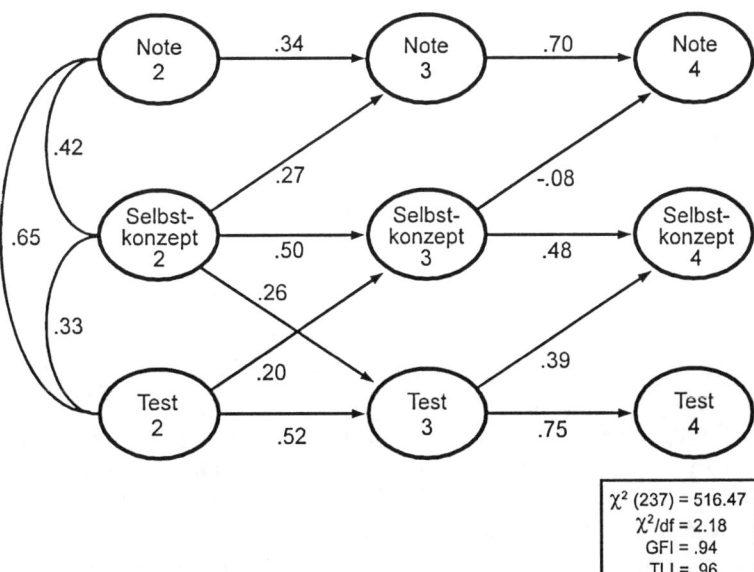

Abbildung X.4: Strukturmodelle für die Beziehungen zwischen Leistung und Selbstkonzept, wobei Noten und Tests als Indikatoren separater latenter Leistungsvariablen fungieren (oben ist das Modell für Mathematik, unten das entsprechende Modell für Rechtschreiben wiedergegeben).

Legende und Anmerkung: (s. Legende und Anmerkung zu Abb. X.3).

Für den Bereich Rechtschreiben (unterer Teil von Abb. X.4) ergeben sich Ausgangskorrelationen zwischen Tests, Noten und Selbstkonzept, die mit denen für den Bereich Mathematik vergleichbar sind. Das für den Inhaltsbereich Rechtschreiben aufgefundene Muster kausaler Prädominanz unterscheidet sich jedoch deutlich von dem für Mathematik, insbesondere wenn wir die Beziehungen für Noten betrachten. Hier ergibt sich kein Anhaltspunkt für die Gültigkeit des "skill development"-Ansatzes. Dagegen findet sich für den Zeitraum zwischen der 2. und 3. Klassenstufe Bestätigung für das "self-enhancement"-Modell: das in Klassenstufe 2 erhobene Selbstkonzept beeinflußt die Noten in Klasse 3. Obwohl die Bedeutung des negativen Pfadkoeffizienten von Selbstkonzept in Klasse 3 auf Noten in Klasse 4 nicht klar ist, könnte es sich hier um einen künstlichen "Suppressor"-Effekt handeln.

Betrachten wir dagegen die Beziehung zwischen Testwerten und Selbstkonzept, so finden wir das gleiche Bild wie schon für den Bereich Mathematik beschrieben: das "skill development"-Modell wird für alle untersuchten Zeiträume eindeutig bestätigt. Für den Zeitraum zwischen der 2. und 3. Klassenstufe finden sich zusätzlich Belege für die "self-enhancement"-Annahme.

Um mögliche Einflüsse von Geschlechtsunterschieden auf die Ergebnisse zu überprüfen, wurden in zusätzlichen Analysen das Geschlecht als Variable in die Modelle 2a und 2b aufgenommen. An der Anpassungsgüte der Modelle änderte diese Maßnahme kaum etwas. Das Selbstkonzept der Jungen für *Mathematik* war höher als das der Mädchen (der Pfadkoeffizient betrug .33), und Jungen schnitten bei den Noten (.19) und Testwerten (.17) geringfügig besser ab. Im Hinblick auf das *Rechtschreiben* wiesen die Mädchen leicht höhere Selbstkonzeptwerte auf (.14) und schnitten bei den Rechtschreibtests geringfügig besser ab als die Jungen (.09). Für die Noten ergaben sich allerdings keine Geschlechtsunterschiede.

Im Hinblick auf die vorliegende Fragestellung scheint uns allerdings der Befund vergleichsweise wichtiger, daß sich weder die Stabilitätskennwerte noch die Beziehungen zwischen Selbstkonzept und Leistung als Folge des Einbezugs der Geschlechtsvariablen veränderten. Daraus kann gefolgert werden, daß das Geschlecht zwar einen gewissen Effekt auf das *Niveau* der Schulleistung und des Selbstkonzepts hat, das *Muster* der kausalen Prädominanz-Relation (wie es für die Gesamtstichprobe vorgefunden wurde) jedoch nicht verändert.

DISKUSSION

Faßt man die Befunde zusammen, so läßt sich zunächst einmal feststellen, daß sich für die Inhaltsbereiche Mathematik und Rechtschreiben ähnliche Ausgangskorrelationen zwischen Noten, Testwerten und dem Selbstkonzept ergaben. Weiterhin fanden sich für diese drei Konstrukte ähnliche Stabilitätsmuster. Dies stellt eine wichtige Voraussetzung für weitere Vergleiche zwischen den beiden Inhaltsbereichen dar. Ein weiteres wichtiges Ergebnis ist darin zu sehen, daß sich im Hinblick auf Testverfahren keine Unterschiede zwischen den beiden Inhaltsbereichen fanden: sowohl für Mathematik als auch für Rechtschreiben ergaben sich für den Zeitraum zwischen der 2. und 3. Klassenstufe reziproke Beziehungsmuster zwischen Selbstkonzept und Leistung, während das "skill development"-Modell für den Zeitraum zwischen der 3. und 4. Klassenstufe insofern klar bestätigt wurde, als die Schulleistung das Selbstkonzept beeinflußte. Ein dritter wesentlicher Befund besteht darin, daß sich im Fall von Noten deutliche Differenzen in den Modellen für Mathematik und Rechtschreiben ergaben. Während im Fall von Mathematik Effekte der vorangegangenen Leistungen auf das nachfolgende Selbstkonzept registriert wurden, verhielt es sich im Fall von Rechtschreiben gerade umgekehrt. Geschlechtsunterschiede hatten einen Einfluß auf das Niveau von Leistungen und Selbstkonzept (Jungen waren im Bereich Mathematik leicht besser, Mädchen im Bereich Rechtschreiben), waren aber im Hinblick auf das Beziehungsmuster zwischen Selbstkonzept und Leistung ohne Bedeutung.

Die genauere Inspektion der Kausalmodelle ergibt, daß insbesondere drei Aspekte weiterer Diskussion bedürfen: einmal der Unterschied in den kausalen Prädominanzmustern für den Zeitraum zwischen der 2. und 3. Klassenstufe einerseits und dem zwischen der 3. und 4. Klassenstufe andererseits; zum anderen die Diskrepanz in den Beziehungsmustern für Noten und Tests, und schließlich die Bereichsspezifität der Befunde, was die Noten angeht.

Die Befunde für die beiden Zeiträume legen einen Übergang von reziproken Beziehungsmustern zwischen Leistung (gemessen durch Tests) und dem Selbstkonzept zu einem "skill development"-Modell nahe, bei dem vorangegangene Leistung nachfolgendes Selbstkonzept beeinflußt. Obwohl zur Absicherung dieses Befundmusters sicherlich weitere Längsschnittstudien erforderlich sind, die sich über noch größere Zeiträume erstrecken, lassen unsere Ergebnisse dennoch vermuten, daß der Einfluß des Selbstkonzepts auf die Testleistung im Verlauf der Grundschulzeit und mit zunehmender Stabilität der Testleistung verlorengeht. Im Vergleich zur Leistung erweist sich das Selbstkonzept für Mathematik und Rechtschreiben als weniger stabil; es erscheint zunehmend von der Leistung abhängig.

Die unterschiedlichen Effekte für Noten und Tests sollten unter besonderer Berücksichtigung der Bereichsspezifität der Befunde für die Noten interpretiert werden. Was das Rechtschreiben angeht, so hat es den Anschein, daß die Noten der Lehrer wenig Einfluß auf die Entwicklung des Fähigkeitsselbstbildes nehmen. Die Ergebnisse belegen, daß das Selbstkonzept für Rechtschreiben wenig von vorangegangenen Lehrerbeurteilungen beeinflußt wird. Demgegenüber haben vorangegangene Ergebnisse in den Rechtschreibtests durchaus Effekte auf das später erhobene Selbstkonzept. Diese Effekte scheinen im Verlauf der Grundschulzeit eher noch stärker zu werden. Ein ähnlicher Effekt zeigt sich auch für Tests im Bereich Mathematik. Im Unterschied zum Rechtschreiben läßt sich hier jedoch auch der Einfluß von Mathematiknoten auf das Selbstkonzept für Mathematik deutlich nachweisen; die Effekte der Noten fallen dabei im Vergleich zu denen der Tests noch etwas stärker aus.

Es fällt nicht leicht, eine plausible Erklärung für die Unterschiede in der Wirkung von Deutsch- und Mathematiknoten zu finden. Noten werden den Schülern direkt mitgeteilt (meist auch öffentlich, was soziale Vergleichsprozesse begünstigt). Von daher sollten sie eigentlich in beiden Bereichen Einfluß auf das Selbstkonzept nehmen. Offensichtlich gibt es aber Unterschiede in der Wirkung von Deutsch- und Mathematiknoten. Ein möglicher Unterschied könnte darin bestehen, daß im Fach Mathematik die Testergebnisse für die Schüler weniger gut vorhersagbar waren, so daß den Noten im Hinblick auf den Selbstbewertungsvorgang größere Bedeutung zukam. Demgegenüber könnten die Testergebnisse im Rechtschreiben besser vorhersagbar als Noten sein, sodaß die Noten wenig neue Informationen für das Selbstbild liefern. Eine andere Erklärungsmöglichkeit könnte darin bestehen, daß gute Noten im Rechtschreiben von Schülern, Lehrern und Eltern nicht ähnlich hoch bewertet werden wie gute Noten in Mathematik. Es ließe sich so erklären, warum Mathematiknoten nicht durch motivationale Faktoren (wie etwa das Selbstkonzept) beeinflußt werden und stattdessen motivationale Faktoren selbst determinieren. Motivationale Faktoren könnten im Fall von Rechtschreibnoten deshalb eine größere Rolle spielen, weil diesen Noten weniger Bedeutung zugeschrieben wird. Dagegen spricht allerdings, daß zumindest deutsche Lehrer und Eltern dem Rechtschreiben nach wie vor hohe Bildungsqualität zuschreiben (vgl. Schneider, 1997).

Die wohl plausibelste Erklärung für die Unterschiede in der Wirkung der Noten dürfte darin bestehen, daß in die Deutschnote neben den Rechtschreibkompetenzen auch noch andere Fähigkeiten wie etwa die Lesefertigkeit, das Leseverständnis oder aber die Fähigkeit zum Aufsatzschreiben eingehen. Es kann in einigen Fällen schon sein, daß das Fähigkeitsselbstbild in Deutsch weniger von den Rechtschreibleistungen als vielmehr von der sprachlichen Ausdrucksfähigkeit und den Lesefertigkeiten geprägt ist. Demgegenüber ist anzunehmen, daß Mathematiknoten viel unmittelbarer mit dem Selbstkonzept für das Fach Mathematik verknüpfbar sind. Zukünftige Forschungsarbeiten zu dieser Thematik sollten die differentielle Validität von Tests und Noten in den beiden Bereichen genauer überprüfen.

Zusammengenommen legen unsere Befunde nahe, daß zu Beginn der Grundschulzeit allgemein reziproke Beziehungen zwischen Leistung und Selbstkonzept vorherrschen: früher erhobenes Selbstkonzept beeinflußt nachfolgende Leistungen (insbesondere im Fall von Rechtschreiben) ebenso wie vorausgehende Leistungen nachfolgendes Selbstkonzept. Demgegenüber findet sich in der späteren Grundschulphase insofern mehr Evidenz für die Gültigkeit des "skill development"-Modells, als Leistung (insbesondere in Tests, im Fall von Mathematik aber auch in Form von Noten) das spätere Selbstkonzept der Fähigkeit beeinflußt.

Selbstkonzept und Leistung - Dynamik ihres Zusammenspiels: Kommentar

Reinhard Pekrun

Über die Wechselwirkungen zwischen dem Selbstbild von Lernern und ihren Lernleistungen wissen wir wenig. Dies gilt auch für die Fähigkeits-Selbstkonzepte von Schülern und ihre Schulleistungen. Zwar kann heute für Schüler unterschiedlicher Herkunft, unterschiedlicher Schularten und verschiedener Kulturen aufgrund einer Vielzahl von Studien als hinreichend gesichert gelten, daß spätestens ab Mitte der Grundschulzeit enge Zusammenhänge zwischen leistungsrelevanten Selbstkonzeptmaßen und Schulleistung auszumachen sind (vgl. Hansford & Hattie, 1982; Helmke, 1991, 1992; Pekrun & Helmke, 1991). Nach wie vor kaum geklärt ist aber, wie diese Zusammenhänge zustandekommen: Wirkt sich ein positives Selbstbild günstig auf die Leistung aus, formen Leistungen das Selbstbild, hängen beide von dritten Variablen (wie z. B. dem Elternhaus) ab, oder treffen mehrere dieser Möglichkeiten gleichzeitig zu? Und darüber hinaus: Spielen Selbstkonzepte auch beim Zustandekommen der großen Leistungs*unterschiede* zwischen Schülern eine Rolle, und nehmen - umgekehrt - relative schulische Leistungspositionen Einfluß auf die Entwicklung unterschiedlicher Ausprägungen des Selbstvertrauens?

Die vorliegende Studie trägt für das Grundschulalter und anhand eines differentiellpsychologischen Designs auf theoretisch und methodisch überzeugende Weise zur Klärung dieser Problematik bei. Sie gehört zu den insgesamt weniger als zehn vorliegenden Unternehmungen ihrer Art (vgl. Helmke & van Aken, 1995). Ihr Wert kann deshalb kaum hoch genug eingeschätzt werden. Aufgabe des Kommentars kann es also nicht sein, Anlage und Resultate dieser Studie in Frage zu stellen. Im Sinne einer kritischen Einordnung der Befunde und einer Diskussion möglicher weiterer Analysen soll hier eingegangen werden auf (1) grundsätzliche Möglichkeiten und Grenzen der Interpretation von Befunden aus Studien der vorliegenden Art, (2) die Frage der Generalisierbarkeit der Befunde, (3) eine mögliche methodische Optimierung zukünftiger Analysen dieser Art sowie (4) Desiderata für inhaltliche Erweiterungen zukünftiger Analysen von Datensätzen der SCHOLASTIK-Studie und ähnlicher Unternehmungen.

BEFUNDINTERPRETATION IN DIFFERENTIELL-ENTWICKLUNGSPSYCHOLOGISCHEN STUDIEN: MÖGLICHKEITEN UND GRENZEN

Es handelt sich hier um eine Analyse, die der differentiellen Entwicklungspsychologie - angewandt auf eine pädagogisch-psychologische Fragestellung - zuzuordnen ist: Interindividuelle Verteilungen von Selbstkonzept- und Leistungswerten werden synchron und diachron zueinander in Beziehung gesetzt. Sieht man die Literatur in diesem Forschungsfeld durch, so scheint nicht trivial, daß sich mit einer solchen Untersuchungsform bestimmte Aussagen gewinnen lassen und andere nicht. Eine Studie dieser Art liefert Aufschlüsse zu den Beziehungen zwischen Personunterschieden in verschiedenen

Variablen einschließlich der Bedingungsbeziehungen zwischen solchen Personunterschieden. Die vorliegende Untersuchung gibt Antworten auf die Frage, welche Leistungsbedingungen und -wirkungen für Schülerunterschiede im leistungsbezogenen Selbstvertrauen - einem Kernbereich der Schülerpersönlichkeit - auszumachen sind. Hingegen kann aus den resultierenden Daten grundsätzlich *nicht* auf die intrapsychischen Funktionszusammenhänge der beteiligten Variablen geschlossen werden. Es lassen sich also aus Daten wie den hier erhobenen *keine* allgemeinen Antworten auf die Frage finden, ob und in welcher Weise Leistungen zur Selbstkonzeptbildung beitragen oder das Selbstbild Einfluß auf die Lernleistung nimmt.

Im Methodenbewußtsein der psychologischen scientific community ist seit langem verankert, daß aus differentiell-psychologischen Datensätzen nicht auf individuelle oder universelle intrapsychische Mechanismen geschlossen werden kann. In vielen Disziplinen der Psychologie aber werden differentielle Befunde nach wie vor im Sinne solcher Schlüsse interpretiert. In regelmäßigen Abständen wird von einzelnen Autoren vor der Unzulässigkeit solcher Interpretationen gewarnt (z. B. jüngst Asendorpf, 1995; vgl. auch Krapp, i. d. Bd.), und mit ebensolcher Regelmäßigkeit werden solche Warnungen ignoriert. Dies gilt auch für den vorliegenden Forschungsbereich: In den publizierten Arbeiten zu Beziehungen zwischen Selbstkonzepten und Leistungen werden resultierende Bedingungszusammenhänge zwischen interindividuellen Verteilungen dieser Variablen typischerweise so interpretiert, als handele es sich dabei um Einflüsse "des" Selbstkonzepts auf "die" Leistung bzw. umgekehrt; angenommen wird, daß aus vorhandenen Beziehungen zwischen den Verteilungen auf vorhandene Einflüsse der einen auf die andere Variable geschlossen werden könne und aus fehlenden Beziehungen (also z. B. nicht-signifikanten Effekten in Strukturgleichungsmodellierungen wie den hier vorgelegten) auf fehlenden Einfluß. Entsprechende Interpretationen finden sich in allen wesentlichen Publikationen dieses Gebiets.

Bei näherem Hinsehen zeigt sich rasch, welche Fehlschlüsse solche Interpretationen beinhalten können. An Beispielen läßt sich dies leicht klarmachen. Zieht man z. B. aus fehlenden Effekten interindividueller Selbstkonzeptverteilungen auf nachfolgende Leistungsverteilungen die Folgerung, das Selbstkonzept von Schülern beeinflusse ihre Lernleistung nicht, so kann man damit offenkundig denselben Fehler machen, wie wenn man aus einer hohen Heritabilität und geringer Umweltbedingtheit von Intelligenzunterschieden schließen würde, Umweltfaktoren hätten wenig Einfluß auf die Entwicklung menschlicher Intelligenz: Natürlich sind solche Faktoren für die Entwicklung der Intelligenz jedes einzelnen Menschen von immenser Bedeutung (ohne stimulierende und responsive Umwelt verkümmert die Entwicklung des zentralen Nervensystems bereits auf der physiologischen Ebene) - und zwar auch dann, wenn *Unterschiede* individueller Entwicklungsumwelten in einer bestimmten Kultur kein starker Prädiktor phänotypischer *Unterschiede* der Intelligenz dieser Personen sind. Zweites Beispiel: Ein aus differentiell-psychologischen Entwicklungsdaten gezogener Schluß auf fehlende Selbstkonzepteffekte könnte ein ähnlicher Fehlschluß sein wie der, aus einem mangelnden Einfluß von Unterrichtsvariablen auf Leistungsunterschiede zwischen Schülern zu schließen, der Unterricht habe keinen Einfluß auf die Lernleistung gehabt - selbstverständlich wissen Schüler aufgrund von Unterricht zu Ende eines Schuljahres mehr und anderes als zu Beginn, auch wenn sich an der interindividuellen Rangordnung ihrer Leistungen wenig geändert hat.

Wenn also in Bedingungsmodellen der vorgelegten Art Effekte von Selbstkonzeptvariablen auf zeitlich spätere Leistungsverteilungen (bzw. Effekte der umgekehrten Art) bei Null liegen, so kann hieraus nicht gefolgert werden, das Selbstkonzept habe keinen

Einfluß auf die Leistung (oder umgekehrt). Es ist im Gegenteil zu vermuten, daß Selbstkonzepte alltäglich und in jeder Unterrichtsstunde Einfluß auf das Lernen nehmen: Bei der täglichen Konfrontation mit Lern- und Leistungsanforderungen werden ständig zugeordnete Selbstüberzeugungen aktiviert; auf dieser Basis bilden sich leistungsrelevante Gefühle und Motivationslagen; diese sind ihrerseits konstitutiv für Lernverhalten und resultierende Lernleistungen. Mithin ist anzunehmen, daß nicht nur der skill-development-Ansatz, sondern auch die self-enhancement-Hypothese in ubiquitärer Weise die pädagogische Alltagsrealität repräsentieren - und zwar grundsätzlich unabhängig davon, ob sich aus diesen Funktionszusammenhängen gleichzeitig auch Veränderungen der interindividuellen Rangreihen von Leistung bzw. Selbstkonzept ergeben.

Der Wert von differentiell-psychologischen Entwicklungsstudien wird durch diese Einschränkung der Interpretationsmöglichkeiten in keiner Weise geschmälert: Nur solche Studien können uns mitteilen, wie Unterschiede zwischen Schülern zustandekommen und sich auswirken. Möchte man hingegen psychische Funktionszusammenhänge von Selbstkonzept und Leistung für einzelne Schüler oder alle Schüler einer Population untersuchen, so benötigt man Studien, welche die *intra*-individuellen Bedingungsbeziehungen dieser beiden Größen analysieren (zu entsprechenden Unternehmungen im Bereich von Lernmotivation und -emotion Schmitz & Skinner, 1993; Hofmann, in Vorb.; Pekrun & Hofmann, 1996).

SELBSTKONZEPTEFFEKTE VS. LEISTUNGSEFFEKTE: ZUR GENERALISIERBARKEIT DER BEFUNDE

Zentraler Befund der vorgelegten Analyse ist, daß sich bereits im Grundschulalter Einflüsse relativer Schulleistungen auf Selbstkonzeptunterschiede ebenso nachweisen lassen wie Effekte der umgekehrten Art. Dabei finden sich hier für den Zeitraum von der zweiten zur dritten Klassenstufe bidirektionale Wechselwirkungen zwischen interindividuellen Selbstkonzept- und Leistungsverteilungen, während es sich im Intervall von der dritten zur vierten Klasse eher um unidirektionale Effekte von Leistungspositionen auf Selbstkonzeptunterschiede handelt. Wesentlicher Grund für fehlende Wechselwirkungen in der späten Grundschulzeit scheint zu sein, daß die Leistungsverteilungen sich hier so stark stabilisiert haben, daß Außeneinflüsse (welcher Art auch immer) an den Leistungsrangreihen wenig ändern können.

Dieser Sachverhalt kann in methodischer Hinsicht interpretiert werden: Bei hoher Verteilungsstabilität (autokorrelative Effekte nahe Eins) können sich in Strukturgleichungsanalysen dieser Art keine deutlichen Effekte anderer Variablen ergeben. Inhaltlich aber ist zunächst offen, wie die gefundene Veränderung von Wirkbeziehungen in der Grundschulzeit zu interpretieren ist. Handelt es sich z. B. eher um Effekte des Entwicklungsalters, oder sind diese Veränderungen an schulsystemspezifische Charakteristika von Schullaufbahnen gebunden?

Von der zweiten zur dritten Klasse findet in der bayerischen Grundschule ein Lehrerwechsel statt; geringere Stabilität von Leistungsverteilungen könnte in dieser kritischen, systembedingten Veränderung eine wesentliche Ursache haben. Befunde aus anderen Studien legen ebenfalls nahe, daß hier laufbahnspezifische Veränderungen wesentlich sind. In einer Analyse von Selbstkonzept-Leistungs-Beziehungen im unmittelbar anschließenden Zeitraum von Ende der 4. bis zur 8. Klassenstufe (Pekrun, 1987) fanden sich für Zeiten des Schulübergangs im bayerischen Schulwesen (nach der 4. sowie nach der 6. Klasse) geringere Stabilitäten der Leistungsverteilungen und dementsprechend Selbstkonzepteffekte auf diese Verteilungen, in übergangsfreien Zeiten hingegen ließen sich Selbstkonzepteffekte nicht nachweisen. Ähnliches scheint auch für andere Länder zu gelten. So wurden in der Studie von Skaalvik und Hagtvet (1990) zwei Kohorten untersucht, von denen eine im Untersuchungszeitraum einen kritischen Schulübergang erlebte und die andere nicht; für die Kohorte mit Übergang entsprachen die Befunde eher dem self-enhancement-Ansatz, für die Kohorte ohne Übergang dem skill-development-Modell.

Empirisch ließe sich hieraus schließen, daß das relative Selbstvertrauen von Schülern vor allem dann Einfluß auf Leistungsunterschiede nimmt, wenn normative Brüche in der Schullaufbahn mit Änderungen der Leistungsrangreihen einhergehen. Von der Gestaltung des Schulsystems hängt es ab, wann dies jeweils der Fall ist. Dies legt die Folgerung nahe, daß es sich bei relativer Dominanz der einen oder der anderen Kausalrichtung möglicherweise weniger um einen über Schulsysteme und Gesellschaften hinweg verallgemeinerbaren Sachverhalt handelt, sondern daß die jeweiligen relativen Effektstärken teils systemspezifischer Art sind. Im Verbund mit den bereits vorhandenen Studien zeigt die vorliegende Analyse in verallgemeinerbarer Weise, daß Leistungseffekte auf Selbstkonzeptunterschiede wie auch Effekte der umgekehrten Art eine Rolle spielen können. Bei relativer Dominanz des einen oder anderen Effekts aber könnte es sich zu einem erheblichen Teil um ein Epiphänomen der jeweiligen Schulorganisation handeln.

Allerdings gibt es mindestens einen weiteren Gesichtspunkt, der über solche Systemrelativität hinaus auch für Befunde zur relativen Effektdominanz allgemeinere Gültigkeitsanteile nahelegt. Sowohl Leistungseffekte auf Selbstkonzeptunterschiede wie Effekte der umgekehrten Art dürften durch eine Reihe von Zwischenprozessen vermittelt sein. Der Weg über solche mediierenden Abläufe ist für diese beiden Effekte vermutlich unterschiedlich lang. Schulleistungen sollten sich zumindest dann, wenn sie kumulativ konsistent ausfallen und in Entsprechung hierzu zurückgemeldet und kausal eingeordnet werden, relativ direkt und geradlinig in zugeordneten Selbstkonzepten und entsprechenden Schülerunterschieden niederschlagen. Um hingegen von leistungsbezogenen Selbstüberzeugungen bis zu einer Veränderung der Lernleistung zu kommen, bedarf es einer größeren Zahl von - auch in sich häufig komplexen - Zwischenprozessen, zu denen situative Erwartungsbildungen und anschließende Motivations-, Volitions- und Handlungsabläufe zählen (vgl. Helmke, 1992). Mithin könnte es sein, daß Einflüsse von Selbstkonzepten auf Leistungsunterschiede einer größeren Brechung durch mediierende Drittvariablen unterliegen. Wenn dies so ist, sollten sich hierzu kongruente Unterschiede der Effektstärken ergeben. Auch mit einer solchen Interpretation steht das Befundmuster der SCHOLASTIK-Analyse in Einklang.

ZUKÜNFTIGE ANALYSEN:
EINE MÖGLICHKEIT DER METHODENOPTIMIERUNG

Für viele längsschnittliche Datensätze sind theoriegeleitete Strukturgleichungsanalysen der in dieser Studie verwendeten Art ein guter Weg der Analyse von Bedingungsbeziehungen. Grundprinzip dieses Analysetyps ist es, vor Beginn der Datenanalyse ein theoretisches Modell zu den Beziehungen zwischen den einbezogenen Variablen zu spezifizieren und anhand des Datensatzes auf seine Realitätspassung hin zu prüfen. Angestrebt wird also ein hypothesengeleitetes, deduktives Vorgehen. Fast immer aber wird dieses Grundprinzip nur halbherzig umgesetzt: Für die Bedingungsbeziehungen zwischen latenten Bedingungs- und Wirkungsvariablen werden Hypothesen spezifiziert, nicht aber für die Beziehungen zwischen den latenten Variablen und ihren manifesten Indikatoren. Vorgegangen wird meist so, daß Koeffizienten für die Meßmodelle der latenten Variablen und für die Bedingungsmodelle der Beziehungen zwischen diesen Variablen gleichzeitig geschätzt werden; leitend ist dabei das Ziel maximaler Kovariationsaufklärung unter theoretisch gesetzten Restriktionen für die Bedingungsmodelle. Auch in entsprechenden Selbstkonzeptstudien wird in der Regel dieses Vorgehen gewählt.

Eine solche Strategie impliziert, daß Bedingungsbeziehungen deduktiv geprüft, Parameter der jeweiligen Meßmodelle aber induktiv geschätzt werden. Dabei ergibt sich ein spezifisches Moment arbiträrer Befundproduktion: Simultane Schätzungen von Bedingungs- und Meßmodellen im Rahmen von Strukturgleichungsanalysen beinhalten, daß beide sich gegenseitig beeinflussen. Dies impliziert, daß die Gewichte für die einzelnen Indikatoren einer latenten Variablen *auch* davon abhängen, in welche Außenbeziehungen diese Variable innerhalb der jeweiligen Modellierung gesetzt wird - mit der Folge, daß die faktische Definition von nominell ein und derselben Variablen in Abhängigkeit von den jeweils vorgesehenen Außenbeziehungen von Strukturmodell zu Strukturmodell variieren kann. Empirische Konstruktdefinitionen hängen bei einem solchen Vorgehen also in partiell arbiträrer Weise von den für diese Konstrukte jeweils betrachteten Beziehungen zu anderen Konstrukten ab.

Wird beispielsweise das Fähigkeits-Selbstkonzept von Schülern im Fach Deutsch anhand von Selbsteinschätzungen zu Lese- und Rechtschreibfähigkeiten indikatorisiert, so könnte es passieren, daß - im Sinne maximaler Kovariationsaufklärung - in einer Analyse der Beziehungen zu Leseleistungen die Selbsteinschätzung der Lesefähigkeit stärkeres Gewicht bei der Konstruktdefinition erhielte, in einer Analyse der Beziehungen zur Rechtschreibleistung hingegen das Selbstbild der Rechtschreibfähigkeit. Es würde sich dann in beiden Analysen nominell um dieselbe Variable "Fähigkeits-Selbstkonzept Deutsch" handeln, faktisch aber um unterschiedlich definierte empirische Konstrukte. Ähnliches dürfte für andere Bereiche pädagogisch-psychologischer Forschung gelten. Indikatorisiert man z. B. die Prüfungsangst von Schülern anhand von kognitiven und affektiv-körperlichen Angstkomponenten, so dürften in einer Strukturgleichungsanalyse der Beziehungen zu Schulleistungen kognitive Angstkomponenten stärkeres Definitionsgewicht erhalten, in einer Analyse der Beziehungen zu psychosomatischen Störungen hingegen affektiv-körperliche Komponenten.

Ein solch arbiträrer Wechsel von Konstruktdefinitionen dürfte in der Regel wenig Sinn machen. Vermieden werden kann dies, indem die Bestimmung von Meß- und Bedingungsmodellen voneinander getrennt wird. Die Gewichte für die jeweiligen Konstruktindikatoren könnten in vorgeschalteten Strukturanalysen empirisch bestimmt werden, bevor die Konstrukte einer Bedingungsanalyse unterzogen werden; sie könnten aber auch anhand theoretischer Argumente fixiert werden (z. B. einfache Gleichgewichtung von Selbsteinschätzungen zu Lese- und Rechtschreibfähigkeiten bei der Bestimmung des Fähigkeits-Selbstkonzepts im Fach Deutsch). Unter den vorliegenden Bedingungsanalysen zu Selbstkonzept-Leistungs-Beziehungen hat eine Studie vorexerziert, wie hier vorgegangen werden könnte (Skaalvik & Hagtvet, 1990). Für zukünftige Untersuchungen bietet es sich an, Strategien dieser Art zu übernehmen, wobei es mir aus theoretischer Perspektive besonders sinnvoll schiene, Schätzungen von Indikatorgewichten konzeptuell gewonnenen Restriktionen zu unterwerfen. Auch in weiteren Analysen des SCHOLASTIK-Datensatzes könnte ein solcher Weg verfolgt werden. Auf diese Weise ließe sich gleichzeitig auch abschätzen, inwieweit Schlüsse auf Bedingungsbeziehungen im Rahmen dieser Studie gegenüber unterschiedlichen Strategien der Konstruktdefinition robust sind oder nicht.

ZUKÜNFTIGE ANALYSEN:
DESIDERATA FÜR THEORIEGELEITETE ERWEITERUNGEN

Die Befunde der vorliegenden Analyse zeigen für die Fächer Deutsch und Mathematik, daß zwischen den Verteilungen von Selbstkonzept- und Leistungswerten bei Grundschülern Bedingungsverflechtungen existieren. Dieser Nachweis könnte als Grundlage dafür dienen, anhand dieses und zukünftiger Datensätze einer Reihe theoretisch seit langem gestellter, empirisch aber bisher erst ansatzweise beantworteter Fragen zu analysieren. Vier dieser Fragen sind die folgenden (ausführlicher zu einigen dieser Probleme die ausgezeichnete Darstellung in Helmke, 1992; vgl. auch Pekrun & Fend, 1991).

In welchen Struktur- und Entwicklungsbeziehungen stehen Selbstkonzepte unterschiedlicher Schulfächer?

In der SCHOLASTIK-Studie wurden längsschnittlich Selbstkonzepte für Deutsch und Mathematik erhoben. Mithin könnte anhand diesen Datensatzes die kritische Frage untersucht werden, inwieweit interindividuelle Verteilungen von Selbsteinschätzungen in unterschiedlichen Fächern eher unabhängig voneinander sind oder nicht (kontroverse Standpunkte zu dieser Frage finden sich in Marsh, 1986, 1990b, 1992, einerseits und Skaalvik & Rankin, 1990, andererseits). Antworten auf diese Frage könnten gleichzeitig Hinweise liefern, welche Form der hierarchischen Konzeptualisierung von Selbstkonzeptunterschieden angemessen ist (ob also z. B. bezüglich solcher Unterschiede die Annahme eines allgemeinen Selbstkonzepts schulischer Fähigkeiten sinnvoll ist oder nicht; vgl. Marsh, 1992).

Theoretisch ist anzunehmen, daß solche Zusammenhänge von den subjektiv verwendeten bzw. durch die Methodik der Konzepterhebung jeweils erzwungenen Vergleichsmaßstäben der Fähigkeitseinordnung abhängen. Im Internal/External-Frame-of-Reference-Modell von Marsh (1986, 1990b) wird postuliert, daß zwei Arten von Vergleichen eine Rolle spielen, nämlich interindividueller Sozialvergleich und intraindividueller Vergleich über Fächer hinweg. Darüber hinaus könnte es sich aber auch um weitere Bezugsnormen handeln, also z. B. um kriteriumsorientierte (lernzielbezogene) oder intraindividuell-längsschnittliche Vergleichsmaßstäbe. In zukünftigen Untersuchungen sollte deshalb zur Erklärung entsprechender Befunde kritisch geprüft werden, auf welche Maßstäbe sich Schüler in ihrem Selbsturteil jeweils beziehen (vgl. auch Felson & Reed, 1986).

Angesichts der Dominanz sozialvergleichender Bewertungsmaßstäbe in unserem Schulwesen, die vermutlich von Schülern zu einem erheblichen Teil übernommen werden, sowie der deutlichen interindividuellen Korrelation von Leistungen in unterschiedlichen Schulfächern ist anzunehmen, daß fachspezifische Selbstkonzepte interindividuell ebenfalls positiv korrelieren. Darüber hinaus ist für die Entwicklungen solcher Selbstkonzepte zu vermuten, daß sie nicht domänspezifisch voneinander abgeschottet sind, sondern sich im Sinne von Aufschaukelungs- oder auch Kontrastprozessen wechselseitig beeinflussen. Auch solche Vermutungen ließen sich anhand dieses und ähnlicher zukünftiger Datensätze prüfen. Dabei ließe sich gleichzeitig analysieren, inwieweit Effekte von Selbstkonzepten auf Leistungsunterschiede bzw. Effekte der umgekehrten Art sich nicht nur - wie hier dokumentiert - innerhalb von Domänen, sondern auch über Domänen hinweg zeigen.

Welche Mechanismen sind für Leistungs- und Selbstkonzepteffekte verantwortlich?

Wie bereits erwähnt, hängen Effekte von Leistungen auf Selbstkonzeptunterschiede wie auch Wirkungen der umgekehrten Art vermutlich von einer Reihe mediierender Prozesse ab, die bisher wenig untersucht worden sind. Für Leistungseffekte ist anzunehmen, daß sie auf der Schülerseite u. a. von den im Zuge der Selbstkonzeptbildung bzw. -modifikation subjektiv verwendeten Bezugsnormen, von Struktur und Stärke bereits vorhandener Selbstüberzeugungen und von Kausalattribution sowie Valenz der jeweiligen Leistung vermittelt werden. Selbstkonzeptwirkungen auf Leistungen sind vermutlich von lern- und leistungsbezogenen Erwartungsbildungen vermittelt; diese nehmen Einfluß auf lern- und leistungsbezogene Emotions- und Motivationsabläufe, die dem Lernverhalten und damit der Leistungsentwicklung zugrundeliegen (vgl. Helmke, 1992; Pekrun & Jerusalem, in Druck). Für Feinanalysen solcher Vermittlungsprozesse sind molare Längsschnittstudien der vorliegenden Art zwar weniger geeignet (hierzu bedarf es Feld- oder Laborstudien mit höherer zeitlicher Auflösung). Hinweise aber - z. B. zur mediierenden Rolle von Schülerunterschieden der Lernmotivation - ließen sich durchaus gewinnen (eine Analyse dieser Art findet sich in Helmke, 1992).

Sind Leistungs- und Selbstkonzepteffekte kontextabhängig?

Renkl, Helmke und Schrader (i. d. Bd.) zeigen, daß innerhalb von Schulklassen berechnete Korrelationen von Selbstkonzept und Leistung von Klasse zu Klasse variieren können und daß die Höhe dieses Zusammenhangs von Kontextmerkmalen der Schulklasse abhängt. Mithin wäre denkbar, daß auch die Bedingungsbeziehungen zwischen Selbstkonzept- und Leistungsverteilungen innerhalb eines Schulwesens über Klassenkontexte hinweg variieren können. Weniger problematisch wäre dies, wenn es sich hierbei nur um eine Variation der Stärke, nicht aber des Musters der Effekte handeln würde; kritischer wäre kontextabhängige Variation des Effektmusters. Auch diese Problematik ließe sich anhand dieses und ähnlicher Datensätze analysieren. So könnten z. B. auf der Basis von Kontextmerkmalen gebildete Teilstichproben in ähnlicher Weise getrennten Bedingungsanalysen mit anschließendem Modellvergleich unterzogen werden, wie die Autoren dieser Studie dies für mögliche Geschlechtsunterschiede bereits getan haben.

Schlagen schulische Leistungen auf den "Kern der Persönlichkeit" durch?

Schließlich ließe sich anhand von Datensätzen wie dem vorliegenden auch die persönlichkeits- und schultheoretisch zentrale Frage analysieren, inwieweit schulische Leistungsrückmeldungen über den Leistungsbereich hinaus Einfluß auf die allgemeine Persönlichkeitsentwicklung nehmen. Insbesondere wäre zu untersuchen, ob sich jenseits fachspezifischer Selbstkonzeptbildungen Wirkungen auf das allgemeine Selbstwertgefühl - den "Kern der Persönlichkeit" (Fend, 1984) - von Schülern nachweisen lassen (zu einer Analyse dieser Art Pekrun, 1987).

SCHLUSSBEMERKUNG

Die vorgelegte SCHOLASTIK-Analyse gibt wertvolle Aufschlüsse zu Strukturen, Entwicklungen, Bedingungen und Folgen von Schülerunterschieden im leistungsbezogenen Selbstvertrauen. Hierzu war bisher wenig bekannt. Dies gilt insbesondere auch für die kritische Altersphase der Grundschulzeit: Viele Studien zur Persönlichkeitsentwicklung von Schülern haben sich auf - erhebungsmethodisch einfacher zu erschließende - Entwicklungen in der Sekundarschulzeit konzentriert. Dabei hat sich durchweg gezeigt, daß Persönlichkeitsunterschiede nach der Grundschulzeit häufig schon so verfestigt sind, daß sich Bedingungen ihres Zustandekommens kaum noch nachzeichnen lassen (vgl. Pekrun & Fend, 1991). Die vorliegende Untersuchung zeichnet es aus, die Grundschulzeit mit ihrer auch im Bereich der leistungsbezogenen Persönlichkeitsentwicklung deutlichen Entwicklungsdynamik in den Blick genommen zu haben. Als zentraler Befund ergibt sich, daß schulische Leistungen zur Entstehung von Schülerunterschieden im leistungsbezogenen Selbstvertrauen beitragen, und daß diese ihrerseits einen Beitrag zur Genese der Unterschiedlichkeit von Schülerleistungen leisten können.

Wie oben argumentiert worden ist, würde man aber von einer differentiell-psychologisch angelegten Entwicklungsuntersuchung dieser Art zuviel verlangen, wenn man - wie dies üblicherweise bisher geschehen ist - aus Befunden der vorgelegten Art zusätzlich Antworten auf die Frage finden wollte, wie die psychischen Funktionsmechanismen der Bildung von Selbstvertrauen und des Zustandekommens von Lernleistungen aussehen. Hierzu bedarf es anderer Untersuchungsformen (vgl. auch Krapp, i. d. Bd.). Hingegen könnte der vorliegende bzw. ähnliche zukünftige Datensätze über die aufgezeigten schulfachbezogenen Bedingungsbeziehungen hinaus dazu verwendet werden, (a) Beziehungen zwischen den Entwicklungen in verschiedenen Schulfächern zu untersuchen, (b) mediierende Kontext- und Schülervariablen zu analysieren, (c) mögliche Kontextabhängigkeiten von Effektstärke und -muster zu prüfen sowie (d) Einflüsse schulischer Leistungen und Bewertungen auf die allgemeine Persönlichkeitsentwicklung (also z. B. das allgemeine Selbstwertgefühl) von Schülern nachzuzeichnen.

Kapitel XI

Schulleistung und Fähigkeitsselbstbild - Universelle Beziehungen oder kontextspezifische Zusammenhänge?

Literaturüberblick:
Helmut Fend

Ergebnisse aus dem SCHOLASTIK-Projekt:
Alexander Renkl, Andreas Helmke & Friedrich-Wilhelm Schrader

Kommentar:
Kai Uwe Schnabel

Schulleistung und Fähigkeitsselbstbild - Universelle Beziehungen oder kontextspezifische Zusammenhänge? Literaturüberblick

Helmut Fend

Seit den 60er Jahren mehren sich die Stimmen, die im Bildungswesen einen Kontext für Erfahrungen mit der eigenen Person sehen, die nicht bei allen Schülern zu einer produktiven Entwicklung ihrer Persönlichkeit beitragen. Die Hauptkritik richtet sich gegen das mit dem Lernverhalten ab dem ersten Schuljahr verbundene System der *Leistungsbeurteilung*, welches als Ausdruck und Operationalisierung der schulischen Allokationsfunktion heranwachsende Kinder in gute und schlechte Schüler gruppiert (Fend, 1974a; Fend, Knörzer, Nagl, Specht & Väth-Szusdziara, 1976; Henry, 1973). Schule sei deshalb insbesondere für viele leistungsmäßig schwächere Kinder eine *negative Erfahrung*, die ihr Selbstbewußtsein schwächt, ihre Lernfreude zerstört und damit langfristig ihre Lebenstüchtigkeit beeinträchtigt.

Auf dem Hintergrund dieser Befürchtungen ist der produktive Umgang mit schulischem Erfolg und Mißerfolg zu einem wichtigen Thema geworden. Bildungspolitisch steht die Gestaltung der *schulischen Leistungsbeurteilung* und der *Selektionsprozesse* zur Debatte. Auf der Ebene pädagogischen Handelns in der Schule und im Elternhaus rückt die Frage in den Mittelpunkt, ob negative Auswirkungen der schulischen Leistungsbeurteilung durch einen klugen Umgang mit der Schule verhindert werden können (s. Fend, 1996).

Empirische Studien, angestoßen durch solche Befürchtungen und Hoffnungen, zeigen komplexe Sachverhalte. Der befürchtete lineare Zusammenhang zwischen dem Leistungsniveau eines Schülers, seinem Selbstbewußtsein und seiner Lernfreude ist nicht so ausgeprägt, wie dies ursprünglich befürchtet wurde (Fend, 1984; Fend et al., 1976). Schwache lineare Zusammenhänge zwischen Noten und Selbstkonzepten zeigen sich insbesondere dann, wenn sich die Aufmerksamkeit auf das Ende der Pflichtschulzeit (9. und 10. Schuljahr) und nicht auf den Beginn der Schulzeit richtet.

Zwei allgemeine Schlußfolgerungen bieten sich an, um diesen Sachverhalt zu erklären:

- Die Verarbeitungsprozesse schulischer Leistungsinformationen sind sehr komplex und führen bei gleichen "objektiven" Informationen zu unterschiedlichen subjektiven Repräsentationen der eigenen Leistungsfähigkeit.
- Die Verarbeitung schulischer Leistungsinformationen erfolgt im sozialen Kontext der Interpretation durch Lehrer, Eltern und Mitschüler, die die direkten Wirkungen moderieren.

Die letzte These untermauert die Notwendigkeit, die theoretischen Modelle zu Prozessen der Verarbeitung schulischer Leistungsinformationen zu erweitern und Modelle ihrer kontextuellen Beeinflussung zu entwickeln. Im einzelnen erweisen sich somit folgende Theoriestücke als wichtig:

(1) Allgemeine Konzepte zur Funktionsweise der Person können spezifizieren, welche *Bedürfnisse* durch schulische Erfahrungen befriedigt und welche gefährdet werden.

(2) Konzepte der Verarbeitung schulischer Erfahrungen sind wichtig, um die *Vermittlungsprozesse* zu kennen, die zwischen entsprechenden schulischen Leistungsinformationen und ihrer Umsetzung in Persönlichkeitsmerkmale am Werke sind.

(3) Schließlich sind theoretische Konzepte dazu erforderlich, welche *schulischen Kontextmerkmale* mit oder gegen außerschulische Kontextmerkmale variierende Wirkungen in der Persönlichkeit haben.

Diese drei Theorie-Postulate lassen sich wie folgt begründen:

ad (1) Bedürfnistheoretische Theorien zur Funktionsweise der Persönlichkeit gehen davon aus, daß es drei motivationale Subsysteme gibt, die das Handeln des Menschen regulieren (Deci, Hodges, Pierson & Tomassone, 1992; Deci & Ryan, 1985; Gubler & Bischof, 1990, 1993; Gubler, Paffrath & Bischof, 1994; Thomas & Grimes, 1987). Das eine zeigt sich früh im bekannten "Selber-machen-Wollen", dem Selbständigkeitsbedürfnis des kleinen Kindes, das sich im Laufe der Lebensgeschichte zu einem *Autonomie- und Selbstwirksamkeitssystem* entfaltet. Das zweite Bedürfnissystem, das durch die gesamte Lebensgeschichte wirksam bleibt, hat Sigmund Freud *Narzißmus* genannt (Ziehe, 1979). Es besteht in lebensgeschichtlich unterschiedlich ausgeprägten Formen der Bevorzugung von positiven Informationen über sich selbst und von selbstakzeptierenden Kognitionen (Rosenberg, 1979). Aus dem Bindungsverhalten des Kleinkindes heraus entfaltet sich ein vielfältiges soziales *Bedürfnissystem der Zugehörigkeit* (attachment system) und sozialen Akzeptanz (Ainsworth, Blehar, Waters & Wall, 1978; Bowlby, 1969; Grossmann, 1985).

Bei einer Anwendung dieser Modelle auf den schulischen Kontext liegt es nahe anzunehmen, daß die drei Bedürfnissysteme ineinander verschränkt sind und durch Erfahrungen in den ersten Schuljahren neu konfiguriert werden. Bei Schuleintritt treffen Entwicklungsstränge von kognitiven Verarbeitungskapazitäten mit vorschulisch bereits konfigurierten Bedürfnissystemen zusammen. Was sich aus diesem Zusammentreffen vorschulisch geprägter Personmerkmale mit schulischen Kontextmerkmalen und individuellen schulischen Erfahrungen in den ersten bildsamen Jahren des Schulbesuches ergibt, wird im Scholastik-Projekt partiell aufzuhellen versucht.

ad (2) *Modelle der Verarbeitung von schulischen Erfahrungen* (Fend, 1996; Fend et al., 1976) sind erforderlich, wenn man vermeiden will, in einem Black-Box-Denken ungefilterte Zusammenhänge zwischen Leistungsinformationen und Wirkungen zu postulieren.

Insbesondere im Rahmen der *Selbstkonzepttheorien* sind Vorstellungen entwickelt worden (s. Krapp i. d. Bd.) wie Informationsverarbeitungsprozesse im Anschluß an schulische Leistungsinformationen ablaufen. Das Konzept der *Leistungsangst* (Pekrun, 1991a) enthält in den Annahmen über die verschiedenen Stufen der "appraisals" ebenfalls Prozeßvorstellungen, die auch Emotionen einbeziehen. *Attributionstheorien* (Covington, 1992; Heckhausen, 1982, 1984; Kelley & Michela, 1980; Skaalvik, 1994; Weiner, Frieze, Kukla, Reed, Rest & Cook, 1971) sind hilfreich, um den Weg von Kognitionen über Emotionen hin zu Handlungen zu beschreiben.

Das skizzierte Bedürfnissystem legt jedoch nahe, ein rationalistisches Informationsverarbeitungsmodell durch dynamisch-motivationale Prozesse zu ergänzen. Der durch schulische Erfahrungen potentiell tangierte Narzißmus des Kindes verhindert, daß schulische Leistungsinformationen direkt in entsprechende Selbstabwertungen münden. Mehrere Studien zum Grundschulbereich indizieren auf verschiedenen Wegen mögliche Abwehrstrategien der Kinder. So können nach den Studien von Ruble (Ruble, Boggiono, Feldman & Loebl, 1980; Ruble & Flett, 1988; Ruble, Eisenberg & Higgins, 1994) Kinder sehr früh vergleichend Leistungsunterschiede bei den Mitschülern feststellen und sie auch entsprechend den attributionstheoretischen Annahmen erklären, indem Anstrengungs- und Begabungskonzepte kombiniert werden. Sie sind dazu insbesondere bei Mitschülern in der Lage und benützen für die Beurteilung von deren Leistungen auch vergleichende Informationen sehr genau. In bezug auf die eigenen Leistungen setzen diese Strategien in veridikaler Form erst später ein. Weinstein (Weinstein, 1979; Weinstein, Marshall, Sharp & Botkin, 1987) berichtet von Ergebnissen, die ebenfalls auf Abwehrstrategien hindeuten. So nehmen Kinder in den ersten Schuljahren bereits deutlich wahr, daß sich Lehrer gegenüber schlechten und guten Schülern unterschiedlich verhalten. Sie nehmen jedoch erst sehr viel später wahr, daß sich die Lehrer auch *ihnen selber gegenüber* je nach ihrem Leistungsstand unterschiedlich benehmen.

Eine Teilreplikation der Studie von Elfriede Höhn (1967/1980) durch Keiser (1995) verweist ebenfalls auf defensive Prozesse. Keiser hat gefunden, daß der leistungsmäßig schlechte Schüler die Situation eines fiktiven schlechten Schülers anders beschreibt als es leistungsmäßig eher gute tun. Eher gute Schüler meinen, daß leistungsmäßig schlechte Schüler traurig sein müßten. Diese Attribution von Traurigkeit findet sich in der Beschreibung schlechter Schüler durch schlechte Schüler nicht, sie wird also von den Betroffenen selektiv ausgeblendet.

Die Verarbeitung von Schulleistungen muß damit auch auf dem Hintergrund psychodynamischer Modelle interpretiert werden. Daß die schulische Leistungsverarbeitung zudem ein Prozeß der *sozialen Konstitution des Selbst* ist, machen nicht nur die Studien über die *Attributionen der Eltern* (Trudewind, 1982) sichtbar, sondern auch jene über die *Selbstdarstellung* von guten und eher leistungsmäßig schwachen Schülern in Schulklassen. Die Arbeit von Lambrich (1987) verweist auf das komplizierte Zusammenspiel zwischen der Leistungserbringung und der sozialen Stellung in der Schulklasse.

ad (3) Moderierende Kontextvariablen zum Zusammenhang zwischen schulischer Leistungsbeurteilung und Selbstkonzept bzw. Schulfreude.

Da aus vielfältigen politischen und praktischen Gründen die Abschaffung des schulischen Beurteilungssystems und damit eine Aufgabe der schulischen Allokationsfunktion nicht möglich ist, erweist sich die Konzentration auf die Frage als sinnvoll, welche *Merkmale des schulischen Lebensraumes*, der Schulorganisation, der Unterrichtsform oder des Lehrerverhaltens zu einer mehr oder weniger günstigen Verarbeitung schulischer Leistungsinformationen führen. Diese Frage ist gleichbedeutend mit jener, *welche Chancen pädagogische Bemühungen haben*, da pädagogische Interventionen immer Kontextvariablen repräsentieren. Wenn man Handlungsorientierungen im pädagogischen Bereich gewinnen möchte, ist deshalb eine Berücksichtigung von Kontextvariablen unabdingbar.

Es lassen sich zwei Klassen von Kontextwirkungen und damit auch von pädagogischen Einflußmöglichkeiten identifizieren und entsprechend operationalisieren.

Die erste Gruppe von Wirkungen kommt in *Mittelwerten* zum Ausdruck. So zeigt sich ein positiver Kontext darin, daß ein Mittelwert größer oder kleiner wird, die Aggressivität nimmt z. B. ab, die Schulfreude nimmt bei entsprechendem Lehrerverhalten zu.

Von besonderer Bedeutung sind in unserem Zusammenhang die Einflüsse von Kontexten auf *Beziehungen zwischen zwei Merkmalen*. So kann durch entsprechendes pädagogisches Handeln eine Beziehung verstärkt oder geschwächt werden. Hat ein Kind

z. B. auf eine Anforderung anfangs mit Rückzug und Abwehr reagiert, so kann es durch günstige Beeinflussung auf dieselbe Anforderung z. B. mit Kooperation und Zuwendung reagieren. Hat eine Frustration bei einem Kind in einer Erstphase immer spontan zu Aggressivität geführt, so kann diese Reaktionskette zwischen Frustration und Aggression durch kluge Beeinflussung aufgelöst werden.

Die Kontextwirkungen auf Zusammenhänge sind insofern von großer Bedeutung, als Interventionen häufig darauf abzielen, eine potentiell schädigende Folge eines Erlebnisses oder einer Erfahrung zu neutralisieren bzw. eine positive Erfahrung zur Geltung kommen zu lassen. Dieses Paradigma liegt z. B. der *Resilienz-Forschung* zugrunde, die nach protektiven Faktoren sucht, die zur Auflösung des sonst bestehenden Zusammenhanges zwischen ungünstigen Lebensverhältnissen und problematischen Entwicklungsprozessen führen. Nach diesem Denkmodell arbeitet auch jener Forschungszweig, der die *Puffer-Hypothese* untersucht, also jene Schutzfaktoren identifizieren möchte, die eine schädigende Wirkung eines Ereignisses verhindern. Wenn die Frage gestellt wird, wie schulische Leistungsprofile mit dem Selbstkonzept und der Lernfreude der Kinder je nach spezifizierten Drittvariablen zusammenhängen, dann liegt eine solche Denkfigur vor.

Im Kern geht es im folgenden um die Frage, wie *Kontextmerkmale* oder *personale Voraussetzungen* dazu beitragen, daß *kein* Zusammenhang zwischen einer entsprechenden Leistungsinformation und negativen Wirkungen im Persönlichkeitsbereich zustande kommt.

Zwei Klassen potentiell schädigender Wirkungen eines entsprechenden Mißerfolgsprofils sind denkbar und häufig untersucht worden:

(1) Wirkungen von schulischen Leistungen auf die Schwächung der Lernfreude und der Lernmotivation

(2) Wirkungen der schulischen Leistungsinformationen auf die psychische Gesundheit des Kindes, insbesondere auf seine Selbstakzeptanz und psychosomatische Beschwerdefreiheit. Die Konzepte des Selbstwertgefühls, der Leistungsangst und der somatischen Beschwerden indizieren solche potentiell schädigenden Konsequenzen.

ZUR METHODISCHEN UMSETZUNG DER UNTERSUCHUNG VON KONTEXTEINFLÜSSEN AUF BEZIEHUNGEN ZWISCHEN LEISTUNGSPROFILEN UND PERSÖNLICHKEITSMERKMALEN

Die statistisch-methodische Umsetzung des obigen Erkenntnisinteresses erfordert die Schätzung des Einflusses einer *Drittvariablen* auf einen *Einflußkoeffizienten*. Es handelt sich also um variable Koeffizientenmodelle, in denen ein Beziehungskoeffizient zur abhängigen Variable wird. Wenn die Drittvariable eine Kontextvariable ist, dann eignet sich die HLM-Methodologie (Hierarchical Linear Models) in besonderer Weise zur Modellierung unterschiedlicher "Slopes" durch Drittmerkmale (Bryk & Raudenbush, 1992).

In der Regel sind es zwei Klassen von Drittmerkmalen, die Beziehungen moderieren können: *personale* und *kontextuelle*. Dies ist z. B. bei der Vulnerabilitäts- bzw. Resilienzforschung der Fall, wenn die *persönlichen* oder *sozialen* Ressourcen untersucht werden, die verhindern, das selbst bei objektiven Belastungen jemand zu selbstschädigendem Verhalten greift (s. z. B. Schmidtchen, 1989).

Kontextmerkmale können auch aus Übergängen bestehen, z. B. aus dem Übergang von der Vorschulzeit in die Schulzeit, im Wechsel vom ersten Lehrer zum zweiten Lehrer, von der Grundschule in weiterführende Schulen, von einer Schule in eine andere. Kontexte können zudem, wenn mehrere Ebenen (Schulklasse, Schulhaus, Schulsystem) berücksichtigt werden, ineinander verschachtelt sein. Selvin und Hagström (1963) bzw. Lazarsfeld und Menzel (1972) haben schon früh eine mehrebenenanalytische Anordnung von Kontextmerkmalen entwickelt, die von Nagl verfeinert und in eine bis heute nicht übertroffene Systematik gebracht wurde (s. auch Fend, 1977, S. 239ff; Nagl, 1970).

Zeigen sich Einflüsse von Kontexten auf Beziehungen zwischen Variablen, dann schlagen sich diese statistisch in signifikanten Interaktionstermen nieder. Sie können so interpretiert werden, daß je nach der Ausprägung eines Drittmerkmales ein Zusammenhang (hier jener zwischen Schulleistung und Lernfreude bzw. Selbstkonzept) größer oder kleiner wird.

Solche Drittvariablen werden in der Regel als *Moderatorvariablen* interpretiert. Sie legen die Versuchung nahe, sie gleichzeitig als *Wirkmechanismus* zu interpretieren, d. h. vom *Moderator* auf einen *Mediator* zu schließen. Es ist jedoch notwendig, strikt zwischen einer statistischen Interaktion im Sinne einer moderierenden Wirkung eines Drittmerkmales und einem Mediationsprozeß im Sinne der Aufhellung eines Wirkmechanismus zu unterscheiden.

ERGEBNISÜBERBLICK ZUM ZUSAMMENHANG VON SCHULLEISTUNG UND FÄHIGKEITSSELBSTBILD

Obwohl die Frage nach moderierenden Wirkungen von Drittvariablen (z. B. erzieherischen Bemühungen) auf Zusammenhänge zwischen Schulleistung und Persönlichkeitsvariablen wie Fähigkeitsselbstbild und Schulfreude, den im Scholastik-Projekt im Mittelpunkt stehenden Indikatoren, pädagogisch sehr bedeutsam ist, ist die Forschung nicht nach diesem Thema sortiert. Über Literaturrecherchen ist deshalb kein Überblick zur Forschungslage zu gewinnen. Es läßt sich auch kein klar spezifisches Forschungsparadigma identifizieren, das spezifisch darauf ausgerichtet gewesen wäre. Recherchen zu den Begriffen Lernmotivation, Schulleistung und Selbstkonzept erbringen zwar eine große Fülle von Literaturangaben, sie enthalten jedoch nur selten Hinweise auf Forschungen zur obigen Thematik. Es ist deshalb erforderlich, die Literatur zur Thematik Selbstkonzept und Schulleistung insgesamt zu inspizieren und dabei nach Kontexteinflüssen zu suchen.

Wir können auf mehrere Forschungsüberblicke zu dieser Thematik zurückgreifen, ein erster stammt von Bloom (1976), ein zweiter von Wylie (1961; 1974; 1989) und ein dritter von Hansford und Hattie (1982). Dieser letzte Forschungsüberblick liegt ebenfalls schon mehr als 10 Jahre zurück, es finden sich jedoch in der Zwischenzeit keine neueren Übersichten.

Hansford und Hattie haben in ihrer Metaanalyse einen durchschnittlichen Korrelationskoeffizienten von $r = .212$ zwischen Leistungsvariablen und Selbstkonzeptmaßen gefunden. Die Reichweite erstreckte sich von -.77 bis .96, der Standardfehler betrug .007, die Standardabweichung .231. Die Mehrzahl der Korrelationen war positiv (944 positiv, 22 null, 170 negativ). Sie gliedern die Korrelationen auch nach Geschlecht, *Schulstufe* und *Schicht* auf, um durch diese Drittmerkmale bedingte Modifikationen des

Zusammenhanges zwischen Leistungsvariablen und Selbstkonzeptmaßen zu überprüfen. Es zeigen sich mäßige Unterschiede. Mit steigender Schulstufe wird der Zusammenhang größer, nimmt aber im College wieder ab. Geschlechtseinflüsse ergeben sich nicht, wohl aber solche der sozialen Schicht. Je höher die soziale Schicht von Schülern, um so dichter ist der Zusammenhang zwischen Leistung und Selbstkonzept. Schließlich steigt diese Beziehung auch mit dem Fähigkeitsniveau der Schüler an.

In dieser Metaanalyse wurden direkt gemessene Merkmale der schulischen Umwelt nicht als Moderatorvariablen berücksichtigt.

Hinter dem Begriff Selbstkonzept stehen sehr heterogene Vorstellungen und Meßmethoden, die zu Unterschieden in der hier zur Debatte stehenden Beziehung zu Schulleistungen führen können. Die Metaanalyse berücksichtigt einerseits undifferenzierte allgemeine Selbstkonzepte (215 Stichproben, $r = .18$), Messungen von "self-esteem" (74 Stichproben, $r = .22$) und spezifischer das Selbstkonzept der eigenen Fähigkeit (44 Stichproben, $r = .42$). Spezifische, leistungsbereichsbezogene und bezugspunktorientierte Selbsteinschätzungen werden nicht gesondert erwähnt.

Unterschiede ergaben sich auch nach der Art der Messung von Leistung (größte Zusammenhänge mit dem Notendurchschnitt) und dem eingesetzten Instrument zur Messung des Selbstkonzeptes (größter Zusammenhang mit dem Instrument von Brookover, 1964).

Wichtig ist an dieser Differenzierung, daß sich immer wieder gut replizierbare Zusammenhänge zwischen den Noten und einem allgemeinen Selbstkonzept der eigenen Fähigkeit in der Größenordnung von $r = .40$ ergeben (Rost & Lamsfuss, 1992). Fachspezifische Selbsteinschätzungen und Fachnoten hängen noch dichter zusammen.

Auf diesem Hintergrund kommen Hansford und Hattie zum Schluß, daß die Unterschiede in den Beziehungen zwischen dem Fähigkeitsselbstbild und objektiven Erfolgsindikatoren vor allem methodenabhängig sind. Sie variieren

- nach den Definitionen der subjektiven Repräsentationen von Erfolg und Mißerfolg bzw. der objektiven Erfolge,
- nach den Methoden ihrer Erfassung und
- nach den berücksichtigten Informationsquellen (Selbsteinschätzungen, Fremdeinschätzungen, unabhängige Messungen).

Untersuchungen zu Kontexteinflüssen auf die Beziehung zwischen Leistungen und dem Fähigkeitsselbstbild, insbesondere zu proximalen Kontexten des Klassenzimmers und des Unterrichtes, sind sehr selten durchgeführt worden. Die Pionierarbeit dazu ist jene von Rosenholtz und Simpson (1984b), in der Klassen- und Unterrichtsmerkmale spezifiziert wurden, die die individuelle Leistung eines Schülers besonders sichtbar werden lassen, die Vergleiche mit den Leistungen der Mitschüler in den Vordergrund rücken und somit das Bewußtsein der eigenen Leistungsfähigkeit akzentuieren. Die entscheidenden Merkmale der Schulklasse, die dies bewirken, bestehen nach Rosenholtz und Simpson in der Anzahl der Erfolgsfelder, definiert durch die Anzahl der Bewertungskriterien in einer Schulklasse, in der Häufigkeit der Rückmeldungen, der Gruppenbildung nach Leistungsniveaus und der Art der Aufgabenstellung (eng wissensbezogen oder genereller verständnisbezogen). Sie moderieren die Stärke des Zusammenhangs zwischen Leistung und Selbstkonzept.

Der *Kontext der Schulklasse* in der Form der Unterrichtsgestaltung kann also mitbestimmen, wie sichtbar und sozial stigmatisiert sich ein Schüler als Versager vorkommen muß; Folgende Merkmale tragen dazu bei: einheitliche Aufgabenstellungen, gleiche Schwierigkeitsgrade der Aufgaben für alle Schüler einer Klasse und keine Binnendifferenzierung, ausschließlich Frontalunterricht und keine wechselnden Gruppenbildungen, keine Eigenverantwortung und Eigenentscheidung bei der Aufgabenstellung, häufige, öffentliche und akzentuiert leistungsvergleichende Bewertungen durch Lehrer. Kumulieren diese Merkmale in einer Schulklasse, dann reduzieren sich die relativen Erfolgschancen vieler Schüler. Relative Erfolgschancen vergrößern sich dann, wenn mehrere Aufgabenbereiche hoch bewertet werden und wenn sich dadurch ein differenziertes aufgaben- und fächerspezifisches Erfolgsprofil ergibt (s. auch Marshall & Weinstein, 1984).

Neben den organisatorischen Arrangements des Klassenunterrichtes spielen auch die *Lehrererwartungen* eine Rolle. Weinstein et al. (1987) verweisen auf die bei verschiedenen Lehrern unterschiedlich ausgeprägte Tendenz, guten und schwachen Schülern gegenüber jeweils anders zu reagieren bzw. klar unterschiedliche Leistungen zu erwarten. Lehrer neigen in unterschiedlichem Maße dazu, generalisierte Bilder der "guten" und "schwachen" Schüler zu entwickeln (Halo-Effekte) und differenzierte Leistungsbilder zu vernachlässigen (Hofer, 1986). Die Studie von Jerusalem (1985) verweist auf die Bedeutung der unterschiedlichen *Bezugsnormorientierung* der Lehrer, d. h. ob sie soziale Vergleiche oder individuelle Fortschritte in den Vordergrund stellen. Lehrer, die Schüler häufig und sichtbar in soziale Vergleiche einbinden, sie also jeweils an den Mitschülern "messen", akzentuieren Kompetenz*unterschiede*. Lehrer, die die Schüler an ihren Leistungsfortschritten messen, akzentuieren intraindividuelle Leistungs*fortschritte* (s. auch Rheinberg, Krug, Lübbermann & Landscheid, 1980).

Treffen die Ergebnisse aus amerikanischen Schulen auch für europäische, insbesondere deutsche Schulen zu? Eine ungeprüfte Übertragung ist heute nicht mehr akzeptabel, da sich auch Kulturen und Schulsysteme als moderierende Kontextmerkmale erweisen können. Dies führt uns zur Zeit eine Studie im MPI Berlin in beispielhafter Weise vor. Hier wird die Enge des Zusammenhanges zwischen dem Leistungserfolg und dem Selbstkonzept (agency und control beliefs) in verschiedenen Ländern miteinander verglichen. Das Hauptergebnis ist dies, daß die Zusammenhänge zwischen Noten und "agency beliefs" in verschiedenen nationalen Bildungssystemen sehr unterschiedlich sind. In der ehemaligen DDR wurden die höchsten Zusammenhänge gefunden, in Los Angeles die niedrigsten. Die gemeinsame Varianz war in Ostdeutschland 47%, in Los Angeles 15%. Jene in Westdeutschland (43%) und Moskau (32%) lagen dazwischen (Little, Oettingen, Stetsenko & Baltes, 1995). Das Bildungssystem erweist sich in diesen Studien als wichtige Kontextvariable, die die Beziehungsstärke zwischen Leistung und Selbstkonzept beeinflußt, ohne daß bekannt wäre, welches die mediatisierenden Prozesse sind.

Interpretationsbedürftig ist insbesondere der schwache Zusammenhang zwischen den faktischen Noten und den Vorstellungen, wie begabt man ist, der in Amerika gefunden wurde. Little's Vermutungen gehen dahin, daß in den USA eher *verbale* und *private* Leistungsrückmeldungen gegeben werden, daß Lehrer ausgeprägt *unterstützend* reagieren, das *Positive* ("Your work is excellent but you could do even better") hervorheben und intraindividuelle Lernfortschritte betonen. Insgesamt meint Little, Schulen in Amerika seien individualisierter und "mastery-oriented" sowie weniger auf klare objektive Vergleiche der Leistungen von Schülern einer Klasse ausgerichtet. Da keine proximalen Kontextmerkmale erfaßt wurden (s. auch Oettingen, Little, Lindenberger & Baltes, 1993), bleiben diese Erklärungen spekulativ. Die Münchner Scholastik-Studie kann hier weiterhelfen, da in ihr viele Merkmale der Schulklasse direkt erfaßt wurden.

Daß die Beziehungen zwischen Leistungen und Fähigkeitsselbstbildern weder kohortenstabil, geschlechtsneutral noch bildungssystemunabhängig sind, zeigen auch die Vergleiche dieser Zusammenhänge im deutschen und schweizerischen Bildungssystem. In mehreren Studien konnte die Kontextabhängigkeit der Beziehungen zwischen dem Begabungsselbstbild, dem Selbstwertgefühl und den Notendurchschnitten überprüft werden (s. Fend, 1996). Tabelle XI.1 zeigt deutliche Differenzen nach Ländern, Schulformen, Schulstufen und Geschlecht.

Tabelle XI.1: *Zusammenhänge (Korrelationen) zwischen Leistungsindikatoren (Durchschnittsnoten in den Hauptfächern Deutsch, Englisch bzw. Französisch und Mathematik) und Selbstkonzepten*

KORRELATIONEN					
SCHWEIZ 1992		\multicolumn{4}{l}{N in den Unterkategorien zwischen 64 und 121}			
		HAUPTSCHULE CH: REALSCHULE		GYMNASIUM	
		Noten[a]-Begabung[b]	Noten-Selbstwertgefühl[c]	Noten-Begabung	Noten-Selbstwertgefühl
7. Stufe	weiblich	.06	.01	.27	-.20
	männlich	.38	.20	.37	.03
9. Stufe	weiblich	.32	.15	.33	-.14
	männlich	.35	.32	.35	.04
DEUTSCHLAND 1980/82		\multicolumn{4}{l}{N in den Unterkategorien zwischen 212 und 252}			
		HAUPTSCHULE		GYMNASIUM	
		Noten[d]-Begabung	Noten-Selbstwertgefühl	Noten-Begabung	Noten-Selbstwertgefühl
7. Stufe	weiblich	.32	.07	.32	.10
	männlich	.25	.21	.25	.07
9. Stufe	weiblich	.20	-.01	.39	.13
	männlich	.11	.08	.17	-.02

[a] Notensumme aus Deutsch (schriftlich und mündlich), Französisch und Mathematik.
[b] Skala Begabungskonzept (Cronbach Alpha: .78 - .83).
   Beispielitem: Ich wollte, ich wäre so intelligent wie die anderen; Oft kann ich mich noch so anstrengen, trotzdem schaffe ich nicht, was andere ohne Mühe können.
[c] Skala Selbstwertgefühl (n. Rosenberg) (Cronbach Alpha: .72 - .77).
   Beispielitem: Im großen und ganzen bin ich mit mir zufrieden; Manchmal komme ich mir ganz unwichtig vor.
[d] Notensumme aus Deutsch, Mathematik und Englisch.

Für die *Schweizer Schüler* ergibt sich danach: Bei den Mädchen in den niedrigen Schulformen ist im 7. Schuljahr die Beziehung zwischen faktischer Leistung und subjektiver Repräsentation völlig entkoppelt. Diese Gruppe zeigt ansonsten hier nicht weiter dokumentierte große psychische Belastungen, die durch gute Noten nicht verbessert werden.

Bei derselben Altersgruppe in den Gymnasien ergibt sich der erstaunliche Sachverhalt, daß leistungsmäßig gute Mädchen ein niedrigeres Selbstwertgefühl zeigen als leistungsmäßig schwächere. Dies setzt sich bei ihnen in der 9. Stufe fort.

Bei Jungen zeigt sich in allen Subgruppen eine klare Beziehung zwischen den Notendurchschnitten und dem Begabungskonzept. Gute Noten tragen bei Hauptschülern auch deutlich zu einem positiven Selbstwertgefühl bei, bei Gymnasiasten ist dies nicht der Fall.

In *Deutschland* lagen die Verhältnisse deutlich anders. Hier ist bei Mädchen der Zusammenhang zwischen Noten und Fähigkeitskonzept stets größer als bei Jungen, bei denen diese Beziehung in der 9. Stufe sehr schwach wird. Die Korrelation zwischen Noten und Selbstwertgefühl ist insgesamt sehr niedrig.

Insgesamt zeigt sich eine hohe Variabilität der Beziehung zwischen Noten und subjektiven Repräsentationen, deren Ursachen auch hier noch im Dunkeln bleiben. Sie läßt aber die Suche nach proximalen Kontextbedingungen in Schulklassen sinnvoll erscheinen.

Mit dieser Fragestellung, so muß hier einschränkend festgehalten werden, ist nur ein Ausschnitt der Forschung zur Entstehung von Fähigkeitsselbstbildern berücksichtigt worden. Es wurden lediglich Kontexteinflüsse auf den Zusammenhang zwischen Schulleistung und Fähigkeitskonzept diskutiert. Die umfangreiche Literatur zu Auswirkungen personaler und kontextueller Variablen auf das Niveau von Fähigkeitskonzepten konnte hier nicht mehr einbezogen werden. Zudem konzentrierte sich der Forschungsüberblick vor allem auf Kontexteinflüsse in der Grundschulzeit. Viele Studien zu Mechanismen der Verarbeitung schulischer Erfahrungen (s. z. B. Stöckli, 1989, 1993) konnten ebenso wenig berücksichtigt werden wie die umfassende Forschungsliteratur zu den Auswirkungen von Schulleistungen und schulischen Erfahrungen auf das Niveau der Lernmotivation und das Niveau der psychischen Gesundheit. Die Konstanzer Studien zu Auswirkung der Schule haben sich auf der Ebene der *Sekundarstufe I* umfassend mit dieser Thematik beschäftigt und sowohl lehrerspezifische (Schulklima), altersgruppenspezifische (Normen der Schulklasse) als auch familiäre Einflüsse auf Verarbeitungsformen von Schulerfahrungen identifizieren können (vgl. exemplarisch Fend, 1976, 1991b). Lehrer, Eltern und Gleichaltrige können beim Umgang mit Schule und ihren Leistungsinformationen sowohl problemverschärfend als auch problemreduzierend wirken.

Eine letzte Mahnung betrifft die Interpretation eines häufig zu findenden Sachverhaltes. Vergleicht man die Stabilitäten der Fähigkeitsselbstkonzepte oder der Lernmotivation, wie sie z. B. in den jährlichen Korrelationen zum Ausdruck kommen, mit den Korrelationen, die auf kontextuelle Einflüsse verweisen, dann fällt auf, daß letztere von der Größenordnung häufig eher vernachlässigenswert erscheinen (Fend, 1996). Dies könnte so interpretiert werden, daß das System der Lernmotivation und des Selbst stabile, ja sogar autochtone Systeme sind, die wenig kontextsensitiv reagieren. Damit wären sie aber auch kontextuell, also pädagogisch wenig beeinflußbar.

Da diese Ergebnisse im "natürlichen Feld" der Schule gefunden werden, könnte diese Schlußfolgerung das Resultat einer fatalen Fehleinschätzung sein, die sich daraus ergibt, daß die Schule fälschlicherweise als Feld der "freien Variation" von Umweltmerkmalen betrachtet wird. Dem ist natürlich nicht so. Faktisches Lehrerverhalten ist immer varianzreduziertes Verhalten. Ausbildungsbemühungen, rechtliche Bestimmungen, normative Erwartungen der Kollegen und der Eltern schränken im günstigen Falle das faktische Verhalten der Lehrer auf einen positiven Varianzbereich ein. Die damit noch verbleibende Varianz kann dann nicht mehr so klar mit Variationen im kindlichen Verhalten zusammenhängen, wie dies bei einer unrestringierten Varianz des Lehrerverhaltens der Fall wäre.

So gibt es möglicherweise in einem Bildungssystem Lehrer, die aktiv über Jahre versuchen, den Prozeß der sozialen Konstitution des Selbst und der Lernmotivation trotz ungünstiger Leistungsindikatoren in eine positive Richtung zu lenken. Schulaufsicht, Lehrer, Behörden und die Öffentlichkeit versuchen, die Qualität des pädagogischen Lehrerhandelns in einem tolerierbaren Rahmen zu halten. Je wirksamer alle diese Prozesse sind, um so größer ist die Varianzreduktion in jene Kontextbereiche hinein, die besonders ungünstig wirken könnten. Die Konzentration auf die Kontextvarianz innerhalb eines funktionierenden Bildungssystems könnte deshalb aufgrund der erfolgreichen Ausschaltung einer wirkungsmächtigen, aber ethisch nicht tolerierbaren Variation des Lehrerverhaltens fälschlicherweise den Eindruck erwecken, daß über pädagogisches Handeln nur minimale Wirkungen erzielt werden können.

Daß diese Überlegungen nicht nur theoretischer Natur sind, zeigen insbesondere die großen Varianzen zwischen Bildungssystemen in verschiedenen Ländern. Solche Bildungssystemvergleiche können helfen, die Kontextvarianz zu maximieren und Variablenkonfundierungen ein Stück weit zu entflechten.

NORMATIVE GESICHTSPUNKTE:
WELCHER ZUSAMMENHANG ZWISCHEN FÄHIGKEITSSELBSTBILDERN UND SCHULLEISTUNGEN IST WÜNSCHENSWERT?

Während die empirisch-analytische Arbeit daran orientiert ist, möglichst enge Zusammenhänge zwischen Variablen und damit Erklärungsmöglichkeiten zu suchen, ist die praktische pädagogische Arbeit häufig darauf ausgerichtet, bestimmte Zusammenhänge zu verhindern. Wenn Lehrern z. B. vor allem am ganzheitlichen Wohl der Kinder gelegen ist, dann wird ihr Bestreben darauf ausgerichtet sein, negative Auswirkungen von schwächeren Schulleistungen auf deren Persönlichkeitsentwicklung zu vermeiden. Sind also Null-Beziehungen zwischen Leistungsprofilen und Selbstkonzepten anzustreben? Für solche pädagogisch sehr wichtigen Fragen können empirische Untersuchungen zwar Informationen im Sinne konditionaler Zusammenhänge bereitstellen, ihre Beantwortung hängt aber letztlich von Wertentscheidungen ab.

Was die Bewertung der empirisch bestätigten schwachen Zusammenhänge zwischen den "objektiven" Fähigkeitsprofilen und deren subjektiven Repräsentationen in den USA angeht, so gibt es in jüngster Zeit verstärkt kritische Stimmen. Wenn die subjektiven Repräsentationen und die tatsächlichen Leistungsergebnisse nicht mehr korrespondieren, dann verliert die Schule ihre Orientierungsfunktion. Gleichzeitig fehlt eine objektive Basis für die Selbstkritik und die darauf aufbauenden Planungsprozesse. Beide Befürchtungen werden durch Studien bestätigt. Stevenson (Stevenson, Lee & Stigler, 1987) hat darauf hingewiesen, daß Amerikas Eltern trotz mäßiger Leistungen ihrer Kinder mit der jeweiligen Schule sehr zufrieden sind, - im Gegensatz zu den kritischen Haltungen der Eltern in Ostasien angesichts guter Leistungen der Kinder. Sie sind gewissermaßen von einer kollektiven Illusion, daß alle sehr gut sind, umgeben. Amerikanische Eltern treiben ihre Kinder verständlicherweise auch weniger zu guten Leistungen an. Dornbusch

(1994) hat gezeigt, daß sich Highschool Schüler in dramatischer Weise falsch einschätzen, daß über 50% von ihnen sich in der Highschool fälschlicherweise auf College-Kurs wähnen.

Eine realistische, fächerspezifische und veränderungsfähige subjektive Repräsentation von Leistungsprofilen erweist sich auf diesem Hintergrund als wünschenswert. Problematisch hingegen sind zwei Wege der Generalisierung: jene zu einer Reduktion des eigenen Selbstwertes mit negativen psychosomatischen Begleiterscheinungen und jene zu einem Verlust der Lernmotivation. Bei beiden Wirkungspfaden, sowohl bei jenen von ungünstigen Leistungen über negative Selbstkonzepte zum Verlust der Lernmotivation als auch bei jenen von den Leistungen über die Selbstkonzepte hin zur psychischen Gesundheit gibt es gute Gründe, eine enge und vor allem eine sich schon in frühen Schuljahren verfestigende Beziehung zwischen einem Leistungsprofil und motivationalen bzw. psychosozialen Konsequenzen für ungünstig zu halten. Ebenso problematisch dürfte aber auch eine illusorische Vorstellung von den eigenen Leistungsfähigkeiten sein (Dornbusch, 1994). Eine mit steigenden Schuljahren zunehmend realistischere und sich in Leistungsschwerpunkte differenzierende Selbsteinschätzung ohne begleitenden Verlust der Lernmotivation bzw. der psychischen Stabilität insgesamt könnte eine normative Perspektive zum hier diskutierten Phänomen sein. Damit wird das praktisch-pädagogische Interesse an der Fragestellung zur kontextuellen Moderation der Zusammenhänge von Leistungsprofilen und Fähigkeitsselbstbildern deutlich. Es ginge vor allem darum, herauszufinden, welche proximalen Kontextbedingungen (Lehrerverhalten, Unterrichtsorganisation, Klassenmerkmale) eine Generalisierung von Leistungsinformationen zu unerwünschten Wirkungen im obigen Sinne verhindern.

Schulleistung und Fähigkeitsselbstbild - Universelle Beziehungen oder kontextspezifische Zusammenhänge? Ergebnisse aus dem SCHOLASTIK-Projekt

Alexander Renkl, Andreas Helmke und Friedrich-Wilhelm Schrader

Behauptete man, es sei ein Hauptziel der Lehr-Lern-Forschung, möglichst universell geltende Zusammenhänge zwischen Zielvariablen, wie etwa Schulleistung, leistungsbezogenem Selbstkonzept oder Interesse, einerseits und Bedingungsfaktoren andererseits zu identifizieren, dürfte man nur auf geringen Widerspruch stoßen. Gelänge es nämlich, universell gültige Zusammenhangsmuster zu finden, so ließen sich daraus instruktionale Konsequenzen ableiten, die für eine Vielzahl oder im Idealfalle sogar für alle möglichen Lernsituationen gelten würden. Diese Vorstellung ist jedoch eher das Resultat eines übervereinfachenden Wunschdenkens von Wissenschaftlern und Praktikern als eine Widerspiegelung tatsächlicher Befunde, wie das Studium der einschlägigen Literatur zeigt. Zwischen Zielvariablen und Bedingungsfaktoren wurden nämlich unterschiedlichste Zusammenhänge ermittelt, sei es in verschiedenen Studien mit unterschiedlichen Stichproben, Domänen, Operationalisierungen von Zielvariablen etc. oder sei es auch innerhalb einzelner Studien. Beispielsweise wurden zwischen Schulklassen erheblich variierende Zusammenhänge zwischen Leistungsängstlichkeit bzw. Selbstkonzept und Schulleistung gefunden (Helmke, 1988b; Weinert & Helmke, 1987). Dem stehen allerdings auch Studien gegenüber, die keine bedeutsamen Klassenunterschiede in den Zusammenhängen zwischen Leistungsprädiktoren und Schulleistungen nachweisen konnten (Renkl & Stern, 1994).

Wir wollen in diesem Beitrag der Frage nachgehen, inwieweit der Zusammenhang zwischen Selbstkonzept und Schulleistung von Kontextmerkmalen abhängt und welche Merkmale gegebenenfalls dafür verantwortlich sind.

SELBSTKONZEPT UND SCHULLEISTUNG: DIE FRAGE NACH DER DOMINANTEN DETERMINATIONSRICHTUNG

Man kann zwei unterschiedliche Sichtweisen zum Problem der primären Determinationsrichtung zwischen Selbstkonzept und Schulleistung unterscheiden (vgl. Helmke, 1992; Helmke & van Aken, 1995; Kap. X, i. d. Bd.). Die *skill-development*-Perspektive betrachtet das leistungsbezogene Selbstkonzept als Folge der erbrachten Leistung, d. h. das Selbstkonzept spiegelt, mehr oder weniger präzise, das tatsächliche Leistungsniveau wider. Der *self-enhancement*-Ansatz nimmt die gegenteilige Position ein und sieht im Selbstkonzept einen Einflußfaktor auf die Leistung. Ein positiv getöntes Selbstkonzept stellt dabei eine günstige Bedingung für Lernanstrengung und -ausdauer dar. Zudem fördert ein hohes Selbstkonzept die Erwartung, daß die eigenen Kenntnisse bei der Lösung von Problemen auch effektiv eingesetzt werden können; dysfunktionales Grübeln (*worry*) und Selbstzweifel werden abgeschirmt.

Helmke (1994) faßt die empirische Befundlage zu den beiden Positionen in zwei Punkten zusammen. Erstens: Leistungsniveau und Selbstkonzept erweisen sich als relativ zeitstabil, so daß kein allzu großer Spielraum für Einflüsse der einen oder anderen Richtung bleibt. Zweitens: Finden sich überhaupt Hinweise auf einen Einfluß, so weisen die Befunde üblicherweise auf eine gegenseitige Beeinflussung hin. In Zuge der Selbstkonzept- und Leistungsentwicklung ist das Selbstkonzept zugleich Ursache und Folge von Schulleistungen. Helmke und van Aken (1995) fanden allerdings in einer längsschnittlichen Kausalanalyse, daß in der Grundschulzeit das Selbstkonzept eher als Folge der Schulleistung anzusehen ist. Dies mag damit zu erklären sein, daß motivationale Faktoren für die Lernleistung in erster Linie in Kontexten, in denen den Lernenden viele Freiheitsgrade zur Verfügung stehen, eine bedeutsame Rolle spielen, weil sie dort Persistenz, Engagement etc. beeinflussen. Im Grundschulunterricht, der typischerweise durch eine relativ starke Lehrersteuerung charakterisiert ist, sind die Einflußmöglichkeiten motivationaler Faktoren auf die Leistung hingegen eher gering. In jedem Falle wird im folgenden unterstellt, daß die Haupteinflußrichtung diejenige vom Leistungsniveau auf das Selbstkonzept ist, zumal dieser Befund in demjenigen Datensatz gefunden wurde, der auch in der vorliegenden Studie ausgewertet wird (van Aken, Helmke & Schneider, i. d. Bd.).

Eine Forschungsrichtung, die sich mit den Rahmenbedingungen auseinandersetzt, die bei der Determination des Selbstkonzeptes durch das aktuelle Leistungsniveau eine Rolle spielen, ist der *ability-formation*-Ansatz, welcher im nächsten Abschnitt diskutiert wird.

DER *ABILITY-FORMATION*-ANSATZ

Diese Forschungsrichtung (z. B. Rosenholtz & Simpson, 1984a, b; Helmke, 1992) befaßt sich explizit mit der Frage, welche Klassen- und Unterrichtsmerkmale auf die Präzision der subjektiven Kompetenzeinschätzungen Einfluß nehmen. Dabei wird die Annahme zugrundegelegt, daß primär Leistungen die subjektiven Kompetenzeinschätzungen prägen (und nicht umgekehrt). In diesen Prozeß greifen jedoch moderierende Faktoren ein, die die Enge des Zusammenhangs zwischen tatsächlichem Leistungsniveau und dessen subjektiver Einschätzung beeinflussen. Diese moderierenden Kontextbedingungen können wiederum zwischen Schulklassen variieren. Nach Rosenholtz und Simpson (1984a, b) sind vor allem Merkmale von Bedeutung, die entscheiden, ob eine Schulklasse "eindimensional" strukturiert ist und damit soziale Vergleiche erleichtert werden, oder ob eine Vielschichtigkeit von Abläufen entsprechende Vergleiche erschwert. Als relevante Klassenmerkmale werden beispielsweise die vom Lehrer implementierte Aufgabenstruktur (konvergente oder divergente Aufgaben; gleiche Aufgaben für alle oder verschiedene), die Bildung von nach Leistungsniveau differenzierten Lerngruppen, die Art der (Fähigkeits-) Rückmeldungen usw. thematisiert. Jenseits der Oberflächenmerkmale der moderierenden Faktoren werden vor allem die folgenden Wirkdimensionen angesprochen (Helmke, 1992).

(1) Betonung fachlicher Leistung. Die Zentrierung der Unterrichtszeit auf fachliche Inhalte bedeutet, daß Lernaspekten eine besondere Bedeutung zukommt. Zudem vergrößert sich die effektive Zeit, in der Schüler Informationen über ihr Kompetenzniveau erhalten können, und somit kann die Veridikalität (Realitätsgehalt) des selbsteingeschätzten Leistungsniveaus gesteigert werden.

(2) Öffentlichkeit leistungsbezogener Information. Je öffentlicher explizite oder implizite Rückmeldungen über das Leistungsniveau gegeben werden, desto eher können

soziale Vergleichsprozesse stattfinden, die den Schülern offensichtlich machen, auf welchem Leistungsniveau sie im Vergleich zu ihren Mitschülern stehen.

(3) Nicht-Kompensierbarkeit. Dieser Aspekt bezieht sich darauf, ob verschiedene Leistungs- und Erfolgsfelder bestehen, in denen Schüler in selbstwertdienlicher Weise denjenigen Bereich akzentuieren können, in dem sie relativ gut abschneiden. Ist diese Möglichkeit nicht gegeben, so ist mit einem höheren Zusammenhang zwischen Leistung und Selbstkonzept zu rechnen.

(4) Attribution von Lernschwierigkeiten. Lehrer mit einer Performanzorientierung gegenüber einer Lernorientierung (Dweck & Leggett, 1988) bewerten Fehler als Indikatoren mangelnder Begabung. Werden derartige Attributionstendenzen nahegelegt, so dürften Fehler, die ja in erster Linie von schwächeren Schüler begangen werden, auch auf Schülerseite zu einer Senkung des Selbstkonzeptes führen, so daß schlechte Leistungen auch mit niedrigem Selbstkonzept einhergehen; unrealistische Überschätzungen der eigenen Leistung werden erschwert. Entsprechende Attributionstendenzen können durch die Lehrkraft in mehr oder weniger starkem Ausmaß nahegelegt werden.

Obgleich einige Studien die Annahmen des *ability-formation*-Ansatzes unterstützen (z. B. MacIver, 1987; Rosenholtz & Rosenholtz, 1981; Simpson, 1981), fallen die Befunde keineswegs uneingeschränkt positiv aus. So konnten etwa Marshall und Weinstein (1986) für die Klassenstufen eins und drei keine Bestätigung entsprechender theoretischer Annahmen finden; lediglich für die 5. Klassenstufe ergaben sich in Ansätzen theoriekonforme Ergebnisse. Dies wird zum Teil durch den unterschiedlichen kognitiven Entwicklungsstand der Schüler in den jeweiligen Klassenstufen erklärt. Wie die Arbeit von Blumenfeld, Pintrich, Meece und Wessels (1982) eingehend belegt, erschwert die übliche Klassenzimmersituation durch ihre im Unterschied zu experimentellen Settings sehr komplexe Struktur die veridikale Verarbeitung leistungsbezogener Informationen, so daß eine realistische Selbstkonzeptbildung erhebliche kognitive Anforderungen stellt. Dies können jüngere Grundschüler, so wird angenommen, noch nicht leisten. Aus diesem Grunde ist die Einschätzung der eigenen Leistung insbesondere bei jüngeren Grundschülern vergleichsweise sehr positiv, also selbstwertdienlich verzerrt.

Eine weitere Einschränkung der vorliegenden Forschung besteht, wie Fend (i. d. Bd.) bereits dargelegt hat, darin, daß offen bleibt, inwieweit die in den USA gewonnenen Befunde auf deutsche Verhältnisse übertragen werden können. Dies ist vor allem deshalb ungewiß, weil erhebliche Unterschiede zwischen den Bildungssystemen verschiedener Länder hinsichtlich der Enge des Zusammenhanges zwischen Schulleistung und Selbstkonzept gefunden wurden (siehe Fend, i. d. Bd.).

FRAGESTELLUNG

Dieses Kapitel geht der Frage nach, inwieweit sich auf den Klassenstufen drei und vier reliable Schulklassenunterschiede für den Zusammenhang zwischen tatsächlicher Mathematikleistung und Mathematikselbstkonzept auffinden lassen und welche Kontextmerkmale gegebenenfalls für diese Unterschiede verantwortlich sind. Die 2. Jahrgangsstufe wird nicht betrachtet, da nach entwicklungspsychologischen Befunden Schüler dieses Alters Noten noch nicht oder kaum als Informationsquelle für ihr Selbstkonzept nutzen (vgl. Stipek & MacIver, 1989; Nicholls, 1978, 1979).

Als potentielle Moderatoren des Zusammenhangs zwischen Leistung und Selbstkonzept werden Indikatorisierungen der vier genannten Wirkdimensionen in Betracht gezogen. Die *Betonung fachlicher Leistung* wird darüber erfaßt, inwieweit der Lehrer die zur Verfügung stehende Zeit für fachliche Inhalte nützt und diese mit großer Priorität in den Vordergrund der schulischen Interaktionen stellt ("*classroom management*"). Die *Öffentlichkeit leistungsbezogener Information* wird am Ausmaß (öffentlicher) individualisierender Unterrichtsmaßnahmen abgelesen, d. h. daran, ob bestimmte Schüler(-gruppen) allgemein sichtbar zusätzliche Unterstützung erhalten bzw. nach Leistungskriterien in Gruppen aufgeteilt werden; dies kommuniziert, welcher Leistungsgruppe die einzelnen Schüler zugehörig sind. *Nicht-Kompensierbarkeit* wird über die Freiheitspielräume, die der Lehrer den Schülern im Unterricht einräumt, indikatorisiert. Schließlich wird die Bedeutung der *Attributionen* von Lernschwierigkeiten, die Lehrer vornehmen, untersucht. Werden Begabungsattributionen bei Lernschwierigkeiten nahegelegt, so erschwert dies unrealistische Überschätzungen der eigenen Leistung.

Zusammenfassend soll folgenden Fragen nachgegangen werden: (a) Unterscheiden sich Grundschulklassen in den Zusammenhängen zwischen Leistung und Selbstkonzept bedeutsam? (b) Falls ja, ist die Höhe des Zusammenhangs in den verschiedenen Klassen mit den oben genannten Merkmalen assoziiert, also mit der Betonung fachlicher Leistung, der Öffentlichkeit leistungsbezogener Informationen, der Nicht-Kompensierbarkeit und den Attributionstendenzen von Lehrern.

METHODE

Untersuchungsrahmen und Stichprobe

Für Details des Designs, der Stichprobe und des Ablaufes der Datenerhebungen innerhalb der SCHOLASTIK-Studie wird auf das einleitende Kapitel von Helmke und Weinert (i. d. Bd.) verwiesen. Für das vorliegende Kapitel wurden lediglich diejenigen Klassen der Jahrgangsstufen drei und vier berücksichtigt, bei denen für alle verwendeten Variablen und Meßzeitpunkte Daten vorlagen. Die endgültige Stichprobengröße betrug 43 Schulklassen für die dritte bzw. 40 Schulklassen für die 4. Jahrgangsstufe.

Erfassung der Unterrichtsvariablen

"*Classroom management*" und individualisierende Unterrichtsmaßnahmen wurden mit Hilfe eines Systems hoch-inferenter Ratings erfaßt. Die Beurteilungen wurden von geschulten Beobachtern auf der Basis von fünf bis siebenstündigen Unterrichtsbeobachtungen vorgenommen. Für die Operationalisierung der Konstrukte werden jeweils mehrere Einzelbeurteilungen zu einem Gesamtwert zusammengefaßt ("*classroom management*": Zeitnutzung, Unterrichtsorganisation etc.; individualisierende Unterrichtsmaßnahmen: Förderungsorientierung, Individuelle Kontakte/Stillarbeit etc.).

Das Ausmaß an Freiheitsspielräumen, das Lehrer den Schülern einräumen, wurde über einen Fragebogen von Trudewind et al. erfaßt (Trudewind, Geppert & Börner, 1979). Die Attributionstendenzen der Lehrer in Hinblick auf Begabungszuschreibungen bei Lernschwierigkeiten wurden über einen projektspezifischen Fragebogen operationalisiert.

Erfassung der Schulleistung

Die Mathematikschulleistung wurde über die Noten im Jahresendzeugnis erfaßt. Diese mögen zwar das Leistungsniveau etwas weniger "objektiv" widerspiegeln als Leistungstests, andererseits kommt Noten zweifellos die größte ökologische Validität zu. Sie spiegeln nicht nur direkter die im *Schulkontext* erbrachten Leistungen wider als Tests, sie sind auch das Leistungsmaß, das letztendlich offiziell als Bewertungsgrundlage der Schulleistung zählt. Auch deshalb beeinflussen Noten das Selbstkonzept stärker als ein vermeintlich objektives, über Tests erfaßtes Leistungsniveau. Der wichtigste Grund für die Bevorzugung der Note ist jedoch, daß diese explizit als Leistungsrückmeldungen gegeben wird, während die Testergebnisse den Schülern nicht zugänglich sind (vgl. Helmke & van Aken, 1995).

Erfassung des Selbstkonzeptes

Das Selbstkonzept wurde durch verschiedene Fragebogenitems erfaßt, in denen für jeweils unterschiedliche mathematische Teilbereiche (z. B. Kopfrechnen, Einmaleins-Ausgaben, Textaufgaben) die folgende Frage gestellt wurde: "Wie gut bist Du, verglichen mit den anderen in der Klasse?". Die Antwortmöglichkeiten waren dabei "Ich bin am besten in der Klasse" (Rohwert: 2), "Ich gehöre zu den besten Schülern" (1), "Ich bin mittelgut" (0), "Ich gehöre zu den schlechteren Schülern" (-1) und "Ich bin am schlechtesten in der Klasse" (-2). Die Skalierung der Antworten von -2 bis 2 bedeutet, daß ein Wert von 0 eine durchschnittliche Selbsteinschätzung darstellt.

ERGEBNISSE

Deskriptive Statistiken

Für die Mathematiknote ergab sich auf der 3. Klassenstufe ein Durchschnittswert von 2.27 (SD = 1.04) und für die 4. Klassenstufe von 2.84 (SD = 1.02). Der mittlere Selbstkonzeptwert in der 3. Klasse lag bei 0.57. Da man aufgrund der Art des Selbstkonzeptmaßes bei einem im Durchschnitt realistischen Selbstkonzept einem Mittelwert von Null erwartet hätte, indiziert die vorliegende Abweichung eine Tendenz zur selbstwertdienlichen Verzerrung der Selbsteinschätzungen. In der 4. Klassenstufe ergab sich ein Mittelwert von 0.36 für das Selbstkonzept. Es zeigte sich also eine nachlassende, aber immer noch vorhandene Tendenz der positiven Verzerrung des Selbstbildes.

Ignoriert man für die Berechnung des Zusammenhangs zwischen Schulleistung und Selbstkonzept zunächst einmal die Klassenzugehörigkeit, so ergibt sich für die 3. Klasse eine Korrelation von -0.45 ($p < .01$) und für die 4. Klasse von -0.51 ($p < .01$). Es zeigte sich somit ein Trend im Sinne einer Zunahme der Veridikalität des Selbstkonzepts, denn der Zusammenhang und damit die Korrespondenz zwischen Leistung und Selbstkonzept in der 4. Klasse stieg an.

Im folgenden werden jedoch als Maß für den Zusammenhang zwischen Selbstkonzept und Leistung nicht die Korrelationen, sondern die Regressionsgewichte der Vorhersagegleichungen vom Selbstkonzept auf die Schulnoten verwendet. Die Verwendung von Korrelationen als Zusammenhangsmaß wäre zwar anschaulicher; Korrelationen sind jedoch bereits statistisch[17] von der Varianz der beiden Maße in den jeweiligen Schulklassen abhängig, während Regressionsgewichte (im folgenden auch Regressionskoeffizienten bzw. Regressionssteigungen genannt) die Stärke des Zusammenhanges unabhängig von der Varianz wiedergeben. Die ungeachtet der Klassenzugehörigkeit, über alle Schüler berechneten Regressionskoeffizienten für die Vorhersage des Selbstkonzeptes durch die Schulleistung betrugen im Mittel -0.276 (3. Klasse) und -0.340 (4. Klasse). Das heißt, mit jeder Notenstufe stieg bzw. sank das durchschnittliche Selbstkonzept um 0.276 bzw. 0.340 Einheiten. Dies bedeutete, daß in der 3. Klasse (bei einem Regressionsgewicht von circa 0.25) Schüler, die um vier Notenstufen auseinanderlagen, sich durchschnittlich um eine Stufe im Selbstkonzeptmaß unterschieden. Für die 3. Klasse mußten dies lediglich drei Notenstufen sein, um einen entsprechenden Unterschied von einer Stufe im Selbstkonzept zu bewirken.

Klassenunterschiede im Zusammenhang zwischen Schulleistung und Selbstkonzept

Betrachtet man deskriptiv die Variationsbreite der klassenspezifischen Regressionsgewichte, so ergab sich für die 3. Klassenstufe ein Streuungsbereich von -.040 bis -.612 und für die 4. Klassenstufe von -.089 bis -.708.[18] Diese Unterschiede erschienen zunächst sehr groß zu sein, zumal die Minima zeigten, daß es Klassen gab, in denen so gut wie kein Zusammenhang zwischen Selbstkonzept und Schulleistung bestand.

Um die Signifikanz der Interklassenunterschiede in den Regressionssteigungen zu ermitteln, wurde das statistische Verfahren HLM (*Hierarchical Linear Modelling*) von Bryk und Raudenbush (1992) verwendet. Dabei wurde in einem ersten Schritt für jede Klasse eine separate Regression vom Selbstkonzept auf die Schulleistung berechnet, um dann zu ermitteln, ob sich die Regressionsgewichte als Maße für die Stärke des Zusammenhanges signifikant zwischen den Klassen unterschieden. Bei der Anwendung dieses Modells hatten wir die Schulleistung als Prädiktor für das Selbstkonzept klassenspezifisch zentriert, d. h. den Mittelwert der Schulleistung auf Null gesetzt. Dies bewirkte, daß die resultierenden Basiskoeffizienten der Regressionsgleichungen als die Klassenmittelwerte im Selbstkonzeptmaß interpretiert werden konnten. Tabelle XI.2 zeigt die Resultate der HLM-Analysen.

Die Basiskoeffizienten stimmten mit den bereits berichteten Mittelwerten für das Selbstkonzeptmaß überein. Die HLM-Analysen lieferten zudem die Information, daß die Mittelwerte signifikant von Null abwichen (siehe *t*-Tests in Tab. XI.2). Dies bedeutete, daß die Tendenz, sich leistungsbezogen als besser wahrzunehmen als man tatsächlich war, für beide Jahrgangsstufen inferenzstatistisch abgesichert werden konnte. Zudem ergaben sich signifikante Unterschiede zwischen den Klassen im Niveau des Selbstkonzeptes (siehe Chi^2-Werte in Tab. XI.2). Da sich die Fragestellungen dieses Beitrages

---

[17] Die (Un-)Abhängigkeit der Zusammenhangsmaße wurde an dieser Stelle unter statistischem Gesichtspunkt betrachtet. Aus inhaltlichen Gründen könnten natürlich die Regressionsgewichte z.B. mit der Leistungsvarianz im Zusammenhang stehen (etwa weil bei höherer Varianz die Einschätzung des relativen Leistungsniveaus leichter fällt; siehe unten).

[18] Explorative Analysen, die überprüften, ob nicht-lineare Zusammenhänge vorlagen, erbrachten keine bedeutsamen Befunde.

jedoch nicht auf Klassenunterschiede im Selbstkonzept*niveau* beziehen, wurden diese nicht weiter beachtet.

Tabelle XI.2: *HLM-Analysen: Mittleres Niveau und mittlere Regressionssteigungen sowie Interklassenunterschiede*

	MITTLERES NIVEAU			INTERKLASSENUNTERSCHIEDE		
	Mittleres Niveau	t-Wert	p-Wert[a]	Parametervarianz	Chi^2	p-Wert[b]
3. Klasse Basiskoeffizient	.573	22.79	<.01	.014	85.35	<.01
Regressionssteigung	-.315	-17.44	<.01	<.001	42.71	.44
4. Klasse Basiskoeffizient	.358	11.68	<.01	.022	95.91	<.01
Regressionssteigung	-.375	-18.16	<.01	<.001	34.83	>.50

Anmerkung: [a] Die Signifikanztestung bezieht sich darauf, ob der Basiskoeffizient bzw. die Regressionssteigung im Mittel über alle Klassen signifikant von Null abweicht; [b] bezieht sich auf die Signifikanz der Unterschiede zwischen den Klassen.

Für die Regressionssteigungen ergaben sich mittlere Koeffizienten von -.315 (3. Klasse) bzw. -.375 (4. Klasse). Diese wichen etwas von den Regressionssteigungen, die zuvor berichtet worden waren, ab. Dies lag daran, daß bei den HLM-Analysen Verzerrungen der Zusammenhangsschätzungen, die durch die Nicht-Berücksichtigung der Klassenzugehörigkeit entstehen konnten, vermieden wurden. HLM erbrachte damit die besser interpretierbaren Kennwerte.

Von besonderem Interesse für die Fragestellung der Studie war jedoch, ob sich die Klassen bedeutsam im Zusammenhang zwischen Selbstkonzept und Schulleistung unterschieden. Die Chi²-Werte in Tabelle XI.2 zeigen jedoch, daß sich weder für die 3. noch für die 4. Klassenstufe statistisch abzusichernde Klassenunterschiede in dem Regressionskoeffizienten zwischen Selbstkonzept und Leistung ergaben.

Da die HLM-Befunde zeigten, daß sich die Klassen als Gesamtstichprobe nicht reliabel nach dem Ausmaß des Zusammenhangs zwischen Leistung und Selbstkonzept unterschieden, wurden im folgenden die Klassen nicht mehr im Gesamt betrachtet, sondern es wurden vielmehr Extremgruppen gebildet. Damit wurden zwei "Kontexte" miteinander kontrastiert, in denen sich extrem unterschiedliche Zusammenhänge zwischen Selbstkonzept und Leistung ergaben. So konnte Aufschluß darüber erhalten werden, ob erwartungskonform die oben als potentielle Moderatoren genannten Kontextmerkmale tatsächlich von Bedeutung sind. Es wurden zu diesem Zweck, für jede Klassenstufe getrennt, jeweils die fünf Klassen mit den höchsten und die fünf Klassen mit den niedrigsten Regressionsgewichten selegiert. In der 3. Klassenstufe wiesen die beiden Extremgruppen die folgenden mittleren Regressionssteigungen auf: -0.130 (niedriger Zusammenhang) und -0.558 (hoher Zusammenhang). Für die 4. Klassenstufe ergaben sich die folgenden Werte: -0.180 (niedriger Zusammenhang) und -0.640 (hoher Zusammenhang).

Bedeutung von Kontextmerkmalen für den Zusammenhang zwischen Selbstkonzept und Schulleistung

Es wurden im folgenden Extremgruppen mit jeweils fünf Klassen hinsichtlich der potentiell moderierenden Variablen miteinander verglichen. Um bei diesen Stichprobengrößen der Gefahr zu häufiger Beta-Fehler zu entgehen, wurde das Signifikanzniveau für die eingesetzten t-Tests auf 10% festgesetzt.

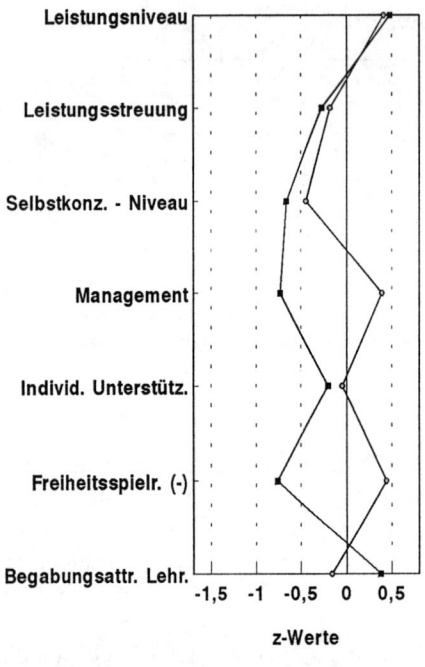

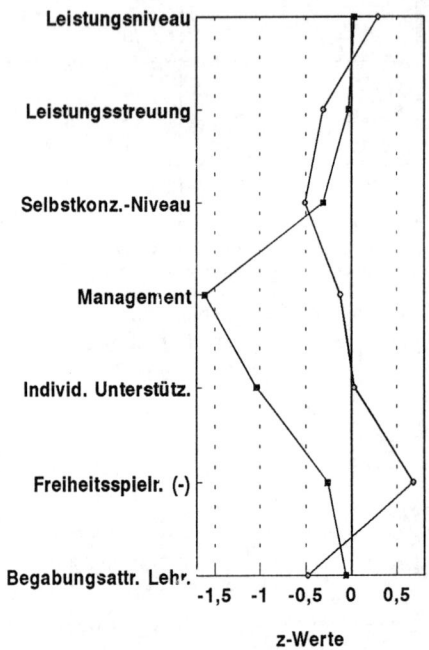

Abbildung XI.1: Extremgruppen in der 3. Jahrgangsstufe.

Abbildung XI.2: Extremgruppen in der 4. Jahrgangsstufe.

Zunächst sei auf die Bedeutung der Kontrollvariablen "Niveau des Selbstkonzeptes", "Niveau der Schulleistung" und "Leistungsstreuung" eingegangen. Wie die Abbildungen XI.1 und XI.2 zeigen, unterschieden sich die Extremgruppen weder in der 3. noch in der 4. Klassenstufe signifikant hinsichtlich der Kontrollvariablen. Dies bedeutete, daß der Vergleich der Extremgruppen keinen Hinweis darauf ergab, daß die Höhe des Selbstkonzeptes oder diejenige der Schulleistung die Stärke des Zusammenhanges beeinflußte. Auch schien die Leistungsstreuung innerhalb der Klassen nicht die Höhe des Zusammenhangs zu moderieren. Auffällig war allerdings, daß für beide Extremgruppen, und dies galt für beide Klassenstufen, die z-Werte für die Leistung höher lagen als diejenigen für das Selbstkonzept. Also sowohl in Klassen mit einem niedrigen als auch mit einem hohen Zusammenhang zwischen Selbstkonzept und Leistung schien es eher weniger Schüler zu geben, die sich entsprechend dem allgemeinen Trend (siehe oben) in ihrer Leistungsstärke überschätzten.

In Hinblick auf das *"classroom management"* des Lehrers, das als Indikator für die Betonung fachlicher Inhalte diente, unterschieden sich beide Extremgruppen signifikant; dies galt jeweils für beide Klassenstufen. Klassen mit niedrigem Zusammenhang wiesen den weniger auf die fachlichen Inhalte zentrierten Unterricht auf. Bezüglich der Öffentlichkeit leistungsbezogener Informationen, die durch das Ausmaß *individualisierender Unterrichtsmaßnahmen* operationalisiert wurde, unterschieden sich die beiden Extremgruppen in der 3. Klasse nicht. Lediglich in der 4. Klassenstufe zeigte sich der erwartete Unterschied: in Klassen mit hohem Zusammenhang wurden mehr individualisierende Maßnahmen eingesetzt und damit Leistungsdefizite öffentlich gemacht. Die vom Lehrer eingeräumten *Freiheitspielräume*, die ein Ausdruck für die Nicht-Kompensierbarkeit sind, unterschieden sich zwischen den beiden Extremgruppen auf beiden Klassenstufen signifikant. Klassen mit wenig Freiheitsspielraum wiesen theoriekonform einen höheren Zusammenhang auf. Die Lern- gegenüber einer Performanzorientierung der Lehrer, die durch das Ausmaß der *Attribution* von Lernschwierigkeiten auf Begabung operationalisiert wurde, unterschied sich in beiden Klassenstufen nicht bedeutsam bei den Extremgruppen.

DISKUSSION

Die Studie erbrachte folgende Hauptbefunde:

(1) Es konnte eine allgemeine Tendenz zur Überschätzung der eigenen mathematischen Leistungsfähigkeit festgestellt werden, die in ihrer Stärke von der 3. zur 4. Klassenstufe abnahm. Zudem steigt der Zusammenhang zwischen Schulnote und Selbstkonzept im gleichen Zeitraum an. Diese Befunde stimmen mit der vorliegenden entwicklungspsychologischen Literatur überein (Helmke, in Druck; Nicholls, 1978, 1979; Stipek & MacIver, 1989).

(2) Betrachtet man alle Klassen zusammen, so ergaben sich keine statistisch signifikanten Klassenunterschiede für den Zusammenhang zwischen Selbstkonzept und Schulleistung. Dieser Befund steht im Gegensatz zu bisherigen theoretischen Annahmen (Rosenholtz & Simpson, 1984a, b) als auch zu empirischen Forschungsbefunden (Weinert & Helmke, 1987). Allerdings standen in früheren Untersuchungen die erst in den letzten Jahren entwickelten sophistizierten mehrebenenanalytischen Verfahren, wie z. B. das hier eingesetzte HLM, nicht zur Verfügung, so daß die Bedeutsamkeit natürlicher Variationen in Zusammenhängen zwischen lern- und leistungsrelevanten Variablen in früheren Studien möglicherweise überschätzt wurden. Die insignifikanten Klassenunterschiede in der Stärke des Zusammenhanges zwischen Schulleistung und Selbstkonzept deuten auch darauf hin, daß die natürliche Variation von Kontextbedingungen, die den entsprechenden Zusammenhang beeinflussen, weniger stark ausgeprägt sein könnte, als von Autoren des *ability-formation*-Ansatzes angenommen wird (vgl. auch Fend, i. d. Bd.).

(3) Betrachtet man Extremgruppen, in denen der Zusammenhang zwischen Selbstkonzept und Leistung sehr eng oder sehr schwach ist, um Aufschlüsse über theoretisch bedeutsame Kontextfaktoren zu erhalten, so zeigen sich folgende Befunde: Die Beziehungen zwischen Selbstkonzept und Leistung hängen weder vom Niveau der Leistung noch von demjenigen des Selbstkonzeptes oder von der Variationsbreite der Leistung innerhalb der Schulklassen ab. Erwartungskonform zeigte sich in Klassen mit engem

Zusammenhang zwischen Selbstkonzept und Schulleistung eine stärkere Betonung der fachlichen Instruktion, indiziert durch das *"classroom management"*. Die These, daß das *"classroom management"* in diesem Zusammenhang von Bedeutung ist, wurde bereits von Blumenfeld, Pintrich und Kollegen formuliert (Blumenfeld, Pintrich, Meece & Wessels, 1981; Blumenfeld et al., 1982), konnte bisher jedoch nicht empirisch belegt werden. Die vorliegende Studie weist darauf hin, daß diese Vermutung begründet ist.

Eine weitere Variable, in der sich Klassen mit hohem bzw. niedrigem Zusammenhang unterscheiden, ist der Freiheitsspielraum, der den Schülern eingeräumt wird. Dieses Merkmal ist ein wesentliches Bestimmungsstück "eindimensionaler" Klassen im Sinne von Rosenholtz und Simpson (1984a, b). Eine Vielschichtigkeit der Unterrichtsabläufe - im Gegensatz zur Eindimensionalität - erschwert einerseits soziale Vergleichsprozesse und schafft andererseits Raum für "Leistungsnischen", in denen selbst schwächere Schüler vergleichsweise gute Leistungen zeigen, so daß diese dann in selbstwertdienlicher Weise akzentuiert werden können. Sowohl die De-Akzentuierung sozialer Vergleiche als auch das Vorhandensein von "Nischen" sind der veridikalen Wahrnehmung des eigenen Leistungsstandes eher abträglich.

Für die 4. Klassenstufe gilt weiterhin, daß in Klassen mit hohem Zusammenhang Leistungsdefizite durch individualisierende Maßnahmen innerhalb der Klasse "öffentlich" gemacht werden. Der in der 3. Jahrgangsstufe divergierende Befund könnte durch die erst im Lauf der Zeit an Bedeutung gewinnenden sozialen Vergleichsprozesse erklärt werden. Zwar gibt es Belege, daß Kinder in der 2. Jahrgangsstufe oder auch bereits früher auf soziale Vergleichsinformationen zurückgreifen, der genaue Zeitpunkt dafür scheint jedoch von Kontextbedingungen abzuhängen (Stipek & MacIver, 1989).

Die Vermutung, daß sich das Ausmaß, in dem Lehrer Begabung für Lernschwierigkeiten verantwortlich machen, zwischen beiden Extremgruppen unterscheidet, läßt sich nicht belegen. Möglicherweise sind die verbalen Angaben von Lehrern über Ursachen von Lernschwierigkeiten doch nur gering mit dem konkreten Verhalten im Unterricht assoziiert, welches den Schülern entsprechende Attributionen nahelegt.

Die vorliegende Arbeit muß eine Reihe von wichtigen Fragen offen lassen, die in künftigen Studien zu verfolgen wären.

(a) Inwieweit ist das Ergebnis, daß zwischen Schulklassen - sieht man von "Extremklassen" ab - nur unbedeutende Differenzen im Zusammenhang zwischen Schulleistung und Selbstkonzept bestehen, generalisierbar? Hängt der vorliegende Befund möglicherweise von Spezifika der Untersuchung (z. B. Art des Selbstkonzeptmaßes, Art der Stichprobe) ab? Weitere Arbeiten wären hier dringend erforderlich.

(b) Eine möglicherweise in diesem Zusammenhang relevante Variable, nämlich die Bezugsnormorientierung der Lehrer, wurde in dieser Studie nicht erfaßt (vgl. Rheinberg, 1980). Lehrer, die Leistungen nicht primär über den Vergleich verschiedener Schüler bewerten, sondern daran bemessen, inwiefern ein Schüler im Vergleich zu früher Lernfortschritte gemacht hat (individuelle Bezugsnormorientierung), sollten eine Lockerung des Zusammenhangs zwischen Selbstkonzept und Note bewirken. Allerdings ist die empirische Befundlage keineswegs eindeutig. So fanden Rheinberg, Krug, Lübbermann und Landscheid (1980), daß bei sehr starker individueller Bezugsnormorientierung Schüler verstärkt dazu neigen, soziale Vergleiche zu ziehen.

(c) Eine Frage, die zwar nicht Gegenstand des vorliegenden Beitrages war, aber dennoch in diesem Zusammenhang von Bedeutung ist, wurde bereits von Fend (i. d. Bd.)

angesprochen. Inwieweit ist ein hoher Zusammenhang zwischen dem tatsächlichen und dem selbst-eingeschätzten Leistungsniveau pädagogisch wünschenswert? Zu dieser Frage gibt unterschiedliche theoretische Positionen (vgl. auch Helmke, 1992), es liegen bislang aber keine Befunde zu den mittel- und längerfristigen Auswirkungen einer Unterrichtsgestaltung vor, die entweder den Zusammenhang zwischen tatsächlichem und selbsteingeschätztem Leistungsniveau verstärkt oder ihn zu entkoppeln versucht.

Schulleistung und Fähigkeitsselbstbild - Universelle Beziehungen oder kontextspezifische Zusammenhänge? Kommentar

Kai Uwe Schnabel

Der Beitrag von Renkl, Helmke und Schrader macht aus meiner Sicht in prägnanter Weise deutlich, worin sich der empirische Ansatz, der im SCHOLASTIK-Projekt beschritten wurde, in fruchtbarer Weise von vielen anderen Forschungsparadigmen zu Fragen der Genese und Dynamik akademischer Selbstkonzepte im Kindes- und Jugendalter unterscheidet, nämlich in der Betonung der Interaktionsprozesse im schulischen Unterricht als Angelpunkt für die Analyse.

Die Frageform der Überschrift des Beitrages von Renkl, Helmke und Schrader wird man vor dem Hintergrund der nicht zu überblickenden Anzahl von Studien zum Zusammenhang zwischen Selbstkonzept und schulischer Leistung wohl kaum anders als rhetorisch verstehen dürfen. Denn - und dies macht u. a. auch der Beitrag selbst deutlich - selbstverständlich kann der Zusammenhang zwischen Selbstkonzept und Leistung nur kontextabhängig gedacht werden, wenn man sich den Forschungsanspruch zu eigen macht, die Enwicklungsdynamik des Selbstbildes im Verlauf der schulischen Bildungskarriere im analytischen Sinne besser verstehen zu wollen und nicht bei der letztlich deskriptiven Frage nach der relativen Bedeutsamkeit von Selbstkonzepten für die Leistung und deren Entwicklung stehenbleibt. Ohne damit den Nutzen des Verfahrens grundsätzlich in Frage zu stellen, soll damit auf den Grenznutzen der metaanalytischen Betrachtungsweise innerhalb der Selbstkonzeptforschung hingewiesen werden, die seit den 80er Jahren die Diskussion in diesem Forschungsfeld bestimmt. Denn entgegen der Auffassung Walbergs (1986), des durch seine umfangreichen und sorgfältigen Metaanalysen wohl zu Recht prominentesten Vertreters dieses Forschungsparadigmas, ergibt sich aus der notwendigerweise universalistischen Betrachtung der Metaanalyse gerade keine psychologische Theorie der erzieherischen Produktivität (psychological theory of educational productivity). Metaanalysen führen nicht zu Metatheorien. Denn die Frage danach, wie sich das Selbstbild eines Kindes im Entwicklungsverlauf konstituiert und differenziert, läßt sich nur unzureichend mit aufgeklärten Varianzanteilen beantworten.

Es besteht weitgehend Konsens darüber, daß der Begriff Selbstkonzept oder Selbstbild ohne eine weitere bereichsspezifische Differenzierung wenig sinnvoll ist. Unter einer allgemein entwicklungspsychologischen Perspektive wird man die bereichsspezifischen Selbstkonzepte sinnvollerweise als Resultat eines Differenzierungsprozesses verstehen, der aus der Interaktion in unterschiedlichen sozialen Kontexten und den dort an das Individuum herangetragenen (Rollen-)Erwartungen und der entsprechenden Handlungsevaluation durch Dritte sowie der Internalisierung solcher Bewertungen entsteht. Diese abstrakte Bestimmung soll verdeutlichen, daß sich die Fragestellungen, die sich in der Pädagogischen Psychologie im Rahmen der Lehr-Lern-Forschung bezüglich der Selbstkonzeptentwicklung ergeben, nicht nur unter dem akademischen Produktivitätsgesichtspunkt gesehen werden sollten, sondern auch unter dem Aspekt einer Persönlichkeitsentwicklung im weiteren Sinne, für die Fähigkeitsselbstkonzepte bezüglich schulischer Lerngegenstände lediglich ein Bestandteil sind.

Das unvergleichlich große Forschungsinteresse, das den akademischen Selbstkonzepten und ihrer Entwicklung im Vergleich zu anderen Selbstkonzepten entgegengebracht wird, läßt sich doppelt begründen. Zum einen aus der wohl kaum zu überschätzenden Bedeutsamkeit institutioneller Bildungsprozesse für die stetige Reproduktion einer hochkomplexen wissenschaftsabhängigen Gesellschaft, aus der sich die normative Wertschätzung der Bildungsproduktivität ableitet. Zumindest unterschwellig stellt sich für diese "productivity"-Perspektive die naheliegende Frage, ob Fähigkeitsselbstkonzepte eine Stellgröße für die output-Maximierung akademischer Leistungen darstellen, wie z. B. die Frage danach, ob Veridikalität des Selbstkonzeptes prognostisch suboptimal ist im Vergleich zu einer eher optimistischen Überschätzung seiner eigenen Kompetenz, wie sie Renkl, Helmke & Schrader vor allem für die dritte Jahrgangsstufe nachweisen. Es sei dahingestellt, ob dies überhaupt eine psychologische Fragestellung ist. Sicher ist aber, daß solche Fragen nicht zu einer psychologischen Theorie führen oder psychologische Theorien weiterentwickeln, sondern bestehende psychologische Theoreme für bildungsökonomische Fragen nutzbar machen.

Zum anderen aber resultiert das Forschungsinteresse an den akademischen Selbstkonzepten aus ihrer Exemplarität, und dies dürfte die originär psychologische Begründung ihrer Relevanz sein. Denn man wird ohne Übertreibung behaupten dürfen, daß Schule, zumindest in ihrer Normalform, akademische Selbstkonzepte aktiv aufbaut, wenn nicht gar konstituiert. Die Ausdifferenzierung dieser Selbstkonzepte wird durch die zunehmende fachdisziplinäre Gliederung strukturiert. Insofern stellt die Schule eine Art Entwicklungslabor für Selbstkonzepte dar, das zur empirischen Nutzung für entwicklungspsychologische Fragen geradezu einlädt: Wie werden die sehr unterschiedlichen Formen von Fähigkeitsrückmeldungen interpretiert, und wie wirken sie sich im Entwicklungsverlauf auf das Fähigkeitsselbstkonzept aus? Wie wird die vom permanenten sozialen Vergleichsprozeß ausgehende Selbstwertbedrohung verarbeitet?

Bleibt man einer psychologisch-theoretischen Perspektive verpflichtet, so ist die Schule zunächst nur die Institution, in der sich die relevanten Prozesse abspielen. Der entscheidende soziale Ort selbstkonzeptbedeutsamer Kommunikationen innerhalb der Schule aber ist selbstverständlich der Unterricht und die ihn bestimmenden Elemente wie Unterrichtsstil der Lehrers, Leistungsheterogenität der Schüler etc. Will man tatsächlich etwas über die psychologischen Mechanismen der Entwicklung der akademischen Selbstkonzepte erfahren, so ist es erstaunlich, warum die proximale Analyse des Unterrichtsgeschehens in der bisherigen Forschung so randständig geblieben ist. Und hierin ist eine der wichtigen Leistungen des SCHOLASTIK-Projekts zu erkennen, nämlich die "Nische zwischen Makro- und Mikrostudien" zu füllen, die Helmke (1992) zwischen den Makro-Modellen schulischen Lernens und Produktivitätsmodellen der Schulleistung einerseits und den labor-experimentellen Mikro-Studien, z. B. motivationspsychologischer Provenienz, ausgemacht hat. Eine nicht unbedeutende Ursache dafür, daß man die Meso-Ebene des konkreten Unterrichtsgeschehens zugunsten eher distaler Größen wie Lehrereinstellungen, Schulorganisation etc. vernachlässigt hat, dürfte in der Schwierigkeit einer validen Operationalisierung der unterrichtsbezogenen Variablen liegen. Auch hier hat die Münchener Forschungsgruppe in überzeugender Weise gezeigt, daß solche Probleme überwunden werden können (z. B. durch das Münchener Aufmerksamkeitsinventar MAI, vgl. Helmke & Renkl, 1992).

Aus dieser Unterrichtsoptik zeigt der Beitrag von Renkl, Helmke und Schrader, daß der Zusammenhang zwischen fachspezifischem Selbstkonzept und Fachleistung durch a priori angebbare Kontextmerkmale des Unterrichts - wenn auch nicht konstituiert, so doch in erheblichem Ausmaß - moderiert wird. En passant wird so deutlich, daß doch gilt: "school matters". Denn schon der bescheidene Nachweis, daß Aspekte des "classroom management" bereits bei Grundschülern den Zusammenhang des Selbstkonzepts mit der Leistung moderieren, ist geeignet, den schier unausrottbaren Fehlschluß zu widerlegen, Varianzaufklärungen klärten auch über die Plastizität des ablaufenden Prozesses auf. Von daher verbinden sich für mich mit den hier skizzierten und an vielen anderen Stellen referierten Befunden des Projektes zwei konkrete Hoffnungen.

(1) Ein konkret-pädagogischer Ertragswert.
(2) Eine in Zukunft breiter anzulegende Fähigkeitsselbstkonzeptbetrachtung, die
    a) simultan mehrere Fächer betrachtet und
    b) die Operationalisierung des Selbstkonzeptes systematisch über die Leistungspositionierung der Lerngruppe ausweitet.

Der zuletzt genannte Aspekt macht eine Schwierigkeit deutlich, die sich der Selbstkonzeptforschung im Grundschulalter stellt. Denn in der noch jungen (schulischen) Lerngeschichte der Kinder ist das akademische Selbstkonzept kaum von der reinen Leistungsbewertung (überwiegend durch den Lehrer) und ihrer Kenntnisnahme durch die Kinder abgrenzbar. Doch inwieweit erfaßt man mit der Frage "Wie gut bist Du im Vergleich mit anderen in der Klasse?" wirklich mehr als bloß die über Noten etc. hergestellte quasiobjektive Leistungsrangreihe der Schüler? Der Bedeutungshof, den diese Frage in Richtung auf eine Reflexion eigener (stabiler) Fähigkeitszuschreibungen hat - etwa im Sinne der Frage "Für wie begabt hältst Du Dich in Mathematik?" -, ist eher erschlossen denn erhoben. Im Unterschied zu älteren Schülerjahrgängen aber sind Konzepte wie "Begabung" der Begriffswelt von Grundschulkindern in der Regel fremd; ein direktes Erfragen von Selbstkonzepten im engeren Sinne also eine untaugliche empirische Strategie. Kinder sind in ihrer Selbstreflexion bezüglich diverser Fähigkeiten stark entwicklungsbezogen, und auch im sozialen Vergleich beziehen sich Kinder weniger auf stabile Unterschiede zu anderen, sondern idealtypischerweise eher auf Entwicklungsakzeleration (z. B. "Ätsch, ich kann schon fahrradfahren und du noch nicht..."). Das Erkennen von Elastizitätsgrenzen für die eigene Fähigkeitsentwicklung ist eine für Kinder mitunter schmerzliche Erfahrung, die im Grundschulalter vor allem Kinder mit leichten Behinderungen machen müssen. Mit dem typisch kindlichen Eigenverständnis verbindet sich eher ein (von Erwachsenen milde belächelter) Entwicklungsoptimismus, der sich bis weit in das Schulalter erfahrungsrobust zeigt. Die Schule mit ihren stabilen Leistungsanforderungen und der sozial transparenten Leistungsbewertung stellt hier eine kritische Institution dar, die chronische Selbstüber-, aber auch -unterschätzung zu dämpfen vermag.

Pädagogisch interessanter als die Beobachtung des generellen Niveaus der Selbsteinschätzung ist an der Entwicklung akademischer Fähigkeitsselbstbilder im schulischen Lernumfeld sicher die Frage nach der Selbstkonzeptdifferenzierung: Im Verlauf der schulischen Biographie erfahren die Schüler ja auch, daß sie in einigen Fächern besser sind als in anderen, ihnen das Lernen in den verschiedenen Fächern unterschiedlich leicht fällt und mehr oder weniger Spaß macht. Im Verlaufe des Schullebens bildet sich, unabhängig von (oder gerade wegen) Schul- und Lehrerwechseln, ein moduliertes akademisches Selbstkonzeptprofil heraus, das für die weitere Entwicklung der Jugendlichen dann bedeutsam erscheint, wenn sie zunehmend autonom über ihre eigene Zukunft bestimmen, wie z. B. in der Wahl von Leistungskursen in der Oberstufe oder dem Berufsfeld, in dem eine Ausbildung angestrebt wird.

Aus dieser Perspektive zurückgeblickt auf die hier präsentierten Analysen einer Grundschulstudie, bleibt das Fähigkeitsselbstbild in seiner Operationalisierung als gemittelte Leistungsselbsteinschätzung im Kopfrechnen, bei Aufsätzen und Textaufgaben - notwendigerweise - ein wenig blaß. Wie bereits angedeutet, fällt es auch dem Kritiker nicht leicht, für das Grundschulalter der hier gewählten eine Operationalisierung an die Seite zu stellen, die eine andere Facette des Fähigkeitsselbstkonzeptes abdeckt, um das Konstrukt hinreichend von der reinen subjektiven Leistungsmessung (die von Noten oder Lehrerurteil nur bezüglich Reliabilität und Bias verschieden ist) abzugrenzen. Lassen sich in weiteren Analysen vielleicht noch andere Variablen aus dem Datensatz hierfür heranziehen? Im Hinblick auf die Differenzierungsprozesse des Selbstkonzeptes wird die Tragweite der Befunde dadurch etwas begrenzt, daß die Analysen sich nur auf das Fach Mathematik beziehen. Da der Zusammenhang zwischen Selbstkonzept und Leistung stark an den Prozeß der Leistungsrückmeldung geknüpft ist, so dürfte es spätestens in Klasse 4 sinnvoll sein, Selbstkonzepte fachspezifisch simultan zu analysieren. Denn gerade weil der mehrebenenanalytische Nachweis über Variabilität zwischen Klassen im Zusammenhang von Selbstkonzept und Leistung nicht erbracht werden konnte, würden die Extremgruppenvergleiche mehr überzeugen, wenn sich die Unterschiede insbesondere im classroom management nicht als klassenstabil, sondern tatsächlich als "stilstabil", also auf die Unterrichtsführung zurückgehend, erweisen würden. An dieser Stelle ergibt sich - soviel "Eigenwerbung" sei erlaubt - ein schöner Anknüpfungspunkt zu unserer Berliner Studie "Bildungsverläufe und psychosoziale Entwicklung im Jugendalter", deren Anlage es erlaubt, solchen Fragestellungen im Sekundarschulalter nachzugehen. Man kann gespannt sein, ob sich die in den hier vorgestellten Analysen andeutenden Entwicklungen in späteren Jahrgangsstufen ebenfalls sichern lassen.

Kapitel XII

Entwicklung vor, während und nach der Grundschulzeit

Literaturüberblick über den Einfluß der vorschulischen Entwicklung
auf die Entwicklung im Grundschulalter:
Ernst A. Hany

Literaturüberblick über den Einfluß der Grundschulzeit
auf die Entwicklung in der Sekundarschule:
Peter M. Roeder

Ergebnisse aus dem SCHOLASTIK-Projekt:
Franz E. Weinert & Jan Stefanek

Kommentar:
Bernhard Wolf

Entwicklung vor, während und nach der Grundschulzeit: Literaturüberblick über den Einfluß der vorschulischen Entwicklung auf die Entwicklung im Grundschulalter

Ernst A. Hany

Es ist unbestritten, daß Kinder, die vor dem Schuleintritt stehen, ganz unterschiedliche Lern- und Leistungsvoraussetzungen aufweisen. Sowohl die Variation der genetischen Fähigkeitsdeterminanten als auch die Vielfalt der Umweltkonstellationen, in denen Kinder heranwachsen, tragen dazu bei, daß Fertigkeitserwerb und Leistungsverlauf in der Grundschule interindividuell variieren. Diese Variation zeigt sich in der Lerngeschwindigkeit, im maximal erreichbaren Leistungsniveau sowie auch im zeitlichen Einsetzen des entsprechenden Fertigkeitserwerbs, aus dem Vorkenntnisunterschiede und die verschiedene Verfügbarkeit von Teilfertigkeiten resultieren. Angesichts dieser interindividuellen Unterschiede steht die Grundschule vor zwei nicht leicht zu vereinbarenden Aufgaben: Sie soll einerseits Entwicklungsdefizite ausgleichen und Fehlentwicklungen korrigieren, d. h. interindividuelle Unterschiede verringern, andererseits auch die Stärken der begabteren Schüler angemessen fördern, d. h. interindividuelle Unterschiede zulassen und unterstützen.

Bevor man jedoch über die Priorität dieser Aufgaben und ihre angemessene Gewichtung diskutiert, ist zu klären, welche Rolle die bereits vor Schuleintritt manifesten Unterschiede zwischen den Kindern bei der weiteren Entwicklung während der Schulzeit, besonders für das schulische Lernen spielen. Hier ist grundsätzlich die ganze Bandbreite von Effektstärken möglich, von der vollständigen oder weitgehenden Determination des schulischen Lernens durch Fähigkeits- und Vorwissensunterschiede bis hin zur Irrelevanz der individuellen Unterschiede für die Leistungsentwicklung während der Schulzeit. Selbst die Umkehrung der Effektrichtung ist möglich. In diesem Falle würden schulische Lernerfahrungen die Lernvoraussetzungen beeinflussen, indem etwa kognitive Fähigkeiten durch das schulische Curriculum angeregt und verändert werden (vgl. Bullock & Ziegler i. d. Bd.).

Der Nachweis von Zusammenhängen zwischen der Entwicklung im Vorschulalter und im Schulalter, von welcher Art diese auch sein mögen, erlaubt einerseits die Abschätzung der Bedeutung der vorschulischen Entwicklung für den weiteren Lebensweg und kann dazu anregen, bereits im Vorschulalter entwicklungskorrigierende Maßnahmen anzusetzen. Dies ist hierzulande ein wichtiges Thema, da außer der weitgehend etablierten Frühförderung besonders benachteiligter Kinder nur vereinzelt kompensatorische Lernangebote - etwa im Kindergartenbereich - existieren. Andererseits können solche Zusammenhangsanalysen aufdecken, inwieweit das schulische Lernangebot auf die Lernvoraussetzungen der Kinder im Sinne einer präferentiellen oder einer kompensatorischen Förderung reagiert oder mit ihnen in Wechselwirkung tritt. Bezieht man in diese Analysen nicht nur verschiedene Gruppen von Kindern, sondern auch unterschiedliche Unterrichtskonzepte und Fördermaßnahmen mit ein, so lassen sich unter günstigen Umständen differentielle pädagogische Effekte beobachten, die in Empfehlungen zur differenzierten Gestaltung des Grundschulunterrichts umgemünzt werden können.

Dieser Beitrag versucht, einen - notwendigerweise selektiven - Überblick über die Befunde differentialpsychologischer Entwicklungsanalysen zu geben. Am Anfang steht die formale Beschreibung der Methoden, mit denen Analysen dieser Art arbeiten. Nach der Darstellung der inhaltlichen Ergebnisse wird die Methodenfrage nochmals aufgegriffen und im Zusammenhang mit Problemen, die sich bei der Interpretation entsprechender längsschnittlicher Studien ergeben, vertieft diskutiert.

METHODEN
DIFFERENTIALPSYCHOLOGISCHER LÄNGSSCHNITTANALYSEN

Zielsetzungen und Untersuchungsdesigns

Im Mittelpunkt differentialpsychologischer Untersuchungen steht mindestens ein Personmerkmal, dessen Variabilität nicht als Meßfehler, sondern als begründete Verschiedenartigkeit von Individuen verstanden wird. Im Rahmen eines entwicklungspsychologischen Zuganges können die interindividuellen Merkmalsunterschiede auf ihre zeitliche Stabilität oder Wandelbarkeit untersucht werden. Durch mehrfache, zeitversetzte Messung des Merkmals wird geprüft, ob Individuen ihre Rangposition in der Vergleichsgruppe über einen gewissen Zeitraum hinweg beibehalten. Bei dieser Untersuchung spielt die Testgüte des Meßverfahrens eine wichtige Rolle. Seine Reliabilität ebenso wie die Validitäten verschiedener Verfahren, die zu unterschiedlichen Meßzeitpunkten zur Erfassung desselben Konstrukts eingesetzt werden, beeinflussen die Abschätzung der Zeitstabilität der Merkmalsunterschiede. Analysen dieser Art versuchen den Einfluß lebenszeitlich gebundener Erfahrungen auf die Merkmalsentwicklung aufzudecken. Die Interpretation von geringen oder mittleren Stabilitätskoeffizienten ist jedoch schwierig, da die Stabilität der interindividuellen Unterschiede auch von der Stabilität des Merkmals an sich abhängt. Findet man nun mittlere Stabilitätswerte, so kann nicht mit Sicherheit entschieden werden, (a) ob das Merkmal grundsätzlich instabil ist, (b) ob es sich insgesamt in qualitativer Weise verändert hat, oder (c) ob individuell verschieden wirkende Einflüsse die Merkmalsausprägungen verändert haben.

In ähnlicher Weise können auch mehrere Merkmale untersucht werden. Hier kann nicht nur die Stabilität der individuellen Unterschiede in den Einzelmerkmalen, sondern auch die Stabilität des individuellen Merkmalsprofils über den Zeitverlauf hinweg untersucht werden.

Bei der Bearbeitung unserer Frage nach dem Einfluß der Vorschulzeit auf die Schulzeit wird besonders häufig der Zusammenhang zwischen zwei zeitlich versetzt erhobenen Merkmalen untersucht. So werden kognitive Fähigkeiten, die im Vorschulalter erhoben werden, häufig mit späteren Schulleistungen korrelativ in Beziehung gesetzt. Diese Prädiktionsanalysen zielen in erster Linie auf die Frage, ob es gelingt, über einen längeren Zeitraum spätere interindividuelle Unterschiede vorherzusagen. Mit diesem Design werden häufig bestimmte Meßfahren auf ihre prognostische Validität geprüft. Im positiven Falle könnte man versuchen, durch frühzeitige Intervention spätere ungünstige Entwicklungen zu beeinflussen. In zweiter Linie versuchen solche Analysen, kausale Zusammenhänge aufzudecken. So klingt es plausibel anzunehmen, daß frühe Unterschiede in der geistigen Leistungsfähigkeit dafür verantwortlich sind, wenn die Kinder später unterschiedliche Schulleistungen erzielen. Allerdings ist die Berechnung einer zeitverzögerten Korrelation noch nicht ausreichend für die Bestätigung eines Kausalmodells. Im dargestellten Falle könnte es eine dritte Variable sein, die Prädiktor und Kriterium gleichermaßen beeinflußt. Oder es wäre denkbar, daß Vorläufer derjenigen Fertigkeiten und Kompetenzen, die im Schulalter gemessen werden, bereits im Vorschulalter die kognitiven "Prädiktoren" kausal beeinflußt haben.

Als Prädiktoren für die Vorhersage künftiger Entwicklungen können neben Personmerkmalen auch Umweltvariablen, z. B. zur Charakterisierung des familiären Umfeldes oder der vorschulischen Erziehung, miteingesetzt werden. Auf diese Weise versucht man, den Einfluß der Umwelt auf die Persönlichkeitsentwicklung zu erfassen. Allerdings gelten für kausale Interpretationen entsprechender kombinierter Zusammenhangsanalysen dieselben Vorbehalte wie bei Persönlichkeitsmerkmalen. Ferner ist zu bedenken, daß bei der Statusmessung von Person und Umwelt zu einem einzigen Meßzeitpunkt wechselseitige kausale Einflüsse zwischen Person- und Umweltgegebenheiten nur schwer erfaßt werden können, obwohl diese eher die Regel als die Ausnahme darstellen dürften (Scarr & Ricciuti, 1991).

Die korrelative Analyse zwischen Prädiktor und Kriterium kann in zweierlei Hinsicht erweitert werden. Zum einen können mehrere, verschiedene Kriterien betrachtet werden; zum anderen kann man versuchen, nicht nur den Status einer Kriteriumsvariablen, sondern ihren Verlauf vorherzusagen. Genauer gesagt, kann man untersuchen, ob der für viele Individuen unterschiedliche zeitliche Verlauf in einer Kriteriumsvariablen mit den individuellen Unterschieden in einem oder mehreren Prädiktorwerten zusammenhängt. Dies entspricht einer statistischen Interaktion zwischen Prädiktor und Zeitverlauf.

Bislang war davon die Rede, daß die Verteilung der Meßwerte in einer Population untersucht wird. Eine spezielle Methode der differentialpsychologischen Analyse stellt der Gruppenvergleich dar. Diese Gruppen können aus einem kardinalskalierten Merkmal (wie Geschlecht) oder durch künstliche Gruppierung auf der Grundlage eines kontinuierlichen Merkmals gebildet werden. Dann kann der Entwicklungsverlauf dieser verschiedenen Gruppen beobachtet werden. Auch hier kann - bei primär prädiktiver Zielsetzung - mit einer Kausalinterpretation geliebäugelt werden: Das gruppentrennende Merkmal wird als verantwortlich für den unterschiedlichen Entwicklungsverlauf unterstellt.

Eine besondere Form der Untersuchung von Gruppenunterschieden liegt vor, wenn die Gruppen durch verschiedene Formen einer Intervention definiert sind. So kann man Kinder, die unterschiedliche Formen der Betreuung im Vorschulalter erlebt haben, daraufhin untersuchen, wie sie sich in der Schule weiterentwickeln. Sofern die Zuteilung zu den Interventionsgruppen zufällig erfolgte, kann man gruppenbezogene Unterschiede zu Recht kausal interpretieren. Im anderen Fall kann man den Einfluß von Personunterschieden, die vor der Gruppenbildung existierten, auf die spätere Entwicklung nicht ausschließen.

Insgesamt gesehen, verfügt die differentialpsychologische Analyse von Entwicklungsverläufen über eine Vielfalt an Untersuchungsmodellen. Nur wenige dieser Designs eignen sich jedoch für die Ermittlung von kausalen Zusammenhängen.

Differentialpsychologisch relevante Variablen vor dem Schuleintritt

In einem Überblick über 74 einschlägige Untersuchungen konnten Tramontana, Hooper und Selzer (1988) die Vielfalt von Merkmalen aufzeigen, die als Vorläufer oder Determinanten des Entwicklungsverlaufs im Grundschulalter verwendet wurden. Am häufigsten werden neben Schulfähigkeitstests und allgemeinen Intelligenztests Verfahren zur Erfassung spezifischer Schulleistungsvoraussetzungen eingesetzt. Dazu gehören einerseits Aufgaben und Skalen für spezifische kognitive Fähigkeiten, etwa aus dem sprachlichen und numerischen Bereich, anderseits Prüfungen kognitiver Elementarleistungen wie Gedächtnisspanne, Konzeptwissen oder assoziative Lernleistung, und schließlich Aufgaben, die als direkte Voraussetzungen für den späteren Erwerb schulisch relevanter Fertigkeiten vermutet wurden. Dazu zählen u. a. Wortschatz, detailgenaues Zeichnen, visumotorische Koordination und genaues Beobachten. Vielfach werden Kindergärtnerinnen oder Lehrkräfte in der Vorschulerziehung um ihr Urteil zum Entwicklungsstand für schulähnliche Leistungen gebeten. Manche Untersuchungen befassen sich auch mit der Prädiktionskraft von sehr frühen Entwicklungsunterschieden, wie etwa der Orientierungsreaktion bei Säuglingen oder den nachgeburtlich beobachtbaren Reflexen.

In Studien zur Entwicklung des Sozialverhaltens werden auch Verhaltensmerkmale oder Interaktionen mit Erziehern oder Gleichaltrigen untersucht; Studien dieser Art liegen jedoch außerhalb des hier behandelten Themas, da wir uns auf den kognitiven Bereich konzentrieren.

Viele Untersuchungen verzichten auf die Erfassung von Umweltvariablen, vor allem, wenn sie nur an Validitätsaspekten eines bestimmten Meßverfahrens interessiert sind. In solchen Fällen werden oft nicht einmal Alter und Geschlecht der Probanden beachtet. Manche Untersuchungen beziehen zumindest demographische Variablen mit ein, von denen Sozialschicht und Bildungsniveau der Eltern, der Umfang vorschulischer Betreuung und Anzahl der Geschwister noch am ehesten erfaßt werden. Studien, in denen eine möglichst vollständige Erfassung der Umweltsituation versucht wird (beispielsweise Osborn & Milbank, 1987; Schuck & Schuck, 1979), sind eine Rarität.

In der Grundschulzeit betrachtete Kriterien

Unter den Kriterien, auf die sich Prädiktionsanalysen richten, spielt die Leseleistung in den Grundschuljahren eine herausragende Rolle. Fast die Hälfte der von Tramontana et al. (1988) gesichteten Studien konzentrierten sich auf das Lesen. Rechenleistungen werden dagegen viel seltener betrachtet, allenfalls dann, wenn Grundschulleistungen möglichst vollständig erfaßt werden sollen. Schulleistungen werden über Schulnoten, Lehrerurteile oder standardisierte Leistungstests erfaßt, die allerdings nicht immer den curricularen Inhalten vollständig entsprechen. Fachspezifische Leistungen werden nicht immer differenziert und in allen Facetten erfaßt. So wird die Leseleistung abwechselnd über Aufgaben zur Worterkennung, zum Umfang des Wortschatzes oder zum Textverständnis indikatorisiert. Diese Vielfalt von Kriterien erschwert den Vergleich verschiedener Untersuchungen, der aber nötig wäre, um den Aussagewert einzelner Untersuchungen, deren Stichproben oft nur von geringem Umfang sind, richtig einzuschätzen.

Meßintervalle

Die Intervalle, die zwischen den verschiedenen Meßzeitpunkten liegen, reichen von einem halben Jahr bis nahezu zwanzig Jahren. Bei den meisten Studien, die hier betrachtet werden, ist der Abstand jedoch kürzer. Die Erstmessung fand in der Regel kurz vor Beginn des Schulbesuchs statt, während die Folgemessung im ersten oder zweiten

Schuljahr vorgenommen wurde. Da wenige Untersuchungen mehrere Folgemessungen einschließen, besteht kaum die Möglichkeit, Entwicklungsverläufe auf Kurvilinearität zu prüfen.

Statistische Behandlung der Daten

Die wichtigste Datenquelle für differentialpsychologische Analyse ist die Kovarianz von zwei Merkmalen oder der mehrmaligen Messungen eines Merkmals. Auch bei der Betrachtung der Entwicklung in die Grundschulzeit hinein steht die Korrelationsrechnung an erster Stelle der Analysen. Bei mehreren Prädiktoren kommt meist die Regressionsanalyse zum Einsatz. Gilt es, mehrere Gruppen zu vergleichen, werden auch Diskriminanzanalysen gerechnet. Nur selten findet man pfadanalytische Auswertungen oder LISREL-Analysen komplexer Entwicklungsmodelle.

ERGEBNISSE

Stabilitätsprüfungen

Stabilität der Intelligenz, faktorielle Stabilität

Da in vielen Untersuchungen zur prognostischen Bedeutung früher Persönlichkeitsmerkmale die Intelligenz als Prädiktor verwendet wird, ist es wichtig zu wissen, wie stabil Intelligenzkomponenten im Vorschul- und Grundschulalter sind. In diesem Bereich konvergieren verschiedene Studien zu der übereinstimmenden Erkenntnis, daß die Intelligenz in den ersten drei Lebensjahren noch stärkeren Veränderungen unterliegt. Allerdings haben Untersucher in diesem Altersabschnitt das Problem, ein geeignetes Meßverfahren für Intelligenz zu konstruieren. Hier hat sich die "Präferenz für neuartige Reize" als interessanter Indikator erwiesen, der gewisse, allerdings durchwegs niedrige Zusammenhänge mit späteren Intelligenzmessungen aufweist (Thompson & Petrill, 1994). Ab dem Alter von drei Jahren lassen sich dann Verfahren zur Erfassung der allgemeinen kognitiven Entwicklung einsetzen, die mit nachfolgenden Messungen deutlich höher korrelieren, im Zwei-Jahres-Abstand etwa um $r = .60$, im Fünf-Jahres-Abstand zu etwa $r = .45$ (Clemmer, Klifman & Bradley Johnson, 1992; Richman, Stevenson & Graham, 1982).

Je älter die Kinder werden, desto enger werden die Zusammenhänge zwischen zeitverschobenen Messungen. Im Kindergarten- und Schulalter korrelieren Intelligenzmessungen bei kürzeren Zeitabständen etwa zu $r = .75$, bei längeren Zeitabständen zu $r = .65$ (Lowe, Anderson, Williams & Currie 1987; Mandl, 1975).

Angesichts dieser Werte, die doch eine gewisse Variabilität verdeutlichen, stellt sich die Frage, inwieweit sich die Intelligenz im Kindesalter - gerade auch durch den Schulbesuch - qualitativ verändert. Diese Frage ist schwer zu beantworten. Einen gewissen Hinweis zu diesem Problem erhält man aus Studien zur faktoriellen Stabilität der Intelligenz. Man könnte ja erwarten, daß sich die Intelligenz mit zunehmendem Lebensalter ausdifferenziert. Die einschlägigen Untersuchungen, die sich meist auf die Wechsler-Tests konzentrierten, bestätigen diese Vermutung nicht. So fanden LoBello und Gulgoz (1991) für altersmäßig eng segmentierte Stichproben zwischen drei und sieben Jahren stets dieselbe zweifaktorielle Struktur für den Wechsler-Vorschultest (vgl. auch Stone, Gridley & Gyurke, 1991). An ähnlich gebildeten Stichproben mit Probanden zwischen

6 ½ und 16 ½ Jahren fanden Reynolds und Ford (1994) stets eine dreifaktorielle Struktur für den Wechsler-Kindertest. Da die verschiedenen Wechslertests unterschiedlich konstruiert sind, kann man aus dem Vergleich der Untersuchungsreihen nicht ableiten, daß sich die Intelligenzstruktur differenziert, sondern muß akzeptieren, daß - zumindest für das nicht unumstrittene Intelligenzkonzept von Wechsler - die Intelligenzstruktur über lange Entwicklungszeiträume stabil bleibt.

Stabilität der Schulleistungen: Lesen, Schreiben, Mathematik

Für den Grundschulbereich liegen mehrere Untersuchungen vor, die die substantielle interindividuelle Stabilität der Schulleistungen dokumentieren. So untersuchten beispielsweise Stevenson, Parker, Wilkinson, Hegion und Fish (1976) die Leseleistung von etwa 150 Kindern vor dem Kindergarteneintritt und in den ersten drei Schuljahren. Die mit standardisierten Verfahren ermittelten Korrelationen stiegen mit zunehmendem Alter und abnehmendem Test-Retest-Intervall an. Während zwischen den Leseleistungen im Kindergarten und in der ersten Jahrgangsstufe nur ein Zusammenhang von $r = .60$ bestand, korrelierten die Leistungen zwischen zweiter und dritter Klasse etwa zu $r = .85$ und damit genauso hoch wie zwischen verschiedenen Skalen zur Leseleistung, die synchron auf der zweiten oder dritten Jahrgangsstufe erhoben wurden. Mit den vor dem Kindergartenbesuch erhobenen Werten konnten immerhin noch Korrelationen um $r = .55$ zu den Leistungen in der zweiten Klasse ermittelt werden. Bei den Rechenleistungen fielen die Koeffizienten durchwegs niedriger aus und zwar um einen Betrag von etwa .10, während die Zusammenhangsverläufe dieselben blieben. Ganz ähnliche, allenfalls etwas niedrigere Werte, lassen sich anderen Studien entnehmen (z. B. Butler, Marsh, Sheppard & Sheppard, 1985; Whyte, 1993).

Zusammenhangsanalysen

Im folgenden Abschnitt werden Untersuchungen dargestellt, die Zusammenhänge zwischen Begabungs- und Umweltvariablen, die im Vorschulalter gemessen wurden, und späteren Schulleistungen ermittelten. In besonderer Weise wird auf Studien eingegangen, die solche Leistungsindikatoren im Vorschulbereich erfaßten, die als unmittelbare Vorläufer und Voraussetzungen für den schulischen Fertigkeitserwerb gelten können.

Zusammenhänge zwischen Begabungsvariablen und Leistungskriterien

(1) Intelligenz und allgemeiner kognitiver Entwicklungsstand. Studien über den Zusammenhang von Intelligenzwerten, die im Vorschulalter erhoben wurden, und Schulleistungen im Grundschulalter ergeben ein recht einheitliches Bild. Bereits mit drei Jahren lassen sich Intelligenzunterschiede erfassen, die mit der späteren Lese- oder Rechenleistung zu etwa $r = .40$ bis $r = .60$ korrelieren (Clemmer et al., 1992; Richman et al., 1982). Die Höhe der Korrelationen hängt nicht unbedingt vom Zeitabstand der Messungen ab. Manchmal ergeben sich mit Schulleistungen der späteren Grundschulklassen höhere Zusammenhänge als mit den Leistungen im ersten Schuljahr. Bezogen auf die Wechsler-Tests scheint der Handlungsteil, der stärker die fluide Intelligenz erfaßt, oft besser für die Leistungsvorhersage geeignet zu sein als der Verbalteil, der eher die kri-

stalline Intelligenz mißt (Lowe et al., 1987; Schuck & Schuck, 1979). Dies würde bedeuten, daß das schulische Lernen in der Grundschule mehr auf allgemeine Lernfähigkeiten als auf das im Vorschulalter erworbene Wissen zurückgreift.

(2) Spezifische Fähigkeiten und Fertigkeiten. In zahlreichen Untersuchungen werden zusätzlich zur Intelligenz weitere kognitive Variablen oder frühe Leistungsindikatoren auf ihre Tauglichkeit zur Vorhersage der Schulleistung herangezogen. Die Vorhersagemächtigkeit einzelner Variablen haben Horn und Packard (1985) in einer Metaanalyse von 58 Studien zur Leseleistung untersucht. Sie fanden Korrelationen meist zwischen .40 und .50 zwischen allgemeiner Intelligenz, Sprachfähigkeiten und Verhaltensindikatoren (z. B. Aufmerksamkeit) einerseits und der Leseleistung andererseits sowie Korrelationen zwischen .20 und .40 für sensorische und motorische Kompetenzen als Prädiktoren des Leseleistung. Dieses Ergebnis überraschte die Autoren etwas, da sie basalen sensumotorischen Fähigkeiten eine größere Bedeutung zugeschrieben hatten.

Diese Metaanalyse verrät aber noch wenig darüber, wie gut spezifische Kombinationen von Prädiktorgruppen die spätere Schulleistung vorhersagen können. Betrachten wir deshalb einige konkrete Studien. Stevenson et al. (1976) setzten eine ganze Reihe verschiedener psychometrischer, kognitiv fundierter Aufgaben im Alter von fünf Jahren ein, um damit die Schulleistungen in den ersten Jahrgängen vorherzusagen. Den besten Vorhersageerfolg erzielten sie mit einfachen Lern- und Gedächtnisaufgaben. Sie erreichten damit ein multiples R von .71, .77 und .66 für die drei ersten Jahrgänge. Die Rechenleistung ließ sich mit $R = .60$, .75 und .63 ebenfalls recht gut vorhersagen. Im zweiten Schuljahr wurden noch einmal kognitive Prädiktoren erhoben. Bei der Vorhersage der Schulleistungen der dritten Klasse traten nun bereichsspezifische Intelligenzskalen in den Vordergrund, wie beispielsweise die arithmetischen Aufgaben des Wechsler-Tests. Die erreichten multiplen Korrelationen von .66 für die Leseleistung und .72 für die Rechenleistung liegen im mittleren Bereich.

In einer Studie mit 180 Kindern, die mit fünf Jahren und anschließend in den ersten Schulklassen getestet wurden, konnte Badian (1982) die Leseleistung, erfaßt über einen standardisierten Test, durch vorschulisch erhobene Intelligenzwerte sowie einfache verbale und rechnerische Fertigkeiten (Buchstaben benennen, Zählen, den eigenen Namen schreiben) recht gut vorhersagen. Die einzelnen Korrelationen lagen bei durchschnittlich $r = .55$ in allen drei Klassen. Mit Hilfe ihrer gesamten Prädiktorenbatterie, die auch psychomotorische Indikatoren und allgemeines Weltwissen umfaßte, erzielte sie Varianzaufklärungen der späteren Leseleistung, die in allen drei Jahrgangsstufen über $R = .70$ lagen.

Neben Studien, in denen Intelligenz und andere Faktoren gleichzeitig berücksichtigt werden, sind auch solche bedeutsam, in denen die Intelligenzunterschiede zwischen den Probanden statistisch ausgeschaltet werden. Auf diese Weise kann man klären, inwieweit die Schulleistungsvarianz mit anderen Personmerkmalen zusammenhängt. In einer solchen Studie erfaßten Bruininks und Mayer (1979) visuelle und auditive Fähigkeiten im Kindergartenalter und verglichen sie mit Schulleistungen in der sechsten Jahrgangsstufe. Bei auspartialisiertem Verbal-IQ ergaben sich Korrelationen zwischen visueller Kompetenz und mathematischer Leistung bzw. zwischen auditiver Diskrimination und Leseverständnis jeweils um $r = .40$. Durch die Kombination verschiedener Prädiktoren konnten individuelle Unterschiede im Leseverständnis zu 50%, in der Rechtschreibleistung zu 45%, im mathematischen Konzeptwissen zu 55% und im mathematischen Problemlösen zu 42% aufgeklärt werden. Nur bei der Rechtschreibleistung spielte der

Intelligenzquotient eine bedeutsame Rolle, in den anderen Fällen trugen nur spezifische Faktoren zur Varianzaufklärung bei.

Tiedemann und Faber (1992; siehe auch Tiedemann, Faber & Kahra, 1985) fanden an etwa 100 Kindern substantielle Zusammenhänge zwischen Zähl- und Rechenleistungen und sprachlicher Kompetenz im Vorschulalter und Lehrereinschätzungen zur Rechen- bzw. Lese-/Sprachleistung am Ende der ersten, zweiten und dritten Jahrgangsstufe. Die meisten Koeffizienten lagen zwischen .30 und .50 und veränderten sich nur wenig, als die ebenfalls im Vorschulalter erhobene Intelligenzleistung auspartialisiert wurde. Ähnlich hohe Koeffizienten fand Stern (1990) für den Zusammenhang von Vorschulmessungen und mathematischen Textaufgaben in der zweiten und dritten Klasse, während Arithmetik- und konzeptuelle Aufgaben kaum vorhersagbar waren. In beiden Studien waren spezifische Prädiktoren einem Maß für allgemeine Intelligenz (Columbia Mental Maturity Scale) in der Vorhersagekraft überlegen. Dies mag allerdings daran liegen, daß das verwendete Intelligenzverfahren nur eindimensional induktives Denken erfaßt und von unsicherer Validität ist.

In anderen Studien wird die Erhebung des Intelligenzquotienten zugunsten spezieller Verfahren zurückgestellt, von denen vermutet wird, daß sie "Entwicklungsvorläufer" in speziellen schulisch relevanten Fertigkeiten erfassen. So erhob Näslund (1990) differenzierte Indikatoren der sprachlichen Kompetenz an 169 Kindern im Vorschulalter im Rahmen des Münchner LOGIK-Projekts. Das Maß zur phonologischen Bewußtheit erwies sich als am stärksten mit dem Leseverständnis in der zweiten Klasse korreliert ($r = .47$), während die anderen Prädiktoren (verbale Fähigkeiten, Buchstabenkenntnisse, Gedächtnisspanne und Gedächtniszugriff) mit dem Kriterium zu jeweils etwa $r = .33$ korrelierten (vgl. den ganz ähnlichen Befund von Marx, 1992b, der etwas höhere Korrelationen erzielte). Näslund ging einen Schritt weiter und untersuchte die Zusammenhänge zwischen den Prädiktoren bei ihren Korrelationen mit verschiedenen Lesekriterien. Sie fand für verschiedene Kriterien jeweils eine Interaktion zwischen Gedächtniszugriff, Gedächtnisspanne und phonologischer Bewußtheit, die mehr Varianz des Kriteriums aufklärte als die Einzelprädiktoren allein.

Die Notwendigkeit, verschiedene spezifische Komponenten des Lesefertigkeitserwerbs bereits im Vorschulalter zu unterscheiden, wird durch Befunde von Høien, Lundberg, Stanovich und Bjaalid (1995) unterstrichen. Sie untersuchten zunächst 128 Vorschulkinder mit einer Batterie aus sprachbezogenen Aufgaben. Die Interkorrelationen der Variablen ließen sich in einer Struktur von drei orthogonalen Faktoren abbilden, welche die Autoren als phonologischen, silbenbezogenen und rhythmischen Faktor bezeichneten. Anschließend konnten sie diese Faktorenstruktur an 1509 Kinder in der 1. Jahrgangsstufe replizieren. Ferner konnten sie zeigen, daß die phonologische Bewußtheit am ehesten geeignet war, die Worterkennungsleistung der Erstkläßler vorherzusagen (beta-Gewicht .55). Mit allen drei faktoriellen Prädiktoren gelang eine Varianzaufklärung von 34%.

Für die Entwicklung der Schreibleistung stehen vergleichbare differenzierte Längsschnittstudien noch aus. In Querschnittstudien hat Berninger (Abbott & Berninger, 1993; Berninger, Yates, Cartwright, Rutberg, Remy & Abbott, 1992) aufgewiesen, daß Handschrift, Rechtschreibung und Aufsatzverfertigung im Grundschulalter verschieden eng korreliert sind und mit ganz unterschiedlichen sprachlichen, perzeptuellen und motorischen Fähigkeiten und Fertigkeiten zusammenhängen. Auch im Entwicklungsquerschnitt scheinen auf jeder Altersstufe unterschiedliche Prädiktor-Kriteriums-Zusammenhänge vorzuliegen, deren genaues Zusammenwirken aufgrund komplexer Interaktion nicht leicht aufzuklären ist. Grundsätzlich scheint es so zu sein, als würden am Anfang des

Schreibfertigkeitserwerbs basale Fähigkeiten und Fertigkeiten bedeutsam sein, während mit zunehmendem Können komplexere und anspruchsvollere Komponenten die Kriteriumsvarianz aufklären.

Wir haben somit bei der Aufklärung der interindividuellen Unterschiede in den Schulleistungen eine empirisch äußerst unbefriedigende Situation. Auf der einen Seite scheinen bereits sehr frühe Entwicklungsunterschiede auf spätere Schulleistungen durchzuschlagen (Siegel, 1992), und es lassen sich zwischen ganz unterschiedlichen Prädiktoren im Vorschulalter und Schulleistungen mittelhohe korrelative Beziehungen finden. Aber unabhängig davon, welche Prädiktoren man kombiniert, die gemeinsame Varianzaufklärung liegt fast nie über 50%. Dies zeigt paradigmatisch eine sehr aufwendige Studie von Butler et al. (1985). Hier wurden ca. 300 Kinder im Kindergarten mit einer breiten Meßbatterie untersucht. Anschließend wurde die Leseleistung in den Klassenstufen 1, 2, 3 und 6 erfaßt. Die Testbatterie, die verschiedene sprachliche Fähigkeiten und Fertigkeiten sowie Wahrnehmungs- und motorische Leistungen erfaßte, erbrachte zusammen mit den Variablen "Geschlecht des Kindes" und "Muttersprache" eine Varianzaufklärung von $R = .58$, $.65$, $.66$ und $.71$ in den vier untersuchten Klassenstufen. Die faktoriell kombinierten Prädiktorvariablen wiesen durchwegs Einzelkorrelationen von rund $r = .45$ mit der Leseleistung auf, die auch über die Jahrgangsstufen hinweg keine auffälligen Schwankungen aufwiesen.

Bevor diese Ergebnisse theoretisch gewürdigt werden können, ist zu prüfen, ob durch die zusätzliche Berücksichtigung von Umweltmerkmalen eine bessere Vorhersage späterer Leistungen erreichbar ist.

Entwicklungsbeeinflussende Kontextmerkmale

(1) Der Einfluß des Elternhauses. Kinder im Vorschulalter unterscheiden sich nicht nur in ihren kognitiven Fähigkeiten und Fertigkeiten, sondern auch darin, in welchen Umwelten sie aufwachsen. Deshalb ist es legitim, diese Unterschiede der persönlichen Umwelt in die Betrachtung derjenigen Faktoren aufzunehmen, die die späteren Schulleistungsunterschiede determinieren. Ohne hier ins Detail zu gehen, kann man feststellen, daß - zumindest als durchgängiges Ergebnis amerikanischer Studien - soziale Schichtunterschiede in mäßigem, aber nachhaltigem Ausmaß mit der Schulleistung der Kinder kovariieren (z. B. Lloyd, 1978). Was als Schichtunterschiede bezeichnet wird, stellt meist ein ganzes Bündel an unterschiedlichen Lebensbedingungen dar, die in verschiedener Weise auf die frühkindliche Entwicklung und den späteren Schulerfolg einwirken. So hängt die soziale Schicht mit der Intelligenz, der Schulbildung und dem Beschäftigungsstatus der Eltern ebenso zusammen wie Erziehungseinstellungen, Bildungsansprüche oder schulische Unterstützung der Kinder durch ihre Eltern. Des weiteren steht damit die Qualität der Umwelt, wie sie den Kindern in Büchern und Spielzeugen angeboten wird, in Beziehung. Diese Faktoren wiederum hängen, wie einschlägige Studien zeigen, sowohl mit der Intelligenz der Kinder und ihrem Schulerfolg allgemein (Miller & Schouten, 1989; Ninio, 1990; Sameroff, Seifer, Baldwin & Baldwin, 1993; Tiedemann & Faber, 1992) als auch speziell mit ihrer späteren Lese- und Rechenleistung zusammen (Scarborough, 1991; Warren-Leubecker & Carter, 1988). So erklärt die soziale Schichtzugehörigkeit wesentlich mehr Varianz an den Schulleistungen im Grundschulalter als die Geschlechtszugehörigkeit oder das biologische Alter des Kindes bei Schuleintritt (Bickel, Zigmond & Strayhorn, 1991; Serbin, Zelkowitz, Doyle & Gold, 1990).

Der Einfluß des Alters der Mutter wird von der Schichtzugehörigkeit moderiert: Nur bei Unterschichtfamilien sind die Schulleistungen um so schwächer, je jünger die Mutter bei der Geburt des Kindes ist (Ketterlinus, Henderson & Lamb, 1991).

In der letzten Zeit wird unter einem konstruktivistischen Entwicklungsansatz besonders hervorgehoben, daß Kinder im Unterschichtmilieu zwar gewisse Fertigkeiten entwickeln, beispielsweise im Straßenverkauf, der eindeutig rechnischere Kompetenzen verlangt. Diese Fertigkeiten seien aber so situationsspezifisch und auf einen Handlungskontext bezogen angelegt, so daß auf schriftliches und formalisiertes Material, wie es in der Schule angeboten wird, kein Transfer stattfinde (Fields, 1992; Pellegrini & Stanic, 1993). Der oft geäußerte Vorwurf, daß schulischer Unterricht fernab von den Problemlösekontexten stattfindet, mit denen die Schüler Tag für Tag zu tun haben (Resnick, 1987), gilt wohl bereits für das Grundschulalter und hier in besonderem Maße für die Lebenskontexte von niederen sozialen Schichten. Neben schichtspezifischen Rechenfertigkeiten wurden inzwischen auch ebensolche subjektiven Vorstellungen über den Schreibprozeß aufgedeckt (Preteur & Louvet-Schmauss, 1992).

(2) Der Einfluß der vorschulischen Förderung. Bei den interindividuellen Unterschieden der vorschulischen Umwelterfahrungen muß auch die Früherziehung angesprochen werden. Im Überblick betrachtet, gilt als bestätigt, daß der Besuch einer vorschulischen Einrichtung positiv mit den späteren Schulleistungen korreliert ist (z. B. Richman et al., 1982). Manchmal kann man solche Effekte sogar noch bei Zehnjährigen feststellen, wie in einer Studie von Osborn und Milbank (1987). Hier bemühten sich die Autoren, alle möglichen anderen Einflußgrößen, die sowohl den Besuch einer vorschulischen Einrichtung als auch die Schulleistungen determinieren könnten, aus den Zusammenhängen statistisch auszuschließen (wie etwa soziale Schicht der Eltern oder elterliches Bildungsinteresse und 15 weitere Variablen). Sie fanden ferner, daß Kinder, die kleine und eher privat geführte Kindergruppen besuchten, in der Schule wesentlich besser abschnitten als diejenigen Kinder, die eine öffentliche Einrichtung oder gar keine Betreuungseinrichtung besucht hatten. Allerdings wurden in dieser Studie keine Interaktionen zwischen Elternvariablen und Kindergartenbesuch berücksichtigt, obwohl diese vermutlich vorliegen (Clarke-Stewart, 1991).

Die Rolle der vorschulischen Erziehung darf jedoch nicht allzu optimistisch beurteilt werden, da in den zitierten Studien der Zugang zur vorschulischen Einrichtung nicht randomisiert erfolgte. Eine sehr sorgfältig durchgeführte Studie in diesem Bereich stammt von Reynolds (1994). Hier wurden 1100 benachteiligte Kinder verschiedenen Förderprogrammen und Kontrollgruppen zugewiesen. Durch die Förderung konnte tatsächlich eine Leistungssteigerung in den wichtigsten Schulfächern erzielt werden. Allerdings war dazu eine mehrjährige Förderung nötig, die mit Schulbeginn nicht enden durfte, sondern weit in die Grundschule hinein fortgeführt werden mußte. Der Autor weist auf die langdauernden Einflüsse sozialer Unterschiede hin, die durch punktuelle Fördermaßnahmen nur unzureichend ausgeglichen werden können.

So sind diejenigen Programme zur (allgemeinen) vorschulischen Förderung am erfolgreichsten, die stark in die Familie hineinwirken und eine eigene Komponente der Elternarbeit vorsehen. Nur in diesem Fall und bei längerfristiger Förderung profitieren schwache Schüler und nähern sich in ihren Schulleistungen an durchschnittliche Schüler an. Jedoch ist es selbst bei intensiver Förderung selten, daß die geförderten Schüler die regulären Schüler leistungsmäßig übertreffen (Stallings & Stipek, 1986). In vielen anderen Fällen sind die positiven Effekte einer vorschulischen oder schulischen Förderung jedoch nach wenigen Jahren kaum mehr sichtbar (Clarke & Clarke, 1989; Reynolds & Bezruczko, 1993; Stallings & Stipek, 1986).

Besondere methodische Ansätze

In diesem Abschnitt werden Ergebnisse zum Entwicklungsverlauf individueller Unterschiede dargestellt, die mit besonderen Analysemethoden gewonnen wurden. Darunter werden sowohl Vergleiche von Gruppen oder Typen als auch verhaltensgenetische Untersuchungsdesigns berücksichtigt.

Gruppenvergleiche

Beobachtet man Gruppen unterschiedlich begabter Kinder im Vorschulalter hinsichtlich ihrer späteren Leistungsentwicklung oder untersucht man retrospektiv ältere Gruppen von Kindern, die sich in Leistungsmaßen unterscheiden, bezüglich ihrer frühen Begabungsmaße, so zeigen sich in der Regel analoge Befunde zu Korrelationsstudien (z. B. Mills & Jackson, 1990; Richman et al., 1982). Das Bild ändert sich, wenn man Gruppen betrachtet, die nicht ad hoc vom Forscher definiert werden, sondern bereits früh eine soziale Etikettierung erhielten, wie dies bei "Wunderkindern" oder Lernbehinderten der Fall sein kann. In diesem Falle setzen häufig Bemühungen des sozialen Umfeldes ein, die Position des Kindes unter den Gleichaltrigen aufrecht zu erhalten (z. B. bei Hochbegabten) oder zum Besseren zu verändern (bei behinderten oder lernschwachen Kindern). In diesem Falle reicht die Betrachtung der Merkmale des Kindes nicht aus, um die langfristige Entwicklung der Fähigkeiten und Fertigkeiten befriedigend vorherzusagen. Versucht man, die Veränderung der interindividuellen Position zu erklären - etwa wenn Kinder mit anfangs schwachen Leseleistungen sich später (relativ zur Bezugsgruppe der Gleichaltrigen) deutlich verbessern -, muß man auf Merkmale der langfristigen häuslichen Unterstützung zurückgreifen, obwohl selbst diese keine umfassende statistische Aufklärung ermöglichen (Cox, 1987; McGee, Williams & Silva, 1988).

Komplexe Wechselwirkungen zwischen Fähigkeiten, Fertigkeiten und weiteren Person- sowie Umweltmerkmalen bestimmen auch das Bild bei der Betrachtung der geschlechtsspezifischen Entwicklung. In kognitiver Hinsicht ist das Grundschulalter allerdings noch weitgehend unauffällig: Mädchen und Jungen zeigen hier sowohl bezüglich des Niveaus (Hyde, Fennema & Lamon, 1990; Hyde & Linn, 1988; Maccoby & Jacklin, 1974) als auch bezüglich des Profils und der Struktur (Rosén, 1995) weitgehend ähnliche Fähigkeiten und Leistungen. Sofern man etwas schwächere Schulleistungen bei Jungen beobachtet, ist dies oft auf ihre mangelnde soziale Anpassung zurückzuführen (Prior, Smart, Sanson & Oberklaid, 1993; Serbin et al., 1990). Leistungsunterschiede, die mit gleichlaufenden Unterschieden in fachspezifischen Interessen und der Selbstzuschreibung von speziellen Fähigkeiten einhergehen, finden sich erst nach dem Grundschulalter.

Verhaltensgenetischer Untersuchungsansatz

Während der Gruppenvergleich dazu angetan ist, solche entwicklungsrelevanten Einflußgrößen zu identifizieren, die über die kognitiven Personmerkmale hinausgehen, dient der verhaltensgenetische Untersuchungsansatz (in seiner klassischen Form) zur Bestimmung desjenigen Anteils an Fähigkeits- und Leistungsvarianz, der durch Umweltmerkmale nicht beeinflußbar ist. Die wenigen Studien, die sich mit dem Erbeinfluß auf Schulleistungen im Grundschulalter befassen, kommen zu recht heterogenen Ergebnissen bezüglich der Erblichkeitsschätzungen (DeFries, Stevenson, Gillis & Wadsworth, 1991; Stevenson, 1992). Insgesamt scheinen zwischen 40 und 60% der individuellen Unterschiede erblich bestimmt zu sein. Da Schulleistungskompetenz kaum in speziellen Genen grundgelegt ist, beziehen sich die Erblichkeitsschätzungen auf diejenigen angeborenen Fähigkeitsfaktoren, die für Schulleistungen verantwortlich sind. Dementsprechend korrespondieren die Erblichkeitsschätzungen recht eng mit dem Grad an Varianzaufklärung, der durch Fähigkeitskomponenten möglich ist.

Von besonderer Bedeutung für die Überführung korrelativer Studien in kausale Interpretationen sind solche Analysen, die versuchen, den genetischen Anteil an den Korrelationen zwischen Fähigkeiten und Leistungen aufzuklären. In einer einschlägigen Studie von Thompson, Detterman und Plomin (1991) konnte gezeigt werden, daß die - mittelhohen - Korrelationen zwischen spezifischen Fähigkeiten und Schulleistungen nahezu vollständig genetisch determiniert sind (vgl. noch Olson, Wise, Connors & Rack, 1990). Insofern könnte man ausschließen, daß die beobachteten Korrelationen von Fähigkeiten und Leistungen von bislang unbekannten Umweltvariablen bedingt wurden. Der gesamte verhaltensgenetische Untersuchungsansatz ist jedoch äußerst problematisch, wenn man damit interindividuell variierende Entwicklungsverläufe zu modellieren versucht. Kritiker dieses Ansatzes weisen zu Recht darauf hin, daß die Verhaltensgenetik weder über ein differenziertes Umweltmodell noch über ein Person-Umwelt-Interaktionsmodell, geschweige denn über ein Entwicklungsmodell für sich im Zeitverlauf verändernde Heritabilitäten verfügt, so daß Erblichkeitsschätzungen nicht nur ein theoretisch falsches Modell der Genwirkung unterstellen, sondern auch eine unzutreffende Stabilität von Personmerkmalen suggerieren (Lerner, 1995; Wachs, 1995).

DISKUSSION DER BEFUNDE

Betrachtet man die verfügbaren empirischen Studien zur Stabilität der interindividuellen Unterschiede von Fähigkeiten und Fertigkeiten und zu den Zusammenhängen dieser Merkmale im Zeitverlauf im Überblick, so lassen sich einerseits bemerkenswerte Merkmalsstabilitäten, die mit zunehmendem Lebensalter stärker werden, und ebenfalls zunehmende prädiktive Korrelationen beobachten. Demnach hängen interindividuelle Unterschiede in den Schulleistungen der Grundschule substantiell mit Unterschieden in kognitiven Fähigkeiten, spezifischen Lern- und Gedächtniskompetenzen sowie Aspekten der Sprachentwicklung, wie sie sich im Vorschulalter manifestieren, zusammen. Auf der anderen Seite scheinen der Vorhersage von schulischen Leistungen deutliche Grenzen bei der Varianzaufklärung gesetzt zu sein, wenn man als Prädiktoren ausschließlich stabile Person- und Umweltmerkmale heranzieht. So erklären vorschulische Unterschiede in kognitiven Personmerkmalen maximal 50% der späteren Leistungsunterschiede. Bei Hinzunahme von motivationalen und Umweltmerkmalen erreicht man bis zu 75% Varianzaufklärung, selten jedoch mehr.

Demnach ist ein großer Teil der Schulleistungsunterschiede nicht durch vorschulische Prädiktoren aufzuklären. Deshalb muß - als künftige Forschungsaufgabe - die Rolle zeitgleich erfaßter Prädiktoren stärker beachtet werden. Ferner sind die Auswirkungen von Wechselwirkungen zwischen relativ allgemeinen Personmerkmalen (wie Intelligenz), aufgabenspezifischen Personmerkmalen (wie Lernstrategien oder die aufgewendete Lernzeit) und Unterrichts- bzw. Lehrermerkmalen auf die Leistungen im Grundschulbereich genauer zu untersuchen. Wenn es darum geht, den schulischen Lernerfolg individuell zu optimieren, so lassen sich vermutlich im Bereich der situativen Lehr-Lern-Prozesse Variablen finden, die auch leichter zu beeinflussen sind als Fähigkeitsunterschiede, die schon im Vorschulalter manifest wurden.

Diese Fähigkeitsunterschiede sind auch deshalb so stabil, weil sich die meisten Kinder in einer Umwelt entwickeln, die ihrer genetischen Ausstattung angepaßt ist, weil beides von den Eltern beeinflußt wird. Das Familiensystem, aber auch die Subkultur oder soziale Schicht, sorgen für eine Stabilisierung der gegenseitigen Anpassung von Person und Umwelt. Dieses Phänomen der Gen-Umwelt-Kovarianz (Plomin, DeFries & Loehlin, 1977) zeigt sich auch darin, daß die Hinzunahme von Umweltvariablen als weitere Prädiktoren zu Personmerkmalen kaum die Varianzaufklärung bei Leistungskriterien steigert.

Angesichts dieser Überdeterminiertheit der kindlichen Entwicklung ist es beinahe schon wieder tröstlich zu wissen, daß noch genügend Spielraum für Veränderungen im Laufe der Grundschulzeit bleibt. So jedenfalls müssen die erzielten mittelhohen Stabilitätskoeffizienten auch interpretiert werden. Sicherlich mag es methodische Gründe dafür geben, daß manche Zusammenhangskoeffizienten hinter deterministischen Erwartungen zurückbleiben. Validität und Reliabilität der verwendeten Meßinstrumente spielen eine wichtige Rolle, ebenso der Wechsel der Meßverfahren zwischen den Meßzeitpunkten. Auf der anderen Seite führen bestimmte Entwicklungsbedingungen zu systematischen Veränderungen der interindividuellen Unterschiede, die man nur erfassen kann, wenn man nicht die Veränderungen der Mittelwerte, sondern der Varianzen untersucht (z. B. Pianta & Egeland, 1994).

Wegen der insgesamt vorherrschenden mittelhohen probabilistischen Zusammenhänge einerseits und wegen des Korrelationsansatzes andererseits, der eine Kausalinterpretation der Zusammenhangsbeziehungen im Grunde verbietet, können die Befunde in diesem Kapitel nicht dazu verwendet werden, theoretische Modelle der Entwicklungsdifferenzen zu begründen oder zu überprüfen. Sie sind aber in vielen Fällen dazu geeignet, frühzeitig Kinder mit Risikokonstellationen zu identifizieren, denen man dann gezielte pädagogische und psychologische Hilfen zukommen lassen kann. Die jüngsten Entwicklungen dieser pragmatischen Arbeitsrichtung - seien es im einzelnen die verfeinerte Erfassung bereichsspezifischer Entwicklungsfaktoren (z. B. Näslund, 1990) oder die Erstellung ausgefeilter Prognose- bzw. Identifikationsmodelle (z. B. Marx, 1992b) - lassen für die nahe Zukunft die Entwicklung effektiver Interventionsstrategien erwarten; in Teilbereichen sind sie bereits realisiert (Schneider, Visé, Reimers & Blaesser, 1994).

Entwicklung vor, während und nach der Grundschulzeit: Literaturüberblick über den Einfluß der Grundschulzeit auf die Entwicklung in der Sekundarschule

Peter M. Roeder

Ein Pädagoge kann dieses Thema kaum behandeln ohne Verweis auf den zentralen Stellenwert der am Ende der Grundschulzeit zu fällenden Schullaufbahnentscheidung. Trotz der erreichten Öffnung der Schultypen gegeneinander und der damit möglichen und in steigendem Maße auch wahrgenommenen späteren Revisionen dieser Entscheidung, hat sie nur wenig von dieser Zentralität eingebüßt (vgl. Henz, 1994; Ditton, 1992). Die am Ende der Grundschulzeit erworbenen Lernvoraussetzungen erfahren ihre weitere Entwicklung im Kontext unterschiedlicher Schularten, und dieser Kontext hat, wie nach den vorliegenden Untersuchungen vermutet werden darf, und wie ich an einigen Beispielen demonstrieren werde, einen entscheidenden Einfluß auf die Qualität dieser Entwicklung. Dies gilt nicht nur für den Bereich der Schulleistungen, sondern auch für wichtige psychosoziale Dispositionen und Einstellungen (Fend u. a., 1976; Ditton & Krecker, 1995; Roeder & Schnabel, 1995). Offensichtlich kommt der Beratung der Eltern an dieser Schaltstelle im Bildungsgang ihrer Kinder besondere Bedeutung zu – zumindest in den Bundesländern, in denen sie noch eine gewisse Verbindlichkeit hat. Anzunehmen ist, daß sie auch in Ländern, in denen das nicht der Fall ist, nicht ganz ohne Bedeutung ist, wenngleich, wie die Studie von Ditton (1992) belegt, der soziale Bias der Elternentscheidung ausgeprägter ist als der der Grundschulempfehlung.

Die gegenwärtige Schulreformdiskussion ist für das hier gestellte Thema vor allem in zweierlei Hinsicht relevant: Sie zielt erstens auf eine Erweiterung des Kreises der Länder, die die Grundschuldauer auf sechs Jahre erweitern. Brandenburg hat diesen Schritt unmittelbar mit der Transformation der Schule nach der Wende vollzogen. In Sachsen-Anhalt ist er Gegenstand eines Schulgesetzentwurfs der neuen rot-grünen Landesregierung, der gegenwärtig erörtert wird, in Nordrhein-Westfalen Teil einer Empfehlung der von der Landesregierung eingesetzten Schulreformkommission (Bildungskommission Nordrhein-Westfalen). Zweitens spielt in allen drei Fällen eine negative Einschätzung der prognostischen Qualität der Grundschulempfehlung für die Begründung dieses Schritts eine Rolle. (In Sachsen-Anhalt geht dies aus der den Entwurf begleitenden Begründung hervor; Bildungskommission Nordrhein-Westfalen, 1995, S. 239 f). Brandenburg hat der Empfehlung von vornherein die Verbindlichkeit abgesprochen und den inzwischen wohl gescheiterten Versuch unternommen, den Gymnasien eine Revision der elterlichen Schulwahl wegen nicht ausreichender Leistungen zu untersagen (Leschinsky, 1994).

Das Plädoyer für eine spätere Schullaufbahnentscheidung wird meist auch mit der Hoffnung begründet, den Einfluß der sozialen Herkunft auf schulische Selektionsprozesse zu minimieren. Angesichts des generellen Zusammenhangs zwischen Sozialstatus und Schulleistung ist freilich zu erwarten, daß ein solcher Effekt nur schwach sein dürfte. Solcher Zweifel wird gestützt durch eine dänische Untersuchung über den vorzeitigen Abgang vom Gymnasium (Dohn, 1991). Der Übertritt ins Gymnasium erfolgt in Dänemark erst nach dem 9. oder 10. Schuljahr, und zwar mit einer Empfehlung der abgebenden Schule, die "geeignet", "vielleicht geeignet" oder "nicht geeignet" lauten kann. Das eindeutig negative Urteil wird dabei nur selten gefällt. Sowohl das Eignungsurteil als auch das schließliche Scheitern korrelieren mit Maßen des sozialen Status, der freilich wesentlich vermittelt wird durch Schulleistungen, Motivation, Anstrengungsbereitschaft und Zielorientiertheit der Schüler. Auch die Entwicklung in der DDR seit Beginn der siebziger Jahre belegt, daß ein später Übergang ins Gymnasium durchaus mit hoher sozialer Selektivität einhergehen kann (Baumert, 1994; Solga, 1995).

Im Beitrag der Münchener Forschungsgruppe ist die Frage des Zeitpunkts des Wechsels in die Sekundarschulen unter entwicklungspsychologischen Gesichtspunkten kurz thematisiert worden, ohne auf die für die Bundesrepublik relevanten Alternativen konkreter einzugehen. Das ist mangels empirischer Informationen in einer aus guten Gründen auf bayerische Schulverhältnisse eingegrenzten Untersuchung verständlich. Andererseits fehlt es offensichtlich an Studien, die einigermaßen verläßlich überprüfen, inwieweit sich die Erwartungen erfüllen, die sich mit der Verlängerung der Grundschuldauer verbinden. Eine entwicklungspsychologische Perspektive wäre für einschlägige Forschungen dringend erwünscht.

Wie aus diesen einleitenden Bemerkungen bereits hervorgeht, soll in dem vorliegenden Beitrag stärker als in den übrigen der institutionelle Rahmen individueller Bildungs- und Entwicklungsverläufe betont und damit auf Zusammenhänge zwischen der Dynamik der Entwicklung des Schulsystems und der sich verändernden Nutzung seines differenzierten Angebots verwiesen werden. In diesem Sinne für unser Thema relevante Entwicklungen sind etwa: die abnehmende Selektivität der Grundschule, die sich in der wachsenden Bevorzugung verbaler Beurteilungen gegenüber dem Ziffernzeugnis als Minderung des Leistungsdrucks äußert. Der massive Rückgang der Sitzenbleiberquote unter den Grundschülern, auf den insbesondere die Hauptschulen mit einer Zunahme des Repetentenanteils reagierten, ist hier ebenfalls zu nennen (Hopf, 1994; Schümer, 1985; Roeder & Schümer, 1987), Veränderungen der Schulstruktur, wie der Ausbau der Förder- bzw. Orientierungsstufe in einigen Bundesländern hatten u. a. das Ziel, die scharfe Zäsur des Übergangs von der Grundschule in die Sekundarstufe durch einen regulierten Prozeß der allmählichen Überleitung zu ersetzen. Auch die Verlängerung der Grundschuldauer ist – freilich nicht nur – unter dieser Perspektive zu sehen. Die Mehrzahl dieser Veränderungen kann man als Reaktionen auf kontinuierlich steigende Bildungsaspirationen verstehen, die diesen Trend zugleich noch verstärken. Dies gilt sicher auch für die in der Mehrzahl der Bundesländer rechtlich abgesicherte Priorität der elterlichen Schullaufbahnentscheidung gegenüber der Grundschulempfehlung. Die zunehmende Durchsetzung der familiären Bildungsaspirationen hat bekanntlich zu einer massiven Veränderung der quantitativen Relationen zwischen den Schularten geführt, die nicht ohne Einfluß auf Niveau und Spektrum der Lernvoraussetzungen ihrer Schüler bleiben konnte. Um so erstaunlicher ist es, daß die Schulen auf diese Veränderungen nicht mit entsprechend verschärfter Selektion antworteten, sondern ihre Haltekraft im Durchschnitt eher noch steigern konnten, und die Öffnung der Schultypen für weiterführende Abschlüsse als ursprünglich vorgesehen, ist durch diese Entwicklung kaum beeinträchtigt worden. In der Hauptschule ging trotz der Abwanderung leistungsfähiger Schüler auf Realschulen und Gesamtschulen der Anteil der Absolventen ohne Hauptschulabschluß deutlich zurück, während gleichzeitig der Anteil der Schüler, die einen höheren Abschluß erreichten, noch erhöht werden konnte. Die Realschule hat einen Teil ihrer besonders befähigten Schüler an das Gymnasium verloren; trotzdem ist der Anteil ihrer Absolventen, die die Berechtigung zum Besuch der Gymnasialen Oberstufe erlangen, beträchtlich gestiegen. Auch das Gymnasium hat sich der gewandelten Schülerpopulation in bemerkenswerter Weise angepaßt und einen im Laufe der Expansion wachsenden Anteil der Schüler zum Abitur geführt.

Es kann im folgenden nicht darum gehen, die Zusammenhänge zwischen solchen Entwicklungen auf Systemebene und individuellen Bildungsverläufen in einem breiten Überblick zu referieren, zumal es nicht an zusammenfassenden Darstellungen fehlt, die einen solchen Überblick ermöglichen (Arbeitsgruppe Bildungsbericht, 1994; Rolff, Bauer, Klemm, Pfeiffer & Schulz-Zander, 1994; Führ, 1988). Statt dessen soll – gestützt auf einige neuere Untersuchungen – die Analyse auf einige zentrale Themenstellungen fokussiert werden, die wenigstens implizit den Zusammenhang zu (immer noch) aktuellen Auseinandersetzungen um die weitere Veränderung des Schulsystems wahren. Dabei geht es erstens um den Zeitpunkt des Übergangs von der Grundschule in die Sekundarstufe, zweitens um die Qualität und prognostische Brauchbarkeit der Grundschulempfehlung für den Besuch der weiterführenden Schule, drittens um die Stabilität der Leistungsentwicklung in den Sekundarschulen mit dem besonderen Akzent auf schulischen Mißerfolgskarrieren und schließlich viertens um schulartspezifische Sozialisationseffekte auch jenseits der unmittelbaren Ziele des fachlich gegliederten Schulunterrichts.

ZUM ZEITPUNKT DES ÜBERGANGS IN DIE SEKUNDARSCHULE

Hinsichtlich der Schulleistungseffekte einer Verlängerung der Grundschuldauer liegt meines Wissens nur eine repräsentative Studie vor, nämlich eine Sekundäranalyse der um 1970 durch das Max-Planck-Institut für Bildungsforschung erhobenen Daten zur Leistungsentwicklung von Gymnasiasten des 7. Schuljahres (Roeder & Sang, 1991). Diese Untersuchung ist vor allem deshalb von Interesse, weil sie es erlaubt, den Zusammenhang zwischen den Erwartungen der Lehrer bezüglich der Vorkenntnisse ihrer Schüler, ihren darauf gegründeten curricularen Entscheidungen über Lehrmittel und Inhalte des Unterrichts und den Leistungen der Schüler herzustellen. Diese in der Regel auf langjährige Erfahrung gestützten Annahmen der Fachlehrer des Gymnasiums über Vorkenntnisse der Schüler, die ins 7. Schuljahr des Gymnasiums eintreten, und ihre darauf gegründete Unterrichtsplanung waren in aufwendigen Voruntersuchungen erhoben worden, die der Konstruktion unterrichtsvalider Schulleistungstests für die Fächer Deutsch, Mathematik und Englisch dienten (Edelstein, Sang & Stegelmann, 1968).

Ein wesentliches Ergebnis dieser Sekundäranalyse war, daß Lehrer, die ihre Schüler nach sechsjähriger Grundschule aufnahmen, im Vergleich zu den Fachlehrern an grundständigen Gymnasien deutlich niedrigere Erwartungen hinsichtlich der Vorkenntnisse ihrer Schüler hatten und ihren Unterricht im 7. Schuljahr entsprechend planten. Wie Tabelle XII.1 zeigt, bestätigen die Testleistungen der Schüler zu Beginn des 7. Schuljahres die Erwartungen der Lehrer.

Die Leistungen nach sechsjähriger Grundschule liegen erheblich unter denen von Schülern, die den Wechsel aufs Gymnasium bereits nach der 4. Grundschulklasse vollzogen haben. Für Englisch und Mathematik beträgt der Unterschied etwa eine Standardabweichung, für Deutsch knapp eine halbe[19]. Am Ende des 7. Schuljahres haben sich

---

[19] Die Testleistungen sind in Prozentpunktwerten angegeben. Die Unterschiede können als Differenzen in Prozent des maximal erreichbaren Testwerts interpretiert werden.

die Leistungen beider Schülergruppen zwar ein Stück weit angeglichen, aber die verbleibenden Unterschiede sind – vor allem im Englischen – immer noch bedeutsam. Sie lassen sich, was ich hier nicht ausführen will, wohl im wesentlichen auf die curricularen Entscheidungen der beiden Lehrergruppen zurückführen.

Tabelle XII.1: *Leistungsunterschiede und Unterschiede der Leistungsentwicklung zwischen Gymnasialschülern des 7. Schuljahres aus sechsjährigen Grundschulen und solchen aus vierjährigen Grundschulen plus zwei Jahre Gymnasium (N = 12.252 – insges.)*

			ENGLISCH	MATHEMATIK	DEUTSCH	N
Anfang des 7. Schuljahres	sechsjährige Grundschule	x	38.8	38.0	49.5	1.049
		s	9.4	11.9	11.6	
	vierjährige Grundschule	x	52.6	47.1	54.8	11.203
		s	12.4	13.9	12.6	
Ende des 7. Schuljahres	sechsjährige Grundschule	x	42.0	40.9	39.7	1.049
		s	10.1	11.9	10.4	
		Residuen	–.80	.70	–.84	
	vierjährige Grundschule	x	53.9	46.0	44.5	11.203
		s	12.8	14.2	11.9	
		Residuen	.08	–.07	.08	

Legende: x = Mittelwert; s = Standardabweichung

Mit dem Verweis auf diese Studie geht es mir nicht um ein Plädoyer für die vierjährige Grundschule, für das sie sicher keine zureichende Grundlage bietet. Ich wollte vielmehr einerseits auf die Bedeutung des Zeitpunkts für den Übergang in die Sekundarstufe mit diesem Beispiel konkreter betonen, andererseits vor allem aber auf die Bedeutung der erfahrungsgestützten Erwartungen der Sekundarschullehrer bezüglich der Lernvoraussetzungen der Grundschüler für den Anfangsunterricht in den verschiedenen Schultypen der Sekundarschule verweisen. Obwohl sie zweifellos ein wichtiges Moment der unterschiedlichen schulischen Kontexte darstellen, in denen die Schüler die Sekundarschule durchlaufen, fehlt es auch hier an einschlägigen Untersuchungen. Generell ist festzustellen, daß Pädagogische und Entwicklungspsychologie das Problem des Übergangszeitpunkts seit langem nicht mehr zum Forschungsgegenstand gemacht haben.

DIE EMPFEHLUNG DER GRUNDSCHULE ZUM BESUCH WEITERFÜHRENDER SCHULEN

Was die prognostische Qualität des Grundschulgutachtens betrifft, fehlt es dagegen nicht an Befunden; strittig ist "nur" deren Bewertung. So ist in Untersuchungen zur Gesamtschule immer wieder darauf hingewiesen worden, daß viele Schüler einen höheren Abschluß erreichten als den durch die Grundschulempfehlung prognostizierten. Entsprechend wurde es als Vorzug der Gesamtschule hervorgehoben, daß sie dank ihrer Struktur auf eine so unsichere Prognose nicht angewiesen sei (vgl. BLK, 1982; Haenisch & Lukesch, 1980; Wottawa, 1983). Häufig ist auch auf den Sachverhalt verwiesen worden, daß ein beträchtlicher Prozentsatz der Schüler, die eine "höherwertige" Schule wählten als im Grundschulgutachten empfohlen, diese Schule dennoch erfolgreich absolvierten. Dieser Sachverhalt diente – sicher nicht unberechtigt – als gewichtiges Argument für die Priorität der elterlichen Schullaufbahnentscheidung. Zu bezweifeln ist allerdings, ob er zugleich als Argument gegen die Qualität des Grundschulgutachtens verwendet werden kann.

Interessant ist in diesem Zusammenhang G. Schümers Analyse der Berliner Schulstatistik der Jahre 1971 bis 1983, weil sie Trends in der Entwicklung des Schulwesens kenntlich macht, deren Dynamik noch keineswegs gebrochen ist (Schümer, 1985). Sie zeigt, daß in diesem Zeitraum der Anteil der Schüler, die abweichend von der Grundschulempfehlung aufs Gymnasium übergingen, von etwa 14% auf 23% anstieg, während der Anteil der Übergänger mit einer Empfehlung fürs Gymnasium mit ca. 31% weitgehend stabil blieb. Bemerkenswert ist, daß das Gymnasium darauf – gemessen an den Rückläuferquoten am Ende des Probehalbjahres in Klasse 7 – nicht mit einer entsprechenden Verschärfung der Selektion geantwortet hat. Übrigens lassen auch die Sitzenbleiberquoten, wenn man von der Hauptschule absieht, in diesem Zeitraum keine lineare Steigerung der Selektivität erkennen. An den Berliner Realschulen ist von Ende der sechziger bis Anfang der achtziger Jahre nur ein leichter Anstieg der Repetentenquoten zu erkennen. An den Gymnasien sind sie bei einem leichten Rückgang gegenüber den frühen siebziger Jahren weitgehend stabil. Die Steigerung der Repetentenquoten in Hauptschulen und Gesamtschulen dürfte mehrere Ursachen haben: neben der weitgehenden Minimierung des Sitzenbleibens in der Berliner Grundschule den wachsenden Anteil ausländischer Schüler mit zunächst nicht ausreichenden Deutschkenntnissen und die generell in der Konkurrenz mit Realschulen und – bei der Mitte der siebziger Jahre schnell expandierenden Gesamtschule – Konkurrenz mit den Gymnasien veränderten Schülerpopulationen.

Es ist evident, daß solche Entwicklungen auch die prognostische Gültigkeit des Grundschulgutachtens tangieren; dennoch sprechen die Ergebnisse des Probehalbjahres für seine Validität. Von den wenigen Schülern, die mit einer Hauptschulempfehlung aufs Gymnasium übergingen, scheiterten in den Jahren von 1971 bis 1984 bereits im Probehalbjahr jährlich zwischen 35% und 82%. Bei den Realschulempfohlenen liegen die Mißerfolgsraten zwischen 18% und 30%, bei den für das Gymnasium Empfohlenen liegt die durchschnittliche Mißerfolgsrate bei etwa 4% (2,8% bis 6,3%).

Bei den Übergängern auf Berliner Realschulen machen Schüler mit Hauptschulempfehlung über den gesamten Zeitraum hinweg etwa ein Fünftel aus. Daß eine Entwicklung dabei nicht erkennbar ist, liegt daran, daß im gleichen Zeitraum ein wachsender Anteil von Hauptschulempfohlenen auf die expandierenden Gesamtschulen überging. Die Mißerfolgsquote im Probehalbjahr der Realschule lag für Schüler mit Hauptschulempfehlung zwischen 27% und 42%, für Schüler mit Realschulempfehlung lag die Mißerfolgsquote zwischen 6% und 10%; für die wenigen Schüler mit Gymnasialempfehlung zwischen 0% und 4%.

Man kann, wie schon angedeutet, diese Informationen unterschiedlich interpretieren, und eine verbreitete Lesart ist offensichtlich: Ein erstaunlich hoher Anteil von Realschülern und Gymnasiasten besteht diese erste Bewährungsprobe auch ohne entsprechende Empfehlung; das Grundschulgutachten ist deshalb verzichtbar. Ein andere Lesart wäre: Die hohe Erfolgsquote der Gymnasiasten mit entsprechender Empfehlung – sie liegt im

Durchschnitt über 95% – bestätigt die hinter der Grundschulempfehlung stehende Kontinuitätsvermutung wenigstens kurzfristig fast durchwegs. Beim Grundschulgutachten handelt es sich also um eine relativ zuverlässige und jedenfalls beachtenswerte Information. Wie die aktuellen Diskussionen in Sachsen-Anhalt und Nordrhein-Westfalen belegen, läßt sich der Streit der Lesarten fortsetzen. Wie es um die längerfristige Stichhaltigkeit solcher Kontinuitätsvermutungen steht, ist Gegenstand der folgenden Überlegungen. Sie stützen sich zunächst auf eine von der Hamburger Schulbehörde angeregte Untersuchung zum vorzeitigen Abgang aus den Jahrgangsstufen 5 bis 10 des Gymnasiums (Roeder & Schmitz, 1995). Analysiert werden ausschließlich Informationen, die den in den Schülerakten versammelten Zeugnissen seit dem 4. Grundschuljahr zu entnehmen sind: Fachzensuren, verbale Bewertung von Verhalten und Leistungsdispositionen der Schüler, die sich nicht in allen Zeugnissen finden, Angaben zur Gefährdung der Versetzung und zur Versetzung selbst.

Zugrunde liegt eine Stichprobe von 20 neunstufigen Hamburger Gymnasien (Daten von 17 Schulen waren auswertbar). In die Untersuchung einbezogen wurden erstens alle Schüler dieser Schulen, die im Schulahr 1991/92 vorzeitig aus den Klassen 5 bis 10 abgingen und meist auf eine Realschule oder Gesamtschule überwechselten (Schulformwechsler: n = 242), sowie zweitens als Vergleichsgruppe aus den Klassen dieser Schüler eine knapp doppelt so große Stichprobe von Mitschülern, die nicht von einem Schulformwechsel betroffen waren (n = 438).

Ein wichtiges Ergebnis der Studie ist die in vielen Hinsichten vollzogene Angleichung der Schullaufbahn von Mädchen und Jungen. Noch vor zwei Jahrzehnten führte eine nach Geschlechtern differenzierte Bildungs- und Lebensplanung dazu, daß Mädchen seltener aufs Gymnasium übergingen, wo sie – wohl als Folge der schärferen Selektion – seltener sitzenblieben, das sie aber dennoch früher – nach Ablauf der Schulpflicht oder häufiger nach Erlangung der Mittleren Reife – wieder verließen (Peisert & Dahrendorf, 1967; Gerstein, 1972; Bofinger, 1990). Inzwischen orientieren sich solche Entscheidungen auch bei Mädchen im wesentlichen an meritokratischen Kriterien. Sie erhalten ebenso häufig wie Jungen eine Empfehlung fürs Gymnasium, wo sie inzwischen überrepräsentiert sind. Sie müssen etwas, aber nicht signifikant seltener eine Klasse wiederholen. Die Quote vorzeitigen Abgangs liegt nur wenig und nicht signifikant unter der der Jungen.

Daß Schulformwechsel von den beteiligten Lehrern und Schülern als vergleichsweise extreme Sanktion bewertet wird, zeigt sich unter anderem darin, daß er ein relativ seltenes Ereignis ist. In den Gymnasien der Stichprobe sind 3,26% aller Schüler der Klassen 5 bis 10 in diesem Schuljahr davon betroffen. Dieser Wert stimmt in etwa mit dem für Nordrhein-Westfalen auf andere Weise ermittelten überein, und er liegt weit unter den in den späten fünfziger und sechziger Jahren erhobenen Quoten des vorzeitigen Abgangs vom Gymnasium (Peisert & Dahrendorf, 1967). Gymnasien und, wie die Berliner Daten zeigen, Realschulen haben eine wachsende "Haltekraft" auch bei solchen Schülern entwickelt, die eine weniger günstige Prognose mitbringen, angezeigt etwa durch die fehlende Gymnasialempfehlung. 42,7% der Schüler ohne Gymnasialempfehlung in unserer Stichprobe sind bisher nicht vom Schulwechsel betroffen. Dies besagt allerdings wenig gegen die Qualität der Empfehlung, denn wie Tabelle XII.2 belegt, ist die so definierte Erfolgsquote bei Schülern mit der entsprechenden Empfehlung etwa doppelt so hoch.

Die prognostische Qualität der Grundschulempfehlung zeigt sich auch im zeitlichen Verlauf des Schulformwechsels. Vor allem in den Jahrgangsstufen 5 und 6 beträgt der

Anteil der Wechsler an den Schülern ohne Gymnasialempfehlung ein Vielfaches des Wechsleranteils in der Vergleichsgruppe. Der Unterschied zwischen beiden Gruppen bleibt noch in Klasse 8 markant[20].

Tabelle XII.2: *Grundschulempfehlung und Schulformwechsel*

		ANDERE EMPFEHLUNG	GYMNASIAL-EMPFEHLUNG	ZUSAMMEN
Kein Schulwechsel	M	126	312	438
	Zeilenvergleich	28,8 %	71,2 %	64,4 %
	Spaltenvergleich	42,6 %	81,1 %	
KLASSENSTUFE DES SCHULWECHSELS				
5	M	39	9	48
	Zeilenvergleich	81,3 %	18,8 %	7,1 %
	Spaltenvergleich	13,2 %	2,3 %	
6	M	61	20	81
	Zeilenvergleich	75,3 %	24,7 %	11,9 %
	Spaltenvergleich	20,7 %	5,2 %	
7	M	21	15	36
	Zeilenvergleich	58,3 %	41,7 %	5,3 %
	Spaltenvergleich	7,1 %	3,9 %	
8	M	27	13	40
	Zeilenvergleich	67,5 %	32,5 %	5,9 %
	Spaltenvergleich	9,2 %	3,4 %	
9	M	17	12	29
	Zeilenvergleich	58,6 %	41,4 %	4,3 %
	Spaltenvergleich	5,8 %	3,1 %	
10	M	4	4	8
	Zeilenvergleich	50,0 %	50,0 %	1,2 %
	Spaltenvergleich	1,4 %	1,0 %	
Zusammen	M	295	385	680
	Zeilenvergleich	43,4 %	56,6 %	100,0 %
	Spaltenvergleich	100,0 %	100,0 %	

---

[20] In einer Folgestudie, die dem Schulerfolg der Schulformwechsler galt, ließ sich die prognostische Validität der Grundschulempfehlung auch an einer Stichprobe von Realschülern (n = 130, darunter auch einige Gesamtschüler) belegen. Untersucht wurde ihr Zusammenhang mit der Durchschnittsnote der Schuljahre 5 bis 10. Im Ergebnis zeigt sich, daß vom 5. bis zum 9. Schuljahr höchst signifikante Zusammenhänge zwischen beiden Variablen bestehen. Die Kontingenzkoeffizienten liegen zwischen .44 im 5. und 6. Schuljahr und .54 im 9. Schuljahr. Die Stärke der Zusammenhänge wird dabei sicher unterschätzt, weil ein Großteil der Empfehlungen sich auf die in Hamburg übliche Kombination Haupt- und Realschule bezieht, ohne zu spezifizieren, welche der beiden Schularten gemeint ist.

Die Grundschulempfehlung ist insgesamt ein komplexer Indikator des schulischen Leistungsstatus, wie ihre Korrelation mit den Zensuren und Verhaltensbewertungen im letzten Grundschulzeugnis belegt. Sie liegt für Deutsch, Mathematik und Sachkunde zwischen .55 und .51. Die Korrelation zur allgemeinen Einschätzung der Leistungsdisposition liegt mit .49 nur wenig darunter. Die immer noch hochsignifikanten Korrelationen zu Mündlicher Mitarbeit, Schriftlicher Mitarbeit und Verhaltensdisziplin liegen zwischen .28 und .22. Jede einzelne dieser Variablen korreliert zugleich signifikant mit dem späteren Schulformwechsel. Dabei sind die Korrelationen für die verbalen Bewertungen wahrscheinlich unterschätzt, da sie nicht systematisch in allen Zeugnissen erteilt werden. In ihnen deutet sich an, daß viele Schüler am Ende der Grundschule ihre individuelle Schülerrolle als Syndrom von mehr oder weniger Engagement im Unterricht, Selbstvertrauen und Selbstdisziplin relativ stabil entwickelt haben. Daß allgemeine Einschätzungen von Leistungsdispositionen und Fähigkeiten durch Lehrer relativ reliabel sind, ist nach den vorliegenden Untersuchungen, etwa der Islandstudie von Edelstein, Keller & Schröder (1990) zu erwarten.

Das besondere Gewicht der Fachzensuren in der Prognose des Schulformwechsels zeigt sich auch in der multiplen Regressionsanalyse: Von den insgesamt aufgeklärten 27% der Varianz des Schulerfolgs entfallen 19% auf den Block der Zensuren in den drei Hauptfächern. Weitere 6,5% werden durch die Grundschulempfehlung erklärt.

Die Analyse der Beziehungen zwischen den Zensuren im letzten Grundschulzeugnis einerseits und der Grundschulempfehlung bzw. dem späteren Schulformwechsel andererseits hatte ein Nebenergebnis, das für die Informationsfunktion des Zeugnisses für die Eltern und damit wohl auch für deren von der Grundschulempfehlung abweichende Schullaufbahnentscheidung aufschlußreich sein könnte. Grundschullehrer nutzen die Zeugnisse häufig als Mittel ermutigender Rückmeldung. Sie erteilen besonders häufig die Zensuren 1 bis 3. Daß die Note "befriedigend" dadurch real bereits eine negative Konnotation hat, wird durch den Zusammenhang zwischen den Zensuren in Deutsch, Mathematik und Sachkunde im letzten Grundschulzeugnis und der Grundschulempfehlung deutlich.

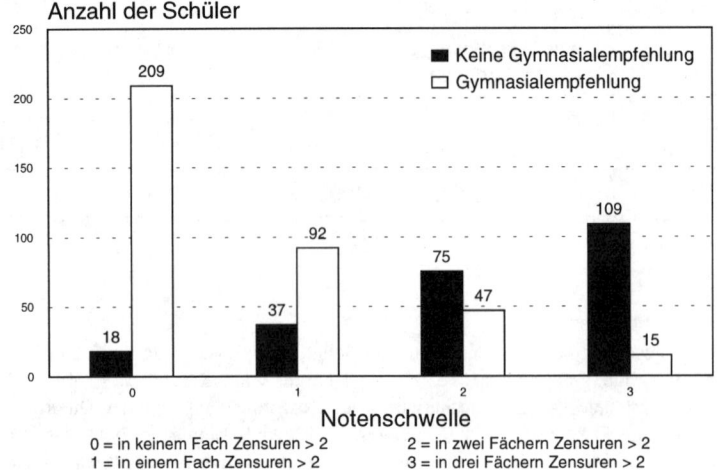

Abbildung XII.1: Grundschulempfehlung und Notenschwelle.

Abbildung XII.1 zeigt, daß zwischen den Noten 2 und 3 im Hinblick auf die Gymnasialempfehlung eine Notenschwelle liegt[21]. Praktisch alle Schüler, die in diesen drei Fächern die Zensuren 2 und 1 haben, erhalten die Empfehlung. Ist die Note auch nur in einem Fach schlechter, trifft dies nicht einmal mehr für die Hälfte der Schüler zu. Bei zwei Zensuren > 2 wird dieser Anteil erneut fast halbiert. Ist in allen drei Fächern die Note > 2, so erteilen die Grundschullehrer nur in wenigen Ausnahmen eine Gymnasialempfehlung. Es ist fraglich und wohl auch noch nicht näher untersucht worden, ob Eltern in ihrer Interpretation des letzten Grundschulzeugnisses solche Differenzierungen berücksichtigen. Ein Teil der von der Grundschulempfehlung abweichenden Schulwahlen könnte durchaus durch die Häufung positiver Bewertungen bzw. eine zu positive Bewertung der Note "befriedigend" durch die Eltern mitverursacht sein.

Analoge Zusammenhänge zwischen Zensuren in den drei Fächern im letzten Grundschulzeugnis und dem späteren Schulerfolg bestätigen gewissermaßen die Konnotation, die die Note 3 für die sie erteilenden Lehrer im Blick auf den Besuch eines Gymnasiums hat.

Wie aus Abbildung XII.2 zu ersehen ist, sind die Chancen eines erfolgreichen Besuchs des Gymnasiums hoch, wenn in allen drei Fächern am Ende der Grundschule gute oder sehr gute Leistungen vorliegen. Die Chancen des Mißerfolgs verdoppeln sich, wenn in Deutsch schwächere Leistungen erbracht werden. Eine erneute Verdopplung der Mißerfolgschancen verbindet sich mit darüber hinaus schwächeren Mathematikleistungen. Der Anteil der Schulformwechsler steigt auf gut zwei Drittel unter den Schülern mit schwächeren Leistungen in allen drei Fächern.

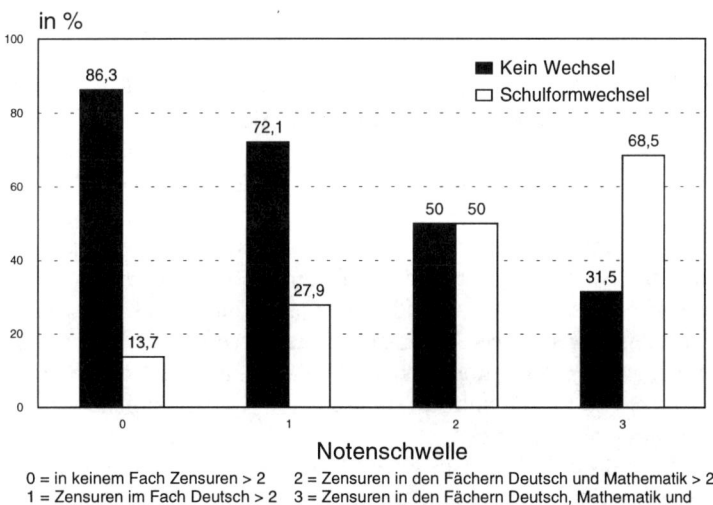

Abbildung XII.2: Schulformwechsel und Notenschwelle.

---

[21] Wir verdanken den Hinweis auf diese Zusammenhänge einer unveröffentlichten Untersuchung von D. Köster-Bunselmeyer (1992), von der wir auch den anschaulichen Terminus "Notenschwelle" übernehmen.

Die Abbildung veranschaulicht im übrigen recht gut die vergleichsweise große Stabilität von Prognosen bei den Teilgruppen, die an den Extremen der Prädiktorverteilung lokalisiert sind.

Wie zu erwarten korrelieren die Grundschulempfehlung und die Zensuren im letzten Grundschulzeugnis auch mit anderen Indikatoren des Schulerfolgs auf dem Gymnasium, so zum Beispiel mit dem Sitzenbleiben[22]. Von den Schülern ohne Gymnasialempfehlung hatte ein knappes Viertel eine Klasse wiederholt, von denen mit einer solchen Empfehlung waren es 14%. Noch ausgeprägter ist der Zusammenhang mit der (gerundeten) Durchschnittsnote aus den Fächern Deutsch, Mathematik und Sachkunde im letzten Grundschulzeugnis: Von den Schülern mit der Durchschnittsnote "1" und "2" hatten etwa 10% eine Klasse auf dem Gymnasium wiederholt. Bei der Durchschnittsnote "3" war es bereits ein Drittel. (Die Durchschnittsnote "4" war in der Stichprobe nur zweimal vertreten.)

Insgesamt ergeben sich Zusammenhänge mittlerer Stärke zwischen Variablen, die den Leistungsstatus am Ende der Grundschule und im Verlauf der Sekundarstufe I indizieren. Jedenfalls gilt dies für Gymnasium und Realschule. Daß Variablen, die auf Verhalten und dahinter stehende affektive und kognitive Einstellungen zur Schule verweisen, beim Übergang von der Grundschule in die Sekundarstufe in der skizzierten Studie eine geringere Stabilität haben, ist möglicherweise auf deren mangelhafte Indikatorisierung zurückzuführen, wie der Vergleich mit der sorgfältigen Untersuchung von Pekrun belegt (Pekrun, 1991b; vgl. auch den Überblick in Pekrun & Fend, 1991). Zu berücksichtigen ist bei der Bewertung der Koeffizienten auch, daß die Zusammenhänge jeweils an Stichproben überprüft wurden, deren Varianz durch schulische Selektionsprozesse eingeschränkt ist.

DIE ENTWICKLUNG DER LEISTUNGEN UND DES VERHALTENS IN DER SEKUNDARSTUFE I

Die bisher repräsentierten Ergebnisse implizieren zugleich eine beträchtliche Stabilität der schulischen Entwicklung im Verlauf der Sekundarschule. Das zeigt sich schon bei der Analyse der Zusammenhänge zwischen den Informationen im Halbjahreszeugnis des 5. Schuljahres am Gymnasium mit dem Schulformwechsel, die analog zur Analyse der Zusammenhänge mit dem letzten Grundschulzeugnis durchgeführt wurde. Die Koeffizienten liegen meist etwas höher; die Struktur der Ergebnisse bleibt die gleiche. Die einzige wirklich neue Information bezieht sich auf die überragende Bedeutung der ersten Fremdsprache für den Schulformwechsel, die vor allem in den Diskriminanz- und Regressionsanalysen sichtbar wird.

Auch die Leistungsbewertung in Hauptfächern des Gymnasiums hat einen hohen Grad von Konsistenz, wie Tabelle XII.3a-c für die Deutsch-, Mathematik- und Englischzensuren der Schuljahresendzeugnisse dokumentiert. Sieht man von den beiden letzten Schuljahren ab, liegt die Korrelation der Deutschzensuren zweier aufeinander folgender Schuljahre durchwegs über $r = .65$. Vielleicht noch bemerkenswerter in unserem Zusammenhang ist, daß die Deutschnote des 4. Schuljahres eine hochsignifikante Korrelation mittlerer Stärke mit der Fachzensur des 9. Schuljahres aufweist. Wie Tabelle XII.3b

---

[22] Die Zusammenhänge wurden an der Stichprobe von Mitschülern der Schulformwechsler überprüft.

zeigt, gilt dies auch für die Mathematikzensur des 4. Schuljahres. Da beide Zensuren, wie schon gesagt, mit beträchtlichem Gewicht in die Grundschulempfehlung eingehen, liegt hier ein Teil der Erklärung für deren prognostische Gültigkeit. Hohe Korrelationen

Tabelle XII.3a: *Stabilität der Leistungsbewertung im Fach Deutsch in den Klassen 4 der Grundschule bis 10. Jahrgangsstufe des Gymnasiums (Pearsons Korrelation)*

Schuljahr	4	5.2	6.2	7.2	8.2	9.2
5.2	.45**					
6.2	.42**	.68**				
7.2	.43**	.54**	.63**			
8.2	.41**	.47**	.55**	.66**		
9.2	.34**	.41**	.48**	.55**	.66**	
10.2	.30	.27	.54**	.61**	.54**	.51*

Anmerkung: * $p < .05$; ** $p < .01$.

Tabelle XII.3b: *Stabilität der Leistungsbewertung im Fach Mathematik in den Klassen 4 der Grundschule bis 10. Jahrgangsstufe des Gymnasiums (Pearsons Korrelation)*

Schuljahr	4	5.2	6.2	7.2	8.2	9.2
5.2	.49**					
6.2	.46**	.69**				
7.2	.46**	.65**	.68**			
8.2	.38**	.53**	.59**	.68**		
9.2	.44**	.52**	.55**	.62**	.68**	
10.2	.02	–.18	.14	.40	.53**	.62**

Anmerkung: ** $p < .01$.

Tabelle XII.3c: *Stabilität der Leistungsbewertung im Fach Englisch in Klassen des Gymnasiums (Pearsons Korrelation)*

Schuljahr	5.2	6.2	7.2	8.2	9.2
6.2	.69**				
7.2	.60**	.75**			
8.2	.45**	.59**	.72**		
9.2	.46**	.54**	.62**	.71**	
10.2	.52*	.19	.44*	.43*	.56**

Anmerkung: * $p < .05$; ** $p < .01$.

um .60 ergeben sich für Mathematik meist über drei aufeinanderfolgende Schuljahre. Die engsten Zusammenhänge zeigen sich bei den Englischzensuren: die des 6., 7. und 8. Schuljahres korrelieren mit denen des jeweils folgenden >.70.

Insgesamt verweisen die mittleren bis hohen Korrelationen von einem Schuljahr zum nächsten nicht nur auf die Stabilität der Verläufe, sondern auch auf Spielräume für individuelle Variationen, die sich wiederum zu stabilen Verläufen für Teilgruppen zusammenfassen lassen. Die vorzeitigen Abgänger haben wir als eine solche Teilgruppe charakterisiert, die sich bereits am Ende der Grundschule in Verhalten und Leistung signifikant von den erfolgreicheren Mitschülern unterscheidet, deren Leistung sich kontinuierlich verschlechtert, die sich zunehmend aus dem Unterrichtsgeschehen zurücknimmt oder in Form aktiven Störens gegen die Schule rebelliert, bis der Schulformwechsel unvermeidbar erscheint. Wahrscheinlich ist es nach unseren Befunden sinnvoll, innerhalb der Gruppe der Wechsler mindestens zwei Gruppen zu unterscheiden: die der frühen Abgänger, bei der sich die Mißerfolgskarriere besonders deutlich schon in der Grundschule anbahnt und die der Abgänger im 9. und 10. Schuljahr, die zunächst einen befriedigenden Start auf dem Gymnasium hatten, dann aber den Leistungsanforderungen, insbesondere in der ersten Fremdsprache, zunehmend weniger genügten. Gerade bei den späten Abgängern ist zu vermuten, daß in vielen Fällen die Mißerfolgskarriere nicht nur schulische Ursachen hatte. Die Stabilität solcher Mißerfolgskarrieren dürfte sich nicht zuletzt der Interaktion mit außerschulischen Erziehungsumwelten in Familie und Peer Group verdanken.

Als eine nicht nur im Verlauf, sondern auch im Niveau der Schulleistungen stabile Gruppe erwiesen sich in der zweiten Teilstudie zum Schulformwechsel (vgl. Fußnote 20) diejenigen Realschüler und Gesamtschüler, die diesen Schultyp von Anfang an besuchten und am Ende der 10. Klasse die Qualifikation zum Besuch der gymnasialen Oberstufe erlangten, die sie mehrheitlich dann auch nutzten. Ihre Schulleistungen waren vom 5. Schuljahr an im Jahresdurchschnitt besser als "befriedigend" und hielten sich in allen Schuljahren der Sekundarstufe I auf diesem Niveau. Die Unterschiede zu den Mitschülern, die den Realschulabschluß ohne diese erweiterte Qualifikation oder den Hauptschulabschluß (2,3% der Stichprobe) erlangten, waren auf allen Jahrgangsstufen höchst signifikant. Auch ihre schriftliche und insbesondere die mündliche Mitarbeit im Unterricht wurde auf mehreren Jahrgangsstufen signifikant positiver bewertet. Für diese Teilgruppe hat die Schulwahl der Sekundarschule offensichtlich zu einer guten Passung zwischen Leistungsvoraussetzungen und Anforderungen geführt und eine positive Schulmotivation dauerhaft stabilisiert. Daß mehr als die Hälfte dieser Stichprobe von Real- und Gesamtschülern der 10. Jahrgangsstufe die Qualifikation zum Besuch der gymnasialen Oberstufe erlangte, illustriert recht gut die eingangs erwähnte Offenheit auch des gegliederten Schulsystems und die damit gegebene Möglichkeit zur Revision der Schulwahlentscheidung am Ende der Grundschule, auch wenn die in einem Hamburger Schulbezirk erreichte Erfolgsquote sicher nicht repräsentativ für die Bundesrepublik ist[23].

Die Frage, ob und in welchem Umfang auch die Schulformwechsler aus dem Gymnasium an den sie aufnehmenden Real- und Gesamtschulen vergleichbar erfolgreich

---

[23] Ein weiteres Indiz für diese Öffnung ist, daß im Jahre 1990 14% aller Absolventen der Hauptschule in der alten Bundesrepublik den Realschulabschluß erreichten. Im Schuljahr 1990/91 belief sich dieser Anteil in Nordrhein-Westfalen auf 38% (Arbeitsgruppe Bildungsbericht 1994, S. 223, 448).

sind, galt die erwähnte Folgestudie. Ihr Ergebnis ist überraschend und zugleich eindeutig. Schon in dem auf den Übergang vom Gymnasium folgenden Schuljahr unterscheiden sich die Wechsler in ihren Jahresdurchschnittsnoten nicht mehr signifikant von ihren neuen Mitschülern. Dies gilt für Wechsel in den Jahrgangsstufen 5 bis 9, per definitionem aber nicht für Klasse 10. Was aber überraschend ist: Auch in der Verteilung der am Ende der Sekundarstufe I erreichten Qualifikationen unterscheiden sie sich nicht signifikant von den "grundständigen" Real- und Gesamtschülern. Genau die Hälfte erwarb die Berechtigung zum Besuch der gymnasialen Oberstufe und nutzt diese Chance auch mehrheitlich[24]. Sie kann damit trotz eines dramatischen und zweifellos belastenden Scheiterns an der mit der ursprünglichen Schulwahl verbundenen Bildungsaspiration festhalten. Aber auch der Realschulabschluß, den 48% der Schulformwechsler erreichen, eröffnet weitere Optionen bis zum Hochschulbesuch. Nur 1,8% der Schulformwechsler müssen sich mit dem Hauptschulabschluß bescheiden. Für die ehemaligen Gymnasiasten, die sich nun doch für den Besuch der gymnasialen Oberstufe qualifizieren, hat die Grundschulempfehlung keine prognostische Gültigkeit mehr. Der Anteil mit Gymnasialempfehlung ist hier praktisch ebenso hoch wie unter den Schulformwechslern, die "nur" den normalen Realschulabschluß erreichen[25]. Das spricht dafür, daß der schließliche Erfolg einem entschiedenen Neuanfang nach dem Scheitern zuzuschreiben ist. Dies würde voraussetzen, daß es den Schülern und ihren Eltern gelungen ist, den Mißerfolg ohne nachhaltige Stigmatisierung als Versager zu verarbeiten und so die motivationalen Voraussetzungen für einen neuen Start zu schaffen. Dieser Neuanfang könnte dadurch erleichtert worden sein, daß die Schüler die Anforderungen der Realschule als leichter zu bewältigen erlebten. Dies wirft freilich die Frage auf, ob die an Real- und Gesamtschulen vermittelte Qualifikation zum Besuch der gymnasialen Oberstufe der am Gymnasium selbst erlangten vergleichbar ist, eine Frage übrigens, die auf der Grundlage der Daten unseres Längsschnittprojektes über Bildungsverläufe und psychosoziale Entwicklung im Jugendalter in Kürze untersucht werden kann. Die Inspektion der im Rahmen dieser Untersuchung in der 7. Klasse erhobenen Leistungsdaten zeigt freilich, daß sich auch Gymnasien in ihren Anforderungen und Leistungen erheblich unterscheiden, womit sich die Frage der Gleichwertigkeit vermittelter Qualifikationen schon für sie stellt.

Der Kontrast zwischen den von der 5. Klasse an erfolgreichen Real- und Gesamtschülern und der Mißerfolgskarriere der Schulformwechsler erhellt die Bedeutung der Schullaufbahnentscheidung auch jenseits von Karriereerwägungen. Auf der einen Seite eine Entwicklung, die durch fortdauernde Bestätigung der eigenen Kompetenz und entsprechend hohe Motivation bestimmt ist, auf der anderen Seite die zunehmende Entmutigung durch immer erneutes Versagen, deren auch gesundheitlich beeinträchtigende Rückwirkungen die Studien von Hurrelmann und Mitarbeitern belegen (Arbeitsgruppe Schulforschung, 1980; Hurrelmann & Wolf, 1986). Nittel beschreibt solche Mißerfolgs-

---

[24] Ein Befund, der unser Thema nicht direkt tangiert, sollte als Beleg für die Integrationsleistung von Real- und Gesamtschulen aber wenigstens erwähnt werden: Ausländische und deutsche Schüler unterscheiden sich nicht signifikant im Hinblick auf den Anteil der sich für die gymnasiale Oberstufe Qualifizierenden.

[25] Anders sieht es bei den "grundständigen" Real- und Gesamtschülern aus: Von den sieben Schülern, die in dieser Gruppe eine Gymnasialempfehlung erhielten, aber aus unbekannten Gründen nicht nutzten, qualifizierten sich sechs für den Besuch der gymnasialen Oberstufe.

karrieren auf der Grundlage intensiver Fallstudien als eher ohnmächtig und leidend erlebten "Kulturschock aufgrund andauernder Diskrepanzerfahrungen", häufig verstärkt durch eine von den Eltern mitgetragene Stigmatisierung als Versager (Nittel, 1992, S. 286f). Gerade solche weitreichenden Effekte der Schullaufbahnentscheidung erscheinen mir dennoch als stärkstes Argument für die Priorität des Votums der Eltern. Dies mit einer Abwertung der Empfehlung der Grundschullehrer zu verbinden, ist angesichts derartiger Befunde eher skandalös. Sie sprechen vielmehr für die Notwendigkeit, deren diagnostische und Beratungskompetenz zu steigern. Dies dürfte nicht nur der Optimierung von Schulwahlentscheidungen zugute kommen, sondern auch ihrem eigenen Unterricht. Auch die Lehrer der Sekundarschulen könnten von solider diagnostischer Information über die aus der Grundschule aufgenommenen Schüler profitieren. Das verbreitete Bedenken, daß dadurch eher Vorurteile vermittelt werden, die unbefangene eigene Erfahrungen verstellen könnten, verrät ein eher geringes Vertrauen in die Professionalität des Berufsstandes.

SCHULTYPSPEZIFISCHE SOZIALISATIONSEFFEKTE

Mit der Schulwahlentscheidung werden nicht nur bestimmte Bildungs- und Berufskarrieren eröffnet, sie ist zugleich eine mindestens implizite Entscheidung für ein soziales Umfeld, das mit spezifischen Sozialisationseffekten verbunden ist. Sie sind an Dimensionen der Selbstwahrnehmung und Bewertung, der Einstellungen zur Schule und schulischen Leistungsanforderungen, an der Herausbildung fachlicher Interessen und von Selbstkonzepten fachlicher Kompetenz und der mit diesen Wahrnehmungen verbundenen Emotionen auszumachen. Diese Sozialisationseffekte sind nicht auf schulbezogene Einstellungen, Wertungen und Attribuierungen beschränkt, sondern zeigen auch in der Entwicklung von Freizeitinteressen, politischem Interesse, Bereitschaft zu gesellschaftlichem Engagement, spezifischen Wertorientierungen und Legitimitätskriterien in der Bewertung sozialer Prozesse. Helmut Fend (1991a) hat diese Herausbildung einer politischen Identität im Jugendalter – unter anderem im Kontext des besuchten Schultyps – eingehend untersucht. Auf eines der interessantesten Ergebnisse seiner Längsschnittstudie, Veränderungen in der politischen Orientierung von Mädchen betreffend, wird noch etwas ausführlicher einzugehen sein. Die folgenden Ausführungen beschränken sich zunächst darauf, schulische Sozialisationseffekte an einigen Beispielen zu demonstrieren, die der schon genannten Längsschnittstudie über Bildungsverläufe und psychosoziale Entwicklung im Jugendalter entnommen sind sowie der in diesem Zusammenhang durchgeführten einmaligen Befragung von Schülern des 10. Schuljahres.

In die Untersuchung wurden die Länder Mecklenburg-Vorpommern, Sachsen-Anhalt, Berlin und Nordrhein-Westfalen mit jeweils für das Bundesland repräsentativen Stichproben einbezogen. Die Erhebungen zu Schulleistungen und psychosozialen Aspekten zu drei Meßzeitpunkten im Verlaufe des 7. Schuljahres wurden im Schuljahr 1991/92 durchgeführt (insgesamt 9.424 Schüler aus 212 Schulen). An der parallel zum 2. Meßzeitpunkt durchgeführten Befragung in 10. Schuljahren nahmen 1.515 Schüler aus 83 Schulen teil. Für die Interpretation der folgenden Abbildungen ist es wichtig sich zu vergegenwärtigen, daß die erste Erhebung im 7. Schuljahr wenige Wochen nach der Neuorganisation des Schulwesens in den neuen Bundesländern stattfand, die wohl von vielen Betroffenen als kritisches Lebensereignis erfahren wurde. Zu vermuten ist aber auch, daß für diejenigen Schüler, die sich nach dem Umbruch im Gymnasium fanden, die Verunsicherung durch dieses Erfolgserlebnis gemildert wurde.

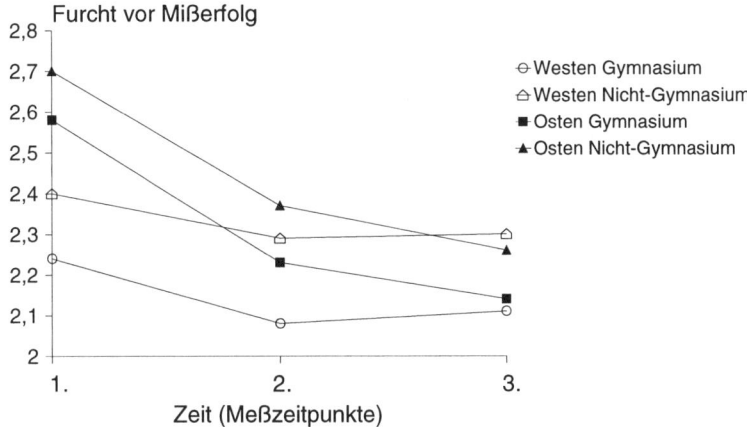

Abbildung XII.3: Furcht vor Mißerfolg nach Herkunft und Schulform über Zeit.

Abbildung XII.3 zeigt die Entwicklung der Mittelwerte der vierstufigen Skala "Furcht vor Mißerfolg" im Verlaufe des 7. Schuljahres. Sie kontrastiert Schüler aus den alten und aus den neuen Bundesländern und stellt Gymnasiasten den zu einer Gruppe zusammengefaßten Haupt-, Real- und Gesamtschülern gegenüber. (Die Zusammenfassung läßt sich auch deshalb vertreten, weil die Skalenmittelwerte der Schüler dieser drei Schularten meist nah beieinander liegen.) Zu Beginn des Schuljahres sind sowohl die Ost-West-Unterschiede als auch die zwischen den Schularten bestehenden signifikant. "Furcht vor Mißerfolg" ist bei Schülern aus den neuen Bundesländern und bei den Nicht-Gymnasiasten jeweils stärker ausgeprägt. Bis zur Jahresmitte ist vor allem bei den Schülern aus den neuen Ländern ein starker Rückgang der Durchschnittswerte zu beobachten. Am Ende des Schuljahres gibt es keinen Ost-West-Unterschied mehr, sondern nur den signifikanten Unterschied zwischen den Schularten.

Eine ganz ähnliche Entwicklung wird durch die Skala "Hilflosigkeit" angezeigt: Auch hier sind die zu Beginn des Schuljahres bestehenden Ost-West-Unterschiede zum 3. Meßzeitpunkt geschwunden, und nur die Unterschiede zwischen den Schularten bleiben signifikant.

Als allgemeiner Indikator für das Wohlbefinden in der Schule kann die Skala "Schulunlust" gewertet werden (vgl. Abb. XII.4). Hier haben die Gymnasiasten aus den neuen Ländern bereits zu Beginn des Schuljahres die günstigsten Werte und die Nicht-Gymnasiasten die höchsten. Zum 3. Meßzeitpunkt spielt bei den Gymnasiasten die Herkunft keine Rolle mehr. Nur die Nichtgymnasiasten aus den neuen Ländern unterscheiden sich trotz leicht abnehmender Frustration im 2. Schulhalbjahr noch signifikant von den drei anderen Gruppen.

Hinsichtlich der fachspezifischen Selbsteinschätzung lassen sich vergleichbare Entwicklungstendenzen erkennen. Daß sich Schüler aus den neuen Ländern vor allem zu Beginn des Schuljahres meist deutlich ungünstiger einstufen, dürfte wohl primär als

Effekt der Verunsicherung durch den schnellen Wandel des Schulsystems zu verstehen sein. Leistungsunterschiede bzw. Unterschiede der schulischen Leistungsbewertung korrespondieren mit dieser Selbsteinstufung jedenfalls nicht.

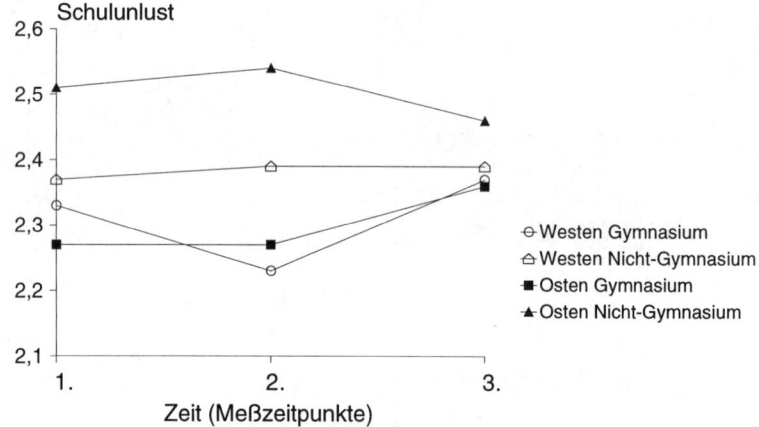

Abbildung XII.4: Schulunlust nach Herkunft und Schulform über Zeit.

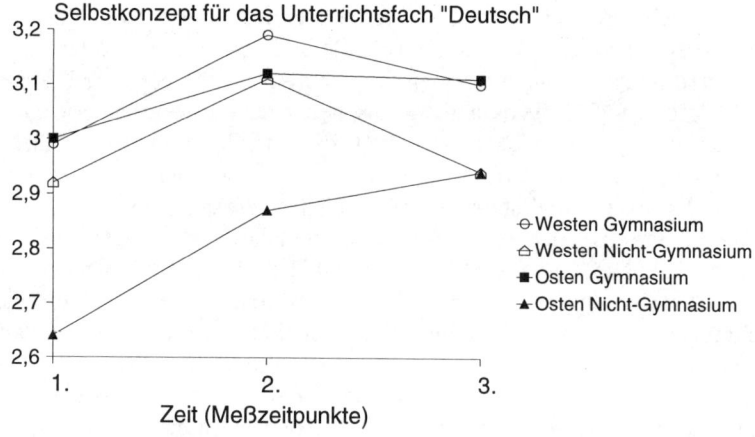

Abbildung XII.5: Selbstkonzept Deutsch nach Herkunft und Schulform über Zeit.

Abbildung XII.5 veranschaulicht die Entwicklung des Selbstkonzepts der Begabung für das Fach Deutsch (vierstufige Skala). Der zu Beginn des Schuljahres zu beobachtende Ost-West-Unterschied ist ausschließlich auf die markant ungünstigere Selbsteinschätzung der Nicht-Gymnasiasten aus den neuen Ländern zurückzuführen. Sie verbessert sich im Laufe des Schuljahres kontinuierlich, so daß am Ende des Schuljahres nur noch signifikante Unterschiede zwischen den Schulformen auf relativ hohem Niveau bestehen.

Beim Selbstkonzept Mathematik (Abb. XII.6) bilden Gymnasiasten aus den alten und Nicht-Gymnasiasten aus den neuen Ländern die beiden Extremgruppen. Die Ost-West-Unterschiede verringern sich im Verlauf des Schuljahres, bleiben aber signifikant. Ebenso die Schulformunterschiede, die zum 3. Meßzeitpunkt zugenommen haben. Die Tendenz, daß in der weiteren Entwicklung nur noch Schulformunterschiede zu beobachten sein werden, deutet sich also auch für das Selbstkonzept Mathematik an.

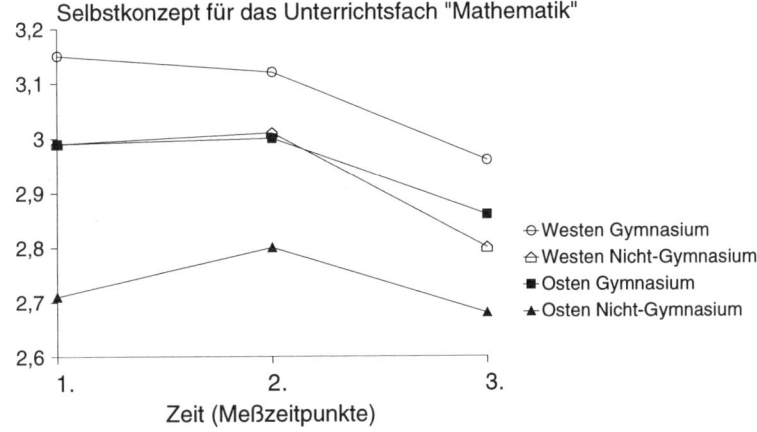

Abbildung XII.6: Selbstkonzept Mathematik nach Herkunft und Schulform über Zeit.

Man mag das Durchschlagen des Schuleffekts nicht überraschend finden, da die Skalen inhaltlich auf Schulnähe angelegt sind. Wir gehen jedoch davon aus, daß die Art, wie Kinder und Jugendliche eine dominante Umwelt und sich in ihr erleben, nicht ohne Einfluß auf ihr Verhalten in anderen sozialen Feldern ist. Zudem sind Sozialisationseffekte der Schule keineswegs auf schulnahe Dimensionen beschränkt, wie etwa die Befragungen von Schülern des 10. Schuljahrs zeigen, in der es um moralische und politische Orientierungen, Bewertung gesellschaftlicher Prozesse und Institutionen ging. Auch hier zeigten sich starke Effekte des Schultyps (Roeder & Schnabel, 1995; Schnabel & Roeder, 1995).

Entwicklung vor, während und nach der Grundschulzeit: Ergebnisse aus dem SCHOLASTIK-Projekt

Franz E. Weinert und Jan Stefanek

Es ist eine Alltagserfahrung, die nicht der wissenschaftlichen Bestätigung bedarf, daß die psychische Entwicklung während der Grundschulzeit vielfältige Wurzeln im vorschulischen Alter hat und auf die weitere Entwicklung im Sekundarschulalter ebenso vielfältige Wirkungen besitzt. Das gilt für die Genese, Stabilität und Veränderung interindividueller Differenzen von kognitiven Kompetenzen und motivationalen Tendenzen in ganz besonderer Weise. Darüber wird in diesem Kapitel berichtet, wobei die Daten über das Vorschul- und Sekundarschulalter der LOGIK-Studie entstammen. Insofern beziehen sich alle Analysen auf die sogenannte Überlappungsstichprobe der sowohl an der LOGIK- als auch an der SCHOLASTIK-Studie beteiligten Kinder (vgl. Kap. I).

TEIL 1: ENTWICKLUNGSUNTERSCHIEDE IM VORSCHULALTER UND DER EINFLUSS AUF DIE ENTWICKLUNG WÄHREND DER GRUNDSCHULZEIT

Manche wissenschaftliche Hoffnungen von Entwicklungspsychologen stehen vermutlich im Widerspruch zu ihren eigenen alltäglichen Wünschen. Theoretisch erscheint es ihnen erstrebenswert und befriedigend, wenn ein möglichst großer Anteil der interindividuellen Varianz eines psychologischen Merkmals zu einem gegebenen Zeitpunkt durch früh erhobene Meßwerte "aufgeklärt" werden kann, und wenn zugleich die individuellen Unterschiede in der Entwicklung wie in der jeweils erreichbaren Entwicklungsasymptote möglichst früh im Leben mehr oder minder perfekt vorhersagbar sind. Lebenspraktisch gesehen dürfte sich kaum jemand eine solche prästabilisierte Genese interindividueller Differenzen wünschen. Es hieße ja nichts anderes, als daß wir älter werden und doch stets die alten bleiben, daß sich in der Entwicklung der Individuen zwar alles verändert, nur nicht die Unterschiede zwischen ihnen. Variable Lebensschicksale, verschiedene Lernerfahrungen, die didaktischen Qualitäten von Lehrern, - dieses und vieles andere sollte letztlich ohne differentielle Auswirkungen auf die menschliche Entwicklung und den Erwerb kognitiver Kompetenzen sein?

Ohne uns dessen immer bewußt zu sein, glauben wir als Alltagsmenschen wie als Wissenschaftler wahrscheinlich an beides: An die Persistenz und die damit verbundene Prädizierbarkeit individueller Differenzen über lange Zeiträume hinweg und zugleich an die Offenheit der menschlichen Entwicklung mit ihren pädagogisch-psychologischen Chancen und Risiken. Dieser schwankende, nicht selten situativ schnell wechselnde Glaube an die Stabilität *und* an die Variabilität der Entwicklungsunterschiede zwischen Kindern entspricht der allgemeinen Lebenserfahrung ebenso, wie den immer wieder replizierten Ergebnissen der differentiellen Entwicklungspsychologie mit riesigen Schwärmen von Stabilitätskoeffizienten zwischen .4 und .8.

Zu fragen ist unter diesen Umständen, wie es zu der theoretischen Bevorzugung maximaler Prädiktionsmodelle kognitiver Entwicklungsunterschiede kommt. Zu einer vorläufigen Klärung dieser Frage bietet sich die Geschichte der Intelligenzforschung an. Es sind vier grundlegende Annahmen, die seit Anfang des Jahrhunderts die wissenschaftliche Diskussion oft stillschweigend beherrscht haben:

1. Annahme: Die intellektuellen Fähigkeiten und Leistungen verbessern sich während der Kindheit unter durchschnittlichen Lebens-, sozialen Anregungs- und individuellen Erlebnisbedingungen als Funktion des chronologischen Alters. Binet & Simon (1905) konnten deshalb synchron zum Lebensalter den Begriff des Intelligenzalters in die wissenschaftliche Diskussion einführen.

2. Annahme: Erreicht ein Individuum die - und nur die - für eine Altersstufe typischen Intelligenzleistungen, so sind nach Auffassung von Binet und Simon Lebens- und Intelligenzalter identisch. Betrachtet man dies als empirische Entwicklungsnorm, so lassen sich Abweichungen davon als interindividuelle Unterschiede im intraindividuell erreichten Entwicklungsniveau darstellen.

3. Annahme: Individuell invariante und interindividuell unterschiedliche Steigungswinkel der Wachstumsfunktion für die Intelligenz sollten deshalb frühe und valide Hinweise auf die persönlich erreichbare Entwicklungsasymptote erlauben. Diese Annahme wird durch Abbildung XII.7 veranschaulicht.

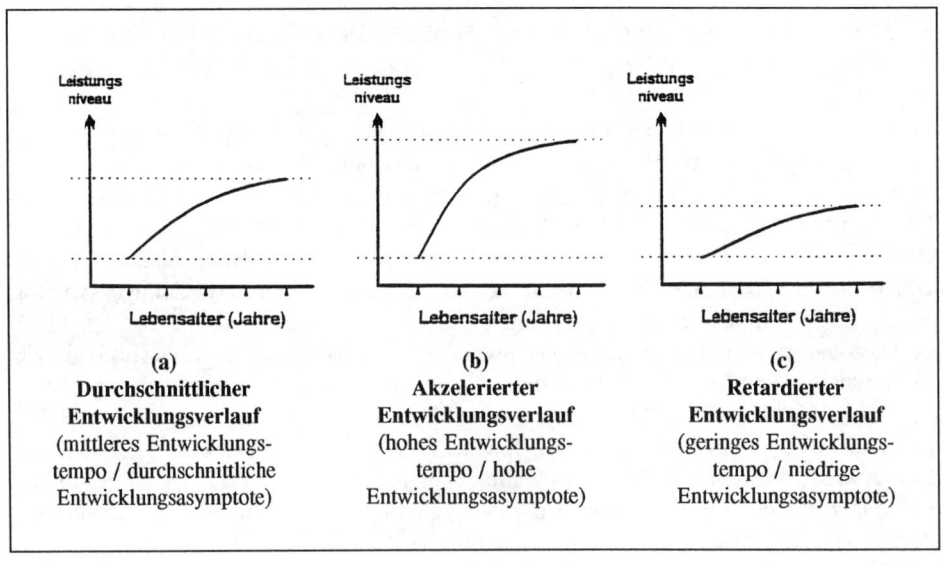

Abbildung XII.7: Akzelerierte und retardierte Entwicklungsverläufe für kognitive Funktionen.

Abbildung XII.7 macht deutlich, daß Unterschiede in der intellektuellen Entwicklung auf jeder Lebensaltersstufe als zuverlässige Indikatoren für die zu erwartenden interindividuellen Differenzen der weiteren kognitiven Entwicklung und der erreichbaren Erwachsenenintelligenz anzusehen sind.

4. Annahme: Seit es die wissenschaftliche Erforschung der Intelligenz gibt, hat man dieses Konzept in enger Verbindung zu einer allgemein definierten Lernfähigkeit gebracht. Hilgard (1956) postulierte dementsprechend, daß intelligentere im Vergleich zu weniger intelligenten Menschen viele Dinge schneller, leichter und besser lernen können. Damit war quasi theoretisch auch ein Zusammenhang zwischen Intelligenz und Schulleistung hergestellt, der mit immer wieder gefundenen einfachen Korrelationen zwischen .4 und .6 eine hinreichende empirische Bestätigung fand. Es ist deshalb nicht erstaunlich, daß sich hoch aggregierte Maße der allgemeinen Intelligenz durchwegs als beste Einzelprädiktoren für fast alle Schulleistungen erwiesen haben, - selbst wenn die korrelativen Zusammenhänge in Abhängigkeit von der untersuchten Personenstichprobe, vom verwendeten Intelligenztestverfahren und vom jeweiligen Schulleistungskriterium eine beachtliche Schwankungsbreite aufweisen können (Kühn, 1987).

Interpretiert wurde dieses empirische Befundmuster als Beleg dafür, daß eine ausreichende Intelligenz die einzig notwendige, wenn auch nicht hinreichende Bedingung für den Erwerb anspruchsvoller schulischer Lernleistungen darstellt.

Weitgehend unabhängig von solchen theoretischen Überlegungen wurden die ebenso klassischen wie simplen Ein-Faktor-Modelle zur Erklärung und/oder Vorhersage von Schulleistungen in zweifacher Weise erweitert: Einerseits durch Berücksichtigung einer mehr oder minder großen Zahl potentieller Bedingungsfaktoren (multiple Determinationsmodelle) und andererseits durch die Suche nach Wechselwirkungen zwischen Person- und Unterrichtsmerkmalen (Person-Umwelt-Interaktionsmodelle).

Im Fall der multiplen Determinationsmodelle führte die Forschung zu einer Inflation schulleistungsrelevanter kognitiver, motivationaler, affektiver, instruktionaler und kontextueller Bedingungsfaktoren. Aus den einschlägigen Metaanalysen (Fraser, Walberg, Welch & Hattie, 1987; Walberg, 1990; Wang, Haertel & Walberg, 1993) könnte man den Eindruck gewinnen, daß vieles für die Schulleistung irgendwie bedeutsam ist, daß aber gleichzeitig auch alles irgendwie unwichtig erscheint. Dieser Eindruck hängt vermutlich damit zusammen, daß in multiplen Prädiktionsmodellen in der Regel stillschweigend unterstellt wird, ein und dasselbe Schulleistungskriterium könne durch beliebig viele Linearkombinationen von unterschiedlichen Dosierungen relevanter Bedingungsfaktoren "erklärt" werden, - unabhängig davon, welche Zusammenhänge zwischen den Determinanten bestehen und wie sie in der jeweiligen Kombination auf das Kriterium wirken.

Im Falle der interaktiven Schulleistungsmodelle gab es in den vergangenen Jahren eher eine Deflation an empirisch replizierbaren speziellen Wechselwirkungen zwischen Person- und Unterrichtsmerkmalen auf die kognitiven Leistungen. Vermutlich sind es eben nicht molekulare Elemente (wie z. B. induktive Lehrstrategien für leistungsschwache Schüler), sondern molare Konstellationen (z. B. effektive, aber durchaus variable Nutzung der Lernzeit für akademische Ziele) des Unterrichts, die sich auf das Verhalten, das Lernen und die Leistungen verschiedener Schüler in unterschiedlicher Weise auswirken.

Aufgrund des aktuellen Forschungsstandes und im Hinblick auf den zwar reichhaltigen, aber doch beschränkten Datensatz der kombinierten LOGIK-SCHOLASTIK-Studie erscheint es deshalb zweckmäßig, nicht in empiristischer Weise alles mit allem zu korrelieren, sondern unter theoretischen Perspektiven die Zusammenhangsmuster zwischen ausgewählten Prädiktor- und Kriteriumsvariablen zu analysieren. Folgende Variablensätze werden dabei berücksichtigt:

(a) Im Rahmen eines kognitiven Ressourcenmodells der schulischen Lernleistungen muß angenommen werden, daß es in der Determination und Prädiktion von Leistungsdifferenzen erhebliche Unterschiede gibt, je nachdem, ob dem Leistungskriterium eine spezifische, überlernbare und relativ stereotyp auszuführende Fertigkeit zugrundeliegt, oder ob es sich um die Beherrschung von Regeln handelt, die in variablen Situationen flexibel angewandt werden müssen (Ackerman, 1989). Im ersten Fall wäre die Leistungsvarianz vor allem durch Vorkenntnisunterschiede determiniert; im zweiten Fall ist es die Kombination (mit teilweiser Kompensationsmöglichkeit) von speziellen Kenntnissen und der allgemeinen Intelligenz. Wir haben deshalb Fertigkeiten (arithmetische Kenntnisse; Richtigschreiben von Wörtern) und Regelkompetenzen (Leseverständnis; mathematische Textaufgaben) als Schulleistungen berücksichtigt. Die individuellen Leistungen wurden am Anfang sowie am Ende der 2. Klasse und mit Ausnahme des Leseverständnisses auch in den 3. und 4. Grundschulklassen mit Hilfe selbstkonstruierter reliabler Testverfahren geprüft.

(b) Der Forschungsstand zur kognitiven Entwicklung macht es schwer, Determinanten von Schulleistungen in theoretisch begründeter Weise zu hypostasieren. Im Rahmen hierarchischer Intelligenzmodelle wird sowohl dem IQ als Indikator der allgemeinen Intelligenz als auch der Unterscheidung zwischen kristallin-verbalen und fluid-nichtsprachlichen Intelligenzfähigkeiten große Beachtung geschenkt. Zugleich verstärkt sich das Interesse an inhaltsspezifischen, eher modularisierten Formen der Verarbeitung sprachlicher und numerischer Informationen. Ohne hier auf die theoretischen Begründungen näher einzugehen, wurden im Vorschulalter folgende kognitive Kompetenzen erfaßt und zum Teil auch während der Grundschulzeit gemessen:

- Der HAWIVA im Vorschulalter und der HAWIK sowohl in der 1. als auch in der 3. Grundschulklasse dienten zur Erfassung der allgemeinen Intelligenz mit ihren verbalen und nicht-verbalen Komponenten.
- Als Meßinstrument für die nicht-verbale fluide Intelligenz verwendeten wir den CFT als Gruppentest in der 2. und am Anfang der 4. Klasse sowie als Individualtest am Ende der 4. Grundschulklasse.
- Numerische Kompetenzen wurden im Vorschulalter durch zwei Aufgaben indikatorisiert: Durch Mengenschätzung sowie durch eine Zahlenkonservierungsaufgabe. Die Entwicklung verbaler Kompetenzen vor Beginn der Schulzeit wurde über Maße der phonetischen Bewußtheit, der sprachlichen Gedächtniskapazität (Satzspanne), der Buchstabenkenntnis und der Schnelligkeit verbaler Informationsverarbeitung erfaßt (vgl. im einzelnen Schneider & Näslund, 1993).

(c) Motivationale Faktoren beeinflussen das Lernen und die interindividuellen Leistungsunterschiede auf sehr verschiedene Weise (vgl. Helmke & Weinert, 1997): In aktuellen Lern- und Leistungssituationen wird sich eine zuversichtliche Erfolgsorientierung und ein hohes, aber realistisches Selbstkonzept eigener Tüchtigkeit positiv, Versagensängstlichkeit dagegen negativ auswirken. Demgegenüber dürften Differenzen in allgemeinen Lerneinstellungen eher die Persistenz des aufgabenbezogenen Verhaltens und damit eine wichtige Voraussetzung des Expertiseerwerbs beeinflussen (Ericsson, Krampe & Tesch-Römer, 1993). Die genannten vier Motivvariablen wurden im Vor- und Grundschulalter erfaßt und werden in den nachfolgenden Analysen berücksichtigt.

(d) Will man Schulleistungsunterschiede durch individuelle Merkmalsdifferenzen aus der Vorschulzeit vorhersagen, so erscheint es nach dem Erkenntnisstand der Lehr-Lernforschung notwendig, auch Qualitätsmerkmale des Unterrichts zu berücksichtigen. Dazu wurden im Anschluß an mehrere Unterrichtsbesuche pro Jahr in allen an der SCHOLA-STIK-Studie beteiligten Klassen durch geschulte Beobachter hoch-inferente Urteile über die Effektivität des Klassenmanagements, über die situations- und schülerspezifische Adaptivität des Unterrichts, über die Strukturiertheit des didaktischen Vorgehens und über das Klassenklima abgegeben. Außerdem konnten mit einem niedrig-inferenten Verfahren verschiedene Aspekte des Aufmerksamkeitsverhaltens erfaßt werden (Münchner Aufmerksamkeitsinventar, vgl. Renkl, 1991). Für jedes dieser qualitativen Unterrichtsmerkmale wurde eine Rangreihe der SCHOLASTIK-Klassen erstellt und die jeweiligen Quartile bestimmt. Alle Schüler erhielten die didaktischen Qualitätseinstufungen ihrer Klasse als individuellen Wert zugeordnet. Er konnte zwischen 0 (unteres Quartil) und 3 (oberes Quartil) variieren.

Als Personenstichprobe für die Analysen der Zusammenhänge zwischen vorschulischen und schulischen Entwicklungsmerkmalen wurden alle Kinder ausgewählt, die zwischen ihrem 3. und 12. Lebensjahr an der LOGIK-Untersuchung und zugleich während des Besuchs der vier Grundschuljahre an der SCHOLASTIK-Studie teilgenommen hatten. Es handelt sich um maximal 135 Probanden. Aufgrund fehlender Daten variiert die Stichprobengröße bei verschiedenen Analysen zwischen 103 und 135 Kinder; im Durchschnitt sind es etwa 120 Probanden. Diese Überlappungsstichprobe weist gegenüber den LOGIK- und SCHOLASTIK-Gesamtstichproben keine Besonderheiten oder Abweichungen auf.

Die folgende Darstellung einiger Ergebnisse der vielfältigen Analysen erfolgt in vier Schritten: Im ersten Abschnitt werden die Stabilitäten der erhobenen Personenmerkmale über verschiedene Zeiträume hinweg berichtet. Das geschieht sowohl für die Gesamtstichprobe als auch für zwei Teilstichproben von über- und unterdurchschnittlich intelligenten Kindern (auf der Basis einer Medianteilung der Stichprobe). Im zweiten Abschnitt werden korrelative Beziehungen zwischen einzelnen vorschulischen Prädiktoren und spezifischen Schulleistungskriterien referiert. Der dritte Schritt zeigt für die Entwicklung von intellektuellen Fähigkeiten und mathematischen Kompetenzen die wechselseitige Beeinflussung dieser Variablen, die oft vorschnell und einseitig als unabhängige Prädiktoren und davon abhängige Kriterien klassifiziert werden. Der vierte Abschnitt schließlich ist der multiplen Determination der Leistungsunterschiede im Leseverständnis, im Rechtschreiben, in den arithmetischen Fertigkeiten und in den mathematischen Problemlösefähigkeiten gewidmet.

ZEITLICHE STABILITÄTEN DER PRÄDIKTOR- UND KRITERIUMSVARIABLEN

Aus der einschlägigen Literatur ist gut bekannt, daß die zeitliche Stabilität interindividueller Merkmalsdifferenzen (a) mit dem Aggregationsniveau der Meßwerte, (b) mit wachsendem Lebensalter, Entwicklungsstand und Expertisegrad sowie (c) mit der Kürze des Zeitintervalls zwischen den Wiederholungsmessungen zunimmt. Dieses generelle Befundmuster wird durch die LOGIK-SCHOLASTIK-Daten im Prinzip bestätigt. Unabhängig davon, erscheinen aber einige Ergebnisse interessant genug, um hier berichtet zu werden. Das gilt besonders für die Persistenz individueller Differenzen von Kindern mit über- und unterdurchschnittlicher Intelligenz.

Sprachliche Intelligenz

Die sprachgebundenen Subskalen von Intelligenztests indikatorisieren schwerpunktmäßig die kristallinen Aspekte des menschlichen Denkens. Durch Bildungsprozesse unterschiedlicher Art werden im Verlauf des Lebens unspezifische intellektuelle Lern- und Problemlösefähigkeiten in intelligentes, vorwiegend deklaratives, also verbalisierbares Wissen transformiert. Angenommen wird, daß die Stabilität interindividueller Unterschiede in diesem Fähigkeitssegment mit dem Alter deutlich zunimmt. Die in Tabelle XII.4 zusammengefaßten Ergebnisse bestätigen diese Erwartung.

Tabelle XII.4: *Stabilitäten sprachlicher Intelligenztestwerte*

Sprachliche Intelligenz	Gesamt	
	N	r
HAWIVA - HAWIK 1. Klasse	130	.56
HAWIK 1. Klasse - HAWIK 3. Klasse	126	.79

Die in Tabelle XII.4 erkennbare Zunahme der Stabilitäten individueller Unterschiede in der sprachlichen Intelligenz während der Grundschuljahre fällt bei zweijährigen Zeitintervallen sehr deutlich aus.

Nicht-sprachliche Intelligenz

Sowohl die Handlungsteile der Hamburg-Wechsler-Tests als auch - und zwar ganz besonders - das durch den CFT erfaßte schlußfolgernde figurale Denken repräsentieren Aspekte der fluiden Intelligenz, deren Entwicklung im Vergleich zu kristallinen Komponenten weniger stark durch explizite Bildungsvorgänge beeinflußt wird. Tabelle XII.5 enthält die zeitlichen Stabilitäten für die nicht-verbale Intelligenz.

Tabelle XII.5: *Stabilitäten nicht-sprachlicher Intelligenztestwerte*

Sprachliche Intelligenz	Gesamt	
	N	r
HAWIVA - HAWIK 3. Klasse	121	.53
CFT 2. Klasse - CFT 4. Klasse (Anfang)	107	.53
CFT 2. Klasse - CFT 4. Klasse (Ende)	117	.70

Der im Bereich der verbalen Intelligenz festgestellte Trend einer zunehmenden Stabilisierung individueller Unterschiede findet sich auch bei sprachfreien Tests. Signifikante Differenzen für unter- und überdurchschnittlich intelligente Grundschüler lassen sich nicht erkennen.

Lerneinstellungen

Versteht man unter Lerneinstellung eine allgemeine affektive (positiv oder negativ getönte) lern-, leistungs- und schulbezogene Gesamtorientierung, so wird offenkundig, daß es sich bei diesem Konzept um eine Hypervariable handeln muß, die verschiedene motivationspsychologische Konstrukte simultan indikatorisiert. Die Stabilität der individuellen Differenzen vom Kindergarten bis zum Ende der Grundschulzeit zeigt ein sehr interessantes Verlaufsmuster, wie Tabelle XII.6 belegt:

Tabelle XII.6: *Lerneinstellung: Stabilität interindividueller Unterschiede*

	GESAMT		NIEDRIGER IQ		HOHER IQ	
	N	r	N	r	N	r
Kindergarten - 1. Kl.	131	.58	67	.55	64	.61
1. Klasse - 2. Klasse	131	.28	64	.17	67	.42
2. Klasse - 3. Klasse	128	.48	63	.38	65	.59
3. Klasse - 4. Klasse	127	.59	63	.50	64	.69

Das durch Tabelle XII.6 vermittelte Bild ist ebenso eindeutig wie beeindruckend: Die relativ hohe Stabilität der individuellen Einstellungsunterschiede zwischen Kindergarten und 1. Klasse reduziert sich zwischen dem 1. und 2. Schuljahr drastisch, um danach wieder kontinuierlich anzusteigen. Dieser Trend ist bei den niedrig-intelligenten Kindern sehr viel stärker ausgeprägt als bei intelligenten Schülern.

Besonders interessant ist die Tatsache, daß sich fast parallel zum Entwicklungsmuster der Stabilität auch die Mittelwerte des Merkmals "Lerneinstellung" verändern. Tabelle XII.7 enthält die Befunde dazu.

Tabelle XII.7: *Veränderung der Mittelwerte und der Standardabweichungen für die Variable Lerneinstellung vom Kindergarten bis zur 4. Grundschulklasse, für die Gesamtstichprobe und für die beiden im IQ unterschiedlichen Teilstichproben*

	GESAMT		NIEDRIGER IQ		HOHER IQ	
	M	SD	M	SD	M	SD
Kindergarten	3.00	.63	2.98	.64	3.02	.63
1. Klasse	3.47	.47	3.49	.46	3.46	.47
2. Klasse	2.99	.73	2.91	.80	3.06	.66
3. Klasse	2.94	.64	2.82	.64	3.06	.63
4. Klasse	2.92	.66	2.77	.74	3.07	.55

Von einem evaluativen pädagogisch-psychologischen Verständnis aus ist das in Tabelle XII.7 erkennbare Ergebnismuster auffällig. Die nicht sehr starken, aber erkennbaren Trends führen notwendigerweise zu der Frage, ob und inwiefern sich der Unterricht in den ersten Klassen der Grundschule zumindestens im Durchschnitt negativ auf die Lerneinstellungen der Schüler auswirkt.

Selbstkonzept eigener Tüchtigkeit und Versagensängstlichkeit

Bevor man im Zusammenhang mit den Entwicklungstrends der kindlichen "Lerneinstellung" im Grundschulalter voreilig Ergebnisinterpretationen in Form von Schuldzuweisungen vornimmt, muß man die weitaus weniger prägnanten Resultate zum "Selbstkonzept eigener Tüchtigkeit" und zur "Versagensängstlichkeit" würdigen. Zwar ist bei den unterdurchschnittlich im Vergleich zu den überdurchschnittlich intelligenten Schülern das Selbstkonzept durchwegs etwas niedriger und die Versagensangst konstant deutlich höher, doch sind sowohl die Veränderungen der Mittelwerte als auch die Stabilitätskoeffizienten weit weniger auffällig als das bei der "Lerneinstellung" der Fall ist. Die Tabellen XII.8a,b und XII.9 enthalten die entsprechenden Ergebnisse.

Tabelle XII.8a: *Mittelwerte (und Standardabweichungen) für das Selbstkonzept eigener Tüchtigkeit und für die Versagensängstlichkeit vom Kindergartenalter bis zum Ende der 4. Grundschulklasse*

	SELBSTKONZEPT		VERSAGENSÄNGSTLICHKEIT	
	M	SD	M	SD
Kindergarten	2.96	0.59	0.47	0.53
1. Klasse	3.12	0.48	0.52	0.45
2. Klasse	2.80	0.44	1.24	0.68
3. Klasse	2.75	0.44	1.16	0.68
4. Klasse	2.52	0.42	1.09	0.71

Tabelle XII.8b: *Korrelative Zusammenhänge zwischen motivationalen Variablen und Schulleistungen in der 2., 3. und 4. Klassenstufe*

	LERNEINSTELLUNG			SELBSTKONZEPT			VERSAGENSÄNGSTLICHKEIT		
	R	A	T	R	A	T	R	A	T
2. Klasse	.01	.14	.03	.03	.17	.03	-.02	-.23	-.12
3. Klasse	.28	.16	.31	.16	.22	.36	-.11	-.25	-.32
4. Klasse	.31	.31	.29	.24	.26	.32	-.16	-.30	-.29

Anmerkung: R = Rechtschreiben; A = Arithmetik; T = Textaufgaben.

Tabelle XII.9: *Jahresstabilitäten interindividueller Differenzen für das Selbstkonzept eigener Tüchtigkeit und die Versagensängstlichkeit vom Kindergarten bis zur 4. Grundschulklasse*

	SELBSTKONZEPT		VERSAGENSÄNGSTLICHKEIT	
	N	r	N	r
Kindergarten - 1. Kl.	130	.54	131	.34
1. Klasse - 2. Klasse	131	.32	130	.12
2. Klasse - 3. Klasse	128	.41	126	.35
3. Klasse - 4. Klasse	128	.60	128	.58

Wiederum erweisen sich die 2. und zum Teil auch die 3. Klasse für die motivationale Entwicklung der Kinder als kritische Schuljahre: Das subjektiv erlebte Selbstkonzept eigener Tüchtigkeit nimmt im Durchschnitt deutlich ab, die Versagensängste verstärken sich und die Stabilität der individuellen Merkmalsunterschiede verringert sich in einem signifikanten Ausmaß. Natürlich kann man diese Veränderungen als funktionale Anpassung motivationaler Selbstbewertungen an das soziale oder kriteriale Bezugssystem der Leistungsbeurteilung verstehen. Trotzdem bleibt die Frage bestehen, ob es in der Entwicklung der Lern- und Leistungsmotivation den beobachteten "Knick" als ein notwendiges Stadium geben muß, oder ob er vermieden werden kann.

Qualitätsmerkmale des Unterrichts

In bayerischen Grundschulen besteht die Gepflogenheit, daß Klassen vom gleichen Lehrer jeweils zwei Jahre unterrichtet werden, so daß nur zwischen dem 2. und 3. Schuljahr ein Lehrerwechsel stattfindet. Diese Tatsache drückt sich in extrem differierenden Stabilitäten zwischen der 2. und 3. Klasse bei praktisch allen Unterrichtsmerkmalen aus (Tab. XII.10).

Tabelle XII.10: *Ein-Jahres-Stabilitäten von Unterrichtsmerkmalen bei verschiedenen Lehrern (2.-3. Klasse) und beim gleichen Lehrer (3.-4. Klasse)*

	MANAGEMENT	ADAPTIVITÄT	STRUKTURIERUNG	KLASSENKLIMA
2. Klasse - 3. Klasse	.08	.12	-.12	.00
3. Klasse - 4. Klasse	.64	.34	.50	.27

Anmerkung: Die Werte in Tabelle XII.10 unterscheiden sich von vergleichbaren Angaben in anderen Kapiteln, weil bei den vorliegenden Analysen mit quartilisierten Daten gerechnet wurde.

Die in Tabelle XII.10 zusammengestellten Ergebnisse sprechen eigentlich für sich. Bei Wechsel des Lehrers gibt es praktisch keine, bei gleichbleibendem Lehrer sehr beachtliche Stabilitäten für die berücksichtigten Unterrichtsmerkmale. Um so erstaunlicher sind die hohen Stabilitäten der individuellen Schulleistungsmerkmale von der 2. zur 3. Klasse. Darüber wird in den nächsten Abschnitten berichtet.

Leseverständnis und Rechtschreibleistung

Plausiblerweise nehmen Leseverständnis (nur im Verlauf der 2. Klasse untersucht) und Rechtschreibfertigkeiten (von der 2. bis zur 4. Klasse erfaßt) während der Grundschulzeit stark zu. Zwar liegen die durchschnittlichen Leistungen bei der Gruppe mit niedrigem IQ-Niveau durchwegs um eine halbe Standardabweichung unter den Ergebnissen der hohen IQ-Stichprobe, doch zeigt sich im Verlauf der Grundschule bei der Leistungsentwicklung keinerlei Schereneffekt. Auch bei den Stabilitäten finden sich zwischen den IQ-Gruppen keine signifikanten Differenzen (Tab. XII.11).

Tabelle XII.11: *Ein-Jahres-Stabilitäten für die interindividuellen Differenzen in den Lese- und Rechtschreibleistungen*

	GESAMTGRUPPE	NIEDRIGER IQ	HOHER IQ
	r	r	r
LESEVERSTÄNDNIS			
2. Kl. Anfang - 2. Kl. Ende	.74	.70	.68
RECHTSCHREIBLEISTUNG			
2. Kl. Anfang - 2. Kl. Ende	.60	.51	.64
2. Klasse - 3. Klasse	.67	.61	.76
3. Klasse - 4. Klasse	.73	.80	.63

Die in Tabelle XII.11 wiedergegebenen Stabilitätskoeffizienten weisen schon von der 2. Klasse an eine beachtliche Höhe auf. Bemerkenswert ist dabei, daß die Stabilität zwischen 2. und 3. Schülerjahrgang (und auch zwischen 2. und 4. Klasse) trotz des vollzogenen Lehrerwechsels nicht geringer ist als jene zwischen der 3. und 4. Klasse bei gleichbleibenden Klassenlehrer. Mit anderen Worten: Die individuellen Leistungsunterschiede in Rechtschreiben erweisen sich schon relativ früh als weitgehend lehrerunabhängig.

Mathematische Kompetenzen

Sowohl in den arithmetischen Fertigkeiten als auch in den mathematischen Problemlösefähigkeiten nehmen die Leistungen im Verlauf der Grundschule zu; dieser offenkundige Trend läßt sich im Rahmen der SCHOLASTIK-Studie nicht quantifizieren, weil zur Vermeidung von Boden- und Deckeneffekten in den einzelnen Schuljahren unterschiedliche Aufgabenserien verwendet wurden.
Bei den Stabilitäten läßt sich demgegenüber kein kohärentes Muster für die zwei Intelligenzgruppen feststellen. Die Stabilitäten sind durchgängig mittelhoch bis hoch (Tab. XII.12).

Tabelle XII.12: *Ein-Jahres-Stabilitäten interindividueller Differenzen in den Arithmetik- und mathematischen Problemlöseleistungen*

	ARITHMETIK r	TEXTAUFGABEN r
2. Klasse Anfang - 2. Klasse Ende	.59	.61
3. Klasse Anfang - 3. Klasse Ende	.54	.70
4. Klasse Anfang - 4. Klasse Ende	---	.63

Die in Tabelle XII.12 wiedergegebenen Stabilitätskoeffizienten liegen für Textaufgaben etwas höher als für die arithmetischen Fertigkeiten, lassen aber in beiden Fällen keine klare Verlaufsgestalt erkennen.

Daß sich die beiden Intelligenzgruppen in den Mathematikleistungen, aber auch in allen anderen erhobenen Leistungsmaßen unterscheiden, kann nicht überraschen. Um abzuschätzen, in welchem Ausmaß sie domänabhängig differieren, wurde für jeden t-Test die Effektgröße Eta berechnet (vgl. Cohen, 1988). Die Ergebnisse dieser Prozedur entsprechen den Erwartungen: Je standardisierter und automatisierter die jeweilige Leistung mit Hilfe prozeduralisierten Wissens erbracht werden kann, um so geringer ist der Effekt (Arithmetik: .53; Rechtschreiben: .59); je mehr bei der Aufgabenlösung auch auf allgemeine intellektuelle Ressourcen zurückgegriffen werden muß, um so größer ist der Effekt (Textaufgaben: .78; Leseverständnis: .86). Dementsprechend unterscheiden sich die unter- und überdurchschnittlichen IQ-Gruppen besonders stark bei Problemlöseaufgaben sowie im Leseverständnis und weniger stark - mit leicht abnehmender Tendenz - bei arithmetischen Fertigkeiten sowie im Rechtschreiben.

KORRELATIVE BEZIEHUNGEN ZWISCHEN EINZELNEN VORSCHULISCHEN PRÄDIKTOREN UND SCHULISCHEN LEISTUNGSKRITERIEN

Überblickt man die berichteten Stabilitäten interindividueller Merkmalsdifferenzen für die Prädiktor- und Kriteriumsvariablen, so imponieren vor allem die numerisch durchgängig mittelhohen bis hohen Korrelationskoeffizienten. Es sind also günstige Voraussetzungen gegeben, um die Zusammenhänge zwischen einzelnen vorschulischen Prädiktoren und spezifischen schulischen Leistungskriterien zu überprüfen, - ohne daß dabei effektstarke Abhängigkeiten zu erwarten wären.

Vorschulische Intelligenz als Prädiktor schulischer Leistungen

Nimmt man die in der einschlägigen Literatur berichteten Werte als grobe Orientierung (Kühn, 1987; Fraser et al., 1987), so sind mäßige, aber signifikante und im Verlauf der Schulzeit etwas abnehmende Zusammenhänge zwischen der im Vorschulalter gemessenen Intelligenz und verschiedenen akademischen Leistungen in der Grundschule zu erwarten. Diese Vermutung wird durch die empirischen Resultate bestätigt (Tab. XII.13).

Tabelle XII.13: *Durch vorschulische Intelligenztestwerte (HAWIVA) aufgeklärte Varianz (R*) verschiedener Schulleistungen von der 2. bis zur 4. Klasse*

	LESEVER-STÄNDNIS R^2	RECHTSCHREIB-LEISTUNG R^2	ARITHMET. FERTIGKEITEN R^2	TEXT-AUFGABEN R^2
2. Klasse Anfang	.08	.03	.04	.21
2. Klasse Ende	.07	.10	.05	.17
3. Klasse		.06	.11	.17
4. Klasse		.07	.09	.21

Betrachtet man die in Tabelle XII.13 dargestellten Determinationskoeffizienten in Verbindung mit anderen, hier nicht im einzelnen berichteten Ergebnissen, so ergibt sich folgendes Befundmuster:

(a) Wenn eine Leistung im wesentlichen auf einem curricular organisierten schulischen Fertigkeitserwerb beruht, so ist die Leistungsvarianz in der Grundschule durch vorschulische Intelligenzunterschiede weniger aufklärbar als wenn es sich um stärker denkabhängige Leistungen (wie z. B. beim mathematischen Problemlösen) handelt.

(b) Der statistische Zusammenhang zwischen vorschulischen Intelligenz- und schulischen Kriteriumsleistungen wird zum Teil vermutlich durch die zeitliche Stabilität der interindividuellen Intelligenzunterschiede erklärbar. Die Korrelationen zwischen synchron gemessenen Intelligenz- und Schulleistungen sind während der gesamten Grundschulzeit deutlich höher als bei diachronen Messungen. Hinzu kommen dürfte, daß intelligentere im Vergleich zu weniger intelligenten Kindern von Anfang an die relevanten fachlichen Kenntnisse im Durchschnitt schneller, leichter und besser erwerben können.

(c) Für die beiden Intelligenzgruppen ergibt sich kein klares Differenzierungsmuster, - sieht man davon ab, daß für unterdurchschnittlich intelligente Kinder eher die vorschulisch gemessene verbale Intelligenz und für überdurchschnittlich begabte Schüler eher die nicht-sprachliche Intelligenz als Prädiktoren bedeutsam sind. Diese Tendenz gilt sowohl für muttersprachliche als auch für mathematische Schulleistungen.

Fachspezifische Kompetenzen im Vorschulalter als Prädiktoren schulischer Leistungen

Wie bereits erwähnt, wurden im Vorschulalter vier sprachliche und zwei numerische Kompetenzen als Prädiktoren der Lese- und Rechtschreib- sowie der Mathematikleistungen erfaßt. Tabelle XII.14 enthält die entsprechenden Determinationskoeffizienten.

Die dort wiedergegebenen Werte machen deutlich, daß fachspezifische Prädiktoren aus der Vorschulzeit wesentlich enger mit schulischen Leistungsmaßen zusammenhängen als die ebenfalls vor Beginn der Schulzeit gemessenen allgemeinen Intelligenz. Man muß sich allerdings in diesem Zusammenhang bewußt machen, daß es sich bei den domänspezifischen Prädiktoren um relativ komplexe Merkmale handelt. So berichtete kürzlich McBride-Chang (1995), daß zum Beispiel in die Konzeptualisierung der phonologischen Bewußtheit die Intelligenz, das verbale Kurzzeitgedächtnis und die Sprachwahrnehmung

Tabelle XII.14: *Determinanten (R^2) verschiedener Schulleistungen durch fachspezifische Prädiktoren aus der Vorschulzeit*

	LESEVER-STÄNDNIS R^2	RECHTSCHREIB-LEISTUNG R^2	ARITHMET. FERTIGKEITEN R^2	TEXT-AUFGABEN R^2
2. Klasse Anfang	.16	.26	.10	.31
2. Klasse Ende	.11	.31	.06	.21
3. Klasse		.24	.09	.23
4. Klasse		.18	.09	.16

als Komponenten eingehen. Erwartungsgemäß reduziert sich die Vorhersagekraft vorschulisch gemessener domänspezifischer Prädiktoren im Verlauf der Grundschulzeit. Komplementär dazu werden die in der Schule erworbenen relevanten Vorkenntnisse immer wichtiger. Für die beiden Intelligenzgruppen lassen sich dabei keine differierenden Trends erkennen.

Vorschulische Motivationsmerkmale als Prädiktoren schulischer Leistungen

Die in der Vorschulzeit erfaßten Motivationsvariablen tragen zur langfristigen Prädiktion von Schulleistungen kaum bei. Die wenigen substantiellen Werte lassen darüber hinaus keinen einheitlichen Trend erkennen. Dieser Befund ist nicht erstaunlich, wenn man an die starken motivationalen Brüche und Umbrüche in den ersten Schuljahren denkt.

WECHSELSEITIGE EINFLÜSSE VON INTELLEKTUELLEN FÄHIGKEITEN UND MATHEMATISCHEN KOMPETENZEN WÄHREND DER VOR- UND GRUNDSCHULZEIT

Um die simple Klassifikation von Prädiktoren und Kriterien der Schulleistung als unabhängige und abhängige Variablen grundsätzlich in Frage zu stellen, wird als Illustrationsbeispiel die Eigenentwicklung wie die wechselseitige Beeinflussung von Intelligenz und mathematischer Kompetenz gewählt. Abbildung XII.8 veranschaulicht das Verlaufsmuster während der Vor- und Grundschulzeit.

Theoretisch interessant ist an diesem Verlaufsmodell einerseits die starke Zunahme der variablenspezifischen Determination in der Entwicklung komplexer kognitiver Leistungsdispositionen und andererseits die wechselseitige Beeinflussung der allgemeinen Intelligenz- und der mathematischen Leistungsgenese vor und zu Beginn der Schulzeit sowie der stark abfallende Einfluß dieser Effektpfade nach dem 2. Schuljahr, - ein Ergebnis, das gut mit aktuellen Befunden aus der Expertiseforschung korrespondiert (Ericsson & Crutcher, 1990; Ericsson & Lehmann, 1996).

Verallgemeinert man diesen Befund und berücksichtigt zusätzlich viele ähnliche Resultate, so gelangt man zu der theoretisch wichtigen Schlußfolgerung, daß die intellek-

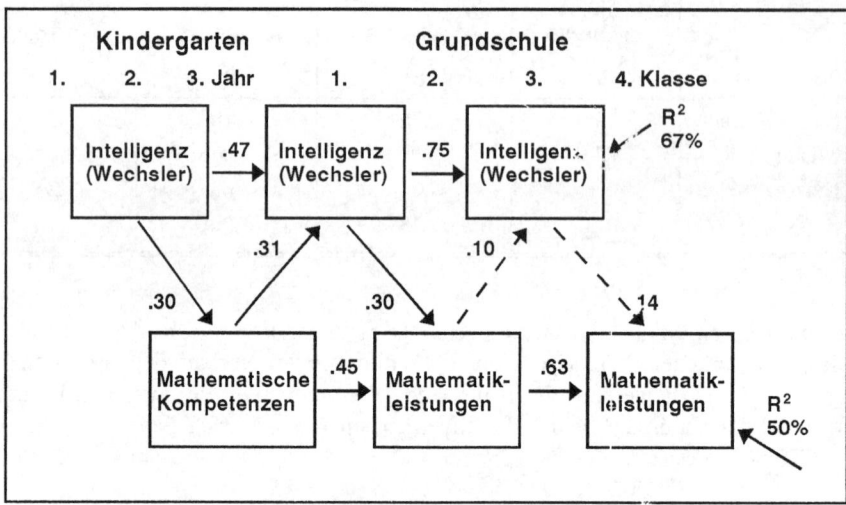

Abbildung XII.8: Vorhersagemodell der Mathematikleistungen in der 4. Klasse durch Messungen der Intelligenz und der mathematischen Kompetenzen im Kindergarten und in den ersten drei Grundschuljahren.

tuelle Entwicklung nicht nur eine Bedingung, sondern auch eine Folge des schulischen Lernens darstellt (Ceci, 1991).

MULTIPLE DETERMINATION VON SCHULLEISTUNGSUNTERSCHIEDEN DURCH PRÄDIKTOREN, DIE IN DER VORSCHULZEIT ERHOBEN WURDEN

Berücksichtig man die im Vorschulalter gemessenen intellektuellen Fähigkeiten, die bereichsspezifischen Kompetenzen sowie die lernbezogenen Motive und bezieht die Unterschiede in der Unterrichtsqualität verschiedener Schulklassen ein, so ergibt sich ein wissenschaftlich wie praktisch interessantes Befundmuster. Es ist in Tabelle XII.15 nur für die Gesamtgruppe wiedergegeben, weil sich für die zwei unterschiedlichen IQ-Stichproben kein differenzierender Trend ausmachen läßt.

Tabelle XII.15 läßt beachtliche und zeitstabile multiple Determinationen der verschiedenen Schulleistungen erkennen. Die Prädizierbarkeit der individuellen Leistungsunterschiede am Ende der Grundschulzeit wird plausiblerweise noch verbessert, wenn man die in der 2. Klasse erreichten Vorkenntnisdifferenzen in die Vorhersage einbezieht (Tab. XII.16).

Tabelle XII.15: *Multiple Determination verschiedener Schulleistungen durch intellektuelle Fähigkeiten, bereichsspezifische Kompetenzen und motivationale Tendenzen, die in der Vorschulzeit erhoben wurden*

	LESEVER-STÄNDNIS R^2	RECHTSCHREIB-LEISTUNG R^2	ARITHMET. FERTIGKEITEN R^2	TEXT-AUFGABEN R^2
2. Klasse Anfang	.23	.30	.20	.37
2. Klasse Ende	.17	.36	.12	.32
3. Klasse		.27	.26	.34
4. Klasse		.19	.23	.34

Die Determinationskoeffizienten sind durchwegs hoch; am höchsten ist jener für die mathematische Problemlösekompetenz, gefolgt von dem für die Rechtschreibleistung und dem für die arithmetischen Fertigkeiten.

Um diese empirischen Werte in ihrer theoretischen Bedeutung abschätzen zu können, muß man sie mit den Stabilitäten der einzelnen domänspezifischen Leistungskompetenzen von Beginn der 2. Klasse bis zum jeweiligen Meßzeitpunkt des Kriteriums im 4. Grundschuljahr vergleichen. Die entsprechenden Koeffizienten sind in Tabelle XII.16 kursiv in Klammern angeführt.

Tabelle XII.16: *Multiple Determinationskoeffizienten verschiedener Schulleistungen in der 4. Grundschulklasse mit Hilfe mehrerer, im Kindergarten gemessener Merkmale sowie des domänspezifischen Kenntnisstandes in der 2. Schulklasse (in Klammern: R^2 der Merkmalsstabilitäten zwischen der 2. zur 4. Grundschulklasse)*

	R^2	(R^2)
Rechtschreiben	.48	*(.41)*
Arithmetik	.27	*(.18)*
Textaufgaben	.54	*(.26)*

Das Resultat ist offenkundig: Die bis zur 2. Klasse entstandenen Vorkenntnisunterschiede erklären einen beachtlichen Teil der Leistungsvarianz in der 4. Klasse. Das gilt allerdings weniger ausgeprägt für die Kompetenz zur Lösung mathematischer Textaufgaben. Wie bereits mehrfach erwähnt, spielen dabei allgemeine intellektuelle Ressourcen eine wesentliche Rolle. Diese sind offenbar schon in der Vorschulzeit durch den HAWIVA relativ gut prädizierbar. Allgemeiner formuliert: Die im Kindergartenalter erfaßten Merkmale weisen (mit Ausnahme der motivationalen Variablen) schon früh eine bedeutsame interindividuelle Stabilität auf. Sie erlauben eine gute Vorhersage des aktuellen Determinationsmusters einer Leistung am Ende der Grundschulzeit und sie beeinflussen darüber hinaus von der 1. Klasse an den individuell unterschiedlichen Erwerb der kriteriumsrelevanten (Vor-)Kenntnisse.

ZUSAMMENFASSUNG

Verschiedene Analysen der Zusammenhänge zwischen Entwicklungsunterschieden bei lernrelevanten Merkmalen im Vorschulalter und interindividuellen Leistungsdifferenzen während der Grundschulzeit haben zu Ergebnissen geführt, die zwar im Prinzip mit anderen Studien übereinstimmen (vgl. dazu Bruininks & Mayer, 1979; Butler, Marsh, Sheppard & Sheppard, 1985; Horn & Packard, 1985; Richman, Stevenson & Graham, 1982; Stevenson & Newman, 1986; Näslund, 1990; Schneider, 1989a; Tramontana, Hooper & Selzer, 1988), aber wenigstens zum Teil über den aktuellen Erkenntnisstand hinausgehen und deshalb der theoretischen Diskussion bedürfen. Das gilt besonders für folgende Punkte:

(1) Die Stabilität kognitiver Merkmalsdifferenzen ist bereits im Vorschulalter beträchtlich und steigt im Verlauf der Grundschulzeit bis nahe an die Reliabilität der Meßinstrumente an.

(2) Die Kontinuität in der Entwicklung und Stabilisierung interindividueller Merkmalsunterschiede wird bei verschiedenen motivationalen Variablen zwischen der 1. und 2. Grundschulklasse durch einen starken Abfall der Stabilitätskoeffizienten unterbrochen. Parallel dazu vollzieht sich im Durchschnitt eine Verringerung der im 1. Schuljahr betont positiven Lerneinstellungen und des selbstbewußten Konzepts eigener Tüchtigkeit, bei gleichzeitigem Anstieg der Versagensängstlichkeit. Diese Trends sind bei unterdurchschnittlich intelligenten Kindern wesentlich stärker ausgeprägt als bei den überdurchschnittlich intelligenten Schülern.

(3) Während in der Grundschulzeit die individuellen Leistungsunterschiede im Lesen, in Rechtschreiben und in Mathematik stabil bleiben oder sich verstärken, gibt es im Durchschnitt große Lern- und Leistungsgewinne bei praktisch allen Schülern.

(4) Intelligentere erzielen im Vergleich zu weniger intelligenten Kindern im Durchschnitt bessere Schulleistungen. Die Differenzen (im Bereich einer halben Standardabweichung) bleiben im Verlauf der Grundschule relativ konstant. Ein Schereneffekt ist nicht erkennbar. Das könnte darauf zurückzuführen sein, daß schwächer begabte Kinder einen Teil des curricular geforderten Wissens jeweils etwas später als die gut begabten Schüler erwerben, also zu einem Zeitpunkt, zu dem die allgemeine kognitive Entwicklung bereits weiter fortgeschritten ist, was sich lernerleichternd auswirken könnte. Es kann aber auch sein, daß die meisten Lehrer den leistungsschwächeren Schüler durch remediale Lernschleifen bei der (verzögerten) Erreichung curricularer Ziele besonders helfen.

(5) Die beiden erwähnten Erklärungsmöglichkeiten werden auch dadurch gestützt, daß die Leistungsdifferenzen zwischen unter- und überdurchschnittlich intelligenten Kindern bei unterrichtlich vermittelten und überlernbaren Fertigkeiten (Arithmetik, zum Teil Rechtschreiben, zum Teil Lesen) geringer sind als bei stark intelligenzabhängigen Problemlösungen (Textaufgaben).

(6) Von den in der Vorschulzeit erfaßten Einzelprädiktoren weisen die domänspezifischen im Vergleich zu den allgemeinen kognitiven Fähigkeiten engere Zusammenhänge mit den jeweiligen schulischen Lernleistungen auf.

(7) Vorschulische Prädiktoren und schulische Leistungskriterien dürfen nicht einfach als unabhängige und davon abhängige Variablen klassifiziert werden. Die beobachteten

Wechselwirkungen machen deutlich, daß kognitive Kompetenzen zugleich Voraussetzungen und Folgen schulischen Lernens sind.

(8) Leistungsunterschiede während der Grundschulzeit lassen sich durch mehrere Prädiktoren schon von der Vorschulzeit an relativ gut vorhersagen.

(9) Die stabilen interindividuellen Leistungsunterschiede sind relativ lehrerunabhängig und unterrichtsresistent.

(10) Alle diese Aussagen gelten für Gruppen von Individuen. Die Variationsbreite individueller Entwicklungen und deren spezifische Bedingungskonstellationen bedürfen einer besonderen Betrachtung.

TEIL 2: EINFLÜSSE DER ENTWICKLUNG IM GRUNDSCHULALTER AUF DIE ENTWICKLUNG IN DEN ERSTEN ZWEI JAHREN DER SEKUNDARSCHULZEIT

Psychologisch gesehen, liegt das für Deutschland typische Übergangsalter von der Grundschule in das Sekundarschulsystem in keiner besonders auffälligen oder gar kritischen Entwicklungsphase. Im Gegenteil: In sehr unterschiedlichen Theorietraditionen wird die Zeit vom 7. Lebensjahr bis zum Beginn der Pubertät als eine relativ einheitliche, undramatische, mehr oder minder kontinuierliche Wachstums- und Bildungsperiode körperlicher, geistiger wie persönlicher Merkmale angesehen. Freud (1917) sprach vom 'Latenzstadium' und Erikson rechtfertigte diese Bezeichnung damit, "daß die heftigen Triebe jetzt normalerweise ruhen" (1966, S. 105). Er selbst charakterisierte in Übereinstimmung mit älteren deutschen Stufenmodellen (z. B. Kroh, 1964) diese Entwicklungsphase durch die schlagwortartige Überschrift "Werksinn gegen Minderwertigkeitsgefühl". Bei Piaget (1972b) schließlich steht zwischen dem 7. und 12. Lebensjahr die Ausgestaltung des konkret-operatorischen Denkens im Zentrum der kognitiven Entwicklung. Zusammengefaßt: Nach entwicklungspsychologischer Lehrmeinung besteht zwischen der späten Grundschul- und frühen Sekundarschulzeit kein gravierender ontogenetischer Einschnitt.

Ein solcher Einschnitt ergibt sich jedoch durch die Gestaltung unseres Schulsystems, das in manchen Bundesländern (u. a. in Bayern) um das 10. Lebensjahr herum von vielen Kindern und deren Eltern grundlegende Entscheidungen über den weiteren Bildungsweg fordert. Im dreigliedrigen Schulsystem geht es um die Frage eines Wechsels von der Grundschule in die Hauptschule, das Gymnasium oder die Realschule (wobei für die LOGIK-Studie zu berücksichtigen ist, daß in Bayern der Übergang zur Realschule erst nach der 6. Jahrgangsstufe erfolgt, so daß die Mehrzahl dieser Schülerpopulation bis zum 12. Lebensjahr auf der Hauptschule verbleibt). Über die Notwendigkeit, den "richtigen" Zeitpunkt und die organisatorische Form des Übergangs von der Grundschule in die Sekundarstufe I wurde und wird in der bildungspolitischen Öffentlichkeit heftig gestritten. Entwicklungspsychologische Argumente spielen dabei nur eine untergeordnete Rolle, obwohl sie häufig in nicht gerechtfertigter Weise zur Unterstützung verschiedener, oft auch gegensätzlicher bildungspolitischer Positionen herangezogen werden.

Typisch dafür ist die Kontroverse über die pädagogisch-psychologische Wirksamkeit von Gesamtschulen im Vergleich zum dreigliedrigen Schulsystem. Diese und alle anderen bildungspolitischen oder schulorganisatorischen Fragen, Konflikte und Präferenzen werden im vorliegenden Beitrag völlig ausgeklammert. Rechtfertigen läßt sich eine solche Beschränkung auf die entwicklungspsychologische Thematik durch die Ergebnisse vieler empirischer Studien. So kommt zum Beispiel Fend (1982) aufgrund einer methodisch sehr anspruchsvollen Vergleichsstudie zu der resümierenden Schlußfolgerung, "daß die Variation der Leistungen zwischen Schülern innerhalb der einzelnen Schulformen des traditionellen Schulsystems und der Gesamtschule sehr groß ist und in hohem Maße die Variation zwischen den Schulsystemen übersteigt. Dieses Ergebnis verweist auf die Notwendigkeit, den schulspezifischen und klassenspezifischen Lernbedingungen... nachzugehen" (Fend, 1982, S. 289).

Im folgenden wird deshalb der Übergang von der Grundschule auf das Gymnasium oder die Hauptschule im 10. oder 11. Lebensjahr als ein empirisches Faktum genommen, das allerdings für manche Kinder ein kritisches Lebensereignis darstellen kann.

Damit können wir zur eigentlichen Fragestellung dieses Beitrags zurückkehren: Wie wirkt sich die Entwicklung im Grundschulalter auf die weitere Entwicklung in den ersten zwei Sekundarschuljahren aus?

Unter- und überdurchschnittlich intelligente Kinder unterscheiden sich während der gesamten Grundschulzeit in ihren Schulleistungen recht deutlich. Diese generelle Beobachtung ist auf der einen Seite plausibel, auf der anderen Seite steht sie in einem gewissen Widerspruch zu der Tatsache, daß es in den ersten Grundschuljahren zu einer partiellen Entkoppelung der Intelligenz- und Leistungsentwicklung kommt. Ein Beispiel dafür bietet Tabelle XII.17.

Die dort zusammengefaßten Ergebnisse lassen erkennen, daß der Zusammenhang zwischen Vorkenntnissen und Kenntnissen bei Auspartialisierung der Intelligenzunterschiede weitgehend erhalten bleibt, während die korrelative Beziehung zwischen Intelligenz- und Mathematikleistung bei Auspartialisierung der Vorkenntnisunterschiede stark abfällt. Erwartungsgemäß ist der Abfall der Partialkorrelationen bei arithmetischen Fertigkeiten wesentlich stärker als bei mathematischen Problemlösekompetenzen. Auf der

Tabelle XII.17: *Einfache Korrelationen und Partialkorrelationen zwischen Mathematikleistungen (Arithmetik und Textaufgaben) im Verlauf der Grundschule und Intelligenzleistungen (erhoben in der 1. Klasse)*

ZUM VERGLEICH	ARITHMETIK	TEXTAUFGABEN
Einfache Korrelation zwischen Mathematikleistung (2. Klasse) und Mathematikleistung (4. Klasse)	r = .57	r = .55
Einfache Korrelation zwischen Intelligenzleistung (1. Klasse) und Mathematikleistung (4. Klasse)	r = .26	r = .47
Partialkorrelation zwischen Mathematikleistung (2. Klasse) und Mathematikleistung (4. Klasse) bei Auspartialisierung der Intelligenzleistung (1. Klasse)	r = .53	r = .42
Partialkorrelation zwischen Intelligenz und Mathematikleistung (4. Klasse) bei Auspartialisierung der Mathematikleistung in der 2. Klasse	r = .05	r = .29

Basis dieser Analyse besteht Grund zu der Vermutung, daß in der Genese domänspezifischer Kenntnisse die Intelligenz und das Wissen in Form unterschiedlich intelligenten Wissens permanent konfundiert sind.

Berücksichtigt man die Eigenart der berichteten differentiellen Entwicklungstrends während der Grundschulzeit, so müßten sie sich eigentlich auch in den folgenden Schuljahren kontinuierlich fortsetzen, - wäre da nicht der Wechsel in verschiedene Schularten (Hauptschule oder Gymnasium) nach der 4. Grundschulklasse. Längsschnittuntersuchungen bieten die Möglichkeit, den Einfluß dieser unterschiedlichen Bildungswege auf die bereits stabilen Entwicklungsunterschiede zwischen den Kindern aufzuklären.

Die im Rahmen der kombinierten LOGIK/SCHOLASTIK-Studie verfügbaren Daten gestatten es, die folgenden Fragestellungen zu bearbeiten: (1) Wie entwickelt sich die Stabilität der interindividuellen Merkmalsdifferenzen in den ersten zwei Jahren der Sekundarschulzeit für die Gesamtstichprobe und für die zwei Teilgruppen der Hauptschüler und der Gymnasiasten? (2) Welche Zusammenhänge bestehen zwischen einzelnen Prädiktoren, die in der Grundschulzeit erhoben wurden (2. und 4. Klasse), mit spezifischen Schulleistungskriterien der 5. oder 6. Jahrgangsstufe? Unterscheiden sich die korrelativen Beziehungen bei Hauptschülern und Gymnasiasten? (3) Wie gut lassen sich Intelligenz-, Motivations- und Schulleistungsunterschiede in der 6. Klasse durch einen multiplen Satz von Prädiktoren aus der 2. und 4. Grundschulklasse vorhersagen? Welche Rolle spielt dabei die aktuelle Schulzugehörigkeit?

Eine schematische Charakterisierung der zwei Teilstichproben (Hauptschüler und Gymnasiasten) ergibt nach den im 4. Grundschuljahr erhobenen Daten folgendes Bild (Tab. XII.18):

Tabelle XII.18: *Merkmalsvergleiche (aufgrund von Daten aus der 4. Grundschulklasse) zwischen den Teilstichproben der Hauptschüler (HS) und der Gymnasiasten (GY): Mittelwerte und Standardabweichungen*

MERKMALE	HS		GY	
	M	SD	M	SD
Soz. Status (Eltern)	66.62	21.78	92.02	28.47
HAWIK-V (T-Werte)	44.35	9.16	54.28	8.18
HAWIK-H (T-Werte)	45.43	7.93	53.43	9.89
CFT (T-Werte)	44.59	8.30	54.20	8.99
Waagebalkenproblem	1.72	0.77	2.11	1.08
Rechtschreiben	64.00	9.15	74.28	6.21
Arithmetik	9.33	5.31	13.84	5.32
Textaufgaben I	3.93	2.04	6.42	2.09
Textaufgaben II	3.07	1.72	5.18	1.62
Lerneinstellung	2.73	0.75	3.09	0.50
Selbstkonzept	2.44	0.46	2.60	0.38
Testängstlichkeit	1.34	0.75	0.90	0.57
Hausaufgabenprobleme	1.11	0.66	0.87	0.44

Die in Tabelle XII.18 zusammengestellten Werte entsprechen dem auch in anderen empirischen Studien gefundenen Stereotyp: Gymnasiasten kommen im Vergleich zu Hauptschülern aus Elternhäusern mit höheren Sozialstatus, haben im Durchschnitt bessere Scores in sprachlichen wie in nicht-sprachlichen Intelligenztests, bei kognitiven Aufgaben vom Piagetschen Typus und in allen gemessenen Schulleistungen (Rechtschreiben, Arithmetik, mathematisches Problemlösen); die Lerneinstellung und das Selbstkonzept eigener Tüchtigkeit sind positiver, das häusliche Lernverhalten erweist sich als weniger störanfällig und die Versagensängstlichkeit ist niedriger. Alle Mittelwertsdifferenzen sind sehr signifikant.

ZEITLICHE STABILITÄTEN INTERINDIVIDUELLER DIFFERENZEN VON KOGNITIVEN UND MOTIVATIONALEN MERKMALEN ZWISCHEN GRUND- UND FRÜHEM SEKUNDARSCHULALTER

Folgt man den vorliegenden entwicklungspsychologischen und differentialpsychologischen Befunden, so muß vom Grund- zum vorpubertären Sekundarschulalter eine Zunahme in der Stabilität interindividueller Differenzen bei praktisch allen kognitiven Fähigkeiten und Leistungen erwartet werden. Ungeklärt ist allerdings, ob, und wenn ja, wie unterschiedlich sich die Stabilitäten bei Hauptschülern und Gymnasiasten verändern. Zu Vergleichszwecken enthalten die folgenden Tabellen jeweils die Zweijahresstabilitäten von der 2. zur 4. und von der 4. zur 6. Schulklasse für die späteren Hauptschüler und Gymnasiasten.

Sprachliche Intelligenz (HAWIK)

Theoretische wie empirische Evidenzen sprechen für eine alterskorrelierte Zunahme der Stabilitätskoeffizienten. Die in Tabelle XII.19 wiedergegebenen Resultate bestätigen diese Erwartung.

Tabelle XII.19: *Zweijahresstabilitäten sprachlicher Intelligenztestwerte im Grund- und frühem Sekundarschulalter*

MESSZEITPUNKTE	HS		GY	
	N	r	N	r
2. Klasse - 4. Klasse	50	.74	64	.69
4. Klasse - 6. Klasse	50	.78	65	.80

In Tabelle XII.19 sind die erwarteten Steigerungen der Stabilitäten interindividueller Differenzen sprachlicher Intelligenzleistungen für Hauptschüler und Gymnasiasten erkennbar. Der Zuwachs entspricht den in der Literatur genannten Größenordnungen.

Nicht-sprachliche Intelligenz (CFT)

Nimmt man die einschlägige Literatur als Quelle der Erwartungsbildung, so sind für den "Cultural Fair Intelligence Test" (CFT 1, 2, 3) als Indikator der fluiden Intelligenz im Vergleich zu Meßwerten der sprachlich-kristallinen Intelligenz geringere Stabilitäten zu erwarten. Das gilt nicht für die kurzfristige Test-Retest-Reliabilität (zwischen .83 und .94; vgl. Brickenkamp, 1975, 1983), wohl aber für die längerfristigen Stabilitäten (.70 bis .80). Tabelle XII.20 enthält die entsprechenden Ergebnisse aus der SCHOLASTIK/LOGIK-Studie.

Tabelle XII.20: *Zweijahresstabilitäten nicht-sprachlicher Intelligenztestwerte im Grund- und frühen Sekundarschulalter für Hauptschüler und für Gymnasiasten*

MESSZEITPUNKTE	HS		GY	
	N	r	N	r
2. Klasse - 4. Klasse	40	.57	56	.41
4. Klasse - 6. Klasse	52	.55	66	.58

Auch im Lichte der verfügbaren empirischen Untersuchungsergebnisse erscheinen die in Tabelle XII.20 zusammengefaßten Stabilitätskoeffizienten außerordentlich niedrig. Dazu könnten einige spezielle Bedingungen der SCHOLASTIK/LOGIK-Studie beitragen, in der zwischen 2. und 4. Schuljahr ein Wechsel vom CFT 1 zum CFT 2 stattfand. Außerdem werden Werte aus Gruppentests (SCHOLASTIK: 2. Klasse) mit individuellen Anwendungen des Testverfahrens (LOGIK: 4. und 6. Schuljahr) verglichen. Diese Tatsachen reichen jedoch zur Erklärung der numerisch erstaunlich niedrigen Stabilitätswerte nicht aus, denn im Sinne der theoretischen Vorstellungen des Testkonstrukteurs Cattell (1963) müßte dieser relativ kulturunabhängige und sprachfreie Intelligenztest ja die intellektuelle Leistungskapazität indikatorisieren, die durch kulturelle Einflüsse und Bildungsprozesse im Laufe der Zeit zu kristallinen sprachlichen Fähigkeiten oder Fertigkeiten gerinnt. Aufgrund solcher Überlegungen könnte man zu der Schlußfolgerung gelangen, daß sich die Stabilität sprachfreier im Vergleich zu sprachlichen Intelligenzunterschieden in der Ontogenese früher ausbilden müßte. Die in der Literatur berichteten und die in der vorliegenden Untersuchung gefundenen Resultate bestätigen diese Annahme nicht. Unterstellt man mit Brickenkamp (1975), daß die teststatistischen Gütemerkmale der verwendeten Verfahren nicht bedeutsam differieren, so könnte das heißen, daß die starke Ähnlichkeit der Bildungsangebote und der Lernaufgaben im Vor- und Grundschulalter eine sehr frühe stabilisierende Wirkung auf die interindividuellen Intelligenzunterschiede bewirkt, während die interindividuellen Kapazitätsdifferenzen auf dieser Altersstufe noch keineswegs fixiert sind. Das ist allerdings eine gewagte theoretische Spekulation, die zwar durch einige Befunde der Verhaltensgenetik gestützt wird, aber dringend der empirischen Überprüfung bedarf.

Schulleistungen

Mit der Gabelung der Schularten nach der 4. Klasse wurde es im Rahmen der LOGIK-Studie immer schwieriger, für die Gesamtstichprobe curricular valide Aufgaben zur Erfassung schulischer Lernleistungen zu entwickeln. Hinzu kamen Probleme mit Deckeneffekten, so daß die in der 4. Klasse verwendeten Items verändert oder ausgetauscht werden mußten. Die in Tabelle XII.21 wiedergegebenen Stabilitäten sind also nicht im engeren Sinne Test- Retestmessungen mit zweijährigem Zeitintervall, sondern beziehen sich auf die Stabilität interindividueller Differenzen in fachspezifischen Leistungsdispositionen, die zum Teil mit Hilfe unterschiedlicher Testaufgaben indikatorisiert wurden.

Tabelle XII.21: *Zweijahresstabilitäten interindividueller Unterschiede in fachspezifischen Schulleistungen bei Hauptschülern und Gymnasiasten*

MESSZEITPUNKTE	HS		GY	
	N	r	N	r
RECHTSCHREIBEN				
2. Klasse - 4. Klasse	41	.44	57	.60
4. Klasse - 5. Klasse	42	.65	56	.56
MATHEMATIK (Textaufgaben - Proportionalitätsaufgaben)				
2. Klasse - 4. Klasse	42	.27	56	.39
4. Klasse - 6. Klasse	43	.17	57	.50

Während bei den jahrgangsspezifischen Rechtschreibtests jeweils ein erheblicher Teil der Items invariant blieb und nur ein Teil ausgetauscht oder hinzugefügt wurde, mußte in Mathematik aus verschiedenen Gründen in der 6. Klasse ein neuer Aufgabentyp zur Erfassung numerischer Problemlösefähigkeiten gewählt werden. Die damit erzielten Stabilitätskoeffizienten haben notwendigerweise einen unbekannten Generalisierungsgradienten. Zu konstatieren ist freilich, daß der Schwierigkeitsgrad der im 6. Schülerjahrgang verwendeten mathematischen Textaufgaben sowohl für Hauptschüler als auch für Gymnasiasten angemessen war.

Motivationale Merkmale

Die Analyse einiger lern- wie leistungsthematischer Motive von der Vorschulzeit bis zum Ende der Grundschule hatte bekanntlich ergeben, daß zwischen der 1. und 3. Klasse eine gravierende Reduzierung ursprünglich hoher positiver Lerneinstellungen und Selbsteinschätzungen, eine Erhöhung der Versagensangst und eine generelle Abnahme in der Stabilität interindividueller Differenzen zu beobachten waren. Dieser Trend erwies sich bei unterdurchschnittlich im Vergleich zu überdurchschnittlich intelligenten Kindern als ausgeprägter. Erst gegen Ende der Grundschulzeit konnten die motivationalen Probleme wenigstens zum Teil wieder überwunden werden.

Aufgrund dieser Befunde ist es von Interesse, vor einer Analyse der Stabilitäten die absoluten Veränderungen der einzelnen Motivmerkmale bei Hauptschülern und Gymnasiasten zu betrachten. Wir haben für diese beiden, erst nach dem 5. Schuljahr getrennten Gruppen zu Vergleichszwecken auch die differentielle Motiventwicklung in der Grundschule berechnet. Tabelle XII.22 enthält die Ergebnisse.

Tabelle XII.22: *Mittelwerte (M) und Standardabweichung (SD) für die Merkmale Lerneinstellung, Selbstkonzept eigener Tüchtigkeit und Versagensängstlichkeit vom 1. bis 6. Schuljahr, getrennt für Hauptschüler (HS) und Gymnasiasten (GY)*

JAHRGANG	LERNEINSTELLUNG				SELBSTKONZEPT				VERSAGENSÄNGSTLICHKEIT			
	HS		GY		HS		GY		HS		GY	
	M	SD	M	SD	M	SD	M	SD	M	SD	M	SD
1. Klasse	3.46	0.46	3.44	0.49	3.09	0.52	3.11	0.46				
2. Klasse	2.91	0.46	3.10	0.60	2.75	0.48	2.84	0.40	1.38	0.76	1.16	0.62
3. Klasse	2.80	0.67	3.12	0.54	2.63	0.40	2.83	0.41	1.32	0.67	1.02	0.66
4. Klasse	2.73	0.75	3.09	0.50	2.44	0.46	2.60	0.30	1.34	0.75	0.90	0.57
5. Klasse	2.74	0.64	2.68	0.47	2.48	0.39	2.52	0.34	1.00	0.70	0.85	0.49
6. Klasse	2.55	0.80	2.40	0.62	2.46	0.44	2.34	0.39	1.15	0.70	0.95	0.45

Das in Tabelle XII.22 repräsentierte Ergebnismuster läßt für die drei Motivationsvariablen unterschiedliche Entwicklungsverläufe erkennen:

Vom Übertrittszeitpunkt nach der 4. Grundschulklasse aus gesehen, verschlechtert sich die *Lerneinstellung* von Hauptschülern und Gymnasiasten nach der 1. Volksschulklasse sowohl bei retrospektiver als auch bei prospektiver Betrachtung. Während sich die Werte zwischen 4. und 6. Schuljahr in den Hauptschulen nur wenig verändern, ist die durchschnittliche Abnahme positiver Lerneinstellungen während dieser Zeitspanne in den Gymnasien offenkundig.

Im Vergleich dazu stabilisiert sich das im 4. Grundschuljahr erreichte Niveau des subjektiv erlebten *Konzepts eigener Tüchtigkeit* in der 5. und 6. Hauptschulklasse, während es im 1. und 2. Gymnasialjahr möglicherweise aufgrund der erheblich gestiegenen Aufgabenanforderungen leicht abfällt.

Das Ausmaß an *Versagensängstlichkeit* schließlich geht im 5. Schuljahr generell etwas zurück, steigt aber in den 6. Klassen sowohl bei Hauptschülern als auch bei Gymnasiasten wieder mäßig an. Im Vergleich zu Gymnasiasten leiden Hauptschüler im Durchschnitt weitaus stärker unter Testangst, - und dies sowohl in der Grundschule als auch in der Sekundarstufe.

Im Vergleich zu den komplexen Veränderungsmustern motivationaler Variablen zeigt sich bei der Zweijahresstabilität dieser Merkmale durchgängig die erwartete leichte Erhöhung (Tab. XII.23).

Tabelle XII.23: *Zweijahresstabilitäten interindividueller Motivationsunterschiede (Lerneinstellung, Selbstkonzept und Versagensängstlichkeit) für Hauptschüler und Gymnasiasten*

MOTIV / MESSZEITPUNKTE	HS		GY	
	N	r	N	r
LERNEINSTELLUNG				
2. Klasse - 4. Klasse	51	.47	66	.24
4. Klasse - 6. Klasse	52	.50	65	.35
SELBSTKONZEPT EIGENER TÜCHTIGKEIT				
2. Klasse - 4. Klasse	51	.49	67	.34
4. Klasse - 6. Klasse	52	.50	66	.46
VERSAGENSÄNGSTLICHKEIT				
2. Klasse - 4. Klasse	51	.31	67	.06
4. Klasse - 6. Klasse	52	.62	66	.46

Der bei den Einjahresstabilitäten während der Grundschulzeit beobachtete Stabilisierungsgrad bei motivationalen Variablen läßt sich über diesen Zeitabschnitt hinaus auch für die Zweijahresstabilität der interindividuellen Unterschiede bei der Lerneinstellung und dem Selbstkonzept eigener Tüchtigkeit feststellen, wenn man die Werte von der 2. bis 4. und von der 4. bis 6. Klasse vergleicht. Ein ansteigender Trend zeigt sich besonders für die Versagensängstlichkeit. Durchgängig erweisen sich die Stabilitätskoeffizienten bei Hauptschülern im Vergleich zu denen der Gymnasiasten als höher.

KORRELATIVE BEZIEHUNGEN ZWISCHEN EINZELNEN WÄHREND DER GRUNDSCHULZEIT GEMESSENEN PRÄDIKTOREN UND SCHULISCHEN LEISTUNGSKRITERIEN IM FRÜHEN SEKUNDARSCHULALTER

Als eine allgemeine, empirisch gut bestätigte Regel gilt inzwischen, daß im Verlauf der Schulzeit die fachspezifischen Leistungen immer stärker durch ihre eigene Lerngeschichte und zunehmend weniger durch allgemeine Fähigkeiten, inhaltsunabhängige Motive und externe Kontextfaktoren determiniert werden. Diese Tendenz läßt sich teilweise auch in den LOGIK/SCHOLASTIK-Daten erkennen. Die folgenden Tabellen enthalten die Ergebnisse für die Rechtschreib- und Mathematikleistungen im 5./6. Schuljahr (Tab. XII.24a und XII.24b).

Das in diesen beiden Tabellen erkennbare Ergebnismuster wirkt auf den ersten Blick verwirrend und unplausibel. Dabei sind die Resultate zur Determination der Rechtschreibleistungen in der Sekundarstufe durch Einzelmerkmale aus der Grundschulzeit vollkommen erwartungsgemäß:

(a) Die relevanten Vorkenntnisse haben kurz- und langfristig die größte Determinationskraft. Das ist sowohl bei Hauptschülern als auch bei Gymnasiasten der Fall. Geht man davon aus, daß es sich beim Erwerb des Rechtschreibens teils um redundante

Tabelle XII.24a: *Durch individuelle Einzelmerkmale aus der Grundschulzeit aufklärbare Varianz (R^2) der Rechtschreibleistungen in der 5. Klasse Hauptschule (HS) und Gymnasium (GY)*

	4. - 5. Klasse		2. - 5. Klasse	
	HS	GY	HS	GY
Rechtschreibleistung	.42	.31	.21	.31
Sprachliche Intelligenz	.01	.04	.02	.01
Nicht-sprachliche Intelligenz	.01	.00	.00	.00
Lerneinstellung	.02	.04	.02	.01
Selbstkonzept	.03	.02	.00	.00
Testängstlichkeit	.05	.01	.00	.00

Tabelle XII.24b: *Durch individuelle Einzelmerkmale aus der Grundschulzeit aufklärbare Varianz (R^2) der Mathematikleistungen in der 6. Klasse Hauptschule (HS) und Gymnasium (GY)*

	4. - 6. Klasse		2. - 6. Klasse	
	HS	GY	HS	GY
Mathematikleistung	.00	.12	.00	.23
Sprachliche Intelligenz	.00	.04	.01	.02
Nicht-sprachliche Intelligenz	.01	.06	.01	.03
Lerneinstellung	.00	.00	.01	.02
Selbstkonzept	.01	.00	.01	.01
Testängstlichkeit	.00	.00	.02	.12

(Übung bereits bekannter Wörter), teils um kumulative (aufeinander aufbauende Regelsysteme) und teils um idiosynkratisch-neue Lernprozesse (Einprägen von "Rechtschreibausnahmen") handelt, so erscheinen auch die numerischen Werte theoretisch stimmig.

(b) Beim Erwerb des Rechtschreibens sollte es sich zu einem erheblichen Teil um intelligente Lernvorgänge handeln, da verschiedene Regelsysteme aufgebaut, in ihrem Geltungsbereich begrenzt und zum Teil miteinander kombiniert werden müssen. Der Einfluß der Intelligenz auf die Rechtschreibleistung ist deshalb erwartungskonform.

(c) Bei sehr langfristigen kumulativen Lernvorgängen spielen nach den Befunden der Expertiseforschung motivationale Tendenzen eine zunehmende Rolle. Es ist deshalb nicht erstaunlich, aber bemerkenswert, daß die Kombination mehrerer Motivationsvariablen eine ähnliche Größenordnung für die Determination aufweist, wie die Kombination allgemeiner intellektueller Fähigkeiten.

Im Unterschied zu diesem plausiblen Ergebnismuster für das Rechtschreiben sind die Resultate für die Mathematikleistungen in der 6. Klasse gleichermaßen erklärungsbedürftig wie interpretationsschwierig. Von grundlegender Bedeutung dürfte sein, daß es sich bei der als Kriterium genutzten Serie von mathematischen Problemen um einen neuen Aufgabentypus handelt, der weder für Hauptschüler noch für Gymnasiasten curricular valide ist und deshalb als Lern- und Leistungsvoraussetzung allgemeine intellektuelle Fähigkeiten und breite mathematische Kompetenzen erfordert. Geht man von dieser grundlegenden Hypothese aus, so sind die empirischen Befunde zwar immer noch theoretisch nicht sehr erhellend, aber auf Plausibilitätsniveau etwas besser verständlich.

MULTIPLE DETERMINATION VON INTELLIGENZ-, SCHULLEISTUNGS- UND MOTIVATIONSDIFFERENZEN BEI SEKUNDARSCHÜLERN DURCH PRÄDIKTOREN, DIE IN DER GRUNDSCHULE GEMESSEN WURDEN

In diesem Abschnitt geht es nicht nur - wie bisher üblich - um die multiple Vorhersage von Schulleistungsunterschieden in den 5. und 6. Klassen der Sekundarstufe, sondern auch um die Prädizierbarkeit der individuellen Intelligenz- und Motivationsunterschiede auf dieser Altersstufe. Um einer guten Übersichtlichkeit willen wird in den folgenden Tabellen XII.25a-c ein Algorithmus gewählt, der einheitlich aus vier Schritten besteht: Zuerst wird der Einfluß des spezifischen Prädiktores (Merkmalsmeßwerte aus der 4. Klasse), dann die Rolle der unspezifischen Prädiktoren (sprachliche und nicht-sprachliche Intelligenz, Rechtschreib- und Mathematikleistung, Selbstkonzept und Versagensängstlichkeit unter Weglassung des jeweiligen spezifischen Prädiktors), dann die Kombination spezifischer und unspezifischer Prädiktoren und schließlich die gleiche Kombination ergänzt um die Unterrichtsqualität in der 4. Grundschulklasse berücksichtigt. Dargestellt werden in den drei Tabellen die Werte für die beiden Teilstichproben der Hauptschüler (HS) und der Gymnasiasten (GY).

Die multiplen Determinationskoeffizienten sind erwartungsgemäß hoch und für die sprachliche Intelligenz deutlich höher als für die nicht-sprachliche (Tab. XII.25a). Interessant ist für die Verbalintelligenz der substantielle Beitrag, den nicht-spezifische Prädiktoren leisten, - ganz im Einklang mit den Theorien von Cattell (1963) und Horn (1989). Die Differenzen zwischen Hauptschülern und Gymnasiasten sind gering, sieht man von der Ausnahme einer niedrigen Stabilität der nicht-sprachlichen Intelligenzzun-

Tabelle XII.25a: *Multiple Determination (R^2) der sprachlichen (HAWIK-V) und nicht-sprachlichen Intelligenz (CFT-2) von Kindern der 6. Klasse durch Prädiktoren, die im 4. Schuljahr erhoben wurden*

	SPRACHLICHE INTELLIGENZ		NICHT-SPRACHLICHE INTELLIGENZ	
	HS	GY	HS	GY
Spezieller Prädiktor	.60	.64	.30	.33
Unspezifische Prädiktoren	.24	.28	.41	.55
Spezifische + unspezifische Prädiktoren	.70	.70	.41	.54
Spezifische + unspezifische + kontextuelle Prädiktoren	.70	.70	.41	.56

Tabelle XII.25b: *Multiple Determination (R^2) der Rechtschreib- und Mathematikleistungen von Kindern der 5./6. Klasse durch Prädiktoren, die im 4. Grundschuljahr erhoben wurden*

	RECHTSCHREIBEN		MATHEMATIK	
	HS	GY	HS	GY
Spezieller Prädiktor	.42	.31	.00	.12
Unspezifische Prädiktoren	.21	.14	.00	.13
Spezifische + unspezifische Prädiktoren	.52	.21	.00	.21
Spezifische + unspezifische + kontextuelle Prädiktoren	.55	.21	.00	.12

Tabelle XII.25c: *Multiple Determination (R^2) der Motivvariablen "Selbstkonzept eigener Tüchtigkeit" und "Versagensangst" von Kindern der 6. Klasse durch Prädiktoren, die in der 4. Grundschulklasse erhoben wurden*

	SELBSTKONZEPT		VERSAGENSANGST	
	HS	GY	HS	GY
Spezieller Prädiktor	.25	.21	.38	.21
Unspezifische Prädiktoren	.28	.27	.34	.29
Spezifische + unspezifische Prädiktoren	.39	.27	.42	.36
Spezifische + unspezifische + kontextuelle Prädiktoren	.45	.34	.45	.39

terschiede bei Hauptschülern im Vergleich zu den Gymnasiasten ab (R^2: 26 vs. 44). Bei der geringen Anzahl von Personen in den beiden Teilstichproben sollte man diesen Befund nicht post hoc interpretieren. Ließe sich allerdings das Ergebnis bei größeren Stichproben replizieren, so wäre es von großer theoretischer Tragweite.

Bei den Schulleistungen bestätigen die multiplen Determinationen die Ergebnisse der einfachen Zusammenhangsanalysen zwischen einzelnen Prädiktoren und den beiden Leistungskriterien im Rechtschreiben und in der Mathematik (Tab. XII.25b).

Das durch Tabelle XII.25b vermittelte Bild ist in seiner Gegensätzlichkeit eindeutig: Die multiple Determination der Rechtschreibleistungen entspricht den theoretischen Erwartungen mit einer hohen Stabilität des Merkmals zwischen später Grundschul- und früher Sekundarschulzeit; begrenzten, aber substantiellen Beiträgen der unspezifischen Prädiktoren (Intelligenz und Motivation) und einem geringen zusätzlichen Effekt der Schulklassenzugehörigkeit als Indikator für unterschiedliche Instruktionsqualität. Alle Werte sind bei den Hauptschülern höher als bei den Gymnasiasten.

Ganz anders ist das Ergebnismuster für die Mathematikleistungen: Schwach, aber in den relativen Anteilen plausibel für die Gymnasiasten; ohne jede Substanz und Evidenz für die Hauptschüler. Die Ursachen dafür sind nicht bekannt und aus den vorliegenden Daten auch nicht erschließbar.

Im Vergleich zu den in der 6. Klasse erfaßten Mathematikleistungen kann man schon aufgrund der Merkmalsstabilität gegen Ende der Grundschul- und zu Beginn der Sekundarschulzeit für die motivationalen Variablen "Selbstkonzept eigener Tüchtigkeit" und "Versagensangst" eine wesentlich substantiellere Determination erwarten. Die in Tabelle XII.25c wiedergegebenen Resultate bestätigen diese Vermutung.

Überblickt man die Resultate der referierten multiplen Determinationsanalysen für jeweils zwei intellektuelle Merkmale, zwei Schulleistungskriterien und zwei motivationale Variablen durch den inhaltlich gleichen Prädiktorensatz aus der Grundschulzeit, so lassen sich trotz des beschränkten Datenrahmens, der geringen Stichprobengröße und vieler methodischer Probleme mit Hilfe einer Mischung aus empirischer Induktion und spekulativer Deduktion einige Entwicklungsregularitäten "erkennen", die mit der gebotenen theoretischen Vorsicht kurz charakterisiert werden sollen.

Regularität 1: Handelt es sich beim domänspezifischen Wissens- und Fertigkeitserwerb um kumulative Lernprozesse, so determinieren im Verlauf der Schulzeit Quantität und Qualität der relevanten Vorkenntnisse immer stärker die intraindividuelle Leistungsentwicklung und deren interindividuelle Unterschiede. Im vorliegenden Datensatz gilt dies sowohl für den Bereich der sprachlichen Intelligenz als Aggregat verschiedener gelernter Wissenssegmente als auch für das Rechtschreiben. Je nach Art der Kriteriumsaufgaben spielen darüber hinaus allgemeine kognitive Ressourcen, motivationale Tendenzen und instruktionale Unterstützungen eine ergänzende, mehr oder minder wichtige Rolle.

Regularität 2: Handelt es sich in einem Lern- und/oder Leistungsbereich um die Bewältigung von Kriteriumsaufgaben, die in dem Sinne neu sind, daß sie nicht direkt oder indirekt auf das bereits erworbene Wissen aufbauen, so verliert das allgemeine Prädiktionsmodell (Vorkenntnisse > intellektuelle Ressourcen > motivationale Tendenzen > kontextuelle Faktoren) seine Gültigkeit. Die individuelle Verfügbarkeit und Zugänglichkeit allgemeiner kognitiver Ressourcen sowie analoger Lösungsschemata, die Möglichkeiten der Aufgabenlösung durch anstrengendes Versuchs-Irrtums-Lernen und anderer Voraussetzungs-Aufgabenlösungsrelationen können unter diesen Umständen allgemeine Prädiktionen extrem beeinträchtigen. Es kommt deshalb zu einer Inflation spezieller Prädiktionsmodelle mit immer engerem Geltungsbereich.

Regularität 3: Selbst auf der Basis vereinfachender linearer Prädiktionsmodelle spielen Motivationsunterschiede unter bestimmten Bedingungen eine substantielle Rolle in der Leistungsdetermination. Das gilt beim vorliegenden Datensatz zum Beispiel für den langfristigen domänspezifischen Expertiseerwerb (Rechtschreiben), für den Aufbau vielfältiger sprachgebundener Wissenssegmente als Manifestation der kristallinen Intelligenz (sprachliche Intelligenz) und für die Bewältigung von Leistungssituationen, in denen besondere Erfolgschancen und Versagensrisiken bestehen (vgl. Helmke, 1992).

Regularität 4: Die Qualität des Unterrichts wird als Determinante des kognitiven Lernens und der motivationalen Entwicklung häufig unterschätzt. Für Schulleistungen als Ergebnis kumulativer Lernprozesse, für die Entwicklung der sprachlichen Intelligenz und für die Genese motivationaler Tendenzen ist der varianzaufklärende Beitrag der Instruktionsqualität zwar begrenzt, aber bedeutsam.

Regularität 5: Trotz der zum Teil recht hohen multiplen Determinationskoeffizienten ist bei allen Kriterien der Anteil unaufgeklärter Varianz relativ groß. Mit welchen theoretischen Spekulationen man diese erklärungsbedürftige Restvarianz auch immer ausfüllt, - es dürfte keinen vernünftigen Zweifel daran geben, daß die Spielräume individueller, instruktionaler und interaktiver Gestaltungs- oder Veränderungsmöglichkeiten der Entwicklungsbedingungen vieler psychologischer Merkmale und Merkmalsdifferenzen auch im mittleren Schulalter noch relativ groß sind.

ZUSAMMENFASSUNG

Vielfältige Analysen der Zusammenhänge zwischen generellen Tendenzen und individuellen Differenzen der Entwicklung im Grundschulalter auf der einen und der Genese verschiedener psychologischer Merkmale und Merkmalsunterschiede im frühen Sekundarschulalter auf der anderen Seite, haben zum Teil die erwarteten, zum Teil auch überraschende Ergebnisse erbracht. Die wichtigsten Resultate lassen sich wie folgt zusammenfassen:

(1) Mit der für Bayern typischen Gabelung der Schulwege nach der 4. Grundschulklasse in Hauptschule und Gymnasium ergeben sich vom 5. Schuljahr an zwei Subpopulationen, die sich in allen von uns berücksichtigten sozialen, kognitiven und motivationalen Merkmalen zugunsten der Gymnasiasten unterscheiden.

(2) Während die Stabilität interindividueller Differenzen im Bereich der sprachlichen Intelligenz während der frühen Sekundarschulzeit weiter zunimmt, sind die Stabilisierungseffekte bei der nicht-sprachlichen, fluiden Komponente der Intelligenz deutlich geringer.

(3) Nach der auffälligen Beeinträchtigung lernrelevanter motivationaler Merkmale im frühen Grundschulalter und ihrer tendenziellen Restabilisierung gegen Ende der Grundschulzeit, setzt sich dieser Trend unter gewissen Schwankungen und mit einigen interessanten Unterschieden auch in den ersten zwei Jahren der Sekundarstufe fort. Das gilt sowohl für die Veränderung der absoluten Motivationswerte als auch für die zunehmende Stabilisierung der interindividuellen Differenzen.

(4) Ein theoretisch befriedigendes Resultat erbrachte die Determinationsanalyse der Rechtschreibleistungen und ihrer interindividuellen Differenzen. Spezielle Vorkenntnisse, unspezifische Intelligenz- und Motivunterschiede sowie die Instruktionsqualität in der 4. Klasse tragen mit abnehmender Bedeutung zu einer angemessenen Vorhersage der Leistungsdifferenzen bei.

(5) Bei der Determination der Mathematikleistungen sind die empirischen Befunde unbefriedigend. Das liegt zweifellos an der Indikatorisierung der Kriteriumsleistung durch einen speziellen Aufgabentyp (mathematische Proportionalitätsaufgaben). Während für Gymnasiasten ein zwar schwaches, aber plausibles Ergebnismuster erkennbar ist, finden sich für die Leistungsunterschiede von Hauptschülern in den Daten überhaupt keine substantiellen Vorhersage- und Erklärungsmöglichkeiten.

(6) Aufgrund der Resultate aus den Determinationsanalysen für jeweils zwei Intelligenz-, Schulleistungs- und Motivationskriterien lassen sich sechs entwicklungstypische Regularitäten für den Übergang vom Grundschul- zum Sekundarschulalter erkennen, die dringend der vertieften theoretischen Diskussion und einer weiteren empirischen Überprüfung bedürfen (vgl. dazu Gamsjäger & Sauer, 1996; Parkerson, Lomax, Schiller & Walberg, 1984).

Entwicklung vor, während und nach der Grundschulzeit: Kommentar

Bernhard Wolf

Der Scholastik-Ergebnisbericht von Weinert und Stefanek ist in einer auffallenden Weise "umweltabstinent". Kovarianzgeleitete Strukturen zwischen denselben oder ähnlichen, oft kognitiven Variablen, die zu verschiedenen Zeitpunkten erhoben werden, bilden ein wichtiges Gerüst dieser empirischen Studie. Erörterungen zu Besonderheiten solcher korrelativen Verknüpfungen stehen im Mittelpunkt der Darstellungen, während mögliche Einflüsse der Lernumwelt unberücksichtigt bleiben.

Man findet zwar im Forschungsbericht sprachliche Verweise auf denkbare "Person-Umwelt-Interaktionsmodelle", es ist auch die Rede von "kontextuellen Bedingungsfaktoren" und der Notwendigkeit der Berücksichtigung "molarer Konstellationen", aber diese selbst gestellten Ansprüche werden nicht eingelöst. Diese kritische Einschätzung wird durch die vier erhobenen "Qualitätsmerkmale des Unterrichts" ("Management, Adaptivität, Strukturierung und Klassengröße") kaum revidiert, da die erhobenen Maße im besten Fall sehr randständig die von mir propagierte ökologische Perspektive in der Entwicklungspsychologie repräsentieren. Das hier hervorgehobene Defizit trifft zwar nicht in derselben Weise auf die Übersichtsreferate von Hany bzw. Roeder zu, da dort punktuell wenigen Aspekten der Umwelt Beachtung geschenkt wird, aber auch diese Argumentationsstränge verzichten auf eine tiefergehende Integration der Umwelt in den Forschungszusammenhang.

Unter einem übergeordneten theoretischen Gesichtspunkt (Wolf, 1995a) läßt sich das in dem betrachteten Zusammenhang weitgehend uneingelöste Desiderat als "Beachtung einiger ökologischer Perspektiven in der Entwicklungspsychologie" umschreiben (Wolf, 1995b). Unter anderen können folgende Zugänge die Anliegen einer Berücksichtigung ökologischer Perspektiven beispielhaft erläutern:

- *Kontextbezug:* In dem betrachteten Forschungsfeld geht es u. a. um individuelle Leistungen in einem Spannungsbogen vom familiären Umfeld über Peer-Group-Effekte und das Schulumfeld bis hin zum Gesellschaftsumfeld. Bronfenbrenner (1981) legte dazu ein tragfähiges Rahmenmodell vor, dem seit Jahrzehnten internationale Beachtung geschenkt wird. Wegen seiner Offenheit und Flexibilität wäre dieses Modell hervorragend geeignet, auch in dem fraglichen Forschungskontext in einer spezifischen, auf die hiesigen Anforderungen zugeschnittenen Weise genutzt zu werden.

- *Objektbezogenheit und Subjektabhängigkeit:* Die sich komplementär ergänzende Bereicherung des Bezugs auf Gegenstände und der Herleitung aus Perzeptionen soll dazu beitragen, der Erforschung der Schulwirklichkeit besser gerecht zu werden. Gerade der Verzicht auf den Gegenstandsbezug ist ein Defizit in weiten Teilen der Psychologie, das auch im Scholastik-Projekt hätte überwunden werden können.

- *Transaktionale Muster:* Die wechselseitig bedingte Verflochtenheit zwischen Aspekten des menschlichen Verhaltens und Aspekten der Umwelt im Sinne eines Prozesses des Ineinandergreifens wie bei einem "Reißverschluß" sollte in jeder Schuluntersuchung abgebildet werden. Allein das nuancenreiche Hin und Her in der "unendlichen" Prozeßabfolge zwischen Schülerverhalten und Lehrerverhalten, die durch ebenso langwierige Prozesse beispielsweise innerhalb des Kollegiums oder mit den Eltern moderiert wird, bedarf der wissenschaftlichen Beschäftigung. Auf dem Hintergrund dieser Wunschvorstellung wirkt der Münchner Ergebnisbericht auffallend statisch, indem isolierte Variablen korrelativ miteinander verknüpft werden. Die Nutzung komplexer, annähernd Prozeßabläufe repräsentierender Auswertungsstrategien bleibt leider nur die wohltuende Ausnahme (vgl. das Vorhersagemodell Intelligenz - Mathematikleistungen).

- *Kultur:* Schule ist zweifellos eine mächtige Sozialisationsinstanz. Noch stärker dürfte aber ihre Enkulturationswirkung sein, in der Aufnahme und eigenaktive Gestaltung von Handlungsstrukturen transaktional miteinander verwoben sind. Schulforschung sollte in den kulturellen Hintergrund eingewoben sein.

Da diese allgemein formulierten Ansprüche einer Annäherung an hervorgehobene Prinzipien ökologischer Perspektiven nur prinzipielle Denkrichtungen anzeigen, die für eine direkte und konkrete Umsetzung in Forschungsvorhaben möglicherweise zu abstrakt erscheinen, soll an einen pragmatischen Forschungsansatz erinnert werden, der bereits in den 60er Jahren entstanden ist, aber auch noch heute für die Schulforschung in besonderer Weise geeignet zu sein scheint. Dieser als "Lernumweltforschung" (Chicagoer Schule) bezeichneten Strömung (Wolf, 1980) wurde in Teilen der wissenschaftlichen Diskussion (im Sinne einer typischen Modewelle) leider nur wenige Jahre eine gewisse Beachtung geschenkt. Nach meiner Auffassung hätten die dort generierten generellen Ideen - natürlich modifiziert für die heutige Schulsituation in Deutschland - dazu beitragen können, das Defizit auch einer umweltabstinenten Scholastik-Forschung zumindest teilweise aufzuheben.

Die Anregung zur "learning-environment"-Forschung ging von Bloom aus, der der Umwelt programmatisch eine kraftvolle Stellung einräumte: "Unter Umwelt verstehen wir die Bedingungen, Einflüsse und äußeren Reize, die auf Menschen einwirken. Dies können physische, soziale, aber auch intellektuelle Einflüsse und Bedingungen sein. Nach unserer Auffassung reicht Umwelt von den unmittelbarsten sozialen Interaktionen bis zu den entfernteren kulturellen und institutionellen Einflüssen. Wir glauben, daß die Umwelt aus einem Netzwerk von Einflüssen und Faktoren besteht, die den Menschen umgeben. Wenn auch einige Menschen diesem Netzwerk widerstehen können, werden nur äußerst selten (in extremen Fällen) Individuen völlig ausweichen oder entkommen können. Umwelt ist eine formende und verstärkende Kraft, die auf Menschen einwirkt" (Bloom, 1964, S. 187; zit. n. Wolf, 1980, S. 173).

Die frühen differenzierten, von Bloom angeregten Studien (Dave, 1963; Wolf, 1964; Mosychuk, 1969; Weiss, 1969; Marjoribanks, 1970; Keeves 1972; in Deutschland Trudewind, 1971, 1975) bilden die Grundlage für diese Forschungsrichtung, die in den Folgejahren u. a. von Marjoribanks in zahlreichen Studien (z. B. 1974; 1979) weiter ausgebaut und verfeinert wurde. Marjoribanks (1974, S. 15) unterscheidet dabei folgende Lernumweltaspekte:

- Soziale Schicht, ethnische Gruppierung und andere sozial-strukturelle Aspekte
- Häusliche Lernumwelt
- Lernumwelt durch Nachbarschaftseinflüsse und Gleichaltrige
- Schulische Lernumwelt

Einige dieser Aspekte hätten in der Scholastik-Studie Berücksichtigung finden können. Falls eine differenzierte Erfassung der häuslichen Lernumwelt, die in den ursprünglichen Studien der Bloom-Schule im Vordergrund stand, in der Scholastik-Studie aus forschungstechnischen Gründen in einer vergleichbaren Weise nicht möglich war, dann wäre zumindest eine Übertragung einer Reihe der in Chicago generierten Grundideen im Sinne der Berücksichtigung gezielter sozialstruktureller Variablen, vor allem aber ausgewählter Aspekte der schulischen Lernumwelt dringend geboten gewesen. Diese Forderung wird auch dadurch unterstützt, daß mit der engen regionalen Begrenzung der Scholastik-Studie auf den Großraum München eine Einschränkung der Generalisierbarkeit verbunden sein dürfte, so daß eine ergänzende Bereicherung durch zusätzliche Informationsquellen aus der Umwelt sinnvoll, ja notwendig gewesen wäre.

Ökologische Perspektiven zur Umwelt der Schule sind in Deutschland auch unabhängig von dem Geist, der von Bloom in Chicago ausging, nicht neu. Bereits in den 70er Jahren gab es im deutschsprachigen Raum nuancenreiche und vielversprechende Ansätze (z. B. Walter, 1971; Schreiner, 1973; Fend, 1974b, 1977), die beispielsweise von Fend bis auf den heutigen Tag mit einer Fülle weiterer Studien fortgesetzt, ausdifferenziert und ergänzt worden sind. Zu diagnostischen Möglichkeiten in der Schulumwelt liegt außerdem u. a. eine Übersichtsarbeit von Wolf und v. Saldern (1989) vor. An Forschungsvorbildern und diagnostischen Möglichkeiten mangelt es also nicht.

Wenn man den übergreifenden Ansatz von ökologischen Perspektiven in Entwicklungspsychologie und Pädagogischer Psychologie (Wolf, 1995b) im Sinne einer Fokussierung auf den Kontext "Schulumwelt" konkretisiert, geht es in erster Linie nicht darum, in möglichst differenzierter Weise möglichst viele Umweltvariablen in den Forschungsprozeß einzuführen. Annäherungen an ökologische Perspektiven erreicht man also nicht vorrangig durch eine Kumulation von Umweltvariablen, sondern durch ein vielschichtiges Design, in dessen Mittelpunkt Mensch-Umwelt-Transaktionen stehen. Aus dieser Perspektive hätte es in der Scholastik-Studie - stärker als dort verwirklicht - ein Ziel sein können, die ausgewählten kognitiven und motivationalen Individualdaten in einer solchen Weise in den Gesamtkontext der Schulumwelt zu stellen, daß Individualdaten und relevante Strukturen und Prozesse des gesamten Schulalltags im Sinne eines vielfältigen Hypothesengeflechts zum Forschungsgegenstand geworden wären. Auch auf dem Hintergrund dieser theoretischen Auffassung wäre eine vielschichtige Auswertungsstrategie angemessener gewesen als die weitgehende Beschränkung auf eindimensionale deskriptive Kennwerte (z. B. Mittelwerte, Standardabweichungen und vor allem Korrelationen). Eine an der Verflochtenheit der Prozesse orientierte Auswertung müßte außerdem statt der einfachen Zuordnung aggregierter Informationen zu Individualdaten auf die verschiedenen Ebenen der Erhebung Rücksicht nehmen (Mehrebenenanalysen).

Falls man in diesem Zusammenhang die grundlegenden Ideen des erwähnten Modells Bronfenbrenners im Prinzip akzeptiert, könnte dies konkret bedeuten, neben Prozessen innerhalb des Mikrosystems "Schule" auch Strukturen und Prozesse des Meso-, Exo- und Makrosystems dieser Institution in ganzheitlicher Weise in das Forschungsprojekt aufzunehmen (vgl. Conrad & Wolf, in Vorbereitung). Um ein solches Ziel zu erreichen, könnte man im Rahmen der deutschsprachigen Schulforschung beispielsweise aus den zahlreichen Forschungsarbeiten Fends wertvolle Anregungen entnehmen.

Das überreichliche Angebot von Korrelationskoeffizienten lenkt nicht nur den Blick der Scholastik-Autoren, sondern auch der Autoren der Übersichtsreferate auf die gleichzeitige Wirksamkeit von "Stabilität und Veränderung". Dieser Dualismus ist in der Entwicklungspsychologie seit langem bekannt und anerkannt (vgl. z. B. Bloom, 1964; ISSBD, 1979). Die Inspektion einer Reihe von Korrelationskoeffizienten kann im vorliegenden Forschungsfeld zweifellos zu einer Hervorhebung der teilweise beachtlichen Anteile zugeschriebener Varianz (etwa im Sinne von omega-Quadrat) führen. Es ist aber angebracht, auch dem Gegenstück, dem Anteil nicht-zugeschriebener Varianz (1 - omega-Quadrat) besondere Beachtung zu schenken, weil diese Information die Option auf Veränderung, Variabilität, Diskontinuität enthält, die besonders in der frühen Kindheit einen hohen Stellenwert hat. In diesem Gegen-Index ist auch das Potential für umweltbedingte Variation enthalten, dessen Relevanz in diesem Kommentar in besonderer Weise nahegelegt wird. Denn selbst bei denjenigen Korrelationskoeffizienten, die auf den ersten Blick so mächtig erscheinen (z. B. $r = 0,65$ oder sogar $r = 0,81$), ist der Gegenanteil (1 - omega-Quadrat) immer noch nennenswert, ja oft erheblich (genauer Berechnungsweg z. B. bei Wolf & Brandt, 1982). Wir sollten die Gemeinsamkeiten nicht überbetonen und damit die Möglichkeiten der Veränderung oder Flexibilität bzw. der externen Einflüsse vernachlässigen.

Aber auch unabhängig von der Relevanz des Nicht-Zusammenhängenden bedürfen die publizierten Korrelationskoeffizienten einer sorgfältigen Interpretation. Denn es gibt einige "unecht" überhöhte Koeffizienten, weil die beiden korrelierten Meßinstrumente völlig identisch sind (Retest-Scheinkorrelationsanteil). Das Gegenstück dazu ist eine instrumentenbedingte mögliche Verminderung der Kovarianz, weil unterschiedliche Erhebungsmethoden verwendet wurden (Instrumenten-Bias). So können beispielsweise unerwartete Stabilitäten bzw. Veränderungen beim CFT möglicherweise auch auf gleichartige bzw. unterschiedliche Darbietungsformen (Gruppentest; Individualtest) zurückgeführt werden.

Als Gegeninformation zu den vielen hohen Korrelationskoeffizienten bedürfen gerade die gar nicht so seltenen de-facto-Nullkorrelationen einer bedeutend stärkeren Beachtung in der Darstellung und Diskussion. Mit de-facto-Nullkorrelationen sind diejenigen Kennwerte gemeint, die im Sinne der statistischen Signifikanz einen p-Wert größer als alpha (z. B. 0,05) und folglich im Sinne der praktischen Signifikanz einen sehr niedrigen omega-Quadrat aufweisen. An einigen Stellen des Textes müßten die fehlenden linearen Zusammenhänge auch als solche deutlich benannt werden. Es wäre glaubwürdiger, wenn man klar von nicht-vorhandenen oder zumindest von nicht-nachweisbaren Zusammenhängen sprechen würde, nicht aber von schwachen Zusammenhängen. Dabei ist das Eintreffen der Nullhypothese bei Zusammenhangsrelationen kein uninteressantes Ergebnis. In manchen der zitierten Korrelationsmatrizen ist das völlige Fehlen eines Zusammenhangs (auch im Sinne der multiplen bzw. partiellen Korrelation) ein zwar unerwartetes Resultat, das aber mit einer sorgsam erläuternden und ausführlichen Interpretation aufschlußreiche Erkenntnisse bringen könnte.

Sicherlich ist der kommentierte Ergebnisbericht zur Entwicklung vor, während und nach der Grundschulzeit insgesamt informativ, anregend und gehaltvoll, repräsentiert er solide Forschung. Ein Desiderat wäre aber die Einbettung der erhobenen psychologischen Standardvariablen in Ausschnitte eines ökologischen Kontextes sowie eine an der ökologischen Perspektive orientierten nuancenreichen Auswertungsstrategie, in der nicht einfache Korrelationen dominieren.

Kapitel XIII

Theoretischer Ertrag und praktischer Nutzen der SCHOLASTIK-Studie zur Entwicklung im Grundschulalter

Franz E. Weinert & Andreas Helmke

Kommentar:
Wolfgang Edelstein

Kommentar:
Hans-Joachim Kornadt

Theoretischer Ertrag und praktischer Nutzen der SCHOLASTIK-Studie zur Entwicklung im Grundschulalter

Franz E. Weinert und Andreas Helmke

Längsschnittstudien sind aufwendige Unternehmungen. Dieser Aufwand muß durch den wissenschaftlichen und - wenn möglich - auch durch den praktischen Ertrag gerechtfertigt werden. Was können wir also aus der Münchner Grundschulstudie SCHOLASTIK in Verbindung mit einigen relevanten Daten aus der "Longitudinaluntersuchung zur Genese individueller Kompetenzen (LOGIK)" lernen? Über diese Frage soll im folgenden in theoretischer wie praktischer Hinsicht reflektiert werden.

Ein solches Vorhaben kann natürlich nicht generell, sondern nur perspektivisch verwirklicht werden. Will man nämlich ein komplexes, vielfältiges, zeitlich erstrecktes und sich permanent veränderndes Phänomen in theoretischer Absicht begreifen, analysieren und rekonstruieren, so ist wissenschaftliche Erkenntnis jeweils nur in bestimmter Hinsicht zu gewinnen. Perspektiven sind "Ideengebilde, welche die wichtige Funktion haben, uns für bestimmte, zwischen den Elementen der Wirklichkeit bestehende Beziehungen und Zusammenhänge zu sensibilisieren" (Acham, 1983, S. 156f).

Wir entwerfen für die Zwecke dieser zusammenfassenden Betrachtung der SCHOLASTIK-Ergebnisse selbstverständlich nicht ein neues System theoretischer Hinsichten, sondern wir rekurrieren auf traditionelle Perspektiven, wie sie historisch in der Psychologie und deren Grenzregionen zur Pädagogik durch die Herausbildung von Subdisziplinen hervorgebracht wurden. Das bedeutet im einzelnen die Berücksichtigung (1) der entwicklungspsychologisch-sozialisationstheoretischen, (2) der differentialpsychologischen, (3) der pädagogisch-psychologischen und (4) der unterrichtspraktischen Perspektive. Der einer Gesamtbewertung dienende letzte (5) Abschnitt ist perspektivübergreifend konzipiert.

ENTWICKLUNGSPSYCHOLOGISCH-SOZIALISATIONSTHEORETISCHE PERSPEKTIVE

Historisch gesehen und im aktuellen Verständnis signalisieren die Begriffe 'Entwicklung' und 'Sozialisation' eigentlich zwei sehr verschiedene theoretische Perspektiven. Beschäftigt sich die Entwicklungspsychologie bevorzugt mit jenen artspezifischen Veränderungen des Individuums im Kindesalter (und teilweise auch im höheren Erwachsenenalter), die Flavell als "unvermeidbar, massiv, gerichtet, uniform und irreversibel" charakterisiert hat (Flavell, 1970, S. 147), so liegen die bis heute erkennbaren Wurzeln der Sozialisationsforschung im Studium der kulturell, sozial und familiär dominierten Triebschicksale von Individuen während der von Sigmund Freud unterschiedenen psycho-sexuellen Entwicklungsphasen im Säuglings-, Kindes- und Jugendalter (Zigler & Child, 1969).

Natürlich gibt es inzwischen viele Versuche, diese wissenschaftsgeschichtlich erklärbare, theoretisch aber fatale Separierung zu überwinden. Überzeugend gelungen ist es bisher nicht. Dabei hatte Bronfenbrenner (1963) schon vor mehr als 30 Jahren das Problem erkannt und die Problemlösung angemahnt:

"Given this perspective, the further growth of developmental theory appears to call for a convergence between the approach of Piaget and that of social learning, with each incorporating and applying the concepts and concerns of the other" (S. 541).

Manch gutgemeinte Bemühung, die wissenschaftliche Vision Bronfenbrenners forschungsstrategisch zu verwirklichen, hat zu schwerwiegenden theoretischen Mißverständnissen geführt, indem man zum Beispiel die klassische Entwicklungspsychologie für die generelle und die Sozialisationstheorie für die differentielle Perspektive hielt. Dadurch wurde die Tendenz verstärkt, die alterstypische - insbesonders kognitive - Entwicklung des Gattungswesens Mensch aus sich heraus verstehen zu wollen, und lediglich die interindividuellen Unterschiede als Sozialisationseffekte zu interpretieren. Vernachlässigt wurde dabei einerseits die essentielle Bedeutung der Umwelt für die kognitive Entwicklung im allgemeinen und andererseits die wichtige Rolle biologischer Faktoren für die Entstehung interindividueller Unterschiede (Weinert, 1994).

Unter Vermeidung solcher Mißverständnisse hat Geary (1995) kürzlich auf einem evolutionstheoretischen Hintergrund zwischen der Entwicklung biologisch primärer und biologisch sekundärer kognitiver Fähigkeiten unterschieden. Er unterstellt, daß sich im Laufe der Evolutionsgeschichte des Menschen neurobiologische Systeme als Grundlagen bereichsspezifischer Informationsverarbeitung entwickelt haben, die ihre Funktionstüchtigkeit durch Reifungsvorgänge erlangen. Sie bilden die strukturelle Voraussetzung für den Aufbau der primären kognitiven Fähigkeiten und Fertigkeiten, der durch Lernprozesse erfolgt; - Lernprozesse, die auch unter minimalen artspezifischen Umweltbedingungen stattfinden und sowohl selbst-motivierend-spielerisch als auch wenigstens zum Teil selbst-regulierend-autochton sind. Das trifft zum Beispiel für den Erwerb grundlegender sprachlicher Kompetenzen, sensumotorischer Koordinierungsleistungen, elementarer numerischer Informationsverarbeitungen, der mentalen Repräsentation der physikalischen wie der sozialen Umwelt und für die damit verbundenen Handlungsorientierungen zu.

Im Unterschied zur Entwicklung dieser biologisch primären kognitiven Fähigkeiten bedürfen sowohl deren weitere Elaboration als auch der Erwerb von biologisch sekundären Fähigkeiten (wie z. B. Lesen, arithmetische Operationen, alle Vorformen und Formen handwerklicher oder wissenschaftlicher Expertise) des expliziten Lernens und einer gezielten sozio-kulturellen Unterstützung vorwiegend in Form von Schulen oder schulähnlichen Einrichtungen.

Entwicklungspsychologisch betrachtet sind also Schulen notwendige Bedingungen für intraindividuelle Veränderungen und die Genese interindividueller Differenzen von komplexen kognitiven Fähigkeiten und Fertigkeiten.

Im SCHOLASTIK-Projekt haben wir auf der Grundlage dieser Vorüberlegungen aus einer methodischen Not eine theoretische Tugend gemacht; d. h. wir haben gar nicht versucht, generelle Entwicklungsfunktionen und spezielle Sozialisationseffekte zu unterscheiden. Wie Bullock und Ziegler (in ihrem Beitrag, Kap. II) einleitend zu Recht feststellen, gibt es zumindest in Mitteleuropa keine unbeschulte Kontrollgruppe, um den globalen Einfluß der Grundschule auf die psychologische Entwicklung messen zu können. Wir mußten uns deshalb durchwegs mit verschiedenen Aspekten der schulischen Variabilität begnügen und deren Einfluß sowohl auf generelle als auch auf differentielle Entwicklungsverläufe studieren.

Die Entwicklung kognitiver Kompetenzen unter dem Einfluß der Grundschule

Schauen wir auf die Entwicklung kognitiver Fähigkeiten, Fertigkeiten und Kompetenzen, so verändern, präziser: verbessern sich im Verlauf der Grundschule alle Leistungsdispositionen, die wir durch sehr unterschiedliche Meßverfahren indikatorisiert haben. Das gilt für relativ allgemeine Denkfähigkeiten ebenso wie für bereichsspezifische Kenntnisse. Eine solche Beobachtung enthält natürlich keinen besonderen Neuigkeitswert, denn sie entspricht der Alltagserfahrung, die seit hundert Jahren auch wissenschaftlich gut und detailliert dokumentiert ist. Was sind also die nicht-redundanten Ergebnisse der SCHOLASTIK-Studie? Nach unserer Auffassung sollte man bei der Beantwortung dieser Frage weniger auf die Einzelresultate als auf das Befundmuster schauen, das sich aus fünf Komponenten zusammensetzt:

(a) Je allgemeiner eine Intelligenz- oder Denkfähigkeit ist, desto geringer erweist sich der nachweisbare Einfluß variabler schulischer Bedingungen auf deren Entwicklung. So fanden Bullock und Ziegler (Kap. II) nur für das relativ erfahrungsnahe "wissenschaftliche Denken" der Kinder einen Effekt der Beschulungsdauer auf den Entwicklungsstand der Denkleistungen, - nicht aber für die Intelligenzmaße. Tendenzielle Bestätigung findet dieses Ergebnis durch die gerechneten Kommunalitätenanalysen (Weinert & Helmke, 1995a) und die schrittweisen Regressionsanalysen. Dieses Resultat darf natürlich nicht als Hinweis auf die Bedeutungslosigkeit der Grundschule für die Denkentwicklung angesehen werden. Die wenigen gut kontrollierten Vergleichsstudien zwischen beschulten und unbeschulten Kindern belegen nämlich, daß der Umgang mit abstrakten Symbolen, die Verwendung reflexiver Problemlösestrategien und die Genese der Verständnisleistungen für komplexe Zusammenhänge, die nicht in der sozio-kulturellen Nahumwelt der Kinder repräsentiert sind, ein Minimum an systematischer schulischer oder schulanaloger Unterweisung zur notwendigen Voraussetzung haben (Stevenson, Parker, Wilkinson, Bonneveux & Gonzalez, 1978). In entwickelten Industriestaaten dürften im Verhältnis zur Variabilität des Unterrichts zwischen verschiedenen Schulklassen die Ähnlichkeiten der Lernbedingungen und der dadurch bewirkten generellen kognitiven Effekte so groß sein, daß bei den begrenzten Zuwachsraten meßbarer intellektueller Kompetenzen spezifische Effekte nicht identifizierbar sind (Walker, 1976).

(b) Je spezieller die zu erwerbende kognitive Kompetenz ist, und je weniger Lerngelegenheiten es dafür im außerschulischen Alltag der Kinder gibt, desto deutlicher sind die Effekte des Grundschulunterrichts nachweisbar. Das zeigt sich sowohl bei der Entwicklung der Lese- und Rechtschreibfertigkeiten als auch der Mathematikleistungen. Die von Schneider, Stefanek und Dotzler (Kap. IV) durchgeführten Rechtschreibanalysen haben nicht nur die Wichtigkeit individueller Lernvoraussetzungen für den Lernerfolg demonstriert, sondern auch die Bedeutung von Schulklassen unterstrichen. Mehr noch: Was die Vorhersage von Zuwachsraten in den Rechtschreibkompetenzen angeht, so fällt auf, daß individuelle Zuwachsraten signifikant durch klassenspezifische Zuwachsraten prognostiziert werden können. Mindestens ebenso bedeutsam erscheint der Befund, daß sich Zuwachsraten in der Rechtschreibleistung auch über Unterschiede im mittleren Aufmerksamkeitsniveau von Schulklassen vorhersagen lassen.

Wenn Einflüsse des Schulklassenkontextes und der Unterrichtsqualität auf die Lernfortschritte der Schüler erkennbar sind, dann stellt sich die Frage, welche Wirkungsmechanismen dafür relevant sein könnten. Die SCHOLASTIK-Daten bieten zur Beantwortung dieser Frage keine guten Voraussetzungen, weil in der Längsschnittuntersuchung weder mikrogenetische Lern- noch domänspezifische Instruktionsanalysen einbezogen waren. Trotzdem verdient ein Resultat besondere Beachtung. Stern (Kap. V) fand in ihren Studien zur mathematischen Problemlösekompetenz keine Hinweise auf interindividuelle Unterschiede in der intraindividuellen Entwicklung. Damit ist die Frage aufgeworfen, ob individuelle Differenzen im sequentiellen Erwerb kognitiver Kompetenzen und Wechselwirkungen zwischen Schülermerkmalen und Unterrichtsstrategien (ATI-Effekte) in der vorliegenden Untersuchung lediglich nicht entdeckt werden konnten, oder ob erfolgreicher im Vergleich zum wenig erfolgreichen Unterricht in erster Linie darin besteht, daß mehr Schüler in einem schnelleren Tempo und mit größerer Sicherheit, aber auf ähnliche Weise die Lernziele erreichen. Eine solche Annahme würde mit aktuellen Lerntheorien zur Erklärung des Erwerbs kognitiver Fertigkeiten (Anderson, 1982; Ackerman, 1989) korrespondieren. Empirische Studien zur Klärung dieser Frage erscheinen sehr dringlich.

(c) Die inzwischen wissenschaftlich kaum mehr umstrittene Bedeutung domänspezifischer Kompetenzentwicklungen und der darauf bezogenen kumulativen Lernprozesse erfordert sowohl theoretisch als auch praktisch die verstärkte Beachtung intraindividueller Entwicklungsdifferenzen. Abbildung XIII.1, die einem bereits publizierten Beitrag von Weinert & Helmke (1993) entnommen ist, veranschaulicht diesen Aspekt.

Das Ergebnismuster macht deutlich, daß im Verlauf der Grundschule zu jedem gegebenen Meßzeitpunkt statistisch bedeutsame Zusammenhänge zwischen den Leistungen in Mathematik und Deutsch bestehen, daß aber die Determination der Leistungsfortschritte und der damit verbundenen Veränderungen des Selbstkonzepts eigener Tüchtigkeit von Anfang an sehr fachspezifisch erfolgt.

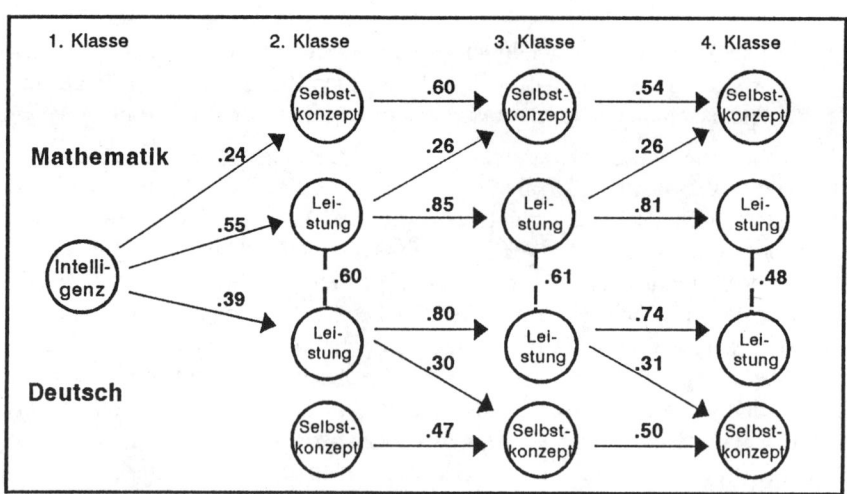

Abbildung XIII.1: Empirisch überprüftes Modell der korrelativen Zusammenhänge (-----) und der kausalen Beziehungen (──▶) zwischen den Leistungen und den leistungsbezogenen Selbstkonzepten in Mathematik und Deutsch während der Grundschulzeit (aus Weinert & Helmke, 1993, S. 39).

(d) Helmke (Kap. VIII), Schneider, Stefanek und Dotzler (Kap. IV) sowie Weinert und Stefanek (Kap. XII) kommen bei der Analyse verschiedener Fähigkeits- und Fertigkeitsentwicklungen zu der Schlußfolgerung, daß es während der gesamten Grundschulzeit stabile Gruppen leistungsschwacher Schüler gibt, die über alle Meßzeitpunkte hinweg deutlich unterdurchschnittliche Leistungen erzielen und auch von verschiedenen Lehrern entsprechend schlechte Noten erhalten. Ein solcher Befund verführt leicht zu empirischer Übergeneralisierung und theoretischer Überinterpretation. So auch in diesem Fall! Selbst bei einfachen Quartilvergleichen findet man zum Beispiel bei etwa einem Drittel der rechtschreibschwachen Schüler robuste Fluktuationen und Veränderungen, wenn man zwei oder mehr Meßzeitpunkte berücksichtigt. Diese Zahl reduziert sich natürlich, wenn man sich auf die 5% leistungsschwächsten Kinder und/oder auf die späteren Grundschuljahre konzentriert. Das dauerhafte Versagensrisiko ist also im Extrembereich besonders hoch und die Persistenz nimmt im Verlauf der Zeit zu.

(e) Aufgrund des zuletzt genannten Ergebnisses könnte man vermuten, daß nicht nur die Stabilität der extremen Leistungsabweichungen ansteigt, sondern daß es auch zu Schereneffekten kommt. Als Frage formuliert: Werden im Verlauf der Grundschulzeit die guten Schüler immer besser und die schlechten immer schlechter? Für eine solche Vermutung spricht, daß nach dem Lernmodell von Gagné (1962) langfristig interindividuell diskrepante Kumulationen von Lerngewinnen und von Lerndefiziten zu erwarten sind. Dieser Trend müßte durch leistungsabhängige selbstbewertende Kognitionen noch verstärkt werden (van Aken, Helmke & Schneider, Kap. X). Dennoch: Alle im SCHOLASTIK-Projekt verfügbaren Befunde sprechen gegen diese plausible Erwartung. Es finden sich keine Hinweise auf Schereneffekte in der Leistungsentwicklung während der Grundschulzeit. Die Kompetenzveränderungen leistungsschwacher und leistungsstarker Schüler verlaufen vielmehr parallel. Ob dieses Phänomen nicht nur die Folge einer statistischen Regression zum Mittelwert ist (was ausgeschlossen werden kann), sondern die Konsequenz eines ständig verzögerten Kompetenzerwerbs bei den leistungsschwachen Schülern auf einem vergleichsweise jeweils etwas fortgeschritteneren. kognitiven Entwicklungsniveau ist, ob die durchschnittliche Redundanz von Lernsituationen im Klassenzimmer egalisierend wirkt, oder ob es unterhalb bestimmter Leistungsschwellen überzufällig häufig zu einer Verstärkung remedialer Maßnahmen kommt, - das alles sind offene Fragen, die mit Hilfe der SCHOLASTIK-Daten nicht geklärt werden können. Aber in diesem Fall gilt, daß schon das psychologische Phänomen eine pädagogische Botschaft ist!

DIE ENTWICKLUNG MOTIVATIONALER TENDENZEN IM GRUNDSCHULALTER

Im Vergleich zur Entwicklung kognitiver Kompetenzen gibt es bei den lernrelevanten motivationalen Tendenzen keine linearen Zuwachsraten während der Grundschulzeit. Charakteristisch scheint vielmehr ein genereller Trend zu sein, der sich durch ein relativ hohes Niveau an Lernfreude und Selbstvertrauen in die eigenen Fähigkeiten bei gleichzeitiger geringer Versagensängstlichkeit im Kindergartenalter beschreiben läßt; dieses Muster verstärkt sich zur ersten Grundschulklasse hin; nimmt in den positiven Motivationsaspekten zwischen erster und zweiter Klasse mehr oder minder deutlich ab und in den negativen Aspekten (Versagensängstlichkeit) ebenso erkennbar zu, um sich von diesem Zeitpunkt an zu stabilisieren oder nur noch leicht zu verändern. Typisch für diesen generellen Verlauf sind die von Helmke (1993) berichteten Veränderungen der Lernfreude in Mathematik und Deutsch mit ihren geschlechtsspezifischen Unterschieden (vgl. Abb. XIII.2).

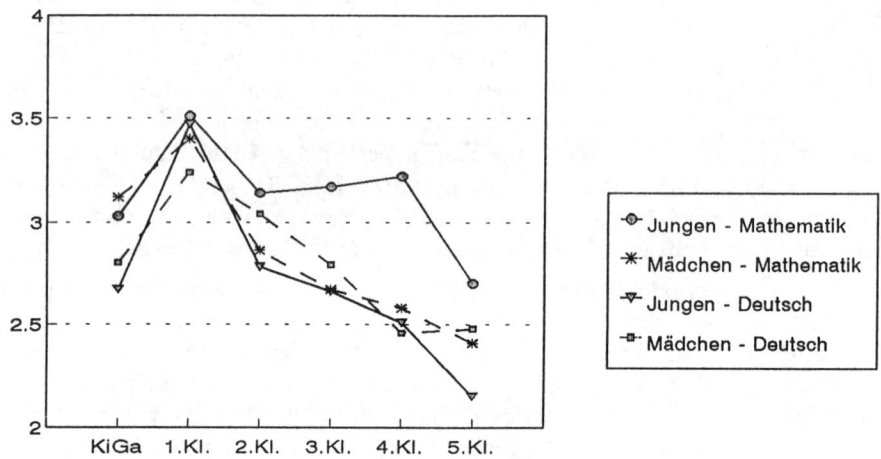

Abbildung XIII.2: Verlauf der Lernfreude in Mathematik und in Deutsch bei Jungen (durchgezogene Linie) und Mädchen (gestrichelte Linie) (aus Helmke, 1993, S. 83).

Abbildung XIII.2 veranschaulicht, daß die Verlaufsgestalt des Merkmals 'Lernfreude' im Grundschulalter mit den beschriebenen generellen Trends kompatibel ist. Das gilt für beide bereichsspezifische Varianten der Lernfreude in den Fächern Mathematik und Deutsch, obwohl der korrelative Zusammenhang zwischen ihnen zwar zeitstabil, aber numerisch schwach ist (.22 und .40) und durchwegs geringer ausfällt als die Korrelation zwischen den Schulleistungen in Deutsch und Mathematik (um .50 bei den Testergebnissen, über .65 bei den Noten). Betrachtet man den zeitweiligen Anstieg zu Schulbeginn und den unterschiedlich starken Abfall während der Grundschulzeit, so muß man beachten, daß die durchschnittliche Lernfreude für beide Fächer und Geschlechter stets positiv ausgeprägt ist (Skala von 0 - 4). Erwartungsgemäß, wenn auch pädagogisch als Ausdruck einer frühen Stereotypenbildung bedenklich, sind die geschlechtstypischen Niveauunterschiede in der Lernfreude, die bei den Mädchen eine größere Präferenz für Deutsch und bei den Jungen eine entsprechende Vorliebe für Mathematik erkennen lassen (vgl. dazu Helmke, 1993).

Im Prinzip ähnliche, in Details natürlich unterschiedliche Veränderungsmuster wurden auch für das Selbstkonzept eigener Tüchtigkeit gefunden (Helmke, 1992; Weinert & Stefanek, Kap. XII), einem Konstrukt, dem von sehr unterschiedlichen theoretischen Positionen aus große Bedeutung für das schulische Lernen und Leisten zugeschrieben wird.

Das mehrfach gefundene Auf und Ab des Selbstvertrauens zu Beginn der Grundschulzeit hat man in der einschlägigen Literatur auf verschiedene Ursachen zurückgeführt. Sie reichen von entwicklungsspezifischen Defiziten der Informationsverarbeitung (Fehlen kompensatorischer Kausalschemata für das Zusammenspiel von Fähigkeit und Anstrengung; mangelnde kognitive Kompetenzen zur Integration verschiedener Informationsquellen; Probleme mit der mentalen Repräsentation dispositionaler Fähigkeitskonzepte; vgl. Nicholls, 1984) über die objektive Notwendigkeit des Erwerbs normativer Standards der Leistungsbewertung in den ersten Jahren der Grundschule (Parsons, 1959; Ruble, 1984) bis zu den kognitiv-affektiven Prozessen der Realitätsanpassung subjektiver Selbstevaluationstendenzen (Frey & Ruble, 1987).

In diesem Zusammenhang spielen zwei Fragestellungen eine besondere Rolle, die in den Beiträgen von van Aken, Helmke und Schneider (Kap. X) sowie von Renkl, Helmke und Schrader (Kap. XI) ausführlich erörtert werden. Zum einen geht es um das bekannte "Hühnchen-Ei-Problem" in der Leistungsmotivationsforschung, d. h. um die Frage, ob die Entwicklung des Selbstkonzepts kausal von der vorausgehenden Leistung determiniert wird ("skill development approach") oder ob umgekehrt der jeweilige Entwicklungsstand des Selbstkonzepts die nachfolgende Leistung beeinflußt ("self-enhancement-approach"). Zum anderen interessiert man sich für die Einflüsse und Effekte der Schulklasse, des Unterrichts und des Lehrers auf die Entwicklung des Selbstkonzepts und dessen Zusammenhang mit der Schulleistung. In beiden Fällen scheinen reduktionistisch-puristische Theorien wenig Erklärungswert zu besitzen, wenn man die komplexe Realität der Schule und nicht nur ein abstraktes Segment davon berücksichtigt.

So scheint es nach den Befunden von van Aken, Helmke & Schneider (Kap. X) sowie von Helmke und van Aken (1995) keine theoretisch befriedigende Möglichkeit zu geben, die Beziehungen zwischen Selbstkonzept und Leistung während der Grundschule durch eine einheitliche Regularität zu beschreiben. Die Ergebnisse differieren vielmehr, je nachdem, welches Fachgebiet (Mathematik vs. Rechtschreiben), welche Form der Leistungsbeurteilung (Tests vs. Noten) und welchen Schülerjahrgang (1./2. vs. 3./4. Klasse) man in die Analysen einbezieht. Um nur ein Beispiel zu geben: Während man für Rechtschreiben in den ersten Grundschulklassen reziproke Effekte zwischen Selbstkonzept und Leistung findet und in den späteren Grundschulklassen eher eine kausale Abhängigkeit des Selbstkonzepts von der Leistung zu erkennen ist, scheint die zuletzt genannte Regelhaftigkeit im Fach Mathematik für die gesamte Grundschulzeit zu gelten.

Ähnlich komplex, kompliziert und deshalb zum gegenwärtigen Zeitpunkt auch noch weitgehend ungeklärt sind die Einflüsse schulischer Kontextfaktoren auf die Genese des Selbstkonzepts und seiner Beziehung zu den Leistungen (Renkl, Helmke & Schrader, Kap. XI). Bestätigt werden konnte die bereits seit langem bekannte Tendenz zur Überschätzung der eigenen Leistung und Leistungstüchtigkeit durch jüngere Kinder. Demgegenüber ergab sich auch in der SCHOLASTIK-Studie für die Gesamtheit der untersuchten Klassen kein signifikanter Kontexteffekt auf den Zusammenhang zwischen Leistung und Leistungsselbstkonzept. Erst bei der Konzentration auf extrem unterschiedliche Klassen zeigen sich die erwarteten, theoretisch wie praktisch interessanten Ergebnisse: Die Enge des Zusammenhangs zwischen Leistung und Leistungsselbstkonzept hängt weder vom Niveau noch von der Streuung der Leistungen und der Selbstkonzeptwerte innerhalb der einzelnen Klassen ab, sondern ist in jenen Klassen besonders hoch, in denen fachliche Inhalte betont, den Schülern wenig Freiheitsgrade in der Unterrichtsgestaltung eingeräumt und individualisierende Maßnahmen zur Leistungsegalisierung angewandt werden.

Keine Frage: So begrenzt und unklar im Geltungsbereich die bisherigen Befunde zu dieser Thematik auch sind, - sie haben schon jetzt große theoretische und erhebliche praktische Bedeutung. Für die künftige Forschung sollte man sich allerdings bewußt sein, wie begrenzt die Generalisierbarkeit empirischer Befunde aus theoretischen Gründen auch künftig sein wird: Man muß davon ausgehen, daß die Entwicklung des Selbstkonzepts eigener Leistungen und dessen Zusammenhang mit der tatsächlichen Leistung vom Zusammenspiel mehrerer Bedingungsvariablen abhängt. Es handelt sich um die zum Teil schon früh in der Entwicklung sich stabilisierenden interindividuellen Unterschiede in motivationalen Voreingenommenheiten (Hoffnung auf Erfolg vs. Furcht vor Mißerfolg; vgl. Heckhausen, 1984), um den jeweiligen Entwicklungsstand kognitiver und kognitiv-affektiver Selbstevaluationskompetenzen, um die Salienz der Leistungen, der Leistungsbeurteilungen und der dahinter stehenden gesellschaftlichen Leistungsideologien, sowie um die moderierenden Kontexteffekte von Schulklassen und Elternhäusern.

Unter diesen Umständen muß man sich fragen, ob das traditionelle methodische Vorgehen der empirischen Überprüfung theoretisch oder theoriekontrastierend hergeleiteter Hypothesen nicht durch ein forschungsstrategisches Vorgehen ergänzt werden sollte, in dem zuerst aus konkurrierenden Theorien typische Befundmuster vorhergesagt werden und anschließend geprüft wird, für welche Gruppen von Schülern und Schulklassen welches Muster "passend" ist. Es könnte ja sein, daß unsere herkömmlichen "naturalistischen" Populationsdefinitionen (durch Alter, Geschlecht, Schulklassenzugehörigkeit, Intelligenz- und Leistungsniveau) suboptimal sind und daß wir überhaupt erst die Personengruppen identifizieren müssen, für die unsere theoretischen Aussagen jeweils gelten. Einen entsprechenden Vorschlag für das Studium der kognitiven Entwicklung hat vor einiger Zeit Gigerenzer (1983) gemacht.

Überblickt man die gesamten SCHOLASTIK-Befunde unter einer entwicklungspsychologischen Perspektive, so ist der theoretische Ertrag relativ gering. Das ist eine notwendige Folge des rein längsschnittlichen Versuchsplanes, der die Analyse differentieller Fragestellungen begünstigt. Die universellen Phänomene, Stadien und Mechanismen der Entwicklung lassen sich nur durch mikrogenetische Arbeiten und durch geeignete Querschnittuntersuchungen angemessen analysieren. Rückschlüsse von der Stabilität, Veränderbarkeit und Beeinflußbarkeit interindividueller Merkmalsunterschiede auf die Formen, Inhalte und Mechanismen entwicklungstypischer Veränderungsprozesse sind in der Regel nicht möglich. Der zentrale Ertrag einer Längsschnittstudie vom Typus der SCHOLASTIK-Untersuchung liegt deshalb in der Analyse differentialpsychologischer Fragestellungen.

DIFFERENTIALPSYCHOLOGISCHE PERSPEKTIVE

Man weiß seit langem, daß das Grundschulalter nicht nur eine Periode des Wachstums individueller Kompetenzen ist, sondern auch eine Zeit der Stabilisierung interindividueller Differenzen. Dabei müssen zwei Varianten unterschieden werden:

(1) Sachlogisch begründete Stabilisierungseffekte in jenen Entwicklungsdomänen, in denen der Sockel bereits erworbener Fähigkeiten, Fertigkeiten und Wissensbestände für die weiteren Lern- und Leistungsfortschritte so wichtig ist, daß interindividuelle Unterschiede in diesen Sockelkompetenzen notwendigerweise auch zu Differenzen in den weiteren Lern- und Leistungsfortschritten führen.

(2) Sozial verursachte Stereotypisierungseffekte, die tatsächliche, aber keineswegs notwendige Entwicklungsunterschiede durch soziale Interpretationen und Verhaltensreaktionen so verstärken, daß sich die individuellen Differenzen in kaum mehr veränderbarer Weise stabilisieren, ja unter Umständen sogar fixieren. Auf diese beiden Aspekte wird im folgenden kurz eingegangen.

Stabilisierung interindividueller Differenzen

Es gehört zu den notorischen Problemen der pädagogisch-psychologischen Theoriebildung in praktischer Absicht, daß sich die Unterschiede zwischen den Schülern im Verlauf der Grundschulzeit stabilisieren; es ist ein verbreiteter öffentlicher und gelegentlich auch wissenschaftlicher Irrglaube, daß mit dieser Stabilisierung auch eine Vergrößerung der Differenzen verbunden ist (Schereneffekt). Nur die erste Annahme wird durch die SCHOLASTIK-Daten überzeugend bestätigt, die zweite Vermutung ebenso klar widerlegt. Dabei manifestiert sich die Stabilisierung interindividueller Differenzen in praktisch allen untersuchten Entwicklungsdimensionen. Sie gilt für:

- die sprachliche Intelligenz (Zweijahresstabilität vom Kindergarten bis zur 6. Jahrgangsstufe erhöht sich von .56 auf .84),
- die nicht-sprachliche Intelligenz (Zweijahresstabilität vom Kindergarten bis zur 6. Klasse: von .53 auf .64/.70, je nach verwendetem Testverfahren),
- Rechtschreibleistungen (Einjahresstabilität zwischen 2. und 5. Klasse von .60 auf .78),
- Mathematik (Einjahresstabilität bis zur 4. Klasse zwischen .60 und .70 mit etwas größerer Schwankungsbreite),
- Lerneinstellung (Einjahresstabilitäten im Verlauf der Grundschule von .58 auf .59 mit einem zwischenzeitlichen Abfall von der 1. zur 2. Klasse auf .28),
- Selbstkonzept (Einjahresstabilitäten von .54 auf .60 mit einem Abfall von der 1. zur 2. Klasse auf .32),
- Versagensängstlichkeit (Einjahresstabilitäten von .34 auf .58 mit einem Abfall von der 1. zur 2. Klasse auf .12).

Dieser Überblick veranschaulicht noch einmal das grundlegende Ergebnis: Die Stabilität interindividueller Unterschiede nimmt im Verlauf des Grundschulalters tendenziell zu, d. h. die Merkmalvarianz späterer Messungen wird immer stärker durch die Varianz des gleichen Merkmals zu früheren Meßzeitpunkten determiniert.

Eine genauere Inspektion der Stabilitätskoeffizienten läßt allerdings einige interessante Besonderheiten erkennen: Der Stabilisierungseffekt ist bei hochaggregierten, sehr reliablen Maßen für genetisch verankerte, aber bildungsabhängige Merkmale wie der sprachlichen Intelligenz besonders stark. Fast ebenso groß ist er bei Leistungsunterschieden, die auf langfristigen, kumulativen Lernprozessen beruhen und bei denen die Ergebnismessung weder durch Boden- noch Deckeneffekte beeinträchtigt ist (Rechtschreiben, Lesen, Teilbereiche der Mathematik).

Auffällig ist die mehrfach replizierte Differenz in den langfristigen Stabilitäten der sprachlichen und nicht-sprachlichen Intelligenz. Nimmt man die beiden Meßwerte als Indikatoren für die kristallinen und fluiden Komponenten des intellektuellen Fähigkeitssystems, so könnte der Befund darauf verweisen, daß die differentielle Offenheit der kognitiven Entwicklung größer ist als es durch die bildungsabhängigen Kompetenzunterschiede erkennbar ist. Auch in den individuellen Schulleistungsdifferenzen besteht bis zum Ende der Grundschulzeit noch ein beachtliches Veränderungspotential, das möglicherweise deshalb so wenig genutzt und sichtbar wird, weil das Matthäus-Prinzip (wer hat, dem wird gegeben) vermutlich zu einer interindividuell verschiedenen, aber intraindividuell gleichsinnigen Wirkung der bisherigen Lerngeschichte und der häuslichen wie der schulischen Sozialisationsbedingungen führt (vgl. Helmke, Schrader & Lehneis-Klepper, 1991). Bei solchen differentiellen Kompetenzentwicklungen dürften motivationale Merkmale als Bedingungen wie als Konsequenzen eine wichtige Rolle spielen. Die Stabilität interindividueller Motivationsunterschiede ist im allgemeinen mittelhoch und weist im Grundschulalter beachtliche Schwankungen auf. Manches spricht dafür, daß die Entwicklung der Merkmalstabilitäten selbst ein differentielles Merkmal darstellt.

Stereotypisierung typischer interindividueller Unterschiede

Die an ihren absurden Ansprüchen und Erwartungen gescheiterten Bemühungen um eine Theorie schulischer Pygmalioneffekte im Sinne sich selbst erfüllender Prophezeiungen haben wahrscheinlich dazu beigetragen, daß in den letzten Jahren das empirische Studium der sozialen Typisierungen und Stereotypisierungen individueller Unterschiede eher vernachlässigt wurde. Die offenkundige Ausnahme von dieser Forschungsabstinenz ist die zunehmend intensivere Beschäftigung mit geschlechtstypischen Differenzen in den Leistungen, den Interessen, sowie den aufsuchenden und meidenden Motivationen bei mathematisch-naturwissenschaftlich-technischen Lerninhalten zum Nachteil der Mädchen. Eine aktuelle Literaturanalyse signalisiert allerdings eine gewisse Entdramatisierung der Fragestellung (vgl. Baumert, 1992; Helmke & Weinert, 1997). Zugleich gibt es aber in den SCHOLASTIK-Daten neue Hinweise auf das alte Stereotyp: Während sich die Mathematikleistungen von Jungen und Mädchen im Verlauf der Grundschule völlig angleichen, verschlechtert sich bei den Mädchen das Selbstkonzept eigener Tüchtigkeit. Es ist unklar, welche Rolle dabei Einstellungen, Erwartungen, Handlungen, intuitive Leistungserklärungen und Rückmeldungen von Lehrern, Eltern und gleichaltrigen Bezugsgruppen spielen.

Ebenso unbefriedigend ist der wissenschaftliche Erkenntnisstand über die Bedingungen und Prozesse, die aus schlechten Schulleistungen schlechte Schüler machen. Das Problem wird dadurch kompliziert, daß es auf der einen Seite Kinder mit durchgängig schlechten Leistungen in fast allen Fächern gibt, während sich auf der anderen Seite auch ein beachtliches Maß an Fluktuation, d. h. an individuellen Veränderungen zeigt (Helmke, Kap. VIII; Schneider, Stefanek & Dotzler, Kap. IV). Was bedeutet es in diesem Zusammenhang, wenn die zeitliche Stabilität der Noten beim gleichen Lehrer größer ist als jene der Testleistungen und wenn der korrelative Zusammenhang zwischen Deutsch und Mathematik in den Lehrerurteilen stärker ausgeprägt ist als in den Testergebnissen (Helmke, Kap. VIII)? Diese Fragen können aufgrund der SCHOLASTIK-Daten nicht befriedigend beantwortet werden, verdienen aber eine intensive Untersuchung unter Einbeziehung der Kognitionen und Handlungen des Lehrers, der Klasse als sozialer Bezugsgruppe und des leistungsschwachen Schülers mit seinen individuellen Internalisierungs-, Selbstverteidigungs- und Kompensationsmechanismen.

PÄDAGOGISCH-PSYCHOLOGISCHE PERSPEKTIVE

Die traditionelle Aufgabe der schulorientierten pädagogischen Psychologie besteht in der Aufklärung, gelegentlich auch in der Veränderung individueller und institutioneller Determinanten der Schulleistungen sowie der damit verbundenen Effekte auf die Persönlichkeitsentwicklung im weitesten Sinne. Diese doppelte Fragestellung bietet sich auch als Gliederung des Abschnittes an.

Individuelle Bedingungen der Schulleistung

Aus der inflationären Anzahl lern- und leistungsrelevanter individueller Merkmale wurden für das SCHOLASTIK-Projekt die Entwicklung der Kompetenzen im Lesen, Rechtschreiben, in der Arithmetik und im mathematischen Problemlösen, die allgemeinen intellektuellen Fähigkeiten sowie ein Bündel lernbezogener Motive ausgewählt und durch wiederholte Messungen erfaßt. Das bereits mehrfach skizzierte Ergebnismuster ist domänübergreifend relativ einheitlich: Da alle von uns untersuchten Leistungskriterien als Ergebnisse kumulativer, aufeinander aufbauender Lernprozesse anzusehen sind, determinieren die Vorkenntnisse bzw. die Vorkenntnisdifferenzen zunehmend stärker die individuellen Lernfortschritte und die interindividuellen Leistungsunterschiede. Das gilt sogar für die Anfangsleistungen beim Erwerb der Kulturtechniken des Lesens, des Rechtschreibens und der Mathematik, die durch domänspezifische Kompetenzen im Vorschulalter bedeutend besser vorhergesagt werden können als durch allgemeine intellektuelle Fähigkeiten. Diese starke Determination des fachspezifischen Kenntniserwerbs durch die relevanten Vorkenntnisse ist immer dann abgeschwächt, wenn als kognitive Kompetenz nicht ein System leicht anwendbarer Lösungsalgorithmen für gut unterscheidbare Klassen von Aufgaben, sondern eine Gruppe von Such- und Finde-Heurismen aufgebaut werden muß und/oder wenn die Anwendung des verfügbaren Wissens und Könnens unter nicht redundanten, sondern sehr variablen Bedingungen zu erfolgen hat. Ein anschauliches Beispiel dafür sind Textaufgaben zur Prüfung mathematischer Problemlösekompetenzen. In diesem Fall spielen spezielle Vorkenntnisse, domänspezifische Kompetenzen und allgemeine kognitive Fähigkeiten eine gleichermaßen wichtige Rolle. In den SCHOLASTIK-Befunden zeigt sich aber auch, daß motivationale Faktoren unter relativ vielen, aber jeweils spezifischen Bedingungskonstellationen beachtlichen Einfluß auf die Schulleistungen ausüben, der jedoch bei Grundschülern im Vergleich zu Hauptschülern etwas geringer zu sein scheint.

Für ein angemessenes theoretisches Verständnis dieses Befundmusters sind zwei bisher ungelöste methodologische Probleme hinderlich. Zum einen handelt es sich um konfundierte Varianzen, wie sie in Kommunalitätenanalysen sichtbar werden. So betont z. B. Helmke sowohl für Testergebnisse wie für Noten in Deutsch und Mathematik, daß durchwegs 25 - 30% der Gesamtvarianz der Leistungen durch die Kommunalität aus motivationalen und kognitiven Merkmalen aufgeklärt werden können (Helmke, Kap. VI). Ähnlich hohe konfundierte Varianzanteile wurden für Intelligenz und Vorkenntnisse gefunden. Sieht man von den methodischen Problemen der Kommunalitätenanalyse ab, so ist generell hervorzuheben, daß die Prägung der meisten empirischen Forscher in der Psychologie durch das varianzanalytische Modell es schwer macht, theoretisch mit konfundierten Varianzen umzugehen, - so wichtig dieser Aspekt gerade für die pädagogische Psychologie auch sein mag.

Das zweite Problem betrifft das Verhältnis von notwendigen, hinreichenden, erleichternden, erschwerenden, substituierbaren und kompensierbaren Lernbedingungen, wobei zu unterstellen ist, daß wichtige Einflußfaktoren bis zu bestimmten Schwellenwerten eine notwendige, darüber hinausgehend nur eine modifizierende Funktion haben. Zur Klärung der damit verbundenen Fragen können die SCHOLASTIK-Ergebnisse wenig beitragen. Aber auch die gesamte einschlägige Forschungsliteratur läßt uns im Stich, denn selbst die verdienstvolle Unterscheidung von Koppelungs- und Kompensationsmodellen für das Verhältnis von Fähigkeit und Anstrengung in der individuellen Leistungsdetermination bei schwierigen im Vergleich zu leichten Kriteriumsaufgaben (Krug & Rheinberg, 1980) hat bis heute eher hinweisenden als erklärenden Wert.

Unterrichtliche Bedingungen der Schulleistungen

Bedenkt man, wie stark die Lern- und Leistungsfortschritte schon im Grundschulalter durch individuelle Merkmale der Schüler, insbesondere durch Vorkenntnisunterschiede determiniert sind, so muß die Bedeutung der Instruktion und der klassenspezifischen Instruktionsunterschiede auf die Varianz der Leistungszuwächse notwendigerweise begrenzt sein. Das spiegelt sich auch im vorliegenden Datensatz wider (vgl. Helmke & Weinert, Kap. VII). Gefunden werden durchwegs signifikante Zusammenhänge zwischen dem Leistungszuwachs in Mathematik auf der einen und (in absteigender Einflußstärke genannt) folgenden Unterrichtsmerkmalen auf der anderen Seite: Effektivität der Klassenführung, Motivierungsqualität des Lehrers, Klarheit der Instruktion in der Schülerwahrnehmung, fachliche Unterstützung der Lernenden durch den Lehrenden, Strukturiertheit der Instruktion, Variabilität der Unterrichtsformen sowie (nicht signifikant) Förderungsorientierung des Lehrers und soziales Klassenklima.

Neben diesen funktional-formalen Merkmalen wirkt sich die Art der bevorzugten Lernaufgaben stark auf die Entwicklung mathematischer Kompetenzen aus. Stern (Kap. V) fand zum Beispiel, daß die relative Häufigkeit, mit der struktur- im Vergleich zu performanzorientierten Aufgaben im Unterricht verwendet werden, Effekte sowohl auf die arithmetischen Leistungen als auch auf die mathematische Kompetenzentwicklung hat. Die Wahrscheinlichkeit, daß strukturorientierte Aufgaben überhaupt und mit welcher Wahrscheinlichkeit präsentiert werden, hängt aber wieder mit der kognitiven Orientierung der Lehrer zusammen (Stern & Staub, 1995). Das Zusammenwirken formaler Aspekte der Unterrichtsqualität und inhaltlicher Lernanforderungen in der Determination des Lernens wie des Leistens ist bisher kaum untersucht.

Im Vergleich zur Mathematik ergibt sich für den Zusammenhang zwischen Merkmalen der Unterrichtsqualität und den Rechtschreibleistungen zwar eine ähnliche Rangfolge, doch sind die gefundenen Korrelationskoeffizienten numerisch deutlich niedriger und durchwegs insignifikant. Die Ursachen für diese diskrepanten Effektmuster des Unterrichts auf Mathematik und Rechtschreiben sind noch unklar. Valtin (Kap. IV) erörtert dazu einige interessante Hypothesen über mögliche Zusammenhänge zwischen Rechtschreibunterricht und Rechtschreibleistungen.

Mit der neueren Literatur übereinstimmend ist schließlich die Tatsache, daß in den SCHOLASTIK-Daten keine Wechselwirkungseffekte zwischen Schüler- und Unterrichtsmerkmalen zu finden sind. Dieses Resultat wird immer wieder überrascht zur Kenntnis genommen, ist aber eigentlich nicht erstaunlich, denn bei motivationalen Präferenzen und bei kognitiven Stilvariablen dürften die spezifischen Effektstärken zu schwach sein, um in den Leistungsmessungen einen erkennbaren Niederschlag zu finden; und für die kognitiven Niveaumerkmale (Intelligenz, Vorkenntnisse) ist die Erwartung unplausibel, daß durch irgendein Unterrichtsverfahren die jeweils leistungsschwächeren Schüler um so viel mehr lernen als die leistungsbesseren, damit ein disordinaler Interaktionseffekt zustande kommen könnte.

Wenn in den vorausgehenden Abschnitten häufig von Merkmalen des Unterrichts oder der Unterrichtsqualität die Rede war, so könnte leicht der Eindruck entstehen, es ginge dabei ausschließlich um personspezifische Handlungen des Lehrers und deren Folgen. Dem ist aber keineswegs so. Merkmale des Lehrerverhaltens wie der Unterrichtsqualität sind nicht nur Ausdruck persönlicher Kompetenzen und Präferenzen des Pädagogen, sondern hängen auch in einem erheblichen Ausmaß vom Klassenkontext ab. Klassenführung und didaktisches Handeln werden z. B. vom Niveau und der Streuung der kognitiven Lernvoraussetzungen in einer Klasse beeinflußt. Stern (Kap. V) stellt darüber hinaus fest, daß Lehrer in Klassen mit einem überdurchschnittlich hohen Intelligenz- und Vorkenntnisstand verstärkt zur Verwendung strukturorientierter Mathematikaufgaben tendieren. Die Schüler einer Klasse werden also nicht nur durch den jeweiligen Unterricht beeinflußt, sondern der Unterricht wird auch durch die Schüler der jeweiligen Klasse beeinflußt.

Unterrichtseffekte auf die Entwicklung der Schüler einer Klasse sind keineswegs auf den oft herangezogenen durchschnittlichen Leistungszuwachs beschränkt. Schulen haben vielfältige Ziele, Aufgaben, Funktionen und Effekte. Dabei kann es simultan sowohl zu multiplen Zielerreichungen als auch zu schwerwiegenden Zielkonflikten kommen. Schrader, Helmke und Dotzler (Kap. IX) berücksichtigen in ihren Analysen zu diesem Thema die Leistungssteigerungen in Mathematik und Rechtschreiben, die Förderung allgemeiner intellektueller Fähigkeiten, die positive Beeinflussung der Lernmotivation, die Verminderung der Lernangst und die Verbesserung des Lernverhaltens jeweils während des 3. und 4. Schülerjahrgangs. Identifiziert wurden auf dieser Basis vier gut unterscheidbare Gruppen (Cluster) von Schulklassen: In 11 Klassen werden besonders positive Ergebnisse auf fast allen Zieldimensionen erzielt; umgekehrt finden sich in 10 Klassen relativ ungünstige kriteriale Veränderungen; 27 Klassen liegen im mittleren Bereich, wobei 13 Klassen ein überwiegend positives Bild (vor allem in der Erreichung der kognitiven Ziele) bieten, und 14 Klassen lassen eine leicht negative Gesamtentwicklung erkennen. Von den berücksichtigten Unterrichtsmerkmalen haben besonders die Klassenführung und die Strukturierung der Instruktion Einfluß auf diese unterschiedlichen Zielerreichungen. Ebenso bedeutsam sind aber auch das Engagement, die Initiative und die Mitarbeit der Schüler. Als mehrkriterial erfolgreich erweist sich insgesamt gesehen ein Unterricht, bei dem der Lehrer eine aktiv-gestaltende Rolle spielt und durch den zugleich ein hohes lernorientiertes Aktivitätsniveau der Schüler erreicht wird (vgl. Shulman, 1986).

UNTERRICHTSPRAKTISCHE PERSPEKTIVE

Die SCHOLASTIK-Studie ist nicht eines der typischen "Aus der Forschung - Für die Praxis"-Projekte, sondern verfolgt in erster Linie wissenschaftliche Ziele. Die Ergebnisse bieten deshalb vor allem pädagogisch-psychologisches Hintergrundwissen für den Praktiker und keine direkten Möglichkeiten einer technologischen oder praxeologischen Umsetzung. Trotzdem erscheint es zulässig, vielleicht auch zweckmäßig, im Anschluß an den letzten Abschnitt zwei Themen mit besonderer unterrichtspraktischer Relevanz explizit anzusprechen. Es handelt sich (1.) um die variablen Muster erfolgreichen Unterrichts und (2.) um die erforderlichen Kompetenzen des Lehrers als eines Unterrichtsexperten.

Variable Muster erfolgreichen Unterrichts

Die pädagogische Diskussion über "guten Unterricht" schwankt seit fast einem Jahrhundert zwischen der Suche nach generellen Gesetzmäßigkeiten und der Hoffnung auf das Charisma individueller Lehrerpersönlichkeiten hin und her. Dieser Gegensatz findet einen typischen Ausdruck im Titel des Aufsatzes von Stolurow (1965) "Model the master teacher or master the teaching model". Eine realitätsangemessene Theorie scheint wie so oft zwischen diesen beiden extremen Positionen zu liegen. Diese Vermutung wird durch den Vergleich der jeweils leistungsstärksten und leistungsschwächsten 18 SCHOLASTIK-Klassen belegt, bei denen die residualisierten, d. h. um die Vorkenntnis- und Intelligenzunterschiede bereinigten Leistungszuwächse in Mathematik zwischen Ende der 2. und Anfang der 4. Klasse als Selektionskriterium verwendet wurden. Abbildung XIII.3 zeigt die Merkmalsprofile der Unterrichtsqualität für diese Extremklassen (vgl. Weinert & Helmke, 1993).

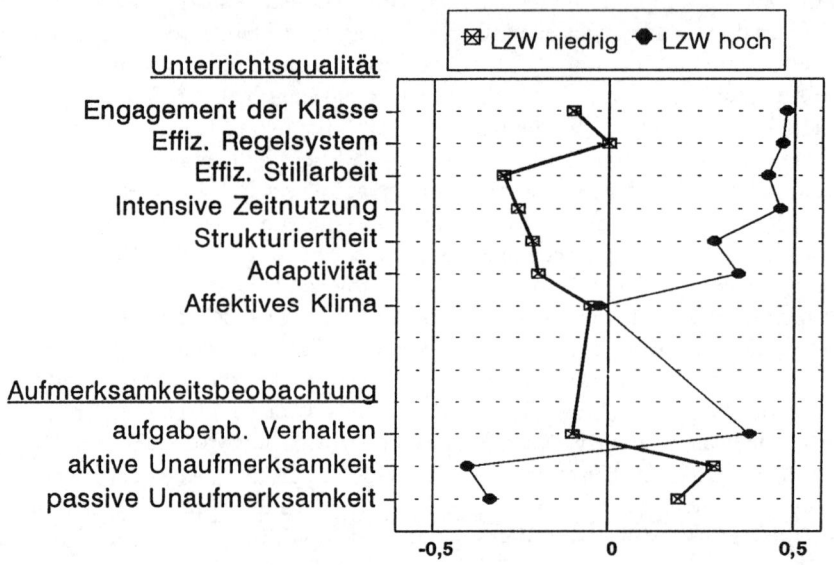

Abbildung XIII.3: Unterrichtsprofile von Klassen mit niedrigem vs. hohem Leistungszuwachs (LZW) in Mathematik (aus Weinert & Helmke, 1993, S. 40).

Die in Abbildung XIII.3 erkennbaren kontrastiven Merkmalsprofile mehr und weniger erfolgreicher Klassen verstehen sich fast von selbst, - sieht man von dem für manchen sicher überraschenden Ergebnis zum Sozialklima ab, bei dem sich keine Differenzen zeigen.

Geht man einen Analyseschritt weiter und konzentriert sich beim Leistungszuwachs in Mathematik auf die sechs besten Klassen, so wird das Bild der Unterrichtsprofile komplizierter, aber zugleich interessanter (Helmke & Weinert, Kap. VII). Nur in einer Klasse sind nämlich alle effektiven Unterrichtsmerkmale auch überdurchschnittlich ausgeprägt; in allen anderen Klassen finden sich recht bizarre Merkmalsprofile. Und weiter: Nur bei Instruktionsklarheit und vielleicht noch bei Klassenführung und Motivierungsqualität zeigen sich die erwarteten Trends. Offenbar gibt es im Hinblick auf den Lernerfolg der Schüler beachtliche Kompensationsmöglichkeiten verschiedener Unterrichtskonstellationen. Anders formuliert: Erfolgreicher Unterricht kann auf eine sehr verschiedene, aber nicht beliebige Weise realisiert werden.

Der Lehrer als Unterrichtsexperte

Alle wissen es! Der Lehrer muß in seiner Person und Funktion vieles zugleich sein: Erzieher, Unterrichtender, Berater und Helfender, - um nur die wichtigsten Aufgaben zu nennen. Jede dieser Funktionen hat einen bedeutenden Eigenwert und kann nicht durch besondere Erfolge in einer anderen Funktion substituiert werden. Wenn wir uns in diesem Beitrag auf den Lehrer als Unterrichtenden beschränken, so ist damit keineswegs eine Abwertung der anderen Funktionen verbunden, sondern es handelt sich lediglich um eine Konzentration auf die Thematik der SCHOLASTIK-Studie.

Auf der Datenbasis dieser Untersuchung und ergänzender Erhebungen hat Lingelbach (1994) die Kompetenzen besonders erfolgreicher Lehrer (zum Teil in Kontrast zu wenig erfolgreichen Lehrern) im Mathematikunterricht studiert. Theoretisch orientierte sie sich dabei am sogenannten Expertenparadigma. In diesem theoretischen Ansatz wird davon ausgegangen, daß überdurchschnittliche Lernerfolge der Schüler vom effektiven unterrichtlichen Handeln des Lehrers und dieses wiederum von dessen pädagogisch-psychologischen Expertenwissen (Weinert, Schrader & Helmke, 1990b) abhängen. In Übereinstimmung mit diesen theoretischen Annahmen fand Lingelbach, daß besonders erfolgreiche Lehrer neben einer reichhaltigen, curricular nutzbaren Wissensbasis in dem zu lehrenden Fachgebiet auch über gute Klassenführungs-, Diagnose- und Instruktionskompetenzen verfügen. Als entscheidend erwies sich dabei die Verbindung von deklarativem Wissen und prozeduralem Können. Aber auch zwischen den Expertenlehrern gibt es eine erhebliche Variationsbreite in den professionellen Kompetenzen, so daß sich das Konzept des individuellen Lehrstils aufdrängt. Mit diesem Begriff ist nicht jede beliebige individuell-idiosynkratische Unterrichtsvariante gemeint, sondern unterschiedliche, aber gleichermaßen erfolgreiche Typen der Unterrichtsgestaltung und der dafür notwendigen persönlichen wie professionellen Voraussetzungen auf Seiten der Lehrer.

ABSCHLUSS:
PERSPEKTIVISCHE BETRACHTUNGEN UND PERSPEKTIVÜBERGREIFENDE BEWERTUNGEN DER SCHOLASTIK-STUDIE

Wissenschaftler eignen sich nicht zu unvoreingenommenen Bewertungen ihrer eigenen Projekte. Natürlich glauben die Mitglieder der SCHOLASTIK-Arbeitsgruppe zu wissen, auf welche Fragen diese Längsschnittstudie eine substantielle Antwort geben kann und zu welcher Vielzahl von wichtigen Themen und Problemen nichts Substantielles auszusagen ist. Selbstverständlich ist jeder von uns inzwischen ein Experte in der Beantwortung der selbst gestellten Frage, was man von Anfang an hätte anders machen müssen, um am Ende der Arbeit besser zu wissen, was man von vornherein wissen wollte. Wir haben aber zu viel über psychodynamische Verarbeitungs-, effektive Verteidigungs- und intelligente Rechtfertigungsstrategien gelernt, um öffentlich zu sagen, was wir glauben. Die Bewertungen müssen also kundige Kommentatoren, unabhängige Experten, kritische Leser und die von den Ergebnissen betroffenen Akteure vornehmen.

Wir selbst halten es aber für eine läßliche Sünde, wenn wir versuchen, die Reaktionen einiger potentieller Evaluatoren zu antizipieren, um zu verraten, wie wir uns sehen würden, wenn wir die Gelegenheit dazu genutzt hätten. Bei den von uns fiktiv befragten "Rollenträgern" handelt es sich nicht um bestimmte Individuen, so daß es zwecklos ist, nach Ähnlichkeiten mit lebenden oder toten Personen zu suchen. Die an alle gestellte fiktive Frage lautete: "Was haben und halten Sie eigentlich von der SCHOLASTIK-Studie?" Hier sind die ebenso fiktiven Antworten der fiktiv Befragten:

Experimentalpsychologe: "Alles schön und gut und wissenschaftlich vermutlich auch sehr verdienstvoll. Aber hinter den dichten Wolken von Korrelations-, Regressions-, Determinations-, Pfad- und Kausalanalysen verbergen sich doch erst die eigentlichen Gesetzmäßigkeiten des Lernens und Lehrens. Jetzt müßte die Arbeit mit mikrogenetischen Studien, mit Experimentalgruppen und Modellklassen unter gut kontrollierten Bedingungen beginnen, um aus den berichteten Ergebnissen theoretische Erkenntnisse zu machen."

Schulpädagoge: "Inhalte! Inhalte! Ich sage nur: Es fehlen die Inhalte des Denkens, des Lernens, der Motivation und des Unterrichts. Das Auffinden formaler und funktionaler Bedingungs-Wirkungszusammenhänge reicht nicht aus. In der Schule geht es in erster Linie um die geistige Auseinandersetzung mit und den produktiven Erwerb von Inhalten. Das alles fehlt in der Studie."

Ministerialdirigent: "Durchaus interessant, sogar sehr interessant, weil wissenschaftlich bestätigt wird, was unser Ministerium seit langem weiß und tut. Aber leider gibt die Studie keine Antworten auf die wichtigen Fragen nach der Schulorganisation, der Lehrplanentwicklung und der Leistungsbeurteilung. Schade!"

Grundschulrektor: "Ich habe immer gewußt, daß guter Unterricht vom Lehrer gut organisiert werden muß und daß auch der beste Lehrer nicht aus jedem Schüler einen Einstein machen kann. Schön, daß das jetzt auch wissenschaftlich bewiesen ist. Aber wenn das alles in die Praxis umgesetzt werden soll, was Sie herausgefunden haben, dann brauchen wir zuerst besser ausgestattete Schulen, kleinere Klassen und eine schulhauszentrierte Lehrerweiterbildung. Daran fehlt's vor allem! Und noch eins: Sie haben in Ihren Untersuchungen zu wenig auf die Eltern geachtet, die uns manchmal mehr zu schaffen machen als die Kinder."

Seminarleiter: "Mich machen die Ergebnisse der Studie etwas beklommen, wenn ich daran denke, was man im Seminar angehenden jungen Pädagogen alles an wissenschaftlich angeleiteter Praxis vermitteln müßte, damit aus gutwilligen auch gute Lehrer werden."

Grundschullehrer: "Natürlich finde ich in Ihrer Wissenschaft vieles, was ich in meiner praktischen Arbeit geahnt, gelernt und schon gewußt habe. Für mich sind viele Resultate sehr spannend, aber mir fehlt der zweite Teil der Untersuchung, in dem gesagt wird, wie man guten Unterricht gestaltet, auf welche Weise Schüler motiviert und gefördert werden und wie man sich in schwierigen Situationen im Klassenzimmer verhalten soll."

An der Untersuchung beteiligter Schüler, 10 Jahre später: "Das Entscheidende habt Ihr in Eurer schlauen Studie vergessen: In der Schule möglichst gut überleben ist alles, der Rest findet sich später von selbst."

Wissenschaftler, der schon eine ähnliche Untersuchung durchgeführt hat: "Eigentlich ganz gut, auch wenn man vieles hätte anders und besser machen können."

Theoretischer Ertrag und praktischer Nutzen der SCHOLASTIK-Studie zur Entwicklung im Grundschulalter: Kommentar

Wolfgang Edelstein

Längsschnittuntersuchungen sind aufwendig, kostspielig und leicht zu beschädigen. Der Umfang der untersuchten Stichproben muß, jedenfalls bei multivariablen Untersuchungen, notwendig begrenzt bleiben, das Programm relativ beschränkt, schon um die Überlastung der Probanden, aber auch der Forscher/innen, in Grenzen zu halten. Die langen Wartezeiten, bis verläßliche Ergebnisse und befriedigende Veröffentlichungen vorliegen, widersprechen den üblichen Laufbahnstrukturen von Wissenschaftlern in Institutionen, die auf schnelle Ergebnisse, möglichst viele und anerkannte Publikationen und kurze Zeitrhythmen eingestellt sind. Junge Wissenschaftler müssen unter einem Regime relativ kurzschrittiger Verträge erfolgreich sein, um an den Universitäten Karriere machen zu können. Kostspielig sind Längsschnitte also in jeder Hinsicht: finanziell, organisatorisch, methodisch, aber auch im Blick auf die Anforderungen an Engagement, Motivation und Lebenszeit der Forscher.

Längsschnittuntersuchungen sind, so heißt es, der Königsweg entwicklungsbezogener Forschung, und viele Fragen zu Veränderungen individueller Merkmale bzw. der Konfigurationen von Merkmalen der Individuen können anders verläßlich überhaupt nicht beantwortet, ja kaum sinnvoll gestellt werden. Es erscheint dabei trivial, daß man Veränderungen realitätsgerecht abbilden muß, um die Struktur von Entwicklungsverläufen zu begreifen. Wichtige Erkenntnisse können freilich auch ohne längsschnittliche Untersuchung an einer querschnittlichen Stichprobe gewonnen werden. Häufig führt die Abfolge zweier oder mehrerer ähnlich angelegter Querschnitte - das Paradebeispiel der Zensusdaten belegt es - zu wesentlichen Einsichten. So können wir das mittlere Geburtsgewicht einer Kohorte deutscher Neugeborener im Abstand einer Generation messen, die zwischen Messungen eingetretene Veränderung feststellen und aus den uns bekannten Umständen - veränderten Ernährungsgewohnheiten, Einführung der Schwangerenberatung, neuen Angeboten der perinatalen Medizin - Schlüsse auf die Ursachen für die Gewichtsunterschiede der beiden Kohorten ziehen. Aber wie sich die Unterschiede im Geburtsgewicht innerhalb derselben Kohorte *über die Zeit* auswirken, welche Konfiguration von Nebenwirkungen oder Folgen mit Unterschieden des Geburtsgewichts assoziiert sind, das erfahren wir nur, wenn wir die Individuen über die Zeit beobachten. Stellen wir uns zeitlich gestaffelte Messungen an verschiedenen Schülergenerationen vor: Valide, reliable und vergleichbare Meßverfahren vorausgesetzt, können wir den Daten entnehmen, daß sich die heutige Generation von Grundschulabsolventen (oder der Abiturienten) gegenüber entsprechenden Kohorten vor fünf, zehn oder dreißig Jahren mehr oder weniger tiefgreifend geändert hat - z. B. hinsichtlich des mittleren Aufmerksamkeitsverhaltens der Grundschüler oder der mittleren Mathematikleistung bei den Abiturienten. Über die Ursachen und Folgen werden wir uns dann unter Rekurs auf mehr oder weniger plausible Hypothesen trefflich streiten. Gleichwohl wissen wir dann noch sehr wenig über die Veränderungen, die ein solches Ergebnis bei den Individuen hervorgebracht haben. Wir wissen nicht, welche Verläufe unter welchen Umständen zu welchen Ergebnissen führen, ob dieselben (subjektiven oder objektiven) Voraussetzungen zu identischen oder, in Wechselwirkung mit unterschiedlichen Kontexten, zu unterschiedlichen Entwicklungsfolgen führen; oder umgekehrt: ob unterschiedliche Ursachen gegebenenfalls identische Wirkungen haben, äquifinal sind. In die Dynamik der Entwicklung gewinnen wir erst Einsicht, wenn wir die Gesetzmäßigkeiten solcher Strukturmuster erfassen und ihre Entwicklung unter den komplexen Bedingungen der sozialen Realität beobachten, in die sie eingebettet sind.

In der Entwicklungspsychologie geht es nicht nur um Emergenz, Ausbildung und "Schicksal" einzelner Merkmale (z. B. Intelligenz, Aggressivität oder Schüchternheit), sondern immer häufiger um Systeme komplexer Wechselwirkungen und Vermittlungen zwischen Merkmalen, Bedingungen und Kontexten der Entwicklung, also um das Verhältnis zwischen verschiedenen Aspekten der internen Dynamik der Entwicklung selbst und deren Zusammenspiel mit externen Bedingungen: etwa auf der Ebene des Individuums, seiner familialen und außerfamilialen Umwelten (Sozialisation, Schule). So betrachten wir mit Piaget die kognitive Entwicklung unter ihrem inneren entwicklungsdynamisch organisierten Strukturaspekt; aber um psychologisches Kontextwissen und folglich potentiell anwendungsfähiges pädagogisches oder therapeutisches Wissen über die Entwicklung individueller Unterschiede der kognitiven Kompetenz zu gewinnen, betrachten wir die kognitive Entwicklung unter dem Aspekt ihrer Sozialisation in der Familie, Gleichaltrigengruppe und Schule (Case & Edelstein, 1993; Edelstein, 1993, 1996).

Versucht man, das soeben skizzierte Programm zu realisieren, wählt man etwa Merkmale des Familienklimas und Erziehungsstils, soziale Schicht und Geschlecht als Indikatoren sozialisationsrelevanter Umwelten verschiedener ökologischer Reichweite (Bronfenbrenner, 1976), in die das Entwicklungsgeschehen eingebettet ist und die die Entwicklung über die Zeit hinweg unterschiedlich intensiv und nach unterschiedlichen zeitlichen Rhythmen oder Entwicklungskalendern mittelbar oder unmittelbar beeinflussen. Die Komplexität wird indes noch um eine Dimension gesteigert, wenn man bedenkt, daß auch die Kontexte der individuellen Entwicklung sich in der Zeit verändern. Die Familie mit Eltern und Geschwistern, die Ehe- und Berufsverläufe unterliegen einer eigenen Entwicklungsdynamik, und die Schulklasse wandelt sich mit dem Alter der Schüler, den Anforderungen der Fächer und mit ihrer durch Selektion veränderten Zusammensetzung. Die gesellschaftlichen Makrobedingungen durchlaufen, neben dem langfristigen sozialen Wandel, historische Konjunkturen und Krisen, die, wie wir wissen, auf die Ebene der individuellen Entwicklung durchschlagen (Elder, 1974; Elder & Caspi, 1988; Grundmann, 1992).

Individuelle und interindividuelle Veränderungen im Kontext sich verändernder Bedingungsgefüge erscheinen außerordentlich komplex, und diese Komplexität muß in jeder einzelnen Untersuchung durch den Untersuchungsplan gebändigt und klug und angemessen reduziert werden, um spezifische Erkenntnisziele verfolgen zu können. Klug und angemessen - das bedeutet, daß Forschungsziele nur in angemessener Rücksicht auf die komplexen Muster der Entwicklung sinnvoll gesetzt werden können, und erst durch solche Rücksicht kann die Frage nach *normativen* Strukturen, d. h. gelingenden oder mißlingenden Entwicklungsverläufen, Entwicklungsrisiken und entwicklungsbegünstigenden Faktoren sinnvoll gestellt oder gar die Chance einer reparativen Intervention überhaupt vernünftig abgeschätzt werden. Kein Wunder, wenn bislang der Forderung nach planvollen Eingriffen in die Entwicklung, etwa nach spezifischen und zugleich entwicklungsgemäßen Strategien zur Förderung der kognitiven Entwicklung in der Schule kein durchgreifender und dauerhafter Erfolg beschieden war. Wir wissen viel zu wenig über das komplexe System der Entwicklung im Kontext schulischer Bedingungen, um mehr als sehr bedingte Aussagen über erfolgreiche Interventionen (und dazu gehören auch erfolgreiche Unterrichtsstrategien und Klassenführungsstile) machen zu können.

Vielleicht trägt ein Beispiel aus der Medizin zur Klärung dieses Sachverhalts bei. Die Notwendigkeit, Ursachen, Bedingungen und Folgen von Krankheitsverläufen zu begreifen, um sinnvolle Behandlungen entwerfen zu können, dürfte eine wenigstens teilweise zutreffende Analogie und zugleich eine heuristische Vereinfachung darstellen, die zeigt, daß gezielte Interventionen auf Strukturerkenntnisse und Einsichten in Bedingungszusammenhänge angewiesen sind, die erst in systematischer Forschung über die Entwicklung der Störung erschlossen werden. Das heißt heute in der Regel: In Rückgriff auf theoretische Erkenntnisse müssen die Wechselwirkungen zwischen der Funktionsweise des Organismus und seiner Umwelt beobachtet werden. Auch Biologen und Mediziner beziehen heute in wachsendem Maße Umweltkontexte und den historischen Wandel in ihre Forschungen ein. Doch während die Mikrobiologen dies durch eine theoretisch angeleitete Reduktion im Laborexperiment tun können, gibt es dafür in den Sozialwissenschaften kein Äquivalent. Sie bleiben auf "natürliche" Entwicklungen angewiesen, für die freilich die Bedingungen gelegentlich durch äußere Einwirkungen variiert werden: durch eine Schulreform, durch beschleunigten sozialen Wandel, durch eine gelegentliche Revolution, welche die Bezugssysteme im ganzen verändern und deshalb als "Ursachen" für einen beobachteten Wandel gelten können. So hat Glen Elder die langfristigen Folgen einer kollektiven Katastrophe, der Weltwirtschaftskrise von 1929, für die individuellen Lebensverläufe von Kindern aus von der Krise betroffenen Familien untersucht und je nach Geschlecht, Alter bei Einbruch der Krise sowie familialer und sozialer Kontexteinbettung unterschiedliche Entwicklungsfolgen der Erfahrung gefunden (Elder, 1974; Elder & Caspi, 1988; Elder, Van Nguyen & Caspi, 1985).

PROJEKT SCHOLASTIK

Das Projekt SCHOLASTIK fügt den Dimensionen dieses Komplexes eine weitere hinzu. Denn während die bisher beschriebenen Zusammenhänge die Einbettung der Individuen und ihrer Entwicklung in das System der Bedingungen beschreiben, die auf diese einwirken, zielt dies Projekt auf die Entwicklung im institutionellen Verband der Schulklasse, die nach der Überzeugung vieler Eltern, Pädagogen und auch Psychologen wesentliche Parameter der Entwicklung auch der Individuen bestimmt, die sich im System der Schulklasse befinden. Dabei fokussiert die Studie freilich vor allem auf die Parameter, die für die Funktion der Schulklasse als lernende Gruppe unter den der Klasse institutionell vorgegebenen Zielen relevant sind: Leistung, unterrichtsstruktur- und curriculumbezogene Lernfortschritte, Motivation, leistungsbezogenes Selbstbild, schulisches Interesse usw. Insofern bedeutet die zusätzliche Komplexität, welche die entwicklungsbezogene Forschung durch Einbeziehung der Frage nach der Entwicklung der Gruppe erreicht, in gewisser Hinsicht zugleich eine Vereinfachung hinsichtlich der Konzeptualisierung des Objekts dieser Forschung. Denn durch die Fokussierung auf die schulleistungsrelevanten Gruppenparameter wird zumindest ein Teil der erklärungsträchtigen Faktoren in der individuellen Entwicklung ausgegrenzt, die zwar zu den Gruppeneffekten beitragen, selbst aber in ihren Wirkungen unaufgeklärt bleiben.

Es bleibt also bei der schulklassenspezifischen Variabilität und bei deren Einfluß auf das Gruppenergebnis. Man wüßte gern mehr über die (individuellen) Antezedenzbedingungen, die zur schulklassenspezifischen Performanz auf den verschiedenen Dimensionen beitragen; und natürlich wäre es wichtig (und auch im Prinzip möglich), Erkenntnisse darüber zu gewinnen, welchen Beitrag die Erfahrung in der Schulklasse für die *individuellen* Entwicklungsverläufe, z. B. im kognitiven oder motivationalen Bereich leistet. Durch die Studie haben Weinert und Mitarbeiter den Nachweis erbracht, daß entsprechende Analysen im Prinzip möglich sind. Daß sie selbst solchen Überlegungen nicht nachgegangen sind, kann ihnen freilich nicht zum Vorwurf gemacht werden: dann hätte ein noch viel aufwendigeres, außerordentlich zeitraubendes Programm über weitere Jahre implementiert werden müssen. Die dahinter stehende Forschungsfrage nach den Wechselwirkungen individueller Entwicklung und sozialisatorischer Kontexte wäre jedoch in hohem Maße relevant und wissenschaftlich anspruchsvoll, weit über die pädagogische Fragestellung hinaus. Sie stellt geradezu das Paradigma eines entwicklungstheoretischen Forschungsprogramms für die Zukunft dar.

Vorderhand freilich festigt sich bei der Lektüre der Forschungsergebnisse der Eindruck, daß der Entwicklungs- und Sozialisationskontext der Schulklasse einen stabilisierenden, vielleicht sogar stereotypisierenden Einfluß entfaltet: steigende Merkmalsstabilitäten bei zunehmender Stabilität interindividueller Unterschiede auf den beobachteten Merkmalen. Da drängt sich geradezu die Frage auf, ob auch intraindividuelle Unterschiede in der Schulklasse erzeugt und durch die Schulklasse stabilisiert werden: etwa das Autostereotyp intraindividueller Kompetenzunterschiede, das den Schüler z. B. als "gut in Mathematik und schlecht in Sprachen" (oder umgekehrt) definiert. Weinert und Helmke thematisieren dieses Problem in Form der unbeantworteten Frage nach dem Prozeß, durch den "aus schlechten Leistungen schlechte Schüler" werden. Bleibt es dabei, auch über den untersuchten Zeitraum oder gar über die Schule hinaus? Stabilisiert die schulische Erfahrung im mehr oder weniger zufällig aufgespannten Vergleichsrahmen der Schulklasse die allgemeinen oder auch die intraindividuell domänspezifisch differenzierenden Leistungserwartungen, Motivationen, Interessen oder Abneigungen der Individuen für lange Zeit? Sollte man nicht angesichts dieser Stabilisierungsevidenz vor allem die ebenfalls von den Autoren hervorgehobene Tatsache aufmerksam bedenken, daß die stabilisierten Unterschiede der pädagogischen Beeinflussung unausgeschöpfte Spielräume und systemische Plastizitätsreserven lassen? Für diese Perspektive spricht zumal, daß die schulklassenspezifische Beeinflußbarkeit um so größer erscheint, je spezifischer die Kompetenz ist, auf die sich die pädagogische bzw. unterrichtliche Bemühung richtet, also: Förderung der Rechtschreibkompetenz ist eher beeinflußbar als die Sprachkompetenz; die Kompetenz zur Lösung eingekleideter Aufgaben eher als die mathematische Kompetenz. Warum also zeigt sich so enttäuschend wenig unterrichtsinduzierte Veränderung im schulischen Normalgeschehen?

Diese Überlegung spart jedoch die Bedingungen aus, die zur Generalisierung einer Kompetenz führen, und die müssen den Psychologen, den das Verhältnis von (speziellem) Lernen und (allgemeiner) Entwicklung vor allem interessiert, besonders engagieren. Man kann, obwohl die Autoren der Studie die entsprechenden Fragen nicht explizit stellen, die Befunde auch schulkritisch lesen: Das Interesse am Lernangebot der Schule nimmt ziemlich kontinuierlich ab; die Selbstkonzepte der eigenen Fähigkeit und der Leistung verfestigen sich; die schulischen Leistungen erscheinen jenseits domänspezifischer Variationen und Evaluationsmodalitäten in hohem Maße stabil; die Förderungsdynamik des Unterrichts ist begrenzt und seine Struktur erstaunlich rigide. Nimmt man die evolutionäre Aufgabe der Schule als Instrumentarium einer systematischen Kompetenzentwicklung ernst, auf die das Individuum in der Kultur angewiesen ist, wie dies die Autoren gleich zu Beginn ihrer zusammenfassenden Übersicht ausführen (s. auch Bruner, 1960), kommt man aufgrund ihrer Befunde nicht umhin zu fragen, ob dieses kulturevolutionäre Instrumentarium, so wie es organisiert ist, sein Ziel nicht systematisch verfehlt.

Die Passung des Unterrichts mit den individuellen Entwicklungsvoraussetzungen zur Optimierung der spezifischen und variablen Kompetenzentwicklung durch Einsatz je adäquater kognitiver, motivationaler und sozialer Aufgaben, Handlungsmodalitäten und Instruktionsstrategien läßt sich mit den modalen Strukturen des Unterrichts, wie sie von den Verfassern empirisch nachgewiesen wurden, gewiß nicht erreichen. Umgekehrt wird vielleicht ein Schuh daraus: Aus Befunden läßt sich ableiten, daß es ein dem vorherrschenden diametral entgegengesetztes System radikaler Individualisierung des Unterrichts wäre, das die individuellen Unterschiede, statt sie zu stabilisieren, teils optimieren, teils kompensieren, teils verflüssigen könnte. Nichts ist freilich schwieriger und voraussetzungsvoller als die Abkehr von den überlieferten Strategien des Klassenunterrichts. Die Geschichte der Schulreformen ist vielfach eine Geschichte ihres Scheiterns gewesen. So naheliegend ein entwicklungsdiagnostisch fundierter individualisierender und differenzierender Unterricht, so deutlich lassen sich die Widerstände gegen die Einführung antizipieren!.

LOGIK & SCHOLASTIK?

Vielleicht hätten Weinert und Mitarbeiter durch Zusammenführung ihrer Longitudinalstudie zur Genese individueller Kompetenzen (LOGIK) mit den hier berichteten Befunden aus dem Projekt SCHOLASTIK die durch eine solche Passung aufgeworfenen Fragen analysieren können. War doch die Verschachtelung der beiden Studien mit dem Ziel, die Analyse der kognitiven und motivationalen Entwicklung in ihren Wechselwirkungen mit der Entwicklung der Schulleistung voranzutreiben, die ausdrückliche Zielsetzung von SCHOLASTIK: "Zur Erzielung einer maximalen Überlappung der Stichproben beider Studien wurden speziell jene 1. Klassen ausgewählt (nämlich 54 Klassen mit 1300 Schülern), in die möglichst viele LOGIK-Kinder eingeschult worden waren" (Helmke, 1991, S. 85).

Nun stellt die Stichprobe von LOGIK (N = ca. 200) nur einen Bruchteil der Stichprobengröße von SCHOLASTIK (N = ca. 1300) dar, so daß sich stets nur wenige Schüler aus der LOGIK-Studie in jeder SCHOLASTIK-Klasse befanden. Vermutlich läßt sich die Frage nach den Wechselwirkungen zwischen Entwicklungsvariablen und schulbezogenen Variablen deshalb nicht ohne weiteres beantworten. (Zu viele statistische Manipulationen müßten an den Klassenvariablen vorgenommen werden, um sie in vergleichende Analysen mit den Individualdaten der LOGIK-Schüler einzubringen.) Aber aggregiert dürften sie interessante Auskünfte über den Anteil individueller und schulisch erzeugter Effekte auf schulisch relevanten Dimensionen bereitstellen.

Zur Illustration führe ich Beispiele aus unserer eigenen Längsschnittuntersuchung *"Individuelle Entwicklung und soziale Struktur"* in Island an, in der Wechselwirkungen von Entwicklungs- und Sozialisationsmerkmalen von der Kindheit bis ins Erwachsenenalter in Abhängigkeit von unterschiedlichen strukturellen und ökologischen Bedingungen im Blick auf Entwicklungsrisiken und begünstigende Faktoren analysiert werden (Edelstein, Keller & Schröder, 1990). Die individuellen Entwicklungsbedingungen der Schulleistung sind nur ein Aspekt dieser Studie. Deshalb verfügen wir im Gegensatz zu SCHOLASTIK nur über wenig Daten der Schulklassen. (Die Verbindung von Datensystemen, wie sie LOGIK und SCHOLASTIK repräsentieren, dürfte ziemlich einmalig sein.) Die Stichprobe des Projekts "Individuelle Entwicklung und soziale Struktur" wurde nach einem quasi-experimentellen Forschungsplan gewonnen, in dem soziale Schicht, Geschlecht sowie Lehrereinschätzungen der Fähigkeit als balancierte Faktoren dienen. Das Design diente dem Zweck, Schicht- und Geschlechtseinflüsse auf die Entwicklung zu kontrollieren und sie in gleichsam parallelen Stichproben hoch und niedrig befähigter Kinder zu beobachten. Deshalb dürfte der Einfluß der sozialen Schicht sowie des Geschlechts (nicht aber der Einfluß der varianzmaximierenden Lehrerurteile über die Fähigkeitspotentiale der Probanden) auf die Schulleistung begrenzt sein. Dennoch betragen die durch Schicht und Geschlecht aufgeklärten Varianzanteile in den Schulnoten im Zeitraum der Untersuchung stets um 10 Prozent. Dieser Effekt verschwindet weitgehend, wenn in einer Regressionsanalyse relevante personale Variablen zur Erklärung der Schulleistungen eingeführt werden. In der Vorhersage der Schulnoten der 15jährigen (zum Abschluß der 9jährigen undifferenzierten und auslesefreien - also extrem leistungsvarianten - Einheitsschule) erklären die Noten der Erstklässler erwartungsgemäß einen erheblichen Teil der Varianz - nahezu 60%. Führt man nun in die Regressionsgleichung zur Kontrolle die Raven-Intelligenz (rund 31%) ein sowie ein der Aufmerksamkeitsvariablen der SCHOLASTIK-Studie analoges Maß (Konzentrationsprobleme, 12%), sinkt der durch die Schulnoten darüber hinaus aufgeklärte Varianzanteil auf nur mehr rund 8%. Ersetzt man indessen das Intelligenzmaß durch ein aus einer Batterie von Piaget-Aufgaben gewonnenes Maß der kognitiven Kompetenz (41%) und fügt dieser ein Maß der sozialkognitiven Kompetenz hinzu (+ 10%), sinkt die von den Schulnoten der ersten Klasse aufgeklärte zusätzliche Varianz in den Schulnoten der letzten Klasse auf weniger als 5%. Der spezifische Beitrag der zu einem früheren Zeitpunkt gemessenen Schulleistungen ist folglich gering. Während konsistent mit der Theorie die kognitiven und sozialkognitiven Leistungen (bzw. die kognitiv relevante Dimension der Aufmerksamkeitsleistungen, die für sich genommen ebenfalls Erklärungswert - 45% - besitzt) den Löwenanteil an der aufgeklärten Varianz der Schulnoten zu halten scheinen, ist dies bei genauerer Betrachtung nicht ohne weiteres der Fall.

Von besonderer Relevanz zur Vorhersage der schulischen Leistung sind nämlich die relativen Beiträge der kognitiven Kompetenzen in Verbindung mit den Persönlichkeitseinflüssen. Wir haben dies wiederum im Rahmen einer Regressionsanalyse geprüft: Wenn Bindungssicherheit und Depressivität - die stärksten persönlichkeitsspezifischen Prädiktoren der Schulleistung acht Jahre später - an erster Stelle in die Regressionsgleichung eingegeben werden, ziehen sie 39% der Gesamtvarianz auf sich, Aufmerksamkeit ("Konzentrationsprobleme") noch 17%, während die kognitiven und sozialkognitiven Summenvariablen nur noch 11% darüber hinaus erklären. Der spezielle Beitrag der Schulnoten ist dann auf knapp 3% reduziert. Diese Ergebnisse der Regressionsanalysen verweisen vor allem darauf, wie stark die spezifischen Effekte der einzelnen Einflußfaktoren durch Kontrolle mit Hilfe anderer Variablen beschränkt werden, oder, mit anderen Worten, wie konfundiert die Einflüsse sind, welche die Faktoren des kognitiven und erfahrungsverarbeitenden Systems und des motivationsbestimmenden Persönlichkeitssystems in der Genese der Schulleistung *gemeinsam* entfalten. Die Ergebnisse einer Kommunalitätenanalyse für die Vorhersage der Schulleistungen soll dies veranschaulichen (Abb. XIII.4).

Die Ergebnisse lassen sich im einzelnen folgendermaßen charakterisieren: Störungen der Aufmerksamkeit sind sowohl im kognitiven System wie im Persönlichkeitssystem lokalisiert. Kognitive Kompetenz und Persönlichkeit üben zwar jeweils einen bedeutsamen Einfluß auf die Schulleistungen aus, am stärksten ist indessen ihre gemeinsame

Theoretischer Ertrag und praktischer Nutzen der SCHOLASTIK-Studie: Kommentar   481

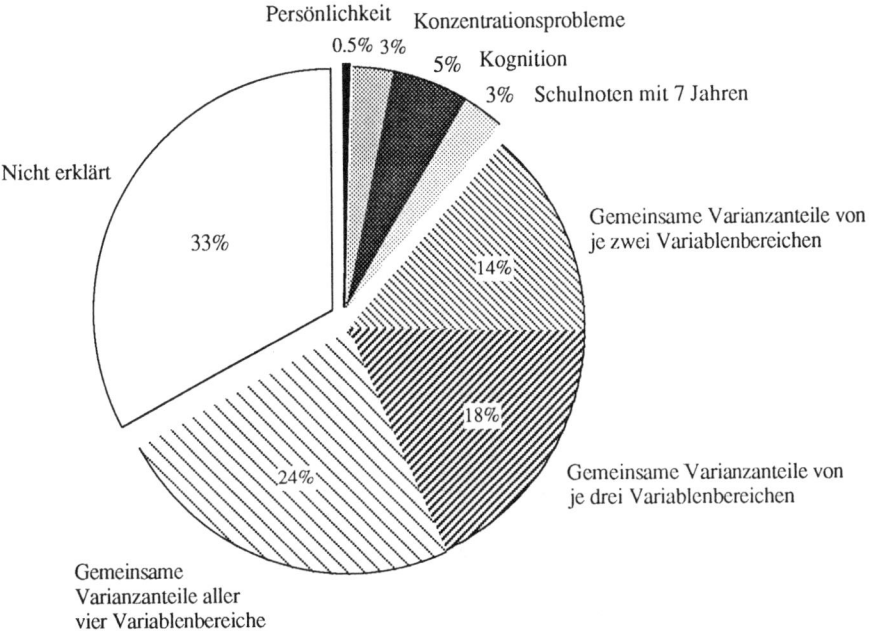

Abbildung XIII.4: Kommunalitäten in der Prädiktion der Schulnoten im Alter von 15 Jahren.

Wirkung. Beide Systeme sind Mediatoren der Schulleistungsentwicklung, sie dienen aber auch dem je anderen System reziprok entweder als Mediator- oder Moderatorvariablen. Während erhebliche Varianzanteile von je zwei bzw. je drei Variablensystemen aufgeklärt werden und jeweils ganz geringe von den Einzelvariablen, bringt der Verbund aller vier beteiligten Variablensysteme bei weitem den größten Aufklärungseffekt. Die Entwicklung ist folglich in hohem Maße durch komplexe Verbunde von Faktoren bestimmt, die freilich ihre je individuelle Entwicklungsgeschichte haben. Entwicklungsabhängige Mediator- oder Moderatorvariablen entfalten eine Dynamik der Wirkungen und Wechselwirkungen kompetenzerzeugender Systeme, welche über längere Zeit die Schulleistungen beeinflussen. Man kann sich vorstellen, daß mit der Zeit die Effekte der zu Beginn noch separat wirkenden Kompetenzsysteme immer stärker in den jeweils erreichten Notenmittelwerten kumulieren und so stets bessere Prädiktoren der späteren Leistung werden. Dies könnte eine entwicklungspsychologische Rekonstruktion der von Weinert und Helmke so nachdrücklich beschriebenen Stabilisierungstendenz sein. Aber bringt diese Rekonstruktion über die von den Autoren gelieferte Analyse hinaus noch einen Gewinn an Einsicht?

Diese Frage läßt sich besser beantworten, wenn die entwicklungspsychologische Perspektive, welche die Aufmerksamkeit auf die Kompetenz- und Persönlichkeitsentwicklung (und deren Defizite und Differenzen) lenkt, um eine soziologische Perspektive ergänzt wird, die soziostrukturelle und sozialisatorische Bedingungen der Entwicklung in Rechnung stellt. Soziostrukturelle Bedingungen werden im Kontext des Projekts "Individuelle Entwicklung und soziale Struktur" u. a. durch die Zugehörigkeit zu einer der 6 sozialen Schichten indiziert, die als Repräsentationen sozialer Ungleichheit in Island empirisch validiert wurden (Björnsson, Edelstein & Kreppner, 1977). Sozialisationsbedingungen sind durch eine Anzahl unterstützender bzw. restriktiver Bedingungen repräsentiert, die den Umgang mit dem Kind bestimmen (Edelstein, Grundmann, Hofmann & Schellhas, 1992). Wir stellen nun die Entwicklung der Schulleistungen - auf einer Skala von 1 (beste Note) bis 5 (schlechteste Note) - über 4 Meßzeitpunkte im Alter von 7 bis 15 Jahren in den sozialen Schichten 1 bis 6 dar (1 = ungelernte Arbeiter; 2 = Handwerker; 3 = einfache Angestellte; 4 = Techniker, Lehrer in Grundschulen; 5 = lei-

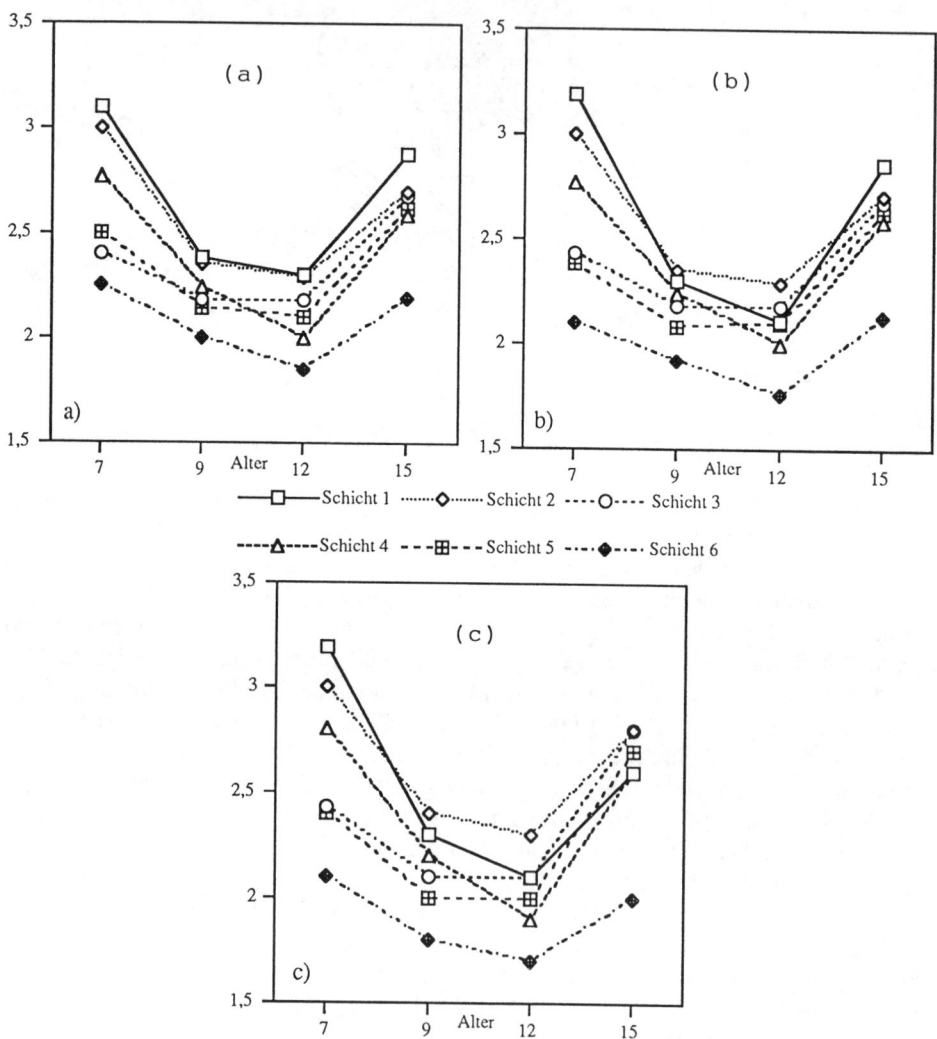

Abbildung XIII.5: Entwicklung der Schulleistungen mit 7, 9, 12 und 15 Jahren; (a) Notenmittelwerte nach Schicht; (b) bei Kontrolle von Sozialisationsbedingungen (Unterstützung, Restriktion); (c) Kontrolle von Sozialisationsbedingungen und Entwicklung der kognitiven Kompetenzen. Multivariate Varianzanalysen mit Meßwiederholung, mit und ohne Kovariate.

tende Angestellte und Selbständige; 6 = Angehörige akademischer Berufe) und berücksichtigen dabei sukzessive die ungleich, aber nicht durchweg gleichsinnig über die Schichten verteilten Sozialisations- und die Kompetenzeffekte (Abb. XIII.5).

Im Ergebnis zeigt sich, daß die Schichtdifferenzierung der Schulleistungen (der direkte Beitrag des Systems sozialer Schichten zur Differenzierung der Schulnoten) sich differentiell weiter intensiviert und, einem durchaus plausiblen Muster folgend, teilweise verstärkt, teilweise aber kompensiert wird. Die Extremverläufe der privilegierten Akademikerschicht und der am wenigsten privilegierten Schicht ungelernter Arbeiter (Abb. XIII.5a) werden durch die (konträr wirkenden) Sozialisationsbedingungen noch verdeutlicht: Sie werden durch die Einbeziehung der (durch einen Gesamtwert der Piaget-Aufgaben repräsentierten) Kompetenzentwicklung zu Beginn der ersten Klasse extrem ausdifferenziert, im Verlauf der Entwicklung bis zum Ende der Einheitsschule indessen im Mittelfeld zusammengeführt - mit Ausnahme der Akademikerkinder, die sich von allen anderen über alle Meßzeitpunkte hinweg und am Ende der Schulzeit deutlich zunehmend unterscheiden. Einmal sehen wir durchaus die Stabilisierung der individuellen Unterschiede, doch der Stabilisierungsverlauf erweist sich bei insgesamt zunehmender Konvergenz als schichtspezifisch-differentielles Merkmal, eingelassen in ein System sozialer Zwänge, dessen Auswirkungen durch das kontrollierte Design mit ursprünglich balancierten Fähigkeitsparametern nicht nur nicht verwischt wurden, sondern mit überraschender Deutlichkeit um so nachhaltiger hervortreten. Dadurch zeigt sich der Zusammenhang schulischer Chancengleichheit in der Einheitsschule in Verbindung mit meritokratischer Selektion mit allergrößter Deutlichkeit.

Wir haben hier, um das Bild nicht noch komplexer werden zu lassen, die Effekte der Persönlichkeitsentwicklung unberücksichtigt gelassen, die den Risikobelastungen bzw. Privilegierungen der sozialen Herkunft und der Sozialisationsbedingungen noch weitere Dimensionen hinzugefügt hätten. Gleichwohl zeigen sich in diesen Befunden bereits die Vorzüge einer integrativen Betrachtungsweise, die durch die Zusammenführung der Entwicklungsperspektive, der Sozialisationsperspektive und der institutionellen Perspektive gewonnen werden. Erst vor dem komplexen System der Determinanten der Schulleistungsentwicklung wird deutlich, wie komplex auch die Aufgabe einer zielorientierten Intervention in das Spiel der Wechselwirkungen sein muß. Wie Weinert und Helmke schreiben, wenn auch aufgrund eines anderen Arguments: Es ist nicht überraschend, daß Wechselwirkungen zwischen Fähigkeiten und Interventionsformen (ATI) selten sind, wenn Treatments eine Menge gleichzeitiger Passungen mit den entwicklungsrelevanten Fähigkeitsparametern und Persönlichkeitsdimensionen in einer Zielgruppe aufweisen müssen. Die Einbeziehung der Entwicklungsdimensionen zur Bestimmung optimaler Interventionsstrategien wirft neues Licht auf die Fragestellungen der pädagogischen Psychologie und die Erfolgsbedingungen pädagogischen Handelns.[26]

---

[26] Die U-Kurve der Mittelwertverläufe der Schulnoten stellt einen Struktureffekt des Schulsystems dar. Die Verlaufskurve läßt die Variation der Schulnoten über alle Schulklassen am Ende des ersten Schuljahrs in deutlicher Rangfolge der Schichten sichtbar werden. Die Noten steigen über die ersten Klassen der Einheitsschule von Jahr zu Jahr erheblich an und fallen dann konvergierend bis zum Abschluß der Einheitsschule am Ende der 9. Klasse massiv ab. Den Wendepunkt markiert das Ende der Grundschule nach dem 6. Schuljahr (hier nicht dargestellt) mit dem Beginn neuer Fächer und dem Greifen des Fachlehrerprinzips in der sog. Oberstufe (Klassen 7 bis 9). Die Jugendlichen erhalten im letzten Jahr - mit standardisierten Schulabschlußprüfungen in einigen Fächern - im Durchschnitt die schlechtesten Noten ihrer Pflichtschulzeit.

Wir haben einen Ausschnitt aus den schulrelevanten Befunden des Projekts "Individuelle Entwicklung und soziale Struktur" geboten, um die Frage zu begründen, warum die Autoren die Datensätze ihrer Studien LOGIK und SCHOLASTIK nicht zusammengeführt und gemeinsam analysiert haben. Offensichtlich würde die Schulstudie (für die 200 Kinder, die an LOGIK teilgenommen haben) durch die Einbeziehung der antezedenten Entwicklung sehr bereichert werden. Um so größer wäre der Erkenntniszuwachs durch die Umkehrung der Fragestellung: Welchen Beitrag leistet die Schulerfahrung zur individuellen Entwicklung? Welche Risiken und Chancen hält die kulturelle Evolution durch die Bereitstellung der Schule als System stellvertretender Erfahrung für die individuelle Entwicklung bereit (Edelstein, 1983)? Das Bedauern über die Zurückhaltung der Autoren schmälert indessen nicht die Anerkennung ihrer Leistung. Was noch nicht geschah, kann vielleicht noch nachgetragen werden. Franz E. Weinert und seine Kollegen haben die eindrucksvolle Leistung erbracht, in aufeinander abgestimmten Untersuchungen die Komplexität von Längsschnittstudien weithin unverkürzt zur Geltung zu bringen. Sie sind trotz der logistischen und organisatorischen Schwierigkeiten den Königsweg gegangen. Wir ahnen aus Erfahrung, was dieser Gang impliziert, und hoffen, daß die anfangs beschriebenen strukturellen Hindernisse, das Unbehagen der Institutionen angesichts langfristiger Programme, den weiteren Weg nicht verstellen. Es würde keinen dauerhaften Schaden anrichten, wenn die volle Ernte erst später eingefahren wird. Bereits der heute verfügbare Anteil bedeutet eine große Bereicherung unserer Kenntnisse.

Theoretischer Ertrag und praktischer Nutzen der SCHOLASTIK-Studie zur Entwicklung im Grundschulalter: Kommentar

Hans-Joachim Kornadt

Weinert und Helmke haben den Kommentatoren ihre Aufgabe nicht leicht gemacht: Sie haben in ihrem Schlußkapitel einmal die Ergebnisse der SCHOLASTIK-Studie bereits auf das Wesentliche kondensiert und vorzüglich zusammenfassend dargestellt. Zum anderen haben sie in ihrem abschließenden Abschnitt den fiktiv Befragten bereits alle möglichen Fragen und Einwände in den Mund gelegt und damit vorweggenommen. Fast ist damit dem Kommentator aller Wind aus den Segeln genommen: Man kann all dem eigentlich nur zustimmen, und natürlich weiß jeder zugleich, daß auch die beste und längste Längsschnittstudie nicht alle (wissenschaftlichen) Rätsel lösen kann.

Um aber die Segel doch nicht gleich ganz zu streichen, soll der folgende Kommentar zwei Themen umfassen. Zunächst sollen noch einmal einige besonders wichtig erscheinende Ergebnisse kommentierend hervorgehoben werden. Zum anderen sollen einige offene Fragen angeschnitten und ergänzende, vielleicht auch kritische Überlegungen angeschlossen werden. Sie mögen die Antworten der fiktiv Befragten, z. B. "des Experimental-Psychologen", des "Ministerialdirigenten" und des "Wissenschaftlers, der schon einmal eine ähnliche Studie durchgeführt hat" um ein paar Inhalte ergänzen. Es werden Bemerkungen sein, die aus der subjektiven Sicht des Kommentators gemacht werden, der dies auch bewußt nicht verbergen will.

Allem vorangestellt werden muß zunächst die Feststellung, daß es sich bei der SCHOLASTIK-Studie um eine außerordentlich wertvolle und zumindest im deutschen Sprachraum einmalige Längsschnittstudie handelt. Sie verknüpft in ihrer Fragestellung die individuelle Entwicklung von Fähigkeiten und Kompetenzen mit vielfältigen Aspekten des schulischen Unterrichts in der Grundschule, und gerade durch ihre partielle Verzahnung mit der vorangegangenen LOGIK-Studie (Weinert & Schneider, in Druck) betont sie auch besonders die frühe Genese der individuellen Differenzen. Dadurch daß sie sehr sorgfältig geplant, mit großer Umsicht angelegt und durchgeführt wurde, unter Einbeziehung einer Vielzahl von Variablen und ausgewählten Instrumenten, hat sie eine so große Fülle von Ergebnissen geliefert, daß Forschung und Praxis noch lange Erkenntnisse und Anregungen daraus gewinnen können und hoffentlich - indem sie daran weiterarbeiten - auch werden. Der wissenschaftliche Ertrag ist mit Sicherheit sehr hoch und wahrscheinlich - da noch nicht alle Informationen verarbeitet worden sind - noch gar nicht abzuschätzen, insbesondere, wenn man diese Ergebnisse mit denen der LOGIK-Studie, die hier nicht Gegenstand der Darstellung ist, systematisch verknüpft.

Besonders hervorzuheben ist die sorgfältige Stichproben-Bildung von Klassen, Kindern und Lehrern in dem Design, das einen Teil der LOGIK-Probanden einschließt, und daß es gelungen ist, die bei Längsschnittstudien unvermeidliche Schwundquote der Probanden sehr klein zu halten. Ein gewisser Ausfall ist bei Längsschnittstudien durch äußere Umstände, z. B. Wegzug oder Krankheit unvermeidlich. Vor allem, wenn sich eine Studie wie diese über viele Jahre erstreckt. Nicht selten ist bei Längsschnittstudien der Schwund so groß, daß ernsthafte Zweifel an der Generalisierbarkeit der Ergebnisse entstehen und nicht mehr auszuschließen ist, daß systematische Faktoren den Schwund beeinflußt haben. Daß dies hier vermieden werden konnte, beruht auf der sorgfältigen Planung und einer hervorragenden und intensiven "Pflege" der Stichprobe.

Es ist vor allem das Verdienst von Franz E. Weinert, die LOGIK- und die SCHOLASTIK-Studie mit ihren Fragestellungen und dem raffinierten Design konzipiert und initiiert zu haben und dann über all die Jahre hinweg mit großer Umsicht und Tatkraft und immer auf dem neuesten Stand zum Erfolg geführt zu haben. Daß es ohne die Ressourcen eines MPI wohl kaum möglich ist, eine so aufwendige Längsschnittstudie überhaupt in Gang zu setzen und dann über viele Jahre hinweg erfolgreich durchzuführen, schwächt die Anerkennung dieser Leistung in keiner Weise; man kann Chancen bekanntlich auch ungenutzt lassen oder Ressourcen unzweckmäßig einsetzen.

Unsere bisherige Entwicklungs- und pädagogische Psychologie steht genau genommen auf schwachen Füßen. Ihre Ergebnisse stützen sich noch immer zum großen Teil auf Daten von Kindern verschiedenen Alters (oder Entwicklungsgrades/Schulalters), die aber nicht von denselben Kindern stammen und daher nichts über den individuellen Entwicklungsverlauf aussagen können, oder es wurden kurzatmige Vergleiche angestellt, die nur Tages-, Wochen- oder allenfalls Monatsintervalle umfassen und daher auch nur kurzsichtige Ergebnisse liefern können. Schon allein deswegen ist die SCHOLASTIK-Studie gerade auch wegen ihrer Verzahnung mit der LOGIK-Studie von außerordentlicher Bedeutung.

Die Fragestellung der SCHOLASTIK-Untersuchung konzentriert sich auf die bis zum 10. oder 12. Lebensjahr, also bis in die Anfänge der Sekundarstufe stattfindende Entwicklung von Fähigkeiten und Kompetenzen, wie sie für die schulische Laufbahn relevant sind und für deren Förderung die Schule da ist. Diese Entwicklung ist, wie Weinert und Helmke erläutern, im Kontext sozialisationstheoretischer Fragestellungen und theoretischer Grundannahmen zu sehen. Im Grunde handelt es sich damit um das Studium eines Abschnittes der Entwicklung der ganzen Persönlichkeit und nicht nur einzelner Funktionen. Dies ist nun allerdings ein höchst verwickelter und komplexer Prozeß, der sehr viele Aspekte, Variablen und vor allem Wechselwirkungen umfaßt. Es ist daher weise, sich einem so komplexen Gegenstand, trotz aller Interdependenzen, aus einer bestimmten Perspektive zu nähern und sich auf einen bestimmten Ausschnitt, wie hier auf die kognitive Seite der Entwicklung, zu beschränken.

Im Grunde stößt man dabei immer, vor allem je mehr man an die Anfänge der Ontogenese zurückgeht - egal von welcher Seite aus man kommt - auf die Kardinalfrage nach der Verknüpfung von erbgenetischen Entwicklungsvoraussetzungen und Determinanten (und der eventuell erst allmählich einsetzenden Entfaltung ihrer Wirkung) mit den vielfältigen Einflüssen der Erfahrung und ihrer Verarbeitung. Freilich war dieser Prozeß nicht selbst Gegenstand der Untersuchung und hätte es, da sich das Interesse auf die Schule richtete, auch gar nicht sein können. Die Autoren taten somit sicher recht daran, an ihre spezielle Fragestellung heranzugehen, ohne sich zuvor auf dieses schwierige Problem einzulassen oder sich ihren Blick von vornherein durch bestimmte theoretische Vorannahmen einengen zu lassen. In diesem Sinne sprechen die empirische Befunde nun erst einmal für sich.

Ein erstes in diesem Zusammenhang interessantes Ergebnis ist, daß und in welchem Maße sich verschiedene Arten kognitiver Kompetenzen darin unterscheiden, ob sie durch gezielte Lernanregung (wie etwa im Schulunterricht) in ihrer Entwicklung beeinflußt werden können: Die allgemeine und das heißt stark generalisierte (oder generalisierbare) Denkfähigkeit (Entwicklung von Abstraktionsfähigkeit, Begriffsbildung, Problemlösestrategien und dergl.) ist dies offenbar im Unterschied zum Rechtschreiben kaum. Dabei bleibt freilich der Grad der Lernanregung im dunkeln, den die natürliche Alltagsumwelt - und dies vermutlich überall und auch weitgehend schicht-, ja kulturunabhängig - auch für die Entwicklung dieser allgemeinen Kompetenzen enthalten muß und offensichtlich auch enthält.

Der wohl bedeutsamste Befund der LOGIK-Studie ist, daß schon im Kindergarten deutliche individuelle Unterschiede in zum Teil recht simplen, aber wohl basalen Kompetenzen gefunden werden, die ein späteres Leistungsniveau bis zur 6. Klasse (12 bis 13 Jahre) vorherzusagen erlauben.

Diese frühe und sich im Laufe der Entwicklung verstärkende Stabilität der Merkmalsvarianz ist einerseits für die theoretische Aufklärung des Entwicklungsprozesses und der ihn bestimmenden Faktoren im Sinne der eingangs angeschnittenen Kardinalfrage sehr interessant. Die Befunde liefern eine Reihe von Anhaltspunkten, um gut begründete Hypothesen zur Differenzierung zwischen denjenigen Merkmalsbereichen, die stark genetisch verankert sind, und solchen (meist spezifischen), die mehr anregungs-, schulungs- und motivationsabhängig sind, zu formulieren. Dies allein ist schon ein wertvoller Beitrag zur allgemeinen Entwicklungspsychologie.

Zum anderen ist das bloße Faktum der Stabilität natürlich für die Schule von hoher Bedeutung, wobei für die Schule die Frage erst in zweiter Linie relevant ist, ob die Stabilität mehr auf der gleichsinnigen Wirkung genetischer, schulischer, familiärer und sonstiger Lernbedingungen oder primär auf genetischen Faktoren beruht. Da die kumulativen Sozialisationseffekte nur sehr schwer zu ändern sind und natürlich auch nur im Falle negativer, d. h. leistungs- und lernfortschrittbeeinträchtigender Wirkung geändert werden sollten, muß die Schule sich auf diese Stabilitäten erst einmal einstellen und angemessen mit ihnen umgehen.

Daneben muß aber auch der Hinweis von Weinert und Helmke noch einmal hervorgehoben werden, daß die Stabilitäten zwar hoch sind und mit zunehmendem Alter (bis zu etwa .70 bei einem 2-Jahres-Intervall) steigen, aber doch nicht nahe 1.0 sind; und das heißt, daß damit im Einzelfall immer noch mit einem Veränderungsspielraum zu rechnen ist - zumindest solange man nichts Genaues hierzu weiß. Jedenfalls bieten sich hier Ansatzpunkte für didaktische und schulorganisatorische Maßnahmen.

Als weiterer Befund verdient die Entwicklung der "Lernfreude" Beachtung. Bemerkenswert ist sowohl ihr deutlicher Anstieg vom Kindergarten zur ersten Grundschulklasse, wie der ebenso deutliche Abfall von der ersten zur zweiten Klasse. Sieht es nicht so aus, als ob die Kinder, deren zunehmendes Explorationsmotiv schon vom Kleinkindalter her bekannt ist, wißbegierig und mit Lerneifer zur Schule kommen, um dann vom Unterricht (Stil und/oder Inhalt) enttäuscht zu werden? Natürlich ist dies lediglich eine Hypothese, aber angesichts des zunehmenden und vielfältiger werdenden Anregungsgehalts der alltäglichen Lernumwelt bei seit langem weitgehend gleichgebliebenen Unterrichtsformen und -inhalten, scheint sie mir nicht unbegründet zu sein. Freilich sollten daraus keineswegs gleich bestimmte Forderungen für die Unterrichtsgestaltung abgeleitet werden, jedenfalls nicht, daß der Unterricht deshalb immer "spielerischer" werden müsse. Ob - nebenbei bemerkt - die berichteten Geschlechtsunterschiede (bei Mädchen größere Präferenz für Deutsch, bei den Jungen dagegen für Mathematik) wirklich als "Ausdruck einer frühen Stereotypenbildung" angesehen werden müssen, also nur als etwas quasi kulturell willkürlich Übergestülptes oder ob nicht doch auch andere (horribile dictu: genetisch verankerte) Interessenunterschiede, die es ja auch in anderen Bereichen gibt, eine Rolle spielen, sollte vorerst dahingestellt bleiben.

Als letzter beachtenswerter Befund soll hervorgehoben werden, was sich als Merkmale besonders erfolgreichen Unterrichts herausgestellt hat: Nicht das soziale Klima in der Klasse macht den erfolgreichen Unterricht aus, sondern am ehesten die Klarheit der Instruktion und die geordnete Klassenführung. Dieses u. E. wichtige Ergebnis widerspricht einer lange Jahre vorherrschenden Meinung, daß es in erster Linie auf eine freundliche und verständnisvolle "repressionsfreie" Atmosphäre in der Klasse ankäme. Generationen von Lehrern ist diese Auffassung vermittelt worden und hat nicht selten Lehrer und Klassen gemeinsam verunsichert, ja in Konflikte gestürzt.

Interessanter als dieser Punkt ist jedoch die Feststellung, daß es wohl überhaupt nicht "den guten" Unterricht gibt, sondern daß es recht verschiedene Formen sind, die erfolgreich sein können und daß es dabei einmal auf die Passung von Lehrer und Klasse (Schüler) ankommt, zum anderen sowohl Lehrer wie Schüler mannigfache Kompensationsmöglichkeiten haben. Freilich wird man auch hier nicht in den Fehler verfallen dürfen, gleich jede beliebige Unterrichtsform für geeignet zu halten. Es wird vermutlich für jede Unterrichtsvariable einen Schwellenwert geben, der nicht ohne Schaden unterschritten werden kann, und besonders positive Effekte wie Kompensationsmöglichkeiten gewinnen erst oberhalb davon an Bedeutung. Dieses Prinzip dürfte übrigens mutatis mutandis auch für den Anregungsgehalt von Lernumwelten gelten, der für die Entwicklung von Kompetenzen auf der Basis genetisch verankerter Entwicklungspotentiale erforderlich ist.

Kommen wir nun zu einigen offenen Fragen und ergänzenden Bemerkungen. Wie andere Autoren von Längsschnittstudien (z. B. Gottfried, Gottfried, Bathurst & Guerin, 1994) haben sich auch Weinert und Helmke in ihrem Schlußkapitel deutlich zurückgehalten mit Versuchen, die Teilergebnisse in übergeordneten und integrativen theoretischen Zusammenhängen zu interpretieren. Natürlich gibt es eine Reihe von theoretischen Ansätzen, die dafür hätten herangezogen und unter Umständen gegeneinander hätten abgewogen werden können. Gewiß steht es dem primär empirisch orientierten Forscher gut an, mit der Entfaltung von weitreichenden theoretischen Systemen vorsichtig zu sein. Man ist damit immer auf der sicheren Seite, da in der Tat stets die Gefahr besteht, unbemerkt in Spekulationen zu geraten. Das gilt besonders dann, wenn man - wie in diesem Fall - trotz der Fülle von empirischen Daten doch die solide Basis für umfassendere theoretische Gebäude als noch recht schmal und unsicher ansieht. Aber darüber kann man verschiedener Meinung sein.

Auf die Gefahr hin, daß diesem Kommentar gerade im Gegensatz dazu Mangel an Zurückhaltung vorgehalten wird, soll versucht werden, an einigen Stellen zumindest weiterführende Hypothesen und Fragen anzudeuten, auch was mögliche Konsequenzen für die Schule betreffen könnte.

Um gleich an den zuletzt genannten Punkt anzuknüpfen: Könnte man nicht versuchen, über die Feststellung hinauszugehen, daß "erfolgreicher Unterricht auf sehr verschiedene, aber nicht beliebige Weise realisiert werden kann" und daß hierfür "das Konzept des individuellen Lehrstils" in Betracht zu ziehen ist (Weinert & Helmke, i. d. Bd.)? Gemeint ist nicht der offensichtlich erfolglose Versuch, doch wieder zu allgemeinen Typen oder zur Annahme unmittelbarer (sozusagen linearer) Wirkung molekularer Unterrichtsmerkmale zu kommen. Die Frage ist eher, ob man nicht über eine Analyse der Lehrer-Schüler-Interaktion zu etwas genaueren Aussagen kommen könnte. Soweit erkennbar, beziehen sich die berichteten Ergebnisse immer auf Klassen. Aber alle Klassen haben eine erhebliche Varianz in einer Reihe von Merkmalen. Sicherlich profitieren die Schüler dementsprechend auch in unterschiedlichem Maße vom Unterricht, wie immer er auch gestaltet ist. Nun ist die Analyse über Klassen als Analyseeinheiten insofern völlig berechtigt, als Lehrer stets Klassen vor sich haben (müssen). Aber würde man nicht doch mit einer detaillierteren Interaktions-Analyse etwas gewinnen im Hinblick auf das Erkennen optimaler Lehrer-Schüler-Passung? Wird nicht ein intelligenter, aber am Fach uninteressierter Schüler auf ein bestimmtes Lehrerverhalten anders reagieren als ein entmutigter oder nur mittelmäßig intelligenter, aber motivierter Schüler? Auch ein Lehrer wird - obgleich nur innerhalb der ihm persönlich möglichen Spielbreite von Verhaltensweisen - sich bei den verschiedenen Schülern unterschiedlich verhalten: es werden sich also verschiedene Wechselwirkungszirkel herausbilden. Ob man nicht doch versuchen kann, verschiedene Arten solcher Wechslewirkungszirkel mit den sie konstituierenden Lehrer- und Schülermerkmalen herauszuarbeiten?

Sicher stehen der empirischen Untersuchung solcher Fragen erhebliche methodische Probleme entgegen, besonders wenn auch noch flexible Kompensationsmöglichkeiten beim Lehrer (und natürlich auch beim Schüler) berücksichtigt werden sollen. Auf jeden Fall müßte man aufwendige Detailanalysen zunächst auf einzelne Schüler oder Lehrer-Schüler-Kombinationen bezogen durchführen. Aber vielleicht erlaubt ja das vorliegende Material bereits einen ersten Versuch, der schon etwas mehr Aufklärung über derartige Wechselwirkungen bringen könnte. Vermutlich haben Weinert und Helmke im übrigen recht mit ihrer Vermutung, daß die herkömmlichen Populationsdefinitionen unzulänglich sind und Personengruppen (Lehrer wie Schüler bzw. Lehrer-Schüler-Kombinationen), auf die bestimmte Aussagen zutreffen, nach ganz anderen Merkmalen definiert werden müssen. Aber auch dies müßte eigentlich bei einer differenzierteren Analyse des SCHOLASTIK-Materials mindestens in Ansätzen erkennbar werden. Daß dabei auch genetische Bedingungen berücksichtigt werden sollten, die nicht nur die Lernfähigkeit generell beeinflussen, sondern dies bei verschiedenen Unterrichtsmethoden offenbar in unterschiedlicher Weise tun (vgl. Ando 1992; 1995), sei nur am Rande und mit Hinweis auf die zur Zeit laufende GOLD-Studie[27] erwähnt. Am Ende wären vielleicht doch didaktische Hinweise oder solche im Hinblick auf eine Differenzierung von Schülern (und warum nicht auch von Lehrern?) denkbar.

Ein zweiter Punkt betrifft die schon erwähnte "Lernfreude" oder allgemeiner, die in der SCHOLASTIK-Studie erfaßten emotional-motivationalen Bedingungsfaktoren der Entwicklung von Kompetenzen der verschiedensten Art und der Schulleistung. Hier liegt u. E. ein Bereich vor, der bisher sowohl in der Forschung (nicht nur in den LOGIK- und SCHOLASTIK-Studien) als auch in der Diskussion um die Schul- und Unterrichtsgestaltung sehr vernachlässigt wurde. Die frühere Akzentuierung von Motivationsvariablen durch die Leistungsmotivationsforschung war zwar ein wichtiger und erfolgreicher erster Ansatz dazu. Aber mit dem Leistungsmotiv ist natürlich nur ein sehr schmaler Ausschnitt aus den für Lernen überhaupt und speziell für schulisches Lernen relevanten vielfältigen motivationalen Bedingungen erfaßt. Dieser Sachverhalt und zugleich die enorm ausdifferenzierte und dadurch unübersichtlich gewordene Befundlage (s. dazu Heckhausen, 1989) haben dazu beigetragen, daß die Leistungsmotivationsforschung auf Dauer als nicht ergiebig genug erschien und die Motivationsforschung überhaupt an Bedeutung verloren hat. In jüngster Zeit nimmt aber das Interesse an motivationalen Prozessen und ihrer Wechselwirkung mit kognitiven Faktoren wieder deutlich

---

[27] GOLD: <u>G</u>enetisch <u>o</u>rientierte <u>L</u>ebensspannenstudie zur <u>d</u>ifferentiellen Entwicklung (Weinert, Geppert, Dörfert & Viek, 1994).

zu, wenn auch nur zögernd in bezug auf schulrelevante Fragen, sondern zunächst in der allgemeinen und der neuropsychologisch-klinischen Psychologie. Dabei wird die wichtige Funktion von motivationalen Faktoren für Aufmerksamkeit, Zielverfolgung, Selbstkontrolle, aber auch für basale kognitive Prozesse immer deutlicher. Es kann kein Zweifel bestehen, daß es in motivationalen Faktoren (Motivsystemen) auch überdauernde individuelle Differenzen gibt und daß diese auch für alle denkbaren schulischen Lernprozesse von grundlegender Bedeutung sind.

Motive sind stets zielgerichtete Tendenzen und inhalts-(gegenstandsbereichs-)bezogen. Für alle schulischen Lernvorgänge und für die Möglichkeiten des Lehrers, sie anzuregen, wird es also darauf ankommen, welche Motive der Schüler hat und welche in der Schule (mit positiven oder negativen Lerneffekten) angeregt werden. Dabei wird man die Schülerpersönlichkeit als ganzes und mit ihrer Einbettung in ihren sozialen Kontext in Betracht ziehen müssen. D. h. es ist zu fragen, was ein Fach, was Erfolg und Mißerfolg in einem Fach oder in der Schule generell, was ein Lehrer, was das soziale Klassengefüge, ja die Schule im ganzen für die Lebenswelt des Schülers und seine Zukunftsvorstellungen bedeuten. Aufmerksamkeitszuwendung, kognitive Verarbeitung, Behalten und Bereitschaft zur "Anwendung" von Gelerntem werden entscheidend davon abhängen, ob ein Sachverhalt als solcher interessiert oder ob es nur die Zuwendung des Lehrers oder schlicht die Note ist, die den Schüler motiviert, - oder ob die Schule vielleicht im Vergleich zu anderen Valenzen überhaupt irrelevant ist. Natürlich gibt es auch hier alle möglichen Nebeneffekte und Kompensationsmöglichkeiten (siehe den fiktiven Schüler mit seinem Motivziel "in der Schule gut überleben" (Weinert & Helmke, i. d. Bd.). Dies sind zwar in dieser Form fast triviale und vorwissenschaftlich klingende Selbstverständlichkeiten. Die zugrundeliegenden Sachverhalte bedürfen aber einer eingehenden wissenschaftlichen Analyse, wenn Prozesse und Effekte des Unterrichts und vor allem die individuellen Differenzen darin aufgeklärt werden sollen.

In dieser Hinsicht hat die SCHOLASTIK-Studie noch nicht viele Aufschlüsse erbringen können. "Lernfreude", so wie sie gemessen wurde, ist dafür eine erste, aber noch nicht hinreichend differenzierte Annäherung. Es wäre interessant, den qualitativen Merkmalen (worin besteht die Lernfreude, d. h. auf welche Ziele ist sie gerichtet) und den Gründen für ihre Veränderung nachzugehen, und dies im Kontext mit den bei Kindern insgesamt, d. h. gerade auch in der außerschulischen Lebenswelt vorherrschenden Handlungs- und Lernzielen zu analysieren: Haben die Veränderungen vielleicht etwas zu tun mit dem Verhältnis von dem, was einerseits die Schule an Anregungen und Anreizen bietet und andererseits dem, wofür die Kinder Interesse haben, was ihnen für ihr Leben wichtig erscheint? Ganz sicher gibt es solche Diskrepanzen, so daß die nächste Frage lautet: Wie soll man mit ihnen umgehen? Soll man sie auf jeden Fall verringern - muß also die moderne Schule mit immer neuen Attraktionen Lernen so spielerisch leicht machen, daß keine Lernanstrengung erforderlich ist? Oder wäre eine solche Diskrepanz auf Dauer vielleicht sogar etwas Positives? Müssen nicht vielleicht Kinder auch lernen, derartige Diskrepanzen und Anstrengungen im Leben zu bewältigen - und wie könnte die Schule die Bewältigung dieser Lernaufgabe fördern?

Beim "Selbstkonzept", dem anderen unter motivationalen Aspekten genannten Indikator, ist ohnehin der motivationale Bezug unklar. Zunächst wird damit wohl ausgedrückt, was der Schüler über seine Leistung im Vergleich zur Klasse oder zu einer Norm weiß, was ihm über seine Stellung in einem Bezugssystem vermittelt worden ist; und dafür gibt es genug objektiv erkennbare Indikatoren (Noten, Lehrerreaktionen, die Vergleiche mit anderen Schülern und die zur Erzielung einer Leistung erforderliche

Anstrengung usw.). Insofern dürfte dies doch eher eine kognitive als eine motivationale Variable sein - es sei denn in den Fällen, in denen deutliche Diskrepanzen zwischen der tatsächlichen Lage und ihrer subjektiven Einschätzung vorliegen.

In eine ganz andere Richtung zielt die schon eingangs angedeutete Frage nach den grundlegenden Prozessen, die in der Wechselwirkung zwischen den genetischen Fähigkeitsdeterminanten, den Erfahrungsmöglichkeiten, den Lernanreizen und ihrer Verarbeitung ablaufen. Es geht dabei um die genauere Aufklärung dessen, was die bemerkenswerte Merkmalsstabilität ausmacht. Daß sowohl genetische Faktoren wie Erfahrungen und ihre Verarbeitung eine Rolle spielen, ist inzwischen Allgemeingut. Ebenso ist die Unterscheidung akzeptiert zwischen primären, weitgehend biologisch fundierten allgemeinen Fähigkeiten (z. B. sensumotorischer, sprachlicher, numerischer Art usw.), die kaum mehr Lernanregungen zu ihrer Entwicklung bedürfen als sie in der normalen physikalischen und sozialen Umwelt ohnehin gegeben sind, und denen, die stärker des intendierten Lernens, der Lernanregung und -gelegenheit dazu bedürfen.

Aber diese Unterscheidung ist genau besehen doch nur eine recht grobe und abstrakte Klassifikation. Was fehlt, sind genauere Kenntnisse des Ineinandergreifens der genetisch bedingten Determinanten, der Art der Erfahrungsmöglichkeiten, der auf bestimmte Erfahrungen gerichteten Aufmerksamkeit und der nachfolgenden Verarbeitungsprozesse sowie schließlich der aktiven selektiven Hinwendung zu oder Herstellung von bestimmten Lernmöglichkeiten; und letztlich auch noch der Funktion, die der Wissens- und Fähigkeitsakkumulation im ständigen Wechselwirkungsprozeß zukommt. Daß auch hier von früh auf motivationale Prozesse eine entscheidende Rolle spielen, ist ebenfalls klar. Es geht also um die von Weinert und Helmke selbst schon dem fiktiven Experimental-Psychologen in den Mund gelegte Forderung nach mikrogenetischen Studien. Sie müssen natürlich weit mehr sein als detaillierte Interaktionsanalysen in der Klasse (Petrick-Steward, 1995); sie müssen viel früher ansetzen und von sehr differenzierten Vorstellungen über mögliche "Mikro"-Wechselwirkungsprozesse ausgehen. Ohne sie wird auch die Frage offen bleiben, welchen Anteil verstärkende konkordante schulische und familiäre Anregungen und deren motivationale Anreize und Belohnungsfunktionen an der zunehmenden Stabilität von Merkmalsdifferenzen haben. Die Frage läßt sich ebensogut umkehren, indem in einer genaueren Analyse jener Fälle, bei denen Abweichungen vom allgemeinen Stabilisierungstrend auftreten, nach den dafür relevanten Ereignissen, Faktoren und Wechselwirkungsprozessen gefragt wird.

Als letztes soll der Blick auf schulische Aspekte der Stabilität gerichtet werden. Auch wenn in der Grundschule kein Schereneffekt zwischen den intelligenteren und den weniger intelligenten bzw. leistungsschwachen Schülern beobachtet wurde, muß trotzdem angenommen werden, daß die intelligenteren (auf die wir uns hier der Einfachheit halber beschränken) schneller, mehr und besser lernen als die anderen. Und das müßte doch einen kumulativen Effekt haben und daher eigentlich zu einem Schereneffekt führen. Somit ist die Frage aufgeworfen, warum ein solcher Schereneffekt nicht aufgetreten ist. U. E. sollte hier nicht von einem "Vorurteil" gesprochen werden, denn es handelt sich doch um eine durchaus begründete Hypothese. Weinert und Helmke äußern selbst zwei konkurrierende Erklärungshypothesen zu ihren überraschenden Befunden. Es sollte vielleicht in Betracht gezogen werden, daß nicht immer ein quantitativer Leistungszuwachs beobachtet werden muß, sondern daß etwas, was man als eine zunehmende "Güte des Wissens" bezeichnen könnte, eintreten kann. Damit ist gemeint, daß intelligentere Schüler mit einer größeren Auffassungs-, Verarbeitungs- und Lerngeschwindigkeit diese auch für eine breitere "horizontale Vernetzung von Informationen", d. h.

zu einer differenzierteren, präziseren und komplexeren Form des Wissens verarbeiten können, die sich nicht unbedingt in einem quantitativen Leistungszuwachs äußern muß. Welches dann die "pädagogische Botschaft" (Weinert & Helmke, i. d. Bd.) sein mag, die allein schon das Phänomen des fehlenden Schereneffekts darstellt, bleibt, solange es nicht aufgeklärt ist, wohl dunkel.

Naheliegend ist u. E. die Frage, ob nicht angesichts der früh auftretenden langfristigen und sich verstärkenden Stabilität der Merkmals- und Fähigkeitsdifferenzen eine schulische Differenzierung im Lernangebot und -anreiz angebracht wäre. Insbesondere die Daten von Roeder (i. d. Bd.) sprechen dafür, daß dies möglich wäre, wenn auch nicht mit absoluter Sicherheit. Es bedürfte einer sorgfältigen Prüfung der Möglichkeiten und der jeweiligen Konsequenzen einer solchen Differenzierung. Eigentlich wäre von einem möglichst gut auf den jeweiligen kognitiven Entwicklungs- und Wissensstand und die Lerninteressen abgestimmten Lernangebot ein optimaler Lernfortschritt und zugleich ein positiv motivierender Effekt zu erwarten. Wahrscheinlich wird aber dieser Zustand in der normalen Schule nur höchst selten erreicht. Und gerade bei weniger intelligenten Kindern ist zu befürchten, daß durch die auf den Durchschnitt ausgerichteten Lernanforderungen Kenntnis- und Verständnislücken auftreten, die durch ihren negativ kumulativen Effekt zunehmend ins Gewicht fallen und die zusätzliche Aversionen oder Ängste auslösen.

Es wären demnach genauere Studien nötig, die viel detaillierter die jeweiligen Lernkapazitäten und -interessen erfassen und ein dafür angemessenes Lernangebot (und zwar sowohl in inhaltlicher wie in unterrichtsmethodischer Hinsicht) entwickeln. Die dann auftretende Frage nach entsprechenden schulorganisatorischen Maßnahmen sollte erst in zweiter Linie aufgegriffen werden, zumal dafür wahrscheinlich recht verschiedene Lösungsmöglichkeiten in Betracht kommen und die Diskussion ohne eindeutige Grundlagenkenntnisse doch nur im Ideologiestreit endet.

Ein anderer Aspekt betrifft soziale und Selbstwertkonsequenzen einer solchen Differenzierung. Auf sie soll hier nur insoweit eingegangen werden, als betont wird, daß dies u. E. Probleme betrifft, die von der Aufgabe einer optimalen kognitiven Förderung recht verschieden sind, und daß nicht alle Probleme mit einer Maßnahme gelöst werden können. Unterschiedliche Ziele erfordern auch unterschiedliche Mittel und es hat keinen Zweck, die Augen vor eventuellen Zielkonflikten zu verschließen. Für die Selbstwertkonsequenzen stellt sich aus entwicklungspsychologischer Sicht die Frage, wie lange eine optimistische Selbstüberschätzung aufrecht erhalten bleiben soll, wann eine Reduktion auf eine realistische Einschätzung möglich ist, ohne zu entmutigen, und wann sie nötig ist, um fehlangepaßte Selbstüberschätzungen mit den negativen Konsequenzen der Überkompensation oder Wirklichkeitsverzerrung zu vermeiden.

Zum Schluß sei betont, daß die hier angeschnittenen offenen Fragen und ins Auge gefaßten weiterführenden Untersuchungen in keiner Weise die Leistung und den kaum zu überschätzenden Ertrag der SCHOLASTIK-Studie in Frage stellen sollen. Sie sind im Gegenteil als Anregung für weiterführende Untersuchungen gemeint. Diese könnten entweder in einer erneuten Analyse des vorliegenden Materials bestehen, durch die bisher nicht bearbeitete Fragestellungen verfolgt werden; sie könnten in ganz unabhängigen neuen Untersuchungen bestehen oder sie könnten vielleicht auch in einer weiterreichenden Anschlußuntersuchung an denselben Kindern, die vielleicht noch erreichbar sind, bestehen. Es wäre zu wünschen, daß die eine oder andere dieser Anregungen aufgegriffen wird und sich damit erneut die außergewöhnliche Fruchtbarkeit der SCHOLASTIK-Studie zeigen kann.

Anhang

Kurzbeschreibung der Instrumente

Kurzbeschreibung der Instrumente

ÜBERSICHT

1. Individualebene (Daten von und zu Schülern)
- 1.1 Schülerfragebogen *(A. Helmke)*
- 1.2 Schulleistungstests
  - 1.2.1 Mathematik *(E. Stern)*
  - 1.2.2 Leseverständnis *(J. C. Näslund)*
  - 1.2.3 Rechtschreiben *(W. Schneider)*
  - 1.2.4 Sachkunde *(M. Bullock & A. Ziegler)*
- 1.3 Intelligenztest und Aufmerksamkeitsbelastungstest *(A. Helmke)*
- 1.4 Aufmerksamkeitsinventar *(A. Helmke & A. Renkl)*

2. Klassenebene (Daten zur Situation der Klasse und des Unterrichts)
- 2.1 Unterrrichtsbeurteilungen durch externe Beobachter *(A. Helmke & F.-W. Schrader)*
- 2.2 Lehrerfragebogen *(A. Helmke & F.-W. Schrader)*
- 2.3 Aggregierte Schülerangaben *(A. Helmke & F.-W. Schrader)*
- 2.4 Aufmerksamkeitsinventar zur Erfassung der Klassensituation *(A. Helmke, A. Renkl & F.-W. Schrader)*

1. Individualebene (Daten von und zu Schülern)

1.1 Schülerfragebögen[28]
Andreas Helmke

Fähigkeitsselbstkonzepte
Hier geht es um Selbsteinschätzungen der eigenen Kompetenz, gemessen am sozialen Vergleichsmaßstab der gesamten Klasse (Autor: Helmke). Die Vorgabe eines expliziten sozialen Vergleichsmaßstabes wurde gewählt, um Konfundierungen interindividuell verschiedener Vergleichsmaßstäbe (z. B. intraindividuell, norm- oder kriterienbezogen, ipsativ oder sozial) so gering wie möglich zu halten (zur Rolle von Bezugsgruppen vgl.

---

[28] Bei allen Berechnungen für die deskriptiven Maße der Skalen wurde - jeweils separat für jede Skala - immer diejenige Stichprobe zugrundegelegt, die bei sämtlichen Erhebungen im Längsschnitt vollständige Angaben bei sämtlichen Items der Skala aufweist.

Wagner, 1996). Den Gegenstand bilden spezielle Teilaspekte und -bereiche in verschiedenen Schulfächern, darunter auch Mathematik und Deutsch. Für Details der Konstruktionslogik und des theoretischen Hintergrundes vgl. Helmke (1992).
Beispielitems:
Wie gut bist Du, verglichen mit den anderen in der Klasse ....
- beim Kopfrechnen; bei Textaufgaben (Mathematik)
- bei Nachschriften; bei Aufsätzen

Antwortkategorien:
   der beste / bei den besten / mittelgut / bei den schlechteren / der schlechteste

Fähigkeitsselbstkonzept in Mathematik

Erhebung	Items	M	SD	Min	Max	α	Name
2. Kl. I	4	0.95	0.79	-2	+2	.80	skmat51
2. Kl. II	4	0.86	0.82	-2	+2	.79	skmat52
3. Kl. I	4	0.64	0.69	-2	+2	.84	skmat63
3. Kl. II	4	0.43	0.67	-2	+2	.84	skmat68
4. Kl.	5	0.39	0.68	-2	+2	.88	skmat75

Fähigkeitsselbstkonzept in Deutsch

Erhebung	Items	M	SD	Min	Max	α	Name
2. Kl. I	2	1.08	0.76	-2	+2	.40	skdeu51
2. Kl. II	2	1.07	0.79	-2	+2	.46	skdeu52
3. Kl. I	4	0.62	0.62	-2	+2	.74	skdeu63
3. Kl. II	4	0.45	0.60	-2	+2	.72	skdeu68
4. Kl.	5	0.31	0.59	-2	+2	.78	skdeu75

Anmerkung: I = 1. Meßzeitpunkt; II = 2. Meßzeitpunkt.

Lernfreude
Hier wurde nach der Beliebtheit verschiedener Teilgebiete und Aktivitäten und Schulfächer, unter anderen bezogen auf Mathematik und Deutsch, gefragt (Autor: Helmke). Die einzelnen fachspezifischen Urteilsgegenstände wurden weitgehend parallel zu den Skalen des Fähigkeitsselbstbildes gehalten. Einzelheiten zum theoretischen Hintergrund dieser Skala auf dem Hintergrund ähnlicher Konstrukte (wie affektive Einstellung zum Fach, Schulinvolvement etc.) werden bei Helmke (1993) berichtet.
Beispielitems:
Wie gerne .....
- magst Du Einmaleins-Aufgaben? magst Du Kopfrechnen (Mathematik)
- magst Du Lesen? magst Du Diktate? (Deutsch)

Antwortkategorien: (wurden mit verschieden abgestuften graphischen "happy / sad faces" kombiniert)
   sehr gern / ziemlich gern / einigermaßen / nicht so gern / gar nicht gern

Lernfreude in Mathematik

Erhebung	Items	M	SD	Min	Max	α	Name
2. Kl. I	4	2.76	1.01	0	4	.72	valmat51
2. Kl. II	4	2.62	1.10	0	4	.77	valmat52
3. Kl. I	4	2.53	1.03	0	4	.83	valmat64
3. Kl. II	4	2.28	1.06	0	4	.83	valmat68
4. Kl.	5	2.24	1.03	0	4	.85	valmat75

Lernfreude in Deutsch

Erhebung	Items	M	SD	Min	Max	α	Name
2. Kl. I	2	3.21	0.78	0	4	.48	valdeu51
2. Kl. II	3	3.17	0.86	0	4	.48	valdeu52
3. Kl. I	4	2.90	0.89	0	4	.71	valdeu64
3. Kl. II	4	2.63	0.86	0	4	.69	valdeu68
4. Kl.	5	2.56	0.92	0	4	.74	valdeu75

Leistungsängstlichkeit

Gefragt wurde nach der Häufigkeit verschiedener Typen von aufgabenirrelevanten Kognitionen in schriftlichen wie mündlichen Leistungssituationen, die Besorgnis (im Sinne der Worry-Komponente der Leistungsangst) und Aufgeregtheit (Emotionalitätskomponente - Wahrnehmung der eigenen Erregung und Körperfunktionen) widerspiegeln (Autor: Helmke). Daneben wird in Einzelitems auch nach der Ausprägung der Leistungsangst in einzelnen Fächern gefragt. Der theoretische Hintergrund wird ausführlich bei Helmke (1983a) dargestellt.

Beispielitems:
Wie häufig kommt es bei Dir vor, ...
- daß Du bei Proben zu schwitzen anfängst
- daß Du bei Proben an andere Dinge denkst, die mit den Aufgaben gar nichts zu tun haben
- daß Du während der Probe daran denkst, wie gut wohl die anderen in der Klasse sein werden

Antwortkategorien:
sehr oft / oft / manchmal / selten / nie

Erhebung	Items	M	SD	Min	Max	α	Name
2. Kl.	18	1.90	0.86	0	1	.77	la52
3. Kl. I	13	1.32	0.73	0	1	.85	la64
3. Kl. II	11	1.14	0.76	0	1	.88	la68
4. Kl.	13	1.15	0.72	0	1	.89	la74

Engagement (Melden) im Unterricht
Die selbstberichtete Häufigkeit des eigenen Unterrichtsengagements in Form des Aufzeigens (Meldens), separat für verschiedene Hauptfächer erfragt. Zu verschiedenen Konzeptionen der Aufmerksamkeit im Schulunterricht und Möglichkeiten ihrer Messung vgl. Helmke (1986), Helmke & Renkl (1992, 1993).
Beispielitem:
   Im Mathematikunterricht melde ich mich .....
Antwortkategorien:
   nie / selten / manchmal / oft / sehr oft

Erhebung	Items	M	SD	Min	Max	α	Name
3. Kl. II	3	2.62	0.82	0	4	.86	eng68
4. Kl.	3	2.66	0.76	0	4	.86	eng73

Leistungsmotivation: Furcht vor Mißerfolg
Es handelt sich um eine von Gjesme (1983) entwickelte Skala, die eine der beiden Komponenten der Leistungsmotivation erfassen soll. Sie zielt auf das Erleben von Überforderung, Angst, Resignation, Verunsicherung und Entmutigung angesichts von Leistungsanforderungen im schulischen Kontext ab.
Beispielitems:
• In der Schule gehe ich Situationen, in denen meine Fähigkeiten auf die Probe gestellt werden, am liebsten aus dem Wege.
• Wenn ich in der Schule eine Aufgabe nicht sofort verstehe, werde ich ängstlich.
Antwortkategorien:
   trifft genau auf mich zu / trifft überwiegend (zum großen Teil) auf mich zu / trifft weniger (nur teilweise) auf mich zu / trifft auf mich überhaupt nicht zu

Erhebung	Items	M	SD	Min	Max	α	Name
4. Kl.	10	0.90	0.58	0	3	.85	fm75

Leistungsmotivation: Hoffnung auf Erfolg
erfaßt die zur Furcht vor Mißerfolg antagonistische, erfolgszuversichtliche Komponente der Leistungsmotivation (Gjesme, 1983).
Beispielitems:
• Bei den meisten Schulaufgaben fühle ich mich herausgefordert, möglichst gut abzuschneiden.
• Ich habe es gerne, wenn wir in der Schule Aufgaben gestellt bekommen, die etwas schwierig zu lösen sind.
Antwortkategorien:
   trifft genau auf mich zu / trifft überwiegend (zum großen Teil) auf mich zu / trifft weniger (nur teilweise) auf mich zu / trifft auf mich überhaupt nicht zu

Erhebung	Items	M	SD	Min	Max	α	Name
4. Kl.	10	1.50	0.63	0	3	.87	he75

Handlungskontrolle

Zur Erfassung der dispositionalen Handlungs- vs. Lageorientierung im Sinne der Handlungskontrolltheorie Kuhls wurde der Fragebogen HAKEMP (Kuhl, 1983) eingesetzt. Die beiden Subskalen erfassen die zwei Komponenten der mißerfolgsbezogenen und prospektiven Handlungskontrolle. Da beide Subskalen erwartungsgemäß nur gering miteinander korrelieren, wurde kein Gesamtwert gebildet. Der theoretische Hintergrund und Überlegungen zur Konstruktion dieser Skala werden ausführlich bei Helmke & Mückusch (1994) geschildert.

Handungs- vs. Lageorientierung prospektiv
Beispielitems:
- Was machst Du, wenn Du für eine Probe lernen mußt?
  Ich denke viel darüber nach, womit ich am besten anfange
  Ich fange einfach an zu lernen
- Was machst Du, wenn Du eine wirklich langweilige Arbeit machen mußt?
  Dann fange ich sofort damit an
  Dann fange ich zuerst etwas anderes an

Erhebung	Items	M	SD	Min	Max	α	Name
3. Kl.	12	0.67	0.20	0	1	.70	hop63
4. Kl.	12	0.65	0.21	0	1	.72	hop72

Handlungs- vs. Lageorientierung nach Mißerfolg
Beispielitems:
- Was machst Du, wenn Du in einem Spiel oder Wettkampf verloren hast?
  Dann denke ich nicht mehr lange daran
  Dann geht mir das noch lange durch den Kopf
- Wie fühlst Du Dich, wenn der Lehrer sagt, daß Du nicht gut genug arbeitest?
  Dann denke ich bald wieder an etwas anderes
  Das macht mich für lange Zeit traurig

Erhebung	Items	M	SD	Min	Max	α	Name
3. Kl.	11	0.45	0.23	0	1	.63	hom63
4. Kl.	12	0.47	0.23	0	1	.62	hom72

Anreizwert von Mißerfolg

Der Anreizwert von Mißerfolg als einer Komponente des Wertaspektes der Leistungsmotivation wurde erhoben, indem nach der subjektiven Wertigkeit ("wie schlimm ...?") bestimmter schul- und leistungsbezogener Mißerfolge und nach anderen alltäglichen negativen Erfahrungen gefragt wurde (Autor: Helmke).
Beispielitems:
Wie schlimm wäre es für Dich,.....
- Wenn die Lehrerin (der Lehrer) mit Deinen Schulleistungen unzufrieden wäre?

- wenn Du eine Klasse wiederholen müßtest?

Antwortkategorien: sehr schlimm / ziemlich schlimm / einigermaßen / nicht so schlimm / gar nicht schlimm

Erhebung	Items	M	SD	Min	Max	α	Name
3. Kl. I	12	1.84	0.94	0	4	.86	ami64
3. Kl. II	10	2.33	0.83	0	4	.84	ami68
4. Kl.	6	2.00	0.77	0	4	.84	ami73

Anstrengungsvermeidung

Die Tendenz zur Vermeidung von Anstrengungen wurde mit der Grundschulfassung (Ambros, 1985) des Anstrengungsvermeidungstests (AVT) von Rollett & Bartram (1977) erfaßt. Der Test besteht aus einer Sammlung von Ausreden, mit denen sich Schüler üblicherweise Lernanforderungen entziehen wollen (für eine theoretische Analyse und Reinterpretation dieses Konstruktes vgl. Helmke & Rheinberg, 1996).

Beispielitems:
Ich kann nichts dafür, wenn ich das, was ich auswendig lernen soll, nicht behalten kann
In der Schule werde ich oft nicht fertig, weil mein Nachbar mich stört

Antwortkategorien:
stimmt / stimmt nicht

Erhebung	Items	M	SD	Min	Max	α	Name
3. Kl.	27	0.39	0.22	0	1	.86	avm61
4. Kl.	27	0.44	0.23	0	1	.87	avm72

Volitionale Lernstörungen (Hausaufgabenverhalten)

Die (In)effizienz häuslichen Arbeitens wurde erfaßt, indem nach der Häufigkeit solcher Formen dysfunktionaler Unterbrechungen, Verschiebungs- und Vermeidungshandlungen und der damit verbundenen subjektiven Belastung gefragt wurde, die während der Hausaufgabenerledigung erlebt werden und auf volitionale Defizite der Steuerung des eigenen Handelns schließen lassen (Autor: Helmke).

Beispielitems:
Wie oft kommt es bei Dir vor, ...
- daß Du während der Hausaufgaben ein bißchen träumst?
- daß Du die Hausaufgaben auf später verschiebst?

Antwortkategorien:
nie / selten / manchmal / oft / sehr oft

Erhebung	Items	M	SD	Min	Max	α	Name
2. Kl.	14	1.73	1.10	0	4	.86	ilv52
3. Kl.	11	0.98	0.59	0	4	.86	ilv64
4. Kl.	10	1.17	0.70	0	4	.85	ilv73

1.2 Schulleistungstests

1.2.1 Mathematik
Elsbeth Stern

Beschreibung des Datensatzes und der Meßinstrumente
Mathematische Leistungstests wurden insgesamt sechsmal vorgegeben, jeweils zu Beginn (I) und zum Ende (II) der zweiten, dritten und vierten Klasse, wobei alle Tests nach dem gleichen Muster aufgebaut waren. Zu jedem Zeitpunkt wurde mathematisches Prozedurenwissen, die Anwendung mathematisch-numerischer Konzepte, sowie das Lösen von Textaufgaben erfaßt. Natürlich wurden die Aufgaben in ihrer Schwierigkeit der jeweiligen Klassenstufe angepaßt.

Mathematische Textaufgaben
Die Anzahl der vorgegebenen Textaufgaben schwankte zwischen 8 und 20. Die in den Textaufgaben vorkommenden Zahlen waren stets so gewählt, daß die Rechnungen niemals über die Zahl 20 hinausgingen, um falsche Antworten aufgrund von Rechenfehlern zu verhindern. Da die Aufgaben im Gruppentest vorgegeben wurden, war es aufgrund der sehr unterschiedlichen Schreibgeschwindigkeiten der Kinder nicht ratsam, einen Antwortsatz zu verlangen. Die Kinder wurden jedoch aufgefordert, den von ihnen benutzten Rechenweg - also die Gleichung - aufzuschreiben. Diese Anforderung brachte sehr interessante Ergebnisse zutage, die weiter hinten berichtet werden.

Bei den verwendeten Textaufgaben handelte es sich in der zweiten Klasse um die in der Literatur häufig diskutierten Additionsaufgaben zum Vergleich, zum Austausch und zur Kombination von Mengen (Riley, Greeno & Heller, 1983), und in der dritten Klasse um Multiplikations- und Divisionsaufgaben, wie sie von Nesher (1988) und Greer (1992) diskutiert wurden. Während des gesamten Erhebungszeitraumes wurden komplexe Aufgaben zur Addition und Subtraktion vorgegeben, die die Inferenz von Information erforderten.

Beispielaufgaben:
- Hans hat 5 Murmeln.
  Peter hat 3 Murmeln weniger als Hans.
  Wie viele Murmeln haben die beiden zusammen?

- Hans und Peter haben zusammen 8 Murmeln.
  Peter hat 3 Murmeln.
  Wie viele Murmeln hat Hans mehr als Peter?

- Claudia hat 3 Murmeln.
  Sie hat 4 Murmeln weniger als Peter.
  Peter hat 3 Murmeln mehr als Susanne.
  Wie viele Murmeln hat Susanne?

- Hans und Beate haben zusammen 8 Murmeln.
  Beate hat 5 Murmeln.
  Peter und Monika haben zusammen 9 Murmeln.
  Monika hat 5 Murmeln.
  Wie viele Murmeln haben Beate und Monika zusammen?

- 3 Kinder feiern Geburtstag.
  Mutter hat 10 Mohrenköpfe gekauft.
  Jedes Kind ißt 2 Mohrenköpfe.
  Wie viele Mohrenköpfe bleiben übrig?

Erhebung	Items	M	SD	Min	Max	α	Name
2. Kl. I	20	11.6	4.2	0	20	.85	rgt5s1
2. Kl. II	8	5.5	3.8	0	8	.72	mat5s1
3. Kl. I	9	5.7	4.6	0	9	.72	m62s1
3. Kl. II	18	10.3	3.6	0	18	.81	m67s1
4. Kl. I	10	4.9	2.6	0	10	.77	m72s1
4. Kl. II	8	3.9	2.0	0	8	.70	m75s1

Aufgaben zum Verständnis mathematischer Prinzipien
Numerische Aufgaben, deren Lösung durch die Beachtung mathematischer Prinzipien vereinfacht wird, wurden zu Beginn der zweiten Klasse vorgegeben. Die Aufgaben wurden mit Zeitbegrenzung vorgegeben. Aus der Anzahl der gelösten Aufgaben lassen sich Rückschlüsse auf die Anwendung der Prinzipien ziehen.
Beispielaufgaben:

Kommutativität
  Welche der folgenden Gleichungen sind korrekt?
- 3+5+6=5+3+6
- 3+4+6=3+5+6

  inverse Beziehung zwischen Addition und Subtraktion
- [ ]+3=6-2

  neutrales Element:
- [ ]+3=3

Erhebung	Items	M	SD	Min	Max	α	Name
2. Kl. I	40	25.2	8.4	0	40	.70	rars2

Arithmetiktests
Zu jedem Meßzeitpunkt wurden Arithmetikaufgaben vorgegeben, die laut Lehrplan etwa ein halbes Jahr zuvor behandelt wurden. Damit sollte sichergestellt werden, daß alle Kinder die Gelegenheit zur Übung hatten. Es wurden jeweils etwa 20 Aufgaben auf einer Seite vorgegeben und die Kinder sollten in einem bestimmten Zeitraum - z. B. in zwei Minuten - so viele Aufgaben wie möglich rechnen. In der zweiten und zu Beginn der dritten Klasse wurden Additions- und Subtraktionsaufgaben vorgegeben, zum Ende der dritten und in der vierten Klasse wurden Multiplikations- und Divisionsaufgaben präsentiert. In einigen Skalen wurde die Produktion von Lösungen verlangt, während in anderen Skalen entschieden werden mußte, ob eine vorgegebene Lösung richtig oder falsch war.

Beispielaufgaben:

2. Klasse
- 3+9=
- 17-8=
- 35+9=

3. und 4. Klasse
- 5*3=
- 7*9=
- 180-120= 80-20
- 180-120=100-20

Erhebung	Items	M	SD	Min	Max	α	Name
2. Kl. I	40	21.4	8.0	0	40	.78	rars1
2. Kl. II	80	24.5	13.2	0	80	.83	mats2
3. Kl. I	100	55.5	20.8	0	100	.79	m62s2
3. Kl. II	120	40.0	16.6	0	120	.76	m67s2
4. Kl. I	80	40.3	16.1	0	80	.78	m72s2
4. Kl. II	80	48.8	13.3	0	80	.72	m75s2

1.2.2 Leseverständnis
Jan Carol Näslund

Beschreibung des Datensatzes und des Meßinstruments

Der Leseverständnistest enthielt insgesamt 30 Items. Im ersten Teil (Wortwissen) sollten Synonyme für insgesamt 18 Wörter gefunden werden. Der zweite Teil enthielt fünf Kurzgeschichten, die aus drei bis sieben kurzen Sätzen bestanden und zu denen jeweils zwei oder drei Multiple-Choice-Fragen gestellt wurden. Für richtige Antworten wurde jeweils ein Punkt vergeben, so daß die maximale Punktzahl 30 betrug. Das Verfahren wurde zu Beginn (I) und gegen Ende des 2. Schuljahres (II) an 1126 bzw. 1103 Schülern eingesetzt. Seine Zuverlässigkeit (interne Konsistenz) kann aufgrund der α-Werte von .81 bzw. .88 als gut bezeichnet werden.

Erhebung	Items	M	SD	Min	Max	α
2. Kl. I	30	20.25	7.01	0	30	.81
2. Kl. II	30	24.95	5.09	5	30	.88

1.2.3 Rechtschreiben
Wolfgang Schneider

Beschreibung des Datensatzes und der Meßinstrumente

Die Rechtschreibleistungen der Schüler wurden insgesamt viermal (zu Beginn und Ende des 2. Schuljahres sowie gegen Ende des 3. und 4. Schuljahres) erfaßt. Während zu Beginn und gegen Ende des 2. Schuljahres Wortdiktate zum Einsatz kamen, handelte es sich bei den Proben gegen Ende des 3. und 4. Schuljahres um Satzdiktate. Die Wortmaterialien waren mehrheitlich dem Bayerischen Grundwortschatz und dem Grundwortschatz der ehemaligen DDR entnommen; eine Restgruppe relativ schwieriger Wörter (z. B. Lokomotive, Strumpf) stammte aus einer Sammlung von Brügelmann (1986b) und wurde über die Jahre hinweg immer wieder verwendet. Die Rechtschreibtests wurden jährlich überarbeitet und im Hinblick auf den für die jeweilige Klassenstufe relevanten Grundwortschatz verändert. Die Reliabilitäten (interne Konsistenzen) lagen zwischen .65 (2. Schuljahr) und .90 (4. Schuljahr), erreichten also befriedigendes bis gutes Niveau. An den Rechtschreibproben nahmen zwischen 1132 (erste Erhebung) und 1085 (letzte Erhebung) Schüler teil.

Erhebung	Items	M	SD	Min	Max	α
2. Kl. Anfang	30	16.45	4.89	0	30	.65
2. Kl. Ende	40	28.76	5.65	0	40	.68
3. Kl.	72	55.00	10.91	6	72	.85
4. Kl.	81	69.46	9.47	23	81	.90

1.2.4 Sachkunde
Merry Bullock und Albert Ziegler

A. Balkenwaageproblem

Das in der SCHOLASTIK-Studie eingesetzte Balkenwaageproblem, das wir von Siegler (1981) übernommen haben, verlangt die Koordination von zwei Dimensionen. Eine vollständige Lösung des Aufgabensets setzt das Verständnis voraus, daß die Balance der Balkenwaage eine Funktion des Gewichts von zwei Gegenständen und ihrer Distanz vom Balkenmittelpunkt ist.

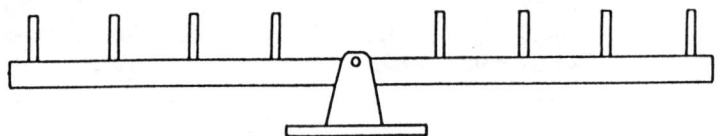

Abbildung 1: Balkenwaage (aus Siegler, 1981, S. 7).

Die Kinder bearbeiteten fünf Problemtypen. Sie bekamen Abbildungen von Balkenwaagen gezeigt, deren Arme in regelmäßigen Abständen markiert waren. Bei jedem Problem sollten sie angeben, ob nach Auflage von verschiedenen Gewichten die Balkenwaage im Gleichgewicht sei, beziehungsweise welche Seite sich nach unten neigen würde. Bei den ersten beiden Problemen wurde nur das Gewicht bzw. nur der Abstand vom Balkenmittelpunkt variiert. Die restlichen drei Probleme waren sogenannte Konfliktprobleme, bei denen sowohl Abstand als auch Gewicht variiert wurden. Zur Lösung dieser Probleme ist eine simultane Berechnung von Gewicht und Abstand notwendig. Die Lösung besteht in einer multiplikativen Verknüpfung der beiden Größen und dem Vergleich der beiden Produkte: sind sie gleich, ist die Balkenwaage im Gleichgewicht; sind sie nicht gleich, wird sich die Seite mit dem größeren Produkt senken. Von den

Kindern häufig angebotene Lösungen waren eine nicht-multiplikative Verknüpfung von Gewicht und Abstand (z. B. Addition) oder die Konzentration auf nur eine Dimension, d. h. entweder nur auf das Gewicht oder nur auf den Abstand. Berichtet wurden die Lösungen der Konfliktprobleme.

Balkenwaageproblem[29]

Erhebung	Items	M	SD	Min	Max
3. Kl.	3	1.89	.91	0	3
4. Kl.	3	1.85	.95	0	3

B. Logisches Denken
Logisches Denken wurde in der dritten Klasse mithilfe einer vereinfachten Version der Kartenauswahlaufgabe von Wason (1968) erfaßt, in der vierten Klasse mithilfe verbaler Inferenzaufgaben.

Die Lösung des Kartenauswahlproblems verlangt die Anwendung aussagenlogischer Schlüsse. Die Kinder sollten zwei Regeln überprüfen, denen eine Implikation ("Wer Pommes ißt, muß einen Anstecker tragen") und eine konverse Implikation ("Nur wer einen Anstecker trägt, darf Cola trinken") zugrunde lag. Sie bekamen Abbildungen aller logischen Instanzen der Regeln gezeigt; im Fall der konversen Implikation beispielsweise Kinder mit und ohne Anstecker (deren Getränk nicht erkennbar war) und Kinder, die Cola tranken oder kein Cola tranken (deren Anstecker verdeckt war). Die Kinder sollten angeben, welche Fälle überprüft werden müßten, um die Einhaltung der Regel zu überwachen. Im Gegensatz zur Standardaufgabe mußten die Kinder nicht simultan aus allen logischen Instanzen die zur Überprüfung der Regel notwendigen Fälle auswählen, sondern bekamen die Antezedensinstanzen (trägt Sticker / trägt keinen Sticker) und Konsequenzinstanzen (trinkt Cola / trinkt kein Cola) getrennt präsentiert. Eine im logischen Sinn korrekte Lösung verlangt die Überprüfung der Kinder, die keinen Anstecker tragen, sowie der Kinder, die Cola trinken. Gewertet wurde die Anzahl richtiger Wahlen in den beiden Auswahlaufgaben.

Die logischen Denkaufgaben, die in der 4. Klasse eingesetzt wurden, verlangten syllogistische Inferenzen. In diesen Aufgaben wurde der epistemische Status der Prämissen (neutral vs. überzeugungsdiskrepant) variiert. Die Kinder wurden eindringlich darauf hingewiesen, daß sie sich bei der Bearbeitung der Problem nur auf den Inhalt der Prämissen beziehen sollen.
Beispielaufgaben:
Neutrale Aufgabe:
    Alle Placken sind groß.
    Kein großes Ding ist grün.
    Sind Placken grün? (korrekte Antwort: "nein")
Überzeugungsdiskrepante Aufgabe:
    Auf Borka sind alle Giraffen groß.

---

[29] Bei allen Berechnungen der deskriptiven Maße der Skalen wurden die Daten der Überlappungsstichprobe zugrundegelegt (siehe Kapitel I).

Auf Borka ist kein winziges Tier grün.
Sind auf Borka Giraffen grün? (Korrekte Antwort: "Kann man nicht wissen")
Antwortkategorien:
ja / nein / kann man nicht wissen

Logisches Denken

Erhebung	Items	M	SD	Min	Max	α
3. Kl.	4	2.24	.36	0	4	.69
4. Kl.	8	3.30	.84	0	8	.74

C. Wissenschaftliches Denken
Die Aufgaben zum wissenschaftlichen Denken sollten die Fähigkeiten erfassen, (a) einen konklusiven Test zu produzieren, (b) einen konklusiven Test zu erkennen und (c) diese Schlußfolgerungen zu begründen. Alle Aufgaben waren strukturell isomorph aufgebaut, doch wurden sie in den einzelnen Klassenstufen inhaltlich anders eingekleidet. Die Anzahl der Aufgaben zum wissenschaftlichen Denken variierte in jeder Welle.
Beispielaufgabe:
Die Aufgaben wurden in Form von Geschichtenproblemen vorgegeben, in denen ein Protagonist ein Produkt herstellen möchte (z. B. Drachen, Eierwärmer, Laternen - s. Abb. 2). Er will herausfinden, ob eine bestimmte Variable für ein erfolgreiches Ergebnis wichtig ist. Beispielsweise glaubte der Protaganist der Laternen-Geschichte, daß die Laternengröße, ob die Laterne einen Deckel und ob sie Luftlöcher habe, sich auf das Brennverhalten der Kerze auswirken könne. Ein konklusiver Test zur Testung einer dieser Variablen verlangt die Konstanthaltung der übrigen Variablen und die Variation der fokalen Variable, während bei einem konstrastiven Test lediglich die fokale Variable variiert, doch die übrigen Variablen nicht konstant gehalten werden.

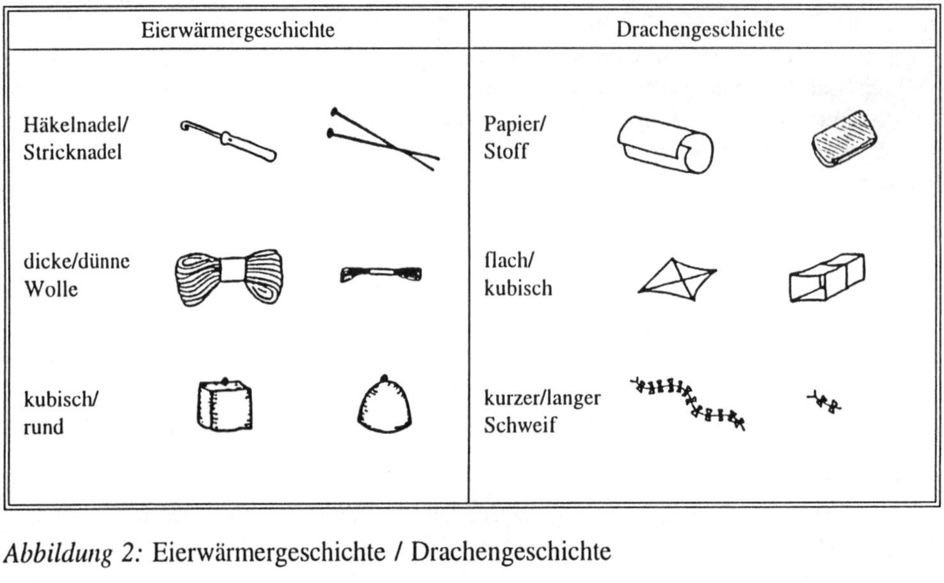

Abbildung 2: Eierwärmergeschichte / Drachengeschichte

Zuerst sollten die Kinder angeben, wie der Protagonist am besten vorgehen könnte, um die Wirkung der Variable zu überprüfen (Testproduktion). Im zweiten Schritt sollten sie vorgegebene Tests danach beurteilen, welche besser geeignet seien, die Wirkung der fokalen Variable zu überprüfen (Testevaluation). Schließlich interessierten die Begründungen der Kinder für die Testproduktion und -evaluation (ob sie z. B. auf Voreinstellungen, kausale Theorien oder die Evidenz rekurrieren). Aus diesen Teilleistungen wurde ein Gesamtscore für das wissenschaftliche Denken berechnet.

Wissenschaftliches Denken

Erhebung	Items	M	SD	Min	Max	α
3. Kl.	7	2.38	1.60	0	7	.78
4. Kl.	30	14.71	6.02	4	25	.89
5. Kl.	26	15.12	7.86	9	24	.88
6. Kl.	25	17.45	4.12	5	25	.91

1.3 Intelligenz- und Konzentrationstests
Andreas Helmke

Intelligenztest

Zur Erfassung der Intelligenz wurde der CFT ("Culture Fair Intelligence Test") eingesetzt, und zwar am Ende der 1. Jahrgangsstufe der CFT1 (deutsche Fassung von Weiß & Osterland, 1979) und am Ende der 4. Jahrgangsstufe der CFT20 (3. Auflage, Weiß, 1986). Es handelt sich beim CFT um ein sprachfreies Verfahren zur Bestimmung der "Grundintelligenz, d. h. der Fähigkeit des Kindes, in neuartigen Situationen und anhand von sprachfreiem, figuralem Material, Denkprobleme zu erfassen, Beziehungen herzustellen, Regeln zu erkennen, Merkmale zu identifizieren und rasch wahrzunehmen" (Weiß & Osterland, 1979, S. 4).

Bei der Bildung des Gesamttestwertes des CFT1 auf der Basis der fünf Subtests (Substitutionen, Labyrinth, Klassifikation, Ähnlichkeit und Matrizen) ließen wir den erstgenannten Subtest außer Betracht, da sich trotz minutiöser Einhaltung der Instruktion massive Deckeneffekte zeigten. Da wir weniger am Vergleich mit Normen interessiert waren, sondern in erster Linie an einem sensiblen und trennscharfen Instrument zur Diagnose interindividueller Kompetenzunterschiede, ist dies für die folgende Untersuchung unproblematisch.

Für den Gesamttestwert des CFT20 bildeten wir einen Summenwert der vier Subtests Reihen, Klassifikation, Matrizen und Topologie.

Aufmerksamkeitstest d2

Zur Erfassung der kurzzeitigen Aufmerksamkeitsbelastbarkeit setzten wir den verbreiteten d2-Test von Brickenkamp (1981) ein und berechneten alle gemäß Manual zum d2 üblichen Leistungsmaße (wie z. B. die Gesamtzahl bearbeiteter Zeichen, Auslassungsfehler, Verwechslungsfehler und die Schwankungsbreite). Im Rahmen der Analysen des vorliegenden Buches kam jedoch aus theoretischen Gründen ausschließlich der Gesamtleistungswert (Gesamtzahl bearbeiteter Zeichen abzüglich der Fehlerzahl) zur Verwendung. Trotz einiger Einwände in der Literatur erscheint dieser Gesamttestwert noch immer am geeignetsten, um Vorhersagen über kognitive schulische Leistungen zu machen.

1.4 Das Münchner Aufmerksamkeitsinventar (MAI)
Andreas Helmke und Alexander Renkl

Zur Analyse des Aufmerksamkeitsverhaltens wurde ein von uns (Helmke, 1988c; Helmke & Renkl, 1992) entwickeltes Instrument zur systematischen Beobachtung des Schülerverhaltens während des regulären Unterrichts entwickelt. Es handelt sich um ein niedrig-inferentes Zeitstichprobenverfahren mit multiplem Kodiersystem, d. h. es werden zugleich mehrere Aspekte der Aufmerksamkeit und des Kontextes registriert. Im SCHOLASTIK-Projekt wurde das MAI zwischen 5 und 7mal pro Schuljahr eingesetzt. Für den Zweck dieses Buches wurden die Daten pro Person über alle Kontexte und Fächer sowie über alle Meßzeitpunkte jeweils eines Schuljahres hinweg gemittelt.

Das Aufmerksamkeitsverhalten umfaßt die folgenden zentralen Kategorien:
on-task, passiv: Schüler tun genau das (oder scheinen es zu tun - kognitive Prozesse entziehen sich natürlich der Beobachtung), was sie tun sollen, schauen z. B. zur Tafel, beschäftigen sich mit ihren Heften etc.
on-task, aktiv: Diese Kategorie umfaßt alle solche Aktivitäten, die (ohne daß das entsprechende Verhalten von der gesamten Klasse erwartet wird oder werden kann) Ausdruck spontanen, selbst-initiierten Engagements sind (z. B. sich melden, Fragen stellen, eine Bemerkung machen)
on-task, reaktiv: Der Schüler reagiert auf eine entsprechende Aufforderung (Frage, Hinweis, Bitte) des Lehrers (ohne daß es sich dabei um eine kollektive Reaktion handelt), gibt z. B. eine Antwort, sagt etwas auf etc.
off-task, passiv: Der Schüler verpaßt eine ihm angebotene Lerngelegenheit (z. B. döst, beschäftigt sich still & diskret anderweitig), ohne daß dabei andere Schüler einbezogen sind und ohne den Unterrichtsverlauf auf diese Weise zu beeinträchtigen.
off-task, aktiv: Die Lerngelegenheit wird nicht nur nicht wahrgenommen, sondern interagiert erkennbar mit anderen Schülern und beeinträchtigt damit den Unterrichtsablauf.
no task: Aus der Perspektive des Lehrers liegt im Moment der Kodierung keine bestimmte Aufgabe an, so daß weder von der Nutzung noch vom Verpassen einer Lerngelegenheit gesprochen werden kann.

Vertiefende Überlegungen zur Rolle des Aufmerksamkeitsverhaltens finden sich bei Helmke (1986); das Münchner Aufmerksamkeitsinventar wird ausführlich dargestellt bei Helmke (1988c) und Helmke & Renkl (1992). Zur Frage, ob die Unaufmerksamkeit in Grundschulklassen primär ein Problem der Klassenzusammensetzung ist oder eine Konsequenz der Unterrichtsqualität, siehe Helmke & Renkl (1993). Methodische Fragen (Anwendung der Generalisierungstheorie) werden am Beispiel der längsschnittlichen Analyse des Aufmerksamkeitsverhaltens von Renkl & Helmke (1993) diskutiert.

On-Task (passiv)

Erhebung in der	M	SD	Min	Max[30]	Name
2. Klasse	75.51	12.60	16.67	100	ontask5
3. Klasse	80.70	10.20	32.73	100	ontask6
4. Klasse	82.00	10.11	30.88	100	ontask7

On-Task (aktiv)

Erhebung in der	M	SD	Min	Max	Name
2. Klasse	7.98	5.66	0	37.11	onakt5
3. Klasse	8.23	5.96	0	43.75	onakt6
4. Klasse	8.21	6.62	0	37.50	onakt7

On-Task (reaktiv)

Erhebung in der	M	SD	Min	Max	Name
2. Klasse	3.72	3.24	0	24.17	onpass5
3. Klasse	3.12	2.50	0	26.67	onpass6
4. Klasse	3.13	2.90	0	29.17	onpass7

Off-Task (passiv)

Erhebung in der	M	SD	Min	Max	Name
2. Klasse	14.52	8.78	0	65.71	offpass5
3. Klasse	12.06	8.44	0	58.18	offpass6
4. Klasse	10.08	7.60	0	62.50	offpass7

Off-Task (aktiv)

Erhebung in der	M	SD	Min	Max	Name
2. Klasse	4.02	4.14	0	34.58	offakt5
3. Klasse	3.24	3.20	0	20.91	offakt6
4. Klasse	3.55	4.10	0	31.25	offakt7

No Task

Erhebung in der	M	SD	Min	Max	Name
2. Klasse	0.62	1.23	0	8.99	notask5
3. Klasse	0.35	0.96	0	10.62	notask6
4. Klasse	0.67	1.36	0	11.76	notask7

---

[30] Unter "Maximum" wird hier - abweichend von den Skalen im Schülerfragebogen - nicht die theoretisch maximale Ausprägung (diese wäre, da es sich um Prozentangaben handelt, trivialerweise immer 100%), sondern der empirisch vorkommende maximale Wert der Variablen berichtet.

2. Klassenebene (Daten zur Situation der Klasse und des Unterrichts)

2.1 Unterrichtsbeurteilungen durch externe Beobachter
Andreas Helmke und Friedrich-Wilhelm Schrader

Zentrale Unterrichtsmerkmale wurden mittels Einschätzungen durch trainierte Urteiler erfaßt. Die Beurteilungen bezogen sich auf Dimensionen wie Klassenführung und Unterrichtsorganisation, Unterrichtsqualität, Lehrer-Schüler-Interaktion, Unterrichtsklima und andere sozial-emotionale Merkmale sowie Merkmale des Schülerverhaltens. Ausgangspunkt waren die im Rahmen der CES-Studie verwendeten Merkmale (Anderson, Ryan & Shapiro, 1989; Helmke, Schneider & Weinert, 1986), die um einige weitere Aspekte ergänzt wurden, die aufgrund nachfolgender Analysen als aussichtsreich erschienen. Die zugrundeliegenden Unterrichtsbeurteilungen wurden in den Klassenstufen 3 und 4 erhoben (zu Einzelheiten der Durchführung vgl. Kap. I).

Antwortkategorien:
trifft vollkommen zu / trifft ziemlich zu / trifft mittelmäßig zu / trifft weniger zu / trifft gar nicht zu

ITEMS	3. Klasse		4. Klasse		
	M	SD	M	SD	Name
Regelverwendung: Existenz eines Regelsystems, das den Interaktionen im Klassenzimmer zugrundeliegt und dafür sorgt, daß Aktivitäten in der Klasse ohne besondere Erklärungen, Anweisungen und Begründungen in Gang gesetzt und aufrechterhalten werden.	2.33	1.05	2.45	1.04	re1[a]
Unterrichtsorganisation: Unterricht ist so organisiert, daß Übergänge zwischen verschiedenen Unterrichtsphasen kurz und reibungslos erfolgen und keine unnötigen Pausen entstehen.	2.76	1.01	2.76	1.03	uo1
Kontrolle: Effektiver und ökonomischer Umgang mit Störungen und Unterbrechungen; Lehrer bekommt alles mit und signalisiert das gegenüber der Klasse (Allgegenwärtigkeit, "withitness").	2.53	1.12	2.61	1.04	kt1
Zeitnutzung: Nutzung der Unterrichtszeit für fachliche Ziele und Minimierung des Zeitaufwandes für außerfachliche Angelegenheiten.	2.63	0.95	2.65	1.07	zn1
Betonung des Geschwindigkeitsaspekts von Schülerleistungen: Auf Schnelligkeit von Reaktionen, in der Ausführung von Verhaltensweisen und der Erbringung von Leistungen gerichtete Erwartungen des Lehrers.	2.04	1.06	2.08	1.08	bg1
Schülerengagement: Engagierte und interessierte Mitarbeit und Beteiligung der Schüler; zügige Bearbeitung gestellter Aufgaben.	2.37	0.99	2.31	1.00	se1

ITEMS	3. Klasse		4. Klasse		
	M	SD	M	SD	Name
Lehrerzentriertheit: Unterrichtsablauf wird nahezu ausschließlich vom Lehrer bestimmt und kontrolliert; alle Aktivitäten laufen über den Lehrer; keine Beteiligung der Schüler an den Entscheidungen.	1.53	0.84	1.61	1.02	lz1
Struktur: Klar erkennbare Struktur der Unterrichtsstunde; klar voneinander abgrenzbare Phasen und klarer Bezug einzelner Phasen zum übergeordneten Lehrziel.	2.53	0.94	2.71	0.96	st1
Prägnanz: Kurze, direkte und prägnante Ausdrucksweise.	2.73	0.95	2.75	0.98	pg1
Variabilität von Unterrichtsformen: Häufige Variation der Form des Unterrichts.	2.29	0.99	2.27	0.92	vu1
Previews und Zusammenfassungen: Einführende Bemerkungen zu neuem Stoff; Überblick über den Stundenverlauf; Formulierung von Merksätzen.	2.13	0.89	2.56	0.99	pz1
Hervorhebungen (Cues): Betonung der Wichtigkeit bestimmter Ziel- oder Stoffaspekte; aufmerksamkeitsregulierende Bemerkungen; explizite Herstellung von Zusammenhängen zwischen verschiedenen Teilen des Stoffs und von Bezügen zu Zielen.	2.15	0.87	2.40	0.76	hv1
Akzentuierung lernbezogener Strategien: Über den eigentlichen Unterrichtsstoff hinaus Vermittlung von Strategien, kognitiven und metakognitiven Aktivitäten, Lösungshinweisen, Lernhilfen usw.	1.67	0.88	2.02	0.83	al1
Unterrichtsschwierigkeit: Hohe Schwierigkeit des Unterrichts; Orientierung an anspruchsvollen Zielen; Fragen werden deswegen häufig nicht oder falsch beantwortet, Fragen und Aufforderungen nicht verstanden.	2.53	0.77	2.39	0.93	us1
Individualisierung: Häufiger Einsatz von Maßnahmen der kurzzeitigen inneren Differenzierung; Variation von Fragen, Aufgaben und Rückmeldungen in Abhängigkeit von individuellen Bedingungen.	2.04	0.96	2.10	1.03	iv1
Förderungsorientierung (kompensator. Komponente): Vorrang der Förderung lernschwacher Schüler gegenüber der von leistungsstarken Schülern; Einsatz von Stütz- oder Fördermaßnahmen bei Lernschwierigkeiten.	2.08	0.81	2.12	0.97	fo1

ITEMS	3. Klasse		4. Klasse		
	M	SD	M	SD	Name
Akzeptanz/Privatbereich: Eingehen auf private Belange der Schüler; Einbezug von Themen aus dem persönlichen Bereich in den Unterricht.	2.14	0.91	2.10	0.98	ap1
Akzeptanz/affektiver Bereich: Eingehen auf Gefühle der Schüler; Berücksichtigung und Thematisierung des Gefühlsbereichs.	2.00	1.06	1.96	1.00	aa1
Thematisierung nicht-fachlicher Ziele: Betonung der Wichtigkeit nicht-fachlicher Ziele, Werte und Normen.	1.96	0.98	1.96	0.84	tz1
Beziehungsaspekt: Bedeutung des Lehrers als persönlich wichtige Person: nicht nur als Vermittler fachlichen Wissens, sondern auch als Ansprechpartner für nicht-fachliche Angelegenheiten.	2.27	1.04	2.43	1.06	ba1
Klima: Primär leistungs- und nicht sozial-zentriertes Unterrichtsklima.	1.55	0.77	1.59	0.93	kl1
Reaktion auf Mißerfolge: Sach- und leistungsbezogene Reaktionen auf Mißerfolge und Fehlverhalten.	2.57	1.06	2.59	1.06	rm1
Stillarbeit/Kontinuitätsaspekte: Sicherstellung des störungsfreien Ablaufs von Stillarbeitsphasen.	2.22	0.96	2.20	1.15	sk1
Stillarbeit/Lehreraktivität: Aktives Lehrerverhalten (Überwachung; Hilfen) während der Stillarbeit.	2.90	0.85	2.76	0.99	sl1
Stillarbeit/Diskretion: Diskretes Verhalten des Lehrers bei der Interaktion mit einzelnen Schülern während der Stillarbeit.	2.57	1.15	2.63	1.07	sd1
Stillarbeit/Gleichmäßigkeit der Verteilung individueller Kontakte: Gleichmäßige Verteilung der Zeit des Lehrers auf viele Schüler während der Stillarbeit.	2.42	0.79	1.98	0.83	sg1
Stillarbeit/Förderungsorientierung: Primär auf Leistungsschwächere ausgerichtete Lehrerinteraktionen mit einzelnen Schülern während Stillarbeitsphasen.	2.24	0.78	2.39	0,93	sf1

Anmerkung: [a] Der vollständige Variablennamen besteht jeweils aus dem Kürzel rub6 (für Kl. 3) bzw. rub7 (für Kl. 4) und der hier aufgeführten Ergänzung, also z. B. rub6_re1.
Für alle Items gilt: Min = 0; Max = 4.

Auf der Basis dieser Beurteilungsmerkmale wurden folgende Konstrukte gebildet:

Klassenführung
Effizienz der Unterrichtsorganisation; Intensität der Zeitnutzung für die Stoffbehandlung; schnelle und gleitende Übergänge zwischen verschiedenen Unterrichtsphasen)
(zugrundeliegende Skalen: Unterrichtsorganisation; Zeitnutzung).

Erhebung in der	Items	M	SD	Min	Max	Name
3. u. 4. Klasse	2	2.70	0.84	0	4	man67

Strukturierung
Prägnanz der Ausdrucksweise des Lehrers; Strukturierung des Lernstoffs durch aufmerksamkeitsregulierende Hinweise und andere Hinweise
(zugrundeliegende Skalen: Prägnanz, Hervorhebungen / Cues).

Erhebung in der	Items	M	SD	Min	Max	Name
3. u. 4. Klasse	2	2.51	0.68	0	4	qua67

Unterstützung
Individuelle fachliche Beratung, Diagnose, Intervention und Kontrolle - insbesondere im Rahmen von Gruppen- und Stillarbeit
(zugrundeliegende Skalen: Stillarbeit / Lehreraktivitäten; Stillarbeit / Gleichmäßigkeit).

Erhebung in der	Items	M	SD	Min	Max	Name
3. u. 4. Klasse	2	2.52	0.63	0	4	sup67

Förderungsorientierung
Vorrang der Förderung lernschwacher Schüler; ausgeprägte Versuche, die Schwierigkeit von Anforderungen und Fragen den Lernvoraussetzungen dieser Schüler anzupassen
(zugrundeliegende Skalen: Unterrichtsschwierigkeit; Stillarbeit / Förderungsorientierung).

Erhebung in der	Items	M	SD	Min	Max	Name
3. u. 4. Klasse	2	2.39	0.60	0	4	foe67

Soziales Klima
Akzeptanz und ausdrückliche Thematisierung des affektiven Bereichs der Schüler; Bedeutung des Lehrers als persönlicher Ansprechpartner und Vertrauensperson über die Rolle als Stoffvermittler hinaus
(zugrundeliegende Skalen: Akzeptanz Privatbereich; Beziehungsaspekte).

Erhebung in der	Items	M	SD	Min	Max	Name
3. u. 4. Klasse	2	2.16	0.83	0	4	kli67

Variabilität
Abwechslung der gewählten Unterrichtsformen (Skala: Variabilität von Unterrichtsformen).

Erhebung in der	Items	M	SD	Min	Max	Name
3. u. 4. Klasse	1	2.28	0.79	0	4	var67

2.2 Lehrerfragebogen
Andreas Helmke und Friedrich-Wilhelm Schrader

Neben allgemeinen Angaben zur Person (Alter, Geschlecht, Berufserfahrung usw.), zur unterrichteten Klasse (Zahl der Kinder mit Deutsch als Muttersprache usw.), zur Beurteilung der Klasse (mündliche Beteiligung, Disziplin, allgemeine Auffassungsgabe, sozialer Zusammenhalt, Hausaufgabenbearbeitung, Leistungsstärke in verschiedenen Bereichen) und zum Unterricht (Freude und Befriedigung; Anstrengung) wurden folgende Merkmale erhoben:

Freiheitsspielraum für die Schüler
Spielräume, die der Lehrer den Schülern für selbständiges Handeln im Unterricht läßt. (Quelle: Fragebogen zum Lehrerverhalten, Trudewind & Börner, 1977; Trudewind et al., 1979)
Beispielitem:
  Über die Auswahl der geeignetsten Mal- und Bastelarbeiten für eine schulinterne Ausstellung haben meine Schüler alleine zu entscheiden.
Antwortkategorien:
  trifft gar nicht zu / trifft kaum zu / trifft bedingt zu / trifft weitgehend zu / trifft überwiegend zu / trifft vollständig zu

Erhebung in der	Items	M	SD	Min	Max	α	Name
4. Klasse	6	3.11	0.81	0	5	.78	l_sgesta

Attribution von Lernschwierigkeiten auf Unterrichtsmerkmale
Verständnisschwierigkeiten werden zurückgeführt auf Unterrichtsmerkmale wie zu hohes Unterrichtstempo, zu wenig Gelegenheit zum Üben und Wiederholen, zu große Schwierigkeit des Stoffs für die Schülergruppe usw.
Beispielitem:
  Welche Rolle spielen nach Ihren Erfahrungen die unten genannten Gründe für Verständnisschwierigkeiten bei dieser Schülergruppe im Fach Mathematik?
  .... zu wenig Gelegenheit zum Üben und Wiederholen im Unterricht
Antwortkategorien:
  9 Stufen, graphisch, mit verbaler Verankerung:
  nicht so wichtig --- mittelmäßig wichtig --- sehr wichtig

Erhebung in der	Items	M	SD	Min	Max	α	Name
4. Klasse	9	0.85	1.33	-4	+4	.83	l_attunt

Erwartungen an das Verständnis
Die Erwartungen zielen ab auf Verhaltensweisen und Prozesse, die für das Verstehen von Sachverhalten wichtig sind.
Beispielitem:
   Welche Rolle spielen nach Ihren Erfahrungen die unten genannten Gründe für Verständnisschwierigkeiten bei dieser Schülergruppe im Fach Mathematik?
   ... sich um das Verstehen des Stoffes mit allen Kräften bemühen.
Antwortkategorien:
   9 Stufen, graphisch, mit verbaler Verankerung:
   nicht so wichtig --- mittelmäßig wichtig --- sehr wichtig

Erhebung in der	Items	M	SD	Min	Max	α	Name
4. Klasse	10	2.23	0.91	-4	+4	.83	l_anfver

Erwartungen an Arbeitstugenden
Von der Schülern werden auf eher oberflächliche Aspekte des Lern- und Unterrichtsverhaltens gerichtete Arbeitstugenden erwartet wie Vollständigkeit und Regelmäßigkeit von Hausaufgaben, übersichtliche Gestaltung der Arbeitshefte.
Beispielitem:
   Welche Rolle spielen nach Ihren Erfahrungen die unten genannten Gründe für Verständnisschwierigkeiten bei dieser Schülergruppe im Fach Mathematik?
   ... die Schulsachen immer vollständig dabeihaben
Antwortkategorien:
   9 Stufen, graphisch, mit verbaler Verankerung:
   nicht so wichtig --- mittelmäßig wichtig --- sehr wichtig

Erhebung in der	Items	M	SD	Min	Max	α	Name
4. Klasse	6	1.54	1.62	-4	+4	.76	l_anfarb

2.3 Aggregierte Schülerangaben
Andreas Helmke und Friedrich-Wilhelm Schrader

Verschiedene Merkmale des Unterrichts wurden mit Hilfe von Fragebögen aus Schülersicht erfaßt und klassenweise aggregiert. Die erfaßten Merkmale beziehen sich auf verschiedene Aspekte der wahrgenommenen Unterrichtsschwierigkeit, der Aufmerksamkeit im Unterricht und der Passung zwischen Anforderungen des Unterrichts und Fähigkeiten der Schüler.

Klarheit
Verständlichkeit von Anweisungen und Fragen im Unterricht; der Unterricht ist so klar und verständlich für die Schüler, daß Verständnisschwierigkeiten nicht auftreten werden.
Beispielitem:
    Wie oft kommt es vor, daß Du im Unterricht nicht genau mitbekommst, was Du tun sollst? (umgepolt)
Antwortkategorien:
    nie / selten / manchmal /oft /sehr oft

Erhebung in der	Items	M	SD	Min	Max	α	Name
4. Klasse	2	1.38	0.30	0	4	.79	kla7

Überforderung
Auftreten von psychosomatischen Symptomen in der Schule.
Beispielitem:
    Wie oft kommt es vor, daß Du in der Schule Kopfweh hast?
Antwortkategorien:
    nie / selten / manchmal /oft /sehr oft

Erhebung in der	Items	M	SD	Min	Max	α	Name
4. Klasse	1	0.86	0.29	0	4	--	sfb73u7

Aktive Mitarbeit
Durch aktives Meldeverhalten gekennzeichnete Mitarbeit im Unterricht (klassenweise aggregierte Werte der Individualvariablen "Engagement (Melden) im Unterricht", separat erfragt für verschiedene Hauptfächer).
Beispielitem:
    Im Mathematikunterricht melde ich mich ...
Antwortkategorien:
    nie / selten / manchmal /oft /sehr oft

Erhebung in der	Items	M	SD	Min	Max	α	Name
3. u. 4. Klasse	3	2.62	0.21	0	4	.61	seng67

Aktive Ablenkung
Auftreten nicht-unterrichtsbezogener Verhaltensweisen.
Beispielitem:
    Wie oft kommt es vor, daß Du Dich mit Deinem Nachbarn im Unterricht unterhältst, obwohl Ihr es nicht dürft?
Antwortkategorien:
    nie / selten / manchmal /oft /sehr oft

Erhebung in der	Items	M	SD	Min	Max	α	Name
4. Klasse	1	2.04	0.58	0	4	-	sfb73u10

Gedankliche Ablenkung
Auftreten nicht-unterrichtsbezogener, aufgabenirrelevanter Gedanken.
Beispielitem:
Wie oft kommt es vor, daß Du im Unterricht in Gedanken ganz woanders bist?
Antwortkategorien:
nie / selten / manchmal /oft /sehr oft

Erhebung in der	Items	M	SD	Min	Max	α	Name
4. Klasse	2	1.32	0.42	0	4	.90	unauf7

Sanktionierte Ablenkung
Ermahnungen des Lehrers wegen unzureichender Aufmerksamkeit.
Beispielitem:
Wie oft kommt es vor, daß die Lehrerin (der Lehrer) im Mathematikunterricht zu Dir sagt, Du sollst besser aufpassen?
Antwortkategorien:
nie / selten / manchmal /oft /sehr oft

Erhebung in der	Items	M	SD	Min	Max	α	Name
4. Klasse	2	1.06	0.29	0	4	.86	aufpa7

Motivierungsqualität
Unterricht ist so anregend und motivierend, daß gedankliche Ablenkungen der Schüler selten sind.
Beispielitem:
Wie oft kommt es vor, daß Du im Unterricht in Gedanken ganz woanders bist?
Antwortkategorien:
nie / selten / manchmal /oft /sehr oft

Erhebung in der	Items	M	SD	Min	Max	α	Name
4. Klasse	3	3.83	0.43	0	4	.90	mot7

2.4 Aufmerksamkeitsinventar zur Erfassung der Klassensituation
Andreas Helmke, Alexander Renkl und Friedrich-Wilhelm Schrader

Das Münchner Aufmerksamkeitsinventar (MAI) und sein Einsatz zur Erfassung des Aufmerksamkeitsverhaltens auf Individualebene wurde in Abschnitt 1.4 beschrieben.

Motivierungsqualität
Hohes sachbezogenes Engagement der Klasse; zeigt, daß der Unterricht für die Schüler anregend und motivierend ist (auf Klassenebene registriert).

Erhebung in der	M	SD	Min	Max	Name
3. Klasse	4.10	0.56	2.32	4.95	mai6keng
4. Klasse	4.07	0.52	2.19	4.79	mai7keng
3. u. 4. Klasse	4.08	0.45	2.88	4.84	keng67

Unaufmerksamkeit (off-task - passiv)
Klassenweise aggregierte Werte des auf Individualebene erhobenen Merkmals (vgl. Individualebene). Der Schüler verpaßt eine ihm angebotene Lerngelegenheit (z. B. döst, beschäftigt sich still und diskret anderweitig), ohne daß dabei andere Schüler einbezogen sind und ohne den Unterrichtsablauf auf diese Weise zu stören.

Erhebung in der	M	SD	Min	Max	Name
3. Klasse	12.07	6.03	3.16	37.72	offpass6
4. Klasse	10.18	4.08	4.92	24.21	offpass7
3. u. 4. Klasse	11.13	4.30	4.04	23.30	offpas67

Aktive Aufmerksamkeit (on-task - aktiv)
Klassenweise aggregierte Werte des auf Individualebene erhobenen Merkmals (vgl. Individualebene). Diese Kategorie umfaßt alle solchen Aktivitäten, die (ohne daß das entsprechende Verhalten von der Klassen erwartet wird oder werden kann) Ausdruck spontanen, selbst-initiierten Engagements sind (z. B. sich melden, Fragen stellen, eine Bemerkung machen).

Erhebung in der	M	SD	Min	Max	Name
3. Klasse	8.25	3.22	2.94	15.59	onakt6
4. Klassse	8.18	3.74	1.25	16.74	onakt7
3. u. 4. Klasse	8.06	2.57	3.58	17.12	onakt67

Literaturverzeichnis

Abbott, R.D. & Berninger, V.W. (1993). Structural equation modeling of relationships among developmental skills and writing skills in primary- and intermediate-grade writers. *Journal of Educational Psychology, 85*, 478-508.

Acham, U. (1983). *Philosophie der Sozialwissenschaften.* Freiburg: Alber Verlag.

Ackerman, P.L. (1989). Individual differences and skill acquisition. In P.L. Ackerman, R.J. Sternberg & R. Glaser (Eds.), *Learning and individual differences* (pp. 165-217). New York: Freeman.

Adams, M.J. (1990). *Beginning to read: Thinking and learning about print.* Cambridge, MA: MIT Press.

Adams, R.S. & Biddle, B.J. (1970). *Realities of teaching. Explorations with video tape.* New York: Holt, Rinehart & Winston.

Adey, P. & Shayer, M. (1994). *Really raising standards. Cognitive intervention and academic achievement.* London: Routledge.

Aebli, H. (1951). *Didactique psychologique. Application à la didactique de la psychologie de Jean Piaget.* Neuchâtel: Delachaux & Niestlé. Deutsch: *Psychologische Didaktik.* Stuttgart: Klett.

Aebli, H. (1980). *Denken: Das Ordnen des Tuns. Band 1: Kognitive Aspekte der Handlungstheorie.* Stuttgart: Klett.

Aebli, H., Staub, F.C. & Ruthemann, U. (1991). Textrechnungen im Mathematikunterricht: Wie und wozu? *Mathematik Lehren, 44*, 12-17.

Ahrens, H.J. (1988). Differentielle Psychologie. In R. Asanger & G. Wenninger (Hrsg.), *Handwörterbuch Psychologie* (S. 113-120). München: Psychologie Verlags Union.

Aiken, L.R. (1970). Attitudes towards mathematics. *Review of Educational Research, 40*, 551-596.

Aiken, L.R. (1976). Update on attitudes and other affective variables in learning mathematics. *Review of Educational Research, 46*, 293-311.

Ainsworth, M.D.S., Blehar, M.C., Waters, E. & Wall, S. (1978). *Patterns of attachment: A psychological study of the strange situation.* Hillsdale, NJ: Erlbaum.

Aldenderfer, M.S. & Blashfield, R.K. (1984). *Cluster analysis.* Beverly Hills: Sage Publications.

Alegria, J., Pignot, E. & Morais, J. (1982). Phonetic analysis of speech and memory codes in beginning readers. *Memory and Cognition, 10*, 451-456.

Allinger, U. & Heller, K.A. (1975). Automatische Klassifikation von psychologischen Untersuchungsbefunden. In Kultusministerium Baden-Württemberg (Hrsg.), *Bildungsberatung in der Praxis.* Schriftenreihe A Nr. 29 des Kultusministeriums Baden-Württemberg zur Bildungsforschung, Bildungsplanung, Bildungspolitik (S. 142-169). Villingen: Neckarverlag.

Allmer, H. (1987). Verbale und non-verbale Lehrersanktionen nach Erfolg: Begabungs- und Anstrengungsannahmen des Lehrers als vorauslaufende Bedingungen. *Zeitschrift für Pädagogische Psychologie, 1*(3), 197-203.

Ambros, R. (1985). *Testanalytische Überprüfung und Normierung des "Bild-AVT" (Bildversion des Anstrengungsvermeidungstests) an einer repräsentativen Stichprobe niederösterreichischer Volksschüler.* (Unveröffentlichte Dissertation). Grund- und Integrativwissenschaftliche Fakultät, Universität Wien.

Amelang, M. (1995). Intelligenz. In M. Amelang (Hrsg.), *Bereiche individueller Unterschiede. Differentielle Psychologie und Persönlichkeitsforschung* (Enzyklopädie der Psychologie, Themenbereich C, Serie: Differentielle Psychologie und Persönlichkeitsforschung, Band 2, S. 51-134). Göttingen: Hogrefe.

Amelang, M. & Bartussek, D. (1985). *Differentielle Psychologie und Persönlichkeitsforschung.* Stuttgart: Kohlhammer.

Anastasi, A. (1958). Vererbung, Umwelt und die Frage "Wie". In H. Skowronek (Hrsg.), *Umwelt und Begabung* (S. 9-26). Stuttgart: Klett.
Anderson, J.R. (1982). Acquisition of cognitive skill. *Psychological Review, 89*, 369-406.
Anderson, L.W., Ryan, D. & Shapiro, B.J. (1989). *The IEA Classroom Environment Study.* Oxford: Pergamon Press.
Anderson, M. (1992). *Intelligence and development. A cognitive theory.* Oxford, UK: Blackwell.
Ando, J. (1992). The effects of two EFL (English as a Foreign Language) teaching approaches studied by the cotwin control method: A comparative study of the communicative and the grammatical approaches. *Acta Geneticae Medicae et Gemellologiae, 41*, 335-352. Rome: The Mendel Institute.
Ando, J. (1995). *"Environmental" influence on familial culture transmission in specific domains: A twin research.* Paper presented at the 25th Annual Meeting of the Behaviour Genetics Association, Richmond, Virginia.
Angermaier, M. (1970). *Legasthenie - Verursachungsmomente einer Lernstörung.* Weinheim: Beltz.
Angermaier, M. (1974). *Sprache und Konzentration bei Legasthenie.* Göttingen: Hogrefe.
Angermaier, M. (Hrsg.) (1976). *Legasthenie - Das neue Konzept der Förderung lese-rechtschreibschwacher Kinder in Schule und Elternhaus* (S. 49-61). Frankfurt: Fischer.
Arbeitsgruppe Bildungsbericht am Max-Planck-Institut für Bildungsforschung (1994). *Das Bildungswesen in der Bundesrepublik Deutschland. Strukturen und Entwicklungen im Überblick.* Reinbek bei Hamburg: Rowohlt.
Arbeitsgruppe Schulforschung (1980). *Leistung und Versagen. Alltagstheorien von Schülern und Lehrern.* München: Juventa.
Archambault, F.X., Westberg, K.L., Brown, S.W., Hallmark, B.W., Zhang, W. & Emmons, C.L. (1993). Classroom practices with gifted third and fourth grade students. *Journal for the Education of the Gifted, 16*, 103-119.
Arlin, M. (1984). Time, equality, and mastery learning. *Review of Educational Research, 5*, 65-86.
Arlin, P.K. (1982). A multitrait-multimethod validity study of a test of formal reasoning. *Educational and Psychological Measurement, 42*, 1077-1088.
Aronson, E. (1994). *Sozialpsychologie. Menschliches Verhalten und gesellschaftlicher Einfluß.* Heidelberg: Springer.
Asch, S.E. (1946). Forming impressions of personality. *Journal of Abnormal and Social Psychology, 41*, 258-290.
Asendorpf, J.B. (1990a). The measurement of individual consistency. *Methodika, 4*, 1-23.
Asendorpf, J.B. (1990b). Wider die allgemeinpsychologische Interpretation differentieller Befunde. In D. Frey (Hrsg.), *Bericht über den 37. Kongreß der Deutschen Gesellschaft für Psychologie in Kiel 1990* (Bd. 2, S. 124-130). Göttingen: Verlag für Psychologie.
Asendorpf, J.B. (1992). Beyond stability: Predicting interindividual differences in intra-individual change. *European Journal of Personality, 6*, 103-117.
Asendorpf, J.B. (1995). Persönlichkeitspsychologie: Das empirische Studium der individuellen Besonderheit aus spezieller und differentieller Perspektive. *Psychologische Rundschau, 46*, 235-247.
Asendorpf, J.B. (1996). *Psychologie der Persönlichkeit: Grundlagen.* Berlin: Springer.
Asendorpf, J.B. & van Aken, M.A.G. (1993). Deutsche Versionen der Selbstkonzeptskalen von Harter. *Zeitschrift für Entwicklungspsychologie und Pädagogische Psychologie, 25*, 64-86.
Asso, D. & Wyke, M. (1971). Discrimination of spatially confusable letters by young children. *Journal of Experimental Child Psychology, 11*, 11-20.
Assor, A. (1994). *Teachers' educational values functioning as accessible goal categories predict behavior and students' outcomes: The case of encouraging independent thought in the classroom.* Ben-Gurion University of the Negev, Department of Education.

Atkinson, J.W. (1957). Motivational determinants of risktaking behavior. *Psychological Review, 64,* 359-372.
Atkinson, J.W. (1974). Motivational determinants of intellectual performance and cumulative achievement. In J.W. Atkinson & J.O. Raynor (Eds.), *Motivation and achievement* (pp. 389-410). Washington, DC: Winston.
Atkinson, J.W. & Lens, W. (1980). Fähigkeit und Motivation als Determinanten momentaner und kumulativer Leistung. In H. Heckhausen (Hrsg.), *Fähigkeit und Motivation in erwartungswidriger Schulleistung* (S. 129-192). Göttingen: Hogrefe.
Aurin, K. und Mitarbeiter (1968). *Gleiche Chancen im Bildungsgang. Bericht der Bildungsberatungsstellen von Baden-Württemberg über Begabung und Schuleignung.* Schriftenreihe A Nr. 9 des Kultusministeriums Baden-Württemberg zur Bildungsforschung, Bildungsplanung, Bildungspolitik. Villingen: Neckar-Verlag.
Ax, J. (1985). *Planungsgedrag van leraren.* Lissen, NL: Swets & Zeitlinger.
Babad, E.Y., Inbar, J. & Rosenthal, R. (1982). Teachers judgment of students' potential as a function of teacher's susceptibility to biasing information. *Journal of Personality and Social Psychology, 42,* 541-547.
Bacher, R. & Borel, R. (1975). *Empirische Untersuchung zur impliziten Theorie von Lehrern über die Intelligenz ihrer Schüler.* Unveröff. Diplomarbeit. Psychologisches Institut der Universität Heidelberg.
Backhaus, K., Erichson, B., Plinke, W. & Weiber, R. (1994). *Multivariate Analysenmethoden. Eine anwendungsorientierte Einführung.* Berlin: Springer-Verlag.
Badian, N.A. (1982). The prediction of good and poor reading before kindergarten entry: A 4-year follow-up. *Journal of Special Education, 16,* 309-318.
Badian, N.A. (1986). Improving the prediction of reading for the individual child: A four-year follow-up. *Journal of Learning Disabilities, 19,* 262-269.
Badian, N.A. (1988). The prediction of good and poor reading before kindergarten entry: A nine-year follow-up. *Journal of Learning Disabilities, 21,* 98-103.
Bahr, M.W., Fuchs, D., Stecker, P.M. & Fuchs, L.S. (1991). Are teachers' perceptions of difficult-to-teach students racially biased? *School Psychology Review, 20*(4), 599-608.
Baker, R.L., Mednick, B.R. & Hocevar, D. (1991). Utility of scales derived from teacher judgements of adolescent academic performance and psychosocial behavior. *Educational and Psychological Measurement, 51*(2), 271-286.
Balhorn, H. & Brügelmann, H. (Hrsg.) (1987). *Welten der Schrift in der Erfahrung der Kinder.* Konstanz: Faude.
Balhorn, H. & Brügelmann, H. (Hrsg.) (1989). *Jeder spricht anders. Normen und Vielfalt in Sprache und Schrift.* Konstanz: Faude.
Balhorn, H. & Brügelmann, H. (Hrsg.) (1993). *Bedeutungen erfinden - im Kopf, mit Schrift und miteinander. Zur individuellen und sozialen Konstruktion von Wirklichkeiten.* Konstanz: Faude.
Ball, E.W. & Blachman, B.A. (1991). Does phoneme segmentation training in kindergarten make a difference in early word recognition and developmental spelling. *Reading Research Quarterly, 26,* 49-66.
Baltes, P. & Reinert, G. (1969). Cohort effects in cognitive development of children as revealed by cross-sectional sequences. *Developmental Psychology, 1,* 169-177.
Bandura, A. (1977). Self-efficacy: Toward a unifying theory of behavioral change. *Psychological Review, 84,* 191-215.
Bandura, A. (1986). *Social foundations of thought and action.* Englewood Cliffs: Prentice-Hall.
Bar-Tal, D., Raviv, A. & Arad, M. (1989). Effects of information of student-teachers' stereotypic perception of pupil. *British Journal of Educational Psychology, 59*(2), 143-154.
Barnett, E.F. (1976). Student perceptions of teacher leadership functioning as related to teacher perceptions of students. *Dissertations Abstract International, 37,* 2067/68.

Baron, J. & Norman, M.F. (1992). SATs, achievement tests, and high-school class rank as predictors of college performance. *Educational and Psychological Measurement, 52*, 1047-1055.
Bartussek, D. (1979). Eine Methode zur Bestimmung von Moderatoreffekten. *Diagnostica, 16*, 57-76.
Baumeister, A. (1986). Subjektive Leistungsbeurteilung von Lehrern im Sonderschulbereich. *Psychologie in Erziehung und Unterricht, 33*(1), 46-52.
Baumert, J. (1992). Koedukation oder Geschlechtertrennung. *Zeitschrift für Pädagogik, 38*, 83-110.
Baumert, J. (1994). Grundlegende Entwicklungen im allgemeinbildenden Schulwesen in Ost- und Westdeutschland. In Arbeitsgruppe Bildungsbericht am Max-Planck-Institut für Bildungsforschung (Hrsg.) *Das Bildungswesen in der Bundesrepublik Deutschland. Strukturen und Entwicklungen im Überblick* (S. 178-291). Reinbek bei Hamburg: Rowohlt.
Baumert, J. (1996). Technisches Problemlösen im Grundschulalter: Zum Verhältnis von Alltags- und Schulwissen - Eine kulturvergleichende Studie. *Zeitschrift für Pädagogik, 34. Beiheft*, 187-209.
Baumert, J., Roeder, P.M., Sang, F. & Schmitz, B. (1986). Leistungsentwicklung und Ausgleich von Leistungsunterschieden in Gymnasialklassen. *Zeitschrift für Pädagogik, 32*, 639-660.
Baumert, J., Schmitz, B., Roeder, P.M. & Sang, F. (1989). Zur Optimierung von Leistungsförderung und Chancenausgleich in Schulklassen. *Zeitschrift für Entwicklungspsychologie und Pädagogische Psychologie, 21*, 201-222.
Baumert, J., Schmitz, B., Sang, F. & Roeder, P.M. (1987). Zur Kompatibilität von Leistungsförderung und Divergenzminderung in Schulklassen. *Zeitschrift für Entwicklungspsychologie und Pädagogische Psychologie, 19*, 249-265.
Baumgärtner, A.C. (1993). Zwischen Systematik und Spontaneität - Veränderungen im Deutschunterricht der Grundschule. In D. Haarmann (Hrsg.), *Handbuch Grundschule Bd.2* (S. 40-49). Weinheim: Beltz.
Bayerisches Staatsministerium für Unterricht und Kultus (1992). *Lehrplan für die Grundschule 1. bis 4. Jahrgangsstufe*. München: Maiss.
Beerman, L., Heller, K.A. & Menacher, P. (1992). *Mathe: nichts für Mädchen? Begabung und Geschlecht am Beispiel von Mathematik, Naturwissenschaft und Technik*. Bern: Huber.
Behling, D.U. & Williams, E.A. (1991). Influence of dress on perception of intelligence and expectations of scholastic achievement. *Clothing and Textiles Research Journal, 9*(4), 1-7.
Ben Tsvi-Mayer, S., Hertz-Lazarowitz, R. & Safir, M.P. (1989). Teachers' selections of boys and girls as prominent pupils. *Sex-Roles, 21*(3-4), 231-246.
Benbow, C.P. & Lubinski, D. (1993). Psychological profiles of the mathematically talented: some sex differences and evidence supporting their biological basis. In G.R. Bock & K. Ackrill (Eds.), *The origins and development of high ability* (pp. 44-66). Chichester: Wiley.
Bender, H. (1985). *Persönlichkeitstheorien von Grundschullehrern. Untersuchungen zu den impliziten Persönlichkeitstheorien von Lehrern in vierten Grundschulklassen*. Weinheim: Beltz.
Bergk, M. (1987). *Rechtschreibenlernen von Anfang an: Kinder schreiben ihre ersten Lesetexte selbst*. Frankfurt: Diesterweg.
Berliner, D.C. (1987). Knowledge is power. A talk to teachers about a revolution in the teaching profession. In D.C. Berliner & B.V. Rosenshine (Eds.), *Talks to teachers. A Festschrift for N.L. Gage* (pp. 3-33). New York: Random House.
Berman, A.C. (1981). The perception of trait dimensions as a function of social interaction. *Dissertation Abstracts International, 42*, 1665 B.
Berninger, V.W., Yates, C., Cartwright, A., Rutberg, J., Remy, E. & Abbott, R.D. (1992). Lower-level developmental skills in beginning writing. *Reading and Writing, 4*, 257-280.
Bickel, D.D., Zigmond, N. & Strayhorn, J. (1991). Chronological age at entrance for first grade: Effects on elementary school success. *Early Childhood Research Quarterly, 6*, 105-117.

Bildungskommission NRW (1995). *Zukunft der Bildung. Schule der Zukunft.* Denkschrift der Kommission "Zukunft der Bildung – Schule der Zukunft" beim Ministerpräsidenten des Landes Nordrhein-Westfalen. Neuwied: Luchterhand.

Binet, A. & Simon, T. (1905). Application des méthodes nouvelles au diagnostic du niveau intellectuelle chez des enfants normaux et anormaux d'hospice et d'ecole primaire. *L'année Psychologique, 11*, 245-336.

Björnsson, S., Edelstein, W. & Kreppner, K. (1977). Explorations in social inequality. Stratification dynamics in social and individual development in Iceland. *Studien und Berichte 38.* Berlin: Max-Planck-Institut für Bildungsforschung.

Blachman, B.A. (1987). An alternative classroom reading program for learning disabled and other low-achieving children. In W. Ellis (Ed.), *Intimacy with language: A forgotten basic in teacher education* (pp. 49-55). Baltimore: Orton Dyslexia Society.

Blank, M. (1968). Cognitive processes in auditory discrimination in normal and retarded readers. *Child Development, 39*, 1091-1101.

BLK (1982). *Modellversuche mit Gesamtschulen.* Auswertungsbericht der Projektgruppe Gesamtschule. Bühl/Baden: Konkordia.

Bloom, B.S. (1964). *Stability and change in human characteristics.* New York: Wiley.

Bloom, B.S. (1971). Individual differences in school achievement: A vanishing point. Annual Meeting of the American Educational Research Association. New York. Deutsch abgedruckt in W. Edelstein & D. Hopf (Hrsg.)(1973), *Bedingungen des Bildungsprozesses* (S. 251-270). Stuttgart: Klett.

Bloom, B.S. (1976). *Human characteristics and school learning.* New York: McGraw-Hill.

Bloom, B.S. (1984). The 2 sigma problem: The search for methods of group instruction as effective as one-to-one tutoring. *Educational Researcher, 13*(6), 4-16.

Blumenfeld, P.C., Pintrich, P.R., Meece, J. & Wessels, K. (1981). *The influence of instructional practices on children's criteria for judging ability, effort, and conduct.* Paper presented at the Annual Meeting of the American Educational Research Association, Los Angeles.

Blumenfeld, P.C., Pintrich, P.R., Meece, J. & Wessels, K. (1982). The formation and role of self perceptions of ability in elementary classrooms. *Elementary School Journal, 82*, 401-420.

Blumenstock, L. (1979). *Prophylaxe der Lese- und Rechtschreibschwäche.* Weinheim: Beltz.

Blumenstock, L. (1987). Brauchen wir einen Fibel-Lehrgang zum Schriftsprach-Erwerb? In H. Balhorn & H. Brügelmann (Hrsg.), *Welten der Schrift in der Erfahrung der Kinder* (S. 207-213). Konstanz: Faude.

Blumenstock, L. (1993). Schriftspracherwerb: mit oder ohne Fibel? In D. Haarmann (Hrsg.), *Handbuch Grundschule Bd.2* (S. 81-99). Weinheim: Beltz.

Bobrow, D.G. (1964). *Natural language input for a computer problem solving system.* Doctoral thesis, MIT, September 1964.

Bofinger, J. (1990). *Neuere Entwicklungen des Schullaufbahnverhaltens in Bayern. Schulwahl und Schullaufbahnen an Gymnasien, Real- und Wirtschaftsschulen von 1974/75 bis 1986/87.* München: Ehrenwirth.

Boland, T. (1993). The importance of being literate: Reading development in primary school and its consequences for the school career in secondary education. *European Journal of Psychology of Education, 8*, 289-306.

Bond, G.L. & Dykstra, R. (1967). The cooperative research program in first-grade reading. *Reading Research Quarterly, 2*, 5-142.

Bönsch, M. (1994). Bildung in der Schule. In N. Seibert & H.J. Serve (Hrsg.), *Bildung und Erziehung an der Schwelle zum dritten Jahrtausend* (S. 21-45). München: PimS-Verlag.

Bornstein, M.H. (1978). Psychology and anthropology: Cross-cultural studies in thinking and intelligence. *Intelligence, 2*, 393-403.

Bortz, J. & Döring, N. (1995). *Forschungsmethoden und Evaluation* (2. Aufl.). Heidelberg: Springer.

Bosch, B. (1937). *Grundlagen des Erstleseunterrichts.* Leipzig: Barth.

Boteram, N. (1976). *Pygmalions Medium.* Rheinstetten: Schindele.
Boucher, C.R. (1981). Teacher attributioning in decision making. *Psychology in the Schools, 18,* 115-120.
Bowey, J.A. & Francis, J. (1991). Phonological analysis as a function of age and exposure to reading instruction. *Applied Psycholinguistics, 12,* 91-121.
Bowlby, J. (1969). *Attachment and loss.* New York: Basic Books.
Bradley, L. (1988). Making connections in learning to read and to spell. *Applied Cognitive Psychology, 2,* 3-18.
Bradley, L. & Bryant, P.E. (1983). Categorizing sounds and learning to read - a causal connection. *Nature, 301,* 419-421.
Bradley, L. & Bryant, P.E. (1985). *Rhyme and reason in reading and spelling.* Ann Arbor: University of Michigan Press.
Brady, S.A. & Shankweiler, D.P. (Eds.) (1991). *Phonological processes in literacy - A tribute to Isabelle Y. Liberman.* Hillsdale, NJ: Erlbaum.
Brainerd, C.J. & Allen, T. (1971). Experimental inductions of the conservation of "first-order" quantitative invariants. *Psychological Bulletin, 75,* 128-144.
Briars, D.J. & Larkin, J.H. (1984). An integrated model of skill in solving elementary word problems. *Cognition and Instruction, 1,* 245-296.
Brickenkamp, R. (1972). *Konzentrationstest d2.* Göttingen: Hogrefe.
Brickenkamp, R. (1975). *Handbuch psychologischer und pädagogischer Tests.* Göttingen: Verlag für Psychologie.
Brickenkamp, R. (1981). *Test d2 - Aufmerksamkeits-Belastungs-Test. Handanweisung (7. Aufl.).* Göttingen: Hogrefe.
Brickenkamp, R. (1983). *Erster Ergänzungsband zum Handbuch psychologischer und pädagogischer Tests.* Göttingen: Verlag für Psychologie.
Bromme, R. (1992a). Aufgabenauswahl als Routine: Die Unterrichtsplanung im Schulalltag. In K. Ingenkamp, R.S. Jäger, H. Petillon & B. Wolf (Hrsg.), *Empirische Pädagogik 1970-1990. Eine Bestandsaufnahme der Forschung in der Bundesrepublik Deutschland. Band II* (S. 535-544). Weinheim: Deutscher Studienverlag.
Bromme, R. (1992b). *Der Lehrer als Experte. Zur Psychologie des professionellen Wissens.* Bern: Huber.
Bronfenbrenner, U. (1963). Developmental theory in transition. *Child Psychology. The Sixty-second Yearbook of the National Society for the Study of Education. Part 1..* Chicago: Chicago Press, 517-542.
Bronfenbrenner, U. (1976). *Ökologische Sozialisationsforschung.* Stuttgart: Klett 1976.
Bronfenbrenner, U. (1981). *Die Ökologie der menschlichen Entwicklung.* Stuttgart: Klett-Cotta.
Brookover, W. & Gottlieb, D. (1964). Students' self-concept of ability and learning. In W. Brookover & D. Gottlieb (Eds.), *A sociology of education* (pp. 468-481). New York: American Book Company.
Brooks, D.M. & Wilson, B.J. (1978). Teacher verbal and nonverbal behavioral expression toward selected pupils. *Journal of Educational Psychology, 10,* 147-153.
Brophy, J.E. (1979). Teacher behavior and its effects. *Journal of Educational Psychology, 71,* 733-750.
Brophy, J.E. (1983). Research on the self-fulfilling prophecy and teacher expectations. *Journal of Educational Psychology, 75,* 631-666.
Brophy, J.E. (1986). Teacher influences on student achievement. *American Psychologist, 41,* 1069-1077.
Brophy, J.E. & Evertson, C.M. (1976). *Learning from teaching.* Boston: Allyn & Bacon.
Brophy, J.E. & Good, T.L. (1970). Teachers' communication of differential expectations for children's classroom performance: Some behavioral data. *Journal of Educational Psychology, 61,* 365-374.

Brophy, J.E. & Good, T.L. (1974). *Teacher-student relationships. Causes and consequences.* New York: Holt, Rinehart & Winston.
Brophy, J.E. & Good, T.L. (1986). Teacher behavior and student achievement. In M.C. Wittrock (Ed.), *Handbook of research on teaching* (3rd ed., pp. 328-375). New York: Macmillan.
Brown, J.S., Collins, A. & Duguid, P. (1989). Situated cognition and the culture of learning. *Educational Researcher, 18*, 32-42.
Brox, J. (1991). *Diagnose und Förderung des Problemlösens bei Schülern in Baden-Württemberg.* Unveröffentl. Manuskript. München: LMU.
Brügelmann, H. (1984). Lesen- und Schreibenlernen als Denkentwicklung. *Zeitschrift für Pädagogik, 30*, 69-91.
Brügelmann, H. (1986a). *Kinder auf dem Wege zur Schrift.* Konstanz: Faude.
Brügelmann, H. (1986b). *Lese- und Schreibaufgaben für Schulanfänger.* Universität Bremen.
Brügelmann, H. (1994). Wo genau liegen geschlechtsspezifische Unterschiede beim Schriftspracherwerb? Eine kritische Übersicht über den Forschungsstand. In S. Richter & H. Brügelmann (Hrsg.), *Mädchen lernen anders lernen Jungen* (S. 27-35). Bottighofen: Libelle.
Brügelmann, H. & Balhorn, H. (Hrsg.) (1990). *Das Gehirn, sein Alfabet und andere Geschichten.* Konstanz: Faude.
Brügelmann, H., Balhorn, H. & Füssenich, I. (Hrsg.) (1995). *Am Rande der Schrift. Zwischen Sprachenvielfalt und Analphabetismus.* Lengwil am Bodensee: Libelle.
Bruininks, V.L. & Mayer, J.H. (1979). Longitudinal study of cognitive abilities and academic achievement. *Perceptual and Motor Skills, 48*, 1011-1021.
Bruner, J.S. (1960). *The process of education.* Cambridge, Mass: Harvard University Press.
Bruner, J.S. (1966). *Toward a theory of instruction.* Cambridge, MA: Harvard University Press.
Bryant, P.E., Bradley, L., Maclean, M. & Crossland, J. (1989). Nursery rhymes, phonological skills and reading. *Journal of Child Language, 16*, 407-428.
Bryk, A.S. & Raudenbush, S.W. (1992). *Hierarchical linear models. Applications and data analysis methods.* Newbury Park, CA: Sage Publications.
Bryk, A.S., Raudenbush, S.W. & Congdon, R.T. (1994). *Hierarchical linear modeling with the HLM/2L and HLM/3L programs.* Chicago: Scientific Software International.
Buckalew, L.W., Skinner, N. & Ross, S. (1990). Student- and instructor-hold stereotypes about academic performance: Food for Pygmalia? *College-Student-Journal*, 1990, 24(3), 220-227.
Buckert, U., Meyer, W.-U. & Schmalt, H.-D. (1979). Effects of difficulty and diagnosticity on choice among tasks in relation to achievement motivation and perceived ability. *Journal of Personality and Social Psychology, 37*, 1172-1178.
Buff, A. (1991a). *Persönlichkeitsentwicklung im Umfeld des Übertritts in die Sekundarstufe I.* Dissertation, Universität Zürich.
Buff, A. (1991b). Schulische Selektion und Selbstkonzeptentwicklung. In R. Pekrun & H. Fend (Hrsg.), *Schule und Persönlichkeitsentwicklung. Ein Resumee der Längsschnittforschung* (S. 100-114). Stuttgart: Enke.
Buggle, F. (1985). *Die Entwicklungspsychologie Jean Piagets.* Stuttgart: Kohlhammer
Bullock, M. & Ziegler, A. (1993). *Scientific Thinking.* In F.E. Weinert & W. Schneider (Eds.) The Munich Longitudinal Study of Individual Competencies (LOGIC) (pp. 59-89). Report No. 10. Munich: Max Planck Insitute for psychological Research.
Bullock, M. & Ziegler, A. (1994). *Scientific Thinking.* In F.E. Weinert & W. Schneider (Eds.) The Munich Longitudinal Study of Individual Competencies (LOGIC) (pp. 56-76). Report No. 11. Munich: Max Planck Insitute for psychological Research.
Bullock, M., Ziegler, A. & Martin, S. (1993). *Scientific Thinking.* In F.E. Weinert & W. Schneider (Eds.) The Munich Longitudinal Study of Individual Competencies (LOGIC) (pp. 67-110). Report No. 9. München: Max-Planck-Insitut für psychologische Forschung.
Burstein, L. (1980). The analysis of multilevel data in educational research and evaluation. *Review of Educational Research, 8*, 158-233.

Burstein, L., Kim, K.-S. & Delandshere, G. (1989). Multilevel investigations of systematically varying slopes: Issues, alternatives, and consequences. In R.D. Bock (Ed.), *Multilevel analysis of educational data* (pp. 233-276). San Diego: Academic Press.

Butler, R. (1994). Teacher communications and student interpretations: Effects of teacher responses to failing students attributional inferences in two age groups. *British Journal of Educational Psychology, 64*(2), 277-294.

Butler, S.R., Marsh, H.W., Sheppard, M.J. & Sheppard, J.L. (1985). Seven-year longitudinal study of the early prediction of reading achievement. *Journal of Educational Psychology, 77*, 349-361.

Butler-Por, N. (1987). *Underachievers in school: Issues and intervention.* Chichester: Wiley.

Butler-Por, N. (1993). Underachieving gifted students. In K.A. Heller, F.J. Mönks & A.H. Passow (Eds.), *International handbook of research and development of giftedness and talent* (pp. 649-668). Oxford: Pergamon.

Byrne, B. & Fielding-Barnsley, R. (1989). Phonemic awareness and letter knowledge in the child's acquisition of the alphabetic principle. *Journal of Educational Psychology, 81*, 313-321.

Byrne, B. & Fielding-Barnsley, R. (1990). Acquiring the alphabetic principle: A case for teaching recognition of phoneme identity. *Journal of Educational Psychology, 82*, 805-812.

Byrne, B. & Fielding-Barnsley, R. (1993). Evaluation of a program to teach phonemic awareness to young children: A 1-year follow-up. *Journal of Educational Psychology, 85*, 104-111.

Byrne, B.M. (1984). The general/academic self-concept nomological network: A review of construct validation research. *Review of Educational Research, 54*, 427-456.

Byrne, B.M. (1986). Self-concept/academic achievement relations: An investigation of dimensionality, stability, and causality. *Canadian Journal of Behavioural Science, 18*, 173-186.

Byrne, B.M. (1989). *A primer of LISREL: Basic Applications and programming for confirmatory factor analytic models.* New York: Springer.

Cahan, S. & Cohen, N. (1989). Age versus schooling effects on intelligence development. *Child Development, 60*, 1239-1249.

Calderhead, J. (1981). A psychological approach to research on teachers' classroom decision-making. *British Educational Research Journal, 7*, 51-57.

Calfee, R.C., Chapman, R. & Venezky, R.L. (1972). How a child needs to think to learn to read. In L.W. Gregg (Ed.), *Cognition in learning and memory* (pp. 139-182). New York: Wiley & Sons.

Carey, S. & Gelman, R. (1991). *The epigenesis of mind: Essays on biology and cognition.* Hillsdale, NJ: Erlbaum.

Carpenter, T.P., Corbitt, M.K., Kepner, H.S., Lindquist, M.M. & Reys, R.E. (1980). Solving verbal problems: Results and implications for National Assessment. *Arithmetic Teacher, 28*, 8-12.

Carpenter, T.P., Hiebert, J. & Moser, J.M. (1981). The effect of problem structure on first-grader's initial solution processes for simple addition and subtraction problems. *Journal for Research in Mathematics Education, 12*, 27-39.

Carpenter, T.P. & Moser, J.M. (1982). The development of addition and subtraction problem-solving skills. In T.P. Carpenter, J.M. Moser & T. Romberg (Eds.), *Addition and subtraction: a cognitive perspective* (pp. 9-24). Hillsdale, NJ: Lawrence Erlbaum.

Carr, M. & Borkowski, J.G. (1987). Metamemory in gifted children. *Gifted Child Quarterly, 31*, 40-44.

Carroll, J.B. (1964). A model of school learning. *Teachers College Record, 64*, 723-733.

Case, R. (1985). *Intellectual development: Birth to adulthood.* Orlando, FL: Academic Press.

Case, R. (1992). Neo-Piagetian theories of child development. In R.J. Sternberg & C.A. Berg (Eds.), *Intellectual development* (pp. 161-196). Cambridge: Cambridge University Press.

Case, R. & Edelstein, W. (1993). Introduction: Structural approaches to individual differences. *Contributions to Human Development, 23*, 1, 1-10.

Cattell, R.B. (1963). Theory of fluid and crystallized intelligence: A critical experiment. *Journal of Educational Psychology, 54*, 1-22.

Cattell, R.B. & Weiß, R.H. (1970). *Grundintelligenztest - Culture Fair Test (CFT)*. Braunschweig: Westermann (3. Aufl. 1987).

Cattell, R.B. & Weiß, R.H. (1972). *Grundintelligenztest CFT 2*. Braunschweig: Westermann.

Cattell, R.B., Barton, K. & Dielman, T.E. (1972). Prediction of school achievement from motivation, personality and ability measures. *Psychological Reports, 30*, 35-43.

Ceci, S.J. (1991). How much does schooling influence general intelligence and its cognitive components? A reassessment of the evidence. *Developmental Psychology, 27(5)*, 703-722.

Chall, J.S. (1967). *Learning to read: The great debate*. New York: McGraw-Hill.

Chall, J.S. (1983). *Stages of reading development*. New York: McGraw-Hill.

Chomsky, C. (1969). *The acquisition of syntax in children from 5 to 10*. Cambridge, MA: MIT Press.

Chomsky, C. (1970). Reading, writing and phonology. *Harvard Educational Review, 40*, 287-309.

Chow, S.-L. (1990a). Teacher's expectancy and its effects: A tutorial review. *Zeitschrift für Pädagogische Psychologie, 4(3)*, 147-159.

Chow, S.-L. (1990b). Science and conceptual rigor: Rejoinder to "Some differing viewpoints on doing psychological science." *Zeitschrift für Pädagogische Psychologie, 4(3)*, 173-175.

Clark, C.M. & Peterson, P.L. (1986). Teachers' thought processes. In M.C. Wittrock (Ed.), *Handbook of research on teaching* (3rd ed., pp. 255-296). New York: Macmillan.

Clarke, A.M. & Clarke, A.D. (1989). The later cognitive effects of early intervention. *Intelligence, 13*, 289-297.

Clarke-Stewart, K.A. (1991). A home is not a school: The effects of child care on children's development. *Journal of Social Issues, 47*, 105-123.

Clarridge, P.B. & Berliner, D.C. (1991). Perceptions of student behavior as a function of expertise. *Journal of Classroom Interaction, 26(1)*, 1-8.

Clemmer, S.C., Klifman, T.J. & Bradley Johnson, S. (1992). Long-term predictive validity of the Cognitive Ability Scales. *Journal of Psychoeducational Assessment, 10*, 265-275.

Cobb, Ch.W. & Douglas, P.H. (1928). A theory of production. *American Economic Review, 18*, 139-165.

Cohen, J. (1988). *Statistical power analysis for the behavioral sciences*. Hillsdale, NJ: Erlbaum.

Coleman, J.S. et al. (1966). *Equality of educational opportunity*. Washington, D.C.: U.S. Office of Education.

Collins, A.M. & Loftus, E.F. (1975). A spreading-activation theory of semantic processing. *Psychological Review, 82*, 407-428.

Coltheart, M. (1978). Lexical access in a simple reading task. In G. Underwood (Ed.), *Strategies in information processing* (pp. 151-216). New York: Academic Press.

Coltheart, M. & Rastle, K. (1994). Serial processing in reading aloud: Evidence for dual-route models of reading. *Journal of Experimental Psychology: Human Perception and Performance, 20*, 1197-1211.

Conrad, S. & Wolf, B. (in Vorb.). *Der Kindergarten und seine Kontextbedingungen in humanökologischer Sicht. Ein theoretisches Rahmenmodell*.

Cooper, H.M. (1983). Communication of teacher expectations to students. In J.M. Levine & M.C. Wang (Eds.), *Teacher and student perceptions: Implications for learning* (pp. 193-211). Hillsdale, NJ: Lawrence Erlbaum.

Cooper, H.M. & Baron, R.M. (1979). Academic expectations, attributed responsibility, and teachers reinforcement behavior: A suggested integration of conflicting literature. *Journal of Educational Psychology, 72*, 274-277.

Cooper, H.M. & Burger, J.M. (1980). How teachers explain students' academic performance: A categorization of free response academic attributions. *American Educational Research Journal, 17*, 95-109.

Corno, L. & Snow, R.E. (1986). Adapting teaching to individual differences among learners. In M.C. Wittrock (Ed.), *Handbook of research on teaching* (3rd ed., pp. 605-629). New York: Macmillan.

Covington, M.V. (1992). *Making the grade. A self-worth perspective on motivation and school reform.* Cambridge: Cambridge University Press.

Cox, T. (1987). Slow starters versus long term backward readers. *British Journal of Educational Psychology, 57*, 73-86.

Crandall, V.C. (1969). Sex differences in expectancy of intellectual and academic reinforcement. In C.P. Smith (Ed.), *Achievement-related motives in children* (pp. 11-45). New York: Russell Sage.

Creemers, B. & Reynolds, D. (1990). School effectiveness and school improvement: A mission statement. *School Effectiveness and School Improvement, 1*, 1-3.

Cromer, W. (1970). The difference model: A new explanation for some reading difficulties. *Journal of Educational Psychology, 61*, 471-483.

Cronbach, L.J. (1957). The two disciplines of scientific psychology. *American Psychologist, 12*, 671-684.

Cronbach, L.J. (1975). Beyond the two disciplines of scientific psychology. *American Psychologist, 30*, 116-127.

Cummins, D. (1991). Children's Interpretations of Arithmetic Word Problems. *Cognition and Instruction, 8*, 261-289.

Cummins, D., Kintsch, W., Reusser, K. & Weimer, R. (1988). The role of understanding in solving word problems. *Cognitive Psychology, 20*, 405-438.

Cunningham, W.G. (1975). The impact of student-teacher pairings on teacher effectiveness. *American Educational Research Journal, 12*, 169-189.

Dann, H.D., Tennstädt, K.C., Humpert, W. & Krause, F. (1987). Subjektive Theorien und erfolgreiches Handeln von Lehrer/-innen bei Unterrichtskonflikten. *Unterrichtswissenschaft, 15*, 306-320.

Dar, Y. & Resh, N. (1986). Classroom intellectual composition and academic achievement. *American Educational Research Journal, 23*, 357-374.

Dave, R.H. (1963). *The identification and measurement of environmental process variables that are related to educational achievement.* Unpublished doctoral dissertation. Chicago: University of Chicago.

Dawydow, W.W. (1977). *Arten der Verallgemeinerung im Unterricht.* Berlin: Volk und Wissen.

Dawydow, W.W. (Davydov) (1988). Problems of developmental teaching. *Soviet Education, 30*(8), 15-97; *30*(9), 3-83; *30*(10), 3-77.

Dawydow, W.W., Lompscher, J. & Markowa, A.K. (Hrsg.) (1982). *Ausbildung der Lerntätigkeit bei Schülern.* Berlin/Moskau: Volk und Wissen/Pedagogika.

De Corte, E. (1995). Fostering cognitive growth: A perspective from research on mathematics learning and instruction. *Educational Psychologist, 30*, 37-46.

De Corte, E. & Verschaffel, L. (1991). Confronting computer models of children's word problem solving with empirical data. In P.L. Dann, S.H. Irvine. & J.M. Collis (Eds.), *Advances in computer-based assessment* (pp. 205-218). Dordrecht: Kluwer Academic Press.

De Corte, E., Verschaffel, L. & de Win, L. (1985). Influence of rewording verbal problems on children's problem representations and solutions. *Journal of Educational Psychology, 77*, 460-470.

Deci, E.L. & Ryan, R.M. (1985). *Intrinsic motivation and self-determination in human behavior.* New York: Plenum Press.

Deci, E.L. & Ryan, R.M. (1991). A motivational approach to self: Integration in personality. In R. Dienstbier (Ed.), *Nebraska Symposium on Motivation. Perspectives on Motivation* (Vol. 38, pp. 237-288). Lincoln, NE: University of Nebraska Press.

Deci, E.L. & Ryan, R.M. (1993). Die Selbstbestimmungstheorie der Motivation und ihre Bedeutung für die Pädagogik. *Zeitschrift für Pädagogik, 39*, 223-228.

Deci, E.L., Hodges, R., Pierson, L.H. & Tomassone, J. (1992). Autonomy and competence as motivational factors in students with learning disabilities and emotional handicaps. *Journal of Learning Disabilities, 25*(7), 457-471.

DeFries, J.C., Stevenson, J., Gillis, J.J. & Wadsworth, S.J. (1991). Genetic etiology of spelling deficits in the Colorado and London Twin Studies of Reading Disabilities. *Reading and Writing, 3*, 271-284.

Dehn, M. (1988). *Zeit für die Schrift. Lesenlernen und Schreibenkönnen.* Bochum: Kamp.

Dehn, M. (1994). Wie Kinder Schriftsprache erlernen - Ergebnisse aus einer Längsschnittuntersuchung. In I. Naegele & R. Valtin (Hrsg.), *Rechtschreibunterricht in den Klassen 1-6* (S. 23-31). Frankfurt: Arbeitskreis Grundschule.

DeLeeuw, J. & Kreft, I. (1995). Questioning multilevel models. *Journal of Educational and Behavioral Statistics, 20*, 171-189.

Dempster, F.N. (1991). Inhibitory processes: A neglected dimension of intelligence. *Intelligence, 15*, 157-173.

Deutscher Bildungsrat (1970). *Empfehlungen der Bildungskommission: Strukturplan für das Bildungswesen.* Stuttgart: Klett.

Diesterweg, F.A.W. (1844). *Wegweiser zur Bildung für deutsche Lehrer* (3. Aufl.). Essen: Bädeker.

Ditton, H. (1992). *Ungleichheit und Mobilität durch Bildung. Theorie und empirische Untersuchung über sozialräumliche Aspekte von Bildungsentscheidungen.* Weinheim, München: Juventa.

Ditton, H. & Krecker, L. (1995). Qualität von Schule und Unterricht. Empirische Befunde zu Fragestellungen und Aufgaben der Forschung. *Zeitschrift für Pädagogik, 41*(4), 507-529.

Dobrick, M. & Hofer, M. (1991). *Aktion und Reaktion. Die Beachtung des Schülers im Handeln des Lehrers.* Göttingen: Hogrefe.

Dohn, H. (1991). "Drop-out" in the Danish High School (Gymnasium): An investigation of psychological, sociological and pedagogical factors. *Internationale Zeitschrift für Erziehungswissenschaft, 37*(4), 415-428.

Dornbusch, S.M. (1994). Off the track. *Biennial Convention of the Society for Research on Adolescence, San Diego*, April, 10-13, 1994, San Diego.

Downing, J. & Valtin, R. (Eds.) (1984). *Language awareness and learning to read.* New York, Berlin: Springer.

Doyle, W. (1986). Classroom organization and management. In M.C. Wittrock (Ed.), *Handbook of research on teaching* (3rd ed., pp. 392-431). New York: Macmillan.

Draper, D. (1995). Inference and hierarchical modeling in the social sciences. *Journal of Educational and Behavioral Statistics, 20*, 115-148.

Dumke, D. (1977). Die Auswirkungen von Lehrererwartungen auf Intelligenz und Schulleistungen. *Psychologie in Erziehung und Unterricht, 24*(2), 93-108.

Duncker, K. (1935). *Zur Psychologie des produktiven Denkens.* Berlin 1963: Springer.

Duncker, L. & Popp, W. (1993). Der schultheoretische Ort des Sachunterrichts - Zur Notwendigkeit einer schultheoretischen Perspektive auf anthropologischer Basis. In D. Haarmann (Hrsg.), *Handbuch Grundschule. Band 2* (S. 239-250). Weinheim: Beltz.

Dweck, C.S. (1996). Implicit theories as organizers of goals and behavior. In P.M. Gollwitzer & J.A. Bargh (Eds.), *The psychology of action* (pp. 69-90). New York, London: The Guilford Press.

Dweck, C.S. & Bush, E.S. (1976). Sex differences in learned helplessness: I. Differential debilitation with peer and adult evaluators. *Developmental Psychology, 12*, 147-156.

Dweck, C.S. & Elliott, E.S. (1983). Achievement motivation. In P.M. Mussen (Ed.), *Handbook of child psychology: Vol. 4. Socialization, personality, and social development* (pp. 643-691). New York: Wiley.

Dweck, C.S. & Leggett, E.L. (1988). A social-cognitive approach to motivation and personality. *Psychological Review, 95,* 256-273.

Dweck, C.S. & Repucci, N.D. (1973). Learned helplessness and reinforcement responsibility in children. *Journal of Personality and Social Psychology, 25,* 109-116.

Dykstra, R. (1968). Summary of the second-grade phase of the Cooperative Research Programm in primary reading instruction. *Reading Research Quarterly, 4,* 49-70.

Eccles, J.S. & Midgley, C. (1989). Stage-environment Fit: Developmentally appropriate classrooms for young adolescents. In C. Ames & R. Ames (Eds.), *Research on Motivation, Volume 3. Goals and Cognitions* (pp. 139-186). Orlando, Fl: Academic Press.

Eccles, J.S., Wigfield, A., Harold, R.D. & Blumenfeld, P.C. (1993). Age and gender differences in children's self- and task perceptions during elementary school. *Child Development, 64,* 830-847.

Eckel, K. (1968). *Klasseneffekt und Messung der Schülerleistung. Forschungsbericht.* Frankfurt/Main: Deutsches Institut für Internationale Pädagogische Forschung.

Eckel, K. (1969). Bedeutung des Klasseneffekts für die schulpädagogische Forschung. *Programmiertes Lernen und programmierter Unterricht, 3,* 97-113.

Edelstein, W. (1983). Cultural constraints on development and the vicissitudes of progress. In F.S. Kessel & A.W. Siegel (Eds.), *The child and other cultural inventions* (pp. 48-81). New York: Praeger.

Edelstein, W. (1993). Soziale Konstruktion und die Äquilibration kognitiver Strukturen. Zur Entstehung individueller Unterschiede in der Entwicklung. In W. Edelstein & S. Hoppe-Graff (Hrsg.), *Die Konstruktion kognitiver Strukturen* (S. 92-106). Bern: Huber.

Edelstein, W. (1996). The social construction of cognitive development. In G. Noam & K. Fischer (Eds.), *Development and vulnerability in close relationships* (pp. 91-112). Mahwah, NJ: Erlbaum.

Edelstein, W., Grundmann, M., Hofmann, V. & Schellhas, B. (1992). *Family determinants and cognitive consequences of the development of anxiety and depression.* Poster auf der V. European Conference on Developmental Psychology, Sevilla, 6.-9. September 1992.

Edelstein, W., Keller, M. & Schröder, E. (1990). Child development and social structure: A longitudinal study of individual differences. In P.B. Baltes, D.L. Featherman & R.M. Lerner (Eds.), *Life-span development and behavior* (Vol. 10, pp. 152-185). Hillsdale, NJ: Erlbaum.

Edelstein, W., Sang, F. & Stegelmann, W. (1968). *Unterrichtsstoffe und ihre Verwendung in der 7. Klasse der Gymnasien in der BRD (Teil I). Eine empirische Untersuchung* (Studien und Berichte, Nr. 12). Berlin: Max-Planck-Institut für Bildungsforschung.

Ehri, L.C. (1984). How orthography alters spoken language. In J. Downing & R. Valtin (Eds.), *Language awareness and learning to read* (pp. 119-147). New York: Springer.

Ehri, L.C. (1995). Phases of development in learning to read words by sight. *Journal of Research in Reading, 18,* 116-125.

Ehri, L.C. & Wilce, L.S. (1985). Movement into reading: Is the first stage of printed word learning visual or phonetic? *Reading Research Quarterly, 20,* 163-179.

Ehri, L.C. & Wilce, L.S. (1987a). Does learning to spell help beginners learn to read words? *Reading Research Quarterly, 22,* 47-65.

Ehri, L.C. & Wilce, L.S. (1987b). Cipher versus cue reading: An experiment in decoding acquisition. *Journal of Educational Psychology, 79,* 3-13.

Einsiedler, W. (1981). *Lehrmethoden.* München: Urban & Schwarzenberg.

Einsiedler, W. (1991). *Ergebnisse und Probleme der Forschung zur Schulleistung in der Grundschule.* Nürnberg: Universität Erlangen-Nürnberg.

Einsiedler, W. (1994). Der Sachunterricht in der Grundschule als Voraussetzung für Allgemeinbildung. *Grundschulmagazin, 9,* 38-42.

Einsiedler, W. (1996). Research on instructional methods: A European perspective. In R.D. Tennyson & F. Schott (Eds.), *Instructional design: International perspectives.* Vol. I. Hillsdale, NJ: Erlbaum.

Einsiedler, W. & Treinies, G. (in Druck). Effects of teaching methods, class effects, and patterns of cognitive teacher-pupil interactions in an experimental study in primary school classes. *School Effectiveness and School Improvement.*
Elashoff, J.D. & Snow, R.E. (Hrsg.) (1972). *Pygmalion auf dem Prüfstand.* München: Kösel.
Elder, G.H. (1974). *Children of the great depression.* Chicago: University of Chicago Press.
Elder, G.H. & Caspi, A. (1988). Human development and social change: an emerging perspective on the life course. In N. Bolger, A. Caspi, G. Downey & M. Moorehouse (Eds.), *Persons in context: Developmental processes* (pp. 77-113). New York: Cambridge University Press.
Elder, G.H., Van Nguyen, T. & Caspi, A. (1985). Linking family hardship to children's lives. *Child Development, 56,* 361-375.
Elkonin, D.B. (1989). *Izbrannye psichologiceskie trudy.* Moskau: Pedagogika.
Epstein, S. (1973). The self-concept revisited or a theory of a theory. *American Psychologist, 28,* 404-416.
Epstein, S. (1990). Cognitive-experiential self theory: Implications for developmental psychology. In M. Gunnar & L.A. Sroufe (Eds.), *Minnesota Symposia on child psychology: Self processes and development* (Vol. 23, pp. 79-123). Hillsdale, NJ: Erlbaum.
Erdmann, B. & Dodge, R. (1898). *Psychologische Untersuchungen über das Lesen auf experimenteller Grundlage.* Halle: Niemeyer.
Ericsson, K.A. & Crutcher, R.J. (1990). The nature of exceptional performance. In P.B. Baltes, D.L. Featherman & R.M. Lerner (Eds.), *Life-span development and behavior* (Vol. 10, pp. 187-217). Hillsdale, NJ.: Erlbaum.
Ericsson, K.A. & Lehmann, A.C. (1996). Expert and exceptional performance: Evidence of maximal adaptation to task contraints. *Annual Review of Psychology, 47.*
Ericsson, K.A., Krampe, R.T. & Tesch-Römer, C. (1993). The role of deliberate practice in the acquisition of expert performance. *Psychological Review, 100,* 363-406.
Erikson, E.H. (1966). *Identität und Lebenszyklus.* Frankfurt/Main: Suhrkamp Verlag.
Eysenck, H.J. (1965). Persönlichkeitstherorie und Psychodiagnostische Tests. *Diagnostica, 11,* 3-27.
Eysenck, M.W. (1979). Anxiety, learning, and memory. A reconceptualization. *Journal of Research in Personality, 13,* 363-385.
Faber, G. (1992). Bereichsspezifische Beziehungen zwischen leistungsthematischen Schülerselbstkonzepten und Schulleistungen. *Zeitschrift für Entwicklungspsychologie und Pädagogische Psychologie, 24,* 66-82.
Fagan, J.F. & McGrath, S.K. (1981). Infant recognition memory and later intelligence. *Intelligence, 5,* 121-130.
Fajans, S. (1933). Die Bedeutung der Entfernung für die Stärke eines Aufforderungscharakters beim Säugling und Kleinkind. *Psychologische Forschung, 17,* 215-267.
Fauser, P. (1991). Grundsatzdiskussion IV: Die pädagogische Freiheit von Lehrerinnen und Lehrern. Utopie oder Realität? In D. Haarmann (Hrsg.), *Handbuch Grundschule. Band 1* (S. 268-281). Weinheim: Beltz.
Felson, R.B. & Reed, M.D. (1986). Reference groups and self-appraisals of academic ability and performance. *Social Psychology Quarterly, 49,* 103-109.
Fend, H. (1974a). *Gesellschaftliche Bedingungen schulischer Sozialisation.* Weinheim: Beltz.
Fend, H. (1974b). *Koordinaten einer Theorie der schulischen Sozialisation* (2. Aufl.). Forschungsberichte 15. Konstanz: Universität (SFB 23).
Fend, H. (1976). Sozialisationseffekte unterschiedlicher Schulformen. In H.-D. Haller & D. Lenzen (Hrsg.), *Jahrbuch für Erziehungswissenschaft, Lehrjahre in der Bildungsreform: Resignation oder Rekonstruktion?* (S. 47-88). Stuttgart: Klett.
Fend, H. (1977). *Schulklima: Soziale Einflußprozesse in der Schule. Soziologie der Schule II,1.* Weinheim: Beltz.
Fend, H. (1980). *Theorie der Schule.* München: Urban & Schwarzenberg.

Fend, H. (1982). *Gesamtschule im Vergleich: Bilanz der Ergebnisse des Gesamtschulversuchs*. Weinheim: Beltz.
Fend, H. (1984). Selbstbezogene Kognitionen und institutionelle Bewertungsprozesse im Bildungswesen: Verschonen schulische Bewertungsprozesse den "Kern der Persönlichkeit"? *Zeitschrift für Sozialisationsforschung und Erziehungssoziologie, 4(2)*, 251-270.
Fend, H. (1991a). *Identitätsentwicklung in der Adoleszenz. Lebensentwürfe, Selbstfindung und Weltaneignung in beruflichen, familiären und politisch-weltanschaulichen Bereichen. Entwicklungspsychologie der Adoleszenz in der Moderne. Bd. II*. Bern: Verlag Hans Huber.
Fend, H. (1991b). Schule und Persönlichkeit: Eine Bilanz der Konstanzer Forschungen zur "Sozialisation in Bildungsinstitutionen". In R. Pekrun & H. Fend (Hrsg.), *Schule und Persönlichkeitsentwicklung. Ein Resümee der Längsschnittforschung* (Bd. 11, S. 9-32). Stuttgart: Enke.
Fend, H. (1994). *Die Entdeckung des Selbst und die Verarbeitung der Pubertät*. Bern: Huber.
Fend, H. (1996). *Der Umgang mit Schule in der Adoleszenz. Aufbau und Verlust von Motivation und Selbstachtung. Entwicklungspsychologie der Adoleszenz in der Moderne, Bd. 4*. Bern: Huber.
Fend, H. & Stöckli, G. (1997). Der Einfluß des Bildungssystems auf die Humanentwicklung: Entwicklungspsychologie der Schulzeit. In F.E. Weinert (Hrsg.), *Psychologie des Unterrichts und der Schule. Enzyklopädie der Psychologie, Serie Pädagogische Psychologie* (Bd. 3, S. 1-35). Göttingen: Hogrefe.
Fend, H., Knörzer, W., Nagl, W., Specht, W. & Väth-Szusdziara, R. (1976). *Gesamtschule und dreigliedriges Schulsystem – eine Vergleichsstudie über Chancengleichheit und Durchlässigkeit*. (Gutachten und Studien der Bildungskommission des Deutschen Bildungsrates). Stuttgart: Klett.
Fend, H., Knörzer, W., Nagl, W., Specht, W. & Väth-Szusdziara, R. (1976). *Sozialisationseffekte der Schule. Soziologie der Schule II*. Weinheim: Beltz.
Ferdinand, W. (1972). Über die Erfolge des ganzheitlichen und des synthetischen Schreib-(Lese-)Unterrichts in der Grundschule. *Zeitschrift für Entwicklungspsychologie und Pädagogische Psychologie, 4*, 105-117.
Fields, J.I. (1992). Survival mathematics and its relationship to implementing early years experiences. Special Issue: Mathematics in the early years. *Early Child Development and Care, 82*, 65-71.
Filipp, S.H. (1978). Aufbau und Wandel von Selbstschemata über die Lebensspanne. In R. Oerter (Hrsg.), *Entwicklung als lebenslanger Prozeß* (S. 111-135). Hamburg: Hoffmann & Campe.
Filipp, S.H. (Hrsg.) (1979). *Selbstkonzept-Forschung*. Stuttgart: Klett-Cotta.
Fischer, Ch. (1982). *Ursachenerklärung im Unterricht. Attributionsabhängiges Lehrerverhalten und seine Wirkung auf den Schüler*. Köln: Boehlau.
Fischer, K.W. (1980). A theory of cognitive development: The control and construction of hierarchies of skills. *Psychological Review, 87*, 477-531.
Flade, A. (1994). Kindgerechtes Wohnen. *Bildung und Erziehung, 47*, 57-71.
Flavell, J. (1970). Cognitive change in adulthood. In R. Goulet & P.B. Baltes (Eds.), *Life-span developmental psychology: Research and theory* (pp. 248-253). New York: Academic Press.
Flesch, R. (1955). *Why Johnny can't read*. New York: Harper and Row.
Flynn, J. (1984). The mean IQ of Americans: massive gains 1932 to 1978. *Psychological Bulletin, 95*, 29-51.
Flynn, J. (1987). Massive IQ gains in 14 nations: what IQ tests really measure. *Psychological Bulletin, 101*, 171-191.
Fölling-Albers, M. (1991). Veränderte Kindheit - Neue Aufgaben für die Grundschule. In D. Haarmann (Hrsg.), *Handbuch Grundschule. Band 1* (S. 52-64). Weinheim: Beltz.
Fordham, U. (1991). Teachers' expectations for Black males' and Black females' academic achievement. *Personality and Social Psychological Bulletin, 17*(1), 78-82.

Fox, B. & Routh, D.K. (1975). Analyzing spoken language into words, syllables, and phonemes: A developmental study. *Journal of Psycholinguistic Research, 4,* 331-342.
Fox, B. & Routh, D.K. (1976). Phonemic analysis and synthesis as word-attack skills. *Journal of Educational Psychology, 68,* 70-74.
Fox, B. & Routh, D.K. (1984). Phonemic analysis and synthesis as word-attack skills: Revisited. *Journal of Educational Psychology, 76,* 1059-1064.
Fraser, B.J., Walberg, H.J., Welch, W.W. & Hattie, J.A. (1987). Syntheses of educational productivity research. *International Journal of Educational Research, 11,* 145-252.
Freud, S. (1917). *Vorlesungen zur Einführung in die Psychoanalyse. 3. Teil: Neurosenlehre.* Leipzig und Wien: Heller Verlag.
Freudenthal, H. (1973). *Mathematik als pädagogische Aufgabe.* Stuttgart: Klett.
Frey, H.-P. & Haußer, K. (1987). Entwicklungslinien sozialwissenschaftlicher Identitätsforschung. In H.-P. Frey & K. Haußer (Hrsg.), *Identität. Entwicklungen psychologischer und soziologischer Forschung* (S. 3-25). Stuttgart: Enke.
Frey, K.B. & Ruble, D.N. (1987). What children say about classroom performace: Sex and grade differences in perceived competence. *Child Development, 58,* 1066-1078.
Fricke, A. & Besuden, H. (1970). *Mathematik. Elemente einer Didaktik und Methodik.* Stuttgart: Klett.
Frith, U. (1985). Beneath the surface of developmental dyslexia. Are comparisons between developmental and acquired disorders meaningful? In K.E. Patterson, J.C. Marshall & M. Coltheart (Eds.), *Surface Dyslexia* (pp. 301-330). London: Erlbaum.
Frost, L.A., Hyde, J.S. & Fennema, E. (1994). Gender, mathematics performance, and mathematics-related attitudes and affect: A meta-analytic synthesis. *International Journal of Educational Research, 21,* 373-385.
Führ, Chr. (1988). *Schulen und Hochschulen in der Bundesrepublik Deutschland. Bildungspolitik und Bildungssystem. Ein Überblick.* Bonn: Inter Nationes.
Gaedike, A.K. (1974). Determinanten der Schulleistung. In K.A. Heller (Hrsg.), *Leistungsbeurteilung in der Schule* (S. 46-93) Heidelberg: Quelle & Meyer.
Gage, N.L. & Needels, M.C. (1989). Process-product research on teaching: A review of criticisms. *The Elementary School Journal, 89,* 253-300.
Gagné, R.M. (1962). The acquisition of knowledge. *Psychological Review, 69,* 355-365.
Gamsjäger, E. & Sauer, J. (1996). Determinanten der Grundschulleistung und ihr prognostischer Wert für den Sekundarschulerfolg. *Psychologie in Erziehung und Unterricht, 43,* 182-204.
Gardner, M.K. & Clark, E. (1992). The psychometric perspective on intellectual development in childhood and adolescence. In R.J. Sternberg & C.A. Berg (Eds.), *Intellectual development* (pp. 16-43). Cambridge: Cambridge University Press.
Garlichs, A. (1991). Grundsatzdiskussion I: Grundschüler in ihrer Schule - Schule als Welt der Kinder. In D. Haarmann (Hrsg.), *Handbuch Grundschule. Band 1* (S. 38-50). Weinheim: Beltz.
Garner, J. & Bing, M. (1973a). Inequalities of teacher - pupil contacts. *British Journal of Educational Psychology, 43,* 234-243.
Garner, J. & Bing, M. (1973b). The elusiveness of pygmalion and differences in teacher-pupil contacts. *Interchange, 4,* 34-42.
Garrett, H.E. (1946). A developmental theory of intelligence. *American Psychologist, 1,* 372-378.
Gathercole, S.E. & Baddeley, A.D. (1993). *Working memory and language.* Hillsdale: Erlbaum.
Geary, D.C. (1995). Reflections of evolution and culture in children's cognition. *American Psychologist, 50,* 24-36.
Gelman, R. (1991). Epigenetic foundations of knowledge structures: Initial and transcendent constructions. In S. Carey & R. Gelman (Eds.), *The epigenesis of mind: Essays on biology and cognition* (pp. 293-322). Hillsdale, NJ: Erlbaum.

Gentry, J.R. (1981). Learning to spell developmentally. *The Reading Teacher, 34*, 378-381.
Geppert, U. (1987). *Die Entwicklung leistungsthematischer Grundbegriffe: Schwierigkeit, Tüchtigkeit und Erfolgs-/Mißerfolgsanreiz.* Bern: 8. Tagung Entwicklungspsychologie.
Geppert, U. & Heckhausen, H. (1990). Ontogenese der Emotion. In K.R. Scherer (Hrsg.), *Psychologie der Emotion. Enzyklopädie der Psychologie* (Bd. C/IV/3, S. 115-213). Göttingen: Hogrefe.
Geppert, U. & Küster, U. (1983). The emergence of "wanting to do it oneself": A precursor of achievement motivation. *International Journal of Behavioural Development, 6*, 355-369.
Gerstein, H. (1972). *Erfolg und Versagen im Gymnasium. Ein Bericht über die soziale und leistungsmäßige Abhängigkeit des vorzeitigen Abgangs.* Weinheim, Basel: Beltz.
Gerstenmeier, J. & Mandl, H. (1995). Wissenserwerb unter konstruktivistischer Perspektive. *Zeitschrift für Pädagogik, 41*, 867-888.
Geyer, J.J. (1972). Comprehensive and partial models related to the reading process. *Reading Research Quarterly, 7*, 547-587.
Giaconia, R.M. & Hedges, L.V. (1982). Identifying features of effective open education. *Review of Educational Research, 52*, 579-602.
Gibson, E.J. (1971). Learning to read. In H. Singer & R.B. Ruddell (Eds.), *Theoretical models and processes of reading* (pp. 315-334). Newark, DE: IRA.
Gibson, E.J. & Levin, H. (1976). *The psychology of reading.* Cambrigde, MA: MIT Press.
Gigerenzer, G. (1981). *Messung und Modellbildung in der Psychologie.* München: Reinhardt.
Gigerenzer, G. (1983). Über die Anwendung der Informations-Integrations-Theorie auf entwicklungspsychologische Problemstellungen: Eine Kritik. *Zeitschrift für Entwicklungspsychologie und Pädagogische Psychologie, 15*, 101-120.
Gillung, T.B. & Rucker, C.N. (1977). Labels and teacher expectations. *Exceptional Children, 43*, 464-465.
Ginsburg, H. & Opper, S. (1975). *Piagets Theorie der geistigen Entwicklung.* Stuttgart: Klett-Cotta.
Gjesme, T. (1983). Motivation to approach success (Ts) and motivation to avoid failure (Tf) at school. *Scandinavian Journal of Educational Research, 27*, 145-164.
Gleitman, L.R. & Rozin, P. (1977). The structure and acquisition of reading, I: Relations between orthographies and the structure of language. In A.S. Reber & D.L. Scarborough (Eds.), *Toward a psychology of reading* (pp. 1-53). Hillsdale, NJ: Erlbaum.
Göbelbecker, L.F. (1933). *Entwicklungsgeschichte des ersten Leseunterrichts von 1477-1932.* Kempten, Leipzig: Nemnich.
Goldstein, D.M. (1976). Cognitive-linguistic functioning and learning to read in preschoolers. *Journal of Educational Psychology, 68*, 680-688.
Good, T.L., Biddle, B.J. & Brophy, J.E. (1975). *Teachers make a difference.* New York, NY: Holt, Rinehart & Winston.
Goodman, K.S. (1971). Reading: A psycholinguistic guessing game. In H. Singer & R.B. Ruddell (Eds.), *Theoretical models and processes of reading* (pp. 259-272). Newark, DE: IRA.
Goodman, K.S. (1992). I didn't found whole language? *The Reading Teacher, 46*, 188-199.
Gordon, L.V. (1974). *School environment preference schedule.* Unveröffentl. Manuskript. New York.
Gottfried, A.W., Gottfried, A.E., Bathurst, K. & Guerin, D.W. (1994). *Gifted IQ: Early developmental aspects: The Fullerton longitudinal study.* New York: Plenum.
Gough, P.B. (1972). One second of reading. In J.F. Kavanagh & I.G. Mattingly (Eds.), *Language by ear and by eye* (pp. 331-358). Cambridge, MA: MIT Press.
Gough, P.B. (1983). Context, form, and interaction. In K. Rayner (Ed.), *Eye movements in reading* (pp. 203-211). New York: Academic Press.
Gough, P.B., Ehri, L.C. & Treiman, R. (Eds.) (1992). *Reading Acquisition.* Hillsdale, NJ: Erlbaum.

Gough, P.B. & Hillinger, M.L. (1980). Learning to read: An unnatural act. *Bulletin of the Orton Society, 30,* 179-195.

Gough, P.B., Juel, C. & Griffith, P.L. (1992). Reading, spelling, and the orthographic cipher. In P.B. Gough, L.C. Ehri & R. Treiman (Eds.), *Reading Acquisition* (pp. 35-48). Hillsdale, NJ: Erlbaum.

Greeno, J.G., Smith, D.R. & Moore, J.L. (1993). Transfer of situated learning. In D.K. Detterman & R.J. Sternberg (Eds.), *Transfer on trial: Intelligence, cognition, and instruction* (pp. 99-167). Norwood, NJ: Ablex Publishing Corp.

Greer, B. (1992). Multiplication and division as models of situations. In D. Grouws (Ed.), *Handbook of research on learning and teaching mathematics.* New York: Macmillan/ Reston, VA: National Council of Teachers of Mathematics (NCTM).

Groeben, N. (1979). Normkritik und Normbegründung als Aufgabe der Pädagogischen Psychologie. In J. Brandtstädter, G. Reinert & K.A. Schneewind (Hrsg.), *Pädagogische Psychologie: Probleme und Perspektiven* (S. 51-77). Stuttgart: Klett-Cotta.

Groeben, N. (1981). Die Handlungsperspektive als Theorienrahmen für Forschung im pädagogischen Feld. In M. Hofer (Hrsg.), *Informationsverarbeitung und Entscheidungsverhalten von Lehrern* (S. 17-48). München: Urban & Schwarzenberg.

Grossmann, K. (1985). Maternal sensitivity and newborns' orientation responses as related to quality of attachment in Northern Germany. In B.I. & E. Waters (Eds.), *Growing points of attachment theory and research* (Vol. 50, pp. 1-2). Chicago: University Press.

Grote, H. (1974). *"Bei guten Schülern werden in Diktaten mehr Fehler übersehen als bei schlechten."* Überprüfung einer empirischen Untersuchung. Unveröff. Hausarbeit. Pädagogische Hochschule Göttingen.

Gruber, H. & Mandl, H. (1992). Begabung und Expertise. In E.A. Hany & H. Nickel (Hrsg.), *Begabung und Hochbegabung* (S. 59-73). Bern: Huber.

Gruehn, S. (1995). Vereinbarkeit kognitiver und nicht-kognitiver Ziele im Unterricht. *Zeitschrift für Pädagogik, 41,* 531-553.

Grundin, H. (1994). Who's romancing reality? A response to Keith Stanovich. *The Reading Teacher, 48,* 8-10.

Grundmann, M. (1992). *Familienstruktur und Lebensverlauf.* Frankfurt/Main: Campus.

Gubler, H. & Bischof, N. (1990). A systems' perspective on infant development. In M.E. Lam & H. Keller (Eds.), *Infant development: Perspectives from German speaking countries* (pp. 1-37). Hillsdale, NJ: Lawrence Erlbaum.

Gubler, H. & Bischof, N. (1993). Untersuchungen zur Systemanalyse der sozialen Motivation II: Computerspiele als Werkzeug der motivationspsychologischen Grundlagenforschung. *Zeitschrift für Psychologie, 201,* 287-315.

Gubler, H., Paffrath, M. & Bischof, N. (1994). Untersuchungen zur Systemanalyse der sozialen Motivation III: Eine Ästimationsstudie zur Sicherheits- und Erregungsregulation während der Adoleszenz. *Zeitschrift für Psychologie, 202,* 95-132.

Gudjons, H. (1992). *Handlungsorientiert leben und lernen.* Bad Heilbrunn: Klinkhardt.

Günther, K.B. (1986). Ein Stufenmodell der Entwicklung kindlicher Lese- und Schreibstrategien. In H. Brügelmann (Hrsg.), *ABC und Schriftsprache: Rätsel für Kinder, Lehrer und Forscher* (S. 32-54). Konstanz: Faude.

Guilford, J.P. (1967). *The nature of human intelligence.* New York: NcGraw-Hill.

Gurack, E. (1978). *Die Entwicklung des Fähigkeitskonzepts im Vorschulalter* (unveröffentlichte Diplomarbeit). Bochum: Ruhr-Universität.

Gustafsson, J.-E. & Balke, G. (1993). General and specific abilities as predictors of science achievement. *Multivariate Behavioral Research, 28,* 407-434.

Guthke, J. (1989). Das Lerntestkonzept als Alternative bzw. Ergänzung zum Intelligenzstatustest. Was hat es uns gebracht und wie geht es weiter? In W. Schönpflug (Hrsg.), *Bericht über den 36. Kongreß der Deutschen Gesellschaft für Psychologie 1988 in Berlin, Bd.2* (S. 213-228). Göttingen: Hogrefe.

Guthke, J. (1992). Lerntests auch für Hochbegabte? In E.A. Hany & H. Nickel (Hrsg.), *Begabung und Hochbegabung* (S. 125-141). Bern: Huber.
Guthrie, J.T. (1973). Models of reading and reading disabilities. *Journal of Educational Psychology, 65*, 9-18.
Haenisch, H. (1985). *Lehrer und Lehrplan. Ergebnisse empirischer Studien zur Lehrplanrezeption*. Soest: Landesinstitut für Schule und Weiterbildung.
Haenisch, H. & Lukesch, H. (1980). *Ist die Gesamtschule besser? Gesamtschulen und Schulen des gegliederten Schulsystems im Leistungsvergleich*. München: Urban & Schwarzenberg.
Haertel, G.D., Walberg, H.J. & Weinstein, Th. (1983). Psychological models of educational performance: A theoretical synthesis of constructs. *Review of Educational Research, 53*, 75-91.
Hager, W. & Hasselhorn, M. (1993). Evaluation von Trainingsmaßnahmen am Beispiel von Klauers Denktraining für Kinder. *Zeitschrift für Entwicklungspsychologie und Pädagogische Psychologie, 25*, 307-321.
Halford, G.S. (1989). Reflections on 25 years of Piagetian cognitive psychology, 1963-1988. *Human Development, 32*, 325-357.
Halisch, F. (1976). Die Selbstregulation leistungsbezogenen Verhaltens: Das Leistungsmotiv als Selbstbekräftigungssystem. In H.D. Schmalt & W.U. Meyer (Hrsg.), *Leistungsmotivation und Verhalten* (S. 137-164). Stuttgart: Klett.
Hanke, B., Lohmöller, J.B. & Mandl, H. (1975). Zur Beeinflussung des Lehrerurteils. *Unterrichtswissenschaft, 2*, 32-37.
Hansford, B.C. & Hattie, J.A. (1982). The relationship between self and achievement/performance measures. *Review of Educational Research, 52*, 123-142.
Hanushek, E.A. (1994). Money might matter somewhere: A response to Hedges, Laine, and Greenwald. *Educational Researcher, 23*(4), 5-8.
Hany, E.A. & Heller, K.A. (1991). Gegenwärtiger Stand der Hochbegabungsforschung. *Zeitschrift für Entwicklungspsychologie und Pädagogische Psychologie, 23*, 241-249.
Hargreaves, D.H. (1967). *Social relations in a secondary school*. London: Routledge & Kegan Paul.
Harris, R.J. (1975). *A primer of multivariate statistics*. New York: Academic Press.
Harter, S. (1975). Developmental differences in the manifestation of mastery motivation on problem solving tasks. *Child Development, 46*, 370-378.
Harter, S. (1978). Effectance motivation reconsidered, towards a developmental model. *Human Development, 21*, 34-64.
Harter, S. (1983). Developmental perspectives on the self-system. In P.H. Mussen (Ed.), *Handbook of child psychology (4th ed.). Vol. 4: Socialization, personality, and social development* (pp. 275-385). New York: Wiley.
Harter, S. (1986). Processes underlying the construction, maintenance, and enhancement of self-concept in children. In J. Suls & A.G. Greenwald (Eds.), *Psychological perspectives on the self* (Vol. 3, pp. 137-181). Hillsdale, NJ: Erlbaum.
Hasselhorn, M. & Lingelbach, H. (1991). Arbeitsgedächtnis: Entwicklungsanalysen zur Gedächtnisspanne und Sprechrate. In M. Hasselhorn (Hrsg.), *Entwicklungsanalysen zum kategorialen Organisieren und seinen kognitiven Determinanten bei verschiedenen Gedächtnisanforderungen* (S. 48-64). Unveröffentlichter Projektbericht. Göttingen: Institut für Psychologie.
Hatcher, P., Hulme, C. & Ellis, A.W. (1994). Ameliorating early reading failure by integrating the teaching of reading and phonological skills: The phonological linkage hypothesis. *Child Development, 65*, 41-57.
Haußer, K. (1983). *Identitätsentwicklung*. New York: Harper & Row, UTB.
Heckhausen, H. (1966). Situationsabhängigkeit, Persönlichkeitsspezifität und Beeinflußbarkeit der Lehrerreaktion auf unerwünschtes Schülerverhalten. In T. Herrmann (Hrsg.), *Psychologie der Erziehungsstile* (S. 11o-119). Göttingen: Hogrefe.

Heckhausen, H. (1972). Die Interaktion der Sozialisationsvariablen in der Genese des Leistungsmotivs. In C.F. Graumann (Hrsg.), *Handbuch der Psychologie* (Bd. 7/2, S. 955-1019). Göttingen: Hogrefe.
Heckhausen, H. (1978). Selbstbewertung nach erwartungswidrigem Leistungsverlauf: Einfluß von Motiv, Kausalattribution und Zielsetzung. *Zeitschrift für Entwicklungspsychologie und Pädagogische Psychologie, 10,* 191-216.
Heckhausen, H. (1980a). *Motivation und Handeln.* Heidelberg: Springer.
Heckhausen, H. (Hrsg.) (1980b). *Fähigkeit und Motivation in erwartungswidriger Schulleistung.* Göttingen: Hogrefe.
Heckhausen, H. (1982). The development of achievement motivation. In W.W. Hartup (Ed.), *Review of child development research* (Vol. 6, pp. 600-668). Chicago: The University of Chicago Press.
Heckhausen, H. (1984). Attributionsmuster für Leistungsergebnisse. Individuelle Unterschiede, mögliche Arten und deren Genese. In F.E. Weinert & R.H. Kluwe (Hrsg.), *Metakognition, Motivation und Lernen* (S. 133-164). Stuttgart: Kohlhammer.
Heckhausen, H. (1985). Emotionen im Leistungsverhalten aus ontogenetischer Sicht. In C. Eggers (Hrsg.), *Emotionalität und Motivation im Kindes- und Jugendalter* (S. 95-131). Frankfurt: Fachbuchhandlung für Psychologie.
Heckhausen, H. (1987). Causal attribution patterns for achievement outcomes: Individual differences, possible types and their origins. In F.E. Weinert & R.H. Kluwe (Eds.), *Metacognition, motivation, and understanding* (pp. 143-184). Hillsdale, NJ: Erlbaum.
Heckhausen, H. (1989). *Motivation und Handeln* (2. Aufl.). Berlin, Heidelberg: Springer.
Heckhausen, H. & Oswald, A. (1969). Erziehungspraktiken der Mutter und Leistungsverhalten des normalen und gliedmaßengeschädigten Kindes. *Archiv für die gesamte Psychologie, 121,* 1-30.
Heckhausen, H. & Rheinberg, F. (1980). Lernmotivation im Unterricht, erneut betrachtet. *Unterrichtswissenschaft, 8,* 7-47.
Heckhausen, H. & Roelofsen, I. (1962). Anfänge und Entwicklung der Leistungsmotivation: (I) im Wetteifer des Kleinkindes. *Psychologische Forschung, 26,* 313-397.
Heckhausen, H. & Wagner, I. (1965). Anfänge und Entwicklung der Leistungsmotivation: (II) in der Zielsetzung des Kleinkindes. *Psychologische Forschung, 28,* 179-245.
Hedges, L.V., Laine, R.D. & Greenwald, R. (1994). Does money matter? A meta-analysis of studies of the effects of differential school inputs on student outcomes. *Educational Researcher, 23*(3), 5-14.
Heller, K.A. (1975). Untersuchung zur Schuleignungsermittlung in Mannheim. In Kultusministerium Baden-Württemberg (Hrsg.), *Bildungsberatung in der Praxis.* Schriftenreihe A Nr. 29 zur Bildungsforschung, Bildungsplanung, Bildungspolitik (S. 69-107). Villingen: Neckarverlag.
Heller, K.A. (1976). Computerunterstützte Interpretation von Testbefunden in der Schullaufbahnberatung. In K.A. Heller (Hrsg.), *Handbuch der Bildungsberatung, Bd.3* (S. 879-900). Stuttgart: Klett.
Heller, K.A. (1984). Schülerbeurteilung und Schullaufbahnberatung. In K.A. Heller (Hrsg.), *Leistungsdiagnostik in der Schule* (4. Aufl., S. 299-307). Bern: Huber.
Heller, K.A. (1991). Schuleignungsprognostik. In K.A. Heller (Hrsg.), *Begabungsdiagnostik in der Schul- und Erziehungsberatung* (S. 213-235). Bern: Huber.
Heller, K.A. (Hrsg.) (1992). *Hochbegabung im Kindes- und Jugendalter.* Göttingen: Hogrefe.
Heller, K.A. (1993). Scientific ability. In G.R. Bock & K. Ackrill (Eds.), *The origins and development of high ability* (pp. 139- 159). Chichester: Wiley.
Heller, K.A. (1994). Können wir zur Erklärung außergewöhnlicher Schul-, Studien- und Berufsleistungen auf das hypothetische Konstrukt "Kreativität" verzichten? *Empirische Pädagogik, 8,* 361-398.
Heller, K.A. (1995). Schulleistungsprognosen. In R. Oerter & L. Montada (Hrsg.), *Entwicklungspsychologie* (3. Aufl., S. 983-989). Weinheim: Beltz/PVU.

Heller, K.A. (1996). Begabtenförderung - (k)ein Thema in der Grundschule? *Grundschule, 28*, 12-14.
Heller, K.A., Gaedike, A.K. & Weinläder, H. (1985). *Kognitiver Fähigkeits-Test für 4. bis 13. Klassen (KFT 4-13+)* (2. Aufl.) Weinheim: Beltz.
Heller, K.A. & Hany, E.A. (1996). Psychologische Modelle der Hochbegabtenförderung. In F.E. Weinert (Hrsg.), *Psychologie des Lernens und der Instruktion. Enzyklopädie der Psychologie, Serie Pädagogische Psychologie* (Bd. 2, S. 477-513). Göttingen: Hogrefe.
Heller, K.A., Mönks, F.J. & Passow, A.H. (Eds.) (1993). *International handbook of research and development of giftedness and talent*. Oxford: Pergamon.
Heller, K.A., Neber, H., Rindermann, H. & Broome, P. (1994). *Dritter Bericht über die wissenschaftliche Evaluation des baden-württembergischen Schulmodellversuchs "Gymnasium mit achtjährigem Bildungsgang". Methoden und Ergebnisse der ersten drei Untersuchungswellen (1992-1994)*. München: LMU.
Heller, K.A., Rindermann, H., Partcher, I. & Neber, H. (1995). *Vierter Bericht über die wissenschaftliche Evaluation des baden-württembergischen Schulmodellversuchs "Gymnasium mit achtjährigem Bildungsgang". Methoden und Ergebnisse der ersten drei Untersuchungswellen (1992-1995)*. München: LMU.
Heller, K.A., Osterrieder, K. & Wystrychowski, W. (1995). A longitudinal follow-up evaluation study of a statewide acceleration program for highly gifted students at the German gymnasium. In M. Katzko & F.J. Mönks (Eds.), *Nurturing talent: Individual needs and social ability* (pp. 269-274). Assen/Maastricht: Van Gorcum.
Heller, K.A., Rosemann, B. & Steffens, K.H. (1978). *Prognose des Schulerfolgs. Eine Längsschnittstudie zur Schullaufbahnberatung*. Weinheim: Beltz.
Heller, K.A. & Ziegler, A. (1996). Gender differences in mathematics and the natural sciences: Can attributional retraining improve the performance of gifted females? *Gifted Child Quarterly, 40,* 188-198.
Helmke, A. (1983a). *Schulische Leistungsangst: Erscheinungsformen und Entstehungsbedingungen*. Frankfurt/Main: Lang.
Helmke, A. (1983b). Prüfungsangst. Ein Überblick über neuere theoretische Entwicklungen und empirische Ergebnisse. *Psychologische Rundschau, 34*, 193-211.
Helmke, A. (1986). Student attention during instruction and achievement. In S.E. Newstead, S.H. Irvine & P.L. Dann (Eds.). *Human assessment: Cognition and motivation* (pp. 273-286). Dordrecht: Martinus Nijhoff.
Helmke, A. (1988a). Leistungssteigerung und Ausgleich von Leistungsunterschieden in Schulklassen: unvereinbare Ziele? *Zeitschrift für Entwicklungspsychologie und Pädagogische Psychologie, 10*, 45-76.
Helmke, A. (1988b). The role of classroom context factors for the achievement-impairing effect of test anxiety. *Anxiety Research, 1*, 37-52.
Helmke, A. (1988c). *Das Münchener Aufmerksamkeitsinventar (MAI). Manual für die Beobachtung des Aufmerksamkeitsverhaltens von Grundschülern während des Unterrichts*. Paper 6/1988. München: Max-Planck-Institut für psychologische Forschung.
Helmke, A. (1989). Affective student characteristics and cognitive development: Problems, pitfalls, perspectives. *International Journal of Educational Research, 13*, 915-932.
Helmke, A. (1991). Entwicklung des Fähigkeitsselbstbildes vom Kindergarten bis zur dritten Klasse. In R. Pekrun & H. Fend (Hrsg.), *Schule und Persönlichkeitsentwicklung. Ein Resümee der Längsschnittforschung* (S. 83-99). Stuttgart: Enke.
Helmke, A. (1992). *Selbstvertrauen und schulische Leistungen*. Göttingen: Hogrefe.
Helmke, A. (1993). Die Entwicklung der Lernfreude vom Kindergarten bis zur 5. Klassenstufe. *Zeitschrift für Pädagogische Psychologie, 7*, 77-86.
Helmke, A. (1994). Development of self-concept. In T. Husén & T.N. Postlethwaite (Eds.), *International Encyclopedia of Education. Second Edition* (Vol. 9, pp. 5390-5394). Oxford: Pergamon Press.

Helmke, A. (in press). From optimism to realism? Development of children's academic self-concept from kindergarten to Grade 6. In F.E. Weinert & W. Schneider (Eds.), *Individual development from 3 to 12: Findings from the Munich Longitudinal Study*. New York, NY: Cambridge University Press.

Helmke, A. & Mückusch, C. (1994). Handlungs- und Lageorientierung bei Grundschülern. *Zeitschrift für Pädagogische Psychologie, 8*, 63-72.

Helmke, A. & Renkl, A. (1992). Das Münchner Aufmerksamkeitsinventar (MAI): Ein Instrument zur systematischen Verhaltensbeobachtung der Schüleraufmerksamkeit im Unterricht. *Diagnostica, 38*, 130-141.

Helmke, A. & Renkl, A. (1993). Unaufmerksamkeit in Grundschulklassen: Problem der Klasse oder des Lehrers? *Zeitschrift für Entwicklungspsychologie und Pädagogische Psychologie, 25*, 185-205.

Helmke, A. & Rheinberg, F. (1996). Anstrengungsvermeidung - Morphologie eines Konstruktes. In C. Spiel, U. Kastner-Koller & P. Deimann (Hrsg.), *Motivation und Lernen aus der lifespan Perspektive*. Münster: Waxmann.

Helmke, A. & Rheinberg, F. (in Vorb.). *Anstrengungsvermeidung. Zur Anatomie eines heterogenen Konstruktes*.

Helmke, A., Schneider, W. & Weinert, F.E. (1986). Quality of instruction and classroom learning outcomes: The German contribution to the IEA Classroom Environment Study. *Teaching and Teacher Education, 2*, 1-18.

Helmke, A. & Schrader, F.-W. (1987). Interactional effects of instructional quality and teacher judgement accuracy on achievement. *Teaching and Teacher Education, 3*, 91-98.

Helmke, A. & Schrader, F.-W. (1990). Zur Kompatibilität kognitiver, affektiver und motivationaler Zielkriterien des Schulunterrichts - Clusteranalytische Studien. In M. Knopf & W. Schneider (Hrsg.), *Entwicklung. Allgemeine Verläufe - Individuelle Unterschiede - Pädagogische Konsequenzen* (S. 180-200). Göttingen: Hogrefe.

Helmke, A., Schrader, F.-W. & Lehneis-Klepper, G. (1991). Zur Rolle des Elternverhaltens für die Schulleistungsentwicklung ihrer Kinder. *Zeitschrift für Entwicklungspsychologie und Pädagogische Psychologie, 23*, 1-22.

Helmke, A. & van Aken, M.A.G. (1995). The causal ordering of academic achievement and self-concept of ability during elementary school: A longitudinal study. *Journal of Educational Psychology, 87(4)*, 624-637.

Helmke, A. & Weinert, F.E. (1997). Bedingungsfaktoren schulischer Leistungen. In F.E. Weinert (Hrsg.), *Psychologie des Unterrichts und der Schule. Enzyklopädie der Psychologie, Serie Pädagogische Psychologie* (Bd. 3, 71-176). Göttingen: Hogrefe.

Helton, G.B. & Oakland, T.D. (1977). Teachers' attitudinal responses to differing characteristics of elementary school students. *Journal of Educational Psychology, 69*, 261-265.

Henry, J. (1973). Der erlebte Alptraum. *betrifft: erziehung, 6(5)*, 23-26.

Hentig, H.v. (1993). *Schule neu denken*. München: Hanser.

Henz, U. (1994). *Intergenerationale Mobilität. Methodische und empirische Analysen*. Dissertation, Freie Universität Berlin.

Herff, I.M. (1993). *Die Gestaltung des Leselernprozesses als elementare Aufgabe der Grundschule - neuere Entwicklungen und gegenwärtige Situation an den Grundschulen des Regierungsbezirks Köln - ein Beitrag zur grundschulpädagogischen Tatsachenforschung*. Unveröff. Dissertation, Universität Köln, Köln.

Hilgard, E.R. (1956). *Theories of learning. 2nd ed.* New York: Appleton-Century-Crofts.

Hochberg, J. & Brooks, V. (1962). Pictorial recognition as an unlearned ability: A study of one child's performance. *American Journal of Psychology, 75*, 624-628.

Hofer, A. (Hrsg.) (1976). *Lesenlernen: Theorie und Unterricht*. Düsseldorf: Schwann.

Hofer, M. (1969). *Die Schülerpersönlichkeit im Urteil des Lehrers. Eine dimensionsanalytische Untersuchung zur impliziten Persönlichkeitstheorie*. Weinheim: Beltz.

Hofer, M. (Hrsg.) (1981a). *Informationsverarbeitung und Entscheidungsverhalten von Lehrern*. München: Urban & Schwarzenberg.
Hofer, M. (1981b). Schülergruppierungen in Urteil und Verhalten des Lehrers. In M. Hofer (Hrsg.), *Informationsverarbeitung und Entscheidungsverhalten von Lehrern. Beiträge zu einer Handlungstheorie des Unterrichtens* (S. 192-221). München: Urban & Schwarzenberg.
Hofer, M. (1986). *Sozialpsychologie erzieherischen Handelns*. Göttingen: Hogrefe.
Hofer, M. (1990). Vom Bildungs- zum Erziehungsnotstand. *Unterrichtswissenschaft, 18*, 35-39.
Hofer, M. & Dobrick, M. (1981). Naive Ursachenzuschreibungen und Lehrerverhalten. In M. Hofer (Hrsg.), *Informationsverarbeitung und Entscheidungsverhalten von Lehrern. Beiträge zu einer Handlungstheorie des Unterrichtens* (S. 109-156). München: Urban & Schwarzenberg.
Hofer, M., Dobrick, M., Tacke, G., Pursian, R., Grobe, R. & Preuss, W. (1982). *Bedingungen und Konsequenzen individualisierenden Lehrerverhaltens*. Abschlußbericht an die Deutsche Forschungsgemeinschaft. Braunschweig.
Hofer, M. & Rathje, H. (1983). *Informations-Integration bei der Ausbildung von lokalen Situations-Folge-Erwartungen durch Lehrer im Hinblick auf Schülerleistungen*. Vortrag gehalten auf der 25. Tagung experimentell arbeitender Psychologen. Hamburg.
Hofer, M., Simons, H., Weinert, F.E., Zielinski, W., Dobrick, M., Fimpel, P. & Tacke, G. (1979). *Kognitive Bedingungen individualisierenden Verhaltens von Lehrern*. Abschlußbericht an die Deutsche Forschungsgemeinschaft. Heidelberg/Braunschweig.
Hoffmann, J. (1926). Über Entwicklung und Stand der Lesepsychologie. *Archiv für die gesamte Psychologie, 57*, 401-444.
Hofmann, H. (in Vorb.). *Emotion und Motivation vor Prüfungen: Interindividuelle und intraindividuelle Analysen*. Unveröff. Diss., Universität Regensburg, Institut für Psychologie.
Hofmann, V. (1991). *Die Entwicklung depressiver Reaktionen in Kindheit und Jugend. Eine entwicklungs-psychopathologische Längsschnittuntersuchung*. Berlin: Max-Planck-Institut für Bildungsforschung.
Hofstätter, P.R. (1954). The changing composition of intelligence: A study of the t-technique. *Journal of Genetic Psychology, 85*, 159-164.
Hoge, R.D. & Coladarci, T. (1989). Teacher-based judgments of academic achievement: A review of literature. *Review of Educational Research, 59*(3), 297-313.
Höhn, E. (1967 - Neuausgabe 1980). *Der schlechte Schüler*. München: Piper.
Høien, T. & Lundberg, I. (1988). Stages of word recognition in early reading development. *Scandinavian Journal of Educational Research, 32*, 163-182.
Høien, T., Lundberg, I., Stanovich, K.E. & Bjaalid, I.-K. (1995). Components of phonological awareness. *Reading and Writing, 7*, 171-188.
Hopf, A. (1993). *Grundschularbeit heute*. München: Ehrenwirth.
Hopf, D. (1994). Kindergarten, Vorschule und Grundschule (Elementar- und Primarbereich). In Arbeitsgruppe Bildungsbericht am Max-Planck-Institut für Bildungsforschung (Hrsg.), *Das Bildungswesen in der Bundesrepublik Deutschland. Strukturen und Entwicklungen im Überblick* (S. 292-340). Reinbek bei Hamburg: Rowohlt.
Horn, H.A. (1993). Die Lehrpläne der Grundschule. Darstellung der Entwicklung von den ersten Ansätzen bis zur Gegenwart. In D. Haarmann (Hrsg.), *Handbuch Grundschule. Band 2* (S. 14-28). Weinheim: Beltz.
Horn, J.L. (1989). Cognitive diversity: A framework of learning. In P.L. Ackerman, R.J. Sternberg & R. Glaser (Eds.), *Learning and individual differences* (pp. 61-116). New York: W.H. Freeman & Comp.
Horn, J.L. & Cattell, R.B. (1966). Age differences in primary mental ability factors. *Journal of Gerontology, 21*, 210-220.
Horn, W. (1969). *Prüfsystem für Schul- und Bildungsberatung (PSB)*. Göttingen: Hogrefe.
Horn, W.F. & Packard, T. (1985). Early identification of learning problems: A meta-analysis. *Journal of Educational Psychology, 77*, 597-607.

Hudson, T. (1983). Correspondences and numerical differences between disjoint sets. *Child Development, 54*, 84-90.
Hummel, T.J. & Sligo, R.J. (1971). Empirical comparisons of univariate and multivariate analysis of variance procedures. *Psychological Bulletin, 76*, 49-57.
Humphreys, G.W. & Evett, L.J. (1985). Are there independent lexical and nonlexical routes in word processing? An evaluation of the dual route theory of reading. *Behavioral and Brain Sciences, 8*, 689-705.
Hurrelmann, K. & Wolf, H.K. (1986). *Schulerfolg und Schulversagen im Jugendalter. Fallanalysen von Bildungslaufbahnen.* Weinheim, München: Juventa.
Husén, T. & Tuijnman, A. (1991). The contribution of formal schooling to the increase in intellectual capital. *Educational Researcher, 20*, 17-25.
Huttenlocher, J. (1964). Children's language: Word-phrase relationships. *Science, 143*, 264-265.
Hyde, J.S. & Linn, M.C. (1988). Gender differences in verbal ability: A meta-analysis. *Psychological Bulletin, 104*, 53-69.
Hyde, J.S., Fennema, E. & Lamon, S.J. (1990). Gender differences in mathematics performances: A meta-analysis. *Psychological Bulletin, 107*, 139-155.
Hylla, E. & Kraak, B. (1976, Neueichung von R. Kühn). *Aufgaben zum Nachdenken (AzN).* Weinheim: Beltz.
Immich, H. (1974). *Medizinische Statistik.* Stuttgart: Schattauer.
Ingenkamp, K. (1975). *Pädagogische Diagnostik. Ein Forschungsbericht über Schülerbeurteilung in Europa.* Weinheim: Beltz.
Ingenkamp, K. (1985). *Lehrbuch der Pädagogischen Diagnostik.* Weinheim: Beltz.
Ingenkamp, K. (1986). Untersuchungen zur prognostischen Validität von Intelligenztests. *Psychologie in Erziehung und Unterricht, 33*, 229-232.
Ingenkamp, K. (1989). *Diagnostik in der Schule. Beiträge zu Schlüsselfragen der Schülerbeurteilung.* Weinheim: Beltz.
Ingenkamp, K. (Hrsg.) (1971). *Die Fragwürdigkeit der Zensurengebung.* Weinheim: Beltz.
Ingleby, J.D. & Cooper, E. (1974). How teachers perceive first-year school-children: sex and ethic differences. *Sociology, 8*, 463-473.
Inhelder, B.B. & Piaget, J. (1977). *Von der Logik des Kindes zur Logik des Heranwachsenden.* Olten: Walter (orig. 1955).
International Society for the Study of Behavioural Development (ISSBD) (1979). *Continuity and discontinuity in behavioural development. Abstract guide.* (5th biennal conference). Lund.
Jackson, J.M. (1991). Teachers' expectations for Black males' and Black females' academic achievement. *Personality and Social Psychology Bulletin, 17(1)*, 78-82.
Jäger, R.S. (1974a). Tabellen für die korrigierte Schätzung des Korrelationskoeffizienten nach Olkin & Pratt für N = 8-40. *Biometrische Zeitschrift, 16*, 115-124.
Jäger, R.S. (1974b). Methoden zur Mittelung von Korrelationen. *Psychologische Beiträge, 16*, 417-427.
Jäger, R.S. (1978). *Differentielle Prognostizierbarkeit in der Psychologischen Diagnostik.* Göttingen: Hogrefe.
Jansen, H. (1992). *Untersuchungen zur Entwicklung lautsynthetischer Verarbeitungsprozesse im Vorschul- und frühen Grundschulalter.* Egelsbach: Hänsel-Hohenhausen.
Jansen, H., Mannhaupt, G. & Marx, H. (1993). Probleme bei der Übertragbarkeit anglo-amerikanischer Entwicklungsmodelle des Lesens und Rechtschreibens auf deutschsprachige Schulkinder. In H. Bauersfeld & R. Bromme (Hrsg.), *Bildung und Aufklärung. Studien zur Rationalität des Lehrens und Lernens* (S. 69-88). Münster: Waxmann.
Jencks, C. et al. (1972). *Inequality.* New York: Basic Books.
Jensen, A. (1987). Further evidence for Spearman's hypothesis concerning black-white differences on psychometric tests. *Behavioral and Brain Sciences, 10*, 512-519.

Jerman, M. (1973). Problem length as a structural variable in verbal arithmetic problems. *Educational Studies in Mathematics, 5*, 109-123.
Jerman, M. & Mirman, S. (1974). Linguistic and computational variables in problem solving in elementary mathematics. *Educational Studies in Mathematics, 5*, 317-362.
Jerman, M. & Rees, R. (1972). Predicting the relative difficulty of verbal arithmetic problems. *Educational Studies in Mathematics, 4*, 306-323.
Jerusalem, M. (1983). *Selbstbezogene Kognitionen in schulischen Bezugsgruppen: Eine Längsschnittstudie.* Dissertation, Freie Universität Berlin.
Jerusalem, M. (1985). Selbstkonzeptentwicklung von Kindern und Jugendlichen und der Einfluß perzipierten Lehrerverhaltens. In D. Liepmann & A. Stiksrud (Hrsg.), *Entwicklungsaufgaben und Bewältigungsprobleme in der Adoleszenz. Sozial- und entwicklungspsychologische Perspektiven* (S. 98-109). Göttingen: Hogrefe.
Jerusalem, M. & Schwarzer, R. (1991). Entwicklung des Selbstkonzepts in verschiedenen Lernumwelten. In R. Pekrun & H. Fend (Hrsg.), *Schule und Persönlichkeitsentwicklung. Ein Resümee der Längsschnittforschung* (S. 115-128). Stuttgart: Enke.
Jones, M.H. (1976). Wie man lernt, visuell-kodierte symbolische Information zu verarbeiten. In A. Hofer (Hrsg.), *Lesenlernen: Theorie und Unterricht* (S. 192-205). Düsseldorf: Schwann.
Jöreskog, K.G. (1979). Statistical estimation of structural models in longitudinal-developmental investigations. In J.R. Nesselroade & P.B. Baltes (Eds.), *Longitudinal research in the study of behavior and development* (pp. 303-351). New York: Academic Press.
Jöreskog, K.G. & Sörbom, D. (1984). *LISREL VI - Analysis of linear structural relationships by the method of maximum likelihood. User's guide* (3rd ed.). Mooresville: Scientific Software Inc.
Jöreskog, K.G. & Sörbom, D. (1989). *LISREL 7: A guide to the program and applications* (2nd ed.). Chicago: SPSS Inc.
Jöreskog, K.G. & Sörbom, D. (1993). *LISREL 8.* Hillsdale, NJ: Lawrence Erlbaum.
Jorm, A.F. & Share, D.L. (1983). Phonological recoding and reading acquisition. *Applied Psycholinguistics, 4*, 103-147.
Juel, C. (1988). Learning to read and write: A longitudinal study of 54 children from first through fourth grades. *Journal of Educational Psychology, 80*, 437-447.
Juel, C. (1994). *Learning to read and write in one elementary school.* New York: Springer Verlag.
Juel, C. (1995). The messenger may be wrong, but the message may be right. *Journal of Research in Reading, 18*, 146-153.
Juel, C., Griffith, P.L. & Gough, P.B. (1986). Acquisition of literacy: A longitudinal study of children in first and second grade. *Journal of Educational Psychology, 78*, 243-255.
Jungbluth, P. (1993). Pygmalion and the effectiveness of "Black" schools: Teachers' stereotypes and hidden goal differentiations towards ethnic minorities. *Tijdschrift voor Onderwijsresearch, 18*(2), 99-110.
Jungbluth, P. (1994). Lehrererwartungen und Ethnizität. Innerschulische Chancendeterminanten bei Migrantenschülern in den Niederlanden. *Zeitschrift für Pädagogik, 40*(1), 113-125.
Jussim, L. (1989). Teacher expectations: Self-fulfilling prophecies, perceptual biases, and accuracy. *Journal of Personality and Social Psychology, 57*(3), 469-480.
Jussim, L. (1990). Social reality and social problems: The role of expectancies. *Journal of Social Issue, 46*(2), 9-34.
Jussim, L. (1992). Teacher expectations: II. Construction and reflection of student achievement. *Journal of Personality and Social Psychology, 63*(6), 947-961.
Just, M.A. & Carpenter, P.A. (1987). *The psychology of reading and language comprehension.* Boston: Allyn & Bacon.
Kagan, J. (1980). Perspectives on continuity. In O.G. Brim, Jr. & J. Kagan (Eds.), *Constancy and change in human development* (pp. 26-74). Cambridge, MA: Harvard University Press.

Kail, R. (1991). Development of processing speed in childhood and adolescence. In H.W. Reese (Ed.), *Advances in child development and behavior* (Vol. 23, pp. 151-185). San Diego, CA: Academic Press.

Kail, R. & Bisanz, J. (1992). The information-processing perspective on cognitive development in childhood and adolescence. In R.J. Sternberg & C.A. Berg (Eds.), *Intellectual development* (pp. 229-260). Cambridge: Cambridge University Press.

Kail, R. & Pellegrino, J.W. (1989). *Menschliche Intelligenz* (2. Aufl.). Heidelberg: Spektrum der Wissenschaft.

Karmiloff-Smith, A. (1992). *Beyond modularity. A developmental perspective on cognitive science.* Cambridge, MA: MIT.

Kavanagh, J. & Mattingly, I.G. (Eds.) (1972). *Language by ear and by eye.* Cambridge, MA: MIT Press.

Keesling, J.W. & Wiley, D.E. (1974). *Regression models of hierarchical data.* Paper presented at Stanford: Psychometric Society.

Keeves, J.P. (1972). *Educational environment and student achievement.* Stockholm: Almquist.

Keiser, C. (1995). *Schlechte SchülerInnen.* Unveröffentlichte Lizentiatsarbeit, Universität Zürich, Zürich.

Kelley, H.H. (1972). *Causal schemata and the attribution process.* New York: General Learning Press.

Kelley, H.H. (1973). The process of causal attribution. *American Psychologist, 28,* 107-128.

Kelley, H.H. & Michela, J.L. (1980). Attribution theory and research. *Annual Review of Psychology, 31,* 451-501.

Kelly, G.A. (1955). *The psychology of personal constructs.* New York: Norton.

Kemmler, L. (1967). *Erfolg und Versagen in der Grundschule* (1. Aufl.; 2. Aufl.: 1970). Göttingen: Hogrefe.

Kemmler, L. (1976). *Schulerfolg und Schulversagen - Eine Längsschnittuntersuchung vom ersten bis fünfzehnten Schulbesuchsjahr.* Göttingen: Hogrefe.

Kern, A. (1931). *Ist unsere Lesemethode richtig?* Freiburg: Herder.

Kern, A. (1971). *Grundleistungstest zur Ermittlung der Schulreife* (7. Aufl.). München: Ehrenwirth.

Kern, A. & Gieding, H. (1960). *Gestaltrechnen.* Freiburg: Herder.

Ketterlinus, R.D., Henderson, S. & Lamb, M.E. (1991). The effects of maternal age-at-birth on children's cogntive development. *Journal of Research on Adolescence, 1,* 173-188.

Kindermann, T.A. & Skinner, E. (1992). Modeling environmental development: Individual and contextual trajectories. In J.B. Asendorpf & J. Valsiner (Eds.), *Stability and change in development* (pp. 155-190). London: Sage.

Kintsch, W. & Greeno, J.G. (1985). Understanding and solving word arithmetic problems. *Psychological Review, 92,* 109-129.

Kintsch, W. & van Dijk, T.A. (1978). Toward a model of text comprehension and production. *Psychological Review, 85,* 363-394.

Klahr, D. (1981). Informationsverarbeitungsmodelle der Denkentwicklung. In R.H. Kluwe & H. Spada (Hrsg.), *Studien zur Denkentwicklung* (S. 231-289). Bern: Huber.

Klahr, D. (1984). Transition processes in quantitative development. In R. Sternberg (Ed.), *Mechanisms of cognitive development* (pp. 101-139), New York: Freeman.

Klauer, K.J. (1992). In Mathematik mehr leistungsschwache Mädchen, im Lesen und Rechtschreiben mehr leistungsschwache Jungen? Zur Diagnostik von Teilleistungsschwächen. *Zeitschrift für Entwicklungspsychologie und Pädagogische Psychologie, 24*(1), 48-65.

Klauer, K.J. (1993a). Evaluation einer Evaluation: Stellungnahme zum Beitrag von Hager und Hasselhorn. *Zeitschrift für Entwicklungspsychologie und Pädagogische Psychologie, 25,* 322-327.

Klauer, K.J. (1993b). *Kognitives Training.* Göttingen: Hogrefe.

Kleber, E.W. (1992). *Diagnostik in pädagogischen Handlungsfeldern.* Weinheim: Juventa.
Klicpera, C., Gasteiger-Klicpera, B. & Schabmann, A. (1993). *Lesen und Schreiben: Entwicklung und Schwierigkeiten.* Bern: Huber.
Klicpera, Ch. & Schabmann, A. (1993). Do German-speaking children have a chance to overcome reading and spelling difficulties? A longitudinal survey from the second until the eighth grade. *European Journal of Psychology of Education, 8,* 307-323.
Kline, R.B., Snyder, J., Guilmette, S. & Castellanos, M. (1992). Relative usefulness of elevation, variability, and shape information from WISC-R, K-ABC, and fourth Edition Stanford-Binet profiles in predicting achievement. *Psychological Assessment, 4,* 426-432.
Köster-Bunselmeyer, D. (1992). *Schulformwechsel vom Gymnasium. Ergebnisse einer Stichprobenuntersuchung des Jahres 1988 in Hamburg.* Manuskript, Behörde für Schule, Jugend und Berufsbildung Hamburg.
Krapp, A. (1973). *Bedingungen des Schulerfolgs.* München: Oldenbourg.
Krapp, A. (1976). Bedingungsfaktoren der Schulleistung. *Psychologie in Erziehung und Unterricht, 23,* 91-109.
Krapp, A. (1984). Forschungsergebnisse zur Bedingungsstruktur der Schulleistung. In K.A. Heller (Hrsg.), *Leistungsdiagnostik der Schule* (4. Aufl., S. 46-62). Bern: Huber.
Krapp, A. (1992a). Das Interessenkonstrukt. Bestimmungsmerkmale der Interessenhandlung und des individuellen Interesses aus der Sicht einer Person-Gegenstands- Konzeption. In A. Krapp & M. Prenzel (Hrsg.), *Interesse, Lernen, Leistung. Neuere Ansätze der pädagogisch-psychologischen Interessenforschung* (S. 297-330). Münster: Aschendorff Verlag.
Krapp, A. (1992b). Konzepte und Forschungsansätze zur Analyse des Zusammenhangs von Interesse, Lernen und Leistung. In A. Krapp & M. Prenzel (Hrsg.), *Interesse, Lernen, Leistung. Neuere Ansätze der pädagogisch-psychologischen Interessenforschung* (S. 9-52). Münster: Aschendorff Verlag.
Krapp, A. & Mandl, H. (1976). Vorhersage und Erklärung der Schulleistung. *Zeitschrift für Entwicklungspsychologie und Pädagogische Psychologie, 8,* 192-219.
Krapp, A. & Prenzel, M. (Hrsg.) (1992). *Interesse, Lernen, Leistung. Neuere Ansätze der pädagogisch-psychologischen Interessenforschung.* Münster: Aschendorff Verlag.
Krappmann, L. (1975). *Soziologische Dimensionen der Identität.* Stuttgart: Klett-Cotta.
Kroh, O. (1964). *Psychologie des Grundschulalters, Bd. 1.* Weinheim: Beltz.
Krug, S., Gurack, E. & Krüger, H. (1982). Entwicklung anschauungsgestützter Konzepte für Fähigkeit und Anstrengung im Vorschulalter. *Zeitschrift für Entwicklungspsychologie und Pädagogische Psychologie, 1,* 1-17.
Krug, S. & Rheinberg, F. (1980). Erwartungswidrige Schulleistungen im Entwicklungsverlauf und ihre Ursachen: Ein überholtes Konstrukt in neuer Sicht. In H. Heckhausen (Hrsg.), *Fähigkeit und Motivation in erwartungswidriger Schulleistung* (S. 53-105). Göttingen: Hogrefe.
Krüger, H. (1978). *Anfänge der Entwicklung des Anstrengungskonzepts im Kindergartenalter* (unveröffentlichte Diplomarbeit). Bochum: Ruhr-Universität.
Krumm, V. (1987). Lehreraktivitäten und Schülerleistung. In Landesinstitut für Schule und Weiterbildung (Hrsg.), *Begabung - Lernen - Schulqualität* (S. 71-74). Soest: Soester Verlagskontor.
Kuhl, J. (1980). *Fragebogen zur Erfassung von Handlungs- bzw. Lageorientierung.* Bochum: Ruhr-Universität.
Kuhl, J. (1983). *Motivation, Konflikt und Handlungskontrolle.* Berlin: Springer.
Kühn, R. (1983). *Bedingungen für Schulerfolg. Zusammenhänge zwischen Schülermerkmalen, häuslicher Umwelt und Schulnoten.* Göttingen: Hogrefe.
Kühn, R. (1987). Welche Vorhersage des Schulerfolgs ermöglichen Intelligenztests? Eine Analyse gebräuchlicher Verfahren. In R. Horn, K. Ingenkamp & R.S. Jäger (Hrsg.), *Tests und Trends 6 - Jahrbuch der Pädagogischen Diagnostik* (S. 26-64). Weinheim: Psychologie Verlags Union.

Kühn, R. (1989). Untersuchungen zur Aufklärung von Schulnotenvarianz durch Angst und häusliche Anregungsbedingungen. *Zeitschrift für internationale erziehungs- und sozialwissenschaftliche Forschung, 6,* 361-375.

Kulik, J.A. & Kulik, C.-L.C. (1991). Ability grouping and gifted students. In N. Colangelo & G.A. Davis (Eds.), *Handbook of gifted education* (pp. 178-196). Boston: Allyn and Bacon.

Kulik, J.A. & Kulik, C.-L.C. (1992). Meta-analytic findings on grouping programs. *Gifted Child Quarterly, 36,* 73-77.

Kurtz, B.E. & Weinert, F.E. (1989). Metamemory, memory performance, and causal attributions in gifted and average children. *Journal of Experimental Child Psychology, 48,* 45-61.

Kurtz-Costes, B.E. & Schneider, W. (1994). Self-concept, attributional beliefs, and school achievement: A longitudinal analysis. *Contemporary Educational Psychology, 19,* 199- 216.

LaBerge, D. & Samuels, S.J. (1974). Toward a theory of automatic information processing in reading. *Cognitive Psychology, 6,* 293-323.

Ladish, C. & Polich, J. (1989). P300 and probability in children. *Journal of Experimental Child Psychology, 48,* 212-223.

Lambrich, H.J. (1987). *Schulleistung, Selbstkonzeption und Unterrichtsverhalten. Eine qualitative Untersuchung zur Situation "schlechter" Schüler.* Weinheim: Deutscher Studienverlag.

Landerl, K. & Wimmer, H. (1994). Phonologische Bewußtheit als Prädiktor für Lese- und Schreibfertigkeiten in der Grundschule. *Zeitschrift für Pädagogische Psychologie, 8,* 153-164.

Langfeldt, H.-P. (1983). Schulbezogene Motivation, Schulleistung und Schullaufbahn. *Zeitschrift für Entwicklungspsychologie und Pädagogische Psychologie, 15,* 157-167.

Lavin, D.E. (1965). *The prediction of academic performance. A theoretical analysis and review of research.* New York: Russel Sage Foundation.

Lazarsfeld, P.F. & Menzel, H. (1972). On the relation between individual and collective properties. In P.F. Lazarsfeld (Ed.), *Continuities in the language of social research* (pp. 225-237). New York: Free Press.

Lee, Y.-T. et al. (1996). *Stereotype accuracy: Toward appreciating group differences.* London, UK: APA.

Lehmann, R.H. (1994). Lesen Mädchen wirklich besser? Ergebnisse aus der internationalen IEA-Lesestudie. In S. Richter & H. Brügelmann (Hrsg.), *Mädchen lernen anders lernen Jungen* (S. 99-109). Bottighofen: Libelle.

Lehtinen, E. (1992). Lern- und Bewältigungsstrategien im Unterricht. In H. Mandl & H.F. Friedrich (Hrsg.), *Lern- und Denkstrategien* (S. 125-150). Göttingen: Hogrefe.

Lehwald, G. (1985). *Zur Diagnostik des Erkenntnisstrebens bei Schülern* (Beiträge zur Psychologie, Bd. 20). Berlin: Volk und Wissen.

Leontjew, A.N. (1964). *Probleme der Entwicklung des Psychischen.* Berlin: Volk und Wissen.

Leontjew, A.N. (1979). *Tätigkeit, Bewußtsein, Persönlichkeit.* Berlin: Volk und Wissen.

Lerner, R.M. (1995). The limits of biological influence: Behavioral genetics as the emperor's new clothes. *Psychological Inquiry, 6,* 145-156.

Leschinsky, A. (1994). Freie Schulwahl und staatliche Steuerung. Neue Regelung des Übergangs an weiterführende Schulen. *Zeitschrift für Pädagogik, 40*(6), 963-981.

Levin, H. & Williams, J.P. (Eds.) (1970). *Basic studies on reading.* New York: Basic Books.

Lewin, K. (1946). Behavior and development as a funktion of the total situation. In L. Carmichael (Ed.), *Manual of child psychology* (pp. 791-844). New York: Wiley.

Lewis, M. & Brooks-Gunn, J. (1979). *Social cognition and the acquisition of self.* New York: Plenum.

Lewkowicz, N.K. (1980). Phonemic awareness training: What to teach and how to teach it. *Journal of Educational Psychology, 72,* 686-700.

Liberman, I.Y., Cooper, F.S., Shankweiler, D.P. & Studdert-Kennedy, M. (1967). Perception of speech code. *Psychological Review, 74,* 431-461.

Liberman, I.Y., Shankweiler, D.P., Fischer, F.W. & Carter, B.W. (1974). Explicit syllable and phoneme segmentation in the young child. *Journal of Experimental Child Psychology, 18*, 201-212.

Lie, A. (1991). Effects of a training program for stimulating skills in word analysis in firstgrade children. *Reading Research Quarterly, 26*, 234-250.

Lingelbach, H. (1994). *Pädagogische Expertise von Grundschullehrern und ihr Einfluß auf die Mathematikleistung der Schüler.* Dissertation. Universität Heidelberg: Fakultät für Sozial- und Verhaltenswissenschaften.

Linville, W. (1976). Syntax, vocabulary, and the verbal arithmetic problems. *School Science and Mathematics, 76*, 152-158.

Lissmann, U. (1988). Zum Einfluß spezifischer Lehrergedanken auf die Beurteilung des Anstrengungsspielraums bei Schülern. *Zeitschrift für Empirische Pädagogik, 2*(3), 211-226.

Lissmann, U. (1991). Lehrergedanken im Urteilsprozeß. In R.S. Jaeger (Hrsg.), *20 Jahre Zentrum für empirische pädagogische Forschung* (S. 37-49). Saarbrücken: Sondersammelgebiet Psychologie an der Universitätsbibliothek.

Little, T.D., Oettingen, G., Stetsenko, A. & Baltes, P.B. (1995). Children's action-control beliefs and school performance: How do American children compare with German and Russian children? *Journal of Personality and Social Psychology, 69*, 686-700.

Lloyd, D.N. (1978). Prediction of school failure from third-grade data. *Educational and Psychological Measurement, 38*, 1193-1200.

LoBello, S.G. & Gulgoz, S. (1991). Factor analysis of the Wechsler Preschool and Primary Scale of Intelligence - Revised. *Psychological Assessment, 3*, 130-132.

Lompscher, J. (Hrsg.) (1989). *Psychologische Analysen der Lerntätigkeit.* Berlin: Volk und Wissen.

Lompscher, J. (Hrsg.) (1973). *Sowjetische Beiträge zur Lerntheorie. Die Schule P.J. Galperins.* Köln: Pahl-Rugenstein.

Lompscher, J. (1976). *Zur Psychologie der Lerntätigkeit.* Berlin: Volk und Wissen.

Lowe, J.D., Anderson, H.N., Williams, A. & Currie, B.B. (1987). Long-term predictive validity of the WPPSI and the WISC-R with Black school children. *Personality and Individual Differences, 8*, 551-559.

Lubinski, D., Benbow, C.P. & Sanders, C.E. (1993). Reconceptualizing gender differences in achievement among the gifted. In K.A. Heller, F.J. Mönks & A.H. Passow (Eds.), *International handbook of research and development of giftedness and talent* (pp. 693-707). Oxford: Pergamon.

Lukesch, H., Perrez, M. & Schneewind, K.A. (Hrsg.) (1980). *Familiäre Sozialisation und Intervention.* Bern: Huber.

Lundberg, I., Frost, J. & Petersen, O.P. (1988). Effects of an extensive program for stimulating phonological awareness in preschool children. *Reading Research Quarterly, 23*, 263-284.

Lundgren, U.P. (1972). *Frame factors and the teaching process.* Stockholm: Almqvist & Wiksell.

Luria (Lurija), A.R. (1976). *Cognitive development.* Cambridge, MA: Harvard University Press.

Lurija (Luria), A.R. (1993). *Das Gehirn in Aktion. Einführung in die Neuropsychologie.* Reinbek: Rowohlt.

Lütkenhaus, P. (1984). Pleasure derived from mastery in three-year-olds: Its function for persistence and the influence of maternal behavior. *International Journal of Behavioral Development, 7*, 343-358.

Lütkenhaus, P. (1987). *Konstitutionelle Faktoren des Leistungshandelns.* Bern: 8. Tagung Entwicklungspsychologie.

Maccoby, E.E. & Jacklin, C.N. (1974). *The psychology of sex differences.* Stanford: Stanford University Press.

MacIver, M.D. (1987). Classroom factors and student characteristics predicting students' use of achievement standards during ability self-assessment. *Child Development, 58*, 1258-1271.

Mackworth, J.F. (1972). Some models of the reading process: Learners and skilled readers. *Reading Research Quarterly, 7*, 701-733.

Macrae, C.N., Stangor, C. & Hewstone, M. (Eds.) (1996). *Stereotypes and stereotyping.* Mahwah, NJ: Erlbaum.

Mandl, H. (1975). *Kognitive Entwicklungsverläufe von Grundschülern: Empirische Befunde zum Schereneffekt.* München: Oldenbourg.

Mann, V.A. & Liberman, I.Y. (1984). Phonological awareness and verbal short-term memory. *Journal of Learning Disabilities, 17*, 592-599.

Mannhaupt, G. (1992). *Strategisches Lernen: eine empirische Studie zur Ausbildung von Monitoring im frühen Schriftspracherwerb.* Heidelberg: Asanger.

Mannhaupt, G. (1994a). Deutschsprachige Studien zu Intervention bei Lese-Rechtschreibschwierigkeiten: Ein Überlick zu neueren Forschungstrends. *Zeitschrift für Pädagogische Psychologie, 8*, 123-138.

Mannhaupt, G. (1994b). Risikokind Junge - Vorteile der Mädchen in Vorläufer- und Teilfertigkeiten für den Schriftspracherwerb. In S. Richter & H. Brügelmann (Hrsg.), *Mädchen lernen anders lernen Jungen* (S. 36-50). Bottighofen: Libelle.

Mannhaupt, G. & Jansen, H. (1989). Phonologische Bewußtheit: Aufgabenentwicklung und Leistungen im Vorschulalter. *Heilpädagogische Forschung, 15*, 50-56.

Marjoribanks, K. (1970). *Ethnic and environmental influences on levels and profiles of mental abilities.* Unpublished doctoral dissertation. Toronto: University of Toronto.

Marjoribanks, K. (Ed.) (1974). *Environments for learning.* Windsor: NFER.

Marjoribanks, K. (1979). *Families and their learning environments.* London: Routledge and Kegan Paul.

Marjoribanks, K. (1994). Families, schools and children's learning: A study of children's learning environments. *International Journal of Educational Research, 21*, 439-555.

Markovits, H., Schleifer, M. & Fortier, L. (1989). Development of elementary deductive reasoning in young children. *Developmental Psychology, 25*, 787-793.

Markus, H. & Nurius, P. (1986). Possible selves. *American Psychologist, 41*, 954-969.

Markus, H. & Wurf, E. (1987). The dynamic self-concept: A social psychological perspective. *Annual Review of Psychology, 38*, 299-337.

Marsh, G., Friedman, M., Welch, V. & Desberg, P. (1981). A cognitive developmental theory of reading acquisition. In T. Waller & G. MacKinnon (Eds.), *Reading Research: Advances in theory and practice* (pp. 199-221). New York: Academic Press.

Marsh, H.W. (1986). Verbal and math self-concepts: An internal/external frame of reference model. *American Educational Research Journal, 23*, 129-149.

Marsh, H.W. (1987). Causal effects of academic self-concept on academic achievement: A reanalysis of Newman (1984). *Journal of Experimental Education, 56*, 100-104.

Marsh, H.W. (1990a). Causal ordering of academic self-concept and academic achievement: A multiwave, longitudinal panel analysis. *Journal of Educational Psychology, 82*, 646-656.

Marsh, H.W. (1990b). Influences of internal and external frames of reference on the formation of math and English self-concepts. *Journal of Educational Psychology, 82*, 107-116.

Marsh, H.W. (1992). Content specificity of relations between academic achievement and academic self-concept. *Journal of Educational Psychology, 84*, 35-42.

Marsh, H.W., Balla, J.R. & McDonald, R.P. (1988). Goodness-of-fit indices in confirmatory factor analyses: The effect of sample size. *Psychological Bulletin, 103*, 391-410.

Marsh, H.W., Byrne, B.M. & Shavelson, R.J. (1988). A multifaceted academic self-concept: Its hierachical structure and its relation to academic achievement. *Journal of Educational Psychology, 80*, 366-380.

Marsh, H.W., Craven, R.G. & Debus, R. (1991). Self-concepts of young children 5 to 8 years of age: Measurement and multidimensional structure. *Journal of Educational Psychology, 83*, 377-392.

Marsh, H.W. & Shavelson, R.J. (1985). Self-concept: Its multifaceted, hierarchical structure. *Educational Psychologist, 20*, 107-125.
Marshall, H.H. & Weinstein, R.S. (1984). Classroom factors affecting students' self-evaluations: An interactional model. *Review of Educational Research, 54(3)*, 301-325.
Marshall, H.H. & Weinstein, R.S. (1986). Classroom context of student-perceived differential treatment. *Journal of Educational Psychology, 78*, 441-453.
Marx, H. (1985). *Aufmerksamkeitsverhalten und Leseschwierigkeiten.* Göttingen: Hogrefe.
Marx, H. (1992a). Frühe Identifikation und Prädiktion von Lese-Rechtschreibschwierigkeiten: Bestandsaufnahme bisheriger Bewertungsgesichtspunkte von Längsschnittstudien. *Zeitschrift für Pädagogische Psychologie, 6*, 35-48.
Marx, H. (1992b). *Vorhersage von Lese-Rechtschreibschwierigkeiten in Theorie und Anwendung.* Habilitationsschrift. Universität Bielefeld: Fakultät für Psychologie und Sportwissenschaft.
Marx, H. (in Druck). *Knuspels Leseaufgaben. Gruppenlesetest für Kinder Ende des ersten bis vierten Schuljahres.* Göttingen: Hogrefe.
Marx, H., Jansen, H., Mannhaupt, G. & Skowronek, H. (1993). Prediction of difficulties in reading and spelling on the basis of the Bielefeld Screening. In H. Grimm & H. Skowronek (Eds.), *Language acquisition problems and reading disorders: Aspects of diagnosis and intervention* (pp. 219-241). Berlin: De Gruyter.
Mason, E.J. (1973). Teachers' observation and expectations of boys and girls as influenced by biased psychological reports and knowledge of the effects of bias. *Journal of Educational Psychology, 65*, 238-243.
Mason, T.C. & Stipek, D.J. (1989). The stability of students' achievement-related thoughts and school performance from one grade to the next. *The Elementary School Journal, 90*, 57-67.
Masonheimer, P.E., Drum, P.A. & Ehri, L.C. (1984). Does environmental print identification lead children into word reading? *Journal of Reading Behavior, 16*, 257-271.
Mattingly, I.G. (1972). Reading, the linguistic process and linguistic awareness. In J. Kavanagh & I.G. Mattingly (Eds.), *Language by ear and by eye* (pp. 133-147). Cambridge, MA: MIT Press.
Mattingly, I.G. (1984). Reading, linguistic awareness, and language acquisition. In J. Downing & R. Valtin (Eds.), *Language awareness and learning to read* (pp. 9-25). Berlin: Springer.
May, P. (1990). Kinder lernen rechtschreiben: Gemeinsamkeiten und Unterschiede guter und schwacher Lerner. In H. Brügelmann & H. Balhorn (Hrsg.), *Das Gehirn, sein Alfabet und andere Geschichten* (S. 245-253). Konstanz: Faude.
May, P. (1994). Rechtschreibregeln für Mädchen - besondere Wörter für Jungen? Herausbildung orthographischer Fähigkeiten im Geschlechtervergleich. In S. Richter & H. Brügelmann (Hrsg.), *Mädchen lernen anders lernen Jungen* (S. 83-98). Bottighofen: Libelle.
McAllister, E. (1990). Anatomy of a crushed spirit. *Childhood Education, 66(4)*, 203-204.
McBride-Chang, C. (1995). What is phonological awareness? *Journal od Educational Psychology, 87*, 179-192.
McCall, R.B., Hogarty, P.S. & Hurlburt, N. (1972). Transitions in infant sensorimotor development and the prediction of childhood IQ. *American Psychologist, 27*, 728-748.
McClelland, D.C., Atkinson, J.W., Clark, R.A. & Lowell, E.L. (1953). *The achievement motive.* New York: Appleton-Century-Crofts.
McClelland, J.L. & Rumelhart, D.E. (1986). A distributed model of human learning and memory. In J.L. McClelland & D.E. Rumelhart (Eds.), *Parallel distributed processing, vol. 2: Psychological and biological models* (pp. 170-215). Cambridge, MA: MIT Press.
McGee, R., Williams, S. & Silva, P.A. (1988). Slow starters and long-term backward readers: A replication and extension. *British Journal of Educational Psychology, 58*, 330-337.
McMahan, I.D. (1973). Relationships between causal attributions and expectancy of success. *Journal of Personality and Social Psychology, 28*, 108-114.
McNeill, D.A. (1970). *The acquisition of language.* New York: Harper & Row.

Meehl, P.E. (1992). Factors and taxa, traits and types, differences of degree and differences in kind. *Journal of Personality, 60*, 117-174.

Menyuk, P. (1968). Children's learning and production of grammatical and nongrammatical phonological sequences. *Child Development, 39*, 849-859.

Menyuk, P. (1993). Metalinguistic difficulties in children with specific language impairment: Implications for diagnosis and intervention. In H. Grimm & H. Skowronek (Eds.), *Language acquisition problems and reading disorders: Aspects of diagnosis and interaction* (pp. 3-23). Berlin, New York: de Gruyter.

Merton, R.K. (1968). The Matthew Effect in Science. *Science, 159,* 156-163.

Merz, F. & Kalveram, K.T. (1965). Kritik der Differenzierungshypothese der Intelligenz. *Archiv für die gesamte Psychologie, 117*, 287-295.

Messer, S. (1967). Implicit phonology in children. *Journal of Verbal Learning and Verbal Behavior, 6*, 609-613.

Messmer, O. (1904). Zur Psychologie des Lesens bei Kindern und Erwachsenen. *Archiv für die gesamte Psychologie, 2*, 190-315.

Metze, W. (1992). *Tobi-Fibel - Lehrerhandbuch.* Bielefeld, Berlin: CVK.

Metze, W. (1995). Schluß mit der Scheindebatte. In H. Brügelmann, H. Balhorn & I. Füssenich (Hrsg.), *Am Rande der Schrift. Zwischen Sprachenvielfalt und Analphabetismus* (S. 57-64). Lengwil am Bodensee: Libelle.

Meumann, E. (1914). *Vorlesungen zur Einführung in die experimentelle Pädagogik und ihre psychologischen Grundlagen III.* Leipzig: Engelmann.

Meyer, A.-K., Ferring, D. & Filipp, S.H. (in Druck). Selbstbewertung und sektive Präferenz für tempotale vs. soziale Vergleichsinformationen bei alten und sehr alten Menschen. *Zeitschrift für Sozialpsychologie.*

Meyer, H.L. (1980). *Leitfaden zur Unterrichtvorbereitung.* Königstein: Scriptor.

Meyer, W.-U. (1978). Der Einfluß von Sanktionen auf Begabungsperzeptionen. In D. Görlitz (Hrsg.), *Bielefelder Symposium über Attribution* (S. 71-87). Stuttgart: Klett-Cotta.

Meyer, W.-U. (1984a). *Das Konzept von der eigenen Begabung.* Bern: Huber.

Meyer, W.-U. (1984b). Das Konzept von der eigenen Begabung: Auswirkungen, Stabilität und vorauslaufende Bedingungen. *Psychologische Rundschau, 35(3),* 136-150.

Meyer, W.-U. & Hallermann, B. (1977). Intended effort and informational value of task outcome. *Archiv für Psychologie, 129,* 131-140.

Mietzel, G. (1982). *Interpretation von Leistungen dargestellt aus der Sicht der Attribuierungstheorie.* Leverkusen: Leske & Budrich.

Miller, L.J. & Schouten, P.G.W. (1989). Maternal education and preacademic problems as predictors of teachers' ratings and self-concept. *Perceptual and Motor Skills, 69,* 607-610.

Mills, J.R. & Jackson, N.E. (1990). Predictive significance of early giftedness: The case of precocious reading. *Journal of Educational Psychology, 82,* 410-419.

Mischel, W. (1973). Toward a cognitive social learning reconceptualization of personality. *Psychological Review, 80,* 252-283.

Möbus, C. (1983). Die praktische Bedeutung der Testfairness als zusätzliches Kriterium zu Reliabilität und Validität. In R. Horn, K. Ingenkamp & R.S. Jäger (Hrsg.), *Tests und Trends 3. Jahrbuch der Pädagogischen Diagnostik* (S. 155-203). Weinheim: Beltz.

Möbus, C. & Schneider, W. (Hrsg.) (1986). *Strukturmodelle für Längsschnittdaten und Zeitreihen: LISREL, Pfad- und Varianzanalysen.* Bern: Huber.

Moffitt, T.E., Caspi, A., Harkness, A. & Silva, P.A. (1993). The natural history of change in intellectual performance: Who changes? How much? Is it meaningful? *Journal of Child Psychology and Psychiatry, 34,* 455-606.

Mönks, F.J. & Heller, K.A. (1994). Identification and programming of the gifted and talented. In T. Husén & T.N. Postlethwaite (Eds.), *The International Encyclopedia of Education, Vol. 5* (2nd ed., pp. 2725-2732). Oxford: Pergamon.

Mönks, F.J. & Mason, E.J. (1993). Developmental theories and giftedness. In K.A. Heller, F.J. Mönks & A.H. Passow (Eds.), *International handbook of research and development of giftedness and talent* (pp. 89-101). Oxford: Pergamon.

Montada, L. (1995). Fragen, Konzepte, Perspektiven. In R. Oerter & L. Montada (Hrsg.), *Entwicklungspsychologie. Ein Lehrbuch* (3. Aufl., S. 1-83). Weinheim: Psychologie Verlags Union.

Morais, J. (1991). Constraints on the development of phonemic awareness. In S.A. Brady & D.P. Shankweiler (Eds.), *Phonological processes in literacy - A tribute to Isabelle Y. Liberman* (pp. 5-27), Hillsdale, NJ: Erlbaum.

Morais, J., Cary, L., Alegria, J. & Bertelson, P. (1979). Does awareness of speech as a sequence of phonemes arise spontaneously? *Cognition, 7*, 323-331.

Morehead, D.M. (1971). Processing of phonological sequences by young children and adults. *Child Development, 42*, 279-289.

Morgan, J.L. & Sellner, M.B. (1980). Discourse and linguistic theory. In R.J. Spiro, B.C. Bruce & W.F. Brewer (Eds.), *Theoretical issues in reading comprehension: Perspectives from cognitive psychology, linguistics, artificial intelligence, and education* (pp. 221-239). Hillsdale, NJ: Lawrence Erlbaum Association.

Morine-Dershimer, G. (1978). *Teacher conceptions of pupils*. Paper presented at the Meeting of the American Educational Research Association. Toronto.

Morris, D. (1981). Concept of word: A developmental phenomenon in the beginning reading and writing process. *Language Arts, 58*, 659-668.

Mortimore, P., Sammons, P., Stoll, L., Lewis, D. & Ecob, R. (1988). *School matters. The junior years*. Somerset: Open Books.

Mortimore, P., Sammons, P., Stoll, L., Lewis, D. & Ecob, R. (1989). A study of effective junior schools. *International Journal of Educational Research, 13*, 753-768.

Mosychuk, H. (1969). *Differential home environments and mental ability patterns*. Unpublished doctoral dissertation. Edmonton: University of Alberta.

Mounoud, P. & Hauert, C.A. (1982). Sensorimotor and postural behaviors: Their relation to cognitive development. In W.W. Hartup (Ed.), *Review of child development research* (Vol. 6, pp. 101-132). Chicago, Ill.: University of Chicago Press.

Müller, H. (1964). *Methoden des Erstleseunterrichts und ihre Ergebnisse. Ein empirischer Beitrag zum Vergleich des ganzheitlichen und lautsynthetischen Lehrverfahrens*. Meisenheim: Hain.

Müller, R. (1974). *Leseschwäche, Leseversagen, Legasthenie*. (Band II). Weinheim: Beltz.

Murphy, J. (1974). Teacher expectancy and the working class underachievement. *The British Journal of Sociology, 65*, 326-344.

Muthén, B.O. (1990). *Multilevel factor analysis of class and student achievement components*. UCLA Statistics Series No. 76.

Nagl, W. (1970). *Zum Design der Untersuchung* (Unveröffentlichtes Manuskript, teils publiziert in "Informationen der Arbeitsgemeinschaft für interdisziplinäre angewandte Sozialforschung" 1970/71, 3/4, 224ff.). Konstanz: Sonderforschungsbereich Bildungsforschung.

Näslund, J.C. (1990). The interrelationships among preschool predictors of reading acquisition for German children. *Reading and Writing: An Interdisciplinary Journal, 2*, 327-360.

Näslund, J.C. & Schneider, W. (1991). Longitudinal effects of verbal ability, memory capacity, and phonological awareness on reading performance. *European Journal of Psychology of Education, 6*, 375-392.

Näslund, J.C. & Schneider, W. (1993). Emerging literacy from kindergarten to second grade: Evidence from the Munich Longitudinal Study on the Genesis of Individual Competencies. In H. Grimm & H. Skowronek (Eds.), *Language acquisition problems and reading disorders: Aspects of diagnosis and interaction* (pp. 295-318). Berlin, New York: de Gruyter.

Nathan, M., Kintsch, W. & Young, E. (1992). A theory of algebra word problem comprehension and its implications for the design of learning environments. *Cognition and Instruction, 9(4)*, 329-389.

Neber, H. (1982). Selbstgesteuertes Lernen. In B. Treiber & F.E. Weinert (Hrsg.), *Lehr-Lern-Forschung* (S. 89-112). Weinheim: Beltz.

Neber, H. (1988). Elemente entdeckenden Lernens. *Zeitschrift für Heilpädagogik, 39,* 59-65.

Neber, H. (1992). Begabungsforschung, Instruktionspsychologie und Begabungsförderung. In E.A. Hany & H. Nickel (Hrsg.), *Begabung und Hochbegabung* (S. 215-224). Bern: Huber.

Needels, M.C. & Gage, N.L. (1991). Essence and accident in process-product research on teaching. In H.C. Waxman & H.J. Walberg (Eds.), *Effective teaching. Current research* (pp. 3-31). Berkeley, CA: McCutchan.

Nesher, P. (1976). Three determinants of difficulty in verbal arithmetic problems. *Educational Studies in Mathematics, 7,* 369-388.

Nesher, P. (1988). Multiplicative school word problems: Theoretical approaches and empirical findings. In J. Hiebert & M. Behr (Eds.), *Number concepts and operations in the middle grades* (pp. 19-40). Hillsdale, NJ/Reston, VA: Erlbaum/NCTM.

Nesher, P. & Teubal, E. (1975). Verbal cues as an interfering factor in verbal problem solving. *Educational Studies in Mathematics, 6,* 41-51.

Neuhaus-Siemon, E. (1991). Schule der Demokratie - Die Entwicklung der Grundschule seit dem ersten Weltkrieg. In D. Haarmann (Hrsg.), *Handbuch Grundschule. Band 1* (S. 14-25). Weinheim: Beltz.

Neuhaus-Siemon, E. (1993). *Frühleser in der Grundschule.* Bad Heilbrunn: Klinkhardt.

Neumann, O. (1980). *Informationsselektion und Handlungssteuerung. Untersuchungen zur Funktionsgrundlage des Stroop-Interferenzphänomens.* Unveröff. Dissertation, Universität Bochum, Bochum.

Newman, R.S. (1984). Children's achievement and self-evaluations in mathematics: A longitudinal study. *Journal of Educational Psychology, 76,* 857-873.

Nicholls, J.G. (1975). Causal attributions and other achievement-related cognitions: Effects of task outcome, attainment value, and sex. *Journal of Personality and Social Psychology, 31,* 379-389.

Nicholls, J.G. (1978). The development of the concepts of effort and ability, perception of academic attainment, and the understanding that difficult tasks require more ability. *Child Development, 49,* 800-814.

Nicholls, J.G. (1979). Development of perception of own attainment and causal attributions for success and failure in reading. *Journal of Educational Psychology, 71,* 94-99.

Nicholls, J.G. (1980). The development of the concept of difficulty. *Merrill-Palmer Quarterly, 26,* 271-281.

Nicholls, J.G. (1984). Achievement motivation: Conception of ability, subjective experience, task choice, and performance. *Psychological Review, 91,* 328-346.

Nicholls, J.G. & Miller, A.T. (1983). The differentiation of the concepts of difficulty and ability. *Child Development, 54,* 951-959.

Nicholson, T. (1991). Do children read words better in context or in lists? A classic study revisited. *Journal of Educational Psychology, 83,* 444-450.

Niemeyer, W. (1974). *Legasthenie und Milieu.* Hannover: Schroedel.

Ninio, A. (1990). Early environmental experiences and school achievement in the second grade: An Israeli study. *International Journal of Behavioral Development, 13,* 1-22.

Nittel, D. (1992). *Gymnasiale Schullaufbahn und Identitätsentwicklung. Eine biographieanalytische Studie.* Weinheim: Dt. Studien Verlag.

Oettingen, G., Little, T.D., Lindenberger, U. & Baltes, P.B. (1993). Causality, agency, and control beliefs in East versus West Berlin children: A natural experiment on the role of context. *Journal of Personality and Social Psychology, 66*(3), 579-595.

Olson, R., Wise, B., Connors, F. & Rack, J. (1990). Organization, heritability, and remediation of component word recognition and language skills in disabled readers. In T.H. Carr & B.A. Levy (Eds.), *Reading and its development* (pp. 261-322). San Diego: Academic Press.

Osborn, A.F. & Milbank, J.E. (1987). *The effects of early education.* Oxford: Clarendon Press.

Oser, F.K., Dick, A. & Patry, J.-L. (Eds.) (1992). *Effective and responsible teaching.* San Francisco: Jossey-Bass.

Overton, W.F. (1985). Scientific methodologies and the competence-moderator-performance issue. In E. Neimark, R. DeLisi & J. Newman (Eds.), *Moderators of competence* (pp. 45-62). Hillsdale, NJ: Erlbaum.

Overton, W.F. (1990). Competence and procedures: Constraints on the development of logical reasoning. In W.F. Overton (Ed.), *Reasoning, necessity, and logic: Developmental perspectives* (pp. 1-32). Hillsdale, NJ: Erlbaum.

Paige, J.M. & Simon, H.A. (1966). Cognitive processes in solving algebra word problems. In B. Kleinmuntz (Ed.), *Problem solving* (pp. 51-119). New York: Wiley.

Palmer, S.E. & Kimchee, R. (1986). The information processing approach to cognition. In T.J. Knapp & L.C. Robertson (Eds.), *Approaches to cognition: Contrasts and controversies* (pp. 37-77). Hillsdale, NJ: Erlbaum.

Parkerson, J.A., Lomax, R.G., Schiller, D.P. & Walberg, H.J. (1984). Exploring causal models of educational achievement. *Journal of Educational Psychology, 76(4),* 638-646.

Parsons, J.E. & Ruble, D.N. (1977). The development of achievement-related expectancies. *Child Development, 49,* 1075-1079.

Parsons, T. (1959). The schoolclass as a social system: Some of its functions in American society. *Harvard Educational Review, 29,* 297-318.

Pascual-Leone, J. (1969). *Cognitive development and cognitive style: A general psychological integration.* Unveröffentlichte Doktorarbeit. Universität Genf, Schweiz.

Peisert, H. & Dahrendorf, R. (Hrsg.) (1967). *Der vorzeitige Abgang vom Gymnasium. Studien und Materialien zum Schulerfolg an den Gymnasien in Baden-Württemberg 1953-1963.* Villingen: Neckar-Verlag.

Pekrun, R. (1986). *Emotion, Motivation und Persönlichkeit. Allgemeine persönlichkeitstheoretische Überlegungen und eine Längsschnittuntersuchung zur Emotions- und Motivationsentwicklung bei Schülern.* Habilitationsschrift, Fakultät für Psychologie und Pädagogik der Ludwig-Maximilians-Universität, München.

Pekrun, R. (1987). Die Entwicklung leistungsbezogener Identität bei Schülern. In H.-P. Frey & K. Haußer (Hrsg.), *Identität: Entwicklungen psychologischer und soziologischer Forschung* (S. 43-57). Stuttgart: Enke.

Pekrun, R. (1988). *Emotion, Motivation und Persönlichkeit.* München: Psychologie Verlags Union.

Pekrun, R. (1991a). Prüfungsangst und Schulleistung: Eine Längsschnittanalyse. *Zeitschrift für Pädagogische Psychologie, 5,* 99-110.

Pekrun, R. (1991b). Schulleistung, Entwicklungsumwelten und Prüfungsangst. In R. Pekrun & H. Fend (Hrsg.), *Schule und Persönlichkeitsentwicklung. Ein Resümee der Längsschnittforschung* (S. 164-180). Stuttgart: Enke.

Pekrun, R. (1994). Schule als Sozialisationsinstanz. In K.A. Schneewind (Hrsg.), *Psychologie der Erziehung und Sozialisation. Enzyklopädie der Psychologie, Serie Pädagogische Psychologie* (Bd. 1, S. 465-493). Göttingen: Hogrefe.

Pekrun, R. & Fend, H. (Hrsg.) (1991). *Schule und Persönlichkeitsentwicklung. Ein Resümee der Längsschnittforschung.* Stuttgart: Enke.

Pekrun, R. & Helmke, A. (1991). Schule und Persönlichkeitsentwicklung: Theoretische Perspektiven und Forschungsstand. In R. Pekrun & H. Fend (Hrsg.), *Schule und Persönlichkeitsentwicklung. Ein Resümee der Längsschnittforschung* (S. 33-56). Stuttgart: Enke.

Pekrun, R. & Hofmann, H. (1996). *Affective and motivational processes when approaching an examen: Contrasting interindividual and intraindividual perspectives.* Paper presented at the Annual Meeting of the American Educational Research Association, New York.

Pekrun, R. & Jerusalem, M. (in Druck). Leistungsbezogenes Denken und Fühlen: Eine Übersicht zur psychologischen Forschung. In J. Möller & O. Köller (Hrsg.), *Leistungsbezogene Kognitionen und Emotionen*. Weinheim: Beltz/Psychologie Verlags Union.

Pekrun, R. & Schiefele, U. (1996). Emotions- und motivationspsychologische Bedingungen der Lernleistung. In F.E. Weinert (Hrsg.), *Psychologie des Lernens und der Instruktion. Enzyklopädie der Psychologie, Serie Pädagogische Psychologie* (Bd. 2, S. 154-180). Göttingen: Hogrefe.

Pellegrini, A.D. & Stanic, G.M.A. (1993). Locating children's mathematical competence: Application of the developmental niche. *Journal of Applied Developmental Psychology, 14*, 501-520.

Perfetti, C.A. (1985). *Reading ability*. New York: Oxford University Press.

Perfetti, C.A. (1991). Representations and awareness in the acquisition of reading competence. In L. Rieben & C.A. Perfetti (Eds.), *Learning to read: Basic research and its implications* (pp. 33-44). Hillsdale, NJ: Erlbaum.

Perfetti, C.A. (1992). The representation problem in reading acquisition. In P.B. Gough, L.C. Ehri & R. Treiman (Eds.), *Reading Acquisition* (pp. 145-174). Hillsdale, NJ: Erlbaum.

Perfetti, C.A. (1995). Cognitive research can inform reading education. *Journal of Research in Reading, 18*, 106-115.

Perfetti, C.A., Beck, I., Bell, L. & Hughes, C. (1987). Phonemic knowledge and learning to read are reciprocal: A longitudinal study of first grade children. *Merrill-Palmer Quarterly, 33*, 283-319.

Perfetti, C.A., Goldman, S. & Hogaboam, T. (1979). Reading skill and the identification of words in discourse context. *Memory and Cognition, 7*, 273-282.

Perleth, Ch. (1992). *Strategienutzung, Metagedächtnis und intellektuelle Begabung. Querschnitts- und Interventionsstudien bei Grundschülern*. München: LMU (Dissertation).

Perleth, Ch. & Heiler, K.A. (1994). The Munich longitudinal study of giftedness. In R.F. Subotnik & K.D. Arnold (Eds.), *Beyond Terman: Contemporary longitudinal studies of giftedness and talent* (pp. 77-114). Norwood/NJ: Ablex.

Perleth, Ch., Heller, K.A. & Becker, U. (1996). Follow-up-Untersuchung zur Münchner Hochbegabungsstudie. In E. Witruk & G. Friedrich (Hrsg.), *Pädagogische Psychologie im Streit um ein neues Selbstverständnis*. Landau: Empirische Pädagogik.

Perleth, Ch. & Sierwald, W. (1992). Entwicklungs- und Leistungsanalysen zur Hochbegabung. In K.A. Heller (Hrsg.), *Hochbegabung im Kindes- und Jugendalter* (S. 165-350). Göttingen: Hogrefe.

Perner, J. (1991). *Understanding the representational mind*. Cambridge, MA: MIT Press.

Peterson, P.L. (1979). Direct instruction reconsidered. In P.L. Peterson & H.J. Walberg (Eds.), *Research in teaching. Concepts, findings, and implications* (pp. 57-69). Berkeley, CA: McCutchan.

Peterson, P.L., Fennema, E., Carpenter, T.P. & Loef, M. (1989). Teachers' pedagogical content beliefs in mathematics. *Cognition and Instruction, 6(1)*, 1-40.

Petillon, H. (1993). *Soziales Lernen in der Grundschule: Anspruch und Wirklichkeit*. Frankfurt/Main: Diesterweg.

Petillon, H. (1994). Möglichkeiten und Grenzen einer zeitgemäßen Grundschule. In Staatliches Institut für Lehrerfort- und -weiterbildung (Hrsg.), *Lern- und Spielschule. Integration von Spielpädagogik, Schulpädagogik und Sozialpädagogik im Primarbereich* (S. 13-38). Saarburg: SIL.

Petrick-Steward, E. (1995). *Beginning writers in the zone of proximal development*. Hillsdale, NY: Erlbaum.

Piaget, J. (1947). *Psychologie der Intelligenz*. Olten: Walter 1972; (frz. Orig. 1947).

Piaget, J. (1950). *Die Entwicklung des Erkennens. Bd. 1: Das mathematische Denken*. Stuttgart: Klett 1972; (frz. Orig. 1950).

Piaget, J. (1969). *Das Erwachen der Intelligenz beim Kinde.* Stuttgart: Klett.
Piaget, J. (1972a). Intellectual development from adolescence to adulthood. *Human Development, 15,* 1-12.
Piaget, J. (1972b). *Psychologie der Intelligenz* (5. Aufl.). Olten: Walter Verlag.
Piaget, J. (1973). *Einführung in die genetische Erkenntnistheorie.* Frankfurt/Main: Suhrkamp.
Piaget, J. (1975). *Das Erwachen der Intelligenz beim Kinde.* Gesammelte Werke (Bd. 1). Stuttgart: Klett.
Piaget, J. & Szeminska, A. (1941). *La genèse du nombre chez l'enfant.* Neuchâtel: Délachaux & Niestlé. (Dt.: *Die Entwicklung des Zahlbegriffs beim Kinde.* Stuttgart: Klett 1965).
Pianta, R.C. & Egeland, B. (1994). Predictors of instability in children's mental test performance at 24, 28, and 96 months. *Intelligence, 18,* 145-163.
Pintrich, P.R. (1989). The dynamic interplay of student motivation and cognition in the college classroom. In M.L. Maehr & C. Ames (Eds.), *Advances in motivation and achievement. Vol. 6: Motivation enhancing environments* (pp. 117-160). JAI Press.
Pintrich, P.R. & De Groot E.V. (1990). Motivational and self-regulated learning components of classroom academic performance. *Journal of Educational Psychology, 82,* 33-40.
Pintrich, P.R. & Garcia, T. (1993). Intraindividual differences in students' motivation and self-regulated learning. *Zeitschrift für Pädagogische Psychologie, 7,* 99-107.
Plake, K. (1991). *Reformpädagogik. Wissenssoziologie eines Paradigmenwechsels.* Münster: Waxmann.
Plomin, R., DeFries, J.C. & Loehlin, J. (1977). Genotype-environment interaction and correlation in the analysis of human development. *Psychological Bulletin, 84,* 309-322.
Potthoff, W. (1992). *Einführung in die Reformpädagogik. Von der klassischen zur aktuellen Reformpädagogik.* Freiburg: Pädagogischer Verlag Jörg Potthoff.
Pressley, M., Borkowski, J.G. & Schneider, W. (1987). Cognitive strategies: Good strategy users coordinate metacognition and knowledge. In R. Vasta (Ed.), *Annals of child development, Vol. 4* (pp. 89-129). Greenwich, CO: JAI Press.
Preteur, Y. & Louvet-Schmauss, E. (1992). How French and German children of preschool age conceptualize the writing system. *European Journal of Psychology of Education, 7,* 39-49.
Prior, M., Smart, D., Sanson, A. & Oberklaid, F. (1993). Sex differences in psychological adjustment from infancy to 8 years. *Journal of the American Academy of Child and Adolescent Psychiatry, 32,* 291-304.
Quack, L. (1979). Zur Bedingungsanalyse der Schulleistung: Der Beitrag kognitiver und nichtkognitiver Merkmale der Schülerpersönlichkeit. In K.J. Klauer & H.J. Kornadt (Hrsg.), *Jahrbuch für empirische Erziehungswissenschaft* (S. 93-116). Düsseldorf: Schwann.
Rabenstein, R., Schorch, G. & Treinies, G. (1989). *Leistungsunterschiede im Anfangsunterricht.* Nürnberg: Berichte und Arbeiten aus dem Institut für Grundschulforschung.
Rachman-Moore, D. & Wolfe, R.G. (1984). Robust analysis of a nonlinear model for multilevel educational survey data. *Journal of Educational Statistics, 9,* 277-293.
Ramseger, J. (1994). Das Dilemma von Integration und Differenzierung. In J.W. Erdmann, G. Rückriem & E. Wolf (Hrsg.), *Kindheit und Schule heute* (S. 229-241). Berlin: Hochschule der Künste.
Raudenbush, S.W. (1995). Reexamining, reaffirming, and improving application of hierarchical models. *Journal of Educational and Behavioral Statistics, 20,* 210-220.
Rayner, K. & Bertera, J.H. (1979). Reading without a fovea. *Science, 206,* 468-469.
Rayner, K. & Pollatsek, A. (1989). *The psychology of reading.* Englewood Cliffs, NJ: Prentice-Hall.
Read, C. (1971). Preschool children's knowledge of English phonology. *Harvard Educational Review, 41,* 1-34.
Read, C., Zhang, Y.-F., Nie, H.-Y. & Ding, B.-Q. (1986). The ability to manipulate speech sounds depends on knowing alphabetic writing. *Cognition, 24,* 31-45.
Reichen, J. (1982). *Lesen durch Schreiben. Leselehrgang.* Zürich: Sabe.

Reinert, G. (1970). Comparative factor analytical studies of intelligence through the human life span. In L.R. Goulet & P.B. Baltes (Eds.), *Life-span developmental psychology: Research and theory* (pp. 467-484). New York: Academic Press.

Renkl, A. (1991). *Die Bedeutung der Aufgaben- und Rückmeldungsgestaltung für die Leistungsentwicklung im Fach Mathematik*. Unveröffentlichte Dissertation. Heidelberg: Universität Heidelberg.

Renkl, A. (1993). Korrelation und Kausalität: Ein ausreichend durchdachtes Problem in der pädagogisch-psychologischen Forschung? In C. Tarnai (Hrsg.), *Beiträge zur empirischen Forschung* (S. 115-123). Münster: Waxmann.

Renkl, A. & Helmke, A. (1993). Prinzip, Nutzen und Grenzen der Generalisierungstheorie. *Empirische Pädagogik, 7*, 63-85.

Renkl, A. & Stern, E. (1994). Die Bedeutung von kognitiven Eingangsvoraussetzungen und schulischen Lerngelegenheiten für das Lösen von einfachen und komplexen Textaufgaben. *Zeitschrift für Pädagogische Psychologie, 8(1)*, 27-39.

Reschly, D.J. & Lamprecht, M.J. (1979). Expectancy of labels: Facts or artifacts? *Exceptional Children, 46*, 55-58.

Resnick, L.B. (1987). *Education and learning to think*. Washington, D.C.: National Academy Press.

Resnick, L.B. & Singer, J.A. (1993). Protoquantitative origins of ratio reasoning. In T.P. Carpenter, E. Fennema & T.A. Romberg (Eds.), *Rational numbers: An integration of research* (pp. 107-130). Hillsdale, NJ: Erlbaum.

Reusser, K. (1984). *Problemlösen in wissenstheoretischer Sicht. Problemformulierung und Problemverständnis*. Dissertation. Universität Bern.

Reusser, K. (1985). *From situation to equation. On formulation understanding and solving "situation problems"*. University of Colorado, Boulder, Institute of Cognitive Science. Technical Report No. 143.

Reusser, K. (1988). Problem solving beyond the logic of things: Contextual effects on understanding and solving word problems. *Instructional Science, 17*, 309-339.

Reusser, K. (1989a). From text to situation to equation: cognitive simulation of understanding and solving mathematical word problems. In H. Mandl, N. Bennett, E. De Corte & H.R. Friedrich (Eds.), *Learning and instruction in an international context* (Vol. II/III, pp. 477-498). Oxford: Pergamon.

Reusser, K. (1989b). *Textual and situational factors in solving mathematical word problems*. Beitrag zur Third Conference of the European Association for Research on Learning and Instruction EARLI. Madrid, September 1989.

Reusser, K. (1989c). *Vom Text zur Situation zur Gleichung. Kognitive Simulation von Sprachverständnis und Mathematisierung beim Lösen von Textaufgaben*. Habilitationsschrift. Universität Bern.

Reusser, K. (1995). From cognitive modeling to the design of pedagogical tools. In S. Vosniadou, E. De Corte, R. Glaser & H. Mandl (Eds.), *International perspectives on the psychological foundations of technology-based learning environments* (pp. 81-102). Mahwah, NJ: Lawrence Erlbaum.

Reusser, K. (1996). *Every word problem has a solution - The suspension of reality and sensemaking in school mathematics*. Manuscript submitted to Learning and Instruction.

Reusser, K., Kämpfer, A., Sprenger, M., Staub, F.C., Stebler, R. & Stüssi, R. (1990). *Tutoring mathematical word problems using solution trees*. Beitrag am Annual Meeting of the American Educational Research Association AERA, Boston, April 1990.

Reynolds, A.J. (1994). Effects of a preschool plus follow-on intervention for children at risk. *Developmental Psychology, 30*, 787-804.

Reynolds, A.J. & Bezruczko, N. (1993). School adjustment of children at risk through fourth grade. *Merrill-Palmer Quarterly, 39*, 457-480.

Reynolds, C.R. & Ford, L. (1994). Comparative three-factor solutions of the WISC-III and WISC-R at 11 age levels between 6-1/2 and 16-1/2 years. *Archives of Clinical Neuropsychology, 9,* 553-570.

Rheinberg, F. (1975). Zeitstabilität und Steuerbarkeit von Ursachen schulischer Leistung in der Sicht des Lehrers. *Zeitschrift für Entwicklungspsychologie und Pädagogische Psychologie, 7,* 180-194.

Rheinberg, F. (1980). *Leistungsbewertung und Lernmotivation.* Göttingen: Hogrefe.

Rheinberg, F. (1982). Selbstkonzept, Attribution und Leistungsanforderungen im Kontext schulischer Bezugsgruppen. In B. Treiber & F.E. Weinert (Hrsg.), *Lehr-Lern-Forschung* (S. 200-220). München: Urban & Schwarzenberg.

Rheinberg, F. (1993). *Motivationsförderung im Schulalltag.* Göttingen: Hogrefe.

Rheinberg, F. (1995). *Motivation.* Stuttgart: Kohlhammer.

Rheinberg, F. (1996). Von der Lernmotivation zur Lernleistung. Was liegt dazwischen? In J. Möller & O. Köller (Hrsg.), *Leistungsbezogene Kognitionen und Emotionen* (S. 23-51). Weinheim: PVU.

Rheinberg, F. & Krug, S. (1993). *Motivationsförderung im Schulalltag.* Göttingen: Hogrefe.

Rheinberg, F., Krug, S., Lübbermann, E. & Landscheid, K. (1980). Beeinflussung der Leistungsbewertung im Unterricht: Motivationale Auswirkungen eines Interventionsversuchs. *Unterrichtswissenschaft, 8(1),* 48-60.

Rheinberg, F., Lührmann, J.V. & Wagner, H. (1977). Bezugsnorm-Orientierung von Schülern der 5.-13. Klasse bei der Leistungsbeurteilung. *Zeitschrift für Entwicklungspsychologie und Pädagogische Psychologie, 10,* 269-273.

Richman, N., Stevenson, J. & Graham, P.J. (1982). *Pre-school to school: a behavioral study.* London: Academic Press.

Richter, S. (1994). Geschlechterunterschiede in der Rechtschreibentwicklung von Kindern der 1. bis 5. Klasse. In S. Richter & H. Brügelmann (Hrsg.), *Mädchen lernen anders lernen Jungen* (S. 51-65). Bottighofen: Libelle.

Richter, S. & Brügelmann, H. (Hrsg.) (1994). *Mädchen lernen anders lernen Jungen.* Bottighofen: Libelle.

Rieben, L. & Perfetti, C.A. (Eds.) (1991). *Learning to read: Basic research and its implications.* Hillsdale, NJ: Erlbaum.

Riedel, K. (1973). *Lehrhilfen zum entdeckenden Lernen.* Hannover: Schroedel.

Riley, M.S. & Greeno, J.G. (1988). Developmental analysis of understanding language about quantities and of solving problems. *Cognition and Instruction 5,* 49-101.

Riley, M.S., Greeno, J.G. & Heller, J.I. (1983). Development of children's problem-solving ability in arithmetic. In H.P. Ginsburg (Ed.), *The development of mathematical thinking* (pp. 153-196). New York: Academic Press.

Rimm, S.B. (1986). *Underachievement syndrome: Causes and cures.* Watertown, WI: Apple.

Rindermann, H. & Heller, K.A. (1996). Achtjähriges Gymnasium mit besonderen Anforderungen: Evaluationsergebnisse zu den ersten vier Meßzeitpunkten. In W. Witruk & G. Friedrich (Hrsg.), *Pädagogische Psychologie im Streit um ein neues Selbstverständnis.* Landau: Empirische Pädagogik.

Rischmüller, H. (1981). Personalisation, Sozialisation und Qualifikation als allgemeine Zielsetzungen von Schule und Unterricht. In Twellmann, W. (Hrsg.), *Handbuch Schule und Unterricht. Band 4.1* (S. 285-308). Düsseldorf: Schwann.

Rist, R.C. (1970). Student social class and teacher expectations: The self-fulfilling prophecy in ghetto education. *Harvard Educational Review, 40,* 411-451.

Roeder, P.M., Baumert, J., Sang, F. & Schmitz, B. (1986). Über Zusammenhänge zwischen Zensur und Testleistung. In H. Petillon, J.W.L. Wagner & B. Wolf (Hrsg.), *Schülergerechte Diagnose. Theoretische und empirische Beiträge zur Pädagogischen Diagnostik* (S. 31-59). Weinheim: Beltz.

Roeder, P.M. & Sang, F. (1991). Über die institutionelle Verarbeitung von Leistungsunterschieden. *Zeitschrift für Entwicklungspsychologie und Pädagogische Psychologie, 23*(2), 159-170.

Roeder, P.M. & Schmitz, B. (1995). *Der vorzeitige Abgang vom Gymnasium. Teilstudie I: Schulformwechsel vom Gymnasium in den Klassen 5 bis 10. Teilstudie II: Der Abgang von der Sekundarstufe I* (Materialien aus der Bildungsforschung, Nr. 51). Berlin: Max-Planck-Institut für Bildungsforschung.

Roeder, P.M. & Schnabel, K.U. (1995). *Bildungsverläufe und psychosoziale Entwicklung im Jugendalter in den alten und neuen Bundesländern (BIJU). Zusatzstudie 10. Klasse* (Beiträge aus dem Forschungsbereich Schule und Unterricht, Nr. 44/SuU). Berlin: Max-Planck-Institut für Bildungsforschung.

Roeder, P.M. & Schümer, G. (1987). Hauptschullehrer urteilen über das Sitzenbleiben. Bericht aus einem Berliner Forschungsprojekt. *Westermanns Pädagogische Beiträge, 39*(4), 20-25.

Rogosa, D., Brandt, D. & Zimowski, M. (1982). A growth curve approach to the measurement of change. *Psychological Bulletin, 92*, 726-748.

Rogosa, D. (1988). Reciprocal effects. In J.P. Keeves (Ed.), *Educational research, methodology, and measurement. An international handbook* (pp. 734-737). Oxford: Pergamon Press.

Röhr, H. (1978). *Voraussetzungen zum Erlernen des Lesens und Rechtschreibens.* Unveröff. Diss., Westfälische Wilhelms-Universität, Münster.

Rolff, H.-G., Bauer, K.-O., Klemm, K., Pfeiffer, H. & Schulz-Zander, R. (Hrsg.) (1994). *Jahrbuch der Schulentwicklung. Daten, Beispiele und Perspektiven* (Bd. 8). Weinheim, München: Beltz.

Rollett, B. & Bartram, M. (1977). *Anstrengungsvermeidungstest.* Braunschweig: Westermann.

Rose, B.J. (1977). A cognitive and communications system of behavior developed for the purpose of defining and studying expectancies. *Dissertation Abstracts International, 37*, 5712-A.

Rosemann, B. (1978). *Prognosemodelle in der Schullaufbahnberatung.* München: Reinhardt.

Rosemann, B. & Allhoff, P. (1982). *Differentielle Prognostizierbarkeit von Schulleistung.* Opladen: Westdeutscher Verlag.

Rosén, M. (1995). Gender differences in structure, means and variances of hierarchically ordered ability dimensions. *Learning and Instruction, 5*, 37-62.

Rosenberg, M. (1979). *Conceiving the self.* New York: Basic Books.

Rosenbusch, H.S. (1994). *Die Schülerprofilanalyse.* Arbeitsanleitung zur Analyse von Gruppenarbeitsprozessen. Bamberg: Manuskript.

Rosenholtz, S.J. & Rosenholtz, S.H. (1981). Classroom organization and the perception of ability. *Sociology of Education, 54*, 132-140.

Rosenholtz, S.J. & Simpson, C. (1984a). Classroom organization and student stratification. *Elementary School Journal, 85*, 21-37.

Rosenholtz, S.J. & Simpson, C. (1984b). The formation of ability conceptions: Developmental trend or social construction? *Review of Educational Research, 54(1)*, 31-63.

Rosenshine, B.V. (1979). Content, time, and direct instruction. In P.L. Peterson & H.J. Walberg (Eds.), *Research on teaching* (pp. 28-56). Berkeley, CA: McCutchan.

Rosenshine, B.V. (1995). Advances in research on instruction. *The Journal of Educational Research, 88*, 262-268.

Rosenthal, R. (1975). Der Pygmalion-Effekt lebt. *Psychologie heute, 7*, 18-21, 76-77.

Rosenthal, R. (1990). Some differing viewpoints in doing psychological science. *Zeitschrift für Pädagogische Psychologie, 4*(3), 161-165.

Rosenthal, R. & Jacobson, L. (1968). *Pygmalion in the classroom.* New York: Holt, Rinehart & Winston. Weinheim: Beltz.

Rost, D.H. (Hrsg.) (1993). *Lebensumweltanalyse hochbegabter Kinder.* Göttingen: Hogrefe.

Rost, D.H. & Lamsfuss, S. (1992). Entwicklung und Erprobung einer ökonomischen Skala zur Erfassung des Selbstkonzepts schulischer Leistungen und Fähigkeiten (SKSLF). *Zeitschrift für Pädagogische Psychologie, 6*(4), 239-250.

Roth, E. & Sauer, J. (1981). Über die Entwicklung einiger kognitiver Bedingungen der Schulleistung. In R. Groner & K. Foppa (Hrsg.), *Kognitive Strukturen und ihre Entwicklung* (S. 135-153). Bern: Huber.

Rubinstein, S.L. (1958). *Grundlagen der Allgemeinen Psychologie*. Berlin: Volk und Wissen.

Ruble, D.N. (1984). The development of social-comparison processes and their role in achievement-related self-socialization. In J.G. Nicholls & M.L. Maehr (Eds.), *Advances in motivation and achievement: Vol. 3. The development of achievement motivation* (pp. 134-157). Greenwich, Conn.: Jai Press Inc.

Ruble, D.N., Boggiono, A.K., Feldman, N.S. & Loebl, J.H. (1980). Developmental analysis of the role of social comparison in self-evaluation. *Developmental Psychology, 16*(2), 105-115.

Ruble, D.N., Eisenberg, R. & Higgins, E.T. (1994). Developmental changes in achievement evaluation: Motivational implications of self-other differences. *Child Development, 65*, 1095-1110.

Ruble, D.N. & Flett, G.L. (1988). Conflicting goals in self-evaluative information seeking: Developmental and ability level analyses. *Child Development, 59*, 97-106.

Ruble, D.N., Parsons, J.E. & Ross, J. (1976). Self-evaluative responses of children in an achievement setting. *Child Development, 47*, 990-997

Rudel, R.G. & Teuber, H.L. (1963). Discrimination of line in children. *Journal of Comparative and Physiological Psychology, 56*, 892-898.

Ruhland, D. & Feld, S.C. (1977). The development of achievement motivation in black and white children. *Child Development, 48*, 1362-1368.

Rumelhart, D.E. (1977). Toward an interactive model of reading. In S. Dornic (Ed.), *Attention and performance VI* (pp. 573-603). Hillsdale, NJ: Erlbaum.

Rumelhart, D.E. & McClelland, J.L. (Eds.) (1986). *Parallel distributed processing, Vol. 1: Foundations*. Cambridge, MA: MIT Press.

Rutter, M. (1983). School effects on pupil progress: Research findings and policy implications. *Child Development, 54*, 1-29.

Sameroff, A.J., Seifer, R., Baldwin, A. & Baldwin, C. (1993). Stability of intelligence from preschool to adolescence: The influence of social and family risk factors. *Child Development, 64*, 80-97.

Samuels, S.J. (1973). Success and failure in learning to read: A critique of the research. *Reading Research Quarterly, 8*, 200-240.

Samuels, S.J. (1976). Hierarchical subskills in the reading acquisition process. In J.T. Guthrie (Ed.), *Aspects of reading acquisition* (pp. 162-179). Baltimore, London: University Press.

Sander, E. (1981). *Lernstörungen. Ursachen, Prophylaxe, Einzelfallhilfe*. Stuttgart: Kohlhammer.

Sander, E. (Hrsg.) (1983). *Lernhilfen bei Schulschwierigkeiten*. Stuttgart: Klett.

Saracho, O.N. (1991). Teacher expectations of students' performance: A review of the research. Special Feature: Professional issues in teacher preparation for early childhood education. *Early Child Development and Care, 76*, 27-41.

Sauer, J. & Gamsjäger, E. (1996). *Ist Schulerfolg vorhersagbar?* Göttingen: Hogrefe.

Sauer, J. & Gattringer, H. (1985). Soziale, familiale, kognitive und motivationale Determinanten der Schulleistung. *Kölner Zeitschrift für Soziologie und Sozialpsychologie, 37*, 288-309.

Sauer, J. & Gattringer, H. (1986). Zur Aufklärung der Schulleistung durch spezifische und gemeinsame Varianzanteile von Intelligenz und Motivation. In K. Daumenlang & J. Sauer (Hrsg.), *Aspekte psychologischer Forschung* (S. 237-257). Göttingen: Hogrefe.

Saunders, D.R. (1956). Moderator variables in prediction. *Educational and Psychological Measurement, 16*, 209-222.

Scarborough, H.S. (1991). Antecedents to reading disability: Preschool language development and literacy experiences of children from dyslexic families. *Reading and Writing, 3,* 219-234.

Scarr, S. & Ricciuti, A. (1991). What effects do parents have on their children? In L. Okagaki & R.J. Sternberg (Eds.), *Directors of development: Influences on the development of children's thinking* (pp. 3-23). Hillsdale, NJ: Erlbaum.

Scheerer-Neumann, G. (1977). Funktionsanalyse des Lesens. Grundlage für ein spezifisches Lesetraining. *Psychologie in Erziehung und Unterricht, 24,* 125-135.

Scheerer-Neumann, G. (1978). Zur Analyse der Leseschwäche: Der Ansatz der experimentellen Leseforschung. *Die Grundschule, 10,* 316-317.

Scheerer-Neumann, G. (1981). Prozeßanalyse der Leseschwäche. In R. Valtin, U.O.H. Jung & G. Scheerer-Neumann (Hrsg.), *Legasthenie in Wissenschaft und Unterricht* (S. 183-240). Darmstadt: Wissenschaftliche Buchgesellschaft.

Scheerer-Neumann, G. (1986). Wortspezifisch: Ja - Wortbild: Nein. Teil 1. In H. Brügelmann (Hrsg.), *ABC und Schriftsprache: Rätsel für Kinder, Lehrer und Forscher* (S. 171-185). Konstanz: Faude.

Scheerer-Neumann, G. (1987). Wortspezifisch: Ja - Wortbild: Nein, Teil 2. In H. Balhorn & H. Brügelmann (Hrsg.), *Welten der Schrift in der Erfahrung der Kinder* (S. 219-242). Konstanz: Faude.

Scheerer-Neumann, G. (1993). Interventions in developmental reading and spelling disorders. In H. Grimm & H. Skowronek (Eds.), *Language acquisition problems and reading disorders: Aspects of diagnosis and interaction* (pp. 319-352). Berlin, New York: de Gruyter.

Scheerer-Neumann, G. (1995). Rechtschreibschwäche im Kontext der Entwicklung. In: I. Naegele & R. Valtin (Hrsg.), *LRS in den Klassen 1-10. Handbuch der Lese- und Rechtschreibschwierigkeiten* (3. Aufl., S. 25-35). Weinheim: Beltz.

Scheerer-Neumann, G., Kretschmann, R. & Brügelmann, H. (1986). Andrea, Ben und Jana: Selbstgewählte Wege zum Lesen und Schreiben. In H. Brügelmann (Hrsg.), *ABC und Schriftsprache: Rätsel für Kinder, Lehrer und Forscher* (S. 55-96). Konstanz: Faude.

Scheibe, W. (1980). *Die reformpädagogische Bewegung von 1900 bis 1931.* Weinheim: Beltz.

Schiefele, U. & Schreyer, I. (1994). Intrinsische Lernmotivation und Lernen. Ein Überblick zu Ergebnissen der Forschung. *Zeitschrift für Pädagogische Psychologie, 8(1),* 1-13.

Schiefele, U., Krapp, A. & Schreyer, I. (1993). Metaanalyse des Zusammenhangs von Interesse und schulischer Leistung. *Zeitschrift für Entwicklungspsychologie und Pädagogische Psychologie, 25,* 120-148.

Schlee, J. (1976). *Legasthenieforschung am Ende?* München, Berlin, Wien: Urban & Schwarzenberg.

Schmack, E. (1981). Die Struktur des Primarbereichs in der Bundesrepublik Deutschland. In Twellmann, W. (Hrsg.), *Handbuch Schule und Unterricht* (S. 14-26). Düsseldorf: Schwann.

Schmalohr, E. (1961). Psychologie des Erstlese- und Schreibunterrichts. *Erziehung und Psychologie. Schule und Psychologie,* Beiheft *16.*

Schmalohr, E. (1971). *Psychologie des Erstlese- und Schreibunterrichts* (2. Aufl.). München: Reinhardt.

Schmidtchen, G. (1989). *Schritte ins Nichts.* Opladen: Leske + Buderich.

Schmitt, M. (1990). *Konsistenz als Persönlichkeitseigenschaft?* Berlin: Springer.

Schmitz, B. & Skinner, E. (1993). Perceived control, effort, and academic performance: Interindividual, intraindividual, and multivariate time-series analyses. *Journal of Personality and Social Psychology, 64,* 1010-1028.

Schnabel, K.U. & Roeder, P.M. (1995). Zum politischen Weltbild von ost- und westdeutschen Jugendlichen. In G. Trommsdorff (Hrsg.), *Kindheit und Jugend in verschiedenen Kulturen. Entwicklung und Sozialisation in kulturvergleichender Sicht* (S. 175-210). Weinheim, München: Juventa.

Schneider, W. (1980). *Bedingungsanalysen des Rechtschreibens*. Bern: Huber.
Schneider, W. (1982). Kausalmodelle zur Beschreibung und Erklärung von Rechtschreibleistungen in der Grundschule. Eine Sekundäranalyse. *Zeitschrift für Empirische Pädagogik, 6*, 123-143.
Schneider, W. (1985). Metagedächtnis, gedächtnisbezogenes Verhalten und Gedächtnisleistung - Eine Analyse der empirischen Zusammenhänge bei Grundschülern der dritten Klassenstufe. *Zeitschrift für Entwicklungspsychologie und Pädagogische Psychologie, 17*, 1-16.
Schneider, W. (1986). The role of conceptual knowledge and metamemory in the development of organizational processes in memory. *Journal of Experimental Child Psychology, 42*, 218-236.
Schneider, W. (1989a). Möglichkeiten der frühen Vorhersage von Leseleistungen im Grundschulalter. *Zeitschrift für Pädagogische Psychologie, 3*, 157-168.
Schneider, W. (1989b). *Zur Entwicklung des Meta-Gedächtnisses bei Kindern*. Bern: Huber.
Schneider, W. (1991). Methodische Probleme und Möglichkeiten schulbezogener Längsschnittforschung. In R. Pekrun & H. Fend (Hrsg.), *Schule und Persönlichkeitsentwicklung. Ein Resümee der Längsschnittforschung* (S. 57-80). Stuttgart: Enke.
Schneider, W. (1992a). Erwerb von Expertise: Zur Relevanz kognitiver und nichtkognitiver Voraussetzungen. In E.A. Hany & H. Nickel (Hrsg.), *Begabung und Hochbegabung* (S. 105-122). Bern: Huber.
Schneider, W. (1992b). Rechtschreibtest. In Max-Planck-Institut für psychologische Forschung (Hrsg.), *Tätigkeitsbericht 1990-1991* (S. 32-33). München: Max-Planck-Institut für psychologische Forschung.
Schneider, W. (1993). Acquiring Expertise: Determinants of exceptional performance. In K.A. Heller, F.J. Mönks & A.H. Passow (Eds.), *International handbook of research and development of giftedness and talent* (pp. 311-324). Oxford: Pergamon Press.
Schneider, W. (1994a). Geschlechtsunterschiede beim Schriftspracherwerb. Befunde aus den Münchner Längsschnittstudien LOGIK und SCHOLASTIK. In S. Richter & H. Brügelmann (Hrsg.), *Mädchen lernen anders lernen Jungen* (S. 71-82). Bottighofen: Libelle.
Schneider, W. (1994b). Lese-Rechtschreib-Forschung heute: Einführung. *Zeitschrift für Pädagogische Psychologie, 8*, 117-122.
Schneider, W. (1994c). Methodische Ansätze der empirischen Erziehungs- und Sozialisationsforschung. In K.A. Schneewind (Hrsg.), *Psychologie der Erziehung und Sozialisation. Enzyklopädie der Psychologie, Serie Pädagogische Psychologie* (Bd. 1, S. 73-103). Göttingen: Hogrefe.
Schneider, W. (1997). Rechtschreiben und Rechtschreibschwierigkeiten. In F.E. Weinert (Hrsg.), *Psychologie des Unterrichts und der Schule. Enzyklopädie der Psychologie, Serie Pädagogische Psychologie* (Bd. 3, S. 327-363). Göttingen: Hogrefe.
Schneider, W. & Bös, K. (1985). Exploratorische Analysen zu Komponenten des Schulerfolgs. *Zeitschrift für Entwicklungspsychologie und Pädagogische Psychologie, 17*, 325-340.
Schneider, W., Brügelmann, H. & Kochan, B. (1990). Lesen- und Schreibenlernen in neuer Sicht: Vier Perspektiven auf den Stand der Forschung. In H. Brügelmann & H. Balhorn (Hrsg.), *Das Gehirn, sein Alfabet und andere Geschichten* (S. 220-234). Konstanz: Faude.
Schneider, W. & Edelstein, W. (Eds.) (1990). *Inventory of European longitudinal studies in the behavioural and medical sciences*. Berlin: Max-Planck-Institute for Human Development and Education.
Schneider, W. & Helmke, A. (1986). Mehrebenenanalytische Ansätze zur Erklärung von Schulleistungen. In M. v. Saldern (Hrsg.), *Mehrebenenanalyse: Beiträge zur Erfassung hierarchisch strukturierter Realität* (S. 170-193). Weinheim: Beltz.
Schneider, W., Körkel, J. & Weinert, F.E. (1987). The effects of intelligence, self-concept, and attributional style on metamemory and memory behavior. *International Journal of Behavioral Development, 10*, 281-299.

Schneider, W. & Näslund, J.C. (1992). Cognitive prerequisites of reading and spelling: A longitudinal approach. In A. Demetriou, M. Shayer & A. Efklides (Eds.), *Neo-Piagetian theories of cognitive development. Implications and applications for education* (pp. 256-274). London: Routledge.

Schneider, W. & Näslund, J.C. (1993). The impact of early metalinguistic competencies and memory capacity on reading and spelling in elementary school: Results of the Munich Longitudinal Study on the Genesis of Individual Competencies (LOGIC). *European Journal of Psychology of Education, 8*, 273-288.

Schneider, W., Perner, J., Bullock, M., Stefanek, J. & Ziegler, A. (in press). The development of intelligence and thinking. In F.E. Weinert & W. Schneider (Eds.), *Individual development from 3 to 12: Findings from the Munich longitudinal study*. Cambridge: Cambridge University Press.

Schneider, W. & Pressley, M. (1988). *Memory development between 2 and 20*. New York: Springer.

Schneider, W., Reimers, P., Roth, E., Visé, M. & Marx, H. (1996). Short- and long-term effects of training phonological awareness in kindergarten: Evidence from two German studies. *Manuskript, zur Veröffentlichung eingereicht*.

Schneider, W., Visé, M., Reimers, P. & Blaesser, B. (1994). Auswirkungen eines Trainings der sprachlichen Bewußtheit auf den Schriftspracherwerb in der Schule. *Zeitschrift für Pädagogische Psychologie, 8*, 177-188.

Schöll, G. (1992). Selbständiges und aufmerksames Lernverhalten in Phasen Freier Aktivität. *Die Deutsche Schule, 84*, 314-327.

Schoppe, K.J. (1975). *Verbaler Kreativitätstest (V-K-T)*. Göttingen: Hogrefe.

Schrader, F.-W. (1989). *Diagnostische Kompetenzen von Lehrern und ihre Bedeutung für die Gestaltung und Effektivität des Unterrichts*. Frankfurt/Main: Lang.

Schrader, F.-W. (1997). Lern- und Leistungsdiagnostik im Unterricht. In F.E. Weinert (Hrsg.), *Psychologie des Unterrichts und der Schule. Enzyklopädie der Psychologie, Serie Pädagogische Psychologie* (Bd. 3, S. 659-699). Göttingen: Hogrefe.

Schrader, F.-W. & Helmke, A. (1987). Diagnostische Kompetenz von Lehrern: Komponenten und Wirkungen. *Empirische Pädagogik, 1*, 27-52.

Schrader, F.-W. & Helmke, A. (1989). *Zensur und direkte Beurteilung des Leistungsstandes: Worauf basiert das Lehrerurteil?* (Paper 17/1989). München: Max-Planck-Institut für psychologische Forschung.

Schrader, F.-W. & Helmke, A. (1990). Lassen sich Lehrer bei der Leistungsbeurteilung von sachfremden Gesichtspunkten leiten? Eine Untersuchung zu Determinanten diagnostischer Lehrerurteile. *Zeitschrift für Entwicklungspsychologie und Pädagogische Psychologie, 22(4)*, 312-324.

Schreiner, G. (1973). *Schule als sozialer Erfahrungsraum*. Frankfurt: Athenäum Fischer.

Schuck, K.D. & Schuck, E. (1979). Familiäre Umwelt und kognitive Leistungen im Vorschulalter. *Zeitschrift für Empirische Pädagogik, 3*, 135-151.

Schümer, G. (1985). *Daten zur Entwicklung der Sekundarstufe I in Berlin (West)*. (Materialien aus der Bildungsforschung, Nr. 26). Berlin: Max-Planck-Institut für Bildungsforschung.

Schunk, D.H. (1991). Self-efficacy and academic motivation. *Educational Psychologist, 26*, 207-231.

Schwartz, R.M. & Stanovich, K.E. (1981). Flexibility in the use of graphic and contextual information by good and poor readers. *Journal of Reading Behavior, 13*, 263-269.

Schwarzer, R. (1987). *Streß, Angst und Hilflosigkeit*. Stuttgart: Kohlhammer.

Seidenberg, M.S. & McClelland, J.L. (1989). A distributed developmental model of word recognition and naming. *Psychological Review, 96*, 523-568.

Seidenberg, M.S. & McClelland, J.L. (1990). More words but still no lexicon: Reply to Besner et al.. *Psychological Review, 97*, 447-452.

Selvin, H.C. & Hagström, W.O. (1963). The empirical classification of formal groups. *American Sociological Review, 28,* 399-411.

Serbin, L.A., Zelkowitz, P., Doyle, A.-B. & Gold, D. (1990). The socialization of sex-differentiated skills and academic performance: A mediational model. *Sex Roles, 23,* 613-628.

Seymour, P.H.K. & Elder, L. (1986). Beginning reading without phonology. *Cognitive Neuropsychology, 3,* 1-36.

Share, D.L. (1995). Phonological recoding and self-teaching: *sine qua non* of reading acquisition. *Cognition, 55,* 151-218.

Share, D.L., Jorm, A.F., Maclean, R. & Matthews, R. (1984). Sources of individual differences in reading acquisition. *Journal of Educational Psychology, 76,* 1309-1324.

Shavelson, R.J. & Bolus, R. (1982). Self-concept: The interplay of theory and methods. *Journal of Educational Psychology, 74,* 3-17.

Shavelson, R.J., Cadwell, J. & Izu, T. (1977). Teachers' sensitivity of reliability of information in making pedagogical decisions. *American Educational Research Journal, 14,* 83-97.

Shavelson, R.J., Hubner, J.J. & Stanton, G.C. (1976). Self-concept: Validation of construct interpretations. *Review of Educational Research, 46,* 407-441.

Shore, A.L. (1969). Confirmation of expectancy and changes in teachers' evaluations of student behaviors. *Dissertation Abstracts International, 30,* 1878-A-1879-A.

Shulman, L.S. (1986). Paradigms and research programs in the study of teaching: A contemporary perspective. In M.C. Wittrock (Ed.), *Handbook of Research on Teaching* (3rd ed., pp. 3-36). New York: Macmillan.

Siegel, L.S. (1992). Infant motor, cognitive, and language behaviors as predictors of achievement at school age. *Advances in Infancy Research, 7,* 227-237.

Siegler, R.S. (1976). Three aspects of cognitive development. *Cognitive Psychology, 8,* 481-520.

Siegler, R.S. (1981). Developmental sequences within and between concepts. *Monographs of the Society for Research in Child Development, 46,* (2, Serial No. 189).

Siegler, R.S. (1991a). *Children's thinking (2nd ed.).* Englewood Cliffs, NJ: Prentice Hall.

Siegler, R.S. (1991b). Strategy choice and strategy discovery. *Learning and Instruction, 1,* 89-102.

Siegler, R.S. & Taraban, R. (1986). Conditions of applicability of a strategy choice model. *Cognitive Development, 1,* 31-51.

Silberman, M. (1969). Behavioral expression of teachers' attitudes toward elementary school students. *Journal of Educational Psycology, 60,* 402-407.

Silberman, M. (1971). Teacher's attitudes and actions toward their students. In: M. Silberman (Ed.), *The experience of schooling.* New York: Holt.

Simon, D.P. & Simon, H.A. (1973). Alternative uses of phonemic information in spelling. *Review of Educational Research, 43,* 115-137.

Simon, H.A. & Hayes, J.R. (1976). The understand process: Problem isomorphs. *Cognitive Psychology, 8,* 65-90.

Simons, H. & Möbus, C. (1982). Testfairness. In K.J. Klauer (Hrsg.), *Handbuch der Pädagogischen Diagnostik, Bd. 1* (S. 187-198). Düsseldorf: Schwann.

Simons, H., Weinert, F.E. & Ahrens, H.J. (1975). Untersuchungen zur differentialpsychologischen Analyse von Rechenleistungen. *Zeitschrift für Entwicklungspsychologie und Pädagogische Psychologie, 7,* 153-169.

Simpson, C. (1981). Classroom structure and the organization of ability. *Sociology of Education, 54,* 120-132.

Singer, H. (1984). Learning to read and skilled reading: Multiple systems interacting within and between the reader and the text. In J. Downing & R. Valtin (Eds.), *Language awareness and learning to read* (pp. 193-206). Berlin: Springer.

Singer, H. & Ruddell, R.B. (Eds.) (1971). *Theoretical models and processes of reading.* Newark, DE: IRA.

Skaalvik, E.M. (1994). Attribution of perceived achievement in school in general and in maths and verbal areas: Relations with academic self-concept and self-esteem. *British Journal of Educational Psychology, 64*(1), 133-143.

Skaalvik, E.M. & Hagtvet, K.A. (1990). Academic achievement and self-concept: An analysis of causal predominance in a developmental perspective. *Journal of Personality and Social Psychology, 58*, 292-307.

Skaalvik, E.M. & Rankin, R.J. (1990). Math, verbal, and general academic self-concept: The internal/external frame of reference model and gender differences in self-concept structure. *Journal of Educational Psychology, 82*, 546-554.

Skowronek, H. & Marx, H. (1989). Die Bielefelder Längsschnittstudie zur Früherkennung von Risiken der Lese-Rechtschreibschwäche: Theoretischer Hintergrund und erste Befunde. *Heilpädagogische Forschung, 15*, 38-49.

Skowronek, H. & Marx, H. (1993). Disorders of written language development: Definitions and overview. In G. Blanken, J. Dittmann, H. Grimm, J.C. Marshall & C.-W. Wallesch (Eds.), *Linguistic disorders and pathologies. An international handbook* (pp. 711-724). Berlin, New York: de Gruyter.

Slavin, R.E. (1987). Mastery learning reconsidered. *Review of Educational Research, 57*, 175-213.

Slavin, R.E. (1993). Students differ: So what? *Educational Researcher, December, 13-14*.

Slovic, P. (1974). Hypothesis testing in the learning of positive and negative linear functions. *Organizational Behavior and Human Behavior, 11*, 368-376.

Smith, F. (1971). *Understanding reading*. New York: Holt, Rinehart and Winston.

Smith, F. (1973). *Psycholinguistics and reading*. New York: Holt, Rinehart and Winston.

Sodian, B. (1995). Entwicklung bereichsspezifischen Wissens. In R. Oerter & L. Montada (Hrsg.), *Entwicklungspsychologie* (3. Aufl., S. 622-653). Weinheim: PVU.

Solga, H. (1995). *Auf dem Weg in eine klassenlose Gesellschaft? Klassenlagen und Mobilität zwischen Generationen in der DDR*. Berlin: Akademie-Verlag.

Sowder, L. (1988). Children's solutions of story problems. *Journal of Mathematical Behavior, 7*, 227-238.

Spellbring, W. & Edelstein, W. (1985). Zur Bedeutung von Ich-Prozessen für den Schulerfolg. *Unterrichtswissenschaft, 13*, 249-265.

Spiel, C. (1988). *Arbeitshaltung bei Hochbegabten*. Vortrag auf der internationalen Konferenz "Entwicklungspsychologische Probleme der Hochbegabungsforschung". München, Mai 1988.

Spiel, C. (1995). *Erfolg in der Schule - ein dynamisches Modell der Effekte biologischer und sozialer Faktoren auf die Entwicklung*. Unveröffentlichte Habilitationsschrift, Universität Wien.

Spiel, C. (in prep.) *The change coefficient. A measure of the intra-individual variability over time*.

Spiel, C. & Kreppner, K. (1991). *Consistency versus inconsistency in adolescents' and parents' self-perception across different domains*. Paper presented at the Biennial Meeting of the Society for Research in Child Development. Seattle, WA, April 1991.

Spitta, G. (1985). *Kinder schreiben eigene Texte: Klasse 1 und 2*. Bielefeld, Berlin: CVK.

Stallings, J.A. & Stipek, D. (1986). Research on early childhood and elementary school teaching programs. In M.C. Wittrock (Ed.), *Handbook of research on teaching* (3rd ed., pp. 727-753). New York: Macmillan.

Stanovich, K.E. (1986). Matthew effects in reading: Some consequences of individual differences in the acquisition of literacy. *Reading Research Quarterly, 21*, 360-406.

Stanovich, K.E. (1991). Changing models of reading and reading acquisition. In L. Rieben & C.A. Perfetti (Eds.), *Learning to read: Basic research and its implications* (pp. 19-31). Hillsdale, NJ: Erlbaum.

Stanovich, K.E., Cunningham, A.E. & Cramer, B.B. (1984). Assessing phonological awareness in kindergarten children: Issues of task comparability. *Journal of Experimental Child Psychology, 38*, 175-190.

Stanovich, K.E. & Stanovich, P.J. (1995). How research might inform the debate about early reading acquisition. *Journal of Research in Reading, 18,* 87-105.

Staub, F.C. & Reusser, K. (1995). The role of presentational structures in understanding and solving mathematical word problems. In Ch.A. Weaver, III., S. Mannes & Ch. Fletcher (Eds.), *Discourse comprehension essays in honour of Walter Kintsch* (pp. 285-305). Hillsdale, NJ: Lawrence Erlbaum.

Steffen, U. & Bargel, T. (1993). *Erkundungen zur Qualität von Schule.* Neuwied: Luchterhand.

Steiner, G. (1973). *Mathematik als Denkerziehung.* Stuttgart: Klett.

Steiner, G. (1980). *Lernen. 20 Szenarien aus dem Alltag.* Bern: Huber.

Steiner, G. & Stöcklin, M. (1996). *Fraction calculation - A didactic approach to constructing mathematical networks.* Berichte aus dem Institut für Psychologie der Universität Basel.

Stelzl, I. (1982). *Fehler und Fallen der Statistik.* Bern: Huber.

Stern, E. (1990). Die Entwicklung mathematischer Fähigkeiten und Fertigkeiten vom Kindergarten bis zur dritten Klasse. In W. Schneider, M. Knopf, E. Stern, A. Helmke & J.B. Asendorpf (Hrsg.), *Die Entwicklung kognitiver, motivationaler und sozialer Kompetenzen zwischen dem 4. und 8. Lebensjahr* (Paper 16/1990). München: MPI für psychologische Forschung.

Stern, E. (1992a). Mathematiktest. In Max-Planck-Institut für psychologische Forschung (Hrsg.), *Tätigkeitsbericht 1990-1991* (S. 33-34). München: MPI für psychologische Forschung.

Stern, E. (1992b). Warum werden Kapitänsaufgaben 'gelöst'? Das Verstehen von Textaufgaben aus psychologischer Sicht. *Der Mathematikunterricht 38(5),* 7-29.

Stern, E. (1993). What makes certain arithmetic word problems involving the comparison of sets so hard for children? *Journal of Educational Psychology, 85,* 7-23.

Stern, E. (1994a). *Die Entwicklung des mathematischen Verständnisses im Kindesalter.* Habilitationsschrift. Ludwig-Maximilians-Universität München.

Stern, E. (1994b). Wie viele Kinder bekommen keinen Mohrenkopf? Zur Bedeutung der Kontexteinbettung beim Verstehen des quantitativen Vergleiches. *Zeitschrift für Entwicklungspsychologie und Pädagogische Psychologie, 26,* 79-93.

Stern, E. (in press). Development of mathematical competencies. In F.E. Weinert & W. Schneider (Eds.), *Individual development from 3 to 12: Findings from the Munich longitudinal study.* New York, NY: Cambridge University Press.

Stern, E. & Lehrndorfer, A. (1992). The role of situational context in solving word problems. *Cognitive Development, 7,* 259-268.

Stern, E. & Staub, F.C. (1995). *The effects of teacher's content beliefs in addition and subtraction on students' achievement.* Paper presented at the 6th European Conference for Research on Learning and Instruction.

Sternberg, R.J. (1993). Procedures for identifying intellectual potential in the gifted: A perspective on alternative "Metaphors of Mind". In K.A. Heller, F.J. Mönks & A.H. Passow (Eds.), *International handbook of research and development of giftedness and talent* (pp. 185-207). Oxford: Pergamon.

Sternberg, R.J. & Powell, J.S. (1983). The development of intelligence. In J.H. Flavell & E. Markman (Eds.), *Handbook of child psychology: Vol. III. Cognitive development* (4th ed., pp. 341-419). New York: Wiley.

Stevenson, H.W., Lee, S.Y. & Stigler, J.W. (1987). Mathematics achievement of Chinese, Japanese, and American children. *Science, 231,* 691-699.

Stevenson, H.W. & Newman, R.S. (1986). Long-term prediction of achievement and attitudes in mathematics and reading. *Child Development, 57,* 646-659.

Stevenson, H.W., Parker, T., Wilkinson, A., Bonneveux, B. & Gonzalez, M. (1978). Schooling, environment, and cognitive development: A cross-cultural study. *Monographs of the Society for Research in Child Development, 43 (No.3, Serial No. 175).*

Stevenson, H.W., Parker, T., Wilkinson, A., Hegion, A. & Fish, E. (1976). Predictive value of teachers' ratings of young children. *Journal of Educational Psychology, 68,* 507-517.

Stevenson, J. (1992). Identifying sex differences in reading disability. *Reading and Writing, 4*, 307-326.
Stewart, E., Hutchinson, N.L., Hemingway, P. & Bessai, F. (1989). The effects of student gender, race, and achievement on career exploration advice given by Canadian preservice teachers. *Sex Roles, 21*(3-4), 247-262.
Stipek, D.J. & Daniels, D.H. (1988). Declining perceptions of competence: A consequence of changes in the child or in the educational environment? *Journal of Educational Psychology, 80*, 352-356.
Stipek, D.J. & Hoffman, J.M. (1980). Development of children's performance-related judgments. *Child Development, 51*, 912-914.
Stipek, D.J. & MacIver, M.D. (1989). Developmental change in children's assessment of intellectual competence. *Child Development, 60*, 521-538.
Stöckli, G. (1989). *Vom Kind zum Schüler. Zur Veränderung der Eltern-Kind-Beziehung am Beispiel "Schuleintritt"*. Bad Heilbronn: Klinkhardt.
Stöckli, G. (1993). Bin ich gut im Rechnen? Bin ich schlecht im Rechnen? Die Selbsteinschätzung von Schülerinnen und Schülern aus zehn Klassen des vierten Schuljahres im Vergleich. *Bildungsforschung und Bildungspraxis, 15*, 55-65.
Stolurow, L.M. (1965). Model the master teacher or master the teaching model. In J.D. Krumbholtz (Ed.), *Learning and the educational process* (pp. 223-247). Chicago: Rand McNally.
Stone, B.J., Gridley, B.E. & Gyurke, J.S. (1991). Confirmatory factor analysis of the WPPSI-R at the extreme end of the age range. Special Issue: Wechsler Preschool and Primary Scale of Intelligence (WPPSI-R). *Journal of Psychoeducational Assessment, 9*, 263-270.
Storch, C. (1978). *Urteils- und Erwartungsbildung bei Erstklasslehrern*. Eine Untersuchung in den ersten Schulwochen. Unveröff. Diplomarbeit, Psychologisches Institut der Universität Heidelberg.
Streefland, L. (Ed.) (1991). *Realistic Mathematics Education in primary school. On the occasion of the Freudenthal Institute*. Utrecht, The Netherlands, Freudenthal Institute.
Stuart, M. & Coltheart, M. (1988). Does reading develop in a sequence of stages? *Cognition, 30*, 139-181.
Tausch, R. & Tausch, A. (1973). *Erziehungspsychologie*. Göttingen: Hogrefe.
Thelen, H.A. (1967). *Classroom grouping for teachability*. New York: Wiley.
Thomas, A.E. & Grimes, J.E. (1987). *Children's needs: Psychological perspectives*. (Collection; Book). Silver Spring: National Association of School Psychologists.
Thompson, L.A., Detterman, D.K. & Plomin, R. (1991). Associations between cognitive abilities and scholastic achievement: Genetic overlap but environmental differences. *Psychological Science, 2*, 158-165.
Thompson, L.A. & Petrill, S.A. (1994). Longitudinal predictions of school-age cognitive abilities from infant novelty preference. In J. DeFries, R. Plomin & D.W. Fulker (Eds.), *Nature and nurture during middle childhood* (pp. 77-85). Oxford: Blackwell.
Tiedemann, J. & Faber, G. (1992). Preschoolers' maternal support and cognitive competencies as predictors of elementary achievement. *Journal of Educational Research, 85*, 348-354.
Tiedemann, J., Faber, G. & Kahra, G. (1985). Ausgewählte Frühindikatoren schulischer Lernschwierigkeiten - Lernvoraussetzungen des Erstunterrichts. *Psychologie in Erziehung und Unterricht, 32*, 93-99.
Tillmann, K.-J., Faulstich, H., Horstkemper, M. & Weissbach, U.B. (1984). Die Entwicklung von Schulverdrossenheit und Selbstvertrauen bei Schülern in der Sekundarstufe. *Zeitschrift für Sozialisationsforschung und Erziehungssoziologie, 4*, 213-249.
Todt, E. (1972). *Differentieller Interessen-Test (DIT)* (2. Aufl.). Bern: Huber.
Torgesen, J.K., Morgan, S. & Davis, C. (1992). Effects of two types of phonological awareness training on word learning in kindergarten children. *Journal of Educational Psychology, 84*, 364-370.

Torgesen, J.K., Wagner, R.K., Balthazar, M., Davis, C., Morgan, S., Simmons, K., Stage, S. & Zirps, F. (1989). Developmental and individual differences in performance on phonological synthesis tasks. *Journal of Experimental Child Psychology, 47,* 491-505.

Tornéus, M. (1984). Phonological awareness and reading: A chicken and egg problem? *Journal of Educational Psychology, 76,* 346-358.

Tramontana, M.G., Hooper, S.R. & Selzer, S.C. (1988). Research on the preschool prediction of later academic achievement: A review. *Developmental Review, 8,* 89-146.

Trautner, H.M. (1994). Geschlechtsspezifische Erziehung und Sozialisation. In K.A. Schneewind (Hrsg.), *Psychologie der Erziehung und Sozialisation. Enzyklopädie der Psychologie, Serie Pädagogische Psychologie* (Bd. 1, S. 167-195). Göttingen: Hogrefe.

Treffers, A. & Goffree, F. (1985). Relational analysis of Realistic Mathematics Education: The Wiscobar program. In L. Streefland (Ed.), *Proceedings of the Ninth International Conference for the Psychology of Mathematics Education: Vol. 2* (pp. 97-121). Utrecht, The Netherlands: University of Utrecht, Research Group on Mathematics Education and Educational Computer Centre.

Treiber, B. (1980). *Qualifizierung und Chancenausgleich in Schulklassen.* Teil 1 und Teil 2. Frankfurt/Main: Lang.

Treiber, B. & Schneider, W. (1980). Qualifizierende und varianzreduzierende Wirkungen von Schulklassenunterricht. *Zeitschrift für Entwicklungspsychologie und Pädagogische Psychologie, 12,* 261-283.

Treiber, B. & Schneider, W. (1981). Schulisches Lernen im sozialökologischen Kontext. In K.J. Klauer & H.J. Kornadt (Hrsg.), *Jahrbuch Erziehungswissenschaft* (S. 187-221). Braunschweig: Westermann.

Treiber, B. & Weinert, F.E. (1982). Gibt es theoretische Fortschritte in der Lehr-Lern-Forschung? In B. Treiber & F.E. Weinert (Hrsg.), *Lehr-Lern-Forschung* (S. 242-290). München: Urban & Schwarzenberg.

Treiber, B. & Weinert, F.E. (1985). *Gute Schulleistungen für alle? Psychologische Studien zu einer pädagogischen Hoffnung.* Münster: Aschendorff.

Treiman, R. (1993). *Beginning to spell - A study of first-grade children.* New York: Oxford University Press.

Treinies, G. & Einsiedler, W. (1993). Hierarchische und bedeutungsnetzartige Lehrstoffdarstellungen als Lernhilfen beim Wissenserwerb im Sachunterricht der Grundschule. *Psychologie in Erziehung und Unterricht, 40,* 263-277.

Treinies, G. & Einsiedler, W. (1996). Zur Vereinbarkeit von Steigerung des Lernleistungsniveaus und Verringerung von Leistungsunterschieden in Grundschulklassen. *Unterrichtswissenschaft, 24,* 290-312.

Trudewind, C. (1971). *Versuch einer Taxonomie von leistungsmotivationsgenetisch relevanten Bedingungen des nicht-schulischen Lebensraumes.* Unveröffentlichte Dissertation. Bochum: Ruhr Universität.

Trudewind, C. (1975). *Häusliche Umwelt und Motiventwicklung.* Göttingen: Hogrefe.

Trudewind, C. (1982). The development of achievement: Motivation and individual differences: Ecological determinants. In W.W. Hartup (Ed.), *Review of child development research* (Vol. 6, pp. 669-703). Chicago: The University of Chicago Press.

Trudewind, C. & Börner, H. (1977). *Fragebogen zum Lehrerverhalten.* Bochum: Psychologisches Institut der Ruhr-Universität.

Trudewind, C., Geppert, U. & Börner, H. (1979). Selbständigkeitserziehung durch Lehrer: Beziehungen zur Leistungsmotivation und Ängstlichkeit ihrer Schüler. *Zeitschrift für Empirische Pädagogik, 3,* 235-251.

Trudewind, C. & Husarek, B. (1979). Mutter-Kind-Interaktion bei der Hausaufgabenanfertigung und die Leistungsmotiventwicklung im Grundschulalter - Analyse einer ökologischen Schlüsselsituation. In H. Walter & R. Oerter (Hrsg.), *Ökologie und Entwicklung* (S. 229-246). Donauwörth: Auer.

Trudewind, C., Unzner, L. & Schneider, K. (1989). Die Entwicklung der Leistungsmotivation. In H. Keller (Hrsg.), *Handbuch der Kleinkindforschung* (S. 491-524). Berlin: Springer.

Tucker, L.R. & Lewis, C.A. (1973). A reliability coefficient for maximum likelihood factor analyses. *Psychometrika, 38*, 1-10.

Ulbricht, E. (1972). *Reanalyse der Untersuchung Manfred Hofers "Die Schülerpersönlichkeit im Urteil des Lehrers.".* Unveröff. Diplomarbeit für Handelslehrer. Universität Göttingen.

Valsiner, J. (1986a). Between groups and individuals. Psychologists' and laypersons' interpretations of correlational findings. In J. Valsiner (Ed.), *The individual subject and scientific psychology* (pp. 113-151). New York: Plenum Press.

Valsiner, J. (Ed.) (1986b). *The individual subject and scientific psychology.* New York: Plenum Press.

Valtin, R. (1970). *Legasthenie - Theorien und Untersuchungen.* Weinheim: Beltz.

Valtin, R. (1972). *Empirische Untersuchungen zur Legasthenie.* Hannover: Schroedel.

Valtin, R. (1975). Ursachen der Legasthenie: Fakten oder Artefakte? *Zeitschrift für Pädagogik, 21*, 407-418.

Valtin, R. (1977). Legasthenie - ein überholtes Konzept? *betrifft: Erziehung, 10*, 81-84.

Valtin, R. (1978/79). Dyslexia: Deficit in reading or deficit in research? *Reading Research Quarterly, 14*, 201-221.

Valtin, R. (1981). Zur "Machbarkeit" der Ergebnisse der Legasthenieforschung: Eine empirische Untersuchung. In R. Valtin, V. Jung & G. Scheerer-Neumann (Hrsg.), *Legasthenie in Wissenschaft und Unterricht* (S. 88-182). Darmstadt: Wissenschaftliche Buchgesellschaft.

Valtin, R. (1984a). Awareness of features and functions of language. In J. Downing & R. Valtin (Eds.), *Language awareness and learning to read* (pp. 227-260). Berlin: Springer.

Valtin, R. (1984b). The development of metalinguistic abilities in children learning to read and write. In J. Downing & R. Valtin (Eds.), *Language awareness and learning to read* (pp. 207-226). New York, Berlin: Springer.

Valtin, R. (1989). Prediction of writing and reading achievement - some findings from a pilot study. In M. Brambring, F. Lösel & H. Skowronek (Eds.), *Children at risk: Assessment, longitudinal research, and intervention* (pp. 245-267). New York, Berlin: de Gruyter.

Valtin, R. (1993). Stufen des Lesen- und Schreibenlernens. Schriftspracherwerb als Entwicklungsprozeß. In D. Haarmann (Hrsg.), *Handbuch Grundschule Bd.2* (S. 68-80). Weinheim: Beltz.

Valtin, R. (1996). Noten- oder Verbalzeugnisse? Zu Akzeptanz, Realisierung und Auswirkungen der verbalen Beurteilung in Ost- und Westberliner Grundschulen. *Bericht zum 2. DFG-Symposium, Mai 1996.*

Valtin, R., Würscher, I., Rosenfeld, H., Schmude, C. & Wisser, C. (1995). Der Beitrag der Schule zur Persönlichkeitsentwicklung. Erste Ergebnisse einer Längsschnittstudie. *Bericht zum 1. DFG-Symposium.*

Valtin, R., Würscher, I. u. a. (1996). Der Beitrag der Schule zur Persönlichkeitsentwicklung. In D. Benner, H. Merkens & F. Schmidt (Hrsg.), *Bildung und Schule im Transformationsprozeß von SBZ, DDR und neuen Ländern* (S. 219-247). Berlin: Freie Universität.

van Dijk, T.A. & Kintsch, W. (1983). *Strategies of discourse comprehensions.* New York: Academic Press.

Van Orden, G.C. (1991). Phonological mediation is fundamental to reading. In D. Besner & G.W. Humphreys (Eds.), *Basic processes in reading: Visual word recognition* (pp. 77-103). Hillsdale, NJ: Erlbaum.

Van Orden, G.C., Pennington, B.F. & Stone, G.O. (1990). Word identification in reading and the promise of subsymbolic psycholinguistics. *Psychological Review, 97*, 488-522.

Vellutino, F.R. & Scanlon, D.M. (1987). Phonological coding, phonological awareness, and reading ability: Evidence from a longitudinal and experimental study. *Merrill-Palmer Quarterly, 33*, 321-363.

Vellutino, F.R., et al. (1992). *Gender differences in early reading, language, and arithmetic abilities in kindergarten children.* Paper presented at the Annual Meetings of the American Educational Research Association, San Francisco, April 1992.

Venezky, R.L. (1976). Prerequisite for learning to read. In J.R. Levin & V.L. Allen (Eds.), *Cognitive learning in children: Theories and strategies* (pp. 163-185). New York: Academic Press.

Verdonik, F. & Sherrod, L.R. (1984). *An inventory of longitudinal research on childhood and adolescence.* New York: Social Science Research Council.

Veroff, J. (1969). Social comparison and the development of achievement motivation. In C.P. Smith (Ed.), *Achievement-related motives in children* (pp. 46-101). New York: Russel Sage Foundation.

Vestner, H. (1974). *CVK-Leselehrgang.* Berlin: Cornelsen-Velhagen & Klasing.

Vollmeyer, R. & Rheinberg, F. (in Vorb.). *Motivationale Einflüsse auf Erwerb und Anwendung von Wissen in einem computersimulierten System.*

Vygotsky (Wygotski), L.S. (1987). *Ausgewählte Schriften, Bd. 2: Arbeiten zur psychischen Entwicklung der Persönlichkeit.* Berlin: Volk und Wissen.

Vygotsky (Wygotski), L.S. (1992). *Geschichte der höheren psychischen Funktionen.* Münster/Hamburg: Lit.

Wachs, T.D. (1995). Genetic and family influences on individual development: Both necessary, neither sufficient. *Psychological Inquiry, 6,* 161-173.

Wachs, T.D. & Gandour, M.J. (1983). Temperament, environment, and six-month cognitive intellectual development: A test of the organismic specifity hypothesis. *International Journal of Behavioral Development, 6,* 135-153.

Wagner, H., Neber, H. & Heller, K.A. (1995). The BundesSchülerAkademie - A residential summer program for gifted adolescents in Germany. Part II: Evaluation of the program. In M. Katzko & F.J. Mönks (Eds.), *Nurturing Talent: Individual needs and social ability* (pp. 281-291). Assen/Maastricht: Van Gorcum.

Wagner, J. (1996). *Soziale Vergleiche und Fähigkeitseinschätzungen.* Habilitationsschrift. Landau: Universität Landau.

Wagner, R.K. & Torgesen, J.K. (1987). The nature of phonological processing and its causal role in the acquisition of reading skills. *Psychological Bulletin, 101,* 192-212.

Wahl, D. (1991). *Handeln unter Druck. Der zweite Weg vom Wissen zum Handeln bei Lehrern, Hochschullehrern und Erwachsenenbildnern.* Weinheim: Deutscher Studien Verlag.

Wahl, D., Schlee, J., Krauth, J. & Mureck, J. (1983). *Naive Verhaltensänderungen.* Abschlußbericht an die DFG. Oldenburg.

Wahl, D., Weinert, F.E. & Huber, G.L. (1984). *Psychologie für die Schulpraxis. Ein handlungsorientiertes Lehrbuch für Lehrer.* München: Kösel.

Walberg, H.J. (1981). A psychological theory of educational productivity. In F.H. Farley & N.J. Gordon (Eds.), *Psychology and education. The state of union* (pp. 81-108). Berkeley, CA: McCutchan.

Walberg, H.J. (1986). Synthesis of research on teaching. In M.C. Wittrock (Ed.), *Handbook of research on teaching* (3rd ed., pp. 214-229). New York: Macmillan.

Walberg, H.J. (1990). A theory of educational productivity: Fundamental substance and method. In P. Vedder (Ed.), *Fundamental studies in educational research* (pp. 19-34). Lisse: Swets & Zeitlinger.

Walker, D.A. (1976). *The six-subject survey: international studies in evaluation - an empirical study of education in twenty-one countries.* New York: Wiley.

Wallace, I., Klahr, D. & Bluff, K. (1987). A self-modifying production system model of cognitive development. In D. Klahr, P. Langley & R. Neches (Eds.), *Production system models of learning and development* (pp. 359-435). Cambridge, MA: MIT.

Walter, H. (1971). *Schulökologie.* Forschungsberichte 18. Konstanz: Universität (SFB 23).

Wang, M.C., Haertel, G.D. & Walberg, H.J. (1993). Toward a knowledge base for school learning. *Review of Educational Research, 63,* 249-294.

Warren-Leubecker, A. & Carter, B.W. (1988). Reading and growth in metalinguistic awareness: Relations to socioeconomic status and reading readiness skills. *Child Development, 59,* 728-742.

Wason, P.C. (1968). Reasoning about a rule. *Quarterly Journal of Experimental Psychology, 20,* 273-281.

Weber, R.M. (1970). First graders' use of grammatical context in reading. In H. Levin & J.P. Williams (Eds.), *Basic studies on reading* (pp. 147-163). New York: Basic Books.

Weidenmann, B. (1978). *Lehrerangst. Ein Versuch, Emotionen aus der Tätigkeit zu beschreiben.* München: Ehrenwirth.

Weiner, B. (1974). *Achievement motivation and attribution theory.* Morristown, NJ: General Learning Press.

Weiner, B., Frieze, J., Kukla, A., Reed, L., Rest, S. & Cook, R.E. (1971). Perceiving the causes of success and failure. In E. Jones (Ed.), *Attribution: Perceiving the causes of behavior* (pp. 95-120). New York: General Learning Press.

Weiner, B. & Kukla, A. (1970). An attributional analysis of achievement motivation. *Journal of Personality and Social Psychology, 15,* 1-20.

Weinert, F.E. (1977). Legasthenieforschung - eine defizitäre Erforschung defizienter Lernprozesse? *Psychologie in Erziehung und Unterricht, 24,* 164-173.

Weinert, F.E. (1992). *Wie groß ist der Einfluß der Schule auf die geistige Entwicklung der Schüler, - und wie groß könnte er sein?* Sonderreihe Öffentliche Vorträge. Saarbrücken: Universität.

Weinert, F.E. (1994). Entwicklung und Sozialisation der Intelligenz, der Kreativität und des Wissens. In K.A. Schneewind (Hrsg.), *Psychologie der Erziehung und Sozialisation. Enzyklopädie der Psychologie, Serie Pädagogische Psychologie* (Bd. 1, S. 259-284). Göttingen: Hogrefe.

Weinert, F.E. & Helmke, A. (1987). Compensatory effects of student self-concept and instructional quality on academic achievement. In F. Halisch & J. Kuhl (Eds.), *Motivation, intention, and volition* (pp. 233-247). Heidelberg: Springer-Verlag.

Weinert, F.E. & Helmke, A. (1993). Wie bereichsspezifisch verläuft die kognitive Entwicklung? In R. Duit & W. Gräber (Hrsg.), *Kognitive Entwicklung und Lernen der Naturwissenschaften* (S. 27-45). Kiel: Institut für die Pädagogik der Naturwissenschaften (IPN).

Weinert, F.E. & Helmke, A. (1995a). Interclassroom differences in instructional quality and interindividual differences in cognitive development. *Educational Psychologist, 30,* 15-20.

Weinert, F.E. & Helmke, A. (1995b). Learning from wise mother nature or big brother instruction: The wrong alternative for cognitive development. *Educational Psychologist, 30,* 135-142.

Weinert, F.E. & Helmke, A. (1996). Der gute Lehrer: Person, Funktion oder Fiktion? *Zeitschrift für Pädagogik,* 34. Beiheft, 223-243.

Weinert, F.E. & Helmke, A. (in press). The neglected role of individual differences in theoretical models of cognitive development. *Learning and Instruction.*

Weinert, F.E., Helmke, A. & Schneider, W. (1990). Individual differences in learning performance and in school achievement: Plausible parallels and unexplained discrepancies. In H. Mandl, E. De Corte, S.N. Bennett & H.F. Friedrich (Eds.), *Learning and instruction: European research in an international context. Vol. 2.1: Social and cognitive aspects of learning and instruction* (pp. 461-479). Oxford: Pergamon Press.

Weinert, F.E., Helmke, A. & Schrader, F.-W. (1992). Research on the model teacher and the teaching model: Theoretical contradiction or conglutination? In F. Oser, A. Dick & J.L. Patry (Eds.), *Effective and responsible teaching: The new synthesis* (pp. 249-260). New York: Jossey-Bass.

Weinert, F.E., Geppert, U., Dörfert, J. & Viek, P. (1994). Aufgaben, Ergebnisse und Probleme der Zwillingsforschung - Dargestellt am Beispiel der Gottschaldtschen Längsschnittstudie. *Zeitschrift für Pädagogik, 40,* 265-288.
Weinert, F.E. & Schneider, W. (1986ff). *Report on the Munich Longitudinal Study on the Genesis of Individual Competencies (LOGIC),* (Reports 1 - 12). München: Max-Planck-Institut für psychologische Forschung.
Weinert, F.E. & Schneider, W. (Eds.) (in press). *Individual development from 3 to 12: Findings from the Munich Longitudinal Study.* New York, NY: Cambridge University Press.
Weinert, F.E., Schrader, F.-W. & Helmke, A. (1989). Quality of instruction and achievement outcomes. *International Journal of Educational Research, 13,* 895-914.
Weinert, F.E., Schrader, F.-W. & Helmke, A. (1990a). Educational expertise: Closing the gap between educational research and classroom practice. *School Psychology International, 11,* 163-180.
Weinert, F.E., Schrader, F.-W. & Helmke, A. (1990b). Unterrichtsexpertise - ein Konzept zur Verringerung der Kluft zwischen zwei theoretischen Paradigmen. In: L.-M. Alisch, J. Baumert & K. Beck (Hrsg.), *Professionswissen und Professionalisierung.* (Braunschweiger Studien zur Erziehungs- und Sozialwissenschaft, Bd. 28, S. 173-206). Empirische Pädagogik, Sonderband. Braunschweig: Copy-Center Colmsee.
Weinstein, C.S. (1979). The physical environment of the school: A review of the research. *Review of Educational Research, 49(4),* 577-610.
Weinstein, R.S., Marshall, H.H., Sharp, L. & Botkin, M. (1987). Pygmalion and the student: Age and classroom differences in children's awareness of teacher expectations. *Child Development, 58,* 1079-1093.
Weiss, J. (1969). *The identification and measurement of home environmental factors related to achievement motivation and self esteem.* Unpublished doctoral dissertation. Chicago: University of Chicago.
Weiss, R. (1965). Über die Zulässigkeit der Ziffernbenotung bei Aufsätzen. *Schule und Psychologie, 12,* 257-269.
Weiß, R.H. (1975). Untersuchung zur Schuleignungsermittlung in Stuttgart. In Kultusministerium Baden-Württemberg (Hrsg.), *Bildungsberatung in der Praxis.* Schriftenreihe A Nr. 29 zur Bildungsforschung, Bildungsplanung, Bildungspolitik (S. 21-68). Villingen: Neckarverlag.
Weiß, R.H. (1980). *Grundintelligenztest. CFT 20 (Culture Fair Intelligence Test) Skala 2* (2. Aufl.). Braunschweig: Westermann.
Weiß, R.H. (1986). *Grundintelligenztest. CFT 20 (Culture Fair Intelligence Test) Skala 2* (3. Aufl.). Braunschweig: Westermann.
Weiß, R.H. & Osterland, J. (1979). *Grundintelligenztest CFT1 - Skala 1. Handanweisung für die Durchführung, Auswertung und Interpretation* (3. Aufl.). Braunschweig: Westermann.
Wellman, H.M. (1990). *The child's theory of mind.* Cambridge, MA: MIT Press.
Werbik, H. (1978). *Handlungstheorien.* Stuttgart: Kohlhammer.
White, R.W. (1959). Motivation reconsidered: The concept of competence. *Psychological Review, 66,* 297-333.
Whyte, J. (1993). Longitudinal correlates and outcomes of initial reading progress for a sample of Belfast boys. *European Journal of Psychology of Education, 8(3),* 325-340.
Wickman, E.K. (1928). *Children's behavior and teacher's attitudes.* New York: Random House.
Widdel, H. (1977). *Attribuierungsfragebogen für Erfolg und Mißerfolg in der Schule für 5. bis 7. Klassen (AEM 5-7).* Weinheim: Beltz.
Wieczerkowski, W., Nickel, H., Janowski, A., Fittkau B. & Rauer, W. (1981). *Angstfragebogen für Schüler (AFS)* (6. Aufl.). Braunschweig: Westermann.
Wiedl, K.H. & Herrig, D. (1978). Ökologische Validität und Schulerfolgsprognose im Lern- und Intelligenztest: Eine exemplarische Studie. *Diagnostica, 24,* 175-186.

Wild, K.-P. & Krapp, A. (1995). Elternhaus und intrinsische Lernmotivation. *Zeitschrift für Pädagogik, 41,* 579-595.

Willis, S. & Brophy, J.E. (1974). Origins of teachers' attitudes toward young children. *Journal of Educational Psychology, 66,* 520-529.

Wimmer, H. & Hartl, M. (1991). Erprobung einer phonologisch, multisensorischen Förderung bei jungen Schülern mit Lese-Rechtschreibschwierigkeiten. *Heilpädagogische Forschung, 17,* 74-79.

Wimmer, H., Hartl, M. & Moser, E. (1990). Passen "englische" Modelle des Schriftspracherwerbs auf "deutsche" Kinder? Zweifel an der Bedeutsamkeit der logographischen Stufe. *Zeitschrift für Entwicklungspsychologie und Pädagogische Psychologie, 22,* 136-154.

Wimmer, H. & Hummer, P. (1990). How German-speaking first graders read and spell: Doubts on the importance of the logographic stage. *Applied Psycholinguistics, 11,* 349-368.

Wimmer, H., Landerl, K. & Schneider, W. (1994). The role of rhyme awareness in learning to read a regular orthograpy. *British Journal of Developmental Psychology, 12,* 469-484.

Winter, E. (1978). *Untersuchungen zur impliziten Persönlichkeitstheorie von Erziehungspersonen in vorschulischen Einrichtungen.* Unveröff. Diplomarbeit in Psychologie. Technische Universität Braunschweig.

Winter, S. (1993). What do Hongkong teachers expect of high - and low performing pupils? *Psychologia - An International Journal of Psychology in the Orient, 36*(3), 167-178.

Wittmann, C.E. (1989). Mathematikunterricht zwischen Skylla und Charybdis. *Beiträge zur Lehrerbildung, 2,* 178-193.

Wittmann, W.W. (1983). *Evaluationsforschung. Aufgaben, Probleme und Anwendungen.* Heidelberg: Springer.

Wolf, B. (1980). Zum Einfluß der häuslichen Lernumwelt. Der Chicagoer Ansatz. In D.H. Rost (Hrsg.), *Entwicklungspsychologie für die Grundschule* (S. 172-186). Bad Heilbrunn: Klinkhardt.

Wolf, B. (1995a). *Brunswik und ökologische Perspektiven in der Psychologie.* Weinheim: Deutscher Studien Verlag.

Wolf, B. (1995b). Grundmerkmale ökologischer Perspektiven in der Entwicklungspsychologie. *Psychologie in Erziehung und Unterricht, 42,* 6-19.

Wolf, B. & Brandt, W. (1982). Über Maße der praktischen Signifikanz bei Varianz- und Regressionsanalysen. *Zeitschrift für empirische Pädagogik, 6,* 57-73.

Wolf, B. & Saldern, M. v. (1989). Diagnostik von Schulumwelt. In R.S. Jäger, R. Horn & K. Ingenkamp (Hrsg.), *Tests und Trends. 7. Jahrbuch der Pädagogischen Diagnostik* (S. 95-141). Weinheim: Beltz.

Wolf, M. (1984). Naming, reading, and the dyslexia: A longitudinal overview. *Annals of Dyslexia, 34,* 87-115.

Wolf, M., Bally, H. & Morris, R. (1986). Automaticity, retrieval processes, and reading: A longitudinal study in average and impaired readers. *Child Development, 57,* 988-1000.

Wolf, R.M. (1964). *The identification and measurement of environmental process variables related to intelligence.* Unpublished doctoral dissertation. Chicago: University of Chicago.

Wottawa, H. (1983). *Gesamtschule: Was sie uns wirklich bringt.* Düsseldorf: Schwann.

Wylie, R.C. (1961). *The self concept: A critical survey of pertinent research literature.* Lincoln: University of Nebraska Press.

Wylie, R.C. (1974). *The self concept: A review of methodological considerations and measuring instruments* (Vol. 1). Lincoln: University of Nebraska Press.

Wylie, R.C. (1989). *Measures of self-concept.* Lincoln: University of Nebraska Press.

Yopp, H.K. (1988). The validity and reliability of phonemic awareness tests. *Reading Research Quarterly, 23,* 159-177.

Yoshida, R.K. & Meyers, C.E. (1975). Effects of labeling as educable mentally retarded on teachers for change in a students' performance. *Journal of Educational Psychology, 67,* 521-527.

Young, C.H., Savola, K.L. & Phelps, E. (1991). *Inventory of longitudinal studies in the social sciences.* Newbury Park: Sage Publications.

Zahorik, J. (1975). Teachers planning models. *Educational Leadership, 33,* 134-139.

Zentralstelle für Psychologische Information und Dokumentation (1995). *Inventory of European longitudinal studies in the behavioral and medical sciences. Update 1990-1994.* Trier: ZPID.

Ziehe, T. (1979). Der Wunsch, sich selbst lieben zu können. Zunahme narzißtischen Leidensdrucks bei der jungen Generation - ein neuer Sozialisationstyp. *Neue Sammlung. Vierteljahresschrift für Erziehung und Gesellschaft, 19,* 70-83.

Zielinski, W. (1996). Lernschwierigkeiten. In F.E. Weinert (Hrsg.), *Psychologie des Lernens und der Instruktion. Enzyklopädie der Psychologie, Serie Pädagogische Psychologie* (Bd. 2, S. 369-402). Göttingen: Hogrefe.

Zigler, E. & Child, I.L. (1969). Socialization. In G. Lindzey & E. Aronson (Eds.), *The Handbook of Social Psychology* (2nd ed., Vol. 3, pp. 450-589). Reading, MA.: Addison-Wesley Publ. Comp.

Zillig, M. (1928). Einstellung und Aussage. *Zeitschrift für Psychologie, 106,* 58-106.

zur Oeveste, H. (1987). *Kognitive Entwicklung im Vor- und Grundschulalter.* Göttingen: Hogrefe.

Autorenregister

Abbott, R.D. 398, *519*, *522*
Acham, U. 459, *519*
Ackerman, P.L. 426, 462, *519*
Adams, M.J. 85f, 91f, 96, 104, 111, *519*
Adams, R.S. 263, *519*
Adey, P. 257, *519*
Aebli, H. 150, 155, 173, 175, *519*
Ahrens, H.J. 184, 327, *519*, *562*
Aiken, L.R. 67, *519*
Ainsworth, M.D.S. 362, *519*
Aldenderfer, M.S. 305, *519*
Alegria, J. 105, *519*, *550*
Allen, T. 19, *524*
Allhoff, P. 184, 194, *557*
Allinger, U. 194f, *519*
Allmer, H. 265, *519*
Ambros, R. 207, 500, *519*
Amelang, M. 17, 327, *519*
Anastasi, A. 331, *520*
Anderson, H.N. 395, *546*
Anderson, J.R. 462, *520*
Anderson, L.W. 510, *520*
Anderson, M. 22ff, *520*
Ando, J. 489, *520*
Angermaier, M. 87, 102, *520*
Arad, M. 264, *521*
Arbeitsgruppe Bildungsbericht am Max-Planck-Institut für Bildungsforschung 407, *520*
Arbeitsgruppe Schulforschung 265, 417, *520*
Archambault, F.X. 201, *520*
Arlin, M. 300, 317, *520*
Arlin, P.K. 30f, *520*
Aronson, E. 261, *520*
Asch, S.E. 264, *520*
Asendorpf, J.B. 60, 68f, 72, 76, 284, 327, 331, 338, 352, *520*
Asso, D. 102, *520*
Assor, A. 315, *520*
Atkinson, J.W. 45f, 78, 214, 218, *521*, *548*
Aurin, K. 195, *521*
Ax, J. 297, *521*

Babad, E.Y. 264, *521*
Bacher, R. 262, *521*
Backhaus, K. 305, *521*
Baddeley, A.D. 110, *533*
Badian, N.A. 107, 397, *521*
Bahr, M.W. 264, *521*
Baker, R.L. 262, *521*
Baldwin, A. 399, *558*
Baldwin, C. 399, *558*
Balhorn, H. 91, *521*, *525*
Balke, G. 186, *535*
Ball, E.W. 107, *521*
Balla, J.R. 344, *547*
Bally, H. 106, *571*
Baltes, P.B. 27, 367, *521*, *546*, *551*
Balthazar, M. 105, *566*
Bandura, A. 336, *521*
Bar-Tal, D. 264, *521*
Bargel, T. 289, *564*
Barnett, E.F. 263, *521*
Baron, J. 184, *522*
Baron, R.M. 266, *527*
Barton, K. 214, *527*
Bartram, M. 199, 207, 500, *557*
Bartussek, D. 191, 327, *519*, *522*
Bathurst, K. 488, *534*
Bauer, K.-O. 407, *557*
Baumeister, A. 262, *522*
Baumert, J. 187, 197, 235, 237, 272, 287, 300, 317, 319, 406, 468, *522*, *556*
Baumgärtner, A.C. 91, *522*
Bayerisches Staatsministerium für Unterricht und Kultus 27, *522*
Beck, I. 105, *553*
Becker, U. 186, *553*
Beerman, L. 198, *522*
Behling, D.U. 264, *522*
Bell, L. 105, *553*
Ben Tsvi-Mayer, S. 264, *522*
Benbow, C.P. 198, *522*, *546*
Bender, H. 263, *522*
Bergk, M. 91, *522*
Berliner, D.C. 234f, 239, 265, *522*, *527*
Berman, A.C. 262, *522*

Berninger, V.W. 398, *519*, *522*
Bertelson, P. 105, *550*
Bertera, J.H. 93, *554*
Bessai, F. 264, *565*
Besuden, H. 175, *533*
Bezruczko, N. 401, *555*
Bickel, D.D. 399, *522*
Biddle, B.J. 241, 263, *519*, *534*
Bildungskommission NRW 405, *523*
Binet, A. 15, 424, *523*
Bing, M. 263, 266, *533*
Bisanz, J. 21, *543*
Bischof, N. 362, *535*
Bjaalid, I.-K. 398, *540*
Björnsson, S. 482, *523*
Blachman, B.A. 107, *521*, *523*
Blaesser, B. 403, *561*
Blank, M. 103, *523*
Blashfield, R.K. 305, *519*
Blehar, M.C. 362, *519*
BLK 409, *523*
Bloom, B.S. 183, 187, 214, 225ff, 365, 454ff, *523*
Bluff, K. 30, *568*
Blumenfeld, P.C. 278, 375, 382, *523*, *530*
Blumenstock, L. 91, 107, *523*
Bobrow, D.G. 143, *523*
Bofinger, J. 410, *523*
Boggiono, A.K. 363, *558*
Boland, T. 113, 118, *523*
Bolus, R. 326, 330, 341, *562*
Bond, G.L. 86, *523*
Bonneveux, B. 461, *564*
Bönsch, M. 293, *523*
Borel, R. 262, *521*
Borkowski, J.G. 188f, *526*, *554*
Börner, H. 376, 514, *566*
Bornstein, M.H. 27, *523*
Bortz, J. 40, *523*
Bös, K. 183, 186, *560*
Bosch, B. 85f, 89, 105, *523*
Boteram, N. 265, *524*
Botkin, M. 363, *570*
Boucher, C.R. 264, *524*
Bowey, J.A. 106, *524*
Bowlby, J. 362, *524*
Bradley Johnson, S. 395, *527*
Bradley, L. 103, 105, 107, 395, *524f*
Brady, S.A. 92, 105, *524*
Brainerd, C.J. 19, *524*

Brandt, D. 284, *557*
Brandt, W. 456, *571*
Briars, D.J. 145, 147ff, *524*
Brickenkamp, R. 117, 206, 443, 507, *524*
Bromme, R. 269, 296ff, 315, *524*
Bronfenbrenner, U. 453, 459, 476, *524*
Brookover, W. 229, 366, *524*
Brooks, D.M. 266, *524*
Brooks, V. 102, *539*
Brooks-Gunn, J. 47, *545*
Broome, P. *538*
Brophy, J.E. 204, 229f, 235, 241, 263ff, 269, *524f*, *534*, *571*
Brown, J.S. 155, *525*
Brown, S.W. 201, *520*
Brox, J. 192, *525*
Brügelmann, H. 91, 111, 114, 116f, 119, 134, 136, 504, *521*, *525*, *549*, *556*, *559*, *560*
Bruininks, V.L. 397, 438, *525*
Bruner, J.S. 175, 479, *525*
Bryant, P.E. 103, 105ff, *524f*
Bryk, A.S. 124, 303, 364, 378, *525*
Buckalew, L.W. 264, *525*
Buckert, U. 336, *525*
Buff, A. 59, 326, 328, 339, *525*
Buggle, F. 19, *525*
Bullock, M. 13, 16, 27, 30, 37, 39, 391, 460f, 495, 504, *525f*, *561*
Burger, J.M. 266, *528*
Burstein, L. 115, 123, *525f*
Bush, E.S. 58, *529*
Butler, R. 266, *526*
Butler, S.R. 396, 399, 438, *526*
Butler-Por, N. 197, *526*
Byrne, B. 95, 107, *526*
Byrne, B.M. 326, 330, 339, 341, 344, *526*, *547*

Cadwell, J. 264, *562*
Cahan, S. 16, 27, *526*
Calderhead, J. 263, 266, *526*
Calfee, R.C. 102, *526*
Carey, S. 20, 25, *526*
Carpenter, P.A. 93, *542*
Carpenter, T.P. 142, 147, 150, 163, *526*, *553*
Carr, M. 189, *526*
Carroll, J.B. 226ff, *526*

Carter, B.W. 104, 399, *546, 569*
Cartwright, A. 398, *522*
Cary, L. 105, *550*
Case, R. 20, 173, 476, *526f*
Caspi, A. 17, 476f, *531, 549*
Castellanos, M. 184, *544*
Cattell, R.B. 19, 117, 190, 214, 443, 448, *527, 540*
Ceci, S.J. 16, 27, 30, 34, 241, 302, 436, *527*
Chall, J.S. 86, 93, *527*
Chapman, R. 102, *526*
Child, I.L. 459, *572*
Chomsky, C. 103, *527*
Chow, S.-L. 267, 281, *527*
Clark, C.M. 266, 315, *527*
Clark, E. 17, *533*
Clark, R.A. 45f, *548*
Clarke, A.D. 401, *527*
Clarke, A.M. 401, *527*
Clarke-Stewart, K.A. 400, *527*
Clarridge, P.B. 265, *527*
Clemmer, S.C. 395f, *527*
Cobb, Ch.W. 227, *527*
Cohen, J. 433, *527*
Cohen, N. 16, 27, *526*
Coladarci, T. 265, *540*
Coleman, J.S. 115, 225, 234, *527*
Collins, A. 155, *525*
Collins, A.M. 178, *527*
Coltheart, M. 89, 92, 96, *527, 565*
Congdon, R.T. 124, *525*
Connors, F. 402, *551*
Conrad, S. 455, *527*
Cook, R.E. 362, *569*
Cooper, E. 265, *541*
Cooper, F.S. 104, *545*
Cooper, H.M. 266, *527f*
Corbitt, M.K. 142, *526*
Corno, L. 200, *528*
Covington, M.V. 362, *528*
Cox, T. 401, *528*
Cramer, B.B. 105, *563*
Crandall, V.C. 58, *528*
Craven, R.G. 59, *547*
Creemers, B. 225, *528*
Cromer, W. 92, *528*
Cronbach, L.J. 327, 337f, 368, *528*
Crossland, J. 105, *525*
Crutcher, R.J. 435, *531*
Cummins, D. 147, 152, *528*

Cunningham, A.E. 105, *563*
Cunningham, W.G. 263, *528*
Currie, B.B. 395, *546*

Dahrendorf, R. 410, *552*
Daniels, D.H. 64, *565*
Dann, H.D. 290, *528*
Dar, Y. 201, *528*
Dave, R.H. 454, *528*
Davis, C. 105, 107, *565f*
Dawydow (Davydov), W.W. 253, 257, *528*
de Win, L. 152, *528*
De Corte, E. 148, 152, 172, 175, 178f, *528*
De Groot, E.V. 200, *554*
Debus, R. 59, *547*
Deci, E.L. 336, 362, *528f*
DeFries, J.C. 402f, *529, 554*
Dehn, M. 91, 132, *529*
Delandshere, G. 123, *526*
DeLeeuw, J. 124, *529*
Dempster, F.N. 25, *529*
Desberg, P. 93, *547*
Detterman, D.K. 402, *565*
Deutscher Bildungsrat 291f, *529*
Dick, A. 228, *552*
Dielman, T.E. 214, *527*
Diesterweg, F.A.W. 154, *529*
Ding, B.-Q. 105, *554*
Ditton, H. 405, *529*
Dobrick, M. 266, 269, *529, 540*
Dodge, R. 88, *531*
Dohn, H. 405, *529*
Dörfert, J. 489, *570*
Döring, N. 40, *523*
Dornbusch, S.M. 370f, *529*
Dotzler, H. 83, 111, 113, 204, 287, 289, 295, 299, 317, 319f, 461, 463, 468, 471,
Douglas, P.H. 227, *527*
Downing, J. 135, *529*
Doyle, A.-B. 399, *562*
Doyle, W. 240, *529*
Draper, D. 124, *529*
Drum, P.A. 102, *548*
Duguid, P. 155, *525*
Dumke, D. 267, *529*
Duncker, K. 143, *529*
Duncker, L. 293, *529*

Dweck, C.S. 50, 58, 63, 375, *529f*
Dykstra, R. 86, *523*, *530*

Eccles, J.S. 63, 278, *530*
Eckel, K. 39, *530*
Ecob, R. 229, *550*
Edelstein, W. 3, 59, 407, 412, 457,
    475f, 479, 482, 484, *523*, *527*, *530*,
    560, *563*
Egeland, B. 403, *554*
Ehri, L.C. 85, 93ff, 102f, 105, *530*,
    534, *548*
Einsiedler, W. 204, 223, 225, 234,
    238ff, 293, 300, 321, *530f*, *566*
Eisenberg, R. 363, *558*
Elashoff, J.D. 261, *531*
Elder, G.H. 476f, *531*
Elder, L. 95, *562*
Elkonin, D.B. 254, *531*
Elliott, E.S. 50, 63, *529*
Ellis, A.W. 107, *536*
Emmons, C.L. 201, *520*
Epstein, S. 328, 332ff, *531*
Erdmann, B. 88, *531*
Erichson, B. 305, *521*
Ericsson, K.A. 426, 435, *531*
Erikson, E.H. 439, *531*
Evertson, C.M. 204, *524*
Evett, L.J. 92, *541*
Eysenck, H.J. 190, *531*
Eysenck, M.W. 29, *531*

Faber, G. 59, 398f, *531*, *565*
Fagan, J.F. 24, *531*
Fajans, S. 49, *531*
Faulstich, H. 64, *565*
Fauser, P. 296, *531*
Feld, S.C. 50, *558*
Feldman, N.S. 363, *558*
Felson, R.B. 356, *531*
Fend, H. 59, 73, 184, 186, 195, 299,
    317, 334f, 356, 358f, 361f, 365,
    368f, 375, 381f, 405, 414, 418,
    440, 455, *531f*, *552*
Fennema, E. 70, 163, 198, 212, 401,
    533, *541*, *553*
Ferdinand, W. 86, *532*
Ferring, D. 81, *549*
Fielding-Barnsley, R. 96, 107, *526*

Fields, J.I. 400, *532*
Filipp, S.H. 81, 326, 328, *532*, *549*
Fimpel, P. 266, *540*
Fischer, Ch. 265, *532*
Fischer, F.W. 104, *546*
Fischer, K.W. 20, *532*
Fish, E. 396, *564*
Fittkau B. 190, *570*
Flade, A. 28, *532*
Flavell, J. 459, *532*
Flesch, R. 86, *532*
Flett, G.L. 363, *558*
Flynn, J. 27, *532*
Fölling-Albers, M. 292, 294, *532*
Ford, L. 396, *556*
Fordham, U. 264, *532*
Fortier, L. 16, *547*
Fox, B. 104f, 107f, *533*
Francis, J. 106, *524*
Fraser, B.J. 183, 186f, 232, 425,
    433, *533*
Freud, S. 362, 439, 459, *533*
Freudenthal, H. 141, *533*
Frey, H.-P. 326, 332, *533*
Frey, K.B. 465, *533*
Fricke, A. 175, *533*
Friedman, M. 93, *547*
Frieze, J. 362, *569*
Frith, U. 93ff, *533*
Frost, J. 105, *546*
Frost, L.A. 70, *533*
Fuchs, D. 264, *521*
Fuchs, L.S. 264, *521*
Führ, Chr. 407, *533*
Füssenich, I. 91, *525*

Gaedike, A.-K. 183, 187, 192,
    533, *538*
Gage, N.L. 234, *533*, *551*
Gagné, R.M. 463, *533*
Gamsjäger, E. 183f, 186, 191, 194,
    197, 203, 451, *533*, *558*
Gandour, M.J. 56, *568*
Garcia, T. 315, *554*
Gardner, M.K. 17, *533*
Garlichs, A. 294, *533*
Garner, J. 263, 266, *533*
Garrett, H.E. 18, *533*
Gasteiger-Klicpera, B. 113, 131, *544*
Gathercole, S.E. 110, *533*

Gattringer, H. 183f, 186, 191, *558*
Geary, D.C. 460, *533*
Gelman, R. 20, 25, 157, *526*, *533*
Gentry, J.R. 93, *534*
Geppert, U. 43, 45, 47f, 50, 59, 77, 376, 489, *534*, *566*, *570*
Gerstein, H. 410, *534*
Gerstenmeier, J. 334, *534*
Geyer, J.J. 88, *534*
Giaconia, R.M. 295, 317, *534*
Gibson, E.J. 89, 102f, *534*
Gieding, H. 173, *543*
Gigerenzer, G. 262, 466, *534*
Gillis, J.J. 402, *529*
Gillung, T.B. 264, *534*
Ginsburg, H. 19, *534*
Gjesme, T. 498, *534*
Gleitman, L.R. 104, *534*
Göbelbecker, L.F. 85, *534*
Goffree, F. 172, *566*
Gold, D. 399, 489, *562*
Goldman, S. 93, *553*
Goldstein, D.M. 105, *534*
Gonzalez, M. 461, *564*
Good, T.L. 229f, 235, 241, 263ff, 269, *524f*, *534*
Goodman, K.S. 89, 91, *534*
Gordon, L.V. 191, *534*
Gottfried, A.E. 488, *534*
Gottfried, A.W. 488, *534*
Gottlieb, D. *524*
Gough, P.B. 85, 88f, 92ff, 103, 105, *534f*, *542*
Graham, P.J. 395, 438, *556*
Greeno, J.G. 145, 147, 149f, 157, 501, *535*, *543*, *556*
Greenwald, R. 225, *537*
Greer, B. 501, *535*
Gridley, B.E. 395, *565*
Griffith, P.L. 95, 105, *535*, *542*
Grimes, J.E. 362, *565*
Grobe, R. 27, 73, 218, 266, 295, 309, 433, 491, *540*
Groeben, N. 228, 289, *535*
Grossmann, K. 362, *535*
Grote, H. 263, *535*
Grube, D. 13, 15, 29f, 35,
Gruber, H. 187, *535*
Gruehn, S. 289, 294f, 301, 319f, *535*
Grundin, H. 91, *535*
Grundmann, M. 476, 482, *530*, *535*

Gubler, H. 362, *535*
Gudjons, H. 292, *535*
Guerin, D.W. 488, *534*
Guilford, J.P. 198, *535*
Guilmette, S. 184, *544*
Gulgoz, S. 395, *546*
Günther, K.B. 93, *535*
Gurack, E. 48, 51, *535*, *544*
Gustafsson, J.-E. 186, *535*
Guthke, J. 195, *535f*
Guthrie, J.T. 92, *536*
Gyurke, J.S. 395, *565*

Haenisch, H. 290, 297, 409, *536*
Haertel, G.D. 183, 186ff, 233, 240, 425, *536*, *569*
Hager, W. 28, *536*
Hagström, W.O. 365, *562*
Hagtvet, K.A. 341, 354f, *563*
Halford, G.S. 20, *536*
Halisch, F. 43, 46, 77, *536*
Hallermann, B. 336, *549*
Hallmark, B.W. 201, *520*
Hanke, B. 265, *536*
Hansford, B.C. 326, 329, 351, 365f, *536*
Hanushek, E.A. 225, *536*
Hany, E.A. 188, 201, 389, 391, 453, *536*, *538*
Hargreaves, D.H. 263, *536*
Harkness, A. 17, *549*
Harold, R.D. 278, *530*
Harris, R.J. 309, *536*
Harter, S. 47, 53, 72, 76, 278, 326, 334f, *536*
Hartl, M. 96, 107, *571*
Hasselhorn, M. 13, 15, 25, 28ff, 35, *536*
Hatcher, P. 107f, *536*
Hattie, J.A. 183, 232, 326, 329, 351, 365f, 425, *533*, *536*
Hauert, C.A. 49, *550*
Haußer, K. 289, 326, 332, *533*, *536*
Hayes, J.R. 143, *562*
Heckhausen, H. 45f, 48f, 51, 53ff, 57ff, 77ff, 197, 298, 327, 331f, 335f, 362, 466, 489, *534*, *536f*
Hedges, L.V. 225, 295, 317, *534*, *537*
Hegion, A. 396, *564*
Heller, J.I. 145, 147, *556*

Heller, K.A. 181, 183ff, 190, 192ff, 203, 270, 501, *519*, *522*, *536ff*, *549*, *553*, *556*, *568*
Helmke, A. 1, 3, 6, 9, 28, 43, 59, 63ff, 73, 76ff, 113, 115f, 119, 124, 159, 181, 183ff, 190f, 200f, 203f, 206ff, 214f, 217, 219f, 223, 227f, 231, 235ff, 240f, 243, 246, 249ff, 254, 259, 264, 269ff, 275, 279, 281ff, 289, 294f, 299f, 301, 304, 315ff, 323, 325f, 328f, 330, 334, 339, 341f, 345, 351, 354, 356f, 359, 373f, 376f, 381, 383, 385f, 426, 450, 457, 459, 461ff, 467ff, 478f, 481, 483, 485ff, 495ff, 507f, 510, 514f, 518, *538f*, *552*, *555*, *560f*, *569f*
Helton, G.B. 263, *539*
Hemingway, P. 264, *565*
Henderson, S. 400, *543*
Henry, J. 361, *539*
Hentig, H. v. 292, *539*
Henz, U. 405, *539*
Herff, I.M. 91, *539*
Herrig, D. 186, *570*
Hertz-Lazarowitz, R. 264, *522*
Hewstone, M. 269, *547*
Hiebert, J. 142, *526*
Higgins, E.T. 363, *558*
Hilgard, E.R. 425, *539*
Hillinger, M.L. 93f, 103, *535*
Hocevar, D. 262, *521*
Hochberg, J. 102, *539*
Hodges, R. 362, *529*
Hofer, A. 92, *539*
Hofer, M. 234, 240, 261ff, 269, 289, 296, 298, 315, 367, *529*, *539f*
Hoffman, J.M. 64, *565*
Hoffmann, J. 88, *540*
Hofmann, H. 353, *540*, *552*
Hofmann, V. 286, 482, *530*, *540*
Hofstätter, P.R. 18, *540*
Hogaboam, T. 93, *553*
Hogarty, P.S. 18, *548*
Hoge, R.D. 265, *540*
Höhn, E. 261f, 269, 363, *540*
Høien, T. 93, 398, *540*
Hooper, S.R. 101, 393, 438, *566*
Hopf, A. 293, *540*
Hopf, D. 406, *540*
Horn, H.A. 290ff, *540*

Horn, J.L. 19, 448, *540*
Horn, W. 177, 190, *540*
Horn, W.F. 397, 438, *540*
Horstkemper, M. 64, *565*
Huber, G.L. 269, *568*
Hubner, J.J. 72, 278, 326, *562*
Hudson, T. 143, 152, 178, *541*
Hughes, C. 105, *553*
Hulme, C. 107, *536*
Hummel, T.J. 309, *541*
Hummer, P. 96, *571*
Humpert, W. *528*
Humphreys, G.W. 92, *541*
Hurlburt, N. 18, *548*
Hurrelmann, K. 417, *541*
Husarek, B. 56, *566*
Husén, T. 27, *541*
Hutchinson, N.L. 264, *565*
Huttenlocher, J. 104, *541*
Hyde, J.S. 70, 198, 212, 401, *533*, *541*
Hylla, E. 190, *541*

Immich, H. 285, *541*
Inbar, J. 264, *521*
Ingenkamp, K. 183, 186, 206, 269, 272, *541*
Ingleby, J.D. 265, *541*
Inhelder, B.B. 30, *541*
International Society for the Study of Behavioural Development (ISSBD) 456, *541*
Izu, T. 264, *562*

Jacklin, C.N. 401, *546*
Jackson, J.M. 264, *541*
Jackson, N.E. 401, *549*
Jacobson, L. 261, 267, *557*
Jäger, R.S. 13, 37, 40, 184, *541*
Janowski, A. 190, *570*
Jansen, H. 96, 104f, 113, *541*, *547f*
Jencks, C. 225, 230, 234, *541*
Jensen, A. 30, *541*
Jerman, M. 142, *542*
Jerusalem, M. 318, 328, 339, 341, 357, 367, *542*, *553*
Jones, M.H. 103, *542*
Jöreskog, K.G. 184, 189, 343f, 346, *542*
Jorm, A.F. 90, 105, *542*, *562*

Juel, C. 85, 91, 95, 105f, 113, 116, 118, 128, *535*, *542*
Jungbluth, P. 264, *542*
Jussim, L. 267, *542*
Just, M.A. 93, *542*

Kagan, J. 283, *542*
Kahra, G. 398, *565*
Kail, R. 16, 21, 25, *543*
Kalveram, K.T. 18, *549*
Kämpfer, A. 155, *555*
Karmiloff-Smith, A. 174, *543*
Kavanagh, J. 92, *543*
Keesling, J.W. 318ff, *543*
Keeves, J.P. 454, *543*
Keiser, C. 363, *543*
Keller, M. 412, 479, *530*
Kelley, H.H. 54, 362, *543*
Kelly, G.A. 263, *543*
Kemmler, L. 114, 204, *543*
Kepner, H.S. 142, *526*
Kern, A. 86, 88, 159, 173, *543*
Ketterlinus, R.D. 400, *543*
Kim, K.-S. 123, *526*
Kimchee, R. 21, *552*
Kindermann, T.A. 76, *543*
Kintsch, W. 142, 145, 147, 149f, 155, *528*, *543*, *550*, *567*
Klahr, D. 30, *543*, *568*
Klauer, K.J. 28, 264, *543*
Kleber, E.W. 269, *544*
Klemm, K. 407, *557*
Klicpera, Ch. 106, 111, 113, 116, 118, 122, 128, 131f, 137, *544*
Klifman, T.J. 395, *527*
Kline, R.B. 184, *544*
Knörzer, W. 361, *532*
Kochan, B. 111, *560*
Körkel, J. 188, *560*
Kornadt, H.-J. 457, 485
Köster-Bunselmeyer, D. 413, *544*
Kraak, B. 190, *541*
Krampe, R.T. 426, *531*
Krapp, A. 60, 69, 183f, 186, 195, 203, 323, 325, 336f, 352, 358, 362, *544*, *559*, *571*
Krappmann, L. 289, *544*
Krause, F. *528*
Krauth, J. 266, *568*
Krecker, L. 405, *529*

Kreft, I. 124, *529*
Kreppner, K. 283, 482, *523*, *563*
Kretschmann, R. 136, *559*
Kroh, O. 439, *544*
Krug, S. 48, 81, 219, 221, 267, 281, 367, 382, 470, *544*, *556*
Krüger, H. 48, 51, *544*
Krumm, V. 239, *544*
Kuhl, J. 207, 499, *544*
Kühn, R. 183f, 186, 190f, 218, 425, 433, *544f*
Kukla, A. 54, 362, *569*
Kulik, C.-L.C. 201, *545*
Kulik, J.A. 201, *545*
Kurtz-Costes (Kurtz), B.E. 188ff, 341, *545*
Küster, U. 47, *534*

LaBerge, D. 88f, *545*
Ladish, C. 25, *545*
Laine, R.D. 225, *537*
Lamb, M.E. 400, *543*
Lambrich, H.J. 363, *545*
Lamon, S.J. 198, 212, 401, *541*
Lamprecht, M.J. 264, *555*
Lamsfuss, S. 366, *558*
Landerl, K. 106, *545*, *571*
Landscheid, K. 367, 382, *556*
Langfeldt, H.-P. 191, *545*
Larkin, J.H. 145, 147ff, *524*
Lavin, D.E. 183, *545*
Lazarsfeld, P.F. 365, *545*
Lee, S.Y. 370, *564*
Lee, Y.-T. 269, *545*
Leggett, E.L. 375, *530*
Lehmann, A.C. 435, *531*
Lehmann, R.H. 134f, *545*
Lehneis-Klepper, G. 467, *539*
Lehrndorfer, A. 149, 152, 157, *564*
Lehtinen, E. 155, *545*
Lehwald, G. 196, *545*
Lens, W. 218, *521*
Leontjew, A.N. 253f, *545*
Lerner, R.M. 294, 402, *545*
Leschinsky, A. 405, *545*
Levin, H. 88f, 102f, *534*, *545*
Lewin, K. 217f, *545*
Lewis, C.A. 344, *567*
Lewis, D. 229, *550*
Lewis, M. 47, *545*

Lewkowicz, N.K. 105, *545*
Liberman, I.Y. 104f, *545ff*
Lie, A. 107, *546*
Lindenberger, U. 367, *551*
Lindquist, M.M. 142, *526*
Lingelbach, H. 25, 473, *536, 546*
Linn, M.C. 401, *541*
Linville, W. 142, *546*
Lissmann, U. 263, 267, *546*
Little, T.D. 241, 367, *546, 551*
Lloyd, D.N. 399, *546*
LoBello, S.G. 395, *546*
Loebl, J.H. 363, *558*
Loef, M. 163, *553*
Loehlin, J. 403, *554*
Loftus, E.F. 178, *527*
Lohmöller, J.B. 265, *536*
Lomax, R.G. 451, *552*
Lompscher, J. 142, 223, 253, 257, *528, 546*
Louvet-Schmauss, E. 400, *554*
Lowe, J.D. 395, 397, *546*
Lowell, E.L. 45f, *548*
Lübbermann, E. 367, 382, *556*
Lubinski, D. 198, *522, 546*
Lührmann, J.V. 50, *556*
Lukesch, H. 28, 409, *536, 546*
Lundberg, I. 93, 105, 107f, 239, 398, *540, 546*
Lundgren, U.P. 238, *546*
Luria (Lurija), A.R. 27, 253, 297, *546*
Lütkenhaus, P. 56, *546*

Maccoby, E.E. 401, *546*
MacIver, M.D. 63f, 334f, 375, 381f, *546, 565*
Mackworth, J.F. 88, *547*
Maclean, M. 105, *525*
Maclean, R. 105, *562*
Macrae, C.N. 269, *547*
Mandl, H. 187, 195, 204, 265, 334, 395, *534ff, 544, 547*
Mann, V.A. 105, *547*
Mannhaupt, G. 96, 104f, 107f, 113f, 116, 128, 133, *541, 547f*
Marjoribanks, K. 190, 454, *547*
Markovits, H. 16, *547*
Markowa, A.K. 253, *528*
Markus, H. 72, 278, 326, 333ff, *547*

Marsh, G. 93f, *547*
Marsh, H.W. 59, 330, 339, 341, 344, 356, 396, 438, *526, 547f*
Marshall, H.H. 363, 367, 375, *548, 570*
Martin, S. 30, *525*
Marx, H. 83, 85ff, 89f, 92ff, 96, 98ff, 110f, 113, 116, 398, 403, *541, 548, 561, 563*
Mason, E.J. 190, 263, *540, 550*
Mason, T.C. 67, *548*
Masonheimer, P.E. 102, *548*
Matthews, R. 105, *562*
Mattingly, I.G. 92, 105, *543, 548*
May, P. 111, 128, 133ff, *548*
Mayer, J.H. 264, 397, 438, *525*
McAllister, E. 267, *548*
McBride-Chang, C. 434, *548*
McCall, R.B. 18, *548*
McClelland, D.C. 45f, 79, *548*
McClelland, J.L. 92f, 96, *548, 558, 561*
McDonald, R.P. 344, *547*
McGee, R. 401, *548*
McGrath, S.K. 24, *531*
McMahan, I.D. 53, *548*
McNeill, D.A. 103, *548*
Mednick, B.R. 262, *521*
Meece, J. 375, 382, *523*
Meehl, P.E. 321, *549*
Menacher, P. 198, *522*
Menyuk, P. 103f, *549*
Menzel, H. 365, *545*
Merton, R.K. 201, *549*
Merz, F. 18, *549*
Messer, S. 103, *549*
Messmer, O. 88, *549*
Metze, W. 91, *549*
Meumann, E. 85, 88, *549*
Meyer, A.-K. 81, *549*
Meyer, H.L. 297, *549*
Meyer, W.-U. 55, 79, 335f, *525, 549*
Meyers, C.E. 264, *571*
Michela, J.L. 362, *543*
Midgley, C. 63, *530*
Mietzel, G. 265, *549*
Milbank, J.E. 394, 400, *552*
Miller, A.T. 50, *551*
Miller, L.J. 399, *549*
Mills, J.R. 401, *549*
Mirman, S. 142, *542*

Mischel, W. 261, *549*
Möbus, C. 184, 196, *549, 562*
Moffitt, T.E. 17f, *549*
Mönks, F.J. 190, 201, *538, 549f*
Montada, L. 314, *550*
Moore, J.L. 115, 157, *535*
Morais, J. 105f, *519, 550*
Morehead, D.M. 104, *550*
Morgan, J.L. 153, *550*
Morgan, S. 105, 107, *565f*
Morine-Dershimer, G. 265, *550*
Morris, D. 104, *550*
Morris, R. 106, *571*
Mortimore, P. 229ff, 240, *550*
Moser, E. 96, *571*
Moser, J.M. 142, 150, *526*
Mosychuk, H. 454, *550*
Mounoud, P. 49, *550*
Mückusch, C. 6, 207, 499, *539*
Müller, H. 86, *550*
Müller, R. 87, *550*
Mureck, J. 266, *568*
Murphy, J. 264, *550*
Muthén, B.O. 318, *550*

Nagl, W. 361, 365, *532, 550*
Näslund, J.C. 105ff, 113f, 116, 398, 403, 426, 438, 495, 503, *550, 561*
Nathan, M. 155, *550*
Neber, H. 187, 201, *538, 551, 568*
Needels, M.C. 234, *533, 551*
Nesher, P. 143f, 501, *551*
Neuhaus-Siemon, E. 133, 291f, *551*
Neumann, O. 92, 98, 100, 107, 132, 136f, *551*
Newman, R.S. 204, 330, 341, 438, *551, 564*
Nicholls, J.G. 50, 53, 58, 375, 381, 465, *551*
Nicholson, T. 93, *551*
Nickel, H. 190, *570*
Nie, H.-Y. 105, *554*
Niemeyer, W. 87, *551*
Ninio, A. 399, *551*
Nittel, D. 417f, *551*
Norman, M.F. 184, *522*
Nurius, P. 334, *547*

Oakland, T.D. 263, *539*
Oberklaid, F. 401, *554*

Oettingen, G. 367, *546, 551*
Olson, R. 402, *551*
Opper, S. 19, *534*
Osborn, A.F. 394, 400, *552*
Oser, F.K. 228, *552*
Osterland, J. 159, 206, 303, 507, *570*
Osterrieder, K. 187, *538*
Oswald, A. 57, *537*
Overton, W.F. 30, *552*

Packard, T. 397, 438, *540*
Paffrath, M. 362, *535*
Paige, J.M. 144, *552*
Palmer, S.E. 21, *552*
Parker, T. 396, 461, *564*
Parkerson, J.A. 451, *552*
Parsons, J.E. 49, 53, *552, 558*
Parsons, T. 465, *552*
Partcher, I. *538*
Pascual-Leone, J. 19, *552*
Passow, A.H. 201, *538*
Patry, J.-L. 228, *552*
Peisert, H. 410, *552*
Pekrun, R. 58, 59, 73, 183f, 186, 318, 323, 326, 330, 341, 351, 353, 356ff, 362, 414, *552f*
Pellegrini, A.D. 400, *553*
Pellegrino, J.W. 16, *543*
Pennington, B.F. 93, *567*
Perfetti, C.A. 85, 91ff, 98, 100, 105f, *553, 556*
Perleth, Ch. 186, 188ff, 196, *553*
Perner, J. 16, 24, *553, 561*
Perrez, M. 28, *546*
Petersen, O.P. 105, *546*
Peterson, P.L. 163, 177, 229, 266, 314f, *527, 553*
Petillon, H. 229, 287, 289, 295, 297, 299, 317, *553*
Petrick-Steward, E. 491, *553*
Petrill, S.A. 395, *565*
Pfeiffer, H. 407, *557*
Phelps, E. 3, 59, *572*
Piaget, J. 15, 19, 30, 47, 93f, 150, 159, 175, 178, 231, 299f, 439, 460, 476, 480, 483, *541, 553f*
Pianta, R.C. 403, *554*
Pierson, L.H. 362, *529*
Pignot, E. 105, *519*

Pintrich, P.R. 183, 200, 205, 315, 375, 382, *523*, *554*
Plake, K. 290, *554*
Plinke, W. 305, *521*
Plomin, R. 402f, *554*, *565*
Polich, J. 25, *545*
Pollatsek, A. 92f, *554*
Popp, W. 293, *529*
Potthoff, W. 290, *554*
Powell, J.S. 18, 21, *564*
Prenzel, M. 336, *544*
Pressley, M. 188, *554*, *561*
Preteur, Y. 400, *554*
Preuss, W. 266, *540*
Prior, M. 401, *554*
Pursian, R. 266, *540*

Quack, L. 183, *554*

Rabenstein, R. 294, *554*
Rachman-Moore, D. 115, *554*
Rack, J. 402, *551*
Ramseger, J. 294f, *554*
Rankin, R.J. 356, *563*
Rastle, K. 92, *527*
Rathje, H. 264, *540*
Raudenbush, S.W. 124, 303, 364, 378, *525*, *554*
Rauer, W. 190, *570*
Raviv, A. 264, *521*
Rayner, K. 92f, *554*
Read, C. 103, 105f, *554*
Reed, L. 362, *569*
Reed, M.D. 356, *531*
Rees, R. 142, *542*
Reichen, J. 91, 93, 101, 172, 218, 289, 394, 443, 464, *554*
Reimers, P. 105, 108, 403, *561*
Reinert, G. 18, 27, *521*, *555*
Remy, E. 398, *522*
Renkl, A. 6, 115, 158, 162, 204, 208, 240, 243, 272, 304, 327, 338f, 357, 359, 373, 385f, 427, 465, 495, 498, 508, 518, *539*, *555*
Repucci, N.D. 58, *530*
Reschly, D.J. 264, *555*
Resh, N. 201, *528*
Resnick, L.B. 175, 400, *555*
Rest, S. 362, *569*

Reusser, K. 139, 141, 143, 145, 147ff, 155, 157, 171, 174ff, *528*, *555*, *564*
Reynolds, A.J. 400f, *555*
Reynolds, C.R. 396, *556*
Reynolds, D. 225, 229, *528*
Reys, R.E. 142, *526*
Rheinberg, F. 50, 59, 77f, 81, 181, 183, 207, 217ff, 243, 264, 266f, 281, 367, 382, 470, 500, *537*, *539*, *544*, *556*, *568*
Ricciuti, A. 393, *559*
Richman, N. 395f, 400f, 438, *556*
Richter, S. 114, 119, 128, 133f, *556*
Rieben, L. 85, *556*
Riedel, K. 234, *556*
Riley, M.S. 145, 147ff, 501, *556*
Rimm, S.B. 197, *556*
Rindermann, H. 187, *538*, *556*
Rischmüller, H. 296, *556*
Rist, R.C. 263, *556*
Roeder, P.M. 235, 272, 300, 389, 405ff, 410, 421, 453, 492, *522*, *556f*, *559*
Roelofsen, I. 48f, 53, *537*
Rogosa, D. 284, 329, *557*
Röhr, H. 105, *557*
Rolff, H.-G. 407, *557*
Rollett, B. 199, 207, 500, *557*
Rose, B.J. 264, *557*
Rosemann, B. 184, 186f, 190, 194f, *538*, *557*
Rosén, M. 401, *557*
Rosenberg, M. 328, 362, 368, *557*
Rosenbusch, H.S. 228, *557*
Rosenfeld, H. 64, *567*
Rosenholtz, S.H. 375, *557*
Rosenholtz, S.J. 366, 374f, 381f, *557*
Rosenshine, B.V. 229, 249, *557*
Rosenthal, R. 261, 264, 266f, *521*, *557*
Ross, J. 48, *558*
Ross, S. 264, *525*
Rost, D.H. 28, 366, *557f*
Roth, E. 108, 183, *558*, *561*
Routh, D.K. 104f, 107f, *533*
Rozin, P. 104, *534*
Rubinstein, S.L. 253, *558*
Ruble, D.N. 48f, 53, 363, 465, *533*, *552*, *558*
Rucker, C.N. 264, *534*

Ruddell, R.B. 88, *562*
Rudel, R.G. 103, *558*
Ruhland, D. 50, *558*
Rumelhart, D.E. 89, 92, *548, 558*
Rutberg, J. 398, *522*
Ruthemann, U. 155, *519*
Rutter, M. 229, *558*
Ryan, D. 510, *520*
Ryan, R.M. 336, 362, *528f*

Safir, M.P. 16, 264, *522*
Sameroff, A.J. 399, *558*
Sammons, P. 229, *550*
Samuels, S.J. 88f, 92, *545, 558*
Sander, E. 259, 261, 269f, 281ff, 285f, *558*
Sanders, C.E. 198, *546*
Sang, F. 235, 272, 300, 407, *522, 530, 556f*
Sanson, A. 401, *554*
Saracho, O.N. 267, *558*
Sauer, J. 183f, 186, 191, 194, 197, 203, 451, *533, 558*
Saunders, D.R. 191, *558*
Savola, K.L. 3, 59, *572*
Scanlon, D.M. 107, *567*
Scarborough, H.S. 399, *559*
Scarr, S. 393, *559*
Schabmann, A. 106, 111, 113, 131, *544*
Scheerer-Neumann, G. 92, 100, 107, 132, 136f, *559*
Scheibe, W. 290, *559*
Schellhas, B. 482, *530*
Schiefele, U. 58, 183, 337, *553, 559*
Schiller, D.P. 451, *552*
Schlee, J. 92, 266, *559, 568*
Schleifer, M. 16, *547*
Schmack, E. 293, *559*
Schmalohr, E. 85f, *559*
Schmalt, H.-D. 336, *525*
Schmidtchen, G. 364, *559*
Schmitt, M. 69, *559*
Schmitz, B. 235, 272, 300, 353, 410, *522, 556f, 559*
Schmude, C. 64, *567*
Schnabel, K.U. 359, 385, 405, 421, *557, 559*
Schneewind, K.A. 28, *546*
Schneider, K. 46, *567*

Schneider, W. 3, 9, 11, 16f, 59, 75, 83, 85, 104ff, 111, 113ff, 119, 124, 132ff, 159, 183f, 186ff, 194, 204, 206, 234ff, 270, 275, 318, 323, 325, 330, 341, 343, 350, 374, 403, 426, 438, 461, 463, 465, 468, 485, 495, 503, 510, *539, 545, 549f, 554, 560f, 566, 569ff*
Schöll, G. 228, *561*
Schoppe, K.J. 198, *561*
Schorch, G. 294, *554*
Schouten, P.G.W. 399, *549*
Schrader, F.-W. 73, 204, 227f, 235ff, 250, 264, 269, 279, 287, 289, 295, 299f, 315ff, 319f, 357, 359, 373, 385f, 465, 467, 471, 473, 495, 510, 514f, 518, *539, 561, 569f*
Schreiner, G. 455, *561*
Schreyer, I. 183, 337, *559*
Schröder, E. 412, 479, *530*
Schuck, E. 394, 397, *561*
Schuck, K.D. 394, 397, *561*
Schulz-Zander, R. 407, *557*
Schümer, G. 406, 409, *557, 561*
Schunk, D.H. 336, *561*
Schwartz, R.M. 93, *561*
Schwarzer, R. 318, 328, 336, 339, *542, 561*
Seidenberg, M.S. 93, 96, *561*
Seifer, R. 399, *558*
Sellner, M.B. 153, *550*
Selvin, H.C. 365, *562*
Selzer, S.C. 101, 393, 438, *566*
Serbin, L.A. 399, 401, *562*
Seymour, P.H.K. 95, *562*
Shankweiler, D.P. 92, 104f, *524, 545f*
Shapiro, B.J. 510, *520*
Share, D.L. 90, 105f, *542, 562*
Sharp, L. 363, *570*
Shavelson, R.J. 72, 264, 278, 326, 328, 330, 339, 341, *547f, 562*
Shayer, M. 257, *519*
Sheppard, J.L. 396, 438, *526*
Sheppard, M.J. 396, 438, *526*
Sherrod, L.R. 59, *568*
Shore, A.L. 265, *562*
Shulman, L.S. 471, *562*
Siegel, L.S. 399, *562*
Siegler, R.S. 30f, 165, 300, 504, *562*
Sierwald, W. 186, 188ff, 196, *553*
Silberman, M. 263, 266, *562*

Silva, P.A. 17, 401, *548f*
Simmons, K. 105, *566*
Simon, D.P. 92, *562*
Simon, H.A. 92, 143f, *552, 562*
Simon, T. 15, 424, *523*
Simons, H. 184, 196, 266, *540, 562*
Simpson, C. 366, 374f, 381f, *557, 562*
Singer, H. 88, 105, *562*
Singer, J.A. 175, *555*
Skaalvik, E.M. 341, 354ff, 362, *563*
Skinner, E. 76, 353, *543, 559*
Skinner, N. 264, *525*
Skowronek, H. 102ff, 110, 113, *548, 563*
Slavin, R.E. 200, 300, *563*
Sligo, R.J. 309, *541*
Slovic, P. 53, *563*
Smart, D. 401, *554*
Smith, D.R. 157, *535*
Smith, F. 89, *563*
Snow, R.E. 200, 261, *528, 531*
Snyder, J. 184, *544*
Sodian, B. 20, *563*
Solga, H. 406, *563*
Sörbom, D. 184, 189, 343f, 346, *542*
Sowder, L. 155, *563*
Specht, W. 361, *532*
Spellbring, W. 59, *563*
Spiel, C. 60, 69, 259, 272, 281, 283f, 286, *563*
Spitta, G. 91, *563*
Sprenger, M. 155, *555*
Stage, S. 105, *566*
Stallings, J.A. 400f, *563*
Stangor, C. 269, *547*
Stanic, G.M.A. 400, *553*
Stanovich, K.E. 89, 91ff, 105, 107, 398, *540, 561, 563f*
Stanovich, P.J. 91f, *564*
Stanton, G.C. 72, 278, 326, *562*
Staub, F.C. 152f, 155, 162ff, 470, *519, 555, 564*
Stebler, R. 155, *555*
Stecker, P.M. 264, *521*
Stefanek, J. 16, 83, 111, 113, 389, 423, 453, 461, 463f, 468, *561*
Steffen, U. 289, *564*
Steffens, K.H. 184, 186f, 190, 194f, *538*
Stegelmann, W. 407, *530*
Steiner, G. 139, 152, 171, 174ff, *564*

Stelzl, I. 314, *564*
Stern, E. 115, 139, 147, 149, 152, 157ff, 162ff, 171ff, 206, 240, 270, 342, 373, 398, 462, 470f, 495, 501, *555, 564*
Sternberg, R.J. 18, 21, 198, *564*
Stetsenko, A. 367, *546*
Stevenson, H.W. 204, 370, 396f, 438, 461, *564*
Stevenson, J. 395, 402, 438, *529, 556, 565*
Stewart, E. 264, 400, *565*
Stigler, J.W. 370, *564*
Stipek, D. 400f, *563*
Stipek, D.J. 63f, 67, 334f, 375, 381f, *548, 565*
Stöckli, G. 73, 369, *532, 565*
Stöcklin, M. 174, 176f, *564*
Stoll, L. 229, *550*
Stolurow, L.M. 472, *565*
Stone, B.J. 395, *565*
Stone, G.O. 93, *567*
Storch, C. 263, *565*
Strayhorn, J. 399, *522*
Streefland, L. 172, *565*
Stuart, M. 96, *565*
Studdert-Kennedy, M. 104, *545*
Stüssi, R. 155, *555*
Szeminska, A. 150, 178, *554*

Tacke, G. 266, *540*
Taraban, R. 31, *562*
Tausch, A. 298, *565*
Tausch, R. 298, *565*
Tennstädt, K.C. *528*
Tesch-Römer, C. 426, *531*
Teubal, E. 143f, *551*
Teuber, H.L. 103, *558*
Thelen, H.A. 263, *565*
Thomas, A.E. 362, *565*
Thompson, L.A. 395, 402, *565*
Tiedemann, J. 398f, *565*
Tillmann, K.-J. 64, *565*
Todt, E. 190, *565*
Tomassone, J. 362, *529*
Torgesen, J.K. 102, 105ff, 110, 113, *565f, 568*
Tornéus, M. 105, *566*
Tramontana, M.G. 101, 393f, 438, *566*
Trautner, H.M. 70, *566*

Treffers, A. 172, *566*
Treiber, B. 115, 184, 201, 234, 237, 300, 317, *566*
Treiman, R. 85, *534*, *566*
Treinies, G. 238ff, 294, 300, 321, *531*, *554*, *566*
Trudewind, C. 46, 49f, 56, 363, 376, 454, 514, *566f*
Tucker, L.R. 344, *567*
Tuijnman, A. 27, *541*

Ulbricht, E. 262, *567*
Unzner, L. 46, *567*

Valsiner, J. 69, 331, 338, *567*
Valtin, R. 64, 83, 87, 92, 95, 105, 111, 114, 131, 134ff, 470, *529*, *567*
van Aken, M.A.G. 72, 76, 204, 215, 275, 323, 325, 330, 341f, 345, 351, 373f, 377, 463, 465, *520*, *539*
van Dijk, T.A. 142, 149, *543*, *567*
Van Nguyen, T. 477, *531*
Van Orden, G.C. 92f, 96, *567*
Väth-Szusdziara, R. 361, *532*
Vellutino, F.R. 107, 114, *567f*
Venezky, R.L. 89, 102, *526*, *568*
Verdonik, F. 59, *568*
Veroff, J. 49f, *568*
Verschaffel, L. 148, 152, *528*
Vestner, H. 91, *568*
Viek, P. 489, *570*
Visé, M. 105, 108, 403, *561*
Vollmeyer, R. 221, *568*
von Saldern, M. 455, *571*
Vygotsky (Wygotski), L.S. 253f, *568*

Wachs, T.D. 56, 402, *568*
Wadsworth, S.J. 402, *529*
Wagner, H. 50, 187, *556*, *568*
Wagner, I. 48f, 53, 57, *537*
Wagner, J. 496, *568*
Wagner, R.K. 102, 105f, 110, 113, *566*, *568*
Wahl, D. 266, 269, 296, *568*
Walberg, H.J. 183, 186ff, 226f, 231ff, 240, 315, 425, 451, *533*, *536*, *552*, *568f*
Walker, D.A. 461, *568*

Wall, S. 362, *519*
Wallace, I. 30, *568*
Walter, H. 455, *568*
Wang, M.C. 183, 186ff, 233, 240, 425, *569*
Warren-Leubecker, A. 399, *569*
Wason, P.C. 505, *569*
Waters, E. 362, *519*
Weber, R.M. 92, *569*
Weiber, R. 305, *521*
Weidenmann, B. 297, *569*
Weimer, R. 147, *528*
Weiner, B. 46, 54, 362, *569*
Weinert, F.E. 1, 3, 9, 28, 59, 73, 75f, 92, 113, 116, 119, 159, 183ff, 200f, 203f, 206, 220, 223, 227f, 234ff, 249ff, 254, 266, 269, 300f, 317, 319, 342, 373, 376, 381, 389, 423, 426, 453, 457, 459ff, 468, 470, 472f, 478f, 481, 483ff, 510, *539f*, *545*, *560*, *562*, *566*, *568ff*
Weinläder, H. 187, 192, *538*
Weinstein, C.S. 263, 363, *570*
Weinstein, R.S. 363, 367, 375, *548*, *570*
Weinstein, Th. 240, *536*
Weiss, J. 454, *570*
Weiss, R. 263, *570*
Weiß, R.H. 117, 159, 190, 195, 206, 303, *527*, *570*
Weissbach, U.B. 64, *565*
Welch, V. 93, *547*
Welch, W.W. 183, 232, 425, *533*
Wellman, H.M. 24, *570*
Werbik, H. 289, *570*
Wessels, K. 375, 382, *523*
Westberg, K.L. 201, *520*
White, R.W. 47, *570*
Whyte, J. 118, 396, *570*
Wickman, E.K. 133, *570*
Widdel, H. 192, *570*
Wieczerkowski, W. 190, 192, *570*
Wiedl, K.H. 186, *570*
Wigfield, A. 278, *530*
Wilce, L.S. 93ff, 105, *530*
Wild, K.-P. 184, *571*
Wiley, D.E. 318ff, *543*
Wilkinson, A. 396, 461, *564*
Williams, A. 395, *546*
Williams, E.A. 264, *522*
Williams, J.P. 88, *545*

Williams, S. 401, *548*
Willis, S. 263, *571*
Wilson, B.J. 266, *524*
Wimmer, H. 96, 106f, *545*, *571*
Winter, E. 262, *571*
Winter, S. 262, *571*
Wise, B. 402, *551*
Wisser, C. 64, *567*
Wittmann, C.E. 165, *571*
Wittmann, W.W. 38f, *571*
Wolf, B. 389, 453ff, *527*, *571*
Wolf, H.K. 417, *541*
Wolf, M. 106, *571*
Wolf, R.M. 454, *571*
Wolfe, R.G. 115, *554*
Wottawa, H. 409, *571*
Wurf, E. 72, 278, 326, 333ff, *547*
Würscher, I. 64, *567*
Wyke, M. 102, *520*
Wylie, R.C. 365, *571*
Wystrychowski, W. 187, *538*

Yates, C. 398, *522*
Yopp, H.K. 105f, *571*
Yoshida, R.K. 264, *571*
Young, C.H. 3, 59, *572*
Young, E. 155, *550*

Zahorik, J. 297, *572*
Zelkowitz, P. 399, *562*
Zentralstelle für Psychologische Information und Dokumentation 3, 59, *572*
Zhang, W. 201, *520*
Zhang, Y.-F. 105, *554*
Ziegler, A. 13, 16, 27, 30, 37, 39, 200, 391, 460f, 495, 504, *525*, *538*, *561*
Ziehe, T. 362, *572*
Zielinski, W. 266, 269, *540*, *572*
Zigler, E. 459, *572*
Zigmond, N. 399, *522*
Zillig, M. 263, *572*
Zimowski, M. 284, *557*
Zirps, F. 105, *566*
zur Oeveste, H. 16, *572*

Sachregister

Abstraktion(s-) 175
- -ebene(n) 263, 286
- -fähigkeit 486

Addition(s-, en) 148, 157ff, 165, 175ff, 501f, 505
- -aufgaben 145, 175, 177, 501f

"affective arousal"-Modell 45

"agency beliefs" 367

Aktivität(en) 21, 30, 47f, 155, 171ff, 175, 188, 190, 235, 255, 496, 508, 510ff, 518
- Lern- 60, 79, 218, 221, 229
- Lehr- 240
- Lehrer- 230, 234

Allgemeinbildung 154, 292f

Anstrengungsvermeidung(s-) 62, 199, 208, 210f, 220, 500
- -test 199, 207, 500

"Aptitude-Treatment"-Interaktion(en) (ATI) 162, 227

Arithmetik 161, 171, 206, 277, 301ff, 305ff, 342f, 398, 430, 433, 437f, 440ff, 469, 502

"attachment" 362

Aufmerksamkeit(s-) / Unaufmerksamkeit(s-) 6, 17, 25, 32, 59, 62f, 106f, 117, 124, 126f, 134f, 147, 150, 205, 207f, 211, 245, 248, 262, 270ff, 289, 361, 397, 480f, 489, 491, 498, 508, 515, 517f
- Störungen der 62f, 207, 209, 480
- verhalten 6, 9, 58, 208f, 243, 272, 427, 475, 508f, 518

Beschulungsdauer 27f, 34, 461

Bezugsnorm(en, -) 49f, 55ff, 79, 81, 356f
- -orientierung 50, 264, 367, 382

Bildungssystem 338, 367f, 370, 375

Chancenausgleich 300

"Classroom Environment" Study 317

"Classroom Management" (s. a. Klassenführung, Unterrichtsführung) 376, 381f, 387f

Denken 3, 13, 15, 22ff, 27ff, 37, 150, 154, 173, 177, 192, 261, 266, 300, 362, 398, 428, 474
- anschaulich-präoperatorisches 299
- konkret-operatorisches 299, 439
- logisches 15f, 19ff, 24f, 29ff, 150, 505f
- mathematisches 29, 150, 154, 178
- operatives 29, 31, 34
- proportionales 29ff
- wissenschaftliches 29ff, 461, 506f

Deutsch 7, 32, 59, 61ff, 69ff, 77, 80f, 117, 126f, 188, 192f, 197, 205ff, 214f, 241f, 246f, 270ff, 274f, 277f, 284, 302f, 305ff, 343, 349f, 355f, 368, 407ff, 412ff, 420, 462, 464, 468f, 487, 496f, 514

Differenzen 16, 19ff, 22, 27f, 56, 90, 187, 200, 206, 241, 243, 251, 269f, 272, 276, 279, 301, 349, 368, 382, 423f, 426ff, 438, 448, 451, 460, 462, 466ff, 472, 481, 485, 490
- Stabilität (Stabilisierung), interindividueller 429, 431ff, 442, 444, 451, 466f

Differenzierungsmaßnahmen, innere und äußere 200f, 294

"Educational Productivity" 227, 232f, 385

Elternhaus 30, 55, 111, 351, 361, 399

Entwicklung(en)
- affektive 4f, 59, 308ff, 314
- affektiv-motivationale 299f
- intellektuelle 15, 20ff

Entwicklung(en) Fortsetzung
- kognitive 3, 5, 15f, 18, 26f, 30, 34f, 40, 55, 57f, 60, 171, 190, 291, 331, 395, 424, 426, 438f, 460, 466, 467, 476
- motivationale (Motivations-) 4, 6, 73, 274f, 320f, 431

Entwicklung(s-)
- -prozeß 20, 81, 100, 131, 253, 318f, 364, 487
- -psychologie 15, 21, 30, 72, 300, 314, 326, 334, 351, 408, 423, 453, 455f, 459f, 476, 487

Entwicklungsunterschiede 394, 399, 423, 438, 441, 466
- Stabilität der 11,
- Variabilität der 423

Erfolgs- / Mißerfolgsanreiz 46, 52f, 57, 79

Erfolgs-
- -erwartung 46, 49, 52f, 57, 79f
- -wahrscheinlichkeit, subjektive 46, 52f

Erwartungseffekt(e) 261, 266f

Erziehung(s-) 290f, 293, 393, 400
- vorschulische 400
- -stil(e) 476
- -ziel(e) 290, 299, 315

Experiment(e) 221
- "natürliches" 253
- Unterrichts- 257

Expertiseerwerb 450

Fähigkeit(en) 5, 18, 23f, 32, 46, 50ff, 57f, 61, 63, 65, 81, 87, 92, 101f, 104, 117, 148, 150, 169, 171f, 174f, 177, 179, 183, 186, 190, 201, 204, 206, 225, 227, 240, 266, 291f 301ff, 325f, 328, 330, 334ff, 338, 341ff, 350, 356, 366, 387, 397ff, 401f, 412, 424, 427, 435ff, 443, 446ff, 460, 463f, 466, 469, 471, 478, 480, 483, 485f, 491, 498, 506f, 515
- kognitive 5, 35, 41, 183, 186, 188f, 194, 197, 212, 227, 231, 325, 391f, 394, 399, 402, 438, 442, 460f, 469
- metakognitive 237

Fähigkeitsselbstbild(es) 59f, 63f, 67f, 70f, 73ff, 117, 208f, 301, 306, 334ff, 339, 349f, 359, 361, 365f, 373, 385, 388, 496
- Entwicklung des 59, 64, 70, 75, 301, 349
- geschlechtspezifische Entwicklung des 70

Familie(n) 86, 204, 240, 400, 416, 476f
- -klima 476

Fertigkeitserwerb, domänspezifischer 11, 391, 396, 434, 450

Gedächtnisrepräsentation 90, 96, 99ff, 108ff

Geschlecht(s-) 70, 116, 119ff, 184, 186, 196, 204, 230, 264, 330, 348, 365, 368, 393f, 399, 466, 476f, 480, 514
- -unterschiede 58, 70f, 114f, 119, 128, 132, 134, 196, 198ff, 212, 214, 348f, 357, 487

"Good Strategy User"-Modell 188

Graphem-Phonem-Beziehung 93f, 101, 136
Graphem-Laut-Korrespondenz 89
Graphem-Phonem-Korrespondenz 86, 90, 95f, 98, 104
- -cluster 86, 100

Grundschul-
- -alter, Entwicklung im 3, 8, 11, 15ff, 24, 59, 67, 118, 157, 169, 183f, 186, 188ff, 197, 204, 212, 214, 342, 351, 353, 387ff, 391, 393, 395f, 398ff, 426, 430, 439f, 443, 451, 457, 459, 463f, 466, 468, 470, 475, 485
- -dauer 405ff
- -empfehlung, prognostische Qualität der 405, 407, 417
- -gutachten(s), prognostische Gültigkeit des 195, 408ff

Grundschule 204, 241, 287, 290, 292, 294, 465
- Zielkonflikte in der 287, 289, 292, 299, 317

Gymnasium (s. Schulen)

Handlungsentwicklung 45

Handlungsmodell(e), kognitions-
theoretische 289

Hausaufgabe(n) 62, 205, 207, 233,
302, 500, 515

HLM-Methodologie 364

Hochbegabungsstudie(n) 184,
188, 196f

"Idealklasse(n)" (s. a. "Optimalklassen") 220

Instruktion (s. a. Unterricht) 117,
161, 165, 176, 201, 232, 318, 382,
470f, 488, 507
- direkte 229, 314

Intelligenz (IQ) 3, 6, 13, 15ff, 23ff,
27, 29, 31ff, 37, 76, 116, 119ff,
124, 128, 159f, 162, 177, 189,
191, 204, 210f, 218, 225, 241,
264, 271, 302f, 305ff, 352, 395ff,
399, 403, 424ff, 429, 432, 434ff,
440f, 447, 449, 469f, 476, 507
- allgemeine 23f, 115, 170, 397f,
426, 434
- fluide 197, 396, 426, 428, 443, 451
- kristalline 397, 443, 450
- nichtsprachliche (nicht-verbale)
159f, 428, 434, 443, 447f, 467
- psychometrische 24, 117
- sprachliche (verbale, sprachgebundene) 16, 113, 159, 428, 434,
442, 447f, 450f, 467
- -struktur 17ff, 24, 339, 396
- vorschulische 433f

Intelligenzmodell(e), hierarchische 426

Intelligenzprofile, geschlechtsspezifische 197f

Interesse(n, -) 3, 15f, 19, 24, 45f,
50, 58, 81, 184, 190, 197, 212,
240, 262, 266, 269, 274f, 284,
286, 292, 299, 307, 318, 336, 371,
373, 379, 401, 407, 418, 426, 445,
468, 477f, 486, 489f, 492
- politisches 418, 421
- -profile 199

Kapazität 23, 218
- mentale 21, 25

Kausalattribution 46, 53, 192f, 357
- Affektwirksamkeit der 46, 54f
- Anstrengung 46, 51, 54f, 189
- Aufgabenschwierigkeit 46ff, 52f, 57,
168, 200, 228, 336
- Fähigkeit 46, 54f, 218
- Tüchtigkeit 48f
- Zufall 265, 267, 343

Kausale Schemata 46, 53f

Kausalmodell(e) 184, 189, 341ff, 346,
349, 392

Kind(er, es) 3ff, 10, 15ff, 19, 24, 27ff,
31, 34f, 37, 45, 47ff, 56ff, 65, 72,
74, 76, 79ff, 86ff, 94ff, 99, 102f,
106ff, 113ff, 117, 120ff, 131f, 135ff,
146, 148, 158ff, 162ff, 174f, 178f,
189f, 194, 229, 237, 253, 256, 264,
284, 289ff, 300, 304, 334f, 361ff,
370, 382, 385, 387, 391ff, 395,
398ff, 403, 405, 421, 423, 427, 431,
434, 438, 440, 459, 461, 463, 465,
468, 474, 479f, 482, 484, 487, 490,
501f, 504f, 507, 514

Kinder, psychische Entwicklung der
253f, 423

Kindheitsbiographien 294

Klassen(-)
- -führung, effiziente 4, 234,
241f, 245f, 248f, 251, 301, 304,
308, 311, 314, 321, 470ff, 488,
510, 513
- -klima 32, 245, 249, 301, 338f,
427, 470
- -kontext(e) 4f, 8, 60, 64, 68, 74ff,
237, 240, 245ff, 301f, 307, 313,
342, 357, 461, 471
- -management (s. a. "Classroom
Management") 74, 228ff, 233ff,
240, 247

Kommunalitätenanalyse 214f, 221,
461, 469, 480

Kompetenz(en)
- kognitive 3, 11, 58, 63, 72, 76
- metakognitive 186, 188ff, 237
- numerische 426, 434, 491

Kompetenz(en) Fortsetzung
- pränumerische 172, 174, 179
- Selbst- 295
- Sach- 295 142, 149, 153
- Sozial- 295, 299

Konnektionistische Modelle 90, 92f, 96

Konstruktivismus / konstruktivistische(r) 334
- Prinzipien 20
- Lernvorgang 163
- Grundhaltung 163, 170
- Vorstellungen 163, 165, 177
- Auffassung 163f

Kreativitätsprofile, geschlechtsspezifische 197f

Langsamkeitstoleranz 301

Längsschnitt-
- -daten 71, 124, 127, 221, 318, 320, 329, 341
- -studie(n) 3, 10f, 17, 46, 56, 59f, 67, 69, 77, 92, 106f, 113f, 116, 118, 122, 129, 131, 136, 172, 184, 188, 191, 194f, 197, 204, 229, 253f, 267, 319f, 342f, 349, 357, 398, 418, 441, 459, 461, 466, 473, 475, 479, 484f, 486, 488

Legasthenie (s. a. Lese-Rechtschreibschwierigkeiten) 85, 87

Lehr-
- -inhalte 290
- -methoden 85ff, 89ff, 95, 108, 110, 228, 234
- -plan/pläne 27, 159, 170, 315, 502
- -stil(e) 249

Lehr-Lern-
- -Forschung 289, 315, 373, 385
- -Geschehen 325
- -Methode(n) 227
- -Modelle 115, 240, 289, 315

Lehrer(-, n)
- -Bezugsnormorientierung 50, 264, 367, 382
- erfolgreicher 248f, 257, 277, 473
- -Lernorientierung der 375
- Performanzorientierung der 162, 375, 381
- stereotype Erwartungen von 263, 269, 275

Lehrer-
- -ausbildung 290, 296f
- -bildung 176, 179
- -effektivität 229
- -einstellung(en) 386
- -erwartungen 265, 232, 264, 269, 281, 283f, 367
- -kognitionen 261, 265, 267, 269, 283, 296, 315
- -persönlichkeit 4, 245, 257
- -training 234
- -typen 267
- -urteil(s), prognostische Validität (Gültigkeit, Vorhersagegültigkeit) des 195, 217, 264, 277, 392, 409, 415, 417
- -wechsel 5f, 67, 72, 212, 241, 245f, 256, 272, 284, 303, 353, 431

Lehrer-Schüler-Interaktion 9, 60, 64, 74, 229, 234, 236, 238f, 249, 261, 267, 488, 510

Leistung(en) 24, 62f, 74, 203f, 209, 211, 215, 241, 251, 323, 325, 341, 349ff, 353, 366, 434, 465, 480
- Determinanten schulischer 251
- schulische 204, 357f, 508

Leistungs-
- -angst 4, 59, 63, 205, 207ff, 243, 270ff, 302f, 305f, 336, 362, 364, 497
- -beurteilung 49, 361, 363, 431, 465, 474
- -egalisierung 220, 234, 294, 301, 317, 319, 465
- -entwicklung 5f, 115, 119, 121, 132, 159, 223, 225, 229ff, 233, 235, 237ff, 247, 249, 251, 253, 255ff, 270, 275ff, 284, 294, 301, 310ff, 317, 357, 374, 391, 401, 407f, 432, 440, 450, 463
- -fähigkeit, intellektuelle 5, 18, 26, 201, 255, 257, 264, 300, 302, 343, 361, 366, 381, 392
- -förderung 200, 204, 321
- -motiv 45, 50, 55, 58, 77ff, 489

- -motivation 45f, 54, 62f, 79, 184, 191f, 206, 431, 498f
- -rückmeldung 5, 388
- -standards 80
- -steigerung 6, 233, 242, 266, 300, 307ff, 314, 317, 400, 471
- -veränderung 5, 81, 184, 354, 461

Leistungsdifferenz(en) 161, 294, 438, 451
- Determination von 425f
- Prädiktion von 425f

Leistungszuwachs 247f, 472
- Unterrichtsqualität und 247, 256

Lern-
- -bedingung(en) 243, 256, 335, 440, 461, 469, 487
- -einstellung(en) 58, 209, 243, 272, 426, 429f, 438, 441f, 444ff, 467
- -erfolg 67, 115, 219, 225, 232f, 240, 300, 302, 325, 337f, 403, 461, 472f
- -fähigkeit, allgemein(e) 397, 424, 489
- -inhalt(e) 248, 292
- -kompetenz(en) 183
- -leistung(en) 186, 200f, 219, 221, 255, 257, 351ff, 358, 374, 394, 425, 438, 444
- -motivation 4, 78, 115f, 119, 128, 267, 353, 357, 364f, 369ff, 471
- -prozesse 102, 115, 131, 165, 171, 200f, 221, 292, 447, 450, 460, 462, 469, 490
- -schwierigkeit(en) 74f, 137, 227, 375f, 381f, 511, 514
- -steuerung 228
- -störung(en) 62, 209, 243, 269, 275, 500
- -umgebung 330
- -umwelt(en) 138, 186, 188, 196, 200f, 241, 453ff, 487f
- -vorgänge, kumulative 447
- -zeit, aktive 229f, 234

Lernen lernen 228, 293

Lernen
- Einstellung zum 59, 207
- ganzheitliches 291
- soziales 291, 299
- zielerreichendes (s. a. "Mastery Learning") 227, 300

Lernfreude 3, 59f, 62ff, 67, 72ff, 79ff, 117, 119ff, 124, 134, 205, 212, 270ff, 278, 300, 318, 361, 364f, 463f, 487, 489f, 496
- in Mathematik 61ff, 66ff, 208, 271, 274, 301, 464, 497
- in Deutsch 61ff, 66ff, 208, 271, 464, 497

Lerngeschehen 221
- kognitive Prozesse im 221
- motivationale Prozesse im 221

Lernverhalten(s) 204ff, 208, 211, 241, 245, 249, 265, 271, 302, 336f, 353, 357, 361, 442, 471
- aktives 62
- ineffizientes 302f, 305f
- Indikatoren des 208, 243
- Merkmale des 271, 302, 307, 312f

Lernvoraussetzungen 131, 137, 162, 201, 203, 214, 241f, 292, 300, 304, 391, 405f, 408, 461, 471, 513
- Heterogenität der 241

Lese(n-) 61, 86ff, 93ff, 99ff, 108, 110, 114, 119, 132f, 135ff, 148, 230, 250
- -leistung (s. a. Schulleistungen) 131, 135, 394, 396f, 399
- -lernen(der) 86, 88, 95, 103

Lese-Rechtschreibschwierigkeiten (s. a. Legasthenie) 87f, 91f, 136f

LOGIK-Studie 4, 30f, 67, 423, 439, 443f, 479, 485ff

"**M**astery Learning" (s. a. Lernen, zielerreichendes) 225, 227, 232

Mathematik-
- -leistung(en) (s. a. Schulleistungen) 63, 116, 210ff, 230, 235, 306f, 375, 413, 433f, 436, 440, 446ff, 454, 461, 468, 475
- -selbstkonzept 67, 212, 375 (s. a. Selbstkonzept Mathematik)

Mathematische Kompetenzen 432, 448

Mathematisierung 141, 143f, 151, 154f, 168, 172

Medienkonsum 233

Mehrebenenanalyse(n) 124, 127, 184, 303, 455

Metakognition 76, 188, 333

Metaanalyse(n) 183, 212, 231ff, 239, 317, 337, 385, 425
- Synthese(n) von 231f

Mikrogenetische Studien 11

Mißerfolg(s-) / Versagens-
- -ängstlichkeit 80, 428, 432f, 440, 444, 446ff, 450ff, 465, 469
- Furcht vor 45, 196, 419, 466, 498

Modell
- hierarchisch-lineares 70, 124, 303, 320, 364, 378
- mentales (Situations-) 142, 144, 153, 157, 170, 174

Moderatoreffekt(e) 190f

Motiv 47, 78, 152, 446

Motivation(s-) 25, 47, 77f, 199, 204, 206, 214, 221, 231, 255, 257, 264, 267, 271, 275, 318, 325, 330, 336, 406, 417, 449, 474f, 477
- -förderung 321
- -merkmale, vorschulische 435

Motivationale(n) Entwicklung (s. a. Entwicklung, motivationale)
- als Differenzierung 72
- Rolle der Schulklasse 73
- theoretisches Modell der 77f

Multikriteriale(r) Unterrichtseffekt(e) (Wirksamkeit von Unterricht) 295, 302, 317

Münchner Aufmerksamkeitsinventar (MAI) 117, 126, 304, 386, 427, 495, 508, 518

Narzißmus 362

Noten (s. a. Schulnoten) 5, 62, 65, 80, 206, 209, 212, 214f, 269ff, 275f, 278f, 283f, 341ff, 361, 366ff, 375, 377, 387f, 413, 463ff, 468f, 480, 483, 490

Ontogenese 46, 153, 318, 443, 486

"Optimalklassen" (s. a. "Idealklassen") 231, 234

Orientierung(en)
- Handlungs- 205, 208, 210f, 220, 292, 363, 460
- Lage- 63, 207, 214, 499
- moralische und politische 421
- Geschlechtsunterschiede hinsichtlich der politischen / moralischen / sozialen 418

"Peers" 30, 231, 233, 416, 453

Person-Situations-Beziehung 219

Persönlichkeits-
- -entwicklung 200f, 253, 357f, 370, 385, 393, 468, 481, 483
- -theorien, implizite 261ff, 282

Perspektive 4f, 15f, 19ff, 30, 70, 76f, 80, 137, 196, 200, 216, 225, 229, 266, 290, 293, 295, 298, 318, 336, 355, 371, 373, 385f, 388, 406, 453, 455f, 459f, 466, 468, 471, 478, 481, 483, 486, 508
- Informationsverarbeitungs- 16, 20f
- psychometrische 16
- strukturgenetische 15, 19f

Phonologische (phonemische) Bewußtheit 102, 105f, 110, 113, 398

Prädiktionsmodelle, lineare 423, 450

Pränumerische Fähigkeiten (Verständnis) 172f, 179

Problemlöse(n, -) 122, 144, 154, 230, 235, 292, 301, 397, 434, 442, 469
- -fähigkeiten 171, 174, 302, 427f, 432, 444

Prozeß-Produkt-Paradigma 219

Prozesse 19, 21, 23, 88f, 92, 98, 109, 119, 131, 141ff, 154, 173f, 176ff, 205, 207, 216, 219, 221, 253, 257, 289, 292, 331, 339, 357, 362f, 367, 370, 386, 403, 418, 421, 454f, 468, 490f, 508, 515
- exekutive 21

Prozeßmodell 149ff

Psychische Gesundheit 364

Psychosomatische Begleiterscheinungen (Symptome, Störungen) 304, 355, 364, 371, 516

Pygmalioneffekt(e) 261, 267, 285, 468

Qualifikation (Schlüssel-) 292f, 295, 299, 416f

Qualifizierung 220, 299, 338

Rechtschreib(en) 101, 114, 118f, 124, 205f, 247f, 270f, 346, 348, 444, 495
- -leistung(en) (s. a. Schulleistungen) 66, 113, 118f, 121ff, 125ff, 129, 131f, 134ff, 212, 214, 249, 343, 350, 355, 397, 432, 434f, 437, 446f, 449, 451, 461, 467, 470, 503

Reformpädagogik 290ff, 300

"Resilienz"-Forschung 364

Ressourcen(-) 364, 433, 437, 450, 486
- kognitive 450
- -modell, kognitives 425

Schereneffekt 114f, 122, 128, 132, 432, 438, 467, 491

Schicht, soziale 365f, 399f, 403, 454, 476, 480, 482f, 487

SCHOLASTIK-Studie 3f, 7, 11, 28, 77, 116, 127, 132, 158f, 162, 164, 184, 201, 204, 221, 253f, 257, 281, 285, 301, 317, 320, 351, 356, 367, 376, 423, 425, 427, 432, 441, 455, 457, 459, 461, 465, 471, 473ff, 480, 485f, 489f, 492, 504
- Stichprobe 7f, 75, 122, 134f, 160, 167, 220, 242
- Fragestellungen 3, 5, 172, 285f, 441, 468, 485f, 492
- Instrumentenentwicklung 8
- Untersuchungsdurchführung 9, 219

Schriftsprach(-, e) 85ff, 94, 96ff, 107ff, 131, 135
- -erwerb 85, 87f, 90, 92f, 95f, 99, 101ff, 113ff, 119, 122, 127ff, 131ff, 135, 137f, 256

Schul-
- -besuchsdauer 27f, 37
- -noten 186ff, 190, 194, 197, 200, 209, 269, 283ff, 325, 377, 394, 480f, 483
- -organisation 354, 363, 386, 474
- -profile 289
- -reform(en) 477, 479
- -system, dreigliedriges 50, 164, 276, 354, 365, 367, 406f, 416, 420, 439f, 483
- -unlust 190, 192f, 419f
- -versagen 133, 265f, 269, 281, 419
- -wahlentscheidung 416, 418
- -wesen, bayerisches 253, 353, 356

Schule(n)
- Gesamt- 317, 406, 408ff, 416f, 439f
- Grund- 3, 7, 11, 27ff, 34f, 37, 40f, 58f, 77, 111, 114, 141, 171, 175, 188, 194f, 197, 199, 201, 204, 212, 227, 229f, 236, 238, 240f, 249, 269f, 272f, 275ff, 283, 287, 289ff, 294ff, 317, 353, 365, 391, 397, 400, 402, 406ff, 412ff, 418, 430ff, 438ff, 444f, 448, 460ff, 465, 467f, 482f, 485, 491
- Haupt- 3, 66, 186, 234, 270, 276, 368, 406, 409, 416, 439ff, 445, 447, 451
- Gymnasium 3, 5f, 66, 186f, 192f, 197ff, 270, 276, 368, 405ff, 413ff, 419, 439ff, 447, 451

Schüler
- Aktivität der 301, 304
- erfolgreiche(r) 187, 416f
- leistungsschwache(r) 249, 257, 274f, 338, 425, 463, 468
- schlechte(r) 11, 259, 261f, 265, 267, 269f, 281, 284ff, 361, 363, 468, 478

Schüler-
- -merkmale 124, 185, 194, 204, 215, 241, 244, 266, 271, 282, 307, 313, 315
- -persönlichkeit 326, 352, 490
- -typ(en) 220, 263, 266, 285f

Schulklasse(-, n) 3f, 6, 10, 73, 162, 187, 241, 245, 294, 319, 328, 357, 363, 365ff, 369, 374, 437, 442, 465, 476ff

Schulklasse(-, n) Fortsetzung
- erfolgreiche 162, 248, 250f, 257, 472
- -kontext 461
- -zugehörigkeit, individuelle 60, 73, 123, 161f, 241, 243ff, 449, 466

Schulklassenunterschiede(n) 73, 125, 241, 375
- Stabilität von 245, 256

Schullaufbahn(-) 66, 113, 270, 277, 299, 353f
- -beratung 187, 195
- -entscheidung(en) 184, 195, 405f, 409, 412, 417f
- -prognose 117
- von Mädchen und Jungen 410

Schulleistung(en) 4, 11, 58, 66, 73, 76, 80, 115, 181, 183, 186, 188ff, 194f, 199ff, 203f, 206, 209ff, 214, 217ff, 225, 227ff, 233, 235f, 242f, 245, 264ff, 269ff, 275, 278f, 281, 325, 329, 338f, 341ff, 348, 351, 353ff, 359, 361, 363, 365f, 369f, 373ff, 377ff, 385f, 392, 394, 396f, 399ff, 405f, 416, 418, 425f, 430, 434ff, 440, 442, 444, 449f, 464f, 468ff, 479ff, 489, 499
- Alters- und Geschlechtsunterschiede bei 133, 196, 198
- Bedingungsmodell (allgemeines) der 184f
- Bedingungsmodell (multikausales) der 185
- Bedingungsfaktoren (individuelle) der 181, 183, 203f, 217
- Bedingungsfaktoren (kognitive) der 204
- Bedingungsfaktoren (motivationale) der 204, 210
- Bedingungsfaktoren (volitionale) der 204, 210
- Determinationskoeffizienten der 214, 437
- Dynamische Zusammenhänge zwischen Selbstkonzept und 227, 330, 337
- Entwicklung der 4, 242f, 279, 479, 482
- Lesen 94, 131, 135, 355, 394, 396f, 399, 401
- Mathematik 63, 116, 210ff, 230, 235, 306f, 375, 413, 433f, 436, 440, 446ff, 454, 461, 468, 475
- Prädiktoren der 434, 480f
- Prädiktor-Kriteriumszusammenhänge bei 185f, 190
- Rechtschreiben 66, 113, 118f, 121ff, 125ff, 129, 131f, 134ff, 212, 214, 249, 343, 350, 355, 397, 432, 434f, 437, 446f, 449, 451, 461, 467, 470, 503
- Stabilität der 271, 275, 396
- Vorhersage von 127, 196, 402, 425

Schulleistungs-
- -differenzen 467
- -förderung 186, 196, 200
- -prognosen 191, 193f, 196f
- -test(s) 8, 62, 186, 205f, 209ff, 243, 245, 265, 270, 283, 325, 341ff, 377, 394, 407, 495, 501

Schulleistungsunterschiede(n) 5, 204, 214, 402, 408, 420, 426, 441, 451, 467
- interindividuelle 183, 195, 399, 402, 426, 444, 450
- (multiple) Determination von 217, 399, 427, 436
- Stabilität der 17, 24, 67, 118, 195, 246, 428f, 439, 466f, 478
- Vorhersage von 426, 441, 448

Sekundarschul(e, -) 389, 405ff, 414, 416, 418
- -alter 31, 388, 423, 442f, 446, 451
- -system 339, 439
- -zeit 183, 358, 439, 441, 449ff

Selbstbekräftigungsmodell 45f

Selbstbewertung(s-) / selbstbewertende(r) 45ff, 54ff, 81, 289, 339, 343, 349, 431
- Emotionen 46ff, 54ff
- Kognitionen 463
- -prozeß 55

Selbstkonzept(s, -)
- Ausdifferenzierung des 325, 386
- bereichsspezifisches 72, 77
- dynamisches 333
- der Begabung 79, 186, 191f, 328, 335, 368, 420

- der eigenen Fähigkeit 4, 57, 206, 301f, 328, 341f, 366, 478
- der Leistung 465
- Deutsch 61, 66, 69, 75, 212, 271, 302, 355, 420
- eigener schulischer Leistungen 59, 72
- eigener Tüchtigkeit 3, 426, 430f, 438, 442, 445f, 449f, 462, 464, 468
- fähigkeitsbezogenes 335, 339
- -forschung 326f, 329f, 332, 334, 337f, 385, 387
- Mathematik 61f, 66, 69, 75, 271, 301f, 342f, 421
- Rechtschreiben 342f
- und Schulleistung 11, 204, 227, 325, 339, 341, 365, 373, 378ff, 385
- -veränderungen 305, 462
- "ability-formation"-Ansatz ("skill-development"-Ansatz) 318, 330, 341ff, 346, 348ff, 353f, 373ff, 381, 465
- "self-enhancement"-Ansatz 81, 318, 330, 335, 341, 343, 346, 348, 353f, 373

Selbstwertgefühl 326, 328, 358, 368f
- allgemeines 358

Selbstwirksamkeit 336

Selbstzufriedenheit 328

Selbstzweifel 63, 373

Selektionsprozesse, schulische 405, 414

Simulation(s-) 92,
- Computer- 30, 142, 146, 151, 221
- -modell(e) 144ff, 149, 151
- -studien 96

Situations-
- -analyse 150
- -faktoren 217ff
- -modell(e) 142, 150, 152f, 157, 174, 178
- -parameter 79
- -verständnis 143, 146f, 149, 152f

Situierte Kognition 157

Sitzenbleiben 409, 414

Sitzenbleiberquote(n) 406, 409

Sozialisation(s-) 3, 6, 58, 296, 476
- -effekt(e) 73, 199, 243, 418, 421, 460, 487
- -effekte unterschiedlicher Schulformen 407, 418

Sozialklima (s. a. Klassenklima) 28, 31, 37, 73, 75, 117, 228, 246f, 249, 255, 257, 472

Stereotyp(e), Stereotypisierung(s-) 11, 214, 259, 261, 263ff, 269, 279, 281ff, 442, 464
- -effekt(e) 284, 466, 468, 487

Stereotypie 62, 272

Strategie(n)/ Zugriffsweise(n) 21, 25, 29, 69, 86, 93ff, 103, 109ff, 131ff, 135ff, 143f, 150, 155, 157, 163, 165, 174, 188f, 195f, 199, 220, 284, 305, 331, 333, 342, 355f, 363, 387, 403, 425, 454ff, 461f, 473, 476f, 479, 483, 487, 511,

Strukturgleichungs-
- -ansatz 318f
- -analyse(n) 353ff
- -modell(e) 184, 329, 341ff,

Subtraktion(s-, en) 148, 157ff, 165, 501f
- -aufgaben 145, 502

Test-
- -ergebnisse 80, 111, 267, 279, 284, 342, 349, 377, 464, 468f
- -intelligenz 197, 220,
- -leistung(en) 16, 18, 63, 209f, 212, 214f, 269ff, 275ff, 279, 284f, 349, 407, 468

Textaufgaben 60, 143, 147, 149, 151ff, 157ff, 165ff, 173ff, 177f, 206, 277, 302f, 306f, 342f, 377, 388, 430, 433ff, 437f, 440f, 444, 469, 496, 501
- Lösen von 144, 149, 153, 159f, 162ff, 169ff, 173, 177
- mit Vergleichsfragen 178
- mathematische 61, 141ff, 145, 149, 154f, 157f, 170, 398, 426, 444, 501

Textverständnis 305, 307, 394

Trainingsstudien 92, 107, 110

Transfer(-) 170, 400
- -effekt(e) 108
- -leistung(en) 110, 159
- -wirkung(en) 110
- -handlung(en) 146
- -qualität 152

Unterricht, Wirkungen von 135, 289, 295, 300, 302, 315
- fachliche Wirkungen 299
- erzieherische Wirkungen 73, 299

Unterricht(s-)
- -effekt(e) 158, 303, 315, 471
- -effizienz 28, 31, 33f, 37, 40
- -ergebnis(se) 236, 238
- -forschung 200, 219, 233f, 239f, 314, 320
- -führung 75, 218, 317, 319ff, 388
- -maßnahme(n), individualisierende 376, 381
- -merkmale 5, 74, 115, 129, 228f, 235, 237, 240, 242, 245ff, 250f, 254ff, 295, 301ff, 307f, 311ff, 315, 319ff, 366, 374, 425, 427, 431f, 470ff, 488, 510, 514
- -methoden, optimale 225,
- -planung(en) 295ff, 317, 407
- -profile 242, 250, 472
- -psychologie 200, 315f,
- -qualität (Qualitätsmerkmale des) 4f, 28, 31ff, 37f, 40, 73ff, 129, 204, 223, 225ff, 239ff, 245ff, 249ff, 253, 255f, 258, 294, 298, 301, 304, 314, 318, 342, 426, 431, 436, 448, 450, 453, 461, 470ff, 508, 510
- -quantität 227, 229ff, 234
- -strategie(n), erfolgreiche 462, 477
- -variable(n) 33, 74, 219f, 234, 238, 242, 248, 314, 320, 352, 376, 488
- erfolgreicher / wenig erfolgreicher 242, 251, 462, 471f, 488
- multikriteriale Wirksamkeit von 295, 317
- offener 138, 229, 233, 292, 294, 317
- Klarheit des 242
- Makromethoden des 228
- Zieldimensionen und Zielkriterien des 248, 300ff, 317

- Zielkonflikte im 11, 287, 289f, 292, 295ff, 301f, 310, 312, 314, 317, 471, 492

Unterrichtsqualität (Qualität des Unterrichts)
- und Leistungsentwicklung 223, 225, 241, 253, 258
- und Leistungszuwachs 247, 256
- und Schulerfolg 28, 38
- und Schulleistung 204, 225, 235

Unterrichtsziele 29, 299, 317
- fachliche / nichtfachliche 300, 510, 512

Variable(n)
- motivational-affektive 218ff,
- Kriteriums- 74, 101, 119, 184, 187, 190f, 247, 319, 393, 425, 427, 433
- Lehrer- 284, 329
- Mediations- 295, 304, 307, 312, 314f
- Prädiktor- 117, 143, 399
- Schüler- 219, 243, 270, 358
- Unterrichts- 33, 74, 219f, 234, 238, 242, 248, 314, 320, 352, 376, 488

Variablenkonfundierung(en) 370

Veridikalität von Selbsteinschätzungen 65, 80f, 374, 377, 386

Verständnis 31, 49ff, 53, 74, 94, 99, 103f, 108, 148ff, 153f, 157ff, 166, 169, 171, 173, 175, 178, 205, 226, 249, 429, 459, 469, 502, 504, 515

Verstehen, Sprach-/Textverstehen 21, 92, 96, 103, 142f, 145ff, 149, 152f, 161, 165, 172f, 178

Vorhersage / Prädiktion 5, 31, 54, 67, 107, 113, 127, 184, 189, 191, 194ff, 204, 214f, 217, 228, 264, 307f, 314, 330, 377f, 392ff, 396ff, 402, 423, 425, 435ff, 448, 450f, 454, 461, 480f, 508

Vorkenntnis(se) / Vorwissen 5f, 113, 117, 119, 133f, 136, 162, 183, 186f, 190, 200, 205, 210f, 218, 237f, 240, 256, 318, 391, 407, 426, 435ff, 440, 446, 450f, 469ff, 490

Vorschulalter 11, 49, 92, 103, 172, 334, 391ff, 396ff, 401ff, 423, 426, 433f, 436, 438,
- Kompetenzen im 398, 426, 434, 469

Vorurteil(e, s-) 269, 272, 279, 418, 491
- -forschung 261

Wahrnehmung, soziale 261

Wert(e) 4, 11, 33, 40, 74, 79, 117, 125, 150, 155, 167f, 171, 176, 190f, 196, 205, 212f, 245, 248, 250f, 272ff, 293, 303ff, 307, 310f, 313ff, 320, 333, 338, 344, 351, 353, 377, 379, 386, 395f, 410, 419, 427, 431, 433ff, 437, 442f, 445ff, 470, 512, 516, 518
- -entscheidungen 370

Wissen 10, 22f, 29, 49, 90, 94, 110, 132, 148, 160, 169f, 172, 174, 177f, 183, 201, 292, 297, 326, 328, 333, 338, 397, 428, 441, 450, 473, 476

Wissens-
- -erwerb 22ff, 26, 188, 256
- -repräsentation 21

Wortidentifikationsprozesse 131, 135

Zeugnisnoten (s. a. Noten, Schulnoten) 32, 56, 64f, 205f, 209, 270, 283, 410, 412ff

Psychologie für die Schule

Hans Dusolt
Elternarbeit für Erzieher, Lehrer, Sozial- und Heilpädagogen
1993. 146 Seiten. Broschiert. DM 24,-
ISBN 3-621-27853-2
Ein Leitfaden für die Zusammenarbeit mit Eltern im Vor- und Grundschulbereich.

Walter Edelmann
Lernpsychologie
5., vollst. überarb. Aufl. 1996. 438 Seiten.
Gebunden. DM 58,-
ISBN 3-621-27310-7
Das Standardwerk der Lernpsychologie jetzt in der 5. Auflage mit neuer Wissenspsychologie.

N. Gage/D.C. Berliner
Pädagogische Psychologie
Dt. Bearbeitung hrsg. von Gerhard Bach.
5., vollst. überarb. Aufl. 1996. 792 Seiten.
Gebunden. DM 98,-
ISBN 3-621-27311-5
Das Standardwerk der Pädagogischen Psychologie in neuer Überarbeitung.

C. Hennig/U. Knödler
Problemschüler - Problemfamilien
Ein praktisches Lehrbuch zum systemischen Arbeiten mit schulschwierigen Kindern.
4., korr. Aufl. 1995. 247 Seiten.
Broschiert. DM 46,-
ISBN 3-621-27173-2

L.J. Issing/P. Klimsa
Information und Lernen mit Multimedia
2., überarb. Aufl. 1997. 494 Seiten.
Gebunden. DM 78,-
ISBN 3-621-27374-3
Wie sich die neuen Möglichkeiten der Technik in psychologisch, pädagogisch und bildungspolitisch sinnvoller Weise entfalten und nutzen lassen.

Ch. Klicpera/ B. Gasteiger-Klicpera
Psychologie der Lese- und Schreibschwierigkeiten
Entwicklung, Ursachen, Förderung. 1995.
VIII, 443 Seiten. Gebunden. DM 68,-
ISBN 3-621-27271-2

B. Langmaack/ M. Braune-Krickau
Wie die Gruppe laufen lernt
Anregungen zum Planen und Leiten von Gruppen.
Ein praktisches Lehrbuch.
5. Aufl. 1995. X, 190 Seiten. 32 Abb.
Broschiert. DM 38,-
ISBN 3-621-27172-4
Ein ganzheitlich orientiertes Arbeitsbuch mit praktischen Anregungen für die Planung, Durchführung und Auswertung von Gruppenarbeit.

Hanns Petillon
Das Sozialleben des Schulanfängers
Die Schule aus der Sicht des Kindes.
1993. VII, 199 Seiten. Broschiert. DM 42,-
ISBN 3-621-27158-9

Ulrich Schmidt-Denter
Soziale Entwicklung
Ein Lehrbuch über soziale Beziehungen im Laufe des menschlichen Lebens.
3., aktual. und korr. Aufl. 1996. IX, 382 Seiten. Broschiert. DM 58,-
ISBN 3-621-27217-8

W. und U. Schönpflug
Psychologie
Ein Lehrbuch für das Grundstudium.
3., vollst. überarb. Aufl. 1995. 511 Seiten.
Gebunden. DM 58,-
ISBN 3-621-27270-4
Eine didaktisch hervorragende Einführung in die Psychologie, die trotz ihrer Breite die Vertiefung nicht zu kurz kommen läßt. Unentbehrliches Grundlagenwissen verständlich dargestellt.

BELTZ
PsychologieVerlagsUnion